教育人生

刘焕亮　著

中国海洋大学出版社
·青岛·

图书在版编目（CIP）数据

教育人生 / 刘焕亮著. —青岛：中国海洋大学出版社，2018.11
ISBN 978-7-5670-1534-0

Ⅰ. ①教… Ⅱ. ①刘… Ⅲ. ①教育工作—文集 Ⅳ. ①G4-53

中国版本图书馆CIP数据核字（2018）第301259号

出版发行 中国海洋大学出版社
社　　址 青岛市香港东路23号　　　邮政编码 266071
网　　址 http://www.ouc-press.com
出 版 人 杨立敏
责任编辑 姜佳君
电　　话 0532-85901984
电子邮箱 j.jiajun@outlook.com
印　　制 青岛海蓝印刷有限责任公司
版　　次 2019年1月第1版
印　　次 2019年1月第1次印刷
成品尺寸 185 mm × 260 mm
印　　张 45.5
字　　数 840千
印　　数 1 ~ 1000
定　　价 188.00元
订购电话 0532-82032573（传真）

如发现印刷质量问题，请联系0532-88785354，由印刷厂负责调换。

退休留影纪念（2005年10月）

最近留影（2015年11月30日）

撰写《教育人生》（2015年11月30日）

与第一届本科生杨立更留影纪念（2010年5月26日）

与研究生留影纪念

左起：倪寿文、刘焕亮、潘勇（2010年6月1日）

华南农业大学校园留影

（2010年5月25日）

全家福（2012年10月1日）

左起　前排：外甥女殷雯、夫人王纯英、刘焕亮、孙子刘俊翔

后排：儿媳刘杰、儿子刘宇、长女刘辉、大女婿殷强、二女婿李锋、二女儿刘伟

山东大学入学留影纪念（1954年9月）

山东大学毕业与千升俊（朝鲜留学生）
留影纪念（1958年7月）

台水产学校50年校庆与1954届同学留影（2001年10月）
左起：赵法箴（中国工程院院士）、李德宏、刘焕亮

山东大学1954级同学在原教室留影纪念
（1996年10月）

与1972级学生在鱼池中鉴别亲鱼成熟度（1973年5月）

右起第四人：刘焕亮

与工人在鱼池中观测鲤鱼生长（1980年5月）

左起第二人：刘焕亮

在镇赉养鱼池给鲤投喂人工饵料（1989年9月）

与杜唐钰（1966～1982年养殖系总支书记）同志合影留念（2015年8月）

与20世纪70年代养殖系教职工合影留念（2006年11月1日）

前排左起第四人：刘焕亮；第五人：何志辉

大连水产学院领导班子成员合影（1992年11月）

左起：党委副书记苗益坦、院长刘焕亮、书记吴进才、副院长林春太、副院长雷衍之

大连水产学院赴日本国水产教育考察团与日本福山市市长（前排中）留影（1987年8月）
前排左起第一人：党委书记吴进才；第三人：团长刘焕亮。后排左起第二人：史为良；第三人：何志辉

全国水产高等教育教学改革研讨会与会人员留影（2002年11月于大连水产学院图书馆门前）
前排左起第五人：研讨会主持人刘焕亮

2000年两岸水产教育研讨会留影（2000年1月26日于我国台湾基隆）
前排右起第二人：刘焕亮

淡水渔业专业教学体系研究成果鉴定会留影（1992年11月）
前排：鉴定专家。后排：课题组成员（左起第五人：刘焕亮）

中国水产学会淡水养殖分会成立大会暨学术讨论会留影（2002年9月10日）

前排右起：黄樟翰、郭继娥、姜仁良、刘焕亮、张泽宇、王吉桥

淡水渔业专业1978级2班30年班庆留影纪念（2008年9月30日）

前排左起：桂远明、秦克静、刘焕亮、何志辉、史为良。后排右起第二人：金文洪

与原山东大学老师李德尚教授留影纪念

（2010年5月16日）

与原山东大学老师李爱杰教授留影纪念

（2010年5月15日）

与原山东大学老师李嘉泳教授留影纪念

（2010年5月15日）

原山东大学同班同学在母校水产系门前留影

（2010年5月16日）

左起：赵焕登、刘焕亮、胡维兴、赵法箴、王如才

前　　言

我从山东大学毕业后一直从事高等教育工作，故取书名为《教育人生》。编撰本书的旨意，希望广大读者了解我一生的理想与追求，便于查找我在人才培养、大学行政领导管理、教育教学研究和科学技术研究诸方面的实绩与成果，以及开展各类工作的指导思想、基本思路及主要措施；启迪青少年养成优良习惯，学龄人群树立远大理想，以及职业人群树立正确的世界观、人生观和社会主义核心价值观；为高校行政领导完善办学思路和人才培养措施，以及水产养殖学科（专业）师生开展教育教学研究和科学研究提供参考资料。

本书遵循辩证唯物主义和历史唯物主义观点，全面系统地总结一生的成长与业绩，以及经验、体会与感悟。全书分两篇，即成长与育人历程、耕耘与收获。成长与育人历程，内容涉及祖籍、学历和工作简历，东北农学院工作7年，大连水产学院现职工作41年及返聘工作9年历程，以及优良习惯养成、大学梦、信仰追求和为水产高等教育事业顽强奋斗。力求客观反映辩证唯物主义及追求真理的世界观，全心全意为人民服务及竭力育人的人生观，以及社会需要与个人利益相统一的全面价值观。耕耘与收获，内容包括专业教学与大学行政领导管理、教育教学研究和科学技术研究。

本书可作为大学校、院（系）两级行政领导及水产养殖学科（专业）的教师、本科生、研究生的参考书。

本书成书过程中，大连海洋大学档案室为本书提供许多历史资料，特此感谢。

限于本人知识、能力，本书有不妥之处，敬请读者批评指正。

序　一

《教育人生》一书，概括总结作者一生优良习惯养成、大学梦、追求信仰共产主义，以及为水产高等教育事业奋斗的历程；系统阐述专业教学及其教育教学改革，大学行政领导管理以及科学技术研究实绩。

专业教学，坚持理论联系实际，务实创新，注重素质教育，教书育人，创建理论教学和实践教学新体系。大学院（系）及其校级行政领导管理，遵循高等教育规律和人才成长规律，致力于内涵建设，届时学校由专科晋升学院8年后取得硕士学位授予权，1993年水产养殖学科进入农业部重点学科行列。教育教学改革，水产养殖学专业研究成果荣获国家级教学成果一等奖和二等奖，处于我国同类专业本科办学最高水平，影响极其深远。科学技术研究，养殖鱼类生物学和鱼类养殖生物学技术研究，发表论文20余篇；“池塘养鱼应用基础理论研究”，荣获国家教育委员会科学技术进步二等奖。出版著作：《综合教学实习和生产实习》，系我国水产养殖学专业本科公开出版的首部实践教学教材；《中国水产养殖学》和《水产养殖学概论》，是涵盖淡水养殖与海水养殖、动物养殖与海藻栽培综合性专著；《水产养殖生物学》，首次建立我国水产养殖生物学内容体系。

《教育人生》的出版，有利于促进青少年健康成长，青年学生和职业人员树立社会主义核心价值观；也为高校行政领导，特别是水产养殖学科（专业）师生提供参考资料。

作为一名老水产科学研究人员，欣喜这本具有综合性特点的著作出版，特为本书作序。

赵法箴
中国工程院院士
2018年7月22日

序　二

“一个学校能不能为社会主义建设培养合格的人才，培养德智体全面发展、有社会主义觉悟的有文化的劳动者，关键在教师。”

40年前，一张大学入学通知书，结束了我下乡10年的知青生活，梦想成真，成为大连水产学院一名学生。报到的第一天，学校内的道路尚未修缮，老师们和师兄们忙碌着迎接新生。其中一位英俊的中年老师指挥着，并亲自为新生背扛行李，走在上坡的坎坎坷坷的路上，让人肃然起敬。没能想到，这位就是学术上已有建树的养殖系主任刘焕亮老师。

从那时起，刘焕亮老师就成为我学业上的恩师，人生道路上的楷模。4年学程，倾听他讲课，参加他带领的生产实习等教学活动，深刻感悟到他是一位务实创新、教书育人的好老师。

他讲课极其认真，旁征博引，处处有新意，使人开阔眼界、开阔胸襟，很是佩服他广博的学问、深厚的功力、深入探究的精神。他提倡在学科专业上要把握关键点、追求“精”，学知识要博览全书，自然科学和社会科学并重，打好广博扎实的基础，培养逻辑思维能力，养成探究问题的习惯。

为了让我们很好地掌握本科必需的基础理论和基本知识，以及专业必要的基本技能和初步的科研能力，他从山东海洋学院、湖南师范学院、长江水产科学研究所请来资深教授和国内一流专家，讲授组织胚胎学、鱼病学课，开设养殖鱼类繁殖生理、鱼类遗传育种等专题讲座，讲述国内外科技动态。

他带领我们到长江三角洲淡水养殖先进地区进行池塘养鱼学生产实习，从大连坐轮船到上海，换火车去苏州养鱼场，与同学们一起住在大仓库里，睡的是用几块木门板搭成的床铺。现在想起来，特别地亲切，深深地敬爱。

实习期间，刘焕亮老师每天早上4点领着我们到亲鱼池边巡塘，边巡塘，边讲解成熟亲鱼清晨在池塘里的活动规律；在池水里手把手地教我们拉网捕鱼，鉴别雌、雄亲鱼及其成熟度，注射催情药物，与同学们一起守护在产卵池边观察亲鱼发情和产卵动作。

孵化管理期间，他指导我们观察鱼类受精卵发育全过程，12小时、24小时甚至48小时连续不间断地观察，不仅在实验室里用显微镜观察，还要在室外孵化池边用肉眼观察，掌握第一手材料，系统分析问题，探索鱼类胚胎发育规律，培养严谨治学作风和吃苦耐劳精神。他聚精会神、一丝不苟地结合鱼苗孵化全过程耐心地向我们讲解每一个关键点，至今仍然历历在目。

我们通过跟班参加养殖生产典型环节劳动，不仅掌握了生产技能及其关键技术，还深刻地领悟到水产养殖一线工作的艰辛，培养了吃苦耐劳和艰苦奋斗精神。

做老师，最好的回报就是学生成人成才，桃李满天下。刘焕亮老师的弟子中有一大批出类拔萃的优秀人才，为中国水产事业做出了重大的贡献。我们这些学子的共同的体会就是，我们的成才及所获成就得益于刘老师严谨的思想方法和求真务实的科学精神，以及严于律己、宽以待人的仁爱之心的熏陶，刘老师的敬业精神将激励着我们终身不断前进。

《教育人生》一书，记述了刘焕亮老师一生的成长历程及其育人成就。他的敬业精神和育人事迹，必将感召着更多的人。

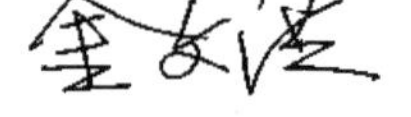

2018.8.4

目　录

第一篇　成长与育人历程

第二篇　耕耘与收获

◆第一篇◆

成长与育人历程

第一章　小　传

我的祖籍是山东省烟台市蓬莱市刘家沟镇，1933年8月11日出生。

刘家沟镇是个大村庄，1 000多户人家，绝大多数是务农，有十余家商户，阴历逢五、九有集市，村里有泉水；北近临黄海，西距蓬莱市12千米，东距烟台市50千米。

我出生于普通农民家庭，1947年土地改革时期家里有耕地21亩，其中自有14亩，簿租代管7亩，牲口1头，房屋9间，正房5间，厢房4间，前后两个院子，街门上端横悬着标示“书香门第”牌匾，爷爷及太爷均为秀才。家境较贫寒，依靠种地勉强维持生活，逢遇歉收年景需要借粮糊口。父亲刘允师，别名刘纯熙，农民，是个种地能手，农活样样精通，技术高超，追求精良；做事敢想敢干，敢作敢当，勇于开拓，吃苦耐劳，认真细致；性格开朗，做人耿直，待人诚实；读过私塾，喜欢看书，知识较渊博，水笔字写得也还不错，农村半拉阴阳先生。母亲刘迟氏，没有文化，家庭妇女，料理家务，勤劳肯干，心地善良，性格温和，亲爱孩子，爱好鼓励人。父母亲生育11个孩子，存活8个，三男五女，我是最小的。

第一节　学　历

1942年2月，我8周岁，就读本村小学，1948年12月毕业，期间学校先后于1945年（日本投降）和1946年（国民党进攻解放区）分别停止办学半年，休学在家务农1年。家乡解放不久，1949年2月响应学校号召，升入新成立的蓬莱县初级中学读书，学制两年半（春季招生，农忙放假），至1951年8月毕业。那时蓬莱县尚没有高级中学，1951年9月喜逢烟台水产学校（原江苏省崇明水产学校）来蓬莱初级中学招生（自崇明岛迁往烟台市初次招生），志愿报名学习水产品加工专业，步行百里来到学校，1954年7月毕业。时年中专毕业生可以报考大学，但限制填报志愿，只允许报考水产养殖专业，9月被山东大学录取，1958年7月以优异成绩获得大学毕业文凭。

第二节　工作简历

一、东北农学院期间工作简况

1958年9月，我大学毕业响应党的号召，奔赴我国北方边疆黑龙江省哈尔滨市，成为东北农学院畜牧兽医系的一名教师，从事水产养殖学专业教学工作。1959年9月赴山东海洋学院水产系进修鱼类学，1960年4月荣获山东海洋学院“首届群英大会先进工作者”称号，时年11月胜利完成进修任务返回东北农学院至1965年9月。25岁开始担负起筹建水产养殖专业的重担，协助学校制定专业发展规划，制订教学计划，组建教师队伍，承担建设专业实验室、购买仪器设备、广泛收集鱼类标本等一系列复杂且高难度的工作。期间，讲授鱼类养殖学并自编教材，系统进修学习动物学、脊椎动物比较解剖学、数量遗传学和鱼类学。1961年国家缩减高校招生数量并相应调整专业，东北农学院水产养殖专业停办，学校决定让我转搞普通动物学课程助教工作，并讲授畜牧专业选修课鱼类养殖学。

在东北农学院工作期间，兼任畜牧兽医系教师共青团支部书记及畜牧专业学生兼职辅导员。1965年3月26日在东北农学院辅导员工作经验交流大会上做了《我们是怎样做兼职辅导员工作的》大会发言。

二、大连水产学院期间工作概况

东北农学院水产养殖专业停办，面临着转行从事普通动物学教学工作或从事行政管理工作。本人不想轻易放弃所学专业，便主动申请调到有关水产高等教育及其研究单位工作，1965年通过水产部调入大连水产专科学校（1978年升格为大连水产学院，2010年更名为大连海洋大学），至今50余年。

（一）现职工作（1965～1994年）

1965年9月14日调入大连水产专科学校养殖科（1972年更名为养殖系），讲授池塘养鱼学，1978年4月升为讲师，1983年7月晋升副教授，1988年12月晋升教授。

调入大连水产专科学校不久，先后兼任系级和校级行政领导管理工作。1966年2月任养殖科副主任，1978年5月任养殖系主任，1980年9月由国家水产总局任命为大连水产学院副院长，1990年12月由农业部任命为大连水产学院院长至1994年11月卸任。

自担任养殖科副主任至大连水产学院院长卸任，先后担当“双肩挑”（教师兼任行政领导管理）干部30年，一边严谨地履行教师职责，一边积极认真地开展行政领导管理工作。

1. 教学与人才培养

自1966年以来，主讲淡水渔业专业“工农兵学员”和本科的池塘养鱼学、鱼类增养殖学、鱼类遗传育种学、水产动物营养与饲料学，以及研究生的水产养殖学概论及池塘养鱼进展6门课程，撰写教材4部，公开出版发行2部，并亲自指导池塘养鱼学生产实习和毕业论文。自1987年以来，先后指导水产养殖硕士研究生10名，其中3名考取博士研究生。

（1）家鱼繁殖设施建设及其人工繁殖成功。1965年9月14日调入大连水产专科学校不久便负责校办教学基地金州淡水养殖试验场鲢、鳙、草鱼等家鱼人工繁殖设施建设及其人工繁殖工作，与马淑贤教师一起设计产卵池和孵化设施，与史为良老师和苏庆军技师捕捞和运输亲鱼，以及成功进行人工繁殖，经过多年努力，满足池塘养鱼学校内实践教学及其人才培养基本条件。

（2）池塘养鱼学课程建设。创建池塘养鱼学教学体系，包括课堂理论教学体系以及实验教学、生产实习和毕业论文等实践教学体系。编写池塘养鱼学等3部讲义，并参加编写出版了全国通用教材《池塘养鱼学》（42.9万字），负责编写“主要养殖鱼类的生物学”（3.83万字）和“鱼类的越冬”（1.69万字）两章，以及“鱼苗鱼种的饲养”一章中鱼苗鱼种生物学和鱼苗饲养部分（3.22万字），共计8.74万字。

2. 科学研究

主持农业部、辽宁省和大连市科研项目7项，其中“真鲷人工育苗及养成技术”“鱼苗当年养成食用鱼研究”“池塘养鱼应用基础理论”研究成果，分别荣获大连市重大科技成果奖和国家教育委员会科技进步（甲类）二等奖；发表《青鱼咀嚼器官胚后发育生物学的研究》等47篇科技论文；参编出版《中国池塘养殖学》（科学出版社，1989年）和《水产养殖手册》（农业出版社，1993年）等7部专著，分别荣获全国图书一等奖和国家教育委员会科技进步三等奖。

3. 教育教学研究

自20世纪70年代以来，组织领导养殖系广大教师开展水产养殖学专业教育教学改革，主持淡水渔业专业教学体系的研究与实践等多项教育教学研究项目，研究成果“充分发挥多学科协作优势，建立具有自己特色的淡水渔业教学体系”1993年获普通高等学校优秀教学成果国家级一等奖，发表《发挥多学科协作优势，建设特色鲜明的专业教学体系》等教研论文5篇。

4. 行政领导管理

（1）养殖系期间（1966年2月至1982年8月）。1966年担任养殖科副主任至1982年卸任养殖系主任（1980～1982年担任副院长兼系主任）计17年，主持开展的主要工作概述如下。

1966年5月4日带领淡水渔业专业专科1963级2个班学生及几位教师赴南方水产养殖场进行池塘养鱼学生产实习。7月4日至8月8日又带领他们赴大伙房水库进行内陆水域鱼类增养殖学和淡水捕捞生产实习。随后，参加“文化大革命”运动，基本上停止了行政领导管理工作。1967年10月至1968年1月18日（52天）参加军宣队举办的学校中层干部毛泽东思想学习班。1968年7月1日至8月31日负责淡水渔业专业1966届和1967届毕业生分配工作。1969年至1970年组织养殖系部分专业基础课和专业课教师开展教育改革调查，然后赴辽宁省清河水库养鱼场进行开门办学，探索淡水渔业专业办学新模式。1971年负责养殖系“工农兵学员”招生准备工作，并于1972年至1976年正式招收培养淡水渔业专业9个班和海水养殖专业4个班。1976年下半年负责本科生招生准备工作，1978年3月正式招收培养淡水渔业专业本科生工作。

1972年4月至1976年9月带领教师和“工农兵学员”去辽宁省康平县三台子水库养殖场和河南省信阳市南湾水库等地进行现场教学，开展淡水渔业专业教育教学改革工作。基本思路和主要措施：一是学生跟班参加鱼类养殖典型环节生产劳动，学习掌握关键技术，创造性地解决了教学阶段性与生产连续性的矛盾，以及教学全面性、系统性与生产单一性的矛盾；二是现场教学开展科学实验活动，其题目既是生产关键问题和急需解决的问题，又是专业基础课和专业课的重要教学内容；三是定期召开研讨会，学生根据自己在生产、科研实践活动中收集的科学数据并结合生产中成功的或失败的典型事例，与带队教师和兼职教师（就地聘请的技术人员和生产经验丰富的工人）一起进行广泛而深入的讨论。这种结合鱼类养殖生产进行教学和科学试验的教学模式，培养了学生生产实践能力和初步科研能力，以及吃苦耐劳精神和强烈的事业心及责任感，为后来持续深入开展教育教学研究奠定了重要基础。

1966年至1976年“文化大革命”特殊历史时期，停止招生7年，1972年春季开始招收培养“工农兵学员”，由于受林彪、“四人帮”反革命集团鼓吹的“工农兵学员是教育革命主力军，上大学、管大学、改造大学”的“极左思潮”影响，部分学生厌学情绪严重。为了认真贯彻执行党的“德智体全面发展”教育方针，学制延长半年，邀请外地高校资深教授讲授专业基础课和专业课，聘请水产养殖经验丰富的技术人员担任兼职教师等，保证了“工农兵学员”专科教育学业标准，培养一大批淡水渔业和海水养殖高级专门人才，遍布全国各地，很多人已成为水产界的各级领导与业务骨干。

1976年秋季负责本科生招生准备工作，其困难是很大的：教师少（29名）、学历低（8名专科、3名中专），只有3个基础教学实验室，缺少相应的规章制度等。经过2年艰苦而认真的工作，至1978年3月首次招收本科生时养殖系的办学条件基本上达到国家本科教育标准。学生入学后认真贯彻执行党的教育方针，坚持理论与实际结合原则，加强专业基础理论教学，拓宽专业知识范围，强化实践教学环节，注重培养实践能力以及吃苦耐劳和艰苦奋斗精神。淡水渔业专业1981届、1982届本科毕业生的基础理论扎实，专业知识面宽广，实践能力强，综合素质高，有强烈的事业心和责任感，受到用人单位的好评。

养殖系行政领导管理工作的突出点：一是教师队伍建设目的明确，思路清晰，措施有力，针对性强，成效显著，保证了育人质量并达到本、专科教育学业标准。二是实验室和校内外教学基地建设目标明确，措施得力，适时紧密地配合本、专科实践教学环节，效果很好，使本、专科毕业生的实践能力及其综合素质完满达到学业标准。三是教育教学改革起步早，指导思想正确，思路清晰，措施科学，以池塘养鱼学生产实习为突破口，实行专业基础课与专业课结合以及教学、科研和生产三结合，创建了淡水渔业、水产养殖专业教学体系及其理论教学体系、实践教学体系和人才培养模式，研究成果荣获国家级教学成果一等奖和二等奖以及辽宁省教学成果一等奖，在我国淡水渔业专业和水产养殖学专业本科教育中影响极其深远。

（2）副院长期间（1980年9月至1990年11月）。主管教学、科研、图书馆、科协和学报等工作10余年，根据国家关于高等教育系列文件精神以及有关院校的办学经验，致力于学校内涵建设，力求各项管理工作达到正规化、制度化、科学化和规范化，教育教学质量和人才培养质量稳步提高，科研成果逐年增加，学术水平不断提升。

学校刚晋升本科学院不久，教务处、科研处和图书馆等3个部门的底子薄，基础条件较差，管理水平较低，具体指导系（部）（二级教学单位）有关业务工作力不从心。按照教育部有关文件要求，参照山东大学和东北农学院的建设模式及其管理经验，着重采取3项措施：第一，加强队伍建设，调整队伍结构，优化领导成员和管理人员知识结构，提高综合能力和管理素质（认真负责、敢于担当等）；第二，建立和完善管理规章制度，组建图书馆委员会和科学技术委员会；第三，狠抓作风建设，牢固树立为基层、教师和学生服务的思想理念和优良作风。3个部门的综合管理水平及其业务指导能力迅速提高，及时有效地发挥了应有的职能作用。

① 教学管理。教学管理工作是影响育人质量的第一重要因素，内容包括正常性管理工作和创新性工作（教育教学改革）。前者是保证育人质量所必须开展的管理

工作，后者是提高育人质量和培养特色鲜明的专门人才的创造性工作。

1981年国务院学位委员会和教育部批准我校为首批授予学士学位高等学校（〔1981〕学位字022号），加快本科教育管理工作及其教学改革迫在眉睫。第一，规范本科教育教学管理。调整专业结构，制订和完善专业教学计划，按学科综合调整教研室，建立健全教学管理规章制度（教学管理制度、师资管理制度、听课制度、学生管理制度、成绩考核及升留级细则、教材和实验室管理制度、生产实习和毕业论文暂行条例、研究生培养与管理工作制度等），编写教学大纲，规范教学内容和教学方法，精准考试内容，严格考试纪律，举办公开课、评议会和教学经验交流会，开展观摩教学和讲课比赛活动，2年召开一次教学工作会议等；创建实践教学体系，完善实践教学环节，把实验教学、课程设计、教学实习、生产实习和毕业论文（设计）纳入教学计划，并把生产实习作为整个实践教学的中心环节；加强实验室和校内外实习基地建设。第二，积极开展专业、课程群、课程等不同层次教育教学改革。改革内容包括学科（专业）课程体系、教学内容、实践教学及其人才培养模式，课程群和课程的理论教学体系和实验教学体系以及教学内容和教学方法，等等。1989年学校召开教学成果表彰大会，评选产生优秀教学成果5项（一等奖和二等奖各1项），其中2项获辽宁省优秀教学成果二等奖。

② 实验室建设和世界银行贷款。高等学校的实验室种类繁多，大体上可分为教学实验室和科学研究功能实验室。教学实验室是本（专）科学生进行实验教学的场所，也是进行科学实验、传授技能和开展素质教育的重要基地，与科研功能实验室不同，接纳学生数量多，实验项目相对稳定，技术操作规程规范，仪器、设备、试剂、药品比较固定。科研功能实验室同样是进行科学实验的场所，但其接纳学生的数量较少，而且实验项目名称不固定，其技术操作规程或技术规范、仪器、设备、试剂、药品等都相应地发生变化。

实验教学是学生在教师指导下，利用实验仪器设备及材料，按照科学方法和操作程序，对物质（物体）进行形态、结构、属性、数量的观察、测定、分析、判断，探索或揭示其预定的目标，加深对已学知识的理解，掌握其基本方法与技能，培养分析问题、解决问题的综合能力以及严谨的治学作风和科学素质。

实验室建设及管理水平是影响人才培养质量的重要因素，对自然科学技术类专业的专门人才培养尤为重要。学校由专科学校晋升为学院不久，理论教学和实验教学的整体水平都较低，后者与正规院校的差距更大。实验仪器设备陈旧落后，实验课开出率不足60%，基本上不能开展科学研究工作。

资金是影响实验室建设的重要因素。1983年5月学校申报“世界银行重点实验室建设项目”，通过“世界银行农业教育与科技项目”教育分项评估团考评，于1984年7月获得贷款211.5万美元，其中80.9%用于购置实验仪器设备，充实和新建了10余个实验室，包括化学、物理和电工电子等8个基础教学实验室，水生生态与环境、航海技术、渔具渔法和渔机动力等6个重点专业实验室，以及电子计算机室和电化教学室。至1992年，学校实验室已增至38个，教学与科研设备值达1 274万元。实验课由1984年的十几门增加到1988年的60门，开出率提高到73%，实验教学质量显著提高。实验室拥有一批高级仪器设备，诸如电子显微镜、万能研究显微镜、气象色谱仪、光谱分析仪、多普勒导航仪、捕捞监测系统、内燃机测试系统和电子计算机等。通过世界银行贷款，加速了学校实验室建设和学术队伍建设，基本上满足了本科和研究生教育的需要。

③ 教学基地建设。教学基地是根据专业性质设置的，包括校内基地和校外基地。高校实验室和教学基地是培养高级专门人才综合实践能力的重要场所。前者侧重于培养学生的科学实验基本技术和基本技能，后者主要培养学生的综合实验能力和生产技术。校内教学基地侧重于培养学生的综合实验能力，校外教学基地主要是培养学生的生产技术能力、企业管理能力和综合素质。

a. 校内教学基地。1980年拥有实习机械厂、海水养殖场（海面500亩*）、金州淡水养殖试验场（56亩）、南关岭淡水养殖试验场（130亩）和2艘渔轮，1988年建立爱尼水产养殖场，1994年建立海水养殖育苗场（育苗水体1 000 m^2），1990年新建2艘600马力实习渔轮（600马力）。

b. 校外教学基地。20世纪80年代以来海洋渔业和水产养殖专业开始陆续建设校外教学基地，包括辽宁省大连海洋渔业公司（大连湾镇）、大连獐子岛渔业集团股份有限公司、大伙房水库及其养殖场、碧流河水库及其养殖场、大连太平洋海珍品有限公司、辽宁省淡水水产良种场等。

④ 图书馆建设。1980年学校图书馆馆舍面积为1 342 m^2，设有阅览组、流通组和采编组，管理人员无高级职称，管理水平一般，整体实力薄弱。基于图书馆与师资、教学设备是大学的三大支柱，及其在人才培养和科研工作方面所起的作用不亚于教授，学校领导极其重视图书馆的建设工作，不断扩大馆舍面积，加强队伍建设（人员结构、素质和工作作风），优化服务机构和馆藏结构，建立与完善管理规章制度。1982年2月成立图书馆委员会，进一步加强全校图书资料的指导和协调工作，提高图书馆服务效益。

* 亩为非法定单位，考虑到生产实际，本书继续保留，1亩≈666.7 m^2。

至2002年，图书馆馆舍总面积达15 700 m^2，拥有10个书库、3个图书借阅处、4个纸质文献阅览室、2个电子阅览室、1 700个阅览与自习座位，设有办公室、文献资源建设部、流通部、信息服务部、信息技术部、渤海校区分馆。工作人员30人，其中教授1人，副高职称5人，博士1人，硕士4人，具本科以上学历者占总数的86%。

图书馆藏书以水产学科和海洋学科为主体，兼顾社会科学及其他自然科学，形成多类型、多载体、多语种的馆藏体系，包括图书、期刊、硕士生毕业论文、音像资料、多媒体光盘、光盘数据库、电子期刊、网上数据库等。至2011年年底，馆藏114万余册，含电子资料39万余册，拥有12种数据库，包括外文、中文全文数据库和电子图书等，中外文电子全文期刊2万余种，已经成为东北地区水产渔业文献信息服务中心。

图书馆实行藏、借、阅、管四位一体管理模式，提供常规书刊借阅服务、馆藏书目信息查询、读者借阅查询、网络数据库检索、文献传递服务、馆际互借、学科专题信息导航等形式多样的电子信息服务。周一至周日7：30～21：00连续开馆，周开馆时间达94.5小时，电子资源24小时开放。

⑤ 学科建设、申报硕士学位授予权及研究生培养。学校于20世纪80年代初开始形成以水产类和工程类专业为重点的学科建设思路，不久又明确提出以水产学科和具有水产特色的工程学科为主的学科建设方针，而且在学科建设过程中正确处理了重点学科和一般学科的关系，因而各个学科的整体水平稳步提高，尤其是水产养殖学科接近或达到硕士学位水平。

1984年获悉农业部决定组织少数部属水产院校向国家学位委员会申报水产学科硕士学位授予权，学校立即组织教务处和有关二级教学单位收集有关材料，撰写和修改“申报新增列为博士、硕士学位授予单位”系列材料，将3个专业（水产养殖、海洋渔业和渔船工程）的申请材料报到农业部水产局教育处，后来得知，我校的申报材料没有转报到国务院学位办。1986年1月根据农业部水产局教育处通知精神，学校补报了水产养殖和海洋捕捞专业招收硕士研究生培养方案，6月国务院学位委员会孟处长及随员来我校考察培养硕士研究生的综合条件，7月28日批准水产养殖专业具有硕士学位授予权，12月2日批准大连水产学院为硕士学位授予权单位（我校是我国1978年由专科升格为本科院校的第一个获得硕士学位授予权单位）。1987年9月刘焕亮和何志辉教授各招收1名研究生。

1988年建立《大连水产学院硕士研究生培养及管理工作制度》（17项），起草9项规定及实施细则。

⑥ 科学研究管理。20世纪60年代我校教师很少开展科学研究工作，学校没有专门科研机构，少量的科研管理工作由教务处兼管；70年代后期成立科研处，管理人员

2～3人，纵向科研项目很少。1980年以来，充实了科研管理人员并逐步建立健全了规章制度，随着纵向课题和横向课题逐年增多，建立与完善了校、系和教研室三级管理体制，科研处的管理工作逐渐走向制度化和规范化：编制科研规划和年度计划，组织攻关重点项目，检查项目进展情况，指导项目负责人总结工作及上报材料，组织成果鉴定与报奖，进行年度工作总结，等等。学校科研经费不断增多，科研实力持续增强，科研水平不断提高，1978～1992年荣获市级以上科研成果奖计24项，其中国家级4项（科学大会奖2项，科学技术进步二等奖和三等奖各1项）、省（部）级12项。

⑦ 科学技术协会。根据大连市科学技术协会要求，1988年9月学校成立首届科学技术协会，刘焕亮教授任主席，何志辉和王子臣教授任副主席，贾复教授任秘书长，各系（部）分别设立专业委员会。定期召开科技大会，每年召开一次年会，系统总结学校及二级教学单位科技工作，评定论文等级，表彰优秀论文；组织开展学术性基础工作，如调研、制定论文分级标准以及科普和科技服务工作，营造学术氛围，促进学校及各系科技工作发展。

⑧ 《大连水产学院学报》建设。《大连水产学院学报》创办于1979年8月9日，1980年4月被大连市宣传部批准为内部发行刊物，1986年12月被辽宁省委宣传部批准为国内公开发行期刊（CN 21-1220/S），1989年由农业部批准为国内外公开发行刊物（ISSN 1000-9957）。1986～2003年刘焕亮任主编，何志辉和贾复为副主编。学报是水产、海洋及其相关学科的综合性学术刊物，主要刊登水生生物、生物技术、水产增养殖与病害防治、海洋生态与环境、海洋渔业、渔业资源、水产捕捞、水产品加工、渔业机械、航海技术与轮机管理、渔船设计与制造等学科的研究论文、综述和研究快报。1992～2012年连续6次被确定为全国中文核心期刊，1999年获全国高等学校自然科学优秀学报及教育部优秀科技期刊三等奖（教育部），1999～2010年本刊连续6次被评为辽宁省一级期刊，2004年获全国高校科技期刊优秀编辑出版质量奖（教育部），2006年获首届中国高校特色科技期刊奖（教育部），2014年获第五届中国高校优秀科技期刊奖（教育部）。在期刊等级评定中，连续多次被评为中国科技核心期刊，RCCSE中国核心学术期刊“A-”级。

⑨ 赴日本考察水产高等教育和水产养殖。应日本下关水产大学校邀请，1987年8月24日至9月13日率水产高等教育和水产养殖考察团赴日本进行考察、参观访问。考察团由刘焕亮、吴进才、何志辉、史为良4人组成，刘焕亮任团长，张泽宇任翻译。先后参观访问了长崎大学水产学部、下关水产大学校、广岛大学生物生产学部、京都大学农学部水产学科、东京大学农学部水产学科、东京水产大学、北海道大学水产学部、农林省水产厅水产养殖研究所、北海道水产研究所和长崎县水产试验场养殖研究

所，以及2个省级渔业栽培中心、3个水产试验场、3个养鱼孵化放流站和2个大湖增养殖设施，共计20个单位。考察期间受到日本农林厅负责人和福山市市长接见，先后接触近百名教授、专家和管理人员，收集到一大批水产高等教育和科研管理资料，以及鱼类及其养殖方面的图书和有关科研论文。考察结束后全面系统地撰写了总结报告（约5万字）并如期上报农业部，发表《日本水产高校办学条件、教学机构和管理概况及其分析》和《日本水产高校海洋渔业、水产养殖和水产食品学专业教学计划综合分析》2篇论文，向全院教师和干部做了赴日考察综合报告，以及《日本国水产科学研究概况》和《日本国鱼类增养殖业概况》专题报告。

⑩ 科技扶贫。1986～1989年主持大连水产学院科技扶贫工作。根据农业部关于部属高校开展科技扶贫工作指示精神，赴山西省沁县开展淡水渔业科技扶贫工作，由院领导和池塘养鱼学、水化学及淡水生物学教师以及淡水渔业专业应届毕业生组成扶贫工作组，与山西省水利厅、长治市水利局和沁县水产研究所联合成立扶贫领导小组、技术指导组和项目实施组。实施组由县领导牵头，负责项目行政领导、物资保证和协调工作。技术指导组由大连水产学院教师和学生以及山西省水产科学研究所科技人员组成，负责项目技术指导工作。扶贫工作以“沁县城关百亩连片池塘养鱼高产示范项目”为重点，带领广大农民进行池塘养鱼生产，普及科学养鱼知识。经过3年艰苦奋战，为沁县培养了一支130人的养鱼技术队伍，建立了一套水产技术服务体系，为全县持续发展渔业生产打下良好基础。1989年全县渔业总产量达27.5万千克，平均亩产达302千克（40亩平均单产达492千克），出现13个万元养鱼户。1989年10月8日农牧渔业部专家验收鉴定委员会认为：该项目依靠渔业科技扶贫，实行教育、科研、生产三结合，创建科技扶贫服务体系，改变了沁县渔业生产长期低产、经济效益不高的落后面貌，走出一条渔农结合、稳定扶贫的道路。

（3）院长期间（1990年12月至1994年11月）。领导学校全面行政工作，主持校办、教学、科研、人事、财务等工作。

根据高等教育教学规律，参照山东大学和东北农学院的办学经验，以及总结副院长期间工作经验，确立了学校行政工作方针——教学工作是中心，人才培养是重点，科技工作是制高点，后勤工作是保证，校办产业是后盾；科学有序地开展五项基础性建设——学科建设、队伍建设、办学条件建设、规章制度建设和作风建设；深化教育教学综合改革。学校沿着正规化、制度化和规范化轨道快速前进，受到水产界、水产教育界以及相关科研院所和毕业生用人单位称赞。

① 作风建设。大学作风彰显勤奋好学、崇尚学术、敬仰师长。大学领导的重要职责，就是大力而持续地营造勤奋、严谨、求实、创新的环境氛围，奋力进行优良

作风建设。

大学作风包括校风、学风、教风、管风。长期以来，认真学习全国重点大学作风建设的经验及其内容体系，1991年研究制定了大连水产学院“团结、勤奋、文明、求实”校风、“刻苦、严谨、奋进”学风、“务实创新、教书育人”教风和“勤政、廉洁、服务、开拓”管风，并展示于校园中，与此同时，持续开展了“教书育人”“管理育人”和“优秀学生”等系列表彰活动，旨在营造浓郁的大学氛围，继承和发扬大学优良作风，效果明显。

② 校长办公室建设。校长办公室是学校的综合办事机构和对外窗口，也是学校领导的参谋助手，行使学校的信息枢纽、部门的综合协调和决策的督促检查等职能。校长办公室的主要职责是起草全校性的工作计划、总结、报告、请示、规划、决议等文件，组织全校性会议和大型活动，检查学校决策的实施和重要事项的贯彻落实情况，协调各单位间的综合性工作，开展专题性调查研究并提出相应建议，审核、规范学校拟出台的政策性文件、规章制度和拟签署的各类合同、协议等法律文书，以及向上级呈报的各类文件，等等。

校长办公室建设从作风建设入手，培养谋事要实、踏实肯干、科学严谨、注重实效的优良作风；提倡创新精神，创建《大连水产学院年鉴》，首次举办40年校庆；注意培养精细作风和综合能力，上报文件的书写及其印刷、装订等技术性工作细节，力求符合专业技术规范。

校长办公室工作逐步走向科学、规范、创新轨道，受到全校教职员工和农业部主管部门的认可。

③ 学校“八五”发展计划和十年规划。1992年3月组织起草学校“八五”发展计划和十年规划，内容包括“七五”期间事业发展概况，“八五”期间事业发展的基本思路、主要任务和措施，以及今后十年学校发展思路与要点。

“八五”发展计划科学而具体地勾画了学校规模、学科（专业）建设、教学工作、科技工作、学生工作、队伍建设（师资、干部、工人）、办学条件建设（基本建设、实验室建设、图书情报建设、实习基地建设）、管理工作、校办产业和社会主义精神文明等，具有科学性、前瞻性和可操作性，为学校持续健康发展奠定了切实可行的宏伟蓝图。

④ 校内管理体制综合改革。根据高校综合改革“体制改革是关键，人事制度和分配制度改革是突破口，教育教学改革是核心，发展规模、提高质量和效益是目的”的精神，1992年开展校内管理体制综合改革，制定《综合改革总体方案》《人事制度改革实施办法》《分配制度改革实施办法》以及12项有关具体实施细则，并

拟订教育教学改革总体方案。

1993 ~ 1994年全面贯彻实施各项改革方案和细则。

a. 人事制度改革。通过“三定”（定编、定岗、定任务）“一聘”，进行人员合理分流，调整和优化队伍结构，全校应聘在岗人员610人，未聘14人，处级机构由23个精简为20个，科级机构由42个减至35个，建立自我约束、竞争激励和双向流动机制。

b. 分配制度改革。修改完善岗位津贴实施方案，建立专项津贴，完善奖励津贴实施办法。

c. 教育教学改革。以创建高级专门人才培养模式为轴心，建立专业、课程群和课程的理论教学体系和实践教学体系。

通过管理体制综合改革，精简了机构，压缩了编制，调整和优化了结构，充分体现了“干与不干不一样，干多干少不一样，干好干坏不一样，突出贡献与一般贡献不一样”，调动了各类人员的积极性和创造性，增强了事业心和责任感，促进了各项管理工作制度化和规范化建设，提高了教学质量、育人质量和管理水平。

⑤ 隆重而成功地举行40周年校庆。按照既隆重、热烈，又务实、朴实的原则，全院上下动员，积极认真地进行了10个月的准备工作，于1992年9月7日至9日历时3天举行了纪念建校40周年庆祝活动。

返校校友达987人，83家单位前来祝贺。中顾委委员宋黎，农业部副部长张延禧，辽宁省人大常委会副主任张知远、教委副主任姬庆生，大连市人大常委会主任卞国胜、市委副书记林庆民、副市长吴明熙、政协副主席赵亚平、纪委副书记张承恩、下一代工作委员会主任刘汉清，全国水产院校（上海水产大学和厦门水产学院）领导和大连市兄弟院校（大连理工大学、大连海运学院、辽宁师范学院、大连水面舰艇学院、大连陆军学院）领导，日本专家以及我院历任党政领导参加了庆祝会。

校庆期间，举办了校史、科技成果和学校发展规划等系列展览会，印发了大连水产学院简介画册、校史、校友通讯录、科技成果和论文摘要汇编，放映了《大连水产学院向江河湖海进军》录像片，邀请校友为在校生做《成才之路》报告。各系还分头举办学术报告会、交流会、沟通信息座谈会，签订多项横向开发协议。40周年校庆活动具有相聚情谊深、学术气氛浓、思想教育实等特点，完满地达到预期目的。

广大校友及其所在单位捐款43万元，建立“水产教育基金”，鼓励优秀学生和优秀教育工作者。

⑥ 队伍建设。办好大学，关键要有政治素质好和业务能力强的教师队伍和干部队伍。

a. 教师队伍建设。通过调整、选留、引进、培养、考核、聘审等系列措施，优化教师队伍年龄、学历和职称结构。系（部）制订师资培养规划及其年度培养计划，每位教师制订进修提高计划。大力提倡既能教好书又能搞科学研究和教学研究的“双料”教师，规定研究成果作为晋升高级职称的重要条件。注重青年教师培养。首先要过好教学关，新教师参加岗前培训后先当2～3年助教，然后在老教师指导下讲授部分章节，经教研室审核认可后方可担任课程主讲教师。建立“优秀青年教师奖”“优秀教学奖”“优秀论文奖”等奖励制度以及“青年教师科研基金”“水产教育基金”，实行青年教师导师制，在职称评定和住房分配等向青年教师倾斜。青年教师在一级学报上发表论文，学校给予报销版面费。单身青年教师每月享受生活补助费30元，硕士生享受讲师工资待遇，博士生享受副教授工资待遇。

b. 干部队伍建设。稳定各级管理干部的任职岗位，着力培养提高干部的业务管理能力，树立为基层、教学、教师和学生服务的思想观念，坚决反对形式主义和官僚主义工作作风。注重培养中青年领导干部。打破论资排辈、求全责备等陈旧观念，把认真贯彻执行党的教育方针、事业心强、工作扎实、业绩突出、为政清廉、群众信任的年轻干部选拔到各级领导岗位。对少数处级青年干部，采取就近就地去重点大学对口履职培养。队伍建设效果明显，1991～1994年有42名教师和干部荣获国务院特殊津贴。学校各级领导主动把劳动模范、课题主持人、第一获奖人让给别人，因而充分调动了教师、干部的积极性，应该说这是两支队伍建设取得优异成果的重要因素之一。

⑦ 学科建设。学科是大学的学术单位（基本元素），是科学研究、学术队伍建设、人才培养、社会服务和文化传承的基地，反映办学水平、学术水平、育人质量和社会地位。学科建设是各项建设工作的核心，内涵包括专业建设、汇聚学科队伍、凝练学科方向、搭建实践基地。

20世纪80年代中期，重点大学开始重视学科建设，特别是1991年4月全国人大七届四次全会正式提出“211工程”并于1995年10月17日正式实施以来，学科建设倍受重视。我校自1986年获得硕士学位授予权以来，学科建设逐步进入正规化轨道，水产养殖硕士点1987年招收硕士研究生，捕捞学1993年获硕士授予权。

多年来，在学科（专业）建设上坚持多学科协调发展，正确处理优势及特色学科与一般学科关系，应用型学科与基础学科关系，通过停办、改造与调整、增设学科（专业）等一系列措施，逐步改变了单一水产学科的状况，建立起以水产学科（专业）和具有水产特色的工程学科为主，水产、工程、经济管理等综合性学科（专业）结构体系的框架，三大学科类的在校生规模各占1/3。制定并实施《重点学科的评选和建设暂行规定》和《学术带头人和学术骨干试行办法》，评选4个重点学科（水产养殖、捕捞学、船舶工程学、港口及航道工程学）和一批学术带头人、学术骨干。水产养殖学科于1993年和1995年分别被农业部和辽宁省评定为重点学科，持续取得一系列科研成果和教学成果，其总体实力在国内同类学科中处于先进水平，有的研究方向居领先水平。

数学、物理和外语等基础学科建设及其教学工作。学校属于农业部部属水产行业性院校，主要任务是培养基础理论扎实、专业知识面宽、实践能力强、综合素质高的水产类及具有水产特色的各类应用型高级专门人才。这种应用性技术人才，必须具有精深而牢固的数学、物理、化学、生物和外语等基础理论基础。学校在教师定编、定岗、职称评定以及资金投入方面向基础课教师倾斜，重视基础理论课建设及其教学工作，创建特色鲜明（向专业靠拢）的基础课教学新体系。在授课过程及第二课堂活动中要求学生系统掌握基础理论知识的同时，注重培养分析问题和解决问题能力。

持续多年强化基础理论课教学，育人效果特别明显，各专业本科毕业生质量逐年提高。1991年水产养殖本科学生参加东北地区农科院校农学类专业数学统考名列第一（平均91.24分，及格率98.8%）；1992年至1994年我校学生参加大连市本科高校数学竞赛（9所工科院校学生和师范院校数学系学生），连续3年荣获本科组团体总分第一名；1994年还荣获文科本科团体总分第一名，并囊括这2个组的个人成绩第一名；水产养殖专业本科在东北地区农林牧及水产院校数学统考中平均及格率连续4次名列榜首。1994年全校本科学生英语四级统考及格率高达69%。

⑧ 教学管理。教学工作是影响育人质量的第一重要因素。1990年以来，坚持知识、能力、素质协调发展，注重能力培养，着力提高学生的学习能力、实践能力和创新能力，科学而规范地开展各项教学管理工作。在理论教学管理方面，更新优化教学内容，端正教学态度，改进教学方法，稳定课堂听课秩序，提高晚自习出席率，积极开展第二课堂教学活动；在实践教学管理方面，完善实验教学、教学实习（课程论文、设计）、生产实习、综合实习、毕业实习、毕业论文（设计）实践环节及其教学内容、方法与措施，注重培养学生的综合实践能力和综合素质；在教材建设与管理方面，充分发挥教材指导委员会及其领导小组的作用，认真开展教材的选择与审定、编写与印刷，以及质量评估与表彰，注重教材质量及使用效益。建立和完善教学管理规章制度，包括各级领导干部听课制度、教师教学工作规范、研究生和本科专科生教学管理制度及其行为规范，注重稳定教学秩序和提高教学质量及育人质量。

教育教学改革。全面提高育人质量，培养理论扎实、知识面广、能力强、素质高的应用型高级专门人才，注重培养学习能力、分析问题和解决问题能力以及科学实验能力与专业实践能力，持续深入地开展教育教学改革。

第一，全面修订20个专业人才培养方案（教学计划），明确专业培养目标和学业标准，优化课程设置结构体系，科学分配公共课、基础课、专业基础课和专业课的学分比例，以及政治理论教学与业务教学、理论教学与实践教学的学分比例，大幅度缩减总学时和专业课学时，稳定专业基础课学时，增加实践教学时间，科学而果断地处理了政治理论课、基础理论课和专业课之间的关系。

第二，建立和完善专业教学体系，包括理论教学体系和实践教学体系，构建合理的知识结构和能力结构。在全院广泛宣传推广淡水渔业专业教育教学改革及其创建教学体系成功经验，加速专业教学体系改革进程。

第三，开展课程群及课程改革，包括理论教学体系和实验教学体系、教学内容、教学方法，建设一批重点课程，提高了教学质量和学术水平。

1993年，学校举行优秀教学成果表彰大会，9项成果获得奖励，包括一等奖3项、2等奖6项。其中，“充分发挥多学科协作优势，建设具有自己特色的淡水渔业教学体系”荣获优秀教学成果辽宁省一等奖和国家级一等奖，“提高数学课程教学质量的研究与实践”获辽宁省优秀教学成果二等奖。

⑨ 科学研究管理。科技工作是高校诸项工作的制高点，是影响育人质量的第二重要因素。1980年以来，认真贯彻执行科学技术为经济建设和水产事业发展服务精神，面对教师科研能力弱及科研成果少的实际情况，确立学校科技工作指导思想、基本思路和具体措施，明确科技工作为学校上层次、上水平服务，充分发挥学科特点和科技力量优势，重点开展应用基础理论研究、应用技术研究和高新技术研究，坚持纵向和横向课题相结合，以纵向课题为主，坚持科技工作与教学、生产相结合，以及科研与技术推广及科技产业相结合原则，大力提倡跨专业、跨学科、跨院（系）协作开展大型科研工作；认真抓好科研计划拟订，项目申报、实施、总结、鉴定、报奖和推广工作，以及科技成果和论文表彰等工作；科研处与教务处、人事处紧密配合，结合重点学科、学术带头人的评选与建设，对各个学科（专业）的科研力量状况逐一进行分析研究，把握各自的科技优势，明确科研主攻方向，实行老、中、青三结合和多学科协作。课题层次不断提升，科研成果逐年增加，获得国家级科技进步二等奖和三等奖。

⑩ 《大连水产学院学报》建设。充实工作人员，扩大稿源，持续稳定年刊4期，增加国内外发行量，注重提高刊文的学术水平和编辑出版质量。

⑪ 学生管理。大学的根本任务是培养高级专门人才。学生管理工作必须全面贯彻党的教育方针，坚持教育为社会主义现代化服务，培养德智体美全面发展的社会主义建设者和接班人，全面实施素质教育，着力提高育人质量。从贯彻执行《普通

高校学生管理规定》和《高等学校学生行为准则》入手，严格行为管理，认真贯彻实施课堂、食堂、早操、晚自习、宿舍管理制度。二级教学单位与教务处、学生处和总务处密切配合，认真抓好以课堂秩序、清洁卫生、公共秩序、举止文明和爱护公物为主要内容的校园精神文明建设。开展“优良学风班”“优良班主任”“文明宿舍”以及社会实践活动，建立公益劳动和生产劳动制度，培养优良学风，以及劳动观点、群众观点和艰苦奋斗精神。

⑫ 后勤管理。高校后勤管理工作的基本任务，是科学而规范地管理好全校教学、科研和生活等各种物质资源，包括用房及其水、电、暖等设施（设备）正常运转，制定维修管理制度，注重学生住宿、饮食和洗澡条件维护，加强学生与教工食堂管理，严禁发生中毒事故。

⑬ 1994年主持制定《大连水产学院住房分配方案》，具体组织分配114套房源。许多人问我，为什么院长还要亲自主持分房工作？我的回答很简单，就是要为大连水产学院在这样一个重大的民生问题上树立起一面公平、合理的旗帜，认真贯彻执行党的知识分子政策，营造尊重知识、尊重教师、尊重创造的大学氛围。

《大连水产学院住房分配方案》有许多突出大学特点及创新性内容。如博士生直接在第一档中定位分配，计分项目中除工龄分外，增加职务（职称）和职龄分（每年0.3分）、学位分（硕士加3分，在读博士加4分，在读硕士加1分）、奖励分（科研奖、教学奖和劳动模范），以及附加分（硕士、博士、台属、烈属、残疾军人、因公致残者）；正确处理工龄、职务、职称、职龄之间关系，充分体现向教学第一线倾斜，以及高校分配住房工作特点。分房工作坚持了房源、打分和分配调整三公开的原则，在统筹兼顾的基础上向教师倾斜。

⑭ 财务管理。财务处在院长领导下，对学校各项财会业务进行管理：依法多渠道筹集资金，合理编制、控制和管理学校预算；科学配置资源，节约支出，提高资金使用效率；加强资产管理，建立健全财务规章制度，规范校内经济秩序，如实反映学校财务状况，对学校经济活动的合法性、合理性进行监督。

多年来，注重财会队伍的建设与管理，以及财务工作制度化和规范化建设。认真总结财务管理工作，学习兄弟院校先进经验，结合学校实际情况制订教育经费预算，向教学第一线倾斜。1994年农业部教育司《部属高等农业院校教学状态调查与评价总结报告》指出，大连水产学院在部属18所院校中教学业务费占事业费的比例最高（11.68%）。大力提倡勤俭建校、厉行节约的工作作风，实行限额管理制度，严格控制乘坐飞机和出租车以及请客吃饭。

⑮ 校办产业。1985年以来，国家提倡高校兴办产业。根据校办产业以科技产业

和高新技术产业为主的精神，在实际操作中注意了办产业与科技成果转化及学科专业相结合，充分发挥科技优势，实行教学、科研、生产三结合，逐步形成有特色、高效益的主体产业，实行校、系两级管理；成立科技产业处，举办海水养殖场、海珍品育苗基地和房地产开发公司3个校级产业，以及海产经济动植物育苗场、机械厂、土木工程勘察设计室、印刷厂、石化仪器设备开发公司、淡水养殖场6个系级产业。但是，校办产业的综合效益并不高，甚至出现严重亏本现象。其原因是多方面的，主要是缺少具有企业管理经验以及高素质的管理干部。

⑯ 海珍品优良苗种基地建设。为了充分发挥学校位于海边的优越条件，建立海珍品优良苗种基地，与海养楼内小型教学试验池（200 m^3水体）相配套，完善海水养殖专业实践教学条件，使学生在校学习理论课期间就能开展专业性科学实验，实现实验教学、教学实习、生产实习、毕业论文等多个实践教学环节的有序衔接，并且与科学研究工作有机地连接起来，强化学生综合实践能力的培养，大幅度地提高教学质量、育人质量以及科研水平，多出成果，出好成果，出大成果。

1993年开始选择地址和申请审批手续以及筹措资金，经农业部批准通过农业投资公司贷款210万元，自筹200万元。1994年在黑石礁红崖底兴建海珍品优良苗种基地，1997年竣工，有育苗车间及附属用房2 400 m^2、育苗间840 m^2、沉淀池2 000 m^3、调温池1 000 m^3、升温池100 m^3、单胞藻室560 m^2、过滤罐4个，配套工程有锅炉房280 m^2、泵房70 m^2、防浪堤180 m（水体1 000 m^3）。

遗憾的是，这样一个可以提供海水养殖专业师生进行贝类、虾蟹类、棘皮动物、鱼类养殖实验教学、生产实习、毕业论文等实践教学，以及开展科研工作的校内教学基地，却承包给个人经营，不允许师生进入开展实践教学和科研活动。

综上所述，1965年9月调入大连水产学院至1994年11月院长卸任，奋力为祖国水产高等教育事业发展及其高级专门人才培养做了一些有益的工作，但同时也有些没办成的事宜。如1980年12月国家水产总局批准我校兴建干部培训楼，在讨论选址问题会议上我建议“在学校附近选址，以扩大校园面积”；1981年党委会讨论教师调整事宜时我意“参照大连工学院的经验，把留校‘工农兵学员’调整到实验教学岗位和管理工作岗位或通过基础文化考试优异者任教师”；20世纪80年代初学校持续多年以大幅降低分数线的办法录取体育特招生，我多次提出不同意见；1992年拟将个别校级中年后备干部送到华中农学院对岗培养（农业部人事司领导同意）以及将4～5名处级青年行政管理干部送到大连工学院对口每周3天履职培养（大连工学院主要领导同意）；1992年向大连市政府行文《大连水产学院关于扩大校园面积的请示报告》，将学校门前至自然博物馆之间的临海陆地及浅海滩以及学校西侧的山体南坡（约7万平方米）规划为大连水产学院校区，大连市规划局同意，主管科教副市长吴明熙批准，最终被时任市长否定。这些意见及举措还是因为工作力度不够，都没有如愿实现，影响了大连水产学院的常态建设与发展。

（二）延聘期间工作

1994年12月至2005年10月延聘期间，返回养殖系履行教授岗位职责，继续从事硕士研究生培养工作，同时主持原国家教委“高等教育面向21世纪教学内容和课程体系改革计划”03-4-3项目“水产养殖学专业（本科）教学内容、课程体系及人才培养方案改革的研究与实践”，以及教育部“新世纪高等教育教学改革工程”1292B0611项目“水产养殖学专业（本科）实践教学创新体系的建立与实践”2项国家级教育教学研究课题，研究成果分别于2001年获国家级教学成果二等奖和2005年获辽宁省教学成果一等奖。编著出版《水产养殖学概论》（青岛出版社，2000年）和《水产养殖学专业实验实习教材：生产实习与综合教学实习》（中国农业出版社，2004年）2部教材，发表科技论文《鲇人工繁殖关键技术的研究》等17篇和教研论文《面向21世纪水产养殖专业（本科）课程体系和人才培养模式研究》等18篇。1995年和2003年分别荣获“大连市优秀科技工作者”和“全国水产优秀科技工作者”称号。

值得提及的是，淡水渔业专业荣获国家级教学成果一等奖，水产养殖学专业获国家级教学成果二等奖，代表了当时中国水产高等教育教学工作的最高水平，是中国水产教育领域意义最重大、影响最深远的教学成就。主持人2000年1月赴我国台湾海洋大学出席两岸水产教育研讨会并向大会做了《水产养殖类（本科）专业调整、改革和建设》报告，受到我国台湾与会学者的称赞和好评，取得较好的社会效益。2007年入选教育部和财政部“高等学校本科教学质量与教学改革工程”人才培养模式创新实验区072项目“水产养殖学专业人才培养模式创新实验区”，2008年入选“高等学校特色专业建设点”TS10160项目“水产养殖学专业国家特色专业建设点”。

（三）返聘至今工作

2005年11月至2013年12月返聘8年，以及自2014年1月至今，十几年来仍然奋战在教育教学第一线，每天正常上班，早出晚归，认真学习，潜心研究，严谨治学，真抓实干，系统总结多年来取得的科研成果与教研成果，撰写出版科技著作《中国水产养殖学》（科学出版社，2008年）和《水产养殖生物学》（科学出版社，2014年），以及教研著作《应用型人才培养模式的研究与实践》（高等教育出版社，2012年），并撰写《大连水产学院水产与生命学院沿革、建设和发展及其经验概述》等4篇教研论文。

2005年，作为第一参加人参与辽宁省高等教育改革项目“水产养殖学专业应用型人才培养模式改革的探索与实践”，改革成果于2009年获辽宁省教学成果一等奖；2006年，作为第二主持人参与教育部和财政部“高等学校本科教学质量与教学改革工程”“人才培养模式创新实验区”2007072项目“水产养殖学专业人才培养模式创新实验区”；2008年，参加“高等学校特色专业建设点”TS10160项目“水产养殖学专业国家特色专业建设点”2个项目的申报与实施工作。3项研究成果显著，社会效果明显，培养学生1 000余人，明显提高了育人质量，带动了水产养殖学科的建设与发展，全面推动了生命科学与技术学院教学改革和课程建设、教材建设、学术队伍与管理队伍建设，以及实验室与教学基地建设。

值得提及的是，2010年4月至12月先后亲自赴海南大学、华南农业大学、宁波大学、浙江海洋学院、上海海洋大学、烟台大学、青岛农业大学、中国海洋大学、河北农业大学海洋学院、天津农学院、西北农林科技大学、内蒙古农业大学、吉林农业大学、长春理工大学、吉林大学等15所院校，推广水产养殖学专业教育教学改革经验及其研究成果。15所院校都专门召开了主管教学校领导、教务处领导以及水产养殖学专业教师会议。会上报告了我校水产养殖学专业教育教学改革经验及主要研究成果，并广泛研讨了水产养殖学专业培养目标、课程设置和教学内容，通识教育与专业教育，实践教学内容、方式和管理机制，专业办学特色等问题。

也就是说，1年内向全国众多高校推广了我校承担的“水产养殖学专业人才培养模式创新实验区”和“水产养殖学专业国家特色专业建设点”2项课题的研究与实践成果及其工作经验，认真贯彻了教育部和财政部关于“项目承担学校和项目负责人要充分认识项目的重要意义”“影响和带动其他高校人才培养模式的改革和创新”“切实为同类型高校相关专业和本校的专业建设和改革起到示范和带动作用”“推进高校专业建设与人才培养紧密结合国家经济社会发展需要”的系列要求，取得广泛且较好的社会效益。华南农业大学校长助理会后与我个别进行了深入交谈，认为我们的专业改革和研究工作实用性很强，并有针对性地讨论了他们学校水产养殖学专业本科培养目标及其提高人才培养质量和诸多有关教育教学改革工作思路与有效措施。水产养殖系主任和多位教师利用两个晚上与我交谈了许多办学及教学改革具体问题，而且把我的报告稿挂在校园网上。宁波大学动物科技学院水产养殖系领导和多位教授还专门与我探讨了我们开展水产养殖学专业教育教学改革过程、主要思路及工作经验与体会。青岛农业大学不仅把我的报告稿直接挂在校园网上，而且把大连水产学院水产养殖学专业人才培养模式及教育教学改革的思路、措施、内容和经验，作为本校水产养殖学专业建设及教育教学的指导性文件。

第三节　荣誉称号

一、国务院（政府）特殊津贴

根据《中共中央、国务院关于给做出突出贡献的专家、学者、技术人员发放政府特殊津贴的通知》（中发〔1991〕10号）关于“长期工作在教育、教学工作第一线，对学科建设、人才培养、事业发展发挥了重大作用，所创新的教育理论或教学方法，经省（部）级以上的教育行政部门鉴定并普遍推广，成效显著并为同行所公认”等选拔条件，经大连水产学院推荐、农业部审核、国务院批准，1992年荣获国务院特殊津贴。

二、大连市优秀科技工作者

根据大连市关于优秀科技工作者必须“热爱祖国，遵纪守法，坚持四项基本原则；具有较强的献身、创新、求实、协作的科学精神和良好的职业道德”，以及“省部级科技奖励二等奖（或2个以上三等奖）或与之相当的其他奖项项目的主要完成人”的条件，经大连水产学院推荐、大连市政府批准，于1995年荣获大连市优秀科技工作者称号。

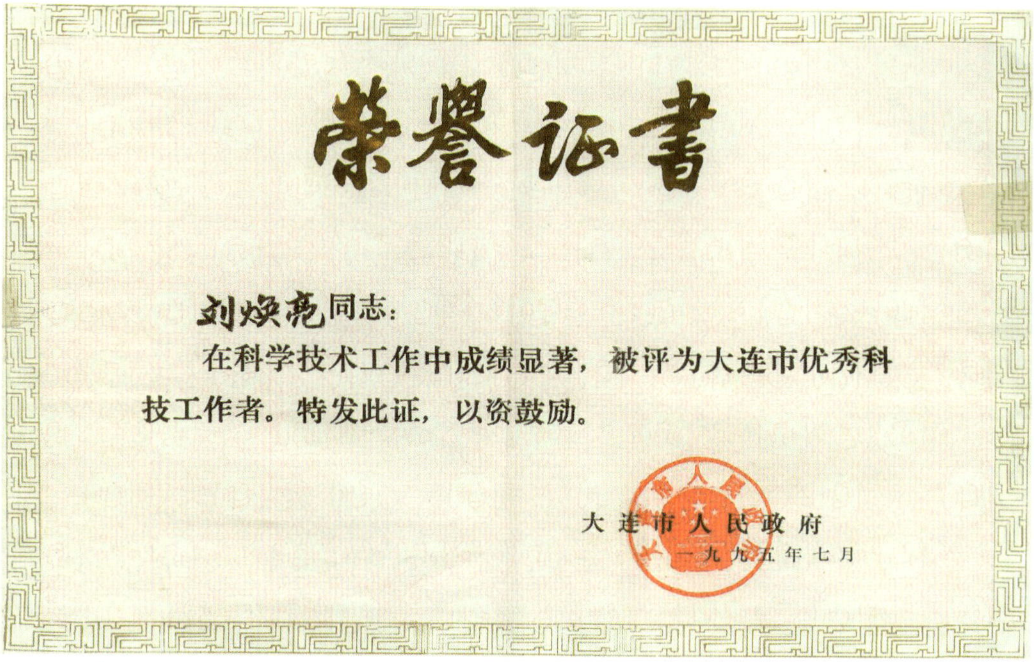

荣誉证書

刘焕亮同志：

在科学技术工作中成绩显著，被评为大连市优秀科技工作者。特发此证，以资鼓励。

大连市人民政府

一九九五年七月

三、全国优秀水产科技工作者

20世纪70年代加入中国水产学会以来，先后承担辽宁省水产学会常务理事，中国水产学会淡水专业委员会副主任、主任及顾问，积极参加、组织领导各种学会活动，取得较好成绩，对全国水产养殖事业发展做出一定贡献，在水产养殖科技工作和水产高等教育事业方面取得优异成绩。2003年由中国水产学会授予全国优秀水产科技工作者称号。

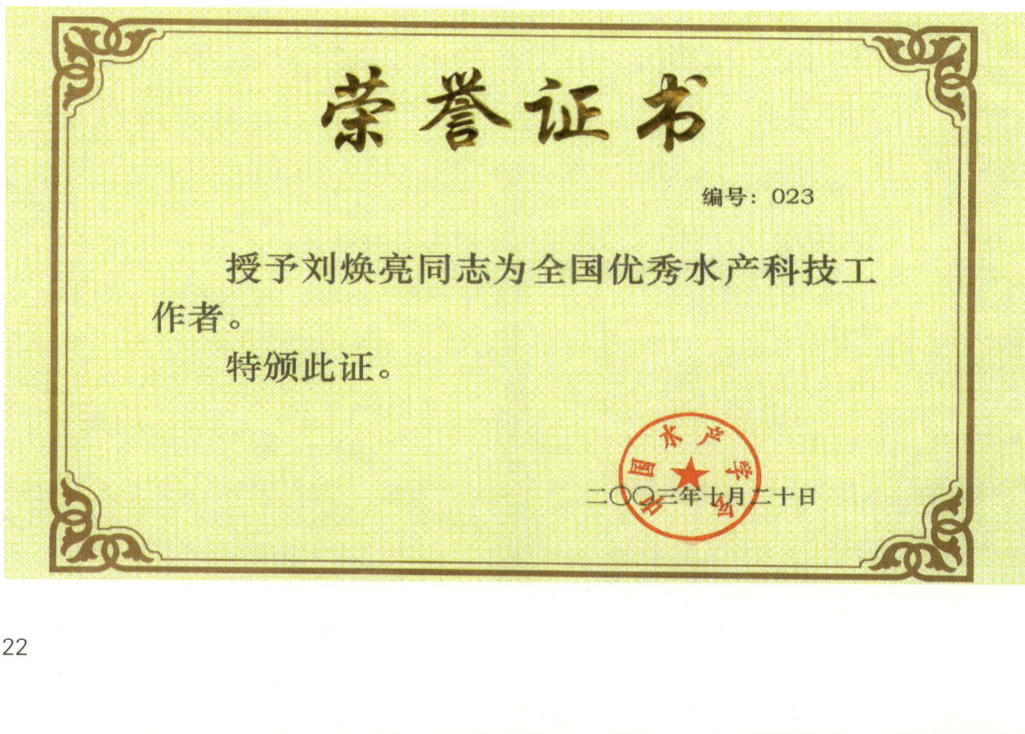

荣誉证书

编号：023

授予刘焕亮同志为全国优秀水产科技工作者。

特颁此证。

二〇〇三年七月二十日

第二章 理想信念

第一节 习惯养成

4岁到18岁（1937年至1951年），恰好是我学龄前开始记事及上小学和初中的童年和少年时期。这个时期，已经养成了好多习惯，如早睡早起、不睡懒觉、坚持午睡，不怕寒冷、手脚耐冻（冬季早起拣粪），摆放劳动工具（帚把、铁锹等）和物品规整有序（父亲耐心指导和严格要求），自己动手缝补衣袜（受父亲影响），喜欢跑步、游泳（河沟里），赶海摸蟹子（家乡离海较近）……这些习惯的养成，与父母亲的引导及严格教育，以及家庭生活条件和农村社会环境的影响有关。父亲是个会读书写字的农民，又是农业生产能手，从犁地到收割样样精通，作风严谨，待人诚恳，对儿女的言行要求严格。母亲是个不识字的家庭妇女，勤劳善良，性格温和，亲爱孩子，好表扬鼓励人。家庭人口多，大哥“闯关东”，二哥精神有点失常，4位姐姐先后出嫁，五姐私自离家参加了八路军（1948年）。家庭生活比较困难，依靠种地勉强维持生活，逢遇歉收年景需要借粮糊口。

我4岁开始帮助父母亲干家务活，天刚亮就得起床，要么去村南头泉水井挑水（刚开始时个子小，还得把扁担两头的钩环系变短），要么去坟地等有狗粪的地方拣粪，要么就干些零活，如清扫院子等。随着年龄的增加，身体逐渐强壮起来，除了干些家务零活外，还到农田里干些辅助性农活，如拣地里（丘陵山地）的石头，拔掉庄稼苗间的杂草，以及逢集市时提着粪筐拣骡驴马粪，等等。小学后期和初中期间已成了家里的主要劳动力，星期天和农忙假期承担起种地和收割等农业技术活，包括推独轮车向田里送粪，扶犁耕地、播种，以及收割庄稼等技术性很强的重体力劳动。

童年和少年期间养成的优良作风，如摆放东西规整有序和做事认真、追求精准的良好习惯，就是在父亲的严格要求和耐心培育下形成的。例如，当清扫庭院后把帚把、铁锹等工具随手乱放时，就会受到父亲的严厉训斥，在他的监督和具体指导下重新摆放直到合格后才罢休；再如，父亲让我单独使用黄牛扶犁耕地和播种，手把手地教我，具体指导如何才能把犁扶直、扶好（抬头，眼睛向前看……），使我很快就掌握了犁地的技术要点，犁杖扶得又直又好，受到村里不少人的称赞。这些都是我一生难忘的，怀念我的父亲和母亲。

学龄前至上小学前期（至1945年日本投降），祖籍山东省蓬莱县属于游击地区，实际上是共产党游击队领区。亲眼所见，刘家沟镇广大人民群众与共产党地下组织和游击队员们亲密无间，儿童们也都喜欢与他们热情接触。伪军常驻蓬莱县城里，下乡扫荡时不是打人，就是抢东西，大人、小孩都吓得跑得远远的。发生游击战争时经常看到游击队员和共产党地下工作者（包括我们小学体育老师）被打死、打伤。这些事情在我幼小心灵中深深地打上了烙印，知道谁是我们的亲人，谁是我们的敌人。也就是说，在童年时期就牢固地树立了拥护共产党和八路军、热爱伟大祖国的思想观念。

童年、少年时期，长期参加农村家务劳动及农业生产劳动，培养了深厚的劳动人民感情，知道粮食来之不易，随意浪费一粒米都是犯罪。这些良好习惯的养成，不仅有利于自身的生长发育与身心健康，而且培养了热爱劳动、吃苦耐劳、不怕艰苦与困难、勇于担当的思想素质，说实话、办实事、讲原则和爱憎分明的政治品质，以及做事认真、严谨有序的优良作风。这些做事的好习惯以及做人的优良品质，使我受益终生。

第二节　大学梦

小学时期，我学习上还算努力，成绩也不差，但没有考虑长大后干什么。上了初中，在听课中感悟到老师们都很有学问，渐渐就梦想将来要成为一个像老师们那样有知识、有学问的人。

1951年8月初中毕业，多数同学被招聘去沈阳市商业及工业系统工作，我和2位有同样梦想的同学则下定决心要继续求学。当时蓬莱县只有一所初级中学，没有高级中学，继续学习需要到外地求学，因为家庭经济困难，到外地上高级中学拿不起学费，只好上免学费的专业性中级学校。届时，烟台水产学校、莱阳农业学校、济南卫生学校和济南师范学校等多个职业中学来蓬莱中学招生，我们3个人选择了去烟台水产学校学习渔捞专业，不久又转入水产品加工专业。

我们在烟台水产学校学习期间思想不够稳定，一是因为毕业后不能直接考大学，二是认为学水产没有出息。因此，1952年暑假，3个人私自乘船去大连市（晚上睡在火车站候车室长凳上，常常被臭虫咬醒）报考大连工学院，由于没有高中毕业文凭未能报上名，因而未能实现上大学的梦想。从此以后，坚定了考大学的决心，更加努力学习，学习成绩在班里遥遥领先，决心做一名优秀学生，积极参加学校及班级组织的各项集体活动，特别是各种体育活动，如运动会、篮球赛和游泳比赛等。有一次参加了学校长跑比赛活动并取得名次，后来就逐渐喜欢上了中长跑运动。1954年7月毕业，喜逢国家允许应届中专毕业生报考大学，经班主任老师推荐，学校批准我报考大学，但限定只能报考水产养殖专业。8月接到山东大学录取通知书。

1954年9月实现了上大学的梦想。尽管当时我想学的是理工科，而不是水产养殖专业，但仔细想一想，一个人一生能够得到上大学的机会也是不易的，而且山东大学还是全国重点大学，因此，就安心学习水产养殖专业了，学习成绩还算优良（考试课22门，考试方式为口试，其中9门优秀，10门良好，3门及格；考查课11门，全部通过），1958年7月顺利地领到山东大学本科毕业文凭。

大学期间，一心想成为一名德智体全面发展的好学生。在政治上，积极响应党的号召，按照教育方针和学校章程以及各级领导的要求，认真学习马列主义和毛泽东思想，能够主动改造主观世界，克服个人主义和自由主义思想，树立辩证唯物主义世界观和为人民服务人生观，积极参加各项政治活动和体育活动，每年参加学校体育运动会，1 500米项目连续4年获得冠军，沿着“又红又专”道路奋勇前进。在业务上，系统学习33门理论课程，包括数学、物理学和化学类课程8门，生命科学类课程12门，专业类课程3门，政治类课程3门，外语类课程2门（俄语和日语）以及体育等其他课程5门；积极参加各项实践教学，包括实验课15门、教学实习3门，以及毕业论文和社会实践活动，系统掌握了水产养殖专业必需的基础理论、基本知识，以及必要的基本技能、方法和相关知识，具有从事本专业实际工作和研究工作的初步能力。

大学4年，通过课程学习和参加各类实践活动，以及大学育人环境和学术氛围的塑造，基础理论不断加深，知识面不断拓宽，分析问题能力和实践能力不断增强，政治思想素质、业务素质、文化素质和身体心理素质不断提高，为将来成为一名科学专家（水产养殖学专家）奠定了坚实的基础。那时，山东大学的育人目标就是培养高级专门人才，毕业生基本上都是分配去高等学校、中国科学院和省（市）

研究所，以及国家部委和省（市）级管理部门。

能够成为一名合格的高级专门人才，还得益于众多恩师的帮助教育。在烟台水产学校学习期间，得到校长孙更生、教务主任何鍈、班主任兼俄语老师陶复岐、化学老师徐均望、物理学老师付敏、要好同学李德宏等的耐心帮助和热心教育，因而能够热爱所学专业，努力学习，严谨治学，讲话注意逻辑（徐均望老师告诉我，讲话不要啰唆），遵守纪律，申请加入共青团组织。在山东大学就读期间，水产系主任兼无脊椎动物学老师尹左芬教授、系主任兼生物化学老师李爱杰教授、浮游生物学和内陆水域鱼类增养殖学老师李德尚教授、无脊椎动物胚胎学老师李嘉泳教授、植物学老师陈机教授、物理学老师于良教授，知识渊博，治学严谨，追求真理，亲爱学生，他们治学、谋事和做人的形象，深深影响和鞭策着我；还有许多要好的同学，胡维兴、赵焕登、王秩宗……学习好，为人正派，待人诚恳，思想进步，信仰共产主义，激励和帮助着我，介绍我加入共青团，并成为一名党外积极分子。

第三节　信仰追求

抗日战争时期，时年4岁至12岁，就敬仰伟大的中国共产党。山东省蓬莱县刘家沟镇是共产党游击队领区，日、伪军屯驻蓬莱县城里，经常下乡扫荡，但未亲眼见到日本军人。伪军下乡扫荡时不是打人，就是抢东西，大人、小孩被吓得跑得远远的。当伪军返回城里，村里的农业生产活动和农民生活就恢复正常。农民群众与共产党及其游击队员们的关系亲密无间，当八路军游击队来到村里时，我们（学前儿童和小学生）都围拢过来，热情地与他们接触交谈，听他们讲战斗故事，学唱革命歌曲，一起玩耍做游戏。经过与八路军游击队的频繁接触，以及长期的农村生活实践，亲身感受到八路军游击队是人民的子弟兵，共产党是广大劳动人民的大救星。

解放战争时期，时年13岁至16岁。家乡是共产党解放区根据地，1946年11月至1947年开展土地改革运动，贯彻执行“耕者有其田”和“分田到户”政策，根据农民家庭拥有的生产资料（土地和生产工具等）及其主要成员参加劳动的具体情况，划分阶级成分（地主、富农、中农、贫农和雇农）。我家有少量土地，自己劳动种地，被划为中农。

土地改革时期。目睹土地改革全程。我们小学生也参加“斗争恶霸地主”等政治活动。通过农民群众批斗恶霸地主，申冤诉苦，揭露重租高利盘剥、敲诈勒索和霸占房田等系列罪行，以及父亲具体介绍我村周围的恶霸们压榨剥削贫苦劳动人民的具体行为，加上多年的农村生活以及协助父亲劳动种田的自身体验，逐渐明白了旧中国的土地制度极不合理，占农村人口总数不到10%的地主、富农占有70%～80%的耕地，而占农村人口总数90%以上的贫农、雇农和中农，则只占有20%～30%的耕地，终年辛勤劳动，却不得温饱。土地改革运动使广大农民获得占农村95%的耕地，在政治、经济上彻底翻了身，当家做了主人，革命积极性高涨，积极参军、支前。1948年，我五姐刘瑞明参加地下党并参军、支前。土地改革运动，使我明白了恶霸地主的反动本质，共产党和八路军是劳苦大众的大救星，只有真心实意地跟着共产党走才能过上美满幸福的生活。

蓬莱县初级中学读书期间。1949年8月11日至18日中国人民解放军山东军区第一副司令员许世友，指挥第24军第72师炮兵第13团和警备第4、第5旅胜利解放了蓬莱长山列岛。这是人民解放军第一次渡海作战，是以木船、机帆船战胜敌人现代化舰艇，用步兵打败敌人海、陆军联合作战的伟大战斗，毙敌200余名，俘敌1 305名，至此，山东省全境解放。届时，许世友司令员还给我们蓬莱中学全体师生做了一场政治报告，讲述了指战员们跳下木船、迎着敌人的猛烈炮火、奋不顾身地冲上滩头的勇敢行为，以及解放长山列岛的伟大意义和解放战争的大好形势，希望教师安心教学，学生刻苦努力学习，将来好好报效祖国。战前多门榴弹炮停泊在学校操场上，战后学校还组织师生赴前线刘家旺村（长山列岛的南侧迎面），目睹了人民群众筹集粮草和渔船，以及船工们手摇木船全力支援部队作战的具体情景。解放军的勇敢与智慧，以及渔工们不怕牺牲的精神，深深教育了我们，使我们加深了对中国共产党及其人民解放军的热爱与敬仰。1950年志愿报名“参干”当空军，身体检查也合格了，由于母亲的坚决反对而未能如愿。

烟台水产学校学习期间。1951年年末至1952年10月共产党在党政机关工作人员中开展“三反”（反贪污、反浪费、反官僚主义）运动，在私营工商业者中开展“五反”（反行贿、反偷税漏税、反盗骗国家财产、反偷工减料、反盗窃国家经济情报）运动，判处大贪污犯刘青山（原中共石家庄市委副书记）和张子善（原中共天津地委书记）死刑，清除了干部队伍中的蜕化变质分子，打退了不法资本家的猖狂进攻，巩固了共产党在商业、企业中的领导地位。“三反”“五反”运动，使我认识到共产党的法纪严明，不管职位多高、贡献多大，以权谋私、贪赃枉法者都会受到应有的惩罚；私营工商业不遵纪守法、盗骗国家财产、破坏国家经济建设和社会安定者，必然受到严厉打击和处罚；对共产党的性质有了更深刻的认识。

山东大学学习期间（1954年9月至1958年7月）。系统学习《中共党史》《政治经济学》和《马列主义基础》等3门政治理论课程。通过学习《中共党史》，系统地了解中国共产党自1921年成立以来，领导中国人民经过大革命、土地革命、二万五千里长征、抗日战争和解放战争，持续28年浴血奋战和顽强奋斗，历经千辛万苦，付出巨大牺牲，推翻了压在劳动人民头上的三座大山——帝国主义、封建主义和官僚资本主义的统治，夺取了新民主主义革命胜利，建立了人民民主专政的中华人民共和国，实现了中华民族独立和全国人民解放；中华人民共和国成立以后，顺利地进行了社会主义改造，完成了从新民主主义到社会主义的过渡，确立了社会主义基本制度。这使我从思想深处认识到“没有共产党，就没有新中国！”

通过学习《政治经济学》，比较系统地掌握物质资料（生产资料和生活资料）生产要素（人的劳动，即劳动力；劳动对象；生产工具，即劳动资料）、生产力（劳动力和生产资料）、生产关系（所有制、社会地位和产品分配）、生产方式（生产力和生产关系）、上层建筑对生产力的作用与反作用，社会发展基本生产关系类型，商品生产、社会必要劳动时间、简单劳动和复杂劳动、劳动价值、资本与剩余价值、价值规律，资本积累、循环与周转，商业资本、再生产、经济危机，资本主义和帝国主义及其与世界大战关系，社会主义制度过渡时期、社会主义及其生产关系……政治经济学基础理论与基本知识，为深刻分析理解党的方针、政策奠定了重要的理论基础。

通过学习《马列主义基础》，比较系统地掌握物质、存在第一性，思维、意识第二性及其对物质的巨大能动作用，客观世界以及一切事物和现象是普遍联系的，是永恒运动、变化（量变到质变及其相互转化）与发展的，是有规律的（单一、特殊与普遍，必然性与偶然性，可能性与现实性，否定的否定），其动力在于事物自身的矛盾性（内部矛盾与外部矛盾、对立与统一），认识和思维是以实践为基础的主体对客观对象能动的、辩证的反映，等等关于自然、社会和思维发展一般规律的辩证唯物主义基础理论及基本知识，以及生产力与生产关系，经济基础与上层建筑，阶级、阶级斗争与国家，社会主义革命，社会意识及其在社会生活中的作用，人民群众和个人在历史上的作用，等等关于人类社会发展一般规律的历史唯物主义基础理论及基本知识，为树立辩证唯物主义和历史唯物主义的科学世界观，以及唯物辩证的、历史的、全面地分析问题和解决问题奠定了坚实的科学理论基础。

通过党团组织不断的说服教育以及同学们的热情帮助，主动参加青年团各项政治活动，如“把一切献给党”等团课活动，学习吴运铎等不惜牺牲自己生命的英雄事迹，认识到青年团是共产党的助手，1954年12月申请加入中国新民主主义青年团（1957年更名为中国共产主义青年团），1955年7月正式成为一名青年团员。

1955年夏季，通过轰轰烈烈的“肃反”运动面对面的对敌斗争，认识到阶级斗争的复杂性和尖锐性，也深感自己的政治理论水平和分析问题的能力与周围的共产党员相比低得多了，应当主动争取党组织及其党员同志们的帮助。在青年团和党组织的耐心引导教育下，1956年写了入党申请书，成为一名党外积极分子，经常参加党课等一系列的政治活动，系统学习党章及其有关知识，政治理论水平及政治思想觉悟得到一定程度的提高。

1957年5月1日《人民日报》刊载了中共中央在4月27日发出的《关于整风运动的指示》，决定在全党开展以反对官僚主义、宗派主义和主观主义为内容的整风运动，号召党外群众给共产党和政府提意见（想法、建议），以“大鸣大放”的形式帮助共产党整风。时年，我是大三学生，积极参加了全民整风运动，自己没有过激的言行，通过参加大型政治运动，深刻地体会到政治思想战线上阶级斗争的复杂性，提高了思想政治觉悟，增强了综合分析问题的能力。后来，经过不同历史阶段的革命实践洗礼，对“反右运动”有了较为清晰的认识。

1966年6月25日加入中国共产党。1958年7月大学毕业分配去东北农学院工作以来，始终按照共产党员条件严格要求自己，定期向党组织汇报思想，1959年12月在山东海洋学院水产系进修期间第二次提出入党申请，1963年1月17日东北农学院畜牧兽医系党支部大会讨论通过我加入中国共产党（由于黑龙江省委指示在整风阶段暂不发展，我的材料未送到学校党委），1964年1月该支部第二次讨论同意我加入共产党（因为正处于社会主义教育运动期间校党委没有审批），1965年9月调入大连水产专科学校持续向党组织汇报入党愿望，1966年4月25日养殖科党支部大会讨论通过我的入党申请，同年6月25日校党委批准我加入中国共产党，成为一名预备党员。

为实现共产主义而奋斗终生。从志愿申请加入中国共产党至正式成为一名共产党员以来，在长期的工作及生活中始终如一地坚持为实现党的最高理想和最终目标而英勇奋斗。积极参加党内外的各项政治活动，认真学习党的章程及其路线、方针、政策，以及毛泽东著作和刘少奇《论党》《论共产党员修养》等著作，不断加深对共产党的性质、最高理想、最终目标、指导思想、党员的义务和权利等的认识。担任大学行政领导以来，严格按照党的领导干部的基本条件要求自己，牢固树立共产主义远大理想和中国特色社会主义坚定信念，坚决贯彻执行党的路线、方针、政策，自觉执行党委领导下的校长负责制，勇于追求真理，敢于担当，正确处理领导管理工作和个人学术研究的关系，确保有足够的时间和主要精力投入学校管理工作，埋头苦干，艰苦创业，献身水产高等教育事业，树立正确政绩观；认真学习高校行政领导所必须掌握的政治理论、专业知识和职业素养，以及高等教育教学规律和人才成长规律；在实际工作中坚决贯彻执行党的各项方针、政策，坚持实事求是原则，卓有成效地开展工作，讲实话、办实事、求实效；注意凝练强烈的革命事业心和政治责任感，努力提高为人民服务的本领以及行政领导管理工作能力，正确行使人民赋予的权力，坚持原则，依法办事，清正廉洁，以身作则，艰苦朴素，密切联系群众，加强道德修养，讲党性、重品行、做表率，坚决反对以权谋私和以权压人的不正之风；维护党的民主集中制，反对一切派别组织和小集团活动，反对阳奉阴违的两面派行为和阴谋诡计，带头发扬共产主义道德，在困难和危险面前挺身而出，英勇斗争，不怕牺牲。

根据中国共产党党员必须履行的义务及领导干部必须具备的基本条件，自我评价任养殖系和大连水产学院行政领导期间的综合表现：具有共产主义理想和社会主义信念，能够自觉抵制歪风邪气，遵守党纪国法，为政清廉，反对以权谋私和以权压人；能够从学校实际情况出发谋划事业和工作，科学有序规范地开展各项内涵建设工作，埋头苦干，敢于担当，直面矛盾，努力创造，经得起实践、后人和历史的检验；对党、对祖国、对人民、对同志忠诚，做老实人、说老实话、干老实事，襟怀坦白，公道正派。实现了入党宣誓："为了承担革命重担，更有效地为党的事业贡献力量，更好地为人民服务，永远做一个革命意志旺盛的人，为实现共产主义远大理想而英勇奋斗。"

第四节　为水产教育事业奋斗终生

初中毕业，那时家乡没有高级中学，在农业、医学、师范、水产等多个中级职业学校中盲目选择了烟台水产学校水产品加工专业，中专毕业时又只能报考山东大学水产养殖专业。7年学了2个水产类专业，这算是与水产有缘吧。

水产类专业不是我所学的理想，更谈不上开始就热爱它。在烟台水产学校学习期间，主观上就有跳出水产的想法与行为，未成之后才逐渐明白了珍惜光阴的重要性。考入山东大学水产养殖专业以后，就死心塌地努力学习了。本科4年，系统学习水产养殖专业基础理论课、专业基础课和专业课，以及参加实验教学、教学实习、生产实习和毕业论文等系列实践教学环节，比较系统地掌握了本专业必需的基础理论、基本知识及必要的基本技能、方法和相关知识，具有从事本专业实际工作和研究工作的初步能力，对干好水产养殖事业充满了信心。

大学毕业后分配去东北农学院工作，从事水产养殖专业课教学，并负责该专业的部分筹建工作。1961年东北农学院水产养殖专业停办，党组织拟让我转行从事动物学教学或从事行政管理工作。我向党组织表明了个人的想法，认为国家培养一名水产专门人才不容易，而且山东大学1958届水产养殖专业毕业生只有15名，本人又从事所学专业教学工作及专业筹建工作7年，系统地掌握了鱼类学和水产养殖学基础理论和基本知识，并具有一定的教育教学经验，不愿意轻易地放弃所学专业和水产教育事业，要求调到水产院校或水产科学研究单位。

1965年调入大连水产专科学校担任池塘养鱼学教师，半年后任养殖科副主任并加入了盼望日久的中国共产党。政治信仰的解决，加上繁重而光荣的育人和管理工作任务，进一步激发了努力学习和积极工作的激情，不仅要做一名优秀的人民教师，而且决心成为一名甘于奉献、廉洁自律、公道正派、求真务实、敢于担当的教育工作者。

50年来，始终如一地刻苦学习，严谨治学，勤奋工作，勇于实践，不断优化知识、增强能力和提高素质，旨意把受教育者培养成为“德智体美全面发展的社会主义建设者和接班人”，把养殖系和大连水产学院建设成为在全国水产界有较大影响的二级教学单位和知名水产大学。

在养殖系工作期间，我持续深入学习水产养殖和池塘养鱼学知识，创建池塘养鱼学理论教学体系以及实验教学、生产实习等实践教学体系，修建家鱼人工繁殖设施，成功繁殖鲢、鳙和草鱼苗，系统讲授水产养殖专业6门课程，指导培养10名硕士研究生，成为一名称职的池塘养鱼学教师。围绕着培养水产养殖专门人才，创造性地开展行政领导管理工作，包括教师队伍建设、实验室建设、理论教学体系和实践教学体系建设、管理制度建设；组织领导教学团队进行教育教学改革，遵循淡水渔业特点，实行多学科协作，把科学研究和专业生产劳动引入教学过程，以教学、科研、生产三结合为基本形式，创建具有自己特色的淡水渔业专业教学体系，荣获国家级教学成果一等奖（是全国水产养殖专业唯一的）。大连水产学院水产养殖学专业的特色鲜明，优势明显，毕业生的实践能力强，综合素质高，受到用人单位欢迎，以及兄弟院校和科学研究院所的好评与称赞。养殖系在全国水产院校中已成为有较大影响的水产高校二级教学单位。

在大连水产学院行政领导工作期间，认真贯彻执行党的教育方针，遵循高等教育规律和高级专门人才成长规律，针对学校实际情况，确立学校行政工作方针“以教学为中心，人才培养为重点，科技工作为制高点，后勤工作为保证，校办产业为后盾”，致力于影响人才培养质量等内涵建设工作，学校沿着科学化、正规化、制度化和规范化轨道快速、稳步前进。学校1986年获得硕士学位授予权，是全国1978年由专科晋升为本科院校中最早被提升为具有该学位授予权的单位。20世纪70年代末至90年代初，学校获得4项国家级科学技术奖和1项国家级教学成果一等奖，成为我国知名的水产大学。

因为年龄关系，1994年11月4日被农业部免去院长职务，返回养殖系履行教授职责。那时，不少淡水养殖场和水产饲料厂聘请我担任技术顾问，周围同志有的劝我回家养老，有的说我“还想继续工作，真是不会生活”，有的甚至很严肃地对我说：“缺少了你，地球还不转了吗！”家里人更希望我“承包个水面，养殖鱼虾和海参鲍鱼什么的，增加点收入”。学校个别领导则期望我出面管理学校海水养殖场。然而，我坚定地要在养殖系从事人才培养工作，以及开展水产养殖学专业教育教学改革工作。党和国家培养了我几十年，如今的我，只有在水产教育事业岗位上继续发挥余热才是最值得的，也是最有价值的。

延聘工作11年，满腔热情、愉快地工作着，仍然能够严格要求自己。也可以说，对自己的要求更加严格了，按时上下班，除了培养研究生，还承担2项国家级教育教学改革课题，研究成果分别于2001年和2005年获国家级教学成果奖二等奖和辽宁省教学成果奖一等奖。这期间编著出版硕士研究生教材《水产养殖学概论》（50万字；青岛出版社，2000年）和本科实践教学教材《水产养殖学专业综合教学实习和生产实习》（34.1万字；中国农业出版社，2004年）2部，发表科技论文17篇和教研论文18篇；荣获大连市优秀科技工作者和全国优秀水产科技工作者荣誉称号。

返聘至今10多年来，仍然奋战在教育教学第一线，早出晚归，潜心研究，真抓实干，积极参与一项教育教学改革工作，研究成果获得辽宁省教学成果一等奖，撰写出版《中国水产养殖学》（175万字；科学出版社，2008年）、《应用型人才培养模式的研究与实践》（32万字；高等教育出版社，2012年）和《水产养殖生物学》（40万字；科学出版社，2014年）3部专著，发表教研论文4篇。

春蚕到死丝方尽，我至今为水产教育事业奋斗57年。在漫长的育人历程中，为了培养高级专门人才，无论遇到什么样的艰难险阻都毫不动摇地勇往直前。十年“文化大革命”，顶着“只会低头拉车，不会抬头看路”“与资产阶级知识分子坐在一条板凳上的‘白专’干部”多顶政治帽子，也丝毫没有动摇过捍卫党的教育方针和保证育人质量的决心，没有忘记教育工作者的根本任务及应尽的责任，千方百计地采取多种措施，延长学制，外请资深教师授课，严格教学管理，有效地捍卫了正常的业务教学秩序，切实保证了专业教学时间，保证和提高了育人质量，培养出一大批德智体全面发展的“工农兵学员”（大学生）。学水产，爱水产，干水产，为水产教育事业奋斗终生！

◆第二篇◆

耕耘与收获

第三章　大学行政领导管理

大学是研究学问、探索真理的地方，根本任务是培养高级专门人才。人才培养质量是大学办学水平的集中体现。一所大学不同历史时期的毕业生质量，集中反映这所大学相应历史阶段的办学水平。影响办学水平的诸多内部因素，可概括为人力资源、物力资源和育人环境与氛围。人力资源，包括校、院（系）领导班子、学术队伍（教师和研究技术人员）和管理队伍（干部和职工），以及学生来源与文化基础。物力资源，包括经费总量及人均相对值，教学、科研、体育及生活建筑面积与设施，图书资料、实验室与实验仪器设备以及校内外教学基地。育人环境与氛围，包括校园占地面积、周围环境条件，以及办学历史、文化积淀、育人氛围（尊重知识、尊重人才、尊重创造，爱岗敬业、勤奋好学，教师向往仕途程度及其政治地位……）。

影响办学水平的诸多内部因素中，学校和院（系）领导班子主要成员是核心因素，因为他们是大学的主要掌权人。按照中共中央办公厅《关于坚持和完善普通高等学校党委领导下的校长负责制的实施意见》精神，领导干部应当“具有社会主义政治家、教育家的办学治校能力，处理好领导管理工作和个人学术研究的关系，以及把主要精力投入校、系（院）领导管理工作”。

校和院（系）两级行政领导的根本任务都是培养高级专门人才，只是前者的权力和责任更大一些，以及知识水平、政治思想素质和组织管理工作能力应当更高一些。

我从事大连水产学院专业教师和校、系行政领导管理工作30余年，始终是把培养高级专门人才放在首位，能够正确处理行政领导管理工作与专业教学和科学研究的关系。

第一节 养殖系行政领导管理

调来大连水产专科学校之前，在东北农学院从事7年教学工作，兼任畜牧兽医系教师共青团支部书记及畜牧专业本科学生兼职辅导员。多年来，教师团支部和兼职辅导员工作，凝练和提高了组织管理工作能力，为以后担任养殖系行政领导管理工作奠定了基础。

1965年3月26日在东北农学院辅导员工作经验交流会上做了《我们是怎样做兼职辅导员工作的》（约5 000字）的发言，摘要如下：我代表牧医系1967级5位兼职辅导员同志向学校领导和同志们汇报我们是怎样做好这项工作的。一是对兼职辅导员工作的认识。兼职辅导员工作是高校学生政治思想工作的重要组成部分，与专职辅导员密切配合可以提高思想工作效果，有利于培养教师做思想政治工作和组织管理工作能力，也有利于教师自身的思想改造。二是我们是怎样做兼职辅导员工作的。从查阅学生档案（自然情况、高中表现……）入手，与学生同住，一起上早操，参加他们的集体活动和劳动等，开展家访活动，密切师生关系，学生就会主动与教师谈心，说心里话。当好班级干部的参谋，帮助他们筹划会议，发现、分析和解决实际问题，注意改进工作方法。做个别人的思想教育工作，工作方法因人而异，解决问题有的放矢，放下教师架子，贵在持之以恒。政治运动与经常教育相结合。三是收获。促进自身的政治学习，提高政治理论水平、思想政治工作能力以及组织管理工作能力。四是体会。身教重于言教；开展思想教育工作，应当主动与专职辅导员密切配合，与授课教师多联系；对学生充满爱心，对工作认真负责，工作方法应因人、因事而异，处理问题要讲原则，注重公平。

1965年9月15日调入大连水产专科学校养殖科任专业课池塘养鱼学教师。那时，学校正在开展社会主义教育活动（“社教”），进行办学方向大讨论，成立教育改革小分队。9月19日（调入水专第4天）我便参加专业方向调研工作，不久（10月9日）又带领学生捕捞和运输鲢、鳙、草鱼（家鱼）亲鱼；12月17日（调入3个月零4天）与两位资深教师赴山东、江苏、上海、浙江省（市）进行水产养殖教育改革调研工作。两次办学方向调查以及捕运亲鱼的实践活动，为履行淡水渔业专业教师职责奠定了基础。

1966年2月25日（调入4个月零10天）校党委决定让我担任养殖科副主任主持教学工作，从此成为一名“双肩挑”干部，开启了大学行政领导管理工作历程，一边教学一边负责大学的二级教学单位的教学领导管理工作，制订年度教学工作计划和实践教学方案，以及具体组织实施池塘养鱼学实践教学。

1966年5月4日带领淡水渔业专业1963级60余名学生以及鱼病学和微生物学教师及辅导员，赴江苏省平望水产养殖场进行池塘养鱼学生产实习，全面负责组织领导和实习计划及其方案的实施工作，包括及时处理解决业务问题、生活问题、组织纪律与思想问题，以及协调好与场方关系。经过1个月紧张工作，较好地完成了实习任务，自己的业务水平、行政管理能力和思想政治素质也相应地得到提高。

1966年6月10日，学校领导决定让我于7月初继续带领1963级学生赴大伙房水库进行内陆水域鱼类增养殖学和淡水捕捞两门专业课生产实习（主讲教师在校参加“文化大革命”）。我感到很突然，也觉得不太合适。因为我不是主讲教师，对实习内容不熟习，加上准备工作时间又很短（20天），难以完成这项任务。但学校领导认为，只有我才比较合适。因此，只好一边熟习两门课程的实践教学内容，一边收集实习场所的实际情况，科学构思实习内容、方式和方法，制订实习计划和实施方案，编制实习指导资料、表格以及实习报告内容与格式，考虑实习期间学生的组织管理、生活与伙食以及人身安全等工作。

1966年6月25日校党委批准我加入中国共产党，成为一名预备党员。

1966年7月4日至8月8日，带领淡水渔业1963级两个班学生赴大伙房水库进行上述两门专业课生产实习1个月，两个班轮流进行，每个班实习15天。

学生通过15天实习，掌握大水面养殖和淡水捕捞生产关键技术，科学论证大伙房水库年均合理放养量、捕捞量、成活率以及放养鱼类生长速度，进而判断水库的年放养量和捕捞量的合理性。这样一来，必须系统收集大伙房水库多年来的水文、水质以及各种鱼类的放养量和捕捞量等数据资料，准确地测定渔获物的年龄与生长。

在收集资料和测定各种数据过程中都遇到很多具体问题。大伙房水库已有的历史数据资料不全，实习学生测定的各种数据不准确，如有的学生解剖鲢生殖腺，测量了长度，不测宽度和质量就把性腺扔掉了。

生产实习工作中出现的各种各样问题，包括业务性问题和学生思想问题，都需要想办法很好地解决。通过池塘养鱼学、内陆水域鱼类增养殖学和淡水捕捞3门专业课的生产实习组织领导及其具体实施工作，扩展了知识范围，优化了知识结构，培养了实践能力，提高了业务水平和行政工作组织管理能力，特别是凝练了勇于担当的干部素质，以及强烈的事业心和责任感。

“文化大革命”期间，也做了一些业务性和行政管理工作。1967年3月29日参加辽宁省淡水渔业学术研讨会，交流家鱼人工繁殖科研情况及生产经验；经常去金州养殖试验场检查家鱼产卵、孵化设备的修建情况，参与鱼类养殖生产活动；参加养殖科一些劳动活动，如擦洗、维修解剖镜和显微镜。1967年10月26日至1968年1月18日（52天）参加军宣队举办的学校中层干部毛泽东思想学习班，学习毛主席著作、中共中央有关文件，分析和认识运动形势，检查思想和提高认识。1968年7月1日至8月22日负责养殖1966届毕业生（60人）分配工作，8月31日又参加1967届毕业生分配工作。1968年11月21日至1969年1月9日下乡到农村和南关岭养殖场劳动，接受贫下中农（工农兵）再教育。1969年4月参加学校教育革命组工作，于5月8日至6月8日去东北三省进行教育革命调查，观察、访问和研究淡水渔业专业在什么地方办、如何办。调查单位有辽宁省革命委员会生产指挥部农林组、大伙房水库养殖场、盘山县生产指挥部、辽宁省水产局干校、盘山县干校和辽宁省淡水水产研究所，吉林省革命委员会生产指挥部、水产公司革命委员会、水产研究所和松花湖水产养殖场，黑龙江省农业革命委员会特产组、水产科学研究所、镜泊湖养殖场和连环湖养殖场，以及辽宁大学、东北工学院、东北人民大学和黑龙江大学。了解东北地区淡水渔业生产情况及存在的主要问题，以及科研和教育概况，征求广大渔业工人及其他水产工作者对办好水产教育事业的意见。

1970年（高校停止招生近5年）北京大学、清华大学进行招生办学试点。大连市召开大专院校工作会议，会议主要精神是狠反右倾，猛鼓干劲，大胆试验，勇于实践，敢于创新，创办社会主义新型大学，迎接教育革命新高潮。根据会议精神，学校各个二级教学单位分别成立教育革命小组，开展教育教学改革工作。养殖科由我负责成立教育革命小分队，成员包括鱼类学、淡水生物学及组织胚胎学等专业基础课教师和池塘养鱼学、鱼病学及淡水捕捞学等专业课教师，经学校革命委员会同意，赴淡水渔业生产单位进行开门办学。

根据“在各类学校中，必须贯彻执行教育为无产阶级政治服务、教育与生产劳动相结合的方针，使受教育者在德育、智育、体育几方面都得到发展，成为有社会主义觉悟的有文化的劳动者”、“知识分子与工人农民相结合、脑力劳动与体力劳动相结合”、教育要解决“脱离无产阶级政治、脱离生产劳动、脱离工农群众”（“三脱离”）问题，以及毛泽东“七二一指示”精神，确立了开门办学的指导思想（与工农群众相结合，与生产劳动相结合，理论与生产实践相结合），旨意探索淡水渔业专业办学新模式。

经过实地调查研究，决定在辽宁省开源县清河水库养殖场举办淡水渔业技术培训班，为辽宁省农村水产养殖场培养渔业技术人员。1970年4月20日带领教育革命小分队赴清河水库管理处，受到水库领导及同志们的热烈欢迎与全力支持，各项办学准备工作进展顺利：深入水库及其养殖场实地考察办班的环境条件，学习毛主席《矛盾论》《实践论》“老三篇”及教育革命论述，以及党的教育方针、高校教育革命文件精神和阜新农业大学办学经验等；研究制定办学的基本思路、实施方案和教学计划（时间安排、课程设置与安排、课时分配等），讨论确定各门课程的教学内容和教学方式；各位教师各自进行授课思想准备（避免“三脱离”严重、怕给工农学生上课“出洋相”等问题）和业务准备工作（阅读有关资料、撰写教学大纲与讲稿、考虑教学方法等）。

4月28日自清河水库办事处搬到孟屯养殖场（办学基地），继续进行招生办学准备工作，自己动手搭盖简易教室（茅草棚，课桌腿和坐凳腿固定于泥土中），修整宿舍，打扫天棚，镶门窗玻璃，清理厨房，拉煤、做饭等。根据鱼类养殖生产的顺序和进程，具体安排基础课和专业课的授课顺序。以理论联系生产实际为准则，讨论确定每门课程的教学内容：鱼类学以淡水养殖鱼类为主要代表，系统讲授鱼类形态学和分类学基本理论及基本知识；组织胚胎学以淡水主要养殖鱼类为代表，紧密结合亲鱼培育、催情产卵和人工孵化，讲授组织胚胎学基本理论知识以及鱼类性腺发育和胚胎发育形态学特征；淡水生物学以淡水鱼类饵料生物和池塘常见水生生物为主，讲授各个类群主要形态特征、鉴别技术及其生态习性；池塘养鱼学紧密结合鱼类养殖生产环节讲授基本理论知识，学生跟班参加养鱼实践，学习生产关键技术；鱼病学以池塘养殖常见病和多发病为主要内容，讲授病原生物形态学和生态学基本理论知识、病害调查基本知识与方法以及主要疾病防治方法；淡水捕捞学围绕清河水库主要捕捞方式和常用网具讲授基本理论知识，学生参加捕捞生产和补网实践，学习掌握相应生产技术与基本技能。

办学期间，认真贯彻执行教育与生产劳动相结合、知识分子与工人农民相结合、脑力劳动与体力劳动相结合、理论与实际相结合原则，科学有序地安排师生参加稻田插秧劳动，翻地、种菜（种出来的菜交给自办食堂）；理论教学紧密结合养殖生产实际，学生跟班参加鲤鱼繁殖（亲鱼成熟度鉴别和催情产卵等）和鱼苗、鱼种培育（磨豆浆喂鱼和挑大粪培育水质等）养鱼生产实践。期间专程赴康平县三台子水库养殖场，进行为期20天的家鱼人工繁殖实践教学。鱼类学、淡水生物学、组织胚胎学、鱼病学和淡水捕捞学课程，也都紧密结合清河水库周围的实践教学条件，科学有序地安排理论教学和实践教学。

开门办学四个半月（4月20日至5月19日为准备阶段，5月20日至9月12日正式招生办学），培育60余名既懂理论又会实践的淡水渔业技术人员。学生反映：“通过参加渔业技术培训班，掌握了养鱼和捕鱼的真本领，回到单位可以自如地干一番事业了。”开门办学，引导教师走“又红又专”道路，政治上接受再教育，业务上进行再学习，初步探索了淡水渔业专业人才培养模式，为招收“工农兵学员”奠定了重要基础，也为清河水库孟屯养殖场解决了许多生产难题。诸如，淡水生物学教师发现鱼池繁生大量蚌壳虫把池水搞得很浑，严重影响亲鱼性腺发育和苗种生长，通过反复实验研究提出了有效防治措施，受到清河水库领导及工人们好评。

开门办学初期（1970年5月27日）大哥来电：“父亲病重，速归！”我深知父亲已80多岁了，以后再不会有机会与老人家见面了。但是，培训班刚开学不久，各项工作尚未安排就绪，尽管同志们劝我立即回家，但我还是留了下来。

1970年11月4日至28日赴黑龙江水产科学研究所及其松浦养殖场和吉林省水产科学研究所、松花湖水库及其养殖场，调查了解水产养殖科学研究和淡水渔业生产情况，广泛收集科研资料和先进生产经验，编写鱼类增养殖学教材。

1971年6月至8月继续带领淡水养殖教育革命小分队，赴金州养殖试验场（校内教学基地）举办淡水养殖技术试点班，招收农村基层养殖场工人及有关人员60余人。参照清河水库培训班办学经验（指导思想、培养目标、教育教学方式、课程设置、教学内容和方法），结合现场办学条件和学员们的具体情况做了适当修改。试点班坚持理论联系实际，课堂教学紧密结合养殖生产实践，育人效果很好，学生基本上掌握了池塘养鱼基础理论知识，能够鉴别鱼类性腺发育分期及成熟度，独立进行鱼类人工繁殖工作，初步掌握了鱼苗、鱼种培育技术，并能够鉴别池塘水质好坏和鱼苗、鱼种成色。培训班毕业学员，普遍受到水产行政管理部门及农村用人单位的欢迎与好评。之后，便进行招收“工农兵学员”系列准备工作。

1970年清华大学和北京大学已进行招收培养“工农兵学员”试点工作。1972年全国高校普遍招收“工农兵学员”。大连水产专科学校养殖系淡水渔业专业于1972年2月招收“工农兵学员”2个班，1973年和1974年各招1个班；海水养殖专业1974年2月招生1个班。至1976年，5年内2个专业共招收5届学生13个班，其中淡水渔业专业9个班，海水养殖专业4个班。

当时，我负责淡水渔业专业“工农兵学员”全程培养工作。参照两次开门办学经验，制订教学计划（人才培养方案），内容包括学制（二年半）、办学方向、培养目标、课程设置和教育方式等。根据学生的文化基础差（多数为初中学历）的具体情况，首先补习3个月文化课（语文、数学、物理、化学），再正式上基础课（高等数学、物理、化学、生物学、大学语文）。养殖生产忙季，赴养殖场进行现场教学，一边进行课堂教学（专业基础课：鱼类形态、性腺发育和胚胎发育、水化学和淡水生物学；专业课：池塘养鱼学、鱼病学），一边结合养鱼生产进行实践教学（亲鱼培育、催情产卵与孵化，鱼苗鱼种培育，鱼病调查活动）；养殖生产闲季，返回学校进行理论教学和实验教学。在学期间，以班级为单位进行2次生产实习：1次池塘养鱼实习，1次水库鱼类增养殖实习。毕业前分组进行毕业实习（毕业论文）。

1972年至1976年，身兼池塘养鱼学主讲教师，每年4月末至7月初带领“工农兵学员”奔赴康平县三台子水库和辽阳天河鱼种场等淡水养殖场进行池塘养鱼生产实习，与同学们同吃、同住、同劳动，住的是大通铺，吃的是高粱米和咸菜，3个月下来，体重减轻10多斤。不管生活多么艰苦，脑子里想的都是如何把“工农兵学员”培养好，如何协助场方把养鱼生产搞好。认真贯彻执行“教育与生产劳动相结合”“理论与实际相结合”，以及“德育、智育、体育几方面都得到发展，成为有社会主义觉悟的有文化的劳动者”一系列精神，引导教育学生：我们来到养殖场“不当客人”，要以主人公身份“认真做好每一件事，爱护好每一条鱼”。每天早上4点钟起床，肩扛铁锹到养鱼池边巡塘，与学员一起穿着胶皮裤下池塘，与工人师傅一起拉网捕鱼，挑粪便施肥，不怕苦、脏、累，愉快地参加专业劳动，按照养殖生产环节先后顺序参加亲鱼培育、成熟度检查、催情药物配制、催情注射、发情及产卵活动观察和受精卵孵化管理，鱼池清整、施肥培养水质、投喂饵料、拉网锻炼鱼苗和夏花鱼种出塘，以及塑料袋充氧运输鱼苗，等等，注重培养学生养鱼生产实践能力。在生产劳动过程中系统观测各种数据，详细填写各种记录表格，结合养殖生产实际定期举办研讨会，培养科学作风和初步的科学研究能力。实习结束，按照正规大学生产实习要求撰写实习总结报告书。每届“工农兵学员”通过池塘养鱼学生产实习都系统掌握了鱼类养殖主要生产环节关键技术，具有扎实的生产实践能力，良好的科学作风，吃苦耐劳、不怕困难的品质和强烈的事业心及责任感。

作为一名养殖科主管教学工作副主任，虽然受到不公正的批判（如上所述），为了保证“工农兵学员”的培养质量，依然认真贯彻执行党的“德智体全面发展”教育方针，顶着各种政治压力采取切实可行的措施，保证了教学计划的贯彻执行。不仅如此，为了大幅度地提高育人质量，还采取以下几项措施：一是学制由二年延长为二年半；二是从重点大学（青岛海洋学院）邀请资深教授来我校讲授专业基础课（组织胚胎学）和专业课（鱼病学）；三是编写理论密切联系养殖生产实际的新教材，包括专业基础课和专业课；四是在实践教学中聘请具有丰富生产实践经验的技术人员担任兼职教师。

经过多年的艰辛工作，终于使淡水渔业专业“工农兵学员”在德智体诸方面得到全面发展，其基础理论、专业知识、实践能力和政治思想素质基本上达到专科教育学业标准，毕业生质量在全国同类专业中处于领先水平。

培养“工农兵学员”的艰辛，不在于业务工作的复杂性与难度，而是与阻碍全面贯彻执行党的教育方针的行为进行博弈的艰巨性。对于一名年轻的双肩挑干部来说是培养政治思想素质及其综合能力的一种难得的（特殊的）机遇，也是忠诚党的教育事业和敢于担当的具体表现。

自1976年秋季以来，养殖系的工作重点转移到淡水渔业专业本科教育。为了保证本科教育学业标准，全力以赴地做好招生准备工作。

第一，拟订教学计划。在总结开门办学和培养“工农兵学员”经验的基础上，研究确定培养目标、课程设置，以及理论教学和实践教学安排程序等；深入讨论课程设置、各门课程学时及学期安排，研究确定教学内容、教育方式和教学方法。

第二，开展教师队伍建设。引导专业基础课教师向专业靠拢，明确其教学方向和科研方向，根据各自的知识结构、业务能力和综合素质，采取不同培养措施提高教学能力和学术水平。

第三，建立、完善普通化学、分析化学和动物学等基础课教学实验室，以及组织胚胎学、动物生理学和微生物学等专业基础课教学实验室。

1978年3月养殖系淡水渔业专业首次招收本科生（1977级1个班），学制三年半。根据开门办学和“工农兵学员”教育教学经验，认真贯彻执行“教育与生产劳动相结合、脑力劳动与体力劳动相结合、理论与实际相结合”系列精神，正确处理理论教学与实践教学关系，加强基础理论和专业基础理论教学，强化实践教学环节，选派富有生产经验的教师执行实践教学任务。

实践教学以生产实习为核心（关键环节），学生跟班参加典型生产劳动，注重培养生产实践能力，以及吃苦耐劳和艰苦奋斗精神，树立强烈的事业心和责任感。在生产劳动中系统测定、收集有关数据，结合成功与失败的生产事例举行专题研讨会，培养学生分析问题与解决实际问题能力；把养鱼生产中出现的问题和急需解决的关键问题作为实验研究课题，开展科学小实验，培养学生科学研究初步能力。特别是在实践教学中实行多学科协作，较好地解决专业基础课为专业服务的教学方向和研究方向，大幅度提高实践教学质量。当时，还邀请湖南师范大学刘筠教授（首批工程院院士）讲授淡水养殖鱼类繁殖生理学，青岛海洋大学楼宝诚教授讲授组织胚胎学，长江水产研究所杨永铨和张忠英教授讲授淡水鱼类遗传育种及国内外鱼类育种科技动态，深化专业基础课教学，拓宽专业知识面，明显提高了育人质量。

在培育淡水渔业专业1977级和1978级期间，创建了本科教育实践教学模式。以池塘养鱼学生产实习为重点，注重培养分析问题、解决问题能力和生产实践能力，以及吃苦耐劳精神和强烈的事业心。学生分别赴江苏省平望淡水养殖场、苏州市淡水养殖场和无锡市河埒口养殖场进行家鱼人工繁殖和成鱼养殖生产实习。旨意学习我国淡水养鱼最发达地区家鱼（鲢、鳙、草鱼、青鱼）人工繁殖和成鱼养殖先进生产经验，掌握成鱼养殖生产技术，培养综合实践能力和综合素质。师生同吃、同住、同劳动，气候炎热、潮湿，住的是养鸡房地板大通铺，同学们不惧怕艰苦，认真贯彻执行“理论与实际相结合”精神，发扬“当主人，不当客人”优良作风，以主人翁身份“认真做好每一件事，爱护好每一条鱼”，每天早上4点钟到养鱼池边巡塘，男女同学一起下池塘，与工人师傅一起拉网捕鱼、施肥、培育亲鱼、检查成熟度、配药、催情注射、观察发情及产卵活动、管理孵化、投喂饵料，刻苦学习鱼种放养、水质培养等养殖生产实践经验，系统观测各种数据，填写各种记录表格，定期举办研讨会。实习结束，按照本科教育生产实习要求撰写总结报告。通过池塘养鱼学家鱼人工繁殖和成鱼养殖生产实习，系统掌握了鱼类养殖生产关键技术，较好地培养了实践能力和良好的科学作风，以及强烈的事业心及责任感，创建了实践教学模式。

当时，大连水产学院淡水渔业专业毕业生质量在全国同类专业中处于领先水平，毕业生知识结构、实践能力和综合素质特色鲜明、优势明显，熟练掌握浮游生物种类鉴别和水化学分析技术以及养殖生产技术，具有强烈的事业心与责任感。多年来，一直受到中国科学院海洋研究所和水生生物研究所等研究单位、中国海洋大学和上海海洋大学等兄弟院校，以及用人单位的好评和称赞。

大学二级教学单位行政领导管理工作17年的几点体会：

（1）领导班子及其主要成员，是影响院（系）办学水平的核心因素。养殖系党政领导注重作风建设，讲学习、讲政治、讲团结、顾大局，重协作、重实效，真抓实干、敢于担当，是一个求实、诚信、团结、协作的领导班子。我与总支书记杜唐钰同志，思想上相互帮助，工作上配合默契，班子成员少，经常是我带领学生赴养殖场进行生产实习，他就把系里的全面工作都担当起来。

（2）院（系）的根本任务是培养高级专门人才，因此，应当始终围绕人才培养这条主线来抓工作。

第一，抓好学术队伍建设。从学术队伍的结构（年龄结构、职称结构、学历结构、专业结构、学缘结构等）、政治思想素质（事业心和责任感）、业务能力（教学水平和学术水平）、教师类型（教学型和教学科研型）及其比例、特色与知名度（以优势培植特色，以特色强化优势）等多方位考虑，采取因人（知识、能力和素质）和因课（课程类型与作用）而异的切实可行的有效措施，实行多学科协作开展教育教学改革和科学研究（发挥各自的专长与优势，以及知识互补与能力叠加），提高学术队伍整体水平。养殖系学术队伍结构逐步趋向合理，业务能力逐年增强，综合素质不断提高，教学科研型教师比例达到50%以上。

第二，注重营造良好的育人氛围。在队伍建设和育人工作中，大力提倡追求真理、实事求是、是非分明，以及团结协作、甘于奉献的革命精神，弘扬爱岗敬业、求真务实和埋头苦干的工作作风，以及崇尚科学、淡泊名利、勤奋、严谨的治学作风，形成尊重劳动、尊重知识、尊重人才和尊重创造的良好育人氛围。

第三，遵照高等教育教学规律和人才成长规律，严格教学管理，注重开展教育教学改革。淡水渔业专业1965年至1992年开展“充分发挥多学科协作优势，建设具有自己特色的淡水渔业专业教学体系”研究与实践，1993年荣获国家级优秀教学成果一等奖，为以后教育教学改革奠定了坚实基础；“九五”期间承担国家教委“高等教育面向21世纪教学内容和课程体系改革计划”03-4-3项目“水产养殖学专业（本科）教学内容、课程体系及人才培养方案改革的研究与实践”，2001年获高等教育教学成果国家级二等奖（全国50多个水产养殖学专业本科点，我院是唯一荣获国家级教学成果奖单位）；“十五”期间承担教育部“新世纪高等教育教学改革工程”1292B0611项目“水产养殖学专业（本科）实践教学创新体系的建立与实践”，2005年获高等教育辽宁省教学成果一等奖；2007年入选教育部和财政部“高等学校本科教学质量与教学改革工程”“人才培养模式创新实验区”072项目“水产养殖学专业人才培养模式创新实验区”，2008年入选“高等学校特色专业建设点”TS10160项目“水产养殖学专业国家特色专业建设点”；2009年“水产养殖学专业应用型人才培养模式改革的探索与实践”获高等教育辽宁省教学成果一等奖。教育教学改革主要经验与体会：① 领导重视是关键，健全组织（分别成立校、系领导小组和课题组）和团结协作是保证，更新教育观念是前提，建立激励政策是驱动力。② 课题组成员应当由多个学科组成，并具有强烈的事业心、责任感和艰苦奋斗精神，以及刻苦、严谨的科学作风。③ 改革的指导思想应当符合教育部有关政策精神和系里的实际情况，基本思路必须符合高等教育教学规律和专业特点，基本内容要有前瞻性、科学性、先进性、实用性和可操作性。

第四，育人全程中持续开展综合素质教育。在理论教学、实验教学和科研活动中，注重开展科学素质教育，培养勤奋、严谨治学的优良学风；在生产实习等实践教学中，注重开展艰苦奋斗、热爱劳动、吃苦耐劳等思想政治素质教育，树立强烈的事业心和责任感。各个历史时期开展素质教育内容不尽相同：20世纪60年代，进行珍惜大学生活、热爱专业和全心全意为人民服务专业思想教育；1966年至1976年

“文化大革命”时期，注重开展正确处理政治与业务关系以及“德智体全面发展”教育；20世纪80年代以来，系统开展思想政治素质、业务素质、文化素质和心理身体素质综合素质教育。

（3）精准抓好科学研究工作，提高育人质量和办学实力。养殖系科学研究工作始于20世纪60年代末70年代初，60年来取得许多重大成果。自1978年以来获得各级科技成果奖共101项，其中国家级奖6项（主持3项：国家科学大会奖1项、国家科学技术进步二等奖和三等奖各1项；参加3项：国家技术发明二等奖1项、国家科学技术进步二等奖2项），省级奖34项（一等奖2项、二等奖10项、科技进步奖29项、技术发明奖2项、自然科学奖1项和成果转化奖2项），部级奖13项（一等奖2项、二等奖3项），水产行业奖7项（二等奖），市级奖21项（一等奖10项、二等奖6项），专业厅局级奖10项（一等奖3项）。2005年至2011年出版著作43部（主编22部），国内外公开发表科技论文300余篇（被SCI、EI、ISTP收录的分别为37篇、11篇和3篇，一级刊物发表70余篇）。

科学研究工作主要经验与体会：① 科学研究工作必须面向渔业经济建设，注重为水产养殖业服务，为教学和人才培养服务；尽早确定研究方向，把养殖生产中存在的问题和急需解决的问题作为研究课题。② 科学研究人员能否取得创造性成果，取决于自身的基础理论水平、科学实验能力、专业知识结构、综合素质以及外语水平。③ 基础课、专业基础课与专业课多学科协作开展科研工作，可以充分发挥各自的专长和优势，提高整体科研水平，有利于承担大型科研项目，多出成果，出大成果，出好成果。

（4）注重实践教学条件建设，加强综合实践能力培养。多途径争取办学经费和物质资源，建立和完善教学实验室、功能实验室、省（部）级重点实验室以及校内外教学实习基地，建成20余个教学实验室、10余个功能实验室、3个校内教学基地（南关岭养殖教学实习场、金州淡水养殖试验场和海水养殖育苗基地）和20余个校外教学基地（大连市碧流河水库渔业公司、大连太平洋海珍品有限公司、盘锦光合水产有限公司、辽宁省淡水水产良种场、北京市水产研究所中国淡水渔业工程技术中心等）。

大学院（系）主要行政领导必须具备的基本条件和综合素质：

第一，必须具有其学科（专业）基础课、专业基础课和专业课等广泛的理论知识和完整的实践历程，熟悉高级专门人才的培养环节，懂得其教育教学规律和人才成长规律；熟悉二级教学单位和学科（专业）应当具备的教学与科研人员等人力资源以及教学与科研实验室及其实验设施等物力资源；能够组织实施队伍建设、教研室建设和实验室建设以及科学有效地开展教学工作、科研工作和学生培养管理工作。

第二，持续不断地学习掌握党的路线、方针、政策，特别是党的教育路线、方针、政策以及与其有关的一系列文件精神。

第三，正确处理领导管理工作和个人学术研究的关系，始终把行政领导管理工作放在首位，确保有足够的时间和主要精力投入行政管理工作。

第四，深入实际，调查研究，随时准确地掌握各项工作的建设与运行，以及人才培养各个环节的具体情况，及时提出解决问题的有效措施。

第五，亲自撰写事业发展规划、工作计划及总结，以及人才培养方案等系列重要文件。

第六，处理问题，对事不对人，讲原则，重政策，是非分明，公平合理，敢于担当。

第七，切忌以权谋私，名利面前不伸手，并公平、公正、合理地分配给应得的人。这是调动广大教师积极性和维护、树立及提高领导班子及其成员威信的重要因素。

第二节　大连水产学院行政领导管理

1980年9月进入学校行政领导班子，主管教务处、科研处、图书馆、科协以及大连水产学院学报等项工作，1990年12月主持学校全面行政工作后主管单位增加3个（校长办公室、人事处和财务处）。当时，针对学校1952年从中专起步、1958年升格为专科、1978年晋升为学院的实际情况，以及本科和硕士研究生教育应当具备的办学条件及学业标准，遵循高等教育教学规律，参照山东大学和东北农学院的办学经验，拟订大连水产学院办学指导思想、基本思路和实施措施，制定学校事业建设与发展计划和规划及各项规章制度。在学校党委领导下，经过全校教职工15年（至1994年底）艰苦奋斗，学校有了长足的发展，综合实力不断增强，毕业生质量在全国水产院校中名列前茅。1986年获得硕士学位授予权（我国1978年专科升格为本科院校中第一个获得硕士学位授予权单位），是全国4所水产高校第二个具有硕士学位授予权单位。

大连水产学院1980年至1994年期间，学校正规化建设进展迅速，本科教育水平提高幅度较大，毕业生基础理论扎实，专业知识面较宽广，实践能力较强，综合素质较高，得到社会公认，受到中科院水生生物所、海洋所、水产兄弟院校以及水产界和企业聘用单位的好评和称赞。

从事大学院（系）及校级行政领导管理工作30余年，深刻感受到作为一名称职的大学行政领导必须具备一定的知识、能力和素质。

知识面宽，是做好大学行政领导的基础。称职的大学行政领导，特别是主要领导成员，应当具有广泛的专业知识，较好的高等教育学知识和行政管理学知识，以及党的路线、方针、政策精神。

能力强，是做好大学行政领导的核心。称职的大学行政领导，应当具有较强的综合能力，包括学习能力、写作能力、讲演与表达能力，发现问题、分析问题、归纳判断和解决问题能力，以及组织协调与管理能力，尤其是解决实际能力和创新能力。

素质高，是做好大学行政领导的关键。称职的大学行政领导，应当具有较高的综合素质，包括政治思想水平和政策水平，以及追求真理和坚持真理的世界观、全心全意为人民服务及竭力育人的人生观和个人利益与社会需要相统一的全面价值观；具有吃苦耐劳、真抓实干、严以律己、为政清廉、坚持原则，办事公道和敢于担当的工作作风。

总而言之，大学行政领导的知识、能力和素质，是影响学校建设和发展的决定性因素。三者的辩证关系，知识是基础，能力是核心，素质是关键。一位称职的行政领导干部，应当根据岗位职责要求，努力扩大知识面，不断改善和优化知识结构，奋力增强能力，迅速提高素质。

作为一位大学行政领导，尤为重要的是严格贯彻执行党委领导下的校长负责制，自觉接受党委集体领导和党委决定，努力提高思想政治素质和办学治校能力，始终把行政领导管理工作放在首位，必要时利用节假日和晚间处理行政管理工作，以及撰写工作文件和总结，必须摆正行政领导工作与个人学术研究的关系。

本书第一篇已概括阐述了担任大学行政领导管理工作历程及其内容概要。这里仅把主持大连水产学院行政领导管理工作期间亲自撰写的教育事业发展计划与规划及其年度工作计划与总结、会议讲话与工作报告、专题总结（论文）和学科建设以及教学规范和教职工住房分配方案等部分全文摘录如下，旨意客观反映工作作风、综合素质以及做出的实绩。

一、教育事业发展计划与规划及其年度工作计划与总结

（一）“八五”计划和十年规划（1992年3月）

根据国家十年规划和“八五”计划纲要、《全国教育事业“八五”计划要点》《农业部部属院校“八五”计划和十年规划方案》精神，结合我院的实际情况，制

定《大连水产学院教育事业发展“八五”计划和十年规划》。在制定时考虑了我院的各种有利因素和许多困难，力求符合客观实际，经过全院人员艰苦奋斗能够实现，成为全院教职工为之奋斗的行动纲领。本计划内容包括我院教育事业发展指导思想、目标、任务和措施，在执行过程中还会进行必要的调整和充实。

大连水产学院教育事业发展“八五”计划和十年规划方案

一、“七五”期间事业发展概况

（一）办学规模、层次和专业设置

“七五”期间，我院办学规模略有发展。在校学生由1 055人增加为1 225人，其中硕士研究生29人，本、专科生1 196人。培养本、专科生和硕士生1 775人，渔业管理干部专修科和领导干部岗位培训成人教育462人，共计2 237人。

办学层次不断提高。1978年由专科学校晋升为本科学院，1986年获得硕士学位授予权，1987年水产养殖学科招收硕士研究生。

专业设置逐步增加。现设有淡水渔业、海水养殖、海洋渔业、应用电子技术、港口及航道工程、热能动力机械与装置、机械设计与制造和船舶工程等8个本科专业，以及水产品贮藏与加工、海洋船舶驾驶、轮机管理、工业与民用建筑、财务会计、渔业经济管理等6个专科专业，共计14个专业。

（二）队伍状况和教学质量

现有教职工700余人。教学人员（教师和教辅）370余人，其中教授11人，副高职76人，中级职称180多人；管理人员（干部和工人）330余人。出版专著38部，编写全国高等水产院校统编教材和各种讲义70多种。学校各项管理工作已逐渐走向正规。教学、科研、学生和人事等管理制度基本健全，逐步向规范化迈进。从课堂讲授、实验、实习和毕业设计（论文）等教学环节的实际情况来看，我院的教学质量提高较快。

（三）科学研究工作

科学研究工作成绩显著，学术水平和科研能力达到新高度。“七五”期间获各级成果奖18项，其中国家级1项，省、部级8项；在全国各类刊物上发表学术论文230多篇。在科技推广和科技扶贫工作方面，也取得可喜成绩。出版了国内外发行的《大连水产学院学报》、国内发行的《大连水产学院院报》，以及内部发行的《水产高教研究》等刊物。《大连水产学院学报》自1980年创刊以来，年发行期数由1期增为4期，并同国外10多个国家和地区保持交流联系。

（四）办学条件

“七五”期间，我院的办学条件有所改善。基本建设投资1 415.7万元，比“六五”期间（611. 6万元）增加804万元。建筑面积增加1.44万平方米，总面积达5.5万平方米，其中实验教学用房3 064平方米，学生食堂和宿舍等生活用房4 698平方米，教职工住宅面积6 669平方米。

利用世界银行贷款等资金购置仪器设备价值700余万元，更新和增加图书5万余册。

（五）对外文化科技交流

“七五”期间我院对外文化科技交流工作也有了较大的进展。聘请100多位外国文教、科技专家来院讲学，接待日本、英国、挪威、澳大利亚、苏联、朝鲜、美国等专家、学者来院参观访问。学校两次组团赴英国、日本考察、访问，与日本、英国等国家和地区的13所水产院校和科研单位建立了校际学术联系，加强了国际间的学术交流。先后派出41名教师到国外进修，已有19名回国任教，成为教学骨干力量。

总之，我院从师资条件、校园面积、图书数量和教学实验开出率等四大办学基本条件以及毕业生质量和科研成果等主要指标的综合情况来看，初步达到了国家规定的基本标准和要求。但是，从水产事业发展要求和硕士学位授予权高校的基本办学条件及教学、科研、管理的基本标准来看，还有一定的距离，主要表现在：

（1）办学基本条件不够完善，在某些方面尚存在较大的差距。校舍占地面积和教学用房、生活用房都未达到国家规定标准。特别是实验用房和实践教学条件以及图书馆面积及其设施等严重不足，一些专业缺少实验室和必要的实习基地，仪器设备陈旧落后，在图书资料收藏量及馆藏结构方面都需要进一步完善和优化。

（2）师资队伍和干部队伍结构不尽合理，素质有待提高。教师的职称结构不合理，高级职称比例偏低，年龄结构偏大，中间年龄段偏少；学历结构偏低，知识结构不尽合理，教学和科研型教师仅占30%。管理干部学历偏低，知识结构不合理，素质不高。教学水平和管理水平都亟待提高。

（3）教学质量有待提高，特别是实践教学水平、科研能力、生产技能和外语水平都需要尽快提高。科研工作发展不平衡，科研成果少，层次也不够高，学术水平有待尽快提高。

（4）教学、科研、后勤和机关管理工作尚未达到制度化，离规范化和科学化尚有不少距离，现代化管理程度较差，工作效率还不高。全院的优良学风、教风、管风和校风尚未很好形成。在教职员中还缺乏科学的工作作风，某些方面存在着人浮于事的现象。

（5）校办科技产业尚未形成规模。在领导体制、经营方向、产业内容、规模及管理手段等方面都有待研究和发展。

二、“八五”计划和十年规划

（一）指导思想和奋斗目标

1. 指导思想

（1）加强党的领导，坚持社会主义办学方向，把德育放在首位，把培养社会主义事业的建设者和接班人作为学校的根本任务。

（2）全面贯彻“教育必须为社会主义现代化服务，必须同生产劳动相结合，培养德、智、体全面发展的建设者和接班人”的方针，正确处理数量与质量的关系和德、智、体之间的关系。

（3）全面贯彻落实高等教育事业工作方针“坚持方向、稳定规模、调整结构、改善条件、深化改革、提高质量”，深入进行业务与管理改革，发挥优势，突出重点，办出特色，注重学校工作的整体优化，在提高质量和效益上下功夫。

（4）认真贯彻科教兴农的战略思想，坚持教育主动适应我国水产事业发展需要的原则，面向生产，面向基层，按需办学，深化教育改革。改变教育思想、教育内容和教育方法脱离实际的状况，全面提高教育质量，培养“又红又专”的水产专门人才。

（5）坚持综合协调发展的战略思想。坚持办学条件建设、队伍建设、制度建设和学风建设相互协调的原则；坚持以本科教育为主，本科生、研究生和专科生教育协调发展；坚持以重点专业学科建设为主，重点专业、普通专业和成人教育协调发展；坚持以教学为主，教学、科研、生产相结合等原则。正确处理传统专业与新学科的关系，以及基本建设与严格管理的关系。

2. 奋斗目标

总的要求是，在我院现有基础上，把教育质量以及教学水平、学术水平和管理水平提升到一个新的高度。

（1）完善办学条件。采取多渠道、多种措施，使师资条件、校舍面积和设施、图书数量、实验开出率等办学条件基本达到具有硕士学位授予权高等院校的要求。

（2）加强队伍建设。积极创造条件，采取有力措施，加强师资队伍、干部队伍和职工队伍建设，使其政治思想和业务等整体素质尽快适应教学、科研和产业发展的需要。

（3）健全管理制度。通过系统总结教学、科研、管理工作，修订各种规章制度，使其达到科学化、规范化和正规化，以适应普通高校各项工作的需要，切实建立起以教学为中心的机制。

（4）进一步树立和巩固优良校风和学风。采取各种积极措施，牢固树立“团结、勤奋、文明、求实”校风和“刻苦、严谨、奋进”学风。

按照以上奋斗目标要求，力争通过十年建设和发展，把我院办成具有自己特色的、多层次的、居国内先进水平的社会主义水产大学。

（二）基本任务和主要措施

1. 学校规模

稳定规模，适度发展。“八五”前3年基本稳定规模，后2年适当发展，到1995年在校生达1 395人。其中，本科生1 064人，占75%；专科生311人，占22.3%；硕士研究生38人，占2.7%。各类成人教育年均招生200～300人，2000年在校生的规模达到1 800～2 000人。

2. 专业和学科建设

（1）专业建设。改造、拓宽和优化专业。根据社会需要适当兴建新专业，在调整各学科专业结构的基础上，拓宽专业面，逐步实现以系（学科）招生。

调整专业层次结构。适当扩大本科生比例，1993年船舶工程和工业与民用建筑两个专业招收本科生，1994年水产品贮藏与加工专业力争招收本科生。

提高专业水平。“八五”期间，力争2～3个专业的教学水平和学术水平跨入国内先进行列。

（2）学科建设。我院是一所多科性水产高校。水产学科和具有水产特色的工科类学科是重点发展学科，加强建设、办出特色，达到同类学科先进水平，力争成为农业部及国家重点学科及重点实验室。

成立重点学科建设领导小组和专家组，建立重点学科建设基金，制定《重点学科管理工作条例》，加速学术梯队建设，在5～10年建立3～5个重点学科，力争达到4～5个硕士学位点和1～2个博士学位点。

水产养殖、捕捞学和航海技术重点学科，达到国内先进水平；港口及航道工程和船舶工程学科，在国内水产土木工程和渔船工程学科中处于领先地位。

（3）成人教育。继续抓好干部短训教育，力争多办、办好各专业继续教育和各类专业证书班、短训班。举办淡水渔业、渔业管理和水产品贮藏与加工等专科函授教育，1993年正式招生。

3. 教学工作

（1）注重教学建设，提高教学质量。

① 加强课程建设，提高教学水平和学术水平。

根据专业培养目标和规格，全面修订课程教学大纲。统一规范公共课、基础课和专业基础课教学大纲，专业课教学大纲要反映科学研究技术路线和方法以及现代科学技术最新成果。增设水产通论课。选修课既要有相关学科的课程，又要有经济学和管理学课程。

开展课程评估工作。制定评估方案和指标体系，通过评估加快改革步伐，促进教学资料建设，全面提高课程质量。

② 加强实践教学，提高综合实践能力。

实验教学。加强实验室建设，重点抓好基础课和专业基础课实验室建设，全院实验课由60门增为65门，实验开出率由73%提高到82%，培养学生独立开展科学实验能力。完善实验教学大纲和实验指导书，建立实验教学与理论教学紧密结合的实验教学体系。

教学实习和生产实习。两种实习是培养学生综合实践能力以及分析问题和解决问题能力的关键环节。加强教学实习基地建设，巩固和扩大生产实习基地。完善海、淡水养殖教学基地建设。按照教学、生产、科研三结合原则建设与完善校办机械厂，以承担全校工科类专业金工课程实习。购置1对小型渔轮，解决海洋渔业专业实习问题。

加强实习指导力量，完善实习管理制度。实习要有计划、大纲、指导书，实习工作要有检查、考核和鉴定，确保实习质量。海上专业增加远洋实习环节，以适应远洋渔业发展需要。水产养殖专业继续探索教学、科研、生产三结合人才培养模式。

毕业设计和论文。注重指导教师培养，加强课题选择、计划实施、答辩和成绩评定各个环节建设，严格毕业实习考核，保证和提高毕业设计、毕业论文和毕业实习质量。

③ 加强教材建设，提高教材质量。

成立学校教材指导委员会和系（部）教材领导小组。加强教材编写、印刷和供应管理，做好教材统编、自编、外采、修订各项工作，落实任务、编者和完成时间，编写出版一批高质量、特色鲜明的好教材。“八五”期间主编水产高校统编教材9门，主审6门，副主审6门，协编17门。加强自编教材的修订工作，防止陈旧教材以及质量较差的自编教材进入教学领域。建立完善教材编写、选购、印刷、供应等管理制度。主干学科自编教材一律铅印，切实提高教材印刷质量。建立教材质量跟踪、检查、评比制度，评选与表彰优秀教材，不断更新教材，淘汰低质教材，保证教材质量。

加强实践性教材建设。抓好实验、实习和设计指导书，以及习题集和计算机辅助教材编写与修订工作，制成一批录像、幻灯、投影片和计算机磁盘等声像配套教材。

（2）加强教学管理工作，进一步提高管理水平。

① 加强教研室建设，强化教研室主任责任制。

注重教研室主任选择与培养，实行教研室主任责任制，加强教研室主任培养和考核，开展教研室评估和表彰工作；强化教研室职能，充分发挥教研室作用，使其在教师队伍建设、政治思想教育、教学和科研工作、营造优良学风和教风，以及课程、教材和教学资料建设等系列工作进入正规化和规范化轨道，取得显著效果。

② 完善教学管理制度，充分发挥规章制度作用。

不断充实完善各项教学规章制度，注重其科学性和实用性，认真贯彻落实，充分发挥其激励作用和约束作用，尽快迈入正规化和规范化轨道，5年内我院的教学管理水平登上一个新台阶。

③ 抓好教学档案建设工作，提高档案管理水平。

学校、教务处、系（部）和教研室都要建立教学档案。前三者的教学档案管理工作虽有了一定基础，但尚未达到高校教学档案管理指标，尤其是教研室教学档案刚着手建设。“八五”期间要全面建设和完善各级教学档案。档案内容包括上级下达的有关文件，教学计划、大纲和课程建设规则，教材、教案、试题、试卷分析及录音带、录像带，教学工作计划、总结、日历、实习计划和大纲、典型经验报告、优秀毕业设计或论文，教学研究活动计划、总结、典型经验材料等。

（3）加强学风和校风建设，营造大学氛围。

学风和校风是学校各项工作的综合性反映或体现，通过改善办学条件、队伍建设、开展科技活动、严格教学管理和学生管理工作，以及优化育人环境等综合措施，树立“团结、勤奋、文明、求实”校风和“刻苦、严谨、奋进”学风。

① 在教师方面，通过各种措施培养忠于党的教育事业的革命精神，增强事业心和职业道德，制订提高教学水平、科研水平和教书育人计划，贯彻执行教师职责，开展学术交流和教书育人、学风建设等方面的经验交流及表彰活动，树立“务实创新和教书育人”教风。

② 在学生方面，开展思想教育，激发他们为祖国“四化”建设而努力学习的责任感和远大理想，树立勤奋学习和艰苦奋斗的革命精神，认真贯彻国家教委、农业部、辽宁省和我院有关规章制度，强化专业思想教育，加强严谨治学素质，开展优良学风班活动，树立“刻苦、严谨、奋进”的学风。

（4）加强研究生教育管理。

① 修订和完善研究生培养方案，精简课程门数，提高学术水平和科学实验能力。完善管理规章制度，严格贯彻执行学籍管理、中期考核、成绩考核、论文答辩、学位授予、招生分配和导师遴选制度，全面提高研究生质量。

② 加强研究生思想政治教育。成立系级领导工作小组，全面负责研究生思想政治工作；建立专、兼职研究生思想工作队伍，加强研究生社会实践和公益劳动的组织领导，提高政治思想教育质量。

（5）加强成人教育管理。

① 健全机构，加强领导。

学校成立成人教育部，归教务处领导，负责全院的函授、夜大等成人学历教育，以及专业证书班、领导干部岗位培训班、各专业各层次的短训班、继续教育和高级研讨班等成人非学历教育的招生、培养、分配和经费管理事宜。

② 建立和完善各项规章制度，提高管理水平。

建立成人教育申报和审批制度，制订教学计划以及各项规章制度和收费标准。

4. 科学技术工作

（1）指导思想。

认真贯彻执行“国民经济建设依靠科学技术，科学技术为经济建设服务”方针，科学技术与教学、生产相结合以及科学研究与技术推广和科技产业相结合精神，积极开展基础研究、高新技术研究和应用研究，提高学术水平、教学水平、社会效益和经济效益。

（2）目标和要求。

① 基础理论研究。

充分发挥数学、物理、化学、生物学、力学等基础课和遗传、生物化学、生理学等专业基础课优势，开展基础理论研究，形成稳定的基础研究方向，结合专业教学进行攻关，力争取得特色鲜明的研究成果。

提倡老、中、青三结合开展基础理论研究，积极争取国家自然科学基金、教委科学基金、辽宁省和大连市科学基金项目，全面提高科研水平，促进青年教师快速成长。

② 高新技术研究。

重点开展生物遗传工程、计算机技术和机电工程等高新技术研究，尽快取得创造性研究成果，探索校企合作开展科学研究新途径，力争研制出一批高科技产品。

③ 应用研究。

组织海、淡水养殖，水生生物，水化学，海洋渔业，航海技术，应用电子，电子计算机，渔业机械，渔船设计，水产土木工程，水产品贮藏与加工等科技力量，积极争取纵向和横向课题，探索各自的科研主攻方向，形成具有自己特色的科学技术体系，不断取得实用价值较高的科技成果。

④ 技术开发和科技成果推广。

认真贯彻科教兴农精神，积极开展科技开发和成果推广工作，为发展水产事业多做贡献，争取每年推广科技成果2～3项。

⑤《大连水产学院学报》年出版4期，国内外发行，不断提高学术水平和编辑出版质量。

（3）主要措施。

① 成立科学研究机构，充实科研人员。

5～10年内建立水产养殖研究所、机电工程研究所、渔业工程研究所、水产土木工程研究所等3～5个科学研究所，充实科研人员30～50人。

② 调整科研管理体制，充分发挥“两个积极性”。

“八五”期间将院一级管理体制改变为院、系两级管理。院级主要负责宏观控制和调节督促检查；系级负责项目立题、计划实施、成果评估等项工作。调整院学术委员会，成立系学术委员会，配备1名科研秘书，逐步理顺科研管理体制。

③ 加强科研力量培养，确定科研方向。

采取多种有效措施，迅速提高科研实力，重点培养中青年教师和实验技术人员，适当提高教学科研型教师比例。各专业都要在1993年年底前完成科研方向的确定工作。

④ 建立三结合实验基地与科技产业，充实和完善科学实验设备。

根据教学和科研需要，充实和完善各专业实验设备，建立教学、科研、生产三结合科技产业与实验基地，适应科研和教学发展需要。

⑤ 广辟资金来源，增加科技投入。

积极争取各级纵向科技三项补助费和横向科研经费，学校年自筹科研经费4万～10万元，优先资助中青年人员开展科研工作。

⑥ 积极开展国内外学术交流活动和科研协作。

创造条件，加强国内外学术交流和科研协作，以培养和提高科技人员水平，多出科研成果。

⑦ 建立健全科技工作管理制度，提高管理水平。

围绕深化科技体制改革，建立健全科技管理规章制度。建立课题立项、实施、成果验收、评估、鉴定及奖励、科研经费管理和科技酬金提取等系列配套规章制度，提高管理水平，促进科研工作健康发展。

5. 学生工作

（1）指导思想。

认真贯彻执行党的教育方针、《普通高等学校学生管理规定》和《高等学校学生行为准则》，坚持用马列主义、毛泽东思想和具有中国特色的社会主义理论教育学生，使其健康成长为德、智、体全面发展的社会主义事业建设者和接班人。

（2）主要目标。

① 树立坚定正确的政治方向，热爱社会主义祖国，拥护共产党领导和社会主义制度，拥护党的路线、方针、政策，努力学习马克思主义、毛泽东思想和具有中国特色的社会主义理论和政策，自觉抵制资产阶级自由化思潮，不断提高反“和平演变”的思想意识。

② 牢固树立阶级观点、劳动观点、群众观点、集体主义观点、辩证唯物主义和历史唯物主义观点；坚定走与实际相结合、与工农相结合的道路；树立共产主义世界观和人生观，全心全意为人民服务和社会主义现代化建设服务的思想，为实现国家富强和人民富裕而艰苦奋斗。

③ 树立艰苦奋斗的革命精神和勤俭节约、实事求是的务实作风，以及“刻苦、严谨、奋进”学风。

④ 自觉遵守宪法和国家各项法律、规定；注重个人品德修养，服饰整洁，讲究卫生，诚实守信，谦虚谨慎，说话和气，待人有礼，男女交往举止得体，尊敬师长，尊重他人，团结同学；爱护公物，遵守和维护公共秩序和教学秩序；积极参加体育锻炼和健康的文化活动。

（3）主要措施。

① 严格行为管理，加强思想教育，运用政策引导与激励，建立以思想教育为核心的“管、教、导”综合思想教育体系；坚持理论联系实际，结合国内外形势和学生思想行为实际，采取多种实际有效形式进行系统而深入的马列主义理论教育和思想道德教育；有计划进行党的路线、方针、政策教育，在提高马列主义理论水平的基础上，重点解决科学共产主义世界观和为人民服务人生观。

② 加强学生管理工作队伍建设，建立选择、培养、考核和奖惩制度，充实队伍数量，全面提高队伍素质，认真贯彻落实辽宁省《关于加强高等学校思想政治工作机构与队伍建设的意见》，妥善解决学生工作人员的实际问题，充分发挥其积极性和创造性。

③ 持续开展教书育人、管理育人和服务育人活动，制订具体实施方案和考核制度，建立“三育人”表彰制度，有计划地举办“三育人”经验交流会和研讨会，不断提高“三育人”的自觉性和实际工作效率。

④ 建立健全学籍管理、课外活动、校园秩序、奖励与处分、行为准则等学生工作管理制度，并认真贯彻执行。坚持抓好课堂秩序、早操、自习、寝室卫生和纪律、文体活动等。贯彻管教结合原则，健全院、系学生工作管理委员会，加强综合治理。

6. 队伍建设

（1）师资队伍建设。

师资队伍包括教师和实验工程技术人员。

① 目标。

“八五”期间通过有计划调整、充实和培养、考核等措施，建立一支数量适当，政治、业务素质较高，群体结构合理、优化精干，充满活力，能够适应我院教学、科研和科技产业发展需要，忠诚党的教育事业的师资队伍。

具体目标如下：

年龄结构。各年龄段的师资人数分布均衡，平均年龄在40岁左右。到1995年，教授平均年龄由现在的59岁降到55岁，副教授由59岁降为54岁，讲师由44岁降到40岁。

职称结构。目前我院教授、副教授、讲师、助教的比例为0.35：2.19：5.37：1.56，到1995年上述比例优化为0.4：2.6：5.0：2.0。

学历结构。到1995年，教师中具有硕士研究生以上学历的比例由现在的11.2%增加到30%。

业务水平和政治思想素质。有较大幅度的提高，教学和科研综合型教师比例由现在的29%增加为45%～50%，建立一支理论基础雄厚、教学和学术水平较高、治学严谨的师资队伍。

② 主要措施。

通过调整、培训、考核、职务评定和聘任，科学有序做好教师的定编、设岗、定任务、定方向工作，每个教师都要规范地制订培养提高计划。

完善教师聘任制和考核制度。建立严格的考核制度，认真考核教师工作成绩、学术水平和业务能力，建立教师考核档案。做好教师职务聘任工作，在严格考核的基础上，不拘一格地晋升中青年教师。

切实抓好教师培养提高工作。根据不同专业、不同科类、不同规格和个人的具体情况，采取国内外进修、专题培训、学术休假、压重担、导师制、补学历等多种渠道和措施进行培养提高，重点加强青年教师培养。“八五”期间，在培养体制、职称评定、科研基金、住房等问题上，制定相应的制度和政策，促进青年教师成长。措施如下：

——青年教师上岗前，有计划进行岗前培训。

——贯彻执行《大连水产学院青年教师参加社会实践锻炼暂行办法》，对1982年以后毕业的，入校前社会实践锻炼不满1年的青年教师，必须参加1年社会或专业实践锻炼。

——有计划地安排青年教师特别是青年骨干教师攻读学位、出国或在国内重点大学进修深造，掌握本学科学术前沿动态。继续有计划地选送部分青年教师参加外语培训，使其具有“四会”能力或初具“四会”能力。

——有计划、有目标地选拔一批青年骨干教师上教学、科研、推广、开发、管理等工作第一线，给压重担，放手使用，以加速青年教师的培养，弥补“断层”。

——给每个青年教师配备指导教师，并制订培养、进修、考核等计划。

——在专业技术职务评聘工作中，对在教学、科研中做出突出成绩的青年教师，破格晋升高一级专业技术职务，不受本单位职称名额限制。

——设立青年教师科研基金。每1～2年举行一次青年教师论文报告会，评选出一定数量的优秀论文，给予奖励。

加强学科梯队建设，加速培养新一代学科带头人。学科及其梯队建设是师资队伍建设的核心。“八五”期间要有计划、有步骤开展学科、学科梯队建设，加速培养新一代学科带头人是学科梯队建设的当务之急。

——明确院重点学科、学术梯队，将学科学术梯队的建设措施落到实处。

——加速培养学科带头人，按照规定的条件选拔和培养一批学术带头人。

——抓好2类学科建设。一是重点学科和硕士点学科，二是以教研室为主体的重点基础课和公共课学科。在重点学科内按研究方向建立梯队，第一梯队为学科带头人，第二、三梯队属培养对象，是学科带头人的接替人。重点基础课和公共课学科，按教研室配备梯队。

——对重点学科和硕士点学科要采取特殊政策。在实验室建设、设备投资上给予重点支持，并建立高效的供应服务体系；在经费上给予优惠，在师资培训、出国进修等方面优先安排。

——建立学年综合考评制度。对各学科点及其梯队建设状况和学术带头人的思想表现、业务能力、工作实绩等进行全面考核。院、系两级分别对考核情况做出总结与鉴定。对成绩显著的学科带头人和接替人，给予奖励或破格提升；对工作进展不大或不称职的学科带头人，要查明原因，及时调整流动或采取补救措施，以不断增强学科梯队的活力。

充分发挥老教师的作用，搞好传、帮、带。根据教学、科研和青年教师培养等工作需要，延退、返聘部分学科带头人和学术骨干，以保证学科建设的连续性。

建立健全师资管理工作条例及有关制度。人事、教务和系、教研室的领导要协调配合，把师资队伍建设和学科梯队建设作为增强学校生命力和竞争力的战略任务，建立新教师择优选留和岗前培训、教师岗位规范、学科带头人的选拔培养、老教师的延退和青年教师脱颖而出等条例，修改、健全教师工作规范、教研室主任职责、青年教师培养和参加社会实践锻炼、教师出国留学和外出进修、优秀青年教师评选、教师职务聘任等制度。

（2）干部队伍建设。

干部队伍包括处（部、系）级、科级和普通干部。

①目标。

“八五”期间干部队伍建设的目标是优化队伍结构，通过选拔、调整、充实、培养、考核等措施，建立一支数量适当，群体结构合理，政治、业务素质和工作效率较高，能够适应我院各项管理工作发展需要的干部队伍。具体目标如下：

定额。干部编制占全校教职员工18%，在上级规定的各级干部编制定额范围内，根据各部门工作性质、责任轻重、任务繁简确定机构设置和人员编制，并按照完成岗位工作必备的素质配备和调整干部，具体落实每个岗位的目标和职责。

年龄结构。各部门干部的年龄梯队合理，处级干部平均年龄45岁左右，科级干部平均年龄40岁左右。

学历结构。各级干部具备本科以上学历人数达管理干部总数的50%左右，其中教学和科研管理干部不低于80%，并配备一定数量的研究生和双学位人员。

质量指标。坚持四项基本原则，具有高度的事业心、责任感和艰苦奋斗精神，熟悉高校管理规律，掌握本岗位基本业务和基本技能，具有较高的政策水平、分析问题和解决问题能力、决策能力、控制能力、表达能力和写作能力。干部群体管理水平有较大提高，以适应我院管理工作的要求。

后备干部。建立一支素质较高的处级后备干部，使其与班子成员职数的比例为1：1，年龄、学历、专业等结构合理。

②主要措施。

——建立各部门岗位规范、各级干部职责范围，以及政治、业务水平评估指标体系。

——建立干部选拔、培养、考核（考试）、评议（答辩）、奖惩、晋升等管理系列制度。

——加强中层干部特别是青年干部的培养工作，坚持在职培养提高为主和脱产进修为辅的原则，根据青年干部的实际情况，有针对性、有计划派往重点大学对口进修。院业余党校每年举办2期干部培训班，对科以上干部进行轮训。

——定期（每年1～2次）举行干部工作经验交流会、管理工作研讨会，结合我院干部实际情况进行专题讲座和研讨，以提高干部的全面素质和管理水平。

——有计划开展后备干部选拔、培养、考察和调整工作，采取组织学习、交给任务、代理工作等方式，提高其政治思想素质和工作能力。每年对后备干部进行一次考察、分析，并进行必要的调整，以促进干部健康成长。

——从政治思想、工作、学习和生活等方面关心和爱护干部，院领导和组织部门定期与干部谈话，了解干部的思想工作等实际情况和困难，及时给予指导和帮助，以不断调动干部的积极性。

（3）工人队伍建设。

① 目标。

“八五”期间工人队伍建设目标是优化结构，提高素质，搞好技能教育。通过严格考核和技师评聘等措施，建立一支数量适当，适应教学和科研发展需要的工人队伍。

科学定编。根据国家教委和农业部文件规定，工人队伍编制，校本部1∶18，实习厂（场）4%。渔轮因捕捞和轮管专业特殊需要，船员编制参照交通部门的规定进行配备。

年龄结构。目前工人队伍年龄老化，青年工人缺编，加速充实青年工人队伍，使其年龄结构逐渐合理。

质量指标。在政治方面，拥护党的领导，坚持社会主义道路，热爱本岗位工作；在业务方面，认真钻研业务，不断提高技术水平，胜任本职工作，具有改革创新精神，适应学校发展需要。

② 主要措施。

——建立岗位规范，提出明确职责要求。

——建立严格考勤制度，每年考核1次，记入本人档案。

——定期开展技师职务评聘工作，在上级下达的2%指标基础上，内部控制指标初定2%，以调动工人的积极性。

——加强思想教育与培养提高工作。要保证政治学习时间，加强领导，认真组织。根据学校财力情况，充实职工教育费，有计划对工人进行在职与脱产培训，不断提高其政治与业务素质。

——根据上级有关政策，妥善安置好已取得“五大文凭”工人的工作，逐步解决他们的待遇问题，使其发挥智慧和才能，为深化教育改革做贡献。

7. 改善办学条件

（1）基本建设。

基本建设包括校园占地面积、校舍建筑面积和教职工住宅建筑面积等。我院现有占地面积约10万平方米（校园8万平方米，校外教职工住宅占地2万平方米），校舍建筑面积3.3万平方米，教职工住宅建筑面积2.21万平方米，不仅不能满足目前办学的要求，更不能适应教育事业发展的需要。根据我院占地面积过小、实验室和图书馆用房严重不足、教职工住宅过于紧张等实际情况和国家可能投资额等综合因素，以保证教学、科研和生活的急需为原则，合理安排“八五”基本建设计划。到1995年年末，我院的占地面积达12.5万平方米（校园10万平方米，校外教职工住宅2.5万平方米），校舍建筑面积达到7.7万平方米（院园内为4.9万平方米，教工住宅2.8万平方米），基本符合在校生1 500人并兼招一定数量研究生的普通高等学校的条件。

主要建筑项目及投资：

1991年：投资328.4万元。主要项目：征地2万平方米，250万元；挖鱼池40亩，25万元；更新星海公园3栋住宅楼管线，25.2万元；更新电算楼等电线，10.2万元；更新轿车1台，18万元。

1992～1993年：新建教职工住宅6 600平方米，锅炉房800平方米，投资792万元。

1994～1995年：新建海洋渔业、渔业机械、港工和基础教学等综合实验楼1.5万平方米，约投资860万元。

除上述主要项目外，尚需有计划地进行幼儿园、南关岭养殖试验场、体育运动场等建设和更换轿车、大小面包车等各1～2辆，共投资1 981万元。

（2）实验室建设。

“八五”期间实验室建设主要是加强管理，提高效益。重点充实、更新、完善基础实验室和部分专业基础实验室，以保证本科和专科实验教学的需要；加强完善重点实验室，以适应研究生教学和科学研究工作需要。

由于“八五”期间实验室用房建设不能如期竣工，因此实验室建设的主要任务是调整、充实。基础实验室由4个调整合并为3个，充实部分专业基础实验室，进一步完善全院各专业通用的电子计算机室、电教室和语音室，同时兼顾科学研究和研究生教学的需要，对现有的2个重点实验室完善配套。

① 实验仪器设备与投资。5年内计划教学仪器设备总投资200万元。其中，1991～1993年投资100万元，主要充实、更新基础和部分专业实验室仪器设备；1994～1995年投资100万元，重点完善通用实验室和重点实验室的配套设备。

② 改革实验室管理体制。将电子计算机室和电教室等合并建立院中心实验室，为全院教学、科研和管理服务。将各系的实验室，按服务范围调整为系和教研室两级管理的两种类型实验室。

（3）图书情报建设。

“八五”期间认真贯彻执行《普通高等学校图书馆规程》，进一步提高图书馆工作质量和服务水平，把我院图书馆办成具有水产类综合学科特色，适应教学、科研、科技产业和管理工作需要，成为东北地区水产科技文献情报信息中心。

① 增加藏书总量。每年进书量1万册左右，到1995年总藏书量达到22万册，期刊种类达到700种，其中中文期刊500种，外文期刊200种。

② 优化馆藏结构。有计划有步骤优化馆藏结构，突出水产类综合学科特点，水产养殖等重点专业的文献收藏量要达到总藏量20%，其他专业和专业基础方面的文献、基础课方面的参考书及文学书籍等收藏量分别占总藏量的25%、4.0%和15%，使馆藏结构基本合理。

③ 提高服务质量。在图书借阅、分编、采访、检索、阅览、咨询等各个方面提高服务质量。健全读者服务体系，进一步完善和扩大计算机在图书管理上的应用，提高管理水平。

④ 加强图书情报工作。到1995年，图书情报要建设成为以水产类文献为主，工程类、管理类文献相配套的，具有现代化管理手段的东北地区水产类文献中心。

⑤ 深入开发馆藏资源，提高图书文献资料利用率。新馆建成后，对所有藏书全部实行开架借阅，建成馆藏书目数据库、水产资源文献数据库，以方便广大读者对文献资料的检索、查询和利用。继续做好对院重点科研项目的跟踪、定题服务工作，及时提供先进的情报信息，编制推荐书目、导读书目，举行书刊展评活动。扩大文献检索与利用课的开课面，从1991年起逐步增加到6个班。

⑥ 加强文献保障体系，搞好馆藏建设。图书情报费要达到教育事业费的5%，为书刊购置提供经费保证，开辟图书情报资源，及时掌握书刊出版、发行动态；建立教师预订图书工作网，鼓励教师收集和提供内部交流材料；加强与国内外同类部门的联系，广开专业教材、学术论文和研究报告的收集渠道，切实加强馆藏结构建设。

⑦ 应用现代化技术，提高文献资料的管理水平。在进一步完善图书交流

领域计算机管理的基础上，逐步扩大到采访、分编、检索等主要工作环节，使图书情报管理向现代化方向前进一步。

⑧ 加强图书情报队伍建设。要建立一支结构合理、水平较高、富有服务精神的图书情报队伍。根据图书馆发展需要，相应配备专业人员，使其知识结构和素质结构合理，具备大专以上学历的达到80%，图书情报人员、外语人员、水产专业人员的比例适宜。同时，培训在职人员掌握图书情报专业知识，不断提高管理水平。开展学术研究和交流活动，每年至少有1项研究成果在馆内推广应用，有一定数量的学术论文能在有关专业刊物上发表。

（4）实习基地建设。

“八五”期间，要有计划有步骤建立和完善各专业教学、科研、生产三结合实验实习场（厂）和科技产业，作为实践教学和科学实验基地，以保证和提高实践教学质量和学生实际操作能力，并创造一定经济效益。

建立、调整和完善水产养殖、渔业机械、热能动力机械与装置、轮机管理、水产品贮藏与加工、海洋捕捞、应用电子技术、港口及航道工程、工业与民用建筑等专业实习基地或科技产业。

① 海水增养殖试验场。将海水养殖人工育苗与育成设施合并为海水增养殖试验场，主要承担海水养殖专业的实践教学和科研任务及一定批量的海产品苗种和成体生产任务。

② 淡水养殖试验场。修建鱼类人工育苗、食用鱼养殖鱼池130亩，以及流水养鱼饲料加工和教学、生活用房。主要承担淡水渔业专业实践教学和科研任务，生产一定批量苗种和成鱼。

③ 机械实习厂。根据我院工科专业机械工艺生产实习要求，在现有设备和人员基础上，有计划增加一定数量设备和技术人员，主要承担渔业机械、热能动力机械与装置、轮机管理、船舶工程等专业实习和毕业设计任务，并为科研和开发新产品服务。

④ 机电仪器厂。从厂房、人员、设备等方面充实现有电子厂，在增加产品产值的基础上逐渐承担应用电子技术等专业实习、毕业设计和有关专业的科研任务。

⑤ 购置小型渔轮。在充分论证的基础上，购置一对80马力或120马力渔船，用于海洋渔业和轮机管理等海上专业的近海实习和科研，并适当进行近海捕捞作业。

⑥ 勘察设计室。加强现有勘察设计室的建设工作，有计划增加配齐各专

业技术人员，承担港口工程、工民建专业的教学设计、毕业设计以及工程设计科研任务，同时，承担社会服务任务，在“八五”期间争取将丙级单位升格为乙级单位。

8. 后勤、基建和财务管理

“八五”期间在加强队伍建设和改善办学条件的同时，根据普通高校管理工作的基本规律和要求，采取民主决策和科学决策原则，不断加强、改革各项管理工作，全面提高管理工作水平，使我院各项管理工作逐步走向制度化、科学化和规范化。

管理工作包括教学、科研、机关、人事、学生、后勤、基建、财务等诸方面，关于教学、科研和队伍建设等管理内容已分别列入各有关部分。以下是后勤、基建、财务管理工作发展计划。

（1）后勤管理工作。

① 主要目标。

按照普通高等学校后勤工作特点和规律，树立全心全意为人民服务思想，坚持为教学、科研和教职员工服务的根本宗旨，优化工作和生活环境，逐步采用计算机等现代化管理手段，实现管理科学化，提高管理水平和服务水平，做到管理育人和服务育人。各方面的具体目标如下：

——努力搞好伙食工作，不断提高饭菜质量，加强成本核算，做到质价相符，不断增加花样品种，严格贯彻执行食品卫生法，提高饮食卫生标准。

——水、电、煤油和各种原材料实行量化管理，制定消耗具体指标和节约具体措施，保证教学、科研和师生生活需要。

——切实提高维修服务质量，使房屋、水、电和各种设备保持完好状态，建立巡回检查制度，发现问题及时修复和处理，并保证质量。

——提高集体宿舍、教学区和办公区管理水平，制定明确的管理要求和卫生标准，落实责任制，使管理工作实现规范化和科学化。

——搞好校园环境建设和管理工作。根据高校特点有计划进行绿化等建设工作，提高绿化效益率，有计划增加基础设施，抓好校风和学风建设，制定校园环境管理措施，保持文明、整洁、优美，把我院建成花园式学校。

——认真执行上级有关住房改革方针政策，切实搞好我院的房改工作。做好固定资产清查、登记、建账建卡，实现计算机管理，充分发挥效能。家具等设备购置要充分满足高校管理要求，做到规范化、标准化。

——加强车辆管理，做到安全、服务、效益三提高。抓好车辆日常保养，严格用车制度，厉行节约，逐步实现以车养车目标。

——深化公费医疗制度改革，加强医疗诊治手段，开展卫生保健，提高师生健康水平。

——认真做好幼教工作，解决教职工后顾之忧。

② 主要措施。

——强化思想政治工作。通过政治学习、听报告、经验交流会和表彰活动等方式，对职工进行四项基本原则教育、党的方针政策教育、职业道德教育、法制教育、艰苦奋斗和勤俭办学教育，不断提高政治思想觉悟和树立全心全意为人民服务思想，努力做好本职工作。

——加强职工队伍建设，在制定岗位责任制的基础上，规范配备后勤部门的管理干部和工人，不断提高文化水平和业务水平。

——建立后勤各岗位责任制和系列规章制度，实行制度管理，使后勤工作有章可循，有法可依，各项管理工作逐步实现制度化和规范化。

——坚持改革，完善承包责任制。在总结1987～1989年经济承包经验的基础上，确定岗位定额、考核指标以及切实可行的检查监督（监控）措施，有计划地实行经费定额承包，明确责、权、利关系。从1992年开始制订总务处经费全面承包方案，经过充分论证后实施，以发挥人、财、物总体效益，增强后勤工作活力。

（2）基建管理工作。

① 主要目标。

——根据高校办学规律及对校园布置和建筑物规格等要求，结合我院现有实际情况，做好校园规划，使其实用且美观。

——按上级有关政策规定和设计、使用要求标准修建各项设施，按期完成计划，保证质量，力争多创优质工号，提高综合效益，做到上级和全院教职工满意，使用单位满意。

——树立艰苦奋斗、勤俭办事业精神，厉行节约，降低成本，提高投资效益。

——发扬对工作极端负责的主人翁精神，改进工作作风，深入实际，深入工地，坚持严格、严肃、严谨的工作作风。

② 基本措施。

——加强思想政治工作，严格执行政治学习制度，克服单纯业务观点，正确处理政治与业务关系，提高政治思想素质，树立全心全意为人民服务，为广大教职工服务的思想。

——加强领导，充实人员，采取多种方式，有计划、有针对性地对工程技术人员进行业务培训，迅速提高业务技术和管理水平。

——建立健全岗位责任制和各种管理规章制度，认真贯彻执行。

——深化和完善项目经费承包制，建立监控和检查措施，提高投资综合效益。

（3）财务管理工作。

高等学校财务工作管理水平是提高办学效益的重要因素。我院的财务管理工作在“八五”期间认真贯彻执行党和国家的有关方针、政策、法令，维护财经纪律，牢固树立为教学、科研和基层服务的思想，改进作风，切实提高财务管理工作水平。

① 主要目标。

——根据国家有关政策和办学规律，对我院教育事业费、基本建设费和计划外资金、科技3项费用等进行计划管理。根据高校经费收支总规律、外校财务管理经验和我院多年来财务管理的实际情况，科学编制综合财务预算计划。

——准确掌握资金收支实际情况，定期预测分析资金动用情况，向院领导提供综合信息，当好理财参谋。

——1992年提出全院实行职务津贴方案，争取于1993年开始实行，在实践中注意修订和完善方案，做到按劳分配，调动职工积极性，提高工作效率。

——1992年申报财务会计达标并争取通过，1995年达到会计3级标准。

② 基本措施。

——加强政治思想工作，认真抓好马列主义、毛泽东思想、党的方针政策和财经法规学习，全面提高政策水平和思想政治素质。

——加强财务处领导和队伍建设。按岗位编制，有计划充实领导和财会技术人员，优化年龄、职称等结构，采取在职提高为主、脱产进修为辅的业务培训措施，全面提高财务人员群体业务水平。

——实行计算机管理，逐步实现记账、核算、报表、预决算等主要管理环节电算化。

——建立和健全财务管理工作规章制度，于1992年实现财务管理制度系列化。

——深入进行财务改革。1992年开始实行教学、科研等各项经费限额卡制度，以调动职工当家理财的积极性，进一步加强经费管理，提高经济效益。协助后勤建立和完善经费承包责任制，修订预算外资金管理办法。开展固定资产清查工作，建立相应机构，完善管理制度。

9. 校办产业

校办产业包括科技产业和第三产业。

（1）指导思想和思路。

充分发挥我院综合科学技术优势和人才优势，加速科技成果产业化，为社会经济建设服务，大力发展校办产业。坚持科技产业与第三产业并举，以科技产业为主的原则，实行产业与教学、科研相结合，促进教育与社会、教学与生产、师生与工农联系，在取得经济效益的同时，促进教学和科研发展，提高教学质量，改善办学条件和教职员工生活条件。坚持自力更生、艰苦奋斗办产业的革命精神。校办产业归学校所有，法人和主要负责人由学校任命或聘任，按学校规定进行管理并接受学校监督检查，主要经济指标及年度预算由学校批准，收益由学校按有关规定进行分配。

（2）目标和要求。

① 科技产业要承担一定的实践教学和科研任务，既培养人才和出成果，又取得一定社会效益和经济效益。

② 第三产业既要安排职工子女就业，又要向学校交纳一定利润。

③ 在“八五”计划末期年总利税达300万元。

（3）基本措施。

① 集中力量抓重点项目，建立相应的研究所并直接兴办企业实体——海水养殖场、淡水养殖场、电子厂、机械厂、土木工程设计室、水产食品厂等。

② 有计划充实各类人员，加强产业技术和管理人员力量；多渠道筹措资金，新建和扩建厂（场）房，添置仪器设备，引进关键技术。

③ 实行企业管理，奖金额与经济效益挂钩，制定相应的管理和分配制度。

④ 实行院系两级管理。院成立校办产业管理委员会，由一名院领导主管，下设办事机构，配备得力干部加强对校办产业的组织领导，各系也要有一名主要领导分管。

10. 社会主义精神文明建设

（1）目标。

坚持四项基本原则，把我院建设成为反“和平演变”和社会主义精神文明建设的坚强阵地。

① 全体教职员工坚信马列主义、共产主义和中央提出的建设具有中国特

色的社会主义理论，提高反对“和平演变”的自觉性和坚定性；树立全心全意为人民服务思想，忠诚党的社会主义教育事业；遵纪守法，具有高尚的职业道德，举止文明。

② 优化校园环境，持续稳定正常教学、工作和生活秩序；抓好校园环境和教学区、生活区卫生，各种设施保持良好状态；具有“团结、勤奋、文明、求实”的校风和“刻苦、严谨、奋进”的学风。

（2）措施。

① 广泛深入开展以坚定社会主义信念为主题的思想政治教育，党、政、工、团、民主党派等各级组织紧密结合实际开展多种形式的教育活动。健全思想政治工作机构和规章制度，明确院、系思想政治领导小组职责，有针对性地开展思想政治工作。

② 加强马列主义理论课和德育课教学，紧密结合国内外形势和学生的思想实际，进行系列教育，培养共产主义世界观和人生观，提高学生的马列主义理论和思想、道德水平。

③ 加强基层党支部建设，健全党组织生活，发挥党支部战斗堡垒作用和党员先锋模范作用。

④ 加强院业余党校建设，有计划地对领导干部、教授、党员和非党积极分子进行系统的政治思想理论教育。3年内每人轮训1～2次。

⑤ 坚持教职工政治学习制度，不断改进学习方式和方法，提高学习质量和效果。

⑥ 广泛深入开展以“教书育人、管理育人、服务育人”为主题的职业道德教育。动员全院教职工积极参加“三育人”活动，制订具体的实施方案和考核制度，定期召开“三育人”经验交流暨表彰会。

⑦ 贯彻执行《教师参加社会实践制度》，组织好知识分子参加社会实践锻炼。制订切实可行的实施计划，完善考核制度，认真做好考核鉴定。

⑧ 办好校园宣传阵地。院报、广播站、宣传橱窗、俱乐部等宣传教育阵地要以马克思主义为指导，把握正确的舆论导向。开展健康向上的校园文化生活，陶冶教职工的思想情操，促进其身心健康。

⑨ 努力完成“二五”普法任务，坚持依法治院，搞好校园治安综合治理。全面落实治安综合治理各项措施。

⑩ 加强党风和廉政建设。继续深化“四讲一做”（讲理想、讲宗旨、讲传统、讲奉献，做合格共产党员）活动，以党风带动校风建设。

另外，大力发展体育事业，积极开展活动，加强医疗卫生工作，提高健康水平，进一步搞好计划生育工作；制订院《精神文明建设实施方案》，健全组织机构，明确职责，逐条贯彻落实，定期检查总结，把全院的精神文明建设提到一个新的高度。

附表　　1991～1995年在校生人数

学历层次	学生人数	1991年	1992年	1993年	1994年	1995年	占百分比
研究生	毕业生人数	10	9	5	5	6	2%～7%
	招生人数	5	6	10	12	15	
	在校生人数	17	19	22	29	38	
本科生	毕业生人数	234	205	154	166	210	75%
	招生人数	210	235	250	270	300	
	在校生人数	726	756	852	956	1 046	
专科生	毕业生人数	197	203	190	145	150	22.3%
	招生人数	160	145	150	150	150	
	在校生人数	404	346	306	311	311	
合计	毕业生人数	441	417	349	316	366	
	招生人数	375	386	410	432	465	
	在校生人数	1 149	1 119	1 180	1 296	1 395	

（二）工作计划和总结

1992年工作计划和总结

一、工作计划

根据国家教委和省教委工作要点，以及我院“八五”计划，制订我院1992年工作计划。

（一）指导思想

以党的基本路线和十三届七中全会精神以及党中央关于“团结、稳定、鼓劲”方针为指针，认真贯彻党的教育方针和高等教育工作方针，坚持以教学和育人为中心，坚定社会主义办学方向，加强思想政治工作，加快改革步伐，集中精力抓好队伍建设和学风、教风及校风建设，加强管理工作，认真改进各级领导和机关工作作风，振奋精神，真抓实干，全面提高教育质量和办学效益，迎接党的十四大召开。

（二）主要工作任务

1. 思想政治工作和精神文明建设

认真贯彻执行“教育必须为社会主义现代化服务，必须同生产劳动相结合，培养德、智、体全面发展的建设者和接班人”教育方针，坚持四项基本原则，把德育放在首位，积极开展马列主义、毛泽东思想和具有中国特色的社会主义理论教育以及忠于党的教育事业教育，持续开展岗位学雷锋活动和职业道德教育以及艰苦奋斗和举止文明教育，树立辩证唯物主义世界观、全心全意为人民服务人生观和爱岗敬业价值观，自觉走与社会实际相结合、与工农相结合道路，树立实事求是、艰苦奋斗和勤俭办一切事业的优良作风。

2. 教学工作

（1）抓好教学管理，稳定教学秩序，提高管理水平。

持续贯彻落实各级领导听课制度和各项管理制度，加强教研室建设，做好统考工作以及研究生、本（专）科生各教学环节管理工作和教学档案建设及管理工作。

（2）深化教学改革，全面提高教学质量。

开展重点学科、重点课程和重点实验室建设，以及课程评估和优秀教学成果表彰活动。完善实验教学、教学实习、生产实习和毕业设计（论文）等实践教学体系，规范实践教学资料。认真做好捕捞学、港口与航道管理硕士点的申报工作，以及工业与民用建筑、水产品加工与贮藏和船舶工程专业招收本科生的准备工作。

（3）加强实验室和实践教学基地建设，提高学生综合实践能力。

利用世界银行贷款，重点改善和提高专业基础实验室，充实完善主要实验室的仪器设备。健全实验室管理制度。研究落实实习机械厂为教学和科技产业服务的转向事宜。加强海、淡水养殖试验场和水产品加工实验室建设。研讨解决捕捞、航海专业学生实习问题。

（4）加强教材建设，提高教材质量。

进一步发挥教材指导委员会和教材领导小组作用。加强教材编写、印刷和发行管理工作，以及水产高校统编教材的组织领导工作。开展教材研究工作，制定各专业教材建设规划，开展教材评估和表彰活动。加强印刷厂队伍、设备、制度建设，提高教材印刷质量和办厂效益。

（5）电化教学要迈出新步伐。

加强电教室人员思想、作风和业务建设，完善各项管理制度，尽快制定出电教室建设和全院电化教材规划；实行目标管理，提高工作效率和工作质量。

（6）进一步加强图书馆建设，全面提高管理水平和工作效益。

做好图书馆人员新老更替工作，加强队伍建设，修改完善各种规章制度，研讨并做好馆藏结构的优化工作，提升科学管理手段，全面提高服务质量。

（7）继续抓好成人教育工作，增加办学层次和办学内容，提高办学质量和效益。

重点抓好干部岗位培训工作，抓好各种类型短训班工作，做好“池塘养鱼基础理论和高产技术”高研班和函授教育工作。

3. 科技工作和科技产业

（1）认真总结“七五”期间科技工作经验，深化科技改革，加强管理，多出成果，开创科技工作新局面。

建立和健全科技工作计划管理等8项规章制度，筹建科学研究所，调整科学技术委员会，实行青年科学基金，确定重点学科及其科研主攻方向，加强横向课题列项和校内外学术交流，抓好科技成果鉴定、报奖和推广工作，开展科技成果（上半年）和论文表彰活动（下半年），举办科技成果展览，出版科技成果摘要汇编，提高《大连水产学院学报》质量，加强学报编辑工作，下决心解决拖期问题。

（2）充分发挥我院科技优势，大力发展科技产业。

认真研究分析我院的科技力量优势及其科技产业的重点项目、经营方向、领导体制、管理办法，研究确定主攻目标。今年重点抓好海水养殖、机电工程、土木工程设计等实体，筹建水产品加工厂，研讨落实机械厂的定型产品及提高效益的有效途径，争取年创纯利润150万元。

4. 学生工作

（1）认真学习沈阳电力专科学校学生工作经验，从严格行为管理入手，靠思想教育塑造，用政策导向激励，建立以思想教育为核心，“管、教、导”综合思想教育体系。

认真贯彻执行《普通高校学生管理规定》《高等学校学生行为准则》，严格执行早操、晚自习、宿舍等管理制度，注重培养大学生的文明礼貌、道德品质，开展岗位学雷锋、“文明宿舍”和“优良学风班”等活动，树立“刻苦、严谨、奋进”学风。

（2）结合学生思想实际，有针对性开展阶级观点、劳动观点、群众观点、集体主义观点和历史唯物主义及辩证唯物主义观点教育。

（3）建立公益劳动和生产劳动制度，有计划地开展社会调查，培养艰苦奋斗革命精神，树立共产主义世界观和人生观，全心全意为人民服务，服从国家分配。

（4）结合苏联演变的反面教训，系统地进行马列主义理论教育，坚持四项基本原则，深入开展中国特色的社会主义理论和路线教育，坚定马列主义、共产主义和有中国特色的社会主义信念。

（5）加强招生分配管理工作，建立和健全规章制度，搞好指标到市的招生改革，继续抓好海洋捕捞专业招生改革工作，提高毕业生分配工作质量。

5. 后勤管理

（1）加强教学和宿舍用房管理，建立和健全各类房产管理制度，制定教学楼和学生宿舍楼管理规章制度，提高教学区和生活区的管理水平，保持学习和生活环境肃静、卫生，以及门窗、桌凳、灯具等各种设备的完好率。认真贯彻执行房租改革制度。

（2）进一步加强学生和教工食堂的伙食管理工作，建立严格的就餐、加工、出售、账目等管理制度，加强采购、验收、保管、核算制度，做到质价相符，注意不断更换花样品种、提高饭菜质量，搞好饮食卫生，严禁发生饮食中毒事故。

（3）继续积极创造条件，实行水、电、煤和各种原材料量化管理，制定管理制度和节约奖励措施。

（4）加强车队管理，重点抓好严格用车管理制度，实行节约有奖，进一步加强车队内部管理工作。

（5）加强维修队伍建设和管理工作，建立正常维修制度，提高服务质量，实行定期巡回检查，保证修复质量。

（6）建立固定资产管理机构（行政科）和管理制度，年内把全院固定资产全部登记上册，建立账卡，充分发挥设备效益。

（7）加强卫生医疗保健工作，深化公费医疗制度改革，提高医务人员业务素质和服务质量，完善诊治手段，提高师生身体健康水平。

6. 基本建设

（1）制定校区总体规划，按期落实完成新校区动迁、联建工作，开展综合试验楼（15 000 m^2）和中心锅炉房（800 m^2）调研及后者的设计、主体施工，完成家属住宅（6 600 m^2）主体施工、淡水养殖场总体规划和鱼类产孵设施，修建新校区围墙和海珍品试验场，按照校庆要求搞好校园环境美化工作。

（2）认真总结“七五”期间基建工作经验和存在问题，建立和健全各项管理制度，重点研究提高基建工作质量措施。

7. 财务管理

（1）认真总结我院财务管理工作。学习兄弟院校先进经验，结合学校实际情况科学制定教育事业经费预算，向教学第一线倾斜，建立完善规章制度。

（2）加强计划外经费管理。根据上级文件精神，结合我院具体情况，修改和完善分配制度，以充分调动各方面积极性。

（3）制定节约差旅费、水电费、电话费、用车费等具体措施（规章制度），进一步提高经费使用效益。

（4）提高管理水平和办事效率，实行各项限额卡管理制度，以逐渐实现财务管理工作制度化、规范化和科学化。

8. 队伍建设

（1）优化师资队伍结构，全面提高教学水平、学术水平和政治思想素质。

通过调整、选留、引进、培养、考核、聘任等系列措施，优化师资队伍的年龄、职称、学历结构。在设岗、定编、定任务和定方向的基础上，开展职称评聘工作。师资队伍培养，以在职培养提高为主，采取多种途径和方法，注重青年教师的全面培养工作。完善聘任、考核等各项管理制度，贯彻执行教师职责等条例，提高师资管理工作效率。开展骨干教师、学术带头人以及留学人员工作，制定选拔、培养、考核等项制度。

（2）加强干部队伍建设，全面提高干部素质。

干部队伍建设，重点抓好中层干部和青年干部的培养和提高工作，制定干部选拔、培养、考核、评议、奖惩、晋升等干部管理系列制度。坚持在职培养提高为主原则，开展干部工作经验交流会以及提高管理水平研讨会。选派少数青年领导干部去重点大学对口履职进修。开展管理干部定编、设岗工作，优化干部队伍结构。

（3）进一步优化职工队伍结构，提高业务能力。

开展职工队伍定编、设岗等项基础工作，建立职工队伍配备、培养、考核、奖惩等管理制度，加强职工队伍业务培训，开展工人考核和技师评聘工作。

9. 监察审计和安全保卫

（1）坚持“以廉政监察为重点”“以效益审计为重点”，扎扎实实抓好各级廉政监察工作，积极做好监察信息工作，着重抓好经济效益审计，继续抓紧监察审计室自身建设。

（2）坚持安定团结、稳定秩序、以防为主、积极侦破、严肃处理的方针，采取有效措施，积极做好防火、防盗，以及生产和游泳人身安全工作，杜绝发生人身伤亡和火灾等事故。严格执行安全保卫管理制度和校园管理细则，院保卫处等有关部门每周进行1次巡回检查，搞好校园工作环境、学习环境和卫生环境的正常安全保卫工作，保障校园安静、稳定。

10. 举行40周年校庆

我院自1952年9月3日建校至今已40年，根据全院师生员工和广大校友共同要求，今年9月上旬举行学术交流暨建校以来第一次校庆活动。要坚持既隆重、热烈，又务实、俭朴的原则。通过校庆活动，校友们欢聚于母校畅谈毕业后工作经验和体会，相互鼓励，更好地为社会主义现代化建设做贡献；校友与全校教职员工畅谈成才之路，以教育和鼓舞在校青年教职工和广大学生；通过总结建校以来的教学、科研和人才培养以及管理工作经验，展览各项成果和先进事迹，举办交流学术活动，扩大学校影响，争取社会对学校的支持，推动我院的全面发展。

（三）措施和要求

（1）振奋精神，认真抓好基础建设工作。

高等学校的根本任务是培养具有社会主义觉悟，德、智、体全面发展的高级专门人才和接班人，多出成果，出好成果，获得较高的社会效益和经济效益。为此，除了认真贯彻党的路线、方针、政策外，必须认真抓好师资队伍、干部队伍和职工队伍建设，严格抓好各项管理工作，注重抓好学风、教风、管风和校风建设，奋力抓好工作条件、学习条件和生活条件建设等项基础建设工作。

队伍建设工作的重点是调整和优化结构，全面提高政治思想和业务素质，提高教学水平、学术水平和管理服务水平。管理工作的中心内容是端正管理态度，树立全心全意为教学服务，为教职员工服务，尤其是树立为学生服务和为教学第一线服务的思想，着力提高管理水平和管理效率。

学风、教风、管风和校风建设，就是营造“刻苦、严谨、奋进”学风，“务实创新、教书育人”教风，“勤政、廉洁、服务、开拓”管风，“团结、勤奋、文明、求实”校风，使整个校园具有鲜明的大学作风，以及清洁、幽静、绿化、美丽而浓郁的大学氛围。

目前，我院的大学作风是不够浓郁的，全体教职员工必须提高认识，统一思想，振奋精神，花大力气，扎扎实实地抓好基础性建设工作。

（2）发扬艰苦奋斗精神，改进工作作风。

我院的办学条件尚不完善，基础建设工作根底不深。全院教职工必须发扬艰苦奋斗、奋发向上、知难而进的革命精神，对学生极端热情，对工作极端负责任，对技术工作和管理工作精益求精。

江泽民总书记最近指出："中央的大政方针已定，现在的关键是狠抓各项工作的落实，再好的路线、方针、政策，落实不下去，也是空的，要真抓实干。"我们要认真学习、深刻领会江泽民同志的讲话精神，发扬我党历来提倡的理论联系实际、密切联系群众和批评与自我批评三大优良作风，发扬说实话、办实事和求实效的务实精神，切忌官僚主义和形式主义。各级领导同志和机关干部，必须深入实际，深入教学第一线进行调查研究，分析问题性质，解决实际问题和各种具体困难，警惕官僚主义、形式主义等坏作风抬头，不要把时间和精力陷入"文山""会海"之中。清谈误国，实干才能兴邦。

（3）注意工作方法，提高工作效率。

首先，认真抓好教研室、党支部和学生班级等基层建设工作。要明确教研室的主要任务就是把师资队伍建设和教学、科研工作抓好，要充分发挥党支部的政治领导作用，学生班级要建设成为团结友爱、努力学习、朝气蓬勃、积极向上的先进集体。

第二，抓好典型。坚持抓两头带中间的科学工作方法，特别是要抓好先进典型工作，年内召开先进教研室、先进党支部、优良学风班和先进个人经验交流会及表彰活动。

第三，抓好骨干。领导干部要深入群众、深入实际进行调查研究，注重培养先进分子，建立骨干队伍，带动部门工作。

（4）几项具体要求。

系（部、室）、处（部）领导要认真组织全体成员深入讨论学校工作计划，结合本单位实际情况制订工作计划，及时向群众传达，3月末交院办。每个季度认真检查一次计划执行情况并主动向主管院领导汇报，年末在全面总结工作的基础上写好文字总结材料，交学校办公室，并适时向群众传达。

职能部门上半年完成各项规章制度的建立及完善工作。

系（部）工作计划主要内容：① 队伍建设，特别是青年教师队伍建设；② 教学管理工作措施和目标要求；③ 科技工作和科技产业；④ 加强实验、实习、毕业设计（论文）等实践教学设施；⑤ 实验室、实践教学基地建设；

⑥ 课程和教学资料建设；⑦ 学风、教风建设；⑧ 优秀教学成果奖选定和材料准备等工作；⑨ 严格贯彻各项规章制度的措施；⑩ 提高认识，加强责任感，做好学生游泳组织管理工作，制定切实可行措施，严防出现人身事故。

二、总结报告

1992年我院在农业部和省、市委及政府的领导下，认真学习贯彻邓小平同志南行讲话和党的十四大精神，全体教职员工认真实施年度工作计划，较好地完成了各项工作任务，为今后更好实现“八五”计划和十年发展规划开了一个好头。

（一）主要成绩和进展

1. 制订“八五”计划和十年规划，确定中近期发展战略目标和主要任务

1992年3月制订《大连水产学院教育事业发展“八五”计划和十年规划》和《大连水产学院基本建设总体规划和“八五”计划》，上报农业部并得到原则批准。

研究确定我院教育事业中近期发展指导思想、奋斗目标、基本任务和主要措施。这是一项具有重要现实意义的基础性工作，必将推动我院教育事业在科学而规范的轨道上快速前进。

2. 隆重而成功地举行40周年校庆

按照既隆重、热烈，又务实、俭朴的原则，全院上下动员，积极认真地进行10个月的准备工作，于9月7日至9日历时3天举行了纪念建校40周年庆祝活动。返校校友达987人，83家单位前来祝贺，农业部、辽宁省和大连市领导，全国水产院校和大连市兄弟院校领导及日本专家，以及我院历任党政领导参加了庆祝大会。广大校友及其所在单位捐款43万元，建立“水产教育基金”，奖励优秀学生和优秀教育工作者。校庆期间，举办了校史、科技成果和学校发展规划等系列展览会，印发了大连水产学院简介画册、校史、校友通讯录、科技成果和论文摘要汇编，放映《大连水产学院向江河湖海进军》录像片，校友为在校生做《成才之路》报告，各系还分头举办了学术报告会、交流会，签订多项横向开发协议。校庆活动，充分体现了相聚情谊深、学术气氛浓、思想教育实等特点，达到预期目的。

3. 校内综合改革迈出新步伐

根据国家教委和农业部直属高校书记、院长会议关于普通高校开展综合改革的精神，院党委研究决定开展校内综合改革。按照“态度积极，计划周密，行动稳妥，工作扎实”原则，制订了《综合改革总体方案》《人事制度改

革实施办法》《分配制度改革实施办法》以及具体试行办法。综合改革方案经过中层干部、民主党派、教代会代表和全体教职工讨论修改，第二次教代会审议通过。

4. 校办产业有明显进展

在高校职能和任务扩大内涵的新形势下，院党委和行政领导非常重视校办产业，明确分工领导，成立校产处和校产咨询委员会，加强经济实体领导管理，修订分配办法，适度放宽政策。同时，成立科技开发公司和房地产开发公司，创造条件帮助经济实体解决实际问题，加快发展进程。

1992年我院校办产业的基础性建设和管理工作有了较大进展。两个开发公司的力量得到迅速充实，收回了出租多年的海面。修建180多米护岸大坝，增加土地使用面积6 000多平方米，为今后更有效地利用海面和海岸、发展"三结合"校办产业打下了十分重要的基础。与龙王塘镇合作建设鲍鱼育苗实体已进入施工阶段，部分育苗车间1993年可望投产见效益，发展前景十分可观。

各系也都发挥专业优势，各展所长，主动走向社会和企业寻求合作伙伴，加快了科技开发步伐。一个教学、科研、校产相互促进、协调发展的新局面初步形成。

校办产业（不含渔船）今年共创产值174万元，利润66万元。

5. 基础性工作的建设与管理

（1）教学工作。

基本情况。本、专科教学共开出课程308门，其中必修课187门，选修课121门；完成教学32 645学时；856人次参加各类实习，518人次参加课程设计、毕业实习、毕业论文（设计）；任课教师380人次，其中高职占24.4%；招收新生409人，其中本科生214人，专科生279人，研究生6人。

教材配备率达100%。课前到书率为95%，自编和修订教材22种。电化教学放像近400学时，观看学生达15 000人次。图书馆全年购进中外文图书1 305种，计3 652册，订购外文期刊89种、中文期刊353种，外借图书44 638册，接待量为56 372人次。

专业建设进展明显。我院多年为之努力的船舶工程、食品工程、工业与民用建筑专业，晋升为本科专业。增设贸易经济、给排水工程、电子技术与计算机应用、制冷与空调等4个专科专业。

加强教学管理，稳定教学秩序。建立健全各项规章制度，注重科学规范管理。严格贯彻执行开学第一周教学运转情况检查制度、经常性教学纪律检查和领导干部下班听课制度等，及时了解教学各个环节运行情况，掌握教学动态，解决突出问题。坚持教学事故点名通报批评制度，不定期发布“教学简报”。注重期末考试环节，提高命题质量，做好考场准备，完善监考制度，严肃处理违纪，处分考试作弊学生19人。加强教学管理工作，不仅进一步稳定了教学秩序，而且大大促进了学风建设。

加强课程建设，提高教学质量。选择学时数较多、对学生影响面较广的高等数学和水化学2门课程进行课程评估试点。通过参评课程自评自查，院、系评估组听课、实地考察、听取汇报、验收、讨论评估、肯定成绩、指出问题及改进意见等程序，被评课程进一步明确了今后建设目标和方向，各系、部、室之间亦有了一次深入的横向比较，看到榜样，找准差距，从而全面带动了课程建设。

注重课程改革，强化综合能力培养。教学业务费向数学、外语课程倾斜。计算机课由选修课提升为必修课，本科授课学时由50增加到80，专科授课学时由50增加到60，教学内容由1门语言拓展为2门语言。重视学生语言、文字能力培养，大学语文列入全院本科和三年制专业必选课。各专业都开设一门经济管理类课程，强化学生运用经济学观点分析问题和解决问题能力。

加强基础课统考统测工作，取得较好成绩。养殖系本科学生参加东北地区农科院校农学类专业91级高等数学统考，平均分（91.24）和及格率（98.8%）均获第一名。大连市1992年第二届大学生数学竞赛11支代表队172名选手，我院代表队荣获本科组团体总分第一名，权珍兴同学获一等奖。1990级学生参加全国英语四级统考，通过率达43.9%，及格率为41.5%，是我院多年来最好水平。

优秀教学成果评选与表彰。全院共计申报18项教研成果，荣获院级优秀教学成果奖8项。其中，“充分发挥多学科协作优势，建设具有自己特色的淡水渔业教学体系”“提高数学课程教学质量的研究与实践”和“水力学课程计算机应用与实践”3项获一等奖；“深化改革，严格管理是提高教学质量的一条重要途径”“目标管理是教学管理中行之有效的科学的管理方法——实行目标管理，加强教学建设，提高教学质量”“大连地区基础地质录像教材”“坚持教学、生产、科研三结合，带动师资队伍与教材建设”和“把组织学生参加社会实践活动作为马克思列宁主义理论教育的一项基本制度”5项获二等奖。3项校级一等奖项目申报辽宁省优秀教学成果奖，其中，“充分发挥多学科协作优势，建设具有自己特色的淡水渔业教学体系”获辽宁省优秀教学成果一等奖，“提高数学课程教学质量的研究与实践”获辽宁省优秀教学成果二等奖。辽宁省优秀教学成果评审委员会专家认为：“充分发挥多学科协作优势，建设具有自己特色的淡水渔业教学体系”的学术水平在全国处于领先地位，可以在全国水产高校、农业高校养殖专业及相关专业推广应用，也可以作为全国高校自然科学应用性专业在深化改革中借鉴与参考，并推荐参加国家级优秀教学成果一等奖评选。

实习基地建设进展明显，实践教学质量有所提高。南关岭淡水养殖试验场重新开发建设已初具规模，扩大鱼池40亩；机械厂归属渔机系领导，转向为教学和科技产业服务，接纳学生实习；利用世界银行贷款建立的生态实验室已投入教学、科研使用。本科各专业实践教学时间平均达到25周，特别是水产养殖专业生产实习时间延长至10月（不放暑假），使学生完成一个鱼类养殖周期，明显提高了实践教学质量。

（2）科研工作。

今年开展各类科研项目53项，其中部委级16项，省市级14项，院列项目15项，横向较大的课题有8项签订了合同。53项中新增项目19项，延续项目34项。本着“积极部署和参与竞争”策略，发动教师多渠道争取1993年科研课题，已申报国家教委留学博士起动基金1项，省科委博士起动基金1项，海洋局、省水产局课题7项，市科委课题22项。

全年共组织验收鉴定项目11项，其中部级3项，省级5项。专家鉴定认为：“池塘浮游生物的增殖利用”达到国内外领先水平，“池塘养鱼高产技术应用基础理论”“海带优良品种选育”等6个项目达到国内领先水平和填补国内空白。1992年“渔船总体计算机辅助设计系统”获农业部科技进步三等奖，“渔笼捕海螺试验研究”获大连市科技进步三等奖。

科研管理工作。制定“大连水产学院科学技术研究管理工作暂行条例”等3项规章制度，加强了项目管理、成果管理和科研经费管理。参加筹办3次科技展览活动，汇编科技成果及其论文，收录科技成果38项、教学成果5项、专著102种、论文摘要600余篇。受人事部和农业部委托，举办“池塘养鱼高产理论和综合技术”高级研修班，学员来自9个省市，大部分具有高级职称，效果良好，学员满意。

一年来，全院教师积极参加国内外学术交流活动，发表论文69篇，3名教师参加国际学术交流会。先后接待挪威、日本和韩国3批、9名外宾来院参观访问和讲学。

开展优秀论文和科技成果评选表彰活动，进一步调动了广大教师和科技工作者积极性，推动了科技工作发展。

《大连水产学院学报》今年出版4期，发表论文40篇，约40万字；被列为水产科学类核心期刊（共17种）和综合性农业科学重要期刊（共22种），中国科技论文统计与分析期刊和联合国教科文所属水科学与渔业情报系统数据库中心收录刊物；在世界范围发行，被国际CODEN中心批准获得国际刊物识别代号DNHXEN。

（3）队伍建设。

师资队伍建设。通过调整、选留、引进、在职进修、脱产学习、参加社教、导师帮带和压担子等措施，尤其是在青年教师中开展观摩教学、教学竞赛和计算机培训活动，教师队伍建设工作成效显著。今年选留和引进硕士生6名，接收大中专毕业生19人，公派和自费出国留学17人，国内攻读博士学位3人，攻读硕士学位7人，16人晋升高级职称，44人晋升中级职称。教师的年龄结构、学历结构、职称结构有了明显改善。

干部队伍建设。在职培训提高为主，选送6名中层干部学习深造并取得学士学位，选派部分干部参加短期业务培训；通过自我述职、群众评议、院考核组统一考核方式，进行科以上干部素质考察，为下一步调整干部提供依据。

首次开展工人技师评定工作，促进工人队伍健康成长。全院9个工种、14名工人申请参评，通过理论知识考试和实际操作技能考核，8名同志通过审议，晋升为技师。

（4）学生工作。

调整学生工作委员会，制定与实施《辅导员、班主任配备及职责范围的规定》，进一步理顺学生工作领导体制。坚持把学生德育教育放在首位，从严格行为管理入手，靠思想教育塑造，用政策导向激励，力求建立以思想教育为核心的“管、教、导”综合思想教育体系。

认真学习邓小平南行讲话和党的十四大精神，广泛开展2次大型学生思想调查，全面真实地掌握了学生思想状况，有针对性地加强学生思想政治教育，培养优良学风。形势教育课教学突破了单向灌输的传统方法，实行“学生问、教师答”新方法，较好地调动了学生积极性，效果较好。开展“春催桃李”校园文化节活动，内容丰富（15项），持续时间长（50多天），色彩纷呈，高潮迭起，丰富了校园文化生活。

学生管理工作，注重树立优良作风，以改善学生宿舍生卫面貌为突破口，开展系际间、班级间卫生、早操、自习和就寝秩序等竞赛活动，收到较好的效果。

招生分配工作，制定《招生人员的选派和职责暂行规定》《招生体检标准》等规章制度。

1992年，11个专业毕业生共计408人，387人参加国家统一分配，106人一次分配到位。

（5）后勤工作。

总务后勤部门坚持为教学、教师、基层服务宗旨，注重职业道德、法制观念和时事政策教育，建立完善规章制度，强化逐级目标管理，在食、住、行、医、水电木瓦、托幼诸多方面都取得明显效果。

伙食管理工作，重点抓“五个环节”和“一个关系”，取得一定成效。“五个环节”，即采购环节要求专人负责，采购物品要物美价廉；保管环节要求检斤验质，账物相符；加工环节抓节约和精工细作；烹调环节要求等级炊事员必须上灶，讲究色香味形；卖场服务环节开展优质服务评比。“一个关系”，就是处理好大灶主体服务和小餐厅微利服务的关系。

1992年是学校修缮费投入最多的一年。刷油面积8 558 m^2，粉刷内墙面积47 676 m^2，制作教学楼内门128扇，各种展板73块，维修俱乐部排椅436套，安装宿舍对讲机128套，完成教学楼5 600 m^2电气灯具更新。干训楼、学生一舍共计7 000 m^2的暖气拆除更新工程管理得井井有条，一次装水打压成功。由于重点抓了水电量化管理，1992年水电费在提价的情况下支出22.7万元，比1991年仅增加0.4万元，煤的消耗由1991年的34万元下降到32万元，严格的制度管理收到明显成效。

学生学习、生活区管理，重点抓清扫工人岗位责任制和考核标准，卫生面貌有所改观。全年清除垃圾数十吨，种植草花近千株，提供鲜花250余盆。汽车队安全行车18万千米。卫生所完成门诊量14 377人次，体检1 363人次。幼儿教师的业务水平也有一定提高。

在认真调研、测算的基础上，提出1993年后勤全面承包方案，走“小机关，大服务”的企业化管理道路。

（6）基本建设。

今年是我院基建投资大、任务重、开工项目最多的一年，也是实施基建总体规划的关键的一年。院领导一直站在学校发展的高度抓基建工作，经常听取汇报，及时研究解决工作中遇到的问题。通过上下加倍努力，克服重重困难，完成了406.6万元的基建投资计划，自筹资金投资实际完成78万元，占计划的26%。同时，为维修校舍、美化校园，迎接校庆做了大量工作。

配合动迁部门，千方百计完成了277户住宅动迁任务，为新校区其他项目开工打下基础。

6 600 m^2职工住宅完成基础打桩、挖基；900 m^2中心锅炉房一层平口、3台6 t炉到位；南关岭渔场挖种鱼池1个，大小养鱼池2个，修建挡土墙30 m，已完工交付使用；完成了 21万元的通信设施投资和40万元的设备投资，改善了办学条件。

（7）财务管理。

财务管理逐步走向制度化、规范化，主动为教学科研服务的意识有所增强。为压缩差旅费、水电费、电话费、用车费等支出，制定了一系列规章制度，严格实施，效果明显。今年公务费支出79.4万元，比1991年下降了7.3万元。

1992年部拨教育经费467.8万元，实际支出524.3万元，主动增加经费61.7万元。院基金收入102.9万元，职工福利和奖励支出77.5万元。预算外纯收入比1991年增53.1万元。

（8）监察审计和保卫工作。

认真贯彻“教育为主、预防为主”监察工作方针，经常对干部、教师进行廉政和反腐败教育。组织干部、教师学习《行政监察条例》，84%的同志参加了考核验收，50名在校中层行政干部参加了大连市统一组织的考试，平均成绩97.5分。全年共受理群众反映的问题6件，做到件件负责查证，认真分析研究，工作有始有终。并积极围绕学校的中心工作开展监察审计业务，对1991年院招待费开支情况、机关差旅费使用情况进行了认真的检查，及时印发简报和通报。今年，院监察审计室被推荐为农业部监察系统先进集体。

保卫部门采取严格门卫制度、严格外来劳务人员管理、坚持巡逻执勤、加强公共繁杂场所管理等措施，维护校园治安秩序，并积极开展以反盗斗争为突破口的专项治理，下大气力整改安全隐患，保证学校正常工作和生活秩序，偷盗发案率比1991年下降了57%。全年处理治安案件3起；发生偷盗刑案2起，查破1起；学生内部偷拿案件4起，查破3起。

（二）面临的困难和存在的问题

（1）办学经费严重短缺和教职工待遇较低，已成为限制学校建设的一个重要因素。关系到人才培养和科学研究，以及稳定和提高教职工队伍等方面的许多事情，往往因经济拮据而难以开展。尽管预算外收入弥补了一部分缺口，但仍有杯水车薪之忧。

（2）今年的工作计划完成情况不够理想，主要原因是部分干部尚缺乏责任感，计划观念不够强，未能积极争取和创造条件，按期完成年度计划。

（3）教学、科研、校产和机关管理等方面的管理规章制度，贯彻执行不够，有的则贯彻不力，如电话管理等。

（4）部分干部和教师，特别是少数领导干部，学习理论知识和先进经验，以及提高自身业务素质和管理水平的自觉意识不够，缺乏刻苦学习精神和强烈的事业心和责任感。

（5）机关工作尚存在相互扯皮推诿现象，在一定程度上影响正常工作的开展。

（三）几点体会

1. 齐心协力办好几件大事

1992年党政各级领导和全院教职工团结一致，真抓实干，大胆而细致地工作，在持续抓好教学、科研、后勤、校产和机关等正常管理工作同时，重点抓了我院教育事业发展“八五”计划和十年规划及中近期建设与发展目标、40周年校庆和人事与分配制度改革等3件大事。

自建校以来，第一次举办校庆并获得成功，受到广大校友们的赞扬以及上级领导和兄弟院校领导的好评，全院教职员工都很满意。通过校庆活动，弘扬了优良传统，扩大了学校的影响，争取了社会对学校工作支持，促进了学校的建设和发展。为此，学校教职员工及其广大校友受到巨大鼓舞。

2. 弹好“钢琴”，处理好基础建设工作、深化改革和正常管理工作的关系

高校的基本任务是出人才、出成果、出效益以及为社会主义现代化服务，不断提高教学质量、学术水平、管理水平和办学效益。这取决于办学基本条件、队伍建设、学科建设、制度建设和风气建设等5项基础性建设。这是提高办学整体实力的前提，也是深化改革的基础。

根据我院办学基本条件较差、基础建设工作根底不深、起步较晚的实际情况，1992年我们在认真抓好教学等正常管理工作的同时，注重抓了基础建设工作和综合改革工作，取得较好效果，进展较大。

3. 抓住中心和重点，处理好教学、科研和校办产业的关系

普通高等学校，教学工作是中心，人才培养是重点，科技工作是制高

点，校办产业是后盾。也就是说，高校的正常性教学工作是中心，师生员工的培养与提高是重点，科技工作多出成果和出好成果是高校的制高点，校办科技产业出效益是提高教学水平、科研水平和稳定队伍的后盾。

基于这种观点，1992年我们坚持以教学为中心，稳定教学秩序，努力提高教学质量，基础课统考成绩大幅提高；注重中青年教师和中青年干部培养提高工作，已初见成效；把学科建设和科学研究作为制高点，狠抓科研力量培养工作，确定各专业的科研方向；组建校办产业，成立管理机构，建立科技企业，充实企业力量，取得一定经济效益。

1993年工作计划和总结

一、工作计划

（一）指导思想

以党的十四大精神为指针，认真贯彻《全国普通高等教育工作会议》和国家教委《关于加快改革和积极发展普通高等教育的意见》精神，解放思想，转变观念，抓住有利时机，深化改革，加快发展步伐；坚持从实际出发，持续抓好5项基础建设工作；坚持以教学为中心，以人才培养为重点，振奋精神，真抓实干，齐心协力办好几件大事，全面提高教育质量和办学效益，认真落实“八五”计划和十年规划。

（二）主要工作任务

1. 精神文明建设

（1）认真贯彻执行党的十四大精神和邓小平同志关于建设有中国特色社会主义理论，以及有关高等教育重要指示，坚持党的基本路线，主动适应社会主义市场经济。

（2）持续抓好校风、学风、教风和管风建设。

（3）进一步抓好学习、工作和生活环境建设，逐步形成整洁、安静、优美、文明的校园环境。

2. 综合改革工作

贯彻执行“高校的改革，体制改革是关键，教学改革是核心，发展规模、提高质量和效益是目的”精神，加快改革步伐，开创我院教育事业发展新局面。

（1）持续抓好人事和分配制度改革。

集中精力抓好人事和分配制度改革方案实施。各单位要认真组织教职工学习改革方案，制订人员定编、定岗、定任务和聘任方案，经党委验收合格后于9月份执行，1994年从1月份兑现津贴。

（2）深化教育改革。

筹建新专业，改造现有专业，调整专业服务方向，拓宽专业面，提高适应社会发展能力；深入进行招生分配制度改革。

改革教学思想、教学内容、教学方法，修订教学大纲，更新课程内容，开展重点课程建设。

逐步调整教学管理体制，研究落实提高学生写作能力、外语水平、计算机技能和专业实践能力的具体措施。

加强教学基地建设，坚持教学、科研、生产三结合办学，总结三结合办学经验，探索三结合办学模式。

改革硕士研究生招生培养工作，做好增设3～4个授权点的申报工作。

（3）后勤改革工作。

后勤改革原则上按教代会报告提出的要求进行，主要是实行任务、经费、责任制承包，提高服务质量和效益，节约开支。

3. 大力兴办校办产业

下大力气抓好校办产业，总结经验，提高效益，适度提高教职工待遇。

（1）重点抓好科技产业，集中力量抓重点项目（龙王塘养鲍场和校内各科技实体），建立相应研究所，兴办企业实体。

（2）抓好校办第三产业，如黑石礁度假村、房地产开发公司等，适当开展经贸工作。

（3）加强校办产业领导力量，充实专业技术和管理人员，逐步实现目标管理和企业化管理，探索院系两级管理机制和分配制度，建立健全各种规章制度。

4. 加强学科建设

学科建设是高校的重要内涵建设工作，也是办学上层次的战略性工作。上半年在搞好管理改革工作同时，研究起草重点学科、重点专业及学科带头人规章条例，下半年逐步实施。

5. 队伍建设和人才引进工作

持续抓好“三支队伍”建设，全面提高综合能力和综合素质；加强人才引进工作，优化队伍结构。

（1）教师队伍建设。制定青年教师的津贴待遇、职称评定和住房分配等激励政策，实行低职高聘和外聘兼职导师，促进青年教师脱颖而出。

（2）干部队伍建设。重点抓好中层干部和青年干部的培养和提高工作，打破论资排辈、求全责备等陈旧观念，把坚持党的基本路线以及事业心强、政绩突出、为政清廉、工作扎实、群众信任的年轻干部，尽快地选拔到各级领导岗位。

（3）大力引进高学历人才。来我校工作的高学历人员，待遇从优，硕士毕业生享受讲师待遇，博士毕业生享受副教授待遇。

6. 正常性建设与管理工作

（1）教学工作。

加强教学管理机构建设及其各级管理人员的培养提高。

① 注重抓好新上工业与民用建筑、船舶工程、食品工程3个本科专业和贸易经济、给排水工程、电子技术与计算机应用、制冷与空调4个专科专业的全面建设工作。

② 加强教学管理，稳定教学秩序，提高管理水平。贯彻执行各级领导听课制度和各项管理制度，继续做好统考工作；加强研究生、本科生、专科生全面管理工作。

③ 加强教研室和教风建设。制定《教师教学工作基本要求》《教书育人考核》等规章制度。

④ 加强实验、实习、毕业论文、毕业设计等实践教学建设与管理，提高学生综合实践能力。

⑤ 加强教材建设，提高教材质量。注重教材编写、印刷、发行管理工作，制定各专业教材建设规划，开展教材评估和表彰活动。抓好印刷厂建设，提高教材印刷质量和办厂效益。

⑥ 电化教学建设和管理。充实和优化电教人员，建立健全管理制度，提高管理水平和工作效益，制定电化教材年度计划。

⑦ 加强图书馆建设，提高业务水平和工作效率。优化队伍结构，健全各项规章制度，提高科学管理手段和管理水平，减少图书丢失率；优化馆藏结构，做好扩大硕士点的图书资料准备工作。

⑧ 提高成人教育办学质量和效益。加强成人教育管理队伍建设，持续抓好干部岗位培训和淡水渔业、渔政管理、渔经管理函授教育。

⑨ 开展优秀教学成果表奖活动。贯彻执行《全国普通高等学校优秀教学成果奖励工作》文件精神，有序进行教书育人、教学改革、教学建设、教学

管理等方面优秀成果总结工作，推动我院教育教学改革和建设，提高教学质量和学术水平。今年教师节期间要开展优秀教学成果表奖活动，旨意在全院掀起尊重教师、尊重人才、尊重知识的高潮。

⑩ 召开教学工作会议。下半年召开教学工作会议，交流教学工作经验，研究教育教学改革思路和措施，进一步推动教学工作，提高育人质量。搞好“水产教育基金”奖励和各项教学奖励工作。

（2）科技工作。

认真贯彻执行“科学技术为经济建设服务”方针，主动适应社会主义市场经济，实行科学技术工作与教学、生产相结合，充分发挥我院学科特点和科技力量优势，持续开展基础研究、高新技术研究和重大科技攻关，重点开展应用研究和开发性研究，坚持科研与科技推广、科技产业相结合。

① 按系和专业调查分析现有科研力量状况，加强科技人员培养，确定科研方向。

② 有计划有步骤成立科研机构，提高科研水平，多出科技成果。

③ 加强科技工作的计划、检查、鉴定、报奖等管理工作，提高管理水平。

④ 广辟科研资金来源，千方百计多争取纵、横向课题，增加科技经费投入，实行青年科学基金。

⑤ 持续开展科技成果和论文表彰活动，奖励优秀科技工作者。

⑥《大连水产学院学报》年刊4期，增加国内外发行量，不断提高学术水平和编辑出版水平。

（3）学生工作。

① 认真贯彻党的十四大精神，加强党的基本路线和基本理论教育，抓好德育教育。

② 认真贯彻执行《普通高等学校学生管理规定》和《高校学生行为准则》，从严格行为管理入手，规范课堂、食堂、早操、晚自习、宿舍秩序，各系（部）、学生处和总务处协同抓好以清洁卫生、公共秩序、举止文明和爱护公物为主要内容的校园精神文明建设。

③ 开展优良学风班和优良班主任活动，树立“刻苦、严谨、奋进”的优良学风。

④ 建立公益劳动和生产劳动制度，有计划开展社会调查，培养艰苦奋斗精神、劳动观点、群众观点，提高走与工农和实际相结合的自觉性，树立科学世界观和为人民服务人生观，服从国家分配。

⑤ 抓好招生分配工作，严格执行各项规章制度，提高工作质量，做好招收600名学生准备工作。

（4）后勤工作。

① 认真做好增招280余名学生的住宿等准备工作，改建第三学生宿舍楼。

② 认真实施后勤深化改革方案，为教职员工学习、工作、生活服务好，使后勤管理工作再上一个台阶。

③ 建立和完善各项规章制度，修改分房方案，认真搞好2栋家属宿舍分配工作。

④ 认真搞好伙食、房产、车辆管理工作，制定水、电、煤、车辆以及各种原材料的量化和节约措施。

⑤ 加强卫生医疗建设，提高医疗水平；开展公费医疗制度改革，减少医疗开支。

（5）基建工作。

① 2栋住宅和中心锅炉房11月底前竣工，完成综合实验楼的调研、设计和施工前准备工作，认真搞好联建和回迁工作以及各类房屋的安排等。

② 认真总结基建工作经验和存在问题，建立健全各项管理制度，提高管理水平，注重研究制定提高基建质量措施，节约开支，提高效益。

③ 有针对性地进行各类人员业务培养工作，提高政策水平、技术水平和管理水平。

（6）财务管理工作。

① 科学制定教育事业费预算，指导、检查和监督各单位预算执行情况，提高经费使用效率。

② 采取有效措施，加强电话、车辆、水、电、煤、差旅费、请客吃饭、送礼等管理工作，节约开支。

③ 广开资金来源，实行科学管理措施，大幅度增加收入；搞好分配制度改革各项具体工作。

④ 加强各类财会人员业务培养工作，提高政策水平、管理能力和办事效率。

（7）监察审计和安全保卫工作。

贯彻执行“以廉政监察为重点”“以效益审计为重点”方针，扎扎实实抓好各级廉政监察，努力做好监察信息工作，抓好经济审计和监察审计室自身建设。

认真贯彻执行“安定团结、稳定秩序、以防为主、积极侦破、严肃处理”方针，采取有效措施，积极做好防火、防盗、生产和游泳等人身安全工作，防止发生人身伤亡和火灾事故；严格执行以法治校各项措施，保障校园安静、稳定。

（三）主要措施和要求

1. 振奋精神，刻苦学习，提高认识，树立强烈事业心和优良作风

全国高校改革发展很快，形势逼人。1993年我院工作任务繁重，加上办学条件不够完善，基础建设根底不深，要出色完成上述任务，面临许多困难。全院教职工，特别是各级领导干部必须认清形势，振奋精神，提高认识，增强责任心，发扬艰苦奋斗精神，出色完成本职工作。

2. 转变观念，改进作风，真抓实干

认真学习和领会江泽民总书记关于“中央的大政方针已定，现在的关键是狠抓各项工作的落实，再好的路线、方针、政策，落实不下去，也是空的，要真抓实干”讲话精神。我院1993年工作计划已确定，下一步就是如何落实的问题。我们要发扬说实话、办实事、重实效精神，真抓实干，切忌形式主义和官僚主义。各级领导和机关工作人员，必须深入实际，深入教学第一线进行调查研究，了解情况，帮助基层解决具体问题。院行政领导应当及时听取主管单位工作汇报，认真帮助他们解决一些急需解决的实际问题。

3. 注意工作方法，提高工作效率

各级领导同志在实际工作中要学会抓重点、抓骨干、抓典型、抓基层、抓党员建设的工作方法。

二、总结报告

认真贯彻执行全国普通高等教育工作会议、《中国教育改革和发展纲要》和国家教委《关于加快改革和发展普通高等教育的意见》精神，解放思想，更新观念，深化改革，认真落实1993年工作计划和“八五”计划，较好地完成了工作计划，取得可喜成绩。

（一）主要成绩和进展

1. 综合改革成绩显著

一年来，我院综合改革工作进展顺利，较好地完成全院教职工定编、定岗、定任务和聘任工作，兑现岗位津贴和业绩津贴，总务后勤部门实行经费任务承包责任制。召开教学工作会议，注重开展教育教学改革，教学和人才培养成为全院工作主旋律。

（1）人事、分配制度改革。

人事制度改革的核心内容是“三定一聘”。全院成立教学科研、党务行政管理、校产公司和总务后勤4个定编领导小组。根据《大连水产学院人事制度改革实施办法》，研究确定各单位人员编制；依据本部门人员编制情况和承担的工作任务设置工作岗位，以及科学制定岗位职责和部门工作职责；按照双向选择、按需和满负荷聘任的原则，严格实施人员聘任。全院应聘698人，未聘人员14名，由人才交流中心妥善安置。

通过人事制度改革，全院人力资源配置趋向合理，在精简机构、优化队伍和提高效益等方面迈出可喜一步，为学校制度化、规范化、科学化建设奠定了基础。实现“三定一聘”，调动了广大教职工的积极性，增强了编制意识、满负荷工作意识，以及办好水院的决心和信心，出现了主动要求多承担工作任务的可喜局面。

分配制度改革。在“三定一聘”工作的基础上，自9月份实行岗位津贴制（补至1月份），初步解决了校内分配不公问题，体现出“干与不干不一样，干多干少不一样，干好干坏不一样，突出贡献与一般贡献不一样”，打破了奖金分配“大锅饭”。

（2）教育教学改革。

贯彻执行高等教育发展“规模有较大发展，结构更加合理，质量上一个台阶，效益有明显提高”精神，下半年召开全院教学工作会议，进行大会动员、专题交流和座谈研讨，系统总结教学工作成绩，交流经验体会，制订学校教育教学改革方案（初稿），推动我院教学工作再上一个新台阶。

改革招生分配制度、扩大在校生规模。我院自1991年开始对海洋渔业专业进行定向委培试点工作，从农村应届高中毕业生中招收20名学生，采用首先上船参加海上见习，了解海洋捕捞生产，克服晕船，稳定专业思想，然后返校上课的培养模式，为大连海洋渔业公司定向培养海上捕捞技术人才。实践证明，这种改革尝试是成功的。今年我院进一步扩大了定向委培数量及服务范围。

1993年，我院本、专科毕业学生316名，按照供需见面、择优分配等原则，顺利完成了就业安排；招收本、专科学生600名，在校生规模达到1 484人。

学科、专业建设取得可喜成绩。拓宽学科专业领域和教学内容，设置一些市场经济和大农业急需的工程学科、经济管理学科、人文学科和外语类等专业，逐步建立起以水产学科（专业）以及具有水产特色的工程学科为主，水产、工程、经济、管理、外语、人文等综合性专业结构体系，在我院学科

（专业）建设与发展史上树立起崭新目标。建立重点学科，制定学科带头人遴选、职责、权利、待遇等规章制度，下一步将侧重研究制定学科发展规划、主攻方向和建设措施，突出学科地位，加强学科建设。我院水产养殖学科荣获农业部重点学科，捕捞学硕士学位点获国家学位委员会批准，1995年面向东北、华北地区招生，1994年可望增至5个函授专业。教育教学改革成果“充分发挥多学科协作优势，建立具有自己特色的淡水渔业教学体系”荣获国家级优秀教学成果一等奖，“提高数学课程教学质量的研究与实践”获辽宁省教学成果二等奖。这些成绩使得全院教职员工感到光荣和自豪，决心在各自的工作岗位上继续努力，为振兴水院再创造业绩。

深化教学改革。全面修订各专业教学计划，调整服务方向，拓宽专业口径，优化课程结构，增加选修课，适当增加实践教学时间，提高学生写作和电算能力及外语水平。海、淡水养殖专业增加海珍品、名特优水产养殖技术，海洋渔业专业侧重于远洋技术培养。

进一步完善教学管理规章制度，制定和修订《大连水产学院教师教学工作规范》《大连水产学院本科生修读辅修专业试行办法》《大连水产学院学生相对淘汰试行办法》和《关于期末考试卷密封及考核成绩统一公布的规定》等12项管理制度。

1993年我院学生在大连市9所理工、师范类院校大学生数学竞赛中再次获得本科组团体总分第一名，并独揽个人成绩前2名，男女学生代表队参加大连市国际马拉松邀请赛双双获得好成绩，女队名列高校第一名，男队名列第五名。

（3）后勤改革。

当年总务后勤改革迈出新步伐，实行经费、任务承包责任制。坚持“三服务”“两育人”方向，不仅较好地完成了后勤保障任务，而且进行了向社会化服务、企业化管理过渡的试验准备。

学生食堂为了改善办伙条件，利用扩大服务的经济收入3万多元增添设备，而且注重成本核算，稳定价格，保证主副食的品种和质量，当年被评为大连市高校先进食堂，

当年改建学生三舍，房间36个，共计增加144个床位，改建新教室4个，安装排椅363套，新建开水房20 m^2等，较好地完成了扩招284名新生的后勤保障工作；水电实行量化管理；绿化工作被评为市先进单位；卫生所年完成门诊量42 908人次、体检916人次；汽车队实行用车千米票以保证计划用车，司机凭本加油，以加强油料管理，全年安全行车18万千米；幼儿教育

认真贯彻“保教并重”方针，从抓好保教人员的自身素质入手，提高保教质量；在时间紧、任务重、牵涉面广的情况下，按时完成了房改工作，收取住房债券17.4万元，收缴率达100%。

2. 教职工住房分配工作

黑石礁7号、8号住宅竣工，增加教职工居住面积6 996.7 m^2。院领导为了科学制定住房分配政策，专程走访兄弟院校学习住房分配经验，分别召开青年教师、工人、民主党派代表座谈会，听取不同群体的意见，讨论修改分房方案。新房分配方案，在立足全局、统筹兼顾的基础上向教师倾斜，并着力解决工人大龄子女的分室问题。目前，分房方案已提交教代会代表讨论修改，不久将实施分配。

3. 校办产业有一定进展

当年，加强了校办产业的领导力量，充实了专业技术和管理人员，建立和健全一些规章制度，基础性建设和管理工作取得一定进展。海水养殖场改变了过去单纯靠采捕自然资源开始进行人工养殖。红崖底海珍品苗种基地建设项目，历经周折，院党政领导亲自出马，争取市委及市政府领导支持，排除各种干扰，终于拿到规划用地的批准件并被列为大连市“星火计划”项目，争取到农业投资公司200万元低息贷款，工艺设计完成，土建设计正在进行。房地产开发公司、机械厂、印刷厂、精工石化仪器设备开发公司等经济实体，经济效益不一，有的效益尚可，有的效益很低，甚至出现亏损。

4. 正常性建设和管理工作成绩显著

（1）教学工作。

本、专科教育开出课程340门，其中必修课180门，选修课160门，新开课20门。任课教师415人次，完成教学257 761学时；参加各种实践教学1 080人次，其中参加课程设计、毕业实习（设计）480人次。硕士研究生教学，开课23门，招收5人，毕业5人。

教材配备率达98%。自编和修订教材25种，教材更新率约34%。养殖系何志辉教授编著的《淡水生态学》被评为农业部高校优秀教材。电化教学摄制录像片3部，44门课程播放教学录像238学时，收视学生9 960人次。图书馆周均开馆772.5小时，书刊资料流通率明显提高，全年购进中外文图书890余种2 200余册，订阅中外文期刊433种、报纸61种，收编各种中外文资料500余件，外借图书5万余册，接待读者7万多人次。

严格教学管理，迈出新步伐，效果显著。开学第一周检查教学运转情况，全程不间断地检查教学纪律，坚持领导干部听课、教学事故通报以及发布教学简报，期末考试密封试卷、统一公布成绩。这些科学而严谨的管理措施，不仅进一步稳定了教学秩序，而且营造了优良学风。

（2）科研工作。

1993年新增科研项目29项、经费62万元，是历年来最多的，其中基金项目8项，占27.6%。全年实施各类科研项目74项，其中国家自然科学基金项目2项、省部级31项、市级13项、院列项目16项，横向课题12项。中青年教师主持重大科研课题的比例明显提高。

获奖科研成果3项。“ZYF-100A型油驱油切水阀”获中国石化总公司科研进步三等奖，“碧流河水库渔业基础调查和渔业利用的研究”获大连市科技进步二等奖，“池塘浮游动物的增殖利用”获辽宁省水产科技进步二等奖。鉴定验收项目4项，其中部级1项、省级2项、市级1项。专家认为“垂直探鱼装置在我国北方冬季渔业生产中的应用”国内首创，“真鲷人工育苗及养成技术研究”国内先进。

公开发表论文109篇，一级学报发表论文8篇（1992年1篇），获“大连水产学院论文奖”105篇（1992年73篇），海渔系20篇获奖，进步最大（1992年获奖9篇）。

全年接待俄罗斯、摩洛哥、日本、美国8批、28名外宾来院参观访问和讲学，促进了学术交流。

《大连水产学院学报》出版4期，发表论文41篇。注重提高编辑和印刷质量，认真贯彻《中国高校自然科学学报编排规范》，铅排印刷改为计算机照排和胶版印刷，学报质量明显提高。

（3）队伍建设。

① 师资队伍建设。

1993年全院晋升中级职称26人、高级职称25名（教授5名、副教授20名），后者报经农业部评审出教授4名、副教授18名，高职通过率达88%，是我院1978年以来通过率最高的一年。在高职评审中注意了年轻教师培养选拔，33岁博士后付恩波和32岁硕士邓会山成为我校最年轻的副教授。

引进副教授1名、硕士2名，接收应届本科毕业生18名，硕士毕业生5名。公派和自费出国留学3人，选送青年教师国内攻读博士学位1人，攻读硕士学位3人。

注重青年教师培养，制定激励政策，努力创造优秀人才脱颖而出的优良氛围。博士生享受副教授待遇，硕士生享受讲师待遇，单身青年教师生活补助由每月20元增到30元。住房分配方案确定博士毕业生直接进高级职称档，并提前定位以确保等到较好的楼层，在计分项目中增加博士和硕士学位分。

② 干部队伍建设。

注重中层干部和青年干部的培养和晋升工作。今年选送1名年轻中层干部和1名科级干部报考研究生，选派2名中层干部参加省级党校学习，还举办了青年干部培训班。通过自我述职、群众评议和全面考察，大胆选聘6名中青年处级干部。

工人聘用干部工作。组织“以工代干”人员参加政治学习和业务培训，经学校考核组全面考核，实行公平竞争、优中选优的聘任原则，聘用少数干部，充分调动了“以工代干”同志工作积极性。

（4）学生工作。

学生工作以学风建设为重点，坚持思想教育与严格行为管理相结合，全面实行德智体综合成绩测评。广泛开展“文明月”活动，从整顿学生食堂就餐秩序入手，逐步地扩展到早操出勤、晚自习、宿舍卫生诸方面，定期公布院（系）两级检查评比结果，优奖劣罚。团委和学生会组织举行第二届校园文化节，有序地推出近20项文艺、体育、学术活动，培养提高文化素养，丰富校园文化生活。全校涌现出一批省市级和院级三好学生、优秀学生干部、优秀毕业生、先进班级、文明宿舍。学生处被评为大连市先进学生工作部门。

（5）办学条件建设。

全年完成建筑面积36 000多平方米，投资3 000多万元，超额完成农业部下达的基建计划，完成的投资额是整个“七五”计划投资的总和。全面完成277户动迁安置收尾工作，扩大校园2万平方米，中心锅炉房续建工程竣工并交付使用，7号、8号职工住宅楼提前竣工，完成动迁用房28 426 m^2（8栋楼）及其配套工程。

国有资产清查与购置。全面完成全院16大类教学科研设备7 000多台件、价值3 738万元资产核查工作，购置仪器设备263台件，价值135.65万元。争取虾病研究课题专项仪器购置款20万元。

学校投资30万元，改善学生学习和生活条件。总务处为了保证当年扩招学生按时报到上课，暑假期间扩建36间学生宿舍，增加144个住宿床位。学校下大决心为学生宿舍全部配备新桌凳328套，各宿舍楼装配对讲机。

1993年农业部下达我院教育事业费530.4万元，实际支出670.6万元，主动增加经费140万元。在经费使用上，坚持“保人头费、业务费，压行政费，节约水电暖开支”的原则，保证了财政收支平衡。院基金收入127.7万元，职工福利和奖励支出104.1万元。

（6）监察审计与保卫工作。

积极开展反腐倡廉教育，围绕学校工作主动开展监察审计业务，对全院行政收费项目和22个处或科级单位财务制度执行具体情况进行全面而深入的调查与检查，建议院领导取消5项不合理收费，减轻了学生负担。

保卫部门在加强校园治安管理、查处隐患、防火防盗方面做了大量工作。年内清除院内闲杂人员近200人次，处理各种报替案件16起，其中刑事案件1起，治安案件3起，案件查处率达100%。

（7）离退休工作。

全院离休干部51人、退休职工130人，占在职人员24%。学校认真落实离退休人员经费，积极开展多种活动，使一大批为党、为社会主义革命和建设事业做出一定贡献的老同志们，老有所养、老有所为、老有所乐、老有所医、老有所学。院退休办被评为大连市退休工作先进单位和养老爱老先进单位。

（二）面临的困难和存在的问题

（1）投入严重不足，教学经费紧缺仍是困扰学校，影响学校稳定、发展乃至正常工作的限制因素。

（2）办学条件虽有改善，但由于原有基础薄弱，欠账太多，教职工的生活条件、工作条件仍十分困难。今年增加了2栋职工住宅，但仍有少数职工无正式住房，部分讲师仅能分到一室房，影响备课效果。实验教学用房严重不足，设备紧缺，必要的设备维修跟不上，教学实习基地建设无力加强，这些直接影响教学质量和科研水平的提高。

（3）在高校职能和任务扩大的新形势下，“三支队伍”建设、人员素质结构尚有许多不适应之处。部分青年干部和青年教师因待遇低，思想不够稳定，不安心学校工作，缺乏应有的事业心和责任感。

（4）学校科技推广和科技开发能力仍然很薄弱，校办产业经济效益尚低，贸易活动出现亏损，且占压资金严重，在一定程度上影响了学校的建设。

（5）机关工作作风有待改进，特别是对个别干部到校外兼职创收事宜需要进行说服教育工作。

（三）几点体会

（1）深入开展综合改革，是当前高校教育事业发展的巨大动力。

（2）培养坚定走社会主义道路的高级专门人才，必须加强抵制市场经济负面影响的思想政治教育。

（3）精准创建以水产学科和具有水产特色的工程学科为主的学科体系，是我校创建特色鲜明、国内一流水产大学的战略性举措。

（4）转变“等、靠、要”观念，多渠道筹措资金，改善办学基本条件，是加快自身建设的重要措施。

（5）校办产业必须坚持以科技产业和高新技术产业为主，充分发挥专业特色及其科技优势。

1994年工作计划和总结

一、工作计划

（一）指导思想

认真贯彻《中国教育改革和发展纲要》《全国普通高等农林教育工作会议》精神，解放思想，转变观念，抓住、珍惜和用好机遇，严格执行高教“规模有较大发展，结构更加合理，质量上一个台阶，效益有明显提高”工作方针和《中华人民共和国教师法》，继续深化综合改革，加大教育教学改革力度，坚持高校办学规律，持续抓好5项基础建设工作，真抓实干，群策群力，加速我院的改革、建设和发展步伐，全面提高教育质量和办学效益。

（二）主要工作任务

1. 精神文明建设

——认真学习《邓小平文选》第3卷和党的十四届三中全会通过的《中共中央关于建立社会主义市场经济体制若干问题的决定》，进一步明确教育改革及其发展指导思想，深化教育教学改革，提高教学质量、科研水平和管理水平。

——认真贯彻执行《中华人民共和国教师法》，自觉维护教师合法权益，积极履行教师义务，不断提高自身的思想品德和业务质量，为党的教育事业做出应有贡献。

——持续抓好校风、学风、教风和管风建设。

——努力营造“整洁、安静、优美、文明”校园环境。

——修改完善“教书育人、管理育人、服务育人”条例，开展“三育人”评选和表彰活动。

2. 综合改革

加大综合改革力度，认真贯彻“体制改革是关键，教学改革是核心，发展规模、提高质量和效益是目的”精神，加快步伐，开创我院全面工作新局面。

（1）深化人事和分配制度改革。

继续深化人事制度改革，进一步完善人事管理制度，严格控制我院总体编制。根据教学、科研、后勤、校办产业和机关管理改革、建设和发展的实际需要，进一步进行人员合理分流，调整和优化队伍结构，逐步建立自我约束机制、激励竞争机制和双向流动机制，全面提高现有人员素质和水平，加强在职人员管理工作。

修订和完善校内分配制度。修改完善岗位津贴的实施办法，制定专项津贴和奖励津贴实施办法。

认真贯彻国发〔1993〕79号、85号文件精神，搞好我院工资改革工作。

（2）持续开展教育教学改革。

贯彻执行《全国普通高等农林教育工作会议》精神，尽快制订《大连水产学院深化教育教学改革草案》，4月份交全院教职工讨论，上半年完成方案修订工作。

（3）继续深化后勤管理制度改革。

进一步修订完善各种形式承包制，适当调整后勤管理工作机构，开展服务型向服务经营型转化试验，实行按岗按绩定薪以及利益与贡献挂钩，加大奖酬金浮动部分，提高工作质量和效益，为后勤工作社会化打下一定基础。

（4）医疗制度改革。

开展公费医疗制度改革，提高医疗费使用效率，堵塞漏洞，减少浪费，压缩公费医疗开支，合理解决医疗费超支问题，切实保证全校教职工基本医疗。

3. 学科（专业）改革、建设和发展

（1）不失时机地调整改革学科（专业）结构，逐步改变单一水产学科（专业）状况，逐步建立起水产学科（专业）和具有水产特色工程学科为主，水产、工程、经济、管理、外语、人文等多科性学科体系。继续抓好新建本、专科专业建设，做好贸易英语和计算机应用招生准备工作。

（2）贯彻执行《重点学科评选和建设暂行条例》和《学术带头人和学术骨干试行办法》，评选院级重点学科、学术带头人和学术骨干，制定重点学科建设规划和学术带头人、学术骨干职责条例等。

（3）贯彻执行我院《硕士研究生导师遴选条例》，调整充实水产养殖和捕捞学硕士研究生导师，做好各项相应工作。

（4）研究制定重点学科、学术带头人、学术骨干扶持政策。

4. 队伍建设和人才引进

更新人才观念，唯才是举，破格用贤，打破常规发现、选拔、培养和使用人才。在“三定一聘”基础上，下大力气抓好队伍建设，优化群体结构，提高业务能力和思想政治素质。

（1）师资队伍建设。以系（部）为单位制定师资队伍建设规划，制定学术带头人、学术骨干和中青年教师激励政策及其管理制度。教师职称评聘，明确青年教师教学工作量及其质量要求，促进优良教风建设。提倡和鼓励青年教师在职攻读硕士和博士学位。

（2）干部队伍建设。重点抓好中层干部和中青年干部选拔、培养和提高工作。按单位落实每位中青年干部的培养计划和规划，全面提高思想政治素质、工作能力和管理水平。

（3）职工队伍建设。以处（系）为单位制订职工队伍培养计划，明确思想政治素质和业务能力的具体要求，不断提高服务水平。

（4）人才引进工作。重点引进45岁以下高学历和高职称人才，硕士毕业生享受讲师待遇，博士毕业生享受副教授待遇。

5. 积极兴办校办产业

（1）校办产业以科技产业和高新技术产业为主，与学科（专业）相结合，充分发挥科技优势，逐步形成特色鲜明、高效的主体产业；实行校系两级管理、以校为主的管理机制，精心选派事业心强、善经营的优秀人才担任产业重要负责人；建立相对独立的劳动人事制度、财务制度、分配制度以及与市场经济相适应运行机制，明确主攻方向和主要任务，研究制定科学措施。

（2）加强校办产业领导力量，充实专业技术和管理人员，加强校系两级产业队伍建设，逐步实现目标管理和企业化管理，建立健全科学管理制度和分配制度。

（3）重点抓好海珍品育苗场基本建设和投产工作，以及房地产开发公司的巩固与发展；切实抓好我院海区有效利用工作，迅速提高海面和沿区综合效益；探索系（部）产业事宜。

6. 自筹经费，积极改善办学条件

积极筹措资金，扩建一号学生宿舍楼和翻修教学楼北侧原200 m 跑道运动场，有计划、分步骤改善教学、实验室、图书资料、食堂、浴池等办学基本条件。

7. 做好2栋家属住宅分配工作

按照1993年制订的《家属住宅分配方案》，当年3月底前完成7号和8号2栋分配工作。

8. 正常性管理工作

（1）教学工作。

① 调整教学管理机构，充实管理人员，提高教学管理水平。

② 认真贯彻执行各级领导听课制度和期中教学检查制度，加强研究生和本、专科生各教学环节管理工作；严格贯彻执行考试管理制度，做好课程统考工作，端正考风。加强新上专业、自费生、特招生教学管理工作，保证教学质量和人才培养规格。

③ 贯彻执行《全国普通高等农林教育工作会议》精神，全面修订教学计划，落实军训教育计划，制定新上专业系列教学文件。

④ 继续推广国家级优秀教学成果“充分发挥多学科协作优势，建设具有自己特色的淡水渔业教学体系”，深入开展教学研究工作，坚持教学、科研、生产三结合，创建理论教学体系和实践教学体系，年末召开教学研究成果报告会。

⑤ 制定《重点课程、优秀教材评选和建设条例》，开展重点课程和优秀教材评选活动。

⑥ 认真贯彻执行实验室和实验设备管理制度，提高设备完好率和使用效率，严禁设备失控、损坏和流失。研究处理贷款购置的闲置设备，充分发挥其应有效益。加强电子计算机实验室建设，提高学生计算机操作能力。

⑦ 大力培养提高学生的综合能力。认真贯彻执行《全国普通高等农林教育工作会议》精神，提高外语、计算机、数学运算、专业实际操作、写作等综合能力，迅速提高学生独立分析问题和解决实际问题能力。

⑧ 认真抓好教研室建设，全面提高管理水平，充分发挥教研室在教学、科研和人才培养中的作用。制定完善《教研室工作条例》《教研室主任职责条例》以及《先进教研室评选条例》；开展教研室工作总结交流活动，评选院、系两级先进教研室，在当年教师节大会上进行表彰。

⑨ 贯彻执行《全国教育工作会议》精神，制定各专业教学、科研、生产三结合基地建设计划和规划，加强校内外三结合基地建设。

⑩ 贯彻执行《教师教学工作规范》《学生相对淘汰试行办法》等系列条例，制定《评选和建设优良学风班条例》，开展各项表彰活动，营造优良教风和优良学风。

⑪ 加强成人教育管理队伍建设，抓好干部岗位培训和水产养殖、渔政管理、渔经管理等专业函授工作，扩大招生人数，提高教学质量和管理工作水平，提高办学效益。

⑫ 适当增加图书馆建设经费，改善馆藏条件。加强图书馆领导，优化队伍结构，提高业务能力和工作效率；健全各项规章制度，严格管理工作，减少图书丢失率；优化馆藏结构，做好扩大硕士点的图书资料准备工作。

⑬ 加强电化教学建设和管理工作，提高电化教学人员水平和教学质量及其设施综合效益，制定电教室和电化教材建设规划，逐步实现目标管理。

（2）科技工作。

认真贯彻“科学技术为经济建设服务”精神，坚持科技工作为学校上层次、上水平服务原则，主动适应社会主义市场经济，注重应用基础理论研究和应用技术研究，大力提倡基础课、专业基础课和专业课协作开展应用理论研究。

① 科研处、教务处和人事处紧密配合，结合重点学科、学术带头人评选和建设，按系和专业进行调查研究，具体分析各自的科研力量及其特点与优势，制定科技队伍建设规划，坚持老、中、青相结合，以老带新，加速中青年科技力量成长，科学确定各自的主要研究方向。

② 广辟科研资金来源，千方百计多争取纵、横向课题，大幅度增加科技3项经费。实行院级青年科学研究基金制度。

③ 加强科技管理工作，修订完善管理工作制度，提高院、系（部）两级管理水平，实行经费包干和项目主持人负责制。

④ 持续开展科研论文表彰活动，继续执行论文版面费报销制度。

⑤ 办好《大连水产学院学报》，充实工作人员，年刊4期，提高学术水平、编辑出版水平和发行等管理水平。

⑥ 下半年召开科技工作会议，认真总结工作，交流经验，表彰先进，研究改革思路，推动科技工作健康发展。

（3）学生工作。

认真贯彻执行党的教育方针，大力抓好以理想、观念、行为和作风为中心的德育工作，认真搞好招生、培养和分配工作，提高学生工作管理水平。

① 要正确认识学生中出现的“读书无用”、拜金主义、享乐主义、极端个人主义等市场经济负面影响，有针对性地开展毛泽东思想和邓小平理论教育，树立全心全意为人民服务的人生观以及说老实话、办老实事、做老实人的价值观。

② 严格行为管理，持续抓好遵纪守法、自觉执行各项规章制度，养成遵守公共秩序、保持环境卫生、爱护公物和举止文明等道德行为规范。

③ 实行“管”和“建”相结合、以“建”为主的原则，继续开展以“刻苦、严谨、奋进”为主要内容的优良学风班表彰活动，推进优良学风建设，严禁经商和伴陪等活动。

④ 结合校园建设，进一步完善公益劳动和生产劳动制度，培养劳动观点、群众观点和艰苦奋斗精神，提高走与工农相结合、与实际相结合道路的自觉性。

⑤ 认真贯彻《全国普通高等农林教育工作会议》招生和分配精神，积极开展招生和分配制度改革，做好700名新生招生和420名毕业生分配工作，提高工作效率和效益。严格控制和禁止乱收费。

（4）后勤工作。

① 注重队伍建设，加强职工思想政治教育和业务培养，不断提高业务能力，全面提高思想素质和职业道德，提高事业心和责任感。

② 认真做好以伙食为重点的后勤管理工作，充分做好迎接新生各项准备工作。

③ 后勤所属单位各自认真制订年度工作计划，实行经费、任务目标管理，开展评比和表彰活动，津贴与业绩密切挂钩。

④ 继续认真抓好量化和科学管理工作，水、电、煤、车和各种原材料等一切能够量化管理的，要有计划、有步骤实行量化管理措施，迅速杜绝漏洞，减少消耗，降低成本，提高效益。

⑤ 针对教职员工工作、学习、生活的实际需要，切实抓好各个方面基础设施建设，提高管理工作质量和服务水平。

⑥ 完善后勤管理各项规章制度，严格贯彻执行，提高管理工作效率，向规范化、科学化快速迈进，使我院后勤管理工作达到大连市高校先进水平。

⑦ 进行公费医疗制度改革，修改和完善管理制度，加强公费医疗卫生管理工作，有计划增添必要设施，提高医疗水平，减少医疗开支，严格控制公费医疗超支。

（5）基建工作。

① 认真做好联建、2栋住宅、中心锅炉房收尾工作，完成取暖设施的汽改水工程、自来水管道改造、校围墙建设、一号学生宿舍楼扩建工程。开展综合实验楼的调研、设计等施工前准备工作，认真做好联建和2栋宿舍楼的回迁工作，并做好各类房屋安排工作。

② 认真总结基建工作，建立和完善各项管理制度，提高管理工作水平。

③ 加强队伍建设，优化群体结构，采取切实可行措施，全面提高思想政治素质和业务水平。

④ 按最终规模3 000～3 500人，开展调研工作，提出扩大校舍规划，报大连市政府审批，明确校址用地范围。通过调研工作，提出星海公园3栋楼地皮的开发工作计划和规划。

（6）财务管理工作。

① 根据我院深化改革、建设和发展规划和实际情况，科学制定教育事业费和其他经费预决算；指导、检查和监督各单位财务工作，提高经费的使用效率。

② 严格执行有关政策，坚决采取有效措施，严禁乱收费，协助有关部门，切实加强电话、车辆、水、电、煤、差旅费、请客吃饭、送礼等开支管理工作，节约开支，促进我院廉政建设。

③ 做好全院广开资金来源的参谋和管理工作，大幅度增加收入。继续做好和完善我院分配制度改革和管理工作。

④ 加强我院财务管理部门领导，有计划进行各类财务人员培养提高工作，迅速提高思想政治素质、业务管理水平和办事效率。

（7）监察审计和安全保卫工作。

① 贯彻执行“以廉政监察为重点”“以效益审计为重点”的方针和有关政策，扎扎实实抓好各级廉政监察，积极努力做好监察信息工作，抓好经济审计和监察审计室自身建设。

② 坚决贯彻执行“安定团结，稳定秩序，以防为主，积极侦破，严肃处理”的方针及有关政策，制订切实可行计划，广泛宣传上级有关文件精神，采取切实有效措施，积极做好防火、防盗、防台风、防洪、防触电、防溺水等人身安全工作，防止发生人身伤亡和火灾等各项恶性事故。加强校卫队管理工作，认真贯彻执行以法治校的各项规章制度，提高校园管理工作水平，保障校园的安静、稳定。

（三）主要措施和要求

（1）进一步解放思想，转变观念，严格按高校办学规律办事。

新的一年，我院深化综合改革和教育事业各项任务相当繁重。社会主义市场经济发育迅速，高校改革形势发展迅猛逼人，进一步明确高校3项基本任务和深化教育教学改革方向，严格遵循高教自身的办学规律，持续抓好办学条件建设、学科建设、队伍建设、规章制度建设和学风校风建设等基础性建设工作，坚持“教学工作是中心，人才培养是重点，科技工作是制高点，后勤工作是保证，校办产业是后盾”工作方针。

（2）科学制订我院深化教育教学改革方案。

认真传达贯彻《全国普通高等农林教育工作会议》精神，进一步明确高等农林教育改革、发展指导思想和主要任务以及深化教学改革原则和基本内容，结合我院的实际情况，制订我院深化教育教学改革方案，加快改革进程。

（3）抓住机遇，自筹经费改善办学条件。

遵照“要有时代的紧迫感，抓住机遇；要有历史的责任感，珍惜机遇；要有科学的态度，用好机遇”精神，抓住、珍惜和用好当前高校“规模有较大发展”良好机遇，坚持走内涵发展为主道路，齐心协力，群策群力，积极争取贷款和自筹经费兴建海珍品育苗场、扩建学生宿舍、开发星海公园宿舍地皮和维修原运动场，改善办学条件，尽快扩大办学规模，稳定“三支队伍”，增强办学活力，增加吸引力和凝聚力，加快教育事业发展步伐。

（4）真抓实干，改进作风，加强廉政建设。

“再好的路线、方针、政策，落实不下去，也是空的，要真抓实干。”我院1994年工作计划已确定，下一步就是扎扎实实落实问题了。我们要发扬我党历来提倡的理论联系实际、密切联系群众和批评与自我批评的三大优良作风，牢固树立处处关心群众，事事依靠群众，一切为了群众的观念；提倡说老实话、办老实事、做老实人，不能让老实人吃亏，也不能让弄虚作假、搞形式主义的人得便宜；发扬和树立真抓实干、比贡献、比奉献、比事业心、比责任感、尊重知识、尊重人才、重业绩的革命精神和风气；在广大教职工中，特别是在青年中倡导和树立艰苦奋斗、勤俭节约、勇于奉献精神，自觉抵制腐朽、丑恶东西的侵蚀和市场经济活动中的消极影响。

加强各级领导班子建设，提高领导成员的群体素质，团结协作，树立强烈的事业心和高度的责任感，勇于无私奉献，充分发挥模范带头作用；带头认真贯彻中央的路线、方针、政策；带头刻苦学习，钻研业务，树立优良学风，埋头苦干，讲求实效，艰苦创业；带头改革创新，锐意进取，创造性地开展工作；带头讲清政廉洁，坚持原则，正确开展批评与自我批评，抵制以权谋私等不正之风以及拜金主义、享乐主义和极端个人主义的侵蚀。

各级领导和机关工作人员切忌主观主义、形式主义和官僚主义，大兴调查研究之风，深入教学、科研、后勤、校产第一线进行调查研究，了解新情况，发现新问题，帮助基层分析和解决实际困难和一些具体问题。

各单位都要在总结1993年工作的基础上，根据学校1994年工作计划和本单位的职能和实际情况，制订工作计划。

二、总结报告

1994年，是我院全面贯彻党的十四大和十四届三中、四中全会精神，加大改革力度，取得显著成绩的一年，也是我院领导班子换届、实现新老交替、承前启后、继往开来的一年，在农业部和省、市领导下，在全院广大干部、群众的共同努力下，较好地完成了各项工作任务。

（一）主要成绩和进展

1. 教育教学改革进展明显

（1）加强学科建设，提高办学层次，扩大办学规模。

我院当年新成立电子工程系，增设捕捞学科硕士学位点，本、专科专业增至18个，外贸英语专业和电子计算机应用专业开始招生。评选出3个校级重点学科，并采取相应的扶持措施，带动和促进了学科建设。

自筹经费扩建学生宿舍2 680 m^2，改建教室1 000 m^2，扩招300多名学生，在校学生达1 800人。这是我校建校以来在校生人数最多的一年。成人教育亦有所发展，函授教育增加贸易经济等3个专业，还开展了各类岗位培训。

（2）深化教学改革，加强教学管理，提高教学质量。

当年全面完成教学大纲制订和修订工作。基础课和专业基础课规范化教学进展明显，专业课教学普遍重视引入现代科学技术新成果。广泛开展集体备课（体育）、教学讲稿展评、前沿科技信息交流等多种形式教学活动。加大实践教学经费投入，新建外语发射台，增设语音室，以及海水化学实验室和压缩机拆装实验室，加强计算机室、物理学实验室和制图模型实验室等的建设，积极筹建机制实验室、水力学和工程流体力学实验室。

实行期末考试试卷密封及考试成绩统一公布制度，有效地抑制了作弊、人情分等不良倾向。实行相对淘汰制，促进不求上进学生努力学习的激情。

基础部教学人才培养育人工作成绩突出。当年我院数学代表队参加大连市第四届大学生数学竞赛，再次荣获工科本科团体总分第一名，实现“三连冠”，获文科本科团体总分第一名，并囊括这两个组的个人成绩第一名。养殖系本科学生高等数学统考成绩平均分和及格率在东北地区农林牧和水产院校中连续第四次名列第一名。本科英语四级统考及格率达到69%，比1993年提高28个百分点；专科英语参加辽宁省二级统考，及格率超过全省平均及格率23个百分点。我院学生体育代表队参加全国农业高校第三届大学生运动会，取得了男女总分第六名好成绩，在农业部直属院校中名列第二名。

（3）师资队伍建设。

通过有计划调整、选留、引进、在职进修、脱产学习、导师帮带、压教学科研担子等一系列措施，师资整体水平提高较快，尤其是青年教师成长很快。制定了《学术带头人和学术骨干条例》，评选9位学术带头人。经过严格考核和评审，13人晋升中级职称，5人晋升副教授，3人晋升教授，教师的年龄结构、学历结构和职称结构逐步优化。

2. 进一步深化校内管理体制改革

“三定一聘”工作收到较好效果，教职工的编制意识、满负荷工作意识增强了，积极主动要求多承担工作。基础部全年超工作量达4 000学时，人均超70学时，为学校扩大招生做出了贡献。年末，各单位在上年定编工作基础上已完成第二次定编、定岗，聘任工作即将结束，着手制定新的分配政策，拟把校内岗位津贴与工作量和综合考评挂钩，适当拉开档次。

3. 住房分配工作

院分房委员会严格按照《大连水产学院住房分配方案》，于7月底分配完成114套新房源，98户无房户全部分到正式住房。这次分房工作，坚持房源公开、打分公开、分配调整公开，在统筹兼顾的基础上向教师倾斜，着力解决了工人大龄子女与父母分室的问题。

4. 校办产业有一定进展

海珍品苗种基地初具规模。兴业房屋开发公司、机械厂、印刷厂等积极参与社会竞争，提高了经济效益。各系各自发挥专业优势，主动走向社会寻找合作伙伴，加大科技开发的力度，取得较好的经济效益。

5. 正常性管理工作成绩显著

（1）教学工作。

严格按照教学大纲，开出全部课程。首次开展教材评优工作。电化教学完成了2部录像片的制作。图书馆全年外借图书5万余册，周开馆时间达72小时，新建音响资料室。

教学科研设备购置支出49万元，增添38台386计算机及其他设备。完成国有资产清查，建立教学科研仪器设备账卡。

本、专科在校生1 750人，毕业生395人。毕业硕士生4名，招收新生7名。

（2）科研工作。

新增科研项目27项，经费65万元。鉴定验收科研项目5项，其中部级3项、省级2项。4项科研成果获奖，“池塘养鱼高产技术应用基础理论研究”获国家教委科技进步二等奖，“水草型水体渔业生态学研究”获水电部科技进步三等奖，“池塘浮游动物的增殖利用”获辽宁省科技进步三等奖，“地区级结核病的监测、防治、管理信息系统”获大连市科技进步三等奖。

公开发表论文117篇。院科协开展论文表彰活动。

《大连水产学院学报》出版4期，发表论文40篇。

（3）学生工作。

当年共有63名学生光荣地加入中国共产党。

学生综合管理工作以校园文明建设为重点，整顿宿舍面貌为突破口，开展系际和班级卫生、早操、自习和食堂秩序竞赛活动，增强校园政治空气和学术氛围。举办第三届校园文化节，以“大学生风采”为主题开展20项大型活动，促进学风、校风建设。

加强市场调查分析，科学制订招生计划，招收新生700人，其中国家任务370人，自费生276人，委培生54人。

毕业生分配工作实行“双向选择”“择优分配”。1994届10个专业毕业生395名，6人考取研究生，国家计划派遣294人；自费生采取学校推荐、自主择业办法，陆续找到就业单位。

（4）总务工作。

总务后勤实行经费、任务承包责任制，全年支出177万元，主动补充经费20万元，分担了学校经费紧张的困难。强化伙食管理改革，成立饮食服务中心，差额聘任炊管人员。第二办公楼改建成第二教学楼，新建教室10个，扩招学生300名。全面改造院内供暖设施，重新铺设外管网，并网集中供热，保证按期供暖。小修班坚持了巡回检查。车队全年运行14.5万千米，创收10万元，补充经费缺额。

卫生所门诊量3.4万人次，学生体检1 100多人次。幼儿园克服了园址变动带来的困难，坚持正常托幼工作，实行定额管理。

（5）基本建设。

1994年是我院基建开工项目最多的一年，克服了战线较长、资金缺口大等困难，较好地完成计划内外各项任务：锅炉房及管网配套工程和内线改造工程，7号、8号家属住宅的电气外线及维修工程，运动场改造工程，新建4号学生宿舍楼及其拆迁配套工程，以及回迁安置了300多户动迁户，完成工程项目20多项及投资额600多万元。

（6）财务管理。

当年农业部拨教育事业费838万元，实际支出1 138万元，自筹经费转入抵支收入342万元，比1993年增加222万元，院基金收入159万元，职工集体福利和奖励支出82万元。

财务工作逐步走向制度化、规范化，实行科学预算管理。积极运筹89万元改善学生学习和生活条件。

（7）监察审计和安全保卫工作。

监察审计工作坚持“教育为主、预防为主”方针，积极开展反腐倡廉教育，制定党政干部廉洁自律的规定，并组织自查，自查率达93%以上。查处贪污案、挪用公款案各1件，追回损失近7万元。同时，围绕学校中心工作，开展审计业务，起到了保驾护航作用。

加大安全保卫预防工作力度，严格门卫制度和外来劳务人员管理，坚持巡逻执勤和公共繁杂场所管理，全面维护校园治安秩序。开展“百日破案攻坚战及整顿内部治安秩序”专项斗争以及防火为重点安全大检查，保证学校安全和稳定。

（8）离退休工作。

学校十分重视离退休工作，经常向老干部通报工作情况，认真听取意见，帮助老同志解决实际问题，安排落实活动室，开展多项有益活动，为8户离退休教职工改善住房条件。离休老干部书画作品多次获奖。退休办被评为大连市退休工作先进单位。

（二）面临的困难和存在的问题

（1）办学经费严重不足，缺口太大，负债运行，内债、外债将达到700万元，严重制约学校发展。

（2）教职工待遇比较低，人心不稳，学校很多该做和想做的事情无力去做，教职工住房、工资收入和福利待遇与大连市高校反差较大，影响教职工积极性。

（3）科研成果转化尚未形成优势，校办产业收入不稳定，教育事业发展缺乏财力保证。

（4）干部自身素质、理论水平、管理水平亟待提高。

（5）各项改革配套政策和措施还没有很好地建立起来，人心散、纪律松懈、工作效率低、质量不高现象在某些部门依然比较严重。

二、会议讲话与工作报告

回顾过去，展望未来，为振兴大连水产学院而努力奋斗

——在庆祝第七个教师节大会上的讲话

（1991年9月10日）

各位领导、各位老师、同志们、同学们！

今天，我们全院教职员工隆重集会，热烈庆祝第七届教师节。我代表校党委和院领导，向全院教学人员致以热烈祝贺和崇高的敬意！我们隆重举行活动的目的，就是在新的历史条件下，进一步动员全院人员，回顾过去，展望未来，继承和发扬我校的优良传统，在党委的领导下，为振兴大连水产学院而努力奋斗！

下面，我着重讲3个问题：

一、我院工作的概要回顾

我院自1952年建校以来，经历了39年的历程，在中国共产党的正确领导下，经过历代校、院领导和全体教职员工的艰苦奋斗，特别是一大批忠于党的教育事业的教学人员，发扬了艰苦创业和勤俭建校的革命精神，使一所中专，经过大专发展为今天以本科为主并具有硕士学位授予权的正规的普通高等水产院校。自建校以来，为我国水产事业培养了中级和高级专门人才6 100多名。他们在水产等各条战线上做出了应有的贡献，不少人已取得重大成果和显著成绩，并成为业务骨干和各级领导干部。

今天的大连水产学院，已发展为4个系（海渔系、养殖系、渔机系、港工系）、2个部（基础部、马列主义教研部）和管理干部分院。14个专业，其中8个本科专业［海洋渔业、淡水渔业、海水养殖、机械设计与制造、应用电子技术、船舶设计（工程）与制造、热能动力机械与装置］和6个专科专业（水产品贮藏与加工、工业与民用建筑、财务会计、航海驾驶、渔港监督、渔船修理与制造）（建校初期仅海洋捕捞、水产养殖、水产品加工和轮机管理4个

专业），已成为以水产学科为主体，水产、工学和社会学科相结合的多学科水产大学。

我院的办学层次，从1978年晋升为本科后只用8年时间（1986年）就取得硕士学位授予权。在我国同期晋升为本科高校中，我院是最早取得硕士学位授予权的。

队伍建设取得明显效果，现有教职工700余人，其中教学人员370余人，高级职称达87人，中级职称180多人，具有一支教学水平和学术水平较高的师资队伍，以及综合管理水平较高的干部队伍与职工队伍。

办学条件也有了很大发展，校舍占地面积达12余万平方米，建筑面积（包括教学和生活用房）5.5万平方米。教学和科研实验设备总值达1 273万元（其中包括联合国第二期贷款206万美元），海渔和养殖实验仪器已达到20世纪80年代国际先进水平，实验开出率达73%。图书馆藏书17万余册，期刊550余种。实践教学基地初具规模，实习渔船1对，实习工厂和海、淡水养殖场各1个。

1978年以来科研成果累累，其中国家级奖4项（科学大会奖2项，科技进步二、三等奖各1项）、省（部）级奖9项（一等奖1项、二等奖3项、三等奖4项、四等奖1项）、市级奖5项（一等奖1项、二等奖1项、三等奖3项），共计18项。1980年创建《大连水产学院学报》，国内外公开发行。

综上所述，我院的师资条件、校舍面积、图书数量和教学实验开出率等办学基本条件，以及毕业生质量及社会影响力和科研成果，都已达到国家基本标准和要求。

回顾过去，大连水产学院能够发展如此迅速，成绩如此显著，除了党的正确领导以及历届校领导及其广大职工的积极工作外，可以肯定地说，与历代教师的艰苦奋斗和辛勤耕耘密不可分。第一代教师刘思孝、林乃祺、徐云鹏等人先后退休，对大连水产学院的创建、发展、壮大以及社会声誉的建立起了决定性作用。目前，文干、吴菊生、何志辉、郭宣鏼、史为良、王子臣、秦克静、周尚忠、贾复、查健禄等老教授，仍然奋战在教学第一线，还在为祖国培养水产高级专门人才而积极地耕耘着。当前，正在履职的中青教师一心扑在教学上，诚诚恳恳，任劳任怨，把精力全部用在教学与育人上。特别是基础部数学教研室和外语教研室的同志们，为了提高教学质量和育人水平，想出很多办法，克服各种困难，付出巨大劳动，取得突破性成绩。数学统考成绩大幅度提高，高数统考成绩在东北地区农业高校农科类本科教育名列第一；硕士、本科和专科多层次英语统考成绩大幅提高，为我院争了光。今天我们应当大力弘扬这种艰苦创业和忠诚教育事业精神，以及严谨、奋进的治学作风。

二、当前，我院教师的自身建设和庄严使命与任务

回顾我院39年的光辉历程，可以清楚看出，老一代广大教学人员对大连水产学院的创建和发展做出了突出贡献，鞭策和激励我们广大教师继承他们的优良传统和事业！进一步振兴大连水产学院！为此，我们要发扬他们坚定走社会主义道路和坚持党的领导的信念，发扬他们坚持自力更生、艰苦创业和忠于党的教育事业的革命精神，发扬他们不怕劳苦、持之以恒的治学作风，继承和发展他们在教学、科研、育人和实验室建设等方面的成绩和经验。在新的历史条件下，我们要认真学习马列主义、毛泽东思想，认真学习党的路线、方针、政策和中央领导讲话，坚定走社会主义道路，坚持党的领导信念，坚持四项基本原则，坚持理论与实践相结合、知识分子与工农相结合、教育与生产劳动相结合，树立科学共产主义世界观、全心全意为人民服务人生观和忠于党的教育事业的价值观。

在业务方面，党和国家对高校教师有具体明确的要求和标准。概括起来说，就是要具有较高的教学水平和科学研究能力，也就是说既能教学又能从事科研工作的教学和科研型教师。根据高校师资队伍成长规律以及当前我院正处于新老教师更替的关键时期的实际情况，我想对老、中、青教师分别提出如下几点希望和要求：老年教师除忠于党的教育事业和勤奋、艰苦的工作作风等政治思想素质较高外，他们的教学水平较高，教学经验丰富，不少人学术水平较高，能够承担并指挥开展大型科研工作，取得较高水平的科研成果，在保证和提高教学质量和为经济建设服务，以及为我院争得荣誉和提高知名度等方面起了骨干或关键作用，当前党和人民殷切期望你们再接再厉，继续在教学和科研工作实践中，从党的教育事业和振兴大连水产学院的高度出发，勇于带领和指导中、青年教师，争取在尽短的时间内把自己的经验、知识和能力有效地传给他们，为进一步振兴大连水产学院再立新功！邓小平同志说：发现人才，培养人才，本身就是一种成就，就是对国家的贡献！

中年教师，由于历史和客观原因所致，是20世纪60年代末和70年代培养和成长起来的，他们的成长过程和具体实践不同，其政治素质和知识结构也有一定差异。但他们中的大多数是安心于教育事业并热爱教师工作，工作勤

奋，具有克服各种困难和艰苦奋斗的革命精神，承担着教学工作重担。他们正在或即将肩负承上启下的历史使命，也面临青年教师在业务领域中对自己的严重挑战。因此，党的事业要求他们，在正确分析客观形势的基础上，虚心向老教师学习，学习他们的优良作风和教学经验，有针对性地学习理论知识和技能，勇于教学和科研实践，争取在教学、科研和管理等多方面尽快成熟起来，并达到一定水平，尽快接好班，承担好承上启下和进一步振兴大连水产学院的重担。

青年教师，自党的十三届四中全会以来，在以江泽民为核心的党中央的正确领导下，政治思想有了不少进步，在反对和批判资产阶级自由化的实践中，其中不少人主观上认识到坚持社会主义道路，坚信党的领导，树立党的观念和组织观念的重要性，认识到自觉为社会主义服务，全心全意为人民服务是共产主义世界观和人生观的重要表现。我们期望广大青年教师从教育事业的需要出发，尽快安下心来，从思想上解决好忠于党的教育事业这个关键问题，树立正确的择业观，不怕收入低，热爱教育事业，树立当教师光荣的思想。在教学、科研等实践活动中发扬年轻、精力充沛等优势，虚心向中、老年教师学习，不仅要学习他们的好思想好作风，而且要尽快踏踏实实地把教学、科研经验和有关理论、能力学到手，在思想上和实践中正确处理继承和发展的辩证关系，在振兴大连大产学院的伟大事业中充分发挥自己的才智和做出应有的贡献。

邓小平同志1978年在《全国教育工作会议上的讲话》中明确指出：一个学校能不能为社会主义建设培养合格的人才，培养德智体全面发展有社会主义觉悟的有文化的劳动者，关键在教师。当前，摆在我院广大教师面前的庄严任务是：第一，积极认真贯彻党的教育方针“教育必须为社会主义现代化服务，必须同生产劳动相结合，培养德、智、体全面发展的建设者和接班人”；第二，搞好教学工作，努力提高教学质量；第三，积极争取和承担科研工作，多出科研成果、论文和著作；第四，积极兴办学校科技产业，努力提高产业效益；第五，积极开展教书育人活动，以多出人才和出好人才；第六，以实际行动努力为树立和发扬“团结、勤奋、文明、求实”校风和“刻苦、严谨、奋进”学风而奋斗。当前，我们希望广大教师能够在学风建设中充分发挥主导作用，具体做到下列三点：① 努力学习，认真备课，不断提高教学水平；② 敢于和善于严格要求学生；③ 注意教书育人。一句话，就是用教师的从严治教和严谨治学来影响和陶冶学生的学风。

三、振兴我院的思路和要点

党的第十三届四中全会以来，特别是七中全会以来，进一步明确“教育必须为社会主义现代化服务，必须同生产劳动相结合，培养德、智、体全面发展的建设者和接班人”教育方针，规定了“坚持方向，稳定规模，优化结构，深化改革，改善条件，提高质量”高等学校发展方针，给我们进一步振兴大连水产学院指明了方向。首先，我们应该实事求是地对照国家对普通高等学校的基本标准和要求来找出差距和不足，以便有针对性地开展建设工作。虽然，在39年中我院有了长足的发展，取得了明显成绩，但是，与国家对我们的要求和我们应完成的任务相比，明显存在下列主要问题（不足）：第一，办学的基本条件尚不够完善，在某些方面尚存在较大的差距，如校舍占地面积和教学用房、生活用房都未达到国家规定标准，特别是实验用房和实践教学条件，图书馆和体育设施等严重不足。第二，师资队伍和干部队伍的结构不尽合理和素质有待提高。如教师的职称结构偏低，年龄结构偏大，学历结构较低，知识结构不合理（教学和科研型教师仅30%，高校的一般水平应达60%以上）；管理干部学历偏低，知识结构不尽合理，素质有待提高。因此，我院的教学水平和管理水平急需提高。第三，教学质量有待提高，特别是实践教学水平、科研能力、生产技能和外语水平更需要尽快提高；科研工作发展不平衡，科研成果少，层次也不够高，学术水平也有待尽快提高。第四，教学、科研、后勤和机关的管理工作尚未完全制度化，离正规化和规范化尚有不少距离。第五，校办科技产业尚未初具规模。领导体制、经营方向、原则和内容、规模和管理诸方面都有待研究解决，因此，产值和利润都与学校的层次、规模和性质不相适应。第六，教职员的优良学风、教风和校风尚未很好形成。针对我院的基本情况和上述问题，提出“八五”期间进一步振兴我院的思路和采取的主要措施要点，请同志们讨论研究，以便群策群力，把我院的“八五”计划制订好，把工作搞上去。

（一）坚持社会主义办学方向，全面提高教职员工政治思想素质

坚定不移地贯彻“教育为社会主义现代化服务，必须同生产劳动相结合，培养德、智、体全面发展的建设者和接班人”教育方针，进一步端正办学指导思想，把坚定正确的政治方向放在首位，坚持四项基本原则，坚持反对资产阶级自由化和反对“和平演变”的教育和斗争，坚持理论与实际相结合，知识分子与工农相结合，教育与生产劳动相结合，使教职员工逐步树立共产主义的世界观、全心全意为人民服务人生观和忠于党的教育事业价值观。

（二）千方百计多渠道争取和创造财源，加速办学基本条件建设

以争取农业部增加对我院基本建设和教育事业费投资为主要途径，设法争取地方、企业等单项经费的支持，以及办好学校科技产业增加效益等多种渠道，以加速我院的办学基本条件建设。“八五”期间购买扩大3万平方米校舍占地，修建1.2万平方米实验用房，4.5万平方米图书馆，6千平方米生活用房和适当改善体育设施，充实完善主体专业实践教学基地。

（三）加强队伍建设，全面提高队伍素质

通过有计划地调整、充实和培养、考核等措施，3～5年内完成骨干队伍更替，建立一支“又红又专”、结构合理、优化精干、充满活力的师资队伍、干部队伍和职工队伍，提高教学水平、科研水平、管理水平和服务水平，提高工作效率和遵守劳动纪律的自觉性。

加强青年教师培养工作，在培养体制、职称评定、科研基金、住房等问题上制定相应政策或制度，以加速青年教师的成长。

（四）稳定规模，深化改革，优化结构，提高教学质量和办学效益

持续、稳定、协调发展在校生规模，“八五”期间达到1 500人。

继续深入开展教育改革，解决海上专业招生、分配问题；优化办学层次、专业和师资结构，以本科生为主，培养一定数量研究生和专科生；于“八五”后期，加工、造船和工民建3个专业招收本科生，扩大1～2个硕士点；调整师资年龄、专业、职称、学历等结构，以趋于合理化。

（五）抓好学科建设，办出我院特色

有计划有步骤地采取有效措施，抓好重点学科建设和骨干教师、学术带头人工作，在5年内初步形成适应北方地区水产事业现代化需要的重点学科，10年内形成具有我院特色的系列重点学科。

（六）加强科研工作，大力提高科研水平和学术水平

认真贯彻“国民经济建设依靠科学技术，科学技术为国民经济建设服务”方针，抓好基础研究、高技术研究和应用研究，着重抓好基础应用研究。全面抓好各专业的研究方向工作，在3～5年内确定我院主要专业、教研室科研方向。建立研究机构，着力抓好科研力量的培养和提高工作，尽快形成一支教学和科研型队伍。采取有效措施，每年都取得一批科研成果和论文，争取多出成果，出好成果。抓好学报建设工作，充实和培养专职人员，全面提高素质。在3～5年内达到年刊4期、在国内外具有一定影响的公开发行期刊。

（七）加强管理工作，建立和完善各项管理工作制度，提高管理水平

根据“高校要以教学为中心”文件精神和我院的具体情况，通过管理工作实践，改革管理手段和办法，修改和完善各种规章制度，在3~5年内使我院管理工作达到制度化、规范化和科学化，建立全院以教学为中心的管理机制。

（八）抓好学校科技产业，坚持教学、科研和生产三结合，提高教学质量和办学效益

在调查研究和总结工作的基础上，发动全院人员有针对性地研究校办科技产业领导体制、方向、任务和措施，充分发挥我院科技优势，尽快确定一批科技产业，以提高经济效益、教学质量和科研水平，改善办学条件和生活条件。

同志们，同学们！让我们通过隆重庆祝教师节的一系列活动，在我院掀起尊师重教热潮，不仅学生要尊师，而且全校人员都要尊重教师、尊重人才、尊重知识，增强学校工作以教学为中心的意识，进一步树立“团结、勤奋、文明、求实”校风和“刻苦、严谨、奋进”学风，让我们大家携起手来，为进一步振兴大连水产学院而努力奋斗！

系主任的职能、任务和当前应当注意的问题

——在系主任座谈会上的讲话

（1992年6月4日）

我院是一所具有硕士学位授予权的普通高等学校，我们要努力奋斗，力争在较短时间内取得博士学位授予权，使学校进入先进行列。要达到这一目标，重要的是要加强干部队伍建设，特别是要加强院（系）两级领导班子的建设，提高领导素质。这是一项战略性的工作，也是决定性的因素。我院1992年工作计划中提出了关于干部队伍建设问题，要按计划进行工作，把干部队伍建设好。

一、关于如何当好系主任的问题

（1）系和系主任的职能和作用。系主任应该从理论和实践上明确，系和系主任在高校中的地位和作用。首先要弄清楚系的性质和任务，学校和院（系）是高校中的两级指挥机构，是大学的全面指挥系统，与各职能部门不同。各职能部门的处（部、室）是贯彻院领导决定和决议，对下是单方面的业务指导作用，而系则是全面、独立的行政领导机构。当前的领导体制，是系主任负责制，系党总支起保证作用。系主任一定要明白自己的工作任务和

作用，担当起繁重的工作责任和任务。

（2）系主任的基本职能。系主任是系行政领导班子的班长，必须带好班子，对班子的政治方向、思想、业务素质的提高，负有重要职责。因此，系主任要搞好班子的分工，建立班子会议制度，抓住会议主题，及时进行研究和总结，把队伍带好。系主任要帮助、指导副主任，包括政治思想和业务工作。对系里行政工作出现的问题，系主任首先要检查自己，考虑自己对工作安排和指导得如何，不能一出现问题先埋怨别人，一定要有这个意识。系主任要有好学风，对上级的文件、指示、通知和下发的材料一定要认真学习，深入理解，指导工作，坚决防止那种不读书、不看报的坏作风，来了文件不学习、不理解，怎么去指导工作呢？要深入调查研究，及时掌握第一手资料，尽快拿出解决问题的思路和具体办法。

我1966年进入养殖系领导班子，1978年任系主任。多年的工作实践告诉我，大学的系主任在很大程度上可以确定一个系的教育事业发展方向，影响其发展速度以及教学质量、科研成果和育人效果。可见，系主任在大学二级教学单位的建设和发展中起了多么重要的作用。当然，系主任必须具有宽广的知识、较强的能力和较高的综合素质，特别是能够严格按照教育规律办事，为政清廉，办事公道，名利面前不伸手。这样的院长、系主任，持续工作3～5年后就会取得突破性的工作成绩，其育人质量和科研成果就有可能进入全国同类先进行列。

二、二级教学单位的基本任务和中心工作

院（系）的根本任务是培养高级专门人才。围绕人才培养，科学有序地抓好以下几项工作。

（1）师资队伍建设是一项战略性工作，一定要抓住不放。从在岗人员入手，做到心中有数，对本单位教师队伍的总体情况有个基本分析，要一门课一门课地进行分析，缺多少人，缺什么样的人，必须积极、主动地配合人事部门尽快补上。对在岗的师资要有计划、有针对性地进行培养提高，才能使队伍逐步适应教学工作的需要。

（2）抓好教学管理和改革。当前我院的教学管理要加强，要进行改革。很多方面要加强管理，抓住重点，稳定和巩固教学秩序，提高教学质量。科学策划教学改革，有序开展教学研究与实践。

（3）抓好学科、专业建设和科研工作。系主任必须重视本系的学科和专业建设，一定要时时考虑这方面的问题，同时要积极组织教师开展科学研究工作，以培养人才和多出成果。学科建设内容，大致包括学科方向和发展层次、学科带头人和学科梯队、科学研究、人才培养、实验室及其设备等和学科管理等6个方面。要注重提高学科的整体实力和综合水平。

（4）重视教学和科研基本条件建设。基本条件包括实验室和教学基地等。系主任要重视这些建设，并要加强管理工作，提高管理效益。

（5）系主任要关心学生工作。对学生工作不能忽视，不能认为有一个副主任主管，就不用过问了。青年学生在学校这4年时间是极为关键的时期，一定要加强学生工作。系主任一定要考虑怎样加强和做好对学生德、智、体的全面培养，不能有丝毫的放松。

（6）加强系风建设。学校要进行校风、学风、教风和管风建设，系里要进行系风建设。一个单位的风气怎么样，符合不符合高校的工作要求是十分重要的。“四风”建设有它的实际内容，不是空喊口号，而是营造“刻苦学习、严谨治学、尊重知识、尊重教师、尊重创造”的浓郁氛围。系主任一定要重视系风建设工作。

（7）系办产业也要搞上去。当前校办产业是热点，关键是抓准、抓住。领导要心中有数，不要人心惶惶地议论。

三、正确处理好几个关系

（1）基础建设工作与改革的关系。基础建设工作，以前我讲过多次。院（系）的根本任务是培养高级专门人才，围绕这一永恒的主题，首先是抓基础建设，必须全力抓好上级投资的硬件建设，其次是队伍建设、制度建设和风气建设。要下大力气去抓，这些工作都不是一日之功。只有把基础工作抓上去，改革才有了坚实的基础。在继续抓好基础建设同时，我们要着手准备校内管理体制改革工作。要根据本单位实际情况有计划地进行改革，领导者头脑要清楚，踏踏实实地把工作抓上去。基础建设工作搞不好，改革也上不去。

（2）传统管理工作与科技产业工作的关系。要处理好这个关系。教学、科研、队伍建设等各项管理工作是经常性的中心工作，一定要把系里的中心工作和基本任务抓好，踏踏实实地抓。同时也要分析自己的科技优势，有的放矢地把科技产业抓上去。这些工作都是有规律的，而不是杂乱无章的。看准的工作，要狠狠地抓落实，只要抓下去，肯定会抓出成效。

（3）科技产业与第三产业的关系。要根据自己的特点，以抓科技产业为主，也要因系而异地抓第三产业，分院可以多考虑办第三产业，一定要发挥自己的优势。大力举办校办产业，一定要有高度的认识，落脚点一定是提高教学质量和科技水平。

（4）科技产业与效益的关系。我们搞校办产业一定要按“三结合”方向来搞，使科技产业带动教学。科技产业要抓好题目，把人选准，取得效益。办短训班社会效益大，但经济效益不大，而且对教学来讲，多是普及性的，如果长期办班，教师队伍就跟不上去，层次上不去。所以，我们必须认真处理好这个关系。

（5）队伍建设与教学、科研、产业、管理的关系。对待这几项工作关系，一定要狠抓队伍建设不放。因为有了人才，其他困难就会迎刃而解。

四、当前值得注意的几个问题

（1）继续做好稳定正常教学秩序工作。当前校办产业是个热点，大家都急于把校办产业搞上去。作为单位主要领导，要持积极态度，认真听取意见，同时头脑要冷静，不要无所适从。我们要大力组织部分同志从事这项工作，成立校办产业处和咨询委员会。但是，高校的中心工作是教学，各教学单位一定要注意采取相应措施保证和稳定正常教学秩序。学生的课外活动应当以稳定正常教学秩序为前提，全院人员一定要有这个观念。

（2）在基层领导班子中，有怕得罪人的倾向性问题，有些软。系主任要敢于进行领导工作，敢于严格管理，严格要求，勇于担当，才能把工作开展起来。我们都是为了党的事业而工作，不要怕得罪人。个别人无事生非骂人，还动手打人，无理取闹，搞得教研室连会都开不成。这些现象我们一定要管，要处理。

（3）在公私问题上要有是非，提倡奉献精神。各级领导干部要为政清廉，要贯彻民主集中制原则。党员要讲奉献，发扬艰苦奋斗和务实作风，力戒形式主义。

继往开来　真抓实干　在深化改革中开拓前进

——在建校40周年庆祝大会上的讲话

（1992年9月7日）

各位领导、各位来宾、来自全国各地的校友们、全体师生员工同志们！

在举国上下深入贯彻落实邓小平同志当年年初南巡重要谈话和中共中央政治局全体会议精神，在第八个教师节到来的前夕，我们以无比喜悦的心情在这里举行大连水产学院建校40年校庆。在此我谨代表学院党委和院领导向光临这次庆祝活动的各级领导、来宾、日本朋友和校友们表示热烈的欢迎，并致以崇高的敬意！向对我院建设和发展给予亲切关怀和大力支持的农业部、辽宁省、大连市领导以及省委高教工委、省教委、市委教科工委、市教委，向对我院建设和发展给予过热诚帮助和支持的兄弟院校、兄弟单位表示衷心的感谢！向为我院的创建和发展做出过贡献的老领导、老教师和老职工表示亲切的慰问和感谢！向在校的全体师生员工表示节日的祝贺！向已故去的老一辈表示深切的怀念！

校友们、同志们、同学们！

回顾我院40年来的历史，我们感到无比的高兴和欣慰。学院在办学层次和规模上得到迅速提高和发展。自1952年建校以来，经两度升格易名。1958年由大连水产学校改名为大连水产专科学校，1978年经国务院批准晋升为大连水产学院，直属农业部领导，1986年经国务院学位委员会批准为硕士学位授予权单位。在校生的规模由创办时的199人发展为1 300多人。在人才培养方面取得了明显效益，输送了7 000多名高、中级专业技术人才。他们遍布祖国各地，从边疆到内地都留下了他们辛勤耕耘的足迹：有的在遥远的西藏、新疆、内蒙古、黑龙江等边疆艰苦创业，忘我劳动，为改变边疆面貌，发展边疆的水产事业，贡献青春年华；有的在内地和沿海地区从事教学、科技、企业和行政管理等项工作，为国家建设事业做出了应有贡献，他们之中的许多人已取得重大成果和显著成绩，成为专业技术骨干和各级领导干部。对此，我们大家都感到无比自豪和欣慰。

多年来，学校在稳定教学秩序、加强教学管理和深化教学改革方面也取得较好成绩。课堂讲授、实验教学、实习和毕业设计（论文）等四大教学环节逐步走向规范化，政治思想和业务教学质量全面得到提高，学员在专业方面的基本理论、基本知识、基本技能和外语水平诸方面达到国家教委的要求，并逐年有所提高。

在专业和学科建设方面得到了长足的发展。学院从创建初期的4个专业，发展成为拥有4个系、2个部、1个分院、1个研究所、15个专业（其中8个本科）和1个硕士学位点，现已初步形成了以水产专业为主体的水产类、工科类和管理科学类相结合的多学科，以及以本科为主体的专科、本科和硕士研究生、成人教育相结合的多层次办学体系。

办学条件得到较大改善。学院占地面积达12万余平方米，建筑面积5.5万平方米，海面23万平方米。1986年通过世界银行贷款购进一批先进仪器设备，充实和加强了实验室建设，现设有电子计算机中心、电化教学中心和电子显微镜、化学分析仪器、导航、助渔等38个实验室。拥有80万倍新型电子显微镜、气相和液相色谱仪、红外和紫外光谱分析仪，以及GPS导航系统、ARPA雷达系统、捕捞监测系统、摄像制作系统、发动机测试装置等40余台大型先进精密仪器设备，价值达1 300万元；600马力的实习渔船2艘，淡水养殖场、海水养殖场和机械加工厂等教学、科研、生产三结合实习基地。图书馆藏书近20万册，中外文期刊近600种。

在队伍建设方面取得明显成绩。由建校初期教职工仅51人发展为724人，其中教学人员370人，具有高级职称的87人，中级职称220余人。派出国留学人员22人，其中读博士学位7人，已具有一支教学水平和学术水平较高的师资队伍，一支有一定政治素质和管理水平的干部队伍，以及一支具有一定政治素质和工作能力的职工队伍。

在科学研究方面取得一批好成果。获重大科技成果奖32项，其中国家级二、三等奖4项，省、部级18项，市级10余项。出版了国内外发行的《大连水产学院学报》、国内发行的《大连水产学院院报》和内部发行的《水产高教研究》等刊物，《大连水产学院学报》与国外10多个国家和地区保持交流联系。

建立和健全了各种管理规章制度。在教学、科研、后勤、机关诸方面都建立了系列化的管理制度，加强了制度管理工作，使各项管理工作逐步走向制度化、正规化和科学化。

加强了学风、教风、管风和校风建设，学校的优良风气正在迅速形成。学院已把“四风”作为校训树立在校园之中，以激励全院师生员工勤奋学习和务实、开拓工作。

校办产业已经起步，并取得一定效益。按教学、科研和生产三结合方向，兴办了海珍品育苗、工程设计、电子仪器等7个校办科技产业，年利润达150多万元。

积极开展国际学术交流活动。已与日本、美国、英国、挪威等10个国家和地区16所大学和科研单位建立了校际联系。先后邀请100多位外国专家和教授来院讲学、进行学术交流，接待来校参观访问的外宾近400人次。学校先后派出3个考察团分别去英国、日本和摩洛哥进行教育和科研考察。

与此同时，学院在坚持社会主义办学方向，把德育放在首位，加强精神文明建设方面也取得可喜成绩，先后在1986年、1988年连续2次荣获大连市“文明学校”称号。

在这里应该特别指出的是，我们要感谢为大连水产学院的创建、发展壮大起了重要作用的老一代领导、教师、干部和职工同志们，他们现已退休或即将退休。在今天40年校庆的大喜大庆日子里，让我们大力弘扬他们的伟大功绩和忠诚党的教育事业、艰苦创业的革命精神，以及勤奋、严谨、奋进的治学态度和优良作风；发扬他们坚定走社会主义道路和坚持党的领导的信念；学习他们在教学、科研、育人、实验室建设和各项管理工作等方面的成绩和经验；继承和发扬他们为学院建立起的自力更生、艰苦奋斗、勤俭建校、不怕劳苦、肯于攀登和持之以恒的优良传统。

各位领导、校友们、同志们、同学们！

虽然在40年中学院有了长足的发展和取得了明显成绩，但是，在当前我国国民经济突飞猛进发展和深化教育改革的大浪潮中，我们要振奋精神，鼓足干劲，真抓实干，在持续抓好各项基础建设工作的同时，认真抓好我院的综合改革工作，重点抓好人才培养和队伍建设工作，下大力气迅速抓好校办产业。按照这个思路，不久前，我们制定了《大连水产学院教育事业发展"八五"计划和十年规划》《大连水产学院基本建设总体规划和"八五"计划》，并得到上级领导的批准。下面我概要介绍一下学院今后发展工作的思路和要点。

首先，持续抓好体现高校特点的基础性建设工作。这项工作对我院今后的进一步振兴和腾飞具有战略意义和作用。它包括完善办学条件、加强队伍建设和学科建设、建立和健全管理制度、树立和巩固优良的校风和学风。

加速基本建设，完善办学条件。在"八五"期间扩大校园占地面积3万平方米，基本建设投资2 300万元，修建教学和生活用房2.4万平方米，近年内建成1.5万平方米的实验教学大楼和400米跑道标准运动场，"九五"期间继续投资2 000万元，校舍建筑面积达8万平方米。仪器设备、实验室，图书资料建设都将大幅度发展。

扩大招生规模，加强学科建设。从1993年开始，招生数量逐年增加，最终规模为1 800～2 000人。2年内增加3个本科专业和2～3个硕士研究生学位点，10年内争取获得博士学位授予权，开始招收博士生，使学院再晋升一个层次。

加强人才培养和队伍建设工作。为了贯彻因材施教方针，加速人才培养，多出人才，出好人才，以更好地适应国民经济建设需要，在当年举行40年校庆期间筹捐建立"水产教育基金"，成立"水产教育基金会"负责基金管理和奖励工作。每年开展一次基金表彰工作，奖励德智体全面发展的优秀学生和工作成绩显著的优秀教育工作者。积极创造条件，采取有力措施，加强师资队伍、干部队伍和职工队伍等“三支队伍”建设。重点是调整和优化结构，全面提高政治思想和业务素质，提高教学水平、学术水平和管理水平，以更好地适应教学、科研和产业发展的需要。师资队伍建设的重点是中青年教师的使用、培养和提高；干部队伍建设的重点是中层干部，尤其是中青年干部的使用、培养和提高；职工队伍建设的重点是青年工人全面素质的提高。

继续建立和健全管理制度。在现有基础上，持续全面抓好教学、科研、机关、人事、学生、后勤、基建、财务、校产等诸方面的规章制度建设工作，逐步实现管理工作制度化、规范化和科学化，全面提高管理水平，以适应学院各项工作的需要。

进一步加强学风、教风、管风和校风等“四风”建设。这是高校一项战略性工作。我们已经把“四风”的具体内容提炼概括为鲜明的口号，树立在校园中，供全院效法和弘扬，激励师生员工勤奋学习和认真开拓工作。这“四风”分别为：学风——刻苦、严谨、奋进；教风——务实创新，教书育人；管风——勤政、廉洁、服务、开拓；校风——团结、勤奋、文明、求实。

其次，抓好综合改革。在持续抓好上述5项基础性工作的同时，有计划、有步骤开展人事制度和分配制度改革、教学改革，以及后勤制度、公费医疗制度、住房制度、离退休保险制度等综合改革。在继续抓好教学改革同时，首先集中精力重点抓好人事制度和校内分配制度改革，严格实行“三定一聘”和校内岗位津贴、专项津贴、奖励津贴。8月份提出综合改革总体方案，9月份提出人事制度和分配制度实施方案和细则，11月份在全院教代会上讨论修改通过，1993年实行。通过改革，充分体现“干与不干不一样，干多干少不一样，干好干坏不一样，突出贡献与一般贡献不一样”；充分调动各类人员的积极性和创造性，加速队伍建设，不断提高教学水平、科研水平、工作效率和办学效益。

第三，大力兴办校办产业，迅速全面提高效益，大幅度提高教职工的生活待遇。充分发挥我院的综合科学技术优势和人才优势，加速科技成果的产业化，坚持科技产业与第三产业并举，以科技产业为主的原则，实行科技产业与教学、科研相结合，促进教学和科研工作发展，提高教学质量，同时取得经济效益，改善办学条件和教职员工生活条件。近期年净收入150万元，3年内达到年利润300万元。要集中力量抓重点项目，建立相应的研究所并直接兴办企业实体，如海水养殖、淡水养殖、电子工程、机械工程、土木工程、水产食品等科技实体；有计划充实各类人员，加强产业的技术和管理人员力量；多渠道筹措资金新建和扩建厂房，添置仪器设备，引进关键技术，实行企业管理，加强领导，建立专门领导机构。

各位领导，校友们，同志们和同学们！

通过庆祝建校40周年一系列活动，必将激发广大校友对母校的进一步热爱和关心，积极为母校的振兴和发展献策出力；也必将激励广大师生员工，振奋精神，鼓足干劲，勤奋工作。校内校外同心协力为大连水产学院的办学整体水平再上一个新台阶而努力奋斗！把学院的教育质量和教学水平、管理水平提到一个新的高度，把我院办成具有自己特色的、多层次的、居国内先进水平的社会主义水产大学。

今后，让我们携起手来，继往开来，真抓实干，排除万难，在改革开放的大潮中开拓前进！

认真贯彻十四大精神　加快改革步伐
为实现我院“八五”计划和十年规划而奋斗

——在大连水产学院第二次教职工代表大会上工作报告

（1993年1月6日）

各位代表、同志们！

我院第二次教职工代表大会在全国人民认真学习贯彻党的十四大精神和深化改革的大好形势下召开了。现在，我代表院领导向大会做工作报告，请审议。

一、首次教代会以来工作的概要回顾

在1985年6月召开的首次教代会上，审议了我院教育事业发展“七五”计划，1987年6月召开了第二次会议，总结了2年来的工作，并审议了贯彻《中共中央关于教育体制改革的决定》的有关措施。5年多来，在农业部和省、市委的领导下，经过全体教职工的共同努力，我院的各项工作取得了显著的成绩。1986年和1988年2次被命名为大连市“文明学校”。现在让我们概要回顾5年来，特别是近年来的主要工作成绩。

——办学层次上了一个台阶，人才培养取得明显效益。我院于1986年12月经国务院学位委员会批准为硕士学位授予权单位，进入全国395所具有硕士学位授予权的普通高等学校行列。5年来为国家培养了1 700多名本专科和20名硕士研究生，以及近千名专业证书班等各类成人专业人才。

———在稳定教学秩序、加强教学管理和深化教学改革方面取得较好成绩。课堂讲授、实验教学、实习和毕业设计（论文）等四大教学环节逐步走向规范化，德育教学和业务教学质量全面得到提高，学员在专业方面的基本理论、基本知识、基本技能和外语水平诸方面逐年有明显提高。基础课教学水平近年来提高较快。1991年和1992年东北地区6所农科院校微积分统考，我院成绩都名列第一；1990级本科英语国家四级统考通过率为43.9%，及格率为41.5%；1992年大连市普通高校数学竞赛，名列第一。

——专业和学科建设方面得到了较快发展。学校已发展成为4个系、2个部、1个分院、1个研究所，14个专业（其中8个本科）和1个硕士学位点，初步形成了以水产专业为主体的水产类、工科类和管理学科类相结合的多学科，以及以本科为主体的专科、本科和硕士研究生、成人教育相结合的多层次办学体系。

——在队伍建设方面取得了明显成绩。已初步形成了一支教学水平和学术水平较高的师资队伍，一支政治素质好和管理水平较高的干部队伍，一支有一定政治素质和工作能力的职工队伍。

——建立和健全了各项规章制度。全面提高了管理水平，使各项管理工作逐步走向制度化、正规化和科学化。

——加强了校风和学风、教风、管风建设。多年来，把“四风”建设作为高校一项战略性工作来抓，在坚持把德育放在首位的同时，在全院掀起尊师重教热潮，大力提倡尊重教师，尊重人才，尊重知识。为了激励全院人员勤奋学习和务实、开拓地进行工作，我们把“四风”的具体内容提炼概括为鲜明的口号，树立在校园中。现在，学校的优良风气正在迅速形成。

——办学条件有很大改善。“七五”期间，基本建设投资1 415.7万元，比“六五”期间增加804万元。学校占地面积扩大3万平方米，达12万平方米，建筑面积增加1.44万平方米，总面积达5.5万平方米。1986年通过世界银行贷款购进一批价值1 300万元的先进仪器设备，充实和加强了实验室建设，现设有电算中心、电化教学中心和电子显微镜化学分析仪器，导航、助渔等38个实验室。实验开出率达73%。

——在科学研究方面取得了一批好成果。5年来，获各级科技成果奖38项，其中国家级3项，省、部级8项。在全国各类刊物上发表学术论文230多篇，出版专著38部，编写全国高等水产院校统编教材和各种讲义70多种。同时，在科技推广和科技扶贫工作方面，也取得了可喜成绩，受到农业部的表彰。国内外发行的《大连水产学院学报》年发行量由1期增到3期，学术水平和编辑印刷质量有了明显提高，被列为农业水产学科期刊类的核心刊物。

——积极开展了国际学术交流活动。5年来，先后邀请了100多位外国文教、科技专家来院讲学，接待了日本、英国、挪威、澳大利亚、朝鲜、韩国、美国等专家、学者来院参观访问。学校3次组团到英国、日本、摩洛哥进行了教育和科研考察，并与日本、英国等国家和地区13所水产院校和科研单位建立了校际学术联系，加强了国际间的学术交流。

——校办产业已经起步，并取得一定效益。根据上级有关文件精神，逐步确定了领导体制，充实了机构，调整和理顺了管理体制，明确了指导思想和方向，制定了各项措施，兴办了7个校办科技产业，成立了水产养殖研究所和科技开发公司、房地产开发公司等，取得明显的经济效益。

——隆重举行了40周年校庆。按照既隆重、热烈又务实、俭朴的原则，全院教职员工进行近10个月的认真准备工作，于今年9月7～9日历时3天举办了建校40周年庆祝活动。应邀返校参加校庆活动的校友987人，前来祝贺校庆的单位83个，农业部、辽宁省、大连市领导，水产院校和大连市兄弟院校的领导，日本长崎大学专家以及我院历任党政领导参加了庆祝大会。庆祝大会开得既隆重又热烈，广大校友及其所在单位捐款43万元，建立大连水产学院“水产教育基金”，奖励优秀学生和优秀教育工作者。校庆期间还举办了校史、科研和各项工作成果，以及发展规划等系列展览会，印制了大连水产学院简介图册，编写了校史、校友通讯录、科技成果和论文摘要汇编，录制并放映了《大连水产学院向江河湖海进军》录像片，邀请校友为在校学生做了《成才之路》报告。校庆搞得很成功，受到广大校友的赞扬，受到上级领导和兄弟院校领导的好评，全院教职员工都很满意。通过校庆活动，全院教职员工和广大校友受到巨大鼓舞，加强了校友之间和校友与母校的联系，弘扬了自力更生、艰苦奋斗、勤俭建校、肯于攀登的优良传统，扩大了学校的影响，争取了社会对学校工作的支持，促进了学校的建设和发展。40年校庆活动取得优异的成绩，是全校同志在党委领导下齐心协力、真抓实干和艰苦工作的结果。

综上所述，5年来，我们在教学、科研、后勤、机关管理、校办产业等诸方面都做了大量开创性工作，取得显著成绩。同时我们还制订了我院教育事业发展计划和十年规划，以及基本建设总体规划和“八五”计划，开拓性地开展了全面综合改革工作。

二、"八五"期间和今后10年学校工作的指导思想、奋斗目标与基本任务

不久前，我们制定了《大连水产学院教育事业发展"八五"计划和十年规划》《大连水产学院基本建设总体规划和"八五"计划》，得到上级领导的批准。现在，我概要讲讲"八五"期间及今后10年学校工作的指导思想、奋斗目标和基本任务。

（略，见《大连水产学院教育事业发展"八五"计划和十年规划》。）

三、群策群力，认真搞好我院的人事制度和分配制度改革

根据上级领导部门和《全国高等教育工作会议》关于普通高等学校开展综合改革的精神，以及大连市高校综合改革形势，结合我院实际情况，院党委于1992年上半年研究决定积极开展综合改革工作。综合改革包括校内管理体制改革，教学、科技改革、学科建设、校办产业及其管理改革，后勤工作改革等多项内容。校内管理体制改革包括人事制度改革、分配制度改革、医疗制度改革、住房制度改革、建立离退休制度等。自1985年以来，我院陆续开展了教学、招生分配和后勤等方面的一系列改革和建设工作。在继续进行基础建设和各项正常管理工作的同时，自今年7月份开始首先开展人事制度和分配制度改革，并有计划、有步骤地制订了《综合改革总体方案》《人事制度改革实施办法》《分配制度实施办法》以及有关人事制度改革的12项具体试行办法，先后在中层干部和教职员工中认真讨论修改，总计形成15份文件修改稿，提请我院第二次教职工代表大会审议。现在，我着重向各位代表概括介绍一下我院综合改革的指导思想、人事制度与分配制度改革的主要目标和基本内容。

（一）综合改革的目的和指导思想

自1992年年初开始，我们先后认真学习了国家教委、农业部和辽宁省教委有关文件和会议精神，借鉴了南京大学、东南大学、清华大学、浙江大学、北京农业大学、北京农业工程大学、大连理工大学和大连海运学院等8所院校的校内管理体制改革和综合改革的经验，首先制订了我院综合改革总体方案。该方案的主要内容包括指导思想、主要目标和基本内容。这里主要讲讲综合改革的目的和指导思想。因为只有全院教职员工进一步解放思想，提高和统一认识，明确改革的目的和指导思想，才能真正把综合改革的政策和措施落实好，才能彻底搞好我院的综合改革工作。

（1）综合改革在院党委领导下，坚持社会主义办学方向，坚持四项基本原则，全面贯彻党的教育方针。改革的目的应有利于加强党的领导，有利于

为社会主义现代化服务和培养社会主义事业的建设者和接班人，有利于调动教职工的积极性、创造性和建设一支“又红又专”的教职工队伍，有利于不断提高教学、科研和管理水平。

（2）校内综合改革的内容广泛，既要加大改革力度和加快改革步伐，又不能急于求成，要考虑我院各方面的基础条件和各项改革工作的实际情况，有计划、分步骤地运行。在开展教学改革、后勤改革等的同时，首先重点进行人事制度和分配制度改革，并应注意各项政策的连续性和稳定性。

（3）坚持学校基础建设工作和综合改革的综合协调发展的战略思想，即坚持办学条件设建、队伍建设、学科建设、制度建设和校风、学风、教风、管风等五项基础建设工作与综合改革相互协调的原则，以教学改革和学科建设为主旋律，以人事制度和分配制度改革为突破口，保证我院教育事业发展“八五”计划和十年规划的奋斗目标胜利实现。

（4）根据高校知识分子集中的特点，在制定综合改革的各项政策和措施时，要充分体现尊重知识、尊重人才的精神，并应体现出教学、科研、后勤、管理和校办产业等各方面工作的不同特点。

（二）人事制度改革的目标和基本内容

人事制度和分配制度改革是综合改革的突破点，其中人事制度改革既是综合改革的基础，又是综合改革的难点。同时，人事制度改革的内容广泛，且工作量很大，因此搞好人事制度改革工作是综合改革的关键。

1. 主要目标

通过人事制度改革，调整和优化结构，精简机构，压缩编制，充分挖掘潜力，加强队伍建设，调动各类人员的积极性，提高学术水平、教学水平、管理水平、工作效率和办学效益。具体目标为：

（1）按照精干和高效的原则，合理调整和理顺院内管理机构和服务机构，使用好农业部批准我校的中层机构设置指数。将原23个处级机构精简为20个，其中党委职能机构3个（减1个）、行政管理机构9个（减2个）、系（部）教学行政管理机构7个、教学服务机构1个。

（2）强化编制意识，严格核定各类人员编制和确定合理的编制标准，调整和优化教职工队伍，促进人才合理流动，逐步做到各类人员比例合适，结构合理，质量合格。加强骨干队伍建设，注意选拔和培养学科带头人和中青年骨干。建立一支“又红又专”、精干高效、充满活力的教职工队伍。特别要保证重点学科和重点专业师资队伍建设。

（3）通过“三定一聘”，进一步建立和健全各级岗位责任制、聘任制、合同制。加强培训和考核工作，不断提高教职工队伍的素质，充分发挥各类人员的社会主义积极性和创造性。

（4）逐步建立校内人员编制的自我约束机制、竞争激励机制和双向流动机制，实现宏观控制、计划调节，不断提高办学效益。

2. 基本内容

人事制度改革的内容很广泛，包括教师、实验技术人员、图书资料人员、科研人员、后勤人员、党政管理人员等各类人员的定编、岗位设置及其职责，以及机构设置、各类人员的聘任和考核等。各类人员的定编原则和方法、职务岗位设置的原则和职责，以及聘任和考核的具体内容请见有关文件（行政处的名称待研究决定）。

（三）分配制度改革的目标和基本内容

分配制度改革是综合改革的重要组成部分，关系到每个人的切身利益，因此，大家都很关心，是改革工作的热点，校内分配制度改革实际上就是改变奖金平均分配的不合理现象，建立校内津贴制度，逐步形成国家工资为主、校内津贴为辅，双轨运行、统筹管理的高校内部分配制度。校内津贴部分纳入工资总额计划。通过国家工资改革和校内分配改革，改善教职工的生活待遇，使我校教职工的实际平均工资逐步得到较大幅度的提高。

1. 分配原则和目标

（1）校内分配要贯彻按劳分配原则，工资待遇随岗位变动，按实际贡献决定，合理拉开差距，理顺分配关系，强化工资分配的激励功能。充分体现“干与不干不一样，干多干少不一样，干好干坏不一样，突出贡献与一般贡献不一样”。

（2）充分注意分配的政策导向，保证从事教学和基础科研的教师得到合理报酬，对贡献突出的人员予以重奖。具体分配办法要从我校实际出发，并与国家工资改革的基本思路相衔接。实行承包制和企业化管理的单位，工资分配与经济效益挂钩。

（3）校内分配的增资幅度随我院财力的实际状况而浮动，量力而行，留有余地，以保持长期稳定增长。

（4）从长远来看，校内分配要以校级为主，要妥善处理校系两级在筹资、分配上的关系，既要调动基层的积极性，又要注意克服分散化的倾向。充分发挥学校的整体优势，随着校级财力增长，逐步扩大学校统筹分配的比重。目前，各处级单位所承担的比例应从实际情况出发，合理确定。

2. 基本内容

分配制度改革实施办法包括岗位津贴、专项津贴、奖励津贴的等级标准和具体分配办法，改善离退休人员生活待遇的规定，以及津贴发放的有关规定等4部分内容。

（1）岗位津贴。根据各类岗位人员的职称、职务和工作具体表现确定岗位津贴的等级和分数。分值初步暂定1元，以后根据学校财力状况而逐步增加。每月随工资发放一次。岗位津贴的等级和分值、首次和今后每年确定岗位津贴的办法、非领导职务和硕士、博士学位岗位津贴数以及扣发岗位津贴的有关具体规定，见《分配制度实施办法》。

（2）专项津贴。专项津贴与岗位的职务不一定有直接关系，是以每项具体工作任务的数量、性质、难度确定其具体津贴数。它包括课时津贴、主干课津贴、科研项目津贴、科技开发项目津贴、学科带头人津贴、青年教师和硕士生导师津贴、特殊工种津贴和双肩挑干部津贴。课时津贴每学期发放一次，其他各项专项津贴均每月发放一次。

（3）奖励津贴。奖励津贴与职务关系不大，是以先进称号和各类成果的级别等情况确定津贴数。它包括各级先进工作者、教材、科技成果、教学成果等奖励津贴和业绩津贴。

（4）离退休生活补贴。根据离休人员参加革命工作时间、退休人员工龄确定补贴。

（5）津贴发放有关规定。明确规定实行该分配办法后，原奖金停发、校系（处）负担比例、“双肩挑”人员岗位津贴选定、专项和奖励津贴由学校承担等条款。

四、认真贯彻十四大精神，加快综合改革步伐，全面实现我院“八五”计划和十年规划奋斗目标

（一）认真学习和贯彻十四大精神

党的十四大精神是加快高校教育改革和发展步伐的强大思想武器。我们一定要认真学习和坚决贯彻十四大文件精神，使我校的综合改革和全面发展沿着正确方向胜利前进。首先，深入学习邓小平同志建设有中国特色社会主义理论，用以指导和解决改革和发展中的新问题。学习理论，一定要和学习邓小平同志对教育工作的一系列重要指示结合起来。邓小平同志自粉碎“四人帮”以后，亲自抓教育，推倒“两个估计”，领导教育战线的拨乱反

正，提出了“尊重知识，尊重人才”“实现四个现代化，科技是关键，教育是基础”“科学技术是第一生产力”“教育要面向现代化，面向世界，面向未来”“加快经济发展，必须依靠科技和教育”等一系列重要指导思想，是建设有中国特色社会主义理论的重要组成部分。我们要认真学习，深刻领会，用以指导我们的综合改革和全面工作。

江泽民在十四大报告指出：“在社会主义发展动力问题上，强调改革也是一场革命，也是解放生产力，是中国现代化的必由之路，僵化、停滞是没有出路的。”我校的建设和发展的动力，也在于深化和加快改革，必须以改革促发展。

学习十四大文件精神，还应明确高校发展与改革的指导思想。我校的建设和改革，必须坚持和加强党的领导，坚持社会主义方向；必须坚持教育为社会主义建设服务，主动适应社会主义市场经济的需要；必须贯彻党的教育方针，遵循教育规律，依靠广大教职员工，全面提高教育质量和办学效益；必须从我院实际情况出发，探索加快改革和建设的新路子。

学习十四大文件精神，高校在人才培养、科学研究、社会服务等方面，都要坚持党的基本路线以经济建设为中心，必须坚持改革同四项基本原则有机结合，改革是发展教育的动力与必由之路，坚持四项基本原则是改革及其健康发展的根本保证，不坚持四项基本原则就会迷失方向。同时，要进一步解放思想，摆脱“左”的思想束缚，加快改革步伐。

高校教育改革必须适应经济体制改革，当前要适应社会主义市场经济的发展需要，但要防止照搬经济体制改革的所有具体做法，应符合教育事业本身的性质与发展规律。

总之，我们要进一步明确，高校的改革和发展，体制改革是关键，教学改革是核心，发展规模、提高质量和效益是目的。我们要抓紧当前有利时机，以十四大精神为强大理论和思想武器，加快改革和发展步伐，开创我院全面工作的新局面。

（二）深化综合改革的基本思路和要点

综合改革内容广泛，工作量大，是一项艰苦的工作，也是一项长期的任务，需要有计划、分步骤地持续抓下去，而且要不断深化，才能取得应有的效果。

1. 持续抓好人事和分配制度改革

综合改革总体方案和人事、分配制度改革方案及具体试行办法经本届教代会审议后，于1993年上半年发动全校教职工认真学习贯彻执行，初步预计各级单位先后于6月底以前，完成人员定编、定岗、定任务和聘任工作，经院党委批准后自1994年1月份兑现津贴。

为了认真贯彻执行我院人事和分配制度改革方案，以系（部）、处为单位制定贯彻院2项改革制度的实施方案和定编、岗位设置、岗位职责、聘任、考核等实施细则，报请院党委审批。党委自1993年4月开始逐个单位进行审查验收工作，成熟一个，执行一个。

2. 深化教学改革

深化教学改革，提高教育质量，是高校综合改革的核心。1993年上半年在深入进行人事和分配制度改革的同时，有计划深化教学改革问题，逐步把主要精力集中到教学改革教育工作上来。

（1）加强工业与民用建筑、船舶工程、食品工程等本科专业建设，以及贸易经济、给排水工程、电子技术与计算机应用、制冷与空调等新上专科专业建设。

（2）继续开展教学计划、重点（主干）课程建设，改革教学思想、教学内容和教学方法，研究落实提高学生的写作能力、电算能力、外语水平和专业技术的动手能力，以及加强三结合教学基地建设和总结推广三结合办学经验。

（3）根据国民经济建设需要，改造现有某些专业，拓宽专业面。改革招生和分配制度。

3. 突出学科地位，加强学科建设

学科水平是高校竞争的制高点。因此，学科建设是高校教育改革的深层次的关键问题，也是学校发展的高层次的战略性任务。为此，把学科建设放在突出的地位，以学科建设推动教育改革、优化师资队伍、发展研究生教育和提高学科水平。学科建设是一项复杂的系统工程，必须增强系统观念，注意或实行科研的主攻方向与学科建设的学术方向相结合，研究生教育与学科建设相结合，师资培养与学术梯队建设相结合，实验室建设与学科基础建设相结合，骨干教师的培养与学科带头人的培养相结合，使之充分发挥整体优势，逐步形成协调发展的运行机制。对获国家级奖励者，给予一定年限的延聘，对发表高质量的论文给予报销版面费和科研基金。

（1）制定重点学科和学科带头人遴选条例，确定重点学科、重点实验室和学科带头人。

（2）制定重点学科和学科带头人的职责、权力、待遇等条例和管理制度。

4. 开展后勤工作改革，提高服务质量和效益

在总结以前改革工作的基础上，自1993年开始实行后勤管理制度改革，根据后勤的各具体单位的性质和实际情况，实行多种形式的承包制，试验由单纯行政管理型和服务型向服务经营型转化，并探索后勤工作社会化的途径。理顺管理体制，实行“小机关，大实体”，在实体中推行独立核算，分级承包，责任到人，自主经营的责、权、利相一致的管理体制。在劳动人事制度上，严格定编、定岗、定工作量，干部实行聘任制，工人实行劳动合同制。积极筹办教职员工欢迎的服务产业。在分配制度上，按岗按绩定薪，使利益与贡献挂钩，加大奖酬金浮动部分，减少固定部分。建立自控、内控和外控相结合的监控机制。总务处机关工作人员作为学校管理部门，享受机关工作人员待遇，在经济分配上与下属单位脱钩。

（三）大力兴办校办产业，迅速全面提高效益，较大幅度提高教职工的生活待遇

我院校办产业近期年净收150万元，3个月内达到年利润300万元。

（1）重点抓好科技产业，集中力量抓重点项目，建立相应研究所并直接兴办企业实体。

（2）大力加强校办第三产业。筹备修建招待所、黑石礁度假村、房地产开发公司等。

（3）加强校办产业领导力量，充实专业技术和管理人员，实行企业化管理和目标管理，改革院系两级管理和分配制度，建立和健全各种规章制度。

五、加强队伍建设和人才引进工作

迅速提高教学质量、科研水平、管理水平和校办产业的综合效益，关键要有一定数量政治素质好和业务能力强的教师队伍、干部队伍和职工队伍。我们在持续抓好各项基础建设工作、综合改革工作和校办产业工作的同时，必须把队伍建设作为重要工作来抓。这是一项具有战略意义的工作。当前，重点是加速中青年教师和干部的培养以及人才引进工作。

（1）制定和落实对青年教师的一系列激励政策。建立优秀青年教师奖、优秀教学奖、青年科研基金、水产教育基金奖、青年教师优秀论文奖、青年教师导师制、骨干青年教师，以及在分配、职称和住房等方面鼓励青年教师脱颖而出。

（2）加速中青年干部队伍建设。选拔优秀年轻干部担任各级领导工作，是当前一项紧迫而重要的任务。要打破论资排辈、求全责备等陈旧观念，尽

快把坚决执行党的基本路线、有高度事业心和为人民服务的强烈责任感、在实际工作中政绩突出、为政清廉、工作扎实、群众信任的年轻干部选拔到各级领导岗位。

（3）大力引进高学历人才来校工作。对来我校工作的高学历人员，在工作条件和生活待遇上从优。硕士毕业生享受讲师待遇，博士毕业生享受副教授待遇。

各位代表，同志们！

让我们乘党的十四大东风，解放思想，更新观念，深化改革，振奋精神，真抓实干，排除万难，为搞好我院综合改革和教育事业发展“八五”计划和十年规划的奋斗目标而努力奋斗！

在大连水产学院教学工作会闭幕式上的讲话

（1993年12月1日）

同志们！

我院教学工作会就要结束了，我代表院领导讲2个问题。第一是对我院教学工作会做概要总结，第二是简要讲述我院深化教育、教学改革方案的基本思路和要点。

一、教学工作会的概要总结

为了深入贯彻落实全国普通高等教育工作会议、《中国教育改革和发展纲要》精神，高等学校综合改革“体制改革是关键，人事和分配制度改革是突破口，学科建设是主旋律，教学改革是核心”原则，在我院深入进行人事制度和分配制度改革即将取得阶段性成果的大好形势下，院党委及时研究决定在持续贯彻落实我院人事制度和分配制度改革实施方案的同时，有计划、有步骤地把综合改革重心逐步转向深化教育、教学改革方面来。为了充分发动群众做好一系列准备工作，党委于4月19日向全院印发了《关于召开大连水产学院教学工作暨表彰大会的通知》，全院各部门、单位，特别是各教学单位积极响应党委号召，根据通知关于“总结工作，交流经验，表彰先进，制定深化教育、教学改革方案，推动教学工作再上一个新台阶”的宗旨，有计划、有步骤地开展了一系列活动，取得可喜成绩。

港工系召开3次领导班子会和2次教研室主任会，专题研究贯彻执行院教学工作会精神，要求全系人员在总结教学工作基础上，积极撰写论文，先在教研室会议上交流，然后在全系大会上进行交流。全系还召开了教改经验、教学法研究、教书育人、实践教学、教研室建设等全方位经验交流会，宣读论文16篇，并选出8篇编入《大连水产学院教学工作会议交流材料汇编》。基础部领导也多次专题研究贯彻教学工作会议通知精神，结合评选优秀教学奖和优秀教师工作，教研室每个人对2年来的教学工作进行了总结讲评，在此基础上召开了基础部教学工作会议，会上有11名同志就课程研究、教学管理、统考工作、提高教学质量、改进教学法、教书育人等方面进行了广泛深入的交流，荣获省、院两级优秀教学成果奖的2份材料也在会上进行了介绍。海渔系领导组织全系教师认真学习通知和有关材料，在提高认识的基础上，组织各教研室针对自己教学工作进行专题总结，撰写论文。其他教学单位也都做了一系列认真的准备工作。

为了开好这次大会，学院成立了教学工作会筹备工作领导小组。他们积极努力并协同有关单位做了大量准备工作，编印了教学经验资料24篇。在教师节期间，通过宣传栏、广播、院报和大会等形式广泛宣传和表彰各级优秀教师和优秀教育工作者（其中省级1人、市级2人、院级29人）、各级科技成果和优秀教学成果、农业部优秀教材获奖者以及院优秀教学奖获得者。

在教学工作会和教师节表彰会上，党委书记吴进才同志做了重要讲话，雷衍之副院长做了深化教学改革动员报告。会后各单位对2个讲话进行了认真讨论。院里先后召开了2次经验交流会，在全院进一步树立尊重知识、尊重人才、尊重教师的良好风气，同时为我院深化教育、教学改革奠定了良好的基础。

在院教学工作会和一系列宣传表彰活动的推动下，各教学单位进一步开展了深化教学改革和提高教学质量等活动。养殖系根据院教育、教学改革基本思路重点抓了重点学科申报、研究生导师和主讲教师教书育人、课堂教学质量评估、学风建设、学术梯队建设、专业调整和改革等多项工作，这些工作使全系的教学管理进一步科学化和规范化。港工系在加强教学管理工作和教学研究工作的同时，还着重抓了青年教师队伍建设工作，帮助青年教师过教学关，此外，还举办了青年教师课堂教学大赛，取得了很好的效果。海渔系统地抓了海洋渔业专业改造和海洋船舶驾驶专业申报工作，上学期和最近先后举行了“育人杯”教学竞赛和教学法研讨会，对提高青年教师教学水平起到很好的促进作用。他们还坚持了加强教风建设和日常教学管理工作，杜绝了提前下课、漏课、擅自调课等违纪现象。基础部领导和全体教师非常重视目标管理和提高教学质量工作，在“三定一聘”工作基础上，加强了教研室建设，进一步调动了广大教师的积极性，在数学竞赛，数学、物理统考和英语三级、四级考试均取得较好成绩的基础上，目前正认真积极准备全国13省（市）理工科本科数学和物理统考工作。经管系在扩大招生和增设新专业等项工作上取得明显效果。渔机系等教学单位在总结工作和交流经验的基础上，研究制定了深化教改措施。

在这期间，教务处和人事处起草制定了《大连水产学评选和建设重点学科暂行条例》《大连水产学院学术带头人和学术骨干试行办法》《教师教学工作规范》《修订教学计划的基本原则和有关规定》《本科生修读辅修专业试行办法》《优秀专科生免试升入本科的试行办法》《退学学生一年自费留级试读规定》《学生相对淘汰试行办法》。教务处、人事处和学生处等部门还共同拟定了我院深化教育教学改革方案。

综上所述，由于院党委和各级领导的高度重视、全院教职工的共同努力，本次教学工作会准备工作充分，会议形式多样、内容丰富，圆满完成了各项任务，达到了预期的效果。通过教学工作会议和各项表彰活动，进一步推动了综合改革工作，为我院下一步深化教育、教学改革打下了坚实的基础。

二、我院深化教育、教学改革方案的基本思路和内容要点

根据我国20世纪90年代高等教育“规模有较大发展，结构更加合理，质量上一个台阶，效益有明显提高”的发展方针，从我院的实际情况出发，制订了《大连水产学院深化教育、教学改革方案》。下一步要发给大家进行广泛讨论、修改，党委讨论通过、定稿后再贯彻执行。现在我把方案的基本思路和要点向大家做一概括介绍。

（一）办学规模

最近几年，我院计划每年扩大招生200～300名，在校生数将于1994年达到1 750人，1995年争取达到2 000人，最终规模为3 500人。日前，我院学生处的同志参加了部里召开的农业高校招生工作办公会，我院提出明年招生数拟为700人，基本上通过了。招生数量不断增加，要求我们必须做好一系列的准备工作。首先是办学条件的准备工作。我们计划在明年招生之前扩建1号学生宿舍楼，将基础部及各教研室搬到1号楼，原基础部办公楼作为教室。相应的教学计划及其他准备工作都要抓紧进行。

（二）学科、专业的改革、建设和发展

1. 调整和优化专业结构

当前社会主义市场经济大力发展，农业、渔业在深化改革中产业结构大幅度的调整，抓住新兴科技产业兴起及外向型经济大力发展的机遇，不失

时机地调整我院的专业结构，逐步改变单一水产学科（专业）的状况，有计划地拓宽学科专业领域和教学内容。设置一些市场经济和大农业急需的工程学科、经济管理学科、人文学科和外语类等专业，逐步建立以水产学科（专业）和具有水产特色的工程学科为主，水产、工程、经济、管理、外语、人文等综合性专业结构体系，并大力发展以函授为主的各类成人教育，以适应社会主义市场经济发育和大农业改革和发展的需要。

2. 加强学科建设，提高办学层次

把学科建设放在突出位置，以学科建设推动教育改革、优化师资队伍、发展研究生教育和提高学术水平。以重点学科建设为重点，带动和促进其他学科的发展。现已制定了重点学科评选和建设执行条例，明年上半年评选出我院重点学科并相应制定抉择政策、建设措施以及有关管理制度。

在办学层次上，我院要坚持以本科为主，有计划地增加本科专业和硕士学位授权点，相应提高本科和研究生比例。在2～3年内增加1～2个文科本科专业和2～3个硕士学位点。同时，根据社会需要和从扩大我院规模出发，增加专科专业和招生数，放开搞活各类专科专业调节性招生计划。在专业名称和招生数量上随社会需要的变化而保持相应变化，实行弹性设置专业。

3. 改革专业培养目标和人才知识结构

根据社会需求对专业的培养目标和毕业生知识结构有计划地进行改革。改革的方向是把研究生和本科生培养成复合型和外向型人才，把专科生培养成技术推广、经营管理、生产开发等类型的应用人才。为此，相应地要逐步建立双学位和主辅修制度。

（三）深化教学改革，加快建设和发展步伐，提高教学质量

深化教学改革，全面提高教学质量，是高校教育教学改革的核心。在深入开展学科、专业改革和建设的同时，必须深化教学改革，加快建设和发展步伐，以保证和提高人才培养质量。

1. 全面修订专业教学计划

专业教学计划是培养人才的蓝图，因此，全面修订教学计划是教学改革的基础性工作，是深化教学改革的前提。

学校已下发了《关于修订各专业教学计划的基本原则和有关规定》，希望各系按照教育方针，培养复合型、外向型和应用型人才的方向，以及提高毕业生综合能力的要求，重新修订各专业的教学计划。各教学计划培养目标和培养规格要明确，其内容应充分体现该专业的基本理论、基本知识和基本技

能、科研能力、实际操作能力和组织管理能力以及外语水平。课程设置应主次分明并适当拓宽范围。注意处理好公共课、基础课、专业基础课和专业课的关系，以及政治理论教学与业务教学、理论教学与实践教学的时间比例，要保证实践教学时间。

2. 建立各专业教学体系

为了更好地实现各专业培养目标，提高毕业生质量和建设各专业的特色，要研讨建立专业教学体系。基础课、专业基础课、专业课围绕专业培养目标，进行教学思想、教学内容、教学方法和教学安排等系列改革，建立各门课程的教学体系。同时，在专业教学过程中，按照培养目标要求和高校教学规律实行多学科协作，把科研、生产实践引入教学环节，以实践教学为主要结合点，把不同类型课程、各种教学活动有计划、有组织地从教学、科研、生产（社会实践）3个方面结合起来，建立具有自己特色的专业教学体系。

3. 深化课程改革、加速课程建设

各类课程的改革深度和整体水平，决定人才的培养质量，而且通过课程改革和建设可以带动学风建设、教材建设、实验室建设，还可以促进教育思想的转变、教学内容、教学方法的改革和教学手段的更新。因此，有计划地全面开展课程改革和建设工作，建设一批重点课程，包括数学、计算机、外语等基础课和各专业主干课程。通过评选和评估等手段，力争在较短时间内进一步提高教学质量，减少和消灭不合格课程。

基础课和专业基础课的改革方向是在教学内容上保持本学科系统性的同时，力求反映专业特色；在保证基本理论、基本知识和基本技能全面要求的基础上，要注意加强基本技能训练的力度，为分析和解决生产实际问题以及开展科研工作打下良好基础。各专业的专业课的改革方向是在注意加强实际操作、实验技能和科研能力训练的同时，加强理论系统性，加大理论的深度和广度。在教学方法和教学安排上，进行实验、教学实习改革，开展第二课堂活动，参加生产实习和毕业论文工作，逐步解决好为专业培养目标服务方向和科研方向，建立各门课程的教学体系。

积极、稳妥地开展马克思主义理论课和思想教育课的教学改革。“两课”是高校思想政治教育的主要阵地和主要渠道，每个学生必修的基础课程。“两课”有自己的科学性和理论体系，改革的重点是教学内容和教学方法的改革，改革的目标和要求是理论联系实际和提高思想理论教育的说服力和针对性，体现建设有中国特色理论。引导学生运用马克思主义立场、现点、方法观察和认识现实问题，促进学生逐步树立科学的世界观和为人民服务的人生观、培养创业精神、提高贯彻执行党的基本路线的自觉性，坚定社会主义信念。

提高英语四级考试通过率，增加计算机上机时数，尤其要指出的是根据形势发展的需要，各门课程特别是基础课统考门数越来越多，将来教委要通过这项工作评估各高校的教学水平，所以要引起我们的充分重视。

4. 加强教研室规范化建设，提高管理水平

教研室不仅是教学、科研学术性组织，而且起着一级行政组织作用。因此，教研室建设对教学改革、师资队伍建设、人才培养、教材和实验室建设、学风和教风建设、提高教学水平和科研水平都起到至关重要的作用。

在教研室的建设中，尤其重要的是教研室主任的培养和提高。1994年上半年我们将进一步修订、落实教研室主任职责教研室工作条例、先进教研室评选条件，开展表彰先进教研室活动。

5. 搞好教学、科研、生产三结合基地建设

三结合基地是保证和提高教学质量的重要条件，尤其是培养学生实际操作能力的重要场所。以系或专业为单位建立和完善校内外教学、科研、生产三结合基地，承担实践教学、科研、科技推广和生产等项综合性任务。以建设校内基地为主，同时根据各系、专业特点，采取多种途径抓好校外基地建设，力争办出特色。建设和完善校内基地，尽可能与建立科技产业实体相结合。力争在3～5年内较好地解决这个问题。

6. 加强学风和教风建设

我们很早就开展了加强学风和教风建设的工作，党委在3年前就做出抓学风建设的决定。这几年我们在学风、教风建设上取得了一定的成绩，但是和其他一些学校相比，我们仍然做得不够。从某种意义上讲，学风和教风建设意义重大，对育人和成才的作用远大于师资力量、设备条件等办学条件的作用。

现在对我院当前学风情况要有一个客观的分析，并研究如何抓好学风建设。我们认为，对学生来讲，一定要抓好建设优良学风班这项工作。清华大学前几年就推广了这个经验。据说大连理工大学专门派人去取经，这两年也取得了较明显的成绩。我们也应重点抓建设优良学风班这项工作，至于如何做好这项工作，我们还要认真研究。抓学风不能单纯只抓学生的学风，还要抓教师的学风和教风、干部的学风和工作作风，这两者对学生的学风和我院整体的学风都有深刻的影响和重要的作用。

（四）加快师资队伍的建设步伐

1. 我院师资队伍的现状

当前我们学校的教师“双断层”现象严重。一是年龄断层，二是学术水平和教学水平的断层。第一个问题是各高校存在的共性问题，这是因为“文化大革命”期间停招了10年；第二个问题我们学校较为突出，应该引起我们的充分重视，尽快地让青年教师在教学、科研、管理等方面能够接好老同志的班。不然我们学校的人才培养质量就会成大问题。

2. 对我院师资队伍现状的分析

人事处最近对我院师资队伍现状做了一个分析，我院现有教师269人，从职称结构上看，高级职称占29%，中级职称占61%，初级职称占10%。高级职称的比例不高，当然这有个指标问题，但我们今后应力争达到35%或更高一点。还有一个特点是初级职称比例太低。从年龄结构上看，教师年龄偏大，教授平均年龄61.3岁，副教授平均年龄52.7岁，35岁以下青年教师占38.3%，36～45岁仅占14.9%，56岁以上的占21%，这里面副教授以上37人，很快要退休的占54.4%，这个问题相当突出。从学历结构上看，硕士以上51人，占总数的19%，我们还有6个在读的研究生。其他农业院校教师，特别是青年教师都达到了50%～60%，要求达到80%。相比之下，我们这个比例偏低。

3. 加快师资队伍建设的几点措施

根据我院的现状，院党委和行政已经采取了一系列措施，优化教师结构，力争扭转现存不合理现象。我们已经采取和即将采取的措施有两方面：一是培养政策，二是激励政策。在青年教师的培养上，各级教学单位领导和老教师应充分发挥自己的特长，首先要帮助青年教师过教学关，让他们在两三年内当助教、助讲，然后逐渐分章节讲课，最后独立承担整个教学全过程，这是最主要的培养措施和途径。除此之外，我们要对青年教师进行岗前培训，继续实行导师制。要实行学术带头人和学术骨干制度，我们已经制定了一个条例，分配制度里也有相应的一条，学术带头人和学术骨干享受专项津贴。我们现在还没有实行，是因为还没有评选出来，明年上半年要按照这个条例积极完成这项工作。几年来我们坚持了在职提高学历的做法，港工系、海渔系、渔机系、养殖系都采取了这个做法，效果很好，以后要继续实施。另外，我们还要采取科研基金向青年教师倾斜的做法，给青年人提供更加优越的科研环境。

我们已经采取并且今后要继续采取一些对青年教师的激励政策。近几年来，凡是进我院工作的单身青年教师，每月发给生活补助费30元；凡是进我院工作的硕士生，享受讲师工资待遇；凡是进我院工作的博士生，享受副教授工资待遇。我们这样做的目的就是要吸引人才，提高师资队伍的学历水平。正在研究之中的分房条例上，我们规定了2个分，即学历分和资历分，这都是向高学历、吸引人才方面倾斜，激励青年人积极上进的措施。对这个问题我们大家的认识还不统一，我希望大家好好想一想，从长远角度出发，从我院的全局工作出发，如果我院师资队伍的学历水平不能大幅度提高，我们将来就会远远地落在后面，根本谈不上提高办学层次，也谈不上招博士生的问题。奖励分奖励的主要内容包括科技成果奖、优秀教学成果奖等，也是向教师倾斜的措施，鼓励教师多搞科研，多出成果。

在职称评定方面，特别是高级职称的评定，我们注意了青年教师的评定。我们在座的老同志以及和我一起去部里参加评定的老同志都有这样一个想法，尽快地让青年人脱颖而出，一般来讲，条件基本合格，都能通过。青年教师发表论文，特别是在一级学报上发表论文，尽管版面费很高，但我们学校给报，我们采取这样的措施来鼓励青年教师多发表高质量的论文。以上就是我所要讲的2个大问题。谢谢大家。

认真贯彻纲要和教师法　深化教育教学改革
努力提高教育质量和办学效益

——在庆祝第十个教师节大会上的讲话

（1994年9月10日）

各位教师、同志们、同学们！

今年是我国设立教师节10周年，又是《中华人民共和国教师法》（以下简称《教师法》）颁布实施的第一年。根据国家教委关于今年庆祝教师节要坚持既隆重、热烈，又务实、简朴的原则精神，今天，我们全院教职员工隆重集会，热烈庆祝第十个教师节。我代表院领导向全院教学人员致以热烈祝贺和崇高的敬意！向为了培养人才付出辛勤劳动的全体干部和工人同志表示衷心的感谢！在教师节期间，学校通过多种形式广泛宣传《中国教育改革和发展纲要》《教师法》和《全国教育工作会议》精神，大力宣传“振兴民族的希望在教育，振兴教育的希望在教师”的战略思想，表彰“三育人”先进个人、优秀教材和统编教材，以及优秀教学奖的获得者，宣布“大连水产学院重点学科和学术带头人”，进一步树立尊重知识、尊重人才、尊师重教的良好风气，推动“三育人”工作和校风、学风、教风、管风等“四风”建设。

下面，我概要讲3个问题。

一、目前我院改革、建设和发展的形势

近几年来，我们认真贯彻执行全国普通高等教育工作会议、全国普通高等农林教育工作会议、农业部直属高校领导会议和“发展是目标，改革是动力，稳定是前提”等系列精神，根据高校的办学规律，结合我校的实际情况，积极开展综合改革，促进了学校的建设和发展，沿着高校自身建设和发展的轨道向前迈进了一步。

首先，确立了基础性建设工作与深化改革和各项正常管理工作综合协调发展的战略思想。近年来，按照这种指导思想，我们在围绕提高教育质量和办学效益，持续有针对性加强了办学基本条件、队伍建设、学科建设、制度建设和作风建设等5项基础性建设工作的同时，有计划开展了人事制度改革、分配制度改革、教育教学改革、后勤管理制度改革等综合改革，有序地、稳步地进行学校各项正常管理工作，正确处理了三者的关系。

其次，确立了“教学工作是中心，人才培养是重点，科技工作是制高点，后勤工作是保证，校办产业是后盾”的行政工作方针，使教学、科研、后勤、机关管理和校办产业诸项工作取得较好成绩，提高了教学水平、学术水平和管理水平。

第三，初步勾画出我院学科（专业）综合结构体系的基本框架。通过改造传统专业，增设社会急需专业，调整和优化专业结构，逐步建立以水产学科（专业）和具有水产特色的工程学科为主，水产、工程和经济管理等综合性专业结构体系的框架。从规模上，拟计划三大学科类的在校生数各占1/3。调整和优化系级教学机构，成立经济管理和电子工程2个系。

第四，加强学科建设，提高办学水平和办学层次。通过评选重点学科，带动和促进全院的学科（专业）建设，并进一步推动教育教学改革、优化师资队伍、发展研究生教育和提高学术水平。最近评选出4个院级重点学科（水产养殖、捕捞学、船舶工程、港口航道及治河工程），其中水产养殖学科被批准为农业部重点学科，捕捞学被批准为硕士学位点。

第五，深化教学改革，加强基本建设，教学质量有了明显提高。通过全面修订教学计划、建立专业教学体系、加强课程建设、修订和健全规章制度、加强学生的综合能力培养和“四风”建设等系列改革和建设工作，教学质量有了明显提高，特别是高等数学和英语的教学质量提高更加明显。1993

年下半年参加大连市大学生高数竞赛获团体总分第一名和个人冠军，当年1992级英语四级统考及格率高达69.1%，比1991级提高近30%。

第六，抓住和珍惜机遇，千方百计为扩大办学规模创造条件，迅速提高办学效益。根据“坚持数量、质量、结构和效益统一的全面发展观”“要坚持走内涵发展为主的道路，努力提高办学效益”“到2000年学校平均规模，本科院校达到3 500人以上”等精神，我院办学规模经农业部批准由2 000人增加到3 000人。通过国家投资、联建和低息贷款方式扩大校园占地面积近3万平方米，拟以填海造地和开山填沟等方式再扩大7万平方米（已向大连市提出申请报告，待审批），兴建7 000 m^2教职工住房、近1 000 m^2锅炉房和育苗场1 000 m^2水体，改善了生活条件和工作条件，提供了三结合办学条件，为进一步开展校办科技产业打下坚实基础。同时，近两年自筹经费350余万元兴建和扩建学生宿舍3 400 m^2，扩建教室1 000 m^2，购置学生宿舍自习用桌椅400余套、上课用排椅、课桌椅900余套、500多个床铺，翻修运动场等基础设施，改善了教学条件和学生自习、生活等条件。3年来年招生增幅为200～300人，1995年在校生将达到2 000余人，最终规模为3 000～3 500人。近年来，我院不仅办学效益逐年提高，而且在社会和农业院校中的声誉也在不断提高。我院学生体育代表队当年7月在贵阳召开的全国农业高校第三届大学生运动会上荣获男女总分第六名的好成绩（农业部直属18所院，名列第二名），为我院争得了荣誉。特别是吴新华同学参加女子长跑，在离终点15 m处跌倒了，硬是爬到终点并获第7名。她的这种不怕艰苦、勇于拼搏的精神和行为受到大会主席团和全体运动员、观众的称赞和好评。让我代表院领导和全院教职员工向体育代表队表示祝贺和感谢！向吴新华同学表示祝贺和敬意！

二、认真贯彻《教师法》，全力维护教师合法权益，全面提高教师素质

去年全国人大第八届四次会议通过了《教师法》，并确定从今年1月1日起施行。这是我国教育史上第一部专门为教师制定的法律。它的实施，对维护教师合法权益，提高教师的社会地位和待遇，加强教师队伍建设，都具有历史性重大意义。这必将推动全社会形成尊师重教的良好风尚。《教师法》的诞生不仅是教师的一件大事，也是全社会的一件大事。改革开放15年来，党中央、国务院非常重视教育和教师工作，采取了一系列措施，发布了《关于教育体制改革的决定》，颁布了《中华人民共和国学位条例》《中华人民共和国义务教育法》，设立了教师节，最近又颁布了《教师法》，并相应制定《教师资格条例》《教师职务条例》《教师聘任暂行规定》等配套法规。邓小平同

志指出："一个学校能不能为社会主义建设培养合格人才，培养德智体全面发展、有社会主义觉悟的有文化的劳动者，关键在教师。"在造就千百万社会主义现代化建设人才的伟大事业中，教师肩负着特殊的使命。

我们一定要认真学习、大力宣传、切实贯彻落实《教师法》，采取一系列有力措施，稳定教师队伍，加强教师队伍建设，全力维护教师合法权益，提高教师在学校中的地位和各项待遇，提高教师的全面素质。坚决做到：凡是《教师法》规定的，就不折不扣地执行；不符合《教师法》的，就坚决制止；对违反《教师法》的要依法处理，坚决维护法律的尊严。下一步，我们拟在原有工作基础上，修订教学人员校内岗位津贴施行办法，适当提高津贴额，使津贴与工作数量和质量更好地挂起钩来；继续设法改善教职工住房，完善向教师倾斜的政策；继续加强师资队伍建设工作，认真做好师资规划，积极引进人才，优化队伍结构，调整和精减人员，提高师生比例和办学的社会效益；进一步建立和完善教师的考核、聘任、晋升、奖惩制度，迅速提高师资队伍素质。

我院已拥有300余名的教师队伍，长期以来他们在比较清苦的条件下，兢兢业业，呕心沥血，无私奉献，教书育人，为祖国的教育事业和大连水产学院的建设、发展做出了重大贡献。事实证明，这是一支可以信赖和值得敬佩的队伍。但是，随着社会主义市场经济体制的建立和发育，特别是教育教学改革和发展，以及我院的改革、建设和发展，对我们广大教师的全面素质提出了新的更高的要求。在新的形势和任务面前，我们教师必须不断提高自己的政治思想素质和业务能力。要认真学习邓小平同志有中国特色的社会主义理论和党的各项方针、政策，努力提高理论素质和政治水平；要认真贯彻国家的教育方针，忠诚人民的教育事业；努力学习和刻苦钻研业务，不断提高教育教学业务水平；要关心、爱护学生，教书育人，为人师表，促进学生德智体全面发展。真正担负起为国家培养社会主义现代化建设者和接班人的神圣使命，不愧"人类灵魂工程师"的光荣称号。

三、贯彻全国教育工作会议精神，进一步深化教育教学改革

中共中央和国务院于今年6月在北京召开了全国教育工作会议。这是一次进一步落实教育优先发展的战略，动员全党全社会认真实施《中国教育改革和发展纲要》，促进教育教学改革和发展的重要会议。会议要求各级各类学校都要全面贯彻党的教育方针，坚持社会主义办学方向，努力培养德智体全面发展的"四有"新人；教育要与生产劳动相结合；深化教育改革，使我们的教育结构和教育体制适应社会主义市场经济发展和社会全面进步的要求；

高等教育要走内涵发展为主的道路，使规模更加适当，到2000年本科院校的平均规模达到3 500人以上；全国高校专科和本科生比例大致为7∶3；通过教育教学改革，进一步提高教育质量和办学效益，本科教育的重点应放在提高质量上，硕士生和博士生的培养基本上要立足于国内；要重视培养社会主义建设急需的高层次应用型和复合型人才，研究制定各级各类学校的基本办学条件标准和质量标准，建立和完善教育监测评估和督导制度，加强教育发展的统筹规划，合理调整教育结构和布局，加快办学体制改革，普通高等学校实行以政府办学为主，积极发展多种形式的联合办学；深化高等教育体制改革，建立政府宏观管理、学校面向社会自主办学的体制，高等教育逐步实行中央和省两级管理、以省政府为主的体制，1997年条件成熟的学校进入新体制运行，2000年或稍长一点时间基本形成以省级政府为主办学与管理的条块结合的新体制的框架；改变目前高校封闭办学的状况，提倡校与校之间有条件的教师相互兼课，充分发挥图书仪器设备的作用；积极推进高校招生收费改革和毕业生就业制度的改革，逐步实行学生缴费上学，大多数毕业生自主择业的制度，1997年大多数学校按新制度运作，2000年基本实现新旧体制转轨；要加强和改进学校德育工作，抵制市场活动的消极影响，进行爱国主义教育；要进一步转变教育思想，改革教学内容和教学方法，克服学校教育不同程度存在的脱离经济建设和社会发展需要的现象；高等学校要重点发展应用性学科和专业，要重视培养农村和乡镇企业需要的各种人才，要合理调整系科和专业设置，拓宽专业面，优化课程结构，改革课程内容和教学方法，加强教材建设，注重素质和能力培养，逐步实行学分制，建立合理的淘汰制和优秀学生奖励等教育教学制度，大面积提高教育质量。

根据上述全国教育工作会议和纲要精神，我们将要进一步修订我院教育教学改革实施方案，为扩大招生规模和提高办学效益积极争取条件，扩大校园用地，多途径争取经费来源，改善办学条件；进一步开展教学改革，加强教学基本建设工作，大力提高教学质量；在总结“八五”计划的基础上，认真做好我院教育事业“九五”发展规划的准备工作；在学生和青年教工中积极开展爱国主义教育活动，广泛宣传《爱国主义教育实施纲要》，切实加强和改进德育工作。

本学期要开展“三育人”先进个人经验交流会，评选确定学术骨干，制定学术带头人和学术骨干职责条例，制定重点学科规划，召开科技工作会议，搞好职称评审工作，继续抓好校办产业工作，深入开展人事制度、分配制度、后勤管理制度改革。

各位老师、同志们、同学们！

让我们通过热烈庆祝第十个教师节的系列活动，切实贯彻《教师法》《中国教育改革和发展纲要》、全国教育工作会议精神，振奋精神，克服困难，深化改革，真抓实干，开拓前进！

三、专题总结（论文）集锦

大连水产学院赴日本考察工作总结报告

（1987年12月）

应日本下关水产大学校的邀请，由大连水产学院刘焕亮、吴进才、何志辉和史为良4人组成的水产高等教育和水产养殖考察团，于1987年8月24日至9月13日赴日本进行为期21天的考察。由于青山恒雄校长对考察内容及具体行程做了科学筹划，考察工作进展顺利，效率较高。我们先后考察、参观访问长崎大学水产学部、下关水产大学校、广岛大学生物生产学部、京都大学农学部水产学科、东京大学农学部水产学科、东京水产大学和北海道大学水产学部等7所水产高等学校，农林省水产厅水产养殖研究所、北海道水产研究所和长崎县水产试验场养殖研究所等3个研究所，山口县外海栽培渔业中心和爱知县栽培渔业中心等2个省级渔业栽培中心，山口县外海水产试验场、滋贺县水产试验场和茨城县内水面水产试验场等3个水产试验场，仙崎渔业协同组合柴津浦养殖场、丰桥养鳗场和北海道娃娃鱼孵化放流场等3个养鱼孵化放流场，以及琵琶湖和霞浦湖2个大湖的增养殖设施，共计20个单位，还参观了下关水族馆、东京鱼市场和御本木珍珠岛。日方的接待是友好热情的，所到之处都洋溢着友好气氛，所到单位的校长、学部长、所长、场长等领导和有关人员热情接待并设便宴欢迎。日本农林省水产厅和福山市市长接见了考察团全体成员，并赠送了纪念品。在日本考察期间先后接触近百名教授、专家和管理人员，收集到大批水产高等教育和科研管理资料，以及水产鱼类方面的图书和有关科研论文。总之，我们按期顺利完成了考察计划，达到了预期目的，收获是很大的。

一、主要收获

（一）日本水产高等教育现状

通过对日本7所水产大学的实际参观访问，基本上了解了日本水产高校目前的办学条件、教学机构设置和管理现状及其水平。

1. 简况、办学层次和规模

日本水产教育历史悠久，自1910年东京大学农学部设水产学科以来，高等水产教育已有近80年的历史。目前，日本设有水产学科的高等学校约18所，其中东京水产大学和下关水产大学校是2所单科水产高校，北海道大学、长崎大学、三重大学、鹿儿岛大学和北里大学等5所综合性大学设水产学部，东京大学、京都大学、广岛大学等11所综合性大学农学部设水产学科。

日本水产高等教育的层次基本上和世界其他国家相似，除本专科生外，还有硕士和博士研究生，与我国高校不同的是还有专攻科。本科毕业生为了进一步加深掌握某门技术，进入专攻科学习1年，毕业后可以独立承担某项专业技术工作，例如航海、船舶驾驶等专攻科。本科学制一般4年，医科5年，硕士研究生2年，博士3年。我们考察的7所学校，办学层次不同，其中东京大学、京都大学和广岛大学水产学科以及东京水产大学、北海道大学水产学部的办学层次高，都有博士学位授予权，长崎大学水产学部有硕士授予权，下关水产大学校目前仅招收本科生和专攻科。

日本水产高校的规模不大。其中单科性水产大学在校生708～1 240人，水产学部为231～449人，水产学科仅几十人；但研究生的比例较大，如东京大学水产学科的研究生与本科生的比例为1：1.33。

2. 教职工定编和结构

7所水产高校的教职工定编和结构，与我国普通高等农业院校相比，编制少，各类人员比例差异很大，具有下列几个特点：

第一，教师占教职工总数和高级职称占教师总数的比例高，分别为46.6%和67.8%（教授34.9%，副教授32.9%），不仅比我国高得多（43.6%和15%～35%），而且比美国4年制大学的教授（25%～37%）和副教授（25.9%～27.5%）的比例还高一些。本科生和研究生总数与教师总数的比值为（4.8：1～9.5：1），除长崎大学水产学部为4.8：1而低于我国（1987年）定额比例（6：1）外，其他6所院校都超过6：1，即1名教师教6名学生。

日本高校教师职称层次分类和世界各国相似，即分为教授、副教授（助教授）、讲师和助教（助手），但通常讲师编制很少或缺额，约占教师总数7.7%。教师的选定、聘任和晋升由教授会研究决定。教师退休年龄一般为60岁，少数学校教授的退休年龄延长到63岁或65岁。

他们的教师业务能力较强，学术水平较高。每位教师承担几门课的教学任务，同时开展科研活动，助教也参加科研活动，有的独立承担科研任务。教师的科研方向较明确且稳定，加上设备条件好等综合因素，所以科研成果多，水平也较高。

第二，干部编制少，占教职工总数24.1%（20.2%～30.9%），比我国（39.3.%）低，各级各类干部的业务素质好，能力较强，办事效率高。

第三，工人仅占教职工总数3.45%（1.8%～6.9%），低于我国的规定（16.3%）。后勤工人绝大多数是临时工，不占编制。

第四，校内实习船员（教官和普通船员）多，占教职工总数的25.8%（17.6%～33.5%），其中教授、副教授和助教、职务船员等各类人员结构合理，可以独立完成实践教学和科研、调查等项工作任务。

3. 教学机构设置和特点

7所高校本科生的系和专业设置比我国少，而研究生的学科比我国多。综合性大学设的水产学部和水产学专业以及单科水产大学设的系和专业基本上是根据渔业生产和管理部门的分工而设置的，即海洋渔业学、水产增养殖学、水产食品学、资源管理学、轮机学等5～6个专业。而我国水产高校则设有渔业生产、管理和与渔业生产有关的2种类型专业，多达13个专业。日本水产高校研究生的学科包括渔业学、水产增殖学、水产食品学、水产化学、资源管理学、水产生物、水产微生物、水产物理学等8个学科。我国水产类研究生仅有水产养殖、海洋捕捞和水产品加工等3个学科。

日本高校普遍设有讲座，相当于我国的教研室，是按学科划分的。每个专业必须要有4个以上讲座，每个讲座开设相近的3～13门课程（平均6门左右）。讲座的设置是相对稳定的，每个讲座的人员编制也是固定的，每个教师有明确的职责和任务。

4. 办学基本条件

办学基本条件除师资队伍外，包括占地和建筑面积、经费、实验室、图书馆、校办教学基地、实习船、体育和生活设施等。

（1）校园面积、建筑面积和经费。

东京水产大学等4所水产高校平均每生的占地面积（68 m^2）和建筑面积（38 m^2）超过我国普通高校标准，每生每年平均经费高达2.86万～6.64万人民币，为我国水产高校（0.16万～0.18万元）的18～41.5倍。

（2）实验室。

7所水产大学的实验室种类齐全，设备完善、先进，能够很好地满足教学和科研的需要。每所大学都有一批公共大型中心实验室，例如，电子计算机中心实验室、电子显微镜、同位素、动和静水槽、水族环境调节设施（养鱼生态设施）、废水处理设施等大型实验设备。另外，各专业都设有专用实验室。

（3）校内实习场（厂）和实习船。

每所大学根据各专业实践教学和科研工作需要，都设有各种类型的实习场（厂）和实习船，在一般情况下可以满足本科生、研究生和专攻生的教学实习、生产实习、毕业实习（论文或设计）和某些调查及科研工作的需要。例如，各校的水产增养殖专业都设有临海和临湖实验场多处，每个实验场都设有各种养殖对象（鱼、虾、贝、藻等）的苗种繁殖和饲养设施以及师生生活设施和实验室。各种设备基本上达到自动化或半自动化的先进水平。

各校都有2～4艘实习船，吨位分别为1 000～2 000 t、600～900 t、30～200 t等3～4种规格，以适应海洋渔业专业远洋实习、资源调查和近海教学实习以及其他专业的各科调查和科研工作的需要。实习船的导航、探测、捕捞和生物学、化学、水文学测试设备都很先进，并配备教授等各种职称的教学和各种实践工作人员。学生在校期间的各种实习都可以在校内自行解决。

（4）图书资料。

图书资料是办大学的重要条件之一。几所水产大学的图书馆藏书册数和杂志种类多，内容组成合理，充分体现出水产教育和研究中心的特色。东京水产大学图书馆藏书21万余册，杂志达4 485种之多；北海道大学水产学部藏书10.7万册，杂志2 822种。特别是与水产学科有关的国内外期刊种类多而全，对提高教学质量和开展科学研究工作都具有重要作用。我国水产院校的图书资料条件远不如日本水产高校好，大连水产学院图书馆现行期刊仅556种，其中外文期刊151种，而东京水产大学和北海道大学水产学部的外文杂志分别达1 630种和941种。

（5）体育和生活设施。

几所水产大学的体育和生活设施也很好，标准都较高，一般都有标准型400 m跑道运动场、网球场和风雨操场及室内外游泳池等设施。同时，也设有学生宿舍和食堂。这些条件保证了师生文体和日常生活需要。

5. 教学计划特点

每所水产大学和学部都有一套完整的教学和管理方面的规定，学生入学后人手一册。教学计划相对稳定，学生在校期间各方面活动都有章可循。

日本水产高校普遍采用限制性学分制，即将每个专业的课程分若干类，在每类课程中确定少数几门课为必修课，多数课程由学生选修，并明确规定在每类课中选修的学分和在校期间必须完成总学分。这种学分制既给学生在选课上有较大的主动权，又防止学生根据爱好过多随意选修与本专业关系不大的课程，造成知识结构不合理，而影响培养规格。

日本大学本科生在1～2年级期间不分专业，学习人文科学、社会科学、外语、体育和数理、生物等公共课和基础课，3年级按专业进行教学。各校各专业的必修总分为131～166，平均146学分。每个专业选修课门数多达70～154门，必修课占总学分比例较低（21.4%～35.0%，东京水产大学）。外语课比重和我国水产院校相似，占总学分7.2%～10.6%。人文和社科课程学分占总学分10.4%～30.3%，普遍高于我国水产高校。基础课学分占总学分比例为22.1%～32.9%，与我国水产高校相似，而专业课比重普遍比我国水产高校高。

日本水产高校实验课单独设课，分量较我国水产高校大，占总学分7%～12%。实习时间较长，如海洋渔业方面的专业实习学分占总学分15%～16.2%。毕业论文的时间也较长，一般为1学年（4年级），而我国水产高校通常为半学年（12～16周）。

6. 学生的能力培养

日本水产高校重视对学生的能力培养，采取一系列措施有针对性地培养学生的思维能力、动手能力等综合能力。因此，毕业生都具有较强的独立分析问题和解决问题的能力。他们对学生的能力培养主要采取下列几项措施：

（1）重视实验室、实验场（厂）和实习船等实践性教学基本条件的建设和师资队伍的培养工作，为加强学生能力培养提供必要的物质条件。

（2）学习方法灵活，着眼于调动学生的主观能动性，培养独立获取知识的能力。教师讲课没有固定的教材，通常指定1～2本参考书，授课前提出参考文献目录，让学生按照一定范围和方向大量阅读资料，教师在课堂上讲授基本概念、基本原理和基本方法，定期进行专题讨论，要求学生写发言提纲和学习报告，教师针对需要加深理解的问题向学生提问，以培养学生自学能力、分析问题和写作能力。

（3）实验内容独立设课，实验室对学生开放。高年级学生参加低年级实验准备工作并承担部分内容的指导工作，放手让学生自己进行实验，以培养学生动手能力和分析问题能力。

（4）毕业论文时间较长，一般为1个学年，教师只做原则性指导，学生自己制订计划、方案，进行实验测试和撰写论文，以培养学生运用理论解决实际问题和探索创新能力。

7. 研究生培养概况

日本设有水产硕士学位和水产博士学位（我国无水产学位）。硕士学制2年，不得超过4年；博士 3年，不得超过6年。

硕士生的入学资格是本科毕业生，通过严格考试，考试科目通常为1门数学，2门外语，2～3门专业基础课。硕士课程分2部分，第一年主要选修30学分的课程（包括实习和实验），第二年主要从事科学研究和撰写硕士论文。

硕士论文题目通常是导师科研方向的组成部分，论文约100页，硕士论文并不要求公开发表，但要由专家审阅写出评语，然后，在学科教授会上进行审查（或答辩），并进行最终考试和表决。

博士生入学资格为硕士学位者或具有同等学力者，学习方法和培养方法与硕士生不同，多数学校无特定的学习课程。博士生全部精力集中进行创造性科学研究，撰写博士论文。博士论文的工作量相当于硕士论文的3～4倍。在内容上要比硕士论文深得多，必须具有独创的见解和理论。博士论文答辩前要求博士生公开发表1～3篇有水平的论文。一些重点大学还要求在国外刊物上发表论文，以听取学术界的评价。

（二）日本水产科学研究概况

1. 水产科研机构

日本的水产科研机构由水产厅的直属研究所、试验场（国立），都、道、府、县的水产试验场、研究所（公立），民间企业的实验研究部门（民营），以及大学的研究部门所组成。国立的水产研究机构面向全国，进行应用基础理论和技术开发研究；都道府县的水产研究机构根据地方特点，开展应用技术的实验研究，同时也承担国家下达的技术开发应用理论研究；民间的研究侧重于技术革新及推广应用；大学则负有提高水产学科基础理论的任务。他们之间既有分工，又有互相配合，形成了完整的水产科技网。

水产厅领导的9个水产研究所，按海区和专业划分如下：① 北海道区水产研究所，② 东北海区水产研究所，③ 东海区水产研究所，④ 南西海区水产研究所，⑤ 西海区水产研究所，⑥ 日本海区水产研究所，⑦ 海洋水产研究所，⑧ 养殖研究所，⑨ 水产工学研究所。

各研究所除设行政和后勤部门外，均按专业设部（相当于我国的研究室）。7个海区所一般均设有资源部、海洋部和增殖部。南西海区水产研究所将资源部分为内海资源部和外海资源部，另设赤潮学部。西海区和日本海区所将增殖部改称浅海开发部。东海区水产研究所未设增殖部，但另设有数理统计部、陆水部、利用部、保藏部、生物化学部、水质部和放射能部。远洋水产研究所将资源部分为北洋资源部、浮鱼资源部和底鱼资源部。

养殖研究所设有遗传育种部、繁殖生理部、营养代谢部、环境管理部和病理部，水产工学研究所设有水产土木工学部、渔船工学部和渔业生产工学部。

每个部设有若干个研究室，各海区所均有1艘或几艘调查船。此外，还设有分所。

我们重点访问的养殖研究所，主要从事鱼类增养殖方面的应用理论研究工作，学术水平较高，能够代表日本水产应用理论研究方面的水平。该所目前研究的主要内容有：① 淡水主要增养殖鱼类的选种、杂交、细胞工程技术和方法，以培养优良鱼类品种；② 鱼、虾、贝类的性成熟、产卵、发生以及苗种培育技术，包括生殖生理和内分泌机制，仔鱼和稚鱼的生理变化等；③ 增养殖鱼类的营养生理、对各种营养的要求、饵料的配方和制造，以及代谢生理等；④ 淡水增养殖水域的水质、水文、底质、饵料生物状况等以及对环境的管理和控制；⑤ 鱼虾类病理、药理和疾病防治技术，以及免疫学研究。

9个国家所的定员人数在62～173人，以东海区水产研究所最多，日本海区所和水产工学研究所较少，仅62人。各所直接从事科技工作的人员为32～101人，占定员数的40%～77%，行政和后勤人员9～36人，仅占定员数10%～25%。

各所的实验手段都很现代化，各专业实验室仪器设备完善，设有自动监测记录和分析仪器，并设有各种实验水槽，一般都可自动供水、调温和充气。可模拟观察鱼类和其他水生生物的生态活动。

日本各都道府县的地方级水产试验场有80余个，它们除侧重完成本身的实验研究外，都负有提供地方水产养殖使用的优良苗种，指导群众开展养鱼生产和鱼病防治等工作。例如，滋贺县水产试验场是以研究琵琶湖的香鱼增殖、淡水育珠、小湖资源开发为重点；茨城县内水面水产试验场主要研究霞浦湖的渔业资源和增殖以及网箱养鲤；长野县水产试验场以研究流水养鱼和池沼公鱼的增殖为重点。地方水产试验场人员较少，一般为20～30人，科技人员占80%～90%。管理人员身兼数职，研究人员都承担2个以上的实验项目。例如，茨城县内水面水产试验场定员22人，下设4个部：总务部3人，养殖部10人，资源部4人，环境部4人。总务部3人承担业务管理、人事、后勤，生活服务、财务等全部行政事务工作。

总之，日本水产研究机构有下列几个特点：① 人员精悍，工作效率高；② 科研面向生产，为生产服务；③ 设备等实验手段先进，机械化和自动化程度高。因此，科研成果和社会效益特别显著。

2. 日本水产高校的科研简况

各水产院校都附设研究机构，包括研究所、试验场、实验所、实习场等。例如，东京大学设海洋研究所，其中16个研究室中有6个研究室与水产学科有关；北海道大学水产学部附设1个研究所和2个实验所；东京水产大学设有4个实验场。此外，许多综合性大学理学部也常开展水产基础理论研究。

日本水产高校十分重视科学研究，他们考核教学质量主要看教学内容能否反映本学科发展的前沿。教师广泛开展科研工作，及时把自己的科研成果用于教学。因此，他们的科研和教学是完全统一的。教师水平高低完全以论文和著作衡量。讲师没有论文和科技成果就评不上副教授，教授几年内无论文发表就要被解聘。

水产高校研究课题以基础理论和应用基础理论为主。例如，京都大学农学部附属水产实验所的研究课题包括鱼类的形态、机能和分类，产卵场和仔稚鱼栖息场所的生态学研究，海洋浮游性鱼卵和仔鱼的空间分布，等等。

3. 科研人员和研究方向

日本专业研究所和水产高校科技人员的学历较高，许多人有博士学位，出国进行学术交流的机会较多，但是，科技人员竞争激烈，有利于促进科技水平的迅速提高。科技人员的英语水平较高，可以进行学术交流；基础理论和实验技能以及创造能力都较好，都能独立开展科研工作，科研周期短，成果多。

水产厅直属9个研究所共有科研人员415人，其中从事资源学占31%，增殖26.5%，海洋13%，加工8%，环保5%，水产土木4%，渔船工程3.5%，渔业生产2%，其他（包括所长）7%。也就是说从事资源、增殖和海洋方面的人员占70%以上，各地方级试验场中从事资源、环境、增养殖方面的科研人员也占很大比例。可见，这三方面是日本水产科研的重点。

（三）日本鱼类养殖业概况

日本是世界上渔业最发达的国家，1984年水产品产量达1 279.3万吨，居世界第一，渔业产值为农业总产值30%，渔业在日本国民经济中占有十分重要的地位。日本人民生活需要的动物蛋白来源，水产品占50%以上。

日本是一个群岛国家，北海道是世界著名的三大渔场之一。所以，日本渔业以海洋渔业为主，产量约占总产量的98.4%，淡水渔业虽占总产量的1.6%左右，但产值占6%左右。1984年淡水渔业产量为20.6万吨，其中养殖产量为9.9万吨。

日本海淡水鱼类的增养殖条件优越，海岸线长而多弯曲，适合港湾和网箱养鱼。年降雨量大，平均1 000～1 700 mm，淡水充沛，河流多达100多条，100 km以上有37条，最长的河流信浓川全长367 km。因河流直接通海，洄游性鱼类多，特别是鲑鳟鱼经过人工放流鱼种后，产量极为可观。日本有淡水湖泊34个，计39万亩，其中琵琶湖最大，达101万亩，霞浦湖25.8万亩，诹访湖近2万亩，是发展增养殖渔业的良好场所。已建成水库383座，93.6万亩，可采用增养殖资源和流水养鱼，发展淡水养鱼事业。流水养鱼和网箱养鱼是当今日本鱼类养殖业的核心，占主导地位。流水半流水养鱼池塘达1万余亩，产量占淡水养殖总产70%。网箱养鱼发展迅速，海水网箱养鱼规模很大，主要养殖鰤鱼、真鲷、牙鲆等鱼类。淡水网箱养殖500多亩，主要集中在霞浦湖、琵琶湖和诹访湖。北海道洞爷湖等也开展网箱养鱼，产量很高。另外，日本的鲑鳟鱼放流事业发达，经济效益和社会效益都很高。日本目前主要淡水养殖对象是鲤、鲑鳟、鳗、香鱼、尼罗罗非鱼、鲫和泥鳅等，其中鳗占9.7%，鲤26.7%，鲑鳟21.3%，香鱼8.25%，尼罗罗非鱼3.2%。以上5种鱼占淡水养殖产量的98.8%。

日本在20世纪50年代已从我国引入鲢、鳙、草鱼，最近引入团头鲂。由于日本人不喜欢吃这几种鱼，市场价格低，故这类养殖业一直没有发展起来。随着农业排水、网箱养鱼引起水域富营养化，水质过度肥沃，养殖鲢、鳙等滤食鱼类可以净化水质，近年来水产科技界也有人提出重新评定鲢、鳙的养殖问题。

1. 日本的鱼类放流事业

（1）鲑鳟放流增殖。日本鲑鳟鱼放流事业主要在北海道地区，占全日本的70%左右。目前，日本全国放流鲑鳟数已达15亿尾，孵化场225个放流的鲑鱼以大麻哈鱼为主，驼背大麻哈鱼也占较大比重，重点发展的是味美的红大麻哈鱼和马苏大麻哈鱼。回归率一般达0.3%，高者可达10%。1985年总回归数为4 838.7万尾（16.5万吨），其中北海道回归数是3 101.2万尾，回归率为

2.9‰，本州北部回归1 737.2万尾，回归率2.4‰。

（2）香鱼的放流。日本通海河流多产香鱼，琵琶湖还产陆封香鱼。香鱼一年生，体不大，但肉味美，日本人很喜欢吃，因此价格较高（比鲤高1倍以上）。最近几年不仅琵琶湖可以大量人工繁殖香鱼苗种，而且本州、九州等多处实验研究机构人工繁殖香鱼苗已成功，因此，人工放流香鱼苗种达几亿尾，取得可观的社会效益。

2. 鱼类苗种生产现状

除河鳗和鰤等人工养殖的苗种还依靠天然采苗外，已有93种养殖对象可以人工繁殖鱼种。其中生产较多的是大麻哈鱼、真鲷、牙鲆、香鱼等。另外，日本还从国外引进苏联产欧洲鳇、小鳞鲟、裸腹鲟，美国产匙吻白鲟、几种白鲑、胭脂鱼、大口黑鲈、蓝鳃太阳鱼、西鲱，我国产鲢、鳙、草鱼、团头鲂，美洲产的沟鲇，非洲尼罗罗非鱼，等等。

人工繁殖鱼苗和鱼种培育设施先进，技术水平较高，繁殖效率和成活率都较高。目前，还广泛开展遗传育种工作，取得明显效果。例如罗非鱼、泥鳅、牙鲆等单性育种，尼罗罗非鱼、虹鳟、牙鲆和香鱼三倍体育种，鲤、鲫和泥鳅雌核发育育种等都取得成功，有的已开始应用于生产。

3. 网箱养鱼概况

日本淡水网箱养鱼始于1951年，1964年水产厅把网箱养鱼作为发展内陆养鱼的重要途径之一。目前，日本90%的县已从事网箱养鲤业，其中发展较快的是霞浦湖，1982年达8 640 t。后来，由于产量过剩，鱼价下跌（350～400日元/千克），1983年霞浦湖网箱养鲤的个体户减少24%。由于网箱养鲤对水质污染严重，政府采取限制产量（每箱产量为5 t）和投喂低蛋白质饵料等措施，致使网箱养鲤业发展缓慢，目前年产量约1万吨。

二、体会和建议

（一）体会

认真做好出国考察前的准备工作是顺利开展考察工作、提高考察工作效率、顺利完成考察任务的前提条件。

出国考察前的准备工作内容包括：① 收集了解日本水产高等教育和水产鱼类养殖资料，了解有关方面的现状，结合我国实际情况分析研究确定出国考察的主要地区、单位和内容，明确考察目的任务；② 研究确定对方邀请单位，并将出国考察计划函告对方，详细介绍考察团成员的具体情况，反复联系修改考察计划，包括考察单位、日期和主要内容等；③ 详细了解被考察单位的特点、优势和主要科研技术人员的特长、科研及教学工作情况，写好考察提纲；④ 准备好赠送对方的各种资料、论文和礼物等。

我们这次赴日本考察前的准备工作比较充分，半年前与下关水产大学校联系，并以通信形式往返4次商讨研究修改考察计划。因此，这次赴日考察工作进展顺利，时间安排较紧凑，提高了参观访问效率，圆满完成考察任务，达到预期目的。

（二）几点建议

1. 适当增加我国水产高校办学经费，以加快办学基础条件的建设

中共十三大报告指出："从根本上说，科技的发展，经济的振兴，乃至整个社会的进步，都取决于劳动者素质的提高和大量合格人才的培养。百年大计，教育为本。必须坚持把发展教育事业放在突出的战略位置，加强智力开发。"自十一届三中全会以来，我国的水产高等教育事业与其他高校一样都有很大发展，教育经费逐年有所增加。实验仪器设备等办学基本条件逐渐完善。但是，由于我国水产高校与其他高校相比，底子薄，办学基本条件差，与日本水产高校（如上所述）相比距离就更大一些。因此，经费不足、设备条件短缺是影响水产高校毕业生质量的重要因素。以大连水产学院为例，除个别专业外，多数专业缺少必要的实验室及其设备。海洋渔业专业无实习船，水产养殖专业的实习场长期无力修建，图书馆仅1 200 m^2，缺少标准运动场等必要的办学基本条件。建议上级领导给予研究，争取尽快增加教育事业费和基建费，加速办学条件的建设速度。

赴日考察使我们感触很深的是，日本每所水产院校都有多种规格的实习船。船上配有各类技术人员，船员编制占学校总人数高达25.8%，可以满足海渔专业生产实习和有关专业的科研等工作的需要。我国水产高校应有1 000 t和200 t 2种吨位实习船，船上应配备教授、副教授等多种规格的技术人员，普通船员编制也应有明确规定。

2. 适当调整水产类专业和增加硕士研究生学科（专业）数目

日本水产高校的本科专业较少，一般不超过6个，其主体专业是海洋渔业、水产增殖和水产食品等。最近几年，各校多次进行专业调整，例如，东京水产大学1987年将渔业生产学、渔业生产工学和海洋环境工学等3个专业合并为海洋生产学专业，资源增殖学和水产养殖学专业合并为资源育成学专业，食品生产化学和食品工学专业合并为食品生产学专业，增设资源管理学专业，即由过去的7个专业调整为4个专业。专业改革的方向是拓宽专业面和

突出资源管理，以适应社会对水产人才的需要。

根据日本水产高校专业改革内容和趋势以及研究生学科的设置情况，我国本科专业从适应社会对综合人才的要求来看，应适当合并现有相近专业，如海、淡水养殖专业合并为水产增养殖专业，海洋捕捞和水产资源专业合并为海洋生产学专业。目前，我国硕士研究生的二级学科只有海洋捕捞、水产养殖和水产品加工等3个学科，学科范围划分过宽。综合日本水产高校研究生学科设置情况，建议将水产界硕士研究生专业目录修订为鱼类增养殖、藻类增养殖、水产无脊椎动物增养殖、渔业资源与管理、海洋渔业和水产食品生产学等6个学科。

3. 提高水产高校教师队伍高级职称比例，以压缩编制，提高教学质量

如上所述，日本水产高校的教师队伍，副教授以上占68.7%，学术水平和教学水平都较高，教师编制少，但工作效率高。我国水产高校师资队伍由于历史等多种因素导致其年龄、知识和职称结构很不合理，学历偏低。特别是高级职称比例过低，通常为20%左右，今后应注意师资队伍的建设工作，坚持从研究生中选留教师，缩小编制，严格坚持标准晋升职称，有计划提高高级职称比例，逐渐达到40%～50%，严格执行教师职务规范。只有这样坚持下去，才能迅速提高师资素质，也才能谈到既缩小编制，又提高教学质量。

4. 积极稳妥开展鲑鳟鱼人工放流工作

日本大量开展鲑鳟鱼人工放流工作，在北海道和本州北部地区回归率较高，经济效益极显著，技术水平高，经验丰富。我国东北和华北沿海地区具有鲑鳟鱼溯河产卵的条件，并且开展了人工放流工作。

但是，我国的天然条件（海洋和内陆河流）与日本相比，有一定差异，为了有效开展鲑鳟人工增殖工作，应该对日本有关工作和自然条件进行系统深入考察研究，以便有比较分析，制订切实可行的方案。目前，关键问题是提高科学性，减少盲目性。

5. 有针对性地加快发展我国海水鱼类养殖事业

日本已广泛进行海水鱼类增养殖事业，经济效益和社会效益明显。目前，在全国普遍推广真鲷、黑鲷、牙鲆、梭子蟹、车虾等优良海水鱼类和虾、蟹类的人工繁殖及其人工放流工作，从生物学技术到各种成套设施都很成形，生产效率很高。我国近几年已开展了有关方面的实验研究工作，但速度慢，成效也不大。建议按地区有针对性地派人去日本深入系统学习其先进技术，必要时应引进些先进设备，尽快把几种优良海水鱼（鲷、鲆等）养起来。

6. 进一步发挥水产高校的科研优势，更好为渔业现代化建设服务

日本未设国家科学院，重大的基础理论研究都由高等院校承担，调动了高校的积极性，充分发挥了高校人才和设备等方面的优势。这样既培养了高校的师资和技术人员，又提高了教学质量。我国近几年来，国家逐渐重视了高等院校在经济建设方面的作用，提倡学校面向生产建设开展科技活动。水产院校承担国家级和部（省）级科研项目也有所增加，不仅出了一批好成果，而且加速了高校师资队伍的建设速度，教学质量有了明显的提高。

我国水产高校与其他类型高校一样，学校内部的学科多而全，科技人才的层次也多而全，科研力量雄厚，不仅有宏大的师资队伍，而且每年都有一批本科毕业生以及一定数量的研究生，他们是科研工作的生力军。同时，高校的实验设备与科研单位相比，还要全一些，有的也先进一些。因此，水产高校可以独立承担一些较大型的科研项目，特别是可以多承担一些基础理论和应用理论科研项目。这样就可以比较好地发挥高校庞大的基础课和专业基础课的师资力量，为渔业经济建设服务，促使水产高校多出人才，多出成果，出好成果。

附件：1. 日本水产高校办学条件、教学机构和管理概况及其分析（略）

2. 日本水产科学研究概况（略）

3. 日本鱼类增养殖亚概况（略）

渔业科技扶贫，实行教学、科研、生产三结合，为渔农脱贫致富做贡献

（1992年4月）

根据国家教委关于“农业院校都应帮助农村发展经济，引入技术，培养人才”和农业部关于部属院校要开展科技扶贫工作的指示精神，我院自1986年8月派出由院领导和正副教授组成的考察团，赴山西省代县、沁县和武乡县等6个贫困县进行了考察，选定沁县为我院渔业科技扶贫重点县，1987～1989年正式对该县淡水渔业开展科技扶贫工作。1989年10月8～9日有关专家赴现场进行了验收鉴定，验收鉴定委员会认为：大连水产学院和省、市、县水利水产部门，通过合作，以扶贫为宗旨，以科技为手段，以水养鱼，靠鱼致富，短短3年，靠渔业科技扶贫，走出了一条稳定脱贫的道路；5个扶贫项目在渔业开发的大生产中取得了良好的成果，改变了沁县渔业生产长期低产徘徊、经济效益不高的落后面貌；在资金运行、人才培养、服务体系建设和教育、科研、生产相结合等方面都取得了较好的经验。

一、提高认识，统一思想，明确和端正科技扶贫的指导思想

我院在刚接受科技扶贫工作任务以及在贯彻执行初期，有些同志曾产生一定的为难情绪和不同想法，认为水产院校与农业高校不同，专业面窄，人数少，学科较单一，能够形成的科技扶贫力量弱，通过渔业科技扶贫难于使渔农脱贫致富。有的教师认为，渔业科技扶贫难度大，难于取得重大成果，影响职称晋升。也有的同志认为，贫困地区气候条件和生活条件差，工作艰苦，怕身体吃不消。针对上述情况，院领导组织有关同志学习农业部关于部属高校开展科技扶贫的讲话精神，学习河北农业大学综合开发太行山区的经验，针对上述三方面的认识问题进行广泛讨论，进一步提高了认识，干部、教师统一了思想。大家认为，山西省太行山区沁县是八路军老根据地，在革命战争年代为中国革命事业做出了巨大牺牲和重大贡献，我们通过渔业科技扶贫手段帮助他们脱贫致富，是水产高校义不容辞的一项政治任务，实行教学、科研、生产三结合，教育面向生产实际，是知识分子与工农相结合的好途径。

二、落实组织，多学科协作，选好突破口，实行教学、科研和生产三结合

1. 建立科技扶贫领导小组和技术指导组

为了有效地开展渔业科技扶贫工作，由大连水产学院、山西省水利厅、长治市水利局和沁县联合成立了扶贫领导小组、技术指导组和项目实施组。领导小组负责计划的制定和实施的组织领导工作，技术指导组负责科技扶贫的技术指导工作，实施组由县领导牵头负责项目实施中的行政领导、物资保证和协调工作。

2. 发挥各单位优势，采取多学科联合攻关

大连水产学院养殖系池塘养鱼学、淡水化学、淡水生物学教师和淡水渔业专业应届毕业生，以及山西省水产科学研究所养殖研究室的科技人员，根据扶贫项目的要求联合组成5个课题组，采取多学科协同作战、联合攻关，充分发挥各单位的技术人员优势，提高了渔业科技开发试验效益。技术指导组，由我院池塘养鱼学和淡水化学教师负责育种技术培育和水质测试工作。

3. 深入调查研究，选好渔业科技扶贫突破口

根据沁县发展淡水渔业的需要，组织专家对渔业资源状况和渔业生产现状进行了较深入的调查研究，从合理有效开发渔业资源、提高池塘养鱼产量以及淡水渔业持续发展出发，确定5项内容为3年科技扶贫的主要课题与突破

口：① 沁县城关百亩连片池塘养鱼高产示范试验；② 沁县中小型水库渔业资源调查；③ 中小型水库化肥养鱼半精养试验；④ 建立水产技术推广站和化验室；⑤ 小型水库水草移植试验。这些项目的特点是投资少，见效快，收益大，群众乐意接受。

4. 立足于增强他们的自身发展能力，把培养人才作为重点

沁县渔业发展慢，资源未充分利用，产量低，其主要原因之一是科技人员少，技术水平低，特别是水库职工和养鱼单干户缺乏科学养鱼知识。因此，在扶贫过程中，把普及科学养鱼知识和培养提高水产技术人员（干部、工人、农民等）科学技术水平作为科技扶贫重点，以增强自身的渔业发展能力。

几年来，我们坚持智力开发与资源开发相结合，采取校内外相结合，集中和分散相结合，长短期相结合方式，以短期技术培训为主要形式，举办了池塘养鱼高产技术和水化生物学等3期技术培训班，175人参加学习，收到积极效果。

3年来，我们根据科技扶贫工作的实际需要，把淡水渔业专业的部分毕业论文工作安排在扶贫的科学实验点中进行，使教学与扶贫工作的部分科学实验有机地结合起来，以解决科技扶贫工作技术人员不足和科学数据不完整等问题，并拓宽了毕业论文工作的内容。

三、渔业科技扶贫既是渔农致富之路，又是培养师生实践能力和综合素质的有途效径

1. 渔业科技扶贫是农村养鱼落后地区的致富之路

3年来，我们以扶贫为宗旨，以科技武装渔农为手段，把荒芜的漳河滩变成了“小江南”，以水养鱼，靠鱼致富，走出一条稳定脱贫的道路。通过渔业科技扶贫，为沁县建立了一支130多人的养鱼技术队伍，使119个养鱼户全部富了，有13个专业户成了万元户，全县渔业总产量达27.5万千克，比扶贫前的1986年增长了11.5万千克，单产由151 kg增加到302 kg，其中40亩达到亩产492千克。水库化肥养鱼由亩产4.2 kg达到25.7 kg。全县渔业总收入达150万元，比1986年增加70多万元。渔业科技扶贫验收鉴定组一致认为：沁县渔业科学开发利用是贫困地区人民靠科技进步，因地制宜为发展养鱼事业致富之路，花钱少、见效快，家家户户都能学、都能干、都能富的路，而且长期扎下了富根，具有旺盛的生命力。

3年渔业科技扶贫工作取得3项科研成果，并建立了水产服务体系。“城关百亩连片池塘养鱼高产技术研究”总结了沁县池塘水温变化规律和池塘水质的

基本特点，提出缩短池塘养鱼周期的有效措施和适合沁县池塘养鱼的放养模式，以及提高池塘养鱼单产的可能性，为今后大面积池塘养鱼高产稳产提供了科学依据和技术规范。“沁县中小型水库渔业资源调查”总结了沁县9座中小型水库水文、水化和生物学特点，以及可能鱼产力，提出合理开发水库渔业资源的有效措施，为提高水库鱼产量提供了科学依据和措施。“中小型水库主施化肥养鱼高产技术研究”基本摸清了中小型水库养鱼施化肥的科学方法和鱼类放养模式，为水库养鱼高产开辟了新途径。水产技术推广站和化验室等服务体系的建立，为沁县人民大力发展科学养鱼事业创造了有利条件。验收鉴定组认为，这些成果和实用技术的推广应用，从根本上改变了沁县渔业生产长期低产徘徊、经济效益不高的落后面貌，科技成果达到国内先进水平，可作为科技扶贫成果上报。

2. 渔业科技扶贫加速了教师成长，提高了实践能力和思想素质

通过渔业科技扶贫实践活动，推广教师已取得的科研成果，并把发展养鱼生产需要解决的实际问题作为实验研究课题，使教师获得较丰富的生产和科研第一手资料，掌握生产关键技术和科研技术路线，提高了学术水平及分析问题和解决问题能力，充实和丰富了教学内容。池塘养鱼学和大水面鱼类增养殖学等4门课程教师把扶贫科学实验资料整理成论文并充实了教学内容。

科技扶贫加速了青年教师的成长。青年教师通过参加养鱼生产和科学实验等扶贫实践活动，与生产实践和工农群众相结合，实际工作能力、思想政治素质以及科学技术水平都提高很快。青年教师杨志平连续2年在沁县城关郊区蹲点进行池塘养鱼高产试验示范工作，并负责扶贫项目的日常组织、联系工作，与养鱼群众同吃同住同劳动，一边组织发动群众搞养鱼，一边亲自参加养鱼劳动和开展实验研究工作，吃的是小米和糊糊饭，生活相当艰苦，工作任劳任怨，深受群众欢迎，受到国家教委、农业部和林业部表彰。

3. 渔业科技扶贫培养和提高了学生分析问题、解决问题能力及综合素质

通过渔业科技扶贫实践，青年学生在接触工农群众和参加养鱼生产及资源调查工作过程中，培养了群众观点、劳动观点和辩证唯物主义观点，增强了为祖国“四化”建设的责任感和艰苦奋斗的献身精神，学会全面正确认识自己，因而较全面地提高了思想政治素质。淡水渔业专业1983和1984级部分应届毕业生先后参加沁县池塘养殖、水库渔业资源调查和水库化肥养鱼等扶贫工作，长期在野外开展实践活动，工作和生活条件都极其艰苦，经常吃不好，克服了种种困难，终于很好地完成了扶贫工作任务，受到当地干部和人

民群众的好评。

通过科技扶贫活动，培养和提高了学生独立从事生产、分析问题和解决实际问题能力以及开展科学实验能力，培养了严谨治学作风。部分应届毕业生，把扶贫养鱼和渔业资源开发实验项目作为毕业论文内容，边参加养鱼等劳动，边进行实验研究的观测工作，不仅配合蹲点教师完成扶贫工作任务，而且掌握了生产技能和科学实验方法，培养了独立分析问题和解决实际问题能力。2位安徽籍学员通过渔业科技扶贫工作，深有体会地说："我们带着扶贫任务去外地学习网箱养鱼技术，又通过扶贫实践不仅为沁县人民发展养鱼做出一定贡献，而且使我们得到锻炼，掌握了养鱼生产本领和从事科学实验技能。"

四、几点体会

3年来的渔业科技扶贫实践，使我们认识到：搞好科技扶贫工作必须注意和做到下列五点。

（1）有计划、有步骤开展科技扶贫工作，是高校为社会主义建设服务的重要内容之一，也是教育改革的重要组成部分，是高校的一项政治任务，而不是技术转让和有偿服务。

（2）科技扶贫工作不是单纯的科技推广工作，它牵涉到地方党政领导，物力、财力以及科技人员的多方联合、协作和调配等问题。因此，为了顺利开展科技扶贫工作，必须建立由院校、省、市和县等有关部门和同志联合组成的领导小组和技术指导组。

（3）高校具有多专业、多学科的优势，为了适应一个贫困地区综合经济脱贫致富的需要，应该尽量做到组织多学科、多个专业的力量对贫困地区进行综合科技扶贫工作，其效益会更大一些。

（4）在进行科技扶贫工作过程中，应把注意力集中到培养当地技术人员上，以增强其自身能力为重点，以保证科技扶贫的持续性。

（5）扶贫工作的经费来源，以及科技人员扶贫期间的经济待遇、工作量计算和职称晋升等方面，应当有一个统一的政策。

大连水产学院综合改革总体方案

（1992年6月）

以邓小平同志南行讲话、江泽民同志十四大报告精神为指针，根据《国家教委关于对南京大学、东南大学进行校内管理体制改革请示的批复》和农业部直属高校书记、院长会议关于部属高校应积极开展校内管理体制改革的要求，学习南京大学、东南大学、北京农业大学、北京农业工程大学等校的试点经验，结合我院实际情况，提出校内综合改革方案。

一、指导思想和目标

（一）指导思想

（1）在院党委领导下，坚持社会主义办学方向，坚持四项基本原则，全面贯彻“教育必须为社会主义现代化服务，必须同生产劳动相结合，培养德、智、体全面发展的建设者和接班人”教育方针，坚持校内综合改革必须有利于调动广大教职工的积极性和创造性，有利于提高教学水平、科研水平和管理水平，有利于提高工作效率和办学效益。

（2）校内综合改革是一项复杂的系统工程，内容广泛，既要加大改革力度和加快改革步伐，又不能急于求成，要考虑我院各项改革工作的实际情况有计划分步进行，在开展教学改革的同时，首先重点进行人事制度和分配制度改革，并要注意各项政策的连续性和稳定性。

（3）坚持学校基础建设工作和综合改革的综合协调发展的战略思想，即坚持办学条件建设、队伍建设、学科建设、制度建设和校风、学风、教风、管风建设等基础建设工作与综合改革相互协调的原则，保证我院教育事业发展“八五”计划和十年规划的奋斗目标胜利实现。

（4）根据高校知识分子集中的特点，在制定管理体制改革的各项政策时要充分体现尊重知识、尊重人才的精神，并应体现出教学、科研、后勤、管理和校办产业等各方面工作的不同特点。

（二）主要目标

（1）根据农业部下达的我院总编制数和国家教委关于高校教职工各类人员与学生比例，结合我院的实际情况在全院进行定编、定岗、定任务和实行聘任制，增强全院人员对“三定一聘”的意识，搞好人才流动，提高工作效率和办学效益。

（2）进一步贯彻执行按劳分配原则，实行国家工资与校内津贴（岗位津贴、专项津贴和奖励津贴）相结合的工资发放形式，坚决打破平均主义，充分体现“干与不干不一样，干多干少不一样，干好干坏不一样，突出贡献与一般贡献不一样”，使全院人员的生活待遇逐步得到明显改善。

（3）坚持科技产业和第三产业并举，以科技产业为主的原则，实行科技产业与教学、科研相结合，促进教学和科研工作发展，提高教学水平和多出科研成果，同时取得经济效益，改善办学条件和教职工的生活条件。集中力量抓重点项目，1995年争取净利润达300万元。

（4）加强专业和学科建设，在“八五”期间增加2～3个本科专业和2～3个硕士学位点，争取在10年内获得博士学位授予权。通过拓宽专业面、调整教学计划、改革教学思想、教学内容和教学方法，加强课程建设，大力提高教学水平和学术水平，力争在10年内把我院办成具有自己特色的、多层次的、居国内先进水平的社会主义水产大学。

（5）深化公费医疗制度改革和加强管理工作，提高医疗费的使用效率；堵塞漏洞，减少浪费，压缩公费医疗开支，合理解决医疗费超支问题。

（6）采取多种有效措施，逐步提高离退休教职工生活待遇。

（7）通过校内综合改革和机构改革，全面调动全院人员积极性，促进队伍建设、学科建设、制度建设和校风、学风、教风、管风建设，提高教学质量、管理工作效益和办学效益。

二、基本内容

（一）人事制度改革

在调整确定专业和机构设置的基础上，严格实行以“三定一聘”为中心内容的人事制度改革。

1. 定编

根据上级部门有关高校定编原则，结合我院实际情况，对我院的专业技术岗位、管理岗位和服务岗位等各类人员进行全面定编。以各单位的岗位职责和工作量（制）为定编的依据。本着压缩二线、保证一线，向重点学科和校办产业倾斜的精神，实行事业编制与企业编制（校办产业）相结合、固定编制与流动编制（在学研究生、进修教师、返聘人员、临时工等）相结合的定编模式。

2. 定岗、定任务

根据学科建设、人才培养、科学研究、科技开发、党政管理、科技产业、后勤服务等方面的工作任务和特点，设置岗位职务定额（教师的高级职务按学科结构设置岗位定额），建立岗位职责，逐步实现目标管理。

3. 聘任

坚持德才兼备、以聘为主的原则，实行聘任制与合同制相结合的聘任方式。对工作量饱满、质量符合要求的实行聘任，工作量不满、质量不符合要求的缓聘。

4. 评估考核

依单位类别建立考核评估指标体系，实行学期、学年考核制度。年末或年初办理续聘手续，根据考核的实际情况分别决定续聘（完成工作任务）、奖励（优秀）和解聘（不胜任工作或未完成工作任务）。

5. 统筹规划，扬长分流

鼓励有奉献精神和业务专长的同志从事校办产业、科技开发、成人教育等工作。对不服从工作安排的人员，参照工改后退职人员的标准发放工资；对不符合师德要求的，坚决不做教师聘任，另行安排。

（二）校内分配制度改革

实行国家工资和校内津贴相结合的分配形式。根据按劳分配原则，建立校内分配制度。校内津贴分岗位、专项和奖励3项。

1. 岗位（任务）津贴

建立教师等专业技术人员、管理干部和工人3类岗位津贴，每类岗位津贴按职务、工作量和质量确定等级。岗位津贴以津贴分为单位，津贴分值与校产收入挂钩。注意专业技术人员和管理干部岗位津贴相应关系。工人的岗位津贴分承包和非承包单位2种类型：承包单位的工作实际收入与技术等级、经济效益挂钩，非承包单位工人根据技术等级、劳动定额、服务态度、服务质量确定岗位津贴等级。

2. 专项津贴

享受专项津贴的人员包括重点科研项目、科技开发项目的主持人和成员，学科带头人和骨干教师，实职党政干部，特殊工种工人。

3. 奖励津贴

享受该项津贴的范围包括获校级以上先进工作等奖励者和科技成果奖者，在国内外一级刊物发表论文者。

（三）校办产业的发展和管理改革

（1）重点抓好科技产业，集中力量抓住重点项目，建立相应的研究所并直接兴办企业实体，如海水养殖、淡水养殖、电子工程、机械工程、海洋渔业工程、水产土木工程、水产食品等实体。多渠道筹资修建鲍鱼苗种楼，并开展成鲍养殖。

（2）大力抓好校办第三产业。筹备修建招待所、黑石礁度假村、龙王塘水产科技开发公司、摩洛哥水产养殖和加工基地，经营房地产等。

（3）加强校办产业领导力量，充实专业技术和管理人员，实行企业化管理，改革院系两级管理和分配制度，建立和健全各种规章制度。

（四）教育改革

（1）根据国民经济建设需要，改造现有某些专业，完善海洋捕捞专业定向招生、分配试点，拓宽专业面，增加专业适应能力和办学活力，逐年增加招生数量。积极筹办贸易经济、给排水工程、电子技术与计算机应用、制冷与空调等新专业。

（2）实行重点学科、重点实验室和学术带头人、骨干教师等项制度，建立相应条例。

（3）继续开展教学计划、重点课程建设，改革教学思想、教学内容和教学方法，普遍提高学生的写作能力、电算能力、外语水平和专业技术的动手能力。

（4）按本科专业基本要求，加强工业与民用建筑、船舶工程和水产品加工与贮藏等专业建设，在拓宽专业面的前提下加强专业深度，明确服务方向。

（5）按硕士研究生二级学科基本要求，积极开展海洋捕捞学、水产土木工程和水产机械等学科建设，力争获得硕士学位授予权。

（6）积极准备招生、分配制度方面的改革，以学生就业的实际情况为导向，提出不同规格和要求。

（7）积极做好因材施教、加快人才培养等项改革准备工作，实行分层淘汰制、中期考核制和优异生奖励制。

（8）根据综合改革要求和提高工作效率的需要，适当对教学管理机构进行调整。

（五）后勤改革

（1）根据国家教委有关文件精神和我院当前后勤部门的实际情况，应以服务于学校的主体工作为主，推行事业单位企业化管理的模式。

（2）总务处实行经费、任务、责任承包，财务实行二级管理，充分发挥人、财、物的综合效益，提高工作效率、管理和服务水平。

（3）后勤干部、职工牢固树立“三服务”“两育人”的思想，使有限的经费在后勤服务过程中形成良性循环。后勤工作上层次、上水平，总务服务工作逐步走向社会化。

（六）医疗制度改革

建立健全医疗管理制度、基金来源制度和经费合理承担制度。

（1）严格执行医疗各项管理制度。

（2）建立公费医疗基金。基金来源于国家下拨定额资金、学校集体福利费和校办产业收入的补助费。按不同情况，个人适当负担一定比例。

（七）进一步发挥离退人员积极作用，建立离退休基金

（1）学校适当增设回聘岗位，吸收部分能胜任工作的退休人员参加工作。离退休人员在力所能及的情况下开展科技咨询与服务，横向开发以及社会服务等方面的工作，增加收入。

（2）建立离退休养老基金，保障教职工退休后生活水平和福利待遇不致因物价上涨而下降过多。发扬团结互助精神，提高退休养老保险意识，以减轻国家和学校的负担。退休养老基金由学校、职工单位和个人三方共同建立。学校和职工单位从福利基金提取，长期存入银行作为退休教职工生活福利上的补贴。退休养老基金自愿参加，谁参加谁享受。

三、时间安排和实施步骤

深化校内综合改革，涉及学校全面工作和全体教职工的切身利益，而且是政策性很强的一件大事。因此，要有组织、有计划、分阶段地进行。

（1）于7月末组织专人制订出综合改革总体方案，通过党委讨论修改后下发各单位，进行学习讨论。

（2）10月末前，由人事处、组织部、教务处、总务处、财务处分别起草人事制度改革、分配制度改革、教育改革、医疗制度改革、离退休制度和校办产业发展的实施方案和细则，党委讨论修改后组织全院人员讨论修改。

（3）11月末前定稿，1993年1月初在全院教代会上讨论审议，3月贯彻执行。

“池塘养鱼高产理论和综合技术”高级研修班总结报告

（1992年9月）

一、概况

受农业部和人事部委托，大连水产学院、大连市人事局和大连市水产局根据农业部〔1992〕农（教宣）成字第57号文件精神，于1992年7月27日到8月13日在大连水产学院举办了为期18天的“池塘养鱼高产理论和综合技术”（国家教育委员会科技进步甲类二等奖）高级研修班。参加研修班的学员共19人，平均年龄46岁，分别来自华南、华东、华中、华北和东北五大地区的北京、黑龙江、山东、安徽、浙江、江西、湖北和广东等9省市，其中具有高

级专业技术职务12人，中级专业技术职务5人，获国家和省部级奖9人。担任高研班讲座的教师计8人，其中教授和研究员4人，副教授4人。高研班安排12次讲座，其中学员反映较好的10次。学员在高研班交流论文7篇，在研修期间撰写论文5篇，研讨班结束时撰写总结18份。高研班活动方式既正规又灵活，正式举行开学和结业典礼，在典礼会上承办单位领导到场并讲了话。在办班中，坚持讲座、自学、研讨多种形式相结合，一般是上午讲座，下午自学或师生共同研讨。为了帮助学员开阔视野、拓宽水产知识面，还组织参观了大连海水养殖公司海带、鲍鱼养殖现场和我院海水养殖场的裙带菜和真鲷养殖生产现场。

二、基本内容与收获

研讨班通过讲座、交流和座谈等方式，系统而深入地研讨了池塘高产基础理论和综合技术。其主要内容包括池塘养殖方式、池塘养殖食用鱼放养模式、池塘养鱼水质管理、配合饲料和活饵料、北方冰下鱼类越冬和撰写科技论文等六大部分。讲座内容也可从学科上命名为主要养殖鱼类摄食和消化器官发育生物学、养殖鱼类组织学和生理学、池塘养殖生态学、鱼类营养和饲料学和鱼类养殖生物学。

研修班结束，学员们认为有以下几点收获。

第一，较系统地更新了池塘养鱼科学知识。许多毕业多年长期从事科研和生产技术工作的学员深有体会地说，参加研修班学习了池塘主要养殖鱼类摄食器官发育生物学、鱼类营养及研制人工配合饲料基本理论、鱼池施肥理论、养鱼池塘生态系统的结构和能量转化等系统理论知识，对今后开展池塘养鱼生产具有重要指导作用。

第二，开阔了眼界，拓宽了知识面，扩大了思路。长期从事水产行政管理和科技开发工作的学员认为，过去接触和熟悉的有关知识都是池塘养殖生产技术和经验，工作思路窄，很难打开新局面。通过学习鱼类发育生物学、组织学和生理学，以及养鱼池塘生态学和水化学等最新科研成果，扩大了工作思路，有利于指导本地区和本单位池塘养鱼工作。

第三，学习和掌握了池塘养鱼新技术。研修班学员一致认为，参加这次研修班的重要收获就是学习了池塘养食用鱼和大鱼种培养新技术、池塘轮虫增殖和利用新技术。绍兴市水产技术推广站站长鞠文高级工程师在研修班后期制订了绍兴市池塘养鱼放养鱼种的新方案；广州市水产科学研究所周兵工程师听了“池塘轮虫冬卵的萌发规律”之后，制订了利用池塘淤泥中轮虫卵孵化轮虫培育大口黑鲈鱼苗技术方案。

第四，交流了全国各地区池塘养鱼新动态和新经验。在办班期间学员广泛交流了本地区、本单位的养鱼新技术、新经验。哈尔滨渔业公司总工程师向全体学员系统介绍了利用发电厂余热水、流水高密度培育主要养殖鱼类苗种新技术，北京市水产技术推广站刘世芳高级工程师介绍了流水池塘养鱼高产技术和经验，广州市水产科学研究所周兵工程师介绍了草鱼高产技术和养鳗、鳜、加州鲈、罗氏沼虾、白鲳、叉尾鮰等新技术，杭州市水产局邹良成工程师等许多学员系统介绍了本地区、本单位池塘养鱼最新动态和先进经验。

三、几点体会

在农业部、人事部的领导、指导和支持下，通过大连市人事局和水产局的密切合作，顺利地完成了“池塘养鱼高产理论和综合技术”高研班任务，基本上达到了办班目标，几点粗浅体会归纳如下。

1. 选准讲座题目，是办好研修班的前提条件

我院原上报举办高研班的题目“池塘养鱼基础理论”，经农业部水产司等有关领导同志修改为“池塘养鱼高产新技术”，后来我们根据自己的科研成果的具体情况，修定为“池塘养鱼高产理论和综合技术”。这样一来，安排的内容既有基础理论又有新技术，既有养鱼等新技术，又有冰下越冬新技术。

办班实践证明，这些研修班的题目太大，内容太广。学员来自天南海北，所从事的工作性质差异很大，要求研讨的内容千差万别，很难在短期内达到各自的要求。因此，研修班的题目不应太大，针对性应该强一些，应以当前池塘养鱼高产新技术为主题，分别举行南、北方池塘养鱼研修班。

2. 选定高水平的教师，是保证研修班质量的关键

担任该期研修班讲座的教师，除我院养殖系淡水渔业专业各学科学术带头人（何志辉和刘焕亮教授）和骨干教师（雷衍之、李永函和桂远明教授）之外，尚特邀上海水产大学池塘养鱼学谭玉钧教授和中国水产科学院黑龙江水产研究所魏立贤研究员。他们讲授的效果好，深受广大学员的称赞和欢迎。这是因为担任讲座的各位专家，不仅具有一定的学术水平，而且都从事池塘养鱼方面的基础理论和高产新技术研究工作，并取得优异科技成果，具有较强的科研能力和丰富的科研工作经验。因此，承担高研班的教师，应当具有较高的学术水平和丰富的科研经验。这是办好高研班的关键。

3. 教材人手一部，是保证办班质量的重要条件

为了举办这次高级研修班，我们于1991年着手准备业务资料，特别是于

1992年3月以来，通过准备“池塘养鱼高产技术应用基础理论研究”鉴定材料，系统编写了专题讲座论文资料。对外请的2位教授也都提前3个月通知本人，要求撰写讲座资料。因此，在高研班开学就发给学员每人一套资料。12个专题，其中10个专题在讲座前，就拿到了印好的教材，仅2个专题的文字材料未来得及印刷，之后补发。全部讲座的讲授速度较快，但学员都能当堂理解消化，保证了教学质量。实践证明，课前发给学员人手一部文字资料，是办好研修班的重要条件。

4. 学员的工作岗位、文化基础和业务素质的差异不要太大，是保证和提高教学质量的基础条件

这次参加研修班的学员年龄（27～55岁）、学历（中学～大学）、经历（5～32年）、工作性质（行政管理、生产技术、科研、教学）、职称（高级、中级、初级）等差异较大。他们在听课及研修过程中出现以下问题：对问题的理解和接受能力差异很大，对讲授的内容要求也各异，所以在一定程度上影响了办班效益。今后办高级研修班，不仅要严格执行专业技术人员高级研修班对学员的基本要求，而且应明确参加研修班人员的工作性质。

5. 举办与承办单位通力密切协作，是办好研修班的保证

承办该班的大连市人事局和大连市水产局领导及有关同志，对农业部和人事部批准在大连市举办全国性池塘养鱼高研班都很重视，多次询问并参与教学计划的制订工作。大连市水产局孙多喜副局长出席开学典礼和结业典礼，并讲了话，对学员鼓励很大。大连水产学院院长刘焕亮教授亲自参加制订研修班计划，遴选讲座教师和资料编写，亲自讲课，参加师生研讨座谈，出席开学和结业典礼并讲话，深入学员中进行调查研究。大连水产学院副院长雷衍之副教授亲自过问高研班工作，参加编写教材并亲自讲课，与学员一起研讨。总而言之，这次研修班能够顺利圆满完成任务，不仅与上级领导部门的领导、指导和支持分不开，而且与承办单位的领导及有关同志的重视和积极参与有关。

抓住和珍惜机遇，深化综合改革加快学校的建设和发展

——在农业部直属高校校（院）长座谈会上的汇报提纲

（1994年6月15日）

我院自1992年5月农业部直属高校领导会议以来，认真贯彻执行这次会议和全国普通高等教育工作会议、《中国教育改革和发展纲要》、全国普通高等

农林教育工作会议精神，以及中央关于“发展是目的，改革是动力，稳定是保证”的重要指示精神，根据我校的实际情况，抓住、珍惜和用好机遇，积极开展综合改革，促进和加快了学校的建设和发展。现将我院近两年来综合改革、建设和发展的概况综合汇报如下。

一、深化综合改革

根据高校综合改革“体制改革是关键，人事制度和分配制度改革是突破口，教育教学改革是核心”的原则，我院积极开展了人事制度和分配制度改革、教育教学改革、后勤管理制度改革，取得可喜效果。

（一）人事制度和分配制度改革初见成效

1992年5月部属高校领导工作会议后着手制定了《综合改革总体方案》《人事制度改革实施办法》《分配制度改革实施办法》以及有关12项具体实施细则，1993年全面贯彻落实2个方案和有关细则。

人事制度改革。处级机构由原来的23个精简为20个，科级机构由原来的42个调整为35个，并重点加强了科级教学管理机构。严格实行了定编、定岗、定任务和聘任工作制度。全院共聘任人员610人，其中教师240人、实验技术与图书资料人员72人、政工人员35人、行政管理人员92人、工勤人员72人；缓聘人员88人（含实习船队船员、国外留学人员）；未聘人员14人。通过“三定一聘”工作，适当精简了机构和压缩了编制，调整和优化了结构，调动了各类人员的积极性，提高了事业心和责任感，许多同志主动要求多承担工作，同时，促进了各项管理工作的制度化、规范化和科学化，提高了教学水平、学术水平和管理水平。

分配制度改革。在“三定一聘”工作的基础上，根据按劳分配原则，将平均发放的奖金和其他工资外收入改为校内津贴，即岗位津贴（依各类人员的职称、职务和工作表现确定等级和分数）、专项津贴（课时津贴、主干课津贴、科研课题津贴、学术带头人和学术骨干津贴、青年教师和硕士导师津贴、“双肩挑”干部津贴等）、奖励津贴（优秀教师和优秀教育工作者、科技成果、优秀教学成果、优秀教材等）、业绩津贴、离退休生活补贴。岗位津贴和部分专项津贴每月发放一次（机关、图书馆、基础部、马列主义教学部的岗位津贴全额由学校承担；各教学系的岗位津贴，学校和系分别承担50%），专项津贴和奖励津贴每学期或每年发放一次。通过校内分配制度改革，充分“体现干与不干不一样，干多干少不一样，干好干坏不一样，突出贡献与一般贡献不一样”；同时，每人津贴额明显比过去的平均奖金金额高，因此，进一步调动了广大教职工的积极性和创造性。

（二）教育教学改革迈出新步伐

根据我国20世纪90年代高等教育“规模有较大发展，结构更加合理，质量上一个台阶，效益有明显提高”的原则精神，1993年在持续贯彻执行人事制度改革和分配制度改革的同时，有计划、有步骤地把综合改革的重心逐步转向教育教学改革。

1. 扩大办学规模，提高办学效益

根据“坚持数量、质量、结构和效益统一的全面发展观”“高等教育的发展，要坚持走内涵发展为主的道路，努力提高办学效益”“在20世纪90年代，本科院校规模提高到校均3 500人左右”等精神，我院的办学规模近3年年增幅为200～300名，1992年、1993年和1994年在校生数分别为1 132人、1 434人和1 750人，争取最终规模为3 000～3 500人。经大连市人民政府批准，校园占地面积已扩大2万平方米，达12万平方米（含住宅用地），拟以填海造地和开山填沟等方式扩大校园用地约7.0万平方米，已向大连市提出申请报告。

2. 改造传统专业，增设相关专业，调整和优化专业结构，建立综合性专业结构体系

根据社会主义市场经济发育和农村、渔业改革发展需要，以及“立足长远，兼顾当前，改造传统专业，发展短线专业”“稳步发展本科教育，积极发展研究生教育，按需发展专科教育”“拓宽学校服务面向和学科专业领域，逐步改变农林高校服务面窄、学科专业结构单一的状况”等原则精神，停办了社会需求量少和适应面窄的专业（轮机管理、水产品贮藏与加工），增设3个本科专业（食品科学与工程、建筑工程、船舶工程）和6个专科专业（给排水工程、计算机应用、制冷与空调、海洋船舶驾驶、贸易经济、外贸英语）等社会急需的短线专业，同时，对水产传统专业（淡水渔业、海水养殖、海洋渔业等）进行了改造和调整，逐步建立起以水产学科（专业）和具有水产特色的工程学科为主，水产、工程和经济管理等综合性专业结构体系的框架。拟计划三大学科类的在校生规模各占1/3。

3. 调整和优化系级教学机构，加强教育教学改革

在增设、调整和优化专业的基础上，适时地调整和优化了系级教学机构，增加经济管理系（设财务会计、渔业经济、贸易经济、外贸英语4个专业）和电子工程系（设应用电子技术、计算机应用2个专业），以有利于教育教学改革，提高教学质量。

4. 加强学科建设，提高办学层次

根据高校综合改革“学科建设是主旋律”和“学科建设是高校教育教学改革的深层次关键问题”等精神，近几年来，把学科建设放在突出的地位，以学科建设推动教育改革、优化师资队伍、发展研究生教育和提高学术水平。以重点学科建设为重点，带动和促进其他学科的发展。制定了院级《重点学科的评选和建设暂行规定》和《学术带头人和学术骨干试行办法》，评选出3个院级重点学科（捕捞学、船舶工程学、港口及航道工程学）和一批学术带头人、学术骨干。对获国家级奖励者给予一定年限延聘，对发表高质量论文（在一级学报上发表的论文）给予报销版面费和科研基金；建立论文（公开发表）表彰制度，自1989年起持续召开5次论文表彰会。1993年我院水产养殖学科被评为农业部重点学科，捕捞学被国务院学位委员会批准为硕士学位点。

5. 深化教学改革，加强基本建设，提高教学质量

深化教学改革，全面提高教学质量，是教育改革的核心。在深入开展专业、学科改革和建设的同时，全面进行了教学改革和建设工作。

（1）全面修订专业教学计划。

根据“教育必须为社会主义现代化服务，必须同生产劳动相结合，培养德、智、体全面发展的建设者和接班人”的教育方针和全国普通高等农林教育会议精神，按照培养复合型、外向型和应用型人才的方向，以及提高毕业生综合能力的要求，全面修订了20个本专科专业教学计划。教学计划培养目标及业务规格，充分体现了该专业的基本理论、基本知识、基本技能、科研能力、实际操作能力、组织管理能力以及外语水平。课程设置主次分明并适当拓宽范围。注意处理好公共课、基础课、专业基础课和专业课的关系，以及政治理论教学与业务教学、理论教学与实践教学的时间比例，强调了保证实践教学时间。

（2）建立各专业教学体系。

根据“着力建立起一个包括理论教学体系和实践教学体系，两者密切相联系、相辅相成的完整教学体系，以利于学生构建起合理的知识结构和能力结构”的精神，我院淡水渔业专业认真总结多年的教学实践经验，建立起来具有特色的教学体系（充分发挥多学科协作优势，建设具有自己特色的淡水渔业教学体系），并在全院各本科专业中广泛宣传推广，促进了全院各专业教学体系的建设。该教学成果于1993年获国家级优秀教学成果一等奖。

（3）深化课程改革，加速课程建设。

通过课程改革和建设，带动学风建设、教材建设、实验室建设，促进教育思想的转变，更新教学内容、教学方法和教学手段。对基础课、专业基础课和专业课不同类型课程的改革和建设，分别提出明确的方向，要求建立各门课程的教学体系。几年来，在普遍进行课程建设的基础上，有计划、有步骤地开展了重点课程建设，制定了《评选和建设重点课程的暂行规定》，建设一批重点课程，包括数学、计算机、外语等基础课和各专业主干课程，大幅度提高了课程教学水平和学术水平。

（4）加强规章制度建设，提高教学管理水平。

在深化教学改革的同时，加强了教学管理规章制度建设。已建立健全研究生和本专科生教学管理制度22个，最近又制定执行了《教师教学工作规范》《本科生修读辅修专业试行办法》《学生相对淘汰试行办法》《期末考试卷密封及考核成绩统一公布的规定》等规章制度，使教学全程管理工作进一步制度化、规范化和科学化。同时，强调严格管理，坚持学期初教学运转检查、期中教学检查和经常性的教学纪律检查，坚持领导干部听课制度、教学事故通报制度、及时发布教学简报制度。这些措施较好地发挥了管理职能，稳定了教学秩序，教学质量逐步提高。

（5）加强学生的综合能力培养，提高分析问题和解决实际问题能力。

我院的绝大多数专业都属于应用技术和管理类型的专业，长期以来，在课堂教学、实验教学，各类实践教学和毕业设计（论文）等主要教学环节中均注意了培养和提高学生的综合能力，具体研究加强获得信息和处理信息能力、实验和科研能力、实际操作能力、分析问题和解决问题能力、组织管理能力等综合能力的一系列有效措施。最近两年来，进一步研究落实提高计算机运用、数学演算、外语会话和写作、专业实际操作以及中文写作等多种能力的培养措施，效果特别明显。几年来，我院本科高等数学统考成绩在东北地区农业院校中多次名列前茅，1992年和1993年参加大连市高校本科数学竞赛获团体总分第一名和个人冠军，英语全国四级考试及格率上升为41%。

（6）加强学风、教风、管风和校风等“四风”建设，大力提倡尊重知识、尊重人才、尊师重教。

多年来，在庆祝教师节期间，通过宣传栏、广播、院报和大会等多种形式广泛宣传和表彰在教书育人、人才培养、教学建设、科技工作和教材建设诸方面做出突出贡献的各级优秀教师和优秀教育工作者，各级优秀教学成果奖、各级科技进步成果奖、优秀教材奖以及优秀教学奖的获得者。近两年，又通过庆祝建校40周年和贯彻《中华人民共和国教师法》的机会，认真总结和宣传为大连水产学院的创建和发展做出突出贡献的老一代教育工作者及其业绩，弘扬他们勤奋、严谨、奋进的治学作风，进一步树立尊重知识、尊重人才、尊师重教的良好风气。

自1991年以来，集中精力抓了学风、教风、管风和校风等“四风”建设，把“四风”具体内容提炼概括为鲜明的口号（学风：刻苦、严谨、奋进；教风：务实创新，教书育人；管风：勤政、廉洁、服务、开拓；校风：团结、勤奋、文明、求实）树立在校园中，以激励教职员工勤奋学习和认真开拓工作。

与此同时，招生分配改革和建设、教材建设、基地建设、教研室建设也都取得一定成绩，为提高教学水平、学术水平和管理水平提供了条件。

（三）开展后勤管理制度改革，提高服务质量和效益

我院后勤管理制度改革于1988年已开始起步，但实行1年就中断，自1993年又持续进行任务、经费责任承包制（以1992年经费额的90%作为1993年的经费承包基数）。采取思想教育、行政手段、经济杠杆、民主管理相结合等措施，克服人员少、任务重、物价上涨幅度大、经费严重不足等困难，坚持“三服务”“两育人”方向，较好地完成后勤保障任务，在经济效益和社会效益方面都取得一定成绩。

二、师资队伍现状及存在的问题

自1991年以来，按照建立一支数量适当，政治、业务素质较高，群体结构合理、优化精干、充满活力，能够适应教学、科研和技术产业发展需要，忠诚人民教育事业的师资队伍的规划目标，采取有计划选留、引进、调整、培养、考核等系列措施（重点培养中青年教师），取得可喜成绩。在政治思想方面，组织他们参加农村社会主义教育和社会调查、技术咨询、科技扶贫、担任兼职辅导员、参加生产实习和毕业设计（论文）等工作，引导他们走与工农相结合和与社会实际相结合道路，通过参加业余党校等形式提高政治理论素质。在业务方面，通过导师制、助教进修班、定向硕士生、定向博士生、在职读第二学位、硕士和博士学位、出国和去重点大学进修等形式，培养和提高教学水平、学术水平和综合能力。同时，在教学、科研、论文发表、津贴分配、学术骨干和职称评聘、住房分配等方面制定了一系列激励政策，鼓励中青年教师脱颖而出。

师资队伍现状（结构）。现有教师269人，职称结构：教授5.5%（15人）、副教授31.2%（84人）、讲师55.3%（149人）、助教7.4%（20人）。学历结构：博士1.1%（3人）、硕士17.8%（48人）、本科68.8%（183人）、专科12.6%（34人）。年龄结构：30岁以下22.3%（60人）、31～40岁26.4%（71人）、41～50岁17.1%（46人）、51～60岁32%（86人）、61岁以上2.2%（6人）。

存在的主要问题。除教师队伍不稳定外，我院师资队伍尚存在下列主要问题：① 年龄和学术水平“双断层”，没有形成完整的学术梯队。36～45岁年龄组的数量少，仅占14.9%，41～45岁仅占4.8%。高级职称年龄老化（52.7～61.3岁），中青年成长速度缓慢。② 高学历人数偏低，硕士和博士学位人数仅51人，占19%。③ 中级职称人数偏多（55.3%），初级职称人数不足（7.4%）。④ 引进高层次急需人才难。

三、校办产业已具雏形，综合效益尚不明显

近年来，根据普通高等学校兴办产业的有关原则和政策精神，我院成立了科技产业处（科技开发总公司）和校产咨询委员会，兴办了院、系两级科技产业近10个，其中校办产业3个（海水养殖场、海珍品苗种基地和房地产开发公司），系办产业6个（海产经济动植物育苗场、机械厂、土木工程勘察设计室、印刷厂、石化仪器设备开发公司、淡水养殖场）。由于起步较晚，资金不足，缺乏经营管理人员和管理经验，多数产业虽正在兴建或已具雏形，但实践教学、科技开发和经济收益等综合效益尚不明显。通过农业部贷款和自筹资金兴建的海珍品苗种场当年竣工可部分投产，预计年收益约150余万元，加上其他校办产业的收益，自1995年起估计年经济效益约300万元，搞得好其利润尚可大幅度增加。

四、自筹经费，积极改善办学条件

抓住机遇，适当扩大招生规模，尽快改善办学条件。近两年自筹经费350万元兴建和扩建学生宿舍3 400 m^2，扩建教室1 000 m^2，购置学生宿舍自习用桌凳400余套、上课用排椅600余套、400个床位，翻修运动场，加强教室、实验室、图书资料室、食堂、浴池等基础设施建设，增强了办学实力，加强了学风建设，提高了办学效益。

五、几点体会

几年来的工作实践，取得下列几点粗浅体会。

（1）弹好“钢琴”，处理好基础建设、深化改革和正常管理的关系。

高校的基本任务是出人才、出成果、出效益和为社会主义现代化服务，不断提高教学质量、学术水平、管理水平和办学效益。办学条件、队伍建设、学科建设、制度建设和作风建设等基础性建设工作，是提高“三个水平”的前提，也是深化改革的基础。

根据我院办学基本条件较差，基础性建设工作根底不深，改革工作起步较晚的实际情况，我们在认真抓好教学等正常管理工作的同时，持续抓好基础性建设工作和综合改革工作，取得较好效果，进展较大。

（2）深化综合改革，是促进高校建设和发展的动力。

改革综合、“三定一聘”和实行校内岗位津贴，进一步调动了广大教职工的积极性，增强了事业心和责任感，促进了我院管理工作规范化、科学化。人事制度改革和分配制度改革适时转向教育教学改革，通过总结工作、交流经验、表彰先进、研讨改革思路和措施，有力地推动了正常教学工作，提高了教育质量。

（3）坚持高校自身规律办学，主动适应市场经济发展需要，自觉抵制市场活动的消极影响 。

社会主义市场经济的迅速发育，给高校的建设和发展带来了机遇。但市场经济活动也给广大学生、教师和干部带来一定负面影响。如“读书无用”以及拜金主义、享乐主义、极端个人主义等错误思想，对部分教职员工的影响较大，学习热情下降，给多少钱干多少活，伸手要官要待遇，少数人热衷于各类经商活动，在一定程度上影响了正常的教学秩序和工作秩序。对这些不良倾向必须采取果断措施，以稳定正常教学和工作秩序。

为了主动适应市场经济发展需要和自觉抵制市场活动对教职员工的消极影响，必须严格遵循高校自身的办学规律，持续抓好基础性建设工作和正常性管理工作。坚持“教学工作是中心，人才培养是重点，科技工作是制高点，后勤工作是保证，校办产业是后盾”的工作原则。

（4）坚持辩证唯物主义观点，根据自己学科特点和现有基础，在本科和硕士研究生层次上办出特色，办出水平。

我院是一所以本科教育为主，本科生、专科生和硕士研究生教育互相协调发展的多科性水产高校。多年来，我们坚持辩证唯物主义观点，力戒形式主义，不贪求高层次，实事求是分析自己学科特点和现有基础，在自己的层次上办出特色，办出水平。我院的优势学科和具有特色的学科是数学、水产养殖、捕捞学，以及具有水产特色的土木工程学、船舶工程学、海洋船舶驾驶。多年来，这些学科的教学水平、学术水平不断提高，1993年又有新的突破性成绩。我院学生参加大连市本科生数学竞赛获团体总分和个人成绩第一名，水产养殖学科荣获农业部重点学科，捕捞学获得硕士学位授予权，淡水渔业专业教学体系获国家级优秀教学成果一等奖。

（5）转变观念，自筹资金，完善办学条件，扩大招生规模，促进学风建设，提高办学效益。

在办学经费上，转变等、靠、要的观念，采取多渠道筹措资金，有计划、分步骤改善办学条件，提高办学效益（详见本文第四部分）。

四、学科建设

大连水产学院重点学科遴选和建设暂行规定

（1993年12月18日）

为了促进我院学科建设和发展，加速人才培养，提高教学水平和学术水平，根据国务院学位委员会、国家教委和农业部有关重点学科评选和建设的文件精神，贯彻落实《大连水产学院教育事业发展“八五”计划和十年规划》，结合我院的实际情况，特制定本规定。

一、评选范围

在具有学士学位授予权的各本科专业中评选。

二、评选条件

（一）具有明确的办学指导思想和发展目标

（1）坚持社会主义办学方向，主动适应社会主义市场经济需要，认真贯彻执行党的教育方针，初步形成教书育人工作体系，能够较好地培养德智体全面发展的高级专门人才。

（2）领导班子能力强和素质高，认真贯彻执行党的方针政策，团结务实，奋发向上，廉洁自律，成绩优良。

（3）1986年以来，专业和学科建设以及教学和科研工作成绩明显，办学实力和整体水平不断提高，得到领导部门和广大教职工的肯定和信任。

（4）具有与学校相适应的教育事业发展及其综合改革方案，符合高级专门人才培养规律，并取得一定实践效果。

（二）具有浓郁的优良学风和教风，办学经验丰富，育人质量高

（1）已初步形成具有系或专业（学科）特色的优良学风和教风以及较好的办学传统。在我院教职工和学生中享有较高的声誉，受到广大青年学生的

仰慕和毕业生的信赖，已培养出一批得到社会公认的优秀人才。

（2）本科教学质量在我院教学评估中居先进水平，基础设施和管理规章制度较完善；课堂、实验、实习和毕业设计（论文）等四大教学环节组织严密、质量高；教学计划、教材、教学和实习大纲、各类工作计划和总结等系列教学资料健全；具有一批国家、省、院级的优秀教学成果奖和优秀教材奖；公共外语四级考试、数学统考等通过率连续几年在我院保持较高水平。

（3）已建立和正在健全学士、硕士学位培养体系，结构趋向合理，办学效益在我院居前列。

（三）具有明确的科研方向，获得一批较高水平的科研成果

（1）具有一定的科学研究基础，有2个以上相对稳定的研究方向。

（2）1986年以来取得一批国家、省（部）、市、院级的科研成果并获得相应奖励，对经济建设和社会发展做出较大贡献，具有一批公开发表的专著、统编教材、论文。

（3）目前承担一批国家、省（部）、市、院级各类科研项目，有一定的科研经费。

（四）具有一支素质较高、学风严谨的教学、科研和实验技术队伍

（1）有4名以上教授、副教授（或相当专业技术职务），具有硕士生或青年教师的指导教师条件（教学、科研和外语水平较高），至少有1名教授。

（2）具有一定数量的学术带头人和学术骨干，在知识、能力、学历、职称、年龄结构诸方面趋于合理，特别要有一定数量的青年学术骨干。

（五）具有良好的办学、科研条件

（1）具有能够满足教学、科研工作的实验设备和图书资料，管理制度健全。

（2）具有与国内外开展学术交流与合作的经验和基础条件。

三、申报和评审程序

（1）各单位按要求撰写申请书和填写《大连水产学院重点学科申报表》（一式4份），经系学术委员会审核确定后，报教务处。

（2）教务处、人事处、科研处等职能部门对各单位呈报材料进行严肃认真审核，按要求与有关单位协商、修改定稿后报院学术委员会。

（3）院学术委员会在认真审阅申报材料的基础上，按照评选条例进行审议，以无记名投票方式决定，同意票数超过出席人数2/3以上有效。

四、重点学科建设措施

（一）制订重点学科建设规划

被选定的部级和院级重点学科应制定五年建设规则，主要内容包括：

（1）教学。本科生、硕士生质量和数量，专业教学体系和课程体系建设，教材和实验室建设，实习基地建设，教风和学风建设，规章制度建设，等等。

（2）科学研究。研究和确定科研方向，制订各研究方向的发展规划（目标、主要内容和措施等）；撰写发表专著、论文等计划，国内外学术交流和合作计划。

（3）学术梯队建设。按课程和课题规划学术梯队的数量、职称和年龄层次、学科和知识结构。

（4）物质条件建设。实验用房、设施、仪器设备、基地建设等。

（二）重点学科建设的扶持措施

（1）设立院重点学科建设基金，由学术委员会根据各重点学科每年取得的成果和实际情况研究确定扶持费的具体金额。

（2）适当增加重点学科人员编制和高、中级职称岗位指数，在人才引进、出国留学、进修培训等方面实行倾斜政策。

（3）积极为重点学科争取国家、省（部）、市级重大科研项目，优先增列院级科研项目。

大连水产学院学术带头人和学术骨干遴选试行办法

（1994年5月6日）

为了促进我院教师队伍建设和学科建设，加速人才培养，提高学术水平和教学水平，多出人才，多出成果，特制定本办法。

一、指导思想

学科带头人和学术骨干是师资队伍的核心力量和主力军，在一定程度上决定着学科水平、科研成果的层次和教学水平。当前，我院师资队伍学术带头人年龄老化，后继乏人的现象日趋突出，已经开始影响到教学质量和科研水平的提高。因此，如何从教学、科研的实际需要和学科建设的长远需要出发，坚持标准，严格把关，加强学术带头人及学术骨干的选拔和培养工作，尽快造就出一批中青年学者，是我院师资队伍建设工作的当务之急。学校各级领导必须高瞻远瞩，打破“论资排辈”的陈腐观念，增强培养青年教师的责任感和使命感，大胆选拔那些政治素质高、业务基础好且已崭露头角，有培养前途并能担当指导作用的优秀中青年教师，使他们尽早成为科学攻关的主力军和教学的中坚力量。

二、选拔范围和名额

学术带头人和学术骨干的选拔范围为我院在职教师。原则上每个学科或专业确定1名学术带头人，部重点学科、有硕士学位授予权学科专业点的名额可适当放宽。基础课、公共课学术带头人主要在国务院学位委员会1990年颁布的《授予博士、硕士学位和培养研究生的学科、专业目录》一级学科内选拔。

学术骨干的选拔名额可掌握在本学科中级专业技术职务以上教师人数的30%以内，40岁以下的应不低于1/3。

三、选择条件

（一）学术带头人的选拔条件

（1）热爱祖国，拥护党的基本路线和方针政策，有强烈的事业心和责任感，能为人师表。

（2）学术造诣深，在本学科领域内，具有扎实雄厚的理论基础和专业知识；能熟练系统地讲授2门以上课程（其中1门为基础课或专业基础课），教学效果显著。

（3）有稳定的科研方向，较强的科研工作能力，能及时掌握国内外学科发展动态，并且有向学科前沿阵地发挥的能力，在国内外同学科的学术界有一定的声望。

（4）主持过省、部级以上科研项目，并取得显著成果，或在国内外一级学术刊物上发表具有创见性的学术论文，或已出版具有国内先进水平的教材和专著。

（5）学风正派，治学态度严谨，善于团结同志一道工作，有较强的教学、科研组织管理能力，能热心培养中青年教师，并为他们成长创造条件，能够指导教学、科研、教研室、实验室、教材和教学资料建设等系列工作。

（6）掌握1门外语，熟练地阅读本专业外文书刊。

（7）身体健康，能坚持正常教学、科研工作，年龄一般在60岁以下，并具有高级职务。

（二）学术骨干的选拔条件

（1）热爱祖国，拥护党的基本路线和方针政策，事业心强，热爱水产教育事业，具有良好的职业道德，学风正派，治学严谨，教书育人。

（2）在本学科领域内，具有较扎实的基础理论知识和丰富的专业知识，知识面较广；能够开出2门以上课程，其中1门教学效果突出；积极开展教学改革，在教研室、实验室、教材和教学资料建设上成绩显著。

（3）有明确的科研方向，有一定的科研能力，能够掌握国内外学科发展动态；具有一定学术水平的科研成果（本人应为主要贡献者，并持有证书），或有独立见解的教材和专著，或具有取得较大经济效益和社会效益的工作能力。

（4）基本掌握1门外国语，40岁以下者应有一定的听说和阅读能力。

（5）身体健康，精力充沛，具有中级以上专业技术职务，年龄一般在55岁以下。

四、选拔办法

各单位应本着“坚持标准、严格考核、保证质量、择优推荐”的原则，按学校师资队伍建设规划、学科梯队建设和教学科研工作的需要，在充分调查研究的基础上，经本人申请，系、部提出各学科学术带头人和学术骨干推荐名单，在广泛征求群众意见后，填写《大连水产学院学术带头人、学术骨干审批表》，并提交能反映本人水平的全部材料及成果证明件，经系（部）学术委员会评议，无记名投票确定人选，上报人事处。由人事处会同教务处、科研处共同对各部门推荐人选进行初审，并提出审查意见，再由院学术委员会评议，以无记名投票方式决定人选（决定票为出席人数2/3以上），经学校领导批准后，在院内公布。

在选拔程序上要严密有序、公开透明，并坚持做到自下而上、公开评审、公平竞争、群众参与、群众监督。

五、培养

（一）培养目标

经过3～5年的努力，培养出一批具有副教授、教授水平和能力的中青年骨干教师。要求他们不仅在基础理论方面，而且要在应用技术方面做出成绩，在学术上达到国内先进水平，最终成为20世纪90年代后期的学术带头人。

（二）培养方式

坚持“在职培养为主，脱产进修为辅”的原则，有计划、分步骤地培养。在培养期内，学术带头人和学术骨干必须有培养提高工作规划，并填写《大连水产学院学术带头人、学术骨干工作规划表》。

（1）学术带头人的培养，主要采取国内访问学者的形式，让其开设新课、新兴边缘学科选修课，承担重点科研项目或合作搞科研，指导研究生和青年教师。要求培养对象个人要定出具体的科研计划，在规定的时间内完成科研任务。对个别特殊需要者，可批准其一定时间的学术假。

（2）学术骨干的培养，主要采取骨干教师进修班、专题研讨班、单科进修等形式。培养重点放在科研能力、教学能力及知识更新方面。主要着眼于在职培养，一是指定导师负责指导，二是对所承担的课程组织评估，三是定科研任务，并让其在课题组中挑重担。

（三）扶持措施

（1）优先选派其出国深造和参加国内外重要学术会议。

（2）根据需要可单独提出购置图书、期刊计划，并优先使用图书资料。

（3）优先保证仪器、设备的购置和补充。

（4）积极为学术带头人配备得力助手。

（5）在高级职务评聘中，学院控制一定比例的职务限额，通过公开竞争，优先评聘他们中具有突出贡献者晋升高级职务。

（6）有计划安排他们主持（或第二主持）参加科研项目，并让他们在课题组中挑重担。凡院列以上科研项目，必须有1/3以上的中青年教师（40岁以下）参加。

（7）学校每年拿出一定数额的专项经费，优先保证他们的业务提高。

（8）学术带头人每年安排1次学术假，时间为2～4周。

（9）享受院内特殊津贴，并在科研列项和资金分配、工作条件和住房条件等方面优先考虑。

六、考核

学术带头人和学术骨干的选拔培养工作每3年进行一次，并实行淘汰制。在培养期内，学校每年对培养对象进行一次全面考核评定，并填写《大连水产学院学术带头人、学术骨干考核表》。考核结果记入教师业务档案。对考核不合格者（没完成计划或完成不好的）要予以适当调整或淘汰，对成绩优异者将给予表彰。

大连水产学院水产养殖重点学科申请书

（1993年5月25日）

我院水产养殖学科于1986年12月由国务院学位委员会批准具有硕士学位授予权，1987年招收硕士研究生，现已毕业21名。该学科分海水养殖和淡水渔业2个专业，近20年来，承担教学、科研双重任务，在长期教学和科研实践中形成了稳定的且具有特色的学科发展研究方向和能力较强且学术水平较高的教学和研究队伍，取得一批重大教学和科技成果，已具有一定规模的图书资料、教学和科研实验设备以及教学、科研、生产相结合的基地，而且位置处于盛产海珍品的大连市黑石礁海滨。

1. 学科研究方向稳定且有自己的特色

我院水产养殖学科已形成7个稳定的研究方向：水产养殖饵料生物学、海产经济贝类增养殖学、养殖水质管理学、池塘养鱼理论和技术、大水域鱼类增养殖、鱼类生物学和藻类增养殖学。其中饵料生物学、贝类增养殖学、水质管理学和池塘养鱼和技术等研究方向特色鲜明，学术水平处于学科发展前沿。

2. 学术带头人造诣深，学术梯队结构较合理

该学科的淡水渔业专业和海水养殖专业现有学术带头人9名，他们学术造诣深，治学严谨，善于教书育人，具有创新的学术思想，组织能力强，办事公正。何志辉教授是我国著名淡水生物学专家和水生生物学领域学术带头人，是国务院学位委员会学科组成员和国家自然科学基金委员会通讯组成员，被美国传记学会列入“国际名人录”，硕士生导师，主持10多项大型科研项目，其中4项获国家教委和农业部二、三等奖，发表论文50余篇，主编和参编专著多部。

王子臣教授是我国贝类养殖学著名专家，是该领域学术带头人，硕士生导师，是辽宁省和大连市有突出贡献专家，主持大型科研项目多项，其中2项分别获国家科学大会奖和国家级科学技术进步二等奖，出版专著2部，发表论文10多篇。

刘焕亮是我国池塘养鱼学著名专家，主持水产养殖学科教学体系建设取得重大成果，1993年获国家优秀教学成果一等奖，主持多项大型科研项目，有的成果处国内领先水平，获市级科技进步一等奖和三等奖各1项，出版专著3部，公开发表论文14篇。

李永函教授是我国淡水生物学专家，是辽宁省有突出贡献中青年专家，主持大型科研多项，其中获国家级奖1项、省部级多项，出版专著2部，公开发表论文20余篇。

雷衍之副教授是我国水化学专家，国家级有突出贡献中青年专家，硕士生导师，主持和参加10多项科研课题，其中获国家级奖1项、省部级多项，出版专著2部，公开发表论文10多篇。

水产养殖学科的学术梯队计82名（9人获政府津贴）。其中教授6名、副

教授16名、高级工程师3名、讲师36名、工程师9名；具有博士学位7名（其中5名出国未归），硕士学位11名；65岁以上1名，61～65岁2名，56～60岁8名，35～50岁25名，35以下37名。总之，该学科的学术梯队力量较强，其专业知识、职称和年龄结构较合理。

3. 教学和科研工作基础较好，成果较显著

我院水产养殖学科的教学工作基础好，成绩显著。自20世纪70年代以来，认真贯彻党的历来教育方针和教育要“面向现代化，面向世界，面向未来”的战略方针，通过课程和教学计划的改革以及教师队伍的建设，长期坚持基础课、专业基础课和专业课多学科协作，根据培养目标和教学计划的要求，各门课在教学思想、教学内容、教学方法诸方面进行全面深入改革，确立了为专业培养目标服务的教学方向和科研方向，建立了各门课程的教学体系。同时，长期坚持基础课专业课有机结合，密切协作，有计划地共同承担教学的各个环节，共同承担大型开发应用基础性等综合性科研课题，提高了该学科的深度和广度，显著提高了教学水平和科研水平，已培养出21名硕士研究生，思想政治素质较高，业务能力较强，普遍受到用人单位的好评。在近20年的教学实践中正确处理了理论教学与实践教学的关系。实行多学科协作，把科学研究、专业生产劳动引入教学过程，引导学生走与工农和实际相结合的道路，树立科学世界观和为人民服务的人生观，培养基础理论扎实、外语水平高、具有综合分析问题和解决问题、有创造能力的高质量人才；实行多学科协作，以生产实习、毕业论文等实践教学环节为主要结合点，以教学、科研、生产三结合为基本方式，建立了具有自己特色的学科体系。教学研究成果“充分发挥多学科协作优势，建设具有自己特色的淡水渔业教学体系”，获1993年国家级优秀教学成果一等奖。

该学科的科研工作基础也较好，成果显著。15年来，承担国家级、省（部）级和市级科研项目48项，鉴定42项，获国家级奖3项、省部级15项、市级7项；出版专著13部，在国内外一级杂志已发表论文34篇，10余篇的学术水平在国内处于领先地位，在国际上有一定影响。随着科研成果和专著、论文的推广，已取得明显社会效益和经济效益。

4. 科研实验设备和图书资料的基础条件较好，能较好地适应高级专门人才培养和高层次科研工作的需要

水产养殖学科的实验设备基础条件较好。教学实验和科研用房的建筑面积达5 700 m^2。通过世界银行第二期贷款购进价值约258万元（78万美元）的仪器

设备，其中大型先进仪器12台件，透射式及扫描电子显微镜和万能研究高级光学显微镜等系列仪器以及摄像及电视录像系统可以满足生物学科细胞水平和分子水平研究工作的需要，气相和液相色谱仪、紫外和红外以及原子吸收分光光度计等化学系列仪器可基本满足水产养殖水环境方面的研究工作。

我院图书馆的图书（18万册）和期刊资料（近500余种）（表Ⅵ–2，略）50%以上为水产养殖学科及相邻学科，基本上可满足研究生教学和科研工作的需要。

水产养殖学科尚拥有海水养殖场（海面500余亩）和淡水养殖场（占地200余亩）各1处，基本可满足实践教学和科研实验的需要，同时，经农业部批准于1993年在我院南侧海滨修建2 400 m^2海珍品育苗楼，可供深入开展高新技术研究用。

5. 所处地理位置优越，有利于重点学科的建设和发展

我院位于辽东半岛南端大连市黑石礁海滨，是华北、东北和西北三大地区唯一的一所水产高等院校，水产养殖学科的教学和科研工作具有明显的北方特色，为了适应北方地区对人才培养和水产科技事业发展的需要，教学和科研内容都充分体现了我国“三北”地区的特殊性。特别是我院水产养殖学科的海水养殖和科研的系列设施可以直接在海边兴建，有利于海水养殖学科的建设和发展，这也是建设具有自己特色水产养殖学科的教学和科研体系重要条件或优势。同时，大连地区盛产鱼、虾、贝、藻等重要海产经济动植物和名贵种类，海区适宜从事海水养殖科学实验，如果我院的水产养殖学科被农业部批准为重点学科，不仅有利于本学科的自身发展和培养高级人才及开展高层次科研工作，而且必将大大促进北方广大内陆和沿海地区以及大连市水产养殖事业的迅速发展，必将进一步加速水产养殖学科高级人才的培养和科技工作的发展，多出人才，出好人才，多出成果，出好成果。

综上所述，根据〔1993〕农（教）函字第6号文件精神，我院水产养殖学科基本符合部级重点学科的综合条件，特此申报参加农业部重点学科的评选。

大连水产学院水产养殖重点学科点五年建设规划（1994～1998）

我院水产养殖学科于1993年7月19日被农业部批准为部级重点学科点。根据农业部重点学科建设和发展的具体要求，在认真总结教学和科研工作等方面的基础上，瞄准国内外水产养殖学科的水平和发展趋势，结合本学科的基

础条件和实际情况，制定水产养殖重点学科点五年建设规划。

一、指导思想

以邓小平同志建设有中国特色社会主义理论为指针，认真贯彻执行党的十四大精神、《中国教育改革和发展纲要》、教育要“面向现代化、面向世界、面向未来”教育方针、“规模有较大发展，结构更加合理，质量上一个台阶，效益有明显提高”工作发展方针，解放思想，转变观念，抓住、珍惜和用好机遇，深化管理体制改革和教育教学改革，以改革促建设和发展；坚持社会主义办学方向，把德育放在首位，把培养社会主义事业的建设者和接班人作为学校的根本任务；正确处理数量与质量的关系，以及德、智、体之间的关系，坚持办学条件建设、队伍建设、学科（专业）建设、规章制度建设和学风教风建设相互协调的原则，坚持以本科为主，本科生、研究生、专科生教育协调发展，坚持以教学为主，教学、科研、科技（产业）服务相结合，坚持加速基本建设与严格管理相结合，大幅度提高教育质量和教学水平、学术水平、管理水平，以多出人才、多出成果，提高办学效益。

二、奋斗目标

我院水产养殖学科力争5年左右建设成为特色鲜明、国内领先和国际有一定影响的重点学科，培养博士学位高级专门人才，承担高水平大型科研项目和大型开发性项目，成为我国北方地区水产养殖学科人才培养中心、科学研究中心和科技开发服务中心。

三、教学

（一）办学规模

稳步发展本科教育，积极发展研究生教育，按需发展专科生教育。每年招收本科生60～90名，硕士研究生7～20名，专科生30～60名；在校本科生250～360名，硕士生21～60名，专科生60～120名，总计为320～540名。

（二）优化学科（专业）结构，创建特色鲜明的教学体系，提高办学层次

主动适应我国海水养殖和淡水渔业发展的需要，加速学科专业调整，逐步建立结构合理、特色鲜明、竞争能力强的学科专业体系。积极稳妥改造海水养殖和淡水渔业专业，拓宽专业面，更新专业内容，兴办综合性海、淡水养殖专业，培养复合型和外向型人才。处理好德智体、理论与实践、基础与专业关系，科学设计各类课程理论体系，创建实践教学体系。

根据专业培养目标和业务要求，改革基础课、专业基础课和专业课教学思想、教学内容、教学方法和教学安排，创建课程教学体系。按照高校教

学规律和专业培养目标要求，实行多学科协作，把科研、生产实践引入教学环节，以实践教学为主要结合点，进行教学、科研、生产（社会实践）三结合，探索新的人才培养模式，建立特色鲜明的水产养殖学科理论教学体系和实践教学体系。

按照博士点的整体水平和条件，科学有序地进行学术梯队、人才培养、科研、实验室、图书资料、规章制度和实践基地诸方面建设，争取5年内取得博士学位授予权，尽早招收博士研究生。

（三）深化改革，加快建设，提高综合能力和教育质量

1. 课程建设和改革

通过课程改革和建设，带动学风建设和教材建设，促进教育思想转变，更新教学内容、教学方法和教学手段。

5年内重点建设和改革生物化学、生理学、遗传育种学、鱼类学、水化学和水生生物学等专业基础课，以及鱼类养殖、虾蟹类养殖、贝类养殖和藻类增养殖等专业课。

各类课程建设内容和改革方向。基础课和专业基础课的教学内容保持本学科系统性的同时，力求反映水产养殖专业特色；在保证基本理论、基本知识和基本技能全面要求的基础上，注重加强基本技能训练，提高分析问题和解决生产实际问题能力，为开展科研工作打下良好基础；加强实验教学和教学实习改革力度，开展第二课堂活动，参加生产实习和毕业论文工作，逐渐解决为专业培养目标服务的教学方向和科研方向，建立各自的教学体系。专业课要注重加大理论教学深度和广度，增强实践教学系统性，特别是要加强专业实验技能训练以及生产能力和科研能力培养。

2. 教材建设和改革

按照加强“三基本”、拓宽知识面、提高分析问题以及解决生产实际问题能力等系列要求，各类教材内容都应当包括基本理论、基本知识、基本技能、科研方法以及国内外发展动态。5年内编写和修订完成组织胚胎学、生物化学、生理学、遗传育种学、水生生物学（下册）、鱼类增养殖学、虾类增殖学、贝类增养殖学、藻类增养殖学、鱼虾贝藻病害防治学、水产养殖专业英语、水产经济动物营养与饲料、水产动物免疫学等系列教材。

3. 加强教研室建设，提高管理水平

教研室是教学、科研的学术性和行政管理的基层组织。教研室的规范化建设及其管理水平，对提高教学水平、学术水平和对外科技服务效益都具有

重要作用。

教研室建设工作的重点是选定和培养教研室主任，提高管理水平。认真贯彻执行学校《教研室工作条例》《教研室正副主任职责条例》《评选先进教研室条例》，有计划进行教研室调整工作，开展教研室经验总结交流和先进表彰工作，调动教研室主任积极性，提高综合素质和管理水平。

4. 建立和完善规章制度

根据学校各项规章制度的精神，结合水产养殖学科的实际情况，建立和完善教学、科研、社会科技服务、人事管理、分配制度、奖惩等系列管理规章制度，提高管理水平，各项管理工作逐步走向制度化、规范化和科学化，达到部级重点学科管理水平。

5. 加强教学档案管理工作

建立和完善系、教研室教学档案。教学档案内容包括上级下达的有关文件，教学计划、大纲，教材、教案、试题、试卷分析及录音带、录像带，教学工作计划、总结、日历、实习计划及大纲、典型经验报告、优秀毕业论文，教学研究活动计划、总结、典型经验材料，科学研究课题计划、方案和成果，等等。

6. 加强学风、教风建设

通过建立和贯彻执行《教师职责条例》和《教师教学工作规范》等系列制度，制订教书育人和提高教学水平、科研水平计划，开展学术交流、教书育人、学风建设等方面的经验交流及表彰活动，树立“务实创新、教书育人”教风。

在学生中开展思想教育，激发为祖国“四化”建设而努力学习的责任感和远大理想，树立勤奋学习和艰苦奋斗的革命精神，认真贯彻上级和我院的各项有关规章制度，强化专业思想教育，加强严谨治学素质和作风的训练与培养，开展优良学风班活动，树立“刻苦、严谨、奋进”学风。

7. 大力培养和提高学生综合能力

认真贯彻执行全国普通高等教育工作会议和全国普通高等农林教育工作会议精神，采取相应有效措施，大力培养和提高外语、计算机、科研、专业实际操作、写作等综合能力，迅速提高学生独立分析问题和解决实际问题的能力。

8. 研究生教育改革与建设

认真总结水产养殖硕士研究生管理经验，深化改革招生和分配制度，加强和完善研究生培养、教育管理、导师遴选等项工作，提高教育质量和管理水平。

四、科学研究

认真贯彻执行“科学技术为经济建设服务”方针以及科研工作为水产养殖重点学科上层次、上水平服务的原则，主动适应社会主义市场经济发展需要，充分发挥水产养殖学科特点和科技力量优势，重点开展应用基础理论研究、应用技术研究和高新技术研究；坚持纵向与横向课题相结合，以纵向课题为主，实行科研与教学、生产相结合，实行跨学科、跨专业、跨系协作，开展大型研究工作，其主要研究成果达到国内领先和国际先进水平。

水产养殖重点学科点设有7个研究方向：水产养殖饵料生物学、海产经济贝类增养殖学、养殖水质管理学、池塘养殖理论和技术、大水域鱼类增养殖、鱼类生物学、藻类增养殖学。主要研究内容规划如下：

（一）淡水增养殖理论及技术研究

（1）主要养殖鱼类生物学及养殖生物学技术研究。鲤、鲢、鳙、草鱼、青鱼、白鲫、尼罗罗非鱼等鱼类生长生物学，消化系统和摄食器官发育生物学，消化酶发育生理学研究；鱼、虾、蟹、鳖等名特优养殖对象生物学和养殖生物学技术研究。

（2）提高中、小型水库和湖泊鱼产力的研究。通过种植水草、施肥、鱼类增殖等养殖生物学技术和生物学研究，大幅度提高水体鱼产力（鱼产量）。

（3）北方地区池塘鱼类安全越冬生物学技术研究。养鱼池塘冰下生态系，鱼类低温生理、病理和越冬生物学技术研究，解决鱼类安全越冬生物学技术问题，大幅度提高鱼类越冬成活率。

（4）内陆盐水水域生物资源调查和利用。综合养鱼原理及技术研究。

（二）海水增养殖理论及技术研究

（1）池塘混养鱼、虾、贝、藻等生态系统结构和能量转换及其养殖生物学技术研究，近海鱼、贝、藻等多品种立体养殖与增殖理论及技术（养殖模式）研究。

（2）主要养殖鱼类生物学及养殖生物学技术研究。真鲷、许氏平鲉、六线鱼、石鲽等鱼类生长生物学、消化系统和摄食器官发育生物学，消化酶发育生理学，以及人工育苗及养成生物学技术研究。

（3）食用和药用海产动植物的开发、引进、遗传改良等研究。药用藻类调查、开发和利用，海带和裙带菜等食用藻类引种、育种和增产生物学技术研究，海胆、鲍鱼引种、遗传改良工程研究。

（4）海产经济藻类和贝类人工育苗及养成生物学新技术研究（略）。

（三）鱼、虾、贝等养殖种类的营养、饵料、饲料研究

（1）淡、海水轮虫、枝角类、桡足类等生物学、培养技术及渔业利用。研究轮虫、枝角类、桡足类等鱼、虾活饵料生物学和定向培养技术，解决鱼、虾开口饵料和各发育阶段的系列饵料，以大幅度提高养殖效益。

（2）鱼、虾、贝等养殖种类的营养及人工配合饲料研究。中国对虾、罗氏沼虾、皱纹盘鲍、真鲷、许氏平鲉、六线鱼等主要营养需要量、各种添加剂和配合饲料配方等研究，解决各种类、各发育阶段低成本高效价适口饲料。

（3）鱼、虾、贝生态制剂的开发及利用。从健康鱼、虾、贝体内分离出正常的生理性菌群成员，研制生态制剂，用于养殖鱼类、虾类和贝类的保健、增产和防病。

（4）海洋药用生物活性物质的提取及利用研究。从海洋药用生物中提取活性物质，制作饮料、化妆品、饲料添加剂等。

（四）水产养殖动植物病害防治研究

（1）人工养殖中国对虾病害防治研究。调查与研究辽宁沿海养殖的中国对虾常见病、暴发病等疾病的病症、病原、病理，从生态、药物及养殖技术等方面进行实验研究，提出系列有效的预防措施和治疗方法。

（2）鲍、扇贝、真鲷等海珍品育苗和养成期间的病害防治研究（略）。

（五）撰写发表专著

在已有工作的基础上，组织老专家5年内计划撰写下列学术专著：① 养鱼池塘生态学。② 内陆盐水水域渔业开发利用。③ 北方水库综合养鱼原理与技术。④ 海产主要经济贝类增养殖原理与技术。⑤ 轮虫生物学与渔业利用。⑥ 北方地区池塘鱼类安全越冬原理与技术。⑦ 池塘主要养殖鱼类消化系统和摄食器官发育生物学。⑧ 北方药用藻类学。

五、学术梯队建设

（一）现状

水产养殖学科现有师资计82名。其中，教授8名、副教授18名、高级工程师3名、讲师25名、工程师9名；博士2名、硕士11名；高职称35.4%，中职称30.4%，初级职称34.2%，硕士以上占总数15.9%。教授和副教授平均年龄偏高，分别为61.6岁和53岁。总之，现有的学术梯队，高级职称的比例较低，年龄偏高，学历偏低，能够独立开展教学和科研工作的教师比例也较低

（30%），教学水平和学术水平以及外语水平都与重点学科不相适应。

（二）目标

根据农业部重点学科所承担的人才培养、科研工作、对外服务的任务以及应当达到的水平，5年内力争建设一支数量适当，政治和业务素质较高，群体结构合理，优化精干，充满活力，能够培养博士学位高级专门人才，承担大型科研项目和大型开发性项目，整体实力较强的学术梯队。具体目标如下：

1. 适当增加数量

5年内各级学术人员由82名增至100名，净增加20名左右。

2. 优化队伍结构

（1）年龄结构。1998年教授平均年龄由61.6岁降为55岁左右，副教授由53岁下降到47岁左右。

（2）职称结构。教授由1%上升为1.5%，副教授由25.6%上升为30%，高级职称由35.4%上升为40%左右。

（3）学历结构。硕士由13.4%上升为40%，博士由2.4%上升为10%左右。

（4）政治思想素质和综合业务能力有较大幅度提高。教学和科研综合型教师比例由30%增加为50%～60%。建立一支理论基础雄厚，教学和学术水平较高，治学严谨和教书育人的学术梯队。

（三）主要措施

通过有计划选留、引进、调整、培养、考核、职务评定和聘任等系列措施，加速学术梯队建设。主要措施如下：

（1）制定激励政策，引进国内外高学历（学位）人才。根据学科建设需要，有计划、有步骤引进硕士学位和博士学位，以及45岁以下副教授和50岁以下教授。硕士和博士来校分别享受讲师和副教授待遇，并享受一室半和二室一厅住房。

（2）制订学术梯队建设计划和规划。根据重点学科建设规划，以教研室和课程为单位，制订学术梯队建设计划和规划。

（3）采取有效措施，提高学术梯队的培养效益。建立导师制，评选学术带头人和学术骨干，发放专项和特殊津贴，提倡在职读学位；有针对性选送去国内外高校和科研单位进修，合作搞科研；破格晋升高一级专业技术职务，设立科研基金等系列有效措施，加速中青年学术梯队成长。

（4）建立和健全学术梯队管理规章制度。建立和健全学术梯队选留、岗前培训、岗位工作规范、学术带头人选拔、延退、教研室建设、教研室主任职责、出国留学、外出进修、优秀青年教师评选、教师职务聘任等系列规章制度。

六、物质条件建设

水产养殖学科物质条件建设规划，包括实验室、实习基地和图书资料三方面。

（一）实验室建设

5年内扩建1 000 m^2实验用房，建立和完善下列实验室。

（1）充实完善中心实验室。在已拥有电子显微镜、研究用光学显微镜、各种色谱仪和各类分光光度计中心实验室的基础上，增设氨基酸分析仪等各类营养物质分析设备，能够测定分析氨基酸、脂肪酸、维生素、矿物盐等经济动物系列营养物质，以及水环境正常化学物质和各种污染物质。

（2）建立和完善经济水产动物生态实验室。购置具有自动调温、净化装置的各种型号水族培养箱，开展鱼、虾、贝生态生理学实验教学及其实验研究工作。

（3）建立水产经济动物营养和饲料实验室。承担鱼、虾、贝等经济动物营养需要量等生理生化测定分析以及人工配合饲料研制等实验教学任务，并开展有关方面的科学实验研究工作。

（4）建立水产经济动、植物病害防治中心实验室。承担鱼、虾、贝、藻等经济动、植物各种病害的实验教学任务及其科学实验研究工作。

（5）建立海洋生物种质资源与生物技术重点实验室。承担养殖品种遗传改良、培育新品系等实验教学和科学研究工作。

（二）教学、科研、生产（科技服务）三结合实习基地建设

（1）海水增养殖实习基地建设。在原有200 m^2水体实习基地的基础上，3年内增建1 000 m^2水体的鱼、虾、贝、藻苗种综合实习场，以及200台筏、500亩水面的增养殖基地。

（2）淡水养殖实习基地建设。在原有60亩淡水养鱼场基础上，5年内增建100亩左右鱼池，鱼类人工育苗、食用鱼养殖、流水养鱼、饲料加工等设施及教学、生活用房。

海、淡水实习基地的主要任务是承担水产养殖学科研究生、本专科生实践教学、科学实验和科技服务。

（三）图书资料室建设

在拥有中外文图书0.7万册和期刊25种50 m^2图书资料室的基础上，5年内阅览面积扩大为100～150 m^2，图书增加到4万册，中外文期刊增加为50种，以基本满足研究生、本专科生的人才培养和科学研究的需要。

七、国内和国际合作与交流

积极开展国内外合作与学术交流，提高水产养殖学科教学水平和学术水平以及国内外知名度。

（一）派出

5年内选派30人次去国内重点大学和研究所进修，5人攻读博士学位，10人硕士学位；选派10人出国外留学，其中攻读硕士、博士学位5人。

（二）引进

聘请日本、美国、加拿大等国鱼类、虾类、贝类、藻类增养殖和遗传育种专家以及有关水产动植物病害专家10人来我院水产养殖学科讲学。

（三）与国内外专家合作开展科研工作

计划与国内综合性大学生物系、水产院校养殖系、中科院水生生物研究所和水科院黄海水产研究所，以及与日本长崎大学、东京水产大学、下关水产大学校和美国、加拿大有关单位合作，开展鱼类、虾类、贝类和藻类增养殖、遗传育种、营养与饲料和病害防治方面科学研究。

辽宁省水产养殖重点学科“十五”规划

（2001年12月）

一、本学科点纳入辽宁省高等学校重点学科建设的理由

2000年，我国水产总产量达4 279万吨，连续10余年居世界首位，养殖产量超过捕捞量，占总产量60%，约占世界水产养殖总产量70%，雄踞世界第一。辽宁省是全国水产大省，渔业产量达338.5万吨，名列全国第五，养殖产量占54.7%；水产业“十五”规划总目标：渔业资源大省向渔业经济强省跨越，产量达360万吨，产值500亿元，占农业总产值33%，近海渔业农牧化，养殖业良种化，大力发展精品渔业、设施渔业、特色渔业和增殖业。水产业及其养殖业现代化建设需要一大批复合型高级专门人才。

大连水产学院是我国北方地区唯一的一所水产高等院校，其水产养殖学科是我校的龙头专业，属国管专业，办学历史悠久，1986年获硕士学位授予权，1993年和1995年分别荣获农业部和辽宁省重点学科，1999年又第

二次被评为农业部重点学科，其教学、科研和管理等综合水平居国内水产行业先进地位，有的研究方向处国内领先水平，且具有明显的北方特色。学校现有教授11名、副教授20名，博士7名、硕士18名，拥有一支学术造诣较深的学科带头人，以及专业结构、学历结构、职称结构和年龄结构较合理的学术梯队。水产养殖重点学科已形成特色鲜明的4个研究方向，其中水产无脊椎动物增养殖和渔业水质原理与调控技术研究方向居国内领先水平，鱼类增养殖理论与技术和水产养殖生态学研究方向处国内先进水平。科研和教研成绩显著，先后获国家级科技奖3项（科技大会奖和科技进步二、三等奖各1项）和国家级教学成果奖2项（一等和二等奖各1项），获省（部）级科技奖20余项和辽宁省教学成果一等奖4项，目前承担国家“863”海洋生物技术和“新世纪高等教育教学改革工程”项目各1项。水产养殖重点学科育人成绩明显，本科毕业生2 000余人，硕士毕业生150人，30余名考取博士研究生，有的已成为博士生导师。具有培养博士学位专门人才和承担重大科研项目的基本条件，拥有农业部海水增养殖生态学重点开放实验室。

总之，大连水产学院水产养殖学科在国家“八五”“九五”期间，在人才培养、科学研究和社会服务诸方面都取得较好成绩。为了更好地适应我国社会主义现代化建设和科技进步的需要，为辽宁省水产业的发展和建设“海上辽宁”服务，建议将我校农业部水产养殖重点学科纳入辽宁省高等学校重点学科，加大建设力度，迅速提高学科总体水平和办学层次，招收博士研究生，为辽宁省培养更多的高级层次水产养殖人才，为辽宁省和大连市水产养殖良种化及精品渔业和设施渔业的快速发展，为辽宁渔业大省向渔业强省跨越和建设“海上辽宁”以及“海上大连”发挥更大作用。

二、本学科在“十五”期间主要建设内容及具体措施

（一）学术梯队建设

全面提高水产养殖学科教学、科研、实验技术等学术队伍的综合实力和整体水平。制定人才引进、资金分配、生活待遇、教学改革、成果奖励等系列激励政策，改善教学、科研和生活条件，有计划地选留高学历优秀毕业生，引进3～5名40～45岁学术带头人，重点加强生物化学、生理学、遗传学、生物技术等专业基础课和水产医学、水产动物营养与饲料及鱼类、虾蟹类、贝类、藻类等专业课师资力量，尽快解决学术梯队知识老化，优化学科（专业）结构、职称结构和年龄结构，增大中青年教授比例。

（二）人才培养

1. 基本思路

稳步发展本科教育，重点发展研究生教育，努力提高办学层次，4年内招收博士研究生，逐步提高研究生比例，本科生与研究生比例逐步达到（2.5～3）：1。

2. 主要措施

增设生物科学专业（本科），稳定水产养殖学专业本科生人数，增设海洋生物学硕士点，水产养殖学科增设水产医学和水产动物营养与饲料研究方向，稳步增加硕士研究生人数。全面落实招收博士研究生准备工作，选定和引进学科带头人和博士生导师，扩大实验室用房，充实教学与科研设备和图书资料，加强教学与科研基地建设，抓好管理队伍和管理制度建设。

（三）科研与教研

根据辽宁省和大连市“十五”科技规划与海洋水产业规划，以及“新世纪高等教育教学改革工程”精神，大力抓好科学研究与教育教学研究工作。

1. 科学研究与科技开发

（1）水产养殖名优种类的遗传改良、引进与开发。鲍多倍体规模化育种技术和分子标记与高强度家系选育技术及其新品系建立，半滑舌鳎、星鲽苗种繁育开发技术，鱼、虾、贝、藻外来名优养殖种类引进与繁育技术，海胆、海参、扇贝、鲍海珍品杂交育种、多倍体育种与性控技术，水产动物重大疾病发病原因、机理、快速诊断技术及预报系统和防治技术，健康养殖水质调控原理与污水零排放技术及其复合养殖系统，鱼、虾、贝类名优种类人工系列配合饲料及其添加剂开发。

（2）辽宁省和大连市水产养殖良种化、精品渔业、设施渔业等关键技术推广。

2. 教育教学研究

承担教育部“新世纪高等教育教学改革工程”“水产养殖学（本科）专业实践教学创新体系的建立与实践”课题和大连水产学院5项教学改革的研究与实践。

（四）物质条件建设

1. 实验室建设

充实、完善现有16个教学实验室和8个研究用实验室，重点建设和完善农业部海水增养殖生态学开放实验室、多媒体多功能实验室、生态实验室、养殖动物饲养实验室、生物技术实验室、水产动物病害实验室、研究生学位论文实验工作实验室和研究用实验室，在原有6 000 m^2实验室用房的基础上，再增加3 000～4 000 m^2，增设和更新有关仪器设备。

改造5号学生宿舍楼3 000 m^2作为水产养殖研究生楼，建成20余个研究生和指导教师实验研究用实验室。

2. 图书资料

本学科原有专业书籍1万册和国内期刊70余种，分别增加至2万册和100余种。

3. 教学与科研基地建设

（1）校内基地。原有海水养殖海面500亩和育苗设施1 200 m^2，增加至2 000 m^2；原有淡水养殖场200亩，因水资源不足和大连市征用，异地兴建鱼虾培育池70余亩，按教学、科研、生产三结合模式建设，年容纳本科生、研究生进行实习和毕业论文工作约200人。

结合教育部1292B0611课题的实施，整合建立校内海水养殖教学基地；利用大连市征用我校南关岭淡水养殖场的机遇，在市郊区换建1座总面积200亩的养殖场，作为校内淡水养殖基地。

（2）校外基地。建立大连太平洋海珍品有限公司教学基地，充实完善北京市中国淡水渔业工程技术研究中心教学基地、辽宁省淡水水产良种场教学基地和大连市碧流河水库养殖场教学基地。

三、本学科点在“十五”期间建设目标以及预期成果

（一）2002年

建设目标：

（1）人才培养：招收本科生120人、硕士研究生35人，在校生分别为480人和90人。

（2）学术梯队：增加教授3人、副教授3人，硕士2～3人。

（3）科技与教研工作：承担科研课题10项、科技服务4项；主持召开全国水产养殖学科教学改革研讨会；承担国家级教研1项和院级5项。

（4）实验室建设：通过农业部重点实验室评估，建成多媒体和生物技术实验室。

（5）校内外教学基地建设：完善北京市中国淡水渔业工程技术研究中心和辽宁省淡水水产良种场校外基地，建立大连太平洋海珍品有限公司校外基地，整合建设校内海淡水养殖教学基地。

预期成果：

获大连市、省（部）级科技奖2～3项，出版教材与专著2～3部，发表科技论文10～15篇和教研论文3篇。

（二）2003年

建设目标：

本科生与硕士研究生在校人数分别为480人和110人，增加教授和副教授各2～3人，硕士和博士4人，引进学科带头人1名，承担科研项目13项、科技服务4项、教研5项，完成养殖动物饲养实验室和生态实验室，启动研究生实验楼建设工程，完善3个校外教学基地和校内海淡水教学基地。

预期成果：

获大连市和省（部）级科技奖2～3项，出版教材和专著2～4部，发表科技论文15篇左右和教研论文4篇，建成10个研究实验室。

（三）2004年

建设目标：

本科生和硕士研究生在校人数分别为480人和130人，增加教授2～3人、副教授3人，硕士和博士5人，引进博士导师1～2人，申报博士学位授予权，承担科研项目15项、科技服务3～5项、教研5项，完成水产动物病害饲养实验室和水产动物饲料配制实验室，建设10个研究生用实验室，完善提高校内外教学基地。

预期成果：

获大连市和省（部）级科技奖4～5项和教研奖2～3项，出版教材和专著2～3部，发表论文20余篇和教研论文4～5篇，建成10个研究实验室。

（四）2005年

建设目标：

本科生、硕士与博士研究生在校人数分别为480人、150～160人和4～5人，增加教授2～3人、副教授3～4人，硕士和博士4～5人，承担科研项目20项、科技服务4～6项、教研5项，整合、完善教学实验室和科研实验室，基本满足培养本科生、硕士生、博士生和开展大型科研工作的需要，提高校内外教学基地的整体水平。

预期成果：

获大连市和省（部）级以上科技奖3～4项和教研奖2～3项，出版著作3～4部，发表论文25篇和教研论文5～6篇。

大连水产学院博士学位申请报告

（2002年12月）

一、概况

（一）本单位的历史沿革

大连水产学院坐落在“北方明珠”大连市的海滨风景区黑石礁，其前身是1952年创建的东北水产技术学校，1958年升格为大连水产专科学校，1978年学校升格为大连水产学院，1977年招收本科生，1981年经国务院批准为首批授予学士学位的高校，学校的教学、科研和队伍建设等全面工作进入快车道，1984年获得世界银行贷款211万美元，迅速提高了教学与科研仪器设备的现代化程度。

1986年经国务院学位委员会批准为硕士学位授予单位，水产养殖学科为硕士学位授权点，1987年招收硕士研究生，进一步加强了人才培养、学科建设、学术队伍建设、科研工作、物质条件建设，大幅度提高了教学水平、学术水平和管理水平。

大连水产学院隶属关系几经变动，1980年由国家水产总局领导，1983年归农业部领导，2000年划归辽宁省领导。

（二）发展现状与近5年实施的重要改革及成效

50年来，经过几代人不懈努力，特别是自1986年获得硕士学位授予权以来，在“发展是目的，改革是动力，稳定是保证”的重要精神指引下，不断明确办学指导思想与工作思路，以特色求生存，以贡献求支持，以创新求发展，坚持正常性管理工作、基础性建设工作与教育教学改革协调发展的原则，实行“教学工作与人才培养是中心，学科与队伍建设是重点，科学技术工作是制高点，综合改革是动力，物质条件、学风与制度建设是保证”的工作方针，学校进入持续快速发展的新时期，办学规模不断扩大，办学层次不断提升，办学实力迅速增强，教学质量与学术水平明显提高。自1994年以来先后顺利通过农业部高等农业院校教学状态调查与教学质量评价、教育部本科教学工作合格评价、辽宁省基础实验室合格评估、学士学位管理与授予质量评估和硕士学位授权点基本条件与管理质量合格评估，对我校办学的综合评价是：“办学指导思想端正，办学思路清晰，特色鲜明，优势突出，过程管理严格、规范，改革成绩较大，学位授予是严格的，质量是有保证的。”目前，学校已成为以水产学科为特色，工程、经济、管理、外语等协调发展的多科性水产大学，形成以本科教育为主，培养硕士研究生、外国留学生、成人教育、职业教育和联合培养博士与硕士研究生等多层次教育体系。

学校现设有生命科学与技术学院、海洋工程学院、土木工程学院、信息工程学院、经济管理学院、基础科学学院等7个二级学院和食品工程系、外语系及社会科学部、体育教研部、职业技术学院、成教学院、现代教育技术与网络中心、商务信息学院，并设有水产养殖研究所、环境与生物工程研究所、渔业经济与社会发展研究所、渔业工程技术研究所、食品工程研究所、水产养殖病害防治中心等6个研究机构；设有21个本科专业，分别面向全国和“三北”地区招生；有农业部海洋水产增养殖生态学重点开放实验室、水产养殖实验室、渔具工程实验室等16个实验室及80个实验室分室；在校硕士研究生、本科生、专科生共7 000人。

本科教育与教育教学改革。注重转变教育思想，更新教育观念，采取多种措施，优化学术队伍结构，提高教学水平和学术水平；改善传统专业，增设社会急需应用性专业，调整与优化专业结构，建立以水产学专业为主的综合性专业结构体系；深化教育教学改革，系统改革教学内容，建立新的课程体系、理论教学体系、实践教学体系与人才培养模式，多次修订教学计划与教学大纲，全面加强课程建设，实行重点课程与优秀课程评选制度，不断改革教学方式与方法，运用现代教学手段；全面实施综合素质教育，注重培养创新精神和实践能力，实行学分制，建立健全教学、科研、人事、分配、物资管理等一整套科学的规章制度百余种。上述改革与建设措施，极大地调动了全校人员的积极性，使学校步入制度化、规范化、科学化、正规化轨道。荣获省级以上教学成果奖14项，其中国家级教学成果一等、二等奖各1项，5门课程被评为辽宁省高校优秀课，水产养殖学专业评为辽宁省示范专业，学校在东北地区农业院校6次数学统考成绩5次夺冠。

学科建设与研究生教育。学校把学科建设放在办学的龙头位置，以学科建设推动教育改革、优化学术队伍结构、发展研究生教育和提高科研与学术水平。以重点学科建设为重点，带动其他学科的发展，制定《校学术委员会章程》《重点学科的遴选和建设暂行规定》《学术带头人和学术骨干试行办法》等规章制度，评选水产养殖学、捕捞学、船舶与海洋结构物设计制造、港口海岸及近海工程、水产品加工与贮藏、水生生物学、农业生物环境与能源工程和应用数学等8个院级重点学科和一批学科学术带头人、拔尖人才与学术骨干。水产养殖学自1993年至今连续被评为农业部和辽宁省重点学科。

我校1986年经国务院学位委员会批准为硕士学位授予单位，是全国1978年后升格为本科高校最早获得硕士授予权的院校之一，并具有以同等学力申请硕士学位和农业推广硕士专业学位授予权，现有水产养殖学、捕捞学、农业生物环境与能源工程、水生生物学、水产品加工及贮藏工程等5个硕士学位点，共有54名硕士生导师、4名博士副导师，已招收16届硕士研究生，培养了近130名硕士生，并与上海交通大学、大连理工大学、中国农业大学联合培养8名博士生，与大连国家海洋环境监测中心、黑龙江水产研究所和北京市国家淡水渔业工程技术研究中心等单位建立研究生站，联合培养硕士研究生。共开设研究生课程135门，制订研究生培养方案，严格过程管理和学位授予标准，规范研究生培养与学位授予程序，建立与健全招生、过程管理、中期检查、论文工作、学位授予和导师遴选等规章制度13种。研究生招生规模不断扩大，培养质量逐年提高，近几年毕业研究生就业率100%，考取博士生30名。1997年以来先后2次顺利通过硕士学位授权点基本条件与授予质量评估，专家对我校研究生培养工作与学位质量给予很高评价。

学术队伍建设及其现状。学校把学术队伍建设放在诸项工作之首位，严格按照教学科研型标准培养教师及科研和实验技术人员；坚持政治思想素质与综合业务能力全面快速提高的原则，注重整体水平的提高和多出知名专家；采取“送出去，请进来”，在职和脱产进修、攻读学位，多学科协作开展科学研究，以及创造性地开展实践教学等多种措施，有效地进行学术队伍建设，全面提高了队伍整体水平，建立了一支年龄、职称、学历、学缘结构合理优化的学术队伍。现有教学科研人员578名，其中教授研究员53名，副教授169名，国内兼职教授14名，国外客座教授10名，博士学位31名，硕士学位87名，享受国家特殊津贴47人，国家级有突出贡献专家1人，省（部）级专家3名，国家“百千万人才工程”专家1人，大连市优秀专家5 名。

科学研究工作及其成果。学校贯彻执行“科学技术工作必须面向经济建设，努力攀登科学技术高峰”的基本方针，坚持科技工作为学科上层次、上水平和提高教学质量服务的原则，充分发挥学科特色和科技力量优势，重点开展应用基础理论研究、应用技术研究和高新技术研究，实行科研与教学、生产三结合，跨学科、跨系协作攻关，开展大型科研工作，明确研究方向，规范科技工作程序，严格过程管理，制定管理制度10余项，注重实施、总结、报奖与推广应用。近3年共承担各类课题116项，其中“863”攻关项目1项，国家科学基金4项，“948”项目2项，欧盟项目1项，经费达1 016万元；

获市级以上科技奖81项，其中国家级奖4项（“中国海区简易天文定位法”和“栉孔扇贝人工育苗及养成技术”获全国科学大会奖，“冰下生物增氧技术及其在鱼类越冬中应用”和“魁蚶人工育苗与增养殖试验”分别获国家科技进步三等奖与二等奖），省（部）级奖34项，市级奖33项，获专利20项；出版专著7部，公开发表论文1 310篇（被SCI、EI、ISTP收录29篇）。

办学物质条件。学校办学物质条件逐年完善，教学科研设备的现代化程度不断提高，学校占地面积57.6万平方米，教学科研用海面23万平方米，建筑面积18万平方米，其中教学与实验用房面积11.6万平方米，图书馆1.3万平方米；教学科研实验室20多个，实验室分室近百个，教学科研仪器设备值达4 379万元；图书馆藏有传统印刷图书36万册，中外期刊800余种，文献资源28万余册，电子型图书数百种，现代电子型文献“中国学术期刊光盘版”，可全文查阅水产学科及其相关学科的科技期刊3 000余种。

国内外科技合作与联合办学。学校在国内与黑龙江省双鸭山市，辽宁省长海县、东港市等7个地方政府，以及辽宁海洋渔业集团、北京国家淡水渔业工程技术研究中心等30家企业及科研单位建立科技合作，联合培养硕士生、本科生，与我国台湾高雄海洋技术学院、大连理工大学、上海交通大学、中国农业大学、青岛海洋大学联系培养博士生和硕士研究生；在国外与美国华盛顿大学水产学院、日本东京水产大学及北海道大学、俄罗斯远东水产科技大学、澳大利亚海洋学院、挪威特隆姆瑟大学、韩国釜庆大学、加拿大英皇学院等7个国家11所院校和3个科研机构正式建立校际（校所）关系，联合开展科研工作，培训教师，培养硕士生及本科生。

大连水产学院经过50年的改革与建设，成效显著，办学实力明显增强，办学层次与水平不断提高。迈入新世纪，我们要团结奋进，乘胜前进，进一步发挥特色与优势，抓住、珍惜与用好机遇，与时俱进，不断创新，为建成国内一流水产科技大学而努力奋斗。

二、申请的必要性与特殊性

（一）必要性

海洋科学、生命科学和海洋工程、生物工程是21世纪的重点发展学科和重点开发的产业。集海洋、内陆水域、生物学、化学、工学、信息学等学科领域的水产科学，以及开发经营海洋资源和内陆资源的水产业，必将是我国新世纪重点发展的学科和重点开发的行业。随着陆地资源的日趋枯竭，人类的生存和发展将越来越多地依赖海洋；随着内陆水域资源高度开发出现的

“瓶颈”与隐患，也越来越急迫地要求水产学科的深入发展和水产业增长方式的根本转变。大力开发海洋资源和内陆盐碱水域资源，包括具有巨大潜力的生物资源，以及深入研究解决水产业，包括水产养殖业存在的科学技术问题，是我国新世纪水产科技工作的重要内容。

世界海洋生物有20余万种，其中动物约18万种，植物约2.5万余种，总蕴藏量达1 350亿吨；中国近海海洋动植物达2万余种，其中动物约1.25万种，藻类1 820种，药用生物700余种。这些海洋生物资源都是人类的优良食物和特效药源。

2001年，我国水产品总产量达4 382万吨，连续10余年居世界首位，养殖产量占62%，是世界上超过捕捞量的唯一国家，约占世界水产养殖总产量70%，雄踞世界第一。辽宁省是水产大省，产量达350.8万吨，名列全国第五，养殖产量占54.7%；水产业“十五”规划总目标为：渔业资源大省向渔业经济强省跨越，产量达360万吨，产值500亿元，占农业总产值33%，近海渔业农牧化，养殖业良种化，大力发展精品渔业、设施渔业、特色渔业和增殖业。

随着我国水产业的发展，特别是水产养殖业的快速发展和经济增长方式的转变，要求解决苗种繁育新技术、水产动物营养与饲料和集约化养殖等系列科学技术问题，以及生产中出现的养殖生物种质衰退、病害发生与流行和水环境污染等隐患。

海洋资源开发，水产业持续发展，养殖生物良种化，养殖技术生态工程化，养殖环境洁净化，有力地驱动着海洋与水产科技的快速发展，需要相应培养大批复合型多层次的水产科技人才。目前，我国设有水产学专业的院校达60余所，其中具有学士学位和硕士学位授权点分别为35个和10余个，但具有博士学位授予权的仅3个单位，而且集中分布于华东地区和华中地区。

总之，从21世纪重点开发海洋资源，大力发展水产业，以及水产博士学位授权点少且分布不尽合理等综合因素考虑，在我国北方地区增设水产学博士授予权单位极其必要，对“海上辽宁”和“海上大连”的建设具有重要意义。

（二）特殊性与可行性

大连水产学院是我国仅有的2所多科性水产大学之一，是北方地区唯一的一所水产高等学府，自1986年获得硕士学位授予权以来，在农业部、辽宁省、大连市的领导与大力支持下，在社会的广泛支持与帮助下，办学实力显著增强，办学规模大幅度扩大，办学层次和水平不断提高，已初步具有招收培养博士研究生的综合条件与水平。

本次申请博士学位授予权的水产养殖学科，是我院最早取得硕士学位授权点。50年来，在学科建设、人才培养、学术队伍建设、科学研究、教育教学改革、物质条件建设，以及学风、作风与制度建设等方面，都取得很大成绩，1993年和1995年分别荣获农业部和辽宁省重点学科，1999年和2001年又分别被复评为重点学科，其教学水平、学术水平与管理水平等综合水平居国内同类学科先进地位，某些分支学科达领先水平，优势突出，特色鲜明。现有教授21名、副教授21名、博士9名、硕士22名，已具有一支造诣较深的学科与学术带头人，以及专业学缘结构、学历结构、职称结构和年龄结构合理的学术梯队。已形成稳定且具特色的水产繁育生物学、养殖水域生态学与水产养殖环境工程和水产生物技术等3个研究方向，其中贝类增养殖、鱼类增养殖、养殖水域生态学与养殖水质学居国内领先水平。贝类增养殖研究，在国内首创栉孔扇贝、魁蚶和虾夷马粪海胆人工育苗与养成技术及鲍多倍体育种技术，填补了国内空白，居世界先进水平，形成产业化规模，累计创效益数百亿元；池塘养鱼应用基础理论研究，探明了中国池塘主要养殖鱼类胚后发育生物学特点及生长规律，建立了放养与生产模式；水产养殖生态学研究，首次探明中国精养高产鱼池明水期与冰下越冬期和中国北部地区盐碱水域的生态系统结构与功能特点，建立池塘高产高效生产模式与鱼类安全越冬生物学技术；渔业水质研究，在国内首次系统地探明我国南北方有代表性的养鱼高产池塘明水期水质状况及越冬池冰下水质的变化规律，首次探明碳酸盐碱度对鱼类的毒性作用。这些研究成果，对我国北方地区海水贝类增养殖业发展与淡水鱼类增养殖的高产与持续发展、北方鱼类安全越冬及盐碱地区水产养殖业的发展起到重要作用，为建立我国贝类养殖学、养鱼池生态学和池塘养鱼理论体系做出较大贡献，推动了水产养殖业的发展。

科学研究取得丰硕成果。水产养殖学科的科研成果先后获得市级以上科技进步奖33项，其中“栉孔扇贝人工育苗与养成技术”获全国科学大会奖，“冰下生物增氧技术及其在鱼类越冬中应用”和“魁蚶人工育苗与增养殖试验”分别获国家科技进步三等奖和二等奖，获辽宁省、农业部、水利部等省（部）级科技进步奖22项（一等奖2项，二等奖8项）；出版著作43部（主编22部），国内外发表科技论文800余篇（SCI收录11篇）；承担完成国家“863”攻关课题项和国家自然科学基金项目3项，目前承担国家自然科学基金3项和辽宁省自然科学基金6项，承担欧盟课题1项，“948”课题1项。

教育教学研究成绩显著。水产养殖学科多年来不断进行教育教学改革，先后承担国家教委“高等教育面向21世纪教学内容和课程体系改革计划”和教育部“新世纪高等教育教学改革工程”项目，取得许多令人瞩目的创造性成果。先后荣获省级以上高等教育教学成果奖6项，其中“充分发挥多学科优势，建立具有自己特色的淡水渔业教学体系”获国家级教学成果一等奖，“水产养殖学专业（本科）教学内容、课程体系与人才培养模式改革的研究与实践”获国家级教学成果二等奖，是我国水产养殖高等教育领域中唯一获国家级教学成果奖的学科。目前，承担教育部“新世纪高等教育教学改革工程”12920611项目“水产养殖学专业（本科）实践教学创新体系的建立与实践”。

人才培养效益显著。20年来共培养本科生2 000余人，自1987年招收硕士研究生以来，共培养硕士毕业生110名，其中20余名考取博士生，有的已成为博士生导师。

培养博士研究生的物质条件。现有科学实验用房7 000 m^2，实验室4个和实验室分室20余个，并拥有农业部海洋水产增养殖生态学重点开放实验室；拥有电子显微镜、气相色谱、流式细胞仪等大型现代仪器设备50件和240 m^2先进的水产生物活体饲育实验室，23万平方米科学实验用海面，1 000余平方米海水繁育设施和12万平方米淡水养殖试验场，具有培养博士研究生和承担重大科研项目的基础条件和环境条件。

特色鲜明，学风优良。学校位于北方沿海城市大连市的西南海边，教学与科研的自然资源优异，人才培养规格具有综合性的特点，科研成果具有显明的北方特色，教学与科研方式具有教学、科研、生产三结合和多学科协作的优良传统，教师和学生具有团结、勤奋、求实、创新的优良学风。

总之，大连水产学院申报博士学位授予单位，是为了进一步适应21世纪我国海洋与水产业的持续快速发展的需要，为北方地区培养水产学及其相关学科的博士研究生。期盼多年的理想能够实现，我们将认真贯彻执行中国共产党第十六届代表大会的精神，坚决贯彻执行“三个代表”重要思想，加快改革与建设步伐，把大连水产学院建设成特色鲜明、优势突出、结构优化、综合水平高的国内一流的水产科技大学，成为我国北方地区水产高级人才培养中心、水产科学研究基地和水产高新技术示范基地。

辽宁省高等学校水产养殖重点学科建设规划

（2004年12月）

根据辽教发〔2004〕37号和辽教办发〔2004〕129号文件精神，结合我校水产养殖重点学科的实际情况，制定本规划。

一、总论

项目名称：水产养殖重点学科

建设单位：大连水产学院

主要建设内容：学术队伍建设、人才培养、科技工作和物质条件与管理制度建设等。

总投资构成：学科建设投资主要来源于辽宁省教育厅重点学科年度专项经费、农业部专项资金与纵向及横向科研经费，以及学校自筹配套资金。

项目法人组织：王吉桥、张泽宇、王子臣、刘焕亮

二、建设意义、必要性和可行性

本学科于1993年和1995年分别被农业部和辽宁省批准为高等学校重点学科。经过10多年的持续建设，本学科已达到全国同类学科先进水平和辽宁省领先水平。在此基础上，再经过几年的重点建设，有望成为优势明显、特色鲜明、结构合理的国内一流重点学科。

2003年，我国渔业产量达4 706.1万吨，连续13年居世界首位，养殖产量占67.3%，约占世界水产总产量73%。辽宁省是我国的渔业大省。水产总产量达282万吨，名列全国第五，养殖产量占61%；养殖面积达50万公顷，名列全国第四，其中海水养殖面积38.1万公顷，名列第一；渔业产值占农业总产值30%以上，大连市的渔业产值占农业总产值57%。我省渔业“十五”及2010年规划总目标是渔业资源大省向渔业经济强省跨越，近海渔业农牧化，养殖良种化，大力发展精品渔业、设施渔业、特色渔业和增殖业。为此，辽宁省和大连市的水产业及其养殖业现代化建设，需要一大批复合型高级专门人才。

大连水产学院水产养殖重点学科，现有教授17名，副教授13名，其中博士9人，硕士19人。已形成稳定且具特色的5个研究方向，其中，水产无脊椎动物育种及其增养殖和水产养殖生态学与养殖水质学在全国高校中居领先水平，曾获国家级科技成果奖3项。目前，承担国家基金及成果推广项目11项，辽宁省及农业部科研项目18项。具有承担重大科研项目的基础条件和环境条件，并拥有农业部和辽宁省海洋水产增养殖学与生物技术重点开放实验室。

另外，大连水产学院水产养殖学专业于“九五”和“十五”期间，持续承担教育部高等教育教学改革项目，并先后荣获高等教育国家级教学成果一等奖和二等奖各1项。本专业在全国40余所高校水产养殖学专业中，是唯一荣

获国家级高等教育教学成果奖的单位。

综上所述，大连水产学院水产养殖重点学科，具有为振兴辽宁老工业基地和实施建设教育强省目标的基础条件，以及开展科技攻关与培养高层次人才的潜力。在今后几年里，通过重点建设，进一步为辽宁渔业大省向渔业强省跨越，以及建设“海上辽宁”“海上大连”发挥更大作用。

三、建设目标及主要建设内容

（一）指导思想及总体建设目标

1. 指导思想

认真贯彻《关于加强高等学校重点学科建设的若干意见》（辽教发〔2004〕37号）精神，以及重点学科为地方经济现代化建设服务的方针；遵循学科建设发展规律，根据振兴辽宁老工业基地、建设教育强省和渔业强省的要求，紧密围绕“海上辽宁”“海上大连”建设，以及渔业现代化建设；坚持教育创新，科研创新，以人为本，与时俱进，体现时代性，尊重劳动，尊重人才，尊重创造；坚持科学发展观，坚持科学研究、人才培养、队伍建设、条件建设与制度建设，坚持协调发展的原则，把大连水产学院水产养殖学科建设成为国内一流重点学科。

2. 总建设目标

水产养殖重点学科在3年内建设成为二级学科博士学位授权点，5～6年内力争建设成为国家级重点学科，成为我国北方地区水产养殖高级人才培养基地、科研基地和信息中心。

（二）2010年建设目标和建设任务

1. 建设目标

按照国家级重点学科的各项指标要求，水产养殖学科到2010年达到国家重点学科的总体水平。

2. 建设任务

学术队伍建设。通过多种途径，使其学术队伍建设成为具有国内先进水平的、结构合理的学术梯队，其中博士生导师10名。

科学研究。年均承担国家级科研项目5～7项，省（部）级项目10～15项，科研经费500万元；至2010年获国家级水产科技成果奖2项，省级奖20项；年均发表论文60～70篇（其中SCI收录10篇），出版著作3～5部。

人才培养。年均培养本科生120人，硕士生60人，博士生10人。

物质条件建设。新建学科基础实验室和学科功能实验室5个，人才培养、科研和生产三结合校内科教基地1个（培养水体2 000 m^3），校外科教基地10个。

（三）2007年建设内容和建设项目

水产养殖学科按照总体建设目标，2005～2007年开展的主要建设内容及建设项目，综合概述如下：

1. 学术梯队建设

按照优化结构，适当增加数量，不断提高学术水平和综合素质的基本思路，对水产动植物增养殖（含设施渔业）、生态渔业与水产养殖安全生产、遗传改良与生物技术、病害防治（医学）和水产动物营养与饲料等五大学科群，全面持续、有计划地进行建设，年均引进3～4名博士和增加2～3名教授。

2. 人才培养

深化人才培养模式和管理机制改革，提高人才培养质量，注重创新精神、综合能力和综合素质培养。本科生、硕士生、博士生在校人数比例，由2.5∶1∶0改变为1.5∶1∶0.2，适当提高研究生比例和人才培养层次。

3. 科学研究

主要研究内容与项目如下：

（1）水产养殖繁育。星鲽、鳕等土著海水名优鱼类人工育苗与养殖，黄颡鱼等优质淡水鱼类产业化技术；虾蟹类健康养殖；美国硬壳蛤等经济贝类人工育苗及养殖。

（2）养殖水域生态学和渔业环境调控。养殖水域和盐水域生态学研究，海参、虾、蟹等海水池塘生态系统结构与生产力研究，盐水枝角类等海水活饵料开发，轮虫土池持续高产规模化生产性试验；工厂化养殖水质变化规律、调控原理与技术，室外池塘养殖水环境质量变化规律及其调控方法与原理，水质测定方法的改进与水质调控药物的研制。

（3）水产养殖动植物遗传改良。红鳍东方鲀和黄颡鱼等海淡水重要养殖鱼类分子标记育种与性别控制；海参器官再生与良种选育；海胆、海参、贝类等辽宁省海水精品水产动物杂交育种与多倍体育种；海带、裙带菜等大型经济海藻遗传改良。

（4）水产动物医学（免疫、病害防治）。刺参免疫、病害防治研究，鱼类、虾蟹类、贝类重大疾病、常见病的病原、病理、快速诊断、流行规律，以及疾病生态学研究，水产动物疾病档案与病原库的研制，中草药有效成分测定及治疗方法。

（5）水产养殖动物营养与饲料。鱼虾类开口饲料研制，鱼虾贝类系列配合饲料及其添加剂研制与开发。

（6）水产集约化养殖（设施渔业）。工厂化养殖高效设施与养殖工艺研究。

4. 教育创新

根据“十一五”期间实施“高等学校教学质量和教学改革工程”有关文件精神，深化水产养殖本科、硕士研究生教学改革，以提高2个层次教学质量为宗旨，以培养学习能力、实践能力、创新能力和综合素质为核心，创建人才培养新模式。

5. 功能实验室建设

根据人才培养和科学研究需要，主要建设下列几个功能实验室：

（1）水产养殖动物健康活体培养实验室。饲养水体600 m^3，设有调温、曝气和水质测定装置。

（2）水产动物患病活体培养实验室。饲养水体300 m^3，设有调温、曝气等装置。

（3）水产动物疾病预防、病理、药理、微生物检测、免疫实验室。设有常规检测与研究设备及仪器。

（4）养殖水体水质监测与处理实验室。设有水质自动化在线监测系统、室内及室外便携式水质测量仪器。

（5）水产动物营养与饲料实验室。设有常量与微量营养物质分析测定、饲料及其添加剂研究，以及粉碎、成型、测定等装置。

四、资金筹措和年度资金安排

（一）资金筹措

学校按辽宁省高校重点学科年度专项经费2倍比例配套资金，融合农业部不定期专项经费和纵、横向科研经费，以及校外科教基地单位定向资助。本学科年度建设经费总计约150万元。

（二）年度资金安排

年度	辽宁省重点学科专项经费（万元）	学校配套资金（万元）	农业部和协作单位（万元）
2005	30	60	60
2006	30	60	60
2007	30	60	60

五、建设进度实施计划

自2005年起，按本规划全面开展重点学科建设工作。其中学术队伍建设，力争每年增加教授2～3名，引进博士3～4名；人才培养，年均招收本科生90～120人，硕士生60人左右；科学研究工作，每年积极争取新增各级纵向项目15～20项，横向项目10项左右，年均获省、市以上科技成果奖3～5项，发表论文60篇，出版著作3～5部。

申请博士授权点和实验室建设等项工作的实施进度计划如下：

2005年：

（1）水产养殖学科申报并批准博士授予权点。

（2）申报教育部“高等学校教学质量和教学改革”教学改革项目“创建本科和硕士研究生人才培养新模式”。

（3）起步建设水产养殖动物健康和病害活体培养实验室、水产动物疾病功能实验室、养殖水体水质监测与处理实验室和水产动物营养与饲料实验室。完成各实验室的实施方案、房间准备等事项。

2006年：

（1）实施博士点和“高等学校教学质量与教学改革工程”项目建设工作。

（2）具体实施上述5项功能实验室建设方案，并基本建成，投入使用。

2007年：

（1）深入进行博士点和“高等学校教学质量与教学改革工程”项目系列工作。

（2）充实完善上述5项功能实验室，并建立规范性管理制度，提高其利用效率。

六、预期效果分析

本学科在辽宁省教育厅和学校党委领导及大力支持下，自2005年起，严格按本规划全面开展建设工作，调动学科全体人员的积极性，坚持民主决策和科学决策，学科带头人、研究方向负责人和全体人员发扬拼搏奉献、艰苦奋斗、团结协作精神，真抓实干，力戒浮躁，决心按期完成重点学科建设规划。3～5年后，水产养殖重点学科学术队伍的学术水平会有大幅度提高，科研成果的数量和层次会有所增多和提高，培养的高级专门人才质量和综合能力也会有所提高和增强，实验室的设备和运行水平达到省内领先水平。

五、其他

大连水产学院教职工住房分配方案

（1994年5月18日）

根据国务院〔1983〕193号文件、国家教委教计〔1993〕38号文件、《中国教育改革和发展纲要》《中华人民共和国教师法》及有关知识分子政策、干部政策、离退休政策和住房制度改革的基本精神，结合我院住房实际情况，制定本方案。

一、基本原则

（1）分配住房，要立足于全局，有利于调动广大教职工的积极性，有利于教师、干部、工人三支队伍的团结、稳定，有利于促进综合改革、教学、科研、后勤、校产、管理等各项工作顺利进行。

（2）既要考虑到我院以前住房分配政策的连续性，又要从现有房源和教职工住房的实际情况出发，合理分配住房。

（3）分配住房以综合计分为依据，具体计分内容为工龄、职务（职称）、职龄、奖励、附加分等5项。

（4）这次分配住房只分2个档次，即高职、正处级为第一档（即建筑面积66 m^2以上），其余教职工为第二档。博士后、博士在第一档定位，第一档分配余下的房源，列为第二档分配。

（5）7号楼内，建筑面积在66.6 m^2以上的住房按三室分配。

（6）养殖楼2室房作为一室半房源分配。

（7）子女在12周岁以上的教职工，按分排队分不到一室半房时，可照顾直接进入一室半住房排队选房。

（8）居住房产或外单位住房的教职工因标准不够，在不丢失房源的情况下可适当采取贴房的形式来解决个别职工的住房。

（9）根据大连市住房制度改革精神，采取集资建房与购买住房相结合的办法，分配教职工的住房。

（10）在院党委领导下，充分发扬民主，贯彻群众路线，加强法制观念，严格管理，做到房源、计分、分配方案、分配结果等公开，各级领导干部要以身作则，不搞特殊，接受广大群众监督，坚决抵制和杜绝分房中的不正之风。

二、组织机构

（1）成立住房分配委员会。主任和副主任分别由院长和主管副院长兼任，委员19名，其中人事处、院工会各1名领导干部，其余17名委员均为各单位民主推荐人员。

（2）成立监督委员会。由工会牵头，纪委1人，监察1人，教代会选举4人组成。

（3）分房委员会的主要任务。执行分房方案，提出住房分配计划，研究解决在分配住房中遇到的有关问题。

（4）总务处行政科具体执行分房委员会决议，组织实施住房分配计划。

三、分配和调整住房条件

（1）凡属我院在编年满25周岁（1968年9月30日前出生）已婚的男性正式教职工，具备下列条件者，均可申请住房。

① 研究生、工作满3年的大专、本科毕业生。

② 工作满5年的中专毕业生及职工。

③ 原住一室房，离婚后其住房已判借给女房居住的男职工，只限申请一室住房。

（2）凡属我院在编女性正式教职工，具备下列条件者，均可申请住房。

① 异地现役军人配偶（签订住房合同，男方转业后必须退房）。

② 夫妻双方均为我院教职工，女方综合计分高的可以申请住房。

③ 离婚后确无住房的女职工，可依据政策参加分房，但须签订住房协议，再婚后无条件交回。

（3）已退休教职工的住房确有特殊困难的，经分房委员会研究适当解决。

（4）现住市房产和外单位有居住权房源的教职工，不能以转让他人为由在本次分房中申请住房。

四、计分项目与标准

1. 工龄分

自参加工作之月起，每年计1分，研究生、大学生在校学习期间计分房工龄，还乡青年（初中毕业以上学历）还乡时间1968年9月～1976年9月折半计算分房工龄。离退休职工的工龄计算至离退休之月。

2. 职务（职称）分

正处级、副教授40分；副处级、1988年12月31日之前批准的中级职称35分；中级职称、1988年12月31日之前任职的正科级33分；正科级、27年以上

（含27年）工龄的职工30分；初级职称、副科级、17年以上（含10年）工龄的职工26分；科员、技术员、10年以上（含10年）工龄的职工22分；10年以下工龄的职工20分。

3. 职龄分

1993年9月30日以前批准的中级职称、副科以上人员，每年计0.3分；不足1年的按月计分。

4. 奖励分

范围：获市、省（部）和国家级科研成果（自然科学奖、发明奖、科技进步奖）和教学成果三等奖以上者和劳动模范。

计分标准（以获奖证书为准）：市级一等奖2分，二等奖1分，三等奖0.5分；省（部）级一等奖3分，二等奖2分，三等奖1分；国家级一等奖4分，二等奖3分，三等奖2分；市级劳动模范2分，省（部）级劳动模范3分，国家级劳动模范4分。获奖人员第一名满分，第二名以70%计分，第三名以60%计分，第四以50%计分，第五名后以40%计分。

计分办法：各种奖励分可累计加分，但计分之和以4分为限。

5. 附加分

获硕士学位者加3分，在职读（不脱产）博士学位者加4分，在职读硕士学位者加1分，侨眷、台属、烈属加0.5分，残疾军人、因公致残人员加1.5分。

五、关于房改问题

为了贯彻大连市住房制度改革精神，在本次分调房中，采取集资建房与购买住房相结合的办法，资金用于建房，以解决教职工住房困难。

1. 集资建房

凡分配到新建住房的住房，每平方米建筑面积集资额为150元，分配到腾空住房的住房，每平方米建筑面积集资额为80元，养殖楼和小北楼每平方米建筑面积集资额为40元。集资建房的住户，免购住房债券。

集资时限为三年半（1994年4月～1997年年底），年利息为3%。

一次交清集资款者，可减10%；分期交款者，必须先交50%，其余50%限半年内交清；逾期不交者，按住房建筑面积每平方米1.80元计收房租（在房改租金有变化时，按实收房租的2.5倍计），直至归还期满。

归还集资的时间和金额：1997年年底前一次还清息。在1997年年底前因工作调动而交回学校住房的，集资款一次性全部返还给本人。

2. 购买住房另文规定

六、有关几个问题

（1）为便于接受广大教职工的监督，在分房过程中，适时将分配方案、房源情况、总计分、分配结果等以简报形式公布。

（2）在同一档次内，按综合计分由高到低为序选房。分数相同时，按来校时间早的、年龄大的依次排列。

（3）本次分房结束后，发现在申请住房中有弄虚作假者，收回住房，并视其情节给予纪律处分和经济制裁。

（4）为了优化师资队伍结构，提高教学质量和科研水平，院领导留3套住房用于引进具有副教授以上职称和高学位急需人才。

（5）领取住房证后自己要求退房的，取消下次分房资格。所退房屋另行分配。

（6）对不按规定时间搬进或腾出住房者，不论何职何由，每日罚款10元。对腾出住房设备有损坏者，必须按价赔偿。

（7）申请住房时间、任职年限、参加工作年限、来院工作时间以及子女年龄计算的截止时间为1993年9月30日。

（8）平时出现3套以下零星住房的调整，由房管部门按照本方案的原则进行分配。

（9）本次住房分配方案，经院教职工代表大会审议通过后生效。如本方案有与以往住房分配方案不符之处，按本方案执行。

（10）本方案的解释权归教代会主席团。

第四章 教育教学研究

新时期新阶段党的教育方针是“坚持教育为社会主义现代化建设服务、为人民服务，把立德、树人作为教育的根本任务，全面实施素质教育，培养德智体美劳全面发展的社会主义建设者和接班人，努力办好人民满意的教育”。

高等教育是在完全中等教育的基础上进行的专业教育，根本任务是培养高级专门人才。“通才教育”“淡化专业”以及过于强调“通识教育”直接弱化了专业教育，其结果必然导致降低专门人才质量。这也是造成行业类应用型专业人才培养质量下降的原因之一。

大连水产学院淡水渔业专业（1996年与海水养殖专业合并为水产养殖学专业）教育教学改革起步于20世纪70年代，自1972年招收“工农兵学员”开始，专业课池塘养鱼学与淡水生物学和淡水化学等专业基础课密切协作开展池塘养鱼实践教学改革，实行教学、科研和生产三结合，建设具有自己特色的淡水渔业教学体系，于1993年荣获普通高等学校优秀教学成果国家级一等奖。“九五”期间承担原国家教委“高等教育面向21世纪教学内容和课程体系改革计划”03-4-3项目“水产养殖学专业（本科）教学内容、课程体系及人才培养方案改革的研究与实践”，2001年获高等教育国家级教学成果二等奖。“十五”期间承担教育部“新世纪高等教育教学改革工程”1292B0611项目“水产养殖学专业（本科）实践教学创新体系的建立与实践”，2005年获高等教育辽宁省教学成果一等奖。“十一五”期间承担辽宁省教育厅高等教育教学改革项目“水产养殖学专业应用型人才培养模式改革的探索与实践研究”，2009年获高等教育辽宁省教学成果一等奖。先后发表论文27篇。2012年系统总结教育教学改革成果，编著出版专著《应用型人才培养模式的研究与实践》。

教育教学研究代表性著作和论文

序号	专著和论文名称	作者	出版社、期刊名称	年份	期数	页码
专著	应用型人才培养模式的研究与实践	刘焕亮　赵文	高等教育出版社	2012		271
论文1	发挥多学科协作优势，建设有特色的专业教学体系-	刘焕亮　何志辉　雷衍之　谢祚浑　桂远明	高等工程教育研究	1994	1	23～27
论文2	坚持教学、科研、推广三结合，努力为培养水产科技人才和渔业经济建设做贡献	刘焕亮	全国高等农业院校教学、科研、推广三结合经验选编	1983		231～238
论文3	面向渔业经济建设，实行“三结合”是水产高校教育改革的方向	刘焕亮	全国高等农林本科院校教学、科研、社会实践三结合讨论会论文资料选编	1987		258～265
论文4	水产养殖类本科专业调整与建设的探讨	刘焕亮	农业部教学指导委员会水产学科教学改革研讨会	1996		
论文5	日本水产高校办学条件、教学机构和管理概况及其分析	刘焕亮	水产高教研究	1988	1	80～94
论文6	日本水产高校海洋渔业、水产养殖和水产食品学专业教学计划综合分析	刘焕亮	水产高教研究	1989	1	75～85
论文7	水产养殖高等教育概况、存在问题与发展趋势	刘焕亮	中国农业教育	2002	2	19～23
论文8	水产养殖学专业（本科）基本业务规格的探讨	刘焕亮	中国农业教育信息	1999		
论文9	面向21世纪水产养殖专业（本科）课程体系和人才培养模式研究	刘焕亮　雷衍之　高悦勉　张泽宇　赵兴文　李永函	高等农业教育	1998	3	32～36
论文10	深化水产养殖专业教学改革，创建面向21世纪人才培养新模式	刘焕亮　雷衍之　高悦勉　张泽宇　赵兴文　王吉桥　周一兵　金送笛	高等农业教育	1999	1	51～53
论文11	实施综合素质教育，全面正确执行国家的教育方针	刘焕亮	农业部教学指导委员会水产学科教学改革研讨会	1996		

续表

序号	专著和论文名称	作者	出版社、期刊名称	年份	期数	页码
论文12	水产养殖学专业（本科）实践教学体系改革的研究	刘焕亮　高悦勉 张泽宇　王吉桥 金送笛	高等农业教育	1999	6	53～54
论文13	水产养殖学专业实践教学创新体系的构建	刘焕亮　刘长发	高等农业教育	2004	1	71～73
论文14	化学和生物学系列课实验教学新体系的建立与实施——水产养殖学专业（本科）实验教学改革的研究与实践	刘焕亮　赵　文	实验室研究与探索	2004	8	8～10
论文15	水产养殖学专业（本科）综合教学实习改革的研究与实践	刘焕亮　李　霞 王吉桥　周一兵 金送笛　刘　青 姜志强	中国农业教育	2004	4	30～31
论文16	应用型专业（本科）生产实习教学目标、实施措施和管理机制创新	刘焕亮　王　毅	东北农业大学学报社会科学版	2004	3	86～88
论文17	创新本科应用型专业生产实习管理机制——水产养殖学专业（本科）生产实习质量评价指标体系的研究与实践	刘焕亮　王吉桥	内蒙古农业大学学报社会科学版	2004	3	86～88
论文18	水产养殖学专业（本科）生产实习质量评价指标体系的研究与实践	刘焕亮　王吉桥 赵兴文　高悦勉 李君丰　张　硕 常亚青　蒲红宇	高等农业教育	2004	6	69～71
论文19	水产养殖学专业（本科）毕业论文工作改革的研究与实践	刘焕亮　李　霞	新世纪全国水产养殖高等教育教学改革研讨会	2002		
论文20	深入开展产学研合作教育，培养具有创新精神、实践能力和创业魄力的水产养殖应用型人才	刘焕亮　赵　文 赵兴文　王吉桥	应用型人才培养模式的研究与实践，高等教育出版社	2012		257～261
论文21	产学研结合培养具有实践能力和创业能力的鱼类养殖应用型人才	刘焕亮　赵兴文 王吉桥	应用型人才培养模式的研究与实践，高等教育出版社	2012		262～266

续表

序号	专著和论文名称	作者	出版社、期刊名称	年份	期数	页码
论文22	在生产实习中开展综合性应用实验和研究（设计）型实验	刘焕亮　赵兴文 蒲红宇　李　强	应用型人才培养模式的研究与实践，高等教育出版社	2012		267～271
论文23	水产养殖学科（专业）改革、建设与发展的回顾与展望	刘焕亮	老同志办学经验文集——大连水产学院50年校庆论文集	2002		17～30
论文24	水产养殖学科（专业）教育教学改革的研究与实践	刘焕亮	老同志办学经验文集——大连水产学院50年校庆论文集	2002		151～161
论文25	水产养殖应用型人才培养模式的研究与实践	刘焕亮	心香一瓣——大连水产学院60年校庆论文集	2012		55～72
论文26	水产养殖学专业（本科）实践教学改革的经验与体会	刘焕亮	心香一瓣——大连水产学院60年校庆论文集	2012		172～182
论文27	水产与生命学院沿革、建设和发展及其经验概述	刘焕亮	心香一瓣——大连水产学院60年校庆论文集	2012		297～308

大连水产学院养殖系淡水渔业专业和水产养殖学专业教育教学改革（研究与实践），持续40余年，成果显著，连续2次获得国家级教育教学成果奖。这在全国同类专业中是唯一的，影响深远，代表了当时我国2个专业本科教育的最高水平，充分体现了重视教学建设、重视教学改革、重视人才培养工作，不仅带动了我国同类专业教育教学改革，而且促进了大连水产学院学科（专业）建设与发展，师资队伍建设，提高了社会声誉。因此，水产养殖系水产养殖学专业2007年入选教育部和财政部“高等学校本科教学质量与教学改革工程”“人才培养模式创新实验区”072项目“水产养殖学专业人才培养模式创新实验区”，2008年入选“高等学校特色专业建设点”TS10160项目“水产养殖学专业国家特色专业建设点”；水生生物学教学团队和水生生物学课程2008年分别入选“国家教学团队”和“国家精品课程”；大连水产学院水产养殖学实验教学中心2009年入选“国家级实验教学示范中心建设单位”。

淡水渔业专业和水产养殖学专业教育教学改革成果，包括人才培养目标及业务培养规格、理论教学体系、实践教学体系及其教学方式和管理模式。反映了我国农学学科门类应用型专业教育教学综合改革的历史性变化规律，具有鲜明的行业特色；也反映了我们自20世纪60年代以来开展教育教学综合改革、认真贯彻执行中国共产党各阶段的教育方针及政策精神的基本情况。

本文综合摘述20世纪70年代至2009年大连水产学院养殖系淡水渔业专业和水产养殖学专业教育教学改革成果。

第一节　创建淡水渔业专业教学新体系

一、多学科协作，建设特色鲜明的教学体系

（一）指导思想

根据党的教育方针和教育要“面向现代化、面向世界、面向未来”的战略思想，坚持社会主义办学方向，培养为社会主义建设服务，与生产劳动相结合，德智体全面发展的高质量的社会主义建设者和接班人；结合淡水渔业专业的特点及其本科教育培养目标，以及教师和学生不同程度脱离专业实际和专业生产劳动的实际情况，把科学研究和专业生产劳动引入实践教学环节，引导学生走与工农结合、与实际相结合的道路，树立辩证唯物主义和历史唯物主义观点、群众观点和劳动观点，热爱水产事业，培养基础理论扎实、外语水平高，以及具有分析问题、解决问题和创造能力的高级专门人才。

（二）基本思路

动物学、组织胚胎学、淡水化学、淡水生物学和鱼类生理学等专业基础课，深入开展教学思想、教学内容和教学方法综合改革，建立各自的教学内容新体系（模式）；与池塘养鱼学等专业课密切协作，以生产实习和毕业论文等实践教学环节为主要结合点，实行教学、科研、生产三结合，确立为专业培养目标服务的教学方向和科研方向，创建具有鲜明特色的淡水渔业专业教学新体系。

（三）主要措施

1. 全面进行课程内容结构改革，建立教学内容新体系

根据专业培养目标要求，动物学、组织胚胎学、淡水化学、淡水生物学和鱼类生理学等基础课及专业基础课的教学内容改革，在保持本学科系统性的同时，力求反

映淡水渔业专业特点，加强实验课和第二课堂活动，注重基本技能训练，为分析和解决生产实际问题以及开展科学研究打下良好基础。池塘养鱼学专业课教学改革，注重理论知识的系统性和实用性，创建实验教学和生产实习新体系。

普通动物学教学内容在保持本课程的系统性、科学性及“三基本”要求的基础上，紧密结合淡水渔业专业特点，以淡水典型动物为代表讲述形态学特征，选用淡水常见种类编制检索表讲解分类知识，围绕池塘和水库养鱼开展第二课堂活动和教学实习（一周），组织三年级学生和毕业生参加淡水底栖动物科学研究活动，培养学生的科学实验能力。

组织胚胎学教学内容在保持本学科系统性的同时，尽量选用淡水养殖鱼类方面的资料，开展理论教学、实验教学和科学实验工作。学生在生产实习过程中采集鱼类胚胎期和胚后期各个发育阶段的系列标本，作为实验教学材料，以及本科毕业论文、硕士学位论文和科学研究的实验材料。通过一系列教学改革，较好地解决了为淡水渔业专业培养目标服务的教学方向和科研方向。

淡水化学实验教学采用近似鱼池水的混浊水样反复实践，加强学生实验操作技术的练习。选择已学完本实验课的学生成立课外科学实验小组，开展较深入的水质调查、分析方法比较实验与毒性实验活动，培养淡水化学骨干生。在教学实习中，安排学生系统地进行1次水质常规全分析并对其结果进行研讨，同时安排部分学生做专题实验，培养学生综合运用水化学知识的能力。在生产实习过程中，围绕养鱼生产安排水化学定时监测和开展水质专题实验，进一步培养学生的动手能力和综合运用知识的能力。有计划地组织学生开展毕业论文和科研工作，以培养科研能力。通过上述教学改革，建立和完善了淡水化学课程的教学体系，包括实验教学、第二课堂活动、教学实习、生产实习、毕业论文等实践教学模式。

淡水生物学是一门新建立起来的专业基础课，根据淡水渔业专业培养目标要求，在教学内容上逐渐进行改革，科学合理地调整了形态、分类和生态等三方面的比例，加大了与养鱼生产关系密切的生态学分量。在教学方法上，加强了实验、实习等实践教学环节，采取课堂实验、教学实习、生产实习、科学研究等多次重复、逐级提高的方式，训练和培养学生的实际操作能力和科研能力。

池塘养鱼学是一门主要专业课。根据专业培养目标要求，在教学内容上，注重建立具有自己特色的内容体系，加深与养鱼生产关系密切的基础理论内容，增加了科研方法、新理论、新知识、新技术和先进生产经验等新进展，并针对养鱼生产和科研需要，增加了实验教学内容。在教学方法和教学安排上，有针对性地培养和加强学生获得信息和处理信能力、分析问题和解决问题能力、科研能力和生产实际操作能力，编写《池塘养鱼学参考文献目录》，人手一册，在生产实习中组织学生对生产中出现的问题及其典型环节开展小型科学实验，以及阶段性专题讨论，并以科研论文形式撰写生产实习报告。以开展科学研究的教学方式，指导本科毕业论文和硕士学位论文。通过上述综合改革实践，池塘养鱼学建立了具有自己特色的教学模式。

2. 专业基础课和专业课协作，深入开展实践教学

淡水渔业专业4年期间，教学实习、生产实习和毕业论文等实践教学计27～28周，先后分3次和3个层次进行。

（1）教学实习2周，学生参加池塘养鱼主要生产环节进行专业劳动，初步了解养鱼生产概况。

（2）生产实习12周，学生在教师和技术人员指导下参加专业生产劳动，掌握生产实践技能；同时以生产中急需解决的关键问题为课题，开展小型科学实验，进行科学实验训练。

（3）毕业论文12～14周，学生在教师指导下，独立开展某方面的研究工作，培养独立分析问题和解决问题的能力，掌握科研方法。

在生产实习中实行多学科协作，专业基础课与专业课密切配合，把生产中迫切需要解决的关键问题作为课题，组织指导学生进行科学实验。自20世纪70年代开始，淡水化学和淡水生物学与池塘养鱼学协作，指导学生进行池塘养鱼学生产实习，把养鱼生产中出现的与水化学和水生生物学有关的问题作为课题，组织学生进行实验研究。诸如，在鱼苗鱼种培育过程中，针对生石灰清塘后鱼苗下塘发生死鱼和鱼苗生长速度快慢不同等现象，引导学生开展清塘后鱼池理化因子变化规律、轮虫等饵料生物发生规律、养鱼池轮虫增殖及利用、鱼苗适时下塘的饵料生物指标、养鱼池塘鞭毛藻类的培养和利用、浮游动物和浮游植物种类组成和生物量对鱼类生长速度的影响、塑料袋充氧运输鱼苗致死因素的分析等多项实验研究，都取得明显效果。实践教学效果很好，不仅加深了学生对基础理论知识的理解，巩固了实验方法，培养了科学实验能力，提高了分析问题和解决问题能力，而且解决了生产中急需解决的问题。

3. 多学科协作，实行科学研究与生产实习和毕业论文相结合

某些大型应用基础性和开发性科学研究课题，如流域性渔业资源调查和规划、养鱼高产应用基础理论研究等项目，涉及的学科多，工作量大，不仅需要多学科协作，而且需要较多青年科技人员在野外开展调查和测试工作。1979～1981年承担原国家水产总局下达的“黄河流域渔业资源调查和渔业区划”大型开发性课题，整个黄河流域贯穿青海至山东等8个省，工作量相当大，组织淡水生物学、水化学、鱼类学、动物学等4门课程8名教师和淡水渔业专业1977级和1978级70余名毕业生开展野外测试工作，完成毕业论文70余篇，撰写《黄河水系渔业资源》专著34万字。

1984～1986年和1987～1990年先后持续6年承担农业部下达的“池塘养鱼高产技术应用基础理论研究”课题，先后组织池塘养鱼学、淡水生物学、淡水化学、动物学、微生物学、组织胚胎学和鱼类学等7门课程17名教师（其中2名教授、6名副教授、3名讲师）、3名硕士研究生，以及每年平均10名应届本科毕业生和30多名三年级本科生在辽宁省海城市西四渔场和吉林省镇赉劳改总队渔场进行野外和校内实验工作。7门课程的教师密切协作，把大型应用基础理论研究课题引入本科生和硕士研究生实践教学和学位论文教学环节中，既培养了人才，又完成了科研任务。

1989～1992年承担农业部下达的“北方鱼类越冬死亡原因及提高成活率研究”课题，先后组织淡水化学、池塘养鱼学、鱼病学、水生生物学、鱼类生理学、生物化学等6门课程14名教师（其中5名副教授、8名讲师）、数十名本科生和2名硕士研究生在黑龙江省齐齐哈尔地区和吉林省吉林市地区开展实验研究工作，多学科协作，实行教学与科研、生产相结合，其研究成果获农业部科学技术进步三等奖。

4. 多学科协作，在渔业科技扶贫实践中实行教学、科研和生产三结合

1987～1989年受农业部委托在山西省沁县开展渔业科技扶贫工作，先后组织池塘养鱼学、淡水化学、淡水生物学和大水面鱼类增养殖学4门课程11名教师（其中2名教授、3名副教授、2名讲师）和数名淡水渔业专业应届毕业生，根据扶贫项目的要求，采取教学、科研和生产相结合的形式，在养鱼生产实践中开展科学研究工作，科研报告作为学生毕业论文。

5. 充分发挥多学科优势，举办高级研修班

受农业部和人事部委托，1992年8月在我院举办了为期18天的“池塘养鱼高产理论和综合技术”高级研修班，大部分学员具有高级职称，分别来自华南、华东、华中、华北和东北五大地区9个省市。组织池塘养鱼学、淡水生物学、淡水化学、组织胚胎学、鱼类生理学等5门课程8名教授和副教授，讲授我院淡水渔业专业多年来承担并完成的水产总局和农业部下达的“养鱼池塘水质生物指标及肥度等级划分”“北方池塘冰下生物增氧促进鱼类安全越冬”“池塘养鱼高产技术应用基础理论”和“池塘轮虫增殖与利用”等多项重点科研成果，为全国各地培训了高级淡水渔业科技人才19名，充分体现了多学科协作的优势。

（四）实践效果

多学科协作，实行教学、科研和生产三结合，把科学研究、专业生产劳动引入教学过程，建设具有自己特色的淡水渔业专业新体系，结出丰富硕果。

1. 全面提高了育人质量

毕业生的专业基础理论扎实，牢固掌握淡水渔业专业生物学和化学两大骨干科学基础理论及基本实验技能，并具有较好的科研能力。诸如，学生参加专业基础实践教学活动，制作养殖鱼类组织胚胎切片5 000余张和幻灯片300余张，鱼类生理学课程论文600篇和科研论文48篇；参加“池塘养鱼高产技术应用基础理论研究”和“黄河流域渔业资源调查”科研工作，撰写毕业论文90余篇。

专业实践能力强，能够独立开展主要养殖鱼类人工繁殖、苗种培育和食用鱼养殖系列技术工作。

政治思想素质和身体素质等综合素质高，具有吃苦耐劳精神和强烈的事业心和责任感，能够独立承担繁重的水产养殖生产劳动。诸如，1981～1983年淡水渔业专业3届应届毕业生70余人结合毕业论文工作，参加原国家水产总局下达的“黄河流域渔业资源调查”科研课题，分别奔赴山东、河南、山西、陕西、宁夏、内蒙古、甘肃和青海各省、自治区进行野外调查工作，工作环境恶劣，冒着生命危险在急流的河段和几百万亩一望无际的大湖里测试各种数据，坚持在海拔4 155 m高原湖区（扎陵湖和鄂陵湖）持续开展调查工作2个多月，克服氧气淡薄、头晕和四肢无力等困难，而且生活条件极其艰苦，经常吃不上饭，完满地完成了调查工作任务。

1988～1990年淡水渔业专业先后百余名三年级本科生、应届毕业生和硕士研究生结合各自的生产实习任务和毕业论文及学位论文，参加农业部渔业局下达的“池塘高产池塘基础理论研究”课题，每年在吉林省镇赉地区养鱼池塘边进行野外测试工作3～4个月，夏季气候干旱炎热，生活环境和食宿条件极差，白天苍蝇成群，晚上蚊子叮咬，在池水中作业难度又很大，一不小心就会跌入水中，有时还要在水下作业，但他们都能认真开展实验研究及各项测试工作，胜利完成学业任务。

1987年对淡水渔业专业数百名毕业生跟踪调查，水产兄弟院校和相关科研院所，以及有关硕士授权单位（学科、专业）和企业、行政管理等用人单位，普遍反映：他们不仅劳动观念强，而且具有较强的独立工作能力、科研能力和组织管理能力，能够独立承担养鱼生产技术工作和渔业资源综合调查工作。诸如，1985届学生于凌杰分配到本溪市水产研究所，担任水库水化学调查技术负责人，较好地完成了工作任务；1982届学生丁建华和许方学，在校期间发明了轮虫休眠卵采集器，解决了分离休眠卵的关键技术，填补国内外空白，毕业后成为山西省水产研究所技术骨干；1986届学生阎先春和张伟担任长春水产研究所养鱼场越冬技术负责人，创造出每立方米水体越冬活鱼2 kg的国内最高纪录；1989届学生任锦帅在吉林省舒兰县高寒地区研究低温培养轮虫新方法获得成功，首次解决了我国北方寒冷地区早春培养鱼苗的廉价活饵料，为发展北方养鱼业做出了贡献。

2. 加速了师资队伍建设

基础课、专业基础课和专业课密切协作，把科学研究和专业生产劳动引入实践教学过程，使基础课和专业基础课教师有机会系统了解专业，学习专业实践知识，明确为专业培养目标服务的教学方向和科学研究方向。这种实践教学模式，使不同学科教师充分发挥各自的专长和优势，知识和能力互补、叠加，明显提高实践教学水平和群体科研能力；不同年龄和不同资历的教师协作，可以相互学习科研思路、方法，以及优良作风。因此，多学科教师协作在建设淡水渔业教学新体系的实践中，促进了师资队伍建设，提高了育人质量，有利于早出成果、多出成果和出好成果。

自1983年以来，参加协作的各学科教师，先后晋升教授3人，晋升副教授6人，晋升讲师6人，5人荣获国务院政府特殊津贴。何志辉教授主持“池塘水质生物等级划分和肥度控制”“黄河流域渔业资源调查”和“池塘养鱼高产技术应用基础理论研究”等科研项目，撰写并公开发表论文30余篇，主编《黄河水系渔业资源》（34万字）和《池塘养鱼生态学》（5万字）专著，主编《淡水生物学》（70多万字）全国统编教材，受到国内外专家好评，并被美国传记学会列入“国际名人录”。雷衍之副教授通过“冰下生物增氧促进鱼类安全越冬”等多项科研和推广活动，学术水平有了大幅度提高，发表多篇学术价值较高论文，受到国内外专家好评，参编和主编《淡水化学》统编教材和《中国内陆水域渔业资源》专著，1986年荣获国家级有突出贡献中青年科技专家称号。李永函教授通过“冰下生物增氧促进鱼类安全越冬”“池塘轮虫增殖和利用”等多项科研项目和推广活动，发表《养殖鱼池轮虫的利用和增殖》等学术价值较高的论文10余篇，受到国内外专家的重视和好评，主编高校专科《淡水生物学》统编教材，参编《中国池塘养鱼学》和《中国内陆水域渔业资源》等专著，荣获辽宁省有突出贡献中青年专家称号。青年讲师赵兴文通过参加“池塘养鱼高产技术应用基础理论研究”等多项科研工作，学术水平迅速提高，发表2篇论文，组织领导能力和思想政治素质提高都很快，1985～1988年连续4年被评为院优秀教育工作者，1990年和1991年被评为院先进工作者，1991年荣获农业部教书育人先进个人称号。

3. 取得一批高水平科研成果

多年来，我们坚持多学科协同攻关和科研为教学、渔业经济建设服务的方向，先后荣获各级重大科技成果奖和科学技术进步奖9项，其中国家三等奖1项，国家教委二等奖1项，农业部二等奖2项和三等奖2项，辽宁省三等奖1项，大连市三等奖和鞍山市一等奖各1项。近期通过农业部、辽宁省和大连市鉴定的重大科技成果4项。在国内外公开发表科技论文86篇，其中获国家级和省级专业学会优秀论文40多篇，一级学术论文25篇；公开出版专著10部，统编高校教材9本。“利用生物增氧促进鱼类安全越冬”获国家科学技术进步三等奖，“黄河水系渔业资源调查”获国家教委二等奖，“中国内陆水域渔业资源”和“池塘水质生物等级与水肥度控制”分别获农业部三等奖，“达里湖渔业资源和利用”获辽宁省三等奖。

4. 编写出版多部特色鲜明的教材

各门课程的主讲教师在建设淡水渔业专业教学体系过程中，进一步明确了专业培养目标对本门课程的具体要求。同时，他们在长期坚持“三结合”实践中，获得大量的第一手科学资料和科研成果，充实和丰富了教学内容，有针对性地编写《池塘养鱼学》《淡水生物学》《淡水化学》《组织胚胎学》《鱼类生理学》《动物学》等具有专业特色的系列教材。每门教材也都具有鲜明的专业性和自己的特色，其共同特点是从不同学科和角度围绕增养殖高产，系统阐述淡水经济动植物的形态、分类、生态、生理生化、环境、饵料的理论和技能，以及增养殖理论和新经验、新技术。《动物学》以淡水动物为主要代表种类，阐述形态结构和分类学等系统知识。《组织胚胎学》以淡水养殖鱼类的鱼苗、鱼种、成鱼等各发育阶段为主要对象（材料），阐述其组织学和胚胎学系统知识及其发育规律，并与高等脊椎动物相比较，阐述组织胚胎学系统发育规律。《淡水生物学》以淡水各类普生种类为代表，讲述形态学和分类学基本规律，以池塘、水库和湖泊生态系结构和功能为主，阐述生态学的基本原理和概念，并增加饵料生物定向培养原理和技术。《淡水化学》以池塘、水库等水域为主，阐述水质化学成分的来源、消耗、转化及其与养鱼的关系，以及分析测定方法等。《鱼类生理学》增加了血液、消化吸收、营养、代谢、内分泌等与淡水渔业生产实践有紧密联系的内容，并充实了鱼类消化酶和呼吸代谢方面的科研成果。《池塘养鱼学》建立了具有自己特色的教学内容体系，增加了主要养殖鱼类摄食器官与消化器官发育生物学及其在池塘中生长规律，以及鱼类营养饲料、鱼苗鱼种培育、食用鱼放养模式及其经济效益和鱼类冰下越冬等科研成果。

5. 促进了渔业生产发展

多学科协作把科学研究引入实践教学环节，为生产单位培养养鱼技术人才，指导养鱼生产，推广养鱼新技术，为渔业经济建设做贡献，促进了水产事业发展。几年来，为淡水渔业事业创利润过亿元。其中，为吉林省镇赉劳改总队渔场和辽宁省海城市西四渔场直接创造净利润500多万元；推广"冰下生物增氧促进鱼类安全越冬""池塘养食用鱼高产技术""池塘轮虫增殖与利用"等新技术，为我国北方地区淡水养鱼增加产值近亿元。师生在校外教学基地实习，大幅度地提高了渔场的科学技术水平、管理水平及其经济效益。1987～1989年在山西省沁县进行渔业科技扶贫，为当地建立了一支130多人的养鱼技术队伍，使119个养鱼户富了起来，有13个专业户成了万元户，全县渔业总产值增产近1倍。

6. 举办高级研修班，进一步发挥了教学新体系的社会效益

"池塘养鱼高产理论和综合技术"高级研修班，是我院有史以来第一次举办。该班研修的主要内容包括池塘养殖方式、池塘养殖食用鱼的放养模式、池塘养鱼水质管理、配合饲料和活饵料、北方冰下鱼类越冬、主要养殖鱼类摄食器官和消化器官发育生物学、池塘养殖生态学、鱼类养殖生物学和主要养殖鱼类消化酶等。担任讲座的教师，都是长期坚持多学科协作开展教学和科研工作的主要人员，学术水平高，科研能力强，经验丰富。研修班学员普遍反映收获很大，充分发挥了淡水渔业专业教学新体系的社会效益。

（五）经验与体会

（1）建设应用型专业教学体系，必须坚持社会主义办学方向，认真贯彻党的教育方针和教育"面向现代化、面向世界、面向未来"战略思想，坚持教育与专业生产劳动相结合、与社会实际相结合的原则。

（2）多学科协作创建学科（专业）教学新体系是一项系统工程，不是一件容易的事情，牵涉的课程门数多，工作量和难度大，持续时间长，要求组织领导者具有较高的综合能力和综合素质，熟习高等教育教学规律和学科（专业）建设规律，能够组织多门课程，团结协作，真抓实干，克服各种困难，才能取得优异成绩。

（3）基础课、专业基础课和专业课多门课程协作建设专业教学体系，必须统一思想、统一认识、统一行动，围绕专业培养目标各自建立具有自己特色的课程教学体系及教学模式。这是建设具有特色的专业教学体系的重要基础。

（4）多学科协作，建设能够主动适应社会主义市场经济需要的应用型专业教

学体系，必须把科学研究和专业生产劳动引入教学主要环节，特别是实践教学环节；坚持以生产实习、毕业论文等实践教学环节为主要结合点，以教学、科研、生产相结合为主要方式。

（5）开展大型应用型科学研究，应当实行多学科协作，坚持教学、科研、生产相结合，充分发挥各自的专长和优势，以及知识与能力互补、叠加作用，以多出人才、多出成果。

二、国家级优秀教学成果一等奖

（一）成果名称和完成人

（1）名称：充分发挥多学科优势，建立具有自己特色的淡水渔业教学体系。

（2）完成人：刘焕亮、何志辉、雷衍之、谢祚浑、桂远明、翟宝香、李永函、王吉桥、赵兴文。

（左起）前排：雷衍之、刘焕亮、何志辉、谢祚浑

后排：赵兴文、李永函、翟宝香、桂远明、王吉桥

（二）鉴定书

（1）名称：充分发挥多学科协作优势，建设具有自己特色的淡水渔业教学体系。

（2）完成人：刘焕亮、何志辉、雷衍之、谢祚浑、桂远明、翟宝香、赵兴文、李永函、王吉桥。

（3）完成单位：大连水产学院。

（4）组织鉴定部门：辽宁省教育委员会。

（5）申报时间：1993年2月19日。

鉴定委员名单

序号	职务	姓名	工作单位	从事专业	职称、职务
1	主任委员	李德尚	青岛海洋大学	水产养殖	教授、博士生导师；国务院学位委员会专业组成员，国家教学科技委专业组成员，国家自然基金专业组成员，中国水产学会江河水库渔业专业委员会副主任委员
2	副主任委员	赵宝昌	大连医学院	生物化学	教授、硕士生导师；博士生导师教师小组成员，辽宁省生物化学学会常务理事，辽宁省高教学会常务理事，中华医学会辽宁分会常务理事
3	委员	罗胜初	大连理工大学	教学管理	教授、教务处长；国家教委工科机械基础课程委员会委员，辽宁省高教管理学会副理事长
4	委员	王如才	青岛海洋大学	水产养殖	教授、博士生导师；中国贝类学会常务理事，青岛海洋大学水产学院副院长
5	委员	王克行	青岛海洋大学	水产养殖	教授、硕士生导师；中国甲壳动物学会理事，中国水产学会海水养殖专业委员会委员
6	委员	赵树仁	辽宁师范大学	生物学	教授、硕士生导师；国家实验室研究会理事，辽宁生物物理学会副理事长，大连市科协委员
7	委员	季达明	辽宁大学	生物学	教授、硕士生导师；辽宁省动物学会理事长，中国动物学会常务理事
8	委员	史为良	大连水产学院	水产养殖	教授、硕士生导师；辽宁省水产学会淡水渔业委员会副主任
9	委员	秦克静	大连水产学院	鱼类学	教授、硕士生导师；中国海洋湖沼学会鱼类学分会理事，辽宁省动物学会理事

（6）鉴定委员会意见：

鉴定委员会经过认真讨论评议，一致认为：

① 大连水产学院刘焕亮等9名教师，通过课程和教学计划的改革以及教师队伍的建设，经过长期实践，建立的基础课、专业基础课和专业课多学科协作的淡水渔业教学体系，符合党的教育方针和社会主义办学方向。

② 动物学、组织胚胎学、淡水化学、淡水生物学、鱼类生理学等基础课和专业基础课，根据培养目标和教学计划对本门课的要求，在教学思想、教学内容、教学方法和教学安排诸方面进行了深入改革，确立了为专业培养目标服务的教学方向和科研方向；通过长期实践建立起来的课程教学体系，不仅保持了本学科的系统性，而且在反映专业特点、紧密配合专业教育方面获得了显著成绩，为形成多学科协作的教学体系做出了重要贡献，其中又以淡水生物学和淡水化学较为突出。

③ 基础课与专业课有机联系，紧密协作是本教学成果的中心内容和主要的成功之处。各学科的协作表现在有计划地共同承担教学的各个环节，也体现在共同承担大型开发性和应用基础性等综合性研究课题之中。通过这种协作提高了专业学科的深度和广度，给基础学科注入了活力，带来了生机，从而显著提高了专业教学水平和师生的科研水平。

④ 本成果合理地处理了专业教育中理论教学与实践教学的关系，在保证巩固而系统的理论知识的基础上，加强了实践教学，从而显著提高了毕业学生的实践能力。在多学科协作中长期有计划地以各类实习和毕业论文等实践教学环节为主要结合点，做到教学、科研、生产三结合。在这些实践教学中充分发挥了多学科协作的积极作用，因而提高了培养人才的质量，也提高了科研的深度和广度。

⑤ 多学科协作的教学体系在多方面获得了显著效果：明显提高了育人质量，提高了毕业生的政治思想素质和业务能力，普遍受到用人单位好评；加速了教师队伍建设，提高了参加协作教师的学术水平和管理水平；取得一批重大科技成果，国家级1项、省部级6项、市级2项；公开发表论文86篇，专著10部；出版学术水平较高并具有自己特色的教材10余本，其中《淡水生物学》等统编教材一直被全国水产高校所采用，被评为农业部优秀教材；促进了淡水渔业的发展，为校外三结合渔场获利数百万元。因此，本教学成果不仅具有明显教育效益，而且具有广泛的社会效益和较大的经济效益。

综合上述各点，鉴定委员会认为本成果是高水平的，在全国同类学科中居领先地位，建议在全国水产高等院校中推广应用。

（三）获奖证书

国家级一等奖

大连水产学院

刘焕亮、何志辉、雷衍之、谢祚浑、桂远明完成的教学成果《充分发挥多学科协作优势　建设具有自己特色的淡水渔业教学体系》获一九九三年全国普通高等学校国家级优秀教学成果一等奖。

特颁此状

国家　　员会

九三年九月八日

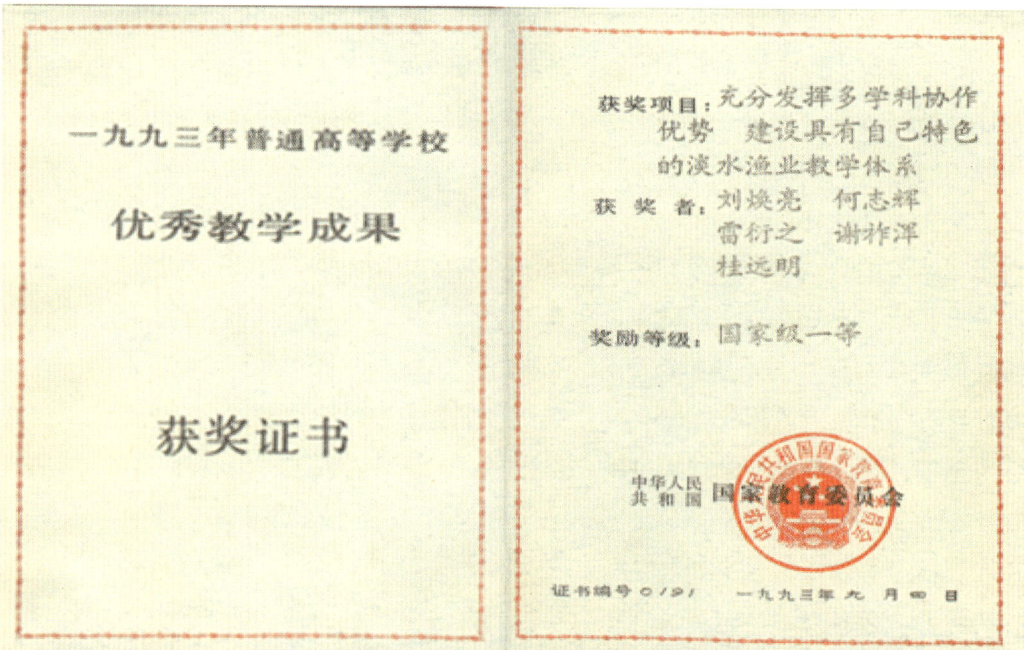

一九九三年普通高等学校

优秀教学成果

获奖证书

获奖项目：充分发挥多学科协作优势　建设具有自己特色的淡水渔业教学体系

获 奖 者：刘焕亮　何志辉　雷衍之　谢祚浑　桂远明

奖励等级：国家级一等

中华人民共和国 国家教育委员会

证书编号 0191　一九九三年九月四日

第二节　水产养殖学专业调整、设置及教育教学改革与建设

一、水产养殖类专业的调整与设置

（一）背景与现状研究

高等教育与基础教育的本质区别在于从事专业教育，培养各类高级专门人才。高校的专业设置、调整、改革与建设受制于科技进步、经济建设与社会发展，毕业生应该全面适应社会发展需要。因此，各类专业的教学内容、课程体系及人才培养模式必须随着科技进步、经济建设与社会发展进行相应的改革。

科学综合化、技术智能化、经济国际化、社会信息化是当今世界发展的总趋势。我国正处于经济体制由计划经济向市场经济转变，经济增长方式由粗放型向集约型转变的两个根本变革时期，社会、经济、科技发展日新月异，近几年来，国家制定了“科教兴国”伟大战略决策。新中国成立50年来，水产业及养殖业得到长足发展，经过恢复发展和波浪式缓慢发展阶段，于1982年进入持续快速发展时期，1999年水产品总产量达4 212万吨，连续10年居世界首位，水产养殖产量达2 396万吨，持续12年超过捕捞量，是世界养殖产量超过捕捞量的唯一国家。水产养殖面积达400余万公顷，养殖经营方式发生巨大变化，养殖对象不断更新，即海水养殖由传统养殖少数几种海藻，发展为贝类、虾蟹和鱼类数十种，淡水养殖由传统养殖四大家鱼等少数几种鲤科鱼类，发展为鱼类、虾蟹类、贝类和两栖类及爬行类百余种。50年来，全国水产养殖科学技术取得巨大成就，在水产生物遗传育种驯化、水产动物营养与饲料、水产动物（鱼类、虾蟹类、贝类、两栖类、爬行类）和藻类应用基础理论与综合技术、水产动植物病害防治等方面都取得系列的创造性成果。总而言之，水产养殖业的发展推动了水产养殖学专业改革。

国内外高校的专业设置也随着社会发展进行多次调整，由少到细而多，到宽而少。我国水产养殖专业设置，20世纪50年代初仅1种（水产养殖），自60年代开始逐渐分化与增加为7种（淡水渔业、海水养殖、水产动物病害防治、水产动物营养与饲料、水生生物学、水域环境保护、渔业资源），自1998年以来，通过调整与合并等多种方式将前6种专业拓宽为1种（水产养殖学专业）。

随着我国经济体制及增长方式转变以及水产业的发展，特别是水产养殖业的迅速发展与深化改革，社会对水产养殖专门人才的需要量逐年增多，对毕业生的政治思想素质、业务素质、文化素质和身体心理素质等综合素质的要求逐年提高并出现多元化趋势。同时，高校招生、培养与分配制度的深化改革，“两包”（考生上大学由国家包下来，毕业后国家包分配）改为“两自”（学生上大学要自己缴费，毕业后自主择业），社会对专业人才业务规格要求出现多元化。因此，水产养殖类专业的调整以及课程体系和教学内容的改革势在必行。同时，设置水产养殖学专业的高校也越来越多，除上海水产大学、大连水产学院、青岛海洋大学、湛江海洋大学、集美大学、宁波大学设有水产养殖学专业外，许多农业院校也纷纷增设该专业。据不完全统计，全国高校设有水产养殖学专业的总数达40余个。

虽然，我国水产养殖学专业在专业调整、“三结合”办学、课程教学和实践教学体系、教学内容和方法方面都进行了系列改革，也取得一定效果，但尚存在不少弊端，诸如专业设置过细、课程体系不合理、教学内容陈旧，以及偏重业务知识教育，忽视综合素质教育。加上市场经济及其一些政策的负面影响，毕业生的知识面过窄，理论脱离生产实际，解决实际问题能力较弱，缺乏应有的人文社会科学知识，其世界观、人生观和价值观出现一系列问题，缺乏远大理想、全心全意为人民服务思想以及艰苦奋斗的创业精神。

综上所述，我国高等教育事业的改革远远滞后于经济、科技和社会的发展，水产养殖类专业教育也落后于水产业及其养殖业的发展，因此，必须进行专业调整和课程体系、教学内容及人才培养模式改革。

（二）国外比较研究

多年以来，对美国、原苏联、俄罗斯和日本高校渔业类与水产养殖类的专业设置与调整、课程体系和教学管理等方面进行了比较研究，概述如下。

1. 专业设置与调整

专业设置与调整受制于各国社会制度、经济发展水平，也受其社会发展与科技进步的驱动。

实行典型市场经济体制的发达资本主义国家，高等学校受垄断资本和劳动力供求规律的调控，其科系、专业经常进行调整。自20世纪50年代以来，美国、英国、法国、日本等国的高校先后增加理工科专业和文理交叉专业，专业数量变动不大，调整的原则是拓宽专业范围和加强能力培养，以适应科学技术进步、经济建设和社会发展对各类专门人才的需求和提高毕业生就业率。

实行典型计划经济体制的苏联，从20世纪30年代开始，为了适应战后国家建设的需要，高等学校按理工分别建制，按行业或生产部类设置专业，专业分得过窄过细，60年代专业种类达950种。70年代以来，进行2次专业调整，专业目录减少为400余种，专业面大幅度拓宽。苏联解体后，俄罗斯的高教受市场经济的驱动，进行专业调整，纠正单纯以行业设置专业的做法，拓宽专业服务范围，并增设管理学方面的专业，如俄罗斯远东国立渔业工业和经济大学，突出渔业工程和经营管理。

世界各国的渔业资源及其利用状况不同，因此，水产类和水产养殖类专业设置差异很大。美国等西方国家高校设置水产类及水产养殖类的科系和专业较少，有的则不单独设置，如华盛顿大学海洋和渔业科学院只设渔业系，授予渔业科学学士学位；密西西比州立大学野生动物与渔业系和奥本大学的渔业与水产养殖系，分别设渔业管理学和水产养殖管理专业。日本水产教育历史悠久，自1910年东京大学农学部设立水产学科以来，已有90余年的历史，目前，设有水产学科的高校约18所，其中2所单科性水产院校（东京水产大学和下关水产大学校）、5所综合性大学设水产学部，11所综合性大学农学部设水产学科。水产科系与专业的设置基本上是依渔业生产和管理部门的分工而设置的，即海洋渔业（生产）学、水产资源育成学（水产增养殖学）、水产资源管理学、水产食品学、轮机学等5～6个专业，如东京水产大学设海洋生产学、资源育成学、资源管理学、食品生产学等4个专业。俄罗斯设立水产专业的高校有4所，即远东渔业和经济大学、加里宁格勒渔业工学院、阿斯特拉罕渔业工学院、摩尔斯克船海学院，远东渔业和经济学院设水产资源与养殖、工业捕鱼、水产品加工工艺等专业。

2. 课程体系、教学内容和教学环节

综合比较日本6所高校（东京水产大学、下关水产大学校、北海道大学水产学部、长崎大学水产学部、东京大学、广岛大学）和美国2所高校（密西西比州立大学和奥本大学）水产养殖类专业课程体系与教学内容。

（1）日本水产养殖类课程体系和教学内容。高校水产养殖类专业与其他专业的课程设置相似，概分为公共课和专业类课程。公共课为各大学水产学部或农林学部专业共同开设的课程，包括人文科学和社会科学、自然科学、外国语、保健卫生和体育等五大类。公共课一般安排在第1～2学年，综合性大学水产学部的该类课程门数和总学分数高于单科性水产大学。

专业类课程包括专业基础课、专业课和实习、毕业论文等，各校的课程名称和门数差异较大（45～77门）。专业基础课包括化学和生物学两大类课程，专业课程门类较多，偏重于海洋水产增养殖。专业课自三年级进行有序安排。

各高校水产类专业每生必修总学分为131～166，选修课门数多达70～184门。必修课学分比例较低，但差异较大（21.4%～77.7%），外语课学分占总学分（相对学分）为7.2%～10.6%，人文与社科课程相对学分为10.4%～30.3%，基础课相对学分为22.1%～32.9%。专业课比重普遍高于我国。

各教学环节的时间分配：课程讲授时间约为80%；实验课单独设课，相对学分为7%～12%，高于我国（3.6%左右）；实习教学和毕业论文时间较长。

（2）美国水产养殖类课程体系和教学内容。密西西比州立大学和奥本大学的渔业管理学专业及水产养殖管理专业的课程体系结构及其比例差异较大。两校各专业的各种类型课程种类相似，即公共基础课包括数学、英语作文、政治经济学等，专业基础课包括化学类和生物学类课程，专业课包括鱼类及水生哺乳类养殖、养殖与环境学、养殖学原理、水产动物繁育学、专业研讨、水质分析与管理、鱼病学、甲壳类与软体类养殖等，专业相关课包括森林资源、农业机械、土壤科学、家禽与鲇市场、普通昆虫学等，人文社会科学和管理课程包括科技论文写作、社会学、行为学、艺术类课、演讲基本原理、会计学原理、历史、世界名著和世界伟大发明、商业学等。

美国2所高校和我国水产养殖类专业各类课程学分分配如下表所示。

美国密西西比州立大学、奥本大学和大连水产学院水产养殖专业课程体系与学分分配比较

课程类型	密西西比州立大学				奥本大学				大连水产学院	
	渔业管理		水产养殖管理		渔业管理1		渔业管理2		水产养殖学	
	学分	相对学分（%）	学分	相对学分（%）	学分	相对学分（%）	学分	相对学分（%）	学分	相对学分（%）
公共基础课	15	19.4～11.4	15	11.0	13	6.8	18	9.4	62	38.6
专业基础课	63	47.7	52	38.0	94	49.0	98	51.0	63.5	39.6
专业课	21	15.9	23	16.9	24	12.5	24	12.5	21	13.5
专业相关课	10	7.6	15	11.0	12	6.3	12	6.3	6	3.7
人文社科课	24	18.2	31	22.8	32	16.7	28	14.6	8	5.0
必修课	108	82.8	115	84.6	175	91.1	180	93.8	125.5	78.2
选修课	24	18.2	21	15.4	17	8.9	12	6.3	35	21.8
总学分	132～133		136		192		192		160.5	

如表所示，三校的几类课程的学分分配及其比例差异较大。专业基础课学分及其比例，奥本大学最高；基础课学分及其比例，奥本大学最低，大连水产学院最高；专业课学分及其比例，各校的差异不大，密西西比州立大学偏高；人文社科与管理课学分与比例，密西西比州立大学最高，大连水产学院最低；选修课比例，美国2所高校并不高；总学分，奥本大学最高。

综上所述，日本高校水产养殖类专业的选修课较多，其他方面各校的差异不大。这说明，我国水产类的专业设置、课程体系与日本和美国的差异不大，但具体教学内容尚需进一步深入研究。

（三）专业调整与设置

我国高等教育框架，中华人民共和国成立前，基本上是搬用欧美和日本的，科系和专业种类较少；新中国成立后，根据苏联的办学经验，按行业设置专业，至20世纪60年代初基本上形成了苏联型的高等教育模式，专业设置较多，服务面过窄。自20世纪50年代初至今，我国高教的专业设置先后进行过6次调整，1953～1980年专业总数由215种增为1 343种，1987～1998年又由671种减少为249种，其变化轨迹：少→细而多→宽而少。

我国水产养殖类专业设置与调整的变化也是由少到多，然后又由多到少。20世纪50年代初，水产养殖类专业仅1种；60年代以来，水产养殖专业逐渐分化增多至7种，即淡水渔业、海水养殖、水产动植物病害防治、水产动物营养与饲料、水生生物学、水域环境保护、渔业资源；1998年根据拓宽专业面和培养复合型人才精神，将前四种专业合并为水产养殖学专业，后两种专业分别并入生物科学和海洋渔业科学与技术专业。

大连水产学院1995年开始进行水产养殖类专业调整，经过系统研讨与准备工作，将淡水渔业和海水养殖专业合并为水产养殖学专业，1996年上半年制订了教学计划并于9月招收90名学生进行预试点工作，1997年招收90人进行正式试点工作。

二、水产养殖学专业教育教学改革与建设

（一）培养目标及学业标准

培养目标和学业标准是专业教育的核心内容。它反映毕业生应当具备的知识、能力和素质，也是专业教育教学改革的重要内容。

随着水产养殖业的深化改革与发展，水产养殖学专业的业务培养规格不断进行

改革，并呈多元化趋势。《水产养殖学专业（本科）基本业务规格的探讨》论文，具体论述了面向21世纪水产养殖专业本科业务培养规格，以及毕业生应具备的知识与能力。作为1997级试点班的培养目标和基本业务规格，实施效果良好。

1. 培养目标

水产养殖学专业培养目标系培养德智体全面发展的复合型高级专门人才。

在德育方面，热爱祖国，拥护中国共产党领导，掌握马列主义、毛泽东思想和邓小平理论基本原理，为祖国现代化建设服务，为人民服务；具有为国家富强、民族昌盛而奋斗的志向、事业心、责任感和艰苦奋斗精神，以及热爱劳动、遵纪守法和团结合作的品质；具有良好的思想道德、社会公德和职业道德修养。

在智育方面，具有一定的人文社会科学和自然科学基本理论知识，辩证唯物主义的逻辑思维能力和创造能力；具有水产动植物增养殖、病害防治、营养与饲料、渔业水质科学等方面的基本理论、基本知识和基本技能，以及开拓进取和创新精神；能够在教育、科研、管理部门和水产养殖企业从事教育教学、科学研究、行政管理和水产养殖生产的高级专门技术人才。

在心理、体育方面，对矛盾、困难、挫折、突发事件具有一定承受力，具有一定的体育和军事基本知识，掌握科学锻炼身体的基本技能；具有健康的体魄和良好的体育锻炼和卫生习惯，达到国家规定的大学生体育锻炼和军事训练的合格标准。

2. 学业标准

学业标准系毕业生应具有的业务知识和能力。

（1）掌握数学、物理、化学等基本理论知识，掌握形态与分类、生理、生态、生化、遗传育种等现代生物学基本理论及基本实验技能。

（2）牢固掌握主要养殖鱼类、贝类、甲壳类及藻类（2～3类）人工育苗、苗种培育及成体养殖生物学原理，以及主要养殖生产环节的关键技术。

（3）掌握水产动植物病害防治、水产动物营养与饲料、养殖水域环境科学的基本知识、基本理论和基本技能。

（4）掌握养殖水域渔业资源和生态环境调查、合理利用和规划的基本知识和基本方法。

（5）初步掌握现代化水产养殖的主要设施和设计要求、水产品捕捞与加工等基本技能和渔业经营管理的基本知识。

（6）具有计算机的基本理论、基本知识、应用与开发能力。

（7）能利用一门外语阅读专业文献，撰写论文摘要。

（8）了解与本专业有关的生命科学、水环境科学和增养殖学的学科前沿、发展趋势及新技术。

（9）熟悉水产资源保护、环境保护、水产养殖、捕捞、渔政及水产品贸易等方面的有关方针、政策和法规。

（10）掌握文献检索、资料查询的基本方法，具有独立获取知识、提出问题、分析问题和解决问题的基本能力和开拓创新精神，具有一定的实验设计、创造实验条件、观察测定、数据归纳整理、结果分析、撰写论文的科学研究和组织管理等实际工作能力，以及参与学术交流的能力。

3. 专业方向及其业务要求

在水产养殖学专业中设立水产经济动植物增养殖、水产经济动植物病害防治、水产动物营养与饲料、渔业水质（渔业水质调控）等4个专业方向。

水产经济动植物增养殖专业方向的教学目标：使学生较系统掌握与水产经济动植物增养殖有关的生物学、水环境学、增养殖学等基础理论、应用理论知识及基本技能，掌握其增养殖生产技术。

水产经济动植物病害防治专业方向的教学目标：使学生较系统掌握与诊断和防治病害有关的微生物、病毒、药理、病理等基础理论、基本知识和基本技能，牢固掌握病害防治技术。

水产动物营养与饲料专业方向的教学目标：使学生较系统掌握与生产和应用饲料有关的生理、生化、营养等基础理论、基本知识、基本技能，初步掌握各种添加剂和配合饲料配制的关键技术。

渔业水质专业方向的教学目标：使学生系统掌握与渔业水质鉴别有关的化学、生物学、环境学等基础理论、基本知识、基本技能，掌握渔业水质调查分析和优化养殖水域环境的综合技术。

（二）课程体系的构建与优化

根据水产养殖学专业培养目标及其学业标准以及各个专业方向的业务要求，按照加强基础理论，拓宽知识口径，加强实验教学，增设人文、社科和经管课程，建立相关课程与专业方向模块课程和扩大选修课比例的基本思路，构建与优化课程体系。新课程体系由公共基础课程，专业基础课程，专业方向模块课程，专业相关课程，人文、社科、经管综合类课程5类课程构成。

1. 公共基础课程（必修）

政治理论课、大学生修养、法律基础、第一外语（英语、日语、俄语）、计算机、高等数学（含线性代数）与概率统计、物理学原理及生物应用、体育等16门课程，计1 058学时，62学分（16学时为1学分，体育课32学时为1学分）。

2. 专业基础课程（必修）

专业基础课程共16门，1 016学时，65.5学分。

（1）化学类课程：无机与分析化学、有机化学、生物化学和水化学等5门课程，计296学时，18.5学分。

（2）生物学类课程：动物学、植物学、微生物学、遗传学、动物生理学、鱼类学、水产饵料生物学、组织胚胎学、细胞生物学、生物组织切片技术等11门课程，计720学时，45学分。

3. 专业方向模块课程（选修、*为必选）

专业方向模块课程分4种系列：

（1）水产增养殖专业方向模块课程：*鱼类增养殖学、*贝类增养殖学、甲壳类增养殖学、藻类栽培学、*水产动物营养与饲料学、*水产动植物疾病学、水产育种学、生物饵料培养、观赏鱼类养殖、游钓渔业、特种水产动物养殖、棘皮动物增养殖12门课程，计488学时（必选256），30.5学分（必选16）。

（2）水产动植物病害防治专业方向模块课程：除水产动植物疾病学外，尚设有*药理学与毒理学基础、*水产动物病理学、水产动物免疫学、水产病原微生物4门课程，计160学时（必选80），10学分（必选5）。

（3）水产动物营养与饲料专业方向模块课：除水产动物营养与饲料学外，尚设有*饲料添加剂、*饲料加工工艺与设备、饲料质量分析检验、饲料工业管理与市场营销4门课程，计144学时（必选80），9学分（必选5）。

（4）渔业水质专业方向模块课程：除水化学外，尚设有*水环境化学原理、*仪器分析、养殖水环境管理学、生物监测、水污染控制工程、环境与微生物等6门课程，计296学时（必选112），18.5学分（必选7）。

4个专业方向模块课程计26门，1 088学时（必选336），68学分（必选21）。

4. 专业相关课程（选修）

藻类学、贝类学、植藻生理学、光学显微镜、电镜技术、专业英语、水产养殖土木工程、水产捕捞学、水产学概论9门课程，计560学时（必选96），35学分（必选6）。

5. **人文、社科、经管等综合类课程（选修）**

世界政治经济与国际关系、公共关系、中国传统文化概论、现代科技与社会、大学语文、科技写作；现代管理学概论、市场经济概论、水产养殖企业经营管理、渔业技术经济学；管理心理学、健康教育；文献检索、数学建模、第二外语、统计电算化、计算机绘图。17门课程，必选128学时，8学分。

6. **主干学科**

生物学、水环境科学、水产增养殖学。

7. **主要课程**

鱼类增养殖学、甲壳动物增养殖学、贝类增养殖学、海藻栽培学、水产动植物疾病学、水产动物营养与饲料学、水产育种学、水产饵料生物学、水化学、养殖水域生态学。

（三）课程内容体系改革

1. **系列课程与各门课程改革的基本内容及要求**

（1）系列课程改革和建设的基本内容及要求。系列课程包括化学类、生物学类、专业类（含实践教学）等三大系列课程。系列课程改革的基本内容包括改革思路及其方案，即该系列课程在水产养殖学专业人才培养方案中的地位与作用、理论体系与实验体系、教学内容比较研究，以及改革的科学性、先进性及特色。

（2）各门课程改革和建设的基本内容及要求。根据专业培养目标和业务培养规格，明确本门课在本专业和系列课程中的地位和作用。制定本门课程的业务培养规格，即通过讲授、实验、实习、第二课堂活动、科研等教学环节，使学生掌握的基本理论、基本知识、基本技能和基本素质。

制定和修改教学大纲（教学目标、业务规格要求、基本内容与要求），并比较说明具体改革内容，即删掉的内容（与前期和后续课程重复、不适用的传统内容）、增加的内容（现代理论新发展、科技新成就）、内容体系的变动及其特色（含理论和实践内容与改革前比）、学时变动情况（与过去比，理论与实验比例变动）。

教学方式、教学方法、教学手段的改革与建设，内容包括课堂讲授、实验、第二课程、实习、科研、CAI等电化教学诸方面的改革方案与总结。

2. **研制教学大纲**

按照上述要求以及“学时要少，内容要新，水平要高，效果要好”目标，改革和建设每门课程。每门课程都要精简内容，引进科技新成果；相关课程间要解决教学内容重复、交叉渗透和更新问题，并明确重复内容的课程定位问题。在此基础上，按统一规格撰写教学大纲。

（1）教学大纲格式。课程教学大纲规范化内容包括基本业务规格（教学目标、教学要求）、讲授内容（按章阐述基本要求和主要内容）、实验与实习名称、主要内容和基本要求，并列出学时与时间分配表。

（2）课程教学大纲。研制新的教学大纲66门，其中包括公共基础课、专业基础课、专业课、专业相关课和人文社科与管理类课程等五大门类。

基础课包括政治类课程、外语、数学、物理、计算机等11门课程；专业基础课包括化学、生物学两大类课程，14门；专业课为水产增养殖课程（10门）、水产病害方向课程（5门）、水产动物营养与饲料方向课程（5门）和渔业水质方向课程（6门），计26门；专业相关课程8门；人文、社科、经管课程7门。总计66门。

（四）人才培养方案

根据国家高等教育教学改革精神，综合分析国内外高等教育现状与经验，以及我校水产养殖类专业多年来的办学经验及1996级试点情况，代表03-4项目组制定《水产养殖学专业（本科）人才培养方案》。

本方案1996年研制完成，在1997级进行试点，1998年3月公开发表，经过多次修改，2000年4月末定稿。内容包括指导思想及基本原则、培养目标及业务培养要求、专业方向及教学目标、课程体系、实践教学体系和人才培养模式及教学环节安排，并附课程讲授与实验教学环节学分分配、实践教学环节时间安排和课程体系结构分析等3个表，规定了毕业生应该获得的总学分、必修课学分、选修课学分、实践环节学分和计算机上机的最低学时。

（五）实践教学体系

根据水产养殖业实践性和季节性强以及作业条件艰苦等特点，正确处理养殖生产的阶段性与教学渐进性及连续性的关系，适当增加实践教学时间，坚持多学科协作，把单门专业基础课的教学实习改革为多门课联合进行的综合教学实习，以实践教学为结合点，把科学研究、专业生产劳动引入教学过程，围绕养殖生产典型环节安排教学，注重培养学生政治思想素质、实践能力和心理身体素质等综合素质，经过反复研究与实践建立具有自己特色的实践教学体系。实践教学体系由综合教学实习、生产实习、毕业论文或毕业实习3个层次构成。

1. 综合教学实习

综合教学实习以“养殖水域渔业资源调查与利用”为主要内容，调查分析养殖水域（海水或淡水）化学组成、饵料生物和水产经济动植物资源状况及其利用情况。教学目标是复习巩固水化学、浮游生物、底栖动物、鱼类、甲壳动物、贝类、水生植物与大型藻类等课程内容及科学实验方法，培养综合调查和分析问题能力，从感性上初步建立水产养殖业的总体概念。

2. 生产实习

生产实习包括“海藻栽培生产实习”和“鱼类、虾蟹类与贝类等水产动物增养殖综合生产实习”。养殖动物生产实习分鱼类、贝类、虾蟹类三大组，分别进行人工繁殖和苗种培育，使学生学习掌握养殖对象主要生产环节的关键技术。每个学生只参加（自主选择）1类生产实习。

3. 毕业论文

毕业论文第7学期开始（柔性），第8学期结束，根据具体情况可以适当延长时间。毕业论文的基本内容，通常是与水产经济动植物养殖、病害防治、水产动物营养与饲料、渔业水质等有关的生物学、化学、生态学基础理论、应用基础理论和应用技术。每生一题，在教师指导下独立进行实验研究工作，最后撰写学位论文。

4. 毕业实习

学生自愿申请选择毕业实践教学形式，教师根据学生的学习成绩及拟就业方向确定其参加毕业实习或毕业论文。毕业实习系多生集体去生产单位结合某项或多项生产任务独立进行养殖生产，基本内容包括水产经济动植物增养殖、病害防治、水产动物营养与饲料和渔业水质测定，以及与其有关的科技成果推广和开发等。毕业实习目标系牢固掌握主要生产环节的关键技术及其管理能力，撰写有一定科学水平的实习报告或论文。

（六）人才培养模式与教学环节安排

1. 人才培养模式

按系招生、管理和培养，按需择业。学生入学后第1～5学期完成基础课和专业基础课教育；第6～8学期完成专业方向教育，按国家、社会需要和个人意愿选择2个专业方向，即除必须选修水产经济动植物增养殖专业方向外，尚需选修另外一个专业方向，并完成所修专业方向的生产实习和毕业论文。学生也可按规定跨学科选学辅修专业课程。

2. 教学环节安排

理论教学与实践教学环节安排，应当注意两者的时间长短（占总学分比例）和科学性。各院校可根据各自的实际情况进行适当变动。

（1）课程讲授与实验教学环节。课程讲授与实验教学环节的学分、学时和学期的具体分配如下表所示。

课程讲授与实验教学环节学分分配

序号	课程名称	学分	学时	讲课	实验	上机	课外	开课学期
	一、公共基础课（必修）	62	1058	38.6%				
1	马克思列宁主义原理	2.5	36	36			18	2
2	马克思列宁主义政治经济学原理	1.5	26	26			12	4
3	毛泽东思想概论	1.5	26	26			10	1
4	邓小平理论概论	3.0	48	48			22	3
5	思想道德修养	2.0	34	34			17	1
6	法律基础	1.5	24	24			10	3
7	形势与政策	1.0	16	16				2
8	体育	4.0	128	128				1～4
9	计算机公共基础（计算机基础）	3.0	48	24		24	24	1
10	计算机技术基础（计算机程序设计）	4.5	72	72		36	24	2
11	大学外语	18.0	288	288				1～4
12	高等数据	5.5	88	88				1
13	普通物理	4.5	72	72				2
14	物理实验	1.5	24		24			3
15	线性代数	2.5	40	40				3
16	概率与数理统计	3.0	48	48				4
17	科英外语	2.5	40	40				5
	二、专业基础课（必修）	63.5	1016	39.6%				
	（一）化学类课程	18.5	296					
18	无机化学	3.0	48	42	6			1
19	分析化学	3.5	56	32	24			2
20	水化学	4.0	64	38	26		16	3

续表

序号	课程名称	学分	学时	讲课	实验	上机	课外	开课学期
21	生物化学	5.0	80	56	24			3
22	有机化学	3.0	48	32	16			2
	（二）生物学类课程	45	720					
23	动物学	6.5	104	66	38			1～2
24	植物学	3.0	48	30	18			2
25	鱼类学	5.0	80	52	28			3
26	微生物学	5.0	80	52	28			4
27	水产饵料生物学	4.0	64	34	30			4
28	组织胚胎学	4.0	64	40	24			4
29	生物组织切片技术	2.5	40	12	28			6
30	动物生理学	5.0	80	59	21		16	5
31	遗传学	3.5	56	41	15			5
32	养殖水域生态学	3.5	56	56				5
33	细胞生物学	3.0	48	40	8			4
	三、专业方向模块课程（选修课）	21	336	13.5%				
	（一）水产增养殖学方向课程	30.5 (16)	488 (256)					
34	*水产动物营养与饲料	3.5	56	35	21			5
35	*水产生物疾病学	5.0	80	53	27			5
36	*贝类增养殖学	3.0	48	48				5
37	*鱼类增养殖学	4.5	72	72				6
38	甲壳动物增养殖学	3.0	48	48				6
39	藻类栽培学	3.0	48	48				7
40	水产育种学	2.0	32	28	4			7
41	生物饵料培养	2.5	40	36	4			5
42	观赏鱼类养殖	1.0	16	16				7
43	游钓渔业	1.0	16	16				7
44	特种水产动物养殖	1.0	16	16				7

续表

序号	课程名称	学分	学时	讲课	实验	上机	课外	开课学期
45	棘皮动物增养殖	1.0	16	16				6
	（二）水产动植物病害方向课程	10 (5)	160 (80)					
46	*药理学及毒理学基础	2.5	40	28	12			
47	*水产动物病理学	2.5	40	10	30			
48	水产病原微生物学	2.5	40	28	12			
49	水产动物免疫学	2.5	40					
	（三）水产动物营养与饲料方向课程	9 (5)	144 (80)					
50	*饲料加工工艺与设备	2.5	40					
51	*饲料添加剂	1.5	24					
52	饲料质量分析检验	2.5	40					
53	饲料工业管理与市场营销	2.5	40					
	（四）渔业水质方向课程	18.5 (7)	296 (112)					
54	*水环境化学原理	3	48	30	18			
55	*仪器分析	4	64	40	24			
56	水污染控制工程	3	48	33	15			
57	生物监测	2.5	40	28	12			
58	环境与微生物	3	48	28	20			
	四、专业相关选修课	35 (6)	560 (96)	3.7%				
59	藻类学	3.0	48	32	16			4
60	贝类学	3.0	48	13	12			5
61	植藻生理	3.0	48	40	8			5
62	光学显微技术	1.5	24	10	14			5
63	电镜技术	1.5	24	19	5			5
64	专业英语	3.0	48					7
65	水产养殖土木工程	3.5	56	42	14			7

续表

序号	课程名称	学分	学时	讲课	实验	上机	课外	开课学期
66	水产捕捞学	2.5	32	32				7
	五、人文、社科、经管等综合类选修课	8	128	5.0%				

注：第1、2、3、4、5、6、7学期的周学时分别为24、26、25、25、25、22、20。带*者为必选课

（2）实践教学环节。综合教学实习、生产实习和毕业论文及时间安排如下表所示。

实践教学环节时间安排

名称	学分	周数	学期	时间
军训	2	2	1	
公益劳动	1	1		
科技实践活动	2*	2		
综合教学实习 （养殖水域渔业资源调查与利用）	5	5	5	9月1日～9月28日
鱼、虾、贝生产实习	10	10	6	3月10日～5月20日（贝类、甲壳类） 4月25日～6月30日（鱼类）
藻类及藻类栽培生产实习	1	1	7	9月1日～9月7日
毕业论文	15	15	7～8	3月10日～6月21日
合计	34	34		

注：可替代其他选修课2学分。*科技实践2学分指在市级以上各种单科竞赛和设计竞赛中获奖或公开发表1篇论文，或在教师指导下完成某项科研工作并提交相应报告（导师签署意见），该学分可替代任选课学分

（3）课程体系结构。各类课程结构和必修课与选修课比例如下表所示。

课程体系结构分析

课程类别	学时	学分	占理论课总学时(%)	修课类型及比例(%)
公共基础课	1 058	62	38.6	必修，78.2
专业基础课	1 016	63.5	39.6	

续表

课程类别	学时	学分	占理论课总学时(%)	修课类型及比例(%)
专业方向课	336	21	13.5	选修，21.8
专业相关课	96	6	3.7	
人文社科经管类课程	128	8	5.0	
合计	2 634	160.5	100	

（七）毕业规定

毕业学生最低应获得195.5学分，其中必修课125.5学分，选修课35学分，实践环节34学分（其中2学分可替代选修课学分），计算机上机应不低于100学时。

三、国家级教学成果二等奖

（一）成果名称和完成人

（1）成果名称：水产养殖学专业（本科）教学内容、课程体系及人才培养模式改革的研究与实践。

（2）完成人：刘焕亮、王吉桥、李霞、桂远明、赵兴文、高悦勉、金送笛、周一兵、张泽宇、刘青、姜志强、胡玉才、雷衍之。

（左起）前排：赵兴文、桂远明、刘焕亮、王吉桥、李霞
后排：刘青、高悦勉、张泽宇、周一兵、姜志强、胡玉才

（二）基本内容

1. 指导思想

全面贯彻党的教育方针、坚持“三个面向”和“高等农林教育面向21世纪教学内容和课程体系改革计划”精神，把握当今世界发展趋势和国内“两个根本转变”的新形势，转变教育思想和更新教育观念，注重综合素质教育和综合能力培养，尤其是实践能力与创造能力的培养，全面因材施教，重视学生的个性发展，正确处理知识、能力、素质关系和传统教学内容与现代化教学内容关系，培养能够适应21世纪社会、经济、科技发展和社会主义现代化建设需要的复合型高级专门人才。

2. 基本思路

根据国内外水产养殖业发展趋势，针对我国水产养殖学专业传统教育模式存在的弊端，按照拓宽专业口径、加强基础理论、拓展知识范围、培养综合能力和提高综合素质的基本思路，把窄口径的淡水渔业和海水养殖专业合并为宽口径的水产养殖学专业，研制人才培养方案，开展教育教学改革，采取边研究、边实践、边完善的原则，全面深入进行培养目标、理论教学体系、实践教学体系、综合素质教育等系列研究与实践，创建适应新世纪需要的“基础扎实、知识面宽、能力强、素质高”的水产养殖学专业人才培养新模式。通过教育教学改革促进水产养殖学省（部）级重点学科学术队伍建设和科研工作，使大连水产学院水产养殖学专业的总体水平达到国内同类专业的领先水平。

3. 主要成果

按照加强基础理论、拓宽知识范围、适当增大选修课比重的原则，创建水产养殖学专业（本科）课程体系，包括公共基础课、专业基础课、专业方向模块课、专业相关课和人文社科经管等综合选修课，计五大类77门课程。新课程体系吸收了日本、美国、俄罗斯等国先进经验，创建11门新课程，将淡水生物学、水生生物学、海洋浮游生物学整合优化为水产饵料生物学和养殖水域生态学，把池塘养殖学、内陆水域鱼类增养殖学、海水鱼类增养殖学合并整合为鱼类增养殖学。坚持“学时要少，内容要新，水平要高，效果要好”和解决内容陈旧、重复、交叉及其更新的原则，构建课程内容体系，研制66门课程教学大纲（20万字）。编著《水产养殖英语》《物理学原理及生物应用》《鱼类增养殖学》《水产养殖学概论》《淡水生态学》《水产饵料生物学》和《养殖水化学》等7部重点教材，前5部已出版发行，其中《淡水生态学》为普通高等教育“九五”国家级重点教材。7部教材名称和内容结构都是全新的，在国内首次编著出版。

4. 改革工作的主要特点

（1）指导思想正确，符合教育部改革计划的基本精神。本项改革全面贯彻党的教育方针、教育要“面向现代化、面向世界、面向未来”、中国教育改革和发展纲要、“教育要全面适应现代化建设对各类人才培养的要求”等系列精神，把握当今世界发展趋势和国内“两个根本转变”的新形势，转变教育思想和更新教育观念，注重综合素质教育和综合能力培养，尤其是实践能力与创新能力培养，全面因材施教，重视学生个性发展，正确处理知识、能力、素质关系和传统教学内容与现代教学内容关系，创建适应21世纪的“基础扎实、知识面宽、能力强、素质高”的复合型专门人才培养模式。

（2）教学改革基本思路清晰，符合高等教育教学改革的基本规律。分析研究我国水产养殖业发展现状和水产养殖学专业存在的弊端，明确水产养殖专业调整和建设方向，转变计划经济严格专业“对口观念”的传统办学思想，树立市场经济“适应观念”的现代办学观念，合并淡水渔业和海水养殖专业，拓宽水产养殖学专业口径。创建理论教学体系、实践教学体系和人才培养模式，改革教学管理体制与制度，全面提高教育教学质量，培养能够适应21世纪社会、经济、科技发展需要的复合型水产养殖高级专门人才。

（3）注重教育教学思想观念转变和基础性研究工作。本项研究工作始终贯彻教育部关于教育教学改革要以转变教育思想和更新教育观念为先导的原则精神。5年来，根据本项改革的研究与实践工作的需要，针对广大教师在教育教学改革中存在的系列问题，以及随着教学内容、课程体系及人才培养模式的深入改革不断出现的新问题，多次在养殖系教师中进行转变教育思想和更新教育观念大讨论，从而提高了广大教育工作者对水产养殖学专业教育教学改革迫切性和必要性的认识，解决了一系列的不适应教育教学改革的传统思想观念，保证和推动了本项研究工作的持续深入发展。

本项改革工作，注重背景与现状研究以及国内外比较研究等基础性研究，系统深入研究了国内外水产业及水产养殖业发展现状和水产养殖类专业教育教学改革的现状与发展趋向，改革成果具有前瞻性、科学性和先进性。

（三）创新点

前瞻性：本项改革1995年8月（教育部1998年颁布新专业目录前）启动，1996年和1997年分别招生90人进行试点。

完整性：创建一套科学、规范、完整的水产养殖学专业（本科）面向21世纪人才培养方案，包括指导思想与基本原则、培养目标与业务规格、专业方向及教学目标、课程体系、实践教学体系、人才培养方式、教学环节安排。

创新性：创建的五大系列11种专业基础课和专业课新体系，以及3个层次的实践教学新体系，符合认识论和能力培养规律。公开发表论文17篇；出版新教材5部，其中《淡水生态学》是普通高等教育“九五”国家级重点教材；研制动物生理学细胞功能CAI课件1套。

先进性：水产养殖学专业人才培养方案系教育部推荐的全国同类专业的规范性方案，专业鉴定委员会认为，本成果的整体水平在全国同类专业中处领先地位。

（四）应用情况

1. 直接应用效果

本项改革成果已应用于大连水产学院水产养殖学专业1996、1997、1998、1999级等4个年级，直接受益学生约420人。1996级86名预试点学生已经毕业，1997级试点班92名学生已修完公共基础课、专业基础课、专业课和部分综合选修课，并完成综合教学实习和生产实习，开始进行毕业论文工作。与改革前淡水渔业和海水养殖专业相比，他们的基础理论扎实，知识面大幅度拓宽，实验技能与创造能力增强，事业心、责任感和艰苦奋斗精神等综合素质明显提高。对1997级71名学生实践教学效果调查，其中对综合教学实习的满意率和较满意率达84.3%，对生产实习的关键技术掌握程度和事业心培养效果的满意率分别达85.4%和89.8%。1996级86名学生的毕业论文学术水平比改革前的几届有明显提高，考取研究生比例高达15%，前几届毕业生为4%～5%。生产实习渔场和用人单位普遍反映，他们分析问题和解决生产实际问题能力以及吃苦耐劳精神和事业心都比以往的学生强。

2. 间接效果分析

5年来，先后取得的系列成果，通过每年一次的农业部高等学校教学指导委员会水产学科扩大会和两岸水产教育研讨会交流、研讨，17篇论文的公开发表，5部教材的出版发行，以及“水产养殖学专业（本科）人才培养方案”的推广应用，为水产兄弟院校、海洋大学、综合性大学和农业院校等60余个水产养殖类专业提供了宝贵经验。

3. 全面推动了水产养殖学科的建设与发展

本项改革的研究与实践工作，严格贯彻执行教育部“有组织、较系统、起点高、主意新、整体性”的指示精神，组织发动养殖系及相关单位的广大教师和管理人员，高标准、严要求。5年来，在取得直接和间接社会效益的同时，全面带动了养殖系的课程建设、教材建设、现代化教学手段应用、实验室与教学基地建设、学术队伍和管理队伍建设，特别是教师队伍建设。自1996年以来，养殖系教师先后5名晋升为教授，15名晋升为副教授，获得省（部）市级科技进步奖15项，发表论文290篇和著作16部，化学和生物学实验室通过辽宁省教育厅合格评估，建立和完善校外教学基础4个，全面提高了水产养殖学科的教学水平、学术水平和管理水平。

（五）鉴定书

（1）成果名称：水产养殖学专业（本科）面向21世纪教学内容、课程体系及人才培养模式的研究与实践。

（2）主要完成人：刘焕亮、王吉桥、李霞、桂远明、赵兴文、高悦勉、金送笛、周一兵、张泽宇、刘青、姜志强、胡玉才、雷衍之。

（3）主要完成单位：大连水产学院。

（4）组织鉴定部门名称：辽宁省教育厅。

（5）鉴定时间：2000年10月26日。

（6）鉴定组织名称：鉴定委员会。

鉴定委员会成员名单

姓名	职务	工作单位	从事专业	职称职务
王如才	主任	青岛海洋大学	海水养殖	教授、博导
谢秉智	副主任	大连理工大学	高等教育学	教授、高等教育研究所所长
韩友文	副主任	东北农业大学	动物营养	教授、博导
谢新连	委员	大连海事大学	航运管理	教授、成教院院长
王彤	委员	辽宁师范大学	化学教育	教授
刘明玉	委员	辽宁大学	动物学	教授、原系主任
唐建武	委员	大连医科大学	医学	教授、博导、副校长

（7）鉴定意见：

鉴定委员会听取了项目的汇报，观看了研究成果录像和动物生理学CAI课件，详细审阅了有关资料，经过认真评议，一致认为：

① 大连水产学院刘焕亮等13名教师，经过5年（1995年8月～2000年10月）的研究与实践，取得的系列成果，符合党的教育方针、“三个面向”和“高等教育面向21世纪教学内容和课程体系改革计划”等精神；该研究工作的指导思想正确，基本思路与框架清晰，起点高，目标明确，具有科学性、先进性、整体性、实用性和可操作性。

② 自1995年起，对国内外水产养殖业及水产养殖类专业教育教学改革的现状、经验和弊端进行了较系统的比较研究，把淡水渔业和海水养殖专业合并为水产养殖学专业，1996年和1997年分别招收90名学生进行试点，具有前瞻性。

③ 研制和构建的水产养殖学专业（本科）业务培养规格、课程体系、人才培养模式，符合科学、拓宽、规范的原则和加强基础、拓展知识、增强能力、提高素质的精神；创建了11门新课程和4个专业方向模块课程，增设了专业相关课与人文社科及管理课程；体现了知识、能力、素质协调发展，具有较好的创造性。

④ 全面开展课程内容改革和撰写出版具有特色的重点教材是本项研究的重要成果。改革教学内容，修订66门课程大纲（20余万字），较好地解决了课程教学内容的重复、交叉、渗透和更新问题，提高了理论教学质量。撰编7部重点教材，已出版5部：《物理学原理及生物应用》《水产养殖英语》《淡水生态学》《鱼类增养殖学》《水产养殖学概论》。其中《淡水生态学》是普通高等教育“九五”国家级重点教材。新教材的特色鲜明，具有创造性。

⑤ 综合教学实习、生产实习和毕业论文3个层次实践教学体系的构建，教学目标分明，符合认识论和能力培养规律，培养和提高了学生的分析问题能力、解决实际问题能力和创造能力，其中综合教学实习更具有创造性。

⑥ 教学方法改革和现代化手段运用取得较好成绩，其中动物生理学研制的细胞基本功能CAI课件，在机能的抽象、微观、动态变化等方面的构思和多媒体三维动画技术应用方面具有创新。

⑦ 本项研究成果获得显著效果，明显提高了育人质量，在1996、1997、1998、1999四个年级中进行教学实践，应用效果好，直接受益学生约420人；通过全国和两岸水产教育研讨会交流，17篇论文的正式发表和5部教材出版发行，推动了我国水产养殖类专业教育教学改革；加速了农业部水产养殖重点学科的教师队伍建设、课程建设和科研工作，1996年以来，先后有5人晋升为教授、15人晋升为副教授，获省部市级科技进步奖15项，发表论文290篇和著作16部。

综合上述各点，鉴定委员会认为，本成果在水产养殖学专业教育教学方面迈出重大一步，取得重大的人才培养效益，整体水平是高的，在全国同类学科中居领先地位，建议在全国高校水产养殖类专业及相关专业中推广应用。

（六）获奖证书

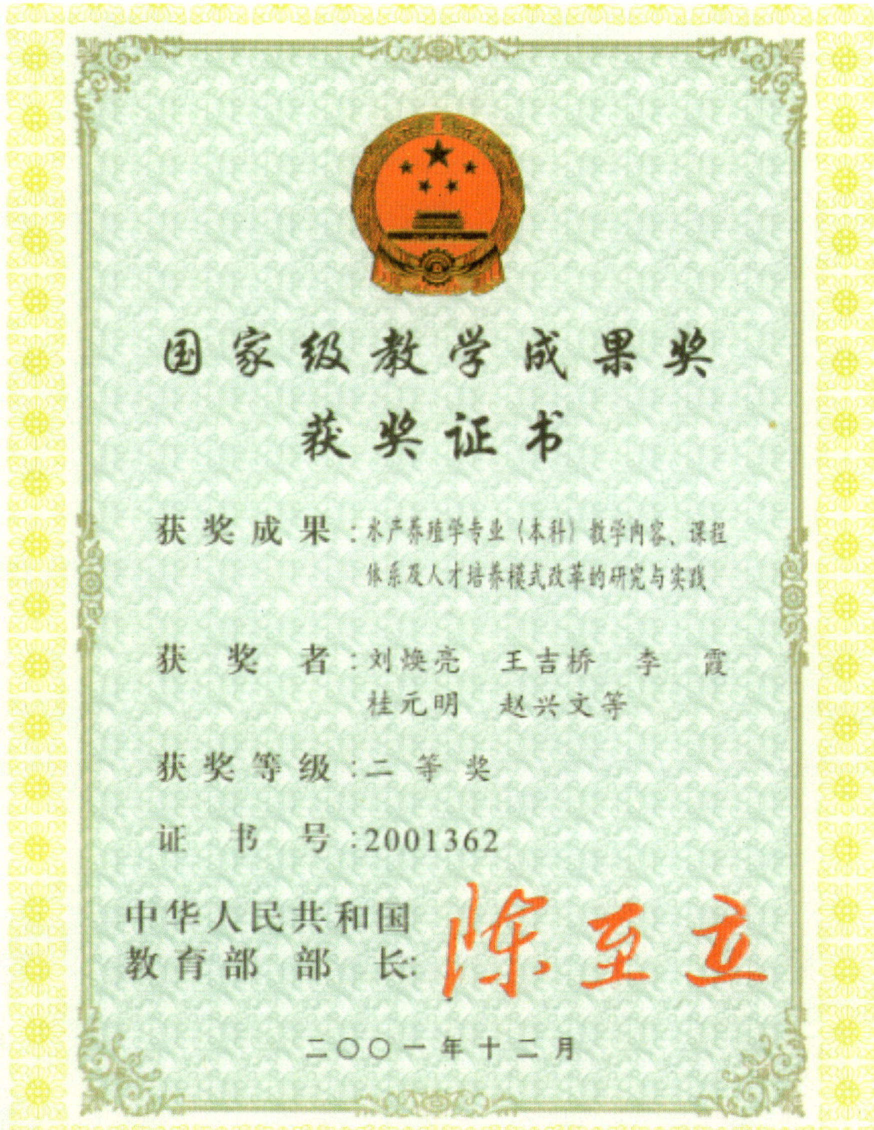

国家级教学成果奖

获奖证书

获奖成果：水产养殖学专业（本科）教学内容、课程体系及人才培养模式改革的研究与实践

获 奖 者：刘焕亮　王吉桥　李　霞
桂元明　赵兴文等

获奖等级：二 等 奖

证 书 号：2001362

中华人民共和国
教育部部长：陈至立

二〇〇一年十二月

第三节　水产养殖学专业实践教学创新体系

一、实践教学体系的改革与建设

本项目是教育部“新世纪高等教育教学改革工程”立项项目（编号1292B0611），2000年5月启动，2002年8月通过中期检查（专家组认为“特色鲜明，实践及示范性强，推广价值大”，增加了资助费），2004年10月30日通过“全国高

等学校教学研究中心”结题验收，11月10日通过中心组织的全国高等学校7位专家鉴定。5年来，根据教育部关于高等教育教学改革的系列精神，组织发动生命科学与技术学院及相关单位的教师与管理人员40余人及千余名学生，进行了系列的研究与实践，取得突破性成果，应用效果显著。

本项目是在研究我国高等教育教学改革现状和总结我校淡水渔业专业教学改革成果（1993年获国家级优秀教学成果一等奖）的基础上，针对水产养殖学专业系淡水渔业和海水养殖2个专业合并而成的新专业（1998年），以及“九五”期间承担的“高等教育面向21世纪教学内容和课程体系改革计划”03-4-3项目取得一定成果（2001年获高等教育教学成果国家级二等奖）的实际情况，遵照“高等教育的任务是培养具有创新精神和实践能力的高级专门人才”和“本科教育的学业标准是使学生掌握本专业必需的基本技能、方法和相关知识，具有从事本专业实际工作和研究工作的初步能力”等精神，通过综合比较研究，确定其指导思想、基本思路和实施方案。

（一）指导思想

全面贯彻党的教育方针、“三个面向”、《中华人民共和国高等教育法》、中国共产党十六次代表大会精神和我国高等教育改革的系列精神，与时俱进，以人为本，把握当今世界和我国经济、科技、社会发展新形势，以及高等教育教学改革和水产养殖业深化改革的发展趋势；转变教育思想和更新教育观念，以提高实践教学质量及其规范管理为宗旨，注重培养综合能力和综合素质；正确处理继承与发展和传统教学内容与现代教学内容的关系，突出实践教学改革的整体性、综合化和实践运用；把项目的组织和实施与水产养殖学科的全面建设密切结合起来；坚持教学、科研、生产三结合和教学人员与管理人员相结合，坚持边研究、边实践、边完善、边推广，力争取得突破性成果。

（二）基本思路

本项目以实验教学、综合教学实习、生产实习和毕业论文等实践教学环节为主线，以实践教学内容结构体系为核心，以培养学生的创新精神、实践能力、创业魄力和综合素质为目的，加强整合，深化改革，注重实践，大胆创新，力求有重大突破，创建水产养殖学专业（本科）实践教学新体系。

（三）背景与现状研究

全面深入开展当今社会对高级专门人才的标准要求，以及应用型专业和水产养殖高等教育教学改革现状与发展趋势的系列研究，把握项目研究与实践方向。

高等教育实现了由精英型向大众化转变，在快速发展的进程中，出现一些影响本科教育教学质量和规范管理的偏颇和问题。如在办学层次上，重视硕、博研究生教育，忽视本科教育；在高校三大任务上，重视科研和创收，忽视教学与人才培养；在本科教学环节上，重视课堂理论教学，忽视实验、实习等实践教学，特别是成本高、难度和质量弹性都较大的实践教学质量下降。

随着市场经济的发展，水产养殖毕业生的就业单位多元化，就业层次基层化。客观形势的变化，要求本科毕业生应具备一定的创新精神，较强的综合实践能力和较高的综合素质，特别是要具有一定的创业魄力。

本项目注重综合比较研究我国本科实验教学、教学实习、生产实习、毕业论文、校内外教学基地建设等现状及发展趋势。

（四）专业基础课实验教学新体系

实验教学是培养专门人才综合性能力的基础性环节，学生在教师指导下，利用实验仪器设备及材料，按照科学方法和操作程序，对物质（物体）进行形态、结构、属性、数量的观察及测定、分析、判断，探索或揭示预定的目标，加深对已学知识的理解，掌握基本方法与技能，培养分析、解决问题的综合能力以及严谨的治学作风和科学素质。

化学和生物学系列课，是水产养殖学专业两大基础性支柱学科，相互渗透与融合，携手培养学生的实验技能、实践能力和科学素质。2000年以来，两类课的实验教学进行了系统而深入的改革，创建了实验教学新体系。

1. 基本思路

选择与水产动物体内变化机理有关的生物化学、动物生理学、营养与饲料等机能学系列课程，以及与水产养殖生态环境有关的养殖水域生态学、水产饵料生物学、普通动物学、鱼类学、贝类学及化学等生态学系列课，进行实验教学内容整合与优化，建立各自独立开设的实验课：水产动物机能学实验、化学实验、水产饵料生物学实验、普通动物学实验和鱼类学实验。实验教学内容结构统一规范为基础实验、综合性应用实验和研究（设计）型实验。

基础实验使学生掌握实验基本理论、基本知识、基本方法和基本技能；综合性应用实验学生综合运用原多门实验课的方法与技能以及本门实验课的基本方法与技能，掌握调查与评价养殖水域渔业资源的方法或掌握水产动物机体正常及异常指标的综合分析与测定方法；研究（设计）型实验使学生受到科学研究的初步训练。

基础实验和综合性应用实验为必修课，研究（设计）型实验为选修课。

2. 内容体系

（1）化学实验教学体系。原无机化学、有机化学、分析化学和水化学实验教学内容，通过删减、整合、优化，形成化学实验教学新体系。改革后的化学实验课包括化学基础实验（一）、化学基础实验（二）和化学研究（设计）型实验3个部分。

化学基础实验（一）内容是无机化学和有机化学基础性实验，化学基础实验（二）内容系水化学实验及其综合性应用实验，化学研究（设计）型实验内容则由若干个独立的小型研究（设计）型实验构成。

教学目标与基本内容：基础实验（一）掌握实验基本方法和仪器设备使用的基本操作技能，定量分析量器的规范操作，各种典型标准液的制备与标定，水硬度、沸点、熔点等物理参数的测定，蒸馏、过滤、结晶、萃取等技能。基础实验（二）掌握养殖水域化学组成的测定方法和有代表性大型化学分析仪器的使用方法，水质指标的常规分析和常用光谱与色谱仪器的使用。综合性应用实验掌握养殖水域（海水或淡水）水样采集，试剂配制，常用水质指标测定，水体初级生产力、底泥耗氧率测定，综合分析水质特点、优劣及与渔业利用关系。研究（设计）型实验掌握养殖水域和盐水域水质调查研究、水质分析与渔业利用评价，养殖水域水质污染物定性定量分析及其评价，集约化养殖用水的净化与排水水质指标调控，等等，以培养发现问题、综合分析问题与解决问题能力以及科学研究能力。

（2）水产动物机能学实验教学体系。以动物生理机能为主线，将原动物生理学、生物化学和营养与饲料实验教学内容，进行删减、整合、优化，形成水产动物机能学实验教学新体系。

实验教学目标及基本内容：基础实验培养学生掌握实验研究水产动物生理生化的基本方法和基本技能以及生理解剖的相关技术，提取与分析测定主要营养物质、酶类和肌肉、神经生理特性等系列方法。综合性应用实验培养学生运用血液等生理生化指标检测技术评价动物健康状况的综合能力，血液成分与生理性能和营养物质的消化、吸收、代谢、能量转变效率的测定分析。研究（设计）型实验培养综合分析问题和科学研究能力，实验研究疾病、营养和水环境因子等对水产动物生理功能的影响。

（3）专业基础生物学系列课实验教学体系。普通动物学、水产饵料生物学、鱼类学和贝类学4门课，各自独立进行实验教学改革，建立普通动物学实验、水产饵料生物学实验、鱼类学实验和贝类学实验的实验教学新体系。

实验教学内容及目标：基础实验分别以无脊椎动物与脊椎动物、水产饵料生物、鱼类和贝类的系统发生为线索，以常见种类和经济种类为代表，观察、测定、解剖其形态结构，鉴别种类；通过解剖和系统观察代表生物，使学生掌握各类生物的主要形态特征，以及分类基本方法和鉴别技能，熟悉常见主要经济水产动植物，掌握其生物学特点。综合性应用实验以养殖水域和盐水域渔业资源调查与合理利用为基本内容，采集、观察、测定水域生态系统及其微生态系统（潮间带或沿岸、浅海、筏笼、海底等）各类生物组成、密度和生物量及生态因子的关系，以及生物学特点；探索与评价水域渔业资源特点和利用前景，巩固所学知识与实验技能，学习和掌握新知识、新技术，培养分析问题和解决问题的综合能力。研究（设计）型实验以养殖水域和盐水域渔业资源调查、评价与开发利用，水产饵料生物的生物学与开发利用，主要水产经济动植物胚后发育生物学，主要增养殖动物（含名优种类）容量研究及其可持续发育等为内容，培养学生收集与处理信息能力、综合实践能力、独立思考和创新精神以及科研能力。

3. 实施方式

（1）实验教学场所。基础实验在实验室中进行，综合性应用实验在综合教学实习中进行或在专用实验室中进行，研究（设计）型实验在教学实验室或功能实验室中进行。

（2）教学方式。以学生为主体和教师为主导，根据实验内容与层次，采用不同教学方式。基础实验，要求学生课前预习指导书；教师讲授实验要点及注意事项，并做必要的示范操作，全程观察学生实验活动，随时辅导解决疑难问题，掌握学生行为表现。综合性应用实验，教师跟班全程指导，重点指导、讲授和进行阶段性总结、研讨，结合相关课程的数据进行必要的专题性综合讲授。研究（设计）型实验，学生在教师指导下，按学分要求自由选择题目，查阅文献，设计实验方案，实施研究过程，观察记录数据，分析归纳实验结果，撰写报告。

（3）考核方式。综合考核实验课成绩，包括预习、提问、实验及其报告、实验理论考试、实验操作考试、小论文等多个方面。

（五）综合教学实习新体系

1. 基本思路

针对招生数量多而难于实施单门课教学实习，学生分析问题和解决实际问题能力较弱以及接触专业实践的时间较晚等实际情况，根据教学实习的性质及其目标要求，选择与养殖水域生态环境相关的水化学、水产饵料生物学、动物学、鱼类学和贝类学等5门课程，以养殖水域渔业资源调查与利用为实习内容和结合点，通过密切协作方式，将单门课教学实习改革为多门课程在同一时间统一进行教学实习，创建综合教学实习新体系。

各门课程从水域生态结构的不同角度进行渔业资源本底调查，实施并完成综合性应用实验教学任务。5门课程统一综合分析实习水域的水质特点，评价资源状况，提出合理利用意见。

通过综合教学实习，巩固所学课程的基本方法和基本技能，学习与掌握养殖水域渔业资源调查的基本内容和基本方法，培养和提高学生的分析问题和解决实际问题的综合能力和综合素质，比改革前提早半年接触水产养殖实践，初步建立水产养殖业的总体概念。

2. 实习水域与参观内容

（1）实习水域。大连市石庙、石槽和黑石礁养殖场贝类与藻类养殖浅海筏区，黑石礁海区潮间带，南关岭淡水养殖场鱼池和大连市儿童公园明泽湖。以大连水产学院校园南侧红崖底海区为主。

（2）参观内容。校内海珍品育苗场、大连湾鱼类与海珍品养殖场和大连市碧流河水库养殖场，人工育苗与培育设施。

3. 实习方式与日程安排

（1）实习方式。5门专业基础课统一时间和地点，联合进行教学实习。学生以班级为单位，分别参加1门课程实习6天，然后有序地轮换4次。

（2）日程安排。前2天，集中讲授养殖水域渔业资源调查与利用的主要内容与方法；然后，分组轮流实习专业基础课24天；而后，参观海水养殖场和淡水养殖场的综合设施与典型生产环节2天；最后2天，学生汇总测试数据并进行交流报告，教师讲授养殖水域渔业资源调查与合理利用总结报告内容、格式及要求。学生撰写综合实习报告（1个月内完成）。

4. 教学目标和业务要求

（1）教学目标。复习和巩固前期所学的无脊椎动物学、水化学、水产饵料生物学和鱼类学的基本内容和实验方法；学习养殖水域渔业资源调查的基本内容和基本方法，初步掌握养殖水域渔资源调查方法与渔业合理利用的综合分析问题能力，培养和提高综合能力与综合素质；从感性上初步建立水产养殖业的总体概念。

（2）业务要求。掌握渔业资源调查所需要的动物学、水化学、水产饵料生物学、鱼类学等方面的基本理论知识和实习技能，运用所学理论知识，综合分析渔业资源调查中的实际问题；熟悉水产养殖生产主要环节及其基本设施，为后续学习专业课以及提高生产实习效果奠定基础。

学生分别撰写4门课实习报告和综合实习报告《养殖水域渔资源调查与利用报告》。

5. 实习效果

（1）教学实习质量高。

动物学。复习、巩固了课堂所学海洋无脊椎动物主要种类的形态与分类的基础知识及方法，学习掌握了海岸环境特点和潮汐活动规律，以及海洋无脊椎动物标本的采集、固定和处理及其鉴定与保存方法，了解海水养殖浮筏污损无脊椎动物对养殖动物的危害及其在生态系统中的作用，发现6种大连地区海洋无脊椎动物新记录。

水化学。复习、巩固了课堂讲授内容与实验方法，学习掌握了水样采集点的选定原则，水样采集、保存和预处理方法，熟练配制基准试剂和一般试剂的方法，熟练掌握一种型号的分光光度计、酸度计、分析天平和离心机的使用方法以及常用水质指标的常规分析方法，熟悉用黑白瓶氧量法测定水体初级生产力和用圆柱形采泥器采集水体底泥方法，初步掌握底泥耗氧率的测定方法，学会运用所测试的数据分析水质变化规律、水质类型以及与养殖对象生长发育的辩证关系。

水产饵料生物学。复习、巩固课堂所学的知识和方法，掌握了海、淡水养殖水域常见水生生物标本采集、固定、观察、鉴定、整理与保存方法和饵料生物的调查方法，鉴别50～60种饵料生物种类，掌握轮虫等饵料动物休眠卵采集、定性和定量方法，了解大型养殖水域鱼产力的基本知识和调查方法，初步掌握了运用饵料生物鉴别水质类型和分析对养殖对象生长发育的影响。

鱼类学。掌握了标本的采集、固定、包装、保存等方法及有关注意事项，鱼类外部形态、可量及可数性状的准确测量方法，种类鉴别和年龄测定、生长、摄食强度、食物组成、性腺发育成熟系数与繁殖力等生物学方法，鉴定近百种未曾定名的鱼类标本。

（2）培养了综合分析问题能力和综合素质。改革前单门课教学实习，地点多为海边潮间带和小型淡水池沼，教学目标及教学要求较低，不利于培养综合能力和综合素质。综合教学实习水域大，内容宽泛且紧密结合水产养殖生态环境条件，多门课交错且相互借助，学生既撰写课程实习报告，又撰写综合实习报告，有利于培养综合分析问题与解决问题能力，并受到科研工作的初步训练。

学生持续4周野外采集和室内分析工作，劳动强度和工作量都很大，有时突遇风浪，乘小木船出海采样，晕船呕吐，磨炼了学生的意志，培养了艰苦奋斗精神；同时，重复进行采样、测定数据、鉴定种类等系列的烦琐工作，培养了从事学术性工作的毅力。学生通过接触养殖生产以及参观现代化海、淡水养殖场，树立了从事水产养殖工作的兴趣与信心，增强了事业心和责任感。

（六）生产实习新体系

专业课生产实习系学生在教师和工程技术人员及技术工人指导下，在养殖场（农场）和工厂（工程现场）或校内教学基地，利用生产设施、劳动工具及资源，按照实习工作计划和教学文件（教学大纲和指导书等），直接参与生产过程，参加生产劳动和经营管理，生产物质产品（养殖鱼类、虾蟹类、贝类……）或构建工程，开展科学实验，以获得感性知识和专业实践能力及提高综合素质为目的的系列实践教学活动。它是实验教学、课程设计（课程论文）、教学实习和毕业设计（毕业论文、毕业实习）等实践教学承上启下的核心环节，全面培养实践能力、创新精神、创业魄力和综合素质的关键教学环节。

目前，我国高校应用型专业生产实习，由于受“淡化专业”和“通才教育”负面影响，以及招生规模过大，教学经费短缺，实践教学场所不足与设备陈旧落后，企业管理体制与机制偏颇，缺少指导教师或实践能力差、素质低等诸多因素制约，出现两种偏向：一是将学生零星分散到企业单位，跟班参加生产劳动，以掌握（熟习）生产操作技术；二是以参观或参与辅助生产劳动为主，没有或很少有直接参加生产关键环节，以至于缺少动手操作的机会，学不到生产基本技术，只能获取一定的感性认识。这两种生产实习方式，学生得不到教师的系统指导，不能有效地学习到生产关键技术，又怎么能够具有分析问题和解决问题能力？

多年来，大连水产学院水产养殖学专业始终把生产实习作为实践教学改革的重点，建立并完善了鱼类、虾蟹类、贝类和棘皮动物生产实习新体系。

1. 教学目标

通过生产实习，使学生初步掌握生产典型产品的基本设施与设备的结构与性能，掌握典型生产环节的关键技术，学会分析和解决生产中常见问题及重要问题的思路与方法，受到科学研究初步训练，了解企业经营管理运作程序和基本方法，培养吃苦耐劳、克服困难和艰苦奋斗精神，以及事业心和责任感。

2. 实施条件与措施

（1）实习场所。应当具有培养水产养殖应用型人才的典型产品，生产规模较大，生产设施较先进，养殖种类较多，生产环节较全面，生产技术水平较先进；领导班子与技术人员的力量较强，具有当今的育人理念和意识；同时具备一定规模的实验教学条件和食宿条件。

（2）实习时间。生产实习时间，应当满足学生参加鱼类养殖（虾蟹类或贝类与海参）主要生产环节（人工繁殖、苗种培育、成体饲养……），一般10周左右。

（3）教学文件。实习工作计划、教学大纲和指导书等教学文件，要健全、规范；教学目标要明确，具有先进性；实习内容要全面，且重点突出，具有可操作性。

（4）指导教师。以专职的专业教师为主，有条件的选配兼职教师；原则上每15名学生配1名教师。指导教师应具有中级职称和协助指导生产实习的经历，实践能力强，有较丰富的生产经验，对工作认真负责，事业心强，有一定组织领导能力和协调工作能力。

上述4项实施条件与措施，实习场所与时间是前提，教学文件是核心，指导教师是关键。

3. 实习方式

以班级为单位（15～30人），在教师指导下集中进行实习，坚持以教师为主导，贯彻“因材施教”，一切从受教育者的实际情况出发，坚持科学、约束和激励相结合的原则。

跟班参加生产劳动。根据实习计划要求和生产实际情况，有计划、分步骤地安排学生跟班参加典型生产环节劳动，学习掌握生产关键技术，在参加生产劳动及其管理过程中，系统测试和收集各种科学数据。

召开研讨会。在生产实习过程中定期举行研讨会，针对养殖生产（人工繁殖与苗种培育……）实际情况（成功、失败事例）及其所出现的有关问题，利用学生跟班劳动所测试和收集的有关科学数据，教师、技术人员与学生一起进行座谈讨论，比较分析成功与失败原因，培养学生分析问题和解决问题能力。

小型科学实验。把养殖生产中出现的问题或急需解决的关键问题，以及适合在养殖生产现场进行实验研究的小型课题，有计划地组织学生开展科学实验，以培养初步的科学研究能力。

全面考核实习成绩。根据学生在实习全程中的行为表现、口试与实习报告成绩，综合评定总成绩，三者权重分别为0.3、0.3、0.4。行为表现包括劳动与工作态度、艰苦奋斗精神、动手操作能力、分析与解决问题能力、实验研究能力与治学作风、团结协作精神以及组织纪律性等内容；口试采用抽题签方式，题签以生产实践内容为主；实习报告成绩依据报告内容的全面性与深度，表述的逻辑性与清晰度，以及收获体会与建议等项内容，进行综合评定。

综合素质教育。通过召开动员会，跟班参加劳动和昼夜值班，亲身参加生产管理，模拟承包管理方式，开展专题研讨、科学实验和典型报告等活动，进行综合素质教育，培养强烈的事业心和责任感以及艰苦奋斗精神。

4. 效果调查与质量评价

生产实习效果调查及其质量评价，是创建管理机制的突破点和核心内容。它体现了管理方式由过程型向目标型转变，管理方法由行政化向民主化转变，管理制度由约束型向激励型转变。

生产实习效果调查。内容包括教学文件与组织、物质准备，指导教师业务水平与综合素质及其表现，实习场所条件与领导、技术人员对人才培养的支持程度，以及实施效果（教学目标完成情况）。实习后期，每位学生无记名填写效果调查表，客观评价实习效果，充分体现学生的主体地位。

实习质量评价。内容包括教学大纲与指导书等教学文件质量，组织工作与物质准备程度，实习内容的科学性、先进性及实用性，教学目标实施与完成程度，学生实习考试成绩与总结报告质量。

实施方式。成立生产实习质量评审组，成员由专家（专业教师）、业务管理人员和院（系）领导组成，实习结束前赴实习现场进行实习质量评价工作；实行学生和指导教师自我评价，以及专家评价与社会评价相结合的运行机制。质量评审组赴实习现场，听取指导教师自评报告，组织学生无记名填写效果调查表，分别召开学生座谈会和承担实习单位的领导及有关人员座谈会，并考察实习场所的物质设备等实况，按照实习质量评价指标体系表逐项打分，综合分析研究、评定生产实习质量及其效果。

（七）毕业实习和毕业论文改革及其规范管理

增设毕业实习环节，以强化学生的实践能力培养，提高毕业生就业率。毕业实习紧密结合毕业论文，贯彻因材施教原则，实行产学研相结合方式。每生必须参加并撰写实习报告。毕业实习时间不少于5周，毕业论文15周，共计20周（12月初至翌年6月初）。

毕业实习和毕业论文内容：鱼类、贝类、棘皮动物、虾蟹类、两栖动物、爬行动物、水生观赏动物和藻类养殖及其应用基础理论，淡水湖泊、水库和盐湖渔业开发，水产生物遗传育种，水产动植物病害防治和水产动物营养与饲料及其应用基础理论，养殖水域生态环境及其调控技术，等等。

每生在第6学期结束前（生产实习末期）自愿选择并确定（师生双向选择）毕业实习内容（可以与生产实习内容相衔接）和毕业论文题目，于第7学期的12月初正式开始。提倡利用暑假及寒假开展实习和论文工作。

实行导师负责制。指导教师全面负责毕业实习和毕业论文工作，于第6学期结束前向学生公布毕业实习（具体内容及其时间）和毕业论文计划书（学生人数、题目名称、方式和场所），并负责其全程的具体指导及总结工作等。

每生独立完成一篇论文。毕业论文基本内容，包括水产经济动植物养殖的基础理论、应用基础理论。论文题目来源于指导教师的科研项目占50%以上。

严格过程管理。召开题目审定会，注重规范论文计划书、实验方案、论文撰写规格、论文评阅与答辩、成绩综合评定。实行评优申报和末位淘汰制度。优秀论文和不及格论文由学院学术委员会进行答辩与评分。每届毕业论文成绩要求优秀＜20%，及格和不及格＞20%，呈正态分布。

通过毕业论文，培养学生收集与处理信息能力、科学实验能力、辩证唯物主义的逻辑思维能力与创造能力、分析问题与解决实际问题能力、文字写作能力，提高了综合素质、创业魄力及就业率。

二、辽宁省教学成果一等奖

（一）成果名称和完成人

（1）名称：水产养殖学专业（本科）实践教学创新体系的建立与实践。

（2）完成人：刘焕亮、赵文、王毅、王吉桥、何洁、姜志强、周一兵、杨风、吴垠、赵兴文。

（左起）前排：何洁、赵文、刘焕亮、王毅、王吉桥
后排：杨凤、赵兴文、周一兵、姜志强、吴垠

（二）成果内容与创新点

水产养殖学专业实践教学创新体系的创建与实施，提高了实践教学质量，为全国高校水产养殖学专业及其应用型专业的实践教学改革树立了典范。

（1）综合比较研究国内外水产养殖类专业高等教育实践教学改革现状、存在的主要问题及发展趋势。

（2）建立、实施与完善水产养殖学专业化学、水产动物机能学、水产饵料生物学、动物学、鱼类学等主要专业基础实验课教学新体系，包括基础实验、综合性应用实验和研究（设计）型实验。

（3）建立、实施与完善综合教学实习新体系，大幅度地提高了教学实习质量，以及分析问题和解决问题能力。

（4）针对水产养殖学专业特点，建立、实施与完善了专业课生产实习教学体系，包括教学目标、业务规格、实施条件与措施、教学方式、成绩考核、质量评价指标体系及其管理机制。

（5）建立与完善毕业实习、毕业论文新体系，包括命题范围与选题、组织方式与程序、规范格式、评阅与答辩、成绩评定与学位授予等。

（6）有形成果丰硕：公开发表论文10余篇，撰写出版水产养殖学专业（本科）

实验、实习教材6部，研制并实施生产实习效果调查及其质量评价指标体系与管理制度等。

（三）应用情况

（1）直接应用效果显著。自2000年立项以来，参与本项改革实践的学生约1 100余人（水产养殖学专业998人，环境工程专业88人，生物技术专业30人）。与改革前相比，学生的实验技能和科学素质、分析问题与解决实际问题能力，以及创新精神、事业心与责任感等诸多方面，都有明显提高，部分学生还具有一定的创业魄力。学生对综合教学实习和生产实习满意率与较满意率分别为82%和86%。社会公认，大连水产学院水产养殖学专业本科毕业生的敬业精神好，实践能力强。多年来，毕业生一次就业率达95%以上，35%～40%考取硕士研究生。中国海洋大学、上海水产大学、中科院海洋研究所等单位普遍认为，我校水产养殖本科毕业生的综合能力和敬业精神强。社会声望不断提高，2001～2004年在辽宁等16个省的招生录取分数比往年提高30～43分（第一志愿率达100%）。

（2）社会应用效果明显。本项目立项以来，除公开发表论文外，2001年11月在上海水产大学召开的“全国水产类高等教育教学改革高级研讨班”和2002年11月在我校主持召开的“新世纪全国水产养殖高等教育教学改革研讨会”上广泛交流了研究成果，受到全国40余所高校100余名与会代表的称赞，其中研究（设计）型实验等实验教学新体系和生产实习新体系，在中国海洋大学、东北农业大学、长江大学动科院等水产养殖学专业中推广应用。项目成果及改革的思路、方法和经验，受到全国水产养殖类高等教育界的好评，取得较好的社会效益。随着实验和实习教材的出版发行（在国内水产养殖类专业中首次出版），其社会效益将日益扩大。

（四）鉴定书

国家级教学成果奖鉴定书

成果名称	水产养殖学专业（本科）实践教学创新体系的建立与实践
完成人姓名	刘焕亮、赵文、王毅、王吉桥、何洁、姜志强、周一兵、杨凤、吴垠、赵兴文
第一完成人单位名称	大连水产学院
组织鉴定部门名称	全国高等学校教学研究中心
鉴定组织名称	专家鉴定会
鉴定时间	2004年11月10日

续表

鉴定意见：

全国高等学校教学研究中心聘请全国高等学校的7名专家组成鉴定委员会，于2004年11月10日在大连水产学院召开会议，对大连水产学院完成的教育部“新世纪高等教育教学改革工程”项目——“水产养殖专业实践教学创新体系的建立与实践”（编号1292B0611）研究成果进行了鉴定。会议听取了项目组的汇报及对有关问题的回答，观看了录像资料，考察了现场，详细地审阅了有关资料，经过认真评议，形成如下鉴定意见。

（1）项目组提供的鉴定材料齐全规范，资料系统完整，数据丰富翔实，结论清楚可信，符合教育教学研究成果的鉴定要求。

（2）本项目经过5年（2000年5月～2004年10月）的时间，完成了“新世纪高等教育教学改革工程”项目认定书中规定的研究任务。在推广应用“高等教育面向21世纪教学内容和课程体系改革计划”03-4-3项目已取得成果的基础上，对水产养殖类专业国内外教学改革现状、实践教学体系构建、基础系列实验教学改革、综合教学实习和生产实习改革等进行了系统研究，取得了一系列成果。

（3）本项目研制和构建了水产养殖学专业（本科）实践教学（实验、综合教学实习、生产实习、毕业论文等）新体系；完善了综合教学实习和生产实习管理机制；创建了水产养殖学专业的化学、水产动物机能学、水产饵料生物学、动物学、鱼类学等5门骨干专业基础系列实验教学新体系；建立了8个水产养殖学专业校外教学基地；公开发表教研论文14篇；出版实验、实习教材6部。

（4）本项目的改革成果的综合教学实习、生产实习、毕业论文和实验教学等新体系，先后在水产养殖学专业1997～2003级学生中进行了实施，直接参加项目实践的本科生1 100余人，提高了学生的创新创业精神和实践能力、综合素质。本成果在校内外召开的全国水产类专业及水产养殖类高等教育教学改革研讨会上进行了交流，产生了广泛的影响，同时推动了大连水产学院生命科学与技术学院的学科建设，社会效益明显。

（5）本项目有以下创新点：

① 创建了水产养殖学（本科）实践教学创新体系。

② 将基础课、专业基础课和专业课实验整合为水产动物机能学实验和生态学系列实验，创建了水产养殖学专业的化学、水产动物机能学、水产饵料生物学、动物学、鱼类学等5门骨干专业基础系列实验教学新体系，强化了综合性应用实验和研究（设计）型实验的内容。

③ 突破了单门课程教学实习的传统模式，以养殖水域渔业资源调查为多门课协作的结合点，构建并完善了多门课（养殖水域生态环境类课程）的综合教学实习新体系。

④ 针对应用型专业特点，构建并完善生产实习教学新体系及其管理机制。

综上所述，鉴定委员会认为，本成果富有创造性、前瞻性、科学性和先进性，在国内同类研究中居领先水平。

建议加大推广力度，使本项成果在水产养殖类专业人才培养中发挥更大作用。

鉴定组织负责人签字：

2004年11月10日

专家鉴定委员会名单

姓名	职务	工作单位	从事专业	职称职务
张玉龙	主任	沈阳农业大学	土壤环境	教授、博士生导师、校长
董双林	副主任	中国海洋大学	水产养殖	教授、博士生导师、副校长
罗胜初	副主任	大连理工大学	教育教学管理	教授、原教务长
熊邦喜	成员	华中农业大学	水产养殖	教授、博士生导师
唐建武	成员	大连医科大学	病理学	教授、博士生导师、校长
王汉忠	成员	山东农业大学	教育教学管理	教授、助理
李铁民	成员	辽宁大学	生物学	教授、博士生导师、系主任

（五）获奖证书

辽宁省教学成果奖
获奖证书

获奖成果：水产养殖学专业本科（实践）教学创新体系的建立与实践

获 奖 者：刘焕亮 赵 文 王 毅 王吉桥 何 洁

完成单位：大连水产学院

获奖等级：一等奖

证 书 号：2005026

辽宁省教育厅

二〇〇五年六月

第四节　水产养殖学专业（本科）人才培养模式

一、应用型人才培养模式的研究与实践

（一）改革背景及其针对的问题

随着我国经济体制与经济增长方式发生根本转变、加入WTO和社会主义市场经济的迅速发展，以及水产养殖业的持续飞跃式发展与养殖技术的现代化，社会及行业对本科毕业生的要求越来越高。

然而，在高等教育实现跨越式发展和大众化转型，以及招生及毕业生数量大幅度增加和本科专业点迅速增多（水产养殖学专业点由6个猛增为40余个）的新形势下，再加上教育投资以及人力资源和物力资源又未能及时得到相应的增加和改善，致使教学质量有所下降，特别是成本高和难度大的实验、实习等实践教学环节被削弱，毕业生的实践能力和综合素质明显下降，并且出现就业难和就业单位多元化及就业层次基层化的局面。

根据《中华人民共和国高等教育法》（以下简称《高等教育法》）规定的高等教育的任务及本科的学业标准和教高〔2005〕1号、教高〔2007〕1号、教高〔2007〕2号文件精神，以及水产养殖学专业应用性强和水产养殖业工作艰苦的实际情况，针对本科毕业生就业难和大连水产学院水产养殖学专业教育教学存在的具体问题，深入进行人才培养模式的综合改革，提高了育人质量。

（二）人才培养模式综合改革

模式是指在教育、企业等社会事业实践活动中发现、分析、总结出来的带有规律性、科学性且稳定的成功的工作思路，并把其总结归纳到一定理论高度，有效指导完成某项任务，达到事半功倍的效果。

人才培养模式是根据教育教学规律和人才培养规律，在实施人才培养实践活动中总结出来的规范性规程。包括指导思想、工作思路、培养目标及学业标准，课程结构体系、教学内容体系等理论教学体系，实验教学、教学实习、生产实习、毕业实习及毕业论文等实践教学体系，教学计划方案及其教学环节安排，与之相匹配的科学的教学方式、方法和手段，各教学环节的素质教育内容与有效措施，以及教育教学管理和评估制度及其管理机制。

根据党的教育方针“教育要为社会主义现代化建设服务，为人民服务，与生产劳动和社会实践相结合，培养德、智、体、美全面发展的社会主义建设者和接班人”“高等学校本科教学质量与教学改革工程”《中共中央国务院关于进一步加强人才工作的决定》和我国社会发展的各个阶段对本科专门人才的要求精神，以及高等教育教学规律及本科人才培养规律、本科应用型专业的固有性质和水产养殖学专业特点，对大连水产学院水产养殖学专业本科人才培养模式进行综合改革。

1. 培养目标及业务规格

（1）培养目标。本专业培养水产养殖应用性复合型高级专门人才（岗位应用型人才），既不同于研究型大学本科培养的“学术型或研究型人才”“学术领军人物”“拔尖创新人物”，又不同于职业技术学院培养的“操作应用型人才”或“技能应用型人才”。

（2）规格标准。培养“基础扎实、知识面宽、能力强、素质高”的水产养殖专门人才，特别是具有一定的创新精神和学习能力、实践能力、创新能力与创业能力，以及事业心、责任感和吃苦精神。

这既符合教育部规范的本科专门人才的培养目标和《高等教育法》规定的高等教育的任务（培养具有创新精神和实践能力的高级专门人才，发展科学技术文化，促进社会主义现代化建设）及本科学业标准（具有从事本专业实际工作和研究工作的初步能力），又适应了就业单位多元化（硕士研究生、生产技术人员和管理人员等）及就业层次基层化的客观形势。

大连海洋大学水产与生命学院定位为教学研究型单位。根据中央关于人才的分类（党政人才、企业经营管理人才、专业技术人才），水产养殖学专业重点培养水产行业所需要的3类人才，即生技术人才、应用基础理论研究人才和行业管理人才。

多年来，我国高等教育界有人主张本科实行“通才教育”，也有“淡化专业”的说法。这些观点和说法不符合《高等教育法》规定的高等教育的任务和本科学业标准，即“高等教育的任务是培养具有创新精神和实践能力的高级专门人才”，本科学业标准“应当使学生比较系统地掌握本学科、专业必需的基础理论、基本知识，掌握本专业必要的基本技能、方法和相关知识，具有从事本专业实际工作和研究工作的初步能力”。高等教育是在完成中等教育的基础上进行的专业教育，是培养高级专门人才的社会活动。高等教育都是按照专业培养高级专门人才，世界上没有不分专业的大学教育，更不可能存在所谓“通才教育”。“淡化专业”的观点也是错误的。这直接弱化了专业教育，其结果必然导致降低专门人才质量；这也是造成行业类应用型专业人才培养质量下降的原因之一。

至今仍有过于强调“通识教育”的倾向，不分高校类型和专业特点一律在本科教育前期普遍增加“通识教育”课程的比例，大幅度减少专业基础课和专业课在教学计划中的比重。这实属是降低毕业生的实践能力和教学质量的下策。

“通识教育”是专业教育的基础，研究型大学、综合性大学和师范类院校非应用性专业，适当增加自然科学和人文科学课程以扩大学生的文理知识面，有利于提高人才培养质量。

但是，水产养殖学专业属于应用型专业，人才培养目标应当是以养殖生产技术人才为主，兼顾应用基础理论研究人才和行业管理人才。

2. 理论教学体系

按照加强基础理论、优化课程结构、拓宽知识口径和适当增加“通识教育”内容的原则，建立水产养殖理论教学体系以及优化课程内容结构。从实际出发，抓住优势，突出特色，重点发展水生生物学、水化学、池塘养鱼学等优势课程，以优势培植特色，以特色强化优势。

（1）建立与完善课程体系。专业课程体系包括公共基础课、学科（专业）基础课、专业方向模块课、专业相关课，以及人文、社科、经管等课程。

公共基础课程（必修）：政治理论课、大学生修养、法律基础、第一外语（英语、日语、俄语）、计算机、高等数学（含线性代数）与概率统计、物理学原理及生物应用、体育等16门课程，计1 058学时，62学分，占理论教学总学分32.96%。

学科（专业）基础课程（必修）：16门，1 016学时，65.5学分，占36.64%。其中，化学类课程有无机与分析化学、有机化学、生物化学和水化学等5门课程，计296学时，18.5学分；生物学类课程有动物学、植物学、微生物学、遗传学、动物生理学、鱼类学、水生生物学、组织胚胎学、细胞生物学、生物组织切片技术和养殖水域生态学等11门课程，计720学时，45学分。

专业方向模块课程（选修、*为必选），占理论教学总学分13.44%，分为4种系列：

水产增养殖专业方向模块课程：*鱼类增养殖学、*贝类增养殖学、甲壳类增养殖学、藻类栽培学、*水产动物营养与饲料学、*水产动植物疾病学、水产育种学、生物饵料培养、观赏鱼类养殖、游钓渔业、特种水产动物养殖、棘皮动物增养殖12

门课程，计488学时（必选256），30.5学分（必选16）。

水产动植物病害防治专业方向模块课程：除水产动植物疾病学外，尚设有*药理学与毒理学基础、*水产动物病理学、水产动物免疫学、水产病原微生物4门课程，计160学时（必选80），10学分（必选5）。

水产动物营养与饲料专业方向模块课：除水产动物营养与饲料学外，尚设有*饲料添加剂、*饲料加工工艺与设备、饲料质量分析检验、饲料工业管理与市场营销4门课程，计144学时（必选80），9学分（必选5）。

渔业水质专业方向模块课程：除水化学外，尚设有 *水环境化学原理、*仪器分析、养殖水环境管理学、生物监测、水污染控制工程、环境与微生物等6门课程，计296学时（必选112），18.5学分（必选7）。

4个专业方向模块课程计26门，1 088学时（必选336），68学分（必选21）。

专业相关课程（选修）：藻类学、贝类学、植藻生理学、光学显微镜、电镜技术、专业英语、水产养殖土木工程、水产捕捞学、水产学概论9门课程，计560学时（必选96），35学分（必选6）。

人文、社科、经管等综合类课程（选修）：世界政治经济与国际关系、公共关系、中国传统文化概论、现代科技与社会、大学语文、科技写作；现代管理学概论、市场经济概论、水产养殖企业经营管理、渔业技术经济学；管理心理学、健康教育；文献检索、数学建模、第二外语、统计电算化、计算机绘图。17门课程，必选128学时，8学分。

（2）改革与优化课程内容结构体系。按照“学时要少，内容要新，水平要高，效果要好”的原则，构建各门课程教学内容结构体系。每门课程都应当精简内容，引进科技新成果。系列相关课程间要科学解决教学内容重复、交叉渗透和内容更新问题，并明确重复内容的课程定位问题。

动物学、组织胚胎学、水化学、水生生物学、鱼类生理学等主要专业基础课的教学内容，在保持本学科系统性的同时，力求反映专业特色；在“三基本”上尽量加强基本技能训练的力度，为分析和解决生产实际问题以及开展科研工作打下良好基础；在教学安排和教学方法上，积极开展实验教学与教学实习改革，开展第二课堂活动，参加生产实习和毕业论文等实践教学，逐步解决为专业培养目标服务的教学方向和科研方向，建立各门课程的教学内容体系。池塘养鱼学等主要专业课，在注重加强实验技能和科研能力训练的同时，加强理论的系统性及其深度与广度。

（3）编写出版优势特色教材。主编出版发行水产养殖学专业实验实习系列特色教材《综合教学实习与生产实习》《化学实验》《水产动物机能学实验》《鱼类学实验》《水生生物学实验》《动物学实验》和《水化学实验》7部（150余万字），“十五”国家规划教材《水生生物学》《水产动物组织胚胎学》《养殖水环境化学》《水产动物育种学》4部，以及“十一五”国家规划教材《水生生物学》《养殖水域生态学》《贝类增养殖学》《水生观赏动物养殖学》4部。

3. 实践教学体系

实施与完善实验教学、综合教学实习、生产实习和毕业实习及毕业论文等实践教学创新体系（具体内容略），增加实践教学学分（59学分），占总学分29.79%，其中实验课占10.3%，实习和毕业论文占17.39%。实验教学单独设课。注重专业能力的培养，使学生具有一技之长（“看家本事”），增强竞争能力。

按照水产养殖学专业培养目标，针对应用型专业特点，遵循由简单到复杂的能力培养规律，把毕业学生应具备的实验技能、分析问题与解决生产实际问题能力、初步的科研能力和科学作风，以及应当具备的事业心、责任感和吃苦耐劳及艰苦奋斗精神，等等，分别科学地定位于实验教学、综合教学实习、生产实习和毕业论文等四大实践教学环节中，构建水产养殖学专业实践教学创新体系；严格过程管理，规范实践教学方式，明确各自的教学目标、内容结构、教学方式、成绩考核及管理机制；规范实验和实习等实践教学文件（工作计划、教学大纲、指导书），撰写出版实验、实习特色教材；按照实践教学所要求的物质保障条件，科学选择综合教学实习和生产实习场地及合作办学基地。

在实践教学过程中注重开展科学素质、治学作风、创业魄力，拼搏奉献、艰苦奋斗和团结协作精神，以及事业心、责任感和劳动观点、群众观点等综合素质教育。

4. 人才培养实施方案

科学制订水产养殖学专业培养方案（教学计划），内容包括培养目标、业务培养规格、专业特点与服务面向、学制、主干学科及主要课程、毕业规定、教学计划进程表、实践教学进程表、学分学时统计表。

附：水产养殖学专业2010级教学计划

一、培养目标

本专业培养德、智、体、美全面发展，具有一定的人文社会科学和自然科学基本理论知识，具有辩证唯物主义的逻辑思维能力和创造能力，具备水产动植物增养殖、病害防治、营养与饲料、渔业水环境科学与技术等方面的基本理论、基础知识和基本技能，具有创新精神和实践能力的应用性复合型水产养殖高级专门人才。

二、基本培养规格

1. 综合素质基本要求

（1）热爱祖国，拥护中国共产党领导，学习掌握马列主义、毛泽东思想和邓小平理论基本原理；愿为我国社会主义现代化建设服务，为人民服务；具有为国家富强、民族昌盛而奋斗的志向、事业心、责任感和艰苦奋斗精神；具有热爱劳动、遵纪守法、团结合作的品质；具有良好的思想道德、社会公德和职业道德修养。

（2）崇尚科学，追求真理，求真务实，勇于创新，拼搏奉献，艰苦创业，团结协作，诚实守信；确立终身学习观念，具有知识更新能力。

（3）具有一定的体育和军事基本知识，掌握科学锻炼身体的基本技能，具有健康的体魄和良好的体育锻炼、卫生习惯，达到国家规定的大学生体育锻炼和军事训练合格标准；对矛盾、困难、挫折、突发事件具有一定的承受力和处理能力；具有较高的人文修养和道德修养。

2. 专业基本要求

本专业的毕业生应具有从事本专业实际工作和研究工作的初步能力，获得以下几方面的知识和能力：

（1）掌握数学、化学等基本理论知识，掌握生物的形态与分类、生理、生态、生化、遗传育种等现代生物学基本理论及基本实验技能。

（2）掌握主要养殖鱼类、贝类、甲壳类、棘皮动物及藻类人工育苗、苗种培育及成体养殖等（2～3类）的生物学原理与主要养殖生产环节的关键技术。

（3）掌握水产动植物病害防治、水产动物营养与饲料、养殖水域环境科学与技术的基本知识、基本理论和基本技能。

（4）掌握养殖水域渔业资源和生态环境调查、合理利用和规划的基本知识和基本方法。

（5）初步掌握现代化水产养殖的主要设施和设计要求、水产品捕捞与加工等基本技能和渔业经营管理的基本知识。

（6）具有计算机的基本理论、基本知识、应用与开发能力。

（7）能利用一门外语阅读专业文献并撰写论文摘要。

（8）了解与本专业有关的生命科学、水环境科学和增养殖学的学科前沿、发展趋势及新技术。

（9）熟悉水产资源保护、环境保护、水产养殖、捕捞、渔政及水产品贸易等方面的有关方针、政策和法规。

（10）掌握文献检索、资料查询的基本方法，具有独立获取知识、提出问题、分析问题和解决问题的基本能力和开拓创新精神，具有一定的实验设计、创造实验条件、观察测定、数据归纳整理、结果分析、撰写论文的科学研究和组织管理等实际工作能力以及参与学术交流的能力。

三、专业特点与服务面向

本专业属典型应用型专业，着重培养具有创新精神、实践能力、创业魄力和综合素质的高级专门人才。多年来，本专业坚持教育教学改革，在教学水平、学术水平和管理水平在国内处领先地位，培养的毕业生具有实践能力强、协作精神好、吃苦耐劳和艰苦奋战的突出特点。毕业生具有鲜明的北方特色和明显的实践能力优势。

本专业毕业生具备水产动植物增养殖、病害防治、营养与饲料、渔业水环境科学与技术等方面的基本理论、基础知识和基本技能，具有开拓进取和创新精神，能在水产养殖生产、教育、科研和管理等部门从事科研、教学、水产养殖开发、管理等项工作。

四、学制与学位

学制：基本学制4年，弹性学制3～6年。

授予学位：农学学士。

五、主干学科

生物学、化学、水产学。

六、主要课程

鱼类养殖学、虾蟹类增养殖学、贝类增养殖学、水产动物疾病学、水产动物营养与饲料、海藻栽培学、遗传育种学、水生生物学、养殖水环境化学、养殖水域生态学。

七、毕业规定

学生毕业最低应取得196学分。其中必修课119学分，选修课27学分，集中实践环节35学分，课外教学15学分。

八、指导性教学计划进程表

修读要求	课程类别	课程编号	课程名称	学分	学时	考核方式	学时分配				开课学期与课堂教学周数							
							理论	实验	上机	课外	一 16周	二 18周	三 18周	四 18周	五 13周	六 8周	七 16周	八 0周
必修课	公共基础课	010031	思想道德修养与法律基础	2.5	40	C	40			8	40							
		010021	中国近现代史纲要	1.5	24	C	24			8		24						
		010011	毛泽东思想、邓小平理论和“三个代表”重要思想概论	4.0	64	S	64			32			64					
		010041	马克思主义基本原理	2.5	40	S	40			8				40				
		100011	大学外语Ⅰ	4.0	64	S	64				60							
		100012	大学外语Ⅱ	4.0	64	S	64					68						
		100013	大学外语Ⅲ	4.0	64	S	64						68					
		100014	大学外语Ⅳ	4.0	64	S	64							60				
		140031	高等数学C	5.5	88	S	88				88							
		140081	线性代数B	2.0	32	S	32					32						
		140061	概率论与数理统计C	3.0	48	S	48						48					
		240011	大学计算机基础	2.5	40	S	32		8	8	40							
		240041	计算机技术基础B	4.5	72	S	40		32	8		72						
		080011	体育Ⅰ	1.0	30	S	30				30							
		080012	体育Ⅱ	1.0	30	S	30					30						
		080013	体育Ⅲ	1.0	30	S	30						30					
		080014	体育Ⅳ	1.0	30	S	30							30				
		小计		48.0	824		784		40	72	258	226	210	130				
	学科基础课	160251	无机化学A	2.0	32	S	32				32							
		160011	分析化学	2.0	32	S	32					32						
		160311	有机化学A	2.0	32	S	32					32						
		160301	养殖水环境化学	2.5	40	S	40						40					
		160451	化学实验Ⅰ	2.0	44	C		44				44						
		160452	化学实验Ⅱ	1.0	28	C		28				28						
		170111	普通动物学	3.5	56	S	56				56							
		170491	普通动物学实验	1.0	24	C		24			24							
		170221	微生物学B	2.5	40	S	40							40				
		170501	微生物学实验B	1.5	32	C		32						32				
		540471	水生生物学	2.0	32	S	32							32				
		540631	水生生物学实验	1.5	32	C		32						32				
		520121	鱼类学A	2.5	40	S	40						40					

续表

修读要求	课程类别	课程编号	课程名称	学分	学时	考核方式	学时分配				开课学期与课堂教学周数							
							理论	实验	上机	课外	一	二	三	四	五	六	七	八
											16周	18周	18周	18周	13周	8周	16周	0周
必修课	学科基础课	520641	鱼类学实验	1.0	24	C		24					24					
		170321	养殖水域生态学	3.0	48	S	48										48	
		160161	生物化学C	3.5	56	S	56						56					
		170391	组织胚胎学	2.0	34	S	34						34					
		170481	组织胚胎学实验	1.0	22	C		22					22					
		170441	细胞生物学B	2.5	40	S	32	8							40			
		170351	遗传育种学	2.5	40	S	40									40		
		170471	遗传育种学实验	1.0	24	C		24								24		
		550171	水产动物生理学	3.5	60	S	48	12						60				
		520651	水产动物机能实验Ⅰ	1.0	24	C		24					24					
		520652	水产动物机能实验Ⅱ	1.0	24	C		24						24				
		520653	水产动物机能实验Ⅲ	1.0	24	C		24									24	
		520181	贝类学	2.0	32	C	20	12					32					
		小计		51.0	916		582	334			112	136	272	220	40	64	120	
	专业课	550031	水产动物疾病学	3.0	48	S	48								48			
		550161	水产动物疾病学实验	1.0		C		24							24			
		520141	鱼类养殖学A*	3.0	48	S	48								48			
		520661	棘皮动物养殖	2.0	32	S	32								32			
		440081	生物饵料培养	2.0	32	C	32								32			
		540331	水产动物营养与饲料	2.0	32	S	32									32		
		520191	贝类增养殖学	2.5	40	S	40								40			
		520591	虾蟹类增养殖学	2.0	32	S	32								32			
		520581	海藻栽培学	2.5	40	C	40										40	
		小计		20.0	328		304	24							256	32	40	

续表

	课程类别	课程编号	课程名称	学分	学时	考核方式	学时分配				开课学期与课堂教学周数							
							理论	实验	上机	课外	一 16周	二 18周	三 18周	四 18周	五 13周	六 8周	七 16周	八 0周
选修课	专业及其方向选修课	390471	湖泊与水库渔业开发	1.5	24	C	24									24		
		540571	水产工厂化养殖	2.0	32	C	32									32		
			网箱养殖	1.5	24	S	24										24	
			游钓与观赏动物养殖	2.0	32	S	32										32	
			水产养殖新技术（讲座）	1.5	24	C	24										24	
			植藻生理	2.0	32	S	32								32			
			微藻生物技术	1.5	24	C	24										24	
			水产药物	1.5	24	S	6	9								24		
		550101	水产动物免疫学	1.5	24	S	24										24	
			水生生物疾病诊断技术	1.0	16	C	16										16	
			水产动物病理学	1.5	24		6	18								24		
		540511	饲料加工设备与工艺B	1.5	24	C	16	8								24		
		540561	饲料质量检验	2.0	32	S	16	16									32	
			饲料经营管理与营销	2.0	32	C	32										32	
		540531	饲料添加剂	2.0	32	C	32								32			
		871191	水产养殖专业研究设计型实验	2.5	60	C		60								60		

续表

	课程类别	课程编号	课程名称	学分	学时	考核方式	学时分配				开课学期与课堂教学周数							
											一	二	三	四	五	六	七	八
							理论	实验	上机	课外	16周	18周	18周	18周	13周	8周	16周	0周
选修课	专业及其方向选修课	170051	分子生物学	3.0	48	C	48									48		
		151351	电镜技术	1.5	24	C	8	16						24				
		151311	光镜技术	1.0	16	C		16						16				
		102511	水产养殖专业英语	1.5	24	C	24							24				
		440111	生物切片技术	1.0	24	C		24								24		
		520151	鱼类营养学*	2.0	32	C	32								32			
		210041	海洋学B	1.5	24	C	24						24					
			水族馆学	2.0	32												32	
		250351	养殖水质调控技术	2.0	32	S	32									32		
		250341	渔业环境监测与评价	1.5	24	C	24									24		
		310081	仪器分析A	2.0	32	C	20	12							32			
			生物物理学										32					
		至少应选修学分及学时		13	208													
	公共选修课	080021	军事理论	1.0	16													
		081201	健康教育	2.0	32													
		人文社科类		每类至少选修一门														
		艺术体育类																
		经济管理类																
		综合科技类																
		至少应选修学分及学时		14.0	224													
课内应修学分、学时与平均周学时				146.0	2 500		1 718	398	40	72	23	23.6	26.7	21.6	22	15	11.6	

注：课程名称后加“*”号者，为双语教学课程；考核方式“S”为考试，“C”为考查

九、集中实践环节数教学进程表

修读要求	课程类别	课程编号	课程名称	学分	周数	考核方式	实践教学类型				安排的学期与周数							
							设计（论文）	教学实习	生产实习	专业实习	第一学期	第二学期	第三学期	第四学期	第五学期	第六学期	第七学期	第八学期
必修课	实践教学	080031	军训	2.0	2	C		2			2							
		870621	综合教学实习（前5周）	5.0	5	C		5							5			
		880151	水产动物养殖生产实习	10.0	10	C			10							10		
		880171	藻类栽培生产实习	1.0	1	C			1								1	
		970121	毕业论文（第7学期后2周）	17	17	C	17										2	15
			小计	35	35		17	7	11		2				5	10	3	15

十、学分学时统计表

项目			学分	学时	占理论教学学分比例
理论教学	必修课	公共基础课	48.0	824	32.96%
		学科基础课	51.0	916	36.64%
		专业平台课	20.0	336	13.44%
		小计	119.0	2 076	83.04%
	选修课	公共选修课	14.0	224	8.96%
		专业及其方向选修课	13	208	8.32%
		小计	27.0	432	17.28%
小计			146.0	2 500	100.36%
集中实践教学环节			35		
课外教学			15.0		
合计			196.0		

5. 开展校企合作教育

合作教育基地（企业），具有培养应用型人才创新精神、实践能力、创业魄力、管理能力以及综合素质的优越条件，是与高校携手培养高级专门人才的重要教育资源。

多年来，大连水产学院先后与北京市中国淡水渔业工程技术研究中心、灯塔市忠信淡水渔业有限公司、盘锦光合水产有限公司、大连獐子岛渔业集团股份有限公司、大连太平洋海珍品有限公司、辽宁省淡水水产良种场、大连市碧流河水库养殖场、大连海洋渔业集团公司、庄河市金砣水产品有限公司等14个单位，建立了长期、稳定的合作教育基地。

在合作教育实践中，认真贯彻教学、科研、生产三结合和“优势互补，互惠互利，共同发展”原则，提高了实践教学质量和企业的经济效益，获得更多、更好的技成果，为创建水产养殖教学实践园、科学试验园和高新技术示范园奠定了重要基础。

（1）校企合作育人环节及教学目标。

第一，开展生产实习工作。使学生初步掌握典型产品的基本设施和主要设备的结构与性能，掌握典型生产环节的关键技术，学会分析问题和解决问题的基本思路和方法，受到科学研究初步训练，了解企业经营管理运作程序和基本方法，培养事业心、责任感和艰苦奋斗精神，以及一定的心理承受力。

第二，进行毕业论文工作。使学生掌握搜集与处理资料方法，学会制订实验工作计划及实施方案，进行科学实验，测定及归纳分析数据，撰写一篇创造性论文，培养分析问题和解决问题的能力，以及一定的科学研究能力，培养团结协作精神，以及严谨治学的科学作风。

（2）校企合作教育教学方式。专业教师兼任企业技术顾问。专业教师分别兼任相应企业的技术顾问，与有关人员共同负责企业的技术工作和人才培养工作。专业教师在企业的工作时间，一般为4～6个月。

本科生产实习。学生自愿选择生产实习内容，在合作教育领导小组以及带队教师指导下，结合养殖场的具体生产环节，严密安排现场教学，跟班参加典型生产环节劳动并收集与测定有关数据，定期召开专题研讨会，结合生产和教学的需要，适当开展科学实验研究工作。

本科毕业论文和硕士论文。学生自愿选择论文题目，在教师指导下提出论文设计方案，与企业技术人员一起论证和修改方案，全部或部分内容在企业中进行实验及其测试工作，并邀请技术人员进行指导。论文的撰写工作，原则上在学校进行，但成文后邀请企业技术人员帮助修改、评阅，并参加论文答辩。

合作开展科研工作。项目类型有2种，一种是企业设立的重大技术课题，邀请学校牵头，双方合作开展研究；另一种是学校承担的上级部门下达的应用型课题，合作企业提供实验条件及一定的技术力量，双方合作进行研究。

（3）合作办学效果。提高了育人质量。大多数毕业生具有一定的创新精神与实践能力，以及吃苦耐劳与拼搏奉献精神，部分学生还具有一定的创业魄力。少数毕业生善于经营管理，敢于独自创业，有的回到家乡后在亲人的热情支持下，租用养鱼池和承包水产良种场、养殖场，独立开展鱼类等水产动物繁育生产及科研开发工作，获得可观的经济效益，有的还成为当地小有名气的专家。

带动了企业的建设与发展。产学研合作办学，推动了企业的新技术引进工作，提高了科学技术水平和生产效益，促进了职工队伍建设，全面加速了企业的建设与发展。

二、辽宁省教学成果一等奖

（一）成果名称和完成人

（1）名称：水产养殖学专业应用型人才培养模式改革的探索与实践研究。

（2）完成人：赵文、刘焕亮、王吉桥、闫喜武、张泽宇、由学策、白霞、刘俊鹏、蒲宏宇、赵兴文。

（左起）前排：赵文、王吉桥、刘焕亮、张泽宇、闫喜武
后排：白霞、由学策、赵兴文、刘俊鹏、蒲红宇

（二）解决的主要教学问题

（1）确立与完善培养目标及业务规格。根据人才培养规律和高等教育规律，

以及应用型本科专业的固有性质和水产养殖学专业特点，确立与完善水产养殖学专业（本科）的培养目标及其毕业生应具有的业务知识与能力。

（2）实施与完善理论教学体系。按照加强基础理论、优化课程结构、拓宽知识口径和增加通识教育内容的原则，实施与完善理论教学体系，优化课程体系结构。

（3）实施与完善课程体系。本课程体系包括公共基础课、学科（专业）基础课、专业方向模块课、专业相关课，以及人文、社科、经管等通识教育课，实施效果较好。

（4）改革与优化课程内容结构体系。按照“学时要少，内容要新，水平要高，效果要好”的原则，构建各门课程教学内容结构体系。每门课程都适当地精简内容，引进科技新成果。系列相关课程间解决教学内容重复、交叉渗透和内容更新问题，明确重复内容的课程定位。

（5）编写出版优势特色教材。主编出版发行水产养殖学专业实验实习系列特色教材7部（150余万字），“十五”国家规划教材《水生生物学》《水产动物组织胚胎学》《养殖水环境化学》《水产动物育种学》4部，以及“十一五”国家规划教材《水生生物学》《养殖水域生态学》《贝类增养殖学》《水生观赏动物养殖学》4部。

（6）实施与完善实践教学体系。创建实验教学、综合教学实习、生产实习和毕业实习及论文等四大实践教学新体系。

（7）制订人才培养实施方案。科学制订水产养殖学专业培养方案（教学计划），内容包括培养目标、业务培养规格、专业特点与服务面向、学制、主干学科及主要课程、毕业规定、教学计划进程表、实践教学进程表、学分学时统计表（详细内容见前文）。

（三）解决教学问题的方法

1. 解决理论教学问题及提高质量的有效措施与方法

（1）减少理论教学的总学时数至2 100学时（45分钟为1学时）。

（2）严把讲授理论课的教师质量。教授每年至少讲授1门本科课，讲师以上职称的教师才能主讲理论课；严格执行青年教师助教制度；聘请国内外高水平专业人才授课和开设讲座。

（3）严格过程管理，建立教学质量评价制度。学生、教研室、系领导和督导组根据听课和检查备课教案及科研反哺教学情况评价教学质量，评价结果与年度考核、职务聘任和校内分配挂钩。

（4）精选教材，保证理论教学内容的科学性和先进性。选用精品课程、国家规划教材和各种优势特色自编教材。

（5）改革教学方式、手段和方法。开展讨论式及案例式教学，加强课外阅读，开展第二课堂活动（实验、科研等），采用多媒体和CAI教学软件。

2. 解决实践教学问题及提高质量的有效措施与方法

（1）增加实践教学学分数（54学分），占总学分27.69%，其中实验课占10.3%，实习和毕业论文占17.39%；2008级增至59学分，占总学分29.79%。实验教学单独设课。

（2）完善实验室和实习基地的物质保障条件。扩大实验室空间，完善仪器、设备；按照实践教学所要求的物质保障条件，科学选择综合教学实习和生产实习场地及合作办学基地。

（3）规范实验和实习教学文件（工作计划、教学大纲、指导书），撰写出版实验、实习特色教材。

（4）保证指导教师的质量和数量。选派有实践经验的讲师、副教授和教授，主带实验和实习，教师与学生的比例不低于1∶15。

（5）严格过程管理，规范实践教学方式。综合教学实习，以组（班）为单位，分别进行不同课程实习，有序地进行轮换；生产实习，由教师带队，以班级为单位集中进行，学生跟班参加典型生产劳动，定期召开研讨会，开展小型科学实验。独立撰写实习总结报告及小型科学实验报告。

（6）全面考核实践教学成绩。以学生的行为表现、口试分数和总结报告书成绩，综合评定实践教学总成绩。

（7）实行实践教学质量评价制度。成立实习质量评价组，在实习后期赴现场，听取指导教师自评报告，学生无记名填写实习效果调查表，召开承担实习单位的有关人员座谈会，按照质量评价指标体系逐项打分，综合分析与评估实践教学质量。

（8）综合素质教育。注重开展科学素质、治学作风、创业魄力，拼搏奉献、艰苦奋斗和团结协作精神，事业心、责任感和劳动观点、群众观点等综合素质教育。

（9）开展校企合作教育，实行教学、科研、生产三结合育人方式。多年来，与辽宁省及北京市14个水产养殖企业和水产研究所开展合作办学，效果明显。

（四）创新点

（1）创建的水产养殖学专业应用型人才培养模式，特色鲜明，体现了时代性和应用型专业特点，对兄弟高校水产养殖学专业（本科）及应用型相关专业具有示范作用。

（2）确定的水产养殖复合型应用性人才培养目标，符合教学型高校应用型本科专业的特点，科学界定了与研究型人才和职业技术型人才的实质性界限，定位科学准确。

（3）构建的理论教学体系（课程体系及其教学内容体系），体现了知识、能力、素质协调发展，符合培养“基础扎实、知识面宽”的高级专门人才，为毕业生多元化就业奠定了理论知识基础。

（4）构建的四段式的实践教学创新体系，层次分明，内容结构科学，前后内容衔接合理，适合培养“能力强、素质高”的应用型人才，为提高毕业生的就业率和就业质量奠定了实践能力基础。

（5）完善水产养殖系列专业基础课实验教学新体系，包括基础实验、综合性应用实验和研究设计型实验3个层次，在国内首次出版水产养殖实验实习系列特色教材7部。

（五）推广应用效果

1. 直接应用效果

直接应用本成果的学生约600余人，其科学素质和实验技能，分析问题与解决问题能力，创新精神、事业心与责任感都有明显提高，有的还具有一定的创业魄力，毕业后创办水产养殖企业。科技创新能力增强，获辽宁省大学生创业计划比赛金奖2名、银奖1名，获大连市创业计划比赛一、二等奖各1名。毕业生的一次就业率达85%以上，35%～40%考取硕士研究生。社会公认，大连水产学院水产养殖学专业本科毕业生的敬业精神好，实践能力强。本专业在16个省招生的录取分数比往年有所提高，辽宁省晋升为一本B段招生。

2. 社会应用效果

本成果是我校水产养殖学专业入选“国家人才培养模式创新实验区”和“国家特色专业建设点”的主要支撑材料。出版发行的各种教材（实验、实习特色教材发行量达4万余册）和发表的教学研究论文，已被中国海洋大学、华中农业大学、集美大学、广东海洋大学等30多所院校采用，受到兄弟院校好评，取得广泛的社会应用效益。

3. 推动了我校水产养殖学科的建设与发展

本成果全面带动了生命科学与技术学院的教学改革和课程建设、教材建设、队伍建设，以及实验室与教学基地建设。主编“十五”和“十一五”全国规划教材各

4部，出版水产养殖学专业实验实习教材7部，发表论文15篇；荣获国家精品课程1门、辽宁省精品课程3门以及国家教学团队1个，建立校外人才培养基地14个；入选“国家人才培养模式创新实验区”和“国家特色专业建设点”。获评辽宁省教学名师2人和科技创新团队2个，农业部和辽宁省水产养殖学专业带头人1人。

（六）鉴定书

辽宁省教学成果鉴定书

成果名称	水产养殖学专业应用型人才培养模式改革的探索与实践研究
成果第一完成人及其他完成人姓名	赵文、刘焕亮、王吉桥、闫喜武、张泽宇、由学策、白霞、刘俊鹏、蒲宏宇、赵兴文
第一完成人单位	大连水产学院
组织鉴定部门名称	辽宁省教育厅
鉴定组织名称	专家鉴定委员会
鉴定时间	2008年 12月 20日

鉴定意见：

鉴定委员会听取了项目的汇报，观看了研究成果录像，详细审阅了有关资料，经过认真评议，一致认为，该研究工作的指导思想正确，基本思路与框架清晰，起点高，目标明确，具有前瞻性、科学性、先进性、整体性、实用性和可操作性。

一、大连水产学院赵文等10余名教师，经过多年（2004～2008年）的研究与实践，取得的系列成果符合党的教育方针和教育部教高〔2005〕1号、教高〔2007〕1号以及辽教发〔2008〕36号等文件精神，成果突出，已被教育部和财政部确定为“国家级水产养殖人才培养模式创新实验区”和“全国高等学校第一类本科特色专业建设点”，以及被辽宁省确定为省级首批示范专业和现代农业紧缺人才培养基地。

二、研究与创建了水产养殖学专业（本科）应用型人才培养模式；撰著出版具有特色和创造性的实验实习教材7部、“十五”全国规划教材3部和“十一五”规划教材4部；发表论文15篇；荣获国家级精品课程1门和辽宁省精品课程2门；水生生物学系列课程荣获国家级教学团队称号；建立校外人才培养基地14个。

（1）研究确定的水产养殖学专业的复合型应用性人才（岗位应用型人才）培养目标，定位准确，既符合《高等教育法》规定的本科毕业生的学业标准，又体现了应用型本科专业的特色和国家对特色专业建设的要求。

（2）理论教学体系和课程体系的建立与完善，体现了知识、能力、素质协调发展，不仅符合循序渐进、由浅入深、由基础到应用的认识规律，而且符合水产养殖复合型应用性人才对专业基础理论的要求，为毕业生多元化就业奠定了理论基础，具有科学性和较好的创造性。

（3）全面构建的实验教学、综合教学实习、生产实习、毕业实习与毕业论文等实践教学创新体系，其层次及教学目标分明，教学内容由简单到复杂，由单一到综合，由实验基本技能到生产操作技术，符合认识论和能力培养规律，提高了学生的实践能力和创造能力，以及毕业生的就业率和就业质量。

（4）创建的水产动物机能学、化学、水产饵料生物学、动物学、鱼类学等5门骨干专业基础系列实验教学新体系，包括基础实验、综合性应用实验和研究（设计）型实验3个层次，具有创新性。

续表

三、改革成果先后在水产养殖学专业2004～2007级学生中进行了实践，直接受益学生600余人，应用效果好，提高了学生的创新创业精神、实践能力和综合素质；在全国高校水产养殖类学科（专业）中产生了广泛的影响，社会效益明显；全面推动了大连水产学院生命科学与技术学院的教师队伍建设、课程建设和科研工作。 综合上述各点，鉴定委员会认为，本成果在水产养殖学专业教育教学方面迈出重大一步，取得重大的人才培养效益，整体水平是高的，在国内同类研究中居领先水平，建议在全国高校水产养殖类专业及相关专业中推广应用。 鉴定组织负责人签字：王如才 2008年12月20日

鉴定委员会成员名单

鉴定成员	鉴定职务	工作单位	从事专业	职称职务
王如才	主任	中国海洋大学	水产养殖	博导、教授
候林	委员	辽宁师范大学	海洋生物	教授
熊邦喜	委员	华中农业大学	水产养殖	博导、教授
李琪	委员	中国海洋大学	水产养殖	博导、教授、副院长
张东明	委员	吉林农业大学	水产养殖	博导、教授、院长
胡建民	委员	沈阳农业大学	动物科学	博导、教授、院长

（七）获奖证书

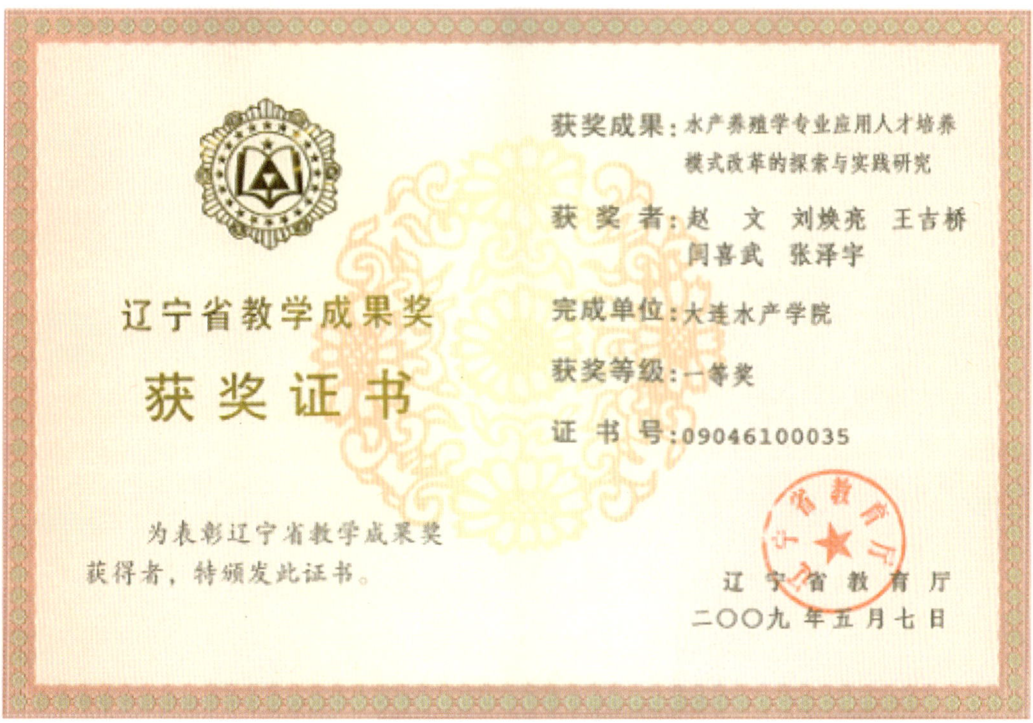

辽宁省教学成果奖
获奖证书

获奖成果：水产养殖学专业应用人才培养模式改革的探索与实践研究
获 奖 者：赵 文 刘焕亮 王吉桥 闫喜武 张泽宇
完成单位：大连水产学院
获奖等级：一等奖
证 书 号：09046100035

为表彰辽宁省教学成果奖获得者，特颁发此证书。

辽宁省教育厅
二〇〇九年五月七日

第五章　科学技术研究

1959年赴青岛海洋学院进修鱼类学期间在著名鱼类学家邹源林教授指导下进行“鲢、鳙滤食器官系统解剖”研究，1961～1964年赴黑龙江省五大连池开展“鲫种群生物学”研究，1972～1978年开展“鲢、鳙和草鱼鱼苗和鱼种摄食与生长研究”，1980～1990年先后承担大连市“淡水鱼类养殖技术”和“真鲷人工育苗及养成技术研究”课题，1983年承担鞍山市“提高池塘养鱼经济效益的研究”课题，1984年承担辽宁省水产局“池塘主要养殖鱼类配合饵料和营养需要的研究”课题，1984～1990年持续6年承担农业部“池塘养鱼高产技术应用基础理论研究”课题，至1995年先后开展“青鱼咀嚼器官胚后发育生物学的研究”“青鱼消化器官数量性状胚后发育规律”和鲢、鳙、尼罗罗非鱼、白鲫等4种滤食性鱼类“滤食器官胚后发育生物学研究”，以及“鱼苗当年养成食用鱼”“我国北部地区缩短池塘养鱼周期的有效途径”等缩短养殖周期研究和“静水池塘养食用鱼放养模式的初步研究”“提高静水土池塘养食用鱼经济效益的技术和理论研究”等北方食用鱼养殖放养模式及其养殖技术等研究；先后发表论文30余篇，撰写出版科学技术专著4部；荣获市级以上科技成果奖3项：“鱼苗当年养成食用鱼”1982年荣获大连市科技成果三等奖，“提高池塘养食用鱼经济效益的研究”1985年获鞍山市科学技术进步一等奖，“池塘养鱼应用基础理论研究”1995年获国家教育委员会科学技术进步（甲类）二等奖。

表5-1　代表性科技论文

序号	文章名称	作者	期刊名称	年份	期数	页码
1	我国几个水域鲫鱼的主要形态性状和生长比较	刘焕亮	淡水渔业科技杂志	1975	4	9～15
2	鲢、鳙、草鱼苗和鱼种的摄食与生长	刘焕亮	全国淡水渔业学术研讨会	1978		

续表

序号	文章名称	作者	期刊名称	年份	期数	页码
3	鲢鳙的滤食器官	刘焕亮	大连水产学院学报	1981	1	13～33
4	鱼苗当年养成食用鱼	刘焕亮、王吉桥、赵兴文、岳祥圃	大连水产学院学报	1982	1	1～28
5	我国北部地区缩短池塘养鱼周期有效途径	刘焕亮	水产科学	1983	1	1～6
6	提高静水土池塘饲养食用鱼经济效益技术研究	刘焕亮、王吉桥、赵兴文、李梦河、沈成纲	大连水产学院学报	1985～1986	1	1～20
7	研制鱼类配合饲料的几个基本理论问题	刘焕亮	大连水产学院学报	1988	3、4	7～20
8	青鱼咀嚼器官胚后发育生物学的研究	刘焕亮、李华、翟宝香	水生生物学报	1990	14（4）	310～320
9	静水池塘养食用鱼放养模式的初步研究	刘焕亮、路永吉	淡水渔业	1990	4	41～45
10	鳙滤食器官胚后发育生物学的研究	刘焕亮、崔和、李立萍、孙长铭、朱文慧	大连水产学院学报	1992	7（1）	1～10
11	高产精养池塘中生态因素对鲢、鳙生长速度影响作用的研究	马淑贤、刘焕亮	大连水产学院学报	1992	7（2、3）	31～37
12	白鲫摄食器官胚后发育生物学	刘焕亮、张秀梅、杨文龙、田景波、周志峰、傅丽静	水产学报	1993	17（1）	36～44
13	鲢滤食器官胚后发育生物学的研究	刘焕亮、李梦河、李立萍、朱文	大连水产学院学报	1993	8（2、3）	1～19
14	尼罗罗非鱼摄食器官胚后发育生物学	刘焕亮、丁守河、杨云龙、史岚江、刘晓恒	水产学报	1994	18（1）	8～17
15	青鱼消化器官数量性状胚后发育规律	李华、刘焕亮	水产学报	1996	20（3）	203～208
16	鲇人工繁殖关键技术的研究	刘焕亮、蒲红宇胡作文、骆小年	大连水产学院学报	1998	13（2）	1～8
17	中国水产业及其养殖业的发展与科技成就	刘焕亮	大连水产学院学报	1999	14（3）	119～130

续表

序号	文章名称	作者	期刊名称	年份	期数	页码
18	我国主要水产品营养成分的研究	刘焕亮	科学养鱼	2000	7	11～12
19	我国鱼类催情产卵药物的研究与实践	刘焕亮	科学养鱼	2001	2	34～35
20	我国两栖动物养殖技术总结	刘焕亮	科学养鱼	2003	10 11 12	14～15 14～15 14～15
21	我国龟鳖类养殖技术介绍	刘焕亮	科学养鱼	2004	1、2、3	12～13 12～13 12～13
22	养殖两栖动物生物学研究进展	刘焕亮	大连水产学院学报	2004	19（2）	120～125
23	淡水爬行动物主要养殖种类生物学研究进展	刘焕亮	大连水产学院学报	2005	20（1）	61～68
24	新世纪我国水产业持续发展的现状与趋势	刘焕亮	科学养鱼	2005	2、3	2～3、 1～2

表5-2　代表性科技著作

序号	书名	作者	出版社	出版年份
1	水产养殖学概论	主编：刘焕亮 参编：马甡、王如才、史为良、陈介康、张泽宇、隋锡林	青岛出版社	2000年
2	“水产养殖学专业实验实习教材”综合教学实习与生产实习	主编：刘焕亮 参编：杨风、金送笛、赵文、刘青、曹善茂、姜志强、吴立新、吕豪、赵兴文、王吉桥、常亚青、李君丰、高悦勉、张丛尧	中国农业出版社	2004年
3	中国水产养殖学	主编：刘焕亮、黄樟翰 参编：马家好、王如才、王克行、王昭萍、史为良、伍龙畅、任泽林、许璞、刘建国、刘焕亮、孙大江、李大鹏、李鲁晶、吴仲庆、吴超元、张泽宇、张剑诚、陈介康、周文豪、周志刚、侯和胜、俞开康、徐君卓、黄晓航、黄樟翰、隋锡林、潘鲁青、缪国荣	科学出版社	2008年
4	水产养殖生物学	刘焕亮、王吉桥、张泽宇、郝振林、常亚青、黄樟翰	科学出版社	2014年

第一节　科技论文综合摘述

一、养殖鱼类生物学研究

（一）我国几个水域鲫主要形态指标和生长比较研究

鲫（*Carassius auratus* Lin.）自然分布于亚洲、欧洲、非洲和北美洲淡水水域，我国北自黑龙江南至海南岛江河、湖泊、泡沼、池塘皆有分布。鲫对环境条件的适应能力和繁殖力较强，食性广，生长较快，是我国淡水渔业重要经济鱼类，也是池塘养鱼主要搭养种类和稻田优良养殖对象。

根据1963年五大连池三号池和五号池鲫生物学调查研究原始资料，以及安林湖、达赉湖、门鲁河、七星河、达里诺尔湖、浑江水库和白洋淀鲫文献资料，综合比较分析鲫的主要形态性状和生长特点，认为鲫的体形分为高型和低型2种，前者生长快，后者生长较慢。

鲫的形态类型。不同水域土著鲫的形态学特点及其生长速度差异明显。П. Л. Астанин（1959）以相对体高（体高占体长%）为标准，把鲫分为高型（48%～58%）、中型（40%～45%）和低型（30%～39%）3种类型，并对其不同水域低型鲫进行比较饲养研究，认为环境条件对鲫的体形影响不大，遗传性是主要影响因素。Н. Н. Хатонова（1963）认为乌克兰地区的鲫分高型和低型2种，高型生长比低型快。Г. В. Николъский（1956）把黑龙江流域鲫分为小型和大型2种，小型的生长比大型的慢。松原喜代松等人（1948～1955）认为，日本产的3种不同体形鲫的生长速度差异很大，高型鲫快得多。内田惠即（1939）比较分析南鲜、西鲜、北鲜鲫的体形认为，西鲜平北铁山郡鲫、云岩鲫和北鲜藩浦鲫为高型（体长为体高2.1～2.3倍，最大个体2 000 g），南鲜镇海细鲫（2.8倍）和西鲜平壤鲫（3.7倍）为低型。

我国学者对黑龙江流域和松花江流域鲫、梁子湖鲫、大伙房水库鲫，以及河北省安林湖和白洋淀鲫的主要形态性状及其生物学特点进行过一些研究工作，认为鲫的体形分为高型和低型2种类型，生长速度也有差异。

鱼类优良种群的形态学指标。它应当具有较好的经济价值，而且能够遗传给后代。鉴别鱼类种类的形态学指标，通常有身体各部分占体长比例（%）和肥满度、体色，以及鳞式、鳍式、脊椎骨数、鳃耙数等。肥满度虽然与体高、体厚成正相关，但又随着性别、发育阶段、季节、营养条件发生相应变化，体色则随着水体深度、水草多少等生态条件发生变化。许多数量指标通常与其生长发育的环境条件密切相关。显然，这些指标不能作为确定鲫优良种群的科学依据。

综合比较五大连池三号池和五号池、安林湖、达赉湖、门鲁河、七星河、达里诺尔湖、浑江水库、白洋淀等8个水域鲫的各种性状，其中相对体高、相对尾柄长、肥满度和生长速度差异明显。鲫相对体高分为高型（＞40%）和低型（＜40%）。五大连池三号池和五号池、安林湖、达赉湖、门鲁河以及七星河鲫为高型，其中达赉湖和七星河鲫的体形最高（＞47%），其次是五大连池三号池鲫（46.33%±3.4%）。达里诺尔湖、浑江水库、白洋淀鲫为低型（37.7%~38.8%）。

鲫的生长速度和肥满度，安林湖鲫生长最快，肥满度（3.52）较大；其次，白洋淀鲫生长较快，但肥满度（2.92）较小；第三五大连池三号池和五号池鲫，生长较快，肥满度也大；达里诺尔湖鲫生长最慢，肥满度也小。综合体形和生长2项指标，五大连池三号池鲫是较好的，体形高且生长快；安林湖鲫和达赉湖鲫也是较好的种群。

鲫经济性状的遗传性。鲫的相对体高和相对体厚，以及生长速度是重要经济性状。苏联学者对3个水库低型鲫进行的不同饲养条件比较实验表明，好的饲养条件培育的体形虽然较高些，但仍然属于低体型（＜39%）。我国学者进行的类似研究工作也表明，营养条件不会改变鲫的相对体高。这说明，鲫的相对体高（经济性状）不会随着饲养条件的不同而改变，是遗传性指标。这种经济性状属于数量性状，由多个遗传因子控制的，其变异是连续的。探明鲫的经济性状的变异原因，需要在多个相同的优异条件下饲养足够数量的个体，进行系统的数量统计工作，才能得出可靠的结论。

注：文中表1《不同水域鲫形态性状比较》和表2《不同水域鲫生长和肥满度比较》，略。

（二）鲢、鳙滤食器官解剖

鲢［*Hypophthalmichthys molitrix*（Cuv. et Val.）］和鳙［*Aristichthys nobilis*（Rich.）］是我国淡水重要经济鱼类，也是主要增养殖鱼类。两者是典型的滤食鱼类，研究探明其滤食器官的形态构造及其滤食机能，具有一定的鱼类生态学价值和养殖实践意义。

方炳文（1928）描述了鳃弧骨、腭褶和鳃耙的形态组织结构及功能，着重比较分析鲢、鳙鳃耙的异同。Б. В. Веригин（1950）阐述了鲢鳃耙和鳃耙网的形态结构，认为耙间距一生是恒定的，鳃耙是在鳃耙管中形成的。倪达书（1954）论述了鲢、鳙鳃耙结构的差异及其与食物组成的关系，以及滤食过程。Б. В. Веригин（1957）描述了鲢鳃耙、鳃耙网和鳃上器官的形态结构和机能，并初步提出鳃耙和鳃耙管的发育问题。Ф. С. Замбриборщ（1957）进一步描述了鲢滤食器官的形态组织和机能，以及鳃耙管的骨骼构造、咽部器官的肌肉及其功能。倪达书（1959）阐述了鲢、鳙鳃耙发育及其与食物组成的关系。何志辉等（1975）初步分析鲢对食物选择性和主动、被动滤食问题。Е. А. Кузнецов（1977）指出鲢、鳙滤食细菌聚合体的适口规格。В. К. Виноградов等（1979）引用Данченко（1973）和Воропаев（1975）的资料，指出鲢及其与鳙杂交种的食性特点取决于滤食器官的形态构造，以及鲢、鳙的适口食物规格和耙间距在个体发育过程中的变化。但是，这些研究工作局限于鲢、鳙滤食器官的一般形态结构，对决定其食物组成和规格的有关结构观察得不细且数据不全，对鲢鳃耙与鳃耙网的关系阐述得不够清楚，尚未研究鳃耙管内的鳃耙形态与构造，特别是在描述滤食器官形态结构及其滤食机能方面尚存在一些错误。

本文系统解剖各种规格（仔鱼、稚鱼、幼鱼和成鱼）鲢、鳙滤食器官，研究探明滤食器官的形态学结构，综合比较分析鳃弧骨、腭褶、鳃耙管，以及鳃耙及其侧突起的形态结构与数量性状及差异；系统论述鲢、鳙摄食方式、滤食机能以及对食物的选择性；比较分析鲢、鳙的食物组成及适口食物的差异性，初步阐述鳃耙及其间距在个体发育中的变化规律，探讨鳃耙管的功能。

1. 滤食器官的形态结构

鲢、鳙的滤食器官是由鳃弧骨、腭褶（耙间褶）、鳃耙和鳃耙管（鳃上器官）等4部分构成的。

（1）鳃弧骨。鲢、鳙有4对典型的鳃弧骨。每个鳃弧骨由咽鳃骨、上鳃骨、角鳃骨和不成对的基鳃骨组成。第5对鳃弧骨特化为咽骨（下咽骨）。整个鳃弧，侧面观呈螺旋形，背面观呈前窄后宽的三角形。

基舌骨后方，依顺序相接的有3块基鳃骨（软骨）。前两块很短（2～3 mm），第3块较长，后端与第4对鳃弧的下鳃骨相接。

下鳃骨很短，为同一鳃弧的角鳃骨1/25～1/20。第Ⅰ、Ⅱ、Ⅲ鳃弧的下鳃骨在前两块基鳃骨的两侧、基舌骨之后，但不直接与基舌骨相接。第Ⅳ鳃弧的下鳃骨位于第3块基鳃骨后方，并与其相连接。

角鳃骨是每个鳃弧最长的一块。第Ⅰ角鳃骨与头长的比例，鳙为1∶3.3，鲢为1∶3.7。第Ⅰ、Ⅱ、Ⅲ、Ⅳ鳃弧的角鳃骨都是硬骨，前端接下鳃骨，后端与上鳃骨相接。角鳃骨狭长而扁平，边缘加厚（鳙较鲢明显），增加了鳃弧骨的应力；加厚边缘之间的部分薄，并有许多不规则的孔洞（鲢较鳙的多）。第Ⅴ鳃弧的角鳃骨特化为下咽骨。第Ⅳ角鳃骨连接2块上鳃骨，其中一条为软骨，这可能是第Ⅴ角鳃骨。

上鳃骨都是硬骨，前端加宽。相邻的上鳃骨彼此相压，内面的压外面的。上鳃骨前部有膨大的侧突起。第Ⅰ上鳃骨有1个内侧突起，第Ⅳ上鳃骨有1个外侧突起，第Ⅰ、Ⅱ上鳃骨内外两侧均有侧突起。相邻鳃弧的侧突起均以结缔组织及关节相连接。

咽鳃骨是软骨。第Ⅰ、Ⅱ、Ⅲ鳃弧的咽鳃骨是2片，称外咽鳃骨和内咽鳃骨。第Ⅰ内咽鳃骨接在第Ⅰ上鳃骨上，第Ⅱ内外咽鳃骨接在第Ⅱ、Ⅲ上鳃骨上，第Ⅲ咽鳃骨与第Ⅳ上鳃骨相接，第Ⅳ咽鳃骨只有1片，与第Ⅴ上鳃骨（软骨）愈合，基部内侧的一小部分接在第Ⅳ上鳃骨上。第Ⅳ咽鳃骨宽，可能是与第Ⅴ咽鳃骨合并而成的。

鲢、鳙的咽鳃骨数目相同，形状也相似，唯有鳙的内咽鳃骨比同鳃弧的外咽鳃骨薄，长度为外咽鳃骨的3/5。鲢的内咽鳃骨则较发达，与外咽鳃骨的厚度和长度几乎相等。

鲢、鳙的下咽骨（第Ⅴ角鳃骨）上有一列咽齿，齿式为4/4。下咽骨上也有许多不规则的小孔（鲢比鳙的多）。单个齿体的形状像鞋底，鲢的齿冠面有羽状细纹，中央有纵凹沟，鳙的齿冠面光滑无细纹。

（2）腭褶。鲢、鳙的口腔和鳃腔均为黏膜覆盖。口腔顶部的黏膜突出形成9个纵嵴，称腭褶。腭褶的排列适与鳃弧相对应，每侧4个，中央1个。各腭褶愈近中央的愈短，中央的最短，呈“人”形，分叉的一端向后。

腭褶的侧面观呈半月形，横切面呈楔形。每个腭褶适嵌于与其相对应的鳃耙沟中，中央的一个“人”形腭褶正好嵌在第Ⅴ鳃弧骨两侧鳃耙所形成的沟中。因此，腭褶又称鳃耙褶。咽喉位于其后端分歧处。各腭沟前后纵行，左右相对称，呈“人”形排列。腭沟适好夹着两相邻鳃弧的内外列鳃耙的尖端。

腭褶伸至上鳃骨处变低，与其相对应的鳃弧中隔（鳃耙沟延伸至上鳃骨的中央处，其黏膜变为隔离内外鳃耙的间隔）相愈接。腭沟向后伸至鳃耙管口处变浅，在腭褶和中隔愈接处继续向后部延伸成管状，构成鳃耙管的管壁。

鲢鳙的腭褶形状相似，但鲢的腭褶比鳙的高，腭褶沟较深。鲢有时部分腭褶变形，鳙的腭褶没有变形现象。

（3）鳃耙管。鲢、鳙的鳃耙管皆为8个，呈螺状，又叫螺管，每侧4个，位于鳃腔的背部头盖骨耳囊区下方的软腭组织中，故也称鳃上器官。第Ⅰ、Ⅱ、Ⅲ鳃耙管的骨骼是由上鳃骨的后部和咽鳃骨构成的，为一不合拢的环形。鳃耙管的内壁，一侧是附有2列鳃耙的内咽鳃骨，另一侧为腭褶的延伸部分。咽鳃骨分为内外2种。内咽鳃骨自上鳃骨连接处开始，先向下弯曲，然后再向后、向上、向前弯曲，形成螺形。它是鳃耙的附着基础，又称基咽鳃软骨。外咽鳃骨为一扁平的软骨板，位于每个鳃耙管的外侧，形成鳃耙管的间板，不附有鳃耙，盖在螺卷的表面，又称盖咽鳃软骨。第Ⅰ外咽鳃骨从外侧包围该鳃弧的螺卷。第Ⅱ、Ⅲ外咽鳃骨呈弧状三角铁形，分别覆盖在螺卷的外上侧。第Ⅳ鳃耙管中仅有1块咽鳃软骨，形状似第Ⅰ外咽鳃骨，与第Ⅳ、Ⅴ两上鳃骨相接，从内侧包着第Ⅳ螺卷，上面附有鳃耙。

每个鳃耙管末端封闭，一端与鳃腔相通。鲢、鳙的鳃耙管构造相似，但咽鳃骨的形状、大小和管内鳃耙结构不同。

（4）鳃耙。鲢、鳙的第Ⅰ～Ⅳ鳃弧骨背缘两侧都附有2列鳃耙，分别称外列鳃耙（前列鳃耙）和内列鳃耙（后列鳃耙）。同一鳃弧的内外2列鳃耙呈锐角排列，中间的空隙称鳃耙沟，相对应的腭褶适嵌于其沟中。

鳃耙的长度由第Ⅰ鳃弧至第Ⅴ鳃弧递减。同一鳃弧的外列鳃耙长于内列鳃耙。每列鳃弧中段的鳃耙最长，愈近前后两端的愈短。

各列鳃耙沿着上鳃骨进入鳃耙管中，但第Ⅰ鳃弧的外列鳃耙终止于第Ⅰ上鳃骨的侧突起处。每个鳃耙管中都有2列鳃耙。第Ⅰ鳃耙管中的2列鳃耙是第Ⅰ内列鳃耙和第Ⅱ外列鳃耙，依次类推，进入第Ⅳ鳃耙管的是第Ⅳ内列鳃耙和第Ⅴ外列鳃耙。第Ⅴ对鳃弧只有外列鳃耙，鳃耙管外部的鳃耙排列在单一的下鳃骨的两侧，其间的空隙是第Ⅴ鳃耙沟，此沟向后伸至咽底。咽底的后部有一孔通向下咽齿。

同一鳃弧的内外列鳃耙，在鳃耙管外部以基部接触，尖端分离，在鳃耙管中则尖端相接触，并游离地垂在管腔中。

鳃耙管中鳃耙的长度，自管口至末端依顺递减。鳃耙管末端鳃耙的长度小于基部的宽度。鳃耙管口处鳃耙的长度，自第Ⅰ到第Ⅳ依顺递减。

鳙的鳃耙比鳃丝略长或相等或略短。一条体长42.7 cm的鳙，第Ⅰ鳃弧的外列鳃耙共695条，平均每毫米鳃弧3.2～7条鳃耙，鳃弧中段的鳃耙稀于前后两端的。两相邻鳃耙的平均距离（耙间距）为57～103 μm。同一鳃弧的鳃耙间距，自前向后递减。

鳙的鳃耙骨分基部和杆部。基部呈三角形，是附着于鳃弧骨的部分。杆部呈刀形，加厚的一边称背部（向鳃耙沟的一边），另一边薄，称刃部。各列鳃耙的形态略有差异。第Ⅴ鳃弧的鳃耙基部宽大，约等于其他鳃弧的2倍。鳃耙管中的鳃耙结构与管外的相似，但管末端的鳃耙基部特别宽大。

鳙的鳃耙分宽鳃耙和窄鳃耙。宽、窄鳃耙的背部向鳃耙沟，排列整齐；刃部向外，宽窄差别明显。第Ⅰ鳃孤外列鳃耙中段，每隔3～6条窄鳃耙有1条宽鳃耙，前段宽窄鳃耙的比例是1：（1～3），后段的比例为1：1，而且后段的宽鳃耙比中段的狭一些。第Ⅴ鳃弧上的鳃耙分3种类型，最宽的约为第Ⅰ鳃弧的宽鳃耙的2倍，最窄的比第Ⅰ鳃弧的窄鳃耙更狭，中等宽的与第Ⅰ鳃弧的宽鳃耙相似。鳃耙管中的宽窄鳃耙的比例，由前端至后端分别为1：（2～5）～1：1，最末端的都是宽鳃耙。

鳙的鳃耙杆部背面两侧各有1列突起，称侧突起。鳃耙尖端没有侧突起。相邻鳃耙的侧突起通常是交错排列（互生），偶尔也有对生的。因此，鳃耙列的背面观，耙间隙呈波纹形（念珠形），鳃耙尖端呈垒球棒形，相互排列紧密，无间隙。

第Ⅰ鳃弧外列鳃耙中段的鳃耙侧突起平均每毫米16.3～17.3个，突起间距为33.7～41.3 μm（不同个体和同一个体的各个鳃耙间距都有一定变幅）。前段鳃耙侧突起平均每毫米17～18.44个，突起间距为45～52 μm；后段鳃耙侧突起平均每毫米24个，突起间距是26.2～30.2 μm。角鳃骨最前端的鳃耙和鳃耙管中末端的鳃耙都没有侧突起。

鲢的鳃耙比鳃丝长，二者比值是1：（0.82～0.83）。鲢的鳃耙比鳙的多而密。一条体长34 cm的鲢，第Ⅰ鳃弧外列鳃耙共1 781条，平均每毫米鳃弧有10.1～16.8条，耙间距平均33.8～56.3 μm。同一鳃弧前、中、后三段的鳃耙密度、耙间距的变化规律与鳙相似，但耙间距仅为鳙的1/2左右。鳃耙管中的鳃耙平均每毫米鳃弧有19.5～28.2条，耙间距为22.5～24.7 μm。鳃耙管口至末端的鳃耙密度和耙间距的变化规律与鳙类似。鲢的鳃耙杆部的背面也有侧突起。突起密度为鳙的2倍，间距为鳙的1/2左右。第Ⅰ鳃弧中段的外列鳃耙，平均每毫米有30～30.3个突起，突起间距为18.7 μm；前段的鳃耙平均每毫米有30个突起，突起间距为18.8～19.5 μm；后段的鳃耙平均每毫米有33～35个突起，突起间距为11.2 μm。

鲢的鳃耙亦分宽窄2种，每个鳃耙也由基部和杆部组成。鲢的鳃耙比鳙的狭而薄。宽鳃耙的杆部有小孔洞，窄鳃耙的杆部的刃部有齿状突起物。鳃耙背面加厚不明显。

鲢的鳃耙在鳃弧上的排列形式、鳃耙长度的分布规律以及宽窄鳃耙的比例等都与鳙相似，但有时窄鳃耙比鳙的多，十几个窄鳃耙间隔1个宽鳃耙。鲢的第Ⅴ鳃弧上的鳃耙仅2种类型，而不是3种。这一点与鳙不同。每列鳃耙平行排列，偶尔在某列鳃耙的某个部位上，鳃耙与鳃耙相互分歧联结成不规则的网状。

鲢的鳃耙结构与鳙明显不同的是具有鳃耙网。鳃耙网把每列鳃耙连接在一起，因此，鳃耙不是分离的。鳃耙网分宽窄2种。宽鳃耙网在鳃耙的刃部形状似筛，故称筛膜。它位于每列鳃耙的外侧，又称外鳃耙网。窄鳃耙网在鳃耙的刃部把窄鳃耙联结一起，位于外鳃耙网的内侧，又称内鳃耙网。内外鳃耙网之间也以结缔组织相联结，外鳃耙网很厚，上有椭圆形孔洞，从该洞可看到鳃耙。鳃耙列的尖端没有网状结构，但窄鳃耙的尖端向刃部弯曲呈钩状，每个钩的尖端以多纤维的结缔组织沿鳃耙纵轴向基部延伸，当达到外鳃耙网的长形孔洞时，每隔4～11条集中一起与外鳃耙网相联结。因此，鳃耙列的尖端呈放射状。

内鳃耙网较细，内有薄骨片，称骨质小桥（经NaOH溶液处理后，用针拨开可以看到）。每条内鳃耙网与各窄鳃耙刃部的小齿相联结，并连接外鳃耙网和宽鳃耙。

第Ⅰ鳃弧外列鳃耙前段外鳃耙网的穿孔多且形状相似，都呈椭圆形，尖端的放射状纹不明显；其后端的鳃耙都是宽鳃耙，鳃耙网也不完全，依顺序向前，便逐渐出现宽窄2种鳃耙，两者的差异也逐渐明显起来，此时，相继出现外鳃耙网，没有内鳃耙网。

鲢鳃耙管中的鳃耙、形状和结构与管外的差异很大。管口处的鳃耙分为2种类型，宽鳃耙杆部呈S形，硬骨质的基部在S形的中央处，并有一薄片状物（宽鳃耙的薄片状物完全和杆部相连，窄鳃耙的则仅末端和杆部相连）把基部和杆部的末端连接起来。杆部的下半部附在内咽鳃骨上。杆部的上半部自由悬垂在鳃耙管腔中。鳃耙管2/3处的鳃耙和鳃耙网仍分为2种类型，管末端的鳃耙和鳃耙网只有1种类型。鳃耙管中鳃耙上的侧突起不明显。

2. 滤食器官的功用

构成滤食器官的鳃孤骨、腭褶、鳃耙和鳃耙管等的功用是不同的，它们在中枢神经的支配下相互协调配合完成滤取食物的任务。

鳃孤骨是鳃丝和鳃耙的附着基础，也是构成鳃耙管的支架。显然，它是构成呼吸器官和滤食器官的骨架。

腭褶组织中有味蕾细胞和黏液细胞，具有味觉和分泌黏液的作用。黏液把微小食物黏合成食物颗粒，有利于食物在鳃耙沟中移动和吞咽。腭褶嵌在鳃耙沟中，在滤食过程中不断蠕动推动食物颗粒向咽喉部移动；在呼吸动作闭合鳃盖时，保持鳃耙沟的空隙，容纳滤积的食物；防止各列鳃耙相互交错，具有保护鳃耙的作用。

鲢、鳙的鳃耙是滤食器官的主要部件。鳃耙的长度、耙间距、侧突起间距等决定滤取食物规格及其效率。窄鳃耙有减少滤食时水流阻力的作用，宽鳃耙可以增加鳃耙列强度。鳃耙杆部背面加厚和鲢的鳃耙网具有增加鳃耙应力的作用，以及配合鳃耙有效地滤取食物。

鳃耙管是吞咽食物的辅助器官，不具有滤食作用，更不是产生鳃耙的器官，也不同于斗鱼的迷走器官和乌鳢的鳃上器官（副呼吸器官）。

鲢、鳙在滤食时，每个鳃弧的内外2列鳃耙不断地活动，水和食物进入口腔和鳃耙沟，在鳃盖的作用下，水和微小的浮游生物、细菌等物，通过鳃耙、侧突起和鳃耙网从鳃孔流出体外，适宜大小的食物被滤积在耙鳃沟中，进而在水流的冲击和腭褶的蠕动作用下，不断地向后移动，并被腭褶分泌的黏液黏合成食物颗粒，当食物到了腭褶变低处（靠近咽喉底）时产生吞咽动作，同时鳃耙管肌肉收缩使管中水冲出管外助推食物进入食道。

3. 讨论

（1）摄食方式。鲢、鳙成鱼是典型的滤食性鱼类，具有复杂而完善的滤食器官，摄食方式为滤食。滤食器官的形态结构是在个体发育过程中逐渐形成、完善的。摄食方式发生规律性变化：吞食→吞食兼滤食→滤食。即全长10 mm，鳃耙刚形成不久，短而少，吞食；10～15 mm，鳃耙伸长，数目增多，摄食方式由吞食向滤食转化；大于20 mm，滤食器官逐渐发育完善，滤食机能随之相应增强，摄食方式以滤食为主，但也能吞食大型食物。因此，渔农采用投喂浆状和糊状人工饵料，饲养鲢、鳙。

（2）对食物的选择性。鲢、鳙是主动摄食还是被动滤食?对食物有无选择性?鲢、鳙能够自主地游到食物集中的区域滤取适宜大小的食物。根据动物器官的形态结构与生理机能相统一的原则，可以确定鲢、鳙具有主动选择食物的能力，但有其局限性，不能任意选择某种食物，肠道中的食物与水域中的饵料生物组成基本相似。

（3）鲢、鳙的食物组成和适口食物。鲢、鳙肠道中的食物组成及其规格差异明显。这是由于它们的滤食器官形态结构，特别是鳃耙间距和侧突起间距的不同所致（鳃耙间距和侧突起间距决定滤取食物的规格）。鳙的鳃耙间距为57～103 μm，侧突起间距为26.2 μm；鲢的耙间距为27.6～56.5 μm，侧突起间距为11～19 μm。前者的耙间距和侧突起间距分别为后者的2倍左右，滤取的食物规格大，浮游动物多。也就是说，当浮游植物和浮游动物同水一起进入鳙鳃耙沟后，体积小于57 μm × 26.2 μm的浮游植物随水一起通过鳃耙缝隙排出体外，而体积大于103 μm × 52 μm浮游动物都被滤积在鳃耙沟；而同水一起进入鲢的口腔中的浮游植物和浮游动物，只要体积大于56 μm × 19 μm的食物统统被滤积在鳃耙沟中。由于水域中通常是浮游植物多于浮游动物，因此，鲢肠道中的食物以浮游植物为主，且规格也较小，鳙肠道中的食物，浮游动物多且规格大。Кузенецов（1977）在《白鲢对细菌的利用》一文中提出鲢的适口食物为21～60 μm，鳙的适口食物为60 μm以上。这个指标基本上是符合客观的，但两种鱼的适口食物范围应更大一些，而且适口食物的规格在个体发育中也有一定变化。

（4）鳃耙间距在个体发育中的变化。鲢、鳙的鳃耙间距决定滤取食物的规格，因此，耙间距在个体发育中的变化很早就有人提及过。Веригин（1950）指出鲢的耙间距是恒定的，Виноградов等（1979）引用Данченко（1973）的资料，认为鳙的食性变化取决于鳃耙间距，其间距随体长增长而加大。因此，鳙的滤食物规格也随体重增加而增大，体重0.5 kg鳙主要吃45～70 μm的食物，1 kg的鳙则主要滤食75～100 μm的食物。

实际上，鲢、鳙的耙间距在个体发育过程中有一定的变化。全长7 mm左右的鲢、鳙，鳃耙间距较大且相似（鲢45～50 μm，鳙45～49 μm）；全长达10 mm的鲢、鳙，耙间距都缩短为15～25 μm。然后，随着身体的增长，鲢、鳙的鳃耙间距的变化有所差异。全长15～25 mm，鲢耙间距稳定在15～25 μm；全长67～100 mm个体，耙间距缩小为15 μm左右，全长达340～470 mm，鲢耙间距又增加为34～41 μm。

鳙的耙间距变化：全长15～30 mm的耙间距稳定在30～35 μm；全长35 mm以上的耙间距逐渐加大（由30～48 μm增加到72 μm）。总之，鲢、鳙的耙间距在个体发育过程中都有一定的变化，但不能简单说成是鲢的耙间距稳定，鳙的耙间距随体长的增长而加大，而只能说鳙的耙间距在全长35～430 mm范围内随体长增长而加大。值得指出的是，同样大小的鲢或鳙，耙间距也是不相同的，有时这种差异相当大。

（5）鳃耙管的机能。长期以来，许多人对鲢、鳙鳃耙管的机能进行过研究，观点不一致。方炳文（1928）认为鳃耙管是后备的滤食器官。Веригин（1950）观察鲢的鳃耙管中有初生鳃耙，认为鳃耙是在鳃耙管中形成的，1957年他又指出鳃耙管与摄食有关，可能是分泌黏液黏合滤取的浮游植物和碎屑，便于吞咽。Замбриборщ（1957）认为，鳃耙管是辅助吞咽食物的器官，即当鳃耙管肌肉收缩压迫管中水流射向鳃耙管口和咽喉的食物颗粒，配合鱼体的吞咽活动，使食物迅速进入食道。

本研究确认，鳃耙管不是产生鳃耙的器官，也不是分泌黏液的，更不是滤食器官。鲢、鳙在个体发育中鳃耙比鳃耙管先出现，即鱼苗孵出3 d全长达6.5 mm，第Ⅰ鳃弧上开始出现鳃耙，全长7 mm时已有3～5个锥形鳃耙。这时鳃耙管尚未出现，鲢、鳙全长达13～15 mm时才开始形成鳃耙管原基。鳃耙管中没有和很少黏液细胞，因此，不具备分泌黏液器官的形态学特点。如果是分泌黏液的器官，那么它分泌的黏液需要及时送到滤积食物的鳃耙沟中，这也是不可想象的。从鳃耙管的空隙很小等特点来看不具备滤食器官的形态学特征。

从鳃耙管末端封闭、鳃耙杆部短小且排列紧密、管末端的鳃耙没有侧突起和管腔很小等形态学特点来看，鳃耙管绝不是滤食的，而似乎具有动力泵的功能辅助吞咽食物活动。因此，Замбриборщ（1957）提出当食物到咽喉处，鳃耙管收缩，压迫管中水冲击食物进入食道的观点似乎符合一定的逻辑。

综上所述，鲢，鳙具有结构复杂的滤食器官，能够滤取水中微小食物。决定滤食速度及其效率的器官主要是鳃耙。鳙的鳃耙间距和侧突起间距2倍于鲢，加上口腔比鲢大得多，因此，鳙的滤食效率比鲢的高。在食物密度较稀和鲢、鳙放养密度不大的情况下，鳙滤食效率高的潜力可以充分发挥出来。这就是为什么在大型水体中放养鳙的比例要略大于或等于或略小于鲢，而且鳙生长速度往往高于鲢的原因之一。

注：文中表1《鲢、鳙鳃耙间距和侧突起间距》和表2《鲢、鳙鳃耙间距与体长的关系》，以及33幅形态图，略。

（三）青鱼咀嚼器官胚后发育生物学研究

青鱼［*Mylopharyngodon piceus*（Richardson，1845）］肉味鲜美，是我国淡水渔业的重要经济鱼类和池塘养殖的主要对象。成鱼摄食螺蛳等底栖动物，用咀嚼器官（咽齿和角质垫）轧碎外壳，吐出后再吞食螺肉。青鱼的咀嚼器官、摄食方式和食物组成在胚后发育过程中发生规律性变化。研究青鱼咀嚼器官胚后发育生物学不仅具有一定的科学理论意义，而且对制定饲养青鱼的生物学技术措施，以及预防疾病和提高成活率、生长率都具有实际意义。

本文运用光镜（显微镜、解剖镜、测微尺、石蜡切片、描绘器、显微照相……）、JSM-6扫描电镜和HX-1型显微硬度计，创建了显微解剖与综合测试技术，突破了鱼类胚胎和胚后发育生物学研究技术难点；观察、测试全长5.6～330 mm青鱼标本370尾，研究探明青鱼咽骨和咽齿形态发育，以及咽齿更换、固着规律及其组织学特点，角质垫形态发育和组织学特点；系统论述咽齿发育阶段和更换、固着特点，以及咀嚼器官发育与食性转化关系和苗种分级培育生物学技术措施。

1. 结果

青鱼的咀嚼器官由咽齿和角质垫组成。咽齿固着在咽骨（第5对角鳃骨）上，齿式4/5，齿粗大且短，呈臼状，咀嚼面光滑，左侧第1齿咀嚼面较圆，大小适中，其余各齿咀嚼面椭圆，第2、3齿最大，第4齿较小。咽齿的腹面有发育齿（替换齿），包裹在结缔组织中。角质垫在基垫骨腹面，与咽齿遥遥相对，用以磨碎食物。

（1）咽骨发育。鱼苗出膜13 h出现鳃原基，25 h出现鳃弧，37 h咽骨呈直板状，组织结构由软骨发育成硬骨，形状由直板状逐渐发育成结构复杂的成鱼型，粗短，前支稍长于后支，前角圆钝，后角不明显，前后无齿突约等长，咽骨带齿部宽大，左右不对称。

（2）咽齿发育。齿胚开始呈柱状包裹在左右咽骨间的组织中，左、右各3个，由造釉器和齿乳头构成，随后造釉器发育为釉质，齿乳头分化形成齿质和齿髓。初齿，为尖锥形，稍向后端弯曲，包裹于黏膜及其深层组织中，齿式为1.2/2.1，外列齿小于内列齿，齿体与软骨质咽骨接触但不够牢固。鱼苗孵出7～18 d，在初齿未脱落时便出现第1代齿（似初齿，齿式3/3，尖锥状，向后稍弯曲），并更换2次，出现第2代齿（齿式4/4，钩形，齿体增大）和第3代齿（齿式4/5，与成鱼相同）。孵出25 d左右，第4代咽齿全部固定，之后各代齿式、齿形、齿组织结构、齿根与咽骨的固着等都与成鱼相似，称固定型咽齿，齿式稳定（4/5），齿冠咀嚼面宽大，齿体粗大，根部粗壮，釉质和齿质增厚，硬度增大，髓腔明显，髓质增多，齿根与咽骨呈骨性固着，牢固。

（3）咽齿硬度变化。咽齿釉质硬度随体长增长而增强，体长7.5 mm的咽齿硬度低于螺蛳壳的硬度，体长115 mm以上的咽齿硬度则高于螺蛳壳。

（4）咽齿更换规律。咽齿在一生中更换数次，第1年除初齿外，换5～6代齿，每代齿更换的速度随着身体增长而减慢，初齿寿命为3～4 d，第1代齿4～5 d，第2代齿5～7 d，第3代齿11～12 d，第4代齿90 d左右。每代齿的更换是逐个进行的，更换的顺序自第3代开始都是左2、3、1、4齿，右3、4、1、5、2齿。咽骨上同时存在2～3代齿。咽齿更换的形态学变化，通常是老一代齿萎缩变细至脱落，新一代齿形成、发育至固着。

（5）角质垫发育。角质垫的形成比咽齿晚3～4 d，由咽顶壁上皮特化而成，开始为1层细胞，后来变为2个致密团（角质垫初型），体长达15.5 mm时出现角质层，3层结构，体长20.8 mm时角质垫似成鱼，角质化细胞呈鳞片状，随着身体增长角质层逐渐增厚。

2. 小结与讨论

（1）咽齿的发育阶段。青鱼咽齿胚后发育反映了鲤科鱼类的咽齿系统发育规律，即初齿的形状、结构和数目相似，过渡型齿各自向种的特异性方向发展，固定型齿则完全体现出种的特性。青鱼咽齿初齿与鲢、鳙、鲤等相似，尖锥形，齿式为1.2/2.1，齿体小而埋于黏膜及其深层组织中，齿组织结构未明显分化，齿体与软骨质咽骨接触但不牢固。

过渡型的3代齿式分别为3/3、4/4、4/5，齿形由尖锥状变为似臼状，齿体迅速增大，齿组织结构逐渐完善，出现釉质、齿质和齿髓，齿体露出黏膜，与角质垫接触，齿根逐渐与咽骨呈骨性固着，牢固。青鱼自第4代进入固定型齿（体长20.8 mm），齿式和齿形与成鱼相似，齿式稳定为4/5，齿冠为臼齿状，齿体粗大，根部粗壮，齿质和釉质增厚，硬度增大，齿根与咽骨固着牢固。

（2）咽齿的更换和固着。青鱼的咽齿与其他鱼类的颌齿、咽齿以及两栖类、爬行类的齿相似，一生中换齿多次，旧齿脱落后由发育齿（后备齿）代替，如此去旧更新，终生不止，称多牙列。除初齿外，第1年换齿5～6次，比鲤少1次，咽齿更换速度前期快于后期，初齿3～4 d即脱落，而第4代齿90 d才全部脱落。每代齿的更换是逐个且左右两侧交错进行的，以保证每个齿更换时整个齿系列仍保持咀嚼食物的机能，即咽齿更换速度的不均衡性和单个交错更换方式具有一定的生物学意义。由此推论，2龄青鱼发病率高，与咽齿的更换无关。

（3）咽齿的形态和组织学特点。青鱼咽齿的形态与哺乳动物的异形齿不同，初齿、过渡型齿和固定型齿的单个齿体大小虽然有一定差异，但基本上属于同形齿，即初齿似犬齿，过渡型齿似锯齿状臼齿，固定型齿为臼状齿。

青鱼咽齿的齿胚、初齿、过渡型齿、固定型齿的组织学特点与哺乳动物和人的齿相似，尤其是固定型齿具有典型的釉质、齿质、髓质与髓腔、齿骨质等。

（4）咀嚼器官发育与食性转化关系。青鱼咀嚼器官发育的阶段性与食性转化密切相关，反映了动物器官形态与机能的统一性。全长6.7～7.8 mm仔鱼，咽齿为初齿，齿体小呈尖锥状，包裹于黏膜组织中，角质垫未形成，咀嚼器官不完善，无咀嚼机能，处于内营养、混合营养和吞食浮游动物阶段；全长8.9～25.0 mm仔鱼和稚鱼，咽齿为过渡型齿，齿体大小、齿形和数目变化较大，齿形由尖锥状变为尖端带钩形的似臼齿状，齿组织分化趋完善，齿体逐渐露出黏膜组织，齿式由3/3变为4/5，角质垫形成，组织完善，角质层逐渐增厚至占角质垫总厚度的1/2，咀嚼器官基本形成，初步具有磨碎小型食物的机能，食性由吞食较大型浮游动物转化为摄食摇蚊幼虫等底栖动物；全长31.0 mm以上的稚鱼和幼鱼，咽齿为固定型齿，齿体逐渐增大，齿形同成鱼，呈臼齿状，咀嚼面宽大，齿根粗壮，齿冠釉质层增厚，至115 mm以上时咽齿釉质硬度大于螺蛳壳，角质垫的角质层不断增厚变硬，咽齿和角质垫相对应，形成一定咀嚼力和颌力，可以压碎和磨碎螺蛳等硬度较大的带壳食物，以螺蛳等底栖动物为主要食物。

青鱼苗种培育和食用鱼饲养，应当根据其咀嚼器官胚后发育生物学特点及其食性转化规律适时投喂适宜的饲料。即全长100 mm左右青鱼咽齿的硬度接近于小螺蛳壳和蚬壳，可以投喂轧碎的小螺蛳和蚬，全长达120 mm时可投喂轧碎螺蛳和整体蚬类，全长达140 mm以上时可投喂小螺蛳，以后随咽齿硬度增大和后咽腔扩大便可投喂不经过筛的螺蛳。太湖地区渔农培育青鱼苗种和饲养食用鱼，投喂的饲料种类及其规格基本上是符合青鱼咀嚼器官发育规律的。

注：文中表1《青鱼咽齿和角质垫发育与体长和孵化日龄关系》和表2《青鱼咽齿釉质和螺蛳壳硬度值（kg/mm^2）》，以及9幅形态图，略

（四）青鱼消化器官数量性状胚后发育规律

青鱼（*Mylopharyngodon piceus* Richardson）生长快，肉味鲜美，摄食螺蛳等底栖动物。与其食性相适应的消化器官的形态学和数量性状不仅具有一定特点，而且在胚后发育过程中发生规律性变化。关于青鱼成体的咽骨和咽齿形态学特征（李仲辉，1982；孟庆闻等，1987；Chu，1935）、咽齿和角质垫胚后形态发育及组织学特点（叶奕佐，1964；刘焕亮等，1990；翟宝香等，1988）有过较系统报道，青鱼的鳃耙和肠的数量性状发育（叶奕佐，1964）也有过零星报道。本文研究探明青鱼消化器官数量性状胚后发育规律，以添补鱼类胚后发育生物学内容，为青鱼苗种分级培养提供科学依据。

运用显微解剖与综合测试技术，系统观察全长5.6～330 mm青鱼标本370尾，研究探明青鱼的鳃耙数、鳃耙间距、咽齿齿式、角质垫的大小、肠的长度及其相对长度等消化器官数量性状胚后发育变化规律，论述青鱼的摄食特性、消化器官数量性状胚后发育的阶段性及其相关性、消化器官数量性状发育与食性转化关系。

1. 结果

青鱼的鳃耙数、鳃耙间距、角质垫大小和厚度、咽齿发育期和齿式、肠襻数和长度在胚后发育过程中发生规律性变化（表5–3）。

表5–3　青鱼消化器官数量性状变化

序号	全长（mm）	体长（mm）	第一鳃弓外列鳃耙		角质垫			咽齿		肠长		
			鳃耙数	耙间距（μm）	长（mm）	宽（mm）	厚（mm）	发育期（代）	齿式	肠襻数	长（mm）	肠长/体长
1	6.7	6.4	4	57				无齿		0	4.0	0.625
2	7.2	6.8	5	75				齿胚		0	4.0	0.588
3	7.6	7.1	6	72				初齿	1.2/2.1	0	3.8	0.535

续表

序号	全长（mm）	体长（mm）	第一鳃弓外列鳃耙		角质垫			咽齿			肠长		
			鳃耙数	耙间距（μm）	长（mm）	宽（mm）	厚（mm）	发育期（代）		齿式	肠襻数	长（mm）	肠长/体长
4	8.0	7.5	6	78	0.120	0.140		过渡型齿	Ⅰ	3/3	0	3.9	0.520
5	8.3	8.0	7	84	0.120	0.160			Ⅰ	3/3	0	4.4	0.550
6	9.0	8.5	8	72	0.140	0.190			Ⅰ	3/3	0	5.0	0.588
7	10.0	8.9	7	81	0.160	0.230			Ⅰ	3/3	0	4.07	0.528
8	10.6	9.8	7	90	0.230	0.360	0.059		Ⅰ	3/3	0	4.7	0.480
9	11.4	10.5	8	78	0.210	0.310	0.047		Ⅱ	4/4	出现	5.6	0.533
10	13.0	11.2	7	90	0.330	0.380	0.071		Ⅱ	4/4	弯曲	6.0	0.536
11	14.6	12.8	8	110	0.260	0.380	0.095		Ⅱ	4/4	弯曲	6.08	0.531
12	15.2	13.2	7	95	0.360	0.360	0.120		Ⅱ	4/4	肠襻	7.0	0.530
13	17.0	15.0	11	95	0.550	0.480	0.160		Ⅱ	4/4	2	8.0	0.533
14	22.3	18.0	11	140	0.900	0.670	0.260		Ⅲ	4/5	2	12.0	0.667
15	24.0	19.0	14	140	0.900	0.670	0.260		Ⅲ	4/5	2～4	16.0	0.842
16	28.5	23.0	13	190	1.450	1.200	0.480		Ⅲ	4/5	4	20.0	0.869
17	31.5	25.0	12	140	1.400	1.200	0.550	固定型齿	Ⅳ	4/5	4	24.0	0.960
18	37.7	30.0	13	230	2.200	2.000	1.000		Ⅳ	4/5	4	20.0	0.667
19	43.5	35.0	17	230	2.500	2.000	1.200		Ⅳ	4/5	4	32.0	0.914
20	49.5	40.0	14	290	3.100	2.300	1.500		Ⅳ	4/5	4	40.0	1.000
21	61.0	49.0	13	260	3.900	2.900	1.900		Ⅳ	4/5	4	50.0	1.020
22	67.4	54.0	16	440	3.700	3.000	1.800		Ⅳ	4/5	6	72.0	1.333
23	90.0	72.0	18	460	5.000	4.200	2.200		Ⅳ	4/5	6	111.0	1.542
24	108.0	86.8	18	650	6.800	5.500	3.500		Ⅴ	4/5	6	165.0	1.901
25	141.0	114.0	19	760	7.000	6.000	3.200		Ⅴ	4/5	6	150.0	1.316
26	179.0	152.0	17	870	8.500	6.600	4.000		Ⅴ	4/5	6	213.0	1.401
27	238.0	265.0	17	1170	11.500	10.000	4.500		Ⅵ	4/5	6	315.0	1.591
28	291.0	198.0	18	2080	15.000	13.500	5.200		Ⅵ	4/5	6	355.0	1.437
29	311.0	247.0	18	1860	15.000	13.400	6.000		Ⅵ	4/5	6	400.0	1.509
30	330.0	286.0	17	1680	14.000	11.800	5.900		Ⅶ	4/5	6	320.0	1.119

（1）鳃耙数及其间距。成鱼鳃耙呈扁三角形，粗短而稀少，17～20个。鳃耙数随身体增长而增加，全长6.7 mm第Ⅰ鳃外列鳃耙为4枚，全长141.0 mm，增为19枚，以后基本上不再增多。鳃耙间距随身体的增长明显增大，全长6.7 mm为5.7 μm，全长330.0 mm增大为1 680 μm。

（2）角质垫大小与厚度。青鱼角质垫在基枕骨腹面，呈椭圆形，表层（角质层）坚厚，与咽齿相对压磨食物。角质垫大小和厚度随身体增长而增大和增厚：全长6.5 mm尚未形成；全长8.0 mm左右出现角质垫初形（长0.12 mm，宽0.14 mm）；全长291.0 mm角质垫长15.0 mm，宽13.5 mm；全长10.6 mm角质垫厚度为0.059 mm；全长311.0 mm增厚为6.0 mm。

（3）咽齿发育与齿式。全长6.8～7.0 mm无咽齿或齿胚；全长7.6 mm出现尖锥形初齿，齿式1.2/2.1；全长8.0～28.5 mm（孵出7～18 d），咽齿发育很快，连续更换3代齿，由尖锥状渐变为臼齿状，齿式由3/3变为4/5；全长31.5 mm（孵出25 d）以上，咽齿不断发育更换，自第4代齿以后的各代齿均称固定型齿，与成鱼相似，齿式稳定（4/5）。

（4）肠长和肠襻。成鱼肠管较短，为体长1.4～1.5倍（比肠长），少数个体可达1.9倍，6个肠襻。全长6.7～10.6 mm肠管直管形，全长11.4 mm开始出现弯曲，全长15.2 mm出现肠襻雏形，全长达17.0 mm形成第1对肠襻（2个肠襻），全长24.0 mm出现第2对肠襻（4个肠襻），持续时间较长，至全长67.4～74.0 mm才出现第3对肠襻（6个肠襻）。

青鱼鳃耙、咽齿、角质垫和肠等数量性状，在胚后发育过程中具有明显的阶段性，全长6.7～28.5 mm、31.5～67.4 mm和90 mm以上为3个慢速发育阶段，全长28.5～31.5 mm和67.4～90.0 mm为2个快速发育阶段。

2. 讨论

（1）摄食特性。青鱼是典型的贝类食性鱼类，主要摄食螺蛳和蚬类，也食摇蚊幼虫和水生昆虫等底栖动物。吞食的螺蛳和蚬类，进入咽喉部被坚硬而强大的臼状咽齿与坚厚的角质垫轧碎外壳，然后将碎壳及肉一起吐出，再将螺蚬肉重新吞入口中，经咀嚼器官研磨进入消化管。

（2）消化器官数量性状发育与食性转化。青鱼消化器官数量性状发育与食性转化密切相关。全长6.7～15.0 mm仔鱼和稚鱼，鳃耙4～8枚，短锥形，间距57～90 μm，咽齿由尖锥状发育成钩状锥形，齿式由3/3变为4/4，角质垫形成不久，非常薄（＜0.1 mm），肠直管状且短（比肠长0.522 3），无咀嚼机能，处于内营养、混合营养和吞食浮游动物阶段。全长17.0～123.0 mm稚鱼和幼鱼，鳃耙11～18枚，短而稀（间距650 μm），齿式由4/4变为4/5，齿形由尖钩形变为臼状，硬度增大至192.6 kg/mm^2，角质垫增厚，6个肠襻，比肠长为1.4～1.5，吞食摇蚊幼虫、水生昆虫幼虫等底栖动物。全长141.0 mm以上的幼鱼，鳃耙、咀嚼器官和肠呈成鱼型，角质垫明显增厚，咽齿硬度达284.7 kg/mm^2（螺蛳硬度228.3 kg/mm^2），开始摄食螺蛳和蚬类。

（五）鲢滤食器官胚后发育生物学研究

鲢［*Hypophthalmichthys molitrix*（Cuv. Et Val.）］是我国淡水渔业重要经济鱼类和淡水养殖主要对象，利用滤食器官滤取浮游生物等微小食物，养殖成本很低，年产量占淡水养殖鱼类总产量15.0%以上。鲢的滤食器官形态发育、摄食方式和食物组成在个体发育过程中发生规律性变化，研究探明其滤食器官发育生物学具有重要理论价值和实际意义。

国内外学者对鲢滤食器官的形态学结构及其食性进行过系列研究，对其鳃耙发育也有过一些报道，但有关滤食器官形态发育以及数量性状在胚后发育过程中的变化规律及其与摄食方式及食物组成的关系，尚未见到较系统的报道。

本文运用显微解剖与综合测试技术，系统观测全长5～395 mm鲢标本730多尾，研究探明滤食器官鳃耙、鳃耙网、鳃耙管、腭褶形态发育规律和摄食器官数量性状胚后发育规律，并系统论述摄食方式、适口食物和食物组成转变，以及鳃耙管功能、对食物选择性和肥水培育苗种的科学依据。

1. 结果

（1）滤食器官形态发育。

① 鳃耙及侧突发育。鳃弧中段最先出现鳃耙，而后两端渐次出现，中段的最长，两端的最短。全长6.1～6.3 mm出现鳃裂，无鳃耙；全长6.4～7.0 mm鳃弧中段表皮细胞突起形成4个小锥状鳃耙；全长8.7～8.9 mm已达10多个，并出现鳃耙骨；全长10.0～11.0 mm鳃耙出现小而不规则的侧突起；全长18 mm侧突起发育完善，排列规则，呈锥状（5～6个细胞组成）；全长20 mm侧突起上出现次突起；全长30 mm每个侧突起有4～5个锥状次突起，分高型和低型2类。

② 宽窄鳃耙的分化。刚形成的鳃耙呈锥形，而后逐渐变为刀形，皆为宽鳃耙，全长28～30 mm开始分化为宽窄2型，全长45～47 mm宽窄鳃耙分化完全，鳃弧中段宽窄鳃耙比例约1：10，两端的多为宽型。

③ 鳃耙网发育。鲢每列鳃耙有内、外2类鳃耙网，分别连接窄、宽鳃耙的刃部，称窄鳃耙网和宽鳃耙网。全长19～21 mm鳃耙刃部向两侧膨大形成耳状突起，为内鳃耙网原基，而后，耳状突起增长、增多，相互连接成内鳃耙网。全长27～28 mm内鳃耙网中出现骨质小桥。全长35 mm内鳃耙网发育完全，连接鳃耙刃部。全长45～52 mm宽、窄鳃耙分化，内鳃耙网的结缔组织向宽鳃耙刃部延伸，达到其刃部后又沿宽鳃耙刃部纵向和横向延伸，形成外鳃耙网。随体长的增长，内、外鳃耙网沿三维空间不断拓宽、加厚形成三维立体结构。全长205 mm鳃耙网中出现类骨质横梁。

④ 鳃耙管及其发育。鳃耙管位于头盖骨耳囊区下方的软腭组织中，每侧4个。鳃耙管呈螺卷状，内壁的一侧是附有2列鳃耙的上鳃骨后部和内咽鳃骨，另一侧为腭褶的延伸部分。全长12.6～13.0 mm口腔顶部黏膜开始上卷并与上鳃骨愈合成管状（管内无鳃耙）；全长15.1～15.5 mm鳃耙管内鳃耙呈三角形，管末端无鳃耙；全长55.5 mm鳃耙管近端一段开始出现耳状鳃耙网，入口处和近端的鳃耙呈S形，末端的鳃耙呈三角形；而后，鳃耙管逐渐发育完善，宽窄鳃耙分化也明显。

⑤ 腭褶及其发育。口腔顶部的黏膜突出形成9个纵嵴，称腭褶。腭褶的排列适与鳃耙相对立，嵌于与其相对应的鳃耙沟中。腭沟适好夹着两相邻鳃弧的内外列鳃耙的尖端。全长6.5 mm口腔顶部为一薄层黏膜，无乳突，全长6.6～7.5 mm口腔顶部黏膜增厚并出现分布均匀的乳突，全长14 mm开始出现腭褶雏形，全长31 mm腭褶发育基本完全，随体长增长，腭褶发育更加完善。

（2）摄食器官数量性状发育。

① 口径（$\sqrt{2}$ 上颌长）与口宽：全长6.4 mm口径270 μm，全长31.4 mm口径2.7 mm，全长395 mm口径增大为34.0 mm。全长6.4 mm口宽273 μm，全长31.4 mm增大为2 321 μm。

② 鳃耙数目、密度、鳃耙长与鳃耙间距：全长6.4 mm第Ⅰ鳃弧外列鳃耙4个，全长395.0 mm增加为1 334个。全长7～13 mm鳃耙密度为22.5～26.0个/毫米，全长14～40 mm为18～22个/毫米，全长43～122 mm为17.5～21.0个/毫米，全长130～395 mm为13.5～17.5个/毫米。全长6.4 mm鳃耙长为14 μm，全长395 mm增长为13.5 mm。鳃耙间距随身体增长变化不大，规律性也不明显，全长6.4～10 mm耙间距为23～50 μm，而后则变小，稳定在8～20 μm。

③ 鳃耙侧突起数目、长度和间距：全长11.0 mm鳃耙背部出现3个侧突起，全长395 mm鳃耙侧突起为466个。全长11.0 mm侧突起长为3.7 μm，全长395 mm增长为11.0 μm。侧突起间距随着身体增长略有增大，全长11.0～13.9 mm为19.0～26.0 μm，

全长300～395 mm增加为30.0～33.0 μm。

④ 鳃耙管内鳃耙数目、长度和间距变化：管内鳃耙数目随身体增长而增加，全长14.6～19.9 mm鳃耙5～6个，全长31.4～34.8 mm为65～72个，全长320～395 mm高达570～660个。鳃耙管内鳃耙长与身体全长相关不显著。管内鳃耙间距随身体增长而减少，全长15～47 mm为6～16 μm，全长48～395 mm减少为2.7～5.6 μm。管内宽、窄鳃耙差异不明显。

2. 小结和讨论

（1）摄食方式转化。随着身体增长，摄食方式由吞食转化为滤食。全长7～14 mm摄食方式为吞食，全长15～29 mm由吞食向滤食转化，全长大于30 mm（滤食器官发育完全）为滤食。

（2）适口食物和食物组成转变。鲢摄食时开口率为75%左右，吞食食物规格约为口径×75%口宽，过大的食物吞不下，过小的食物则吃不到。全长6.4～8.7 mm适口食物规格为（203～434）μm×（273～546）μm，食物组成为轮虫、无节幼虫。全长8.8～14 mm适口食物规格增大为（434～724）μm×（546～869）μm，食物组成为轮虫和枝角类，也有少量浮游植物。全长15～23.1 mm适口食物规格为（869～1592）μm×（981～1966）μm，食物组成为枝角类、桡足类和一定数量的浮游植物。全长239～30.00 mm食物组成为枝角类、桡足类和浮游植物。

滤食阶段的适口食物规格主要取决于鳃耙间距和侧突起间距。全长30 mm以上的个体，鳃耙间距为8～20 μm，侧突起间距为15～33 μm，可以滤取最小的食物规格为（8～20）μm×（15～33）μm。全长30 mm以上的个体，主要滤食浮游植物、浮游细菌和腐屑等微型食物，也可滤取较大的浮游动物，由于鲢的鳃耙列较长、腭褶较高，占据口腔的大部分容积，影响吞食大型食物，所以吞食大型食物的能力较差。

（3）鳃耙管的功能。方炳文先生认为鳃耙管是后备滤食器官。苏联学者，有的认为鳃耙管分泌黏液黏合食物，便于食物的吞咽；有的则认为鳃耙管是辅助吞咽食物的器官：鳃耙管外壁肌肉收缩压迫管中水流射向鳃耙管口和咽喉处食物颗粒，配合鱼体吞咽活动使食物迅速进入食道。本研究表明，鳃耙管出现于鳃耙之后，管内的黏液细胞数量不仅比腭褶的少（不具备分泌黏液特点），而且难于想象其分泌的黏液又如何送到鳃耙沟中。鳃耙管末端封闭、鳃耙杆部短小且排列紧密、管末端鳃耙无侧突起以及管腔很小等形态学特点，说明它的功能不是滤取食物的，而是协助吞咽食物的。

（4）对食物的选择性。鲢对食物有无选择性？认识尚不甚一致。本研究表明，鲢在吞食阶段有选择食物的能力，随着身体长大这种能力则逐渐变小，滤食阶段（幼鱼和成鱼）虽然能够主动集群到天然饵料生物多的地带以及人工投饵区域摄食，但这种选择食物的能力是有局限的，其消化管中的天然饵料种类组成与摄食水域的基本相同。

（5）苗种培育科学技术措施。夏花鱼种培育（全长7.0 mm仔鱼养成28.0～30.0 mm稚鱼）前期，采取适时清塘、及时注水和适量施有机肥等措施，使池水轮虫达到一定的数量（10个/毫升），同时每日施少量有机肥保持轮虫数量，并有针对性地适量施用敌百虫抑制大型枝角类，延长轮虫高峰期，以满足全长7.0～14 mm（吞食阶段）鲢苗营养需要。随着鱼体长大，适当施用有机肥和适量注水培养浮游植物和大型浮游动物（枝角类），供全长15.0～28.0 mm（吞食向滤食转化阶段）鲢食用。随着鲢增长，持续适量施有机肥以及适时注水，培养鞭毛藻类（隐藻、甲藻等），以满足全长30.0 mm（滤食阶段）鲢夏花鱼种滤食需要。

注：文中表1《滤食器官形态发育》、表2《第Ⅰ鳃弧外列鳃耙宽窄鳃耙比例变化》、表3《鲢口径、口宽随长度变化及与食物规格关系》、表4《第Ⅰ鳃弧外列鳃耙中段耙间距变化、滤食规格及肠道内食物（浮游植物）规格》、表5《第Ⅰ鳃弧外列鳃耙密度变化》、表6《鳃耙间距发育与全长、体长关系》、表7《第Ⅰ外列鳃耙侧突起长度与间距变化》、表8《第Ⅰ鳃耙管内鳃耙个数、长度变化》、表9《第Ⅰ鳃耙管内鳃耙间距及密度变化》和表10《第Ⅰ鳃耙管内宽窄鳃耙比例》，以及8幅形态图，略。

（六）鳙滤食器官胚后发育生物学研究

鳙［*Aristichthys nobilis*（Rich.）］系我国主要淡水经济鱼类和重要养殖对象，是典型的滤食鱼类，可以滤取水中浮游生物等微型食物。其滤食器官的形态结构、摄食方式和食物组成在个体发育过程中发生规律性变化。研究鳙滤食器官胚后发育生物学，以丰富鱼类发育生物学内容和科学指导鳙苗种培育和成鱼饲养。

本文运用显微解剖与综合测试技术，系统观测全长4.5～488 mm标本540余尾，研究探明滤食器官鳃耙、鳃耙网、鳃耙管、腭褶胚后形态发育和摄食器官数量性状胚后发育规律，系统论述摄食方式、适口食物和食物组成转变，鳃耙间距胚后发育变化，以及苗种分级培育生物学技术措施。

1. 结果

（1）鳃耙及侧突起发育。鳙全长6.1～6.3 mm鳃裂清晰可见，全长6.4 mm出现数个（4～9个）尖锥状鳃耙，全长8.4～11.0 mm鳃弧中段的鳃耙出现鳃耙骨。

全长8.4～10.0 mm鳃耙背部两侧出现不甚规则的侧突起，然后随身体增长逐渐规则化，全长26.0 mm侧突起由7～8个细胞堆积而成，发育完全，分高形和矮形2种。

（2）鳃耙分化。全长32.0～35.0 mm鳃耙开始分化为宽、窄2种，随身体增长两者的差异逐渐显现，全长102.0 mm时2种鳃耙区别明显。

（3）鳃耙管发育。全长11.4 mm口腔顶部的黏膜上卷与上鳃骨后端愈合构成鳃耙管原基，全长12.6 mm鳃耙管较明显，出现管腔，管口处出现鳃耙；全长30 mm以上管口处鳃耙出现侧突起，管末端鳃耙无宽窄之分，基部宽大，呈短刀形，与管外的显然不同。

（4）腭褶发育。全长6.4 mm口腔顶部黏膜有零星乳头状突起，全长9.3 mm乳突有规律地集中成嵴状，中部高于前后两端；全长13.8 mm乳突集中、增多形成腭褶雏形；全长20.0～31.0 mm腭褶发育完善，腭沟明显。

（5）口径（$\sqrt{2}$上颌长）和口宽发育。全长6.4 mm口径为263 μm，全长15.6 mm为1 194 μm，全长35.0 mm口径增大为2 812 μm，口径与全长呈极显著相关。全长6.4 mm口宽为221 μm，全长35.0 mm增大为2 960 μm。

（6）鳃耙数目、长度及耙间距。全长6.4 mm第Ⅰ鳃弧外列鳃耙为4～9个，全长31.0 mm增加为88个，全长448 mm达695个。全长6.4 mm鳃耙长为17 μm，全长30.0 mm为1 022 μm，全长413.0 mm增长为13 900 μm。全长6.4～30.0 mm鳃耙间距随身体增长而缩短，全长31.0～448.0 mm鳃耙间距随体长增长稍有增大。

（7）鳃耙侧突起数目、长度和间距。全长10.2～29.7 mm侧突起为42.7～48.1个，全长30.8～48.0 mm由37.4个降为15.8个。全长10.2 mm鳃耙侧突起长度为2.0 μm，全长44.0 mm增大为40.7 μm。全长10.2～12.0 mm侧突起间距为13.7～30.8 μm，全长285.0～448.0 mm增加为41.2～62.6 μm。

（8）鳃耙管内的鳃耙发育。全长12.8～14.0 mm鳃耙管的近端鳃耙长为54.7～82.0 μm，全长27.5～35.0 mm为151～179 μm，全长283.0～405.0 mm增长为904～1 768 μm。鳃耙管内的鳃耙间距变化不大，鳃耙密度随身体增长而下降，全长12.8～11.0 mm密度为20.9～30.6个/毫米，全长27.5～35.0 mm减少为16.4～18.4个/毫米，全长285.0～405 mm则降至3.9～7.6个/毫米。

2. 小结与讨论

（1）摄食方式转化。鳙的摄食方式由吞食转变为滤食，中间有一个过渡阶段。全长6.4～14.0 mm鳃耙数目少（32个左右）而短（小于307 μm），侧突起少，鳃耙管和腭褶均处于雏形，不具备滤取食物能力，主动吞食轮虫、无节幼虫和枝角类等浮游动物。全长15.0～29.0 mm（吞食向滤食转化阶段）鳃耙不断增多、增长，侧突起规则化，腭褶和鳃耙管发育明显，由吞食较大的浮游动物逐渐转变为滤取腐屑和小型浮游动物。全长30.0 mm以上，鳃耙开始分化为宽鳃耙和窄鳃耙，鳃耙数目和长度分别达81个和1.0 mm以上，鳃耙间距增大，侧突起数增多且规则化，腭褶和鳃耙管发育更加完善，主要滤取浮游动物、腐屑等微型食物，摄食方式为滤食。

（2）适口食物和食物组成转变。吞食阶段，适口食物的规格取决于口径和口宽的大小（口径×75%口宽），过大的食物吞不下，过小的食物则吃不到，全长7.5～10.0 mm，适口食物规格为（290～366）μm×（288～732）μm，食物组成为轮虫、无节幼虫、小型枝角类和桡足类幼体；全长10.1～14.8 mm，适口食物规格增大为（588～825）μm×（732～1 055）μm，食物组成为小型枝角类、轮虫和桡足类。吞食向滤食转化阶段，适口食物规格随着口径、鳃耙间距和侧突起间距增大，食物规格增大到（825～1 715）μm×（1 150～2 180）μm，食物组成为枝角类、桡足类、轮虫、原生动物、腐屑和较大型浮游植物。滤食阶段，适口食物规格及其组成随着鳃耙间距和侧突起间距的缩短向小型化方向转化，全长大于30.0 mm鳃耙间距缩短为23.4～72.0 μm，侧突起间距降为29.8～55.8 μm，食物规格为（23.4～72.0）μm×（29.8～55.8）μm，食物组成不仅有浮游动物，尚有浮游植物、腐屑和浮游细菌凝聚物，鳃耙间距及侧突起间距都比鲢的大，滤取的食物规格要比鲢的大一些。

（3）鳃耙间距胚后发育。苏联学者（1980）认为，鳙全长>30.0 mm，耙间距随体重增长而增大，体重2.0 g的为26 μm，体重550 g的增大为58 μm。本研究表明，全长6.4～30.0 mm耙间距随着身体增长而缩小，全长31.0～443 mm耙间距则随身体增长而增大。

（4）苗种分级培育生物学技术措施。鳙滤食器官胚后发育特点及其摄食方式和适口食物转化规律，为苗种分级培育提供了科学依据。在鳙鱼苗下塘前至下塘初期全长7.0～14.0 mm（吞食阶段），应当采取适时清塘、及时注水和适量施有机肥等措施培养轮虫使之达到高峰，并适时施用敌百虫防止大型枝角类繁生以维持和延长轮虫高峰期；在全长15.0～28.0 mm由吞食向滤食转化时期，应当采取施有机肥、适量注水等措施保持池水肥度，以培养浮游植物供大型浮游动物食用，并适当投喂适口颗粒饲料；在全长大于30.0 mm滤食浮游动物为主的时期（夏花鱼种培育后期），除继续保持池水肥度和足量的浮游动物外尚应当适当加大人工投饲量。

目前，我国培养夏花鱼种和秋花鱼种所采取的一系列生物学技术措施，基本上符合鳙摄食器官胚后发育形态学发育特点及其食性转化规律。

注：文中表1《鳙鳃耙间距发育与全长关系》以及4幅形态图，略。

（七）尼罗罗非鱼摄食器官胚后发育生物学研究

尼罗罗非鱼（*Oreochromis nilotica*）体较大，肉味鲜美，生长快，繁殖力强，苗种易获得，食性广，广泛分布于非洲淡水和咸淡水水域，对盐度等水环境条件的适应能力强，是池塘和流水养鱼的重要对象。它具有特殊的摄食器官，因此既能滤食浮游生物等微小食物，又具有主动追捕游泳动物和吞食较大型食物的能力。其摄食器官形态结构以及摄食方式和食物组成，在胚后发育过程中发生规律性变化。研究探明尼罗罗非鱼摄食器官发育生物学特点，具有鱼类发育生物学理论价值，对制定苗种培育和饲养食用鱼生物学措施也有重要指导作用。

本文运用显微解剖和综合测试技术，系统观测全长6.0～223.0 mm标本278尾，研究探明鳃耙、口腔上腭、颌齿、咽齿等摄食器官形态发育，以及数量性状胚后发育规律；系统论述摄食机能和摄食方式、适口食物及食物组成转变，以及苗种分级培育生物学技术措施。

1. 摄食器官形态发育

（1）鳃耙发育。尼罗罗非鱼第Ⅰ～Ⅳ鳃弧均附有内外2列鳃耙，短而粗钝，近似三角片状。第Ⅰ鳃弧外列鳃耙直立着生在鳃弧上，其余各列鳃耙均为水平着生（与鳃丝垂直），相邻鳃弧的内外列鳃耙彼此交错嵌合成滤食网。鳃耙背部及两侧有乳状突起，排列不甚规则，每个乳突由1个味蕾（40 μm × 60 μm）构成。鳃耙和鳃耙沟表皮细胞形态相同，由多个环形隆嵴环绕而成，环纹间未见缝隙。表皮细胞界限明显，长径为7.6～13.6 μm。

全长6.0 mm第Ⅰ鳃弧有5～7个乳头状鳃耙，竖直着生，由上皮细胞和结缔组织向外突起而成。全长10.8～15.0 mm鳃耙由竖直着生逐渐向水平着生过渡（第Ⅰ鳃弧外列鳃耙仍斜向竖直着生）。鳃耙表皮出现味蕾，无黏液细胞。全长15.0～22.8 mm鳃耙着生方向似成鱼，味蕾增多，出现黏液细胞和鳃耙骨。全长32.8 mm鳃耙的基本结构已似成鱼。

（2）口腔上腭及其发育。口腔顶壁（上腭）中部稍凹，有许多隆起，近口端的隆起低狭、纵向，近咽部隆起明显，呈发达皱襞，走向不规则。上腭黏膜层为复层扁平上皮，具有椭圆形黏液细胞，数目由前向后增多，偶尔可见味蕾，近咽部则较多。中间层为致密和疏松结缔组织。下层是横纹肌，走向呈V形，尖端向咽部，肌层由前向后逐渐加厚。

刚孵出的鱼苗至全长9.0 mm，口腔上腭光滑，由单层扁平上皮、结缔组织和少量横纹肌组成，尚未出现黏液细胞及味蕾。全长11.0～21.0 mm，上腭出现乳头状突起，并逐渐明显，表皮由复层扁平上皮组成，随身体增长，细胞层增多，肌肉层增厚，出现黏液细胞并逐渐增多，咽部出现味蕾。全长大于21.0 mm，上腭的基本结构似成鱼，随身体增长皱褶隆起越来越明显，黏液细胞数目越来越多。

（3）颌齿发育。成鱼前颌骨和下颌骨着生3列（少数4列）颌齿。外列齿为双峰，呈铲状；其他列的齿体为三峰，中峰高于侧峰。颌齿坚硬、锐利，排列规则，且左右对称，齿体从外列到内列渐小，均由致密结缔组织固着于前颌骨和下颌骨特化的齿槽中。齿体分齿冠、齿颈、齿根3部分。齿冠细长，釉质非常发达。

随身体生长，颌齿由1行增到3行或4行，齿型由锥状到双峰、三峰，硬度逐渐增强。全长7～8 mm颌齿开始形成，但未露出表皮，全长8.9 mm表皮表面可见白色透明圆锥状小颌齿，至全长11.2 mm颌齿皆为单行，数枚到10余枚，齿体未钙化，齿冠尚未分泌釉质，多数齿仍包于牙囊中。全长15.0～20.2 mm颌齿仍单行，15～24枚，出现双峰，齿冠变为黄色，开始分泌釉质，齿质钙化。全长21.0～25.8 mm颌齿为双行，出现了峰形内列齿。全长39.0 mm内外列颌齿排列规则化，齿型已似成鱼。全长40.2 mm出现第3列齿。出现第3列颌齿的鱼体规格差异较大，全长50.0 mm颌齿基本为3列。

（4）咽齿发育。尼罗罗非鱼第Ⅱ～Ⅳ鳃弧的咽鳃骨特化为椭圆形，左右各1块，称上咽骨。第Ⅴ鳃弧的角鳃骨特化为三角形下咽骨（左右下咽骨愈合而成），尖端向口部。咽齿着生在上、下咽骨上，分别称上咽齿和下咽齿，其分布密度由前向后逐渐增大。咽齿多达数百枚。上咽齿均为钩状，齿钩指向食道。上咽骨各部位的咽齿形状有一定差异，前部的咽齿齿钩不明显，中部的齿钩弯度大，后部的齿钩弯度也较大。下咽齿分钩状齿、镰刀状齿和楔形齿，其齿钩弯曲度，中部的小于后部的。下咽齿齿钩指向口端（与上咽齿指向相反）。

咽齿发育与颌齿同步。全长6.0 mm下咽骨已形成，尚未出现咽齿；全长11.2 mm上下咽齿露出表皮，尚未骨化；全长15.0～20.2 mm齿形似成鱼，但各区段的齿形尚未分化；全长25.0～39.0 mm咽骨不同部位的上下咽齿开始分化，全长40.0 mm咽齿已具成鱼的齿形。

2. 摄食器官数量性状发育

口径和口宽、鳃耙数及其长度和间距，以及左上咽骨面积和下咽骨宽度等数量性状，在胚后发育过程中发生规律性变化。

（1）口径和口宽。体长5.6～18.2 mm口径由0.7 mm迅速增大为2.3 mm，体长18.2～105.4 mm口径增长较慢，由2.3 mm增至11.3 mm。口宽也随身体增长而增加，体长7.2～199.0 mm，口宽由0.8 mm增至18.0 mm。

（2）鳃耙数目及其长度与间距。体长5.6 mm 7个鳃耙，体长12.0 mm 增加为18个，体长35.0 mm增至24～25（27）个，当体长超过39.2 mm时基本上稳定为24～25个。体长5.6 mm鳃耙长为61 μm，体长35.0 mm增长为233 μm，体长174.2 mm增至1 875 μm。体长5.6 mm鳃耙间距为28.5 μm，体长35.0 mm增至135 μm。

（3）颌齿发育。体长6.0～7.2 mm尚未出现颌齿，体长7.4～16.0 mm颌齿单行3～24枚；体长18.2～28.2 mm颌齿双行，外行18～24枚，内行为12～18枚；体长31.2 mm颌齿3行，外行16～42枚，中行17～43枚，内行4～24枚。

（4）咽齿。成鱼的上下咽齿均为数百枚，分布密度由前向后渐增。上咽齿和下咽齿的数目与体长的关系，分别用左上咽骨面积和下咽骨宽（向食道的宽边）对体长求回归方程。

上咽骨面积（Y，mm^2）对体长（X，mm）呈指数相关，回归方程为：$Y=0.0259X^{1.7502}$，$N=24$，$r=0.978>r_{0.01}=0.5368$。

下咽骨宽（Y，mm^2）对体长（X，mm）呈直线相关，回归方程为：$Y=0.0777X+1.116$，$N=24$，$r=0.929>r_{0.01}=0.5368$。

3. 小结与讨论

（1）摄食方式。尼罗罗非鱼的颌齿和咽齿的形态结构及其数量性状特点，表明具有滤食、捕食和啮食等多种摄食能力。也就是说，相邻两列鳃弧的内外列鳃耙水平着生，彼此交错嵌合成网状，左右第Ⅰ鳃弧的外列鳃耙竖直着生，与鳃盖相配合形成上缘为上腭，底和两侧为鳃耙，构成一个过滤网袋，可以过滤微小饵料生物和食物颗粒（滤食能力比鲢和鳙弱）。上下颌齿各3行约2 000多枚，外列齿双峰，内2列齿三峰，相互配合可以有效追捕小型游泳动物（鱼虾）并具有防止猎物逃脱和咬碎食物的功能，正面观颌齿呈铲状，上下颌的外列齿尚可在水底有效地摄取底栖动植物和有机腐屑以及附着生物，具有追捕和猎取水中游泳动物以及刮取底层固着生物等多种能力。上下咽齿数百枚，上咽齿齿钩向食道，下咽齿齿钩向口端，相互交错嵌合、协同配合，可以把较大型的食物撕裂、磨碎，进而吞入消化管中。

（2）摄食方式和食物组成变化规律。根据尼罗罗非鱼摄食器官形态学特点和数量性状在胚后发育过程中的变化规律，以及形态与机能辩证统一的观点，可将其一生的摄食方式和食物组成划分为3个阶段。

① 吞食阶段：全长6.0～15.0 mm鳃耙数目少而短，竖直着生，口腔顶部黏膜层由光滑变为乳头状突起，颌齿单行，数目少且刚露出表皮，白色，尚未骨化，

咽齿也刚出现，齿形未分化，不具备滤取食物和猎取食物的能力，只能依靠视觉用口吞食浮游动物。食物规格取决于口径和口宽的大小，为（0.525 ~ 0.9）mm ×（0.8 ~ 1.5）mm，食物组成为轮虫、无节幼虫、枝角类和桡足类。

② 吞食向滤食和捕食转化阶段：全长15.0 ~ 20.2 mm鳃耙由竖直着生转为水平着生，上腭黏膜逐渐出现褶皱。颌齿单行，数目增多（15 ~ 24枚），出现双峰，齿冠变为黄色，开始分泌釉质，齿质钙化。咽齿数目增多，齿形尚未明显分化，已初步具有滤取微小食物和捕食小型游泳动物的能力，但摄食能力尚不强。食物规格取决于口的大小、鳃耙间距，以及颌齿、咽齿数目及强度，其规格幅度较大，小到数十微米，大到（0.9 ~ 1.7）mm ×（1.5 ~ 2.4）mm。食物组成为轮虫、枝角类、桡足类、浮游植物和丝状藻类，以及小鱼、小虾和腐屑。

③ 滤食兼捕食阶段：全长20 mm以上，特别是超过30.0 mm的个体，鳃耙水平着生，左右4对鳃弧的内外列鳃耙交错嵌合构成滤食网，上腭黏膜褶皱明显且复杂，可分泌大量黏液，已具有滤取微小食物的能力。颌齿3行，枚数增多，齿体强大，齿冠褐色，咽齿似成鱼，咽骨上的各区段齿形分化明显，已能够追捕猎取较大型游泳动物，具有滤食兼捕食的能力。食物规格取决于口的大小和鳃耙间距，以及颌齿和咽齿的数目与结构等，可滤取的最小食物为85 ~ 450 μm，食物组成为轮虫、小型枝角类、浮游植物等，可捕取的食物规格为（2.1 ~ 14.9）mm ×（3.0 ~ 18.0）mm，主要食物为小型鱼虾类、水生昆虫，以及腐屑和人工饲料。

（3）苗种分级培育生物学技术措施。根据尼罗罗非鱼摄食器官胚后形态发育特点及其数量性变化规律，科学拟定苗种培育生物学技术措施。全长6.0 ~ 15.0 mm（夏花鱼种培育前期）吞食轮虫、小型枝角类等浮游动物，采取适时清塘、及时注水和适量施有机肥等系列措施，使池内轮虫迅速达到高峰，并适时施用敌百虫抑制大型枝角类，以维持和延长轮虫高峰期。全长15.0 ~ 20.2 mm摄食方式基本上转化为滤食兼捕食，应当及时出塘稀养，适量施有机肥培养浮游生物，并定时、定量投喂人工颗粒饲料。

注：文中表1《第Ⅰ鳃弧外列鳃耙数量性状变化》，以及图1和图版Ⅰ、图版Ⅱ，略。

（八）白鲫摄食器官胚后发育生物学研究

白鲫（*Carassius carassius cuvieri* T. et S.）1976年自日本引入我国，肉味鲜美，体形比鲫大，高而侧扁，前背部隆起较明显，头稍小，尾柄细长，体银白，生长较快，食性广，适应性强，苗种易获得，易于捕捞，是我国池塘养殖优良对象。

白鲫是典型的滤食鱼类，鳃耙长而密（100～120枚），以滤食为主兼吞食多种食物。滤食器官由口、鳃耙、腭褶构成，其形态结构以及摄食方式和食物组成在胚后发育过程中发生规律性变化。研究探明白鲫滤食器官的发育生物学特点，不仅具有鱼类发育生物学理论价值，而且对指导苗种培育和食用鱼饲养具有重要实际意义。

本文运用显微解剖与综合测试技术，系统观测全长6.6～260.0 mm白鲫标本430余尾，研究探明口径、鳃耙及其侧突起、腭褶等摄食器官形态结构，以及数量性状胚后发育规律；系统论述摄食方式和食物组成转化，以及苗种分级培育生物学技术措施。

1. **滤食器官形态发育**

（1）鳃耙发育。白鲫成鱼第Ⅰ～Ⅵ鳃弧背缘着生2列鳃耙，第Ⅰ鳃弧外列鳃耙最长，其余各列鳃耙长度相似，约为第Ⅰ外列鳃耙的1/2。每列鳃弧中段的鳃耙最长，愈近前、后两端的愈短。鳃耙像一把尖刀，背厚，刃薄。背部（向鳃耙沟的一侧）有3行花瓣状的突起，两侧的突起交错着生，每个侧突起上有10～20多个味蕾乳突，乳突中有味蕾和黏液细胞，鳃耙顶端也有数个味蕾乳突。

全长6.0～10.8 mm出现鳃耙，呈乳头状，其上陆续出现味蕾和黏液细胞；全长14 mm鳃耙顶端出现乳头状突起；全长22.6 mm鳃耙背部出现2列乳头状突起；全长30.4 mm鳃耙背部乳头增大；全长52.4 mm侧突起呈圆弧形，其上有6～8个味蕾乳突；全长76.0 mm鳃耙形状似刀，排列整齐，侧突起似成鱼，其上有9～11个味蕾乳突；全长125.4 mm侧突起形态变化不大。

（2）腭褶发育。白鲫成鱼的腭褶与鲢、鳙的相似，每侧4个，中央1个。腭褶中有味蕾和黏液细胞，前段的黏液细胞多于后段的，而后段的味蕾多于前段的。

全长8.0 mm仔鱼口腔上腭薄而平坦，已出现味蕾和黏液细胞，随身体增长逐渐增厚；全长11.0 mm出现腭褶雏形，表层味蕾增多，全长26.0 mm腭褶较明显，全长32.0 mm腭褶明显，全长47.0 mm腭褶似成鱼。

2. **摄食器官数量性状发育**

白鲫的口径和鳃耙数目、长度、间距，以及侧突起长、间距等数量性状，在胚后发育过程中发生规律性变化。

（1）口径。口径随身体增长而增大，全长6.0～8.8 mm口径为539～827 μm，全长14.6～20.2 mm口径1 223～1 619 μm，全长25.4～36.2 mm口径1 994～3 040 μm。

（2）鳃耙数目、长度及其间距。鳃耙数目随身体增长而增加，全长6.0～30.4 mm为7～50个，全长32.2～102 mm 为50～116个，全长100.0 mm基本稳定在100～120个。

鳃耙长随身体增长而增长，全长6.0～37.0 mm为13.4～893.0 μm，全长37.0～224.0 mm为893.0～9 300 μm。鳃耙间距随身体增长而增大，但变化不明显，全长6.0～8.8 mm为26.8～32.2 μm，全长9.2～14.8 mm为24.5～45.0 μm，全长16.6～40.2 mm为20.0～35.0 μm，全长52.4～224.0 mm为38.4～86.7 μm。

（3）侧突起长及其间距。全长22.6 mm鳃耙背部出现侧突起，其长度随着身体增长而增长，至全长35 mm侧突起长为15.0～20.0 μm，全长40.2～224.0 mm为24.1～152.8 μm。侧突起间距随身体增长而增大，全长达125.0 mm间距基本稳定（40.2 μm）。

3. 小结与讨论

（1）摄食方式。动物的器官形态结构与机能是辩证统一的，根据白鲫的摄食器官形态学特点可以确认，其主要摄食方式是滤食，兼有吞食能力。

白鲫成鱼的鳃耙呈长刀形，数量多，排列紧密且规则，背部两侧着生3行侧突起。每个鳃弧内外2列鳃耙基部呈锐角着生，中间空隙为鳃耙沟，每侧4个，中央1个（第Ⅴ鳃弧2列鳃耙构成），计9个，形成9个截面呈三角形的滤袋，可以滤取随水流进入鳃耙沟的微小食物。

9个腭褶，愈近中央的愈短，中央的1个最短，呈“人”形，分叉的一端向后。每个腭褶适嵌于与其相对应的鳃耙沟中，中央的1个正好嵌在第Ⅴ鳃弧沟中。腭褶分泌黏液把滤积在鳃耙沟中的微小食物黏合成颗粒，并不断地蠕动、驱使食物向咽部移动，然后吞入食道中。

（2）摄食方式和食物组成转化。根据白鲫鳃耙、侧突起和腭褶胚后发育特点，可以把其摄食方式及食物组成划分为3个阶段。

① 吞食阶段。全长6.0～22.6 mm鳃耙数目少而短，侧突起乳状突，腭褶尚不明显，不具备滤食能力，依靠视觉用口吞食食物。全长6.8～8.8 mm适口食物规格为404.25～620.25 μm，食物组成为轮虫、无节幼虫和小型枝角类；全长14.8～22.6 mm食物规格为856.1～1 133.3 μm，食物组成为轮虫、枝角类、桡足类和小量浮游植物。

② 吞食向滤食转化阶段。全长24.8～40.2 mm鳃耙数目增至56枚，鳃耙长为1.0 mm左右，腭褶逐渐明显，摄食方式由吞食向滤食转化。适口食物规格增大但大小参差不齐，大的达1 396～2 128 μm，小的仅20.0～26.8 μm。食物组成为浮游动物、有机腐屑和浮游植物，后者可占相当大的比例。

③ 滤食阶段。全长52.4 mm以上个体，鳃耙数目增至84枚，鳃耙长1 850 μm，侧突起和味蕾乳突数与成鱼相似，摄食方式以滤食为主，兼吞食。食物规格取决于鳃耙间距和侧突起间距，全长大于52.4 mm鳃耙间距38.4～86.7 μm，侧突起间距

21.2～40.2 μm，可滤取的最小食物规格为21.2～86.7 μm。食物组成为浮游生物、浮游细菌和有机腐屑，浮游植物占相当大的比例。

（3）苗种分级培育生物学措施。全长6.0～8.8 mm鱼苗（吞食阶段）采取适时清塘、及时注水和适量施有机肥等措施，培养一定数量（10个/升）轮虫，满足营养需要，这是提高夏花鱼种成活率的重要措施。全长15.0～22.6 mm（吞食较大型浮游动物时期）勤施有机肥、维持轮虫高峰期的同时，培养足够数量的枝角类并补投适量微颗粒饲料，满足其营养需求。全长达24.0～40.2 mm（吞食向滤食转化时期）施有机肥和定期注新鲜水，培养鞭毛藻类供白鲫滤食。全长达52.4 mm已达滤食阶段，通常作为搭养鱼类混养于草鱼、鲤鱼种池中或食用鱼池中。白鲫滤食能力不及鲢、鳙强，搭养比例应当为鲢的1/3左右。

注：文中表1《第Ⅰ鳃弧外列鳃耙数量性状变化》，图1、图2、图3、图4，以及图版Ⅰ、图版Ⅱ，略。

二、鱼类养殖生物学技术研究

（一）鱼苗当年养成食用鱼的研究

我国池塘养鱼周期通常是2～3年。鱼苗当年养成食用鱼可以缩短养鱼周期1～2年，减少养鱼生产环节以及因疾病、越冬等原因造成的损失，充分发挥鱼类当年生长潜力，因此，成本低，周转快，效率高，是加速发展淡水养鱼业的有效途径之一。

本文系1979年至1981年鲤鱼苗当年养成食用鱼试验研究，探明北方地区鱼苗当年养成食用鱼的关键技术问题。研究用试验池塘9口，面积0.07～0.18 hm^2，总面积0.994 hm^2，水深1.0～1.5 m，水源为地下井水，盐度1.6～2.0。试验鱼为鲤、鲢、鳙、草鱼、尼罗罗非鱼夏花鱼种和鲢、鳙1龄大规格鱼种。鲤夏花鱼种为野鲤（1979）、苏联镜鲤（1979、1980、1981）和杂交鲤（1981）。

1. 放养方式和管理方法

（1）放养方式：一是鲤和鲢、鳙夏花鱼种混养，秋后3种鱼同时捕出；二是2年鲢、鳙大规格鱼种和鲤、罗非鱼夏花鱼种混养，秋后4种鱼同时捕出；三是前期2年鲢、鳙大规格鱼种混养于7月末捕出，后期鲤和鲢、鳙夏花鱼种混养秋后捕出。同时进行鲤和鲢、鳙不同混养比例及不同密度（53.3尾/公顷和66.7尾/公顷）比较试验研究。

（2）试验管理方法：每日施用人粪尿（35～75千克/亩），鲤夏花鱼种入池

20～30 d投喂颗粒饵料（蛋白质26.4%），日投饵量为4%左右，每日投饲2次，试验期间经常注新水。每天早5点和下午3点测定水温，每隔20～30 d拉网检查1次鱼类生长情况（每种鱼称重30尾，逐条测全长，放回原池），每周测定1次浮游生物种类组成和生物量，每隔10 d测定1次底栖动物组成和生物量。

（3）饲养时间：1979年夏花鱼种饲养124 d。1980年1龄鱼种饲养100 d，夏花鱼种饲养105 d。1981年大规格鱼种分别饲养165 d（401池）、94 d（502池）、54 d（202池），各种夏花鱼种饲养期为鲤115 d、鲢101 d、鳙和草鱼105 d、罗非鱼103 d。

2. 结果

（1）鱼产量：1979年4口试验池平均亩产当年鱼166.95 kg（148.2～200.7 kg），其中鲤占总产47.8%，鳙27.2%，鲢24.8%。

1980年2口试验池平均毛产316 kg（302.6～329.95 kg），亩净产272 kg（259.25～284.8 kg），其中当年鲤占76.9%，2年鲢、鳙占亩净产23.2%（17.45%～28.9%）。

1981年鱼产量，401池最高，亩毛产363.9 kg，亩净产281.75 kg，其中当年鱼100.65 kg（35.6%），2年鱼181.1 kg（64.3%）；502池亩毛产313.2 kg，亩净产276.25 kg，其中当年鱼201.9 kg（73.1%），2年鱼71.85 kg（26%）；202池亩毛产258.5 kg，亩净产219.65 kg，其中当年鱼205.15 kg（93.6%），2年鱼14.15 kg（6.4%）。

（2）出塘规格：1979年当年鲤平均体重253.7 g（175～416.7 g），当年鳙和鲢分别为198 g（116.7～283.3 g）和 186.8 g（100～275.9 g）。鲤多数达食用规格（>250 g），鲢和鳙未达食用规格（200 g左右）。

1980年各种当年鱼平均体重分别为鲤 187.2 g（156.5～217.9 g）、鲢160 g（128～192 g）、鳙212.5 g（204～221 g）、草鱼184.2 g（183.3～185 g）、莫桑比克罗非鱼80.4（76.9～83.9 g）、尼罗罗非鱼87.9 g，2年鲢和鳙分别达520 g（405～635 g）和566 g（500～632 g）。其中当年鲤、罗非鱼和2年鲢、鳙达到食用规格，占总产量40.8%～52.4%。

1981年401池当年鲤体重为225.2 g，罗非鱼为150.8 g，2年鲢、鳙和草鱼平均体重分别为421.7 g、378.6 g、826.9 g，全部可食用；502池当年鲤242.6 g、鲢154.3 g、鳙272.5 g、草鱼122.3 g、罗非鱼173.0 g，2年鲢523.9 g、鳙508.5 g，其中2年鱼和当年鲤、罗非鱼可食用，占总产68.3%；202池当年鲤278.0 g、鲢139.9 g、鳙199.2 g、草鱼131.0 g、罗非鱼151.1 g，2年鲢212.4 g、鳙279.1 g，其中只有当年鲤和罗非鱼达到食用规格，占总产53%。

（3）出塘率：1979年当年鲤、鲢和鳙的出塘率分别为83.1%、97.0%和96.5%。鲤出塘率低于鲢、鳙的主要原因是被人钓走。

1980年当年鲤、草鱼、鲢和鳙出塘率分别为61.1%、87.3%和 95%以上，2年鲢、鳙出塘率为91.3%～100%。鲤出塘率低的原因是逆洪水逃走和被人钓走。

1981年401池当年鲤和罗非鱼出塘率分别为98.3%和100%，2年鲢、鳙和草鱼出塘率分别为86.2%、94.5%和86.7%；502池当年鲤、鲢鳙、草鱼和罗非鱼出塘率分别为98.5%、80.7%、92.7%和90.1%，2年鲢鳙出塘率为97%；202池当年鲤90.7%，当年鲢、鳙和草鱼均为86.5%，罗非鱼为100%，2年鲢和鳙的出塘率均为95%。

（4）经济收益：1979年至1981年平均亩净收入237.5元，平均每斤鱼成本0.37元。

1981年3口池塘的经济收益与放养方式密切相关。401池2年鲢、鳙和当年鲤一直混养到秋后，收入低（亩净收入188.2元），成本高（0.52元/斤）；502池2年鲢、鳙与当年鱼混养至7月下旬，然后捕出，收入高（299.9元），成本低（0.33元/斤）；202池2年鲢、鳙饲养至夏花鱼种入池前捕出，亩净收入212.8元，每斤鱼成本0.46元。

3. 讨论

（1）鱼苗当年养成食用鱼的关键技术。

① 主体鱼的选定。科学选定主体鱼是鱼苗当年养成食用鱼的第一个关键技术。

鱼苗当年能够养成食用鱼规格（鲤250 g，鲢、鳙500 g以上）且单位面积产量较高的种类，才能被选定为主体鱼。本项试验研究证明：1979年202池、204池和1981年202池、502池以鲤为主体鱼（40%～60%），当年出塘个体均重（160～280 g）基本达到食用规格，亩产量较高（170～205.5 kg）；1979年01池和205池以鲢、鳙为主体鱼（70%），亩产量较低（148.2～148.9 kg），且未达到食用规格（400 g左右），两池的鲤规格虽然较大，但产量低（79千克/亩）。

当年鲤的生长潜力大于鲢、鳙等四大家鱼。6个试验池放养的4种夏花鱼种秋季出塘规格分别为鲤265 g、鲢185 g、鳙200 g、草鱼125 g，鲤达到食用规格，鲢、鳙等未达到食用鱼规格。国内外养鱼实践也都证明：当年鲤的生长速度快于鲢、鳙，在稀养的情况下（30～50尾/亩）鲤当年可达750 g以上，而鲢、鳙当年则不足500 g（广东省可达1 000 g）。

因此，我国北部地区鱼苗当年养成食用鱼应当以鲤为主体鱼，混养鲢、鳙、罗非鱼，以合理利用水体空间和有效利用池中浮游生物、有机腐屑等饵料资源。

② 放养密度。放养密度与单位面积鱼产量和出塘规格密切相关。鱼类放养密

度与出塘规格呈负相关，在一定范围内与鱼产量呈正相关。1979年202池、01池和1981年202池、502池亩放当年鱼1 000尾左右，亩产185.8 kg，而亩放800尾左右的204池和205池（1979）亩产当年鱼159.2 kg，前者比后者多产鱼26.6 kg。试验表明，鱼苗当年养成食用鱼的合理放养总密度为1 000～1 200尾/亩。

当年鲤单产随着密度的增大而增加，出塘规格则随密度的增大而缩小。1979年每亩平均放养野鲤240尾和苏联镜鲤691.5尾，单产由65.15 kg增为102.3 kg，出塘规格则由415 g降为175 g。重复试验表明，当年鲤的合理放养密度为400～450尾/亩，单产可达100～125千克/亩， 出塘规格为250 g以上。夏花鱼种早下塘，单产和规格都会相应增加。

鲢和鳙夏花鱼种放养密度与出塘规格关系明显，与鱼产量关系不大。1979年亩放鲢、鳙365.9～726.9尾，单产82.2～97.3 kg，差幅为15.1 kg，规格由280～290 g降为100～160 g。试验表明，鲢、鳙的合理放养密度约为500尾/亩，出塘规格可达200 g左右，单产达90 kg。罗非鱼和鲫亩放50～100尾为宜。

③ 混养比例。1979年进行鲤60%、鲢20%、鳙20%和鲤30%、鲢35%、鳙35%两种混养模式试验表明，前者的单产高于后者，但鲤的规格偏小。据此分析，其适宜放养比例应当调整为鲤45%、鲢25%、鳙25%、罗非鱼和鲫等5%。

试验还表明，搭配鱼鲢、鳙夏花鱼种的放养比例，以［1～1.4（1.5）］∶1为宜，两者出塘规格相近且整齐。1981年502池鲢和鳙放养比例为3.7∶1，鲢的规格（155 g）明显小于鳙（275 g），如果鲢和鳙比例增大到（4～5）∶1，鲢的规格将会更小。

为什么鲤夏花鱼种当年养成食用鱼，混养鲢和鳙夏花鱼种的比例应当为（1～1.5）∶1，而不是（4～5）∶1？原因是鲢、鳙夏花鱼种个体小且放养量少，两者池中的贮存量低，天然饵料生物量（浮游生物量）能够满足它们的营养要求，而且鳙可以比鲢更好地利用人工饲料和滤取较多的有机腐屑，因此鲢不会抑制鳙生长的现象。这与主养2年鲢、鳙不同，它们在池塘中的贮存量大，二者在天然饵料资源方面矛盾大，鳙的滤食能力比鲢的强，后者生长会受到抑制，因此鲢鳙的放养比例应当以（4～5）∶1为宜。总而言之，应当综合考虑养殖水体条件和鲢鳙年龄、放养密度及其贮存量，以及饲养方式（是否投喂）等多种因素，科学确定两者的混养比例。

④ 放养方式。放养方式应当从单位鱼产量、食用鱼成品率、亩收入、产品成本和鱼种供应难易度诸多方面综合考虑。1979～1981年进行4种放养方式对比试验表明，异龄异种混养、轮养的放养方式最好，鱼产量和食用鱼成品率较高（68.4%）、成本低（0.33元/斤）、收入多（299.9元/亩），而且供轮养的2年鲢、

鳙大规格鱼种可以自给（套养的鲢、鳙夏花鱼种秋后达150～200 g，供次年放养用），7月下旬轮捕鲢、鳙食用鱼可以适时满足淡季市场需求。因此，异龄异种混养和轮养是我国北部地区鱼苗当年养成食用鱼切实可行的放养方式。

（2）轮养2年鲢、鳙大规格鱼种的理论分析。夏花鱼种入池前1个多月池塘水体及其天然饵料白白浪费掉，夏花入池后1个多月鱼体尚小仍然不能充分利用水体和天然饵料，因此4月下旬适量放养2年鲢、鳙大规格鱼种饲养至7月下旬（约100 d），有效地利用水体空间和天然饵料资源，提高鱼产量。1980～1981年利用3口池塘，4月下旬亩放鲢、鳙大规格鱼种42.8 kg，7月末捕出，平均净产61.3 kg（高的达75 kg），占亩总净产24.4%，鲢均体重520 g，鳙550 g。总而言之，当年鲤养成食用鱼，轮养鲢、鳙大规格鱼种，可亩净增产食用鱼75 kg左右，提高食用鱼成品率20%左右。

轮捕鲢、鳙的具体时间，应依当地水温条件、鱼种规格、达到食用规格时间以及亩贮存量诸多因素来确定。轮捕过早鱼体尚未达到食用规格，轮捕过晚影响池塘中鱼类生长。本试验表明，7月2日2年鲢、鳙体重为290 g和350 g，7月末均重超过500 g（食用鱼规格）。鲢、鳙大规格鱼种4月份入池时亩贮存量为36.85～46.25 kg，5、6月份水温低于23 ℃，生长慢，贮存量增加较慢，7月份水温已达25 ℃以上，生长很快，贮存量达101.2～129.9千克/亩（含当年鲢、鳙），若不把已达到食用规格的鲢、鳙捕出，会影响当年鲢、鳙生长。

2年鲢、鳙大规格鱼种规格、放养密度及混养比例，直接影响轮养的效果和轮捕时间。试验表明，2年鲢、鳙大规格鱼种的适宜规格为150～200 g，放养密度为200尾/亩，混养比例为（1～1.3）：1。

本试验还表明，鱼苗当年养成食用鱼不宜混养大规格草鱼鱼种，因为草鱼抢食人工饲料能力比鲤强，抑制鲤生长。

注：文中表1《鱼种放养情况》、表2《饲料原料成分（%）》、表3《饲料营养成分（%）》、表4《食用鱼出塘情况》、表5《经济效果核算》、表6《鲤放养密度与单产和出塘规格的关系》、表7《当年鲢、鳙放养密度和比例与鱼产量和出塘规格的关系》、表8《放养方式与鱼产量和食用鱼成品率的关系》和表9《鲢、鳙亩贮存量和规格》，略。

（二）我国北部地区缩短池塘养鱼周期的试验研究

养鱼周期系指鱼苗养成食用鱼的时间。我国池塘养鱼周期通常是2～3年，第1年把鱼苗养成大规格鱼种，第2年再把鱼种养成食用鱼，或第2年把大鱼种养成500 g左右大鱼种，第3年再把大鱼种养成食用鱼。鲢、鳙、鲤养殖周期为2年，草鱼3年，青鱼3～4年。

缩短池塘养鱼周期，可以充分发挥鱼类的生长潜力，减少养鱼生产环节和越冬损失，提高饲料利用率，降低发病率及养鱼成本，加速资金周转。因此，缩短养鱼周期是加速发展淡水养鱼业的有效途径之一。

我国缩短池塘养鱼周期的主要措施有轮养、多级轮养和鱼苗当年养成食用鱼。轮养又称轮捕轮放，是将各种大小不同的鱼类混养在同一个池塘中，然后分次捕捞和补放鱼种。江苏和浙江等省通常在6、7、8和9月分次捕出体重500 g以上鲢、鳙以及1 500 g以上草鱼，补放部分夏花鱼种，秋后长成大规格鱼种。轮捕轮放可以及时调整池塘鱼类贮存量，防止出现塘鱼过多抑制生长和塘鱼过少浪费水体，充分发挥鱼类生长潜力和池塘潜力。

多级轮养是珠江三角洲（广东省）先进养鱼方式。它是把养鱼池塘分为几类，每类池塘专养一定规格的各种鱼类，饲养一定时期（约40 d）达到一定规格捕出并放入另一个池塘，称倒池。倒一次池，鱼类的密度就稀疏一次，不断倒池稀放，调节池鱼贮存量，合理利用水体空间和天然饵料生物，充分发挥鱼类的生长潜力，把鳙等鱼苗当年养成1 000 g～1 500 g食用鱼。鳙养殖周期6个月，鲢和草鱼为10个月。

鱼苗当年养成食用鱼，是将夏花鱼种经3～5个月饲养，秋末达到食用鱼规格。

我国北部地区池塘养鱼缩短养鱼周期的有效措施，系采用轮捕轮放和当年养成食用鱼放养方式，其具体内容如前文，故略。

（三）提高静水土池塘养食用鱼经济效益的试验研究

中国静水土池塘养食用鱼历史悠久，经验丰富，单产高，近年来池塘养鱼技术研究进展较快。本文根据1979～1984年在辽宁省海城和大连地区利用27口（6.8 hm^2）池塘进行食用鱼放养模式比较试验结果，综合阐述提高北方地区静水土池塘养食用鱼经济效益关键技术问题。

1. 放养模式和饲养方法

本试验采用5种放养模式。

① 异种同龄混养——鲤、鲢、鳙夏花鱼种混养。

② 异种同龄分期混养——4月下旬至6月中旬2年鲢、鳙混养，6月中旬至秋末当年鲤、鲢、鳙、罗非鱼和白鲫混养。

③ 异种异龄混养——2年鲢、鳙和当年鲤、罗非鱼混养，秋末一次捕出。

④ 异种双规格混养、套养和轮捕——2年鲢、鳙（200～250 g）和当年鲤、

鲢、鳙混养，7月末将2年鲢、鳙捕出。

⑤ 异种多规格混养、套养和轮捕——3种规格（200～250 g、50 g和10 cm）2年鲢、鳙和当年鲤、鲢、鳙、罗非鱼和白鲫混养，7月末将500g以上鲢、鳙捕出。

另外，还进行了主体鱼、混养种类和比例、密度、轮捕、套养鱼种、养鱼周期等对比试验。

试验期间，每天5：00和15：00测定水温、溶氧和pH；30 d拉网检查1次池鱼生长情况，每种鱼测量30尾，然后放回原池；7～10 d测定1次浮游生物和底栖生物种类组成和生物量；定期测定池水主要离子含量；重点池塘采用黑白瓶法测定初级生产力和补偿深度。

2. 试验结果

（1）产量。当年鲤饲养105～135 d，白鲫153 d，鲢、鳙100～124 d，罗非鱼70～103 d；2年鲢、鳙饲养90 d（轮捕）至150 d。亩均总毛产586 kg（多规格模式，502～681 kg）和354 kg（双规格模式，269.3～459.6 kg），总净产456.3 kg（385.6～555.0 kg）和303.3 kg（213.2～391.6 kg）。亩均食用鱼毛产420.8 kg（269.3～540.7 kg）和262.0 kg（190.1～350.0 kg），占总毛产72.1%～79.4%。吞食鱼占总毛产31.8%～59.0%。当年鱼占总净产12.9%～100%。亩产鱼种165.2 kg和91.9 kg，占总毛产20.7%～33.2%。

亩均轮捕鲢、鳙毛产109.1～145.5 kg，净产66.3 kg，占总净产24.4%。

（2）出塘规格。鲢、鳙200～250 g鱼种，8月初达500 g以上；50～100 g鱼种，秋末达500 g左右；3寸鱼种，秋末达185～295 g（双规格模式）和34～15 g（多规格模式）。鲤78～103 g鱼种，9月末达392～742 g；夏花鲤秋末达47～375 g。当年罗非鱼和白鲫9月末分别达35～173 g和65～100 g。

（3）出塘率。2年鲢86.2%～97.8%，鳙92.7%～98.6%，鲤94.5%～98.4%，草鱼98.7%～99%；当年鲢45.6%～99.5%，鳙5.5%～98.1%，鲤88.3%～100%，罗非鱼50.7%～100%，白鲫47.9%～68.5%。

（4）养鱼周期。鲤、罗非鱼和白鲫4.5～5个月（当年养成食用鱼），鲢、鳙14个月（轮捕）和16个月；多规格放养模式，鲢、鳙春花26个月（轮捕）和28个月。

（5）增肉倍数、肥满度和饲养系数。2年鲢、鳙增肉倍数为3.16，当年鲤100～11 395，鲢753～2 126，鳙213～1 950，罗非鱼212～227和白鲫1 045～1 551。鲢肥满度为1.73～2.05，鳙2.05～2.43。

饲养系数系总投饵量与鲤、草鱼和罗非鱼总增重量的比值，平均为2.32～3.19。

（6）经济效益。1.20～2.50 元/千克，亩均净收入347.9元（189～868元），成本0.88元/千克。

3. 讨论

（1）缩短池塘养鱼周期的关键技术。鱼苗当年养成食用鱼。鱼苗当年养成食用鱼是将鱼苗养成夏花鱼种，然后转入食用鱼池饲养3～5个月，秋末达到食用鱼规格。其具体技术措施包括主体鱼、合理密度、混养比例、适宜放养方式。详见《鱼苗当年养成食用鱼研究》，故略。

轮捕。轮捕是缩短养鱼周期，以及提高鱼产量和经济效益的有效措施。实现轮捕的基础条件是放养2年鲢、鳙大规格鱼种。中国南方地区放养多规格鲢、鳙鱼种，采取1～3次轮捕措施可使鲢、鳙养殖周期由2～3年缩短为14个月至2年。

（2）提高单位面积鱼产量的有效途径。加大鱼种放养量可以提高单位面积鱼产量，如中国无锡市万亩静水土池塘亩放鱼种200 kg以上，平均单产600 kg。北方地区采取增加鱼种放养量的措施是不适宜的，一是大规格鱼种不易培养或来源困难，二是生长期短，放养量过大，达不到食用鱼规格。也就是说，北方养食用鱼，提高单产和经济效益的有效途径是实行多规格放养鲢、鳙鱼种或鲢、鳙多规格放养模式。

（3）鲢、鳙放养规格层次、密度和比例与池塘贮存量和鱼产量关系。

① 鲢、鳙单层次、双层次和四层次放养。单层次系当年鲤养成食用鱼池中混养鲢、鳙夏花鱼种；双层次是体重200 g鲢、鳙与其夏花鱼种混养；四层次是4种规格鲢、鳙鱼种和其他鱼类混养：春季放养2年（200 g左右）鲢、鳙鱼种（7月末达500 g以上捕出）、50 g左右鱼种（秋末达食用鱼规格）、3寸鱼种（秋末达200 g左右），以及6月份套养夏花鱼种（秋末达50 g左右）。秋末产的200 g和50 g鲢、鳙鱼种供次年春季放养，也就是说，双层次和四层放养模式所需要的鲢、鳙大鱼种可以自给，不需另池培养和外购。

② 鲢、鳙放养密度和比例。单层次亩放500尾，比例为1∶1，最高贮存量不超过150 g/m^2，平均鱼产量1.2 g/（m^2·d）。双层次亩放大鱼种200尾和100尾，比例为（1.5～1）∶1，夏花鲢、鳙400尾，比例（1.7～2）∶1。月总贮存量和鲢、鳙贮存量随水温升高而增加，最高值为612.7 g/m^{2}和341.2 g/m^2，总鱼产量和鲢、鳙产量逐月增加，最高值都在9月，分别为7.0 g/（m^2·d）和3.78 g/（m^2·d），然后迅速下降，整个生长期平均鱼产量分别为3.12 g/（m^2·d）和1.6 g/（m^2·d）。四层次亩放体重200 g和75 g鲢、鳙200尾和100尾，比例（2.5～3）∶1，体重10～20 g和夏花鲢鳙各250尾和90尾，比例（2.7～3）∶1。月总贮存量和鲢、鳙贮存量变化规律同上，轮捕后增长迅速，进入9月增长缓慢，最高值分别为843.0～982.9 g/m^{2}和

598.9～626 g/m^2，也就是说，总鱼产量和鲢、鳙鱼产量自6月中旬至8月中旬增长较快，轮捕后增长更快，然后迅速下降；总鱼产量和鲢、鳙产量最高值都在8月份，分别为6.3～9.5 g/（m^2·d）和3.9～6.7 g/（m^2·d），整个生长期平均鱼产量分别为4.44～5.77 g/（m^2·d）和3.40～3.97 g/（m^2·d）。

试验结果表明，四层次放养鲢、鳙模式的鱼产量最高。也就是说，四层次（规格）放养鲢、鳙是提高北方地区静水土池塘生产潜力的有效措施。

（4）鲢、鳙放养层次、密度和比例与单产和经济效益关系。为了便于比较分析鲢、鳙放养层次的经济效益，采用鲢、鳙食用鱼单产、斤鱼成本、饲养周期和单位面积净收入4个指标综合评定哪种放养层次好。单产系鲢、鳙单位面积净产。斤鱼成本是各池各种鱼平均成本。养鱼周期为鱼苗养成食用鱼的总月数。单位面积净收入系公顷、月均产食用鲢、鳙净收入，其计算方法为每公顷产鲢、鳙可食用千克数×1.6元/饲养月数。食用鱼面积包括鱼苗养成春花鱼种面积，即实际面积等于养食用鱼面积加上5%。

鲢、鳙单层次放养，产量低，平均单产97.3千克/亩，成本低，周期短，但当年达不到食用鱼规格。双层次放养，产量较高，平均净产212.9千克/亩，平均成本0.92元/千克，周期短（14个月），月净收入11.0元/亩。四层次放养，产量高，平均净产332.5千克/亩，平均成本0.84元/千克，周期较长（16、26和28个月），月净收入最高（19.6元/亩）。

总之，鲢、鳙四层次放养能够合理利用池塘水体空间和天然饵料生物，有利于物质循环，保持水质肥而活，鱼产量和经济效益高，是北方地区提高池塘饲养食用鱼经济效益的有效途径。

提高池塘净产值的途径。各试验池鲤、草鱼、罗非鱼和白鲫等优质鱼产量平均占总毛产45.4%，有的高达59.0%。鲤等优质鱼价格比鲢、鳙高1倍以上，增加优质鱼（吞食鱼）放养比例，可以大幅度提高净产值。鲤等优质鱼放养比例可适当提高为40%～50%：每亩放鲤夏花鱼种（或3寸鱼种）400尾，尼罗罗非鱼150尾，白鲫100尾；或体重50～150 g草鱼种400尾，夏花草鱼种433尾，罗非鱼和白鲫密度同上。

北方人民喜爱食鲤，当前在草鱼种供应紧张情况下，应当大力发展养鲤业。鲤的养殖周期通常为2年，虽然试验表明鲤当年可以养成食用鱼，但哪种养殖模式的经济效益更高些尚需要进行比较研究。

（5）北方地区温度和日照特点及其对池塘养鱼的影响。

① 温度特点及其对鱼类生长的影响。北方地区气温和水温15 ℃的日数比南方少得多，主要养殖鱼类的生长期短。鲤、鲢、草鱼等鱼类的生长温度为15 ℃，鲤的最

适温度为23～29 ℃，鲢、草鱼等鱼类的最适温度为25～32 ℃。辽宁省大连市金州和海城县西四池塘鱼类生长期比武昌短100 d，最适生长期为70 d左右（表5–4）。这是北方池塘养鱼单产低于南方的根本原因。但北方地区池塘水温7～8月通常不超过养殖鱼类的最适温高限（32 ℃），而武昌、南京和杭州等南方地区夏季池塘最高水温（35 ℃）累计日数高达20 d以上，此期北方鱼类的生长速度比南方的快，而且北方夏半年池塘水温日较差比南方的大，如上海地区池塘（水深0.6～1.0 m）水温平均日较差1.9 ℃（6～11月），而海城西四和大连金州池塘（水深1～1.7 m）水温平均日较差达3.3～4.0 ℃（5～9月）。王志余等（1961）研究表明，尼罗罗非鱼水温（28±4）℃组的生长快于30 ℃恒温组，18～30 ℃变温组的生长快于30 ℃恒温组。可见，变温能够加速鱼类生长，北方池塘水温日较差大可以促进养殖鱼类的生长。

表5–4 金州、西四、武昌池塘水温≥15 ℃、≥20 ℃、≥25 ℃及以上天数

地点	≥15 ℃	≥20 ℃	≥25 ℃	≥32 ℃	数据来源
大连、金州	170	134～140	60～75	0	顾铁凡，1960
海城、西市	160	140	70	0	
武昌	270	200	140	30	

② 日照特点及其对池塘养鱼的影响。中国北方13个省市4～9月总日照时数高达1 400 h以上，比上海、广州等地区多200～300 h，月均日照数为240 h以上，日照率达55%以上（表5–5），而上海等地区同期月日照时数仅178.4～218.3 h，日照率为44.7%～5.48%。日照时数多，日照率高，可以增大水温日较差，加速鱼类生长，有利于浮游生物等饵料生物生长发育，促进池水物质循环，增加池水溶氧。这是北方地区池塘养鱼的有利因素。

表5–5 全国各地区1961～1970年夏半年（4～9月）日照时数和日照率比较（《中国日照资料》，1974）

气象站名		哈尔滨	长春	沈阳	大连	乌鲁木齐	西宁	兰州	银川	西安	呼和浩特
日照时数	总　计	1 423	1 469	1 470	1 475	1 731	1 450	1 479	1 636	1 299	1 646
	月平均	240.5	244.9	245.0	245.8	288.5	241.6	246.5	272.7	216.5	274.3
月平均日照率		55.0	57.2	57.7	58.5	67.0	57.8	59.5	64.5	51.0	64.7
气象站名		**太原**	**北京**	**天津**	**石家庄**	**上海**	**南京**	**杭州**	**郑州**	**汉口**	**广州**
日照时数	总　计	1 440.8	1 526.1	1 499.9	1 558.7	1 194.6	1 246	1 163	1 365	1 310	1 071
	月平均	240.1	254.4	250.0	259.8	199.1	207.6	193.9	227.5	218.3	178.4
月平均日照率		57.5	60.5	60.7	62.0	49.0	50.7	44.7	54.8	53.7	45.2

总之，中国北方地区鱼类生长期虽然比南方短，但7～8月水温低于适合温水性鱼类生长，而且日较差较大、日照长和日照率高，有利于鱼类和饵料生物生长发育。

注：文中表1《试验池基本水质状况》、表2《鱼类放养统计表》、表3《食用鱼出塘情况统计表》、表4《当年养成食用鱼各种鱼类的放养密度与单产和出塘规格关系》、表5《池塘鱼类贮存量与鱼产量关系》、表6《鲢、鳙放养规格、层次、密度、比例与出塘规格、单产和经济效益关系》和表7《当年鲤和2年鲤养成食用鱼经济效益对照表》，以及图1《大连金州105号池贮存量和鱼产量变化曲线（1984）》和图2《海城西四3号池贮存量和鱼产量、鱼类生长变化曲线（1984）》，略。

（四）静水池塘养食用鱼放养模式的初步研究

针对我国北方池塘养鱼的实际需要和该地区的气候及鱼类生长特点，1979～1989年在辽宁省大连市、海城市，山西省沁县和吉林省白城地区镇赉劳改总队渔场进行静水土池塘养食用鱼放养模式试验研究。试验鱼为鲤（野鲤、镜鲤和丰鲤）、鲢、鳙、草鱼、尼罗罗非鱼和白鲫，试验池塘面积0.7～0.8 hm^2，水深1.5～3.5 m，沙壤土和壤土，底泥15 cm左右，水源为地下井水和江河水，盐度0.52～2.0，微碱性（pH 7.5～9.5）。放养模式、观测项目和试验结果同《提高静水土池塘养食用鱼经济效益的试验研究》，故略。

综合国内外有关资料，论述静水土池塘养食用鱼放养模式，旨意为科学确定放养方案提供科学依据。

本文论述北方地区静水土池塘养食用鱼放养模式的几个关键问题。

1. 放养种类

科学确定鱼类放养种类，应当从肉味鲜美程度、个体大小、生长快慢、耐密养强度、对环境条件的适应能力、饲料来源、捕捞的难易程度、当地居民吃鱼习惯，以及充分利用池塘生物饵料基础等多种因素综合考虑。Харитонова（1984）认为，不施肥、施肥和人工投饵兼施肥的池塘浮游植物、浮游细菌和浮游动物产量占饵料基础总生产量98.7%、94.9%和97.9%，大连水产学院金州养殖试验场食用鱼池塘浮游植物、浮游细菌和浮游动物占饵料基础总量99.8%。由此可见，合理放养鲢、鳙、罗非鱼和白鲫等滤食性鱼类，可以有效利用池塘饵料生物基础，提高鱼产量。相反，单一放养鲤和草鱼等吞食性鱼类，不仅不能有效利用池塘天然饵料生物鱼产力［4～5 g/（m^2·d），何志辉，1989］，而且经常出现水质过肥及缺氧现象，降低物质转化率和鱼产量。

2. 鱼种规格

鱼种的适宜规格，应当以放养鱼类在一个生长季节或在规定的饲养期内能够达到食用鱼规格为依据。综合比较以色列、苏联和我国池塘养殖鲤科鱼类15个放养模式表明，各种鱼类以至于同种鱼的放养规格的差异都很大，放养层次也很不一致。

鱼种的具体规格，应当根据各地区气候特点和鱼类生长期长短、鱼类生长规律、食用鱼的计划规格、放养密度和计划产量、单季饲养还是轮养、养鱼周期，以及是否套养大鱼种等诸多因素综合考虑。鱼种规格越小，增重倍数越大。但鱼种规格不能过小，否则在一个生长期内达不到食用鱼规格；鱼种规格也不易过大，大鱼种不仅成本高，而且其来源也难于解决。套养鲢、鳙夏花鱼种可使其大鱼种自给率达80%～100%，降低生产成本，缩短养鱼周期，提高鱼产量。

3. 混养比例

吞食性鱼类与滤食性鱼类的混养比例，因地区、主养鱼种类和计划产量而异。池塘中天然饵料生物提供鲢、鳙等滤食性鱼类的鱼产量高限约为400千克/亩，要想大幅度地提高鱼产量，需要加大吞食鱼类的放养比例，以及提高饲料质量和增设增氧设施。

池塘的浮游植物和浮游细菌生物量多于浮游动物，鲢滤食小型食物的能力大于鳙，因此，鲢、鳙混养比例通常是鲢大于鳙。两者的具体比例，应视池塘中鲢、鳙的贮存量而异。鲢、鳙的贮存量越大，食物保证程度越小，两者矛盾越突出，鳙受抑制的现象越明显，其放养比例就应减少。大型水库放养鲢、鳙数量小，两者的贮存量不大，加上水库天然饵料生物少，有机腐屑等较大型浮游性食物相对较多，可加大鳙的放养比例（鲢、鳙比例为1∶1或1.5∶1），以充分发挥鳙滤食速度快的优势。

鲢、鳙与罗非鱼、白鲫的混养比例取决于它们的滤食能力和摄食特点。鲢、鳙的滤食能力强于罗非鱼和白鲫，但前者的吞食能力不如后者。因此，罗非鱼和白鲫的放养比例应低于鲢、鳙，否则，会抑制鲢、鳙的生长。

草鱼和鲤摄食不同的天然饵料，栖息水层也不同，但草鱼抢食人工饲料的能力强于鲤，主养草鱼的池塘应少放鲤（充分利用底栖动物和人工残饵），主养鲤的池塘通常不放草鱼。有水草的池塘可少放些体重100 g左右的草鱼（50尾/亩），以控制水草丛生。

青鱼和鲤都栖息底层，食性上也有一定矛盾，饲养青鱼的池塘只能少放鲤，以利用摇蚊幼虫和水蚯蚓等底栖动物，放鲤多了会抑制青鱼的生长。主养鲤的池塘一般不放青鱼。

鲤和鳙的混养比例也应适当，因为鲤与鳙争食大型浮游动物。因此，主养鲤的池塘少放鳙，以有效利用轮虫等小型浮游动物和控制轮虫过多（导致池水缺氧）。但鳙的放养量只能控制为鲤的1/3，否则，会抑制鲤的生长。Харитонова（1984）试验研究认为，50%人工饲料和50%天然饵料试验组鲤生长速度最快，这同样说明主养鲤的池塘不能过多放养鳙。

4. 放养密度

综合国内外有关资料可初步得出下列结论：在一定范围内，放养密度与鱼产量呈正相关，与出塘规格呈负相关。当放养密度超过该范围时，鱼产量和出塘规格都会下降。当年鲤由亩放240尾增至691尾，产量由65 kg增到102 kg，而出塘规格则由415 g降为175 g（刘焕亮，1982）。2年鲤由亩放160尾增至507尾，鱼产量由86.2 kg增为162.4 kg，而出塘规格由539.2 g降为320.4 g；当密度增至800尾/亩时，不仅出塘规格降为180.6 g，而且产量也降为144.5 kg（Харитонова，1984）。可见，当年鲤和2年鲤的合理密度为500尾/亩左右。当然，在池塘条件好、饲料质量高和增氧设备完善情况下，鲤的亩放养量可增至1 500～2 000尾。

草鱼的放养密度依轮捕次数和计划产量而异，一般放养2～3种规格，辅以轮捕相配套，如计划亩净产900～1 000 kg，其中大、中、小草鱼种分别亩放80～100尾、120尾和200尾，并可依计划产量的高低而相应按比例增减。

鲢、鳙的合理密度同样依轮捕次数和计划产量而异。鱼种放养规格通常分为1、2、4种（层次），轮捕次数多且计划产量高的池塘，放养鱼种规格多且密度也大。亩净产700 kg的池塘，大、中、小和夏花鱼种的亩放养量分别为200尾、300尾、250尾、350尾。计划亩净产500 kg的池塘，其大鱼种和夏花鱼种亩放养量分别为400尾、500尾、450～550尾。鳙的密度为鲢的1/4、1/5和1/3。根据我国静水池塘养鲢、鳙的资料（刘焕亮，1982、1985；何志辉，1953；白遗胜，1980），鲢、鳙吃天然饵料生物的鱼产量为113～417千克/亩，通常增重倍数为4～6，亩适宜放养量为25～100 kg。

注：文中表1《鱼种的适宜规格》和表2《鱼类混养的适宜比例》，略。

（五）鲇人工繁殖关键技术研究

鲇（*Silurus asotus* L.）是我国鲇形目分布最广且产量最高的重要淡水经济鱼类。鲇由于个体较大、生长较快、肉质细嫩鲜美、市场价格高和养殖收益大等，目前已成为我国淡水养鱼业的重要养殖对象。受市场经济驱动，养鲇业发展迅速，苗种供不应求。迄今为止，鲇繁殖生物学问题及其人工繁殖关键技术尚未很好解决，其人工繁殖效率仍然较低。本文系1995年5月～1997年6月鲇人工繁殖关键技术试验研究总结。

1. 材料与方法

试验研究场地系辽宁省新民市前当堡养鱼场、大连市碧流河水库养鱼场、铁岭市范屯水库养鱼场和辽中县长滩镇养鱼场。鲇亲鱼来源于鱼市场、水库和池塘养殖成熟个体。雌鱼0.75～2.0 kg， 雄鱼0.25～0.75 kg。亲鱼池塘面积600～2 800 m^2，深1～1.5 m，放养密度0.30～0.53 kg/m^2，雌雄混养。

催情药物比较试验。5个脑垂体（PG）＋促黄体素释放激素（LHRH-A_2）5 μg/kg，马来酸地欧酮（DOM）5 mg＋LHRH-A_2 5 μg/kg，DOM 2 mg＋ LHRH-A_2 3 μg/kg，以及LHRH-A_2 10 μg/kg。

注射次数比较试验。1次注射和2次注射，间隔时间为10～12 h。

鱼巢附卵效果比较试验。棕榈皮、20目聚乙烯纱布、旧麻袋皮制成规格为（80～100）cm×（50～60）cm片状鱼巢，各30片放置于同一产卵池（面积38.5 m^2，亲鱼180组），待鲇产卵后计数每片鱼巢附卵数。

鱼巢附卵和落地卵比例。圆形水泥产卵池（直径为10 m）放鲇5组、7组、136组、115组，分别放置棕榈皮鱼巢20～30片，待鲇产卵后计数鱼巢附卵个数和落地卵数，用剪刀把棕榈片剪成小碎块，累计每块棕榈片上的附卵数。落地卵数采用体积计量法，即每毫升卵数与落地卵总体积乘积，然后，计算附着卵与落地卵比例。

孵化方法比较试验。试验网箱架设在池塘中（40目聚乙烯3 m×1 m×1 m），每箱放鲇卵9万～15万粒（3万～5万粒/立方米），孵化期间每日清刷网箱2次；孵化缸容积为200 m^3，放卵密度为200万粒/立方米，常规管理；环道容积为5～6 m^3，放卵密度为40万粒/立方米左右（落地卵）和8万粒/立方米左右（附着卵），常规管理。

繁殖效率评价指标：催产率系鲇产卵尾数占催情总尾数百分数，受精率为原肠中期活卵数占产卵总数百分数，孵化率为出膜鱼苗占产卵总数百分数，下塘率系鲇苗体表由白色变为灰色、继而变为灰黑色且卵黄囊基本消失（出膜3～4 d）的鱼苗数占产卵总数百分数。

2. 结果

催情鲇2 136组，获卵4 537万粒，相对产卵量2.00～2.33万粒/千克（相当于鲢、鳙、鲤、鲫的1/8～1/4），下塘鲇苗1 887.39万尾，平均催产率81.12%，受精率94.96%，孵化率85.4%，下塘率41.6%。

（1）催情药物比较试验。催情试验表明（表5–6），PG+LHRH-A_2混合液试验组催产率（78.2%～85.7%，平均81.95%）略低于DOM+LHRH-A_2试验组（70.0%～91.5%，平均83.3%）。LHRH-A_2试验组的催产效果最差，催产率仅30%。3种催情药物的催产率F检验，F= 30.1>$F_{0.05}$，P<0.05，三者间存在显著差异。SSR法多重比较表明，PG+ LHRH-A_2和DOM+ LHRH-A_2的差异不显著，两者与LHRH-A_2的差异皆很显著。5 mg DOM+ 5 μg LHRH-A_2一次注射和二次注射的催产率相近（F=0.78<$F_{0.05}$，P>0.05，差异不显著）。鲇繁殖盛期，适当降低剂量（2 mg DOM+ 3 μg LHRH-A_2）也可达到催产目的（催产率90.0% ）。

表5–6　鲇催情产卵比较试验统计表

地点	日期	催情								产卵			
		规格（kg）		尾数（个）		第一次		第二次		产卵尾数	催产率（%）	产卵数（万）	万/千克
		♀	♂	♀	♂	药物	每千克剂量	药物	每千克剂量				
前当堡	1995-06-22	1.5	0.4	7	7	PG+LRH-A_2	0.5个+5 μg	PG+LRH-A_2	5个+7 μg	6	85.7	19.7	2.19
渔场	1995-06-25	1.3	0.4	5	5	DOM+LRH-A_2	0.5 mg+0.5 μg	DOM+LRH-A_2	5 mg+7 μg	4	80.0	3.6	0.65
				46	48	PG+LRH-A_2	0.5个+5 μg	PG+LRH-A_2	3个+5 μg	36	78.2	128.2	2.69
				90	96	DOM+LRH-A_2	0.5 mg+0.5 μg	DOM+LRH-A_2	5 mg+3 μg	63	70.0	180.4	2.20
碧流河水库渔场	1996-06-16	1.5	0.5	61	65	DOM+LRH-A_2	5 mg+5 μg	DOM+LRH-A_2	5 mg+5 μg	56	91.5	190	2.26
前当堡	1996-06-04	1.5	0.5	18	20	DOM+LRH-A_2	5 mg+5 μg			14	77.8	40	1.90
渔场	1996-06-07	2.0	0.7	90	108	DOM+LRH-A_2	5 mg+5 μg			75	83.3	300	2.00

续表

地点	日期	催情								产卵			
		规格（kg）		尾数（个）		第一次		第二次		产卵尾数	催产率（%）	产卵数（万）	万/千克
		♀	♂	♀	♂	药物	每千克剂量	药物	每千克剂量				
长滩镇渔场	1997-05-27	0.75	0.25	183	202	DOM+LRH-A_2	5 mg +5 μg			160	87.4	350	2.92
	1996-06-01	0.75	0.25	165	184	DOM+LRH-A_2	5 mg +5 μg			143	86.7	330	3.06
	1997-06-05	0.75	0.25	180	208	DOM+LRH-A_2	5 mg +5 μg			150	83.3	325	2.87
	1997-06-20	0.75	0.3	160	187	DOM+LRH-A_2	5 mg +3 μg			144	90.0	332	3.06
碧河水库渔场	1996-06-02	1.5	0.5	10	10	LRH-A_2	10 μg			3	30.0	5.0	1.11

（2）鱼巢附卵效果比较。在鲇亲鱼密度较大（4.7组/平方米）的情况下，棕榈皮鱼巢、聚乙烯纱布鱼巢和旧麻袋皮鱼巢的附卵密度皆较大，分别为4 000～9 100粒/片、3 500～6 400粒/片和4 200～8 600粒/片，但仍有一定差异。

（3）鱼巢附着卵与落地卵比例。鲇卵入水后具黏性，但黏度较鲤、鲫的弱一些，在鱼巢密度不大的情况下，绝大部分卵（42.9%～85.3%）沉到池底部（表5–7）。

表5–7　鲇卵附着数与落地数统计

地点	日期	组数	产卵总数（万）	鱼巢附卵数		落地卵数	
				粒数（万）	占总卵（%）	粒数（万）	占总卵（%）
新民市前当堡渔场	1995-06-22	7	197	2.9	14.7	16.8	85.3
		5	6.3	3.6	57.1	2.7	42.9
	1995-06-25	136	308.6	48.2	15.6	260.4	84.4
	1995-06-30	115	166.0	30.0	18.1	136.0	81.9

（4）孵化方法比较试验。如表5–8所示，孵化环道的孵化效率较低，附着卵孵化率（84.5%）和下塘率（30.5%）高于落地卵孵化率（79.6%～83.6%）和下塘率

（7.7%～15.0%）；孵化缸的孵化效率最低，孵化率为84.0%，下塘率6.8%；网箱孵化法效果最好，孵化率和下塘率分别为80.4%～88.4%和63.4%～72.5%。3种孵化法的孵化率皆很高，但下塘率的差异甚大。

3种孵化法的孵化率F检验，F=1.33＜$F_{0.05}$，P＞0.05，说明三者的孵化率基本相近；3种孵化法的下塘率F检验，F=80.25＞$F_{0.05}$，P＜0.05，说明差异显著；SSR法多重比较，说明网箱孵化法的下塘率明显高于环道和孵化缸孵化法，而且后2种孵化法的下塘率差异不显著。

表5-8　不同孵化方法的鲇苗下塘率统计

地点	日期	卵数（万）	卵附着状态	孵化容器	受精率（%）	孵化率（%）	下塘鲇苗	
							万尾	下塘率（%）
前当堡渔场	1995-06-25	48.2	附着卵	环道	97.0	84.5	14.7	30.5
	1995-06-25	260.4	落地卵	环道	95.0	83.6	21.1	8.1
	1996-06-05	260.0	附着卵+80%落地卵	环道	96.6	81.4	20.0	7.7
	1996-06-16	405.0	附着卵+80%落地卵	环道	95.8	79.6	60.0	15.0
	1996-06-17	50.0	附着卵+80%落地卵	环道	94.0	80.5	5.0	10.0
落屯水库渔场	1997-06-08	60.0	落地卵	孵化缸	96.5	84.0	4.1	6.8
	1997-05-29	140.0	附着卵	网箱	89.0	80.4	91.9	65.7
	1997-06-03	61.2	附着卵	网箱	92.0	82.4	42.2	69.0
长滩镇渔场	1997-05-27	350.2	附着卵	网箱	94.5	85.6	221.9	63.4
	1997-06-03	325.0	附着卵	网箱	98.5	88.4	227.5	70.0
	1997-06-11	320.0	附着卵	网箱	97.5	86.7	232.0	72.5

3. 讨论

根据本试验研究结果和国内有关报道，综合阐述有关提高鲇人工繁殖效率的几个关键技术问题。

（1）鲇雌雄鉴别指标及其准确度。鲇亲鱼的选购、春季产前培育和催产配组等都需要严格区分雌雄，而且要求鉴别的速度快，准确度高。已有的文献报道，雌鲇的胸鳍第一硬棘后缘（内缘）较光滑，雄鲇则有强大的锯齿或有8～10个坚硬锯齿。作者认为，雌鲇的胸鳍第一硬棘后缘也有不同数量的锯齿，不如用尾鳍叉深度来鉴别雌雄鲇的速度快、准确率高。也就是说，雄鲇尾鳍叉深达尾鳍长的2/3以上，而雌鲇的尾鳍叉浅，仅为尾鳍长的1/3左右，瞬间就可以准确无误地把雌雄鲇分开。

准确区分雌雄鲇，在选择（购）鲇亲鱼时不会出现雌鱼多而雄鱼少的现象，在春季产前分池培育亲鲇鉴别性别时不会出现雌雄相互掺杂的现象，以及在催情配组时出现雌雄鱼比例失调的现象。否则，就会严重影响鲇人工繁殖效率。

（2）鲇产卵习性与雌雄亲鱼分池培育。鲇的产卵习性与鲤、鲫相似，春季性腺发育成熟后，在雨后、换池和池塘边长满水草等条件下，清晨池水水温达14～16 ℃（辽宁省沈阳、铁岭地区）时未经催情的鲇亲鱼在池中可自然产卵。1997年5月16日和5月22日辽宁省铁岭县范屯水库养鱼场和辽中县长滩镇养鱼场鲇亲鱼分池2～3 d，雨后清晨（水温14 ℃）池塘多水草处大批集群产卵，损失巨大。因此，鲇亲鱼在早春分塘时或在产前1个月左右应将雌雄鱼严格分池培育。

（3）提高鲇催情产卵效率的几个关键技术。

① 性腺成熟度鉴别。培育鲇亲鱼的难度并不大，只要池塘基本条件好，放养密度适宜（0.5 kg/m^{2}左右），投喂鲜活或冰鲜杂鱼、鸡肠等屠宰下货、配合饲料（粗蛋白含量40%左右），采取常规管理，产前15～20 d间断性冲水或微流水，鲇亲鱼皆可正常发育成熟。性腺成熟的主要指标是雌鲇腹部大且柔软（第一次催产最好用挖卵器检查），雄可挤出小量精液（比鲤科鱼类的精液少且稀淡）。值得注意的是早期催产要重视天气状况，当地池塘清晨（5：00～6：00 ）最低水温持续几天达到16 ℃以上即可进行配组催情产卵。

② 催情药物、注射次数和剂量（表5–9）。用PG和DOM与LHRH-A$_2$混合液1～2次注射的效果皆较好，HCG的效果次之，LHRH-A$_2$的效果最差（国内外报道，单独使用LHRH-A$_2$注射各种胡子鲇的效果皆较差），为了提高鲇的催产效率，降低成本，建议采用DOM与LHRH-A$_2$混合液一次注射。繁殖盛期的药物剂量可由5 mg DOM+5μg LHRH-A$_2$降为2 mg DOM+3μg LHRH-A$_2$。

表5–9　鲇亲鱼催情产卵效率比较

催情药物	注射次数	每千克剂量	催产率（%）	作者
鲢PG+ LHRH-A$_2$	2	1个+ 40～50 μg	人工授精	魏刚，1995
DOS+HCG	2	5 mg+1 000 U	87. 5	马旭洲等，1997
HCG+ LHRH-A$_2$	1	5 000 U+ 25 μg	人工授精	方跃林，1995
鲫PG+HCG		1. 5～3个+ 800～1 000 U	95. 7	
HCG	2	1 500～1 600 U	59. 0	潘伟志等，1992
LHRH-A$_2$		50 μg	20. 0	
鲫PG+ LHRH-A$_2$	2	5个+ 7 μg	85.7	
		3个+ 5 μg	78.2	本试验，1995

续表

催情药物	注射次数	每千克剂量	催产率（%）	作者
DOM+ LHRH-A_2	2	5 mg+ 5 μg	70.0～91.5	本试验，1995、1996
DOM+ LHRH-A_2	1	5 mg+ 5 μg	77.8～90.0	本试验，1996、1997
DOM+ LHRH-A_2	1	2 mg+ 3 μg	86.0	本试验，1997
LHRH-A_2	2	10 μg	30.0	本试验，1996

③ 注射方法的改进。鲇胸鳍第一硬棘粗壮，身体无鳞且滑，在注射操作时难度大，时间长，并易被硬棘刺破手。作者在催情注射时把鲇亲鱼放入干净清洁的尼龙袋中，在袋外直接刺破袋壁进行背部肌肉注射，不仅提高了催情注射效率（3～4尾/分），而且避免被其硬棘刺伤手部和皮肤。

④ 鱼巢制作、放置及减少落地卵措施。鱼巢材料以棕榈皮和20目聚乙烯纱布为宜，旧麻袋皮虽附卵量也较大，但在孵化过程中易腐败变质，产生有毒物质，严重影响孵化率和下塘率。鱼巢规格应以便于在产卵池和孵化工具中放置为原则，一般制成（0.8～1.0）m×（0.5～0.6）m片状物。鲇卵黏性比鲤卵差，附着力较弱，产卵过程中许多受精卵沉落到产卵池底。落地卵孵化率和下塘率较低。为了减少落地卵，应在产卵池中多放置些鱼巢，在池底部铺满鱼巢并压实（以免被水冲动和鲇亲鱼撞动）。同时，将收集到的落地卵带少量水泼洒在鱼巢上，待20～30 min后，鲇卵便黏附在鱼巢上，然后移放到孵化器（池）中。

⑤ 鲇产卵容器选择。当前国内通常采用土池塘、网箱和水泥产卵池等多种产卵容器。土池塘作为产卵池，鲇的产卵行为和人工取放鱼巢都容易把卵碰掉落入水底，不能正常孵出鱼苗，白白浪费掉了。网箱作为产卵池，大批卵附着在网箱上，不便于连续使用，同时， 放置和捕捞鲇亲鱼都很不方便。水泥池（直径7～10 m较好）作为鲇产卵池可以克服上述缺点，整个催产过程放、捕亲鱼和放、取鱼巢，以及收集与处理落地卵都比较方便，可以提高人工繁殖工作效率。

⑥ 鲇产卵行为及其雌雄亲鱼个体大小搭配。催情后的亲鲇到了效应时间，雌雄鱼便相互追逐。雄鱼追逐雌鱼的强度逐渐增大，当达到高峰时雄鲇的尾部迅速且紧紧地缠绕雌鱼的胸腹部，并不断颤动、缠挤腹部（卵巢），当卵巢腔的卵被挤到生殖孔附近时，雄鱼便松开了尾部，从雌鲇身上滑下，此时，雌鲇便迅速产卵，雄鲇跟随排精。精、卵在水中瞬间相遇结合而受精。受精卵继而逐渐黏附在鱼巢上或沉落池底。产卵群体中雄鲇个体过小或偏小，大个体雌鲇催产率较低，而大多数的小型雌鲇基本产空。这充分说明，雌鲇排卵、产卵，不仅取决于自身的成熟度和体质强弱，而且与雄鲇的个体大小、体质强弱，以及追逐强度和缠挤腹部的力度有关。因此，在催情配组时应考虑雌

雄鲇个体大小的协调性，雄鲇体重不宜过小，否则，雌鲇产卵效率会受到影响。

（4）提高鲇受精卵孵化效率的关键技术。采用环道、孵化缸和网箱孵化鲇受精卵，3个试验组胚胎期（出膜前）各阶段的成活率皆较高，鱼苗出膜期的成活率（孵化率）也较高，但鲇苗出膜后至卵黄囊基本消失（3～4 d）期间的成活率（下塘率）则差异明显（表5-8）。这是由于刚出膜的鲇苗卵黄囊较大，游动力很差，环道和孵化缸的微流水冲力不够大，多数个体沉落水底并集堆造成局部缺氧而大量死亡，因此，成活率（下塘率）很低（7.7%～30%和6.8%）。如果加大水流，鲇苗耗能大，表皮易受伤，成活率也很低。如果强化管理，每10～15 min定时搅动池底，减少集堆现象，可以适当提高下塘率，但管理工作强度太大，技术要求较高，执行起来难度也较大。采用网箱或小型水泥池孵化鲇受精卵，刚出膜的鲇苗多数均匀吸附在鱼巢或网箱壁上，不会出现局部缺氧而死亡的现象，因此，成活率较高（63.0%～72. 5%）。当前，许多单位采用鱼苗培育土池塘兼孵化池，简单易行，但孵出的鲇苗无法计数，只得等到培育成夏花鱼种（30 mm）才能拉网计数，而且受环境条件、饲料、饲养管理等因素影响，夏花育成率也较低（20%～30%）。

（5）鲇苗适时下塘指标。鲇苗出膜3～4 d便开口吞食轮虫等小型浮游动物，如果不及时下塘便会相互吞食。因此，掌握鲇苗适时下塘的形态指标是提高下塘率的关键技术问题。刚出膜的鲇苗，体呈乳白色，随着体表色素的沉积逐渐变为灰色，3～4 d后呈灰黑色（见不到鳔点），此时，卵黄囊基本消失，应适时下塘；否则，鲇苗便会相互吞食，大幅度降低成活率。由此可见，鲇苗适宜下塘的主要形态指标是体色由灰变黑且卵黄囊基本消失。

（六）研制鱼类配合饲料的几个基本理论问题

我国池塘集约化养鱼、网箱和流水养鱼，以及工厂化养鱼迅速发展，迫切要求解决大量优质高效低成本的鱼类配合饲料。因此，鱼类营养学研究和配合饲料试验研究工作进展很快，并取得许多可喜成果，但仍然存在营养物质配合不够平衡、效价较低、成本较高、经济效益不高等问题。为了适应鱼类配合饲料的研制工作需要，本文综合国内外鱼类营养学研究成果和配合饲料试验研究成果，以及我们的研究成果，综合论述研制虹鳟、鲤、青鱼、草鱼、团头鲂和尼罗罗非鱼等主要养殖鱼类配合饲料的几个基本理论问题。

1. 鱼类对营养物质的需要量

（1）蛋白质和必需氨基酸需要量。

① 蛋白质最适需要量及其饲料最适含量。鱼类摄食的蛋白质在消化管中由酶分解成氨基酸，然后吸收用于维持体蛋白更新、生长，以及作为部分能源。维持蛋白

更新就是维持鱼类体内蛋白质含量的平衡（氮平衡）所需的蛋白质，即维持生命所必需的最低蛋白质。该值较低，每日每千克鱼仅需0.19～0.88 g，几种鱼差别不大。用含蛋白质为3%～5%的饲料，日投饵量为3%～4%就可以维持鱼体的氮平衡。

蛋白质的最适需要量是满足鱼类快速（充分）生长和体蛋白正常更新，且很少有多余蛋白质用于能量消耗的蛋白质数量。该量是鱼类对蛋白质的最适摄食量，是饲料蛋白质最适含量与日摄食饲料量（日摄食量）的乘积。几种养殖鱼的蛋白质最适需要量为6.4～17 g/（kg・d），其中团头鲂和鲮低于尼罗罗非鱼、鲤和虹鳟，草鱼最高。因此，饲养团头鲂、鲮和尼罗罗非鱼要比饲养鲤节省蛋白质。

用于能量消耗的蛋白质数量取决于饲料总能量和饲料蛋白质含量，当总能量较高且蛋白质含量较低的情况下，该量很少。因此，为了节约蛋白质，饲料总能量应当高一些，且蛋白质含量尽量不要高于最适需要量。

鱼类饲料蛋白质的最适含量与其最适需要量都依鱼的种类、食性、年龄和规格、水温、水质、饲料蛋白源和日投饲量等因素而异。虹鳟等肉食性鱼类饲料蛋白质最适含量高于鲤等杂食性鱼类，而以团头鲂和草鱼等草食性鱼类最低。同种鱼的苗种饲料蛋白最适含量高于成鱼。饲料蛋白源和投饲量是饲料的内涵因素或主要因素。因为蛋白源决定蛋白质的质量（必需氨基酸的种类含量和比例等），日投饲量直接决定鱼类摄食蛋白质的数量。因此，鱼类饲料蛋白质最适含量是个相对量，它在满足鱼类对蛋白质最适需要量的前提条件下，可以用日投饲量来调节，即含蛋白质少的饲料，可适当增加投饲量，但日投饲量应相对稳定且不可随意超过，一般为2%～5%。如果过多地投饲低蛋白饲料，鱼类摄食过多，会降低消化率，影响鱼类对饲料的利用率及其生长速度，提高了单位鱼饲料成本。所以，确定饲料最适蛋白质含量具有实际意义。

② 必需氨基酸需要量及其比例。自1972年以来，Halver等人先后对大鳞大麻哈鱼、虹鳟、鲤、尼罗罗非鱼和鲷等10多种鱼类进行试验表明，鱼类需要10种必需氨基酸、比成人所需要的多2种（组氨酸和精氨酸），并测定了对各种必需氨基酸的需要量。

试验证明，鸡蛋、酪蛋白和鱼类肌肉中各种必需氨基酸含量和比例可以作为配制鱼类饲料必需氨基酸含量及其比例的重要依据。国内外许多学者根据该原则研究并提出各种鱼类配合饲料必需氨基酸的最适含量和比例。各种鱼类配合饲料中的必需氨基酸含量不同，虹鳟、青鱼和鳗鲡高于鲤、草鱼，团头鲂最低，鸡和幼猪低于鱼类。饲料中的赖氨酸含量，虹鳟、鲤、青鱼较高，团头鲂和草鱼较低，鸡和幼猪尤为低；精氨酸的含量，几种鱼类和幼猪相似，鸡明显低；蛋氨酸的含量，虹鳟、鳗鲡明显高，其他鱼类与鸡、猪相似；苯丙氨酸的含量，虹鳟、青鱼、鳗鲡明显高。总之，肉食性鱼类饲料的赖氨酸、精氨酸、蛋氨酸和苯丙氨酸含量较高。

各类饲料中各种必需氨基酸的比例差异不大，但幼猪饲料的精氨酸比例明显低，鳗鲡、鸡和幼猪的饲料，其色氨酸、蛋氨酸和苯丙氨酸的比例明显高。

不同学者提出的5种鲤饲料，其必需氨基酸指标有一定的差异，其中Щербина（1979）提出的含量和比值与鲤肌肉的相似。我们的试验结果表明，她的建议指标是较适宜的。采用豆饼、麸皮、玉米粉和5%～10%鱼粉为蛋白源配制鲤饲料，当饲料蛋白质含量达30%以上时，各种必需氨基酸含量及其比值基本达到该指标，但当饲料蛋白质含量低于25%时，其赖氨酸、蛋氨酸和苯丙氨酸不足。动物性饲料成分比例低的配合饲料，其限制性氨基酸通常是赖氨酸、蛋氨酸和苯丙氨酸。因此，在研制这类配合饲料时应注意添加适量赖氮酸和蛋氨酸。

（2）脂肪和必需脂肪酸需要量。脂肪的主要生理功能是产生热能，以及以磷脂、糖脂等类脂形式构成细胞膜的类脂层和体内多种组织成分。几种主要养殖鱼类饲料的适宜含脂量为4%～15%，依鱼的种类和年龄而异，其中尼罗罗非鱼和草鱼的较高，团头鲂和鲮的较低。同种鱼的饲料含脂量，幼鱼的高于成鱼的。

鱼类和人类同样需要亚油酸（18：2n6）、亚麻油酸（18：3n3）和花生四烯酸（20：4n6）等不饱和脂肪酸，称为必需脂肪酸（EFA），在体内不能合成，必须从食物中供给。其中花生四烯酸在体内可由亚油酸转化。试验研究表明：饲料中缺乏必需脂肪酸，虹鳟生长缓慢和大量死亡；鲤虽然对EFA反应不如虹鳟敏感，但生长缓慢。狭鳕肝油、乌贼肝油和菲律宾蛤仔脂质含有20：5n3和22：6n3等n3高度不饱和脂肪酸（HUFA），对鱼类的促生长作用大于EFA。虹鳟饲料18：3n3的适宜量为1%，20：5n3或22：6n3的适宜量为0.5%，而且18：3n3的适宜量随饲料中饱和脂肪酸含量增多而增大，即饲料中饱和脂肪酸含量为4%、8%和13%时，18：3n3的含量应分别为1%、2%和2%以上，鲤饲料中18：2n6和18：3n3的需要量分别为1%（竹内俊郎，1977）。

真鲷、黑鲷和鰤等海水鱼的必需脂肪酸是n3 HUFA（20：5n3和22：6n3），而不是18：2n6和18：3n3，即后者对海水鱼无促生长作用（荻野，1980）。

富含EFA 18：2n6的谷物油和大豆油对尼罗罗非鱼的生长有促进作用，适宜量为1%（占饲料%），而含有n3 HUFA的狭鳕油对尼罗罗非鱼的生长无促进作用（手岛，1986）。

不饱和脂肪酸易氧化。氧化油对鱼类有毒害作用。虹鳟吃氧化油大量死亡（小野，1960），鲤食了氧化油患瘦背病。鲤饲料缺乏维生素E也患瘦背病，但应与食氧化油区别开来。

（3）糖和纤维素需要量。糖类（淀粉等）在鱼体中的生理功能是产生热能和构成细胞成分。不同食性鱼类对糖类的需要量不同，肉食性虹鳟等鲑鳟类饲料的最适量为20%～30%，鲷和鰤等为20%以下，鲤为40%左右（荻野，1980）。鱼饲料的糖类最适量，除与鱼类食性有关外，还与年龄有关，成鱼饲料含糖量高于幼鱼的。

鱼类基本上不能利用纤维素。纤维素对鱼类肠蠕动以至消化速度有一定影响。因此，饲料中应有一定数量纤维素，但含量不能高于10%～15%。

（4）鱼类对饲料热量（能量）要求。饲料总能量系蛋白质（5.5 kcal/g；1 kcal=4.184 kJ）、脂肪（9.4 kcal/g）和糖类（4.15 kcal/g）热量的总值（kcal/kg）。鱼类维持正常代谢和生长发育要求一定能量。能量水平过低，生长缓慢，过高则影响机体正常代谢。主要养殖鱼类饲料热量通常为2 600～4 500 kcal/kg，其中尼罗罗非鱼最高（3 500～4 500 kcal/kg），虹鳟（26 00～3 300 kcal/kg）和团头鲂（2 925 kcal/kg）较低。同种鱼的幼鱼饲料热量高于成鱼饲料。

鱼类对饲料热能的要求有一定幅度，温水性鱼类摄食含能量3 000～4 500 kcal/kg饲料，生长没有明显差异。Ufodike（1983）用3 000～4 150 kcal/kg饲料和Voila（1982）用2 920～2 950 kcal/kg饲料饲养鲤，生长发育良好。我们用热量3 600～4 200 kcal/kg 13种饲料养鲤试验表明，饲料热量与尾增重率相关较明显（Y=0.647），鲤饲料热量应保持在4 000 kcal/kg左右。

（5）鱼饲料矿物质需要量。动物体内含有多种无机元素，是构成机体和维持正常生命活动的重要物质。矿物质包括钙、磷、钠、钾、氯、镁和硫等7种常量元素和铁、铜、锰、锌、碘、钴、硒等微量元素。鱼体内的矿物质只能从食物和水环境中取得（鱼类通过鳃可从水中吸收部分钙），当体内缺乏某种无机元素，生长缓慢，并相继出现各种病症。

人们在鱼类无机盐需要量方面做了许多试验研究工作，其中鲤和虹鳟对无机盐要求量研究得较清楚。鱼类饲料无机盐添加剂就是根据鱼类对各种矿物质的要求量配制成的。

（6）维生素需要量。维生素在动物体内含量很少，但对机体的生长、发育和正常代谢确起着很重要的作用，动物体不能合成，必须从食物中摄取。鱼类缺乏维生素时，出现维生素缺乏症。

自1955年美国开始研究虹鳟鱼类对维生素的需要量以来，各国已对大鳞大麻哈鱼、真鲷、河鲇、虹鳟、鲤等养殖鱼类的维生素需要量和缺乏症进行了许多研究工作，并取得较有实际意义的成果。根据鱼类对各种维生素的需要量，研制成各种各样的鱼用维生素添加剂，已广泛应用于养鱼事业，对提高养殖鱼产量起了重要作用。

2. 几种主要配合饲料源的营养特点和营养价值

我国研制鱼类配合饲料较普遍采用的动物性和植物性饲料原料。

（1）动物性饲料原料。

① 全卵蛋白和酪蛋白。蛋白质含量为90%以上，必需氨基酸总量占50%以上，各种必需氨基酸比例适当。与鱼肉的必需氨基酸组成比例相似，是从事鱼类营养学和饲料研究工作的优良蛋白源。

② 轮虫类、剑水蚤、蚤状溞、网纹溞和卤虫无节幼体。5种浮动物是稚鱼和幼虾等的优良动物性饵料，其蛋白质和必需氨基酸含量较高，比例较适当。其中轮虫类蛋氨酸含量较高，可以满足稚鱼需要，其他几种浮游动物的含硫氨基酸（蛋氨酸和胱氨酸）含量较低，满足不了稚鱼的需要（缺40%左右）。几种浮游动物的必需脂肪酸皆较高（占脂肪酸73%以上），可以满足淡水鱼的需要，而高度不饱和脂肪酸较低，不能满足海水鱼虾类的需要。其中卤虫幼体脂肪中必需脂肪酸较多（18：3n3为28%，18：2n6为66%），而高度不饱和脂肪酸较低（2%左右），也不能满足海水鱼虾类要求。但蒙古裸腹溞脂肪酸中的18：2n6和20：5n3含量皆较高，分别为7.3%和12.7%（童圣英，1988），因此是海淡水鱼虾类的好饵料。

③ 鱼粉。鱼粉有白鱼粉和褐色鱼粉2种。白鱼粉又叫北洋鱼粉，是以狭鳕、鲽类为原料， 蛋白质含量为70%左右，含脂量低（2%～6%）。褐色鱼粉是以沙丁鱼、太平洋鲱和竹荚鱼等肌肉为褐色的鱼类为原料（秘鲁鱼粉是以沙丁鱼为原料），蛋白质含量为60%左右，含脂量稍高（7%～10%），容易氧化。鱼粉的能量高（4 880 kcal/kg），由于是用鱼类机体制成的，故必需氨基酸含量及其比例适合鱼类需要，是优良的动物性饲料。

④ 血粉。血粉是以家畜新鲜血液为原料制成的。能量高（4 840 kcal/kg），蛋白质含量高达80%左右，其中赖氨酸、胱氨酸、缬氨酸、亮氨酸和苯丙氨酸含量高，而蛋氨酸含量较低。血粉对鱼类的适口性差。发酵血粉是将血液渗入糠麸和特种发酵菌种中混合发酵，经低温干燥，粉碎而成，蛋白质含量约50%。

（2）植物性饲料原料。

① 豆饼。豆饼是大豆榨油后的粕饼，一般含蛋白质40%～42%，必需氨基酸占蛋白质50%左右，其必需氨基酸组成较逊色于动物性饲料，限制性氨基酸为赖氨酸和蛋氨酸，是优良的植物性蛋白质饲料源。

② 花生饼。花生饼蛋白质含量为45%左右，必需氨基酸占蛋白质46%左右，其中赖氨酸、蛋氨酸、异亮氨酸的含量比豆饼低，而精氨酸和苯丙氨酸的含量比豆饼高。其限制性氨基酸是赖氨酸和蛋氨酸。

③ 玉米粉、麸皮和米糠。蛋白质含量低，分别为9.0%、16.0%和12.8%。必需氨基酸含量和比值都不适合鱼类的需要，但糖类含量高（70%左右），是草食性和

杂食性鱼饲料的重要能源。

④ 常用脂肪。植物油中含有较多的亚油酸和亚麻油酸等必需脂肪酸（陈学存，1984），营养价值比动物油脂高。棉籽油必需脂肪酸约35%，豆油56%～63%，花生油13%～27%，向日葵油52%～64%，黄油1.9%～4.0%，猪油5.0%～11.1%，羊油3.0%～7.0%，牛油1.1%～5.0%。

3. 提高配合饲料生理学效价的途径

第一，根据全卵蛋白和鱼类肌肉必需氨基酸的比例，采用多种饲料源配制饲料，充分发挥蛋白质的“互补作用”，使之接近饲养鱼类对必需氨基酸的比例要求，以提高饲料效价。

第二，适当添加油脂，提高饲料热能，节约蛋白质。王基炜（1987）在蛋白质含量25%的饲料中添加豆油和次猪油喂养尼罗罗非鱼，使饲料中油脂含量从6.9%增加到13.3%，可节约17%的饲料蛋白质。荻野（1980）在碳水化合物含量为30%的饲料中添加油脂（大豆油：狭鳕肝油＝3：2）饲养虹鳟发现，48%蛋白质、10%脂质饲料组和35%蛋白质、15%～20%脂质组的增重率相似，即添加优质油脂可节约饲料蛋白35%～48%，折合节约鱼粉20%。竹内（1979）在饲料中分别添加油脂和碳水化合物饲养鲤证明，油脂和碳水化合物都有节约蛋白质的作用，并表明鲤饲料的适宜蛋白含量为31%～32%，最佳热能为3 100～3 600 kcal/kg。

第三，在饲料中添加游离氨基酸，调节必需氨基酸比例，提高饲料效价。在缺少动物性（鱼粉等）饲料源且饲料蛋白质含量较低（30%以下）的情况下，可以根据全卵蛋白和鱼肉的必需氨基酸比例为标准，向饲料中添加赖氨酸和蛋氨酸等限制性氨基酸。该法对鲑鳟鱼类的效果好于鲤科鱼类。Melaren（1947）、古市（1971）采用苛性钠中和氨基酸混合物，使其pH为6～7，饲养鲤和河鲇，效果较好。我们（1986）用添加赖氨酸和蛋氨酸饲料喂养鲤，生长良好。

第四，添加维生素复合剂（添加剂）和矿物盐混合剂，促进鱼类生长，减少疾病。根据鱼类对维生素和矿物质的要求以及饲料中维生素和矿物质的最适含量，在饲料中添加维生素和矿物质混合剂。我国目前生产鱼用维生素复合剂和矿物盐混合剂的单位很多，有一定效果，但反应不一。

第五，在饲料中添加5%上述矿物质混合物，饲养鲤和虹鳟生长良好。添加后的100 g饲料中各种无机元素的含量：Na 0.20 g、K 0.46 g、Mg 0.073 g、P 0.85 g、Ca 0.02 g、SO_4^{2-} 0.29 g、Cl^- 0.03 g和Fe 20 mg、Zn 4 mg、Mn 2 mg、Cu 0.4 mg、C 0.02 mg、O 10.08 mg。

注：文中表1《鱼类对营养物质的需要量》、表2《鱼类饲料中产生生理热能的

营养物质最适含量（%）》、表3《鱼类肌肉和饲料中各种必需氨基酸最适含量和比值》、表4《鲤和虹鳟饲料中矿物质适宜含量》、表5《鱼类的维生素需要量和缺乏症［mg/（kg·d）］》、表6《鲤和虹鳟饲料维生素适宜含量（mg/kg）》、表7《几种主要鱼饲料的蛋白质和必需氨基酸的含量和比值》、表8《常用饲料源的维生素和微量元素（引自〈猪鸡饲料成分及营养价值表〉，1979）》、表9《常用脂肪必需脂肪酸含量（%）》、表10《虹鳟饲料维生素和矿物质添加剂（刘雄，1984）》、表11《鱼类矿物质混合物（荻野，1980）》、表12《100 g饲料中无机元素的含量（荻野，1980）》，以及48篇参考文献，略。

第二节　池塘养鱼应用基础理论研究

成果名称：池塘养鱼应用基础理论——精养池塘生态系统及养殖鱼类生物学。

主要完成人：何志辉、刘焕亮、雷衍之、李永函、翟宝香、赵兴文、桂远明、谢祚浑、南春华、朴文豪、沈成钢。

一、项目简介

（一）主要内容

（1）中国精养鱼池生态系统的结构与功能。中国传统高产塘非生物环境和生物群落，养鱼水质生物指标及肥度调控，鱼池清塘后水质变化和群落演替规律及鱼苗适时下塘原理，鱼池初级生产力和次级生产力，高产塘的有机质平衡和生物能量平衡，越冬池冰下生态系特点和生物增氧数学模型以及生物增氧促进鱼类安全越冬原理。

（2）中国池塘主要养殖鱼类生物学与生态学。鲢、鳙、白鲫、尼罗罗非鱼、青鱼胚后发育生物学及摄食、生长规律，主要消化酶活性及酶动力学，鲢的食物问题，温度、盐度、碳酸盐碱度、食物等生态因子对养殖鱼类存活、生长发育的影响。

（二）特点

（1）本项研究成果的突出特点是具有多科性、创造性、先进性和实用性。首次探明我国传统精养高产池塘和冰下水体生态系统的结构与功能，阐明池塘养鱼高产高效和冰下鱼类安全越冬的机理；首次系统阐明主要养殖鱼类胚后发育生物学及摄食、生长变化规律；创建我国养鱼池塘生态学、池塘养鱼学理论体系，发表论文51篇（一级学报论文24篇），推动了水产养殖科技进步和养鱼业发展。

（2）研究工作持续时间长，试验研究区域广，工作量大，工作条件艰苦且难度大。研究工作先后持续20余年，野外试验区域5个省、8个市（区），试验池塘123口、86.7 hm^2（1 300亩），测试数据8万余个，每年野外试验工作6个多月，经常在−30 ℃以下寒冷冰上和30 ℃ 以上炎热天气中进行测试工作，直接参加研究工作人员有7名教授、4名副教授、5名讲师、10余名研究生和100余名本科应届毕业生。

（3）研究工作路线具有创造性。本项研究采取生物学、化学、鱼类养殖学多学科协同攻关，实行科研、教学、生产三结合和野外试验与室内分析相结合的研究工作路线，推动了水产养殖科技工作的发展。

（三）研究成果被引用情况

本项研究成果被美国科学情报研究所的科学引文索引（SCI）、美国生物学文摘（Biol. Abstr.）、联合国粮农组织水科学与渔业文摘（ASFA）、中国生物学文摘及水产文摘收录，国内外生物学、生态学及水产养殖学专家编写的名著《中国淡水鱼类养殖学》（中科院院士刘建康教授主编）和《中国池塘养鱼学》（刘建康教授主审），以及有关学科论文广泛引用，社会效益显著。

二、研究背景、基本思路与技术方案

（一）研究背景

我国池塘养鱼驰名世界，历史悠久（3 000余年），特色鲜明，经验丰富，总产量和单产都居世界首位。传统池塘养鱼业的特点是利用静水土池塘，高密度混养滤食性、草食性和杂食性为主的鲢、鳙、草鱼、青鱼、鲤、鲫等温水性鲤科鱼类，采用人工施肥、投饵以及调控水质综合饲养方式。养鱼池塘生态系统的结构合理，能量转化效率高，但实属实践经验型生态系统。

至20世纪70年代初，我国养鱼池塘生态学研究工作尚未开展，主要养殖鱼类生物学问题仅见零星报道：鲢、鳙等主要养殖鱼类的食料问题（倪达书，1954），耗氧率及窒息现象（陈宁生等，1955），对pH的适应（张礼善，1960）。关于主要养殖鱼类的成活率及其养殖效率的重要理论问题——胚后发育生物学尚属空白。20世纪60年代以来，苏联、日本、德国、捷克、英国、以色列、美国等国在池塘浮游生物（Лянович，1965；Fou，1971）、养鱼池物质循环（Ito等，1973）和生物能量平衡（Хритонова，1984）进行一些零星研究工作。至20世纪70年代初，国内外关于养鱼池塘生态学和主要养殖鱼类胚后发育生物学的研究工作尚未开始。

综上所述，关系到我国传统池塘养鱼业健康发展的两大应用基础理论问题——生态系结构与功能和养殖鱼类胚后发育生物学尚未开始研究，根本谈不到从生态学和发育生物学理论高度系统总结中国池塘养鱼先进经验。这不仅严重影响了传统池塘养鱼先进经验在国内广泛推广，而且影响到我国池塘养鱼业在国际学术界的声誉。

（二）基本思路

我国传统精养高产池塘养鱼的突出特色是调控水质和高密度混养滤食性鲤科鱼类，但缺乏相应的科学试验和理论总结。本课题把养鱼池塘生态学和养殖鱼类胚后发育生物学作为主要研究内容。

1. 养鱼池塘生态学研究

首先研究探明典型传统池塘养鱼地区珠江三角洲和长江三角洲精养高产塘的生态系统特点，然后在北方地区进行精养塘不同放养模式生态系统的比较研究，最后综合归纳总结中国精养池塘生态系统的结构与功能，建立中国养鱼池塘生态学基本体系。

2. 养殖鱼类生物学研究

以主要养殖鱼类消化系统形态生理胚后发育规律为重点，深入系统研究池塘主要生态因子对养殖鱼类不同发育阶段的影响，建立中国池塘养鱼生物学体系。

3. 研究工作方式

采取淡水生物学、池塘养殖学、鱼类学、水化学、组织胚胎学、鱼类生理学和微生物学等多学科协作攻关，把研究生和本科的毕业论文、生产实习等实践教学环节和养鱼生产引入科研工作中，实行教学、科研、生产三结合。

（三）技术方案

1. 精养池塘生态系统研究

试验鱼池按生产常规方法进行鱼类放养和饲养管理，把实验室搬到现场，定期进行水化学、浮游生物、底栖动物、微生物等有关生态结构各种指标测定和池鱼生长指标测定，然后进行分类计算与换算，分析归纳其非生物环境和生物群落、初级生产力、次级生产力、鱼产力、有机物的收支与沉积、生物能量平衡和能量效率。

2. 养殖鱼类生物学研究

主要养殖鱼类消化系统胚后发育生物学研究，采用显微解剖、光镜和电镜观察法，对孵化后各种鱼类不同发育阶段的摄食器官、消化管和消化腺的形态、组织结构进行连续系统观察研究，并对其数量性状进行系统测定，综合分析归纳总结胚后发育规律。

生态因子对养殖鱼类存活、生长发育影响作用研究，采用多元回归分析法，将鱼池主要（多种）生态因子与池鱼生长关系，经计算机运算分析，建立最优回归方程，分析鉴别各因子对池鱼生长发育的作用程度；采用实验生态学方法，试验研究温度、盐度、碳酸盐、碱度、食物等主要生态因子对养殖鱼类存活、生长发育的影响。

三、研究成果

研究工作历经21年（1971～1992年），概分为4个阶段。第一阶段（1971～1977年）开展调研和初试工作，深入珠江三角洲和太湖等养鱼发达地区先进养鱼场，实地观测养鱼池塘水环境生态，总结养鱼水质调控和养鱼经验，在校内养鱼场和无锡市河埒口养鱼场进行养鱼池水质和鱼类生长研究。第二阶段（1978～1983年）承担国家水产总局“养殖水质生物等级和肥度控制”和“冰下水体生物增氧促进鱼类安全越冬”课题，在校内养鱼场和东北三省开展池塘养鱼水质生物指标和养鱼池冰下水环境生态研究。第三阶段（1984～1985年）承担农业部重点课题“池塘养殖基础理论的研究”，在辽宁省海城市西四渔场进行养鱼池塘生态系结构、鱼类生长和养鱼生物学技术原理等研究工作。第四阶段（1986～1992年），承担农业部重点课题“池塘养鱼高产技术应用基础理论的研究”，在吉林省镇赉渔场进行养鱼池塘生态系结构和功能，以及养殖生物学技术原理等研究，同时在校内实验室开展主要养殖鱼类胚后发育生物学和主要消化酶等研究。本项研究工作先后利用养鱼池123口，计86.7 hm^2（1 300余亩）。研究成果在国内外公开发表论文51篇。

研究工作成绩显著。首次探明中国精养高产养鱼池塘明水期（3～10月）生态系统结构与功能特点，阐明了中国传统池塘养鱼高产高效的生态学原理；首次探明我国北方养鱼池塘越冬期冰下水体生态系统结构与功能特点，系统阐明利用生物增氧促进冰下鱼类安全越冬的机理，创建冰下鱼类安全越冬有效措施；首次探明中国池塘主要养殖鱼类胚后发育生物学特点及食性转化与生长变化规律，阐明提高鱼苗鱼种培育成活率与生长率生物学原理；首次探明温度、盐度、碱度、食物等主要生态因子对养殖鱼类存活与生长发育的影响作用，阐明提高养殖鱼类在不同盐度和碱度等条件下成活率和生长率的机理；建立中国养鱼池生态学和中国池塘养鱼理论体系。具体研究成果概述如下：

（一）养鱼池塘生态学

1. 精养池塘生态系统结构与功能

先后选用无锡市河埒口、大连市金州、海城市西四、白城市镇赉、哈尔滨市西郊等处养鱼场的高产鱼池48口，每口面积为0.17～5.0 hm^2，水深1.0～3.0 m，主要饲养鲢、鳙、鲤、草鱼等鱼类，单产158～1 132千克/亩。

（1）非生物环境。北方鱼池较南方稍浅。鱼类生长期130～240 d；池水透明度17.0～32.0 cm。含盐量适中（0.303～0.96 g/L），总硬度和总碱度都较高，缓冲性好。pH一般为碱性，COD 13～80 mg/L，总氮2 mg/L以上，总磷0.2 mg/L以上，均达到超富营养型水平。北方池水（Na+K）/（Ca+Mg）和Mg/Ca值均明显高于河埒口，但未见不良影响。溶氧昼夜变化很大，表层日差可达 12 mg/L以上。氧的输入，60%～90%来自光合作用，10%～40%来自大气溶解和补充新水。氧的消耗，河埒口水呼吸占70%，鱼呼吸占20%，底质耗氧占9%；镇赉水呼吸占65.5%（45.2%～76.4%），鱼呼吸占20.2%（8.1%～41.7%），底质耗氧占11.5%（8.6%～14. 4%），扩散逸返大气约占2.85%。池水中有机质总量较高，溶解有机质占53.6%（41.4%～67.8%），悬浮有机质占46.4%（32.2%～51.2%）。在悬浮有机质中，腐屑和细菌占74.6%（ 60.7～80.7%），浮游生物只占24.4%（19.3%～39. 3%）。池水有机耗氧（COD_{Mn}） 13～15 mg/L（COD_{Cr} 50～60 mg/L）以上是肥度较好的标志。

（2）初级生产力。浮游植物生物量及其组成。平均生物量为20.8～95.6 mg/L，北方鱼池较高。在种类组成中，河埒口以隐藻、甲藻等鞭毛藻为主，蓝藻很少；北方池水以绿藻、硅藻为主，蓝藻比重较大。主要优势种类南北方相似。初级产量和P/B系数，鱼池浮游植物毛产量较高且利用率较高［6.6～13.2 g（O_2）/（m^2·d）］，浮游植物日P/B系数为0.36～1.01。水层的补偿深度为36.0～78.0 cm，分别为透明度的2.4、1.9、1.25和2.12倍。

（3）次级生产力。浮游动物生物量及其组成，平均生物量2.4～17.9 mg/L，均以轮虫为主。浮游动物量与浮游植物量的比值南方鱼池少于北方鱼池。浮游动物生产量较高［5.16～11.1 g/（m^2·d）］，日P/B值为0.30～0.46。底栖动物生物量及组成，主养鲤的池塘底栖动物生物量很低（0.184～0.968 g/m^2），主要种类为摇蚊幼虫，水蚯蚓很少。主要优势种有羽摇蚊幼虫、粗腹摇蚊幼虫等。底栖动物群落结构和生产力以及鱼类的利用率，鱼池中摇蚊幼虫呈聚集分布型，现存量呈周期变化，个别池净产量高达1 412.3 mg/m^2。P/B系数为2.497。养鲤池对摇蚊幼虫和水蚯蚓的利用率分别为48.7%（35.5%～67.0%）和66.5%（43.7%～84.4%），远高于国外的报道。浮游细菌同化量为初级毛产量的31.4%～49.2%。

鱼产量为2.24～7.07g/（m^2·d），其中鲢、鳙1.44～3.79g/（m^2·d），南北地区差别不大。

（4）有机质的收支和积累。根据初级产量、人工饲料和有机肥料的投入量、鱼产量、鱼呼吸量、水呼吸和底泥耗氧量，计算高产池生态系有机质（以C值表示）的收支和积累，有机质总量为450.9～688.1千克碳/亩，其中投入的人工饲料和有机肥料占50.4%～70.3%，浮游植物全盛的初级产量占29.7%～49.95%，外来有机质超过初级产量。有机质的年支出量为248.8～334.7千克碳/亩，其中水呼吸占43.9%～64.8%，鱼呼吸占12.9%～28.3%，鱼利用（鱼产量）占9.5%～18.65%，底泥呼吸占9.1%～13.9%，有机质年收均远大于支出，一年有128.5～353.9千克碳/亩积累池中，占年收入量的28.3%～51.4%。鱼产量占总收入碳的4.7%～10.2%，鲤产量为人工饲料的6.5%～13.15%，鲢、鳙产量为初级毛产量的5.1%～13.75%。鲤净生长效率（K_2）为0.35～0.45，鲢鳙为0.34～0.58。

（5）生物能量平衡和能量效率。根据实测数据以及引用文献中的K_2值和同化效率，计算试验塘的能量流动和能量转化效率。细菌同化的能量为浮游植物毛产量的49.2%～80.5%，浮游植物和细菌的产量55.2%～81.4%为浮游动物所利用，18.4%～22.4%为鲢鳙所利用，0.2%为底栖动物所利用。高产塘的特点是有机质沉积率低，生物生产量与总呼吸量几乎相等，次级产量和初级产量接近，鱼呼吸量在总呼吸量中占有极大比重。

2. 鱼类越冬池冰下水体生态系统的结构与功能

先后在黑龙江省哈尔滨市、吉林省吉林市、辽宁省辽阳市和大连市选用鱼类越冬试验池塘55口，计44 hm^2，冰下水深1.0～3.0 m，越冬幼鱼多为鲤、鲢、鳙、草鱼。

（1）非生物环境。系统观测越冬池冰下水体理化因子变化、冰下光合作用产氧速率及冰下光照。越冬池底层水温1～3.5 ℃，采用扬水曝气，水温低于0.5 ℃。明冰下光照达数千至上万勒克斯（每日达6～7 h以上）。乌冰下光照为3×10^3 lx以上。复雪10～30 cm的冰下最大照度为30～100 lx。明冰下光合作用日产氧量高（0.21～12.45 mg/L），是封冰期水中溶氧的主要来源。补偿深度平均为1.13 m，底泥耗氧率平均为0.4 g/（m^2·d），水呼吸耗氧率为0.04～3.75 mg/（L·d）。建立了鱼类冰下越冬溶氧平衡数学模式，计算了越冬池最佳水深与最佳浮游植物生物量，提出在此条件下鱼的越冬密度。试验证明冰下施无机肥可促进光合作用，增加产氧量。

（2）基本生物群落。观测越冬池冰下水体中浮游植物和浮游动物的种类组成、生物量和变化规律，综合冰下水体理化因子变化规律，提出北方池塘鱼类安全越冬的管理规程。越冬池冰下浮游植物平均生物量较高（38.8 mg/L），与明水期相比其中种数较少而现存量不低。浮游动物平均生物量为6.21 mg/L，其中轮虫量最高。冰下浮游植物量通常表层多于底层。冰下浮游生物的分布、变化与光照、水温、水源有密切关系。浮游植物生物量与产氧量呈正相关，是决定冰下透明度的主要因子，因此，透明度可间接估计产氧和溶氧。越冬池常出现大量犀轮虫等浮游动物，消耗溶氧，可用药物控制。

3. 养鱼高产池水质的生物指标和肥度调控

池塘养鱼生产沿用“看水色”判断水质优劣。通过长期观测研究养鱼池浮游生物组成和生物量，结合渔农“看水”和“管水”经验，首次提出养鱼水质的生物指标和调控水肥度的系列技术措施。

（1）池塘浮游生物定量方法的改进。针对我国沿用的个体计算法不能反映水体整个浮游生物群落的丰盛度的问题，首先在国内引用按体积换算重量的生物量方法，20世纪80年代以后被列入《全国陆水域渔业自然调查试行规范》并作为《池塘浮游生物定量标准》。

（2）“肥、活、嫩、爽”的生物学含义。国内曾有人把渔农认为的好水概括为“肥、活、嫩、爽”4个字，但缺乏确切的生物学含义和测定方法。通过系统试验观测提出“肥、活、嫩、爽”的科学含义：“肥”是水色浓，水的透明度为20～40 cm，浮游植物量为20～100 mg/L；“活”是水色和透明度随天气和阳光发生规律变化，池水的浮游植物中趋光性强的鞭毛藻类占优势；“嫩”是水色正、不发黑、不发黄、不发白，藻类种群处于增长期，细胞未老化，没有大量死亡，蓝藻比重低；“爽”是水质清爽，水色不太浓，透明度不低于20 cm，其他悬浮物不多。

（3）养鱼池水质的生物等级。根据鲢、鳙、尼罗罗非鱼等对食物（浮游植物）的消化性和适口性，以及各类浮游植物的产氧能力，把高产鱼池中常见的水体类型，按优劣程度将鱼池水质分为4等：一等水（好水），包括鱼腥藻和拟鱼腥藻、隐藻、膝口藻、裸甲藻、角藻、团藻、硅藻、金藻和大型绿球藻10类水华；三等（较差水）和四等（劣水）主要为蓝藻和老化的微型藻类；二等（较好水）是除一、三、四等水之外的池水。按照浮游植物生物量结合渔业意义将养鱼水质分为10级，其中5级（20～50 mg/L）和6级（50～100 mg/L）为鱼池肥水。这样一来，基本上把难以捉摸的群众经验，提高到可以用浮游生物学方法测定的生物学内容。

（4）高产池塘鞭毛藻类的定向培育机理。试验探明养鱼好水是以隐藻为代表的鞭毛藻类占优势的池水。根据鞭毛藻类的兼性营养和趋光性移动等特性，采取足施、勤施有机肥和增加池水深度（1.5 m以上）以及勤补新水等措施，可能长期保持池水浮游鞭毛藻类占优势种群。

（5）鲤鱼种和鲢、鳙对浮游生物的影响。鲤鱼种和鲢、鳙的摄食方式、摄食种类和食物规格皆不同，两者在高产池中的放养密度和现存量对池水浮游生物的种类组成和生物量都有规律性影响。鲤鱼种使浮游植物和浮游动物生物量增加，浮游植物大型化，浮游动物小型化，浮游植物多样性增加和浮游动物多样性下降。鲢、鳙使浮游生物小型化，对浮游生物多样性和浮游生物量的影响具有阶段性。

4. 鱼池清塘后水质变化规律和鱼苗适时下塘模式

用生石灰进行排水和带水清塘，系统观测池水水化学（DO、pH、Al、K^{+}、Ca^{2+}、Mg^{2+}、NO_3^{-}–N、NH_4^{+}–N、活性磷等）和浮游植物、浮游动物的变化规律，提出鱼苗适时下塘模式：清塘（4～7 d）→浮游植物（7～10 d）→轮虫（10～15 d）→枝角类（15 d后）→桡足类成体。排水清塘后（4～7 d）→会出现浮游植物和pH高峰，对鱼类有危害。鱼苗在轮虫高峰期下塘生长快，成活率高。

（二）池塘主要养殖鱼类生物学和生态学

1. 主要养殖鱼类摄食器官胚后发育生物学

采用显微解剖、肉眼解剖、石蜡切片、光镜和扫描电镜观察和硬度值测定等方法，分别系统观测全长45～488 mm鲢、鳙、白鲫、尼罗罗非鱼、青鱼标本分别为730尾、540尾、430尾、278尾、370尾，制成组织切片20余万张，已公开发表论文11篇。

（1）鲢、鳙滤食器官胚后发育生物学。探明鲢、鳙的鳃耙形成、侧突起发育、宽窄鳃耙分化、鳃耙网发育、鳃耙管的出现和发育，腭褶的形成和发育等形态结构，以及口径、口宽、鳃耙数目、鳃耙密度、鳃耙长、鳃耙间距、鳃耙侧突起数目、侧突起长、侧突起间距、鳃耙管内的鳃耙数和长度等数量性状的变化规律；系统阐明滤食器官发育与摄食方式的转化，摄食器官数量性状发育与适口食物和食物组成的转变，鳃耙间距胚后发育变化规律，鳃耙管生物学功能，鲢对食物的选择性，滤食器官发育与苗种培育阶段划分和饲养生物学技术原理。

（2）白鲫摄食器官胚后发育生物学。探明白鲫鳃耙和腭褶的出现，形态和结构变化规律，以及口径、鳃耙数目、鳃耙长和间距、侧突起长和间距等数量性状发育变化规律；阐明摄食方式和摄食功能、滤食器官发育与摄食方式和食物组成的转化，摄食器官发育与苗种分级培育和饲养食用鱼生物学技术原理。

（3）尼罗罗非鱼摄食器官胚后发育生物学。探明尼罗罗非鱼鳃耙的发生、形状和长度及其组织结构变化，口腔上腭的形态结构和发育规律；颌齿的数量和形状及其发育变化规律，咽齿的分布、数目、形状及其发育变化规律，口径和口宽，鳃耙数目、长度和间距，颌齿行数、数目、长度、硬度，咽齿数目、分布密度、上下咽骨面积和宽度等数量性状胚后发育变化规律；阐明其摄食方式和摄食能力，摄食器官形态发育与摄食方式和食物组成的转化，摄食器官发育与饲养生物学原理。

（4）青鱼咀嚼器官胚后发育生物学。探明青鱼的咽齿形状、大小和组织结构胚后发育变化和咽齿齿胚、初齿、过渡型齿、第1代齿、第2代齿、第3代齿、固定型齿的形态结构、大小、数目等胚后发育变化规律，以及齿咽硬度随体长增长变化规律及其与螺蛳壳硬度比较；探明青鱼一生中咽齿的更换次数，各代齿的更换周期，每个齿更换顺序，咽齿更换的形态学变化等咽齿更换和发育规律；探明角质垫形成时间、形状、大小、组织结构和硬度胚后发育规律，咽齿形态发育、更换及固着规律和组织学特点，以及咀嚼器官发育与食性转化关系。

2. 主要养殖鱼类的消化酶活性和酶动力学

系统深入比较研究探明草鱼、鲤、鲢、鳙、尼罗罗非鱼等5种鱼类肝胰脏、肠道和胃蛋白酶、淀粉酶、脂肪酶活性和酶促反应以及酶动力学指标，获得各类数据近万个，已公开发表论文4篇。

（1）草鱼、鲤、鲢、鳙、尼罗罗非鱼的肝胰脏、肠和胃蛋白酶活性因鱼而异。5种鱼肠道不同部位蛋白酶活性强度与鱼类比肠长（肠长与体长的比值）的相关明显；5种鱼肝胰脏、肠和胃的淀粉酶活性因鱼而异，肝脏和肠的淀粉酶活性强度与食性相关明显：草食性草鱼＞杂食性鲤＞杂食性兼滤食性尼罗罗非鱼＞滤食浮游植物鲢＞滤食浮游动物鳙。5种鱼肝胰脏和肠的脂肪酶活性差别明显，可排成顺序；5种鱼肠脂肪酶在肠中分布不一致；脂肪酶活性与鱼的食性相关不明显。

（2）草鱼、鲤、鲢、鳙、尼罗罗非鱼的酶促反应和酶动力学指标：探明5种鱼肝胰脏蛋白酶和淀粉酶最适pH、3种消化酶的最适温度及临界失效温度、活化能和酶反应温度系数Q。

3. 主要养殖鱼类生态学

系统开展了温度、盐度、碳酸盐碱度、食物、池塘鱼类贮存量等生态因子对鲢、鳙、鲤、尼罗罗非鱼的存活、代谢和生长的影响以及鲢食物问题系列研究。

（1）鲢的食物问题。通过室内系统研究进一步明确并拓宽了鲢可消化的食谱范围，指出鲢的食物消化性是一个复杂的问题，并且食物价值不仅取决于消化性。对鲢的食谱、食物的适口性和选择性、食量、食物消化性和能量利用效率做出全面评述。

（2）盐度对鲤的摄食、代谢和生长影响。盐度对鲤鱼种（1.37～5.30 g）摄食、代谢和生长影响试验表明：鲤在盐度3、5、7的水中摄食率最大且高于淡水，当盐度高达9时则显著下降；在盐度2～3水中其标准代谢最低，在其他盐度中则都高于淡水；鲤的生长率、生态生长效率（K_1）和组织生长效率（K_2），在盐度5时最高，

9时最低。由此可见，沿海地区盐度较高（7以下）的水体皆可饲养鲤食用鱼，在盐度5水域中养殖鲤可取得最佳经济效益。

（3）碳酸盐碱度对鱼类的毒性作用。碱度对鲢鱼种毒性及相互关系试验表明，碱度（A）和pH对鱼类的致死具有相互影响作用，其24 h半致死值关系方程为pH=（10.00±0.038）–（0.014 9+0.000 7）ACO_3^{2-}，对鲢的24 h TLM值为12.4 me/L。碱度对鱼类的致毒是综合性作用，除CO_3^{2-}外，不同pH间还有OH^-或CO_2和盐度等因子起协同作用。碱度10 me/L可作为鲢鳙养殖用水的警戒值。此项研究成果从理论上阐明了一些盐碱性水体发生大批死鱼的原因。

（4）变温促进尼罗罗非鱼生长。采用恒温和变温4个温度组（28 ℃、28 ℃±45 ℃、30 ℃、30 ℃±4 ℃）对尼罗罗非鱼生长、代谢和能量转化效率进行比较研究，发现变温组日增重和增重率、耗氧率、食物同化率、生态生长效率和组织生长效率均高于相应恒温组，而且日粮饵料系数均低于相应恒温组。可见，在工厂化养鱼中利用变温既可节约能量，又能加速鱼的生长。

（5）高产池塘生态因素对鲢、鳙生长速度的影响作用。采用多元回归分析方法将鲢、鳙日增重率和本身的贮存量、水温、浮游动物和易消化浮游植物量等生态因素关系，经计算机运算分析，建立了最优回归方程，表明：在大多数情况下鱼本身的贮存量对鲢、鳙生长影响明显，是第一限制因素；在19.8～27.3 ℃范围内水温对日增重的影响也很明显，是第二限制因素；在人工投喂配合饲料的情况下，易消化浮游植物和浮游动物量对鲢、鳙生长影响不显著，显示鲢、鳙可摄食人工饲料。鱼的贮存量和水温对不同规格的鲢、鳙生长的影响程度是不同的，其作用程度依次为小规格（10～20 g）>中规格（32～100 g）>大规格（225～278 g）。

（6）鱼苗、鱼种在池塘中的成活和生长规律。各种养殖鱼类稚鱼和幼鱼阶段生长速度差异不大，同种鱼各发育阶段生长前期慢于后期，相对生长则前期快于后期。主要养殖鱼类鱼苗的相对生长速度通常是下塘3～10 d最快，然后逐渐变慢。影响苗种生长速度的主要因素是放养密度、食物、水温和水质，其适宜值分别为：放养密度为50尾/平方米左右，轮虫等适口食物20～40 mg/L（1万个/升），水温20～30 ℃，溶氧4 mg/L以上，等等。

（7）鱼苗适时下塘生物学原理。利用清塘后池水浮游生物发生规律与鱼苗食性转化规律的一致性，提高鱼苗成活率和生长速度。池水浮游生物发生规律（顺序）：浮游植物和原生动物→轮虫和无节幼虫→小型枝角类→大型枝角类→桡足类。鱼苗入池（全长7 mm左右）到全长15～20 cm的食性转化规律：轮虫和无节幼虫→小型枝角类→大型枝角类和桡足类。

综上所述，本项研究工作总体思路和技术方案的实施效果很好，成绩突出，在池塘养鱼的理论上有所创见，在研究方法上有所创新，综合创建了我国养鱼精养池塘生态学和北方越冬池塘冰下水体生态学，以及我国池塘主要养殖鱼类摄食和生长发育生物学。

（三）与当前国内外同类研究、同类技术的综合比较

（1）养鱼高产池塘生态系统结构与功能研究成果的学术水平国际领先。国内20世纪80年代以来，养鱼池塘非生物环境和浮游植物及初级生产力（姚宏禄，1988，1990）等有些报道，对鱼池能量的投入和产出做过分析（李思发，1988），但全面系统对养鱼高产池塘生态系结构和功能进行系统而深入研究并提出定量图示尚无先例。国外Ito等（1973）、Хритонова（1984）等对日本、乌克兰、美国、以色列、波兰的鱼池生态系做过一般性研究，尚未建立起养鱼池塘生态学理论体系，而且国外养鱼种类、池塘条件与我国不同，产量也很低，不适合指导我国养鱼生产实践。

（2）在国内外首次系统阐述越冬池塘冰下水体生态系统结构与功能特点，以及冰下鱼类安全越冬机理。关于越冬池冰下水体的光照、水温、水化学状况和生物群落等生态系统结构及其溶氧变化规律均未见报道。过去认为冰下水体光照弱，生物贫乏，溶氧不足，因此，鱼类越冬的传统管理方式是打冰眼充氧，鱼类越冬放养密度和成活率低（20%～50%）。该研究成果探明了冰下水体生态系统结构与功能特点，并建立了冰下生物增氧的氧气平衡模式，解决了鱼类冰下安全越冬的机理，大幅度提高了鱼类越冬密度和成活率（80%以上）。

（3）创建中国精养鱼池水质生物指标体系。我国传统池塘养鱼在培养水质方面具有较丰富的“看水”和“管水”经验，但缺少科学理论指标，该研究首次在我国建立了精养鱼池水质生物指标，从生态学理论高度阐明了养鱼池水质好坏的机理。

（4）鲢、鳙、青鱼、白鲫、尼罗罗非鱼等主要养殖鱼类消化系统胚后发育生物学研究。从形态结构和数量性状方面探明摄食器官和消化器官在个体发育过程中的变化规律，系统阐明摄食方式和机能及食物组成转化规律，为建立科学养殖技术措施奠定重要理论基础。有关方面的资料仅见零星报道（Веригин，1957；Arnosrt，Hampl，1983；孙晓明等，1992）。该项研究成果的学术水平国内外领先。

（5）鲢、鳙、草鱼、鲤、尼罗罗非鱼主要消化酶活性及动力学比较研究国内外属首次报道。

（6）在国内首次探明碳酸盐碱度对鱼类的毒性作用，国外也只有零星报道。从理论上探明碳酸盐碱度与pH的协同作用原理，阐明碱度较大水体产生鱼类大量死

亡的原因，对指导我国广大盐碱水域养鱼具有重大指导作用。

（7）鱼苗肥水下塘生物学指标、鱼苗鱼种在池塘摄食、生长规律，均未见系统报道。

总之，本项研究成果的学术水平在国内外同类研究中处领先地位。

四、创新点和应用效果

（一）创新点

1. 研究方法的创新

研究思路及其方法的创新。创立了系统研究精养鱼池生态系统与养殖鱼类消化系统胚后发育生物学的技术路线及系列方法，容积换算重量法测定浮游生物量，次级生产力测定方法，底泥采集和组成的测定方法，轮虫卵采集和分离方法，显微硬度计测定咽齿的技术与方法，池塘养殖现场定期测量鱼类活体的系列技术和方法。

2. 研究成果的创新

（1）首次探明中国精养鱼池明水期（3～10月）生态系的结构与功能和北方池塘越冬期（11～4月）冰下水体生态系结构与功能，建立我国养鱼池塘生态学，阐明中国传统池塘养鱼高产高效的生态学原理和利用生物增氧促进鱼类安全越冬的机理。

（2）运用光镜（显微镜、解剖镜、测微尺、石蜡切片、描绘器、显微照相……）、JSM-6扫描电镜和HX-1型显微硬度计，创建了显微解剖与综合测试技术，突破了鱼类胚胎和胚后发育生物学研究技术难点；首次全面系统探明中国池塘主要养殖鱼类胚后发育生物学特点及摄食方式和食物组成转化规律与生长变化规律，阐明提高鱼苗鱼种成活率和生长率的基本原理。

（3）创建中国精养鱼池水质生物指标体系，从生态学高度阐明养鱼池水质好坏和肥度调控机理。

（4）首次系统阐明养鱼池清塘后水质变化规律和鱼苗适时下塘的生物学及生态学原理。

（5）首次探明温度、盐度、碱度、食物等主要生态因子对养殖鱼类存活与生长发育的影响作用，阐明提高主要养殖鱼类在不同盐度和碱度等条件下成长活率和生长率的原理。

3. 技术路线的创新

根据研究内容在学科上的多元化特点，采取生物学、化学、养殖学等多学科协作攻关，以实践教学为结合点，实行教学、科学、生产三结合。

（二）应用效果

（1）本项目公开发表论文51篇，受到国内外生物学、鱼类学、生态学及水产养殖学专家高度重视并给予较高的评价和广泛引用。

美国科学研究所的科学引文索引（SCI）、美国生物学文摘（Biol. Abstr.）、联合国粮农组织水科学与渔业文摘（ASFA）、中国生物学文摘及水产文摘等国内外期刊收录；我国当代著作《中国淡水鱼类养殖学》（刘建康主编）、《中国池塘养鱼学》（刘建康主审，1991年全国优秀科技图书一等奖）、《池塘养鱼学》、《水产养殖手册》以及国内外诸多论著等广泛引用。

（2）综合应用效果显著。

① 推动水产养殖科学进步。本项研究工作，建立了具有一定理论水平和实际价值的《养鱼池塘生态学》《北方越冬池塘冰下水体环境生态》《池塘主要养殖鱼类摄食器官发育生物学》《池塘主要养殖鱼类主要消化酶活性及动力学》《池塘主要养殖鱼类生物学》《鱼苗鱼种培育生物学》《食用鱼放养模式的生物学原理》等7种专题著作，为建设具有中国特色的中国池塘养鱼学理论体系做出了重要贡献；以本课题研究成果为内容编著的《养鱼池生态学》《主要养殖鱼类生物学》和《我国的鲤科鱼类池塘养殖》，分别编入《中国池塘养鱼学》《池塘养鱼学》和《水产养殖手册》等优秀著作中。因此，本研究工作助推了水产养殖学及相关学科的建设和发展，以及水产养殖科技进步。

② 促进我国淡水养鱼事业发展。本项研究工作，将长江三角洲和珠江三角洲传统的高产稳产养鱼经验提升到生态学和生物学的理论高度，形成科学养鱼规程；研究成果通过多种渠道广泛推广到全国各地，特别是西南、华北、东北和西北各省市的池塘养鱼面积迅速扩大，由1 130.99万亩（1979年）扩大为2 208.66万亩（1992年），池塘养鱼产量由54.5万吨（1979年）增加到402.6万吨，缓解了“吃鱼难”。

越冬池塘冰下鱼类安全越冬生物学理论与技术，解决了北方寒冷地区池塘养鱼的一个关键性问题，鱼类越冬成活率由20%～50%提高到80%以上，大幅度提高了鱼类越冬效益，促进了淡水养鱼业的发展。

鱼苗下塘水质指标、鱼苗鱼种摄食生物学以及食用鱼放养模式生物学原理等，在全国池塘养鱼业得到普遍推广应用，大幅度提高了鱼苗培育成活率（由50%～60%

提高到80%以上）和食用鱼养殖单位产量和产值，促进了池塘养鱼业的发展。

③ 推动教育教学改革。本项研究工作，把科研和生产引入教学环节，多学科协作，以实践教学为结合点，实行教学、科研、生产三结合，推动了水产养殖学科（专业）教学体系的建设，加速教师队伍建设，提高了教育质量，促进了教材建设。教学研究成果“充分发挥多学科优势，建立具有自己特色的淡水渔业教学体系”荣获国家级优秀教学成果一等奖。

五、成果鉴定

（一）通信鉴定

1. 通信评审专家

专家姓名	技术职称	学科专长	所在单位
刘建康	院士、教授	鱼类学、生态学	中科院水生生物所
孙儒泳	院士、教授	动物态学、生物生态	北京师范大学
秦鹏春	教授、博导	发育生物学、胚胎工程	东北农业大学
姚鸿震	教授级高工	池塘养鱼、水产养殖	农业部水产司
魏立贤	研究员	池塘养鱼、鱼病学	中国水科院黑龙江研究所
李德尚	教授、博导	水产养殖、生态学	青岛海洋大学
林坤伟	教授	生理学	大连医科大学

2. 专家评审时间

1992年3月4日至6月6日。

3. 通信专家评审意见

（1）率先对鲢、鳙、尼罗罗非鱼、白鲫摄食器官发育生物学、鱼池水生生物丰度判定、调控与养鱼增产相关关系等进行长期研究，完满完成计划任务书规定的主要研究内容与目标；技术路线正确，研究方案完善，数据可信，分析合理，阐述有据，论点正确。

（2）养鱼池生态系研究，是目前同类研究中较全面的、系统的、深入的，特别对北方养鱼池的能量收支、能量流以及能量效率等的研究，从一般的、定性的，导向了全面的、定量的相关，并定量分析生态诸因子对鱼类生长速度及影响作用力，为合理建立生态养鱼基地、改进与制定养鱼生物学技术措施，提供了科学理论指导，为创造池塘养鱼生态学奠定了重要基础。

（3）详尽研究了5种主要养殖鱼类摄食器官胚后发育形态、组织学及其相应的摄食方式与食物转化，为我国的传统发苗育种技术提出了一个重要方面的科学注释。

（4）全面完善地对5种养殖鱼类不同消化腺的3种主要消化酶做了比较研究，在国内是首次开展，首次获得此类比较研究成果，填补了我国养殖鱼类生理学的一个空白点，为研制人工配合饲料与制定饲料标准等提供理论根据、拓宽思路。

（5）本研究成果在有关的领域，把原定性的、模糊的概念，推向定量的、明确的相关关系，具有相当的学术水平，丰富了我国淡水养鱼学内容，对生产实践也具有效的指导意义，居国内当前同类研究领先水平。

（二）会议鉴定

1. 课题组成员和会议鉴定委员会成员以及有关同志合影

前排：鉴定委员会成员（左起第4：吕迅；第5：谭玉钧；第6：孙儒泳；第7：大连水产学院党委书记；第8：秦鹏春）

后排：课题组成员（左起第3：桂远明；第6：刘焕亮；第7：何志辉；第8：谢祚浑；第9：李永函；第12：雷衍之）

2. 鉴定委员会成员

序号	鉴定会职务	姓名	工作单位	从事专业	职称职务
1	主任委员	孙儒泳	北京师范大学	动物生态	院士、教授
2	副主任委员	秦鹏春	东北农学院	发育生物学、胚胎工程	教授、所长
3	副主任委员	吕迅	辽宁省淡水水产研究所	池塘养殖	副研究员
4	委员	谭玉钧	上海水产大学	淡水养殖	教授
5	委员	季达明	辽宁大学	脊椎动物学	教授
6	委员	解玉浩	辽宁省淡水水产研究所	鱼类生态	副研究员
7	委员	赵宝昌	大连医学院	生物化学	教授、副院长
8	委员	袁保和	大连医学院	组织胚胎	教授
9	委员	林坤伟	大连医学院	生理学	教授
10	委员	陈介康	辽宁省海洋水产研究所	动物学	研究员、所长
11	委员	魏立贤	黑龙江水产研究所	池塘养殖	研究员
12	委员	王喜福	大连市水产局	技术管理	副局长
13	委员	崇国庆	大连市水产局	技术管理	工程师、处长

3. 鉴定时间

1992年7月18日。

4. 鉴定意见

（1）该项研究选题准确，立题有据，技术路线正确，资料齐全，数据可靠，完成了预定的研究计划，符合鉴定要求。

（2）研究了辽宁省海城郊区和吉林镇赉地区以鲢、鳙为主体鱼和鲤为主体鱼两种放养模式高产池塘生态系统的非生物环境和生物群落的结构，并进行了有机质平衡和能量转化效率的定量分析；研究了北方地区缩短养鱼周期和提高单产的生物学技术，主要养殖鱼类高产塘条件下的生长规律，几种主要养殖鱼类的放养模式；研究了几种养殖鱼类摄食器官发育生物学和主要消化酶的活性特点等。该项研究实行了研究、教学和生产紧密结合，发挥了多学科协同优势。该项研究工作，内容广泛，资料丰富，不仅补充和丰富了我国池塘养鱼的基础理论，而且对池塘养鱼生产具有重要的指导意义。

（3）该项目比较系统、完整地研究了养鱼池塘生态系统、养鱼生物学技术和主要养殖鱼类发育生理生物学，且有所创新。北方高产池塘生态系统的基本结构和有机质平衡方面的研究，鲢、鳙、尼罗罗非鱼和白鲫等5种鱼类摄食器官胚后发育和组织学研究，鲤仔鱼、稚鱼和幼鱼耳石日轮的观察，以及几种鱼类消化酶活性比较研究等主要研究成果处于国内领先地位。

六、获奖证书

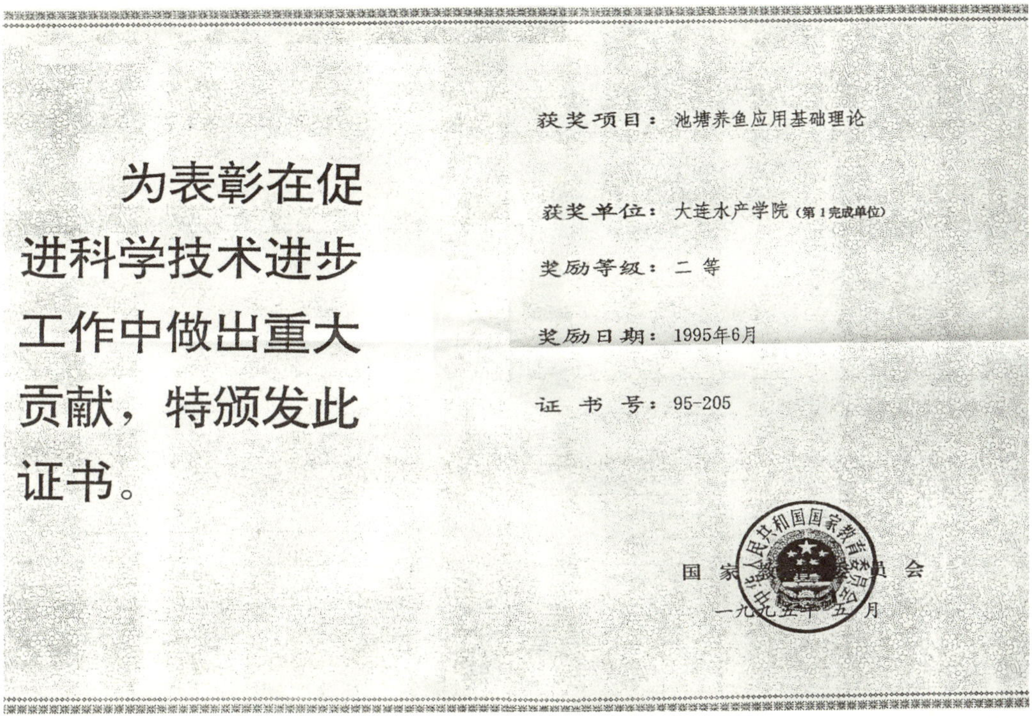
为表彰在促进科学技术进步工作中做出重大贡献，特颁发此证书。

获奖项目：池塘养鱼应用基础理论

获奖单位：大连水产学院（第1完成单位）

奖励等级：二等

奖励日期：1995年6月

证书号：95-205

国家教育委员会

一九九五年五月

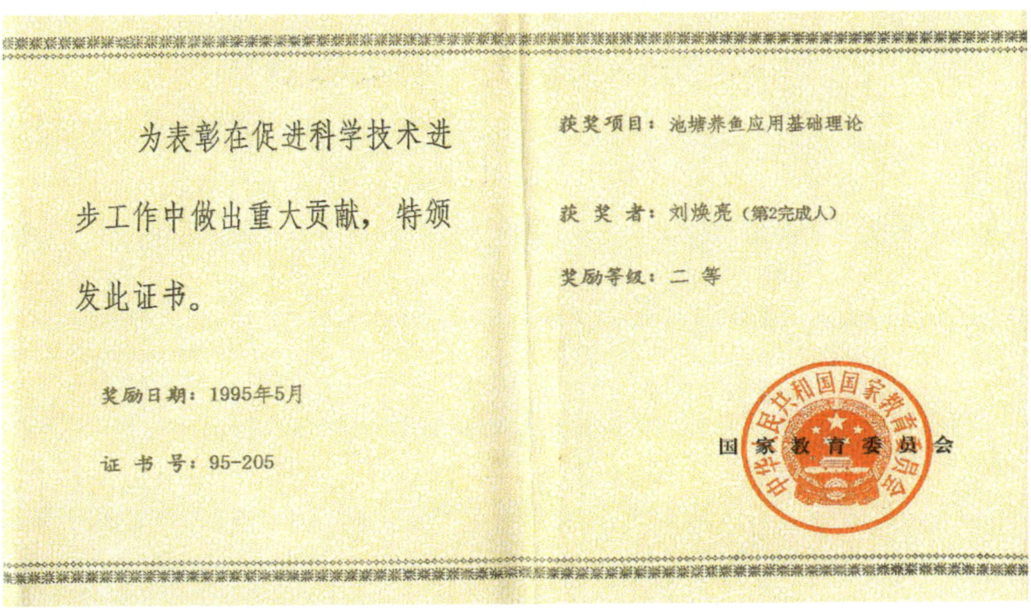
为表彰在促进科学技术进步工作中做出重大贡献，特颁发此证书。

奖励日期：1995年5月

证书号：95-205

获奖项目：池塘养鱼应用基础理论

获奖者：刘焕亮（第2完成人）

奖励等级：二等

国家教育委员会

第三节 《水产养殖学概论》

《水产养殖学概论》是《中国现代科学全书》水产学分卷，2000年青岛出版社出版，49.6万字，国内发行，多所兄弟院校把本书作为水产养殖学专业硕士研究生教材。

本书在我国水产养殖学术界首次创建了水产养殖学内容结构体系。本书由大连水产学院、中国海洋大学和辽宁省海洋水产研究所7名专家教授编著。刘焕亮撰写第一章绪论，第二章水产养殖动物育种（种质资源与保存、遗传育种、优良养殖对象的引种与驯化），第三章水产养殖动物营养与饲料（主要水产品的营养成分、饲料的营养成分及其生理功能、水产养殖动物对营养物质的需要量、水产养殖动物能量需求、配合饲料添加剂、配合饲料配制原理与技术、水产动物营养与饲料的研究方法），第五章鱼类养殖（概述、主要养殖鱼类生物学、主要养殖鱼类的人工繁殖、鱼苗鱼种培育、食用鱼养殖）。中国海洋大学马甡教授撰写第六章甲壳类养殖（概述、主要养殖种类及其生物学、苗种生产和养成）。中国海洋大学王如才教授撰写第七章贝类养殖（概述，主要养殖种类及其生物学，贝类苗种繁育，埋栖型、固着型、附着型和匍匐型贝类，以及珍珠的养殖）。大连水产学院史为良教授撰写第四章养殖动物的病害防治（疾病的发生和预防、养殖对象的主要疾病、常用药物及使用原则）、第五章鱼类养殖（围拦养殖、稻田养殖、内陆水域大水面水产生物的增殖）和第八章其他名优水产动物增养殖（两栖类的养殖、爬行动物的养殖）。大连水产学院张泽宇教授撰写第九章海藻栽培（概述、主要栽培种类生物学、幼苗培育、栽培技术、栽培海藻的病害与防治、海藻育种）。辽宁省海洋水产研究所陈介康研究员撰写第八章其他名优水产动物增养殖（腔肠动物增养殖），隋锡林研究员撰写棘皮动物增养殖。

中国科学院院士、中国科学院水生生物研究所刘建康研究员为本书作了序：《水产养殖学概论》是一部全新的创造性的水产养殖学专著，内容范围与结构以及撰写思路与原则都具有创造性，特色鲜明，是1949年以来我国水产养殖学科领域第一部综合性水产养殖学专著。本书系统全面总结1949年以来我国水产养殖先进经验和科技成就，内容广泛，包括水产养殖生物遗传育种，养殖动物营养与饲料，鱼类、虾蟹类、贝类和水产经济动物养殖，大型海藻栽培，养殖动物病害防治。在撰写原则及其方式上，坚持实事求是和理论与实际结合的原则，正确处理共性与个性关系、以共性为主的原则，采取综合比较的编写方式。在内容结构上，以学科为基本体系，重点阐述海、淡水养殖生物的应用基础理论和养殖生产主要环节的关键技术。该书的出版发行，有利于提高水产养殖高级专门人才培养质量，促进我国水产养殖业发展。

第四节　《综合教学实习与生产实习》

《综合教学实习与生产实习》是高等学校水产养殖学专业实践教学教材，大连水产学院养殖系15名教师编著，34.1万字，2004年10月中国农业出版社出版，国内发行。

本书是大连水产学院淡水渔业专业和水产养殖学专业20余年教育教学改革成果，是专业基础课教学实习和专业课生产实习教学改革的系统总结。20世纪70年代初，淡水渔业专业实行多学科协作开展池塘养鱼学生产实习，1997年以来，水产养殖学专业动物学、水产饵料生物学、水化学、鱼类学和贝类学5门专业基础课联合开展综合教学实习，以及池塘养鱼学、虾蟹养殖学和贝类养殖学3门专业课统一进行生产实习。8门课程持续多年开展实践教学改革，创建了综合教学实习和生产实习教学新体系，综合撰写而成水产养殖学专业《综合教学实习与生产实习》教材。多年来，本教材已被多所兄弟院校水产养殖学专业作为本科教育实践教学教材，应用效果较好。

综合教学实习和生产实习是实验教学和毕业论文等实践教学承上启下的核心环节，是全面培养学生实践能力、综合素质和创业魄力的关键教学环节。水产养殖学专业是实践性较强的应用型专业，毕业生的实践能力和艰苦奋斗精神，以及强烈的事业心与责任感，是新世纪谋职就业的重要且必备的条件。这种综合能力和综合素质，只有通过教学实习和生产实习等系统的教学实践才能得到有效的培养。

与改革前淡水渔业专业和海水养殖专业教学实习和生产实习相比，水产养殖学专业综合教学实习和生产实习新体系特色鲜明，具有科学性、先进性和可操作性。改革前，单门课独立进行教学实习，时间短，实习场所并非是养殖水域，内容较单一，以巩固已学实验知识和基本技能为目的，其教学目标和业务要求较低；生产实习内容也较单一，缺乏明确且科学的教学目标以及严格且可行的实习方式及管理机制，学生在实习期间单纯参加生产劳动，或以参观访问为主，或以参加辅助劳动为主。

改革后，5门专业基础课（与水产养殖生态环境有关的课程）在同一时间内联合进行综合教学实习，以渔业资源调查与利用为主要内容和结合点，对某一养殖水域渔业资源本底进行全面调查和评价，采取以班（30人左右）为单位，分别进行不同课程实习，然后有序地进行轮流，每生撰写各门课程实习报告和养殖水域渔业资源调查利用综合报告。3门专业课（鱼类养殖、虾蟹类养殖、贝类或棘皮动物养殖）生产实习单独进行，以人工育苗和苗种培育为主要内容，学生按选学的专业方向自愿选择生产实习内容，跟班参加典型生产环节劳动，收集与测定有关数据资料，定期召开研讨会，结合生产和教学需要，开展小型试验研究。

实施综合教学实习和生产实习新体系，不仅解决了招生多（每个年级学生有120名左右）、实习质量不易保证的问题，而且毕业生的分析问题与解决实际问题等综合能力，奉献拼搏、艰苦奋斗、团结协作精神和事业心、责任感及创业魄力等综合素质都有一定程度的提高。

一、综合教学实习

综合教学实习是实验教学和生产实习等实践教学的中间环节，对培养学生综合分析问题能力和实践能力，具有承上启下的重要作用。学生修完与水产养殖生态环境有关的动物学、水产饵料生物学、水化学、鱼类学和贝类学专业基础课，在教师指导下按照教学实习工作计划和各门课教学大纲及指导书，科学地结合与协作，分别有序地对某一养殖水域渔业资源进行单项调查，然后根据养殖水域渔业资源合理利用的综合要求，评价其特点和渔业资源类型，提出水产养殖综合开发利用意见，使学生既复习巩固课堂所学知识与实验方法，又学习和掌握新的知识与技能，培养和提高综合能力。参观典型海、淡水养殖场，使学生尽早接触和了解水产养殖设施和经营方式，初步建立水产养殖业的总体概念。

（一）教学目标

通过讲授和现场实际操作，复习和巩固已学过的水化学、生物学（浮游生物、底栖生物、鱼类、甲壳动物、贝类等）基本知识和实验方法，学习掌握渔业资源调查所需的水化学、动物学、水产饵料生物学、鱼类学等方面的基本理论知识和实践技能，培养分析和解决实际问题的综合能力，初步掌握大型养殖水域渔业资源调查、利用和评价的基本方法，熟悉水产养殖主要生产环节及其技术设施，建立水产养殖业的总体概念，为深入学习专业课奠定基础。

（二）教学方式与日程安排

学生以班（组）为单位，分别参加动物学、水产饵料生物学、水化学、鱼类学和贝类学实习，然后有序地进行轮流。每轮实习5～6 d，第一天进行实习准备工作和出海测定及采集水样（样品），然后在实验室中进行详细的分析测定工作。

实习时间总计30 d，前2 d集中进行实习动员，讲解实习任务、内容和要求，讲授养殖水域渔业资源调查与利用的主要内容和方法，然后分组轮流进行专业基础课程教学实习（约20 d），参观典型海水养殖场和淡水养殖场综合设施和典型生产环节，最后进行课程实习总结交流，系统讲授撰写养殖水域渔业资源调查和合理利用的总结报告内容、格式以及有关要求和注意事项。学生在教师指导下，综合整理实习数据、撰写报告提纲、借阅与收集有关资料，在实习结束后两周内完成综合教学实习报告。

（三）课程教学实习目标、业务要求和基本内容

1. 水化学

（1）教学目标。复习和巩固已学过的化学基本理论、基本知识和基本技能，掌握渔业水质调查方法，加深理解水质在水产养殖生态系统中的重要性；通过小型应用性实验，初步培养科研素质和创新意识；培养综合分析解决水产养殖生产中常见水质问题的能力，为研究（设计）型实验奠定基础。

（2）业务要求。掌握水样采集、保存和预处理方法及测点、测次与测序安排；熟练配制基准试剂和一般试剂的方法；熟练掌握一种型号分光光度计、酸度计、分析天平和真空抽滤泵的使用方法；熟练掌握常用水质指标的常规分析方法；初步掌握应用性实验的选题、设计、实施、资料整理、数据处理和结果审查，运用实测数据及有关数据，综合分析水体中化学因子变化动态，评价水化学类型、水质优劣及与渔业资源利用的关系，写出书面报告；掌握水化学调查基本知识和方法，初步掌握查阅文献资料的方法及分析说明问题的能力。

（3）基本内容。现场测定与水样采集：用pH计和测氧仪现场测定各测点pH、DO、水温（水深>10 m测垂直变化），每人固定一个测点的DO水样；用瓶式采水器采集各测站水样（水样量要考虑到3个组用），水深不超过10 m的测点要采表、中、底3层水样；用圆样式采泥器采集5个有代表性测点底泥（取表层5 cm泥），测定底泥耗氧率，并定性定量测定底泥中的底栖动物。

室内测定：每人对一个测点水样或3个人对一个断面3个水样按次序测定pH、

DO、HCO_3^-、CO_3^{2-}、ALK、1/2 Ca^{2+}、1/2 Mg^{2+}、1/2 SO_4^{2-}、NH_4^+–N、NO_2^-–N、PO_4^{3-}–P、COD、Na^+（K^+）、TP、总铁、TH、Cl%、S%、总含盐量。

个人完成上述项目测定后，每大组还要完成下列项目中的2项：养殖生物不同养殖密度对水质影响实验，奈氏法测定NH_4^+–N的回测率试验，EDTA容量法测SO_4^{2-}的回测率试验，不同显色对NO_2^-–N测定灵敏度的比较，pH对NO_2^-–N测定的影响，鱼类耗氧率的测定，水呼吸耗氧率的测定，等等。

每5个人测一个试验点底泥耗氧率，晴天测定水体初级生产力。以小组（2～3人）为单位完成的试验内容，每生写出具体的实验步骤经教师审阅和批准后进行实验。实验准备由负责该项目的同学共同完成。实习总结在全体同学交流会上报告。

2. 水产饵料生物学

（1）教学目标。复习和巩固已学过的水生生物学基本知识、基本理论和基本技能；学习养殖水域浮游生物和底栖动物等调查方法及基本技能；综合分析水生生物数据及有关养殖水域生态结构数据，加深理解水生生物在养殖水域生态系统中的重要作用，以及与养殖水域类型及生产力的关系。

（2）业务要求。鉴定出养殖水域常见50～60种饵料生物，了解其与水产养殖的关系；掌握不同类型养殖水域生态调查样站选择、常见水生生物标本采集、固定整理和保存技术；掌握养殖水域浮游生物种类组成和数量的调查方法；掌握轮虫等重要饵料动物休眠卵定性定量方法；了解叶绿素a含量测定方法和水生维管植物调查方法；初步掌握看水养鱼的基本理论和方法，了解大型养殖水域鱼产力的基本知识和调查方法。

（3）基本内容。调查海区或水库浮游生物，内容包括浮游植物、浮游动物的采集、固定与处理，鉴定种类组成，计数生物量；采用荧光分光光度法和分光光度法测定水域叶绿素a含量，分析初级生产力；采集水生维管束植物，制作标本，鉴别种类并进行定量分析；综合分析养殖水域水生维管束植物对其生产力的影响；用采泥器采集底栖生物，学习掌握养殖水域底栖生物采样点的选择、采样、固定、种类鉴定和定量等一系列技术。

3. 动物学

（1）教学目标。复习、巩固、深化和提高课堂所学动物学基本理论与技能；认识动物与环境及动物之间的相互关系，以及动物对水产养殖业的正面和负面影响；明确课堂讲授与教学实习的关系，以及教学实习与养殖生产实践的关系；初步培养综合分析问题和科学研究能力。

（2）业务要求。了解潮汐活动产生的原因，掌握大潮和小潮的规律、半日潮类型及潮汐的计算方法；了解潮间带不同的典型环境，如岩岸环境、沙岸、泥沙岸、泥滩和沙滩环境；识别不同生态环境下动物的主要代表种类、分类地位，掌握各大动物类群的基本特征；初步了解上述各大动物类群的生活条件，在近岸水域的水平分布、空间分布和时间分布特征（特别是污损动物附着的季节变化），动物体与环境的关系及它们与水产养殖业的关系；学习正确观察和研究动物的方法，初步掌握动物的采集、培养、麻醉、固定、保存、标本制作等一系列的基本操作方法；初步了解群落多样性的概念，能够根据水域生物和非生物环境因素，运用调查的数据，做出初步的综合评价，写出实习报告。

（3）基本内容。海岸环境特点和潮汐活动规律，如海洋环境的划分，海水温度、盐度和营养物质，潮汐的概念及产生原因，大潮、小潮和潮间带的划分；沿海无脊椎动物主要类群，如岩岸常见动物、沙岸及泥沙岸营埋栖常见动物、沿岸营浮游生活的水母类及头足类的主要种类和近岸海域污损动物等的形态特征，描述习见种类的形态结构、分类地位、生活习性、经济价值和分布地点；沿海无脊椎动物标本采集、处理方法和资料整理的基本方法，以及对调查资料进行评价。

4. 鱼类学

（1）教学目标。通过教学实习使学生进一步巩固鱼类学基本理论；熟悉并掌握鱼类标本的采集、固定、保存、测量、种类鉴定方法；掌握鱼类年龄、生长、食性、繁殖的研究方法及在渔业生产中的应用。

（2）业务要求。掌握野外采集鱼类标本的固定、保存方法；熟悉沿海或大型养殖水域中常见鱼类的种类和鉴定、分类方法；掌握鱼类形态学性状测定方法，了解鱼类年龄、生长、食性、繁殖等研究方法；通过鱼类学教学实习数据并参考有关资料，分析渔业资源的变动规律，提出合理利用意见。

（3）基本内容。鱼类标本的采集、固定、包装、保存等方法及有关注意事项；观测鱼类外部形态学性状，测定和计数各种可量和可数性状；鉴定沿海或湖泊、水库中习见鱼类的种类，熟悉鉴定方法和检索表的编制、使用；鉴定鱼类年龄，计算生长速度；分析鱼类食性，观测摄食强度；观测鱼类性腺发育分期，计算其繁殖力；详细分析一种鱼的生物学特征，并提出合理利用其资源的意见。

5. 贝类学和贝类增养殖学

（1）教学目标。巩固贝类学已学的基本知识，深入掌握扇贝的形态学特征；了解贝类养殖设施、生产环节与管理技术；了解养殖贝类生长发育与环境条件的关系。

（2）业务要求。观察海带、裙带菜以及海湾扇贝筏式养殖区的构造和规模，海流、环境特点及潮汐活动规律，筏式的设置及方向，海湾扇贝养殖笼的层数、结构和每层养殖扇贝的数量等；采集养殖海区海湾扇贝（栉孔扇贝），测量壳长、壳高、壳宽，称重（包括软体部、闭壳肌）并计算出柱率、出肉率；解剖软体部胃含物，进行食性分析和饵料种类鉴定；根据本此实习所得数据，进行统计并绘制出不同的图表，同时写出本此实习的体会、感受以及建议等。

（3）基本内容。熟悉海区养殖设施，海带、裙带菜及扇贝等养殖区划分、养殖筏设置、结构，养殖笼的结构与排列方式；观察扇贝外部形态，测定海湾扇贝的壳长、壳高、壳宽并计算平均值，称重（用天平）并计算个体平均值，测定出柱率和出肉率；利用甲醛浸泡固定的海湾扇贝，解剖软体部，横切消化腺，在显微镜下观察其胃含物，进行属种定性分析并计算出各类所占百分比；对笼养扇贝进行生长测定，并比较分析其生长效果。

6. 养殖水域渔业资源调查与利用

（1）教学目标。通过各门课程的教学实习和渔业资源调查与利用的讲授，初步掌握其调查方法，整理资料和撰写总结报告。

（2）业务要求。根据水化学、动物学、水产饵料生物学和鱼类学教学实习，分别对水域渔业资源本底情况调查、测定与收集的数据和资料进行综合归纳分析，提出对其渔业利用的具体方案；初步掌握水域渔业资源调查和利用的程序、方法与基本内容，使学生的养殖水域渔业资源调查与利用综合能力得到训练。

（3）基本内容。对某养殖水域的基本情况与环境、气象条件、水文、水化、饵料生物（浮游、底栖）、鱼类、养殖与捕捞情况进行较全面的本底调查（具体内容见水化学、动物学、水产饵料生物学和鱼类学的实习内容），根据本底调查资料与数据，制定渔业资源合理利用方案。其主要内容包括捕捞工具、方法、强度，水产品种类与规格、年龄组成，养殖方式与方法，放养种类、规格、数量，增殖方法、种类、数量等，水产品产量、产值、利润等综合效益。

（四）实习报告、成绩考核及其效果调查

1. 实习报告

每生独立撰写课程教学实习报告和综合实习报告。课程教学实习报告应简要总结各门课程教学实习概况、数据及主要问题。综合实习报告是养殖水域渔业资源调查报告，报告内容包括实习概况，水域基本情况（水域形态、水文与气象、物理

状况），水化学组成和类型及特点，饵料生物和敌害生物（浮游生物、水生维管束植物、底栖动物、附着生物）的种类组成、数量、特点，鱼类区系组成、鱼类资源和主要鱼类生物学，渔业资源利用概况（开发利用、养殖状况、放流情况、存在问题），渔业资源合理利用的初步意见或建议，以及参加综合教学实习的体会和对实习工作的改进意见。

2. 实习成绩考核

根据学生在综合教学实习中的全程表现以及课程教学实习报告和综合教学实习报告，综合评定每生的综合教学实习总成绩，其中5门课程的权重为0.75，综合报告为0.25。

3. 实习效果调查

为了改进和完善综合教学实习工作，不断提高实习质量，及时掌握实习情况及其效果，由院（系）领导及有关人员组成实习工作调查组，在实习即将结束时，召开实习质量评议会，学生以无记名方式填写《水产养殖学专业（本科）综合教学实习效果调查表》（表5-10）和《各门课程实习质量调查表》（表5-11），客观评价综合教学实习和各门课程实习质量。综合评价结果，以文字形式公布于众。

表5-10　水产养殖学专业（本科）综合教学实习效果调查表

（在相应评价等级标准栏中画“√”）

序号	项目	内容	评价等级标准									
			优		良		中		一般		差	
1	实习文件完整性和质量	实习工作计划、教学大纲与指导书、总结报告书等	文件健全，内容科学、规范		健全、规范		较好、规范		一般		内容简单	
2	管理制度	工作制度、作息时间、行为规范与要求	制度健全，要求具体、明确		健全、明确		较明确		一般		不够明确	
3	教学目标	综合教学实习目标和要求的合理性与先进性	明确、合理且先进		明确合理		较明确合理		一般		不够明确合理	
4	教学内容	规范性、科学性与可操作性	基本内容全面、重点突出、科学且可操作		全面科学		较全面科学		一般		欠全面	

续表

5	实施效果	对各门课程实验技能掌握的程度	牢固系统地掌握各门课程的实验技能		系统掌握		较系统		一般		较差	
		对养殖水域渔业资源调查与合理利用思路和方法掌握的程度	掌握了养殖水域资源调查和利用的思路和方法		较好掌握		基本掌握		一般		多数未掌握	
		培养分析和解决实际问题的综合能力和科学素质	很好地培养了综合分析问题和解决实际问题的能力及科学素质		好		较好		一般		较差	
		培养事业心和心理素质等综合素质	大幅度提高事业心，培养刻苦耐劳、克服困难的心理素质		好		较好		一般		较差	
		对水产养殖业概貌的了解程度	全面深入的了解		基本了解		较了解		一般		较差	
6	合理化建议											

表5–11　各门课程实习质量调查表

序号	课程名称	评价等级				
		优	良	中	一般	差
1	动物学					
2	水化学					
3	水产饵料生物学					
4	鱼类学					
5	贝类增养殖学					

二、生产实习

生产实习是学生修完主要专业课赴企业（工程现场）、养殖场（农场）和校内教学基地，在教师和工程技术人员及技术工人指导下，利用生产设备、劳动工具及资源，按照生产实习工作计划和教学文件（教学大纲和指导书等），直接参与生产过程，参加生产劳动和经营管理，生产物质产品（构建工程），以及开展科学试验和研讨会，培养专业实践能力和综合素质的系统性实践性教学活动。它是实验教学和毕业论文（毕业实习、毕业设计）等实践教学承上启下的核心环节，是培养学生专业实践能力的最重要的实践教学环节。

《中华人民共和国高等教育法》规定“高等教育的任务是培养有创新精神和实践能力的高级专门人才”“本科教育应当使学生具有本专业实际工作和研究工作的初步能力”。以生产操作能力为主的专业实践能力，只有通过生产实习才能得到应有的培养。

生产实习应当避免出现两种倾向：其一，将学生分散到企业单位，跟班参加生产劳动，单纯以掌握或熟习生产操作技术为目标；其二，以参观和参加辅助劳动为主，没有或很少有直接参与生产关键环节以至于动手操作的机会，学不到生产基本技术，只能获取一定的感性认识。这两种偏向，都不可能全面完成生产实习的教学目标。

（一）教学目标

本科应用型专业生产实习的教学目标，包括知识、能力和素质三方面内容。

（1）了解本专业有代表性的生产设施与设备、技术水平、产品质量标准、生产效率与效益，以及管理水平和国内外现状；

（2）培养专业实践能力，包括动手操作能力、科学试验能力和组织管理能力，以及分析问题和解决生产实际问题的能力，初步掌握生产典型产品的能力，掌握典型生产环节关键技术，受到科学试验研究初步训练；

（3）培养思想品德素质、业务素质和心理身体素质等综合素质，注重培养吃苦耐劳、不怕困难、艰苦奋斗、团结协作精神和强烈的事业心与责任感，以及对矛盾、挫折的心理承受力。

（二）基本条件

生产实习的基本条件，包括足够的时间、高水平的教师、符合要求的场所和高质量的教学文件。

生产实习时间，应当满足学生参加某种养殖生物的主要生产环节，或生产某种典型产品（符合教学要求的代表性产品）全过程所需要的时间。

生产实习原则上每15名学生配1名中级以上职称专业教师。指导教师应当具有协助指导生产实习的经历和一定的生产经验，实践能力和组织协调能力较强，工作认真负责。

校内外教学基地和生产企业单位都可以作为生产实习场所，但必须具备承担生产实习的基本条件，包括生产规模较大，设施条件较好，技术水平较高，领导班子与技术人员有足够的人才培养意识，有一定的实验教学与食宿条件。

教学文件健全，包括生产实习工作计划、教学大纲和指导书，内容全面，重点突出，格式规范，切实可行，具有可操作性。

（三）教学方式

学生以班级为单位（15～30人）在教师指导下集中进行实习，切忌把少数学生零星地分散于多处，在教师无暇管理的情况下难以完成教学目标。充分做好组织与物质准备，召开实习工作动员会，按计划要求做好仪器、药品等物质准备工作。

（1）跟班参加生产劳动。按照生产实习和教学目标要求，结合生产实际情况，有计划、分步骤地安排学生跟班参加典型生产环节劳动，学习掌握生产关键技术，培养动手操作能力和专业实践能力。

（2）定期举行研讨会。在参加生产劳动及其管理工作中，有计划测试、收集各种数据，结合生产具体情况（成功、失败事例）定期举行研讨会，教师、学生与工程技术人员共同进行座谈讨论，培养学生分析与解决实际问题的能力，也有利于解决生产实际问题。

（3）开展科学小试验。生产实习期间把生产中出现的问题以及对生产具有指导作用的试验课题，有计划地组织学生开展小型科学试验，使学生受到科学研究初步训练。

（4）全面考核学生实习成绩。根据学生在实习全程中的行为表现、口试与实习报告成绩，综合评定总成绩。

（四）效果调查和质量评价制度

建立实习效果调查和质量评价制度，是创新生产实习管理机制的突破点和核心内容。它体现了管理方式由过程型向目标型转变，管理方法由行政化向民主化转变，管理制度由约束型向激励型转变。

（1）实习效果调查。生产实习效果调查内容，包括教学文件与组织物质准备、指导教师业务水平与综合素质、实习场所条件、领导及技术人员对实习工作的支持程度、实际效果。实习后期，每位学生无记名填写调查表，客观评价实习效果，充分体现学生的主体地位。

表5-12　生产实习情况与效果调查表（供参加实习学生调查用）

课程名称：

<table>
<tr><th rowspan="3">项目</th><th rowspan="3">序号</th><th rowspan="3">内容</th><th colspan="6">等级标准与得分</th></tr>
<tr><th colspan="2">A（＞79）</th><th colspan="2">B（79～60）</th><th colspan="2">C（＜60）</th></tr>
<tr><th>标准</th><th>得分</th><th>标准</th><th>得分</th><th>标准</th><th>得分</th></tr>
<tr><td rowspan="3">教学文件与物质准备</td><td>1</td><td>实习工作计划、教学大纲与指导书、总结报告书等</td><td>健全，内容科学、规范</td><td></td><td>健全，内容较全面与规范</td><td></td><td>健全，内容不够全面、不够规范</td><td></td></tr>
<tr><td>2</td><td>工作制度、作息时间、行为规范与要求</td><td>健全、具体、明确</td><td></td><td>健全、较明确</td><td></td><td>健全，内容不够全面、不够明确</td><td></td></tr>
<tr><td>3</td><td>药品、仪器、用具准备情况</td><td>准备齐全，满足实习要求</td><td></td><td>尚好</td><td></td><td>不够周全，影响实习使用</td><td></td></tr>
<tr><td rowspan="5">指导教师</td><td>4</td><td>基础与专业知识范围与水平</td><td>知识广泛、系统、水平高</td><td></td><td>尚好</td><td></td><td>一般</td><td></td></tr>
<tr><td>5</td><td>专业生产实践能力与经验</td><td>专业生产实践能力很强且经验丰富，解决生产实习问题能力强</td><td></td><td>较强</td><td></td><td>一般</td><td></td></tr>
<tr><td>6</td><td>组织、领导与全面指导实习的综合能力</td><td>组织、指导与管理生产实习的综合能力很强</td><td></td><td>较强</td><td></td><td>一般</td><td></td></tr>
<tr><td>7</td><td>对实习大纲与指导书的掌握与实施</td><td>全面掌握实习文件的要求与内容并认真实施</td><td></td><td>较全面认真</td><td></td><td>一般</td><td></td></tr>
<tr><td>8</td><td>工作态度与行为等综合素质</td><td>对生产实习工作认真负责，管理有方，千方百计设法解决生产实习中出现的问题，严格贯彻执行管理制度</td><td></td><td>较认真严格</td><td></td><td>一般</td><td></td></tr>
<tr><td rowspan="4">实践教学场所条件</td><td>9</td><td>生产设施、养殖种类等</td><td>生产设施完备、先进，养殖种类齐全，能够很好地满足实习要求</td><td></td><td>较完备、较先进</td><td></td><td>不够完备、不够先进</td><td></td></tr>
<tr><td>10</td><td>教学与食宿条件</td><td>实习与实验等教学条件和食宿等生活条件很好</td><td></td><td>较好</td><td></td><td>一般</td><td></td></tr>
<tr><td>11</td><td>技术人员队伍</td><td>技术队伍结构合理，综合能力强</td><td></td><td>较强</td><td></td><td>一般</td><td></td></tr>
<tr><td>12</td><td>领导和技术人员等对实习工作的重视程度</td><td>领导等全体人员对实习工作和人才培养特别重视，给予多方面的支持</td><td></td><td>较重视</td><td></td><td>一般</td><td></td></tr>
</table>

续表

项目	序号	内容	等级标准与得分					
			A（＞79）		B（79～60）		C（＜60）	
			标准	得分	标准	得分	标准	得分
实施效果	13	关键生产技术掌握的程度	牢固系统掌握实习大纲规定的主要生产环节的关键技术		较系统掌握		一般掌握	
	14	科学实验技能的培养与水平	按计划进行了科学实验，很好地掌握了科学实验技能		较好		一般	
	15	分析和解决实际问题的综合能力	对生产中出现的实际问题能够全面进行综合分析并提出合理化的解决措施		较好解决		较差	
	16	事业心和心理素质等综合素质	大幅度提高了实习学生的事业心和刻苦耐劳、克服困难的心理素质等综合素质		综合素质较高		一般	
	17	撰写总结报告的能力和报告质量	全面掌握了撰写总结报告的技能，实习报告水平很高		基本掌握、报告水平较高		一般	
合理化建议								

（2）实习质量评价。实习质量评价指标体系主要内容，包括教学大纲与指导书等教学文件质量，组织与物质准备程度，教学内容的科学性、先进性及实用性，教学目标实施与完成程度，考试成绩与实习总结报告质量，等等。实行学生、教师自我评价和专家评价与社会评价相结合的运行机制，成立质量评价组，由专家（专业教师）、业务管理人员和院（系）领导组成，于实习后期赴现场，听取指导教师自评报告，组织学生无记名填写效果调查表，分别召开学生座谈研讨会和承担实习单位领导及有关人员座谈会，并考察评价其物资设备等实况。每位成员根据上述综合考察的实际情况，按质量评价指标体系逐项打分，综合统计得分值。根据评价结果，对指导教师和学生进行奖励。

表5-13　生产实习质量评价指标体系（质量评价检查组用）

课程名称：　　　　　　　　　　实习场所（单位）：

一级指标	二级指标	权重	指标内涵	等级标准与得分					
				A（＞79）		B（79～60）		C（＜60）	
				标准	得分	标准	得分	标准	得分
教学文件建设和组织，物质准备与执行（5）	文件教学	0.4	生产实习计划；教学大纲与指导书、报告书	有计划，科学且周密；大纲与指导书健全，内容全面、科学、规范		有计划，内容尚好；大纲与指导书健全，内容较全面与合理		有计划，内容欠科学和周详；大纲与指导书健全，内容不够全面	
	管理制度	0.1	作息时间等生活制度，现场、实验室工作和定期研讨会等制度，请假制度，行为规范和要求，等	健全，内容具体且合理、明确		健全，内容较全面与合理		健全，内容不够全面，也不够明确	
	组织建设	0.1	班级与小组划分，干部选定与分工，关系协调与要求，等等	合理，干部称职，任务与分工明确，执行好，工作效率高		尚好		较差，效率较低	
	宣传动员与鼓励	0.1	召开实习动员大会，阶段工作总结会等的内容，批评与自我批评的情况	各种动员会、总结会内容全，效率高，工作情绪饱满；互助活动效果好		尚好		质量较差，部分学生表现差	
	物质准备与执行	0.3	药品与配制，仪器与器皿准备及其运用效果，破损情况	准备周全，满足实习要求，基本上无破损		尚好		不周全，影响实习使用，破损较多	
实习内容和运行，管理与效果（6）	教学目标与实习内容	0.4	教学目标是否明确，实习内容的科学性、合理性、实用性和可操作性	教学目标明确、科学；内容范围和结构合理，可操作性强；执行效果很好		尚好		教学目标不够明确；内容较少，结合生产实际不够，缺乏先进性；实习效果一般	

续表

一级指标	二级指标	权重	指标内涵	等级标准与得分					
				A（＞79）		B（79～60）		C（＜60）	
				标准	得分	标准	得分	标准	得分
实习内容和运行，管理与效果（6）	生产关键技术	0.4	养殖种类多而全，主要生产环节的安排执行情况，学生对关键技术掌握程度，综合素质培养效果	种类齐全；多次跟班参加各个生产环节；＞90%学生全面系统掌握其关键技术，劳动观点、吃苦与协作精神、事业心和责任感强		种类尚齐全；多次跟班参加各个生产环节；80%学生全面系统掌握其关键技术，劳动观点、吃苦与协作精神、事业心和责任感较强		种类不够齐全；多次跟班参加生产劳动；70%学生基本掌握其关键技术，劳动观点、吃苦与协作精神、事业心和责任感较强	
	实验与科学小试验	0.2	教学实验、科学小试验数目，题目与内容科学性、与生产关键技术结合程度，运行情况，科学实验能力及其素质培养	学生全面参加教学实验和科学小试验；＞90%学生掌握实验和科学小试验内容和技能，受到严谨、严格、严密科学作风训练		基本上按计划进行实验和科学小试验；80%学生掌握实验和科学小试验内容和技能，受到较好的科学作风训练		70%学生掌握实验和科学小试验内容和技能，受到应有的科学作风训练	
	阶段总结与研讨会	0.3	是否定期召开阶段总结会和研讨会，效果如何？对学生分析问题和解决问题能力的培养效果	定期召开研讨会4次以上，数据较齐全，效果好；＞90%学生具有综合分析和解决生产关键技术问题的初步能力		召开3次研讨会，数据较齐全，效果较好；80%学生具有综合分析和解决生产关键技术问题的初步能力		召开2次研讨会，效果不够理想；70%学生具有分析和解决生产关键技术问题的能力	
	行为表现能力素质	0.3	学生在实习过程中的行为表现和实践能力及素质培养效果	＞90%学生生产实习积极主动，善于动脑，吃苦耐劳，责任心强，实践能力强，综合素质较高		80%学生实习积极主动，肯于动脑，吃苦耐劳，责任心较强，实践能力较强		70%学生实习积极主动，肯于动脑，吃苦耐劳，责任心较强，实践能力较强	
	考试与总结报告	0.4	考试命题、方式与效果，实习总结报告质量与水平	口试命题科学、重点突出，组织严密，要求严格；＞90%学生能够结合生产实际回答问题，成绩优良；实习报告格式规范，内容翔实，数据系统，问题阐述清晰，文字精练，讨论问题有深度，心得体会内容具体、认识深刻		80%学生能够结合生产实际回答理论问题，成绩优良；实习报告格式规范，内容翔实，数据较系统，问题阐述清晰，文字较精炼，讨论问题有深度，心得体会内容具体、认识较深刻		70%学生回答问题较好，成绩优良；实习报告写得较好，数据系统，问题阐述清晰，文字精练，讨论问题有一定深度，心得体会内容具体、认识较深刻	

（五）鱼类增养殖学生产实习教学大纲

改革前淡水渔业专业池塘养鱼学和内陆水域鱼类增养殖学生产实习，以及海水养殖专业海水鱼类养殖学生产实习，独立进行。两个专业合并为水产养殖学专业后，上述三门课整合并更名为鱼类增养殖学。

鱼类增养殖学是水产养殖学专业主要专业课，通过课堂讲授、实验和生产实习等教学环节，使学生掌握鱼类增养殖学基础理论、基本知识和基本技能，培养分析和解决鱼类增养殖实际问题的实践能力和创新能力。

1. 教学目标

学生通过参加鱼类增养殖学生产实习，掌握主要养殖鱼类主要生产环节的关键技术，培养分析问题和解决生产实际问题的能力，受到科学研究初步训练，培养吃苦耐劳、克服困难的精神，以及失败与挫折的心理承受力，树立强烈的事业心和责任心。

2. 业务要求

了解国内外鱼类增养殖生产现状和发展趋势，熟悉鱼类增养殖生产方式、设施和过程，掌握鱼类养殖主要生产环节关键技术和实践技能，熟练掌握与鱼类增养殖相关的鱼类学、水化学、水产饵料生物学和组织胚胎学基础理论和基本技能，综合分析鱼类养殖生产实际问题，初步掌握鱼类养殖科学研究方法，学会撰写实习报告和科研论文。

3. 实习内容

（1）养殖鱼类人工繁殖。产黏性卵、漂流性卵、浮性卵、沉性卵和沉黏性卵等多种鱼类，其产卵习性和人工繁殖技术各异。生产实习人工繁殖主要对象是产黏性卵和漂流性卵鱼类。

学生参加亲鱼培育生产实践活动，了解亲鱼种类（品种）、年龄、体重、数量与苗种生产计划，学习亲鱼捕捞、选择和性别鉴定方法，解剖雌、雄鱼生殖腺，肉眼观察和鉴别性腺发育分期，了解亲鱼池面积、深度、水质，学习亲鱼放养、饲养、投喂和管理技术，了解温度、光照等环境因素对亲鱼成熟的影响。

参加鱼类催情产卵生产活动，了解产卵池、孵化设备的种类、规格、结构与功能，学习亲鱼成熟度鉴别方法，催产剂种类、性质及选用原则，以及鱼类脑垂体采集与保存技术；学习配制催情剂及注射方法、鱼巢制作及放置，以及计算效应时间；观察亲鱼发情和产卵行为，学习精、卵成熟度（质量）鉴别技术，以及Ⅳ卵母细胞核极化特征，学习鱼卵收集、质量鉴别及受精卵计数方法，以及人工授精与计数方法；学习黏性卵脱黏试验方法或示范；学习不同产卵类型鱼类繁殖生物学特点及其人工繁殖措施的异同点。

参加人工孵化受精卵生产活动，了解鱼类胚胎发育生态条件（水质、温度、光照、盐度等）和孵化水质处理方法，以及孵化设施规格、结构、特点和功能；学习产孵设备安装和调试技术、孵化管理、病害防治，以及受精率、孵化率及出苗率计算等系列技术；连续观察主要养殖鱼类胚胎和仔鱼发育活体，掌握胚胎及胚后发育各个时期的形态学特征；了解不同性质鱼卵的孵化装置和孵化方式，以及影响胚胎和仔鱼发育的因素。

（2）鱼苗、鱼种培育。参加室外土池塘培育鱼苗（滤食性和杂食性鱼类）生产实践活动，了解鱼苗池面积、深度、池底淤泥厚度，学习轮虫休眠卵定性和定量方法；学习生石灰清塘方法，包括施生石灰、注水、施肥、搅动底泥和调控水质方法，观察清塘后池水pH变化规律以及饵料生物发生与演化规律，测定水温、溶氧、pH、氨氮、适口饵料生物数量；学习掌握鱼苗适时下塘的形态特征、水质指标和放养密度，以及鱼苗生长检查、注水、施肥、投喂、用药、清除敌害及杂物、防治鱼病等系列饲养管理措施；学习掌握鱼苗拉网锻炼关键技术、注意事项，以及夏花鱼种质量鉴别。

参加室外混凝土池培育鱼苗实践活动，了解鱼池形状、结构、规格，鱼苗放养密度和管理方法以及注意事项。

参加室内工厂化育苗实践活动，了解育苗场的设计要点、鱼苗培育池规格和结构、进排水系统、水质及温度控制系统等；学习掌握鱼苗放养密度、开口摄食时间、适口饵料种类、投喂饵料种类和数量（饵料密度），以及定期换水和排污、调整饵料种类与数量、分级饲养；了解水温、溶氧、pH、氨氮等水质指标变化规律及其与鱼苗生长和存活关系。

参加室外土池塘和混凝土池培育鱼种生产实践活动，了解鱼种培育设施规格与结构、水源与注排水系统、水泵与增氧机等，了解夏花鱼种放养种类、规格、密度和混养比例，以及计划养成规格、产量和效益等；学习掌握巡塘、投喂与驯食、施肥、注水、用药、鱼病防治等饲养管理技术。

参加网箱培育鱼种生产实践活动，了解网箱的结构和规格、制作和设置（排列），以及鱼种放养种类、密度和规格，学习投喂、洗刷网衣、换箱、防风浪和洪水的方法，以及防病等饲养管理技术。

（3）鱼种越冬。在生产实习过程中通过现场访问方式，了解北方地区鱼类冰下安全越冬的池塘条件和综合管理措施，包括越冬池塘的基本条件和清整，鱼类放养规格、密度及有关要求，冰下鱼类安全越冬的有效措施和管理方法。

（4）活鱼运输。参加开放式运输鱼种、食用鱼和亲鱼实践活动，了解活鱼运输设备、容器和工具的结构、功能，熟悉活鱼充氧、麻醉和降温方法，掌握开放式运输活鱼的关键技术。

参加塑料袋充氧封闭式运输“水花”“乌仔头”与“夏花”实践活动，监测塑料袋内溶解氧、CO_2、pH、NH_3变化情况，了解活鱼运输过程中水质变化规律，分析水质变化对运输成活率的影响，掌握充氧封闭式运输仔、幼鱼关键技术。

（5）土池塘、流水及工厂型和网箱养殖食用鱼。根据实际情况，采取多种方式，实施这部分实习内容。例如，学生在生产实习现场，参与部分食用鱼饲养管理工作，观察池塘水色和池鱼吃食情况，参与投喂、水质调控和鱼病防治实践活动，学习食用鱼饲养管理的基本内容和方法；在实习场所附近参观、调查，了解流水及工厂型养鱼的放养种类、规格、密度和产量，鱼池基本结构，水量交换及其管理，以及主要生产环节关键技术；调查了解网箱养殖类型，网箱结构规格、材料、设置水域与方式，放养种类、规格、密度和产量，管理内容和关键技术；在有条件的地方，了解游钓与观赏渔业的设施、市场、养殖现状和发展趋势。

通过上述实践活动，使学生了解食用鱼养殖几种类型的设施、结构、材料和基本条件，熟悉养殖模式，学会制订放养方案，比较几种养殖方法的主要不同点。其重点是土池塘高产鱼池的基本条件（面积、深度、底质、水源、水质和水量、注排水条件、配备水泵和增氧机等），鱼池的清整和鱼种放养，养殖模式（放养种类、放养规格、放养密度、养鱼周期、养成规格、产量、效益等），总结一口池塘或一个室内流水养食用鱼网箱的养殖模式和放养方案。

（6）大中型水域鱼类增养殖。在生产实习过程中定期对某大型水体渔业资源进行调查（理化状况、水生生物和鱼类状况），根据该水域鱼类放养和捕捞的有关资料和数据分析渔业资源状况，提出合理利用意见；了解某水库鱼类的放养和捕捞情况，对渔获物进行分析（年龄和生长），评价放养效果；了解综合养殖（农、牧、林与水产的结合）和休闲渔业（游钓、餐饮与养殖结合）的现状、问题、技术关键和发展趋势。

通过上述实践活动，学习渔业资源调查和分析渔业状况的方法，以及合理利用大中型水域渔业资源和鱼类放养效果评估的方法。

（7）稻田养鱼和综合养鱼。采用调查、参观、访问等形式，了解稻田养鱼和综合养鱼的基本内容及其关键技术，包括基本设施，养殖种类、规格、密度和产量，养鱼现状、存在问题和解决问题的途径，学习养殖生产技术与管理方法。

（8）现场实验教学。利用生产实习现场的有利条件，开展养殖鱼类生物学实验教学。实验教学包括基础实验、综合性应用实验和研究（设计）型实验。

① 基础实验。脑垂体采集与鱼类性腺（卵细胞）发育观察，养殖鱼类精子活力观察和人工授精，鱼类胚胎发育（活体）连续观察，养殖鱼类仔、幼鱼和成鱼摄食器官解剖与观察。

② 综合性应用实验。轮虫休眠卵采集、种类鉴定、数量测定，以及轮虫的敞池培养；模拟活鱼运输环境和条件，进行活鱼运输效率和成活率比较试验；池塘施肥比较试验，以及浮游植物生产量测定。

③ 研究（设计）型实验。鱼类人工繁殖生理、生态和育种研究：新引进鱼类繁殖生物学（产卵类型、产卵条件、卵的性质、产卵量等）研究；养殖鱼类性腺发育形态学和生态学（光照、水温、盐度等的影响）研究；不同药物催产效果比较研究，提高鱼类孵化效率试验或不同孵化方法比较研究。

鱼苗培育生物学与技术研究：仔鱼、稚鱼摄食器官发育和功能及其对环境条件（温度、溶氧、盐度等）适应性研究；不同药物清塘效果及其水质变化规律比较研究；提高鱼苗、鱼种成活率和培育效率试验；影响鱼苗生长和成活率因子试验；提高饵料生物培养、强化和利用效率技术。

鱼类营养、饲料及投喂技术研究：仔鱼、稚鱼和幼鱼对各种营养物质需要量；饲料新添加剂（酶、生物制剂、中草药等）研究；养殖鱼类优化饲料配方（主要原料、蛋白源和加工工艺等）研究；日投饵量、次数和投饵时间对鱼类生长与成活影响比较研究。

通过实验教学使学生掌握主要养殖鱼类性腺发育分期的外观特征、胚胎发育形态变化与水质的关系、摄食器官基本结构及其发育与饵料生物演替的关系，熟悉鱼类饲养实验关键技术。

4. 实习方式

以班级（15～30人）为单位，在教师指导下去校内外教学基地集中进行实习，严格贯彻执行教学目标和业务要求。按照生产实习工作计划和教学大纲要求，充分做好教学文件、仪器、药品等物质准备以及组织准备工作，召开实习动员会。

根据鱼类养殖生产任务和教学要求，将学生划分成若干小组，跟班参加生产劳动，并定期轮换，使学生掌握各个生产环节的关键技术；根据生产中出现的问题和收集有关的数据以及科学试验情况，定期召开研讨会。实习期间提倡吃苦耐劳和克服困难精神，虚心学习、相互协作、顾全大局、积极主动、遵守纪律，一切行动听指挥。

有计划地开展实验教学。基础实验每个学生都要参加，以掌握鱼类养殖的基本实验方法和技能，加深对相关基础理论知识的理解；综合性应用实验以小组为单位（6～9人），结合生产实习情况运用已有的知识和技能，深入养鱼生产实际，重点培养提高分析和解决实际问题的能力；研究（设计）型实验，把生产中的问题和对生产有指导作用的内容作为研究课题，临近实习前一个学期公布研究课题指南，学生（3～5人一组）自由选择题目，根据指南或生产中实际问题细化具体研究课题，查阅文献资料，在教师指导下独立完成实验设计、实施试验，撰写科学试验报告。

5. 实习报告

实习结束后，每生独立完成一篇实习报告，培养分析问题、综合归纳数据、撰写工作总结和科学试验报告的能力。实习报告内容包括生产实习总结和科学试验报告两大部分，6 000～9 000字。

生产实习总结报告内容。概况：实习时间、地点、组织方式、主要内容（含参观访问）、实习计划和大纲完成的情况等。主要成绩或收获：用文字、数据和图表概括人工繁殖、苗种培育、活鱼运输、食用鱼养殖等各生产环节关键技术，生产中遇到的问题及解决措施（理论依据和效果）等，苗种胚后发育形态性状与数量性状的变化规律、摄食与生长规律以及对水环境条件适应等科学实（试）验。几点体会：对生产实习重要性、理论与实践关系等的认识，生产实习对综合能力与素质培养的作用，对全面提高生产实习效益方面的认识与体会，等等。存在的问题与改进意见：对本次生产实习中存在的主要问题与改进措施提出具体意见。

科学试验报告内容。根据小型科学试验结果及其取得的数据，按科技论文格式撰写科学试验报告，包括前言、材料与方法、结果（测试数据列成表或图并阐明结果）、讨论、参考文献、摘要（中、外文）。

6. 成绩考核

根据学生在实习中的表现、考试成绩和实习报告，综合评定每生实习成绩，三者权重分别为0.3、0.3、0.4（实验和论文0.2）。实习成绩分为优秀、良好、中等、及格和不及格，记入个人档案。实习不合格者不安排单独补实习。

行为表现。包括劳动与工作态度、艰苦奋斗精神、动手操作能力、分析与解决问题能力、试验研究与治学态度、团结协作精神及组织纪律性等综合内容。

考试。一般为口试或口试与笔试相结合。口试采用抽题签的方式，一人一套题，内容以生产实践为主。

实习报告成绩。依据报告内容的全面性与深度（创新），表述的逻辑性与清晰度，以及收获体会与建议内容，进行综合评定。

7. 时间安排

生产实习时间共10周，可根据实习地点、气候条件、鱼类繁殖季节等因素决定起止的具体时间。

第五节　《中国水产养殖学》

1998年8月，《中国现代科学全书》编委会提议撰著一部水产养殖学专著，总结中华人民共和国成立以来我国水产养殖经验和科技成就，得到诸多资深专家的积极支持，年末成立了编委会并在中国海洋大学召开了第一次会议，研究确定编写大纲及有关事宜。《中国水产养殖学》编著人员持续奋战9年完成书稿的编撰工作，并与科学出版社通力合作，于2008年出版发行。

本书的内容结构体系是在《水产养殖学概论》的基础上建立和完善起来的，是水产养殖综合性大型学术著作（174.6万字）。编委会成员（王如才、王克行、任泽林、刘焕亮、吴仲庆、吴超元、俞开康、黄樟翰）是我国水产养殖界长期从事水产高等教育和水产科学研究的知名专家教授。撰著者28人，来自大连海洋大学、中国水产科学研究院珠江水产研究所、中国海洋大学、中国科学院海洋研究所、中国农业科学院饲料研究所、集美大学、上海海洋大学、江苏省海洋水产研究所、辽宁省海洋水产研究院、山东省海洋水产厅渔业技术推广站、辽宁师范大学、浙江省海洋水产研究所、国家海洋局第一海洋研究所等17个单位。

本书以辩证唯物主义和历史唯物主义以及科学发展观为指导思想。在内容范围及结构体系上，突破了海、淡水养殖界限，以我国水产业及其养殖业建设和发展的经验及科技成就，养殖水域生态环境，水产动物育种，水产动物营养与饲料，鱼类、虾蟹类、贝类、其他经济动物（腔肠动物、棘皮动物、两栖动物、爬行动物）养殖，藻类养殖，以及水产养殖病害防治为主要内容，建立水产养殖学新体系；在技术路线上，贯彻理论与实际相结合的原则，运用综合比较的编著方式，系统阐述水产养殖应用基础理论和养殖生产关键技术，正确处理共性和个性的辩证关系；在养殖基础理论方面，注重养殖对象的生物学特点；在养殖技术方面，注重于关键技术，将各类养殖设施和养殖技术的共性内容在最早出现的章节中加以介绍。

本书共分10章，各章撰写人列入表5–14。

表5-14　撰写人员分工

章	名 称	撰 著 者
序		刘建康（中国科学院水生生物研究所，院士、名誉所长）
第一章	绪论	刘焕亮
第二章	我国养殖水域生态环境	刘焕亮
第三章	水产动物育种	吴仲庆、史为良、刘焕亮
第四章	水产动物营养与饲料	任泽林、周文豪、刘焕亮
第五章	鱼类养殖	刘焕亮、黄樟翰、徐君卓、李鲁晶、孙大江、张剑诚
第六章	虾蟹类养殖	王克行、潘鲁青、马家好
第七章	贝类养殖	王如才、王昭萍
第八章	其他经济动物养殖	陈介康、隋锡林、刘焕亮、黄樟翰
第九章	藻类养殖	吴超元、张泽宇、周志刚、许璞、侯和胜、黄晓航、伍龙畅、李大鹏、缪国荣、刘建国
第十章	水产养殖病害的诊断与防治	俞开康

刘建康院士为本书作了序，全文如下：

我国水产养殖业，尤其是淡水养殖的历史悠久，经验丰富，产量高，特色鲜明，闻名世界；海水养殖发展迅速，2006年产量已占海、淡水养殖总产量的40.22%。目前，中国已成为世界上水产养殖业最发达的国家。

中华人民共和国成立以来，我国淡、海水养殖学科取得系列成果，生产技术有许多重大突破。撰著出版一部反映当代水产养殖水平的综合性学术著作，对推动我国水产养殖业发展、科技进步及国际间学术交流都具有积极的现实作用及一定的历史意义。

《中国水产养殖学》是我国水产养殖学科领域的第一部涵盖淡水养殖与海水养殖、动物养殖与植物栽培并举、理论与实践紧密结合的大型综合性著作，采取综合与比较的撰写方式，具有明显的特色和创新性。该书的主要编著者都是我国水产养殖界长期从事水产高等教育和水产科学研究的知名专家教授，具有较高的学术水平和丰富的写作经验。该著作是作者长期从事水产科学研究的积累，也是对中华人民共和国成立以来特别是最近20余年来我国水产养殖科学技术的创新和发展的总结，基本反映了我国水产养殖科学研究和生产技术的先进水平，在水产养殖生产、科技发展、人才培养、经营与管理和国内外学术交流诸方面具有广泛和重要的应用价值。

作为一名长期从事鱼类学和淡水生态学研究的老科技工作者，我殷切期望该书的出版对培养水产科技人才、进行学术交流，以及推动我国的水产养殖业的进一步发展，都能发挥积极的作用。

中国科学院资深院士

中国科学院水生生物研究所　名誉所长

刘建康

2006年8月于武汉

本人是本书的主编，亲笔撰写的内容综合摘述如下：

一、水产养殖业与水产养殖学

（一）水产养殖业

水产业包括捕捞业和养殖业。捕捞业是利用各种渔具（拖网等网具、延绳钓、标枪等）、船只及设备（探渔器等）等生产工具，在海洋和淡水自然水域中捕获鱼类、虾蟹类、棘皮动物、贝类和藻类等水生经济动植物的生产事业。捕捞业的主要组成部分是海洋捕捞。海洋捕捞业是我国捕捞业的主体，它具有距离远、时间性强、鱼汛集中、产品易腐烂变质及不易保鲜等特点，故需要有作业船、冷藏保鲜加工船、加油船、运输船等相互配合，形成捕捞、加工、生产及生活供应、运输综合配套的海上生产体系。

水产养殖业包括海水养殖和淡水养殖，是集生物学与化学等理学、土建与机械及仪器仪表等工学、医学、农学以及管理学等五大学科门类的现代化科学技术，综合利用海水与淡水养殖水域，采取改良生态环境、清除敌害生物、人工繁育与放养苗种、施肥培养天然饵料、投喂人工饲料、调控水质、防治病害、设置各种设施与繁殖保护等系列科学管理措施，促进养殖对象正常、快速生长发育及大幅度增加数量，最终获得鱼类、棘皮动物、虾蟹类、贝类、藻类、腔肠动物、两栖类与爬行类等水产品的生产事业，并保持其持续、快速和健康的发展。

水产养殖业是水产业（渔业）的主要组成部分，也是农业的重要组成部分。21世纪农业将由传统的淀粉农业逐步转变为淀粉与蛋白质并重的现代农业，特别是随着人类食物营养结构的优化及蛋白质比例的不断提高，动物性蛋白质在农业产品中的比例必然会不断增大。水产养殖业生产人类的优质食品，又是一项快速、高效增加水产资源的第一产业，具有巨大的发展潜力。

水产养殖业的经营方式概括分为粗放型、精养型和集约型。

粗放型经营方式，包括淡水湖泊渔业开发、水库渔业开发和海水港湾养殖，其主要特点是水域较大，养殖生态环境条件不易控制，苗种的放养密度低，一般不施肥、不投饵，人工放养的对象主要依靠天然肥力与饵料生物进行生长发育，人工调控程度较低，管理措施较粗放，因此，单位水体产量与经营效益较低。

精养型经营方式，其代表类型是我国传统池塘养殖模式，即静水土池塘高产高效养殖方式，水域面积较小，养殖生态环境条件较好、且易控制，苗种放养密度较大，人工施肥与投饵，养殖对象主要依靠人工肥力与饲料进行生长发育，人工调控程度较高，管理措施较精细，单位水体产量与经营效益较高。

集约型经营方式，包括围拦养殖、网箱养殖和工厂化养殖。围拦养殖和网箱养殖的生态环境条件好，即围栏和网箱内的水体与外界相通，放养密度大，人工投饵，产量高；工厂化养殖在室内进行养殖生产，水体流动、循环使用，节约用水且不污染水域环境，占地面积少，养殖优质水产动物，单位水体放养量大，产量高，养殖周期短，设施及技术措施的现代化和自动化程度高，生产方式工厂化，人工调控程度高，管理措施精细，是一种高投入和高产值的生产方式。

水产养殖业与农业的性质相似，同属于第一产业，但由于它是在水域中进行养殖生产活动，养殖的对象又具有独特的生物学特性，而且其生产方式与方法以及关键技术与难度等，都与种植业和畜牧业有很大不同，因此，具有鲜明的特色。水产养殖业与农业、林业，以及机械、电子、建筑、饲料等工业发生密切联系；与国民经济其他行业相比，其投资较少，周期较短，见效较快，效益和潜力都较大。

（二）水产养殖学

水产养殖学是运用辩证唯物主义观点，系统阐述养殖水域生态学、水产养殖动植物生物学及其育种、营养、疾病等应用基础理论，科学总结鱼类、虾蟹类、贝类、藻类以及棘皮动物、两栖类、爬行类养殖生产和病害防治先进经验与科技成就，综合比较、阐明水产养殖生物学原理及其关键技术的综合性应用科学。它是水产学的重要分支，也是农业科学的重要组成部分。

二、水产业和水产养殖业发展概况

（一）水产业发展概况

自中华人民共和国成立以来，水产业得到长足的发展，渔业产量逐年增长，但由于多种原因，各个历史时期发展很不平衡，可概括分为恢复发展阶段、波浪式缓慢发展阶段和持续快速发展阶段等三个发展时期。

（1）恢复发展阶段（1949～1957年）。历经8年，水产业的起点低，基础较薄弱，总产量的基数少，发展速度较快，水产品总量的年均增长量为36.81万吨，年均增长率高达29.06%。捕捞业发展速度较快，年产量占水产品总量的81.06%，年均增长量为27.14万吨。养殖业发展速度较慢，养殖产量占总产量的18.94%，年均增长量为8.36万吨。

（2）波浪式缓慢发展阶段（1958～1981年）。历经23年之久，其突出特点是发展速度缓慢，年均增长量低（7.92万吨）且不稳定（呈波浪式），年均增长率仅为2.18%。捕捞产量在总产量中仍占很大比例（75.85%），但年均增长量较低（3.27万吨）。养殖业的发展速度快于捕捞业，年均增长量为4.32万吨，养殖产量在总产量中的比例有所增大（24.15%）。

（3）持续高速发展阶段（1982～2012年）。历经30年之久，水产业发展的突出特点是持续高速，年均增长量高达200.74万吨，年均增长率为9.71%。捕捞产量在总产量中的比例大幅度下降，2012年仅为27.41%。养殖业的发展速度很快，年均增长量为141.64万吨，年均增长率高达12.86%；养殖产量自1988年以来持续25年超过捕捞产量，2012年已占总产量72.59%。

表5-15　1949～2012年我国渔业产量变化情况统计分析

年度	总产量			捕捞量				养殖产量			
	产量（万吨）	年均增长		产量（万吨）	占总产量（%）	年均增长		产量（万吨）	占总产量（%）	年均增长	
		增长量（万吨）	增长率（%）			增长量（万吨）	增长率（%）			增长量（万吨）	增长率（%）
1949 1957	52.40 346.89	36.81	29.06	41.40 269.04	81.06	27.14	25.47	11.00 77.85	18.94	8.36	18.82
1958 1981	310.76 529.04	7.92	2.18	240.67 347.46	75.85	3.27	1.46	70.09 181.58	24.15	4.32	4.64
1982 2012	590.24 5 907.68	200.74	9.71	382.95 11 619.32	46.25 27.41	49.04	6.79	207.29 4 288.36	53.75 72.59	141.64	12.86

（二）水产养殖业发展概况

自中华人民共和国成立以来，水产养殖业的发展历程也分为三个阶段。

（1）恢复发展阶段（1949～1957年）。养殖业的发展特点是速度较快，海水养殖产量在养殖总产量中所占比例较低，海、淡水养殖种类皆较少。

海水养殖产量由1万吨增长为21.37万吨，占养殖总产量的31.24%，年均增长量为2.26万吨，年均增长率为23.94%；海水养殖面积由1.67万公顷扩大为近10万公顷；养殖种类较少（10多种），主要为牡蛎等少数滩涂贝类和海带等2种藻类。淡水养殖产量由10万吨增长为56.48万吨，占养殖总产量的68.76%，年均增长量为5.16万吨，年均增长率为29.21%；淡水养殖面积由不足20万公顷增长为105.59万公顷；养殖种类限于鲢、鳙、草鱼、青鱼、鲮、鲤等少数几种鲤科鱼类和鲑科虹鳟。

（2）波浪式缓慢发展阶段（1958～1981年）。该阶段养殖业发展特点是速度较缓慢，年产量不稳定且呈波浪式，在23年中有7年为负增长，年均增长率低，海水养殖增长速度略快于淡水养殖，淡水养殖产量在养殖总产量中的比例略有下降，但仍然占较大比重，海水养殖种类的增加多于淡水养殖。

海水养殖产量由14.70万吨增长为80.17万吨，占养殖总产量的35.73%，年均增长量为2.44万吨，年均增长率为7.12%；海水养殖面积由10万公顷左右扩大为13.81万公顷；养殖种类由10余种增加到近30种，除牡蛎、海带外，尚有贻贝、缢蛏、花蛤、栉孔扇贝、紫菜、裙带菜、石花菜、中国对虾、锯缘青蟹，开始港湾养殖鲻、梭鱼和网箱养殖鲷、黑鲷等少数珍贵鱼类。淡水养殖产量由55.39万吨增长为101.41万吨，占养殖总产量的64.27%，年均增长量为1.87万吨，年均增长率为5.29%；淡水养殖面积扩大为288.17万公顷，养殖区域由长江和珠江流域扩展到华北、东北、西北地区；鲢、鳙等家鱼人工繁殖研究成功，总结出“水、种、饵、密、混、轮、防、管”八字养鱼经验，养殖种类增多，除上述传统养殖种类外，尚移植和引进几种新种类，如团头鲂、细鳞斜颌鲴、虹鳟、罗非鱼等。

（3）持续快速发展阶段（1982～2012年）。该阶段养殖业的突出特点是持续飞跃式发展，在30年中有20年的增长量超过100万吨，其中10年超过200万吨；淡水养殖的增长速度快于海水养殖；养殖种类迅速增多，名优种类逐年增加，养殖方式呈现多样化，并出现集约型方式。

海水养殖产量由1982年的86.57万吨增长为2012年的1 643.81万吨，平均占养殖总产量的38.33%，年均增长量为58.83万吨，年均增长率为12.99%。贝类产量1 208.44万吨，占海水养殖总产量的73.51%；甲壳类产量124.96万吨，占海水养殖产量的7.60%；藻类产量176.47万吨，占海水养殖产量的10.74%；鱼类养殖产量较低（102.84万吨；花鲈12.58万吨、鲆类11.36万吨、大黄鱼9.51万吨），占海水养殖产量的6.26%。海水养殖面积由1981年的13.81万公顷增加到2012年的218.09万公顷。海水养殖种类增至40余种，除贝类、藻类与虾类外，尚增加10余种名贵鱼类。在养殖方式上，除池塘、港湾与网箱养鱼外，尚兴起工厂化养殖牙鲆、大菱鲆、河鲀、大黄鱼、石斑鱼等集约型养殖方式。鱼、虾、鲍、海参、扇贝等海珍品在海水养殖产量中的比重逐年增大。

淡水养殖产量由1982年的120.72万吨增长为2012年的2 644.54万吨，平均占养殖总产量的61.67%，年均增长量为82.82万吨，年均增长率为12.95%。鱼类养殖产量高达2 334.11万吨（草鱼478.17万吨、鲢368.78万吨、鲤289.70万吨），占淡水养殖总产量（2 644.54万吨）的88.41%（池塘养鱼产量占淡水养鱼产量的77.14%）。虾蟹类、爬行类及其他养殖产量仅占11.59%。淡水养殖面积由1981年的288.17万公顷增长到2013年的590.75万公顷。淡水养殖种类增加至50余种，鳜、鳗鲡、尼罗罗非鱼、加州鲈、鲇等肉食性鱼类和中华绒螯蟹、中华鳖等名优水产品占淡水养殖产量的比重逐年增大。养殖方式向多样化和集约化方向发展，除池塘、湖泊、河道、水库等传统型养殖方式外，尚开展网箱、围拦、工厂化等集约化养殖。

表5-16　1949～2012年海、淡水养殖产量变化情况统计分析

<table>
<tr><th rowspan="3">年度</th><th colspan="4">海水养殖</th><th colspan="4">淡水养殖</th></tr>
<tr><th rowspan="2">产量（万吨）</th><th rowspan="2">占养殖总产量（%）</th><th colspan="2">年均增长</th><th rowspan="2">产量（万吨）</th><th rowspan="2">占养殖总产量（%）</th><th colspan="2">年均增长</th></tr>
<tr><th>增长量（万吨）</th><th>增长率（%）</th><th>增长量（万吨）</th><th>增长率（%）</th></tr>
<tr><td>1949
1957</td><td>1.00
21.37</td><td>31.24</td><td>2.26</td><td>23.94</td><td>10.00
56.48</td><td>68.76</td><td>5.16</td><td>29.21</td></tr>
<tr><td>1958
1981</td><td>14.70
80.17</td><td>35.73</td><td>2.44</td><td>7.12</td><td>55.39
101.41</td><td>64.27</td><td>1.87</td><td>5.29</td></tr>
<tr><td>1982
2012</td><td>86.57
1 643.81</td><td>40.26
38.33</td><td>58.83</td><td>12.99</td><td>120.72
2 644.54</td><td>59.77
61.67</td><td>82.82</td><td>12.95</td></tr>
</table>

近几年来，我国海水养殖业发展较快，根据世界海水养殖类别的发展历程及顺序（藻类、贝类、虾蟹类、鱼类），今后海水鱼类养殖业必将得到迅速发展。

（三）展望

新世纪新阶段，随着我国人民生活水平的迅速提高，全面建设小康社会和建设创新型国家，以及经济全球化和我国社会主义现代化建设，中国水产业及其养殖业的持续健康发展，对改善与优化人类食品结构（提高食物中优质蛋白质和不饱和脂肪酸含量），调整与优化农业及农村经济结构和提高农民经济收入，增加外贸额，以及满足世界人民对水产品的需求和世界水产业持续健康发展都具有重要作用。为此，应当坚持科学发展观，坚持产量、质量和效益协调发展，坚持优化结构、高质高效、可持续发展原则，正确处理经济效益与社会效益和生态效益的关系，注重食品安全和环境安全。

展望21世纪，我国水产养殖业在水产业中的优势地位将会长期保持下去，而且养殖产量占水产品产量的比例会不断增大。其持续发展的科学内涵概述如下。

（1）大力发展节水、高效和无污染型养殖业。我国是全球13个人均水资源最贫乏的国家之一，目前，全国600多座城市中，已有400多个供水不足，110个比较严重缺水。新世纪新阶段，海、淡水养殖应注重发展节水、高效和无污染型养殖经营方式。

（2）养殖产品类型结构。在海、淡水养殖产量持续增加的前提下，名优种类的比例必将不断提升，海水养殖产品中鱼类和虾蟹类的比例将逐年增大，淡水养殖产品中虾蟹和两栖类、爬行类的比例会稳步增大。

（3）养殖水域及生态环境。海水养殖水域由滩涂、浅海向30 m等深线近海海域发展；内陆养殖水域的盐碱性水体养殖将有较大的发展。在进一步探明海、淡水不同类型养殖水域生态系统结构与功能的基础上，建立调控和优化养殖水体生态系统结构与功能模式，渔业生态环境和养殖水环境的监测、公示和保护将更加科学、规范和法制化。

（4）水产养殖生物遗传育种及其资源保护和合理利用。持续开展海、淡水养殖种类的种质资源及保存技术研究，有计划、分步骤探明主要养殖生物的种质标准参数，建立必要的天然和人工种质资源库；加强养殖生物遗传育种基础理论、高新技术育种技术研究和优良新品种培育；在积极有重点地开展引种驯化应用理论研究的基础上，提出行之有效的引种规程；提高引种工作科学化、规范化、法制化水平及其成功率。

（5）水产动物营养与饲料。在系统深入研究主要养殖动物营养组成、营养需求、消化代谢生理等应用基础理论的同时，重点研究探明养殖动物对维生素、微量元素、促生长剂与诱食剂的需要量，研制高效添加剂和饲料营养标准。

（6）鱼类养殖应用基础理论与综合技术。新世纪鱼类养殖的发展趋势，将是由粗放型、传统型养殖方式向多种类型的集约型转化，综合利用现代化技术改造和提升传统鱼类养殖业的质量和效益，积极发展工厂化、深水网箱等集约化、现代化养殖方式以及大中型湖泊、水库渔业开发；加强鱼产力和负荷力的研究，解决肉食性苗种培育关键技术。

（7）虾蟹类养殖应用基础理论与综合技术。在进一步系统探明影响繁殖、摄食、生长、成活等外界生态与人为因素的基础上，着重研究解决持续、健康养殖生产模式及其相关基础理论问题。

（8）贝类及棘皮动物养殖应用基础理论与综合技术。在探明名优养殖种类的繁殖、胚胎与胚后发展规律、生长、存活以及对环境适应等生物学基础上，提出水域养殖适宜容量、高效优质综合养殖技术与生产模式。

（9）海水藻类栽培应用基础理论与综合技术。围绕高产、优质、高效指标，对传统和名优种类生物学、生态学、生理学及其遗传育种进行系统深入研究，探明海区养殖适宜容量，建立立体高效养殖生产模式。

（10）水产生物病害防治基础理论与应用技术。深入进行水产生物的病理、药理、病毒、免疫诸方面研究，建立名优养殖种类，特别是常见多发病快速诊断和治疗方法以及暴发性流行疾病的诊断与预防措施，研制健康养殖模式。

综上所述，新世纪新阶段，把握我国及世界水产养殖业的发展趋势，展望未来，坚持科学发展观，坚持经济效益、社会效益和生态效益辩证统一，在开展重大养殖基础理论与应用技术研究中，坚持传统技术与高新技术相结合，吸收与融合农业、工业、医学的理论成果与应用技术成果，为我国水产业和水产养殖业的持续、快速、健康发展，全面建设小康社会和创新型国家，以及妥善解决人口、资源、环境三大问题做出重大贡献。

三、水产品的营养价值

随着营养学和饲料工业的发展，从改善、优化人们食物营养结构和研制水产养殖动物配合饲料的需要出发，有关单位和学者对我国海、淡水养殖生物的营养成分及其特点进行了系统的测定和深入的研究，取得一系列科技成果。中国预防医学科学院营养与食品卫生研究所联合15个省、自治区、直辖市的有关单位分别测定了我国食物营养成分，包括28大类（含水产品）3 282项食物的24种一般营养素的含量、1 388项食品的氨基酸含量、932项食品的脂肪酸含量和962项食品的胆固醇含量，综合撰编出版了《食物成分表》（1992）。近年来，李淡秋（1989、1991）对40余种海、淡水鱼、虾类的脂肪酸组成进行了分析研究，王道尊等人（1997、1998）报道了中华鳖的一般营养成分以及脂肪酸、氨基酸和矿物质组成。李烈英等（1994）、童圣英等（1998）先后对几种海藻与海胆的脂肪酸组成进行了比较研究。

评价食物营养价值的主要指标，包括一般营养成分含量（蛋白质、脂肪、糖等）、氨基酸含量与组成、脂肪酸含量与组成以及胆固醇含量等。

（一）水产经济动植物一般营养成分

水产品富含人类生长发育所需要的主要营养物质（蛋白质等），优于禽畜食品，是优质食物蛋白源，而且鱼虾类、爬行类的蛋白质更易消化吸收。水产品中藻类的一般营养成分与水产动物的差异较大，其粗蛋白和粗脂肪的含量较低，糖的含量较高。

各类水产动物的一般营养成分差异不大，其中鱼类和中华鳖的粗蛋白含量略高于虾蟹类，贝类的则较低；鱼类的粗脂肪含量高于贝类、虾蟹类和中华鳖，如表5-17所示。

表5-17　主要水产品一般营养成分

名称		营养成分（%）								研究者，年份
		水分	粗蛋白	粗脂肪	糖	粗纤维	灰分	Ca（mg）	P（mg）	
海藻	海带（干）	61.7	6.2	0.1	21.9	6.1	4.0	445	52	中国预防医学科学院营养与食品卫生研究所，1995
	海带	94.7	1.0	0.1	2.5	0.9	0.8	46	8	
	紫菜（干）	19.2	22.4	0.5	22.2	21.5	14.2	422	336	
贝类、棘皮动物	鲍	74.2	18.3	6.2	0.2		2.5	266	77	
	牡蛎	85.6	8.4	2.3	2.9		0.8		96	
	杂色蛤	87.7	7.5	2.2	0.8		1.9	167	86	
	鱿鱼	83.9	13.0	1.7	0.7		0.7	58	136	
	墨鱼	80.9	17.0	0.8	0.1		1.2	12	192	
	海参	77.1	16.5	0.2	0.9		3.7	285	28	
虾蟹类	中国明对虾	78.0	18.3	0.5	1.6		1.6	35	253	
	海蟹	70.0	14.0	1.9	12.0		2.1	12	117	
	中华绒螯蟹	73.5	16.7	6.3	1.7		1.7	75	251	
鱼类	青鱼	70.7	21.2	5.8	0.0		3.5	98	185	
	草鱼	77.1	16.1	5.9	0.0		1.1	42	167	
	鲢	75.1	20.9	4.9	0.0		0.9	46	199	
	鳙	74.2	20.3	4.5	0.0		1.5	53	156	
	鲤	73.1	18.3	7.5	0.0		1.1	50	204	
	鲫	71.4	21.5	5.1	0.5		1.5	16	227	
	蓝点鲅	70.0	19.1	5.5	0.3		1.1	17	230	
	银鲳	76.1	16.6	5.6	0.5		1.2	44	180	
	大黄鱼	80.9	16.6	1.3	0.0		1.2	42	191	
	真鲷	76.9	18.3	1.7	1.6		1.5	4	223	
	带鱼	66.6	17.1	10.8	0.0		0.7	11	161	
爬行类	中华鳖	79.0	18.33	0.88			1.36	75.7	3.15	王道尊等，1997

续表

名称		营养成分（%）								研究者，年份
		水分	粗蛋白	粗脂肪	糖	粗纤维	灰分	Ca（mg）	P（mg）	
家禽、家畜	鸡蛋	75.3	12.3	10.2	1.5		0.7	48	203	中国预防医学科学院营养与食品卫生研究所，1995
	鸡肉	61.9	18.2	14.9	3.8		1.2	16	125	
	牛肉	78.1	18.0	1.8	1.1		1.0	6	163	
	羊肉	78.1	17.1	2.0	2.0		0.8	14	145	
	猪肉	50.6	16.1	32.9	0.0		0.4	6	133	

（二）水产动物氨基酸组成与特点

综合比较水产动物（贝类、虾蟹类、鱼类、中华鳖）与禽畜食品的氨基酸组成和特点可知，水产动物的必需氨基酸含量与组成都略优于禽畜食品。它们的必需氨基酸含量占氨基酸总量的比例：贝类等于或略低于鸡蛋和牛肉、羊肉及猪肉等优质蛋白，虾蟹类、鱼类和中华鳖则高于禽畜食品，其中杂色蛤与中华鳖的比例最高。

必需氨基酸的含量与组成特点是评价食物营养价值的最重要指标。成人的必需氨基酸（体内不能合成，必须从食物中获得）为8种（异亮氨酸、亮氨酸、赖氨酸、蛋氨酸、苯丙氨酸、苏氨酸、色氨酸、缬氨酸），婴幼儿的必需氨基酸为10种（比成人多精氨酸与组氨酸）。

必需氨基酸之间的比值是否符合人类膳食蛋白质的模式（人体消化吸收的最适必需氨基酸比值）也是评价食物或蛋白质质量的重要指标。联合国粮农组织（FAO，1973）提出的膳食蛋白质模式（表5–18）是人类优质蛋白质必需氨基酸的适宜比值。主要水产动物和畜类肌肉的各种必需氨基酸之间的比值基本上与全蛋模式相似。因此，它们是人类理想的优质蛋白或完全蛋白（含有人类所需的各种必需氨基酸）或平衡蛋白（不仅含有各种必需氨基酸，而且必需氨基酸之间的相互比例与全蛋模式相似）。

表5–18　人类膳食蛋白质模式

氨基酸	FAO模式	人乳模式	牛乳模式	全蛋模式
异亮氨酸	3	2.4	3.4	3.2
亮氨酸	3.4	5.5	6.8	5.1
赖氨酸	3	3.9	5.6	4.1

续表

氨基酸	FAO模式	人乳模式	牛乳模式	全蛋模式
蛋氨酸+胱氨酸	3	2.5	2.4	3.4
苯丙氨酸+酪氨酸	4	4.2	7.3	5.5
苏氨酸	2	2.5	3.1	2.8
色氨酸	1	1.0	1.0	1.0
缬氨酸	3	3.2	4.6	3.9

注：引自陈学存（1984）

主要水产动物的赖氨酸、精氨酸、谷氨酸、天门冬氨酸、丙氨酸、甘氨酸等呈味氨基酸含量与牛肉、羊肉、猪肉相似或更高（牡蛎与鱿鱼稍差），因此，其肉味鲜美。特别是中国明对虾、鲢、鲫、中华鳖的呈味氨基酸含量明显高于其他种类，其肉味更鲜美。

水产动物由于其蛋白质含量高，各种必需氨基酸全面且比值适宜，易于消化吸收，肉味又鲜美，因此，是人类的优质蛋白食物。

（三）水产经济动物脂肪酸含量与组成特点

食物的脂肪酸含量与组成是评价营养价值的重要指标之一。饱和脂肪酸、单不饱和脂肪酸和多不饱和脂肪酸都是人类生长发育所需要的营养物质。人体的必需脂肪酸（人体内不能合成，必须从食物中获得）属于多不饱和脂肪酸或高度不饱和脂肪酸（HPUFA）。因此，HPUFA的含量与组成对人类的生长发育更为重要。

贝类、虾蟹类、鱼类和爬行类等水产动物的脂肪酸组成与禽畜食品的主要区别是饱和脂肪酸含量占总脂肪量的比例低于30%（后者>30%，畜肉>38%），单不饱和脂肪酸含量与禽畜肌肉相似或略低（5.2%～37.5%），HPUFA的含量较高（20%～50%），畜类肌肉则低于11%。水产动物脂肪酸组成的最突出特点是二十碳五烯酸［20：5（n–3），EPA］和二十二碳六烯酸［22：6（n–3），DHA］的含量很高，分别为2.7%～20.4%和1.3%～33.7%，而禽畜类肌肉则几乎不含。

各类水产动物脂肪酸含量及组成特点，依种类、栖息水域及活动习性的不同差异较大。就种类而言，贝类中鱿鱼与墨鱼（乌鱼）的HPUFA和EPA、DHA含量高于杂色蛤与牡蛎，且DHA的含量高于EPA（牡蛎的EPA含量高于DHA）；就栖息水域而言，海蟹的HPUFA和EPA、DHA的含量高于河蟹（中华绒螯蟹），且DHA的含量高于EPA（河蟹的EPA含量高于DHA）；就活动习性而言，活动性强的鱼类的EPA

和DHA含量高于活动性弱的鱼类，如鲢的EPA和DHA含量高于鳙。

海水鱼类与淡水鱼类脂肪酸的含量和组成具有同一性，但差异却很明显。它们所含的脂肪酸的共性：不仅种类多（16～23种），且碳链长（12～22个碳原子），不饱和脂肪酸占脂肪酸总量的60%以上，饱和脂肪酸以C_{16}和C_{18}为主，不饱和脂肪酸以C_{18}、C_{20}、C_{22}为主。海、淡水鱼类脂肪酸含量与组成的主要差异是海水鱼的DHA含量明显高于淡水鱼。

表5-19　主要水产经济动物脂肪酸含量（占脂肪酸总量，%）

名称		C_{16}：0	C_{18}：0	C_{18}：1	C_{18}：2	C_{18}：3	C_{20}：4	C_{20}：5	C_{22}：6	研究者，年份
贝类与软体动物	鲍	13.5	3.9	12.5	5.8	14.1		9.5		中国预防医学科学院营养与食品卫生研究所，1995
	牡蛎	20.9	3.6	12.2	2.2	3.2	0.7	20.4	8.2	
	杂色蛤	30.1	8.3	5.2	5.9	4.8	1.5	5.5	3.3	
	鱿鱼	18.8	7.0	10.0	0.6	0.3	3.5	11.7	33.7	
	墨鱼	24.8	8.1	6.5	1.3	0.1	4.1	14.0	30.5	
	墨鱼*	21.1	7.0	7.8	0.3	0.1	3.8	14.0	32.7	
虾蟹类	中国明对虾	29.0	12.3	16.1	9.4	2.5	4.2	2.8	2.5	
	对虾*	16.5	7.6	15.4	20.7	1.6	7.4	9.9	8.8	
	海蟹	20.3	4.8	23.5	1.8	2.9	5.2	7.5	14.7	
	中华绒螯蟹	22.5	5.9	24.8	10.9	5.8	3.8	3.1	1.3	
鱼类	青鱼	29.5	3.3	37.5	18.2	8.5	2.6		1.1	中国预防医学科学院营养与食品卫生研究所，1995
	青鱼*	16.9		18.2	4.1	0.6	14.3	2.7	122	
	草鱼	19.3	5.9	30.5	0.3	2.7	2.3	2.7	7.3	
	草鱼*	16.0	1.7	28.8	18.2	10.8	2.3	0.6	2.4	
	鲢	15.6	4.5	28.3	5.9	8.6	2.0	5.7	3.3	
	鲢*	14.2	3.3	12.5	4.3	10.3	8.8	11.1	11.7	
	鳙	16.2	4.1	19.3	4.2	5.6	3.2	1.2	7.1	
	鳙*	18.5	4.0	21.8	9.8	6.4	2.4	7.2	7.0	
	鲤	19.1	8.5	14.7	4.6	6.0	9.7	7.0	8.0	
	鲤*	17.2	5.4	13.6	10.0	12.5	1.7	5.8	13.3	
	鲫	19.1	8.5	14.7	4.6	6.0	9.7	7.0	8.0	
	鲫*	17.2	5.4	13.6	10.0	12.5	1.7	5.8	13.3	
	蓝点鲅	21.6	5.6	21.5	1.3	4.2	5.2	7.3	10.3	
	蓝点鲅*	19.7	5.3	21.1	0.7	0.6	0.1	8.4	31.1	

续表

名称		$C_{16}:0$	$C_{18}:0$	$C_{18}:1$	$C_{18}:2$	$C_{18}:3$	$C_{20}:4$	$C_{20}:5$	$C_{22}:6$	研究者，年份
鱼类	银鲳	29.2	5.2	21.5	1.3	4.2	5.2	7.3	10.3	
	银鲳*	26.8	5.3	21.1	0.7	0.6	0.1	8.4	31.1	
	大黄鱼	29.6	5.0	20.6	1.9	0.8	2.1		12.3	
	大黄鱼*	228	3.5	26.2	1.2	1.1	1.2	5.3	16.3	
	鲷*	25.6	6.0	23.0	1.0	0.5	2.0	5.0	19.4	
	带鱼	24.1	6.2	28.3	1.2	0.5	0.8	4.1	12.4	
	带鱼*	21.1	4.6	24.5	0.5	0.9	1.0	5.8	12.4	
爬行类	中华鳖	14.7	4.7	33.9	8.7	6.0	4.4	6.9	9.4	王道尊等，1997
畜禽类	鸡蛋	18.7	11.3	42.4	25.4	0.6	0.9			中国预防医学科学院营养与食品卫生研究所，1995
	鸡肉	24.1	5.6	35.4	16.3	2.4	1.4			
	牛肉	24.6	17.3	38.8	5.8	0.7	1.5			
	羊肉	20.6	17.4	37.3	9.2	1.5	0.9			
	猪肉	24.9	14.2	47.6	8.1	0.6	0.5			

注：带*的数据摘自李淡秋（1989、1991）

综上所述，水产动物富含人类所需的亚油酸［18：2（n–6）］、亚麻酸［18：3（n–3）］、花生四烯酸［20：4（n–6）］等必需脂肪酸和EPA、DHA，因此，不仅是优质食物，而且是保健营养品。EPA和DHA具有很强的生理活性，是人类动物生长发育所必需的物质，能够抗血栓，防止血小板聚合作用，增高高密度蛋白质胆固醇，降低低密度蛋白质胆固醇，从而降低血液黏度，使血压下降。所以，EPA和DHA可用于预防与治疗心肌梗死、冠心病、脉管炎、脑动脉硬化等多种疾病。同时，DHA能促进脑细胞的生长发育，经常吃海水动植物，较多地吸收DHA，可有效活化人体大脑神经细胞，改善大脑机能。实践证明，海水鱼虾类仔稚幼体的饵料中缺少DHA时，轻则生长发育缓慢，重则造成幼体大批死亡。

（四）水产经济动物胆固醇含量

食品的胆固醇含量也是评价营养价值的指标之一。胆固醇及磷脂能够与蛋白质结合，是构成细胞膜、核膜、线粒体膜和神经髓鞘的重要组成部分，具有助消化作用，并能转变成类固醇激素。但是，当人体内胆固醇过多时，血液中的低密度脂蛋白（LDL）能把胆固醇堆积于血管壁上，形成动脉粥样硬化斑，造成血管壁增厚、失去弹性，并使血流受阻、血压增高。因此，人到50岁以上时应减少胆固醇和饱和脂肪酸的摄入量。这就需要了解各种食物的胆固醇含量。胆固醇含量最高的是动物的脑和脊髓，其每百克含量高达2 000 mg以上，其次是家禽蛋、鱼卵、动物内脏及一些软体动物（蛤蜊、鱿鱼、墨鱼等），河蟹和对虾的胆固醇含量也较高，鱼类、爬行类与畜类肌肉的胆固醇含量较低。人类每日摄入胆固醇的量应低于300 mg。

表5-20　主要水产经济动物胆固醇含量　（单位：mg/kg）

贝类	胆固醇	虾蟹类	胆固醇	鱼类	胆固醇	爬行类	胆固醇	禽畜类	胆固醇
蛤蜊	1 130（8）	对虾	1 830（10）	青鱼	1 260（4）	中华鳖	930（2）	鸡蛋	5 570（14）
牡蛎	920（2）	海蟹	1 250（3）	草鱼	880（8）	蛇	710（5）	鸡肉	1 070（17）
鱿鱼	2 760（4）	河蟹	2260（3）	鲢	950（12）			牛肉	760（15）
墨鱼	2 560（6）			鳙	850（8）			羊肉	970（17）
海参	620（4）			鲤	830（8）			猪肉	770（28）
				鲫	1 160（13）			猪脑	25 706 (5)
				蓝点鲅	880（1）			牛脑	24 470 (2)
				银鲳	800（7）			羊脑	20 040 (2)
				大黄鱼	780（7）			猪肝	2 889 (12)
				带鱼	770（7）			牛肝	2 972.5 (4)

注：1. 括号内数字为提供数据的省（市）单位总数；2. 表内数据为平均值；3. 数据来自《食物成分表》（1992）

综上所述，水产品的蛋白质及必需氨基酸含量高且组成好，脂肪含量低且含有较多的必需脂肪酸和EPA与DHA，并且胆固醇含量极低。这充分说明，水产品营养丰富且鲜美，是人类的优异食品，远优于鸡蛋、鸡肉、牛肉、羊肉和猪肉。

四、我国养殖水域生态环境

我国是一个大国，国土面积约960万平方千米，南北跨纬度50°（相距约5 500 km），东西跨经度60°（相距约5 200 km）。北起寒温带，南至赤道带，大部分地区属中纬度地带。山地面积占国土面积的33%，丘陵占10%，高原占26%，盆地占19%，平原占12%；内陆水域面积为29.5万平方千米，占国土面积的3%；大陆海岸线约1.8万千米，滩涂面积约1.92万平方千米，浅海面积约7.34万平方千米。

我国地势东低西高，东临太平洋，由西向东大体分为4个阶梯。第一阶梯为青藏高原，海拔4 500～5 000 m，顺势而下；第二阶梯为云贵高原、黄土高原和蒙新高原，海拔一般为1 000～2 000 m；第三阶梯为东部平原区，包括东北平原、华北平原、长江中下游平原及东南丘陵区；第四阶梯为从海南岛南面经我国台湾至日本五岛列岛连线的太平洋西北部较为平坦的大陆架区，包括我国的海岸带及领海。各层国土面积中，内陆一、二阶梯占52.2%，第三阶梯占47.8%。

我国内陆渔业自然水域资源分布不均匀，外流河水系（直接与海洋相通）的流域面积612万平方千米，内流河水系（不与海洋相通）的流域面积348平方千米。内陆河区域的湖泊多属咸水湖泊，面积约3.814万平方千米，储水总量5 320亿立方米，其中淡水仅为390亿立方米，分布于内蒙古、新疆及青藏高原。外流河区域的湖泊以淡水湖为主，面积约3.746万平方千米，总储水量2 270亿立方米，其中淡水储量1 760亿立方米，多分布于东部平原、东北平原及云贵高原。

我国大陆与海洋相连接的海岸带（包括潮上10 km一段的陆地），可用于养殖生产的是浅海、滩涂，分布于我国渤海、黄海、东海与南海。地理位置分别属于暖温带、亚热带和热带，气温≥10 ℃的持续期为140～300 d，年降水量500～2 200 mm，有丰富的鱼、虾、贝、藻资源。

我国渔业区划分为3个大区，即内陆水域渔业区、浅海滩涂渔业区和海洋渔业区。内陆水域渔业区把地形、气候带、鱼类区系等相似的水域划分为二级区划区，再把渔业发展方向和技术改造途径相一致的水域划分为三级区划区。浅海、滩涂养殖区划指潮间带和低潮线下10 m以内的沿岸水域，其地貌和底质类型比较复杂，天然渔业资源的采捕和养殖兼而有之，以养殖为主，根据纬度带和地貌、底质的差异以及渔业资源与发展方向的不同，将该区分为二级区和三级区。海洋渔业区划是按水深和纬度带划分二级区；在二级区域内，根据捕捞工具和捕捞对象的特点再划分三级区。海洋捕捞生产，习惯上分为沿岸、近海、外海和远洋或深海渔业。沿岸渔业区指低潮线外10 m等深线至40 m等深线区域，即机动渔船拖网禁渔区线以内的水域；近海渔业区为机轮底拖网禁渔区至80～100 m等深线一带海域；外海渔业区为80～200 m和100～200 m等深线一带海域；深海渔业区指200 m等深线以外的海区。

养殖水域包括内陆水域和浅海、滩涂，海洋渔业生产则为捕捞业。因此，养殖水域生态环境是指内陆养殖水域生态环境和浅海滩涂生态环境。

20世纪50年代以来，国内有关单位先后对我国水域资源和渔业资源进行了较系统的调查工作。1979年，国务院以国发〔1979〕142号文件批转了《全国农业自然资源调查和区划会议纪要》，据此，原国家水产总局部署了开展渔业自然资源调查和渔业区划工作。历经7年调查工作，编写了渤黄海区、东海区、南海区和黑龙江、黄河、长江、珠江等水系的渔业自然资源调查和渔业区划报告，继而撰写出版《中国渔业区划》和各水域渔业区划，为发展我国水产事业奠定了科学基础。自20世纪80年代以来，我国水产科学研究部门、有关高等院校和中国科学院有关研究所先后对我国养殖水域生态环境与渔业资源进行深入系统的调查、研究工作，取得许多科研成果。最具代表性的是中国科学院水生生物研究所对长江中下游典型浅水湖——武汉东湖的生态学研究。20世纪50年代，进行了东湖各类水生动植物的区系、分类学研究和浮游生物数量波动规律的观察；60年代，系统研究了浮游植物初级生产力，浮游动物各类群数量消长，水生维管束植物、底栖动物群落结构的定性和定量分析；70年代，结合渔业增产试验探讨了浮游植物生产量与鱼产量的关系，并继续进行生物群落的生物学、生态学研究；80年代，从富营养化角度研究东湖生态系统结构功能和生物生产力问题，对系统中营养盐氮、磷的收支，细菌和浮游植物的群落生态，优势水生无脊椎动物的生物量、生产量，有机碎屑的结构与功能，鱼类生态生理开展了比较系统的研究；90年代，对东湖生态系统的结构与功能、平衡与演替、渔业利用与环境质量之间的关系进行了长期定位观测和系统研究，总结了放养鱼类对湖泊生态系统的“下行效应”（top-down effect）与水体富营养化的关系，发展了具有我国特色的湖沼学理论，研究成果以论文形式先后发表于国内外专业期刊，并于1990年和1995年出版两部《东湖生态学研究》专著。

（一）内陆水域生态环境

1. 内陆水域渔业分区

内陆渔业区划分为东北区、华北区、长江中下游区、华南区、西南区、蒙新区和青藏区等7个二级区。

（1）东北渔业区。

① 自然环境条件。本区包括黑龙江、吉林、辽宁以及内蒙古自治区东部的呼伦贝尔盟、兴安盟、哲里木盟及昭乌达盟的西拉木伦河以南地区，是我国高纬度的地带。区内大部分地区属温带，仅大兴安岭北部属于寒温带，辽宁省东南部属暖温带。年平均降水量550～1 000 mm，自东南向西北递减，主要集中在夏季，6～8月约占60%。夏季日照长，年平均2 200～2 600 h。年平均气温-5～10 ℃，无霜期较

短，平均120～200 d。冬季水面结冰期平均115～193 d，冰层厚度平均0.8～1.5 m。大部分地区≥10 ℃的积温不到3 000 ℃，北部积温只有1 300～2 000 ℃。

② 水面。本区主要为黑龙江和辽河流域，总水面约222万公顷，约占全国总面积的12.6%，可养水面占总水面53.1%。

③ 渔业水质。pH、总硬度、总碱度等都在鱼类等水生生物发育的适宜范围内。pH为6.7～7.7，总硬度0.23～8.84 mmol/L（多为＜2.85 mmol/L），除内蒙古达里诺尔和呼伦湖属半咸水外，其他均为淡水型。主要营养盐类：三态氮以硝酸盐（NO_3^-–N）的含量最高，平均0.010～1.644 mg/L；氨态氮（NH_4^+–N）的含量次之，平均0.010～0.704 mg/L；亚硝酸盐（NO_2^-–N）最少，平均0.000 1～0.138 mg/L；总氮（TN）含量0.021 3～1.87 mg/L，磷酸盐磷（PO_4^{3-}–P）含量为0.010～0.20 mg/L。

④ 饵料生物。黑龙江、辽河、鸭绿江水系江河干支流及其附属水体饵料生物较为丰富。湖泊、水库浮游植物平均生物量分别为12.48 mg/L和7.76 mg/L，浮游动物生物量分别为5.25 mg/L和3.22 mg/L，66.7%的水体属富营养型水域。浮游植物初级生产量平均为3.47 g（O_2）/（m^2 · d）。底栖动物较多。

⑤ 鱼类资源。鱼类计175种和亚种，分属38科，其中鲤科81种占46.3%，鲟科和鲍科占2.3%。黑龙江特产鳇、鲟、大麻哈鱼，兴凯湖特产翘嘴红鲌（大白鱼）。

（2）华北渔业区。

① 自然环境条件。本区包括山东、河北、天津、北京、山西等省（市）的全部，以及河南、陕西、宁夏及甘肃等省（自治区）的部分地区。区内气候大部分属于暖温带、半湿润地区，西北部属半干旱地区，冬季寒冷干燥，夏季高温多雨，春季干旱多风沙。黄河中游年平均气温5.6～13 ℃，最高月年均23.4 ℃；下游平原和丘陵地带年平均12～14 ℃，最暖月份平均26～27 ℃。海河流域年平均气温7.5～12.8 ℃，最高月（7月）平均23.2～26.7 ℃，平均气温≥10 ℃的积温3 239～4 774 ℃；无霜期平均180～200 d，结冰期50～120 d，冰厚0.5～0.6 m；年平均降水量为300～800 mm。黄河流域降水量低于蒸发量，7～10月雨量为全年的70%～80%；年日照时数，东北部2 698 h（太原）～2 779 h（北京），高于南部地区2 065 h（西安）～2 438 h（郑州）。

② 水面。本区境内主要是海河全流域和黄河的中下游，总水面约96万公顷，占全国总面积的5.4%，可养水面约59万公顷，占全国可养水面的10.5%，占本区总水面的62.0%。东半部平原、丘陵地带水域多，西半部黄河中游黄土高原地带水域较少。水库多，分布广，湖泊少，多分布于山东和河北两省。

③ 渔业水质。黄河中游的透明度甚低（0～10 cm），pH为7.8~8.3，总硬度及

总碱度3.91～4.70 mmol/L，溶氧量（DO）7.1～9.4 mg/L，化学耗氧量（COD）2.7～5.4 mg/L；海河pH为7.5～8.6，COD 6.75～9.35 mg/L；黄河中下游NO_3^-–N 0.33～0.93 mg/L和0.93～1.30 mg/L，NH_4^+–N 0.12～0.3 mg/L和0.049～0.26 mg/L，NO_2^-–N 0.11～0.027 mg/L和0.004～0.029 mg/L，总氮（TN）1.40~1.67 mg/L和2.3～4.10 mg/L，PO_4^{3-}–P 0.006～0.022 mg/L和0.007～0.018 mg/L。总之，本区各类型渔业水域水质良好。

④ 饵料生物。本区水域浮游植物生物量，黄河中下游分别平均为0.379 mg/L和0.475 mg/L，水库平均4.675 mg/L，湖泊平均2.068 mg/L；浮游动物生物量，黄河中下游分别为0.039 mg/L和0.295 mg/L，水库0.721～4.44 mg/L。湖泊和水库初级生产力为0.36～7.43 g（O_2）/（m^2·d）。磷是初级生产力的限制因素。黄河中下游底栖动物生物量较低，海河最多（208.7 g/m^2），其次为东平湖（182.57 g/m^2）。

⑤ 鱼类资源。黄河中下游鱼类81种，海河的鱼类75种，东平湖55种，均以鲤科为主（鲫、鲤、鲌等），占50%以上。

（3）长江中下游渔业区。

① 自然环境条件。本区位于伏牛山淮河以南，南至南岭，西抵巴蜀，东临黄海和东海，位于北纬25°～35°之间，包括湖南、湖北、江西、安徽、江苏、上海及浙江等省（市）和河南、陕西两省的部分地区。属长江、淮河、钱塘江三大水系，水网密布，湖泊众多，淡水水面约占全国的50%。本区属亚热带、湿润区，受东南季风影响，气候温和，雨量集中，四季分明，年平均气温为13.2～19.7 ℃，年平均水温15.7～18.9 ℃，江河冬季无冰冻期，淮河流域以南的湖南、湖北盆地和江西鄱阳湖盆地是高温中心；无霜期210～230 d，日照时数年平均为1 500～2 200 h，年平均降水量为800～1 990 mm，长江两岸约为1 000～1 200 mm。

② 水面。全区水域面积达800万公顷，占全国淡水总面积的45.5%，除长江、淮河、钱塘江外，还有直接入海的瓯江、灵江等。内地洞庭水系、鄱阳水系河流坡度较缓，通过长江入海。本区是我国五大淡水湖群的所在地，包括鄱阳湖、洞庭湖、太湖、洪泽湖和巢湖。长江两岸的丘陵、山地多丘陵型水库和山塘。本区水域总面积河沟面积全国最大（50.1%），湖泊面积全国居第二（29.4%）；可养水面总计约249万公顷，占全区总水面的31.2%，占全国可养水面的43.8%。可养水面的比例构成为池塘31.6%、水库27.6%、湖泊24.7%、河沟16.1%。

③ 渔业水质。水体透明度，江河为10～30 cm，湖泊为50～100 cm，水库为81～163 cm；pH为7.3～8.5；长江上游的总硬度为2.71～3.21 mmol/L，高于湖泊（1.07～2.32 mmol/L）；溶氧量较高（6.3～11 mg/L）；COD长江上游（11.0 mg/L）高于下游（1.5 mg/L），湖泊为1.1～3.59 mg/L；NO_3^-–N长江干流下游（1.04 mg/L）

高于中下游（0.53 mg/L）及淮河与钱塘江；PO_4^{3-}–P长江上、中、下游分别为0.019 mg/L、0.008 mg/L、0.03 mg/L。

④ 饵料生物。长江水系浮游植物生物量为0.010 4～43.8 mg/L，浮游动物生物量为0.34～5.16 mg/L，蚌螺等底栖动物丰富。

⑤ 鱼类资源。长江水系、钱塘江水系和淮河水系的鱼类分别为52科370种、46科235种和14科58种；鲤科鱼类最多，分别占各水系鱼类的总数：46.5%、39.5%和56.9%；主要经济鱼类为草鱼、鲢、鳙、青鱼、鲤、鲫、鳊、鲂、鲌、红鲌、鲇、鲍等近50种；溯河和降河洄游鱼类有刀鲚、鳗鲡、鲥、河鲀等；名贵鱼类有中华鲟、松江鲈和哺乳类白鳖豚等。

（4）华南渔业区。

① 自然环境条件。本区包括广西、广东、福建及台湾四省（自治区），地处我国南部沿海及台湾海峡两岸，是我国纬度最低的地带，北回归线横穿粤、桂、台3省中部。全区以丘陵山地为主，兼有滨海沿河平原，日平均气温≥10 ℃的天数超过300 d，积温达6 000～8 000 ℃，年平均气温15～21 ℃。珠江流域平均水温21.4～23.5 ℃；年均降水量1 400～2 000 mm。台湾由于受海洋调节，长夏无冬，每年4～11月都是盛夏季节，最高气温仅27～28 ℃，最低为15 ℃，年降水量2 043 mm。

② 水面。本区河流众多，水量丰沛，除珠江流域之外，尚有闽江、九龙江、韩江、南流江和台湾的浊水溪、淡水河，以及海南岛的南渡江。本区湖泊很少，水库较多（34.8万公顷），总水面计142.7万公顷，占全国总水面的8.1%；可养水面70万公顷，占本区总水面的49.3%，占全国可养水面的12.4%。

③ 渔业水质。珠江水系江河pH为6.5～8.5，水库pH为6.5～7.7；总硬度1.4～2.8 mmol/L，属软水，珠江三角洲水的硬度变化较大，丰水期为0.6～1.13 mmol/L，枯水期为1.6～2.19 mmol/L；溶氧量为7.0 mg/L（以上）；COD年平均0.88～3.23 mg/L（较低）；含盐量较大；TN 0.040～8.288 mg/L，PO_4^{3-}–P 0.792 mg/L，TP 0.927～0.812 mg/L；初级生产力（水库）1.226 g（O_2）/（m^2·d）。

④ 饵料生物。珠江水系各水体浮游植物平均生物量0.79 mg/L（0.21～1.89 mg/L）；浮游动物生物量0.2 mg/L左右，珠江三角洲高达16.7～17.2 mg/L，平均0.43 mg/L；底栖动物以水生昆虫最多（45.6%），软体动物30.8%，环节动物13.2%，珠江三角洲生物量为29.1 g/m^2。

⑤ 鱼类资源。珠江水系共有鱼类319种，隶属35科，鲤科鱼类占53.6%，其中鲃亚科的种类居多，反映了热带、亚热带鱼类的特点；主要经济鱼类40余种，鲮、卷口鱼、斑鳠等为本区特有经济鱼类。

（5）西南渔业区。

① 自然环境条件。本区包括云南、贵州、四川三省及湖南、湖北、广西的一小部分，位于我国西南部。南与越南、老挝接壤，西与缅甸为邻。本区大部分地区海拔为500～2 500 m，境内以山地、高原、丘陵为主，约占全区面积的95%；平原和山间盆地较少，仅占5%。本区地处热带，气候温和、湿润，雨量充沛，水热条件较好。年平均降水量800～2 000 mm；年平均气温为6～20 ℃，无霜期每年为173～350 d，河流水温年平均17.4～20.8 ℃，湖泊水温年平均19.2～22.7 ℃；光照条件较差，日照时数全年仅1 000～2 800 h。本区虽然霜期短，鱼类生长期长，但由于光照时间不足，山区夏季温度偏低，秋季降温快，对鱼类生长不利。

② 水面。西南诸河径流量为4 684亿立方米，地下水补给量1 115亿立方米。本区湖泊为淡水湖泊，主要分布于云南省境内，大小湖泊30余个，面积达11万公顷，湖盆一般较深。本区总水面104.5万公顷，约占全国总水面的5.94%；可养水面约49万公顷，占全国可养总水面的8.61%，占全区总水面的46.75%。本区温泉较多，如云南省有295处，总流量11 853 L/s；贵州省86处。

③ 渔业水质。水域透明度变化大，河流为2～240 cm，湖泊和水库为70～650 cm；pH平均6.9～8.8；COD较低；总硬度较低，多属软水；NO_3^-–N和PO_4^{3-}–P等营养盐含量较高。

④ 饵料生物。本区各类型水域饵料生物种类较长江及珠江水域为少，生物量较少。

⑤ 鱼类资源。本区鱼类种类很多，约434种，其中鲤科259种（亚种），占59.7%，其次为鳅科，占13.1%；鲤科鱼类中，鲃亚科最多（117种，亚科），占45.2%，其次为鳊鲌亚科33种。本区富产高山和高原地带鱼类，如裂腹鱼亚科和条鳅属鱼类。主要经济鱼类有元江鲤、杞麓鲤、云南大头鲤、鱇䱗白鱼、太湖短吻银鱼、银白鱼、云南密鲴、中华倒刺鲃、鲇、波罗鱼、大理裂腹鱼、乌鳢、光唇鱼、双孔鱼等。

（6）蒙新渔业区。

① 自然环境条件。本区包括内蒙古、新疆和宁夏两自治区、甘肃省的部分地区，位于我国北部及西北部边陲。本区地处中温带至暖温带，大陆性气候非常明显，干旱、荒漠，降雨稀少，气候变化剧烈，日照充足，降水量约100～500 mm；具有细土平原和盐湖、盐沼；河流绝大部分为内流河，水源靠山地降水和高山融雪供给，渗漏和蒸发量大，多为季节性的短小河流，无渔业价值。本区1月平均气温为−30 ℃以下（内蒙古）或−10 ℃（南疆），7月平均气温15～25 ℃左右。

② 水域构成。本区山地两侧河流密布。在新疆，较大的河流主要有流入北冰洋的额尔齐斯河，内流的为塔里木河和伊犁河；在内蒙古，外流河有黄河、西拉木伦河，内流河有弱水和乌拉盖尔河。湖泊是本区的重要水域，是我国五大湖区之一，面积达8 670 km^2，约占全国湖泊总面积的11.47%，储水量达760亿立方米，其中淡水储量占0.9%。由于蒸发强烈，湖泊矿化度很高，形成很多咸水湖。主要大型湖泊，在内蒙古有乌梁素海、达里诺尔、岱海、黄旗海、察干泡、红碱淖；在新疆有淡水湖博斯腾湖和小海子以及乌伦古湖和高山湖阿斯湖、赛里木湖。蒙新两自治区总水面为152.4万公顷，可养水面85.8万公顷；可养湖泊约占全国可养湖泊总面积的32.8%。

③ 鱼类资源。本区中内蒙古有鱼类96种（土著鱼类75种），新疆有鱼类50种（土著鱼类44种）具有经济价值的鱼类计25种左右。北疆额尔齐斯河有较多的冷水性鱼类，内蒙古有耐盐性鱼类。主要经济鱼类有裸腹鲟、西伯利亚鲟、哲罗鱼、细鳞鲑、长颌白鲑、白斑狗鱼、鲤、黑鲫、湖拟鲤、贝加尔雅罗鱼、东方真鳊、赤鲈、塔里木裂腹鱼、扁吻鱼、鲇等。

（7）青藏渔业区。

① 自然环境条件。本区包括青海、西藏及川西高原，南及西南部与印度、不丹、尼泊尔等国接壤。区内基本上是高原，海拔平均4 000 m以上；太阳辐射强，白天增温快，夜间降温也快，气温日较差达20 ℃，全年总辐射量为全国最高（746.6 kJ/m^2）。本区包括3个气候带：高寒带，海拔4 800～5 100 m，日最低气温都低于0 ℃，年降水量100 mm，为无人区；高原亚寒带，为江河源头畜牧业区，海拔3 500～4 500 m，年平均气温-3～3 ℃，年降水量300～400 mm，湖泊众多，产细鳞鱼等冷水性鱼类；高原温带，海拔约3 000 m，降水量20～400 mm，日照3 000 h。青海湖为我国最大的咸水湖泊，夏季水温18.9 ℃。藏东多沼泽洼地，为潜水域；藏南为谷地，较干旱；两区降水量为438～1 000 mm，无霜期3～5个月，水域封冰期达4～6个月。

② 水域结构。本区位于亚洲大陆内部，是东亚、南亚和中亚许多大河的分水岭和发源地，东流的河流有长江、黄河，西流的有印度河上游，南流的有澜沧江、怒江、雅鲁藏布江等，皆为外流河；绝大部分地区为内流河水系，水源靠冰雪融水。高原上的湖泊星罗棋布，总面积达36 560 km^2（青海67万公顷、西藏276万公顷），约占全国湖泊总面积的48.4%；绝大部分为咸水湖，占湖泊总面积的83.9%，是我国咸水湖集中分布区。本区水域总面积达383万公顷。

③ 鱼类资源。本区鱼类组成单纯，种类不多。青海省有土著鱼类45种，以裂腹鱼亚科鱼类最多（20种），其次为条鳅亚科鱼类（18种），主要经济鱼类有：青海湖

裸鲤（湟鱼）、花斑裸鲤、极边扁咽齿鱼等。西藏鱼类均系小型鱼，有开发价值的为羊卓雍湖裸鲤和纳木错小头裸裂尻鱼。

2. 河流生态环境

中国江河众多，流域面积在100 km^{2}以上的河流有5万余条，流长在300 km以上的河流有104条，其中1 000 km以上的有22条，江河总面积1 200万公顷，占内陆水域总面积的45%。河流分为外流流域和内流流域，前者面积广大，约占全国总流域面积的64%，内流流域占36%，两者的界限基本上沿东北–西南方向，由大兴安岭西麓南下，经内蒙古高原，止于西端的国境线上。这条线的西北是内流区，东南为外流区。当然，在内流区也有少数属于外流区域（如额尔齐斯河流域），外流区内也有局部小片内流区域（如嫩江东岸以及松花江和嫩江汇合处的西部）。外流河分别流向太平洋、印度洋和北冰洋（太平洋流域最大，约占全国总流域面积的56.7%）。

中国的江河中发源于青藏高原东南边缘的都是源远流长的大河，如长江、黄河、澜沧江、怒江等；发源于大兴安岭、冀晋山地、豫西山地和云贵高原一线的有黑龙江、辽河、海河、淮河、西江等；发源于长白山地和东南沿海山地丘陵地区的有图们江、鸭绿江、钱塘江、闽江等，它们濒临海洋，大多流程短，但水量丰富。

表5–21　全国较大江河及其流程

名称	流程（km）	名称	流程（km）	名称	流程（km）	名称	流程（km）
黑龙江	2 965	汾河	716	岷江	793	汉水	1 532
松花江	1 840	大运河	1 794	嘉陵江	1 119	湘江	811
乌苏里江	890	滦河	877	汉水	1 532	资水	631
嫩江	1 370	黄河	5 464	湘江	811	沅江	993
呼玛河	445	渭河	787	资水	631	澧水	376
牡丹江	725	白龙江	535	沅江	993	赣江	758
辽河	1 430	淮河	1 000	澧水	376	抚河	335
鸭绿江	795	颍河	557	赣江	758	修水	345
图们江	444	长江	6 300	抚河	335	信江	312
海河	1 090	涪江	668	修水	345	钱塘江	410
永定河	650	乌江	1 018	信江	312		
子牙河	706	大渡河	909	钱塘江	410		

注：引自《水产养殖手册》（1993）

中国地形西高东低，外流河大多是自西向东的纬向流向，形成一系列峡谷和巨大落差，提供了丰富的水力资源。内流河分布的范围也较广，内蒙古高原的内流河少而短促；甘肃、新疆地区有一些流程较长的河流，以柴达木盆地为中心的内流河流域，广布有许多盐湖沼泽；藏北高原发育了许多以湖泊为中心的内流河。

（1）中国河流的特点。

① 分布不均匀。由于气候和地形以及自然条件的影响，河网分布密度的总趋势是由东南向西北逐渐减少。秦岭至大别山以南，武夷山至雪峰山以东是中国东南半壁的外流区，降水丰沛，河水充盈，河网发育密度最大，一般超过0.5 km/km^2，并形成庞大水系。长江三角洲和苏北平原地区河流密度更大，达4.8～6.7 km/km^2，这一区域是中国淡水渔业最发达的地区。秦岭到大别山以北地区是干旱、半干旱气候区，地表径流少，河流密度一般不超过0.3 km/km^2，特别是西北地区，河流密度均在0.1 km/km^2以下。内蒙古高原和新疆盆地竟形成无流区。

② 水量变幅大。我国河流的补给以雨水为主。东南部地区年降水量大，雨水补给占河川径流量的60%～80%，而降水少的西北地区只占径流量的5%～25%。由于降水的季节分配很不均匀，故河川径流的季节变化也相当大。年际之间水量变化也很大。秦岭–淮河线以南，年降水量丰富，大部分江河均长流水；此线以北，降水量减少且降雨集中，江河水量丰枯变幅更大，绝大部分为季节性河流，有的甚至在枯水季节断流，成为间歇性河流。

③ 泥沙含量大。我国许多河流素以多泥沙著称。全国河流平均含沙量5.93 kg/m^3，其中黄河的多泥沙为世界河流所罕见，含沙量比密西西比河、尼罗河高出90倍。我国外流河每年带走的泥沙有26亿吨，其中黄河带走近12亿吨，占全国输沙量的46%。

（2）主要河流与基本特征。

① 长江流域。长江是中国第一大河、世界第三大河，源于青藏高原的唐古拉山，干流贯穿青海、西藏、云南、四川、湖北、湖南、江西、安徽、江苏和上海等10个省（市、自治区），全长6 300 km（直线距离约3 000 km），流域总面积超过180万平方千米（27万平方千米肥沃耕地），年均入海总径流约1万亿立方米，落差5 100 m余；从源头到入海口分为3段：河源到宜昌为上游，宜昌至湖口为中游，湖口以下为下游。根据渔业特点又可细分为6段：a. 河源段位于青藏高原，平均海拔4 500 m，从源头至玉树全长1 188 km，水流平缓，平均比降1.5‰，多沙滩砾石，冬季封冰，自然环境恶劣，只能适应少数几种冷水性鱼类生活，无渔业；b. 金沙江段从玉树巴塘河口到宜宾，全长308 km，山高谷深，滩多流急，落差达3 000 m，上段无渔业，下段屏山至宜宾则为重要渔业区；c. 川江段从宜宾至宜昌，全长1 030 km，

流经四川盆地，水量大增，自奉节至宜昌为著名的三峡地区，鱼类资源丰富，渔业发达；d. 中游段宜昌至湖口全长1 015 km，由于河道的自然变迁和泥沙淤积，两岸湖泊汇集，河道往往高出地面，易造成洪水灾害，鱼类资源丰富，多为半洄游性鱼类；e. 下游段自湖口至江阴，全长696 km，流经皖苏平原，江面宽阔，水流缓慢，沙洲、江心洲密布江中，水位受潮汐影响而呈周期性涨落，两岸湖泊较多，河道鱼类混有洄游性种类，如刀鲚、鲥、鳗鲡、河鲀及蟹等，渔业发达；f. 河口段自江阴至河口，全长约200 km，海拔10 m，江面宽，长江口宽达91 km，大量泥沙淤积，江中大小岛屿、浅滩、暗沙密布，以崇明岛最大，受海潮倒灌影响形成半咸水水域，富产洄游性半咸水鱼类，渔业资源丰富。

长江是中国内陆与海洋沟通的交通大动脉，流经亚热带气候区，降水丰富，气候温和，是农业和渔业生产的重要地区。长江流域北岸属北亚热带地区，主要是黄棕土壤和黄褐土壤，表土腐殖质含有机质2%～2.5%，pH 5～7，质地较黏重；其南岸属中亚热带地区，气温较高，主要为黄壤土和红壤土，质地黏重，含有机质1%～2%，有效磷含量低。长江流域北岸的陆生植被多为落叶、阔叶和常绿阔叶混交林带；南岸山地为常绿阔叶林带，竹类植被也很丰富。水生植物种类多样化，但数量较少。

长江渔业气候分青藏高原气候区、印度洋季风气候区和东部太平洋季风气候区等3种类型。南部气温高于北部，中、下游江北区年均气温为15～18 ℃，全年日均气温≥10 ℃的积温为4 500～5 500 ℃，全年无霜期为7～8个月；中、下游江南地区年平均气温为16～20 ℃，全年日均气温≥10 ℃的积温为5 000～6 500 ℃，无霜期8～10个月。降水量南部多于北部，以夏季最多，占全年降水量的40%～60%，春季占35%～40%。长江中下游北岸地区，年降水量为75～1 000 mm，南岸地区为1 000～2 000 mm。日照时数依省区而异，四川盆地多云雾，全年有1 000～1 300 h，日照率不足30%；两湖地区日照时数在1 150～1 300 h，日照率为28%～50%；沿海地区日照时数是2 000～2 500 h，日照率为44%～58%。

长江流域水文特征：流量大于黄河，年总流量近1万亿立方米，每年5～10月为汛期，7～8月为大汛期，径流量约占全年的80%，4～6月水位开始上涨，7～8月为主要汛期，10月以后进入枯水期，全年基本不出现冰冻；河流中含沙量较小，但水量大，因而总输沙量仍很大，占我国河流的第二位，且上游大于下游。

② 黄河流域。黄河是中国第二长河、北部大河，世界第五大长河， 中华文明最主要的发源地，称其为“母亲河”，发源于青海巴颜喀拉山，流经青海、四川、甘肃、宁夏、内蒙古、陕西、山西、河南、山东等9个省、自治区，最后流入渤

海。全长5 464 km，流域面积约75万平方千米，年径流总量574亿立方米，分上、中、下游三段：a. 上游段从河源至贵德，两岸多山岭及草地高原，海拔3 000 m以上，是高原寒冷气候；河源部分400 km，河道迂回曲折，两岸多湖泊（星宿海、鄂陵湖、扎陵湖等）、草地、沼泽，河水清，水流稳定，鱼的种数少，仅8种。b. 中游段由贵德至孟津，其中贵德到刘家峡一段山谷极为深削（100～500 m），河宽50～70 m，最狭处不到15 m，龙羊峡到青铜峡为谷段，计19个峡谷，河道比降大，水流湍急，水力资源丰富，进入河套形成大片冲积平原（银川平原、河套平原等），水流平缓，鱼类资源丰富，如鲤、鲫、鲇等；流至河口镇，突然折向南行，至龙门全长仅718 km，但落差达611 m，比降很大，壶口大瀑布就在这里，龙门以下到潼关130 km河段内，接纳了汾、渭、泾、洛诸水，水量大增，大量泥沙沉淀淤积，河道很不稳定，盛产鲤、鲫；过潼关折向东行，进入三门峡；黄河中游流经黄土高原，河水携带大量泥沙，给下游造成巨大危害，是根治水害的关键河段。c. 下游段自孟津至华北平原，全长874 km，河道宽阔平坦，水流缓慢，泥沙淤积，河床高出地面4～5 m，成为举世闻名的"地上河"；鱼类资源丰富，生态类型多样化，包括河道性鱼类、河口洄游鱼类、定居性鱼类、半咸水鱼类和海水鱼类。

黄河的上、中、下游三段不仅地形、地貌差别相当大，而且土壤类型和植被的差异也很大。上游的土壤以半湿润型的棕毡土、黑毡土占优势，并有大片沼泽土壤，一般不长森林，而生长高原特有的蒿草、薹草等为主的草甸；中游多为厚达30～100 m的黄土层，多为黑垆土（属于森林草原和草原植被下发育的土壤），塿土和绵土，天然植被仅限于少数山地，也是稀疏的梢林。黄土高原的植被十分稀少，原生的天然植被早被破坏殆尽，多是光秃不毛之地，水土流失十分严重。

黄河流域三段的气候差别也很大。上游地区具有高原亚热带、半湿润气候和高原温带半湿润气候特点，空气稀薄，气压低，光照足、辐射量大，气温低，年平均气温为−3 ℃以下，日均气温≥0 ℃的天数为120～180 d，日较差达18～28 ℃，日变化大，干湿季节分明，干季多大风；年降水量约300 mm，其中固体降水占2/3，降水期集中在7～9月，年蒸发量都高达1 290 mm；日照时数达3 000 h以上，全年有霜，有时1年只有2～3 d无霜期。中游属于温带、暖温带半干旱大陆性气候带，冬季长，夏季短，气温较高，年平均气温为−5.9～8.7 ℃，日平均气温≥10 ℃的积温达2 900 ℃，无霜期152～230 d；日照时数为3 000 h；年均降水量约400～750 mm，集中于7～9月，占全年降水量的80%，年蒸发量为1 000 mm以上。下游属暖温带−亚热带、湿润−半湿润季风气候，冬季多北风，干燥，夏季多东南风，炎热，年平均气温13～14 ℃，≥10 ℃的积温为3 600～4 700 ℃，无霜期为180～230 d，年均降水量为550～800 mm，集中于6～8月，约占全年降水的65%，年日照时数为2 135～2 700 h。

黄河流域的水文特征明显，流经干旱、半干旱和半湿润气候地区，降水量不大，年径流量不到500亿立方米，为长江年径流量的1/20。干流水量的变化颇为独特，兰州以上流域面积只占总流域面积的29.6%，而水量却占70.1%；兰州至河口镇流域面积虽占总流域面积的21.1%，而水量只占19.1%。这是出于河套平原的引黄灌溉，蒸发量大，渗水严重，又无大支流加入等原因。从河口镇到花园口水量又大增，这是因为耗水小，又有渭、汾等大支流汇入。花园口到利津，是“地上河”，渗漏严重，无大支流流入，又有多处引黄工程，耗水量大，河水量又逐渐减少。由此可见，黄河水量主要产生于上、中游，约占总径流量的90%。黄河补水主要靠雨水，夏秋两季径流占全年的70%～80%。流量的极端最大值和最小值相差100多倍。流量的年际变化不大。黄河水位波动大，是成为害河的主要原因。上中游冰封期长，冰层厚，上游每年冰期达2～8个月，冰厚1 m；中游封冰期1.5～2.5个月，冰厚0.61～0.72 m；下游冰封期27 d，最大冰厚0.40 m。黄河含沙量居世界各大河之冠，号为“一石而泥六斗”，陕县多年平均含沙量达37 kg/m^3，潼关最高含沙量达246 kg/m^3，吴堡最高含沙量竟高达888 kg/m^3（1970年8月2日），府谷最高含沙量为1 110 kg/m^3（1973年8月29日）。黄河的年输沙量约16亿吨，最高年输沙量为39.1亿吨，其中90%的泥沙量来自秦晋黄土高原和泾、洛、渭河流域。

③ 黑龙江流域。黑龙江流经内蒙古、吉林、黑龙江三省（自治区），入俄罗斯境，中国部分长3 101 km，流域面积88.7万平方千米，有南、北两源，南源额尔古纳河（全长1 520 km），又分3支，其中以源出大兴安岭的海拉尔河为最长；北源石勒喀河（全长1 660 km），源于蒙古人民共和国肯特山东麓，两源于漠河以西的洛南村汇合后，始称黑龙江，然后东流，在俄罗斯境内的庙街附近注入鄂霍次克海的鞑靼海峡。黑龙江有200余条支流，其中松花江最大。黑龙江分上、中、下游三段，南源额尔古纳河干流及本江上、中游江段为中、俄两国界河。上游段自洛古河村至黑河市流长约894 km，流程多为深山林区，河床多滩石，清澈，坡降和流速较大，河道较直，渔业价值不大；中游段自黑河市至乌苏里江汇入处，长约996 km，河道宽度因地而异，差别甚大；下游段全在俄罗斯境内，属平原性河道。黑龙江特产鲟、鳇及大麻哈鱼。

黑龙江流域的地形也异常复杂，包括山地、丘陵和平原等，大兴安岭地区的土壤多为草暗棕色森林土和栗钙土；植被类型复杂，种类多，从北至南为针叶林、针阔混交林、森林草原和草甸草原，而从东到西为草甸草原，干草原；长白山自然生态系尚未受到人为破坏，是我国最大的自然保护区。平原地区腐殖质层深厚，黑土肥力很高，为主要粮食产区。黑龙江流域属于温带及寒温带大陆季风气候，春季风大干旱，夏季短促而湿热，冬季漫长且严寒干燥；气温随纬度增高而降低，年平均气候为-3～5 ℃，年温差高达36～49 ℃，≥10 ℃积温1 500～2 700 ℃，北移一个纬度积温减少100 ℃，高度增加100 m，积温减少200 ℃左右；无霜期为100～160 d，结冰日期180～260 d，冰厚0.08～2.0 m；年均降水量为400～1 000 mm，东部比西部多，夏季降雨量占全年的50%以上，年际变化较大；年蒸发量为900～1 900 mm，全年相对湿度为60%～72%；年日照时数，平原地区为2 500 h以上，山区日照较少；水域流量主要依靠降水补给（75%～80%），雪水补给为辅，平均径流为627.9亿立方米；江河水含沙量约0.02～0.05 kg/m^3，为我国含沙量最少的河流。

④ 珠江流域。珠江是我国南部的大河，由西江、北江和东江组成，三江在珠江三角洲汇集；西江最长，为珠江主干，国境内总长2 210 km。珠江流域包括云南、贵州、广西、广东、湖南、江西等省（自治区），流域面积为44.3万平方千米，年径流总量为3 490余亿立方米。

西江发源于云南省沾盖县的马雄山南坡，流经云南、贵州、广西及广东四省（自治区），入南海，流域面积34.2万平方千米，占珠江流域总面积的77.83%；干流自上而下分为红水河（659 km）、黔江（122 km）、浔江（172 km）、西江（208 km），东流进入三角洲，自磨刀门入南海；西江的主要支流有北盘江、柳江、郁江、桂江和贺江。

北江发源于江西、广东之间的大庾岭南，至韶关市与武水汇合，干流全长468 km，流域面积4.7万平方千米，占珠江流域总面积的10.30%，于三水进入三角洲，其支流有翁江、连江、绥江。

东江发源于安远县姐妹岗，汇入狮子洋（珠江），干流长523 km，流域面积2.7 km^2，占珠江流域总面积的5.96%；其主要支流有寻邬水、新丰江、西枝江、增江。北江和东江系山区性河流。

珠江的三条源流实际上是三条独立水系，汇集在三角洲，之后分汊很多，纵横交错，形成网状水系，大小河汊百余条，入海口8个，在我国大河流中是比较特殊的。此区鱼类资源丰富，是我国重要淡水渔业区。

珠江流域的土壤属于江南红壤、赤红壤、水稻土，天然植被部分属于华中、西南的亚热带林，大部分属于华南、滇南的热带林；北缘及高山地区属中亚热带，大部分地区属南亚热带，前者气温≥10 ℃的天数为239～285 d，积温4 000～5 000 ℃；后者气温≥10 ℃天数为285～365 d，积温为5 000～8 000 ℃，年均气温在20 ℃以上，年平均无霜期为300 d以上，一般冬季无雪，绝对最高温度42.5 ℃，绝对最低气温–8.9 ℃；降水主要为峰面雨和台风雨，多为4月左右和7月以后，年平均降水量为1 000～2 000 mm，年日照时数为1 300～2 200 h，年蒸发量为1 028～2 395 mm；多年平均径流总量为3 466亿立方米，仅次于长江，为黄河的7倍，西江年均径流占珠江流域总量的72.4%，北江占13.2%，东江占7.8%，其他占6.6%；汛期长达半年，自4月至9月下旬，汛期水量占全年的72.1%，年洪峰约5次，每次持续时间5～20 d；江河水含沙量较少（0.126～0.334 kg/m^3），年平均仅1%～2%，为黄河的1%。

（3）生态环境。

① 非生物环境。

流量和水位。流量和水位的变幅大是我国江河的特点。河流水的补给来源于雨水、冰雪融水和地下水等，其中以雨水补给为主。江河的流量和水位几乎完全受降雨控制，具有明显的季节变化：春季为枯水期，北方的河流（如黄河）常断流；夏季为洪水期，水位突然大幅度上涨，常出现水灾。

含沙量。含沙量高，是我国河流的又一特点，全国江河平均含沙量为5.92 kg/m^3，其中黄河的含沙量最大，其次为长江，第三为珠江和黑龙江。

透明度。河水的透明度主要取决于含沙量。黄河上游河水透明度为10～30 cm，中下游仅为0～10 cm；长江透明度一般为10～30 cm；黑龙江透明度为10～110 cm；珠江枯水期透明度为10～383 cm，丰水期一般为2～90 cm。

水温。江河水温比气温滞后的程度较湖泊和水库为小，年平均水温取决于纬度和海拔高度。以地下水补给为主的河段，水温比较稳定，年变化较小，夏季和冬季的月平均水温与气温的差异都较大。江河上、中、下游依所处地理位置不同，水温的水平差异较大，但垂直分布较均匀。

水的含盐量和主要离子。我国地域广阔，土壤等自然条件复杂，降水量有明显的季节变化，因而河流的含盐量和主要离子含量有明显的地带性和季节变化。

我国江河水的含盐量一般从东南向西北递增。东南沿海潮湿多雨，除河口地带外，江河的含盐总量为50 mg/L左右；秦岭–淮河一线以南的河流含盐量较低，一般为200～300 mg/L以下，云贵高原东部的河水增加到300～500 mg/L；秦岭–淮河一线以北的河流含盐量一般为200～300 mg/L以上，不同地带差别较大。华北地区江河含盐量，平原高于山区，滨海地区高于内地，西北干旱地区河流含盐量很高，出现一些半咸水河流，如黄河中游的祖历河的含盐量高达7 263.5 mg/L。东北地区河水含盐量较低，一般为100～200 mg/L，山区河流含盐量更低一些。

河水硬度和碱度的分布和变化的趋势基本上与含盐量相似，硬度随含盐量增加而增大。从东南沿海（0.5 mmol/L）向北逐渐增大（2～3 mmol/L），云贵高原岩流地区可达3～6 mmol/L，黄土高原和东北地区有些河流可达到6～9 mmol/L。我国河水的碱度也有一定分区性，东南沿海和珠江、长江水系较低，一般为1～2.3 mmol/L；黄河水系一般高于3 mmol/L，东北地区河流一般为1～2 mmol/L，很多河流仅0.4～0.7 mmol/L。

溶氧量。河流溶氧量主要受温度和海拔高度影响。我国江河水域的溶氧量都很丰富，珠江水系清洁河段溶氧量为6.6～8.0 mg/L，长江为7.0～9.3 mg/L，黄河为7.2～10 mg/L，松花江接近黄河。高海拔河水溶氧量低于低海拔河水，河水溶氧量还随COD的增加而减少。

pH。我国多数江河pH变化于6.5～8.5，东南部地区和东北地区河流的pH低于中部地区河流，珠江水系多为6.5～8.0，长江水系为7.3～8.7，黄河为7.5～8.6，黑龙江水系多数为6.9～7.5，主要江河为6.6～8.4。

COD。我国秦岭–淮河以南河流的COD值较低，珠江水系多数河流为0.2～12.0 mg/L，平均2.2 mg/L；长江平均为1.6 mg/L；黄河上游为5.9 mg/L，中游为4.0 mg/L，下游为3.1 mg/L；黑龙江水系的COD普遍比珠江和长江高，变化于2.8～16.6 mg/L。

营养元素。主要为氮（N）和磷（P）。有效氮，珠江水系以NO_3^-–N为主，变化范围大（0～4.13 mg/L），长江水系NO_3^-–N一般变化于0～3.2 mg/L，黄河水系NO_3^-–N为0.63 mg/L，黑龙江水系的有效氮以NH_4^+–N为主，年平均为0.010～0.704 mg/L。珠江水系的河流活性磷为0～1.20 mg/L，黄河活性磷为0.02～0.057 mg/L，总磷为0.01～1.13 mg/L，长江干流活性磷为0.008～0.02 mg/L。

② 生物群落。

浮游生物。各类浮游植物的组成，长江水系170个属，黄河水系198个属，黑龙江水系169个属，珠江水系212个属，主要种类的属数从高到低依序为绿藻门、蓝藻门、裸藻门、甲藻门、金藻门和黄藻门。我国河流浮游植物量为0.10～30 mg/L，黑龙江水系较高（3.64 mg/L，1.95～7.00 mg/L），黄河（0.41 mg/L，0.003～1.343 mg/L）、长江（0.08 mg/L，0.034～0.375 mg/L）和珠江（0.87 mg/L，0.29～1.89 mg/L）水系一般偏低。河流上游多为少数底栖藻类，中下游浮游的种类增多。我国江河中浮游动物种（110个属201个种）和量都较少，四大流域的平均值以长江最高（0.908 mg/L，以桡足类和枝角类为主），黑龙江次之（0.63 mg/L，以轮虫为主），珠江0.433 mg/L（以轮虫和桡足类为主），黄河最低（0.123 mg/L，以轮虫和桡足类为主）。

底栖动物。我国四大江河水系底栖动物的常见门类有环节动物、软体动物、节肢动物，常见优势种有中华颤蚓、尾鳃蚓、中国圆田螺、中华圆田螺、背角无齿蚌、钩虾、水生昆虫幼虫、摇蚊幼虫等。四大水系的底栖动物种类分布，南多于北，下游多于上游；生物量也是下游（11.50～83.9 g/m^2）多于上游（0.03～59.1 g/m^2），但黄河则相反，上游（10.37 g/m^2）高于中游（0.40 g/m^2）和下游（0.048 g/m^2），这与中上游泥沙多有关。

鱼类。我国四大水系鱼类资源丰富。长江水系有鱼类332个种和亚种，上、中、下游普生种类73种，主要经济种类约40～50种，如青鱼、草鱼、鲢、鳙、鲤、鳊、鲇、铜鱼、长吻鮠、鳜、鲌、鳡和洄游性鱼类鲥、刀鲚、中华鲟等。黄河水系有鱼类121种和亚种，纯淡水鱼类98种，主要经济鱼类有花斑裸鲤、极边扁咽齿鱼、厚唇裸重唇鱼、黄河裸裂尻鱼、瓦氏雅罗鱼、北方铜鱼、鲤、鲫等。黑龙江水系有鱼类93种和6亚种，鲤科占58.35%，鲑科占5.22%，主要经济鱼类有鲤、鲫、草鱼、鲢、鳇、鲟、鲇、鳊、翘嘴红鲌、鳜和冷水性大麻哈鱼、细鳞鲑、哲罗鱼等。珠江水系有鱼类262种，主要经济种类40余种，鲤科占58.5%，主要经济鱼类有鲤、广东鲂、鲮、赤眼鳟、鲥、鳗鲡、草鱼、青鱼、鲢、鳙、鲫、鳙鲍白鱼、大眼鳜、斑鳠、斑鳢、鲇等。

3. 淡水湖泊生态环境

我国是世界多湖国家之一，总面积7.56万平方千米（养殖面积近百万公顷），占全国内陆水域总面积的33%，面积在663 km^{2}以上的湖泊有18个，1 km^{2}以上的湖泊约2 800多个，小于1 km^{2}的湖泊超过2.2万个。各湖区因所处地理环境和生成发育条件的不同，湖泊的性状各不相同，可概括分为内陆湖泊和外流湖泊。前者自成一个小流域，湖水不能外流，蒸发量大于补水量，湖水逐渐浓缩为咸水湖或盐湖，如青海湖（盐度为12～13）、艾丁湖（盐度55.1～109.5）等，总面积约3.8万平方千米；后者与河流相通，湖水能外流，降水多，交换量大，盐分不易积聚，大多为淡水湖，如鄱阳湖、南四湖等，总面积约3.7万平方千米，储水量为内流湖泊的4.5倍。

湖泊的成因多种多样，其成因类型包括构造湖、海成湖（潟湖）、冰川湖、火山堰塞湖、火山口湖、岩溶湖、风成湖、河迹湖、堤间湖等。其中构造湖分布于全国各地区。

表5–22　中国的主要湖泊概况

湖名	所在省（区）	面积（km^2）	湖面高度（m）	最大水深（m）	容积（亿立方米）	成因类型
青海湖	青海	4 583	3 195.0	32.8	1 050.5	构造湖

续表

湖名	所在省（区）	面积（km^2）	湖面高度（m）	最大水深（m）	容积（亿立方米）	成因类型
兴凯湖	黑龙江	4 380	69.0	6.0	27.1	构造湖
鄱阳湖	江西	3 583	21.0	16.0	248.9	构造湖
洞庭湖	湖南	2 820	34.5	30.8	188.0	构造湖
太湖	江苏	2 425	3.14	3.34	51.5	古潟湖
呼伦湖	内蒙古	2 315	545.5	8.0	131.3	构造湖
洪泽湖	江苏	1 960	12.25	4.75	26.6	古潟湖
纳木错	西藏	1 920	4 718.0			构造湖
色林错	西藏	1 640	4 530.0			构造湖
南四湖	山东	1 266	35.5～37.0	6.0	53.6	河迹洼地湖
艾比湖	西藏	1 070	189.0			构造湖
博斯腾湖	新疆	1 019	1 048.0	15.7	99.0	构造湖
扎日南木错	西藏	985	4 613.0			构造湖
当惹雍错	西藏	825	4 535.0			构造湖
巢湖	安徽	820	10.0	5.0	36.0	构造湖
乌伦古湖	新疆	745	460.0	12.0	59.0	构造湖
羊卓雍湖	西藏	730	4 441.0	59.0	160	构造湖
高邮湖	江苏	663	5.7	1.7	8.9	古潟湖
鄂陵湖	青海	610.7	4 268.7	30.7	107.6	构造湖
乌兰乌拉湖	青海	610	4 854.0			构造湖
哈拉湖	青海	602	4 078.0	65.0	160	构造湖
松花湖	吉林	550	261	75.0	108	人工控制湖
扎陵湖	青海	526.1	4 293.2	13.1	46.7	构造湖
洪湖	湖北	402	25.0	1.5	7.5	河迹洼地湖
滇池	云南	297	1 886.7	8.0	15.7	构造湖
乌梁素海	内蒙古	293	1 018.5	2.5		河迹湖
洱海	云南	250	1 965.5	23.0	30.0	构造湖
达来诺尔	内蒙古	238	1 266.0	13.0	16.0	堰塞湖
抚仙湖	云南	212	1 720.0	151.60	185.0	构造湖

续表

湖名	所在省（区）	面积（km^2）	湖面高度（m）	最大水深（m）	容积（亿立方米）	成因类型
岱海	内蒙古	165	1 200.0	18.0	13.3	构造湖
瓦埠海	安徽	160	17.5	1.7		构造湖
镜泊湖	黑龙江	95	350	62.0	16.3	堰塞湖
艾丁湖	新疆	96	−154	50		构造湖
白头山天池	吉林	9.82	2 194	373	20.04	火口湖
日月潭	台湾	7.7	743	21		构造湖

注：引自《中国内陆水域渔业资源》（1990）

（1）湖泊的分布与特点。

① 湖泊的分布。我国湖泊的主要分布区是东部平原区和青藏高原区，另外，蒙新地区、云贵高原和东北地区也有不少湖泊，大致可划分为5个比较集中的区域。

东部平原湖区。我国淡水湖泊比较集中的地区，主要分布于两湖平原，江西、安徽、江苏和黄、淮河下游，鲁西运河沿岸及钱塘江三角洲等地区。全区湖泊面积2.34万平方千米，占全国湖泊面积的31%。我国的五大淡水湖（鄱阳湖、洞庭湖、洪泽湖、太湖、巢湖）均分布在这一地区。由于地理、气候、水质等条件优越，该区的养鱼历史悠久，湖泊渔业居全国之首。

东北平原湖区。东、西、北三面分别为大小兴安岭、长白山及千山丘陵所怀抱，中部平原低洼，积水而形成大量湖泊、沼泽，但多数面积较小，当地称其为"泡子"。本区的湖泊面积共0.52万平方千米，约占全国湖泊面积的6.9%，包括连环湖76 km^2，兴凯湖4 380 km^2，镜泊湖95 km^2。

云贵高原湖泊区。本区湖泊总面积约0.11 km^2，约占全国湖泊面积的1.4%，是我国五大湖区中面积最小的一个，几乎全分布于云南省，海拔1 280～3 270 m，大小湖泊30余个，都是淡水不冻湖，是湖泊渔业较发达地区。本区湖泊多为地层断裂陷落的构造湖和石灰溶蚀湖泊。

蒙新湖泊区。本区包括蒙新和青海省的柴达木盆地地区，面积约0.93万平方千米，占全国湖泊面积的12.3%；大多是盐水湖，如柴达木盆地有55个湖泊（0.21万平方千米），其中咸水湖31个（0.16万平方千米），占76.9%；本区纬度和海拔都高，气温低，每年冰期达4～7个月，最大冰厚达1～2 m。

青藏高原湖泊区。本区是我国，也是世界最大的高原湖泊群分布区，海拔

4 100～4 900 m，湖泊总面积达3.4万平方千米， 占全国湖泊总面积的45.2%，约1 800余个，仅西藏就有1 500余个，称为“千湖之家”。本区的湖泊大多数为内陆湖、咸水湖（盐湖）、季节性湖。青藏高原被誉为“盐湖之家”，湖泊蒸发量大于补给量，水温低，每年冰封期4～7个月；鱼类种类稀少，以冷水性鱼类为主，绝大部分在渔业上未经开发利用。

② 湖泊的特点。分布范围广且集中。虽然分布广泛，但又相对集中，主要淡水湖泊和盐湖分别分布于东部平原和青藏高原与蒙新湖区。东部平原湖区和青藏高原湖区是我国湖泊最密集的地区，占全国湖泊总面积的76.2%。咸水湖和盐水湖面积大。青藏高原和蒙新湖区的咸水湖和盐水湖面积达4.5万平方千米，占全国湖泊面积的60%。淡水湖泊多与河道相通。我国的淡水湖泊多与河网相通，水量主要靠河水补给，因此，湖泊水位变化受制于江河水情变化。小型湖泊多。面积在1 km^2以上的2 800余个湖泊中，绝大多数是小型湖泊，且集中在东部平原区，气候适宜，鱼类资源丰富，有利于发展湖泊养鱼。

（2）生态环境。湖泊的地理位置和大小不同，外流湖与内流湖、淡水湖与咸水湖、深水湖与浅水湖以及成因类型不同的湖泊，其理化性质、水生生物的结构、鱼类区系特点与种类组成、水域的生产性能等均各有特点和差异。

① 非生物环境。

a. 水温。湖泊水温的水平分布，自南向北随纬度的增高递降，同时，又与所处海拔高度和湖泊本身的形态有关。高纬度、高海拔地区的湖泊，年均水温最低。如新疆赛里木湖面高程2 072 m，年均水温仅7 ℃，7月份也不过11～19 ℃；西藏纳木错湖面高程4 718 m，7月份表面水温仅10.3 ℃，而与其纬度相近的平原湖泊，7月份平均水温多在25 ℃以上。

湖泊表面水温的月均最低水温出现在1～2月，最高水温出现在7～8月。水温的年变化幅度以长江中下游浅水湖最大（36～38 ℃），东北与蒙新地区湖泊为24.5～31.7 ℃，云贵地区为21.7～27.3 ℃，青海地区一般为20 ℃以下。

湖泊的冰封期。珠江水系无冰封期，水温15 ℃以上的天数有300 d以上；长江水系有时有短的冰期，15 ℃以上的200～297 d；黄河水系和黑龙江水系冰封期约90～180 d，15 ℃以上的约100～180 d。

湖泊水温日变化。东北、云贵及长江中下游的湖泊最高的水温多出现在16：00～18：00，最低水温出现在6：00；蒙新和青藏高原的湖泊，最高水温出现在18：00～20：00，最低水温常出现在8：00～10：00。水温的日变幅，夏季大于冬季，浅水湖大于深水湖。

湖泊水温的垂直分布。浅水湖水温的分层不明显，上下层水温差一般小于0.3 ℃/m；深水湖泊在夏季水温分层明显，一般10～20 m出现飞跃层，该层水温梯度可达0.5～2 ℃/m。

b. 透明度。湖泊的透明度与含沙量、悬浮物质、浮游生物量以及水的化学成分有关。湖泊的水团处于相对静止状态，水中的泥沙容易沉降，除了汛期湖泊的上游和浅水湖外，湖水的透明度都取决于浮游生物的含量。

在自然条件相近的情况下，深水湖泊水的透明度比浅水湖大，咸水湖比淡水湖大；同一湖泊不同区域的透明度，深水区比浅水区、入河口区的大，枯水期比汛期大。我国湖泊的透明度差别十分明显，藏南的玛旁雍错的透明度高达14 m，而长江中下游的湖泊一般在100 cm左右，一些浅水湖仅10 cm左右，东北的“泡子”多为20～30 cm。我国不同地区主要湖泊的透明度一般在25～170 cm之间。

c. 含盐量。我国湖泊的含盐量受地区自然条件制约，依所处地区而异。东部平原湖区的含盐量低；长江中下游湖泊的含盐量大多为200 mg/L以下，低的只有30～40 mg/L，如鄱阳湖含盐量为23.7～70 mg/L；长江流域以北的湖泊，含盐量随纬度增高而增大；云贵高原湖区和黄河、淮河流域湖泊的含盐量稍高，一般超过200 mg/L，如云南抚仙湖的含盐量为316.6 mg/L，异龙湖为355.2 mg/L；蒙新高原湖区和青藏高原湖区的湖泊含盐量较高，大多为1～20 g/L，出现许多盐湖。

d. 主要离子、硬度、碱度。淡水湖的阴离子以重碳酸根为主，阳离子以钙离子为主。硬度和碱度一般与含盐量呈正相关，如长江中下游湖水硬度低于1.5 mmol/L，云贵高原和黄淮海平原的湖水硬度都超过2.2 mmol/L。总碱度的区域性也很明显：珠江和长江水系湖泊的碱度一般较低，如太湖为1.22 mmol/L，巢湖为1.02 mmol/L；黄河水系和云贵高原岩溶地区湖水的碱度都高于3 mmol/L，连环湖则高达5.89 mmol/L。

e. pH。我国湖泊的pH也具有地带性分布特点。东北及长江中下游地区湖泊pH较低，一般为6.5～8.3；云贵和黄淮海地区湖泊的pH为8.4；蒙新和青藏地区湖泊的pH多数为9.0以上，少数为7.5左右。

f. COD。我国湖水的COD有从南向北增加的趋势。珠江水系和长江水系的COD较低，如巢湖为1.8 mg/L，太湖为4.8 mg/L；东北湖泊的COD普遍较高，多数在3～15 mg/L。

g. 营养盐类。我国湖泊中的氮化合物以NO_3^-–N为主，约占无机氮总量的75%，含量为0.01～1.01 mg/L，绝大多数湖泊的含量为0.2～0.5 mg/L；NH_4^+–N约占无机氮总量的23%，为0.01～0.86 mg/L；NO_2^-–N含量很低，仅占2%，为0.01～0.12 mg/L。我国东北和长江中下游地区湖泊的无机氮含量较其他地区的湖泊丰富。我国湖泊磷酸盐含量不高，绝大多数湖泊约在0.02～0.06 mg/L之间，仅少数湖泊，如呼伦池、五大连池等少数湖泊的磷含量略高，分别为0.24 mg/L和0.20 mg/L。我国湖泊二氧化硅含量普遍丰富，淡水湖含量一般为3～10 mg/L，东北和长江中下游地区的湖泊二氧化硅含量较高。

h. 溶解气体。我国的天然湖泊，除少数因污染严重或浅水湖冬季冰下缺氧外，一般溶氧（O_2）都很丰富（平均8 mg/L以上）。湖泊水溶氧的来源依营养类型而异，贫营养型湖泊的溶氧主要来源于空气，富营养型的则主要靠光合作用。后一类型湖泊的溶氧具有明显的昼夜变化，最低值出现在日出前，最高值出现在下午的某一时刻。北方浅湖冰封后的溶氧可能降到2 mg/L以下，影响鱼类正常生活。湖泊的二氧化碳（CO_2）含量一般较低，约0.1～11.0 mg/L，底层淤泥厚的湖泊，在缺氧的情况下CO_2含量有时高达30 mg/L。

② 生物群落。

a. 浮游植物。湖泊生境多样化，浮游植物种类极多，对全国各地27个湖泊的调查发现，浮游植物种类一般变动在46～116个属、种之间，淡水习见的浮游藻类在我国湖泊中都能见到，其中以蓝藻、硅藻和绿藻门的种类最多。青藏高原的多数湖泊中以硅藻门的种类最多，绿藻门次之，再次为蓝藻。其他地区的湖泊则一般以绿藻门的种类为最多，其次为硅藻，再次为蓝藻。一般说来，多水草的浅水湖出现的浮游植物种类比深水湖多，大湖较小湖为多；含盐量较高的湖泊中出现的种属较少，其优势种多为盐水种或淡水喜盐种。

我国湖泊浮游植物生物量相差极为悬殊，最低的如西藏纳木错和新疆赛里木湖，均不到0.1 mg/L，高的如黑龙江省连环湖和牤牛泡，超过40 mg/L，但大多数湖泊均为1～10 mg/L。浮游植物生物量分布的总趋势和初级生产力一样，都是从南向北增高。

b. 浮游动物。我国淡水湖泊多数地处平原地区，土壤肥沃，浮游植物和细菌、有机磷等为浮游动物提供了充分的饵料来源，加上湖水的流动性小，深度不大，湖底杂生水草，水质清澈，适合浮游动物的生长繁殖。湖泊浮游动物的种类和数量都比江河水库丰富，但因所处地区而异，青藏、新疆的湖泊中浮游动物种类很少（7～35种），东北平原湖泊中的种类较多（37～122种）。四类浮游动物中，以轮虫种类最多，其生物量为0.16～7.06 mg/L。四大水系湖泊的浮游动物生物量，以黑龙江水系的最高，平均为3.44 mg/L（1.56～7.06 mg/L），黄河、长江和珠江三水系的变动于0.26～4.77 mg/L，其中以黄河水系的最低。湖泊浮游动物生物量与营养型关系密切，贫营养型平均0.96 mg/L（0.16～2.19 mg/L），中营养型2.10 mg/L

（0.28～17.6 mg/L），富营养型3.59 mg/L（0.59～3.52 mg/L）。

c. 底栖动物。我国湖泊底栖动物的主要优势种类，有环节动物中的中华颤蚓、苏氏尼鳃蚓、霍甫水丝蚓、扁蛭类（*Glossiphonia*）、宽体金钱蛭（*Whitmania pigra*）等，软体动物中的中国圆田螺、中华圆田螺、环棱螺类、纹沼螺、方格短沟蜷、萝卜螺类、扁卷螺类、圆顶珠蚌、剑状矛蚌、背瘤丽蚌、背角无齿蚌、蚶形无齿蚌、褶纹冠蚌、河蚬等，甲壳动物中的腺介虫（*Cypris* sp.）、钩虾、秀丽白虾、中华小长臂虾、米虾类、日本沼虾等，昆虫类中的羽摇蚊、雕翅摇蚊、多足摇蚊、环足摇蚊、粗腹摇蚊、长跗摇蚊等的幼虫以及毛翅目、半翅目、鞘翅目的幼虫和成虫。

20世纪80年代调查38个湖泊的资料（张觉民，1990）可知，我国湖泊、水库底栖动物的生物量为0.001～1 673.71 g/m^2，可分为4类：低型的生物量为0.1～2.0 g/m^2，占所调查湖泊数的10.5%；中型生物量为2.10～10.0 g/m^2，占所调查湖泊数的34.2%；高型生物量为10.1～100 g/m^2，占所调查湖泊数的39.5%；极高型生物量为100 g/m^{2}以上，占湖泊数的15.8%。38个湖泊中，底栖动物生物量属于高型和极高型的有21个，即55.3%的湖泊的底栖动物生物量超过10 g/m^2。这21湖泊中10个属长江水系，加上淮河7个水库；我国高型和极高型底栖动物生物量的湖泊，有80%以上集中于长江、淮河水系。

d. 鱼类。湖泊是内陆水域鱼类栖息繁育的主要场所。我国各类型湖泊中栖居着不同习性的鱼类，包括定居性鱼类、半洄游与洄游鱼类。高原和平原地区、内流湖和外流湖泊中，栖息的自然鱼类有很大差异。据对全国各地39个湖泊的鱼类组成调查，共有鱼类37科294种。其中鲤科165种，占湖泊鱼类总数的53.1%；鳅科41种，占13.9%；鳢科和鮠科分别为22种与21种，占7.5%和7.1%；虾虎科12种，占4.1%；银鱼科8种，占2.75；鮨科6种，占2.0%；鲇科、塘鳢科和鳀科各4种，各占1.4%；鲑科和舌鳎科各3种，各占1.0%；针鱼科、鳗科、攀鲈科、鲻科和鲀科等各2种，各占0.7%；合鳃科、刺鳅科、鳉科、狗鱼科、胭脂鱼科、鲱科、鳕科、白鲟科、鲟科、杜父鱼科、鱼衔科、鳅科、刺鱼科、胡子鲇科、八目鳗科、弹涂鱼科、平鳍鳅科、茴鱼科、鲈科及鲀科等20科各1种，共占6.8%。

各科鱼类在各类湖泊中的分布：鲤科鱼类分布最广，每个湖泊都有；鳅科和鲇科分布率为74.4%～89.7%；鮠科、塘鳢科、合鳃科、鳢科及虾虎科鱼类的分布率达43.6%～53.8%；胡子鲇、鳅、白鲟、刺鱼、鲻、杜父鱼及鳉等7科，各分布于2个湖泊；鲈、鲀、茴鱼、八目鳗、弹涂鱼、平鳍鳅等6科，各分布于1个湖泊。

少数鱼类的分布区域较狭。如狗鱼、鲑科鱼类、茴鱼、刺鱼、鳕等鱼类仅分布于东北地区湖泊；合鳃科和刺鳅、鲱、鲀、针鱼、银鱼、胭脂鱼等科多分布在东部平原湖泊；裂腹鱼亚科鱼类则仅分布于青藏高原湖泊及新疆西北的艾比湖。鲢、鳙、草鱼等产漂流性卵的鱼类在自然封闭型湖泊中没有分布，须人工不断放养鱼种才能持续正常渔业。

鲤科鱼类在不同地区的湖泊中所占比例有较大差异，在东部平原及新疆地区湖泊中占37.5%～64.1%，在东北、内蒙古和云南等地区湖泊中占59.3%～83.3%。

各个湖泊的鱼类种类差异也很大。东部平原长江中下游湖泊的鱼类种类多，区系组成也较复杂，如洞庭湖有22个科117种，太湖有24个科106种，鄱阳湖有24个科104种；青藏高原及新疆地区湖泊鱼类种数少，区系结构较简单，如西藏的纳木错及羊卓雍湖仅有2个科3种，青海湖仅有2科6种，乌伦古湖（福海）有3科8种，艾比湖、扎陵湖、鄂陵湖各有2科8种。

五大湖群的鱼类种类构成：青藏高原湖群的鱼类为2科3～8种，云南高原湖群的鱼类为4～10科18～27种，蒙新地区湖群的鱼类为2～7科18～30种，东北地区湖群的鱼类为7～13科17～53种，东部平原湖群的鱼类为12～24科39～117种。

湖泊中的主要鱼类约50种，如中华鲟、白鲟、长颌鲚、鲥、银鱼、鳗鲡、中华倒刺鲃、白甲鱼、鲤、岩原鲤、鲫、银鲫、厚唇裸重唇鱼、铜鱼、鳡、鯮、青鱼、草鱼、鲢、鳙、鳊、鲂、红鳍鲌、翘嘴红鲌、蒙古红鲌、细鳞斜颌鲴、银鲴、胭脂鱼、泥鳅、乌鳢、松江鲈、窄体舌鳎、暗纹东方鲀、狗鱼、青海湖裸鲤等。

e. 水生大型植物（水生维管束植物，简称水草）。我国内陆水域各大水系的水草资源依水体类型而异，湖泊的最丰富，水库次之，江河干流的较少。

水草的种类和生物量与渔业的关系密切。水草与浮游植物一样，是水体中的初级生产者，是许多鱼类的天然饵料。水草又是若干产黏性卵的鱼类的自然繁殖条件，又是某些鱼类的避敌场所，也是水生昆虫和底栖动物的重要生存条件。

我国主要水系中有水草186种，隶属于40科、76属。其中挺水植物88种，沉水植物54种，浮叶植物与漂浮植物之和不及总种数的25%。各水系中水草的总种数差异较大，珠江和长江较多（多于120种），黑龙江和黄河水系较少（少于100种）。各水域水草种数随含盐量的减少而增多，含盐量超过0.5%的水域中仅能繁衍聚草、篦齿眼子菜等少数半咸水种类。

我国淡水湖中最常见的水草有挺水植物芦苇、菰、蒲草、荆三棱、水葱等，漂浮植物满江红、浮萍、凤眼莲、槐叶萍等，浮叶植物芡实、莲、睡莲、荇菜、菱等，沉水植物轮叶黑藻、金鱼藻、马来眼子菜、菹草、篦齿眼子菜、轮藻等。

各类水草在湖泊中具有明显的分布区。水草主要分布于湖泊沿岸浅水带（小于2.5 m），以洪湖为例，水深小于0.5 m的湖边地区分布着薹草、荆三棱等沼生植物，水深1.4 m以下的地区分布着菰、莲、芦苇等挺水植物，1.2～2.2 m的亚沿岸带分布着菱、荇菜、睡莲、芡实等10余种浮叶植物，水深2 m以上的湖区则只分布着薹草、聚草、黑藻、茨藻和微齿眼子菜等沉水植物；10余种漂浮植物杂生于各种植物中。

我国湖泊、水库（21个水域）从南至北，自东向西各重点水草总生物量变幅为38～13 630 g/m^2，平均3 416 g/m^2，其中长江以南12个水域为3 031 g/m^2，长江以北6个水域为4 184 g/m^2。沉水植物生物量变幅为6～4 929 g/m^2，平均2 000 g/m^2，其中长江以南13个水域为1 708 g/m^2，长江以北7个水域为2 211 g/m^2，南北各相差约1/4。可见，生物量分布和种数分布相反，是北多南少。

③ 生物初级生产力。湖泊初级生产量由浮游植物、底生藻类、水生大型植物和自养细菌构成。各种成分所起的作用大小与水体的深度有密切联系。浅水湖沼和湖泊的沿岸带，大型植物和底生藻类的年产量占主要地位；水草较少且水位较深的湖泊，浮游植物的生产量占主要地位。湖泊水越深，浮游植物的作用越显著。有些咸水湖，因盐度高，水草不能丛生，初级产量主要由浮游植物和底生藻类组成。据30个湖的资料，我国湖泊浮游植物初级生产力的日产量在0.82～7.43 g（O_2）/（m^2·d）之间。湖泊初级生产力以浮游植物为主的称为藻型湖泊，以水草为主的称为草型湖泊。武昌东湖等4个湖泊为藻型，南四湖等3个湖泊为草型，鄱阳湖和沙依粒塘为混合型湖泊（浮游植物和水草的生产量基本相等）。

④ 湖泊营养分类。根据全国内陆水域渔业资源调查所提供的211个湖泊水库资料（何志辉，2001），以初级生产力为主要依据，并结合其他生态数据，把湖泊水库的营养型划分为贫营养型（占14.7%）、中营养型（占51.2%）、富营养型（占33.2%）。

贫营养型湖的初级生产量为0.1～1.0 g（O_2）/（m^2·d），浮游植物量为0.14～1.4 mg/L，一般分布于高原或山区，面积较大，水较深，如青藏高原的鄂陵湖、扎陵湖、纳木错湖，新疆的赛里木湖，云南的抚仙湖，珠江水系的澄碧河水库和锦江水库等。

中营养型湖的初级生产量为1.0～3.0 g（O_2）/（m^2·d），浮游植物量为1.0～7.0 mg/L，通常甲藻和硅藻为优势种，如洞庭湖、鄱阳湖，黄河中下游的东平湖和刘家峡水库，云贵高原的草海、邛海等。

富营养型湖的初级生产量为3.0～7.5 g（O_2）/（m^2·d），浮游植物量为7.0～70 mg/L，一般分布于平原或城郊，通常水浅，外源性有机质和营养盐类丰富，如东北平原高肥力土壤带的镜泊湖、连环湖、龙凤山水库，内蒙古半干旱地区的呼伦湖、乌梁素海，位于城郊的武汉东湖、南京玄武湖等。

三种营养型湖的鱼产力不同，湖泊鱼产力随富营养化程度增强而增强。

4. 水库生态环境

我国是世界上水库最多的国家之一，2004年已建水库8.5万座余，总库容5 442亿立方米余。随着国民经济的发展，我国水库的数量及其库容量不断增加，1994年12月动工兴建至2006年竣工的长江三峡水库正常蓄水位175 m，总库容达393亿立方米。

表5–23　我国大、中、小型水库统计

大小分类	座数	库容	
		亿立方米	%
大型	460	4 147	74.8
中型	2 869	796.2	14.4
小Ⅰ型	13 707	398.3	7.2
小Ⅱ型	68 124	200.6	3.6
合计	85 160	5 542	100.0

注：引自《中国水利年鉴》(2005)。水库规格分类：巨型，总库容量>10亿立方米；大型，1亿～10亿立方米；中型，0.1亿～1亿立方米；小Ⅰ型，0.01亿～0.1亿立方米；小Ⅱ型，10万～100万立方米

我国水库多分布于长江、黄河、淮河、珠江等七大水系，共67 522座，总库容4 295.9亿立方米，占全国水库总库容的77.5%。在七大水系中，长江水系的水库数量最多，大中型水库座数占全国同类水库数量的36.6%，小型水库占54.3%；珠江水系的水库座数及库容仅次于长江水系；黄河、淮河、海河–滦河水系的水库座数虽只占全国水库总数的12.5%，但三水系的大中型水库的库容很大，尤其是黄河水系的大中型水库单库容平均达4.2亿立方米，居全国之首；松花江和辽河水系的水库座数较少，但大中型水库比例较大；新疆、内蒙古一带还有一些平原型水库，地处牧区，水质肥沃，适宜养鱼。

表5–24　我国各流域水库统计

水系	水库座数				库容		大中型水库		
	合计	大型	中型	小型	亿立方米	%	座数	亿立方米	平均每座库容（亿立方米）
松花江	1 659	24	121	1 514	325.5	7.58	145	304.6	2.1
辽 河	750	18	83	649	170.7	3.97	101	161.6	1.6
海滦河	1 876	33	121	1 722	313.6	7.30	154	298.1	1.9

续表

水系	水库座数				库容		大中型水库		
	合计	大型	中型	小型	亿立方米	%	座数	亿立方米	平均每座库容（亿立方米）
黄河	2 766	25	152	2 528	767	17.85	177	736.2	4.2
淮河	5 655	38	169	5 448	428.4	9.97	207	392.2	1.9
长江	45 654	147	1 070	44 437	1 713.5	39.89	1217	1 440.8	1.2
珠江	9 162	48	363	8 751	577.3	13.44	411	499.0	1.2
七流域合计	67 522	333	2 079	65 110	4 295.9	100.0	2 412	3 832.4	1.6
其他流域	17 638	127	790	16 721	1 246		917	1 111.0	1.2

注：引自《中国水利年鉴》（2005）

（1）水库分区与特点。

① 水库的分区。根据我国水库分布的地区和地理的差异性，可将其分为东北、西北、华北、长江中下游、华南和西南6个区。

a. 东北水库区。包括辽宁、吉林、黑龙江等省，水库面积38.7万公顷，占全国水库面积的20%；其中大型水库50座，占全国大型水库数的14.3%；中型水库181座，占全国中型水库数的7.5%；小型水库2 539座，占全国小型水库数的3.2%。本区的大型水库以辽宁省居多，占48%；吉林、黑龙江两省各占26%。

b. 西北水库区。包括内蒙古、新疆、青海、甘肃、宁夏等5省（自治区），水库面积约15.5万公顷，占全国水库面积的7.6%。本区多为大中型水库，主要分布在内蒙古、新疆、甘肃三省（自治区）；大型水库27座，占全国的7.7%；中型水库188座，占全国的7.8%；小型水库1 391座，占全国的1.74%。本区多平原型水库，以内蒙古、新疆的最为典型，水面开阔，水位浅，四周多牧场，水质肥沃，冰封期长。

c. 华北水库区。位于黄河中、下游以及淮河、海河流域，包括北京、天津、河北、河南、山东、山西、陕西等省（市），水库面积约32.7万公顷，约占全国水库面积的16%。本区大型水库86座，中型400座，小型水库11 016座，分别占全国的24.6%、16.6%和13.8%。大型水库主要分布在冀、鲁、豫3省，占本区大型水库总数的80.2%；中小型水库以鲁、豫、陕3省居多，分别占本区中、小型水库总数的71.8%及81.9%。水库水位变幅大，冰封期达4个月。

d. 长江中、下游水库区。包括湖北、湖南、江西、浙江、江苏和陕西秦岭以南部分，是我国水库分布最稠密的地带，面积为70万公顷，占全国水库总面积的1/3以上。本区大型水库103座，中型水库763座，小型水库32 246座，分别占全国各型水库的29.9%、31.6%和40.3%。大型水库主要分布在湖北，占45.6%；中小型水库主要分布于湖北、湖南及江西3省，分别占全区的83.7%和86.1%。本区水库渔业资源丰富，鱼产力高。

e. 华南水库区。包括广东、广西、福建、台湾等省、自治区，水库面积约33.5万公顷（未含台湾地区水库），占全国水库面积16.4%。大型水库57座，中型水库537座，小型水库13 788座，分别占全国的16.3%、22.2%和17.2%。大、中、小型水库皆以广东省最多，分别占全区的52.6%、50.1%和50.2%，其次为广西。本区水库多为山谷型，水较深，水位变幅小，水质较瘦，植被条件好，水库寿命长。

f. 西南水库区。包括云南、贵州、四川3省，水库面积约16.7万公顷，占全国水库面积的7%以上。本区大型水库12座、中型水库248座、小型水库14 718座，分别占全国的3.4%、10.3%和18.4%。以中、小型水库为主，多分布于浅丘地带，光照和热量条件较好，鱼产力较高。

② 水库的特点。我国的水库除少数巨型水库以发电为主外，大多数水库都是以农业灌溉为主，90%的水库都分布于年降雨量为400 mm等雨线东南侧的广大地区，适应全国88%耕地面积的灌溉需要。我国中小型水库的座数占全国水库总数的99.58%，大型水库只占0.42%，有利于水库渔业的发展。水库渔业潜力较大，可供养鱼的水库面积达200万公顷，现已利用162万公顷。

（2）生态环境。

大多数水库是在河流上筑坝拦蓄径流而成，其生态环境与河流有相似点，与湖泊也有相似之处。近坝区是水库最深的部分，非生物环境与湖泊十分相似；中间区水较浅，沿岸浅水带宽大，非生物环境和生物群落与湖泊相似；上流区水更浅，有明显的水流，非生物环境和生物群落与河流相似。

① 非生物环境。

a. 水位和面积。我国大部分水库处于季风气候区，雨量较集中，水库面积和深度的变动幅度大。水位的剧烈变动对水库生物群落有极大的影响。水位下降使消落区干涸，造成水草和许多底栖动物死亡，许多鱼类难以产卵或粘在水草上的卵因缺水而死亡；水的大量排出，也使有机物、养分和浮游生物大量流失；同时，干涸时期在消落区生长的陆生植物在水位上升后腐烂分解成肥料。

b. 水流。由于定期或不定期的注排水，水库水位发生缓慢变化，水流不够明显。水流的具体情况因水库及其季节而异。

c. 水温和透明度。水库水温的水平分布、表面水温、冰封情况、日变化和垂直变化等，基本上与湖泊相似，水深超过10 m的水库，由于库形较湖泊窄，故夏秋季节更易出现温跃层。水库透明度的基本情况与变化规律与湖泊相似，但比湖泊略低。大中型水库的透明度大于小型水库，丘陵型和平原型水库的透明度（40 ~ 200 cm）低于山谷型水库（200 ~ 300 cm）。

d. 水化学。库水的化学特点介于河流和湖泊之间，更接近于湖泊。水库蓄水初期营养物质丰富，水质较肥；蓄水数年后营养逐渐低落并趋稳定，营养物质主要依靠径流输入。库水的含盐量、主要离子、硬度、碱度、pH、溶解氧体、COD、营养盐等水化学特点与湖泊相近。

从我国北纬22° ~ 41° 的5座大型水库的水化学状况可初步看出：水库的pH、总硬度、总碱度、钙离子、镁离子、硫酸盐、氯离子等指标，北方高于南方，氮、磷的含量普遍偏低。

② 生物群落。水库的生物群落与湖泊有很大差异，主要饵料生物类群是浮游植物、浮游动物、周丛生物、细菌以及有机碎屑。由于水位波动大，水生维管束植物非常贫乏，故与之密切相关的软体动物种群也受到限制。

a. 浮游植物。水库中的浮游植物是在原河流生活的种类发展起来的，种类比湖泊的少。不同地区同类型的水库，浮游植物种类和生物量差别很大，但种属组成和主要种类却很相似，优势种和习见种群是一些普生性种类。

我国水库浮游植物生物量的差别也很大，一般为0.5 ~ 66.3 mg/L，主要取决于集水区的土壤、植被状况、水交换率、水域形态、气候条件等。水深且面积大的水库，浮游植物量少于面积小且较浅的水库；集水区土壤条件差的水库，以及多岩石和植被不完整的水库，浮游植物量较少。

水库浮游植物的生物量组成，一般硅藻占首位，其次是蓝藻和甲藻，其组成与水库类型相关：河川型水库一般硅藻占优势，河湖型水库上游硅藻占优势，湖状区则甲藻、蓝藻、绿藻占优势，湖泊型水库的浮游生物状况与湖泊类似。

水库的浮游植物优势种也常发生年际变化，如辽宁省清河水库浮游植物优势种于1973年、1974年和1977年以及1982 ~ 1985年，持续多年皆为硅藻类，但1983年9月出现微囊藻特大高峰，蓝藻占总量的88.7%。

水库浮游植物种类有明显的季节变化，但出现的季节因水库所处地理位置、气候、排水情况等而异。例如，辽宁省大伙房水库和吉林省松花江水库浮游植物春秋两季以硅藻为主，夏季常出现蓝藻高峰；辽宁省清河水库和水丰水库的浮游植物生物量高峰分别在秋季和春季。

b. 浮游动物。水库浮游动物种类多为我国常见和较常见的种类。原生动物的种类和个体数都较多，但体形微小，在生物量中通常比重较小；轮虫种类多，数量也常占优势；枝角类主要在夏季占优势；而桡足类在冬春两季占优势。

水库浮游动物生物量与水库类型密切相关。平原型水库营养丰富，生物量高，如黑龙江水系月亮泡水库的浮游动物量达8.52 mg/L，泥河水库为5.28 mg/L；丘陵型水库的植被条件好，营养较丰富，生物量较高，如大伙房水库为2.63 mg/L，朱限水库为4.53 mg/L；山谷型水库多数处贫瘠山区，生物量较低，如珠江水系的西津水库为0.4 mg/L。

水库浮游动物生物量具有明显的季节变化。东北地区通常以夏季最高，秋季次之，春季较少，冬季最低；珠江水系多数水库以秋季为高。

水库浮游动物的水平分布，丘陵、山谷水库通常是中下游高，上游较低，平原水库则无明显的上下游差异，但沿岸区高于中心区。

我国水库浮游动物生物量的地区差异较明显，并具有“南少北多”的趋势。黑龙江水系水库浮游动物量的变幅为0.34～26.80 mg/L，平均3.25 mg/L；黄河水系水库的变幅为0.72～3.34 mg/L，长江水系水库（湖北）的变幅为0.34～2.37 mg/L，珠江水系水库的变幅为0.26～2.79 mg/L。

c. 底栖动物。水库底栖动物的常见种类及优势种依水库的综合条件而异，但常见门类仍然是环节动物、软体动物和节肢动物，其种类和生物量都少于湖泊，软体动物就更少。各水系的分布趋势是“南多北少”。

根据69座水库的调查资料，底栖动物的生物量为0.001～1 673.7 g/m^2，以黑龙江水系的泥河水库最高，长江水系黄冈地区的梅川水库最低。各水库底栖动物的供饵能力分为4类：低型，生物量为0.1～2 g/m^2，占水库总数的63.76%；中型，生物量2.1～10 g/m^2，占28.98%；高型，生物量10～100 g/m^2，占4.3%；极高型，生物量100 g/m^{2}以上，占2.9%。

水蚯蚓和摇蚊幼虫是我国水库的常见底栖动物，其生物量是决定鱼产量的重要条件。根据89个水域的调查资料，水蚯蚓的数量与水库污染程度密切相关，最高者泥河水库，高达4 639条/平方米，最小者为梅川水库，仅7条/平方米。一般认为：水蚯蚓少于100条/平方米的为未污染水域，在100～999条/平方米之间者为轻度污染水域，在1 000～5 000条/平方米者为中度污染水域。

e. 鱼类。水库鱼类资源及其组成与建库前江河的鱼类状况、水库的形态与水文特征、人工放养与增殖措施等有关。建库后，原河道产漂流性卵的鲢、鳙等鱼类，因不能进行正常繁殖，其数量逐渐减少，产黏性卵的鲤、鲫、鲇和一些小型野杂鱼占优势；人工放养鲢、鳙、草鱼等鱼类并达到一定数量时，这些非土著鱼类则成为水库的主体渔获物。另外，鳜、乌鳢、鲇等一些底层凶猛鱼，可能在鱼类区系中占有一定比例。采取人工鱼巢等增殖措施，鲤、鲫等经济鱼类在渔获物中常占相当大的比例（50%以上）。总之，水库建成后采取人工放养和增殖措施，大中小型水库的鱼类组成往往在原江河鱼类区系基础上逐渐向经济鱼类占优势的趋势发展。

③ 浮游植物初级生产力与年产量。根据全国内陆水域渔业资源调查102个水域（水库87个、湖泊25个）的浮游植物日初级产量和年初级产量的资料（张觉民等，1990），将其初级产量分为5个类型，年产量分为3个类型。

a. 浮游植物日初级产量。

低型。浮游植物产量在1 g（O_2）/（m^2·d）以内，相当于贫营养型湖的水平，共27个，占水域总数的26.7%；分别为珠江水系的西津水库、大王滩水库等14座水库，长江水系的沙河水库、先觉庙水库等10座水库，黑龙江水系（含辽河、鸭绿江和内蒙古一部分）的二龙山水库、东方红水库等3座水库。

中型。浮游植物产量1.0～3.0 g（O_2）/（m^2·d），相当于中营养型湖的水平，共36个，占水域总数的35.6%，分别为珠江水系的合河水库、鲤潭水库等3座水库和草海，长江水系的熊河水库、明山水库、浮桥河水库等13座水库和太湖，黄河（含海河）水系的刘家峡水库和白洋淀、南四湖，黑龙江水系的上游水库、汤河水库、朱畏水库、铁甲水库、水丰水库等13座水库和呼伦湖等2个湖泊。

较高型。浮游植物产量3.0～5.0 g（O_2）/（m^2·d），相当于中–富营养型湖的水平，共26个，占水域总数27.7%，分别为珠江水系的南水水库，长江水系的道观河水库、白莲河水库等4座水库和东湖、五里湖，黄河水系的汾河水库等3座水库和乌梁素海，黑龙江水系的清河水库等14座水库和月亮泡、萝北莲花泡。

高型。浮游植物产量5～10 g（O_2）/（m^2·d），相当于富–超富营养型湖的水平，共7个，占水域总数的8.9%，分别为长江水系的天堂水库、张家嘴水库和邛海，黑龙江水系的大伙房水库、柴河水库、大清沟水库等5座水库和镜泊湖。

极高型。浮游植物产量10 g（O_2）/（m^2·d）以上，相当于超富型营养水平，仅珠江水系的南宁市南湖1个，占水域总数的0.98%。

从地域分布来看，珠江水系浮游植物日产量以低型为主，计14个，占低型水域数的51.8%，占本水系水域数的70%；黑龙江和辽河水系以较高型和高型为主，计23个，约占这两类水域总数62.2%，占本水系水域数的56.1%；长江水系以中型和低型居多，两者共占水系水域数的72.7%；黄河水系的均为中型和较高型。总之，我国水库和湖泊浮游植物日产量以中型和较高型为主，两者占水域总数的63.4%，中低型占26.7%。从地理分布看，呈南低、北高趋势。

b. 浮游植物年产量。

低型。浮游植物年产量低于1 244 kJ/m^2，相当于贫营养湖水平，包括珠江水系的西津水库和大王滩水库，长江水系的先觉水库等5个水库，以及黑龙江水系的二龙山水库。

中型。浮游植物年产量1 244～4 148 kJ/m^2，相当于中营养型湖水平，包括珠江水系的龟石水库等13座水库，长江水系的华阳水库等8座水库，黄河水系的白洋淀和南四湖，黑龙江水系的东方红水库、朱畏子水库等9座水库和呼伦湖。

高型。浮游植物年产量4 148 kJ/m^{2}以上，相当于富–超富营养型湖水平，包括珠江水系的其余7个水域、长江水系的21个水域、黄河水系的5个水域，以及黑龙江水系的30个水域。可见，浮游植物年产量的分布情况与其日产量基本一致，中型和高型占绝大多数，而且生长期长的珠江和较长的长江水系水域的年产量低于生长期短的黑龙江水系和较短的黄河水系的水域。

5. 淡水池塘生态环境

我国是世界池塘养殖最发达的国家，2005年已建成池塘249.36万公顷，占内陆水域养殖总面积的42.1%，随着水产养殖业的发展，池塘面积以每年6.7万公顷的幅度增加。

池塘一般是指面积小于7 hm^{2}的小型止水水体，分人工池塘、半人工池塘和天然池塘。人工池塘系专供养殖水产经济动植物而修建的，一般不超过3～4 hm^2，小者仅0.003 5 hm^2。半人工池塘是拦截溪河、湖汊或沟渠交汇的积水池区建坝而成的水域，通常称为“堰”，主要用于灌溉，兼用于养鱼。天然池塘系指自然形成的坑塘、水潭、山塘、小泡子等水域，其养鱼条件较差且复杂。

（1）池塘分布与特点。

① 池塘的分布。根据池塘地理分布条件和特点，大致可分为5个分布区。

a. 长江中、下游地区。包括湖北、湖南、江西、安徽、江苏、浙江、上海等7省市，池塘面积达112.1万公顷，约占全国池塘面积的52.9%以上，其中湖南、湖北、安徽、江苏、浙江省是我国池塘渔业最重要的地区之一。除浙江省之外的4省池塘面积分别在10.5万～28.4万公顷。本区池塘大多分布在长江沿江两岸、滨湖地区以及长江、钱塘江三角洲地区，其中在太湖流域、江汉平原、洞庭湖、鄱阳湖、巢湖及杭嘉湖等平原区，以及长江、钱塘江三角洲分布尤为集中连片。

b. 黄、淮海地区。包括北京、天津、河北、河南、山东、山西等六省市，池塘面积约28.6万公顷，约占全国池塘面积的12.9%。池塘面积主要集中在山东、河南两省，占本地区池塘面积的77.5%以上。

c. 珠江流域地区。包括广东、广西两省（自治区），池塘面积约31.9万公顷，约占全国池塘面积的14.4%，是中国池塘养殖业又一最重要的地区之一。特别是广东省，池塘面积达24.5万公顷，占本区池塘面积的76.8%，而且池塘集中于珠江三角洲地区，包括佛山、广州、惠阳地区及深圳、珠海等29个市县，占本区池塘面积的50%左右。广东省的池塘集中连片，具有特色。

d. 西南地区。包括云南、贵州、四川3省和重庆市，池塘面积约14.8万公顷，约占全国池塘面积的6.7%。本区池塘集中于四川省，面积达8.5万公顷，占本区池塘面积的57.4%以上。本区池塘多为堰塘，占本区池塘总面积的35%左右。

e. 黑龙江流域区。包括辽宁、吉林、黑龙江三省，池塘面积约18.5万公顷，占全国池塘面积的8.3%，主要集中于松花江、嫩江流域和辽河下游及城市郊区。其中，以黑龙江省的池塘面积最多（13万公顷），辽宁省次之，吉林省第三。

除上述五地区外，蒙新地区，包括内蒙古、宁夏、新疆三自治区，池塘面积2.45万公顷；青藏地区，包括青海省和西藏自治区，池塘面积539 hm^2；福建省和海南省池塘面积2.5万公顷，合计约5万公顷，约占全国池塘面积3.4%。

② 中国池塘的特点：

a. 单个池塘面积小、深度浅。我国的上述3种类型的池塘，其共同特点是单个池塘面积较小，一般不超过3 hm^2，多数为0.3～0.6 hm^2；池塘深度浅，一般不超过3 m，多数1.5～2.0 m。

b. 池塘分布集中连片。我国池塘分布非常集中且连片，长江和珠江中下游及其三角洲地区的池塘面积约占全国池塘总面积的75%以上，且集中成1 000 hm^2以上的连片池塘；北京、上海、天津、广州、沈阳等大城市郊区的连片池塘，每片一般超过500 hm^2。

（2）池塘生态环境。池塘生态环境的特点明显，面积小，水浅，易受天气及人类活动的影响，非生物环境的变化很大，同一池塘在一个生长期内可经历贫营养型、中营养型、富营养型到腐营养型的不同阶段，冬季常排干水，又具有间歇性水体的许多特点。生物群落种类组成较单纯，种间的相互适应能力较差，优势种突出且持续性强。生产者几乎全由浮游植物组成，大型生产者较少或无。大型消费者中的鱼类都是人工放养的，浮游动物和底栖动物大多是由具保护性结构、易于扩布、世代时间短、繁殖快、生态辐广的种类组成，微型消费者中的细菌、鞭毛藻类非常丰富。初级生产力高，外来有机质量大，食物链短、鱼产力高。由于生境易变和群落组成的简单化，降低了系统本身的自运调节能力，因此，其生态系统的稳定性相对较差。

我国传统池塘养鱼的特点是密养、混养、施肥、投饵和规律性换水与人工机械增氧，充分发挥了池塘人工生态系的生产性能，尤其是精养高产池塘充分体现了人工生态系的结构与功能特点。

① 非生物环境。

a. 水温。池塘体积小，与湖泊、水库等大型水域相比，其水温变化速度快，昼夜温差大，垂直温差小，一般无温跃层。池水有无封冰期及冰的厚度，以及年均水温≤15 ℃的天数、季节变化等与其所处的纬度和海拔高度有关。

b. 日照时数。池塘的日照时数随所处的地理位置、气候类型而异。北方地区水产生物的生长期虽短，但年均实际的日照时数都较长，如黑龙江省水产生物的生长期仅165 d，年均实际日照时数则长达700 h；而广东水产生物的生长期虽长达330 d，但年均实际日照时数仅500～600 h。

c. 透明度。池水透明度基本上取决于浮游植物的密度，一般调控为20～40 cm。

d. 溶解盐类。淡水池塘，盐度一般低于3，含盐量小于260 mg/L，总碱度为1.5～3.5 mmol/L，总硬度与碱度相近。

e. 溶解气体。池水溶氧（O_2）的补给主要依靠浮游植物的光合作用，昼夜变幅大，白天浮游植物光合作用产氧，晴天中午溶氧超过饱和度；夜间生物呼吸作用耗氧，溶氧明显下降，至黎明前降至最低点，往往低于2 mg/L。池水溶氧垂直变化明显，浮游植物大多分布于水上层，白天光合作用产生大量氧气，上层溶氧常常是过饱和，而下层溶氧很小，夏季底层溶氧有时趋于零。无锡市河埒乡精养高产塘夏季晴天溶解氧的收入与支出：浮游植物光合作用产氧16.75 g/（m^2・d）（占90.3%），空气溶入1.80 g/（m^2・d）（9.7%），计18.55 g/（m^2・d）；水呼吸耗氧13.53 g/（m^2・d）（72.9%），鱼类耗氧2.99 g/（m^2・d）（16.1%），逸出1.93 g/（m^2・d）（10.4%），塘泥耗氧0.10 g/（m^2・d）（0.6%），计18.55 g/（m^2・d）（王武，1984）。

池水二氧化碳（CO_2）主要来源于水生动植物和微生物呼吸作用，以及有机物分解作用，游离CO_2量很少，随生物活动和有机物分解情况而变动，其昼夜及垂直变化规律与溶氧变化相反。

池水氨（NH_3）含量较低，主要来源于含氮有机物在缺氧的情况下被反硝化细菌还原和水生动物代谢。NH_3对鱼类毒害性强，对鲢、鳙的24 h半致死浓度分别为0.01 mg（N）/L和0.46 mg（N）/L（雷衍之等，1983）；全长1.73 cm、2.62 cm、7.07 cm草鱼种的96 h半致死浓度分别为0.469 mg（N）/L、1.325 mg（N）/L和1.386 mg（N）/L。

NH_3对鱼类的毒性，随pH增大和水温升高而增强。

硫化氢（H_2S）对鱼类毒性大，在一般情况下池水H_2S含量很低，但在冰封期缺O_2时，含硫有机物质经厌气细菌分解产生H_2S，当浓度超过0.1 mg/L对鱼类有害。

f. pH。淡水池塘的pH通常为7～9，昼夜变化较大，变化规律与溶氧和CO_2相关，黎明前最低，下午14：00～15：00点最高。pH日变幅越大，生产力越高。

g. COD。池水的COD一般较江河、湖泊、水库等大型水域高，是水肥度标志，但过多又会恶化溶氧状况。精养高产塘的COD一般为15～60 mg/L。

h. 营养盐类。池水氮的含量一般为1～2 mg/L，无锡市河埒乡高产塘的TN为0.2～4 mg/L，NO_3^-–N为0.1～2 mg/L，NO_2^-–N为0.5～0.4 mg/L。

池水的活性磷浓度很低，一般有效磷为总磷的0.16%，精养池塘的PO_4^{3-}–P一般为0.003～0.5 mg/L。我国池塘，特别是高产塘通常都缺磷。

i. 池底淤泥。池塘底泥具有供肥、保肥和调节水质的作用，但淤泥过多易恶化水质，造成下层水缺氧，引起泛塘死鱼，一般调控保持10～15 cm厚度。

② 生物群落。

a. 浮游植物。养鱼池生态多样，多变，各类生态习性的浮游植物均有出现的可能性，但优势种类则是有限的几种。我国池塘习见优势种类多为富营养型和腐营养型指示种，如甲藻和隐藻门的隐藻、膝口藻、裸甲藻，蓝藻门的鱼腥藻、拟鱼腥藻、微囊藻等，绿藻门的衣藻、小球藻、栅藻、四角藻、十字藻、空星藻等，裸藻门的裸藻，金藻门的棕鞭藻、单鞭金藻等，以及硅藻门的小环藻、针杆藻、菱形藻、舟形藻等。

根据浮游植物生物量划分池水类型，通常可分为鞭毛藻类塘和蓝藻塘两种。前者以隐藻为代表，后者以蓝藻为代表。鞭毛藻塘一般多分布于南方养鱼发达地区和北方高产池塘群，鞭毛藻生物量一般占浮游植物总量的60%以上，有时达80%～90%，硅藻和绿球藻类经常也占相当比重；其生长期浮游植物生物量均值多为30～50 mg/L，东北地区高产池塘有时超过100 mg/L，最高可达200～300 mg/L以上。

蓝藻塘常见于北方较干旱地区水质微盐碱化的鱼池中，一般多是投饵施肥不定时、定量且很少换水的池塘，蓝藻占绝对优势，浮游植物量常超过100 mg/L，浮游动物量一般较低。蓝藻塘养殖鲢、鳙等滤食性鱼类鱼产量低，但鱼腥藻和拟鱼腥藻等固氮蓝藻塘则都是高产塘。

绿藻塘常见于施化学肥料的鱼池，持续的时间较短。硅藻塘、裸藻塘和金藻塘出现的时间较短。

b. 浮游动物。中国池塘浮游动物的优势种大多是习见的普生种。原生动物的种类多而现存量通常不大，主要种类有简壳虫、弹跳虫、侠盗虫、钟形虫、喇叭虫等。轮虫类的种类和现存量都较多，主要种类有萼花臂尾轮虫、壶状臂尾轮虫、角突臂尾轮虫、晶囊轮虫、庞毛轮虫、裂足轮虫、泡轮虫、龟甲轮虫等。枝角类的种类不多，但现存量有时很大，主要种类有大型溞、隆线溞、长刺溞、裸腹溞、秀体溞等。桡足类经常存在，现存量或多或少，主要种类均属于剑水蚤类和镖水蚤类。

池塘浮游动物量差别很大，低的不到1 mg/L，高的达100 mg/L以上，同一池塘变幅可达几百倍，但大多数为10～20 mg/L。浮游动物组成，轮虫占优势，原生动物次之，枝角类和桡足类均较少。这是因为池塘高密度混养滤食和吞食浮游生物的鱼类，甲壳类世代时间较长，在强大的滤食压力下，种群难以增长和持续；另外，为了防病，经常向池塘中施用敌百虫，甲壳类对这类农药抵抗性较差。由于缺乏食物的竞争者，轮虫类得以长期占优势。浮游动物量与浮游植物量的比值虽然变化较大，但在中国传统池塘养殖的肥水中，两者的平均比值约为1∶4～1∶3。

c. 底栖动物。淡水池塘的底栖动物包括环节动物、软体动物、甲壳动物和水生昆虫等。由于池塘中缺乏水草，以及鲤等底栖动物食性鱼类的吞食，软体动物和甲壳动物难以长时间存在。池塘底栖动物主要由水丝蚓等环节动物寡毛类和昆虫幼虫等组成。

池塘中常见寡毛类有各种水蚯蚓，特别是水丝蚓（*Limnodrilus*）、管水蚓（*Aulodrilus*）、颤蚓（*Tubifex*）、带丝蚓（*Lumbriculus*）等属的种类。水生昆虫中最重要的是摇蚊幼虫，主要为羽摇蚊（*Chironomus*）、长跗摇蚊（*Tanytarsus*）、雕翅摇蚊（*Glyptotendipes*）、前突摇蚊（*Procladius*）等属的种类，以及水生昆虫的幼虫及其成虫，如蜻蜓目、鞘翅目和半翅目的幼虫或成虫。中国池塘底栖动物生物量的资料较少，辽宁省海城养殖场和大连水产学院金州养殖场的池塘底栖动物量平均为0.06～52.9 g/m^2，其中摇蚊幼虫占89.5%～91.7%，其余为寡毛类。养鲤池塘初期底栖动物量很高，1个月后逐渐降低，甚至为零。

d. 鱼类群落。池塘鱼类的种类组成和数量完全受人工支配。我国池塘养殖的鱼类约50余种。

③ 生物生产力。

a. 初级生产力。池塘初级生产力几乎全是浮游植物生产量，由于纬度、管理方式、放养种类与数量和水肥度的不同，初级产量差别很大。中国养鱼池塘生长期的初级生产量均值一般为5～15 g（O_2）/（m^2・d），相当于2～5 g（O_2）/（m^2・d），低于亚热带的以色列池塘而高于苏联。

b. 次级生产力。池塘浮游动物，既以丰富的浮游植物为食，又能从现存量极高的细菌和腐屑中获得食物，因此，其次级生产力是很高的。根据P/B系数估算，我国河埒口、海城等某些高产塘浮游动物生产量为0.2～2 g/（m^2·d），达到初级产量的10%～40%。养鱼池塘中底栖动物产量平均只有浮游动物的4.5%左右。在次级生产力中有相当一部分有机质沉淀水底形成腐泥，加厚到一定程度会降低鱼产力。

c. 鱼产力。池塘鱼产力包括天然鱼产力和人工鱼产力。天然鱼产力系指天然饵料所提供的鱼产量，人工鱼产力是人工饵料所提供的鱼产量。池塘养殖鲢、鳙等滤食性鱼类的天然鱼产量一般不超过3 000 kg/hm^2。我国池塘养殖采取高密度混养、轮养等多项措施，大幅度提高了池塘总鱼产力，高者达30 000 kg/hm^2。

6. 盐湖生态环境与卤虫资源

中国是一个盐湖大国。盐湖主要分布于我国的西部和北部，处于北纬30°～50°，由东向西呈蘑菇状分布，属于世界著名的北半球盐湖带的亚、非、欧大陆盐湖区的最东缘，集中地分布在青藏高原、内蒙古高原、新疆和甘肃（北端）等省（自治区），称为中国盐湖带，山西、河北、宁夏、吉林、甘肃等省（自治区）也有一部分盐湖。

关于淡水与盐水（咸水）的界限，尚有不同的观点。水文部门通常将天然水按矿化度分为淡水（盐度小于1）、咸水（盐度1～35）和盐水（盐度＞35）。从广义上讲，盐度大（≥3）的湖泊，均称为盐湖；从狭义上讲，湖水盐度大于35称盐湖。有人（郑喜玉，1983、1984）把湖水盐度为35至49的称咸湖，盐度大于50的称盐湖。我国盐度在3以上、面积1 km^2以上的湖泊近1 000处，总面积约4.1万平方千米，约占全国湖泊面积的75%；盐度大于35的湖泊有542处（包括干盐湖），面积约占湖泊总面积的50%以上。盐湖的存在为卤虫的生存创造了生态环境条件。

为了开发我国盐湖的卤虫资源，农业部在“八五”（1991～1995）期间组织中国水产科学研究院黑龙江水产科学研究所、新疆维吾尔自治区水产研究所、青海省水产科学研究所和内蒙古自治区水产研究所，对新疆、青海、内蒙古等三省区的盐湖生态环境与卤虫资源进行了全面调查研究工作，在较大面积的普查工作基础上对43处盐湖进行了重点调查研究，调查水域面积约0.35万平方千米，有卤虫的盐湖31处，面积约0.162万平方千米。大连水产学院于1975～1976年、1981～1985年和1990～1994年分别对达里湖、乌梁素海、前进湖、晋南、河北张家口、内蒙古乌兰察布盟和吉林白城地区近50个水体进行生态系统结构、生物资源状况及渔业合理利用等调查工作。

（1）中国盐湖的分布与特点。新疆、青海和内蒙古等3省（自治区）是我国盐湖的主要分布区。

新疆维吾尔自治区有盐湖、盐池（面积6 km^2以下）50多处，面积约0.5万平方千米，其分布广而不均匀，多成群成组出现，具有明显的区域性、地带性特点。根据地质构造和自然地理环境分析，可将其分为5个盐湖区：阿尔泰山间盆地盐湖区、准噶尔盆地盐湖区、天山山间盆地盐湖区、塔里木盆地盐湖区和昆仑山盆地盐湖区。

青海省有盐湖30多处，面积约1.15万平方千米，多集中于柴达木盆地，位于大型封闭的"高山深盆"中，海拔高度为2 700～3 200 m。青海的湖泊发展历史悠久，多已演化至晚期阶段，以干盐湖为主，有表面水的湖泊仅占该区盐湖总面积的10%左右，另一部分盐湖分布在与西藏接壤的可可西里盐湖区。

内蒙古自治区盐湖的数量多，但面积小，面积在1 km^2以上的盐湖约378处（盐度≥50，不包括盐度35～49的湖泊），总面积为0.165万平方千米，基本上是小盐湖群集的高原盐湖分布区。内蒙古的盐湖是天然湖泊（共623处）中的主要湖泊类型，也是世界著名的盐湖密集区。按地质构造和自然地理环境划分为呼伦贝尔高原、锡林郭勒–乌兰察布高原、鄂尔多斯高原和阿拉普高原等4个盐湖分布区。其中，锡林郭勒–乌兰察布高原盐湖区的盐湖达185处，占内蒙古盐湖总数的48.9%，面积（534.7 km^2）约为内蒙古盐湖总面积的30%；阿拉普高原盐湖区有52处盐湖，占内蒙古盐湖总数的13.8%，面积（679 km^2）约为内蒙古湖泊总面积的41%。

（2）盐湖的生态环境。

① 新疆、青海、内蒙古盐湖区的自然条件。新疆阿尔泰山间盆地盐湖区，地处北纬46°～49°，冬季严寒，春季干燥多风，夏季较短，秋季凉爽，年均气温3.5 ℃，1月最低达–50 ℃，7月最高为37 ℃；年均降水量为110 mm，受大西洋气流微弱影响地带的降水量则为400 mm；年均蒸发量为1 750 mm；年均日照时数为2 750～3 093 h。准噶尔盐湖区，地处北纬44°～45°，年均气温7～8 ℃，1月最低达–41.5 ℃，7月最高为42 ℃；年降水量为70～270 mm，年均蒸发量为2 400 mm；年均日照时数为2 736～2 999 h。天山山间盆地盐湖区的盐湖大部分集中在东部吐鲁番地区和哈密地区，年均气温分别为13.0 ℃和9.8 ℃，年均降水量为16.4～300 mm。昆仑山盆地盐湖区海拔3 800 m以上，年均气温为1.6 ℃，1月最低–30 ℃，7月最高气温25 ℃；年

均降水量为200～450 mm，自西向东逐渐增多。

青海省柴达木盆地盐湖区是典型的大陆性荒漠气候，寒冷季节长，日照强，年均气温为2～4 ℃，1月最低气温达-30 ℃，7月最高气温为35 ℃；年均降水量为17.6～323.8 mm，年均蒸发量为2 000～3 000 mm；年均日照时数3 000～3 300 h。

内蒙古地区盐湖区多属寒温地带，年均降水量由东向西自550 mm递减为40 mm，年均蒸发量为1 300～3 800 mm；年均温度为-1.8～8.6 ℃，平均日照时数为2 900～3 500 h。

② 非生物环境。

a. 盐湖的水化学类型。对新疆11处、青海4处和内蒙古13处，共计28处盐湖，按M. Г. 瓦里亚什科的盐湖水化学分类方法进行分类：属于硫酸盐型钠亚型（NS）的盐湖有11处，包括新疆的艾比湖等7处、青海省的尕海盐湖等3处和内蒙古的硝泡子1处，占盐湖总数的39.3%；属于硫酸盐型镁型（MS）的6处，包括新疆的阿雅克库木盐湖等3处、青海的阿拉尔盐湖1处、内蒙古的额吉淖尔等2处，占21.4%；属于碳酸盐型（C）的11处，包括新疆的阿拉尕克盐地1处、内蒙古的巴彦淖尔及黄旗海等10处，占39.4%。

b. 盐湖盐度及周年变化。所调查水体的盐度变化幅度为0.5～394.3，不同水体和同一水体在不同时期，盐度都有很大差别。水的化学类型则相对稳定，其中氯化物型约占45%，碳酸盐型约占33%，硫酸盐型约占22%。水的总碱度为1.75～67.00 mmol/L。盐度的周年变化共分为5种类型。

剧烈变化型。盐湖盐度周年变化非常剧烈，最高盐度与最低盐度相差1倍以上。如新疆的阿拉尕克盐地，1992年7月的盐度仅66.9，而8月则高达292.2，增加3.4倍；巴里坤盐湖和达坂城盐湖的盐度变化在一年内皆超过2倍。这种变化与盐湖本身水位浅和湖水容量小有关。春季冰雪融化，湖水迅速淡化；而夏季干旱，蒸发量大，湖水浓缩，盐度很快增高。

低起伏型。盐湖盐度周年变化较平稳，最高与最低盐度相差1倍或1倍以下。这类盐湖一般面积大，湖水容量大，年补水量较小。如新疆的艾比湖，平均水深1 m，湖水容量为6亿立方米，湖面年蒸发量和入湖地表及地下流量皆为7亿立方米；青海省的尕海盐湖，面积最小，但平均水深达10 m，湖水容量达37亿立方米，最高与最低盐度仅差50%左右。

盐度的周年变化对卤虫群体的繁殖、生长极为有利。卤虫越冬休眠卵在春季盐度低时进行水合、发育、孵化；而在夏秋两季盐度高时停止水合作用，发生滞留，以休眠卵的方式来保证种的衍生。因此，盐湖盐度的周年变化明显，是卤虫卵生产的最佳生态环境之一。

平稳型。盐湖盐度基本稳定，周年变化不明显。如新疆的托勒库勒盐湖，缺乏卤虫的繁殖条件，无卤虫分布。

直增型。如青海省的小柴旦盐湖，处于干旱地区，又值干旱小周期，湖水盐度基本呈增长趋势，1993年盐度213.9，1994年增至394.5。这种周年变化型不利于卤虫的繁殖、生长，休眠卵长期处于停滞状态。

波动型。浅水型现代盐湖，由于受年降水量的制约，年际间的湖水盐度波动很大。枯水年份湖水盐度的波动极大，而丰水年份则湖水盐度较稳定。该型盐湖的卤虫资源出现的形式不同，有时休眠卵多，有时成虫多。

c. 盐湖的pH。大连水产学院调查的50个水体的pH为3.0～10.6，离子系数M/D［（Na^{+}+K^{+}）/（Ca^{2+}+Mg^{2+}）］为0.45～67.00。黑龙江水产科学研究所等单位所调查的28处盐湖，pH为7.3～9.9。pH与盐湖的水化学类型相关。6处硫酸盐型镁亚型的盐湖，其pH为7.3～7.6，随盐度增高而略有增加；11处硫酸盐型钠亚型盐湖的pH为7.6～8.8，总的趋势与盐度呈负相关；11处碳酸盐型盐湖的pH为8.4～9.9，绝大多数在9以上。

pH与卤虫的生长发育关系密切，休眠卵孵化的适宜pH为8～9，低于8时孵化率降低。

d. 化学耗氧量（COD）。盐湖的另一特点是COD均较高，除新疆的白盐池（8.94 mg/L）、达里湖（14.3 mg/L）和乌梁素海（11.0 mg/L）外，其他盐湖均在15.00 mg/L以上，一般为20.00～300.00 mg/L，最高达236.2 mg/L。COD与盐度呈正相关。大多数盐湖均属富营养型水域。

③ 生物群落。盐湖的生物群落较淡水湖泊简单，但特点明显。

a. 浮游植物。大连水产学院所调查的水体中共见到浮游植物132种，其中绿藻门47种，硅藻门32种，蓝藻门26种，裸藻门17种，金藻门4种，甲藻门3种，隐藻门2种，黄藻门1种；平均生物量为0.57～25.10 mg/L，其中大于10 mg/L的约占24%，小于1 mg/L的占8%，其余均为1～10 mg/L，生物量组成多以绿藻为主。黑龙江水产研究所等单位在盐度12.4～394.5的23处水域中，共鉴定出浮游植物92属、种。其中蓝藻门17属、种，占18.5%；绿藻门39属、种，占42.4%；硅藻门25属、种，占27.2%；裸藻门4属、种，占4.3%；甲藻门3属、种，占3.3%；隐藻门和金藻门各2属、种，各占2.2%。

浮游植物的分布。在92属、种中，没有一种藻类为23处盐湖的共生种。其中绿藻门的盐藻（*Dunaliella salina*）出现于21处盐湖，出现率为91%；其次为绿藻门的衣藻、硅藻门的嗜盐舟形藻和蓝藻门的小颤藻，出现率为78%；硅藻的小环藻出现率为63%；蓝藻门的微小球藻和小席藻的出现率分别为61%和52%；绿藻门的小球藻、蓝藻门的平列藻和硅藻门的桥穹藻出现率皆为48%。

各盐度的藻类种类数量与湖水盐度呈负相关。如艾比湖5月份盐度为79时，藻类有45属种，10月盐度增加为107.4时，藻类减少为19属、种；巴里坤盐湖4月份盐度为77.9时，藻类有26属、种，9月份盐度增为238.9时，藻类仅为11属、种。

浮游植物的耐盐度。在盐度300～394.5的盐湖中生存的属、种有蓝藻门的平列藻、颤藻、念珠藻、微囊藻，绿藻门的盐藻、衣藻、栅列藻、卵囊藻和弓形藻，硅藻门的嗜盐舟型藻、小环藻、羽纹藻等，裸藻门的裸藻、囊裸藻等。适应于盐度250～300的藻类有蓝藻门的微小色球藻和湖泊鞘丝藻，绿藻门的绿色盐藻、刚毛藻，硅藻门的针杆藻，隐藻门的蓝隐藻等。在盐度200～250盐湖中生存的有蓝藻门的似发藻、蓝纤维藻，绿藻门的四集藻，硅藻门的双菱藻等，以及金藻门的黄群藻。

总之，盐藻、绿色盐藻和嗜盐舟形藻对高盐度的适应性最强，在盐度200以上的盐湖中生长非常茂盛；绿藻门的小球藻适应于在盐度150以下的盐湖生活；一般的浮游植物都能在盐度150的水域中生存。

藻类的密度及季节变化。盐湖浮游植物年平均密度为114万～1 293万个/升，其中绿藻的密度占首位，为优势种。绿藻、硅藻和蓝藻类是盐湖中主要藻类。内蒙古达淖尔的藻类密度最大达12.93亿个/升，主要为小球藻。藻类密度由大到小依次为新疆达坂城盐湖（6 260万个/升）、绿盐池（1 860万个/升）、巴里申盐湖（1 250万个/升）。

b. 浮游动物（卤虫除外）。大连水产学院所调查水体的浮游动物中，共见到原生动物74种，轮虫66种，枝角类29种，桡足类22种，叶足类2种；平均生物量为0.5～21.1 mg/L，大于10 mg/L的占20%，小于1 mg/L的占7%，其余均在1～10 mg/L；生物量组成上一般以轮虫和桡足类占优势，个别的以枝角类或原生动物占优势。黑龙江水产研究所等单位在14处盐湖中检出浮游动物39属、种。其中原生动物21属、种，占53.8%；轮虫类12属、种，占30.8%；枝角类4属、种，占10.2%；桡足类2属、种，占5.1%。

浮游动物的分布。浮游动物在盐湖中的出现率均很低，原生动物草履虫和纤毛虫出现率为32%，轮虫类的褶皱臂尾轮虫的出现率较高，达83%。艾比湖20个属、种浮游动物中，原生动物占55.0%，轮虫类占30.0%，枝角类占10.0%，桡足类占5.0%。达格淖尔盐湖的浮游动物生物量最高，褶皱臂尾轮虫达397.08 mg/L。

浮游动物的耐盐度。原生动物的耐盐性较强，在盐度315的巴里坤盐湖和盐度为292的阿拉尕克盐湖中均可找到；轮虫类的耐盐性较弱，然而能在盐度为204的呼和陶勒盖淖尔（内蒙古）盐湖中生存。

内陆盐水水域的浮游生物量不低于同类型的淡水湖，浮游植物生物量组成仍以淡水种为主（除盐度极高的超盐水域外），浮游动物则以盐水种为主。

c. 底栖动物。大连水产学院在所调查的盐水体中已见到昆虫类、环节动物和软体动物等31种底栖动物，以摇蚊幼虫为主。在浮游动物和底栖动物中有5种中国动物区系的新记录：蒙古裸腹溞（*Moina mongolica*）、薄片单趾轮虫（*Monostyla lamellata*）、河异尺盘虫（*Allogromia fluviatilis*）、黑色隐摇蚊（*Cryptochironomus nigridis*）幼虫和白齐花冠隐摇蚊（*Cr. barganjeae*）幼虫。平均生物量为35.2～612.0 mg/L，以摇蚊幼虫为主。

d. 鱼类。大连水产学院调查的60余个盐水体中，仅21个水体有鱼类。这些水体的盐度为1.24～13.0，碱度为3.0～44.5 mmol/L，pH为8.2～9.6，M/D为0.3～35.6；水体中氯化物型11个，碳酸盐型6个，硫酸盐型4个；见到的鱼类计74种，其中鲤科48种。鱼类的主要限制因子是盐度、碱度与pH。盐度7～10是淡水鱼类生存的高限。鲢、鳙、草鱼、鲮、鲤、丁鲹，青海湖裸鲤、瓦氏雅罗鱼、鲫对碱度适应高限分别为20～30 mmol/L、30～40 mmol/L和40～50 mmol/L。

e. 卤虫资源。卤虫（*Artemia*）是世界性分布的盐水生物，分布于五大洲57个国家360多处盐（海）水水域，属于盐湖水域的卤虫仅67处，占20.0%。我国卤虫分布于18个省、市自治区，近80处水域，其中属于沿海盐田的30多处，属于内陆盐湖的40多处，新疆、青海、内蒙古等省（自治区）盐湖卤虫已达31处，西藏自治区已发现近10处盐湖有卤虫。实际上，西藏地区的221处盐湖，适于卤虫生存的盐度范围（22～50）的盐湖有45处，面积达0.22万平方千米；另外，河北、甘肃、山西、宁夏、吉林及云南等省（自治区）也有少数盐湖有卤虫分布。据估测，我国生存卤虫的内陆盐湖有100余处，面积可达0.4万平方千米，卤虫的资源最大可达6.0万～8.0万吨（鲜重），卤虫卵的年资源量接近0.1万吨（成品）。

卤虫的生物学特征。生态类型与染色体分析。卤虫隶属节肢动物门（Arthropoda），甲壳纲（Crustacea），鳃足亚纲（Branchiopda），无甲目（Anostraca），卤虫科（Artemidae），卤虫属（*Artemia* Leach，1819）。现存8种，种名一般按两性生殖类型和孤雌生殖类型分别命名，前者为*Artemia* sp.，后者为*Artemia parthenogenetica*，并在其后加上产地名，以示区别。

我国新疆、青海、内蒙古三省（自治区）内陆盐湖卤虫的生态类型共23个。其中两性生殖类型为14个，占60.9%，其染色体均为二倍体（2n=42）；孤雌生殖类型9个（包括移植的），占39.1%，染色体分3种类型，产于新疆艾比湖和青海尕海盐湖的为2n（42），产于巴里坤盐湖、达坂城盐湖和柯柯盐湖的为4n（84），产于新疆绿盐池和内蒙古黄旗海的为5n（105）。两性生殖类型的卤虫主要分布于“中国盐湖带”东部的内蒙古境内。

习性与行为。卤虫的分布不是依靠物种本身的迁移，而是卤虫卵靠风和水鸟传播到天然水域。内蒙古境内盐湖的卤虫为单一的两性生殖类型，新疆和青海两省（自治区）境内的卤虫既有孤雌生殖类型，又有两性生殖类型。阿拉尕盐湖与绿盐池两处盐湖相距不足200 km，却分别生存着两性生殖类型和孤雌生殖类型。

卤虫的适应能力很强，其生境规模，小到几百平方米，大到几千平方千米，能适应不同的水化学类型的碱、盐、海水水域，适应的水温也广（6～35 ℃）。从理论上讲，卤虫可以在天然海水（盐度35左右）中生存，但由于卤虫的防御力差，易被鱼类、甲壳类和昆虫等捕食，因而在盐度低于45的有肉食动物生存的水域中，几乎无卤虫存在。卤虫具有高度复杂的渗透调节系统，并能合成非常有效的呼吸色素（血红蛋白）来克服高盐度的低溶氧量环境，可在溶氧量仅1 mg/L的水域中生长。当环境条件危害其生存时，卤虫卵脱水休眠，以保证种群衍生。

卤虫生长适温为25～30 ℃，孵化水的适宜pH为8～9，幼体适应盐度范围为20～100，成体的适应盐度为10～250，最适盐度为70～220。

卤虫为被动的浮游动物，随风浪而浮游。晴天无风浪时常在湖水表面密集成群；由于风浪的作用，卤虫及其卵可形成带状漂浮于水面，卤虫卵带可长达600 m，宽1 m，同时可出现数条，在小盐湖中则可形成线状狭带。

卤虫趋光性并不强，成虫及卵在水的上、中、底层均有分布，各水层的分布密度均无规律，有时底层大于上层。

食性。卤虫是一种典型的滤食性动物，可滤食小于50 μm的颗粒性食物，食物的适宜大小为5～16 μm，对食物种类无任何选择性。内陆盐湖卤虫的主要食物是有机碎屑、嗜盐菌和藻类，这3类食物在湖中出现具有明显的季节性，起互补作用。食物中单胞藻有盐藻、衣藻、小球藻、栅列藻、十字藻、刚毛藻芽胚、色球藻、颤藻、似发藻、小环藻、舟形藻、脆杆藻等。卤虫的生物量与营养条件密切相关。

繁殖。卤虫卵的密度略大于淡水，在淡水中为沉性，在盐水中则为漂浮性，当盐度为140时开始上浮，盐度达170以上时则全部上浮。低盐度湖水中的卤虫卵分2种类型：硬壳卵和软皮卵。前者为卵生，后者为卵胎生的前身，很少排出体外，密度较大，不上浮。

卵径。两种生殖类型的卤虫卵径差异明显，不同生态类型的卵径也有一定差异。两性生殖类型的卵径小，平均207.8～218.2 μm，高者达235 μm以上，水合后卵径平均为235.8～282.2 μm（248.9 μm），利用次氯酸盐法消壳后的卵径平均为218.0～261.6 μm（230.4 μm）。卵壳厚为6.0～13.5 μm（9.3 μm），卵径大小与卵壳厚不成正比关系。

孤雌生殖类型卤虫的干燥卵径为237.1～258.0 μm（245.6 μm）；水合4 h后的卵径为264.4～284.6 μm（277.8 μm）；经次氯酸盐消壳后的卵径为252.1～267.3 μm（260.8 μm）。

每克卵的粒数。每克卤虫卵一般为23.5万粒，最少为20.9万粒，最多为24.5万粒。每克卵的粒数基本上与卵径呈负相关，一般养殖的珍贵仔鱼虾的口径较小，对卤虫卵的适宜数为每克22万粒。

周年繁殖世代。卤虫的生命周期短，一般在水温20 ℃左右时，从刚孵化的无节幼体至性成熟抱卵仅需22～34 d。第一世代即早春水温5 ℃时由越冬休眠卵孵出的无节幼体，发育到成熟抱卵需50～60 d。卤虫的繁殖有简短的间歇期，一般隔3～6 d产一次卵，最少繁殖一次即死亡，最多繁殖14次，一般繁殖5～6次。卤虫卵的寿命最短为30 d，最长达170 d，一般为70 d左右。

繁殖世代的多少，不仅取决于遗传因子，而且受水环境的盐度、水温等因素影响。湖水盐度不超过140的盐湖，卤虫周年繁殖世代可达4～6个，如艾比湖等；盐度于6～7月即可上升到150以上的湖泊，卤虫仅繁殖一代，或出现少量的第2世代，卤虫的繁殖力也相应发生变化。

卤虫的繁殖力。卤虫一生中所排出的卵数和产的无节幼体数称为繁殖力。雌孤生殖类型的艾比湖卤虫，平均繁殖力为152粒（只）；两性生殖类型的阿拉尕克盐池卤虫仅繁殖一代，平均产卵400粒。各生态类型卤虫的繁殖力波动于211～840粒（只）。

无节幼体的体长。孵出2 h的卤虫无节幼体长度，两性生殖类型的为393.2～484.0 μm（440.2 μm），孤雌生殖类型的为456.7～524.2 μm（491.4 μm）。

卤虫卵和卤虫的质量：卤虫卵的质量取决于营养成分和孵化率两项指标。

新疆、青海、内蒙古等8个盐湖卤虫卵的蛋白质含量均在45%以上，个别达57%（巴里坤盐湖卤虫卵），氨基酸总量30.04%左右；脂肪酸含量为19.0%～28.0%，18：3（n–3）含量为4.00～28.95 mg/g（达坂城硝池的最高），20：5（n–3）含量为1.01～16.17 mg/g（尕海盐湖的最高）。无节幼体的20：5（n–3）较卵的略高。

卤虫脂肪酸的组成不是由遗传因素决定的，而是取决于索食饵料的脂肪酸组成。大型盐湖的饵料生物组成较稳定，卤虫的脂肪酸组成也相对稳定。

卤虫卵的孵化率和孵化效率标志着卵的质量和经营者的经济效益。在盐度为30～35（NaCl）、pH为8.0、水温28 ℃、自然光照24 h的条件下，各盐湖卤虫卵的孵化率：巴里坤盐湖的为47.8%，艾比湖的为53.1%，小柴旦盐湖的为72.1%，尕海盐湖的为77.1%。

卤虫密度及卵的生物量。新疆、青海、内蒙古三省（自治区）卤虫的密度和生物量：达格淖尔117 370个/立方米和112.13 g/m^3，达坂城盐湖89 529个/立方米和176.81 g/m^3，阿拉尕克池47 032个/立方米和52.89 g/m^3，低的为3.25 g/m^3（小柴旦盐湖）～10 g/m^3（艾比湖）。

卤虫的资源量以及卵的资源量与单位产量。卤虫的资源量：艾比湖为2 889.26 t，尕海盐湖为5 335 t。卤虫卵的资源量：艾比湖为200～400 t，单位产量为3.40～6.79 kg/hm^2；尕海盐湖为80～100 t，单位产量为21.39～27.14 kg/hm^2。三省（自治区）卤虫卵的合计资源为351～614 t，加上未被调查的盐湖，总计资源量可达650 t。

7. 盐碱地池塘生态环境

我国北方地区拥有低洼盐碱荒地约2 000万公顷，不宜种植的且靠近水系的宜渔低洼盐碱荒地有300万公顷以上。为了有效开发低洼盐碱荒地资源，自20世纪80年代以来，国家科技部与农业部先后组织中国科学院、中国水产科学研究院和有关高校及地方水产研究所，进行了“低洼盐碱地以渔改碱综合治理技术研究”，在各级政府和生产单位的支持与配合下，在黄淮海平原、东北平原、沿黄流域等盐碱湿地分布较集中区域，采取“挖池抬田”措施，在池塘中养鱼，在池堤上种粮，取得了巨大的科研成果和综合效益。初步摸清了盐碱地池塘水化学状况等非生物环境和生物群落特点，研制了池塘水质改良和调控技术，建立了综合养鱼新模式。截至“九五”末期，华北、东北、西北等“三北”地区开发各类盐碱地池塘面积达62.7万公顷，其养殖产量占内陆水域养殖总产量的1/3以上。

（1）生态环境。我国盐碱地池塘水离子成分复杂，包括氯化物型、碳酸盐型和硫酸盐型3种离子类型，生态系统结构有一定差异，其中以分布于黄河沿岸和松辽平原的氯化物水型池塘的生态环境研究工作较系统。

① 非生物环境。黄河下游高青县、德州市和东北地区松辽平原盐碱地池塘的主要离子、盐度、总碱度、总硬度、pH、营养盐与化学耗氧量（COD）见表5-25。

表5-25　不同地区盐碱地池塘水主要离子和营养盐含量

项目	黄河下游				松花江、嫩江平原	
	高青县		德州市			
	幅度	均值	幅度	均值	幅度	均值
Cl^-（mg/L，mmol/L）	470.57～834.08	673.11	18.4～22.3		15.02～47.08	
SO_4^{2-}（mg/L，mmol/L）	559.88～787.9	671.72	8.7～19.7		0.07～1.69	
HCO_3^-（mg/L，mmol/L）	262.86～425.51	357.31	8.0～22.9		2.65～3.72	
CO_3^{2-}（mg/ L，mmol/L）	5.96～28.68	13.42	0.0～0.0		0.38～1.71	
Ca^{2+}（mg/L，mmol/L）	78.78～112.83	104.43	6.3～7.0		1.71～2.82	
Mg^{2+}（mg/L，mmol/L）	67.63～299.81	168.62	16.0～18.0		1.69～5.76	
Na^++K^+（mg/L，mmol/L）	404.25～561.63	484	24.2～27.7		0.92～20.94	
盐度	1.83～2.49	2.22	0.77～3.52		1.27～2.79	1.54
总碱度（Alk，mmol/L）	5.26～7.17	6.3	6.4～9.5		3.21～4.63	3.74
总硬度（TH，mmol/L）	9.58～32.82	18.85	5.90～9.86		10.33～29.53	16.57
pH	7.90～8.37	8.31	7.6～8.5		7.75～8.72	8.09
NO_3^--N（mg/L）	0.01～0.95	0.133	0.05～0.08		0.019～0.463	
NO_2^--N（mg/L）	0.00～0.20	0.024	0.013～0.016		0.002～0.005	
NH_4^+-N（mg/L）	0.007～0.817	0.174	0.277～1.000		0.72～1.86	
总氮（TN，mg/L）	1.78～4.81	2.95	6.07～9.02		1.69～3.77	
PO_4^{3-}-P（mg/L）	0.001～0.108	0.025	0.028～0.049		0.12～0.71	
总磷（TP，mg/L）	0.023～0.299	0.159	0.69～1.22		0.88～1.94	
SiO_3^{3-}-Si（mg/L）	1.39～3.47	2.80			1.87～3.62	
COD（mg/L）			5.0～22.5			
水型（O. A. 阿列金）	Cl_I^{Na}		$CClNa^+$ II～$ClSNa^+$ II		Cl_{II}^{Na}	
资料来源	张美昭等，2000		胡文英等，2000		杨富亿，2000	

高青县盐碱池塘的碱度和盐度较淡水偏高，但尚不至于严重影响养殖鱼类的生长和存活。只有当水的pH高于9.0时才会严重影响养殖种类的生长甚至导致死亡。这类池塘的硬度较低，对酸碱的缓冲能力很弱，导致池塘的pH波动幅度很大，晴天中午pH有时大于9.5。本类池塘无机氮含量低，表现为氮限制，属于偏海水特点的海–淡水过渡类型，适宜的施肥N：P比为10：1～15：1。

河流、湖泊、池塘等淡水水域的阳离子数量顺序为$Ca^{2+}>Na^{+}>Mg^{2+}$，阴离子数量顺序为$CO_3^{2-}>SO_4^{2-}>Cl^{-}$，一般属于碳酸盐钙组型水；海水中阴、阳离子的数量顺序分别为$Cl^{-}>SO_4^{2-}>CO_3^{2-}$及$Na^{+}>Mg^{2+}>Ca^{2+}$，一般属于氯化物钠组型水。三类盐碱地池塘的阴、阳离子数量顺序基本上近海水型。此类池塘的碱度和盐度较淡水池塘为高，但都不至于直接影响养殖鱼类的生长，只有当水的pH较高时才会导致养殖鱼类生长缓慢甚至死亡。这类池塘的硬度较低，对酸碱度的缓冲能力很弱，导致池塘pH日波动幅度较大，中午pH有时会达到使鱼类受伤甚至于死亡的程度。

② 生物群落。黄河下游山东省高青县赵店乡渔场盐碱地池塘的水型属氯化钠组型，盐度为1.82～9.26，其生物群落概述如下。

a. 浮游植物。高青盐碱地池塘中共检出浮游植物120属，约197种，其中绿藻门占浮游藻类数的38.5%，硅藻门占23.35%，蓝藻门占15.23%，裸藻门占9.64%，金藻门占5.58%，黄藻门、隐藻门和甲藻门各占2.54%。其优势种绝大多数是淡水普生性的耐盐种类：蓝藻门的小色球藻、小席藻、螺旋鱼腥藻、螺旋藻和银灰平裂藻，金藻门的小三毛金藻、黄绿等鞭金藻和卵形单鞭金藻，隐藻门的啮蚀隐藻和尖尾蓝隐藻，甲藻门的光甲藻，硅藻门的近缘针杆藻和长菱形藻，裸藻门的绿裸藻和颤动扁裸藻，绿藻门的心形扁藻、尖细栅藻、四尾栅藻、扭曲蹄形藻、四足十字藻和普通小球藻。其中盐水种约占总种数的10%。

浮游植物各门类在各季节的出现率。蓝藻、绿藻、裸藻在夏秋季比冬春季的出现率高，金藻和甲藻在冬春季比夏秋季的出现率高，硅藻和隐藻则全年各月均可见到。

浮游植物生物量。平均生物量为49.90 mg/L，变幅为0.60～360 mg/L。养殖不同鱼类的池塘，各类浮游植物的生物量差异很大。硅藻门平均生物量为15.86 mg/L，占总量的31.79%；裸藻门为11.41 mg/L，占22.86%；蓝藻门为7.41 mg/L，占14.85%；绿藻门为5.65 mg/L，占11.3%；隐藻门为4.10 mg/L，占8.21%；金藻门为3.39 mg/L，占6.79%；甲藻门为1.92 mg/L，占3.84%；黄藻门为0.16 mg/L。

总之，盐碱地池塘中浮游植物种类与淡水池塘相似，但出现一定数量的盐水种类，如小三毛金藻、盐舟形藻和心形扁藻等，占总种数的10%左右。

b. 浮游动物。高青盐碱地池塘共检出浮游动物89属159种，其中原生动物种数占总数的49.0%，轮虫占36.5%，枝角类占8.8%，桡足类占5.7%。各门类浮游动物在不同季节的出现率：原生动物全年常见，轮虫和枝角类在夏秋季比冬春季的出现率高，而桡足类相反，冬春季比夏秋季出现率高。

盐碱地池塘中的浮游动物绝大多数是淡水中的常见种类，与淡水池塘不同的是出现了少数盐水种，并且有时是优势种，如细巧华哲水蚤、褶皱臂尾轮虫、环顶巨腕轮虫等，其种类大多数是多污带和α、β中污带的指示种，也与淡水池塘相似，而与海水养殖池塘的种类不同。

浮游动物平均生物量为9.47 mg/L，变化范围为0.002～307.97 mg/L，池塘间的差异很大。各门类生物量占总生物量的比例：原生动物占67.67%，轮虫占27.69%，桡足类占3.83%，枝角类比例最小。浮游动物生物量一般在春季达峰值，盛夏至初秋为高峰。

高青盐碱地池塘浮游动物的生物量（7.47 mg/L）并不低于淡水池塘，如哈尔滨地区的为6.2 mg/L，吉林镇赉为9.05 mg/L，广东佛山地区为9.13 mg/L。但其生物量的组成与淡水池塘明显不同，桡足类和原生动物占的比例比淡水池塘的大。各池塘间浮游动物生物量的差异与养殖鱼类组成、饲养方式、管理水平有关。

c. 底栖动物。高青盐碱地池塘的底栖动物计14种。隶属软体动物门腹足纲的有3种，占总种数的21.4%；环节动物门4种，占28.6%；节肢动物门7种，占50%。主要种类是羽摇蚊幼虫和奥特开水丝蚓，前者出现率为75%，后者出现率为25%。底栖动物生物量在春末夏初（5、6月）期间最大，养鱼后期则很少。盐碱地池塘的底栖动物和生物量都比淡水池塘的少。

d. 水草。高青盐碱地池塘分布有大型水生植物12种，包括隶属于轮藻门的轮藻，蕨类植物门的槐萍，被子植物门的菹草、角果藻、芦苇、稗、荆三棱、水葱、浮萍、莲、金鱼藻和香蒲。其中以菹草、角果藻、金鱼藻等沉水植物占优势，池塘岸边或多或少有芦苇生长。菹草和角果藻在高温夏季消失。

盐碱地池塘的水草，各类均贫乏，优势种都是耐盐种类。水草种类随盐度增加而减少。盐碱地池塘中水草的种类较黑龙江、黄河和长江流域的淡水湖泊少，如洪湖92种；而较若干高盐水体高，如盐度为5.6和12.5的达里湖和青海湖，都只有1种水草。

（2）初级生产力。高青盐碱地池塘浮游植物的毛初级生产量均值为9.42 g（O_2）/（m^2·d），变幅为1.37～19.77 g（O_2）/（m^2·d）；净生产量均值为5.36 g（O_2）/（m^2·d），变幅为0～12.96 g（O_2）/（m^2·d）。初级生产量在水层中的垂直分布，一般上层高于下层，最高生产层为表层或25 cm以上的水层。补偿深度平均为0.78 m，透明度均值为26 cm。

盐碱地池塘浮游植物对太阳能的利用率平均为1.53%，与我国高产鱼池相当（1.49%～3.21%），高于高生产力湖泊（0.25%～0.31%）。其P/B系数均值为0.24，均低于我国高产鱼池和高生产力湖泊。

高青盐碱地池塘水草的生产量变动于0.04～1.70 mg（O_2）/（L·h·g），菹草>角果藻>轮藻。水草的毛产量和净产量都随水深增大而依次下降。

盐度和碱度对水草生产力均有影响，菹草和角果藻初级生产量在盐度0～3的条件下，随盐度增高而增大，当盐度高于3以上时，则随盐度增高而直线下降。

（二）河口湾生态环境

河口湾（estuary）是海水和淡水交汇和混合的水域，与江河和外海相连，直接受河水和潮汐的强烈影响。河口湾包括河口、沿岸海湾、潮沼，是海水与淡水生境的过渡区或群落的交错区（ecotone），有其独特的理化和生物特征，是一种多变化、高生产力的生态系统。

河口湾的水产资源丰富，包括许多鱼类、贝类、甲壳类。许多经济动物利用河口湾作为繁殖场所和幼体育肥海区，因而它是海水增养殖的重要基地。河口湾是易受人类活动影响和破坏的生态系统。

河口湾的分类体系较多，我国的主要大型河口湾按盐度状况归类多属于正性河口湾，流入的淡水量较大，使海水盐度大幅度下降，并形成盐度的分层。如长江口湾、黄河口湾、珠江口湾等大型河口湾和各种中小型河流入海处的口湾。

1. 非生物环境

河口湾的盐度、温度、透明度、水化学、底质等方面的时空变化都很剧烈。

（1） 盐度与pH。河口湾的盐度有较明显的分段现象，从河向海盐度递增。河头段，即淡水进入河口处，盐度不超过5，底质为细砂；上游段，位于河口湾上游，盐度为5～18，底质为淤泥；中游段，位于河口湾中游，盐度为18～25，底质以淤泥为主；下游段，位于河口湾下游，盐度为25～30，底质以砂质为主；口外段，是河口湾的迎海地段，盐度与海水相似，底质为砂砾。

河口湾的盐度有明显的周期变化，雨季低盐区扩大，大潮时高盐区扩大。河口湾中部的盐度变化最为强烈。

pH一般波动于7～8，有一定的纵向变化。

（2） 水温。河口湾的水温具有纵向差异性，迎淡水处的水温日变化大于临海水区，越靠近河头，年温差越大，河口湾中心区由于受潮汐的影响，温度变化最为剧烈。水的温差也有垂直变化，表层水日温差大于深层水。

（3） 透明度。水的悬浮物较多，混度较高，透明度低。河口处的透明度低于口外段。

（4）底质。河口湾的底质主要由松软的泥质构成，含有大量的颗粒有机质。底质由河向海的方向发生一定变化，即细泥→淤泥→泥沙→砂砾。

2. 生物群落

（1）浮游植物。通常以硅藻占优势，中肋骨条藻有时可占浮游植物总数的80%以上，在盐度5～15的水中繁殖最盛，常被看作河口的指示种。常见的硅藻尚有双尾藻、角刺藻、小环藻、直链藻、菱形藻。夏季甲藻是常见的优势种，主要有角藻、多甲藻、裸甲藻等。低盐度的上游区常见种类是绿藻、蓝藻、隐藻。

河口湾浮游植物量变化幅度很大，季节分布总趋势与近岸水域相似，春秋各有一次高峰。如长江口浮游植物量以8月最高，平均（以叶绿素a计）8.75 mg/m^3，6月次之，11月到翌年4月降为2 mg/m^3。

（2）浮游动物。河口湾的浮游动物数量较大，种类较少。种类组成以桡足类占优势，主要种类有真宽水蚤、纺锤水蚤、许水蚤、哲水蚤等属。原生动物、水螅和水母类、毛颚类、其他甲壳类有时数量很大。多毛类、贝类、蟹类等底栖动物幼体在其繁殖期数量也很多。

河口湾的浮游动物量具有明显季节性变化，如长江口1986年1～4月平均为90 mg/m^3，7月上升为720 mg/m^3，12月降为100 mg/m^3。

（3）底生植物。河口的底生植物包括挺水植物、沉水显花植物和底生藻类。挺水植物主要种类有芦苇、蓖草、海三棱、蓖草、灯芯草、盐角草、碱荠、大米草等，在湖间带形成大片盐沼。在热带区，盐沼被红树林群丛取代。盐沼挺水植物的最大生物量达300～923 g/m^2。

沉水显花植物分布在低潮面以下海区，形成水下海草床，主要种类有大叶藻、海龟草、海神草等，生物量（干重）可超过1 000 g/m^2。

大型底生藻类的主要种类有石莼、浒苔、刚毛藻等绿藻和墨角藻、泡叶藻等褐藻，着生于岩石基质上。微型底生藻类则以硅藻为主。

（4）底栖动物。河口湾的底栖动物种类和数量都很丰富，主要由贝类、环节动物、棘皮动物、甲壳动物等组成。贝类主要有牡蛎、蛤类、贻贝和小型螺类，如长江口和黄河口常见且数量大的有伊豆明樱蛤、光滴形蛤、织纹螺等。环节动物主要为多毛类，如长颈沙蚕、长吻沙蚕等，有时海蚯蚓和颤蚓的数量也很多。棘皮动物习见的有钩信棘蛇尾等。甲壳动物有各种钩虾、虾类和桡足类、介形类等。

河口湾底栖动物的现存量一般较海洋和淡水为高，但不同水体差异较大。我国长江口和黄河口的底栖动物量不高，湿重分别为21.75 g/m^2和25.8～50.8 g/m^2。

河口的底栖动物种、量的时空分布与沉积物类型、组成、沉积速度和径流量大小等有密切关系。如长江口的底栖动物的水平分布，距河头越近数量越少；黄河口的底栖动物分布，一般也是从河头往外海逐增。

长江口的底栖动物具有季节变化，枯水期后的4月，底栖动物有135种，平均生物量为13.87 g/m^2，丰水期后的10月，种数降为115种，平均生物量为9.89 g/m^2。

（5）自游动物。河口湾的自游动物主要包括鱼类，还有虾蟹类等无脊椎动物。如长江口67种鱼类，其中终生在河口湾生活的有风鲚、前颌间银鱼、鲈、蝌蚪虾虎鱼、弹涂鱼、弓斑东方鲀、双斑东方鲀等，风鲚为优势种；无脊椎动物有67种，主要种类有三疣梭子蟹、安氏白虾、脊尾白虾、葛氏长臂虾、虾蛄、枪乌贼等。长江口自游动物生物量的季节变化明显。秋季最高，达26 248 kg/km^2，鱼类占78%，无脊椎动物占22%；冬季最低，仅为301 kg/km^2，鱼类占71.4%，无脊椎动物占28.6%。

3. 初级生产力

河口湾的浮游植物初级生产力不像外海和湖泊中那么重要。我国长江口浮游植物生产力的季节变化，1月最低，仅0.025 g（C）/（m^2·d），8月最高，为3.67 g（C）/（m^2·d），全年均值为1.062 g（C）/（m^2·d），年产量约383 g（C）/（m^2·d）。

（三）浅海、滩涂生态环境

滩涂属于潮间带，浅海属于潮下带，两者在地理形态上有所不同。但就栖息生物来说，两者有着共性，栖息在滩涂或浅海的生物，大多直接从水体中取得食物和溶氧等生存与繁育的物质条件，而不是从滩底或海底中直接取得物质。因此，借海水沟通，将浅海与滩涂合并渔业划区，以综合阐述其生态环境和渔业资源。

1. 概况

（1）浅海滩涂的类型和面积。

① 海岸类型。我国海岸线曲折，沿海岛屿星罗棋布，沿岸类型复杂多样，交错分布。一般分为平原海岸、基岩海岸和生物海岸。渤海及黄海南部以平原海岸为主，辽东半岛东部及胶东半岛多属基岩海岸，东海及南海区以基岩海岸为主，局部港湾及河口三角洲岸段为平原海岸。海南及南沙诸岛、华南及福建南部沿海局部岸段，由珊瑚礁和红树林组成的海岸，称为生物海岸，属于热带海岸生境。

平原海岸是指在海流、波浪、河流、风等动力因素作用下，由泥沙及其他悬移质堆积而成的海岸，其地势平坦，岸线平直，滩涂广阔，间或有沙洲发育。由于长江、黄河、珠江等江河的径流及输沙的堆积作用，在河口形成三角洲平原海岸。辽东湾、渤海湾、莱州湾海岸及苏北沿海，由一些较细颗粒物质堆积、发育成粉砂淤泥质海岸。这些平原海岸的滩面宽广而稳定，为海洋生物栖息提供了良好的条件，是滩涂渔业的重要生产场所。

基岩海岸，习惯称为岩岸，主要分布于浙江、福建、广东、广西沿海，以及辽东半岛、胶东半岛、秦皇岛、葫芦岛、台湾东部沿海，山地迫临海岸，岸线曲折，岬湾相间，水深湾大，是附着贝类等经济水产生物的优良场所。

生物海岸的珊瑚礁段限于北回归线以南，是南海诸岛屿、海南岛及雷州半岛发育的裙礁。红林区段是在滩地上生长的若干种常绿乔木和灌木组成的植物群落的复合体。我国的红树林海岸分布于海南岛、台湾，以及广东、广西、福建的局部岸段，尤以海南岛较多。

② 浅海滩涂地貌特征。我国浅海滩涂依地形成因可分为3种类型：第一种为古三角洲，这种类型的海底面积最大，分布于南黄海江苏东侧、东海长江口以外、闽江口、九江口及南海珠江口附近；第二种为现代三角洲，其海底形成的历史年代不长，分布于渤海辽东湾北部、秦皇岛沿岸、黄河口附近及东海钱塘江口附近；第三种为陆架冲积海底，除上述两种类型的海底外，均属这种类型。

我国浅海地势，依岸线走向自北向南、自西向东或自西侧向中央倾斜。海底坡度，在长江口以北递增缓慢，在长江口以南递增急剧。我国滩涂地势，基本上自陆地边缘向海洋倾斜，坡度不大。

我国海岸地形的另一个特点是海湾众多，其中辽东湾、复州湾、莱州湾、桑沟湾、杭州湾、兴化湾、大亚湾等为敞口海湾，普兰店湾、胶州湾、象山港、三都湾、博贺港、龙门港等为狭口海湾。海湾的利用价值远胜于一般向洋性海岸。位于海湾以内与位于海湾以外的滩涂，其利用价值有明显的差别，湾内的利用价值高。我国的主要港湾有辽东湾、渤海湾、莱州湾、靖海湾、胶州湾、海州湾、杭州湾、象山湾、三门湾、台州湾、泉州湾、围头湾、厦门湾、浮头湾、铜山湾、诏安湾、汕头湾、红海湾、大亚湾、大鹏湾、广海湾、湛江港、雷州湾、清澜港、三亚港、北海港、钦州湾等（不包括台湾和海南岛的港湾）。

我国的浅海滩涂底质主要为泥沙、砂和淤泥。港口多淤泥，平原岸段多泥沙，基岩岸多礁砾。

③ 滩涂、浅海面积。我国大陆海岸线约18 000 km，沿海滩涂面积191.7万公顷（理论基准面以上），浅海面积734.3万公顷（10 m等深线以浅面积）。渤海、黄海、东海和南海等四大海区的滩涂和浅海面积见表5-26。

表5-26 四大海区的滩涂和浅海面积

海区	海岸线		滩涂			浅海		
	km	占全国（%）	万公顷	占全国（%）	hm^2/km	万公顷	占全国（%）	km
渤海	2 937	15.96	50.7	26.9	162.4	161.5	22.0	732.1
黄海	3 927	21.34	54.9	28.6	137.4	201.8	27.5	505.1
东海	5 745	31.22	49.3	25.7	91.8	211.9	28.9	394.0
南海	5 792	31.48	36.9	19.2	76.3	159.2	21.6	329.5
合计	18 401	100	191.8	100		734.4	100	

注：引自《中国渔业区划》（1988）

渤海区滩涂类型以粉砂淤泥质滩涂为主，占本区滩涂面积的64.5%，主要分布于渤海湾及莱州湾。砂质滩涂占19.7%，泥质滩涂占11%，其余为沙砾质滩涂。每千米大陆海岸线平均滩涂及浅海面积的分布水平位于全国各海区首位。

黄海区的滩涂类型以粉砂淤泥质滩涂面积最大，占本区的63.1%。泥沙滩涂占18.9%，泥质滩涂占9.2%，砂质滩涂占7.3%，其余为沙砾滩涂等。每千米大陆海岸浅平均滩涂及浅海面积的分布水平为全国第二位。

东海区的滩涂类型以泥沙质为主，占本区的33.0%。砂质滩涂占27.3%，泥质滩涂占21.4%，粉砂淤泥滩涂占18.3%。每千米大陆海岸线平均滩涂及浅海面积的分布水平居全国第三位。

南海区的滩涂类型以砂质滩涂为主，占本区的52.2%，泥质滩涂占18.0%，沙砾质滩涂占9.0%，泥沙质滩涂占4.3%，珊瑚礁滩涂占3.1%。每千米大陆海岸线平均滩涂及浅海面积的分布水平为全国最低。

（2）浅海、滩涂渔业区划。浅海滩涂的生态系统有两大特点，一是生物群落有较大的活动能力，二是非生物环境有明显的时空变化。因此，在科学区划浅海滩涂养殖区时，应以生态系统结构的相似性作为主要依据。根据岸段性质、江河输沙量、水温、降水、径流量、浮游生物与底栖生物的种量、冰情和台风出现率等综合因素，将全国浅海滩涂分成以下8个二级增养殖渔业区。

① 渤海增养殖区：包括辽东湾区、渤海湾区和莱州湾区等3个三级区。

② 北黄海增养殖区：包括胶东半岛南部北岸（胶东区）和辽东半岛东侧及庙岛列岛周围区（辽东区）2个三级区。

③ 南黄海增养殖区：包括江苏省沿岸浅海滩涂，不分三级区。

④ 长江口增养殖区：包括上海市近岸浅海滩涂，不分三级区。

⑤ 东海两岸增养殖区：包括浙江省、福建省近岸浅海滩涂2个三级区。

⑥ 南海北岸增养殖区：包括广东省、广西壮族自治区沿岸浅海滩涂2个三级区。

⑦ 南海诸岛增养殖区：包括海南岛、东沙、西沙、中沙及南沙群岛等近海浅滩涂，不分三级区。

⑧ 台湾沿岸增养殖区：包括台湾周围浅海滩涂，不分三级区。

黄海区分为南北两个增养殖区，是因为两区的岸段特点、冰情、降水量、径流量及输沙量等差异很大：南黄海区的沿岸多为平原岸段类型，滩涂主要为粉砂底质，冬季无冰冻现象，降水量、径流量及输沙量均比北黄海区高；而北黄海区的沿岸以基岩岸段为主，浅海岛屿多，滩涂底质以砂质泥为主，冬季冻冰，降水量较少。

长江口自成一个独立增养殖区，是因为其浅海滩涂处于中国径流量最大区（占全国径流量的59.2%），输沙量居全国第二，底质以粉砂、淤泥为主，降水量和平均水温接近东海两岸区，而两岸段性质和水温周年变化幅度则接近南黄海区，而且浮游动物平均生物量居全国最高水平。

台湾岛及其周围属于东海范围，但台湾岛处于中国大陆架边缘，直接受黑潮暖流主干影响，其气候、水文、地质等条件与东海两岸有着明显的差别，可以单独成区。

海南岛及其南部诸群岛地处热带，与南海北部的大陆沿岸相比，岛屿及珊瑚礁群周围的水域条件及其生物群落具有明显的热带特点，其开发利用方向也与北部不尽相同，可自成一区。

2. 生态环境

（1）渤海增养殖区。本海区分为辽东湾、渤海湾和莱州湾3个增养殖区，其非生物环境和生物群落概述如下。

本海区浮游植物的组成以硅藻为主，占种类组成的89%以上，另有少量的甲藻、绿藻、金藻、蓝藻、裸藻。硅藻的优势属有圆筛藻、直链藻、骨条藻、根管藻和角刺藻等。

本海区的浮游动物种类较其他海区少，天津沿海有55种，渤海湾和辽东湾有51种，主要种群为桡足类，占40%～60%，主要种类有中华哲水蚤、真刺唇角水蚤、克氏纺锤水蚤，种量皆以8月份最高，2月份最少。

本海区滩涂底栖生物有291种，占全国各海区的第四位，以软体动物及甲壳类动物的种数最多，分别占总数的30.9%和29.2%。软体动物优势种为青蛤、文蛤、菲律宾蛤仔、四角蛤、中光滑河蓝蛤等，常见种有肋织纹螺、紫口玉螺、彩虹明樱蛤等。甲壳类动物常见种类有日本大眼蟹、豆形拳蟹、天津厚蟹、中华近方蟹等。多毛类动物有异足索沙蚕、日本刺沙蚕等，藻类植物有浒苔、萱藻、海黍子等。

本海区浅海底栖动物有236种，其中环节动物占总种类的14.8%，软体动物占36.0%，甲壳类占22%，棘皮动物占9%，其他生物占17%。优势种有毛蚶、纵肋织纹螺、小刀蛏、寻氏肌蛤、哈氏刻肋海胆和中国明对虾。常见种有扁玉螺、魁蚶、彩虹明樱蛤、文蛤、大连湾牡蛎、菲律宾蛤仔和经氏壳蛞蝓，以及甲壳动物脊尾白虾、三疣梭子蟹、口虾蛄、绒毛细足蟹，棘皮动物棘刺锚参和日本信棘蛇尾，原索动物文昌鱼（秦皇岛附近沿海）。

（2）北黄海增养殖区。本海区分为辽东和胶东2个三级区，其非生物环境和生物群落概述如下。

本海区因沿岸的径流、渤海向外的海流以及黄海外海流交错，浮游植物种类组成较渤海复杂，以硅藻为主，主要种类有硅藻类的具槽直链藻、圆筛藻、短角弯角藻、菱形海线藻、中肋骨条藻和角刺藻等。

本海区的浮游动物种类比渤海多，占首位的是夜光虫。辽东半岛东岸以桡足类和强壮箭虫为主要类群，分别占20.6%和13.8%。桡足类中主要有中华哲水蚤、小拟哲水蚤、真刺唇角水蚤、双刺唇角水蚤、日本大眼剑水蚤等。5～8月枝角类较多，鸟喙尖头水蚤为全区的优势种，占总组成的58.9%，平均个体密度达231个/立方米。

在黄海区潮间带共采集海洋生物627种，占全国潮间带生物总数的第三位。其中软体动物占31.7%，甲壳类和藻类分别占19.1%和17.5%。优势种类与渤海的相似，在泥沙或软泥质滩涂上，主要有四角蛤蜊、菲律宾蛤仔、青蛤、文蛤、托氏蜎螺、豆形拳蟹、日本大眼蟹，在泥质滩涂上的优势种有泥蚶、光滑河蓝蛤、渤海鸭嘴哈、寻氏肌蛤、泥螺等，岩礁海岸潮间带的优势种类为褶牡蛎、贻贝、短滨螺、疣荔枝螺、白脊藤壶、孔石莼、海黍子、鼠尾藻、海蒿子等。

软体动物常见种类有长竹蛏、大竹蛏、紫石房蛤、西施舌、中国蛤蜊、玉螺、斑玉螺、紫口玉螺、纵肋织纹螺、疣荔枝螺和皱纹盘鲍等，甲壳动物有口虾蛄、三疣梭子蟹、宽身大眼蟹、绒毛近方蟹等，棘皮动物有大连紫海胆、马粪海胆等，环节动物有中锐吻沙蚕、翔鹰齿吻沙蚕、长吻沙蚕、日本刺沙蚕和裸体方格星虫等，藻类植物有浒苔、刺松藻、萱藻、羊栖菜、海带、裙带菜、石花菜、珊瑚藻、海萝、条斑紫菜等。

在黄海区浅海共采集底栖动物422种，多数与渤海相似，其中环节动物占25.8%，软体动物占33.8%，甲壳动物占25.6%，棘皮动物占9%。优势种有毛蚶、魁蚶、光滑河蓝蛤、渤海鸭嘴蛤、脉红螺、中国对虾、哈氏刻肋海胆、砂海星等。软体动物常见种类有扁玉螺、香螺、栉孔扇贝、大连湾牡蛎、彩虹明樱蛤、紫贻贝、双喙耳乌贼，甲壳动物有蝶嬴蜚、哈氏仿对虾、鹰爪虾、红线黎明蟹、大寄居蟹，棘皮动物有日本鳞缘蛇尾、罗氏海星、细雕刻肋海胆、棘刺锚参、刺参等，环节动物有日本刺沙蚕、长吻沙蚕等。

黄海浅海底栖生物种类，既有一些暖水性种类，如伶鼬榧螺、纵肋织纹螺、文蛤、黄新对虾、中华管鞭虾等，也有一些北方冷温带种类，如贻贝、紫口玉螺、皱纹盘鲍、哈氏刻肋海胆、棘参、脊腹褐虾等。

（3）南黄海增养殖区。本海区只包括江苏沿海岸段，北自海州湾至启东南界，大陆海岸线全长953 km，岛屿岸线26 km，计979 km。其非生物环境和生物群落概述如下。

江苏省沿岸调查检出浮游植物190种，其中硅藻的种量均占优势，166种中的主要种类有中肋骨条藻、窄隙角棘藻、扁面角棘藻、布氏双尾藻、菱形海线藻等近岸低盐种。黄海南部沿海浮游动物共有98种，其中桡足类46种，箭虫3种。优势种类有真刺唇角水蚤、水华哲水蚤、双刺纺锤水蚤、小拟水蚤和强壮箭虫、中华假磷虾等。春季以中华哲水蚤和真刺唇角水蚤为主，夏季以真刺角水蚤和中华假磷虾为主，秋季和春季相同，冬季以强壮箭虫和真刺唇角水蚤为主。

南黄海潮间带生物组成以亚热带成分占优势。浅海底栖生物的优势种有文蛤、毛蚶、蛤仔、薄荚蛏、中国对虾、日本蟳、三疣梭子蟹、脊尾白虾、葛氏长臂虾和巢沙蚕等。

（4）长江口增养殖区。本海区有其特殊的生态条件，全区大陆岸线171 km，沙洲岛屿岸线278 km，计449 km，年入海径流量1.03万亿立方米，年入海泥沙量4.77亿吨，透明度不足20 cm。其非生物环境和生物群落概述如下。

由于盐度年均变化幅度大，本海区浮游植物种类的组成因季节和区域而异，大致分为5个群落：① 淡水群落，如意大利直链藻；② 半碱水性群落，主要有奇异菱形藻；③ 低盐性近岸群落，主要有肋骨条藻、柔弱菱形藻、中华盒形藻；④ 温带外海群落，主要有扭角刺藻、并基角刺藻等；⑤ 热带外海群落，主要有密聚角刺藻、扁面角刺藻、细弱海链藻、距端根管藻等。

本海区浮游动物种类有105种，其中桡足类38种，箭虫2种，主要类群占浮游动物总种类的36.2%，年均个体数为2 668个/立方米，占总个体数的87.2%。主要优势种有中华哲水蚤、火腿许水蚤、球状许水蚤等。

本区潮间带生物种类以暖水广温性低盐种类为主，种类较少。软体动物优势种有缢蛏、焦河蓝蛤、中国绿螂、泥螺、石磺海牛等，常见种有近江牡蛎、河蚬、彩虹明樱蛤、四角蛤蜊等。甲壳类优势种有无齿相手蟹、中华绒螯蟹、谭氏泥蟹、泥藤壶等。就潮间带而言，长江口区是我国南北的一个天然界线。

长江口浅海经济底栖生物具有长口湾的特点，优势种类有锯缘青蟹、中华绒螯蟹、刀鲚、凤鲚、龙头鱼、鲻、梭鱼、鳗鲡、海蜇等。

（5）东海西岸增养殖区。本区范围为东海两岸浙闽两省浅海滩涂区域，大陆岸线5 229 km，岛屿岸线6 391 km，其中基岩岸段占70%；浅海面积159.3万公顷，滩涂面积43.3万公顷，各占全国总面积的22%；岛屿占全国岛屿总数的52%，海湾较多，达17个。本区分为浙江沿海增养殖区和福建沿海增养殖区，其非生物环境和生物群落概述如下。

浙江省沿海的浮游植物多属近岸低盐广温种，常年出现的优势种有中肋骨条藻、布氏双尾藻、洛氏角刺藻、尖刺菱形藻、有棘圆筛藻等。福建省沿海的浮游植物以广布种类为主，约占组成的41.4%，热带和亚热带种占31.5%，其他为温带种，常年出现的优势种有日本星杆藻、中肋骨条藻、布氏双尾藻、短角弯角藻、具槽直链藻、圆筛藻、菱形海线藻等。

本海区的浮游动物主要种类有中华哲水蚤、真刺唇角水蚤、火腿许水蚤、刺尾歪水蚤和中华假磷虾、肥胖箭虫等。浙江沿海浮游动物的组成变化，冬季以真刺唇角水蚤、中华哲水蚤、捷氏歪水蚤为主，春季以中华哲水蚤、平滑真刺水蚤、真刺唇角水蚤为主，夏季的主要种类有真刺角水蚤、中华假磷虾、肥胖箭虫，秋季有真刺唇角水蚤、太平洋纺锤水蚤、石陶箭虫和中华假磷虾等。福建沿海春季以中华哲水蚤、火腿许水蚤为主，夏季以真刺唇角水蚤、中华假磷虾、肥胖箭虫为主，秋季以肥胖箭虫、五角水母为主，冬季以中华蜇水蚤、刺尾歪水蚤、火腿许水蚤为主。

本海区潮间带生物以暖水性种类为主计672种，在全国潮间带生物种类数中居第2位，仅次于南海，其中软体动物占43.8%，甲壳类及藻类分别占29.2%及7.1%。在泥沙滩上，优势种类有软体动物的珠带拟蟹守螺、半褶织纹螺、泥螺、缢蛏、泥蚶、渤海鸭嘴蛤、焦河蓝蛤、彩虹明樱蛤、中国绿螂等，以及甲壳类动物的长足长方蟹。在泥沙及砂泥质滩涂上，优势种有软体动物的四角蛤蜊、文蛤、楔形斧蛤、菲律宾蛤仔、长竹蛏和甲壳动物的痕掌沙蟹、宽身眼蟹，以及绿藻类浒苔。岩礁海岸的优势种类有褶牡蛎、棘刺牡蛎，以及孔石莼、蛎菜、珊瑚藻、条斑紫菜、多管藻、裂叶马尾藻等。

本海区浅海底栖生物有540种，其中软体动物占24.8%，甲壳类占20.9%，鱼类占28.8%，环节动物占18.0%，棘皮动物占3.1%，腔肠动物占1.4%，藻类占0.1%。优势种类有软体动物毛蚶、寻氏肌蛤、小荚蛏、纵肋织纹螺、菲律宾蛤仔、红带织纹螺和泥东风螺，甲壳类动物三疣梭子蟹、豆形短眼蟹、细巧拟对虾、葛氏长臂虾、中华管鞭虾，以及棘皮动物棘刺锚参、薄壳刻肋海胆等。

（6）南海北岸增养殖区。本海区东起诏安宫古半岛，西至防城北仑河与越南交界，大陆岸线5 343 km，岛屿岸线2 776 km，属于基岩海岸长约6 221 km；浅海面积138.2万公顷，占全国浅海面积18.8%；滩涂35.1万公顷，占全国滩涂面积的18.3%；沿海岛屿2 130个，占全国岛屿数的1/3，海湾多达10余个；径流量最大时，全年达3 786亿立方米，约占全国入海径流量的21%，全区江河入海输沙量8 978万吨，占全国输沙量的6%；大部分沿海属热带海域，冬季海水温度较高。本海区分为广东沿海增养殖区和广西沿海增养殖区2个三级区，其非生物环境和生物群落概述如下。

本海区的浮游植物有314种，以硅藻为多，共222种，占70.7%；甲藻类81种，占25.8%。硅藻的优势种为角刺藻属，占硅藻类种数的23.8%，团藻属占12.2%，根管藻属占9.9%。粤东海区的广温低盐种有远距角刺藻、窄隙角刺藻，热带低盐种有洛氏角刺藻、拟弯角刺藻、菱形海线藻、细弱海链藻等。珠江口的硅藻类，除广盐性的中肋骨条藻、具槽直链藻外，较多出现的暖水种有小环毛藻、圆海链藻、条纹小环藻等。粤西沿海以硅藻为主，尤以角刺藻属种类较多，优势种类有洛氏角刺藻、拟弯角刺藻等。

本海区的浮游动物类群较其他沿岸海为多，包括广温广盐种类、暖温带近海种和热带低盐种类，计236种，主要有真刺唇角水蚤、锥形宽水蚤、中华哲水蚤、普通波水蚤等10余种。粤东和粤西沿海浮游动物组成皆以桡足类为主，并有几种箭虫（小形箭虫、那卡箭虫）。

本海区潮间带生物种类以热带暖水种类为主，较其他海区多，计913种，其中软体动物占35.2%，藻类占23%，甲壳类占16.4%，环节动物占10.8%。潮间带生物群落组成较复杂、多样，岩礁海岸的优势种有粗糙拟滨螺、中间拟滨螺、近江牡蛎等，藻类优势种以马尾藻的生物量最大，如丰叶马尾藻、羊栖藻、珊瑚藻等，棘皮动物主要有紫海胆。泥质滩涂生物种类较单纯，优势种类有粤菜彩螺、纵带滩栖螺、光滑河蓝蛤和锯缘青蟹等。砂质滩涂优势种类有角眼沙蟹、长腕和尚蟹、文蛤、菲律宾蛤仔、中国蛤蜊，以及薄饼干海胆、文格星虫等。红树林区域多为泥质滩涂，生物种类包括附着性及匍匐性种类，如咬齿牡蛎、曲线短齿蛤、中间拟滨螺。珊瑚礁潮间带的生物种类与岩礁海岸及砂质、泥沙质滩涂都较为相似。

本海区浅海底栖生物种类基本上都是热带、亚热带种类，种类多，群落成分复杂，共839种，其中软体动物占28.8%，甲壳类占22.6%，鱼类占17.4%，棘皮动物占8.4%，环节动物占7.1%，藻类占6.8%，腔肠动物占6%，其他生物占1.8%。优势种类中，软体动物有毛蚶、寻氏肌蛤、栉江瑶、文蛤、小荚蛏、棒锥螺等，甲壳动物有墨吉对虾、长毛对虾、近缘新对虾、刀额新对虾、锯缘青蟹、红星梭子蟹，棘皮动物有凹裂星海胆、薄壳刻肋海胆等。

（7）南海诸岛增养殖区。南海诸岛区包括海南岛东沙、西沙、中沙及南沙群岛。海南岛岸线长1 535 km，其中基岩岸线占95%；浅海面积21万公顷，滩涂面积2万公顷；底质为砂、砾或珊瑚礁。其非生物环境和生物群落概述如下。

本海区浮游植物种类较多，仍以硅藻为优势种群，主要种类有洛氏角刺藻、拟弯角刺藻、距端根管藻、奇异菱形藻、威利圆筛藻等，甲藻类有棱角藻、叉状角藻等。

海南岛沿海的浮游动物种类组成，桡足类占49.2%，毛颚类占22.4%。主要种类，夏季有次厚真哲水蚤、微刺哲水蚤、锥形宽水蚤、肥胖箭虫、美丽箭虫，秋季有微刺水蚤、次厚真哲水蚤和肥胖箭虫，冬季有中华哲水蚤、精致真刺水蚤，春季有厚额拟哲水蚤、中华哲水蚤和那卡箭虫等。

本海区的潮间带生物以热带种类为主，共有836种，软体动物占38.4%，甲壳动物占17.9%，藻类占25.0%；种类多，群落组成复杂，优势种类不显著。常见种类有腔肠动物美丽鹿角珊瑚、娇柔鹿角珊瑚等，环节动物软疣沙蚕、大肌沙蚕等，软体动物大马蹄螺、大管蛇螺、虎斑宝贝、琵琶螺、条纹隔贻贝、黑珠母贝、多棘裂江瑶、花鹊栉孔扇贝、长砗磲等，节肢动物斑节对虾、彭氏黎明蟹、活跃大眼蟹等，棘皮动物斑砂海星、十角饼干海胆、黑乳参、绿刺参等，大型藻类细基江蓠、冻沙菜、琼枝、网地藻、南方团扇藻、匍枝马尾藻、纤细马尾藻等。

本海区浅海底栖生物除南海北岸沿海一些优势种类外，尚有腔肠动物小鹿角珊瑚和美丽鹿角珊瑚，软体动物耳鲍、方格织纹螺、眼球贝、美丽项链螺、带锥螺、水晶凤螺、蜘蛛螺、花鹊栉孔扇贝和虎斑宝贝，以及甲壳动物斑节对虾等种类。

（8）台湾沿海增养殖区。台湾是我国最大的海岛，面积3.6万平方千米，年均降水量为2 043 mm，年均径流量为690亿立方米，岛屿岸线长1 824 km，水深20 m以内的浅海滩涂面积33.4万公顷，其中可供养殖的为0.5万公顷。我国台湾除台湾岛外，尚包括澎湖列岛及其他小岛222个，年均气温22.3 ℃，≥10 ℃积温8 147 ℃，无霜期365 d。本海区受黑潮暖流影响，其非生物环境和生物群落与东海西岸有一定区别。

除上述各区的非生态环境和生物群落特征外，总的来看，我国沿海区的pH和溶氧量在海水表、底层年均分别为7.0～8.5和4.28～9.1 mg/L。各海区的pH差异不大，而溶氧量自北向南呈下降趋势，与水温的分布相反。如渤海区表、底层溶氧量分别为7.77 mg/L和7.96 mg/L，黄海区溶氧量分别为7.68 mg/L和7.49 mg/L；上海市沿海海水状况比较特殊，年均溶氧量为9.1 mg/L；浙江省沿海表、底层溶氧量分别为7.54 mg/L和7.31 mg/L；广东省沿海表、底层溶氧量分别为5.29 mg/L和4.95 mg/L；广西壮族自治区表、底层溶氧量分别为5.20 mg/L和5.09 mg/L；海南岛表、底层溶氧量分别为4.74 mg/L和4.28 mg/L。

我国各海区沿海区域的潮汐类型差异较大，除渤海辽东湾西南部局部区域为全日潮之外，其他海区都以半日潮为主，但华南沿海和海南岛一带的潮汐类型较为复杂。

渤海沿岸属不正规半日潮，仅塘沽以南到大口河河口以西、龙口到蓬莱一带以及渤海海峡南北两侧为正规半日潮，自辽东湾两岸的团山角西南到秦皇岛一带为正规全日潮，秦皇岛西南到大清河属不正规全日潮。北黄海海区，鸭绿江口和自威海到山东半岛南侧的靖海岛一带属不正规半日潮，其他沿海全部属正规半日潮。南黄海海区，江苏省北部为不正规半日潮，江苏省南部为正规半日潮。浙、闽两省沿海大部分地区属正规半日潮。台湾的西海岸和台湾海峡西侧为正规半日潮，其他地区为不正规半日潮。华南海区、雷州半岛以东沿海属不正规半日潮，自神泉港至甲子港和雷州半岛以西，多属正规全日潮。海南岛沿海多属不正规全日潮。

各海区沿岸潮汐的潮差也有较大差异，渤海沿岸平均潮差在0.8～2.7 m。北黄海区内，辽宁省东海岸平均潮差较大，鸭绿江口达3.9 m，向西南逐渐减少，至大连降为2.1 m。山东半岛北部平均潮差较低，成山角仅0.7 m，南部潮差自东北至西南逐渐增大，达2.4～2.8 m。江苏省沿海平均潮差为2～3 m，废黄河口潮差为1.6 m，北部、中部、南部分别为3～3.4 m、2 m和2.5～3.7 m，弶港附近潮差最大，达9 m。浙、闽两省沿海潮差呈南、北低、中部高的趋势，北部一般为2.4～3.5 m，其他海域都在4.9 m以上，杭州湾达5.0 m以上。台湾沿海的潮差，西部和东部分别为2.0～3.3 m

和1 m左右。海南岛沿海潮差为0.6～1.5 m。

我国各海区均有台风登陆和过境。台风起源于菲律宾以东至关岛一带的海洋和南海海面，因此，台风对南部沿海影响较重，登陆台风次数以华南沿海和海南岛区最多，占年总次数的50%，台湾占20%左右。四大海区台风年均出现次数：渤海为1.1，黄海为4.5，东海为6.5，南海为8.8。

五、鱼类养殖

（一）鱼类养殖业发展概况

我国淡水养鱼历史悠久。池塘养鲤始于公元前11世纪，公元前460年范蠡撰写《养鱼经》，系统总结了数百年来养鲤业的实践经验。汉代（公元前202～公元220年）养鲤业有了进一步发展，开始利用稻田和大型淡水水域养鱼。唐代（618～907年）开始饲养草鱼、青鱼、鲢、鳙（四大家鱼）。宋代（960～1297年）四大家鱼养殖业已有较大发展，九江的鱼苗业已成为专门企业，并运往江西、浙江、江苏、福建等省开展鱼种培育和成鱼养殖。明代（1368～1663年）淡水养鱼有了较系统的经验，如鱼池修建、鱼苗和鱼种培育、成鱼养殖、放养密度与混养比例，以及施肥、投饵等多项养鱼技术。清代（1644～1840年）至中华人民共和国成立前，淡水养鱼业已形成两广（广东、广西）和菱湖（江、浙太湖地区）两大养鱼典型区，养鱼技术已相当成熟，如“撇鱼”（两广）和“做鱼”（菱湖）等清除野杂鱼苗的高难技术就是在该时期创建起来的。

我国海水圈养贝类（牡蛎等）始于西汉，海水养鱼起步较晚，明代黄省曾（1490~1540年）著《鱼经》，总结了养殖鲻的生产经验。以后的发展较缓慢，局限于利用盐田和滩湾养殖鲻、梭鱼，但台湾养殖遮目鱼有一定发展。

中华人民共和国成立以来，中国共产党和人民政府非常重视水产养殖业的发展，鱼类养殖业与水产业一样，养殖种类及其产量逐年增长，养殖方式不断改革更新。2010年淡水养鱼产量高达2 064.18万吨，占淡水养殖总产量（1 970.99万吨）的87.97%（池塘养鱼产量占淡水养鱼产量的77.14%），虾蟹类、爬行类与其他养殖产量仅占11.16%；海水鱼类养殖产量较低（80.82万吨），仅占海水养殖总产量的5.45%，为淡水鱼类养殖产量3.92%。近几年来，我国海水养殖业发展较快，根据世界海水藻类、贝类、虾蟹类、鱼类等养殖业先后发展顺序，今后海水鱼类养殖业必将得到迅速发展。

表5-27　我国淡、海水养殖产量（2009年）与面积（2010年）统计表

名称		产量		面积		单产（kg/hm²）
		万吨	占淡水养殖总产量和海水养殖总产量的比例（%）	万公顷	占淡水养殖总面积和海水养殖总面积的比例（%）	
淡水养殖水域	池塘	1 548.85	68.5	237.70	41.70	7 340
	水库	268.41	11.69	179.56	23.56	1 770
	湖泊	152.73	7.92	100.71	16.48	1 500
	河沟	69.71	2.75	26.41	2.80	4 370
	其他	60.49	3.22	12.05	2.49	5 780
	稻田	116.27	5.89	155.03	35.13	750
海水养殖种类	鱼类	76.79	5.27	7.85	4.56	11 344
	虾蟹类	101.69	7.03	31.90	21.01	3 285
	贝类	1 053.04	76.02	130.80	59.47	12 550
	藻类	145.64	10.37	12.02	5.85	17 400

1. 淡、海水鱼类养殖产量结构分析

2010年淡、海水鱼类养殖产量达2 145.00万吨，其中，淡水鱼类养殖产量为2 064.18万吨，海水鱼类养殖80.82万吨。

（1）淡水鱼类养殖产量结构分析。主要养殖鱼类产量（万吨）及其占淡水鱼类养殖产量的比例：草鱼422.22（20.30%）、鲢360.75（17.56%）、鳙255.08（12.19%）、鲤222.86（12.72%）、鲫193.71（11.06%）、罗非鱼113.36（6.47%）、鳊（团头鲂等）57.63（3.29%）、青鱼33.13（1.89%）、鲇31.53（1.80%）、乌鳢30.94（1.76 %）、鳜21.17（1.20%）、鳗鲡20.73（1.18%）、鮰20.49（1.17%）、黄鳝19.62（1.12%）、鲈15.75（0.90%）、泥鳅13.13（0.75%）、黄颡鱼11.40（0.65%）、短盖巨脂鲤8.15（0.46%）、鲟2.18（0.12%）、银鱼1.70（0.097%）、鳟1.44（0.082%）、长吻鮠1.38（0.079%）、池沼公鱼1.05（0.059%）、鲑0.29（0.017%）、河鲀0.14（0.007 9%）。

2009年淡水鱼类集约化养殖（围拦、网箱、工厂化）产量为175.92万吨（占淡水养殖总产量的7.93%），3种养殖方式的产量分别为53.06万吨、106.96万吨和15.98万吨。淡水工厂化养殖水体为2 061.50万立方米，占淡、海水工厂化养殖总水体（3 297.18万立方米）的62.52%。淡水鱼苗9 816亿尾（罗非鱼308亿尾），鱼种

297.33万吨，鳗鲡苗（捕）24 559 kg。

（2）海水鱼类养殖产量结构分析。鱼类养殖产量80.82万吨（2010年），占海水养殖产量（1 482.30万吨）的5.27%，居第四；贝类产量居第一，占76.02%；藻类产量居第二，占10.37%；甲壳类产量居第三，占7.03%。海水主要养殖鱼类产量（万吨）及其占海水鱼类养殖产量的比例：花鲈10.60和14.59%、大黄鱼8.58和8.97%、鲆类8.50和9.66%、鲷类5.49和7.97%、美国红鱼（眼斑拟石首鱼）4.93和7.16%、石斑鱼类4.29和6.23%、军曹鱼2.59和3.76%、河鲀类1.50和2.18%、鰤类1.15和1.67%、鲽类0.53和0.76%（10种鱼合计43.36万吨，占海水鱼类养殖总产量的62.97%）。

2009年集约化养殖（深水网箱、普通网箱、工厂化）产量为48.65万吨，占海水鱼养殖总产量的63.35%，3种养殖方式的产量分别为5.91万吨、32.46万吨和10.28万吨。海水工厂化养殖水体为1 235.68万立方米，占海、淡水工厂化养殖总水体37.48%。

2009年人工繁殖海水鱼苗271.61亿尾，其中大黄鱼21.19亿尾，鲆类3.04亿尾。年产千万尾以上的有大菱鲆、梭鱼、真鲷、红拟石首鱼、花鲈、鮸状黄姑鱼、花尾椒鲷；年产百万尾以上的有牙鲆、黑鲷、尖吻鲈等。

2. 淡、海水养殖鱼类及其生产方式

我国淡水养殖鱼类约50多种，其中鲟形目6种，鲑形目8种，鳗鲡目3种，鲤形目14种，鲇形目10种，合鳃目1种，鲈形目8种，土著鱼类30余种，国外引进鱼类近20种。已进行批量生产的30余种，大部分是我国土著鱼类，引进的罗非鱼、虹鳟、短盖巨脂鲤等产量也较高。淡水主要养殖鱼类，多属于鲤形目、鲑形目和鲈形目。肉食性鱼类（过去视为害鱼），如鳜、鲇、大口鲇、乌鳢、黄颡鱼等凶猛鱼类，由于肉味鲜美、生长快、市场价格高，已成为淡水养殖业的名优种类。

淡水鱼类传统养殖生产方式有池塘精养，小型湖泊、水库半精养和大中型湖泊、水库粗放养殖。自20世纪80年代以来，出现围拦、网箱和工厂化养殖，通常称为集约化养殖。2009年淡水集约化养殖产量（175.92万吨）仅占淡水养殖总产量（2 216.46万吨）的7.93%，个别湖泊、水库的围拦和网箱养鱼产量占总产量80%以上。可见，集约化养殖方式是鱼类养殖生产的重要增长方式。

海水养殖鱼类约36种，其中鼠鱚目1种，鲻形目2种，鲈形目19种，刺鱼目3种，鲉形目2种，鲽形目7种，鲀形目2种，多数是我国土著种类，国外引进的种类较少（大菱鲆、红拟石首鱼等近10种）。海水主要养殖鱼类多属鲈形目、鲽形目和鲀形

目，已进行批量生产的约20种。南方的种类多于北方。南方海区有大黄鱼、真鲷、石斑鱼类、遮目鱼、军曹鱼、红鳍东方鲀、暗纹东方鲀、红拟石首鱼、黄鳍鲷等20余种；北方海区有牙鲆、大菱鲆、花鲈、黑鲷、梭鱼、许氏平鲉、大泷六线鱼、石鲽、半滑舌鳎、红拟石首鱼等10种左右。

海水鱼类传统养殖方式有港湾粗放养殖和池塘精养，近20年以来出现普通网箱养鱼和工厂化养殖，近几年又出现深水网箱养鱼和循环水工厂化养鱼。2009年这3种集约化养殖产量占海水养鱼总产量的63.35%。可见，海水集约化养殖在海水鱼类养殖业中已占有重要位置。目前，我国海水鱼类养殖出现“南北接力”“海陆接力”和“工厂与池塘接力”的新格局，有效地推动了工厂化养鱼的高速发展。

（二）主要养殖鱼类人工繁殖

我国主要养殖鱼类，除鳗鲡（人工繁殖技术尚未突破）、石斑鱼（人工繁殖鱼苗数量不足）等少数种类的鱼苗采自天然水域外，绝大多数种类的鱼苗主要来自人工繁殖。

人工繁殖鱼苗不仅可以根据需要有计划地进行生产，而且有利于保护天然鱼类资源。鱼类人工繁殖工作包括亲鱼培育、人工催情产卵、受（授）精、孵化（胚胎发育）等4个主要环节，其生产技术指标分别为亲鱼成熟率及催产率（产卵率）、鱼卵受精率及孵化率，以及鱼苗下塘率（下塘鱼苗成活率）。

鱼类人工繁殖技术难度与其产卵类型及其产卵所要求的条件密切相关。鲢、鳙、草鱼、青鱼、鲮、鳊、短盖巨脂鲤等淌水性产卵鱼类产卵所要求的条件苛刻，人工繁殖技术难度较大；产浮性卵鱼类（遮目鱼、鲻、鲮、鳜、花鲈、高眼鲽等）、产黏性卵鱼类（鲤、鲫、团头鲂、三角鲂、细鳞斜颌鲴、泥鳅、鲇、大口鲇、革胡子鲇、长吻鮠、大口黑鲈等）、产沉性卵鱼类（虹鳟、大麻哈鱼、大银鱼、黄鳝、尼罗罗非鱼、黄盖鲽、东方鲀等）和产沉黏性卵鱼类（史氏鲟等鲟类、香鱼、公鱼、斑点叉尾鮰等）产卵所要求的条件较低，人工繁殖技术难度相对较小。

1. 亲鱼培育

亲鱼培育工作的实质是将已达到性成熟年龄的雌鱼和雄鱼，通过一系列措施使其性腺正常发育成熟。其生产技术指标是亲鱼成熟率和产卵率。

（1）亲鱼的来源和收集。海、淡水养殖的亲鱼多数来源于海洋和江河、湖泊、水库，一部分是从池塘选育出来的。人工品种的亲鱼，应当从鱼类原、良种场选购，专池培育。

捕捞和运输亲鱼，要严防体表受伤，采用质地柔软（尼龙线）编织的、小网目（<5 cm）网具捕捞，捉拿亲鱼的动作要轻，装鱼的容器内壁要光滑（用塑料袋或塑料薄膜护壁）。采捕和运输亲鱼的季节以初春和秋末（水温7～10 ℃）为宜。

（2）亲鱼的选择。

① 雌雄鉴别。生殖季节雌鱼腹部明显膨大；雄鱼腹部相对较小，稍压后腹部有乳白色精液流出。多数鱼类的雄鱼在生殖季节出现副性征（雌鱼一般无副性征，但短盖巨脂鲤雌体腹部颜色鲜艳）：大麻哈鱼、虹鳟等上下颌骨或下颌骨变形呈钩状，雄鳜的颌骨长而尖；鲤、鲫、鲮、鳊、团头鲂、青鱼、草鱼、泥鳅等鲤科与鳅科鱼类头部、胸部、胸鳍和尾柄两侧的表皮特化（角质化）成颗粒状小白点——“追星”，香鱼全身具有“追星”，用手摸去有粗糙感；真鲷和乌鳢等雄鱼的体色加深变黑，罗非鱼雄鱼体色鲜艳，统称婚姻色。

大多数养殖鱼类在非生殖季节雌雄鱼难于鉴别，只有少数种类的雄鱼易于与雌鱼区分，如大银鱼臀鳍上方有一排臀鳞（雌鱼无臂鳞），雄鲢胸鳍前面几根鳍条上有骨质小栉齿，雄鳙胸鳍前面几根鳍条上缘具有向后倾斜的刀刃状骨质锋口，手摸具明显粗糙感和割手的感觉，雄鲇的尾叉比雌鲇深，达尾鳍长的1/2以上（雌鲇的尾叉深度为尾鳍长的1/3左右）。大多数养殖鱼类雄鱼尿孔与生殖孔合一，故腹部两个孔（泄殖孔和肛门），而雌鱼则三个孔（尿孔、生殖孔和肛门）。

② 雌雄比例。亲鱼群体的雌雄比例因鱼而异，一般以1∶1或1∶1.5为宜（罗非鱼为3∶1）。在选择亲鱼时应避免雌雄比例失调，通常出现的问题是雌鱼多于雄鱼，其原因是选择亲鱼时单纯以个体大小为标准，而未严格鉴别性别。

③ 年龄与规格。雌雄亲鱼的适宜年龄和规格（长度和重量）应略大于性成熟年龄和性成熟规格。同种亲鱼的年龄和规格，一般南方的比北方的略小一些，如草鱼亲鱼的年龄与规格，华南、华中和东北分别为2～3龄与2千克/尾、2～4龄与3千克/尾和5～6龄与5千克/尾。

④ 体型与体质。亲鱼的体型指标应略高于该种鱼类的平均值，身体较肥满，体色正常（鲜艳、无白化），体表无伤（表皮擦伤者手摸具粗糙感，擦伤面不得超过20%），鳞片和鳍膜完整，健康无病。

种质指标指物种遗传基因的纯合程度（在选择亲鱼时往往忽视种质指标）。在自然水域采捕亲鱼或外购亲鱼时，应进行详细调查，严格观察、测定鱼的遗传纯合度，选择纯种和纯品种，避免把杂交种、近亲交配个体和退化个体选作亲鱼。因此，在选购某种亲鱼时，需要掌握该种的具体种质指标，如详细了解与其亲缘有关的具体情况，并测量与观察形态质量指标等。

（3）亲鱼的饲养。

① 培育池。亲鱼培育池分为土池塘和混凝土池2种类型。淡水养殖鱼类的亲鱼培育池多为土池塘，而鲟类和海水养殖鱼类的亲鱼培育池通常为混凝土池和网箱。

土池塘的形状多为长方形，面积一般为1 500～3 000 m^2，水深1.5～2.5 m；混凝土池的形状多为圆形，面积通常为30～50 m^2，水深1.0～1.5 m。亲鱼培育池应当水源充足，进、排水方便。网箱规格一般为（4～5 m）×（4～5 m）×（3～4 m）。

② 亲鱼的放养。亲鱼的放养方式依鱼的食性而异。鲢、鳙等滤食性鱼类一般采取混养方式，即鲢鳙混养，两者比例为8：2，或鳙鲢混养（8：2）；草食性、杂食性和肉食性鱼类则通常采取单养方式，也可混养少量（10%左右）滤食性鱼类。

亲鱼放养密度依鱼的食性、培育池类型与条件、饲养管理方式与技术水平等具体情况而异。土池塘培育鲢、鳙等滤食性亲鱼，采用施肥培养浮游生物兼投人工饵料，放养密度为0.15～0.25 kg/m^2；培育草鱼、青鱼、鲤、鲫、罗非鱼、鲻、鲮、鲇、鳜等草食性、杂食性和肉食性亲鱼，放养密度可适当增加（0.25～0.3 kg/m^2）。混凝土池和网箱培育虹鳟、真鲷、黑鲷、花鲈、牙鲆、大菱鲆、东方鲀等肉食性亲鱼，水质容易调控，采取人工投饵，适宜放养密度一般为1～5 kg/m^2，有的可高达5～15 kg/m^2。

为了提高成熟率和催产效率，最好按亲鱼的规格和性腺成熟程度进行归类放养、培育。鲤、鲫、鲇等亲鱼可在土池塘中自行产卵，临产前一个月雌雄亲鱼要分池饲养，以提高产卵效率。

③ 亲鱼的饲养管理。亲鱼饲养管理工作的主要内容包括巡塘、投饲、调控水质和防治病害。

a. 土池塘饲养亲鱼。

巡塘。每天早、中、晚巡视池塘3次。巡塘内容包括测定水温、溶氧等，观察亲鱼在池塘中活动情况、有否浮头、有否发病现象，以及摄食情况、池水肥度、水色和水质情况。发现不正常情况应及时设法解决。

投饲。根据各种亲鱼的食性，采取定时（上、下午各一次）、定位、定量、定质即所谓“四定”投饲法。鲢、鳙滤食性鱼类以施肥培养浮游生物为主，兼投精饲料（豆浆或微颗粒配合饲料）；草鱼和团头鲂等草食性鱼类以投喂水草等青饲料为主，兼投颗粒饲料，日投饵量（占鱼体重百分比）为2%～3%；鲤、鲫、罗非鱼等杂食性鱼类投喂颗粒饲料，日投饵量为2%～5%（依水温、水质等情况而异）；青鱼、鲇、加州鲈和大黄鱼、鲷类、鲆类等肉食性鱼类投喂螺蛳、冰鲜鱼和相应动物性饵料生物，日投饵量为10%左右，也可投喂其优质配合饲料（颗粒饲料），日投饵量为2%～5%。鳜亲鱼则应投喂各种适口活饵料鱼。

调控水质。鲢、鳙、鲻、鲅等喜欢较肥水的鱼类，施有机肥培养浮游植物和浮游动物，定期注新鲜水，使水质保持清、嫩、爽，呈黄绿色与绿褐色，透明度为30 cm左右，溶解氧为4 mg/L以上；草食性、杂食性和肉食性鱼类要求水质清爽，采取定期注水或微流水方式调控水质，保持溶氧量4 mg/L以上。

b. 混凝土池饲养亲鱼。巡塘和投饲与土池塘相似，调控水质比较容易，通常采取定时换水和微流水方式，日换水量为30%～200%，定期排污，以保持水质清新，溶氧量达5 mg/L以上，非离子氨≤0.02 mg/L。

上述2种培养方式，都应采取防治鱼病措施，定期进行药物预防疾病，发现病害及时治疗。同时，在临近产卵前30 d左右加强换水和流水刺激，促进亲鱼性腺发育成熟，提高催产率（产卵效率）。

c. 加速亲鱼性腺发育成熟的有效措施。我国北方地区为了加速亲鱼性腺发育成熟，提早产卵，延长苗种培养时间，冬、春两季采取人工升温措施。

淡水鱼类提前繁殖措施。春季利用塑料大棚（花房效应）培育亲鱼2个月左右可加速鲢、鳙、草鱼、鲤、鲇等性腺发育成熟，提早产卵20余天。利用工厂废热水和温泉水培育亲鱼也可提早产卵，关键问题是应当根据各种亲鱼性腺发育所要求的水温，采取温热水与冷水适量混合的方式，每日升温1 ℃左右，逐渐提高池水温度，并持续保持其性腺发育成熟的适温50～60 d。例如，黑龙江省培育鲢、草鱼亲鱼，12月至翌年2月中旬池水温度保持3～5 ℃，2月下旬至3月初（15 d）把水温由5 ℃升高为20 ℃并持续到5月初，5月初至5月20日左右水温保持23～24 ℃，然后催情产卵。这样可使鲢、草鱼提早20 d产卵。

海水鱼类繁殖周期调控措施。根据各种鱼类对光照和温度的适应特点，采取调控光照时间与水温，促进或调节性腺发育、成熟，以提前产卵或改变产卵时间，已成功应用于鲆类和石首鱼类等海水鱼类人工繁殖生产。

大菱鲆分期、分批成熟产卵。在光照200～600 lx和水温由8 ℃逐渐增至14 ℃条件下，光照时间由8 h/d逐渐增至18 h/d，连续2个月，促使大菱鲆亲鱼一年中每个月都能产卵。

眼斑拟石首鱼生殖周期由一年缩短为120 d。冬季以光照9 h/d、水温17 ℃培育亲鱼40 d，春季以光照14 h/d、水温28 ℃培育30 d，夏季以光照16 h/d、水温30 ℃培育30 d，早秋以光照12 h/d、水温25 ℃培养20 d，继而晚秋以光照10 h/d、水温23 ℃持续培育，亲鱼则很快成熟、产卵。

2. 催情产卵

催情产卵系采用外源激素注射成熟亲鱼，使其性腺集中成熟排卵和产卵，以提高产卵效率和受精率。鲢、鳙、草鱼、青鱼、鲮和短盖巨脂鲤等淌水性产卵鱼类，在人工条件下必须进行催情才能产卵；鲫、鲇等产黏性卵的鱼类和鳜、乌鳢、真鲷、牙鲆等产浮性卵的鱼类，以及产沉性卵与产沉黏性卵的鱼类能够在人工条件下进行自然产卵，但亲鱼群体的产卵时间不集中，通过催情可促使其大多数个体在几小时内大批集中产卵，以提高产卵效率。所以，鱼类人工繁殖多采用催情措施，当然，成熟较好的非淌水产卵鱼类也可不进行人工催情。

（1）催情产卵原理。鱼类性细胞发育是在下丘脑、脑垂体（PG）和性腺3种器官分泌的不同激素（GnRH、GTH、性类固醇）调控下进行的。科学试验证明，人工注射的绒毛膜促性腺激素（HCG）、PG（GTH）和GnRH（LRH-A）等催情剂在鱼体内的作用途径不同：HCG和GTH直接作用于性腺（靶器官），促使生殖细胞成熟、排卵（排精）；LRH-A直接作用于脑垂体，促使其分泌GTH，进而促使生殖细胞成熟。

（2）产卵池与催产用具。

① 产卵池。产卵池的类型、形状、结构依亲鱼的产卵类型而异。土池塘适用于鲤、鲫、团头鲂、斑点叉尾鮰等产黏性卵鱼类产卵，面积500～1 000 m^2，深1 m左右，长方形或方形，便于收放鱼巢。混凝土池适用于产浮性卵和产漂流性卵鱼类产卵。其中真鲷、牙鲆、鳜等产浮性卵鱼类产卵池的形状为长方形或圆形，面积30～100 m^2，深1 m左右，设进、排水管道，便于冲水与收卵；鲢、鳙、草鱼、青鱼和短盖巨脂鲤等产漂流性卵鱼类的产卵池一般为圆形，直径10～14 m，面积80～160 m^2，设进、排水管道和收卵池。为了提高收卵效率，产卵池中心底部设置的排水管应与孵化环道相通，以利于鱼卵随水流进入孵化池。

② 催产用具。常用的催产用具包括鱼夹子或塑料袋（装运鱼用）、白瓷盆和碗、捞卵小捞子、消毒盒、注射器、注射针头、研钵、镊子、毛巾、大羽毛、温度计、量杯或量筒、天平（称）、集卵袖网和集卵箱等。

（3）催产剂。我国用于淡、海水养殖鱼类催情产卵的药物有10余种。

① 绒毛膜促性腺激素（HCG）。是孕妇胎盘绒毛膜滋养层分泌的糖蛋白，由239个氨基酸组成，生理功能与黄体激素（LH）相似，促使成熟的精卵排放。市售商品为白色或淡黄色粉末，易溶于水，水溶液易分解失效。

② 脑垂体（PG）促性腺激素（GtH）。属糖蛋白类激素，具有FSH和LH的双重

功能，可促进生殖细胞生长、发育、成熟，促使成熟的生殖细胞排放。GtH易溶于水，离开脑垂体进入血液后便会逐渐分解失效。其效价与亲缘关系密切相关，亲缘关系越近，效价越高。鲤、鲫脑垂体对四大家鱼催产效果良好。

③ 脑垂体的采制。鱼类脑垂体位于间脑腹面的蝶骨鞍里，用刀砍去头盖骨，用镊子把脑组织自前向后翻开，即可隐约看到粉红色椭圆形（高粱粒大小）的垂体，细心除去其周围的包膜，然后用镊子从垂体两侧向下稍压，即可将垂体托出，除去黏附的脂肪和血污，将其浸泡在丙酮或纯酒精中脱水、脱脂5～6 h，再换一次溶剂浸泡24 h，晾干，密封保存在有色玻璃瓶中备用（注明鱼名、采制时间及数量）。

④ 促黄体素释放激素（LRH）及其类似物。LRH-A、LRH-A2、LRH-A3分别称为促排卵素1号（10肽）、2号（9肽）和3号（10肽），其中LRH-A的效价比LRH高数十倍乃至数百倍，LRH-A2和LRH-A3的效价比LRH-A高10倍以上，催产草鱼、鲢、鳙等经济鱼类比LRH-A更为敏感，催熟率提高8%～10%，受精率提高10%～20%，效应时间提早1～2 h。四大家鱼对LRH-A、LRH-A2和LRH-A3的敏感程度顺序为草鱼＞鳙＞鲢＞青鱼。

⑤ A型和B型混合激素。是在LRH-A或LRH-A2中加适量HCG配制而成。A型对鲢的效果更佳，B型对鳙的效果更好，混合激素催产效果好于单一激素，不仅可适当降低催产剂量，而且缩短了效应时间，减少副作用。这是由于LRH类似物和HCG或PG作用途径不同，后者比前者早作用于性腺，使其分泌甾类激素，产生正反馈作用，加速了LRH类似物与垂体细胞的受体结合，释放GtH。两者相互协同作用的结果便提高了激素的效价。

⑥ 高效鱼类催产合剂Ⅰ号。为儿茶酚胺（RES，多巴胺的抑制素）与LRH-A的混合激素，对四大家鱼的催产效果优于LRH-A和HCG，而与脑垂体相似。多巴胺（PIM）是下丘脑神经细胞分泌的一种促性腺激素的抑制因素（GRIF），抑制脑垂体分泌GtH和LRH-A。RES可排除或消除PIM对脑垂体分泌GtH的抑制作用，提高LRH-A对脑垂体分泌GtH和诱导排卵的作用。

⑦ 高效鱼类催产合剂Ⅱ号。是马来酸地欧酮（domperidone，Dom）与LRH-A的混合剂。Dom是一种多巴胺抑制素，可大幅度增强LRH-A诱导鱼类脑垂体分泌GtH和排卵的综合效果。该合剂优于合剂Ⅰ号，催产率高且稳定，效应时间也较短。

⑧ 高效鱼类催产合剂Ⅲ号。是Dom与鲑促性腺激素释放激素类似物（S-GnRH-A）的混合剂。该合剂对鱼类的催产效果与合剂Ⅱ号相似，催产率高且稳定，效应时间短，可完全取代脑垂体，适用于催产淡、海水鱼类。

上述催产剂是自20世纪50年代以来逐步研制而成的，目前广泛采用高效鱼类催产剂Ⅱ号，效果很好。脑垂体的催情效果也很好，可广泛用于多种鱼类，但其来源有限，成本较高。HCG用途也较广，但对草鱼、青鱼和细鳞斜颌鲴等鱼类无效。

（4）催产季节。亲鱼性腺发育到Ⅳ末期（细胞核极化）可持续有效地接受外源激素的时间约30 d左右，称为催产季节或催产有效季节（催产有效期）。细胞核尚未极化的性腺对催情剂的敏感性较差，催产效果不佳，过度成熟或性腺退化的亲鱼催产效果也不好。因此，准确判断亲鱼成熟期，不失时机地抓准催产季节，是鱼类人工繁殖工作取得良好效果的关键之一。

判断各种亲鱼催产适宜期的主要依据，包括历年催产日期、气候和水温情况，亲鱼在培育池中的活动和吃食情况，亲鱼性腺发育情况，物候指标，等等。例如，确定四大家鱼的催产日期，应综合考虑本渔场往年的催产日期、当地其他渔场催产日期、池塘水温（日最低水温达20 ℃以上且持续20 d）、亲鱼在无风晴天（早、中、傍晚）有否在水表层成群追逐现象、摄食量减少情况和当地麦黄情况等。

（5）亲鱼成熟度鉴别。准确鉴别亲鱼成熟度是提高催产效率的关键技术。鉴别亲鱼成熟度的方法可概括归纳为“看、摸、挤”3个字：看亲鱼腹部的大小，卵巢在腹腔中流动的情况，以及生殖孔的颜色；摸腹部，感受其软硬度；挤后腹部，看其生殖孔有否精液流出及其形状，以及肛门处有否粪便。

也就是说，成熟良好的雌鱼腹部膨大、柔软并具弹性，稍微抬高尾部则显示出卵巢在体腔内流动的情况，腹面朝上时两侧突现出卵巢的轮廓，鳞片松弛，生殖孔通常呈微红色。但成熟较好的史氏鲟雌鱼，则体瘦、吻尖、脊板尖、腹壁薄，腹部大且柔软富有弹性；成熟雄鱼不仅可挤出精液，还可将鱼体背部弯曲成弓状。成熟良好的雄鱼精液呈乳白色且较浓，遇水后很快散开，尚未成熟的精液呈牙膏状，过熟的精液浓度较稀。

为了准确地判断成熟度，在繁殖初期通常采用挖卵器（长20 cm、直径0.3 cm的不锈钢或铜丝，前端2 cm制成宽0.25 cm的槽形）准确而缓慢地插入亲鱼生殖孔内，然后向左或向右偏少许，伸到一侧卵巢约2 cm处，轻轻旋转几下抽出，便可挖出数粒卵，然后，把卵放入培养皿中，观看卵粒大小、整齐度和核的位置。若卵粒大小整齐、透明、富有光泽、核偏位，则表明已成熟；若卵粒太小，又不整齐，互相集结成块状，不易分离，则表明未成熟；若卵粒扁塌、无光泽，则表明过熟或退化。在阳光下，肉眼可见卵核，若用快速透明液（乙醇85%、福尔马林10%、冰醋酸5%）浸泡2～3 min，则可更清晰地看到卵核的位置。

（6）催情注射。

① 剂量单位。剂量单位系每千克亲鱼的有效剂量，依鱼而异。剂量单位名称

因药物种类而异，HCG的剂量单位为IU/kg，PG和Dom单位为mg/kg，LRH-A、$LRH\text{-}A_2$单位为μg/kg。

注射多少剂量单位，应当综合考虑鱼的种类、成熟度、催产初期或盛期、水温等多种因素。在催产初期、成熟度稍差和水温偏低的情况下，注射剂量可偏高一点；在催产盛期、亲鱼成熟度较好和水温适合的情况下，注射剂量可低一些。各种亲鱼的具体催产剂单位可参考产品说明。雄鱼的剂量减半。

催情药物的有效剂量（单位：kg）还与药物种类和注射次数有关。1种药物1次注射剂量，HCG 为1 000 U左右，$LRH\text{-}A_2$为3～5 μg，PG为3～5 mg，Dom为3～5 mg（混合使用时）。2种药物和3种药物混合使用的效果会更好一些，每种药物的用量比单独使用量略低一些。海水鱼类一般采用2种药物混合注射。四大家鱼对各种药物的敏感程度不同：草鱼和青鱼对$LRH\text{-}A_2$很敏感，但对HCG不敏感；鲢、鳙对$LRH\text{-}A_2$的敏感性较草鱼、青鱼差一些，用$LRH\text{-}A_2$催产时一般采取2次注射。在一般情况下，大多数鱼类采用1次注射即可，但青鱼则需2～3次注射，中华鲟一般采用LRH-A（A_2）2次注射。在51种养殖鱼类中，鳜、黄鳝、鲮、花鲈、黑鲷、红鳍东方鲀的注射剂量偏高。

② 注射液的配制。HCG、LRH-A（A_2）为白色粉末，易溶于生理盐水。PG用研钵磨细后加0.7%生理盐水。Dom也是白色粉状，但不易溶解，故需在研钵中加0.7%生理盐水研磨成悬浮液。

注射液的浓度应当根据每尾鱼注射的容积和次数而定。每尾亲鱼的适宜注射容积，一般为1～5 mL（依鱼体大小而异），雄鱼减半。如果采用2次注射方式，2次注射液的浓度可以相同，也可以不同。注射液应当现用现配，放置过久药物会分解失效或降低效价。

③ 注射部位、方法和次数。注射的部位以背鳍基部和背部侧肌为宜，也可以在胸鳍基部。

肌肉注射应当先把鳞片挑起，针头以45°～60°的角度迅速刺入2～3 cm，慢慢注入药液，手压针头处迅速拔出。在背鳍基部无鳞处的注射方法较简单，针头略倾斜即可，插入深度2～3 cm。胸鳍基部注射针头插入的深度以1.5～2 cm为适，过深会刺伤心脏。鲇类胸鳍第一硬棘粗壮，易刺破手指，体表无鳞且滑，人工催情注射难度大、效率低，最好的办法是把亲鱼装入透明塑料袋中，在袋外用针头直接刺破袋壁进行肌肉注射，可大幅度地提高注射工作效率。

注射次数通常多采用1次注射，但2次注射效果更好。若2次注射，第一次注射药量为全量的1/10左右（雄鱼不注射），避免过量，以防早产；10 h后注射第二针

（全剂量）。2次注射效果虽好，但重复拉网，亲鱼容易受伤。

（7）发情与产卵。

① 效应时间。从注射开始到亲鱼发情或产卵所经过的时间，称为效应时间。该时间的长短与亲鱼的种类、成熟程度、催产剂、水温、注射次数、生态条件有关。在正常情况下，成熟度好，PG、HCG和水温较高，以及2次注射的效应时间略短；LRH-A的效应时间比PG与HCG略长2～3 h。如雌草鱼1次性注射PG和LRH-A，水温20～21 ℃的效应时间分别为11～13 h和18～20 h，水温28～29 ℃分别缩短为9～10 h和16～17 h；团头鲂、鲮、细鳞斜鲴等1次注射的效应时间与草鱼相似；鲤、鲇、青鱼等的效应时间比草鱼略长；鳜、黄颡鱼和大黄鱼的效应时间较长，分别为22～25 h（22～28 ℃）、20～25 h（24～25 ℃）和33～60 h（18～25 ℃）；史氏鲟和中华鲟的效应时间分别为11～18 h（16.5～19 ℃）和15～20 h（16～23 ℃）；东方鲀的效应时间长达50～96 h（17～20 ℃）；黄鳝的效应时间更长（2～3 d）；

② 发情及产卵行为。亲鱼催情后到了效应时间雄鱼便会追逐雌鱼，这种兴奋的现象称发情。雌雄鱼相互追逐的频率逐渐增加，强度逐渐增大，当达到高度兴奋时便会出现产卵现象。各种鱼类的产卵行为大同小异，通常是雄鱼用头部撞击雌鱼身体，并不断地摩擦腹部，甚至将雌鱼顶出水面，兴奋达到高潮时雌雄鱼颤抖胸鳍和腹鳍，有时尾部相互扭在一起，两者生殖孔相对并急速摆动身体，各自将精子和卵子挤到水中，精卵在水中瞬间受精。鲇的发情及产卵行为比较特殊，发情高峰时雄鱼的尾部紧紧地缠绕雌鱼的胸腹部并不断地颤动，协助雌鲇将卵向后部蠕动，当卵被挤到生殖孔时雄鲇便将尾部松开，从雌鱼身上滑下，这时雌鱼迅速地将卵产到水中。

③ 产卵条件。不同产卵类型鱼类所要求的产卵条件不同，四大家鱼等淌水性产卵和真鲷、牙鲆等产浮性卵的鱼类要求有一定的水流，鲤、鲫、鲇、团头鲂等产黏性卵鱼类要求有附卵物质（鱼巢），尼罗罗非鱼等产沉性卵的鱼类要求泥沙池底，加州鲈和斑点叉尾鮰等产沉黏性卵的鱼类分别要求有卵的附着物和产卵巢。因此，在采取自然产卵方式时，需要为不同产卵类型的亲鱼提供适宜的产卵条件。

产漂流性卵和浮性卵的鱼类在发情产卵过程中应向产卵池中微量冲水，使其形成定向的水流，并随时收集鱼卵；鲤、鲫、鲇等产黏性卵的鱼类在发情前夕应有计划地放一定数量的鱼巢（棕榈树皮或20目塑料布），用以附着卵（鲇类卵的黏性低，池底也要铺满鱼巢）；加州鲈和斑点叉尾鮰具有做巢产卵的习性，在产卵池壁四周应当铺设干净卵石（厚度达10 cm），放木制产卵箱（80 cm×65 cm×15 cm，每隔1.5 m放一个）和竹篓、旧木桶、铁皮桶、瓦罐等作为产卵巢（一端开口，另一端用尼龙纱布封口，每隔5～6 m放一个，一端系绳子固定池边）。

（8）催产结果的分析。催产结果大致分为全产、半产、未产和滞产（难产）等4种。

全产的雌亲鱼，卵巢中成熟卵子全部产出，腹部瘪塌，轻压腹部有少量卵巢液流出，表明亲鱼成熟适度，雌雄鱼体质好，雄鱼追逐有力，催产剂质量好且剂量适当，水温和水质适宜。

半产的雌亲鱼，卵巢中的卵仅产出一部分或大部分，尚有相当多的卵未产出，前腹部仍未瘪塌。半产的原因较复杂：一种情况是卵细胞全部成熟，由雌鱼体质较差、雄鱼追逐无力或水温和水质不适所致；另一种情况是成熟度较差，仅一部分卵成熟。但是，半产的原因绝对不是催产剂的质量差和剂量不够。

未产指催情的亲鱼到了效应时间，腹部仍然没有变化，也未排卵，其主要原因是卵母细胞尚未达到Ⅳ期末，对激素缺乏敏感性，或卵母细胞过熟，对激素失去敏感性，或激素质量差或剂量不够，或水温过低（18 ℃以下），激素尚未发挥应有的作用。

难产的雌亲鱼，有的腹部已变软（排卵）但生殖孔发炎红肿或生殖孔被卵巢块堵塞，有的腹腔中的卵子已吸水膨大致使腹部变硬，两者皆挤不出卵子。难产的原因有多种，诸如卵母细胞对激素缺乏敏感性，或水温过低影响激素发挥正常的效能，或激素质量较差或注射的剂量过大。

3. 人工授精

（1）人工授精的概念、意义及其关键技术。人工授精是人为地使成熟的精子和卵子很好地接触，完成受精作用。

人工授精的优点是设备简单，并可避免种间不能自然交配的困难，便于开展各种类型的研究工作，缺点是不容易准确掌握卵子适当成熟时间，把握不当往往会出现过熟现象，导致受精率不高或完全不能受精，而且经常会出现群体排卵不同步，导致多次重复拉网，致使亲鱼受伤严重。

在进行杂交育种、多倍体育种等多种科研工作时，必须采用人工授精获得鱼苗。因此，人工授精技术广泛应用于鱼类人工繁殖生产和科研工作。

影响人工授精率的重要因素是精子和卵子质量。人工授精的关键技术是准确判断亲鱼的发情和产卵行为。雌雄亲鱼相互追逐发情的行为是体内Ⅳ期末卵母细胞进行成熟分裂（成熟）和从滤泡细胞中解脱出来（排卵）的外观表现，此时准确地捕鱼进行人工授精就会取得理想的受精率。

从生产角度来看，应当提倡自然产卵受精。虽然自然产卵所要求的设备条件较齐全（产卵池等），但产卵效率较高且稳定，并可避免因拉网操作次数过多而损伤亲鱼，产后亲鱼成活率较高。

（2）精液保存原理与技术。精液保存分为低温短期保存和超低温冷冻保存。

① 精液保存的基本原理。精子个体很小，贮存的能量很有限，在精液中基本不运动，入水后便剧烈运动（15～30 s），很快将能量耗尽而停止运动，失去受精能力。

低温（0～4 ℃）保存精液可以降低精子代谢水平，延长精子存活时间和受精能力，但其生理代谢并未完全停止，仍在消耗能量，因此，保存的时间有限（5～10 d）。

超低温保存精液的基本原理是根据精子在低温条件下的生物学特性，即在−196 ℃的液氮条件下，其代谢活动完全停止，处于“假死”状态，精液的水分子停止运动，保持原来的无序状态，形成坚硬、均质的团状结构，称“玻璃化”。处于玻璃化状态的精子，细胞结构完整，原生质未脱水，解冻后精子可恢复运动能力和受精能力。

② 精液低温短期保存技术。精液采集。选择成熟良好的雄性亲鱼，催情后待发情起网。挑选精液充沛的个体，擦干泄殖孔，轻压后腹部并用注射器吸取精液，移入小玻璃瓶中。良好的精液呈浓状乳白色，避免带水、尿和血。

稀释液和保冻剂配制。目前，鱼类精子短期保存稀释液配制尚未有统一标准，但其渗透压应当与精液相似，具有一定的缓冲作用以及含有一定营养物质。鲢、鳙、鲤稀释保护液分别由NaCl（0.7%、0.9%、0.8%～0.9%）、KCl（0.05%、0.05%、0.1%）和葡萄糖（1.5%、1.5%、1.5%）配成。适宜保冻剂为6%二甲亚砜（DMSO）（陈松林等，1992）。

精液与稀释液、防冻剂按1∶1比例均匀混合，移入20 mL带盖塑料瓶中，放普通冰箱（2～4 ℃）中保存。精子活力及受精能力可维持一周以上，临用时用0.4% NaCl溶液激活。

③ 精液超低温冷冻保存技术。稀释液的配制。目前国内外应用的鱼类精液冷冻保存稀释液成分，包括氯化钠、碳酸氢钠、氯化钾、柠檬酸钠等盐类，葡萄糖、果糖、蔗糖等糖类，以及磷脂、卵黄、牛奶、小牛血清等。氯化钠能够维持精子细胞渗透压，钾离子可抑制精子动力，碳酸氢钠具有一定的缓冲能力（维持pH的稳定），脂类和蛋白质在精子细胞外层形成保护膜，糖类提供营养物质。

精液冷冻保存抗冻剂主要有甘油和DMSO。甘油被广泛用于家畜和海水鱼类的精液冷冻保存，DMSO用于淡水鱼类精液冷冻保存。

四大家鱼和鲤精液冷冻稀释液配方（张轩杰等，1990）为葡萄糖6.6%、NaCl 0.3%、$NaHCO_3$ 0.04%、DMSO 10%，精液与防冻稀释液比例为1：3。陈松林等（1992）认为，鱼类精液冷冻保存稀释液不一定需要很复杂的成分，关键是给精子提供适宜的渗透压和pH环境条件。草鱼、鲢和鲤精液冷冻稀释液配方，分别为NaCl 0.7%、KCl 0.05%、葡萄糖1.5%，NaCl 0.9%～1%、KCl 0.05%、葡萄糖1.5%。这两种稀释液的pH和渗透压分别为6.5、6.6和363 mmol/L、432 mmol/L。精液与稀释液的比例为1：2～1：4，抗冻保护剂DMSO浓度为10%。

冷冻保存方法。目前国内外冷冻保存鱼类精液的方法有颗粒法、安瓿瓶法、麦细管法（塑料管法）。颗粒冻精法可获得较高的受精率，但该法解冻时需专门的解冻液，而且解冻和精子激活同时进行，冻精活力不够高，存活时间极短，解冻与授精间隔1～5 min就会明显降低冻精能育性，因而实用性较差。安瓿瓶法具有装精容量大的优点，但封口操作麻烦，降温速率不易准确控制，解冻活力不够稳定。塑料管冷冻法具有降温速率易于控制、操作简单、快速冻精活力高和装精容量较大等优点，易于推广。

塑料管冷冻法操作程序要点。将平衡（2～4 ℃，10～30 min）过的精液与稀释液混合物（1：3）分装入1.5 mL带盖塑料管，置液氮罐口约−6 ℃处平衡10 min，然后迅速降至液氮面上−180 ℃左右处冻结10 min，最后浸入液氮中保存。

颗粒冻精保存程序。将液氮倒入平底搪瓷碗中，盖上60～80目铜筛网，距液氮面1～2 cm，预冷2～3 min，用吸管吸取平衡（4～10 ℃，10～30 min）后的精液滴在铜筛网上冷冻3 min使之冷冻为小丸颗粒（0.075毫升/粒），然后转入小纱布内降温至−80 ℃以下再置于液氮中长期保存。

冷冻精液的解冻。解冻剂依鱼的类型而异：海水鱼的解冻剂为海水；淡水鱼的解冻剂则有多种，如氯化钠溶液、碳酸氢钠溶液、任氏液和体液等，其中以0.65%～0.7% NaCl解冻效果最好（精子复苏率高，活力强，寿命长）。解冻剂的pH应控制在6.5～7.5（较好）。

塑料管冷冻法的解冻程序是先将其提升至液氮蒸气中平衡5 min，然后拿出放入39 ℃水浴中摇动溶化。颗粒冻精法的解冻程序：用小玻璃瓶盛入0.7% NaCl 1～2 mL，在恒温器（水浴器）上加热至36～38 ℃，然后取精液粒1～2粒投入解冻液中溶化、摇匀。

冷冻精液以快速解冻为宜，这将使精细胞快速通过冰点−60 ℃（危险的冰晶温度区），使冰晶不出现或很小出现，从而避免冰晶对细胞内部结构和膜系统的机械损伤以至于使谷草转氨酶逸出。鱼类冷冻精液的解冻温度范围较宽，海水鱼和鲑科鱼类一般为0～10 ℃，淡水鱼为20～40 ℃，而以38 ℃解冻效果最好，解冻后的终止温度接近于家鱼繁殖季节的自然水温。

精子解冻活力测定。冷冻精液解冻后，立即在显微镜下检查精子的成活率、活力（运动状态）和寿命。精子成活率指被激活精子数量在给定的视野中占全部精子数量的百分比。精子的活力以运动状态来判断，激活后的精子进行剧烈快速运动为活力强，慢速运动者为活力一般，颤动者为活力差。

冷冻精子形态结构的鉴别。超低温冷冻精液解冻后的正常精子，形态完整无缺，核质分布均匀，线粒体和质膜无破损，鞭毛平滑自然；形态异常的精子，尾部鞭毛基部或中间断裂，质膜破损，头部泡状化，染色质松散解体或凝固成小块，线粒体明显破坏。

④ 冷冻精液解冻后的受精效果。科学冷冻和解冻的精液，受精率可以保持80%以上。

哺乳类冷冻保存25年之久的精液仍具受精能力，鱼类精液冷冻保存实验研究工作最近几年才开始，因此其冷冻持续时间与有效受精率的相关性尚需进一步研究与实践。根据已有的实验研究资料：冷冻保存3年的草鱼、鲢精子的受精率没有降低；冷冻保存的草鱼和鲢冻精活力为60%～75%，受精率稳定在80%～90%；鲤和团头鲂冻精活力为55%～65%，受精率稳定在70%～80%，冻精授精鱼苗孵化率稳定在75%～95%（陈松林，1992）。

影响冻精受精率的主要因素。精卵比例、解冻后活力、解冻与受精间隔时间、激活液的渗透压和pH等都会影响受精率。陈松林（1992）实验研究认为：鲢冻精与鲜卵比例在渗透压为171 mmol/L情况下由1∶4变为1∶16，受精率由90.5%下降为81.5%；冻精解冻后的活力与受精率呈正相关；鲢、草鱼、团头鲂冻精解冻后在4 ℃条件下分别存放1.5 h、2 h、16 h，其受精率仍高达81.7%；冻精激活液的适宜pH为7.8～10.8，pH＜7时精子的活力下降，保存液的pH应为弱酸性。

（3）人工授精技术。

① 干法授精。干法人工授精指成熟卵子与精液在无水的情况下接触、受精。一人抱住雌亲鱼头部，尾向下并用手按住生殖孔或把鱼放入采卵夹中，另一人用手握住尾柄并用毛巾将鱼体腹部擦干，随后用手轻轻地挤压腹部，将鱼卵（20万粒左右）挤于无水的瓷盆中。然后用同样方法将精液挤于鱼卵上，立即转动瓷盆（用手或羽毛搅动）20～30 s，使精卵均匀而充分地接触。随后向盆内加清水，水量以覆盖全部卵粒为宜，继续转动（或搅动）瓷盆10～20 s，使受精卵的卵膜及时吸水膨

胀。再用清水清洗1～2次，洗去多余精液和血污等，然后转入孵化容器中。

② 湿法授精。湿法人工授精指精、卵在有水的情况下接触、受精，即先将精液挤入盛有水的容器中，随即挤入卵粒（最好将精、卵同时挤入水中），精、卵在水中瞬间受精。该法效果好于干法授精，但操作必需迅速且准确，时间超过20～30 s则会明显降低受精率，60 s后丧失受精力（中华鲟精子受精力可持续3～5 min）。

精液与卵子的适宜比例。鲁大椿等（1989）认为，四大家鱼精子与成熟卵的适宜比例为0.2×10^6 :1，或20万～30万粒卵用30 mL精液。陈松林等（1992）认为，冷冻精液（精子个数）与鲜卵（粒）的适宜比例为0.5×10^6 : 1。鱼类人工授精，冷冻精液用量一般为鲜精液的10倍左右，如虹鳟冻精用量比鲜精高10倍（Legendre et al，1980）和15倍（Stoss et al，1981），白鲑冻精用量比鲜精多6～8倍（Pironen，1987），鲤冻精有效密度为9.6×10^6精子/卵（Kurokura）。

（4）黏性卵的人工授精与脱黏。鲟类和鲤、鲫、鲇等黏性卵，遇水呈黏性，多采用干法授精。受精卵经脱黏后进行孵化。

鲟类人工授精。鲟类为裸卵巢，成熟卵排入体腔中，用挤压法难于将鱼卵全部从生殖孔中挤出体外，多采用杀鱼取卵法，也有采用活体手术剖腹取卵的。手术取卵是将雌鱼放在担架上（60目筛绢制成），鱼头插入担架前头兜内，腹部向上；担架固定在手术架上，用塑料管插入口中供呼吸用水，水流量15～20 L/min，水经鳃丝从鳃孔流出；用手术刀在后腹部（靠近臀鳍处，用碘酊和70%乙醇消毒）切开7.5 cm的口，再用消过毒的塑料匙伸入腹腔中取卵，然后用预先取好的精液（比鲤科鱼类精液稀）进行干法授精。

脱黏液及其配制。常用的脱黏液有黄泥、滑石粉和尿素等3种。黄泥浆是用水浸泡成泥浆经60目筛绢过滤，滑石粉浆是100 g滑石粉（医用）、24 g NaCl和10 kg水的混合液（或20%滑面粉液），尿素脱黏液分1号液（1 kg水加3 g尿素和4 g NaCl）和2号液（1 kg水加8.5 g尿素）。

手工脱黏。精卵搅拌均匀后，边加黄泥浆或滑石粉浆，边用手或羽毛搅拌，持续20～50 min，直到完全脱黏为止。尿素液脱黏先加1号液（为鱼卵的5倍）搅拌1.5～2 h，倒去1号液，再加2号液（为鱼卵的10倍）继续搅拌2～3 h。

机械脱黏。史氏鲟受精卵采用机械充气脱黏法，将受精卵和脱黏液放入锥形瓶中，充气使瓶中卵不断翻动，脱黏速度快，不伤卵，效果较好。

脱黏效果比较。3种脱黏液以黄泥浆的脱黏效果最好且成本低，适用于大批量生产。尿素液脱黏虽然速度慢，但脱黏后的卵膜干净，便于活体观察胚胎发育，适用于教学和科学研究。滑石粉脱黏的效果也较好。

4. 孵化

鱼类自然受精卵及其人工受精卵，在人工管理条件下进行胚胎发育过程称为孵化，孵化率和仔鱼下塘率是其技术指标和效益指标。孵化管理工作应当为各种养殖鱼类胚胎发育提供适宜的生态条件（温度、溶解氧、盐度和光照等），才能取得理想的效果。

（1）受精卵的质量鉴别。肉眼鉴别受精卵和未受精卵。各种鱼类优质受精卵的共同特点是明亮透明，卵膜吸水膨胀速度快，富有弹性，胚盘圆滑，分裂球大小整齐；未受精卵的颜色灰白，卵膜吸水膨胀慢且弹性差，胚盘边缘不规则，分裂球大小不一且排列无规则。鲤、鲫等黏性卵的卵膜透明度差，肉眼不易分辨分裂球情况，难于区分受精卵与未受精卵，24 h后受精卵仍较透明，而未受精卵逐渐变为乳白色且不透明（浊状）。各种鱼类的未受精卵和死卵，皆呈乳白色，不透明。

（2）孵化方法。

① 漂流性卵（半浮性卵）孵化。四大家鱼和鲮、鳊、短盖巨脂鲤、鳜等漂流性卵，以及脱黏后的鲤、鲫、鲇、团头鲂等黏性卵，采用流水式孵化法。通常采用的孵化器有孵化环道、孵化槽和孵化桶或孵化缸。孵化环道适用于大批量生产，孵化槽适于中型规模生产，孵化桶适宜小型生产。

孵化环道。多采用混凝土或砖砌外涂水泥制成，也有用塑料和铁板制成的。小型的直径3～4 m，大型的为6～8 m。环道宽（内径）95～100 cm，深100 cm（水深85～90 cm）。小型的环道容水量4～5 t，容卵400万～500万粒；大型的容水量12～15 t，可容卵1 200万～1 400万粒。

孵化槽。建制材料与孵化环道相同，呈长方形，长2.5～3.0 m，宽1.25～1.50 m，高1.2～1.3 m（水深1.0～1.1 m），容水量为3～5 t，容卵量约300万粒。

孵化桶和孵化缸。两者设计原理与功能相同。孵化桶是用铁皮或塑料制成，容水量约300 kg。孵化缸一般是用水缸改制而成或向陶瓷厂定制的，容水量200～250 kg，放卵密度为1 000粒/升左右。

孵化容器的内壁应当光滑，以防损伤卵膜和鱼苗表皮。滤水筛为50～60目筛绢。

孵化管理工作包括调控水量，刷洗滤水筛，观察胚胎发育情况，按时测定成活率、水温、溶氧、pH，防止病害以及处理异常现象。

调控水量。根据胚胎发育不同阶段对水流的要求，调节阀门控制水量，使受精卵、胚胎和仔鱼漂浮在水中而不下沉。水流不能过大，以减少其能量消耗，保证和提高孵化率。鱼苗出膜期和仔鱼平游期，水流可适当减少。

刷洗滤水筛（窗）。定期并及时用毛刷在筛绢外刷洗滤水筛，保证水流通畅，防止窗筛被卵膜和污物堵塞而导致溢水逃苗。

测定成活率。在卵裂16细胞期或原肠中期和出膜期，分别取卵或胚胎数百粒，用白瓷盘逐一观察计算死卵或胚胎数，计算成活率（受精率和孵化率）。

孵化工作期间，每日早、中、晚测定孵化器中的水温、溶氧和pH，及时处理异常现象，当发现胚胎有提早破膜现象，立即向孵化器中泼洒5～10 mg/L高锰酸钾溶液，以防止鱼苗提前出膜。当发现容器中剑水蚤不断增多，应当及时泼洒敌百虫溶液杀灭之，并仔细检查和处理贮水池过滤筛。

② 浮性卵的孵化。大多数海水鱼受精卵为浮性卵，在适宜盐度的海水中呈浮性，盐度过低则下沉。如真鲷卵在盐度＜28时沉入底；赤点石斑鱼和花尾胡椒鲷受精卵，分别在盐度27和26.5时下沉水底，＞28.5和＞30.12时才上浮。一般早期和晚期产的卵多数下沉水底，为劣质卵；中期产的卵多为上浮卵，为优质卵。孵化用卵应收集中期产的优质卵。乌鳢、真鲷、牙鲆等浮性卵一般采用室内静水式孵化法。

放卵密度。浮性卵的卵径较小（1 mm左右），放卵密度较大（6万～20万粒/立方米）。

孵化工具。常用的孵化容器有混凝土池、塑钢水槽、网箱（放孵化池中）等，容积依生产规模而异，但其面积或体积不易过大，一般以0.5～5 m^2（m^3）为宜。

孵化管理。孵化期间一般不换水或间断性换水（日交换量为50%左右），多采用中层充气法（每平方米放一气石，底层充气易将污物冲起），及时清除（吸掉）底层死卵和污物，严防跑卵，定期测定成活率，每日早、晚测定水温、溶氧等。

③ 黏性卵的孵化。鲤、鲫、鲇的卵黏附在鱼巢（棕榈皮、40目筛绢等）上，可采取静水和流水两种孵化法。

土池塘静水孵化法。选择条件优良的小型土池塘（面积500～1 000 m^2），彻底清塘，将附卵鱼巢悬挂在水层中，放卵密度为400～500粒/平方米，鱼苗孵出至平衡后取出鱼巢，鱼苗仍在原池培育成小规格鱼种（全长3 cm）。管理内容和测定项目同上述。

流水孵化法。将附卵鱼巢放入孵化环道、孵化槽和网箱中进行孵化，刚孵化出的鱼苗附着鱼巢上，待能够水平游泳时将鱼巢取出。放卵密度为80万～100万粒/立方米，管理方法同上述。

④ 鲟类脱黏卵的孵化。史氏鲟等鲟类的成熟卵为黏性卵，卵的体积和重量大，脱黏后的卵采用漂流性卵的孵化方法效果不好（在一般水流条件下，卵下沉水

底），通常采用下列4种孵化器孵化。

尤先科孵化器。这是目前我国采用最多的一种鲟卵孵化器，由支架、水槽、盛卵槽、供水喷头、排水导管、拨卵器和自动翻斗等部件组成。孵化效果较好（1次孵化受精卵8 kg左右）；每台每小时用水3 m^3；需人工集苗，效率较低。

鲟卵Ⅰ号孵化器。这是目前俄罗斯普遍采用的、最先进的孵化器，由支架、水槽、盛卵槽（每侧8个，共16个）、翻斗（每侧8个，共16个）、分水器、供水管、排水槽、接（集）苗器等部件组成。孵化效果较好（一次孵化受精卵32 kg左右）；每台每小时用水＜2 m^3，省水；不需人工集苗，省力，效率高。

瓶式孵化器。其形状和结构与脱黏器相似，瓶口处设有鱼苗收集导槽；孵化量少，用水量大，适用于小型生产。

⑤ 沉性卵的孵化（见鲑鳟养殖）。

⑥ 沉黏性卵的孵化。加州鲈的卵黏附在石砾上，斑点叉尾鮰的卵相互黏结成块状。沉黏性卵在孵化期间容易出现局部缺氧而死亡，因此，应采用流水孵化法。孵化管理内容和方法同上述。

加州鲈的附卵鱼巢（产卵箱）排放在小型混凝土池底部，用气石充气和微流水方式保持水中溶氧不低于4 mg/L，待鱼苗能自行游泳时移走鱼巢。

斑点叉尾鮰的卵块放入40目的小网箱中，悬置于混凝土池中或孵化环道或孵化槽中进行流水孵化（网箱或孵化篓应高于水面5 cm）。

⑦ 尼罗罗非鱼受精卵的孵化。采取催情措施，促使尼罗罗非鱼大批集中产卵，雄鱼在池底周围用口挖窝穴并吸引雌鱼入窝产卵，在雌鱼将卵产出后吞入口腔过程中雄鱼排精、受精。受精卵在雌鱼口腔腹部发育，在水温30 ℃左右，经4～5 d孵出鱼苗，再经6～9 d，鱼苗成群游向池边，可及时捞苗。也可把含有受精卵的雌鱼捕出，逐条鱼用水将口腔中受精卵冲出，放孵化缸中孵化，孵化管理工作同上述。

（三）天然鱼苗的捕捞

长期以来，我国淡水养殖的鲢、鳙、草鱼、青鱼、鲮等鱼苗都采自江河，1958年人工繁殖成功以后仍然持续从江河中捕捞天然鱼苗，以弥补人工繁殖鱼苗的不足，至今因科研等工作的需要仍在捕捞少量天然鱼苗。淡水主要养殖鱼类的鱼苗采捕，是我国传统养鱼的重要环节，其系列技术具有鲜明的特色。鳗鲡等海水鱼苗的采捕可在其基础上进行改进。

1. 天然鱼苗产区

几种产漂流性卵的鱼类，必须在流速较快的江河中产卵，鱼苗多产于长江水系和珠江水系，黑龙江水系仅产青鱼苗、草鱼苗和鲢鱼苗，卫运河、淮河、钱塘江等也产一定数量的鱼苗。20世纪60年代，根据湖北、湖南、安徽、江西、江苏等5省统计，鱼苗产量达132.48亿尾，占全国四大家鱼总产量的56.3%。珠江鱼苗产量仅次于长江，其中以鲮鱼苗占较大比例，黑龙江也产数百万鱼苗。

长江干流，从湖北宜昌开始，下经湖南、江西、安徽、江苏诸省长约1 600 km的江段都产鱼苗。湖北省境内，自宜昌至梅江段均盛产鱼苗。鱼苗种类以鲢、鳙、草鱼为主，其次是青鱼和鳙。湖南的华容、岳阳、临湘三县沿长江一带也是鱼苗产地。江西省境内，以瑞昌县码头镇、九江、湖口、彭泽为鱼苗产地。安徽境内，自望江至当涂，均盛产鱼苗，仅次于湖北省，居全国第二；鱼苗中，草鱼、青鱼、鲢各占30%，鳙苗在5月底至6月中旬的产量较大。江苏境内，从江宁至江阴，都产鱼苗，草鱼、青鱼占70%～75%，鲢、鳙占25%～30%。长江支流和汉江，自丹江口水库建成后，鱼苗产地移至下游潜江、沔阳一带，以草鱼、青鱼为主（60%），鲢、鳙占34%左右。湘江是长江水系产鱼苗最盛的一条支流，从昭陵滩以下至岳阳为鱼苗主产地，以草鱼、青鱼为主。

珠江水系生产的鱼苗以西江为主。西江在广西壮族自治区境内的河段，鱼苗的主要产地为自南宁至梧州，其中以苍梧的长洲产量最多，约占全区的30%；以鲮苗为主（80%），草鱼占18%，鲢占2%。西江在广东省境内的河段，鱼苗的主要产地自封开至中山等地，以郁南、德庆、高要、九江为主要产地，占全省的70%以上；鲮占84%，草鱼9.3%，鲢6%，鳙0.7%。

黑龙江水系产草鱼苗、鲢苗，松花江的桦川临江屯1956年捕到鱼苗202万尾，草鱼占41.5%，鲢56.2%。

2. 鱼苗的张捕

江汛。又称鱼汛、汛期和“发江”，是指鱼苗大量出现、集中张捕的时期。鱼类繁殖季节过后，江汛便结束。长江鱼苗生产季节为4月中下旬（谷雨）至7月初（小暑），为60～90 d；珠江大致在谷雨至处暑，120～130 d。

地点选择。设置捕捞鱼苗网具的地点，流速为0.3 m/s左右（过大、过小都影响捕捞量），江底平坦，坡度平缓，水深1.6～2.3 m，江岸平直，水流顺畅（“直流水”），最好是两流（一股流向江边，另一股流向江心）交汇处。

张捕网具。长江张捕鱼苗最通用的网具是弶网（绠网），属定置网具，由网架、网身、尾箱3部分组成。因网架的架设方法不同，分为软弶和硬弶：软弶的网身系在漂流于水面的横木（大竹竿）上，可随水位高低而上下移动；硬弶的网身固定在打入水中成排的木桩上，网不能随水位变化而上下浮动。

软弶。种类颇多，是长江和珠江流域广泛使用的网具。网架是固定网身的，由两根毛竹竿或杉木杆连以横木而成，呈八字形，其规格依网身大小而定，竹竿上钉有约3 cm的竹钉，供挂网身用。弶网系在横置水面的长竿上，每排的数目视竹竿的长度而定，一般可系4～7只。网身为麻布或棉布（筛绢），呈半漏斗状，网口至网袖末端约4 m，网口宽为3.5～4 m，下缘系有沉子（有助于网口张开）。网袖长约0.9 m，末端筒口直径为10～13 cm，筒口周缘撑以藤圈，连接在尾箱上。尾箱是长方形小箱，用麻布或筛绢制成，长约45 cm、宽30 cm、高30 cm，其前壁开一圆孔，与袖网连接。尾箱挂在木制的尾箱架上，箱口露出水面。

硬弶。又称架弶，为湖北省的龙坪，以及安徽省和江苏省各地捕捞鱼苗惯用的网具。每个架由两根竹竿构成三角形，前后两端用两排木桩固定，木桩长5 m以上，将1/3打入江底泥土中，每排木桩上由一根横木相连。网身系在网架上，尾箱的结构及与袖网的连接方式同软弶。

3. 鱼苗的鉴别和计数

（1）鱼苗的鉴别。从江河中捕捞的鱼苗称“水花”。依鱼苗孵出的时间（在江中的天数），分为“嫩口鱼苗”和“老口鱼苗”。依鱼苗的种类或可养性，又分为“养殖鱼苗”和“野生鱼苗”。尚有“猛仔”“毛仔”和“净仔”等名称。

“嫩口鱼苗”。刚孵出至3 d，身体小，全长6～7 mm，透明，呈玉白色，色素少，鳔出现至充气，卵黄囊呈梨形至逐渐消失，尾鳍褶和背鳍褶相连，为仔鱼前期。

“老口鱼苗”。孵出4～8 d，身体较大，全长8～10 mm，脊索下方有一条色素（“青筋”）至色素较多，鳔明显，卵黄囊消失，尾鳍和背鳍开始分化，为仔鱼后期。

养殖鱼苗。又称家鱼苗，指青鱼、草鱼、鲢、鳙、鲤、鲫、鲮等鱼苗，其他鱼苗统称野鱼苗。

“猛仔”。大部分为小杂鱼（各种鲌和餐条），也有部分鲢、鳊的“嫩口鱼苗”。“毛仔”是养殖鱼苗和野鱼苗混杂一起的总称。“毛仔”除去野鱼苗后所剩下的鱼苗称“净仔”。

从江中捕捞的鱼苗为多种鱼类的混合群体，需要鉴别各种鱼所占的比例，以确定其成色和数量。肉眼鉴别鱼苗种类是一项难度较大的技术。鉴别鱼苗的方法有带水看（广西壮族自治区、广东省）和去水看（江苏、浙江等），即把鱼苗放入白瓷盘中加水和不加水观察。鉴别各种鱼苗的主要特征包括体型大小，眼睛的大小与位置，鳔的形状、大小和位置，尾鳍褶的形状，体色和色素的分布情况，游泳状态，等等。四大家鱼“老口鱼苗”的主要区别：草鱼的胸鳍基部的色素呈弧状，尾静脉近似红色；青鱼的尾鳍褶下方有一大朵黑色素，头内部色素呈2个倒八字；鲢的胸鳍褶的色素花多（7～20朵）且大，尾鳍褶有2片色素花；鳙的胸鳍褶的色素排列成行，尾鳍较长。

（2）鱼苗的计数。

① 推算法。是浙江和湖南渔民计数鱼苗的方法。鱼苗在鱼篓中分布均匀，然后取一定体积，计数单位体积的鱼苗尾数，以此推算每篓鱼苗总数。其关键问题是鱼苗在水中的分布均匀度。

② 碗量法。湖北渔民多采用碗量法。把鱼苗密集到一定程度，迅速用统一规格的量鱼碗量取，一般按每碗1万尾鱼苗换算总尾数。

③ 开间法。这是广东省和广西壮族自治区渔民普遍采用的方法。将鱼苗集中于布池（谷池）中，让其分布均匀后，分若干份，从中取出1份，再分若干份，连续分几次，直到每份鱼苗较少时，计算其鱼苗数，然后推算鱼苗总尾数。

4. 野鱼苗的清除

从江中捕捞的混有野鱼苗的“毛仔”，需要把野鱼苗除掉，并将各种家鱼苗大体分开，以提高鱼苗培育成活率和单种培育鱼苗。传统清除野鱼和分鱼的典型方法有江浙菱湖地区的挤鱼法和两广地区的筛鱼法。

挤鱼法。利用野鱼苗的耗氧量大于家鱼苗并易上浮死亡的生物学特点，将“毛仔”放入鱼篓中（盛水1/3，每篓放50万～80万尾），鱼苗密集，缺氧上浮，浮头并成团（结球），近乎死亡，不断用白碟取出成团的鱼苗，肉眼观察，当野鱼苗已死尽，鲢苗开始昏晕，立即注水，用手臂搅拌，并撒入泥浆，吸附死鱼而沉底，再将活鱼苗连水撇入另一鱼篓即可。

筛鱼法。将混有野杂鱼的鱼苗，放入谷池中，首先将鱼苗赶向一端，取走死苗和杂物，然后用鱼筛先将较大的野鱼苗筛出（2朝或3朝筛），再用头号密筛除去小型野杂鱼苗，便可获得纯度较高的家鱼苗。

撇鱼。过筛后的鱼苗放入鱼篓中，根据各种鱼苗因缺氧而上浮（浮头）的顺序，依次把各种家鱼撇出。最先上浮的为野杂鱼和鲢、鳙苗，其次上浮的是草鱼和青鱼苗，最后上浮的是鲮苗。

挤鱼和撇鱼过程中要注意掌握好鱼苗上浮程度，以免出现大量死鱼现象（可不断向篓中洒清水）。

（四）鱼苗培育

鱼苗培育是将鱼苗培养成全长1.0～3.0 cm的小规格鱼种。淡水养鱼把鱼苗培育称为夏花鱼种培育，海水养鱼则将其称为前期鱼种培育。鱼苗培育的时间长短，依开口仔鱼的大小、鱼种出塘规格、饲养条件与技术水平而异。淡水鱼苗培育期一般为20 d左右，也有缩短为15 d或延长到30 d；海水鱼苗培育期一般为30～50 d。鱼苗培育的主要生产技术指标为成活率、规格、整齐度以及体质等。

鱼苗培育方式有土池塘培育、混凝土池及水槽培育和网箱培育3种类型。根据开口仔鱼的大小、食性及其对生态条件的适应能力等主要生物学特点，确定鱼苗的培养方式。鱼苗身体细小、娇嫩，游动、取食能力弱，对外界环境条件的适应能力差，容易被敌害生物吞食，因此，鱼苗的培育技术难度大，要求高，饲养管理很精细。

1. 养殖鱼类开口仔鱼规格及其开口饵料

养殖鱼类出膜仔鱼规格与其鱼卵的大小呈正相关。开口仔鱼的规格与开口饵料的种类及其规格密切相关。鲟类和虹鳟的卵径大（2.5～5.4 mm），出膜仔鱼和开口仔鱼的规格也大，全长分别为8.0～18.0 mm和18.0～30.0 mm，开口饵料为水蚯蚓和水蚤等大型浮游动物。鲻、鲮、石斑鱼类、笛鲷类等产浮性卵的鱼类，卵径小（0.6～1.1 mm），出膜仔鱼和开口仔鱼的规格也小，全长分别为1.6～3.5 mm和2.4～4.0 mm，开口饵料为贝类幼虫和小型轮虫等小型浮游动物。

大多数养殖鱼类的卵径为1.5 mm左右，出膜仔鱼和开口仔鱼的规格分别为3.0～7.0 mm和4.0～10.0 mm，开口饵料为轮虫、无节幼虫和小型枝角类等浮游动物。

表5-28　主要养殖鱼类出膜仔鱼和开口仔鱼规格（全长）　　（单位：mm）

鱼 名	卵径	出膜仔鱼	开口仔鱼	开口饵料	鱼 名	卵 径	出膜仔鱼	开口仔鱼	开口饵料
史氏鲟	2.5～3.5	11～13	23.0～25.0	水蚯蚓、水蚤	鳜	1.2～1.4	3.6～4.9	4.9～5.5	团头鲂仔鱼
中华鲟	4.0～4.7	12～14	27.0～30.0	水蚯蚓、水蚤	花 鲈	1.3～1.4	3.3～4.6	4.8～5.5	轮虫
匙吻鲟	3.3～3.9	8.0～9.0	20.0～30.0	水蚯蚓、水蚤	加州鲈	1.2～1.5	3.5～5.5	7.8～9.9	轮虫、枝角类
遮目鱼	1.2左右	2.9～3.6	4.0左右	贝类幼虫、小型轮虫	真 鲷	1.0～1.1	1.9～2.6	2.79～3.0	轮虫
虹鳟	4.6～5.4	12～18	18～28	浮游动物	黑 鲷	0.8～1.0	1.9～2.3	2.9～3.1	轮虫
高白鲑	1.3～1.7	8.0～10	12～14	轮虫	赤点石斑鱼	0.6～0.8	1.1～1.21	2.03～2.2	贝类幼虫、小型轮虫
香鱼	0.9～1.1	4.2～5.4	6.5～8.0	轮虫、桡足类幼体	大黄鱼	1.2～1.4	2.76左右	4.01～4.17	轮虫
鲢	1.3～1.9	5.2～6.5	7.0～8.4	轮虫、无节幼体	鮸状黄姑鱼	1.0～1.0	2.12	3.4左右	轮虫
鳙	1.5～2.0	5.9～7.0	7.5～9.0	轮虫、无节幼体	眼斑拟石首鱼	0.9～1.0	1.7～1.8	3.2左右	轮虫
草鱼	1.3～1.7	5.5～6.1	6.8～8.5	轮虫、无节幼体	花尾胡椒鲷	0.8～0.9	1.6～1.7	3.1～3.16	牡蛎幼虫、小型轮虫
青鱼	1.5～1.9	6.4～7.4	8.0～8.9	轮虫、无节幼体	斜带髭鲷	0.9～1.0	2.1～2.8	3.2～3.40	牡蛎幼虫、小型轮虫
鲤	1.4～1.8	5.0～5.6	6.0～7.2	轮虫、无节幼体	红鳍笛鲷	0.86～0.9	1.7～2.0	3.0左右	牡蛎幼虫、小型轮虫
鲫	1.4～1.5	4.9左右	5.5～6.8	轮虫、无节幼体	紫红笛鲷	0.8～0.83	1.9～2.1	2.2～2.8	牡蛎幼虫、小型轮虫
长春鳊	0.9～1.1	4.5左右	6.9左右	轮虫、无节幼体	卵形鲳鲹	0.6～1.0	2.0左右	3.0左右	牡蛎幼虫、小型轮虫

续表

鱼 名	卵径	出膜仔鱼	开口仔鱼	开口饵料	鱼 名	卵 径	出膜仔鱼	开口仔鱼	开口饵料
团头鲂	1.0左右	3.5～4.0	6.2左右	轮虫、无节幼体	杜氏鰤	1.0～1.1	2.9～3.1	3.5左右	牡蛎幼虫、小型轮虫
泥鳅	1.0～1.2	3.7左右	4.0～5.0	轮虫、无节幼体	尖吻鲈	0.75～0.9	1.8～2.1	2.5～2.82	牡蛎幼虫、小型轮虫
短盖巨脂鲤	1.1～1.1	3.6左右	5.6左右	轮虫、无节幼体	军曹鱼	1.35～1.4	3.5～4.0	6.0左右	轮虫
鲇	1.8～2.0	5.0～5.1	10.0左右	轮虫、无节幼体	黄鳍鲷	0.8～0.84	1.8～2.0	2.9～3.2	牡蛎幼虫、小型轮虫
革胡子鲇	1.7左右	2.5～3.5	8.0左右	轮虫、无节幼体	美洲条纹鲈	1.2左右	3.0左右	5.2左右	轮虫
大口鲇	2.0左右	5.0～7.05	9.5～11.0	轮虫、枝角类	乌鳢	2.0～2.2	3.9～4.3	7.0～7.5	轮虫
斑点叉尾鮰	3.4左右	7.9～8.13	15～15.8	轮虫、枝角类	中华乌塘鳢	2.8～3.6	4.62左右	4.95左右	轮虫
长吻鮠	1.5～2.3	6.0左右	9.0～10.0	轮虫、枝角类	牙鲆	0.9～1.0	2.3～3.2	3.3～4.5	轮虫
黄颡鱼	1.9～2.3	4.2～4.7	5.7～8.7	轮虫、枝角类	大菱鲆	1.1～1.4	2.5～3.0	3.3～3.9	轮虫
苏氏圆腹鲶	1.9左右	2.9左右		轮虫、枝角类	半滑舌鳎	1.2～1.29	2.5～2.6	5.4～5.56	轮虫
鲻	0.9～1.0	2.5～3.5	3.2～4.0	贝类幼虫、小型轮虫	红鳍东方鲀	1.1～1.2	2.4～2.6	2.7～3.2	贝类幼虫、小型轮虫
鲮	0.9～1.1	1.94～2.4	2.59～4.0	贝类幼虫、小型轮虫	暗纹东方鲀	1.12～1.3	2.6～2.75	3.15～3.4	贝类幼虫、小型轮虫
黄鳝	3.3～3.7	12～20	25.0～28.0	轮虫、无节幼体、枝角类	许氏平鲉	1.3～1.33	2.9～5.5	5.95左右	卤虫及桡足类幼体
尼罗罗非鱼	2.0～2.5（长径）	5.4	6.1～7.9	轮虫、枝角类	大泷六线鱼	1.9～2.0	5.5～6.5	7.0～8.2	轮虫

注：综合国内公开发表的有关资料

2. 室外土池塘培育鱼苗

室外土池塘培育鱼苗是我国淡水养鱼培养鲤科鱼苗的典型方式，设施简单，生产技术易普及，成活率高，残食率低（肉食性鱼类），适用于培养滤食性、杂食性、草食性和少数肉食性鱼类鱼苗。

我国土池塘培育鱼苗，历史悠久，经验丰富，具有代表性的有浙江菱湖“豆浆法”、两广“大草法”，以及广泛采用的“综合法”。其生产技术指标为成活率80%，全长1.5～3.0 cm，规格整齐，体质好。

（1）鱼苗池选择。鱼苗池的选择原则是有利于鱼苗生长发育和便于饲养管理。水源充足，注排水方便，池塘整齐划一，呈长方形，面积适当（500～2 000 m^2）。面积太大，管理不便，水质和肥度不易控制，影响鱼苗生长；面积太小，水温、水质变化大，相对放养密度小，生产效率低。池塘的适宜深度为2 m左右，前期水深50～70 cm，后期100～130 cm。

土质好。壤土和沙壤土池塘，池堤牢固，保水力强，透气性好；砂砾质池塘，池堤不牢，漏水严重，水质难于控制，不利于鱼苗生长发育。

池底平坦，淤泥适量（10～15 cm），无水草丛生。淤泥过厚，消耗溶氧，影响鱼苗生长发育，拉网操作不便。水草吸收池水营养盐类，影响饵料生物生长发育，应当彻底清除。

农村社队小坑塘和台田沟，附近有水源，底部平坦，能保持一定水位，也可用来饲养鱼苗。

（2）鱼苗池清整。池塘修整。人工投饲的残饵和鱼粪，注水带进池里的污物以及池堤倒塌，沉积于池底，淤泥不断增厚，需要定期修整。冬季或早春将池水排干，经过长期冰冻日晒，减少病害，疏松土壤，加速有机物分解，提高池塘肥力。鱼苗放养前1个月进行第二次排水，日晒后修整，将池底整平，挖出过多淤泥，修整池堤和进排水口，填好漏洞裂缝，清除杂草，曝晒数日后，再进行药物清塘。

药物清塘。利用药物杀死野杂鱼、敌害生物、寄生虫和病原菌，是提高鱼苗成活率的重要措施。

生石灰（CaO）清塘。生石灰清塘是利用生石灰遇水后发生化学反应，放出大量热能，产生氢氧化钙，在短时间内使水的pH迅速提高到11以上，杀死野杂鱼类及其敌害生物与病原体。这是淡水养鱼国际通用的最有效的方法。

$$CaO+H_2O \rightarrow Ca(OH)_2 \qquad Ca(OH)_2 \rightarrow Ca^{2+}+2OH^-$$

生石灰清塘方法分干塘清塘和带水清塘2种。一般是采用干塘清塘法，对水源不便和无法排水的池塘才采取带水清塘方法。

干塘清塘。先将池水排至5～10 cm，在池底四周挖几个小坑，将生石灰倒入小坑内，加水化开后，不待冷却即向池中心和四周边缘均匀泼洒，次日再用铁耙将塘底淤泥耙动一下，使石灰浆充分与淤泥混合。干塘清塘不要把水完全排干，否则泥鳅钻入泥中杀不死。

带水清塘。在池边及池角挖几个小坑，将生石灰放入坑中让其吸水化开，不待冷却即向池中泼洒；或者将生石灰放入大木盆等容器中化开，操作人员穿防水裤下水，将石灰浆泼洒全池。

生石灰用量。排水清塘一般100 m^2用生石灰10 kg，带水（水深1 m）清塘则加倍至20 kg。

影响清塘石灰用量的因素很多，除石灰质量、操作技术、池水多少等因素外，池水的化学成分和淤泥多少都会影响单位用灰量。

水的硬度，特别是Mg^{2+}和HCO_3^-能够提高生石灰用量：$Mg^{2+}+2OH^- \rightarrow Mg(OH)_2\downarrow$（白色絮状物），$Ca^{2+}+HCO_3^-+OH^- \rightarrow CaCO_3\downarrow+H_2O$。一个摩尔质量的$Mg^{2+}$和$HCO_3^-$消耗一个摩尔质量的CaO，即28 g生石灰。也就是说，池水的Mg^{2+}和HCO_3^-浓度每增高一个毫克当量，每立方米就多消耗28 g生石灰。海水池塘的Mg^{2+}数量大，生石灰清塘的用量要比淡水用量增加10倍左右。海水池塘施用生石灰还会改变水化学组成，一般不采用生石灰清塘。

池塘淤泥对提高生石灰清塘用量也有一定影响，淤泥较厚的池塘用灰量应增加10%左右。

生石灰质量对清塘效果的影响很大，质量好的生石灰是块状，较轻，不含杂质，遇水后反应剧烈，体积膨大。清塘用的生石灰最好临时从灰窑购买，放置时间久了会逐渐吸收水分和二氧化碳变成碳酸钙而失效。

生石灰清塘后池水pH的下降速度与其化学成分有关。硬度大和镁盐多的池水，pH下降快，清塘后3～4 d便降至8～9；而硬度小和镁盐少的淡水池塘，pH下降较慢，清塘7 d后才会降至8.5左右。

生石灰清塘的效果好，不仅能够杀死害鱼、蛙卵、蝌蚪、水生昆虫、水生植物、鱼类寄生虫和病原菌等敌害生物，而且可以改良水质，增加水的缓冲性，改善池塘底质，直接起到施肥作用。生石灰清塘可提高草炭土酸性池塘的pH，改善水质，有利于浮游生物繁殖，还可以降低碱土池塘水的混浊度，有利于浮游植物繁殖。

茶粕清塘。茶粕（茶饼）是广东、广西、福建、湖南等省常用的清塘药物，是山茶科植物油茶、茶梅（*Camellia sasangua*）或广宁茶（*C. semiserrata*）的果实榨油后剩余的渣滓，形状与菜饼相似。茶粕含有皂角苷（saponin，$C_{32}H_{54}O_{18}$）或皂素，是一种溶血性的毒素，可使动物红细胞分解。皂角苷对水生动物的致死浓度：鱼类为0.5～1.0 g/m^3，沙蚕＞3 g/m^3，对虾＞40 g/m^3（朱全芬，1992）。也就是说对鱼类的毒性比虾类大数十倍，因为鱼类红细胞中的血红素含有亚铁离子（Fe^{2+}），而虾类血球中的血蓝素则含有铜（Cu^{2+}）。

茶粕清塘用量。每100 m^{3}水体施7～8 kg（70～80 g/m^3），用时将茶粕捣碎成小块，放在水缸中加水浸泡，在水温25 ℃左右浸泡一昼夜即可使用。浸泡后加适量水，连渣带汁全池泼洒。近年来，国内已有皂角苷的提纯产品，使用方便，用量少（1～2 g/m^3）而准确。

茶粕清塘适用于淡、海水池塘，能杀死野鱼、蛙卵、蝌蚪、螺蛳、蚂蟥和一部分水生昆虫，但对细菌没有杀灭作用，且能助长绿藻等的繁殖，所以，效果不及生石灰好，其毒性消失时间为7～10 d。

漂白粉清塘。漂白粉清塘适用于淡、海水池塘。对淡水池塘的清塘效果与生石灰相同，药性消失快，对急于使用的鱼池更为适宜。漂白粉一般含有效氯30%左右，经潮湿分解放出次氯酸和碱性氯化钙，次氯酸立刻放出新生态氧：$Ca(ClO)_2+2H_2O \rightarrow 2HClO+Ca(OH)_2$，$HClO \rightarrow HCl+[O]$。因此漂白粉有强烈杀菌和杀死敌害生物的作用。

漂白粉清塘用量。每100 m^{3}水施用2 kg（20 g/m^3），池水排至5～10 cm的用量可降为1 kg。由于漂白粉易于分解失效，所以用前应测定有效氯，根据有效氯推算实际用量。清塘方法简单，漂白粉加水溶解后全池均匀泼洒，清塘5～7 d后便可放养鱼苗。

漂白粉清塘效果很好，能杀死鱼类、蛙类、蝌蚪、螺蛳、水生昆虫、寄生虫和病原体，但对肥水池塘的清塘效果比生石灰差一些。

漂白粉极易挥发和分解，产生的初生态氧易与金属起作用，因此，不能用金属容器保存，应当密封于陶瓷器内，放在阴凉干燥处，防止失效。漂白粉清塘，操作人员应戴口罩，在上风处泼洒，以防中毒及沾染腐蚀衣服。

（3）天然饵料生物培养。浙江菱湖“豆浆法”和两广“大草法”，以及广泛采用的“综合法”，基本上都可培养淡水鱼苗适口天然饵料。

“豆浆法”。鱼苗下塘前3～4 d注水，不施基肥，鱼苗下塘后立即泼洒豆浆，称“清水下塘”，继而每天定时泼洒豆浆。泼入池水中的豆浆，绝大部分是起施有机肥的作用，仅有一部分适口颗粒被鱼苗吞食。随着时间的推移，池水逐渐肥了起来，出现轮虫等天然饵料，鱼苗不仅可以吞食豆浆颗粒，还能够吃到适口的天然食物。因此，“豆浆法”培养的鱼苗，成活率高，规格整齐，体质好；但是，黄豆来源有限，与人争粮，成本较高。

“大草法”。鱼苗下塘前一周左右注水，然后每100 m^2施绿肥（大草）30～40 kg，培养轮虫等适口饵料生物，当其达到高峰时放养鱼苗，使鱼苗入池后就可以吃到适口的优质天然饵料。随着鱼苗成长以及池水肥度的变化，及时追加绿肥，以保持应有的肥度，满足鱼苗生长发育的需要。该方法培养的鱼苗，成活率较高，体质好，成本较低。

“综合法”。综合“豆浆法”和“大草法”培养池塘水质的优点，每100 m^2施基肥（人粪尿、马粪、牛粪皆可）40～50 kg培养池塘水质，实行鱼苗肥水下塘并适量投喂豆浆，兼施化学肥料（硫酸铵、硝酸铵、尿素、氯化铵、过磷酸钙），保证鱼苗持续吃好吃饱。该法培养的夏花鱼种，出塘率高，规格整齐，体质好。这是我国南北各地淡水养鱼业广泛采用的培养鱼苗的生产方式。

肥水下塘生物学原理。根据鱼苗池清塘、注水和施肥后各种浮游生物的繁殖速度和出现高峰的先后顺序（浮游植物和原生动物→轮虫和无节幼虫→小型枝角类→桡足类），以及鱼苗（开口仔鱼）入池至全长15～30 mm的食性转化规律（轮虫和无节幼虫→小型枝角类→大型枝角类和桡足类），在鱼苗培育过程中将两者科学有序地衔接起来，使各个发育阶段的仔稚鱼都能够吃到丰富而适口的天然食物。也就是说，鱼苗肥水下塘的科学依据是根据浮游生物的发生、发育及演替规律和鱼类个体发育食性转化规律创建起来的科学培养鱼苗的重要技术措施。

鱼苗适时下塘，就是在池水轮虫的数量达到高峰（5 000～10 000个/升，20 mg/L以上）时把开口仔鱼放入池塘中。鱼苗下塘过早，池水中轮虫的数量尚少，入池后吃不饱，也长不好；下塘过晚，轮虫高峰已过，入池后也吃不饱，而且常常出现大量枝角类，鱼苗口小，吃不下，也长不好。

鱼苗适时下塘的2项技术指标：一是每升池水含有1万个轮虫（用玻璃杯取池水对着阳光粗略计算水中轮虫数目，每毫升含有10个小白点）；二是鱼苗卵黄囊消失或基本消失，鳔充气（出现腰点），持续水平游泳等。

（4）鱼苗放养。每个池塘放养1种鱼苗。

鱼苗的适宜放养密度，一般为50～200尾/平方米。四大家鱼为150～250尾/平方米，鲻、鲮、遮目鱼为30～50尾/平方米，斑点叉尾鮰为15～50尾/平方米。密度过大，鱼苗生长慢，成活率低；密度过小，虽然鱼苗生长快，成活率高，但浪费水面，成本高。放养密度与夏花鱼种的出塘规格呈负相关。

鱼苗的放养密度，应当根据鱼苗体质、水源、饲料和肥料来源、鱼池条件、饲养技术水平等情况灵活掌握。鱼苗体质好、水源方便、饲料和肥料供应充足、鱼池自然条件好、饲养技术水平高，放养密度可适当密一些。

鱼苗放养应当注意的事项：第一，放养鱼苗前一天，用密孔网捕捞池水中有害昆虫、蛙卵、蝌蚪和杂鱼；第二，鱼苗适时下塘；第三，每个池塘放同批鱼苗；第四，容器内水温与池水温度的差值不得超过5 ℃；第五，应当在鱼池上风处放养鱼苗；第六，清塘药物失效后才可放鱼苗。

（5）饲养管理。饲养管理工作包括巡塘、投喂豆浆、施基肥、合理追肥（每隔3～5 d每100 m^2施有机肥20～25 kg或化肥1.0 kg）、分期注水（随着鱼苗长大和水质逐渐变肥，每隔3～5 d注入新水10～15 cm）。

巡塘是培育鱼苗的一项重要日常管理工作。在黎明、中午和傍晚分别巡塘，观察池鱼活动情况，以及水色、水质变化情况，发现问题，及时采取措施和确定投饲、施肥数量等，随时捞出蛙卵、蝌蚪、杂草、脏物等，发现鱼病应及时诊断治疗。要特别重视黎明巡塘工作，注意细心观察池鱼有无浮头现象，发现浮头立即采取注水等措施。

合理施肥和分期注水是培育鱼苗的一项重要技术管理工作。只有培养和调节好池塘水质，鱼苗才能随时吃到适口的天然饵料，池水溶氧量才能稳定在较高的水平。

土池塘培养鱼苗，池塘水质经常出现两种不良现象。一是清塘过早，鱼苗下塘时或下塘不久，轮虫高峰期已过，出现大型枝角类。鱼苗口径尚小，吃不下大型枝角类，而且枝角类大量滤食浮游植物，导致池水溶解氧急剧下降以至于缺氧，造成鱼苗严重浮头而死亡。解决的有效办法是适时清塘、肥水，鱼苗适时下塘；当大型枝角类过多时（必要时），可适量施用敌百虫控制其数量，或注入富有浮游植物的池水。二是鱼苗培育后期，池水中微囊藻等蓝藻大量繁生。这不仅影响鱼类摄食人工饲料，而且微囊藻产生的羟胺和多肽类等毒素对鱼苗及枝角类都有毒害作用。解决的办法是在早晨藻体上浮集聚于池塘一角或一边时，用生石灰粉撒杀，连续2～3次基本上可以杀灭。

建立日记制度。每天记录水温、溶解氧、天气变化、施肥与投饲数量、注排水和鱼的活动情况等，以便不断总结经验和教训。

（6）夏花鱼种锻炼与出塘。鱼苗下塘饲养20～30 d，全长达3 cm左右，体重增加数十倍至百余倍，俗称夏花鱼种。夏花鱼种要求更大的活动空间，应当及时出塘、稀养。

夏花鱼种出池前拉网锻炼。拉网可使鱼受惊，加大运动量，增强体质。鱼种在密集过程中分泌黏液和排出粪便，增加耐缺氧能力，提高运输成活率。拉网还可以除去野杂鱼，消灭水生昆虫，评估成活率。

拉网2～3次。第一次拉网，鱼体尚小，活动力弱，体表刚开始被鳞，表皮薄嫩，容易受伤，应当选择晴天上午10：00左右拉网，行速要慢，在行程中用手不断向前方泼水，驱动池鱼向前游动而防止贴网，发现其贴网时则要立即停止。拉网时严禁底纲和底部网片拖泥，当网被拉到池边时，小心地将鱼围集在网衣中密集10～20 s后立即把网松开将鱼放回原池。

第二次拉网一般于隔日进行，操作技术与第一次拉网相同。当网拉到池边时将鱼群围集并小心地移入网箱中，经2 h左右再放回原池中。鱼种在网箱密集过程中应当不断地在网箱外围划动水流，加大网箱内水体交换量，以免鱼种浮头，如出现浮头现象则应当立即将鱼放回原池。

是否要进行第三次拉网，应当根据鱼种的体质和是否外运而定。如果鱼种体质较好或不需远途运输，拉二次网即可出塘。如果鱼种体质一般，而且需要长途运输，则应当隔天再拉第三网。

夏花鱼种计数。用小抄网（捞海）捞取夏花，放入小杯（底部有数个小孔）中，计量鱼的杯数，再随意选择数杯过数，求出每杯平均尾数，然后推算出总尾数。夏花鱼种出塘，最好用药物消毒。

鱼种规格的筛选。夏花鱼种或前期鱼种规格往往不够整齐划一，需要把大小不同的鱼种分开。我国淡水养鱼广泛采用鱼筛筛选鱼种规格。鱼筛是广东、广西养鱼地区采用竹篾编制成的各种规格的筛鱼工具，其构造极为精细，可以很快地把不同大小的鱼分开。

表5-29　广东鱼筛规格

筛号	筛眼间距（mm）	筛号	筛眼间距（mm）	筛号	筛眼间距（mm）
1.0朝	0.6	5.0朝	1.8	10.0朝	7.8
1.5朝	0.8	5.5朝	2.2	10.5朝	8.6
1.7朝	0.9	6.0朝	2.6	11.0朝	10.0
2.0朝	1.0	6.5朝	3.0	12.0朝	12.0
2.5朝	1.2	7.0朝	3.5	3寸筛	15.0
2.7朝	1.3	7.5朝	4.2	3.5寸筛	16.0
3.0朝	1.5	8.0朝	5.0	4.0寸筛	17.0
3.5朝	1.5	8.5朝	5.6	4.5寸筛	18.5
4.0朝	1.6	9.0朝	6.3	5.0寸筛	20.0
4.5朝	0.17	9.5朝	7.0	6.0寸筛	23.0

表5-30　鱼筛规格与主要淡水鱼种体长、体重的关系

鱼筛号	草鱼		鳙		鲢		鲮	
	全长（cm）	体重（尾/千克）	全长（cm）	体重（尾/千克）	全长（cm）	体重（尾/千克）	全长（cm）	体重（尾/千克）
4朝	1.5		1.25		1.5		1.5	
5朝	1.9	32 000	1.5	32 000	1.8	36 800	1.8	32 000
6朝	2.2	16 600	2.0	10 600	2.2	12 120	2.2	10 600
7朝	3.0	4 000	2.5	4 000	3.0	4 600	3.0	4 000
8朝	3.6	1 600	3.4	1 600	3.8	1 850	3.9	1 600
9朝	4.8	720	4.5	720	5.0	860	5.8	760
10朝	6.0	320	5.8	344	6.2	368	7.1	200
11朝	7.5	144	7.3	150	8.4	160	8.0	116
12朝	9.0	84	8.5	94	9.7	108	10.0	100
3寸	12.0	70	12.0	80	12.0	92	12.0	70
4寸	16.0	34	16.0	40	16.0	46	16.0	
5寸	19.9	16	19.9	22	19.9	26	19.9	
6寸	24.0	10	24.0	12	24.0	14	24.0	
7寸	28.0	4.6	28.0	6	28.0	7	28.0	
8寸	32.0		32.0		32.0		32.0	

（7）海水鱼类小型鱼苗的土池塘培育

红鳍东方鲀、大黄鱼和石斑鱼等开口仔鱼，利用混凝土池培养至全长6.0～8.0 mm时再放入土池塘培育，放养密度为80～120尾/平方米，综合饲养措施与土池塘培育方式相同，在必要时适量投喂卤虫，全长3.0～4.0 cm出塘，成活率可达80%以上。

3. 混凝土池和水槽培育鱼苗

混凝土池和水槽培育鱼苗，多数在室内进行，在室外的较少，适于培养卵径较小、全长小于5 mm的鱼苗（开口饵料为贝类幼虫及小型轮虫的种类），如鲻鲹类、石斑鱼类、笛鲷类、鳜、花鲈、加州鲈、真鲷、黑鲷、大黄鱼、牙鲆、大菱鲆、东方鲀等，也可用来培养肉食性种类（鲇、大口鲇、长吻鮠、乌鳢等）和鲟类鱼苗。成活率较低（20%左右），达到60%～80%就算不错了，鱼种规格整齐，全长为1.5～3.0 cm左右。

混凝土池和水槽（塑钢）形状多为长方形和圆形，也有正方形和正八角形的。圆形和八角形有利于水的流动和排污。容器的规格依饲养规模而异，容积过大或过小皆不好，以5～10 m^3为适，水深1 m左右。培育池（槽）上端设有进水管，在底部中央（圆形池）或在与进水管相对的一端（长方形池）设排水管。底面最好有一定的坡度，便于排污。

鱼苗放养密度一般为1万～5万尾/立方米，依鱼的种类、设施和管理水平而异，虹鳟、鳗鲡、鲇等为0.5万～1.0万尾/立方米，鲻、鲹、真鲷、黑鲷、黄鳍鲷、花鲈、大黄鱼、鮸状黄姑鱼、眼斑拟石首鱼、尖吻鲈、牙鲆、大菱鲆、东方鲀等为1.0万～5.0万尾/立方米，花尾胡椒鲷、斜带髭鲷、红鳍笛鲷、紫红笛鲷和石斑鱼类等为2.0万～10.0万尾/立方米，许氏平鲉和大泷六线鱼为0.3万～1.0万尾/立方米。随着鱼体的增长，放养密度逐渐减少：如牙鲆开口仔鱼为3.0万～5.0万尾/立方米，全长10 mm为1.5万～2.0万尾/立方米，全长13 mm（伏底前）为1.0万～1.5万尾/立方米；大黄鱼的密度由2.0万～5.0万尾/立方米降为1.0万～3.0万尾/立方米；史氏鲟鱼苗培育期间的密度变化，体重40～70 mg为2.5万～3.5万尾/立方米，体重71～500 mg为1.5万～2.5万尾/立方米，体重600～1 000 mg为1.0万尾/立方米，体重1.1～3.0 g为1.0万尾/立方米。

水质管理包括送气、换水、排污与清底。鱼苗入池后静水培育5 d，用气泵通过滤石（2～4 m^2一个气石）向池中（水深0.5 m）送气，日加水量为1/5～1/3，用自动行走式吸污器清除池底污物；6 d后（全长8～10 mm）改为微流水培育，日交换量为50%～200%，采用循环水方式自行排污，每天或隔天虹吸鱼粪便、残饵等污物，保持池水清爽。室内照度保持500～2 000 lx。

不同鱼类仔鱼的开口饵料各异，石斑鱼为贝类幼虫，鲟苗为水蚯蚓，虹鳟为蛋黄，鳜为活仔鱼，而大多数鱼类的开口饵料为轮虫。轮虫的可食密度（适宜密度）为10～15个/毫升（添加小球藻50万/毫升），其他活饵料密度为2～5个/毫升。随着鱼苗增长，适口饵料也相应更换。如石斑鱼的饵料更替顺序为贝类幼体→轮虫→桡足类和卤虫无节幼体［20∶5（n–3）、22∶6（n–3）强化］→鱼肉糜或颗粒饲料等；鲇、大口鲇、加州鲈的适口饵料更换顺序为轮虫→枝角类→水蚯蚓→鱼肉糜或颗粒饲料等，日投饵量为10%～15%；鳜的饵料鱼更换顺序为团头鲂苗［2～6尾/（尾·天）］→草鱼苗［4～8尾/（尾·天）］→鲢、鳙苗［5～9尾/（尾·天）］→鲢、鳙、草鱼和野杂鱼［4～5尾/（尾·天）］。

以牙鲆为例，鱼苗培育期间投喂各种饵料的持续时间：轮虫4～25 d，卤虫无节幼虫13～40 d，15 d起投喂配合饵料并不断更换粒径。

4. 网箱培育鱼苗

网箱培育鱼苗分为2种类型：第一种类型，网箱设置于混凝土池和水槽内，鱼苗在网箱中进行培育，便于换水和排污，少受惊动，不易外逃；第二种类型，网箱设置在土池塘和河沟中，便于投饲和分鱼，成活率高，效果好，适用于饲养淡水肉食性鱼类。

网箱规格通常为3～5平方米，深1.5～2 m，网目随鱼苗长大逐渐增大，以鱼苗不外逃为准（60目→20目）。

放养密度一般为1万～3万尾/平方米，随鱼苗长大而适当降低。培养过程中不断进行规格筛选，按规格分箱饲养，减少相互蚕食。每日清刷网箱（在箱外用塑料刷刷洗），除去污物。投喂饵料种类及其更换顺序同上。

（五）鱼种培育

鱼种培育是将全长1.0～3.0 cm的小规格鱼种，养成全长10～15 cm或体重50～100 g的大规格鱼种，淡水养鱼俗称秋花鱼种及春花鱼种，海水养鱼称后期鱼种。鱼种培育时间一般为100～150 d，依放养密度、鱼种出塘规格、饲养条件和技术水平而异。评估鱼种培育的科学指标为成活率、规格大小及其整齐度，以及肥满度和体质强弱。

鱼种培育方式包括土池塘培育、混凝土池及水槽培育和网箱培育。根据鱼类的栖息习性、食性及其对生态条件适应能力等生物学特点，以及生产条件和技术水平，科学确定鱼种培育方式。鱼种对外界环境条件的适应能力、防敌害能力和摄食能力均比鱼苗强得多，因此饲养难度相应降低，成活率也较高。

1. 室外土池塘培育鱼种

海、淡水鱼类的稚、幼鱼都可以采用土池塘培育方式，只有牙鲆、大菱鲆等少数种类尚未开展土池塘培育。

培育鱼种的池塘条件与鱼苗池相同，面积略大且深一些，适宜面积为1 500～3 000 m^2，水深1.5～2.5 m。池塘清整及清塘方法等与鱼苗池相同。

适口饵料生物培养。以鲢、鳙、尼罗罗非鱼、白鲫等滤食性鱼类为主的池塘，在稚鱼入塘前施有机肥培养浮游生物；以草鱼、鲤、鲻、鲮、鳜、鲇、大口鲇、真鲷、黑鲷、花鲈、东方鲀为主的池塘，在稚鱼入塘前施肥培养浮游动物（枝角类等）以提供适口活饵料，也可以在稚鱼入池以后投喂活饵料和人工配合饲料。

放养密度。一般为5～20尾/平方米，依鱼的种类和鱼种出塘规格而异。

为了充分利用池塘水体空间和各种饵料生物，通常把2～3种不同栖息习性和食性的鱼类混养在一起，比例较大的（＞50%）称主养鱼（主体鱼），比例较小的称配养鱼（搭配鱼）。主养鱼与配养鱼的适宜比例一般为（7～8）：（2～3）。如鲤、鲢混养比例为8：2，鲢、鳙、鲤混养比例为7：2：1，鲮、真鲷、东方鲀混养比例为6：3：1。

混养鱼类的规格搭配也很重要。主养肉食性鱼类，配养滤食性和杂食性鱼类，后者的规格应大于前者，以免被前者吞食。主养加州鲈或鳜，配养滤食性鱼类鲢、鳙，后者的规格应大于加州鲈，避免鲢、鳙被加州鲈吞食。

饲养管理。定期注水和施肥，调控水质肥度，保持池水清爽、溶氧量高，防止池鱼浮头和死亡。以鲢、鳙等滤食性鱼类为主的池塘，定期施有机肥、化肥，培养浮游生物，供池鱼滤食。以杂食性鲤、草食性草鱼和肉食性鲇与鳜或黑鲷等为主的池塘，应当定期注水，注水的间隔与注水量依具体情况而定。

驯食。培育杂食性和肉食性鱼类，稚鱼入池后应当立即进行驯食，使池鱼养成定时、定点地成群集中摄食（抢食），以提高饲料利用效率和鱼种整齐度，便于防治疾病。稚鱼入池第二天或第三天，用稚鱼喜食的饵料在离池边1～2 m处，小量、慢速地抛入水中，逐渐诱引稚鱼摄食，一般重复驯食3～5 d，池鱼便会养成集群抢食的习惯。驯食时可敲打铁器出声引诱稚鱼集群，提高摄食速度。

“四定”投饵。后期稚鱼和幼鱼的摄食方式及其食性均接近于成鱼，根据鱼类对食物的种类、大小、形状和硬度的要求，进行定时、定位、定质和定量投喂，俗称“四定”投饵。“定时”指在9：00和14：00～15：00各投喂1次；“定位”指在池塘的一定位置（食台）投喂；“定质”指饵料种类和规格合乎要求，新鲜、适口、营养好；“定量”指根据鱼类种类、个体大小（发育阶段）和水温，制订日投饵量计划，按照天气、水质和池鱼吃食情况灵活掌握。

日投饵量。随着身体的增长而下降，水温（在适温范围内）的增高而增加；晴天、水质好，可适当多投。鲜活饵料（鱼肉糜）的日投饵料量，前期为10%～25%，后期为5%～10%。人工配合颗粒饲料的日投饵量，前期为5%～10%，后期为3%～5%。

鱼病防治。严格进行鱼体消毒、池水消毒，及时检查和治疗鱼病。稚鱼在入池前，在容器中分别用漂白粉（浸洗浓度10 mg/L）、漂白粉和硫酸铜合剂（10 mg/L和8 mg/L）、高锰酸钾（20 mg/L）、敌百虫（10 mg/L）、食盐（2%～4%）和淡水（对于海水鱼）进行消毒。消毒的时间长短，因鱼的大小（体重）和水温而异，消毒过程中要密切监视鱼在容器中的活动情况。定期清理食台（食场），每 20～30 d用漂白粉和生石灰进行一次池水消毒。生石灰消毒，需将生石灰配成溶液全池泼洒，使池水浓度为10～30 g/m^3。

我国南方沿海地区广泛采用土池塘培育花鲈、眼斑拟石首鱼、紫红笛鲷、鲳鲹、黄鳍鲷、平鲷和花尾胡椒鲷等咸淡水鱼种，建立了一套行之有效的方法，效果较好。工艺程序：天然捕捞或人工繁殖培育的小规格鱼种（1.5～3.0 cm）在土池塘网箱中培育，放养密度为150～350尾/平方米，培养20～25 d；鱼种全长达3.0～5.0 cm时转入设置在池塘内的网围中培育，放养密度为80～120尾/平方米，培养20～25 d；鱼种全长达7.0～8.0 cm时拆除网围，鱼种自行进入池塘，密度15～25尾/平方米，继续培养25～30 d，全长达10～12 cm。池塘的清理和饲养管理方法与土池塘相同。

2. 混凝土池和水槽培育鱼种

肉食性海、淡水鱼种通常采用混凝土池和水槽培育，前期鱼种成活率较低，后期鱼种成活率较高。如大菱鲆前期鱼种成活率一般为10%～20%，后期鱼种成活率则高达85%～99%。

混凝土池和水槽的形状、结构与培养鱼苗的相似，容积一般为20～50 m^3，有的达200 m^3。

鱼种入池密度为0.5万～1万尾/立方米，后期降低为200～500尾/立方米。不同鱼类的放养密度有一定差异，如虹鳟为0.25万～1.0万尾/立方米，史氏鲟0.1万～0.25万尾/立方米，尼罗罗非鱼0.2万～0.5万尾/立方米，真鲷0.01万～1.7万尾/立方米，大黄鱼0.02万～0.8万尾/立方米，赤点石斑鱼0.03万～0.1万尾/立方米，花鲈0.2万～0.8万尾/立方米，牙鲆0.05万～0.6万尾/立方米，大菱鲆0.1万～1.0万尾/立方米，红鳍东方鲀0.03万～0.2万尾/立方米。

饲养管理工作与鱼苗饲养阶段相似，包括调控水温及水质、排污、投饲等。池水交换量比鱼苗饲养期大，日投饵量则少一些，如冰鲜鱼肉糜为15%～30%，软颗粒饲料10%，干颗粒饲料2%～3%。

为了减少肉食性鱼种相互蚕食以及提高成活率，在培育过程中应当定期进行规格筛选，按鱼种规格分池培养。

3. 网箱培育鱼种

在湖泊、水库和浅海港湾中设置网箱培育鱼种，效果好，产量高。不投饵网箱培育鲢、鳙鱼种的产量一般为4 kg/m^2（300尾）左右，投饵网箱培育鲤、鳜、加州鲈、真鲷、黑鲷、花鲈等鱼种产量可高达10～50 kg/m^2。

网箱规格一般为5 m×5 m×（3～4 m），网目规格为3～10 mm，随鱼体增长不断更换网目规格。

放养密度幅度较大（1.0～500尾/平方米），依鱼的种类、投饵或不投饵，以及培养规格而异，而且应当随鱼体的增长而递减。培育肉食性鱼类，应当分阶段地进行规格筛选、分箱饲养，以免相互蚕食或咬伤。经常刷洗网箱上的附着物，或定期换箱。投喂饵料的种类、规格和日投饵量，与混凝土池和水槽培养鱼种的相同。

（六）鱼苗、鱼种运输

1. 运输方式

鱼苗、鱼种的运输方式有开放式和封闭式两种。运输工作应当制订详细而周密的计划，起运前做好人员、运输工具，以及鱼苗、鱼种等系列准备工作。

（1）开放式运输。开放式运输鱼苗、鱼种的容器有鱼篓、木桶、帆布篓、塑料水槽等。鱼苗（仔鱼）、夏花鱼种或前期鱼种（稚鱼）和秋花鱼种或后期鱼种（幼鱼）的装运密度，分别为800～1 000尾/升、50～100尾/升和10尾/升左右。运输时间依水温和鱼的密度而异。运输途中随时观察鱼的活动情况，发现浮头应适当击水、换水（每次约1/3）。

（2）封闭式运输。封闭式运输鱼苗、鱼种的容器通常为聚乙烯袋［（70～80 cm）×40 cm］，装清水（符合养鱼标准要求的海、淡水）1/3～2/5，每袋放鱼苗10万～20万尾和3 cm鱼种0.1万～0.2万尾，排空袋内气体，然后缓慢地充满氧气，两次折叠袋口，用线绳结扎密封后放入纸壳箱里（必要时用冰袋适当降温）。运输途中随时观察聚乙烯袋是否漏水、漏气，以及鱼在袋中的活动情况，发现漏水、漏气和鱼浮头时应立即换袋、加水、充氧。

2. 影响运输成活率的因素

（1）影响开放式运输成活率的主要因素。开放式运输活鱼的特点是水体大、密度小、不充氧，溶解氧是影响成活率的主要因素，运输途中必须随时注意鱼类的活动情况，发现浮头应当及时采取相应的措施。

温度也是影响鱼类运输成活率的重要因素。水中溶氧量随水温升高而减少，水温0 ℃、5 ℃、10 ℃、15 ℃和20 ℃的饱和溶氧分别为14.64 mg/L、12.74 mg/L、11.62 mg/L、10.08 mg/L和9.08 mg/L。然而，鱼类代谢强度及耗氧量则随水温升高而增加，体长21 mm鲤在水温20 ℃、15.3 ℃、10.2 ℃和5 ℃条件下耗氧率分别为77.90微升/（尾・时）、45.71微升/（尾・时）、23.63微升/（尾・时）和3.76微升/（尾・时）。因此，活鱼运输密度与水温密切相关。水温15 ℃和25 ℃运输夏花鱼种的适宜密度为分别为1.5万尾/吨和2.3万～3.0万尾/吨。高温季节运输活鱼应当采用降温措施（加适量冰块），使容器中水温略高于鱼类的适温低限。

（2）影响封闭式运输成活率的原因分析。封闭式充氧运输活鱼的成活率，不仅与水温有关，还与水中溶氧量、pH以及CO_2和NH_4^+-N的含量等综合因子的变化密切相关。随着运输时间的延长，溶氧量和pH逐渐下降，CO_2和NH_4^+-N含量逐步提高。

以运输鲢苗为例，装鱼密度为0.6万～0.7万尾/升，运输24 h，溶解氧由过饱和降为7.50 mg/L，pH由7.8降为6.6，CO_2和NH_4^+-N浓度分别上升为115.8 mg/L和28.5 mg/L，鱼苗活动依然正常。运输36 h，pH下降到6.4，CO_2和NH_4^+-N分别升高为194.9 mg/L和24.3 mg/L，鱼苗开始死亡。运输38 h，pH下降到6.4，CO_2和NH_4^+-N分别升高为202.0 mg/L和46.0 mg/L，鱼苗大量死亡。

这说明封闭式运输鱼苗，在水中溶解氧不低于4 mg/L、CO_2和NH_4^+-N的浓度分别高达194.9 mg/L和24.3 mg/L的条件下，鲢苗仍然不会死亡。只有在溶解氧低于4 mg/L、pH较低、CO_2及NH_4^+-N较高的条件下，鱼苗才会中毒，甚至死亡。因此，封闭式运输活鱼，只要水中溶氧量高于5 mg/L，其他化学成分发生较大变化也不会导致鱼苗死亡。但是，鱼苗从较高溶氧量、CO_2及NH_4^+-N和较低pH的水环境（封闭式容器）中突然放到池塘（水质指标正常）中，由于不能立即适应新环境（水质条件变化较大）而大量死亡。这就是为什么鱼苗运输到目的地后不经缓鱼而直接放入池中往往会出现大量死亡的原因。对经过24 h封闭式运输的鲢苗进行缓鱼（向鱼苗袋中逐渐加入池水，当鱼苗游泳自如时再放入池塘中）和不经缓鱼（运输到目的地后立即将鱼苗倒入池塘中）做对比实验，前者的鱼苗全部成活，后者则在1 h后全部死亡（雷衍之、刘焕亮，1973）。

NH_4^+-N在不同pH条件下对草鱼苗的致死浓度、鳙苗从低pH（6.4）突然到高pH（8.6）和从高氧（20.3 mg/L）突然到低氧（6.04 mg/L），以及鲢苗在CO_2浓度为30 mg/L、80 mg/L和200 mg/L的对比实验表明，溶解氧浓度的突然变化不是鱼苗死亡的原因，而高NH_4^+-N浓度和高CO_2浓度是引起死亡的主要因素。草鱼苗在pH为

7.6的水中，NH_4^+–N浓度为15 mg/L时，61.5 h死亡率为78%，当NH_4^+–N浓度提高到20 mg/L时，38.5 h就全部死亡；在pH为8.6的水中，NH_4^+–N对鱼苗毒性迅速增强，致死浓度大幅度下降。鲢苗在CO_2为30 mg/L时会提高氧阈，高于80 mg/L时处于晕迷状态，高于200 mg/L时则发生死亡。

（七）北方地区鱼类冰下安全越冬

我国北部13个省、市、自治区，每年都有一定的封冰期，尤其是东北、西北地区，冬季气候寒冷，结冰厚，封冰期长。哈尔滨地区封冰期约150 d，冰厚70～80 cm；大连地区封冰期约100 d，冰厚30～35 cm。1980年以前，北方地区鱼类越冬平均死亡率达20%以上。因此，鱼类安全越冬是我国北部地区养鱼业的一个重要问题。

1. 越冬池冰下生态环境

（1）水文和物理状况。

① 水位。由于结冰及冰层不断加厚以及池水渗漏，水位逐渐下降。

② 水温。冰下水体温度基本上不受天气和阳光的影响，随着水层的加深而递增，一般表层为0.4～0.8 ℃，0.5 m处为2.0～2.5 ℃，1.0 m处为2.8～3.8 ℃，1.5 m处为3.6～3.9 ℃，3.0～4.0 m处为3.5～4.0 ℃。由于越冬池的不冻水层多数＜3.0 m，哈尔滨、长春、沈阳和大连地区越冬池冰下池底的水温为1.0～3.5 ℃（1978～1982年）。

③ 透明度。冬季水温较低，浮游生物数量少，透明度较明水期大，一般为50～100 cm（越冬池的最适透明度为48～66 cm）。

④ 冰下照度。冰下水层的照度与冰的透明度有关，而与冰的厚度关系不大。明冰，无论厚薄，透光率为20%～63%；乌冰的透光率为7%～14%，冰上覆雪10～30 cm透光率仅为0.1%～5.0%。晴天白天，明冰下的水体光照约为数千至1万勒克斯，基本上可以满足浮游生物光合作用的需要；冰上覆雪时，冰下的最大照度仅有30～100 lx，难以满足藻类正常生命活动的需要（藻类的窄小补偿点为300 lx左右）；不太厚的乌冰下的光照则可以满足藻类的需要。

（2）气体状况 。冰下水层不能与大气层进行气体交换，其溶解氧、CO_2、H_2S等与鱼类生活有关的几种溶解气体，随着冰下水体多种生态因素的相互制约性变化而发生规律性或周期性变化。

① 溶解氧（O_2）。多数越冬池的溶氧曲线呈双峰形，高峰值分别在封冰初期和12月上旬至翌年3月中旬。冰下水体的溶解氧完全来源于浮游植物和沉水植物的光合作用，明冰下的光合作用日均产氧量为2.34 mg/（L·d）［补偿深度为1.13 mg/（L·d）］，

10.7～96.5 g鲢、鳙、草鱼和鲤鱼种的耗氧率为0.03 g/（kg・h）或0.03 mg/（g・h）（1～4 ℃），大型浮游动物（桡足类等）、水呼吸和底泥的日耗氧量分别为0.36 mg/（L・d）、0.62 mg/（L・d）和0.17 mg/（L・d）。浮游植物数量较少的池塘，在一般情况下冰下溶氧量的变化趋势是自封冰后逐日减少，即由封冰时的11～15 mg/L降到融冰时的3 mg/L或更低，但浮游植物数量较多且冰的透明度较好的少数池塘，有时在春节前溶氧量则为过饱和。池水的溶氧量通常是表层多于底层。

② 二氧化碳（CO_2）。冰下水层有机物分解以及水生动植物呼吸所产生的CO_2都累积在池水中，个别池塘的CO_2含量高达174 mg/L。CO_2含量达60 mg/L时对鱼类有害，超过200 mg/L鱼类便死亡。

③ 硫化氢（H_2S）。封冰后在缺氧的情况下，由于还原细菌的作用，硫酸盐还原以及有机物分解产生H_2S，消耗水中溶氧，当达到一定浓度对鱼类产生危害。

④ pH。封冰后池水pH随着CO_2含量的增加逐渐下降，但一般变化不大。

（3）底质对水质的影响。封冰后的池塘底质，对水质（气体和pH）的影响比明水期要大得多，淤泥和有机质过多时消耗氧气并产生有毒气体，导致冰下死鱼事故屡见不鲜。

冰下水体水生生物种类和数量，要比明水期少得多（浮游生物现存量有时也很高），只有一些喜低温的底栖动物、水生昆虫、桡足类和浮游藻类。鱼类通常在越冬池温度及溶氧量较高的中下层活动，当溶氧量过低时出现浮头现象（头部朝上），溶氧量低至鱼类的致死点时，鱼类便冻死在冰下，俗称"雪封泡吊死鱼"。

1979～1981年哈尔滨、长春、沈阳和大连地区越冬池（20个）冰下浮游生物种类及数量特点（李永函等，1985）：浮游植物种、量特点。冰下种类较少，在300余个水样中只发现30多个属，其中形成优势种群的不过10个属左右（明水期为50～60个属），平均现存量为32.13～38.8 mg/L，有的高达100 mg/L，不低于夏秋季的现存量（39.58～48.50 mg/L）。优势种十分突出且多为鞭毛藻类，光甲藻等6个优势种占总生物量70%～87%，喜高温和强光的绝大多数蓝藻和部分绿藻已不存在。浮游动物种、量特点。冰下种类较少但现存量不低于明水期，以原生动物、轮虫类和桡足类为主体。轮虫的种类和数量占绝对优势，生物零度较低的以及对低温适应能力较强的种类为优势种，如犀轮虫（*Rhinoglena*）和萼花臂尾轮虫（*Brachionus calyciflorus*）等。未发现枝角类，原因是它们在低温下滞育，且易被鱼类摄食。

2. 鱼类在冰下水体中的生理状况

温水性鱼类在冰下水温1～4 ℃条件下，新陈代谢缓慢，活动性减低，基本不摄食，停止生长，维持生命活动的能源来自体内贮存的脂肪等营养物质，越冬后体重大都减轻。体质好的鱼种体内脂肪占体重4%左右，越冬期间消耗脂肪的50%左右，小规格鱼种的体重减轻率会更大一些。因此，大规格鱼种的越冬成活率高于小规格鱼种。

根据大连地区草鱼、鲤、鲢、鳙亲鱼和鱼种越冬体重变化试验（刘焕亮，1981），亲鱼越冬时间为1973年11月5日至1974年3月27日（142 d），草鱼、鲤、鲢和鳙体重为2.4～5.9 kg，越冬后体重增减率分别为8.2%、4.2%、3.4%和–0.54%。鱼种越冬时间为1973年11月14日至1974年3月7日（113 d），体重15 g和5.5 g鲤、22 g和9 g鲢、4 g草鱼和5 g鳙的增重率分别为20%和18%、22.7%和6.6%、15%和12%。实验结果表明，大连地区4种淡水养殖鱼类亲鱼和鱼种越冬期间的体重基本上没有减轻，主要原因是结冰期较短（12月末至翌年2月末），封冰前后尚摄取一定食物。

3. 鱼类冰下越冬死亡原因及其安全越冬管理措施

（1）鱼类越冬死亡原因分析。

① 水体严重缺氧。这是鱼类在冰下水体越冬死亡的主要原因。造成缺氧的主要原因：一是越冬池水浮游植物数量过少，而浮游动物或有机物质较多，日产氧量少于耗氧量；二是鱼类放养密度过大或野鱼过多；三是池塘过浅，或渗漏后没有及时补水，水位下降过大；四是污水的流入或含铁量较多。

② 鱼种规格过小。黑龙江东京城鱼种场1973年不同规格当年鲤鱼种冰下越冬比较试验表明，鱼种体重与越冬成活率成正相关，5 g、20～30 g、30～50 g和＞50 g鱼种的成活率分别为48.0%、82.0%、86.5%和92.2%。

③ 管理不善。虽然越冬池塘的基础条件好，放鱼密度适当，又无污水流入，但封冰的质量差（乌冰）或冰上覆雪未及时清扫，阳光透射率极低，浮游植物产氧量少，鱼类会因缺氧而死亡。也有少数单位在打冰眼增氧效果不明显的情况下，采用循环池水措施，致使池水温度下降过快而引起鱼类死亡。

（2）鱼类冰下安全越冬的基本要求和关键措施。

① 基本要求：一是越冬池塘土质好，不漏水，水质符合要求，有机物少，以及面积适当（3 000～10 000 m^2），水深不低于3～4 m（不冻水层＞2 m），池底淤泥＜15 cm，彻底清塘，施用无机肥培养浮游植物。二是鱼种规格不小于25 g，体质健壮，无伤无病，放养密度适当，即微流水池密度为1.0～1.5 kg/m^3，水质好并可补水的静水池密度为0.5～1.0 kg/m^3，无补水条件的越冬池密度为0.4～0.5 kg/m^3。

② 安全越冬的关键措施：一是每周测定1次溶解氧，及时掌握池塘溶氧变化动态，当溶解氧低于3 mg/L时立即采取补氧措施；二是随时观察水位和水色，以及鱼类活动情况，发现问题采取相应措施，坚持定期（20～30 d）补水一次；三是彻底清塘，定期施无机肥（有效氮1.5 mg/L、磷0.2 mg/L），保持越冬池水有一定数量浮

游植物；四是保持明冰，随时扫雪，面积过大的池塘清扫1/3以上。

（八）食用鱼养殖

食用鱼又称商品鱼和成鱼。各种鱼类的性成熟年龄及其规格差异较大，许多鱼类达到食用鱼或商品鱼规格时性腺尚未成熟（幼鱼），故成鱼养殖称为食用鱼养殖更为确切。

养殖食用鱼的水域（水体或容器）有池塘、混凝土池与水槽、网箱、网拦、稻田、淡水湖泊、水库和河道，以及浅海和港湾等多种。根据养殖水体的流动情况分为静水养殖和流水养殖，后者又分传统（普通）流水养鱼和工厂化养鱼；按经营管理方式分为粗放养殖和集约化养殖。本节论述海、淡水及咸淡水土池塘养殖和普通流水养殖（含混凝土池与水槽养殖）。

评价食用鱼养殖效益的科学指标有单位面积毛产量及净产量、毛产值及净产值、成活率、养鱼周期、增重倍数、饲料系数、单位鱼产品成本、食用鱼规格及成品率（食用鱼占鱼产量%）、大鱼种自给率、优质鱼比例（鳜、加州鲈、鲇、斑点叉尾鮰、草鱼、青鱼、鲤、鲮、团头鲂等产量占鱼产品的百分比），以及投入与产出比等。

1. 静水土池塘养鱼

静水土池塘包括淡水池塘、海水池塘、咸淡水池塘和盐碱地池塘。土池塘养鱼与工厂化养鱼和网箱养鱼相比，其主要特点是水体基本不流动，溶解氧主要来源于浮游植物的光合作用，放养密度较低，鱼种规格层次较多，饲养技术易普及推广，单位水体产量较低，但相对效益较高、成本较低。海、淡水和咸淡水养殖鱼类的大多数种类都能够适应静水土池塘生态环境，可以说土池塘养殖方式适用于各种鱼类（隶属18个科，鲑鳟鱼类例外），不仅适用于养殖滤食性、草食性及杂食性鱼类，而且也可养殖肉食性鱼类。

我国淡水土池塘传统养殖鲤科鱼类的历史悠久，经验丰富，产量高，技术水平高，特色鲜明，闻名世界。养殖种类以鲤科鱼类鲢、鳙、草鱼、鲤、鲮为主，多种鱼类混养，施肥量大（有机肥），生物群落合理，池水的自净能力强，食物链短，有机碎屑在食物链中具有重要作用等。池塘养殖是鱼类养殖业采用最广泛的生产方式，历年来年均产量占海、淡水养鱼总产量70%以上。自20世纪80年代以来，淡水肉食性鱼类和海水鱼类也广泛采用土池塘养殖。

（1）池塘基本条件。

① 水源和水质。未被污染的河水、湖水、水库和海水都可作为水源，一年四季水量充足，符合渔业水质标准。

② 土质和底质。最好的土质是壤土和沙壤土，保水及保肥力强，透气性好，适

合饵料生物生长。黏土鱼池保水及保肥力虽强，但透气性差，饵料生物不易培养。砂土保水力太差，不适于建造池塘。

③ 面积和深度。池塘面积以0.5 ~ 1.0 hm^2为宜，小一些或大一些都可以。面积过小，物质循环不好，水质不易稳定，过大又不便于生产操作。池塘的适宜深度为2.5 ~ 3.0 m。

④ 形状和周围环境。池塘最好呈东西向的长方形，便于操作管理，接受日照时间较长，长宽比例为2 : 1或3 : 1。同类池塘的宽度应当统一，以利于网具建设和拉网操作。池底平坦，形状整齐。

（2）放养前准备工作。

① 修整鱼池。秋后排干塘水，通过冻结、干燥和曝晒，清除病菌和敌害生物，改良土质，清除杂草、杂物，挖去过多淤泥，平整池底，修补池边，加固堤埂，疏通注排水渠道，设置拦鱼栅等。

② 药物清塘。最好施用生石灰清塘。清塘方法与鱼苗培育相同。

③ 注水和施基肥。清塘后7 d左右，待药物毒性消失，注水70 ~ 80 cm，施基肥培养饵料生物。鱼种入池后，随水温升高和鱼体长大，逐步加深水位至最大深度。

（3）鱼种放养。

① 鱼种规格。鱼种规格与单位计划产量、养殖周期和食用鱼规格密切相关。单位计划产量高、养殖周期短和食用鱼规格大，放养的鱼种规格就应当大一些。鱼种的适宜规格应该是在一个生长季节中或在规定的饲养期内能够达到食用鱼规格。养殖周期一般为2年，第一年由鱼苗养成鱼种，第二年由鱼种养成食用鱼。

我国海、淡水食用鱼规格（商品规格）大体上有一个传统性标准：淡水鱼类青鱼为2.0 ~ 2.5 kg，草鱼1.0 ~ 1.5 kg，鲢、鳙0.75 ~ 1.0 kg，鲤、团头鲂及鳜0.5 ~ 0.75 kg，鲫、鲮0.15 ~ 0.25 kg；海水鱼类许氏平鲉为0.3 kg，大黄鱼0.3 ~ 0.5 kg，真鲷、牙鲆、鲻0.5 kg左右，大菱鲆＞0.5 kg，石斑鱼0.5 ~ 1.5 kg（因种而异），花鲈＞0.75 kg，红鳍东方鲀1.0 ~ 11.5 kg。

表5–31 几种主要淡水养殖鱼类鱼种放养规格、层次和轮捕总次数

地区	北方地区		长江流域	珠江流域
生长期	＞15 ℃ ＞20 ℃ ＞25 ℃	150 ~ 200 d 120 ~ 149 d 50 ~ 119 d	240 ~ 270 d 200 ~ 239 d 150 ~ 219 d	330 ~ 360 d 250 ~ 329 d 150 ~ 249 d
养殖方式 规格 层次	单季饲养 单层次	轮捕1 ~ 2次 双层次	轮捕4 ~ 5次 3 ~ 4层次	放4次 收4 ~ 5次 2 ~ 3层次

续表

地区		北方地区		长江流域	珠江流域
鱼名和规格	鲢	50～100 g	200～250 g 50 g	300～400 g 100～200 g 20～30 g 夏花	100 g
	鳙	50～100 g	200～250 g 50 g	300～400 g 100～200 g 20～30 g 夏花	500 g 300 g
	草鱼	75～200 g	500 g 100 g	500～700 g 150～250 g 25～50 g 或400～500 g 50～100 g	350 g 10～50 g
	鲤	夏花 或 50～100 g	夏花 或50～100 g	100 g 10～30 g	30～50 g
	团头鲂	10～50 g	10～50 g	50 g 25 g 夏花	
	鲫	10 g	10 g	10～25 g 夏花	10～50 g
	青鱼			1 000 g 200 g 25 g	
	鲮				50～100 g 25～30 g 10～15 g

综合分析上表可得出以下几点结论。

第一，淡水池塘养殖鲤科鱼类食用鱼的鱼种规格和层次，应当根据各地区气候特点和鱼类生长期长短、鱼类生长规律、食用鱼的计划规格、放养密度、计划产量、单季饲养还是轮养、养鱼周期长短，以及是否套养大规格鱼种等多种因素综合考虑。

第二，南方放养的鱼种规格大、层次多、轮捕次数多，北方通常是单季饲养或轮捕1～2次，鱼种规格层次单一或2～3种规格。

第三，鱼种规格一般为50～100 g，但与食用鱼规格密切相关。如青鱼的食用鱼规格大，鱼种规格也较大；鲫和团头鲂的食用鱼规格小，鱼种规格也较小。

第四，轮捕次数多的大鱼种，一般都是采取套养方式自行解决。适当增大鱼种放养规格，不仅可以提高食用鱼的出塘规格，而且能够提高单位鱼产量。如50 g、75 g和100 g鲤鱼种，在放养密度相同的情况下，单位面积鱼产量分别为3 000 kg/hm^2、4 500 kg/hm^{2}和6 750 kg/hm^2（赵兴文等，1992）。

海水土池塘养殖肉食性鱼类，为了减少相互蚕食，应当尽量放养同一规格（规格整齐）鱼种（30～50 g）：牙鲆8.0～1.5 cm，花鲈10.0 cm左右，大黄鱼50～100 g，红鳍东方鲀150 g左右，许氏平鲉125～150 g。

② 鱼类混合养殖及其鱼种搭配比例。多种鱼类混合养殖是提高静水土池塘养鱼单位产量及其综合效益的重要技术措施。同一池塘混合养殖的各种鱼类，应当栖息水层、摄食方式和食物组成各不相同，以充分利用池塘水体空间和天然饵料生物及人工饲料。如应当把栖息于水体上层、中层和底层的种类，以及滤食浮游生物及有机碎屑的种类和吞食游泳生物及底栖动物的种类，搭配混养在一起。

淡水混合养殖的种类多达10余种，同一种鱼的混养规格也有4～5个，因此，鱼种的合理搭配比例就是一个极其重要的科学问题。诸如，滤食性鱼类鲢、鳙之间的比例及其与白鲫之间的比例，吞食性鱼类草鱼、鲤、青鱼与斑点叉尾鮰或鲮之间的比例，以及鲇或加州鲈与鲢、鳙之间的比例……在设计淡水食用鱼混合养殖方案时可以参考表5–32。

表5–32　淡水养殖鱼类混养比例

类别或鱼名	比例	备注
吞食性鱼类（草鱼、青鱼、鲤等）：滤食性鱼类（鲢、鳙等）	（40%～50%）：（50%～60%） （30%～40%）：（60%～70%） （60%～70%）：（30%～40%）	太湖地区：草鱼、青鱼与鲢、鳙的比例 北方地区：鲤与鲢、鳙的比例
鲢：鳙	（4～5）：1 3：1 2：1	依池塘或水域鲢、鳙现存量而异： ＞0.5 kg/m^2 0.3~0.5 kg/m^2 0.15～0.22 kg/m^2
鲢/鳙：白鲫	（2～3）：1	
草鱼和鲤、斑点叉尾鮰	以鲤为主体鱼，不放草鱼、斑点叉尾鮰；以草鱼为主体鱼，放鲤1 500尾/公顷，不放斑点叉尾鮰	
青鱼和鲤或斑点叉尾鮰	以青鱼为主体鱼，放鲤750尾/公顷，不放斑点叉尾鮰； 以鲤为主体鱼，不放青鱼和斑点叉尾鮰	
鲇/加州鲈：鲢/鳙	（75%～80%）：(20%～25%）	

淡水鱼类混养及其搭配比例的理论分析。

第一，吞食性鱼类与滤食性鱼类混养及其搭配比例：太湖地区池塘养殖草鱼、青鱼和北方地区池塘养鲤，每日投喂大量草类、淡水贝类（螺蛳等）和颗粒饲料，池塘水质很肥，搭养一定数量鲢、鳙摄食池水中的浮游生物，以调节池塘生物群落之间以及生物与非生物之间的生态平衡，构建鱼类优良生态环境，有利于鱼类的生长发育。

第二，滤食性鱼类鲢、鳙鱼种的适宜放养比例与池塘中两者的贮存量有关，它们的栖息水层及食物组成相似（鲢的鳃耙间隙比鳙的小，对浮游植物的滤食能力比鳙强），在摄食及食物上的矛盾程度随着两者的贮存量不断增大而加剧，其比例也会随之发生变化（刘焕亮，1985～1986），因此，应当采取轮捕措施。根据池塘中鲢鳙的贮存量，按表中比例进行放养，两者的出塘规格会比较整齐，否则，其出塘规格会相差很大。

第三，鲢、鳙与白鲫的合理比例，是池塘养殖试验研究结果，原理同上（第二）。

第四，草鱼、鲤和斑点叉尾鮰同是底栖鱼类，其中草鱼的摄食能力最强，斑点叉尾鮰最弱，三者不能同池混养；否则，鲤和斑点叉尾鮰的摄食和生长就会受到草鱼的抑制。

第五，青鱼、鲤和斑点叉尾鮰同是底栖鱼类，鲤掘食底栖动物且摄食能力较强。因此，主养青鱼应当适量放养鲤，以充分利用底泥中的底栖动物；而主养鲤不宜放养青鱼和斑点叉尾鮰，否则，青鱼和斑点叉尾鮰的摄食和生长就会受到鲤的抑制。

第六，肉食性鲇或加州鲈与滤食性鲢、鳙混养及其搭配比例，原理同上（第一）。海水养殖鱼类缺少典型滤食性种类，通常是肉食性鱼类鲷类、花鲈、石斑鱼等与底栖杂食性种类鲻、梭鱼等搭配混养，两者比例为（7～8）：（2～3）。主养鲻、梭鱼，可搭养20%左右的肉食性鱼类。

第七，主体鱼与搭配鱼的比例，一般为（7～8）：（2～3）。

③ 放养密度。放养密度是单位面积总放养量和每种鱼的放养量。鱼种的适宜放养密度与放养模式及层次、养殖周期、鱼种规格及其搭配的合理程度、计划出塘规格及单位产量、池塘条件、饲料质量、机械化程度和养殖技术水平等诸多因素有关。鱼种放养密度直接影响食用鱼出塘规格和单位鱼产量。合理放养密度，应该是在保证达到食用鱼规格和鱼种预期规格的前提下，获得最高产量的单位面积放养量。

淡水池塘养殖食用鱼的放养密度一般约为1.5万尾/公顷（1.7～2.0尾/平方米），小型鱼类（黄颡鱼等）为5～6尾/平方米（具体放养密度见放养模式）。生产实践和科学实验表明，在保证食用鱼出塘规格的情况下，在一定的密度范围内单位鱼产量随着鱼种放养密度的增加而相应提高，但当密度过大时不仅出塘规格急剧下降，而且单位面积鱼产量也会下降。如鲤当年养成食用鱼，夏花鱼种放养密度由0.36尾/平方米增加到1.0尾/平方米，单位产量由978 kg/hm^{2}增加到1 534.5 kg/hm^2，而出塘规格则由415 g降到175 g（刘焕亮，1985～1986）。鲤的合理密度为0.6～0.75尾/平方米，单位产量可达1 500～2 325 kg/hm^2，出塘规格为300 g左右。

海水池塘养殖鱼类放养密度：牙鲆0.3～1.0尾/平方米，大黄鱼0.5～1.5尾/平方米，花鲈1.0～1.5尾/平方米，红鳍东方鲀0.15～0.30尾/平方米，许氏平鲉0.8～1.0尾/平方米。

④ 鱼种质量。鱼种的质量指标是要达到计划规格标准，大小整齐，肥满健壮，鳞片完整，无伤，色泽好，遗传性好。

⑤ 鱼种放养时间。淡水养殖温水性鱼类，放养鱼种的适宜水温为7～10 ℃。这时鱼活动能力弱，容易捕捞，受伤少，发病率减少。南方地区一般在春节前后放养完毕，北方地区春季解冰后应尽早放养，以提高鱼产量和食用鱼规格。海水养殖鱼类鱼种放养时间，应根据鱼类对水温的适应能力来确定。

⑥ 大规格鱼种套养。大规格鱼种通常是通过套养方式获得，即在食用鱼池塘中按适当比例放养中、小规格鱼种，秋后长成大鱼种供翌年放养用，以减少鱼种池塘面积，降低大鱼种培育成本。套养鱼种产量约占总产量20%。肉食性鱼类大规格鱼种，一般不采用套养方式培养，以免相互蚕食。

⑦ 轮捕轮放。一年中将池塘中达到食用鱼规格的个体分批（定期）捕捞上市，适时降低池塘鱼类贮存量，促进鱼类快速生长；补放适量鱼种，提高池塘养鱼综合效益。一年内轮捕次数及间隔时间，依气候特点、池塘条件、混养情况等而异。淡水养鱼轮捕对象（生长快、易捕捞的种类）为鲢、鳙，其次是草鱼；海水养鱼尚未形成轮捕轮放制度，轮捕的着眼点是保持池鱼规格不能差异过大。

夏季捕热水鱼，温度高，鱼类活动力强，易受伤，而且容易引起池水缺氧死亡。因此，应当采用10 cm左右网眼和尼龙线（柔软）网具，捕鱼动作要迅速、精细，一般在上午水温较低且溶氧较高的时候拉网。

⑧ 放养模式。放养模式是池塘养殖食用鱼的一项重要技术措施，应当适合当地市场需求和生产计划要求，缩短养殖周期，提高单位产量和综合效益。

根据地区气候和水文特点，以及鱼类混养生物学原理，科学构建不同类型放养模式，内容包括放养种类、规格及层次、搭配比例、放养密度等。

大连水产学院1979～1984年在辽宁省海城和大连地区进行了池塘养殖食用鱼放养模式比较试验，结果（刘焕亮，1985）表明：第一，鲤是北方地区鲤科鱼类中当年养成食用鱼的首选种类（稚、幼鱼生长潜力较大，当年可达300 克/尾左右）；第二，以鲢、鳙为主体鱼的放养模式，其日鱼产量和单位面积产量随着鲢、鳙放养层次的增多而提高，单层次的分别为1.2 g/（m^2·d）和1 459.5 kg/hm^2，双层次的分别为1.6 g/（m^2·d）和3 193.5 kg/hm^2，四层次的分别为3.4～3.97 g/（m^2·d）和4 987.5 kg/hm^2。

我国淡水池塘养鱼已建立了许多种放养模式，具有代表性的放养模式见表5–33～表5–37。

表5–33　北方地区以鲤为主体鱼的双层次放养模式（净产量7 050～11 250 kg/hm^2）

鱼名	放养			收获			备注
	鱼种规格（g）	密度		出塘规格（g）	产量（kg/m^2）		
		尾/平方米	kg/m^2		净产	毛产	
鲤	夏花鱼种或 50～100	0.60～1.80 0.60～1.80	0.05～0.13	250～400 500～750	0.30～0.60 0.35～0.70	0.30～0.60 0.40～0.97	1. 鲤鱼种为夏花鱼种和春花鱼种，前者为当年养成食用鱼，后者的养殖周期为2年 2. 鲢、鳙鱼种各为2种规格，不轮捕 3. 施肥和人工投喂颗粒饲料 4. 成活率＞90%
鲢	50 夏花鱼种	0.45 0.52	0.02	600 150～200	0.24 0.08	0.27 0.08	
鳙	50 夏花鱼种	0.15 0.18	0.007	600 150～200	0.08 0.03	0.08 0.03	
银鲫	10	0.15～0.30	0.002	200	0.03～0.05	0.03～0.06	
总计		2.65～5.20	0.08～0.17		0.75～1.22	0.82～1.38	

注：刘焕亮（1985~1986）

表5–34　北方地区以鲢、鳙为主体鱼的双层次放养模式（净产量7 500 kg/hm^2）

鱼名	放养			收获			备注
	鱼种规格（g）	密度		出塘规格（g）	产量（kg/m^2）		
		尾/平方米	kg/m^2		净产	毛产	
鲢	200 夏花鱼种	0.60 0.67	0.12	600 150～200	0.20 0.11	0.30～0.60 0.40～0.97	1. 鲢、鳙鱼种各为2种规格，7月末、8月初轮捕1次 2. 施肥和人工投喂颗粒饲料
鳙	200 夏花品种	0.18 0.22	0.036	750 200	0.09 0.04	0.27 0.08	

续表

鱼名	放养			收获			备注
	鱼种规格（g）	密度		出塘规格（g）	产量（kg/m²）		
		尾/平方米	kg/m²		净产	毛产	
鲤	50或 夏花品种	0.75 0.75	0.037	500 400～500	0.30 0.31	0.08 0.03	3. 成活率＞90%
银鲫	10	0.30	0.003	200～250	0.05	0.05	
总计		2.73	0.20		0.79	0.99	

注：刘焕亮（1985~1986）

表5-35　北方地区以鲢、鳙为主体鱼的四层次放养模式（净产量10 500 kg/hm²）

鱼名	放养			收获			备注
	鱼种规格（g）	密度		出塘规格（g）	产量（kg/m²）		
		尾/平方米	kg/m²		净产	毛产	
鲢	200 75 10～20 夏花品种	0.30 0.45 0.37 0.52	0.06 0.03 0.006	600 600 200～250 75～100	0.10 0.22 0.07 0.04	0.17 0.26 0.076 0.04	1. 鲢、鳙鱼种为4种规格 2. 7月末、8月初开始轮捕1～2次 3. 施肥和人工投喂颗粒饲料 4. 成活率：草鱼为70%，其他鱼类＞90%
鳙	200 75 10～20 夏花品种	0.10 0.15 0.13 0.19	0.02 0.01 0.002	700 700 200～250 75～100	0.05 0.08 0.02 0.01	0.065 0.09 0.03 0.01	
草鱼	150～200 夏花鱼种	0.45 0.52	0.08	1 000～1 250 150～200	0.27 0.06	0.35 0.07	
鲤	50或 夏花鱼种	0.30 0.30	0.07	600 500	0.07 0.07	0.08 0.07	
银鲫	10	0.60	0.003	200～250	0.05	0.05	
总计		3.51	0.22		1.06	1.29	

注：刘焕亮（1985～1986）

表5-36 无锡地区以草鱼、青鱼为主体鱼的三层次放养模式（净产量12 000 kg/hm²）

鱼名	放养			收获			备注
	鱼种规格（g）	密度		出塘规格（g）	产量（kg/m²）		
		尾/平方米	kg/m²		净产	毛产	
草鱼	750 200 25	0.12 0.15 0.24	0.09 0.03 0.006	1 000～2 500 500～750 200	0.15 0.07 0.03	0.24 0.10 0.03	1. 该模式是无锡地区的典型类型 2. 草鱼、青鱼、团头鲂、鲤、银鲫等优质鱼类占71.6% 3. 养殖周期较长，草鱼3年，青鱼3～4年 4. 鲢、鳙于4、5、7、9月放3～4次，收获4～5次；草鱼放2次，收获2次；鲮一次放3个规格，达到食用规格即捕捞上市
青鱼	1 000 200 25	0.06 0.09 0.24	0.06 0.015 0.006	2 500～4 000 1 000 200	0.09 0.03 0.01	0.15 0.05 0.02	
鲢	350 175 50 夏花鱼种	0.18 0.18 0.33 0.45	0.06 0.03 0.015	500～600 175～350	0.21	0.32	
鳙	250 100 夏花品种	0.09 0.12 0.45	0.03 0.012	500～600 100～250	0.13	0.17	
团头鲂	75 25 夏花品种	0.60 0.45 0.90	0.045 0.01	250～400 25～75	0.06 0.07	0.12 0.07	
鲤	150 25	0.15 0.15	0.02 0.003	100～150 20	0.18 0.05	0.21 0.06	
银鲫	20 2	1.87 3.00	0.03 0.006	100～150 20	0.18 0.05	0.21 0.06	
总计		9.37	0.48		1.20	1.68	

注：张扬宗等（1989）

（4）多级轮养。多级轮养是广东省珠江三角洲地区淡水养鱼的先进养殖生产模式。它是将鱼种塘和食用鱼塘综合分为几类（级），每类塘专养一定规格的各种鱼类，饲养一定时间（40 d左右），达到一定规格后便一起捕出，再放入另一个（类）池塘，称倒池。倒一次池，鱼类的密度就稀疏一次。这样不断倒池稀放，不断调节池鱼贮存量，从而合理地利用水体空间和天然饵料生物，充分发挥鱼

表5-37　珠江三角洲地区以草鱼、鳙、鲮为主体鱼的二、三层次放养模式（净产量12 750 kg/hm^2）

鱼名	放养			收获			备注
	鱼种规格（g）	密度		出塘规格（g）	产量（kg/m^2）		
		尾/平方米	kg/m^2		净产	毛产	
草鱼	350 10～50	0.45×2 0.30	0.16 0.009	1 500 350	0.28 0.07	0.44 0.084	1. 该模式是珠江三角洲的高产模式
鳙	500 300	0.07 0.07×4	0.03 0.08	1 000	1 000	0.34	
鲮	50～100 25～30 12.5～25	0.90 0.90 0.90	0.05 0.02 0.006	125～200 50	0.22 0.04	0.15 0.03	
鲢	100	40×3	0.017	1 300	0.22	0.23	2. 鲢、鳙于4、5、7、9月放3～4次，收获4～5次；草鱼放2次，收获2次；鲮一次放3个规格，达到食用规格即捕捞上市
鳊或鲂	10	0.15	0.001	250	0.028	0.028	
鲤	50	0.08	0.08	500	0.03	0.003	
银鲫	50	0.15	0.007	150	0.01	0.018	
罗非鱼	10	0.90×2	0.017	120	0.18	0.19	
野鲮	25	0.23	0.004	250	0.04	0.045	
其他		0.03～0.05		300	0.01	0.01	
总计		6.4	0.41		1.27	1.69	

注：张扬宗等（1989）

类的生长潜力。因此，多级轮养可明显缩短养殖周期，鳙（6个月）和草鱼（10个月）当年养成食用鱼；同时，也增加了收获次数，鳙由1次增加到5～6次，鲢、鲮和草鱼由1次增加到2次；并能大幅度提高食用鱼产量。多级轮养的关键技术要点如下。

① 多种鱼类混合养殖。以鳙（生长快于鲢，好捕捞，少受伤，耐运输；是香港市民喜食的传统种类）为主体鱼，混养鲢、鲮、草鱼、鲂，以及少量鲤（150～300尾/公顷）、鲫（75～150尾/公顷）、青鱼（75～150尾/公顷）、鳗鲡（300～450尾/公顷）、赤眼鳟（*Squaliobarbus curriculus*，30～75尾/公顷）、斑鳢（*Ophiocephalus maculates*，450～600尾/公顷）、罗非鱼（3 000～6 000尾/公顷）。

② 适当控制池塘鱼类贮存量，保持各种鱼类的适当比例。广东、广西地区池塘中各种鱼类的最适贮存量及其最适比例见表5-38。

表5-38　多级轮养池塘各种养殖鱼类前、后期的合理密度

鱼名	初放量（kg/hm^2）	允许量（kg/hm^2）	备注
鳙 鲮 草鱼 鲢 鲂	157.5～300 660～1 200 480～750 105～195 37.5～75	450～600 1 875～2 400 1 350～1 500 300～450 157.5～375	初放量：不致浪费水体潜力的最小放养密度 允许量：生长最快的最大容量

注：引自《中国池塘养鱼》（1980）

③ 鱼池分级和鱼种数量及规格配套。多级轮养的池塘分食用鱼池（成鱼塘）和鱼种池，其面积分配比例分别为65%和35%。鱼种池又分大鱼种池（粗格塘）、中鱼种池（中格塘）、小鱼种池（幼格塘）和机动鱼池（贮养塘），其相对面积（占总面积的百分比）分别为20.43%、8.94%、3.58%和1.55%。由于每收获一次鱼，都涉及4种鱼种逐级过塘，而且每级塘放养密度和鱼种规格都有一定的标准，因此，各级鱼塘的鱼种数量及规格都要求严格配套。鳙、鲮、草鱼、鲢和其他鱼类各级池塘的鱼种数量和规格配套（《中国池塘养鱼》，1980）如表5-39～表5-44所示。

表5-39　小鱼种池鱼种放养模式（兼作鲮贮养池）

鱼名	放养规格（g）	育成规格（g）	密度（尾/平方米）	饲养天数（d）
鳙	10～30	40～90	0.6	40
草鱼	7～12	30～70	1.50～1.95	60～80
鲮	0.25	1.25～10	4.50	180～360
鲢	10	40～60	0.30～0.45	60～90(暂养)
其他	鲤0.022尾/平方米，青鱼0.007～0.015尾/平方米，团头鲂0.75尾/平方米（0.25～5.0 克/尾）			

表5-40　中鱼种池鱼种放养模式

鱼名	放养规格（g）	育成规格（g）	密度（尾/平方米）	饲养天数（d）
鳙	40～90	200～250	0.24	40
草鱼	30～70	100～150	0.60～0.75	60～180
鲮	1.25	17～25	7.50～13.49	180
鲢	40～60	250～600	0.03～0.05	90～180
其他	鲤0.03尾/平方米，青鱼0.007～0.015尾/平方米			

表5-41　大鱼种池鱼种放养模式

鱼名	放养规格（g）	育成规格（g）	密度（尾/平方米）	饲养天数（d）
鳙	200～250	500	0.10	40
草鱼	100～150	250～500	0.22～0.37	60～180
鲮	17～25	55.6～62.5	3.000～4.50	180
鲢	40～60	250～600	0.03～0.05	90～180
其他	鲤0.03尾/平方米，青鱼0.007～0.015尾/平方米，团头鲂0.15尾/平方米（5.0克/尾），罗非鱼0.30～0.60尾/平方米			

表5-42　食用鱼池鱼种放养模式

鱼名	放养规格（g）	育成规格（g）	密度（尾/平方米）	饲养天数（d）
鳙	500	1 000～1 500	0.03	40
草鱼	250～500	1 300～1 500	0.06～0.12	60～180
鲮	56～63	130～170	1.42	180
鲢	250～600	700～1 000	0.03～0.06	90～180
其他	鲤0.03尾/平方米，青鱼0.007～0.015尾/平方米，团头鲂0.075尾/平方米（5.0克/尾），罗非鱼0.75～1.5尾/平方米，乌鳢0.045～0.075尾/平方米（年底平塘后才放养）			

表5-43　草鱼贮养池鱼种放养模式

鱼名	放养规格（g）	育成规格（g）	密度（尾/平方米）	饲养天数（d）
鳙	10～30	40～90	0.6	40
草鱼	0.2	7～12	10.49～11.99	贮养
鲮	0.25	1.25～10	7.5	180
鲢	10	40～60	0.30～0.45	60～90
其他	鲤0.022尾/平方米，青鱼0.007～0.015尾/平方米，团头鲂0.75尾/平方米（3～5 cm）			

表5-44　鳙贮养池鱼种放养模式

鱼名	放养规格（g）	育成规格（g）	密度（尾/平方米）	饲养天数（d）
鳙	10	10～30	7.50～8.86	贮养
草鱼	7～12	30～70	1.50～1.95	60～180
鲮	1.25～10	17～25	7.50～13.49	180（暂养）
其他	鲤0.022尾/平方米，青鱼0.007～0.015尾/平方米			

（5）饲养管理。食用鱼养殖的饲养管理工作，包括巡塘、投饲、施肥及调节水质和鱼病防治等基本内容。

① 巡视池塘。在养鱼过程中一般每天早、中、晚巡视池塘3次，称巡塘。黎明巡塘，观察池鱼有无浮头现象，浮头程度，池水颜色，并测定水温等；日间巡塘，结合投饲和施肥等工作，观察水质和池鱼活动及吃食情况；近黄昏时巡塘，检查全天吃食情况和观察有无浮头预兆。酷暑季节，天气突变时，鱼易发生严重浮头，应随时巡塘，防止发生泛池死鱼。

② 投饲。认真贯彻“四定”投饲原则（见鱼种“四定”投饵）。

饲料种类。草鱼和团头鲂等草食性鱼类的饲料，都是以青饲料为主，辅以小部分精饲料。早春鱼类刚开食（7～10 d），喂一些油粕、豆渣、麸皮、米糠等精料或颗粒饲料，投饵率（饲料重量占鱼体重的百分比）为1%左右，然后投喂水草和嫩陆草，初夏喂水草和陆草各半，7～9月主要喂陆草，秋后喂水草，入冬前喂些精料。青鱼的饲料是螺蛳和蚬类。全长10～15 cm咽齿和角质垫尚不能压碎螺壳，投喂磨细的精料；15 cm以上喂蚬秧、轧碎的螺蛳及部分碎豆饼，20 cm以上投喂轧碎的螺蛳和完整的小螺蛳（过筛）；体重0.5 kg直接投喂螺蛳；3龄大青鱼除春季和秋捕前10 d左右水温较低时喂豆饼等精料外，平时喂螺蛳和蚬。鲤和鲫等杂食性鱼类，通常喂豆饼、花生饼、麸、糠、蚕蛹、鱼粉等。目前，除盛产水草、螺蛳等地区外，通常都投喂人工颗粒饲料。

饲料计划与饲料系数。根据养鱼规格、净鱼产量和饲料系数编制全年饲料分配计划及投饲量。草鱼和鲂等草食性鱼类，吃陆草、芦苇、浮萍等饲料系数为40，一般水草为80。青鱼和鲤吃螺蛳和蚬的饲料系数为35。各种人工颗粒饲料的饲料系数依饲料的质量而异，蛋白质含量为30%左右的饲料系数一般为1.5～2。

确定各月饲料分配比例，既要考虑水温高低，又要考虑鱼体大小。我国各地区饲养鲤、草鱼及团头鲂，全年饲料的月计划分配比例见表5–45。

表5–45　各地区养殖鱼类饲料全年各月的分配比例（%）

月		1	2	3	4	5	6	7	8	9	10	11	12	资料来源
广东、广西	精料			3	6	11	18	21	18	11	6	3		李德尚等，1987
长江流域北	精料	1	1	2	4	8	14	23	23	16	8	2	1	
方地区	精料				1	4～5	15～20	30	25～30	15	5			
无锡地区	螺蚬			1.0	3.6	4.9	10.6	15.7	20.3	25.5	18.4			张扬宗等，1989
	草类			0.6	6.0	6.4	12.0	23.0	19.0	23.0	10.0	8		
	精料			8.3	10.9	10.5	12.4	14.0	12.1	10.5	13.2			

续表

月		1	2	3	4	5	6	7	8	9	10	11	12	资料来源
上海地区	颗粒			2.8	2.8	8.4	11.6	14.8	18.2	18.6	18.7	3.1		《上海郊区池塘养鱼高产技术总结报告》（1987）；杨国华，1986
	饲料			3.0	3.0	7.3	10.9	13.9	18.9	22.8	18.7	4.5		
北京地区	颗粒			3	10	21	26	25	15					《北京郊区池塘养鱼高产技术鉴定材料》（1987）
	草类			3	10	20	30	25	12					

投饵率。每天投喂饲料量占池塘鱼类体重的百分比，称投饵率。投饵率与饲养鱼类种类、鱼体大小、水温、饲料种类及质量、天气、水质、天然饵料生物数量、鱼体健康情况等多种因素有关。在适温范围内鱼类摄食量随水温升高而增加，小鱼和健康个体的摄食率高于大鱼和体质弱的个体，青饲料、粗饲料和单一精饲料的投饲率大于全价颗粒饲料，天气晴朗、池水溶氧丰富和天然饵料不足时，应当多投喂。鲤和草鱼各月份投喂精料和陆草的投饵率见表5–46。

表5–46　各地区鲤、草鱼全年各月的投饵率（%）

月		4	5	6	7	8	9	10	11	资料来源
鲤	华北地区（精料）	1	2	4	5	5	3	1		山东水产学校，1980
草鱼	上海地区（精料）	1.1～3.6	3.9～4.8	4.8～4.2	4.1～3.9	3.8～3.5	3.4～3.1	2.9～1.3	1.0～0.6	《上海郊区池塘养鱼高产技术报告》（1987）
	长江流域（陆草）	2～3	15～20	40～50	60～80	60～80	40～50	15～20	2	山东水产学校，1980

投饵方法。投饵方法依鱼和饲料种类而异。用水草和陆草喂草鱼和团头鲂，通常是将青饲料投放在饲料框（浮性饵台，用毛竹或其他漂浮材料搭成，三角形、四方形或长方形，每个2～6 m^2，每1 000 m^2设1个）中；用螺蛳、蚬类和精饲料喂青鱼、鲤、草鱼等鱼类，将饲料投在饲料台（由芦苇、竹盘或木板制成，面积1～2 m^2，设在水下 0.5～1 m处，每200～300尾鱼设1个）上。池塘中套养小规格鱼种，可设小鱼饲料台，在饲料台周围设置一定宽度的栏栅，防止大鱼进入，以利于小鱼摄食。

采用人工颗粒饲料喂养鲤、草鱼、青鱼、鲫和团头鲂等吞食鱼类，应设投饵便桥（不设饵料台），即在池塘固定地点设桥板，伸进池中，离岸2 m左右，投饵人站在桥板上手撒饲料，适当扩大饵料面积，以利于大小鱼都可以抢到饵料，开始投饵时，伴随以音响刺激，使鱼群养成集中吃食的习惯（一般5～7 d）。每次投饲都要耐心撒匀，并注意观察鱼群的吃食情况：开始投喂时，饲料刚落水面鱼类就竞相游向水面抢食，并随着颗粒饲料的下沉而不间断地摄食，当饲料沉到池底或被吃净时又迅速游至水面，连续抢食饲料；鱼的抢食行为变弱并逐渐平静下来，说明鱼已基本吃饱（八成饱），可以停止投喂。从开始投饵到恢复平静，经10～15 min。如停止撒饵后，仍有不少鱼东寻西找，长时间不能安静下来，说明尚未达到八成饱，应适当增加投饲量；如鱼群随颗粒饲料下沉，不再游上来吞食浮屑粉末，说明投饵量过多，则应酌情减量。池鱼吃八成饱可以提高饲料利用率和消化率。

近几年来，国内外广泛采用投饵机代替手撒饵料，减小劳动强度，效果也很好。不过，开始投饵时，也要诱引鱼类游向饵场，然后再正式开动投饵机。投饵机分振动式、离撒式和喷洒式3种。

日投饵次数和投饵时间。根据各种鱼类对水温的适应能力和食物在体内消化速度，4～5月每日投饵1～3次，6～9月2～4次，10～11月1～3次。南方水温高，投饵次数比北方相应要多1～2次。每日投饵时间一般为8：00～16：00（溶氧量高）。对于鲇类等喜欢在傍晚摄食的鱼类，也可于17：00～18：00投饵。

应变投饵。根据天气、水温、水质和鱼类摄食情况灵活掌握每天的投饵量，阴天少投，雨天不投，水质变坏和缺氧时不投，发生鱼病时不投或少投，池鱼摄食旺盛和饵台无残饵时多投，否则应少投或不投。在整个饲养期应当定期检查池鱼的生长情况，以调节每日投饲量。

③ 池塘水质培养与调节。池塘水质好坏直接影响池鱼的生长、存活和饵料效率，在整个饲养期内都应采取有效措施，培养和调节好水质。

静水土池塘养鱼的水质指标包括生物指标和化学指标。

生物指标包括质量指标和数量指标。池塘饵料生物的质量指标，通常是指浮游生物（主要是浮游植物）的种类组成。肉眼观察池塘水质好坏（好水和劣水）的重要指标是水的颜色及其日变化情况（张扬宗等，1989）。

好水。好水的水色一般为褐色、黄褐色、褐绿色，其浮游植物优势种通常是鞭毛藻类（棕鞭藻、隐藻、膝口藻、角甲藻和裸藻等）和硅藻，这些藻类都是鲢容易消化的种类。以螺旋鱼腥藻、鱼腥藻或拟鱼腥藻等蓝藻为主的池水，虽呈蓝绿色，却也是好水，因为鲢可以很好地消化吸收这些藻体。另外，渔农把“肥、活、嫩、爽”（水色日变化较大）的池塘水称为好水。“肥”指水色浓，透明度为25～35 cm，浮游植物量高并形成水华。“活”指水色和透明度在一天之内常有变化，渔农称为“早青晚绿”或“早红晚绿”以及“半塘红半塘绿”。典型的“活水”是膝口藻水华，这些鞭毛藻类的活动较快，有显著的趋光性，白天随着光照变化而产生垂直或水平游动，清晨上下水层分布均匀，日出后逐渐向表层集中，中午前后大部分集中于表层，以后又逐渐下沉分散，9:00和13:00的透明度可相差7 cm，当藻类群聚于池塘的一边，就出现所谓“半塘红半塘绿”。“嫩”指池水肥而不老，即藻类种群处于增长期，繁殖速度快，细胞未老化。“爽”指水质清爽，水色不太浓，透明度>20 cm，浮游生物不断繁殖，又不断被利用，水中物质循环良好，浮游生物量不超过100～200 mg/L。

劣水。劣质水即不好的水，水色为深绿色、蓝绿色、蓝色，其藻类的优势种类多半是微囊藻等蓝藻，浮游植物群体老化，水色呈现黄色、深黑色或白色（轮虫过多，易缺氧）。微囊藻多的池塘，水色为蓝绿色，产氧能力强，虽然不是养殖鲢、鳙的好水，却是饲养鳗鲡的好水。

池塘饵料生物的数量指标。通常采用浮游生物量来表示。养殖鲤科鱼类的池塘，好水的饵料生物量通常是浮游植物量为20～100 mg/L，平均40～60 mg/L，浮游动物量为5～30 mg/L，其中轮虫占40%～70%。

池塘水质的化学指标。溶解氧>6 mg/L（不低于2 mg/L），非电离氨<0.1 mg/L，透明度为25～35 cm，pH为7.0～8.5，总硬度5～8德国度，总碱度1.5～3.5 me/L，化学耗氧量8～18 mg/L，可利用磷>0.05 mg/L，三态氮0.5～1.1 mg/L。

静水池塘水质的培养与调节措施，包括施肥、注水、搅动塘底和设置增氧机。

施肥。施肥是培养鲢、鳙等滤食性鱼类的重要措施。生石灰清塘注水后，施有机肥6 000～7 500 kg/hm^2，水色逐渐变浓，当水色逐渐变淡时追加有机肥。投饵量较大的池塘，每隔1～2 d施有机肥750 kg/hm^2；投饵量较小的池塘，可适当增大施肥量至11 750 kg/hm^2，以满足直接利用有机物的鞭毛藻类的需要。投喂饵料的池塘，夏季（高温期）可少施肥，春秋两季适当多施；以施肥为主的池塘，高温季节（水质变化快）应采取次多量少的施肥法，以调节好水质。适量、勤施有机肥是培养和保持池水鞭毛藻类优势种的关键措施。

注新水。6～9月（鱼类生长旺季）每7～10 d注新水一次，早春和晚秋每10～15 d注一次水，每次注水20 cm左右。在鱼类浮头以至于泛塘时，或当池水恶化或浮游生物组成很坏时，要立即大量注水或大量换水（池水1/2～2/3）。

搅动塘底。每两周左右在晴天下午用铁索沿塘底拖动底泥一次，使底部有机物、营养盐、微量元素等物质回到水中，以加速物质循环，促进浮游生物生长发育，防止池水老化，改良浮游生物的种类组成。

设置增氧机。高产池塘的鱼类贮存量较大（>7 500 kg/hm^{2}或0.75 kg/m^2），单纯采用常规方法调节水质往往不能保持池水有足够的溶氧量，必须增设增氧机增加池水溶氧量。增氧机的综合作用是通过搅水，造成池水对流以及增加池水与空气的接触机会，增加水的溶氧量（占高产池塘溶氧来源总量的40%左右；雷衍之等，1983）；同时，可以散发水中的有毒气体，净化水体，加速物质循环，并可适当增加鱼类放养密度和提高鱼类贮存量，防止泛池，提高单位鱼产量。

根据静水池塘溶氧量的昼夜变化规律，开动增氧机应当坚持“三开”和“两不开”原则。“三开”：晴天，中午或下午2：00～3：00开机30～60 min，使已达到饱和溶氧量的上层水转移到下层，增加底层水的溶氧量，低氧或缺氧的下层水转到上层，通过浮游植物光合作用增加溶氧量，提前解决氧债问题，增大全池溶解氧贮备量；阴天，次日清晨3：00～5：00开机至日出，防止池鱼浮头；阴雨连绵天气，或池中鱼类出现严重浮头时，半夜前后、鱼浮头前、池水溶氧降到2 mg/L时开机并持续至日出。“两不开”：晴天傍晚池水溶氧尚高，不要开机，以免造成池鱼提前浮头；阴雨天中午池水溶氧不会出现过饱和现象，不要开机。

控制池水蓝藻过多的措施。当池水蓝藻过多时，可泼洒生石灰，每公顷施生石灰150～300 kg，也可泼洒0.7 kg硫酸铜。但是，硫酸铜对鱼有一定毒害作用，而且蓝藻死骸分解耗氧并产生毒素常造成泛池，故尽量少用或不用。

防止池鱼浮头和泛池。池鱼在以下情况下可能发生浮头：第一，在高温季节晴天傍晚突然降雷阵雨，或连绵阴雨天半夜或第二天黎明前，可能发生缺氧浮头；第二，有机肥施肥量过多，以及下午施肥或阴雨天施肥，都可能引起半夜之后缺氧浮头；第三，水质过肥、老化，或浮游生物突然大量死亡、水色变为红褐色或发白等，半夜可能缺氧浮头；第四，浮游动物过多，水色变暗淡、灰白，夜间可能缺氧浮头；第五，傍晚发现池边出现小虾、小型野杂鱼，说明池水已缺氧，池鱼很快会发生浮头；第六，池鱼吃食突然下降，也是出现疾病和浮头的征兆。

傍晚测定池水溶氧量，预测池鱼是否会发生浮头。肥水塘的溶氧量低于6 mg/L或较瘦水塘低于5 mg/L，夜里或清晨都可能发生浮头，应当采取预防措施。溶氧量更低的，甚至接近2 mg/L左右，则应立即采取增氧措施。

判断池鱼浮头程度。第一，黎明开始浮头为轻浮头，日出后便会消失；半夜或上半夜开始浮头为重浮头，应采取解救措施。第二，鱼类在池塘中央处浮头为轻浮头，整个池面都有鱼浮头为重浮头。第三，浮头鱼稍加惊动即下沉，稍停又浮头，表示浮头较轻；鱼受惊时不下沉，说明浮头时间长，池水溶氧很低，为重浮头。

第四，各种鱼对低溶氧量的忍耐程度不同，出现浮头的先后顺序不一样，鳜、加州鲈、罗非鱼、鳊、鲂和野杂鱼（麦穗鱼等）浮头，以及虾在岸边浮头，为轻浮头；鲢、鳙浮头为一般性浮头；草鱼、鲮、青鱼浮头为较重的浮头；鲤、鲫浮头为更严重的浮头。第五，浮头鱼在池边，无力游动，体色变淡黄、淡白等，表示鱼类即将要泛池、死亡。

鱼类浮头的解救措施。注新水、自邻池注入富氧水和开动增氧机，如无增氧机和水源，可采用过二硫酸铵［$(NH_4)_2S_2O_8$］、过氧化钙（CaO_2）等化学增氧剂，进行紧急抢救。

（6）咸淡水池塘养殖。咸淡水池塘养殖种类见苗种培育的有关内容。其养殖关键技术概述如下。

放养方式。① 一般为单养，鱼种规格为10 cm左右，放养密度为1～5尾/平方米，饲养120～360 d，食用鱼规格为150～2 400 g（因种类、鱼种规格和放养密度而异），单位产量为0.5～1.5 kg/m^2。② 2种鱼混养，主体鱼与搭配鱼比例为8：2，如尖吻鲈与黄鳍鲷、紫红笛鲷与黄鳍鲷等。③ 多种鱼混养，主体鱼与搭配鱼比例一般也是8：2。

最佳鱼载量。一般为1.0～2 kg/m^2。

投喂方式。依鱼类的摄食方式而异。花鲈、尖吻鲈、笛鲷等猎食性鱼类，采用人工撒喂方式；黄鳍鲷、花尾胡椒鲷和中华乌塘鳢等吞食性鱼类，采用饵料篮投喂法；鲻、虱目鱼和卵形鲳鲹等鱼类，采用全池喷洒法投喂。

（7）中国南北地区温度和日照特点及其与池塘养鱼的关系。

① 温度特点及其对鱼类生长发育的影响。鲤、鲢、草鱼等温水性鱼类生长温度低限为15 ℃，鲤的最适温度为23～29 ℃，鲢、鳙等家鱼的最适温度为25～32 ℃。从下表可知，辽宁省大连市金州养殖场和海城市西四养鱼场土池塘年均水温高于15 ℃、20 ℃、25 ℃和32 ℃的天数比武昌池塘分别少100～110 d、60 d和70 d。这是北方池塘养鱼单产低于南方的根本原因。

表5-47　辽宁省大连金州、海城西四和湖北省武昌土池塘年均水温比较

养鱼池地点	≥15 ℃的天数	≥20 ℃的天数	≥25 ℃的天数	≥32 ℃的天数	数据来源
大连金州	170	134～140	60～75	0	实测数据，1972～1985
海城西四	160	140	70	0	同上
湖北武昌	270	200	140	30	顾铁凡，1960

但是，北方两地池塘夏季水温不超过32 ℃，而南方池塘（武昌、南京、杭州等

地区池塘）水温≥35 ℃的天数往往超过20 d，这是北方池塘养殖鱼类盛夏期间生长速度快于南方的主要原因。如大连地区池塘7、8两月的平均水温分别为25.4～27.8 ℃和26.1～27.7 ℃（9月为21.2～21.9 ℃），鲤在这两个月的增重值占总增重量的70%～80%［平均2.0～2.67 克/（尾·天）］，鲢、鳙、草鱼和罗非鱼8月份的增重值分别占全年总增重量的49.3%、54.3%、40.0%和50.1%。

另外，北方夏半年（4～9月）池塘水温的日较差比南方的大，上海地区池塘（水深0.6～1.0 m）水温平均日较差为1.9 ℃（6～11月；雷慧僧，1961），海城西四和大连金州池塘（水深1.0～1.7 m）水温日较差则高达3.3～4.0 ℃（5～9月）。北方地区夏季水温日较差大，也是促进鱼类生长的重要因素。

② 日照特点及其对池塘养鱼的影响。从下表可知北方13个省市4～9月总日照时数高达1 400 h以上，比上海、广州等地区多200～300 h；月平均日照数240.1～288.5 h，日照率达55.0%～67.0%，而上海等地区同期的月日照数仅178.4～218.3 h，日照率为44.7%～54.8%。日照时数多，日照率高，可以增大水温日较差，加速鱼类生长，同时，有利于饵料生物生长发育，促进池水循环，增加池水溶氧量。这是北方养鱼的有利因素，在一定程度上弥补了温水性鱼类生长期比南方短的不利因素。

表5–48 全国各地区1961～1970年夏半年（4～9月）日照时数和日照率比较

气象站名		哈尔滨	长春	沈阳	大连	乌鲁木齐	西宁	兰州	银川	西安	呼和浩特
日照时数	总 计	1 423	1 469	1 470	1 475	1 731	1 450	1 479	1 636	1 299	1 646
	月平均	240.5	244.9	245.0	245.8	288.5	241.6	246.5	272.7	216.5	274.3
月平均日照率（%）		55.0	57.2	57.7	58.5	67.0	57.8	59.5	64.5	51.0	64.7
气象站名		太原	北京	天津	石家庄	上海	南京	杭州	郑州	汉口	广州
日照时数	总 计	1 440.8	1 526.1	1 499.9	1 558.7	1 194.6	1 246	1 163	1 365	1 310	1 071
	月平均	240.1	254.4	250.0	259.8	199.1	207.6	193.9	227.5	218.3	178.4
月平均日照率（%）		57.5	60.5	60.7	62.0	49.0	50.7	44.7	54.8	53.7	45.2

注：引自《中国日照资料》（1974）

2. 流水池塘养鱼

流水池塘养鱼与静水土池塘养鱼的主要区别：池塘面积小，池水持续流动，溶解氧依靠流水带入，天然饵料生物少，鱼类的营养完全来源于人工投饵，池水中鱼类排泄物等物质随水流及时排出，故水质较清新；放养对象为吞食性鱼类，种类较单一，密度和产量都较大。

流水养鱼类型有开放式和封闭式2种。开放式（传统式）流水养殖，水源进入池塘中不再回收，耗水量较大。按其水温又可分常温流水、冷流水和温热流水。常温流水方式，适合养殖鲟类、草鱼、鲤、鳜、加州鲈等淡水吞食性鱼类，以及鲷类、花鲈、石斑鱼、牙鲆、河鲀等海水肉食性鱼类。冷流水方式，适于养殖虹鳟等冷水性鱼类。温热流水方式，多用于罗非鱼、短盖巨脂鲤、鳗鲡等对水温要求较高的鱼类。

封闭式流水养殖方式又称工厂化养殖。分半封闭式和全封闭式2种类型：前者用过的水不再回收；后者用过的水回收净化后再重复使用，称循环过滤式工厂化养鱼，是自动化程度较高、耗水量较少、具有水质净化装置、成本较高的高级养殖方式。这种方式的工艺来自水族馆，后来应用于鱼类、虾蟹类、贝类和爬行类（中华鳖）养殖。

本文概括阐述半封闭式流水养鱼。

（1）养鱼池地点选择。建池地点应具备下列条件：第一，水源充足，常年有足够的流量。第二，水质符合养鱼要求，干净，无污染，含氧量＞5～6 mg/L。第三，地形好，有一定斜坡，最好能够自流排灌，以减少动力消耗；通常多在水库下游、河道两侧或溪流下游处建鱼池；土质要好，不漏水。第四，水温适宜，5～10月间一般在15～30 ℃，其中7～9月间应在25～30 ℃；或水温常年不高于20 ℃（养虹鳟等冷水性种类）；或温泉水，水温高于40 ℃以上，经调温后养殖热带鱼。第五，交通方便，有利于鱼种、饲料及食用鱼的运输。

（2）池塘基本条件 。

① 面积。一般为几十平方米（不超过100 m^2），以利于水的交换和饲养管理。

② 形状与结构。流水养鱼池塘的形状多种，其中以切角的长方形、三角形、梯形为基本形。从合理利用土地面积和流速均匀的角度考虑，以切角长方形或梭形更为适宜，池底有一定坡度（有利于排污）。池堤用混凝土或石块砌成，以防被流水冲刷而倒塌。

③ 水深。流水池塘的水深较静水塘浅一些，一般为1.5～2 m，整个池深为1.8 m左右。

进、排水口。进排水口应设在长方形两个短边的对角上，或切角长方形、梭形池两端的中点上。用混凝土建成闸框，闸宽60～30 cm，闸框上留两道闸槽：外面的闸槽插入10号铅丝编成铁丝网框或聚乙烯线网框，作为防逃网；里面的闸槽插闸板，用于调节注排水量。防逃网的网目随着鱼体的长大而增大，以减少对水流的阻力。进、排水沟一般宽1 m左右，进水口深0.8 m，排水口与池深相同。在进水沟的入口处应设一道拦污栅。

④ 鱼池排列。多个鱼池应采用并列排列方式，以减少鱼病蔓延和保证池水溶氧充足。

（3）流量。单位面积水流量与鱼产量有密切关系。流量过大，影响人工投饵和鱼类摄食，鱼类生长速度慢，产量低；流量过少，池水溶氧低，鱼类摄食和生长受到影响，产量也低。例如，流水养鲤场，每平方米流量0.003 5～0.016 0 t/s，全池水交换1次只要2～10 min，鱼产量高达90.3～2 195 kg/m^2。水源溶氧饱和度70%，流量1.6 t/s，一年可生产20 t鱼；溶氧饱和度100%，流量0.9～1.0 t/s，一年可生产60 t鱼。1 t/s流量，一年可产鱼14.6～27.9 t。

（4）鱼种放养。

① 养殖种类。香鱼、鲟类、鲤、草鱼等吞食鱼类，鳜、加州鲈、大口鲇、长吻鮠、黄颡鱼和大黄鱼、石斑鱼、河鲀等肉食性种类，罗非鱼、短盖巨脂鲤等温热水鱼类。

② 鱼种规格。一般为50～150 g，以当年能达到食用鱼规格为标准。

③ 放养密度。根据水流量大小和饲料质量等条件综合考虑放养密度，一般为50～200尾/平方米，或每10～15 kg/m^2，不宜超过20 kg/m^2。如史氏鲟在水温22～26 ℃条件下，不同规格（5.0～30 g、＞30 g、2龄鱼和3龄鱼）鱼种的放养密度分别为2 000～2 500尾/平方米、1 000～1 500尾/平方米、50～100尾/平方米和25～50尾/平方米；4.5～10.0 cm香鱼种的放养密度为50尾/平方米（日换水量为300%）和300～500尾/平方米（设增氧机）。

（5）饲养管理。

① 投饲。流水养鱼通常投喂全价人工配合颗粒饲料，不设饵台。投饵次数较多，除白天外，傍晚和清晨也可适当投饲。水温23～28 ℃每天投饵6～10次，每1.5～2 h投喂一次。饲料计划、月分配、投饵率及水温关系、投饵应变等可参考静水养鱼的有关部分。投饲时也要用音响训练鱼，使其形成集中抢食的条件反射。每次投饵量仍要坚持使鱼达到八成饱的原则，以提高饲料利用率。一般在靠近水口处投饵。

② 调节流量。根据池水溶氧量、天气、鱼类活动和季节等具体情况，适当调节每个池塘的流量。如史氏鲟食用鱼养殖期间水交换量一般为1～4 h一次，养殖香鱼的日换水量为＞300%。必要时设增氧机，一般每池（50 m^2）一台，如养殖香鱼每个池（30～80 m^2）设水车式增氧机1台（0.75 kW，增氧能力为1.2 kg/h）。

③ 检查和护理工作。平时经常检查进排水闸门和拦鱼栅，尤其是洪水期，河水

变浑，影响鱼摄食和呼吸，漂浮物也多，应当及时清理拦污栅和防逃网，适当调小水量（以池鱼不浮头为限），暂停投饵。

（九）低洼盐碱地池塘养鱼

我国低洼盐碱荒地约2 000万公顷（碳酸盐、硫酸盐型占80%），其中宜种且靠近水系的宜渔低洼盐碱地约334万公顷，分布于17省（市）。按渔业区划以及地形、土质、水质等生态条件，可划分东北、华北、西北和东南沿海等4个盐碱地生态类型区。东北地区主要包括辽宁省、吉林省、黑龙江省和内蒙古东部，盐碱土壤的盐分组成以碳酸盐为主；华北地区包括黄河流域、海河流域中下游低洼地区，土壤含盐以硫酸盐和氯化物为主；西北地区包括青海、新疆、陕西、甘肃、宁夏及内蒙古等省（自治区），分布范围较广，盐碱地土壤盐分组成以硫酸盐和氯化物为主；东南部沿海盐碱生态区主要分布于沿海平原低洼地带和各大河三角洲地区，土壤盐分以氯化物为主。

中华人民共和国成立不久，20世纪50年代开始黄淮海平原低洼盐碱地治理与开发工作，由于排水问题未能很好解决，涝灾与盐害仍然严重限制了农业生产。70年代采用挖池养鱼措施，开发利用低洼盐碱地，发展水产养殖业。80年代初期，采取淤灌排碱，试图多渠道综合治理低洼盐碱地。由于受多种因素限制，治理效率不够明显。80年代中期以来，国家科技部、中国科学院、农业部、国家水产总局先后于“七五”“八五”“九五”期间（1986～2000年），将低洼盐碱地的开发利用列入国家重大科技攻关计划、区域农业综合开发项目和渔业科技重大攻关课题，组织中国科学院（长春地理研究所、南京地理与湖泊研究所和水生生物研究所）、中国水产科学研究院（所）和有关省（市）水产研究所，以及有关高等院校（青岛海洋大学等）和生产企业单位，先后开展“三江平原沼泽地农业综合开发研究及其养鱼开发技术研究”“低湿地治理与鱼塘台田生态工程综合配套技术示范研究”“鱼塘台田生态系统稳定性研究”“黄淮海平原生态渔业模式研究”“北方地区低洼盐碱地渔业综合开发技术研究”“沿黄低洼盐碱地以渔改碱综合治理技术研究”和“低洼盐碱地池塘规模化养殖技术研究与示范”等系列研究与实践，取得突破性成果，探明了低洼盐碱地池塘水化学组成和生物学特点及其变化规律，创建低洼盐碱土地资源综合配套技术（鱼塘台田生态工程），有力地推动了盐碱地区渔业及农业发展。

鱼塘台田生态工程以渔为主，是一项具有重大现实意义和深远历史意义的创举，全面带动了农牧渔业全面发展，已推广应用面积近20万公顷，经济效益、生态效益和社会效益显著。每公顷生产鱼类等水产品9 450 kg、粮食12.6 t，纯利润达1万余元，改变了低洼盐碱地域生态系统结构和功能，创建了适合人类生活和经济动植物生长发育的湖泊温效型生态系统，在同样的光温条件下，增加了水域容量、树木与农作物，以及水产动物与畜禽，优化了生态系统结构，明显改善了地域性小气候，昼夜温较差变小（1.6～2.1 ℃），温效应显著（似湖泊温效应），风速变小，夏季绝对温度降低，相对湿度增大，使“冬春白茫茫，夏秋水汪汪”的不毛之地，变成“树成行、林成网、鱼满塘、粮满仓”的富饶之乡。

总而言之，鱼塘台田生态工程改变了低洼盐碱地生态系统，调整和优化了农业与农村经济结构，渔农收入增多，生活富裕，精神面貌焕然一新，过去贫穷落后的低洼盐碱地，一跃成为一望无际的生态观光园，受到国际生态学会好评。

1. 低洼盐碱地鱼塘台田生态工程

低洼盐碱地池塘是在低洼盐碱地上挖建的池塘，池水盐度和碱度都比淡水池塘高。低洼盐碱地水型按主要阴离子成分区分为碳酸盐类、氯化物类和硫酸盐类等3种类型。每种类型水按含盐量多少又划分为轻度、中度和重度等3个等级。3种类型水的3个等级的相应含盐量不尽相同：碳酸盐类型水的3个等级的含盐量分别为1～3 mg/L、3～5 mg/L和＞5 mg/L，氯化物类型水为2～4 mg/L、4～6 mg/L和＞6 mg/L，硫酸盐类型水为3～5 mg/L、5～7 mg/L和＞7 mg/L。

利用盐碱地池塘养殖水产动物通称盐碱地池塘养殖业，又称开发性内陆低洼盐碱地池塘养鱼业。采用挖塘台田、塘中养鱼、台上种粮的改碱技术，开发利用低洼盐碱地的综合配套措施称为低洼盐碱地生态工程。

低洼盐碱地常年积水或季节性积水，不能进行种植和养殖，生长芦苇、蒲草、水葱和三棱草等湿生植物；洼边坡地表层土壤含盐量较高（5 g/kg左右，有时高达10 g/kg），不能耕种，仅能生长耐盐碱植物或表面积盐的光板地。

低洼盐碱地是由洼底、洼地、洼边坡地和低平坡地等4种不同类型的地相互联系和相互作用组成的。按照“整体、连片、规模、高效”原则和生态学原理，采用鱼塘台田生态工程为主的方式，将洼地整治成层次分明、结构合理、功能完善、高效低耗的水陆复合生态区。在常年积水的洼底，挖深沟筑围堰，增加水深，建成平原水库或开展禽芦生产经济模式；在季节性积水的洼地，采用鱼塘台田生态工程，建立渔粮双丰收生产模式；在水盐运动频繁的洼边坡地，实施鱼塘台田生态工程，建立畜禽鱼兼收的生态养殖模式；在洼边低平坡地，发展农业、畜牧业、加工业相结合的生态模式。

鱼塘台田生态工程由塘、田、路、沟渠等4部分构成，其面积比例为4：4：1：1（洼底部分的鱼塘面积大于台田面积，洼地部分的两者比例相等，洼坡地的鱼塘面积小于台田）。鱼塘台田的走向呈南北向（走向与夏季盛行的风向相一致），长宽比例为（5～6.5）：1，鱼塘面积为0.3～0.5 hm^2，有效水深为2.0～3.0 m（挖方深2.0～3.0 m，填方深0.5 m），坡度为1：（2～3）（依黏土、沙壤土等土壤质地而异）；台田面积与鱼塘相似。鱼塘台田区的沟渠应将注、排沟分开，主路、副路的路面宽度分别为12 m（9 m）、7 m（5 m）。

2. 低洼盐碱地池塘养殖技术

（1）鱼类放养。

① 放养种类。适宜放养对盐碱度适应能力较强的广盐性鱼类，如鲤、鲫、罗非鱼、草鱼、淡水白鲳等吞食性鱼类，也可放养鲢、鳙等滤食性鱼类。

② 鱼种规格。各种鱼类的放养规格比淡水池塘略大一些，鲤、罗非鱼、淡水白鲳100～150 g，草鱼200～250 g，鲢、鳙150～200 g，鲫50 g。

③ 放养密度。鱼种放养密度稍小于淡水池塘，一般为100～150 g/m^2。

④ 混养模式。通常采用混养方式，主体鱼多为鲤、鲫、罗非鱼等吞食鱼类，搭养鲢、鳙等滤食性鱼类。主体鱼与搭配鱼比例为（7～8）：（2～3）。根据具体需要，也可主养滤食性鱼类。

（2）池塘水质调控。

盐碱低洼地池塘的盐度和碱度较高，硬度较低，池水酸碱度的缓冲能力很弱，pH不够稳定，日波动幅度大，中午pH有时会达到致伤鱼类甚至致死的程度，因此，需要采取一些科学措施。春季池水盐度较高，放鱼前，排放池水，注入盐度较小的地下水或江河水。饲养过程中发现池水pH过高时，施$CaCl_2$（200 g/m^2），以增加池水Ca^{2+}含量，提高池水对酸碱度的缓冲能力，降低pH。

（3）饲养管理。低洼盐碱地池塘养鱼管理工作（巡塘、投喂和防治鱼病），基本上与淡水池塘相同。由于其池水含氮量较低，施化肥时应当相应提高氮的比例（N：P=15：1），最好经常施用有机肥。

（十）稻田养鱼

稻田养鱼是在稻田水体中放养鱼类等水产经济动物，生产稻谷和养殖鱼类，旨意在于稻谷和水产品双丰改，科学营造适合水稻和水产经济动物生长发育的生态环境，实施适合两者生长发育的经营方式和措施。

1. 养鱼稻田生态系统结构与功能

养鱼稻田的生态系统结构。养鱼稻田与未养鱼的稻田相比，前者的无机物质（CO_2、溶解氧、无机营养盐等）、pH、阳光和温度等非生物环境（因子）与后者相似，但增多了水产动物饵料及其排泄物等有机化合物，水面和水体（鱼溜、鱼沟）增大；两者生物群落的主要生产者相似（水稻和杂草），但后者消费者的结构复杂，初级消费者是草鱼、鲂、罗非鱼，次级消费者为鲫和蟹等，三级消费者为蛙和中华鳖，微型消费者依然是细菌。

养鱼稻田生态系统的能量流动与循环程序。水稻吸收水、CO_2和无机营养盐，借助太阳能进行光合作用生产稻谷；多种食性的水产动物，分别将稻田的杂草（草鱼、团头鲂）、浮游植物（鲢、罗非鱼），以及人工投饵等物质转化为水产品（鱼产力低于池塘）。鱼类等多种水产动物的各种活动，加速了有机物质分解，促进了稻田生态系统的能量流动和物质循环。

2. 稻谷增产及获鱼的基本分析

以稻田养草鱼为例，稻田养鱼既能增产稻谷，又能养殖生产鱼类等水产动物。草鱼在稻田中摄食30余种常见的杂草，包括草鱼喜食的牛毛毡、轮叶黑藻、菹草、苦草、小茨藻，以及各种眼子菜和浮萍等，通常可增产稻谷10%左右。比较试验表明，早稻田养鱼在收鱼时存有杂草33～435 kg/hm^2，未养鱼的稻田在割稻时杂草（三次耕除杂草）高达450～6 525 kg/hm^2，为前者的13.6～15倍。草鱼吃掉杂草，不仅长大了身体，还减少了肥料消耗。草鱼的粪便（P_2O_5含量优于猪、牛粪，与人粪相似）直接被水稻吸收利用，相对减少了施肥量。稻田放养水产动物可使其生态系统内部的物质和能量传递更加合理、经济，无机物质转化为稻谷的效率有所提高。

稻田中放养的水产动物，可以消灭各种害虫，减少水稻病害。江苏如皋病虫测报站试验表明，未养鱼稻田的水稻各种病害发生率高于养鱼稻田数倍：枯心病1.7～5倍，白穗病1.4～2倍，白叶病1.3～8倍，稻飞虱1.6～2.7倍，稻叶蝉1.3～4倍。相应减少了除草剂和灭虫剂等药物的施用量，减轻了水质污染程度。

就水产动物生长发育所要求的生态条件而言，稻田不及池塘好，但其活动空间大，水质好，饵料和温度条件也较好，基本上可以满足淡水温水性水产动物生长发育要求；稻田水体的溶氧等气体组成，在某种程度上更适合鱼类等水产动物的生长发育。因此，在采取相应的科学措施情况下，可以获得一定的鱼产量。

3. 稻田养鱼方式和基本设施

稻田养鱼方式又称养鱼类型，概分为单季稻田兼作养鱼、双季稻田连作养鱼、冬闲田连作养鱼，以及稻鱼轮作。

南北方普遍采用的传统稻田养鱼方式为平田式（平板式），又称鱼沟、鱼溜式：田埂适当加高、加宽，田内开挖鱼沟和鱼溜。

垄稻沟鱼式又称高垄深沟式，是改造低产涝洼田的先进方式，在稻田周围开挖一圈主沟（宽50～100 cm，深70～80 cm），垄上种植5～7行水稻，垄间挖水沟（小于主沟），稻田面积大的可在稻田中央挖一条主沟。开沟面积占稻田面积10%～15%，养鱼单产为1 200～1 500 kg/ hm^2。高垄深沟式可以增加稻田土壤与空气接触面积，实行浸润灌溉，加大养鱼水体，增加鱼产量。

修建稻田养鱼基本设施，就是营造水稻和水产动物都能够正常生长发育的生态环境。在普通稻田的基础上加高加固田埂。田埂加高至50～70 cm，养食用鱼的要加高至70～100 cm；田埂宽50～80 cm。田埂要夯实，不塌不漏，也可用三合板或混凝土板护埂。

鱼溜和鱼沟。鱼溜又称鱼坑、鱼凼，是永久性的田间工程，圆形、方形或长方形，设置在安全、安静和便于捕捞、管理的地方，以及大水不容易冲垮的地方。鱼溜面积约为稻田5%～10%，深1.5～2.0 m，其功能是提供水产动物在夏季高温、浅灌、晒田（烤田）、施化肥和农药时躲避性栖居，也便于投饵和捕捞。

宽沟式稻田养鱼，实质上是以深沟代替鱼溜，沟宽1.5～2.5 m，深1.5～2.0 m，面积为稻田的8%～10%，也应采取护坡措施。

鱼沟又称鱼道，是临时性田间工程，深50 cm，宽30～40 cm，其形状应根据稻田大小和形状确定，有十字形、井字形、日字形、田字形等多种。鱼沟的作用是供水产动物平时栖息、寻食、进出鱼溜和稻田的通道。鱼沟通常在插秧前开挖好。如田块较大，可再挖一字形或十字形的中心沟，宽80～100 cm，深50～70 cm。田埂边的鱼沟应在离田埂1.5 m处开挖。

进、排水口应设在对角线两端的田埂上，以利于田内水流均匀流动。进、排水口都要装拦栅，以防止逃鱼，材料用竹箔、聚乙烯网片、铅丝网皆可，做成圆弧形，凸面朝向田内，以增加过水面积，规格与间隙视水位和水产动物规格而定。

在排水处用砖砌成宽30 cm左右的“平水缺”，平铺砖始终与田间水位相平，以保持水稻生长发育所需要的水深。

稻田水位较浅，夏季水温可高达40 ℃，会影响鱼类的正常生活。因此，在鱼溜的西南侧搭设遮阴篷，遮挡阳光直射，防止水温过高，以竹木为架，高1.5 m，面积为鱼溜的1/5～1/3，棚上覆稻草帘。如果鱼溜在田埂的一侧，则可种植丝瓜、扁豆、南瓜等爬蔓植物，代替草帘遮阳光。养殖河蟹、蛙和中华鳖的稻田除四周要设防护墙（1～1.2 cm）外，还需挖鱼溜、鱼沟，所占面积可适当减少；养虾的鱼沟还应栽植水草。

4. 水稻栽培技术

水稻品种选择。选择产量高、米质好、耐水淹、不易倒伏、茎秆高而硬、株型紧凑、生长期长、耐肥和抗病性强的品种，不易种植短秆、穗易下垂和易倒伏的品种。双季稻应当选择早、中熟品种，生长期为100～110 d；晚稻选择迟熟品种，生长期为120 d左右；一季稻选择生长期长（130～135 d）的迟熟种。

水稻栽培和管理技术。选择长龄壮秧、多蘖大苗，移栽后可减少无效分蘖，提高分蘖成穗率，并可减少和缩短晒田次数和时间。采用小群体栽苗法，以免出现水稻总茎蘖数过多、叶面系数过大、封行过早、光照不足、病害过多、易倒伏等现象。

采取宽行、窄距、长方形东西行密植的插秧方式，行间透光好，光照强，有效改善田间气候，减少病虫害。早稻行间距为23.3 cm×(8.3～10 cm)，晚稻为20 cm×13.3 cm（杂交稻为20 cm×16.5 cm）。为了补栽鱼溜、鱼沟所占用面积的稻株数，在行距不变情况下适当缩小株距。晒田程度适当减轻，时间不宜过长，鱼沟中保持有水。施肥应当以有机肥、基肥为主，尽量少施化肥。病害防治，以生态综合防治为主，尽量少施农药。

5. 水产动物养殖技术

放养种类。稻秧返青后放养草鱼、鲤、鲫、团头鲂等优质鱼类，河蟹、罗氏沼虾、青虾、美国青蛙、当地土著蛙、中华鳖等水产动物，搭养鲢、鳙、斑点叉尾鮰、鲇、乌鳢等，不宜放养鳜鱼以及虹鳟等冷水性鱼类。

放养规格。鱼类放养规格有50～100 g、150～200 g大规格鱼种和3～5 cm夏花鱼种，其他水产动物如健康、优质的扣蟹（100～200只/千克）、200 g以上的中华鳖幼体、20～50 g的幼蛙。

放养密度。稻田养殖食用鱼的放养密度要比池塘少得多，一般相当于池塘的10%～15%，放养密度为2 000～7 500尾/公顷，夏花鱼种2万～3万尾/公顷（培育大规格鱼种），河蟹、扣蟹75～150 kg/hm^2，1.0 cm青虾苗200万尾/公顷，中华鳖4 000～5 000只/公顷。

混养方式。主养种类与搭配种类比例为8：2。主养草鱼应搭配鲤、鲫等杂食性鱼类，主养鲤应搭配草鱼等草食性鱼类，主养罗非鱼应搭配鲤、草鱼等，主养蛙、中华鳖应搭养鱼类。

投饲。在鱼溜中设饵料台，每日投饵1～2次，饲料种类和规格与池塘养殖相同。稻田中杂草和昆虫等天然饵料较多，放养数量少，日投饵量少于池塘养殖，一般为1%～3%。

水稻栽插期间要浅水灌溉，返青期水位4～5 cm，分蘖期间浅灌（2～3 cm），分蘖后期加深至6～8 cm（控制无效分蘖），拔节孕穗期提高至10～12 cm或更深一些，扬花灌浆后逐渐下降至5 cm左右，成粒时可提升水位，收割时逐渐放水，引赶鱼类游入鱼溜，收割后及时灌满水，以利于鱼类生长。

定时巡视田埂和进、排水口栅栏，注意漏溢和堵塞，保证安全和进排水畅通，严防逃逸。

利用昆虫的趋光性（700余种昆虫具趋光性），在鱼溜处安装高压黑光灯诱集昆虫喂鱼。诱虫时间很重要，一定要在鱼类等生长到能够吞食落在水中的昆虫时才安装诱虫灯，否则，会危害水稻生长。灯具的安装高度要合适，在鱼溜高处（高度＞4 m）安1个小灯泡诱集远处昆虫，小灯泡下方（离水面30 cm左右）安1个大灯泡将飞虫诱入水面，让水产动物吃掉。一盏灯光一夜可诱虫5～10 kg。

6. 稻田养鱼综合管理技术

稻田养鱼的宗旨是以生产稻谷为主，兼获水产品。水稻是沼泽性植物，而不是水生植物，鱼类、虾蟹类是水生动物，蛙是水陆两栖动物，中华鳖是陆生喜水动物。这些动植物的生长发育都需要一定的水生态环境，各自所要求的生态条件不同，管理措施必需有利于水稻和水产动物两者的生长发育。

水稻对水位的要求是前期浅，中后期适当加深，对鱼类的生长发育影响不大。水稻根系70%～90%分布于地表20 cm土层内，稻秧返青后1个月左右开始生长根系，需要排水晒田（表土微裂），使稻根系泛白，控制无效分蘖，促进根系向土层深处延伸，保持植株健壮，防止倒伏。

晒田期间水产动物多数聚集在水沟和鱼溜中生活，其水深分别保持在30 cm和80 cm，可以进行正常性投饲工作。

水稻田追肥通常施用氨氮肥及酰胺态氮肥等化学肥料，施肥数量及其方法都要考虑水产动物。氨态氮肥［$(NH_4)_2SO_4$、$(NH_4)_2CO_3$、NH_4HCO_3、NH_4NO_3］在水中浓度过大（＞100～150 kg/hm^2），对鱼类等水产动物有毒害，应当控制每次的施肥数量，也可以采用分段隔离施肥法（将一块稻田分2～3部分分别进行施肥），以利于鱼类回避化肥游向无肥区。

稻田施农药对水产动物有一定影响，必须实行科学施药。选用高效、低毒、低残留和广谱农药，以及水剂或油剂农药，少用或不用粉剂农药。常用的农药对水产动物的毒性各异，甲氰菊酯、来福灵和国产醚菊酯及菊马乳油对鱼类的毒性很高（对人畜的毒性不大），半致死浓度为10 mg/kg；杀螟松、杀虫双、捕稻散、甲醛、甲基1605、甲胺磷、三环唑、叶枯灵、多菌灵、稻瘟灵对鱼类较安全，但甲胺磷、甲基1605对人畜毒性较大，应慎用、少用。各种农药的半衰期差异也很大，其中杀虫双在室内无光条件下，半衰期为180 d（属稳定型），杀螟松等大多数农药在水中容易降解，半衰期为0.5～1 d（属不稳定型）。

粉剂农药应在早晨有露水时均匀撒于稻叶上，水剂、油剂农药在晴天下午采用弥雾状、细雾状喷洒，尽量避免农药直接入水。若发现鱼类中毒，应立即加注新水，或边注边排。施农药时，将鱼引赶入鱼溜中，最安全的办法是实行稻田分块交错施药措施。

利用稻田蜘蛛控制水稻化螟、稻纵卷叶螟、稻飞虱、稻叶蝉等害虫，以及盲蝽、陷翅虫和步甲虫等捕食天敌，减轻虫害。采用生物制剂防治病害，如用苏云金杆菌乳剂防治水稻纹枯病，苏云金杆菌新菌株制剂82–6（4）–2防治水稻螟虫。

（十一）鳗鲡养殖

鳗鲡的肉质细嫩，富含脂肪，味道鲜美，营养价值高，无肌间小刺，是人们喜爱的鱼类，属于优质名贵养殖种类。我国养殖的鳗鲡有日本鳗鲡、欧洲鳗鲡、美洲鳗鲡和澳洲鳗鲡等4种，以前两种为主。鳗鲡的繁殖习性和仔鱼营养特点独特，至今人工繁殖尚未成功，养殖用苗依然靠天然采捕。

养鳗业遍及亚洲、欧洲、美洲许多国家，以亚洲尤为盛行。日本养鳗业起始时间早，规模大，养殖技术先进，年产量维持在2万吨左右。韩国养鳗业始于20世纪80年代，发展很快，年产量已达0.25万吨。欧洲养鳗业始于19世纪，集中于地中海一带，意大利养鳗最早，丹麦、荷兰、英国、法国等国也相继发展养殖鳗鲡，其中丹麦的养鳗技术先进，采用循环温流水方式，净化水设备先进，几乎不向环境排放污水。美洲养鳗业集中在美国，但数量有限，饲养管理水平和年产量都不高。澳大利亚养鳗业刚起步，处于开发试养阶段。

我国养鳗业始于20世纪50年代，台湾比大陆早10余年。我国台湾1986年鳗鲡产量已与日本持平（约3.6万吨），1987年达4.2万吨（超过日本），1992年达5.1万吨，近几年保持在2.5万～3.0万吨，养殖方式以池塘和流水养殖为主。大陆养鳗业始于20世纪70年代，从日本和我国台湾引进养鳗技术，经过近10年的攻关研究，先后在鳗鱼苗采捕和暂养、鳗鱼种培育、池塘与工厂化养殖食用鳗以及配合饲料等方面取得许多科研成果。1987年养鳗业进入快速发展阶段，1996年养殖产量达14.7万吨，养殖面积达1.28万公顷，烤鳗生产线60多条。1997年开始进行欧洲鳗鲡养殖试验研究，养鳗业出现新的发展生机。近几年，我国养鳗面积基本稳定为1.2万公顷，年产量保持在16万～18万吨（2005年为17.92万吨），年产值达260多亿元，约占我国渔业总产值10.3%。

1. 生物学特点

（1）生活史。鳗鲡属于降河性洄游鱼类，稚幼鱼在淡水中生长发育，性成熟后下海产卵，受精卵孵化为白色透明仔鳗，卵黄吸收后体形呈长扁形的柳叶鳗，经过较长时间变态为细长形的白仔鳗（透明鳗、玻璃鳗），溯河进入淡水后逐渐长大变黑称为黑仔鳗（鳗线），随着身体长大，体表出现黄色斑点称黄鳗（幼鳗），经过3～5年生长发育成为体色呈银色的银鳗（成鳗），然后洄游至河口降河入海，在向深海长途洄游过程中性腺逐渐发育成熟，进入产卵场进行繁殖，产卵后的亲鱼多数死亡。

三种鳗鲡的生活史大同小异，产卵场都在深海，胚后发育、形态特点、洄游规律和生活习性相似。三者的仔鳗和幼鳗持续时间不同，日本鳗鲡和美洲鳗鲡柳叶鳗发育至白仔鳗（在海洋中漂移到河口）约为1年，欧洲鳗鲡为2～3年；日本鳗鲡的幼鳗期（在淡水中生长发育至降河入海的时间）4～5年，欧洲鳗鲡短者6年、长者达20年，美洲鳗鲡约10年左右，有的个体则长达20年。

（2）生活习性。日本鳗鲡的生存温度为1～38 ℃，适温18～30 ℃，最适温度24～30 ℃；10 ℃以下停食，12 ℃开始摄食。欧洲鳗鲡的最适温度为22～26 ℃，8 ℃以下停食，1～3 ℃处冬眠状态。美洲鳗鲡的最适温度为22 ℃，13.8 ℃停止生长，低于5 ℃易死亡。

鳗鲡生长发育的适宜溶氧量为5 mg/L以上，但耐低氧能力强，0.95 mg/L时浮头，0.55 mg/L以下开始死亡。

鳗鲡是广盐性鱼类，肾脏和鳃具有调节渗透压的功能，可以在淡水和海水两种盐度截然不同的水域中生活。鳗鲡由淡水进入海水，大量吞饮海水（每天饮水50～200 mL/kg）补偿体内失水，通过降低肾小球的滤水率和增大肾小管对水的回收率，减少排尿量；同时，通过增多鳃上皮氯细胞数量和增大其体积，加大体内Na^+和Cl^-排出量，调节体内离子和渗透压平衡。鳗鲡由海水进入淡水，停止吞饮水，减少Ca^{2+}、Mg^{2+}、CO_3^{2-}、SO_4^{2-}等离子吸收量与排出量，降低肾小球渗透性，减少对水分的重吸收（稀释尿液），增大肾脏排尿量，调节体液平衡；同时，降低鳃上皮细胞的排盐量，增强对Na^+、Cl^-离子的吸收能力，以调节体内渗透压与淡水保持平衡。

柳叶鳗至白仔鳗阶段在海水中生活，白仔鳗至黑仔鳗阶段对盐度要求逐渐降低（7～10→淡水），黑仔鳗至降河的成鳗阶段在淡水中生活（采取逐渐升高盐度的措施，也可在海水中生长发育）。

鳗鲡随着身体成长逐渐出现负趋光性（由强光到弱光），白仔鳗趋向100～1 000 lx，黑仔鳗趋向10～100 lx，10 cm以上个体趋向0.1～1.0 lx，成鳗喜弱光。因此，在捕捞鳗苗和培育白仔鳗时采用灯光诱集法，可提高捕苗量和喂食效果；幼鳗培育和成鳗养殖阶段在饲料台和池上方加盖遮阳网或黑色塑料薄膜，以利于鳗鲡摄食和生长。

鳗鲡胚后发育各阶段都具有聚群生活与顶水流和顺水流游动的习性，以及怕光和穴居习性，喜欢在阴暗处摄食和顶水逆游，常沿微小水流或潮湿通道（坡壁）逃逸。

鳗鲡在水中用鳃呼吸，在湿润状态下靠皮肤呼吸。当水温在15 ℃以下时，只用皮肤呼吸即可维持生命，因此，可以采用离水湿运鳗鲡。鳗鲡的呼吸频率和呼吸强度随温度升高而增强，水温每上升10 ℃，呼吸强度约增加2倍。

（3）生长与摄食。鳗鲡的生长速度与环境条件密切相关。钱塘江鳗鲡，第一年春季体长为6 cm（1 g左右），第二年春季体长为15 cm（5 g左右），第三年春季体长为25 cm（15 g左右），第四年体重达150 g，最大个体达45 cm（1 600 g）。池塘养殖的鳗鲡生长较快，白仔鳗当年体长为20 cm（15 g左右），第二年秋季可达200 g左右。温水养殖的鳗鲡生长更快，白仔鳗养1个月，体重达0.2 g以上（黑仔鳗），饲养4个月体重达20 g左右，再养3～4个月体重达食用规格（150～250 g）。

鳗鲡个体生长差异很大。池塘放养同一批鳗苗，饲养6个月大部分体重为10 g左右，有的（5%左右）2个月体重已达10 g，因此，应当定期筛选、分级饲养。

鳗鲡终生具有S形攻击捕食和触碰后咬食的综合型摄食习惯。人工饲养仔鳗、幼鳗及成鳗都应当根据其摄食特点进行科学投喂，才能取得良好效果。

日本鳗鲡早期仔鱼和柳叶鳗见到轮虫等小型浮游动物时身体弯成S形，然后迅速挺直身体前冲捕食之（S形攻击捕食方式），但对投喂轮虫的摄食成功率极低，2 h内几乎捕不到食物。鳗鲡通常是不停地游动，当触碰到糊状饲料团后立即离开，或用吻部反复触碰饲料团，张开口（口裂几乎呈直角）用力咬住，然后猛然甩头撕下一满口饲料（触碰后咬食方式），咀嚼后吞咽。幼鳗和成鳗S形攻击摄取食物方式比仔鳗要有效得多。养鳗业已广泛采用适合鳗鲡两种摄食方式的饲喂方法，投喂糊状饲料团和活饵料等。

鱼类的视觉、嗅觉和侧线等感觉器官在摄食活动中起重要作用。真骨鱼类眼睛的感光细胞是视网膜视锥细胞和视杆细胞。视锥细胞是感受光亮的，确定食物的方向和位置，是鱼类成功捕食所必需的感光细胞；视杆细胞对放射能具有高度敏感性，在鱼类捕食方面起重要作用。鱼类侧线器官的顶器覆盖有一系列感觉毛，能够鉴别水流方向与大小以及食物在水中的活动情况。绝大多数真骨鱼类仔鱼阶段的视觉器官已具有视锥细胞，可以有效捕食轮虫等浮游动物；而鳗鲡早期仔鱼和柳叶状仔鱼的视网膜无视锥细胞，只有视杆细胞（变态后溯河期的白仔鳗才具有两种视觉细胞），同时，仔鳗的侧线器官尚未形成。因此，早期仔鳗S形攻击摄食轮虫等浮游动物的成功率很低。但是，白仔鳗、幼鳗和成鳗的眼睛视网膜中已有视锥细胞和视杆细胞两种视觉细胞，而且瞳孔能够活动（在黑暗中瞳孔可张弛），侧线器官已发育完善，因此，具有S形攻击捕食游泳动物等饵料生物的能力，而且效率很高。

摄食习性。仔鳗、幼鳗和成鳗都具有触碰食物后咬食的习性。鳗鲡的嗅觉器官发达，嗅窝内的嗅觉上皮形成长形的花瓣状皱褶，增大嗅觉器官的面积，对食物的敏感性极强（与狗相似），而且具有颌齿；发现与鉴别食物能力强，但口裂较小，当吻部触碰到糊状饲料团后，开口咬住软形物，上下颌齿刺入食物中，猛然甩头撕下饲料。

胚后发育各个阶段的食物组成。早期仔鳗（包括柳叶鳗）在海洋中漂游时期摄食种类尚不清楚，根据人工饲养早期仔鳗及柳叶鳗的摄食情况，可以推测其食物组成应当是个体较大、活动性较弱且质地较软的海洋浮游动物。溯河期的白仔鳗（全长49.5～63.0 mm）摄食浮游植物和原生动物、轮虫、桡足类等浮游动物，以及丝蚯蚓、水生昆虫幼虫、贝类残渣及有机碎屑；溯河途中主要摄食浮游动物、水生昆虫幼虫、小型虾、蟹和小鱼苗，以及植物碎片和种子等。幼鳗和成鳗摄食水生昆虫、底栖动物、虾蟹类、鱼类等，也吃植物性食物和人工配合饲料，属于动物性食性或偏动物性杂食性鱼类。

2. 繁殖生物学和人工繁殖试验研究

鳗鲡在淡水中不能发育成熟，降河入海后在漫长的生殖洄游过程中性腺逐渐发育成熟。鳗鲡繁殖生物学有许多内容是未解之谜：如何洄游到产卵场，性腺发育成熟所要求的生态条件，产卵场的生态环境条件，在自然条件下亲鳗产卵行为，早期仔鳗如何变态为柳叶鳗，柳叶鳗如何变态为白仔鳗，等等。

鳗鲡的性成熟年龄与规格尚不能准确确定，只能通过在淡水中生活的时间，以及生殖洄游季节在河口地区捕到的降河鱼进行综合的测定、鉴别。鳗鲡在淡水中生活的时间较长（3～20年），日本鳗鲡降河个体体长为300～800 mm，欧洲鳗鲡为400～620 mm以上，成熟年龄为5～6年。

降河鳗鲡的雌雄，可从体长、外形特征和第一性征等3方面综合鉴别。日本鳗鲡体长400 mm以下的全为雄性，700 mm以上全为雌性，400～700 mm之间的雌雄均有，随着体长增长，雄鳗出现率渐少，而雌鳗出现率渐增。雌鳗眼小而眼间距大，吻部长而宽且圆钝，体型肥大且圆而粗，体背部呈灰色、黄褐色和褐色；雄鳗眼大而间距小，吻部短而突且尖，下唇端多呈紫黑色，体型瘦小、圆而略细，体背部及两侧常呈乌黑色。雌雄生殖腺（日本鳗鲡体长180～250 mmm开始性分化），右侧短于和小于左侧。下海个体卵巢处于Ⅰ、Ⅱ期，发育最好的可达Ⅲ期，随着卵巢增大、增厚，皱褶增多，卵径逐渐增大，颜色由淡红色或白色变为淡黄色；精巢由平圆形小叶相互重叠连接成链条状，称“叶状器官”，早期小叶薄而透明，随着小叶发育、长大，血管增多呈淡红色，继而小叶增厚，交互重叠，呈乳白色。

产卵场位置。3种鳗鲡的产卵场位置已基本调查清楚，经60年（至1991年）的调查分析判断：日本鳗鲡的产卵场位于马里圣岛以西的北赤道深海域，即北纬15°、东经14°附近；欧洲鳗鲡的产卵场在大西洋西部马尾藻海，北纬22°～30°，西经48°～65°，即百慕大群岛东南海域水深6 000～7 000 m的深海区，鳗鲡产卵场在水深400 m左右；美洲鳗鲡的产卵场也在百慕大群岛东南海域，距欧洲鳗鲡产卵场以西不远。

性分化。日本鳗鲡和欧洲鳗鲡性分化时间基本相同，自白仔鳗开始持续1年左右。日本鳗鲡不存在雌雄同体阶段，欧洲鳗鲡是否存在雌雄同体阶段，目前尚未有统一的结论。

试验研究表明，日本鳗鲡降河前缺乏GtH刺激，达不到性成熟，雌鳗成熟系数为1%～2%，雄鳗为0.025%～0.05%。经多次注射鲤鱼脑垂体和HCG或LHRH-A和DOM混合液，可使其脑垂体GtH含量明显增加（单独注射一种药物，GtH含量增加不明显），即经过外源激素（鱼类脑垂体、HCG、LHRH-A等）长期诱导，性腺可以发育成熟，雌鳗和雄鳗的性成熟系数分别达50%～60%和5%～20%。亲鱼催产率可达30%～40%，或更高一些。

鳗鲡在人工催熟条件下，可自行在较浅水层中交配产卵，也可进行人工授精，其发情与产卵行为与鲢、鳙等鲤科鱼类相似。日本鳗鲡的成熟卵有油球，浮性，卵径为1.2 mm左右，受精卵在水温9～20 ℃孵化时间为48 h左右，刚孵出的仔鳗体长

3 mm左右，胚胎发育适宜水温为20～26 ℃，适宜盐度为15～35。

20世纪60年代已开始进行日本鳗鲡的人工繁殖试验研究。日本学者于1973年进行人工授精、孵化，获得成功；“七五”和“八五”期间，我国在对亲鳗催熟、催产、孵化等方面都取得很大进展，孵化后3～5日龄仔鳗大量死亡，仅少数成活到24 d。1999年日本学者采用鲨鱼卵冷冻干粉末糊状饲料饲喂人工孵化的仔鳗，发育至253 d，体长达30 mm以上，并完全变态为柳叶鳗，但至今为止仍未育成鳗苗，更谈不到批量生产。

3. 鳗鲡苗的捕捞、暂养和运输

我国各江河入海口，南自北部湾、北至鸭绿江口，以及岛屿周围均产日本鳗鲡苗。产量较高的有广东省韩江口，福建省厦门和闽江口，浙江省萧山、绍兴和宁波，上海市长江口崇明、奉贤和南江，江苏省东台、射阳、盐城以及台湾地区四周江河入海口，其中以江苏和浙江省最高，福建省、广东省和上海市次之。鳗鲡苗产量各年波动很大。

溯河鳗鲡苗系白仔鳗，全长5 cm左右，体重0.15～0.2 g，白天栖息于水底，潜伏在石缝、草丛、沙砾中，夜晚出来活动、觅食，当水温达8 ℃以上时便成群溯河而上，称汛期。鳗鲡苗汛期，南早北迟，广东省为12月至翌年2月，台湾地区为11月至翌年1月，福建省为12月翌年3月，浙江省为1月～4月（1月～2月是盛期），江苏省为1月下旬至4月，鸭绿江口为3月～5月。

鳗苗溯河最低水温为8 ℃，适温12 ℃，水温过低和温差过大都会影响溯河数量。鳗苗溯河时间多集中在日落后至黎明，大潮溯河数量比小潮多，涨潮比落潮多，并以日落后到开始涨潮3 h为最高峰。淡水水流量越大，鳗苗上溯量越多，无风、微风天气溯河数量多，有风天气上风处多。

采捕方式。选择水流通畅、流速适中、水深3 m以内、有淡水流出的江河口，以及水闸汇泄水地段，采用手抄网、三角推网、扳网和张网等多种网具进行采捕。

手抄网是用圆形框架与25～30目尼龙纱绢网袋构成。三角推网是用两条1.8 m长竹竿与1.0 m横竹竿交叉固定成的三角形框架，下缘缚有25～30目尼尼龙纱绢网片袋，呈簸箕形。两种网具在沿河口浅滩水深1 m处作业，采捕的鳗苗质量较好，但采捕面积小，产量低。

扳网框架呈四方形，每边长3 m，下缘缚有25～30目聚乙烯网袋，网目规格从边缘至中心逐渐加密，中心为集鳗苗网袋。设置在水闸附近或靠近河口的浅滩处，定期捞出网中鳗苗，操作简便灵活，鳗苗质量好，但采捕数量有限。

张网结构似曳网，由袖网和囊网两部分构成，两侧袖网在水中呈喇叭口形，袖网后部接囊网，囊网末端接漏斗网或集苗箱。将数个张网并排设置（定置）于河口、海湾处，网口朝向海洋，鳗苗随潮水漂游入网囊中，定时起网捞苗，可大批作业，采捕数量多，但易混进杂鱼苗和渣物，且鳗苗身体易受伤，影响成活率。

鳗苗暂养。拣去混入鳗鲡苗中的杂鱼、杂虾、残物，以及死苗和伤苗后，将体质好的鳗苗暂养起来，恢复体质，排除污物，必要时可采用降温措施（水温控制于6～8 ℃）。可以采用网箱暂养，用28～30目聚乙烯网布制成网箱（规格不限），设于水质较好、水深1 m以上的河道或池塘及混凝土池中，放养密度一般为3～6 kg/m^2。也可以用混凝土池暂养，面积4～10 kg/m^2，深1 m左右，放养密度为1～2 kg/m^2，池内设注排水口和喷水与增氧设备。

鳗苗运输。通常采用尼龙袋充氧密封法，放苗密度一般为每千克水中1 kg鳗苗，运输30 h成活率可达90%左右，如气温高于20 ℃应采取冰块降温措施，使袋内温度保持10 ℃左右。运抵目的地后，先将尼龙袋放在池内，使袋内温度接近池水温度，再开袋放苗。

4. 鳗鲡养殖场建设技术要点

我国鳗鲡养殖方式有静水式养殖、温流水养殖、封闭式循环水养殖和食用鱼网箱养殖等多种方式。最常采用的是露天静水式养殖，造价低，用水量少（日换水量10%～5%），节能，但单位产量较低（150～22.5 kg/m^2）。

露天静水式养殖场场址的基本条件（水深、水质、土壤等）与鲤科鱼类养殖场相似，但用水量较大。饲养池有混凝土池和土池两种。混凝土池分4级，1～3级池用于培养鳗鲡苗种，第4级池饲养食用鳗；土池塘分3级，1～2级培养苗种，第3级池塘饲养食用鳗。1级混凝土池专门用于白仔鳗培育，多修建于温室内，2～4级混凝土池和3级土池塘建于室外。4个级别混凝土池的面积比例通常为2∶8∶15∶75。

养殖场的主要建筑工程有厂房、混凝土池，以及进、排水管道。厂房一般采用砼柱或钢柱架槽钢人字形屋架，灰白或透明玻璃钢（透明度为75%以上）波形瓦屋面，层高2.4 m左右，屋架跨度12～15 m，间距5～6 m，四壁填保温材料，混凝土抹面，厂房要有通风设施。养鱼池面积为40～50 m，方形切角或圆形，排水管设于池中央。锅炉加温。过滤池占养鱼池总面积10%。

5. 鳗鲡苗和鱼种培育

鳗鲡鱼苗培育是将体重0.13～0.4 g白仔鳗经过30 d左右饲养成体重2 g左右的黑仔鳗。鳗鲡鱼种培育是将黑仔鳗经过120 d左右饲养成体重20 g左右的鱼种。

（1）鳗鲡苗培育。

① 鳗鲡苗质量鉴别。注重观察其规格、形态和活动能力。

日本鳗鲡苗（白仔鳗）全长46～70 mm，平均体重0.145 g（0.17～0.12 g，6 000～8 700尾/千克）；全身玉白色且透明，眼小，身体较圆，尾柄无黑色素；放于手掌上能够左右上下做弯曲形跳动，行动活泼。

欧洲鳗鲡苗全长62～85 mm，平均体重0.38 g（0.25～0.50 g，2 000～4 000尾/千克）；身体较大，透明，眼较大，体圆，尾柄有星状黑色素，沿体轴自头后至尾部有一条红色线；放在手掌上只能做左右摆动，活动能力较弱。

澳洲鳗鲡苗全长44～64 mm，平均体重0.13 g（0.11～0.16 g，6 000～10 000尾/千克）；身体较小，头稍圆，尾部有点状黑斑；活动能力较强。

美洲鳗鲡苗全长46～55 mm，平均体重0.127 g（0.10～0.154 g，6 500～10 000尾/千克）；身体短小，眼较小且略突出；活动能力与日本鳗鲡相似。优质白仔鳗规格整齐，体色玉白色且透明，健壮且活动能力强（成群逆水游动），无伤，无寄生虫和病原感染。

② 培育技术要点。白仔鳗身体幼嫩，对外界生态环境条件的适应力较差，需要在优异条件下进行精心培育才能获得较高的成活率。

白仔鳗一般采用室内混凝土池培育。放苗前检修、调整进排水管道和增温、增氧设备，准备好饵料台并安装好台上方的诱鱼灯（15～25 W带罩灯）；放水冲洗池底及四周，用生石灰（200 mg/L）或漂白粉（20 mg/L）全池泼洒消毒，鳗苗入池前1周再用高锰酸钾液（20～30 mg/L）消毒清刷干净后，放30 cm水并调节好水质（盐度7左右、溶氧量5.0 mg/L以上）和水温（12～15 ℃）。

放养密度及注意事项。日本鳗鲡和澳洲鳗鲡白仔鳗为600～1 000尾/平方米，欧洲鳗为500～600尾/平方米。放养鳗苗时应当将尼龙袋放入池水中30 min左右再开袋放苗，注意袋里的水温与池水温度相差不得超过3 ℃；每个池放同批捕捞的规格整齐的鳗鲡苗。鳗苗入池24 h后缓慢升温，每天升温2～3 ℃，4～5 d升至26～28 ℃（养日本鳗鲡的池水温度略高于欧洲鳗鲡）；入池36～48 h后当水温升至22～24 ℃，每日换水30%，而且在3～5 d将池水盐度逐渐降至淡水。

投饵。先将丝蚯蚓漂洗，暂养4～5 d，投喂前用0.5%～1%食盐水浸泡30 min。当池水温度升到20～22 ℃便可全池泼洒丝蚯蚓，6～7 d后逐步缩小泼洒范围，将白仔鳗诱引到饲料台处，并逐渐减少丝蚯蚓的投喂量，从占白仔鳗体重的20%～30%减到占其10%～15%，经过4～5 d驯食，使鳗苗养成定时、定点、定量的摄食习惯以后，便可转为正常投饵。

驯食阶段，每日于6：00、14：00、22：00投喂3次或5：30、17：30投喂2次，每次投喂30 min左右，日投饵量为25%～35%（或45%）。

转食阶段，即由投喂丝蚯蚓转到完全投喂白仔配合饲料。转食方法：第一天喂70%丝蚯蚓和30%白仔饲料，第二天喂50%丝蚯蚓和50%白仔饲料，第三天喂30%丝蚯蚓和70%白仔饲料，以后全部转喂白仔饲料。每天6：00和18：00各投喂1次，日投饵量为6%～8%，每次投喂量以在30 min左右吃完为宜（八分饱）。

完全投喂白仔饲料，是将饲料加水搅拌成食团，用竹刀在饵料台上摊成薄层，便于鳗苗由边缘向中央摄食，以提高饲料利用率。

培育鳗苗的水温度应当保持在26～28 ℃，每日换水3次，日换水量达100%，换水时池水温差不要超过1.0 ℃。每次投喂后2～2.5 h清扫池底，吸除残饵及粪便。前期水位保持30 cm左右，后期水位升至60 cm左右。随时开动水车式增氧机，使池水溶氧保持在5 mg/L以上，必要时用生石灰调节水质。

白仔鳗经过35～45 d培育，身体长大，大小分化明显，应当适时进行筛选并分池培养。鳗苗长到一定规格，停食1 d，降低水位（35～40 cm）和水温（22～24 ℃），投喂较坚硬的饲料团，诱集鳗苗，用抄网反复抄捕；然后，继续降低水位至20 cm左右，在出苗口安装集苗袖网和网箱，开启集苗管阀，使鳗苗随水流进入集苗网箱中，全部捕出。采用竹制鱼筛和槽式筛选器在池水中进行筛选，操作动作要轻，并开启增氧机，避免苗种因缺氧而死亡。分选好的鳗苗种按规格分池养殖，体重达1.2 g的转入黑仔鳗池培育，未达到规格的仍然在原池继续培养至1.2 g后再转入黑仔鳗池培育。

（2）鳗鲡鱼种培育。

混凝土池培育。鳗鲡鱼种培育期间个体生长差异较大，通常采用分级培育方式，饲养20～30 d筛选分池一次（方法同白仔鳗培育），由体重2 g养到20 g左右，约分池2～3次。放养密度分别为200～300尾/平方米、100～200尾/平方米和60～150尾/平方米（三合土池底的放养密度稍大）。

放养前修整培育池，注水，消毒，搭遮棚，安装增氧机（0.75 kW，1～2台/池）和饵料台（面积为池塘的2.0%～2.5%）。

饲养管理。投喂黑仔饲料和幼鳗饵料，日投喂2次，日投饲量2.5%～3.5%，饲料与水比例为1：1.5～1：1.4（水温偏高时为1：1.3），搅成糊状，“四定”投饵。日本鳗鲡池水温保持在26～28 ℃，欧洲鳗鲡池水温为25～26 ℃。池水水位为60～80 cm，日换水1～2次，换水量为50%～100%。每日洗池、排污1～2次，适时开启增氧机，保持池水溶氧量在5 mg/L以上。加强水质监测，经常泼洒石灰水，定时检测鱼体，发现疾病立即对症治疗。广东省等南方地区尚有利用土池塘培育黑仔鳗至鱼种的，放养密度比混凝土池少，饲养管理方法与鲤科鱼类鱼种培育相似，其水质管理技术基本相同。

6. 食用鳗鲡饲养

食用鳗鲡养殖是将体重20 g左右的鱼种养成150～200 g或400 g以上的商品鳗鲡（幼鳗）。我国养殖食用鳗鲡，通常采用混凝土池露天静水方式和温流水方式，以及土池塘露天静水饲养方式。混凝土池养殖，通常是单养鳗鱼。土池塘养殖，有单养、混养和搭养3种类型。

（1）混凝土池露天静水养殖。放养前放干池水，清理池壁和池底，除掉过多的淤泥，检查和维修注、排水系统及饵料台等，用生石灰清池，安装增氧机，然后蓄水放养鱼种。

鱼种体重20 g左右，规格整齐，体质健壮，背部肌肉丰满，体表清洁，鳍条无损，不充血，游泳活泼，溯水能力强。放养前用盐水（1.5%～3.0%）药浴30 min，给鱼体消毒。

食用鳗鲡饲养全程一般进行3～4次筛选与分池，根据水源、换水量、设备条件以及饲养技术水平，确定各级鱼种的放养密度（表5–49）。

表5–49　不同规格鳗鲡鱼种分级饲养的放养密度

规格（g）	放养密度	
	尾/平方米	g/m^2
12～20	11～16	195～225
20～40	12～14	270～360
40～60	10～11	450～600
＞60	＜9	＞600

注：引自李德尚等（1993）

欧洲鳗鲡体重33.3 g和50 g鱼种，放养密度分别为4.5～5.5尾/平方米和3.8～5.00尾/平方米，略低于日本鳗鲡。

“四定”投饵。定质：新鲜饲料要求鲜活、清洁，配合饲料中的鱼粉色黄、味佳、粉末细、杂质少，蛋白质高于60%，脂肪低于8%，α-淀粉黏结性强；幼鳗饲料蛋白质含量为47%左右，成鳗饲料为45%以上。定位：饵料投于食台（用绳索悬挂，使台底高出水面1～2 cm）上，投饵后食台底与水面接触，以减少饲料失散并便于观察鳗鲡吃食动态。定量：日投饵饵量随个体大小和水温而变化，鲜饵料和配合饲料的投喂量分别为15%～20%和3%～5%，已达食用鱼规格的则分别为10%～15%和2%～3%；水温13～28 ℃期间日投饲量随温度升高而逐增（0.5%～3%），水温增高到29～35 ℃时日投饵量随温度增高而下降（2.5%～0.5%）。定时：一般每天9：00～10：00投喂1次，也有在6：00和18：00投喂2次的；根据水温、天气、水质和池鱼活动等具体情况可适当提前或推迟。

调节水质。鳗鲡对水质的要求比鲤科鱼类高，水质主要指标：pH为7.5～8.5，透明度30 cm左右，溶解氧5～10 mg/L，非离子氨≤0.02 mg/L。调节水质的主要措施是在混凝土露天池水中培养微囊藻，依靠微囊藻吸收无机盐类净化水质和产生氧气保持高溶氧量。鳗鲡鱼种入池前引入微囊藻种，施适量化肥（1.5～3 g/m^2氮肥和0.5 g/m^2磷肥），池水逐渐变为蓝绿色，通过换水等措施调节肥度和水色，使池水持续保持正常的蓝绿色；同时，应当适时适量施撒漂白粉（1 mg/L）和敌百虫（0.3～0.4 mg/L），以控制轮虫和枝角类数量，避免其繁衍成灾。定时开启增氧机，黎明前和中午分别开机2～3 h。每天换水排污1～2次，日换水量依放养密度和水质情况而异（1/7～2/3）。注意排净池内的粪便和污物。

轮捕与分养。鳗鲡鱼种争食激烈，随着饲养时间的延长个体大小差异明显，必须及时捕捞筛选，按规格分池饲养，达到商品规格的食用鳗鲡应及时出售。此项工作一般每月进行1次，全年进行6～7次。

捕捞前停食1 d。捕鱼时动作要轻而快，起网后立即放入网箱，开动增氧机，以防缺氧浮头。

（2）土池塘露天静水养殖。土池塘露天静水养殖鳗鲡食用鱼，具有投资小、成本低、用水量少、技术要求低等优点。我国南方各省和台湾地区广泛采用这种养殖方式。

养鳗池塘的水源与水质、地质与底质、面积与深度（0.5～1.0 hm^2与1.5～2.0 m）、形状与周围环境等基本条件，与养殖鲤科鱼类的相似，但鳗鲡在阴雨天等湿润条件下容易离水爬行逃逸，因此，在池堤上方（顶端）最好砌有T形防逃墙。

鳗鲡鱼种入池前各种准备工作基本上与混凝土池露天静水养殖方式相似，池塘清整工作与鲤科鱼类池塘相同。

鱼种的选择标准及鱼体消毒，与混凝土池露天静水养殖相同，但其放养密度和放养方式不同。土池塘静水养殖仍然采取分级饲养方式，各级放养密度都比混凝土池稍低，欧洲鳗鲡放养密度略低于日本鳗鲡。

为了合理利用池塘天然饵料及其空间，通常在养鳗池里搭养少数鳙、斑点叉尾鲴、长吻鮠、鲮等鱼类。土池塘露天静水养殖鳗鲡食用鱼，分级放养密度如下表；鳙和斑点叉尾鮰或长吻鮠等的放养密度，分别为0.03～0.06尾/平方米和0.03～0.05尾/平方米。

表5–50　池塘饲养鳗鲡的分级及放养密度

鱼池级别	放养规格（尾/千克，克/尾）	出池规格（尾/千克，克/尾）	放养密度（万尾/公顷，尾/平方米）	饲养天数（d）	备注
1	500～800，1.25～2.0	100，10	19.5～22.5，19.5～22.5	25	体重达100尾/千克分池，余下原池继续暂养
2	100，10	25～35，28.6～40	10.5～13.5，10.5～13.5	40	体重达25～35尾/千克分池，余下原池继续放养
3	25～35，30～40	7～10，10～142.9	5～7.5，4.5～7.5	45	体重达7～10尾/千克分池，余下原池继续饲养
4	7～10，100～143	≤2.5，≤400	2.3～3.0，2.3～3.0	150	达到上市规格（400 g），分批上市

实行“四定”投饵，具体内容和方法与混凝土池养殖相同。水质调节指标与混凝土池露天静水养殖也大至相同，其调控方法与养殖鲤科鱼类相似，只要池水持续呈现“肥、嫩、爽”状态，而不出现“老化”即可。也就是说，池水中的浮游植物优势种群并非一定是微囊藻，绿藻也是可以的，然而也不是以绿藻为主的池塘中出现了微囊藻就不是好水了。

鳗鲡池塘使用的增氧机通常为水车式及旋转式，一般1 500 m^2水面配置一台。水车式增氧机不仅具有增氧功能，而且可使池水形成水流（按一个方向流动）。大型池塘需要配置多台增氧机，以形成较大的循环流，加快池水流动速度。增氧机应设置在靠近池塘边（距池中心1/3处）。面积更大的池塘，中央需要设置一台旋转式增氧机。

注重做好池塘水质调控工作，如2～5 d换1次水（10%～20%）、定期施洒生石灰等。

土池塘露天养殖食用鳗鲡的轮捕与分养，与鳗鲡鱼种培养及混凝土池养殖相同，一年进行4～5次（1～2个月进行1次）。

（十二）鲑鳟养殖

我国虹鳟养殖遍及南北各地，部分地区还养殖了金鳟（虹鳟的人工品系）、山女鳟（马苏大麻哈鱼陆封种）和白点红点鲑。鲑鳟鱼类系冷水性和短日照型，秋、冬季产卵，生长上限水温为20 ℃，繁殖上限水温为13 ℃。

14世纪古罗马开始进行鲑卵孵化，1838年英国进行人工放流幼鲑，1872年美国开始养殖土著鱼类虹鳟，1877年日本从美国引进虹鳟发眼卵开始建立养鳟业，1880年虹鳟移入欧洲，以后逐渐扩展到世界五大洲，成为各国的重要养殖鱼类。20世纪80年代以来，虹鳟养殖业已发展成为世界性水产养殖业，养殖方式为淡水流水养殖和海、淡水网箱养殖。鲑鳟养殖产量达2万吨以上的有挪威、智利、美国、加拿大和日本等5个国家，其中挪威养殖大西洋鲑年产超过40万吨。

我国养鳟业始于20世纪50年代末，1959年朝鲜政府赠送给我国虹鳟发眼卵5万粒和当年稚鱼0.6万尾，由黑龙江水产研究所进行养殖试验，在海林市横道河子建立我国第一个虹鳟试验站，1963年人工繁殖成功，1968年生产发眼卵200万粒，并向黄河流域地区推广养鳟技术。此间，1964年朝鲜平壤市赠送我国虹鳟亲鱼24尾、当年稚鱼200尾，同时在北京市水产研究所、山西省太原市和辽宁省营口县进行养殖试验。1978年，黑龙江水产研究所将渤海虹鳟试验场扩建为我国第一个综合性冷水鱼试验站。1983年美国华盛顿大学赠送给青岛海洋大学道尔逊氏（Donaldsons）虹鳟发眼卵2万粒。1996年黑龙江水产研究所从日本引进金鳟、山女鳟和白点红点鲑发眼卵，人工繁殖和养殖成功。1998年北京从美国引进陆封型大西洋鲑，新疆博尔塔拉蒙古自治州赛里木湖从俄罗斯引进高白鲑发眼卵，人工孵化、放养成功。据不完全统计，至2002年全国已有虹鳟养殖场800余家，分布于北京、黑龙江、辽宁、甘肃、山西、河北等29个省（市），年生产发眼卵2 800万粒、虹鳟0.6万吨，养殖用水总流量达25.0 m^3/s。

我国先后开展了虹鳟繁殖生物学、繁殖生理、病理、营养生理、生物技术及全雌育种、营养需求及饲料配方等应用基础理论研究和应用技术研究，以及细鳞鱼、哲罗鱼和红点鲑等名优土著鱼类生物学研究，并对虹鳟养殖放养密度、温度、水流量与生长速度及鱼产量的关系进行了综合比较研究。研究探明冷水性鱼类性腺发育、成熟规律，以及卵子质量与温度、营养的关系；创建虹鳟病毒性疾病IPN和IHN病毒分离鉴定技术、弧菌病及链球菌病诊断与病原菌分离鉴定技术，探明复口吸虫病病原学原理；系统研究解决人工采卵与孵化、稚鱼培育和成鱼饲养等全人工养殖系列技术，稚鱼高密度培育和食用鱼高产关键技术，发眼卵、苗种和成鱼长途运输技术，以及海上网箱养殖虹鳟技术和主要疾病防治方法。我国虹鳟受精卵发眼率和孵化率高达80%，苗种培育成活率达90%，食用鱼养殖成活率达95%，2005年鲑鳟食用鱼产量达1.59万吨，单产高达67.45 kg/m^2。

1. **生物学特点**

冷水性鲑鳟鱼类生物学特点。性成熟个体在自然条件下只有在日照逐日变短和水温逐日降低的秋、冬季才能正常发育、成熟和受精，通常在10月至翌年2月产卵繁殖；在水温超过13 ℃的条件下，性腺不能正常发育、成熟和受精；生长适宜水温为4～20 ℃，最适温度为12～18 ℃，超过20 ℃生长变慢，摄食量减少，高于24 ℃容易死亡；喜在澄清水中生活，对溶氧量要求高（≥7 mg/L）；在池塘中虽然能正常发育成熟，但不能自行产卵。

2. **养殖场建设和养殖设施**

（1）养殖场的类型及其建场的基本条件。我国鲑鳟养殖场有综合型、专业型和游钓型等3种类型。综合型养殖场的生产环节完全，包括亲鱼培育、人工繁殖、苗种培育和食用鱼养殖，规模较大，综合效益较高，兼营饲料、鱼品加工和游钓。专业型养殖场包括人工繁殖场、苗种培育场和食用鱼养殖场：人工繁殖场，从事亲鱼培育、采卵与孵化、发眼卵销售等工作，兼营苗种培育；苗种培育场，生产发眼卵和培育苗种，兼营当年鱼饲养；食用鱼养殖场，专一饲养与销售食用鱼。游钓型养殖场一般兴建在适合养殖鲑鳟类的旅游山区，生产经营食用鱼，供旅游者观赏、垂钓与现场烹调食用。

建立鲑鳟养殖场的基本条件。首先，要有适合冷水性鱼类生长发育的冷水源，水温周年变化幅度为1～24 ℃，最好为4～20 ℃，年均8 ℃左右；山涧溪流、泉水、地下井水、水库底排水、海拔较高的水库与湖泊等皆可。其次，流量要符合建场规模的基本要求，年产鲑鳟食用鱼20～30 t的流量应当达到0.1 m^3/s（100 L/s）；水源质量指标要求比鲤科鱼类高得多，其中H_2S、NO_2^--N等有害物质绝对不允许超标。第三，地形和电源等物质条件，以及交通和市场条件都要符合基本要求，鱼池最好建在有一定坡度的地方（100 m坡降1 m），便于水源自注、自排，以降低养殖成本；如果在山谷中建池，则应当避开洪泛区。

（2）养殖设施。

鱼池。鱼池总面积占养殖场总面积的70%～80%，包括亲鱼、上浮稚鱼池、稚鱼池、幼鱼池和食用鱼池。管理用房、库房和场内道路占20%～30%。

鱼池多采用混凝土或水泥砌石结构，长方形，长与宽比例为（4～5）：1。上浮稚鱼池面积为2～3 m^2，水深20～30 m，饲育孵化后至开始驯食期的稚鱼。稚鱼池面积10～40 m^2，水深30～40 cm，饲育驯食后至10 g的稚幼鱼；幼鱼池面积60～100 m^2，水深30～60 cm，饲育10～50 g的幼鱼；食用鱼（亲鱼）池面积

100～200 m^2，水深60～80 cm，饲育50 g以上的食用鱼或亲鱼。

鱼池数量和养殖场规模取决于水源流量（表5–51）。水源流量10 L/s（10 kg/s）可修建100 m^2鱼池。

表5–51 鱼池面积、数量和供水量与鱼产量的关系

供水量（L/s）	总面积（m^2）	鱼池数（个）	鱼产量（kg）
15～20	165	2～3	3 000～5 000
25～35	330	3～5	5 000～10 000
60～80	660	7～9	15 000～25 000
90～120	990	10～15	30 000～40 000

注：引自王昭明（2004）

综合型养殖场应当修建各类鱼池数十个，以便分类（级）饲养管理，亲鱼池、稚幼鱼池和食用鱼池比例通常为6∶30∶64。小型养鱼场一般修建3～5个鱼池（不少于2个）。

鱼池的前、后堤设置注、排水口，过水断面应当达到池宽的3/4以上，以保持全池各处都能够过水，无死角。池底前后应有1%以上的坡度，排水闸门要设水位控制闸门、底排水闸板和拦鱼栅闸板。土质较坚实的地方，也可修建土池（成本低），但进、排水口应为混凝土结构。

几类鱼池的布局要合理，以提高水和土地的利用效率。稚鱼池应安排在水源的上游，幼鱼池在中部，食用鱼池在下游。为了防止水源杂物进入鱼池，在入池前设有沉淀池。鱼池采用串联方式，2～3排串联在一起。但若鱼池串联过多，下游鱼池水质污浊，溶氧量过低，则会影响养鱼效果。

鲑鳟在寒冷的冬季进行繁殖，采卵和孵化工作分别在采卵室和孵化室内进行。采卵室和孵化室可以合用，也可以作为上浮稚鱼驯育室。100 m^2房间满足孵化500万粒发眼卵和培育200万尾孵化稚鱼的需要。室内设有注、排水系统和放置孵化容器设施，以及亲鱼暂养设备。

采卵工具。包括木制采卵架（长1 m、宽0.6 m、高0.8 m），以及人授精用的采卵盆和受精盆等。采卵网盆为市售塑料网盆或不锈钢网盆，用于盛卵、洗卵。受精盆可采用洗脸盆，用于精、卵混合受精。渗液淋洗器可用淋水喷壶代替。

孵化器。用于孵化鲑鳟受精卵至发眼期的孵化器，常用的有改良型槽式阿特金孵化器、孵化瓶和孵化桶等。目前，我国普遍采用孵化桶，由市售塑料桶（桶高和上口径各30 cm）、塑料网盆或带孔的塑料板（底部离桶底约3 cm）、塑料注水管（内

径3 cm）和桶盖构成。每桶装卵10万粒，孵化用水进入桶底，流经网盆中受精卵和胚胎，从桶口溢出，过水均匀，卵受震动轻，孵化率高，成本低。

我国普遍采用的鲑鳟胚胎出膜孵化器称平列式孵化槽，材质为玻璃钢或塑料板，由孵化盘和平列槽构成。平列槽上端内径长300 cm、宽42 cm，底端内径长300 cm、宽40 cm、深17 cm，槽的一端设有内径5 cm的排水管。孵化盘为正方形，上端边长42 cm，底端边长40 cm，深14 cm，盘底部和后侧壁有直径2 mm筛孔，后壁底缘下伸3 cm挡水板。4～5只孵化盘串联排列于平列槽内。每只孵化盘容卵1万粒左右，发眼卵置于孵化盘中，孵化用水注入平列槽后，从孵化盘底部筛孔由下向上流经发眼卵，再从盘后壁筛孔流出。可以用饲育稚鱼水槽或小型池孵化发眼卵，槽底铺一层小河卵石，将发眼卵均匀地放在河卵石缝间，水深保持10～15 cm，每平方米放1万粒卵。也可用木框底部钉上纱网制成的简易孵化盘，装卵后置于流水池中进行孵化。

出膜稚鱼孵化器也可用于上浮稚鱼饲育槽。孵出的稚鱼，卵黄吸收3/5左右开始上浮，开口摄食。可利用孵化盘进行稚鱼驯食，然后将其倒入平列槽进行稚鱼早期培育；也可利用水槽或小水池作为稚鱼培育容器。

鲑鳟养殖场自行加工饲料，需设置粉碎、预混合成型等饲料配套设备。采用市售饲料的小型养殖场，只设置饲料添加油搅拌机即可。

常用器具包括各种规格抄网、网箱、药浴稚鱼容器、筛鱼器、测量鱼体长度和重量的工具、网具、增氧机、鱼池清刷工具和运鱼工具等。

3. 人工繁殖

鲑科鱼类精巢与卵巢、精子与卵细胞，以及与繁殖相关器官的形态结构、成熟性细胞生物学特点、胚胎发育规律及其分期等，都与鲤科鱼类相似。

（1）亲鱼培育。虹鳟、金鳟和日光白点鲑一生产卵多次，产后亲鱼的死亡率为15%～20%，80%以上产卵群体可继续作为亲鱼培育。山女鳟属一次性产卵鱼类，亲鱼产卵后死亡率为60%～70%，少部分个体可存活4年，但性腺发育不正常，因此，需要不断地从后续群体中选育亲鱼。

4种亲鱼都选自人工饲养的食用鱼群体，选择标准非常严格。前3种亲鱼每年选育部分群体即可，山女鳟则需每年选育新的亲鱼。

雌雄鉴别及其比例。鲑鳟性成熟个体第一性征非常明显：雄性吻端尖呈钩状，下颌向上弯曲程度随年龄的增长而增大，尾叉较浅；雌性的吻端钝圆，尾叉较深。雌雄亲鱼比例为（4～5）：1。

年龄与规格。虹鳟与金鳟亲鱼适宜年龄为3～7龄，体重为0.5 kg以上。成熟亲鱼个体越大，绝对怀卵量越大，卵径也越大，但相对怀卵量较稳定，成熟系数为15%左右（8%～27%）。

体质与种质。亲鱼的体质指标为体形好、颜色鲜艳、游动能力强、生长快及对外界条件适应力强；种质指标为遗传基因纯合程度高，避免选用近亲交配个体和遗传性状退化的个体作为亲鱼。

亲鱼放养。不同年龄和不同性别的亲鱼应分池放养，放养密度要比食用鱼稀，一般为5～10尾/平方米（7.5 kg/m^{2}左右）。

亲鱼饲养管理。第一，严格调控水温，培育亲鱼的水温不得高于12 ℃，水温15～20 ℃亲鱼难于获得优质鱼卵，16～17 ℃亲鱼可能发育成熟，但卵不能正常受精。第二，采卵期前6个月要加强营养，投喂高蛋白质（鱼粉55%和豆粉25%，蛋白质含量40%以上）、高脂肪（＞10%）和复合维生素1%以上的饲料，饲料中适量添加虾、蟹粉，以提高卵的质量。如虹鳟饲料添加400 mg/kg虾红素着色剂，饲养30～50 d后其体表、彩虹带和鳍条皆呈现出艳红悦目的色彩，肌肉粉红，卵呈橘红色。日投饵率为1%左右，产卵期减少投喂量（0.3%～0.5%），采卵前2～3 d停喂，产后加强投喂（日投饵1～2次）。第三，调控水流量（1 000 m^{2}鱼池流量为50～100 kg/s），保证溶氧量充足（＞6 mg/L）。第四，做好疾病防治工作。

（2）采卵与人工授精。4种鲑鳟在人工饲养条件下都能正常发育成熟，不需要进行人工注射外源激素就能够排卵，但不能自然产卵。因此，需要进行人工采卵、授精。

成熟良好的雄亲鱼，轻压腹部，乳白色精液自生殖孔中流出，遇水后很快散开。成熟良好的雌鱼，生殖孔红润外突，腹部膨大且柔软，抬高尾部可见卵粒在腹腔中向前流动，轮廓明显。

虹鳟成熟卵质量分为3个等级：一级卵呈橘红色，卵粒圆而饱满，大小均匀，100 g鲜卵含维生素A 460 U以上，胡萝卜素23 μg以上；二级卵呈橙黄色，饱满而均匀，维生素A 400 U左右；三级卵呈浅黄色，卵粒不饱满，大小不均匀，维生素A低于160 U。一、二级卵为优质卵，三级卵为劣质卵。

鲑鳟的卵巢后端不与输卵管相连接，而且输卵管很短，通向体腔的管口呈漏斗状。成熟卵自滤泡中脱出后先落入体腔中，然后从漏斗状管口进入输卵管经生殖孔排出体外。因此，人工采卵时挤压鱼体腹部，虽然多数卵子可顺利地从生殖孔中流出，但体腔中仍留有10%～20%卵。

成熟卵排到体腔后继续进行成熟分裂，在4～6 d期间进入第二次成熟分裂中期，达到生理成熟期。因此，在排卵后的4～6 d内采卵进行人工授精，受精率最高；成熟卵在体腔中滞留10 d后受精率降为80%左右。

人工授精通常采用干法，操作方法和注意事项与鲤科鱼类相同。卵遇水后吸水膨胀，受精孔闭塞，堵住了精子入卵的通路。因此，卵与精液混合之前，严禁接触淡水。试验表明：成熟卵入水30 s和2 min后发眼率分别为52.38%和30.14%，卵在空气中停留30 s和2 min发眼率分别为94.18%和82.7%，卵在等渗液中停留30 s和2 min发眼率分别为100%和92.61%。成熟卵遇水5 min后基本失去受精能力。

为了提高受精率，将卵放入网盆中用等渗液或1%盐水迅速喷洗，洗掉破卵放出的卵黄蛋白，然后放入盆中再挤入精液（1万粒卵加5～10 mL精液）；破卵很少时不经洗卵，受精率也很高。我国多数鲑鳟养殖场一般很少用等渗液洗卵。等渗液是在10 L水中加入90.4 g NaCl、2.4 g KCl、2.6 g $CaCl_2 \cdot 2H_2O$配制而成。

精卵接触后用手搅匀，加入淡水搅拌2～3 min，加水清洗2～3次，然后在清水中静置1 h左右便吸水膨胀。

鲑鳟精子在水中的活力和寿命与鲤科鱼类相似，而且也是单精受精。

（3）受精卵发育和人工孵化。鲑鳟胚胎发育形态变化规律及其分期与鲤科鱼类相似，但孵化水温较低，发育速度慢，进程长。如孵化水温10 ℃，各发育阶段所需时间：2细胞期约24 h，4细胞期48 h，16细胞期16 h，桑葚期48 h，胞胚期3.5 d，胚盾出现5 d，神经板出现6 d，脊索出现7 d，体节出现9 d，眼点出现15 d。受精卵发育至发眼、孵化和稚鱼上浮期所需的天数与水温关系如表5–52。

表5–52　不同温度下受精卵发育至不同时期所需的天数及积温　　（单位：d，℃）

水温（℃）	3.5	5	6	7	8	9	10	11	12	13	14	15
受精—发眼	—	—	30，180	25，175	21，168	18，162	16，166	14，154	13，156	12，156	—	—
受精—孵化	100	75，375	60，360	50，350	42，336	36，324	32，320	29，319	26，312	24，312	22，308	20，300
受精—上浮	—	—	110，660	95，665	80，640	68，612	60，610	55，625	49，588	45，585	—	—

注：引自李德尚等（1993）

鲑鳟成熟卵入水后无黏性，密度大，受精吸水膨胀后计数和分装孵化；卵径为4.0～7.14 mm，每升卵为3 200～18 400粒。胚胎发育对温度和溶氧量的要求很严格，人工孵化的关键技术是调控水温和水流量。

孵化用水的适宜温度为7～13 ℃，最适水温为9～10 ℃，水质要澄清（含泥或悬浮物较多的水要经沉淀或过滤），如水稍有不净，卵表面便会附着有大量沉淀物，影响卵子呼吸，降低孵化率。孵化用水的pH应大于7，小于7（会降低孵化率）时用生石灰清液加以调整。切不可使用含有H_2S的水作为孵化用水，即使仅含有0.006～0.082 mg/L的H_2S，也会降低孵化率。

孵化用水溶氧量应高于6.5 mg/L，孵化桶排出水的溶氧量不应低于4.5 mg/L。桶式孵化的注水量应当不少于3～5 L/min，随着胚胎发育而逐渐增大。

孵化期间要保持进排水通畅，不能发生断水缺氧；孵化水温要稳定，严防发生急剧变化；应当遮光，强光会降低孵化率，当光照达400 lx（相当于晴天一般室内照度）时则对胚胎发育就会有影响；防止水霉菌着生，每4～5 d或每周用0.25‰福尔马林溶液消毒1次，每次持续1 h。受精卵发育至发眼期前应避免震动，不要移动孵化桶和受精卵，力求水流稳定，水流过大对卵也会造成冲击与震动。发眼期以后（积温达220 ℃）把卵从桶中取出放入浮在水面上的拣卵盘中，用竹夹拣出死卵，操作要精细。

发眼卵在出售或转入下一孵化程序前要进行消毒，将伏碘剂（广东白云山制药厂）稀释200倍，配制成消毒液（可连续用2～3次），每5万粒发眼卵用50 kg消毒液浸浴15 min，可杀死附在卵膜上的IHN、IPN病毒，药浴后用清水冲洗5 min。

发眼卵用重量法或容量法计数，用干法运输。每只聚乙烯袋（开孔，孔径3 mm）装卵1万粒，10只袋放入一个硬泡沫塑料箱内，箱底及其四周包一层潮湿的软泡沫塑料，箱的四角装入4只冰袋（每袋装冰500 g），盖好箱盖，捆扎后即可托运。箱内温度保持2～5 ℃，运输3～4 d，成活率可达95%。

5种鲑鳟鱼胚胎发育积温（发育速度）不同，虹鳟和金鳟最少，日光白点鲑和河鳟最多，山女鳟处于中间。

表5-53　完熟卵受精后至各发育阶段的发育积温　　（单位：℃）

发育阶段	虹鳟	金鳟	山女鳟	日光白点鲑	河鳟
发眼	160	160	200～250	230～310	230～310
孵化	320	320	390～480	460～620	460～620
上浮（开食）	600	600	690～880	860～980	860～980

注：引自王昭明（2004）

发眼卵孵化。发眼中期胚胎放入平列式出膜孵化器（孵化盘和孵化槽）中饲育到出膜稚鱼。每个孵化盘（1 600 cm^2）放卵1万粒，拣出死卵，计算成活率。每10

万粒卵供水量为0.2 L/s，孵化水温保持在5～13 ℃。超过13 ℃孵出的稚鱼体质弱，畸形也多；低于5 ℃，孵化时间长，对胚胎发育无益。孵化期间，2 d拣1次死卵，2～3 d清除1次平列槽底沉淀物，而且仍然要遮光。光线对虹鳟发眼卵致死率试验表明：阳光直射组死亡率为15.4%，室外背阴处组死亡率为5.4%，室内明亮组和阴暗组的死亡率分别为0.85%和0.65%。该期的孵化率一般可达80%以上，管理好的可高达95%以上。

4. 苗种培育

（1）早期稚鱼培育。鲑鳟仔鱼是在卵膜中度过的，刚出膜的稚鱼称早期稚鱼（出膜稚鱼、孵化稚鱼），全长12～18 mm，体重70～100 mg，全身半透明，背鳍、尾鳍和臀鳍已出现鳍条，腹部有一个6 mm长的大卵黄囊，侧卧水底，尾部不断摆动，喜集群，怕光，以卵黄为营养，当卵黄囊被吸收3/5以上时开始上浮游动，称上浮期稚鱼，开口摄食。从出膜稚鱼到上浮稚鱼约20 d左右，每个孵化盘放0.8万尾，孵化槽放鱼密度1万尾/平方米。早期稚鱼培育管理内容与发眼卵孵化管理相同，及时拣死鱼并计数，保证水流通畅、遮光等，供水量增大，10万尾的供水量增加至20 L/min。

（2）上浮稚鱼饲育。虹鳟上浮稚鱼全长18～28 mm，体重70～250 mg，奇鳍分化完全，上浮游泳，游泳能力逐渐增强，卵黄囊吸收完，开口摄食（由内源营养转为外源营养），在孵化盘和平列槽中饲育60～90 d，体重达1 g左右。前期（7 d左右）在孵化盘中的密度为0.5万～8万尾/平方米，然后转入平列槽或小型水槽和稚鱼池的密度分别为1万尾/平方米和0.5万尾/平方米。

调控水温和水量是饲育管理工作的重要内容，最适水温应当保持在8～18 ℃，注水量由10万尾的0.5 L/s逐渐增加为1.0～1.5 L/s。前期仍需遮光，1周后无须遮光。

驯食和投喂是饲育上浮稚鱼的关键问题，开始投喂粒径0.2～0.5 mm优质颗粒饲料，均匀撒于水面形成一层饵料薄膜，使每尾稚鱼都能吃到饲料。每天投喂6～8次，持续20～30 d使稚鱼养成主动摄食习惯。当全部稚鱼正常摄食后，改喂硬颗粒饲料，日投饵率为0.4%～7.9%，随着体重的增加而减少，以及水温的升高而增大。

日光白点鲑、白点红点鲑和河鳟开食时并不上浮，只能根据积温400 ℃和稚鱼形态特点进行试投喂，用畜类肝酱（每万尾每天40～60 g），指弹入水，每天投喂6～8次。7～15 d后，在肝酱中加入虹鳟开口饵料，逐渐减少肝酱比例，以养成摄食颗粒饲料习惯。

保持育器卫生，做好疾病预防，及时清扫饲育池中的残饵、粪便等物。7～10 d用0.5‰福尔马林和0.5‰的$CuSO_4$溶液分别浸浴10 min和30～60 s，预防细菌性鳃病和原虫病等疾病。

上浮稚鱼饲育是鲑鳟养殖难度较大的核心环节，其中驯食是该期的关键技术。

5. 当年鱼饲养

0.8～1 g虹鳟和金鳟，以及0.6～0.9 g山女鳟和日光白点鲑，持续培育30 d左右（水温11 ℃）可达1.5～2 g，抢食能力和抗病力均明显增强。

当年鱼饲养系将1～2 g鲑鳟稚鱼经过8～10个月养成100 g～200 g 1龄鱼种（大规格鱼种），虹鳟和金鳟约180 g左右，山女鳟约150 g左右，日光白点鲑和河鳟约120～130 g。

（1）鱼种运输。鲑鳟鱼种的运输方法与鲤科鱼类相似，采用塑料袋（50 cm×100 cm，双层）密封式和鱼篓开放式运输，在装运箱和水篓中加入冰块，使水温保持在10 ℃左右，运鱼密度分别为0.5～1.5 千克/袋（200～2 000尾/袋）、每吨水中4 kg鱼。

（2）放养密度和供水量。在适温条件下，供水量越大，放养密度越大，如表5-54。

表5-54　不同水温下10万尾虹鳟所需的鱼池面积和水量

鱼规格（g）	面积（m^2）	密度（尾/平方米）	注水量（L/s）			
			5 ℃	10 ℃	15 ℃	20 ℃
1	60	1 600	1	2	3	6
2	80	1 200	2	3	6	14
5	100	1 000	3	7	14	23
10	125	800	7	15	26	24
15	160	625	9	22	39	65
20	170	588	12	29	52	87
25	200	500	15	35	62	108
30	205	488	17	37	70	115
40	266	375	21	47	89	148
50	334	299	23	59	98	185
60	400	250	28	62	117	199

续表

鱼规格（g）	面积（m²）	密度（尾/平方米）	注水量（L/s）			
			5 ℃	10 ℃	15 ℃	20 ℃
70	435	230	31	73	136	231
80	533	188	36	83	155	265
90	600	167	41	93	176	300
100	665	150	46	104	196	333
150	1 000	100	60	132	254	428
200	1 330	75	78	154	570	500
250	1 612	62	93	212	357	625
300	1 880	53	102	247	417	729

注：引自刘雄（1990）

在水温适宜的情况下，通常是用供水量来调控池水溶氧量，排水口的溶氧量应不低于3 mg/L。

（3）筛选与分池饲养。鲑鳟是肉食凶猛性鱼类，鱼体规格差异较大时（>2倍）就会出现相互蚕食。因此，在当年鱼饲养过程中必需依池鱼生长差异的具体情况，适时用鱼筛进行规格分选。一般在鱼体达5 g以前筛选一次，5～20 g期间每月筛选一次，20 g时筛选一次，70～80 g再筛选一次。

筛选器可采用半圆形竹鱼筛（家鱼筛）、方形铁丝与塑料管鱼筛，也可制成与池等宽的长方形筛拦在池中筛选。

（4）投喂。饲料成本占养殖总成本的60%，因此，投喂效率直接影响养殖效益。在水温、水质适宜的情况下，投喂效率取决于饲料质量与规格、日投饲量、投喂次数和投喂技术等。市售虹鳟硬颗粒饲料可以满足虹鳟各个发育阶段的营养要求。各个发育阶段（体长3.0～30.0 mm）的饵料适宜粒径为0.5～5.0 mm。日投喂次数随鱼体长大而减少，10 g以下的稚鱼为4次，10 g以上的幼鱼和食用鱼为2次。水温低于6 ℃，每天投喂1次。根据池鱼摄食与活动情况，及时调整投饵量。投饵要均匀，防止饵料沉入水底。

（5）日常管理。日常管理工作包括巡塘，清除注排水口的杂物，保持水流通畅，清除池底残饵、鱼粪等沉淀物；按时测量生长情况，及时筛选、分池和更换饵料规格（粒径）；做好鱼病防治工作。春季枯水期和夏季高温期，应当避免池水缺氧死鱼。

6. 食用鱼饲养

鲑鳟食用鱼饲养是将100～200 g当年幼鱼，经过10个月养成食用鱼规格。

食用鱼规格。山女鳟为300 g以上，虹鳟、金鳟和日光白点鲑为500 g以上。

饲养周期。各地冷水源的年均温度有一定的差异，鲑鳟食用鱼的饲养周期也不尽相同。黑龙江省冷泉水年间水温为1.2～17 ℃，年均8～9 ℃，虹鳟上浮稚鱼饲育12个月可达40～60 g，24个月达400～500 g；北京地区山泉水，水温年变化幅度为9～17 ℃，年均13～14 ℃，饲养12个月和24个月分别达150～200 g和1 000～1 200 g。

鱼种放养密度。即单位面积放养重量，通常为9～20 kg/m^2，为食用鱼产量的20%左右，与水量、水温、饲料和饲养水平有关。

食用鱼成活率。成活率通常都在80%以上，与苗种质量、饲料、水源、放养密度、管理水平等诸多因素有关，但供水量是最重要的影响因素。

日常管理工作。包括巡塘，清除注、排水口杂物，清理池底沉淀物，根据池鱼活动情况和排水口溶氧量调控注水量，定期测量池鱼生长和调整投饵量，做好疾病防治，等等。食用鱼池塘单位水体载鱼量较大，夏季水温高达17～20 ℃时溶氧量常降至3.5 mg/L，需要加大注水量以及采用增氧机等措施，以提高池水溶氧量。

（十三）淡水湖泊渔业开发

天然湖泊是自然形成的大陆洼地的地表水体，是由湖盆、湖水，以及水中所含的矿物质、溶解质、有机质、水生生物等组成的综合体，并参与自然界的水分循环。按盐度划分为三大类型：湖水盐度小于1的称淡水湖泊，盐度为1～35的称咸水湖，盐度大于35的称盐湖。

淡水湖泊是重要国土资源，是拥有多种物质资源、具备多重生态功能的复杂生态系统，具有蓄水防洪、农业灌溉、工业与生活用水、航运、水力发电、火力发电冷却用水、纳污与净化等多种功能。淡水湖泊渔业开发（渔业生产）仅是其诸多功能的一种。

本文系统阐述我国五大湖区淡水湖泊面积、分布、营养类型，响应型湖泊和非响应型湖泊及两者比例，响应型湖泊的贫营养、中营养和富营养的分类标准，藻型湖泊、草型湖泊和混合型湖泊及其比例；1953～2007年我国淡水湖泊渔业发展与科技成就——湖泊生态学调查研究、大中型湖泊增养殖高产综合技术试验研究、大中型草型湖泊增产增效综合技术试验研究、湖泊营养类型划分、渔业性能评价与富营养化研究、水生经济动物移植试验研究、网围养殖方式的研究与实践；淡水湖泊渔业发展和开发基本经验——必须坚持水域生态环境的发育规律、建立水域环境状况监测与保护制度（严禁废水、污水源流入江河和湖泊）、坚持湖泊渔业开发与保护生态环境协调发展（依法治渔，实现湖泊渔业开发及管理科学化）。

淡水湖泊的渔业开发方式依湖泊的大小及其功能而异。小型湖泊的渔业开发方式类似于池塘精养，即清除凶猛鱼类和无经济价值的小杂鱼类，设拦鱼装置，多种鱼类混养，以鲢、鳙为主，并进行人工投饵和施肥；大中型湖泊具有多种综合性功能，必须在保护生态环境和不影响供水、航行等综合开发利用的前提下，充分利用天然饵料资源，实行有针对性的、合理有效的渔业开发方式；深水大型湖泊也具有完善的综合功能，而且拥有一定的天然鱼类资源，但是不具备人工放养的条件，应当采取单纯捕捞天然鱼类的捕捞型渔业开发方式。

1. 藻型湖泊鱼类养殖

淡水藻型湖泊生态学特点：浮游植物是藻型湖泊主要初级生产者，生产量大，湖水透明度较小，水生高等植物稀少，底栖动物种量较少，容易富营养化，放养鲢、鳙等滤食性鱼类的潜力大。

（1）鲢、鳙生产潜力。以武汉东湖为例，阐述藻型湖泊鲢、鳙生产潜力及其对生态系统物质（N、P）循环的影响。浮游植物初级生产量（浅水无水草）最高生产层日产量6.14 mg/（L·d），水柱年产量1 547 g/（m^2·a），随着有机污染加重，初级生产力也愈来愈高，浮游生物生产力显著高于离城镇较远的浅水草型湖泊和大型深水湖泊、水库。通过计算其浮游植物对鲢、鳙的供饵力，每尾鲢、鳙的摄食量，鲢、鳙对浮游植物的能量转化效率，可评估鲢、鳙的生产潜力。东湖浮游植物提供给鲢、鳙的生产潜力为80.5 g/（m^2·a），浮游动物和有机碎屑可使鲢、鳙鱼生产潜力再增加30%，湖内其他鱼类占总鱼产量10%，东湖鱼类产量潜力总计可达1 400 t左右，其中鲢、鳙生产潜力为1 257 t。

鲢、鳙摄食浮游生物加速了水体物质释放过程，也就是说，摄食增加了饵料生物死亡率，缩短了物质循环周期。鲢、鳙摄食活动实际上消耗水体浮游物中的N、P仅为3.0%和5.28%，摄食量83.28%的N和47.53%的P离开鱼体返回水中，即营造自身机体的N、P仅是很少一部分，未被利用的N、P分别为96.99%和94.3%。总之，鱼类摄食活动过程中释放的N、P量，不足以左右东湖生态系统中初级生产量的变动，影响初级生产量变化的决定因素是系统外输入的N、P和水体浮游生物代谢产物释放的N、P浓度。

鲢、鳙摄食对初级和次级生产量的影响。东湖自20世纪70年代至1984年每年夏季都出现蓝藻水华，由于1972年开始放养鲢、鳙，以及湖泊贮鱼量逐年增大，至1985年以来就再未发生藻类水华。鲢、鳙滤食对浮游动物种群密度和生物量周转期具有积极作用。

（2）鱼类养殖综合措施。以武汉东湖为例，综合阐述大中型藻型湖泊合理放养综合措施。东湖浮游植物、浮游动物和有机碎屑等微型饵料丰富，并有一定量的底栖无脊椎动物和水生高等植物，适合放养鲢、鳙（主养）和草鱼，搭养团头鲂、杂交鲤和细鳞斜颌鲴。

为了避免蒙古红鲌（*Erythroculter mongolicus*）和翘嘴红鲌（*E. ilishaeformis*）等凶猛鱼类掠食，鲢、鳙鱼种适宜规格（全长）应当不小于13.2～23.1 cm，当年即可生长到650 g（鲢）～1 100 g（鳙），次年即可大量起水，有利于缩短生产周期，13.2 cm以上鱼种的回捕率也比小规格鱼种高。

合理放养比例。鲢、鳙占放养总尾数80%～90%，鲤、鲫、草鱼占10%～20%。根据历年渔获中鲢、鳙体重（生长速度）的比较分析，将两者的放养比例由5.8：4.2（1973年）调整为3.1：6.9（1975年）。

合理放养密度。1973～1975年东湖鲢、鳙（全长13.2 cm以上）鱼种放养密度为1 500尾/公顷（0.15尾/平方米），草鱼单位放养量为180尾/公顷（0.018尾/平方米），鲤、鲫、团头鲂和细鳞斜颌鲴等搭配鱼类的单位放养量，分别按湖中底栖动物、有机碎屑和水生高等植物的单位年产量（8～10月产量）来推算。鲢合理放养量为171万尾（986.7尾/公顷、0.098 6尾/平方米），鳙合理放养量为123.42万尾（712.2尾/公顷、0.071 2尾/平方米）。

防逃设施。科学解决鱼类外逃是湖泊养鱼的重要问题。陈敬存等（1975）通过试验研究弄清了武汉东湖逃鱼规律，研制成功拦鱼设施拦网和拦栅（竹箔、铁栅）的合理规格以及防逃措施。拦网的效率与鱼体周长有关，拦栅的效率与头宽（颅宽）有关。把全长3.3～16.5 cm鲢、鳙、青鱼、草鱼的相应周长值、头宽值、颅宽值，作为确定拦鱼设备规格的基本依据。在出水口或静水条件下，拦截6.6 cm、9.9 cm 、13.2 cm、16.5 cm鲢鱼种，拦网和拦栅规格分别为≥1.5 cm和0.7 cm、2.3 cm和1.0 cm、3.0 cm和1.4 cm、3.8 cm和1.7 cm。在有水流的进水口的拦网和拦栅规格比静水条件下的要小一些，拦截9.9 cm、13.2 cm、16.5 cm鲢鱼种的拦网网目和拦栅栅距分别为≥1.5 cm和0.6 cm、2.0 cm和0.8 cm、2.6 cm和1.0 cm。另外，为了提高拦鱼效果，在条件允许的地方应提高拦鱼设备基底的高度，以形成水位落差，从根本上破坏鱼的溯水条件。在不允许形成落差的情况下，应尽可能提高基底，缩小断面。

控制凶猛鱼类的措施。控制凶猛鱼类是提高放养鱼类回捕率的重要措施。湖泊中吞食放养鱼种的凶猛鱼类，包括蒙古红鲌、翘嘴红鲌、鳡等。前两种鱼是武汉东湖的主要敌害鱼类，对鲢、鳙鱼种的危害较大。湖中两种凶猛鱼的全长基本上不超过50 cm，大于50 cm的是极少数。它们对鲢、鳙鱼种的危害性相似。根据东湖蒙古红鲌和翘嘴红鲌吞食鱼种的资料，两种凶猛鱼的全长不应超过鱼种全长的2.3～3倍，其全长应控制在50 cm以内。全长35 cm的翘嘴红鲌和蒙古红鲌分别可吞食全长6.1～10 cm和6.0～9.5 cm鳙鱼种；在全长小于50 cm的两种害鱼群体肠道中尚未发现大于全长13.3 cm的鲢、鳙鱼种；全长大于31 cm的蒙古红鲌可吞食全长6.67 cm左右的人工放养鱼种。对于常见的凶猛鱼类（蒙古红鲌和翘嘴红鲌），必须控制其种群的发展。

控制蒙古红鲌、翘嘴红鲌的有效措施：第一，在产卵场（洪水的注入口水草丛生处和西南风的下风面草丛处）用大拉网围捕；第二，在产卵场人工捞除附有卵粒的杂草，也可采用棕榈皮等制作人工鱼巢，诱其产卵，然后除去，以及在附有鱼卵的水草处撒生石灰，杀死鱼卵。

鲢、鳙的合理捕捞规格。3～4龄鲢和2～3龄鳙生长速度较快，应该捕捞3～5龄的鱼群，其规格为1.5～3.0 kg。

2. 草型湖泊水产动物规模化养殖

（1）生态学特征。草型湖泊水深一般不超过5 m，水生高等植物是初级生产优胜者，生产能力强，透明度较大，底栖动物种类多、数量大，净化能力强，不容易富营养化，适合养殖草食性水产动物。以东太湖和滆湖为例，概括阐述草型湖泊生态学特征。

① 东太湖生态系统结构。东太湖是太湖的一个湖湾，湖岸总长度27.5 km，最大宽度9.0 km，总面积131.25 km^2，水深1.78 m（1.20～2.42 m），湖底平坦，底质肥沃，水草茂盛，是典型的浅水草型湖泊，具有蓄积、排泄水和供水等重要功能，是上海及浙东地区主要水源地。

湖水理化性质（1991～1994年）。年平均日照2 177.7 h，年均气温15.9 ℃，1月平均气温3.3～4.3 ℃，7月平均气温27.8～30 ℃，平均无霜期245 d；年均水温17.1 ℃，年均≥20 ℃达150 d。透明度12 cm至见底，2月、4月、12月全湖均值低于40 cm，6～10月接近100 cm。电导率变幅为166～355 μS/cm。pH年均8.01～8.78，变幅5.9～10.98。溶解氧全湖均值6.35～11.81 mg/L，变幅3.10～13.30 mg/L。COD_{Mn}

均值1.49～5.11 mg/L，变幅0.82～7.53 mg/L。BOD_5均值0.37～1.91 mg/L，变幅0.04～7.26 mg/L。叶绿素a含量较低，均值3.34 mg/L。TN均值1.02 mg/L，变幅0.27～2.46 mg/L，峰值出现在2～4月。TP均值0.014～0.025 mg/L，峰值出现在春季。矿化度126.6 mg/L，硬度（德国度）1.23，Ca^{2+} 18.20 mg/L，Mg^{2+} 4.45 mg/L，HCO_3^- 58.28 mg/L。

生物群落。浮游植物计7门44属，其中蓝藻门11属，隐藻门2属，甲藻门3属，金藻门1属，硅藻门12属，裸藻门2属，绿藻门13属。常见种和优势属种有蓝藻门的铜绿微囊藻（*Microcystis aeruginosa*）、水花微囊藻（*M. flosaquae*），硅藻门的小环藻（*Cyclotella* sp.），绿藻门的色球藻（*Chroococcus limneticus*）和湖生卵胞藻（*Oocystis lacustris*）。1997年浮游植物平均数量433.34万个/升，平均生物量3.18 mg/L，湖心的生物量（3 mg/L）小于沿岸带。

浮游动物计79种，其中原生动物22种，轮虫30种，枝角类19种，桡足类8种。原生动物的数量很大，占浮游动物的75.9%，生物量很少，占4.2%。轮虫夏季较多，枝角类夏季大量出现，桡足类春、夏、秋三季均有相当数量。

大型底栖无脊椎动物34种（1997～1999年），其中软体动物23种（67%），甲壳类7种（21%），寡毛类4种（12%），平均生物量和密度分别为71.8 mg/m^2和199.46个/平方米。

水生植物资源丰富，覆盖率达95%～97%，61种，隶属29科45属，以微齿眼子菜（黄丝草，*Potamogeton maackianus*）、苦草（*Vallisneria spiralis*）、菹草（*P. perfoliatus*）、茭草（*Zizania eaduciflora*）、马来眼子菜（*P. malaianus*）、黑藻（*Hydrilla verticillata*）等为优势种，平均生物量504～4 990 g/m^2，其中沉水植物生物量为2 600～ 4 900 g/m^2，75%可作为鱼的饵料。

东太湖有鱼类60余种，以鲤科鱼类为主，常见有草鱼、鲤、鲫、青鱼、鲢、鳙、鳜、乌鳢、鳗鲡等经济鱼类和麦穗鱼（*Pseudorasbora parva*）等小杂鱼。

② 滆湖生态系统结构。滆湖位于江苏省常州市西南部，为江苏省第六大淡水湖，属长江中下游大中型浅水草型湖泊，面积164 km^2，平均水深1.9 cm，湖水容量1.64～1.74亿立方米，湖水年交换系数4.4～4.7。

湖水理化性质（1992～1994年）。年平均气温15.3～15.7 ℃，年均水温16.4～16.8 ℃，1月平均水温3.3～3.8 ℃，7月平均水温29.5～29.7 ℃；全年≥10 ℃约250 d，≥15 ℃有178～197 d，无霜期223～239 d，水温25～31 ℃有97～120 d。透明度年均104.3 cm，最高达220 cm（9～10月），最低20（6月）。悬浮物年均4.33 mg/L。pH年均8.4，变幅7.0～9.6。溶解氧较高，年均9.37 mg/L。COD_{Mn}年均

4.74 mg/L，最高8.3 mg/L（4月），最低2.75 mg/L（12月）。TN年均1.7 mg/L，春季高于夏、秋、冬季。无机氮年均1.00 mg/L，NO_3^-–N占72.1%，NH_4^+–N占27.0%，NO_2^-–N占0.9%。TP年均0.046 mg/L，5月和6月较高。P_2O_5年均0.009 4 mg/L。

生物群落。浮游植物隶属8门96属132种，硅藻门的新月菱形藻、舟形藻、桥弯藻、小环藻，蓝藻门的微囊藻、色球藻、蓝纤维藻，绿藻门的栅列藻、衣藻等绿球藻类，隐藻门的卵形隐藻，金藻门的钟罩藻等11种属为优势种类，数量为40万～200万个/升，生物量为0.1～3 mg/L，9月份最高。

浮游动物主要种类为轮虫、桡足类和枝角类，平均数量为155.6个/升，平均生物量为0.828 mg/L，其中轮虫占66.1%，桡足类占31.5%，枝角类占2.4%。

底栖动物以环棱螺、蚬、水蚯蚓和摇蚊幼虫为优势种类，平均数量为188.47个/平方米，平均生物量为58.90 g/m^2。

水生高等植物覆盖率为72.95%～100%（1986～1990年），生物量高达3.63 kg/m^2（1993～1994年）；种类多达44种，隶属22科，以沉水植物分布最广，其中黄丝草（微齿眼子菜）遍布全湖（占总面积73.7%），其次是菹草、苦草、聚草，占15.8%。

鱼类计60余种，常见种有30多种，主要经济鱼类10余种（天然鱼类占80%左右），如鲤、鲫、乌鳢、红鳍鲌、黄颡鱼等。人工放养鱼类占20%左右，如草鱼、团头鲂、鲢、鳙、青鱼等。

青虾产量较高，平均90.3 kg/hm^2，占天然捕捞产量的60.6%（1994年）。

（2）水草分布及其在生态系统中的作用。

① 水生高等植物在湖泊中分布。水生高等植物在湖泊内的分布通常呈现4个同心环湖带，由沿岸向湖心依次为湿生植物带、挺水植物带、浮水植物带和沉水植物带。

湿生植物带位于湖岸浅水处（水深＜0.5 m）及岸上的滩地上，汛期淹没，枯水期裸露而成为湿地。植物以湿生类型为主，苔属和蓼属植物通常为优势种。

挺水植物带主要位于近岸浅水带，水深通常＜1.5 m，是湖泊沿岸带的主要群落。芦苇是挺水植物带最主要的优势种，其他常见的有莎草科、香蒲科和泽泻科等科的一些种类。挺水植物带与湿生植物带之间没有严格的界限。

浮水植物带介于挺水带与沉水带之间，在湖泊中的面积最小，并常常与沉水植物混生而成为优势种群落。浮叶类型的菱、莲、荇菜和睡莲等是浮水植物带的主要优势种类。漂浮植物一般散生于各带之中，以湖湾以及挺水或浮叶植物群落内为多，在小型浅水湖中可遍及全湖。

沉水植物带位于湖泊广阔的敞水区，是各水生植物带中面积最大的一个带，分布也是最广的，向外至浮水带和挺水带均有分布。常见的种类有多种眼子菜、聚草、苦草、黑藻和金鱼藻等。

大部分水生高等植物在全国南北各地湖泊中均可见到，而且优势种相同，属于同一科的比例很高。水生高等植物一般均为多年生草本，底泥中均有根茎、块茎或球茎，这样既能保证过冬又能行营养繁殖。这是水生高等植物分布广泛的根本原因和条件。冬季，北方湖水结冰，但湖底温度仍可在4 ℃左右，水生高等植物休眠体的越冬环境（温度等）远优于陆生植物。因此，水生高等植物种类在纬度上的分布差异不像陆生植物那么明显。也就是说，温度不是影响水生高等植物分布的主要因素，而盐度、水深、透明度、光等是决定其分布的重要因素。

湖水盐度是决定有无水草的重要因素，大多数种类在盐度高于3的水域中不能生存。湖水的深度、透明度和光照是影响水生植物分布的主要因素。沉水植物分布的适宜深度一般不超过5 m，透明度较低和光照不足的地带水草少或无。水深不仅影响水生高等植物的分布，也影响其数量，如东太湖沉水植物在水深0.6～1.0 m、1.0～1.2 m和1.6～2.0 m处的生物量分别为2.30 kg/m^2、0.40 kg/m^{2}和0.20 kg/m^2。

湖水深度和透明度对水生高等植物的影响实际上是光的作用。光在水中的强度随深度增加而呈指数衰减，随着透明度降低而衰减。因此，随着水深的增加和透明度的降低，光强衰减到一定程度则限制了植物的分布。

② 水生高等植物在湖泊生态系统中的作用。水生高等植物能够有效吸收湖水中的N、P，吸附并加速沉降有机物及其他悬浮物，抑制藻类的生长，延缓了富营养化进程。因此，在湖泊综合开发和环境保护中，水生高等植物的保护是一项非常重要的工作。

水生高等植物不仅对湖泊水质有重要影响，而且对底栖动物和鱼类也产生积极影响。水草既增加湖泊生境的多样性，为水生动物提供良好的栖息、繁殖场所，其本身又是水生动物的饵料，增加了生态系统食物链的复杂性，从而稳定生态系统的平衡性。多种底栖性的螺类通常在水草上栖息、产卵，水草的多少直接影响这些螺类的分布。

水草不仅是草鱼、团头鲂的饵料，而且水草丛还是鲤、鲫等鱼卵的附着物和乌鳢、鳜等鱼类的繁殖场所。

（3）渔业综合开发技术。

① 生态渔业区划分。根据生态学特点，把草型湖泊划分为繁殖保护区、增养殖区和养殖区等3个生态渔业区。

繁殖保护区。分布于湖泊沿岸四周，作为主要经济鱼类和虾类的产卵场和越冬场，实行常年封区管理，保护经济动物和水草的生长发育。滆湖的繁殖保护区占全湖总面积5%～8.4%，渔获量为大湖增殖区的9.9倍，水草生物量比全湖均值多40%左右。

增养殖区。位于湖泊中央，相对面积较大，占全湖的63%（保安湖）～73%（滆湖），是鱼虾等经济动物的肥育场所，实行增养殖并举，在繁殖期与幼鱼生长期（2～8月）实行封湖休渔7个月，如保安湖的增养殖区每年3月20日至10月20日为禁湖期。

养殖区。一般位于繁殖保护区与增养殖区之间，相对面积为全湖的15%～18%（滆湖），东太湖网围养鱼区的相对面积为13%左右。该区是网围或围拦养殖鱼、蟹等区域，鱼产量高，如滆湖的养殖区鱼产量占全湖总产量的79.8%。

② 增养殖区和养殖区的渔业开发方式。增养殖区（主体大湖区）渔业开发方式因湖而异。如滆湖和保安湖等中型或小Ⅰ型草型湖，多采取增养殖相结合的生产方式，以粗放养殖草食性鱼类为主，天然鱼类增殖为辅；安徽省花园湖（3 400 hm^2，小Ⅰ型草型湖泊）的渔业开发方式，以天然鱼类增殖为主，粗放养殖草鱼、团头鲂、鲢、鳙、云南高背鲫为辅；东太湖（131.25 km^2，中型草型湖泊）是太湖的主要出水通道，湖水交换量大，设置拦鱼设施困难，其渔业开发方式为开放型人工放流养殖。以滆湖和保安湖为例，概述粗放养殖技术要点和效果。

滆湖放养团头鲂、草鱼、青鱼、鲢、鳙、鲤等鱼类和中华绒螯蟹，放养密度为151.7尾（只）/公顷，放养规格和比例分别为团头鲂12.5～16克/尾和40%～50%，草鱼16～25克/尾和20%～30%，青鱼25～50克/尾和5%～10%，鲢、鳙50克/尾和7%～10%，鲤20～30克/尾和5%，中华绒螯蟹2.5～3.3 g。养殖效果明显，鱼类生长迅速，第二年和第三年平均体重分别达到：青鱼1 458 g和4 966 g，草鱼1 511 g和4 863 g，团头鲂355 g和616 g，鲢741 g，鳙616 g，中华绒螯蟹167 g。其产量和经济效益高低顺序：中华绒螯蟹＞草鱼＞青鱼＞团头鲂＞鲢、鳙。

保安湖1986～1989年主体湖年放养草鱼夏花鱼种（6.6～7.0 cm）986.6尾/公顷和50 g鱼种10.3 kg/hm^2（206尾/公顷），鲢、鳙夏花鱼种236.8尾/公顷和50 g鱼种8.2 kg/hm^2（164.6尾/公顷）。1989年检测渔获物表明，放养鱼类的生长速度较快，肥满度良好，总产量79.45万千克，单产313.5千克/公顷。其中放养鱼类54.18万千克（草鱼39.96万千克、鲢12.79万千克、鳙1.43万千克），占总产量的68.2%，土著鱼类（鲤、鲌、鳊、鲫、鳜、乌鳢等）25.30万千克，占31.8%.

养殖区渔业开发方式。通常采取网围和网箱进行集约化养殖，鱼蟹混养、鱼类混养和单养中华绒螯蟹，人工投饵，鱼产量往往超过主体湖的产量，经济效益高（1万元/公顷以上）。

草型湖泊渔业开发其他综合措施，如防止鱼类逃逸、清除凶猛鱼类、合理捕捞规格及方法等，与藻型湖泊相同。

科学开展草型湖泊渔业开发工作可以延缓湖泊富营养化进程，但过量进行投饵养殖则会加速湖泊富营养化，问题在于合理开发湖泊渔业资源。

延缓草型湖泊富营养化进程的综合措施：第一，减少外源污染物输入，加强统筹管理力度；第二，严格控制网围养殖的相对面积（小于20%），网围的布局应当相对集中，以有利于湖水的交流、饲养管理、水草的采割以及船只交通等；第三，合理开发利用水草资源，防止过度开发和放弃开发，科学确定、实施草型湖泊增养殖区的合理放养模式和养殖区（网围养殖）的合理养殖方式。

自20世纪80年代，我国长江中下游浅水草型湖泊渔业开发研究与实践，已取得可喜的典型经验。20世纪70～80年代东太湖围垦湖泊进行池塘养鱼，面积达3 300余公顷，年产量达2.4万吨，产值1.5亿元。主要养殖草鱼和团头鲂，从东太湖收割水草投饲，年收割量达60万吨，占东太湖水生植物生产总量的50%以上，通过收割水草，每年可从东太湖带走氮近2 000 t、磷近300 t，分别相当于其N、P外源负荷量的28%和57%，对调节东太湖营养平衡、延缓富营养化起了关键性作用。因此，围垦区的养鱼业对保护东太湖生态环境具有重大贡献。

中国水产科学研究院淡水渔业研究中心自1991年对东太湖主体湖进行人工放养鱼类及其密度试验研究，单位面积放养草鱼（1 000 g）32.4尾/公顷和团头鲂（10～25 g）113尾/公顷，水草覆盖率持续多年高达90%以上，取得较好的经济效益和生态效益。生态型蟹鱼网围混养技术模式，N、P输入与输出比分别为1∶1.48和1∶1.33，养殖全程N、P为负增长；网围轮种轮放技术模式，N、P输入与输出比例分别为1∶1.55和1∶1.33，养殖全程N、P也为负增长。

中国科学院水生生物研究所对湖北保安湖主体湖水生高等植物资源合理开发利用的研究与实践，取得了有益的成果：根据水草储存量估算生产草食性鱼类供饵潜力，按水草饵料系数100、P/B系数1.5及其利用率25%～40%，单位面积放养草鱼和团头鲂206尾/公顷，主体湖水草覆盖率由23%（1990）增加为72%（1994），1993年单位面积产蟹13.5 kg/hm^{2}和产鱼398.6 kg/hm^2。

江苏省淡水水产研究所（1986～1995）在调查分析滆湖主体湖水草生物量和生产量的基础上，人工放养团头鲂60尾/公顷和草鱼30尾/公顷，使该湖水草覆盖率持续多年保持在93%以上，单位鱼产量达166.7 kg/hm^2。

3. 淡水湖泊水产资源增殖

（1）繁殖保护。繁殖保护系通过设立常年繁殖保护区、确立休渔期和禁捕区、设置人工产卵场等综合措施，对湖泊土著鱼类繁殖、生长发育、摄食等进行全面保护。

设立常年繁殖保护区。太湖的东、西山保护区和滆湖的沿岸区保护区分别为3 400 hm^2和1 373.33 hm^2，实行常年禁捕。保护区的生态环境优越，天然饵料生物丰富，水生植被完整，无船只通行，为土著经济鱼类产卵、孵化、幼鱼生长发育提供了优异条件，在湖泊鱼类增殖方面具有极其重要的作用。如滆湖常年保护区的主要经济鱼类的肥满度和性成熟系数大，渔获量为大湖资源增殖区的9.9倍，水生高等植物生物量比全湖平均值高40%左右。

确立休渔期或禁捕期。非常年繁殖保护区和湖泊主体增殖区，在鱼类繁殖期和稚、幼鱼生长期禁止任何网具进行捕鱼，以保护经济鱼类正常繁殖和生长发育，提高繁殖效率和群体生产量。休渔期应因湖制宜，如滆湖的休渔期为7个月（2月1日至8月31日），有效保护了鲤鲫和团头鲂的正常产卵及其稚幼鱼生长，增殖效果特别明显。太湖自1984年以来实行“半年封湖”，有效地保护了鲤、鲫、湖鲚、银鱼、白虾的繁殖和幼鱼、幼体生长，1993年年均总产量增长18.33%，1984～1993年平均单产达67.8 kg/hm^2，居国内大型湖泊先进水平。

人工鱼巢及人工产卵场。在湖泊中为鲤、鲫、团头鲂等草上产卵鱼类设置人工鱼巢和建立人工产卵场。藻型湖泊沿岸带缺少水生高等植物，需要设置人工鱼巢作为鲤、鲫、鲴等鱼卵附着物。通常采用棕榈皮、杨树根、水草等制作人工鱼巢，扎成束状，然后做成一字形、三角形、圆形鱼巢，在鱼类繁殖期适时设置于湖边水域的上中层，供鱼产卵、附卵。多个鱼巢连成一定面积，就构成了产黏性卵鱼类的人工产卵场。这是一项充分利用湖泊底栖动物和有机碎屑等饵料资源，增殖杂食性鱼类资源的重要技术措施。

（2）合理控制凶猛鱼类的种类组成、规格和种群数量。湖泊中的凶猛鱼类主要有鳡（*Elopiichthys bambusa*）、蒙古红鲌、翘嘴红鲌、鲇、鳜、乌鳢、马口鱼（*Opsariichthys uncirostris*）等。这些鱼类都是肉食性鱼类，生长快或较快，肉味鲜美，价格高，在湖泊中保持有一定数量，可掠食小型野杂鱼，有利于提高湖泊渔业开发效率。但它们也掠食人工放养鱼种，所以应当因湖制宜，合理控制其种类组成、适宜规格和种群数量。

凶猛鱼类中，鳡是最大最凶猛的害鱼，体长1.5 cm时就开始吃鱼苗，能捕食相对自身长度34.4%～44.5%的食物，一尾10 kg的鳡可吞食2～2.5 kg的鲢；最大个体可达50 kg以上，常见的个体为1～6 kg，生长迅速，1龄鱼体长达46 cm，雄鱼3龄、雌鱼4龄成熟，体长约105 cm，体重15.5 kg，在江河、湖泊、水库流水处产卵，吸水后卵径6.5 m，幼鱼常在湖泊沿岸带生活；栖息于水的上中层，游泳活泼，追击并猎取上中层、身体细长鱼类，如红鲌类、餐条类、鮈类等，在食物中很少见到高体形的底层鱼类。鳡的肉质差，危害大，应采取多种措施捕杀，围捕产卵群体等，严格控制其数量。

鳜是淡水名贵鱼类，生长快，2龄体重达300 g，2龄成熟，在有水流处产卵，卵具油球，浮性；常栖息在水较清澈的岩石缝隙、坑穴中，伺机捕猎食物，颌齿发达，可以吞食超过自身一半的鱼类，吞食的常见种类有鳑鲏、鲫和虾类。

翘嘴红鲌是鲌亚科中个体最大的一种，肉味鲜嫩，价格高，最大可达12.5 kg，常见个体多为1～2.5 kg，生长快，2龄体长达20 cm，2～3龄成熟，在水草丛或石砾处产卵，卵具黏性，幼鱼在沿岸处摄食浮游动物、昆虫等。在敞水区活动，追捕餐条、鮈、鲌等身体细长的种类，但其幼鱼很少捕食鱼类。

蒙古红鲌最大个体4 kg，常见个体在0.5 kg以下，栖息于上中层，行动迅速，喜追捕小鱼，且成群生活；1冬龄成熟，5～7月（16～21.5 ℃）在流水沙底处产卵，卵具黏性（直径1 mm左右），粘于石头或其他物体上（水草、浮渣）；生长较快，1龄体长13.5～18.8 cm（30～80 g），2龄24.7～25.8 cm（101～205 g），3龄28.6～32.0 cm（304～375 g），4龄34.4 ～ 39.0 cm（460～906 g）；20 cm以下摄食浮游动物、小鱼、虾，20 cm以上主要吃小鱼、小虾。

乌鳢属淡水优质鱼类，价格较高，生活在沿岸水生高等植物丛中，最大个体达5 kg以上，生长较快，具有筑巢习性（在沿岸处将水草搅成环状），将卵产于巢中，卵具油球、浮性，亲鱼守护卵和稚鱼。摄食方式为猎食，隐藏在水草丛中，当鲫、鳑鲏、鮈等鱼类游近时则迅速捕食之。

鲇系底栖鱼类，常生活在水草丛中，肉味鲜美，价格较高，常见个体多为0.5～1.0 kg，生长快，2龄体长达20 cm；在水草丛中产卵，卵具黏性，附于水草上，口较大，上下颌具齿，掠食鲫、麦穗鱼、泥鳅等小型鱼类，5 cm鲇可吞食2 cm左右的鱼类。

大中型湖泊的生物群落组成复杂，鱼类种群多样化，包括经济价值很低的小型野杂鱼和经济价值及食用价值很高的肉食性鱼类。大中型湖泊水面大，不可能对其进行全面控制和全部杀灭，只能运用生态学原则，根据各种凶猛鱼类的繁殖生物学习性，破坏其繁殖条件和在繁殖场歼捕亲鱼群体。利用大小网具和不同类型的渔具，采取分散捕捞与集中捕捞相结合的方式，持续有效地控制凶猛鱼类数量和规格。合理利用凶猛鱼类掠食小型野杂鱼，生产食用价值高的优质水产品。我国许多湖泊经营者，在合理开发凶猛鱼类资源方面已取得明显的经济效益。如湖北保安湖、武汉东湖、安徽花园湖、江苏滆湖等，多年来合理有效地控制凶猛鱼类，分别使鳜、鲌与乌鳢，翘嘴红鲌与蒙古红鲌，乌鳢，鳜与乌鳢在各个湖泊渔获物中占有一定比例（7.5%、4.7%、8.7%和10%）。

（3）合理捕捞。湖泊鱼类资源的合理捕捞是合理开发湖泊渔业资源和提高水产品质量与经济效益的重要措施，内容包括限额捕捞、规定捕捞规格和严格限制渔具渔法。

限额捕捞。在全面掌握水域鱼类资源量和渔获物种类与规格组成的基础上，明确规定某水域年捕捞总量上限。湖泊渔业生产普遍存在捕捞量过大，渔获物规格偏小的现象。许多大中型湖泊已实行了限额捕捞，其中太湖银鱼限额捕捞实行多年，并已走向规范化。全湖10年（1984～1993年）银鱼平均限额量为1 700 t左右，其规格较大且均匀，虽然产量仅占全湖总产的10%左右，但产值却占总产值的60%～70%。太湖银鱼捕捞分春汛和秋汛，春汛捕捞大银鱼和去年出生的太湖新银鱼秋群，秋汛捕捞太湖新银鱼春群及其去年秋群剩余个体和大银鱼。根据太湖夏季水位、春汛银鱼留湖量等因素，建立与银鱼全年产量、秋汛产量的相互关系式，预报银鱼春汛和秋汛产量以及全年产量。银鱼的生长规律和多年生产实践证明，银鱼的适宜捕捞期为10月，其规格大，效益高。

起捕规格。根据鱼类生长规律和渔获物的食用价值与经济效益，规定各种鱼类的起捕规格。鱼类在性成熟前生长较快，通常以首次性成熟个体大小为起捕规格标准。这样既保护了鱼类在快速生长期不被捕起而保持了群体产量，又保证了鱼类起码有一次生殖后代的机会，以保护鱼类资源。无论哪种鱼，体重过小的食用价值低，只有达到一定规格后肉味才会更加鲜美，市场价格也高。各种鱼类的适宜起捕规格：鳊、鲂、团头鲂、鲫、蒙古红鲌、鲴类、鲇＞250 g，鲤、乌鳢、鳜、翘嘴红鲌＞500 g，鲢＞1 000 g，鳙、草鱼＞1 500 g，青鱼＞2 500 g。

渔具渔法。针对湖泊有无水草等具体情况和捕捞对象的栖息特点，选择适宜的渔具渔法。大中型藻型湖泊捕捞鲢、鳙等上中层鱼类，多采用大拦网和“赶、拦、刺、张”联合渔法；捕捞鲤、鲫等底层鱼类，采用网箔类、底纲加重的大拉网和电施网；捕捞红鲌鱼类，采用围网和刺网。草型湖泊由于湖里有茂密水草，大规模联合渔法捕捞上中层鱼类有一定困难，只能在局部适合下网捕捞的地段使用大型网具，通常采用刺网、网箔等渔具。严禁使用密眼网和炸、毒渔法。

（4）鱼类移植。自20世纪60年代以来，我国淡水湖泊鱼类移植比较成功的种类有团头鲂、细鳞斜颌鲴、银鱼、公鱼和香鱼等。它们在新的水域中能够生长发育成熟，形成种群，成为较稳定的捕捞对象。

鱼类移植工作必须坚持生态学管理原则。第一，预测分析移植对象的渔业价值（商品价值、营养价值、肉质等）、种群形成（种群增长速度等）和捕捞方式（渔具渔法等）；第二，科学分析移植种类对新水域理化性质的适应性；第三，查明移植水域的生物群落特点，包括生物群落结构组成和饵料生物资源等；第四，查明移植水域是否拥有与移植对象生态位（空间位、营养位）相近的种、可能竞争的种和敌害种，预测其在生物群落中所处的生态位。

① 团头鲂移植。团头鲂是我国淡水湖泊、水库鱼类移植成功的第一个对象，原产于长江中游大中型湖泊，尤以湖北省梁子湖最为著名。团头鲂属于中下层鱼类，草食性（摄食量比草鱼少），肉味鲜美，生长较快（2龄体重达400～500 g），可在湖泊、水库草丛中产卵，卵呈黏性，对温度等生态条件适应性强，疾病少，可在湖泊、水库中形成稳定的种群。中国科学院水生生物研究所1960～1961年进行养殖试验，认定其具有广泛的移植价值。1965年以来已成功移植于全国各淡水湖泊和水库，成为重要的增养殖对象，渔业效益明显。

② 细鳞斜颌鲴移植。细鳞斜颌鲴是中科院水生所1971～1975年向全国各地移植推广的第二种淡水经济鱼类，至今已遍及全国各湖泊、水库，已成为各移植水域的主要渔获物。如湖南溪口水库、江西江口水库和安徽繁昌县龙窝湖，细鳞斜颌鲴年均产量分别占渔获物总量的50%、50%和40%。

细鳞斜颌鲴分布于我国黑龙江、长江和珠江流域江河、湖泊和水库，属于中下层鱼类，适应能力强，摄食腐殖质、碎屑、腐泥和藻类，不与草鱼、团头鲂、鲢、鳙等鱼类争食，可充分利用饵料资源；生长较快，当年体重达100～150 g，2龄鱼达500 g，生产周期短；可在湖泊、水库中繁殖，产黏性卵，能够形成自然种群。

大中型湖泊移植细鳞斜颌鲴，鱼苗放养密度为1 500～3 000尾/公顷，鱼种放养密度为15～30尾/公顷；经济价值高，肉味鲜美，为广大群众所喜爱。

团头鲂和细鳞斜颌鲴的性腺发育、成熟产卵与孵化、苗种培育、食用鱼养殖等关键技术与鲤科主要养殖鱼类基本相同。

③ 银鱼类移植。我国产银鱼计15种，其中在国内湖泊和水库广泛移植成功的有太湖新银鱼和大银鱼。银鱼虽然个体小，但生长速度快，食物链短，因此，群体的增重价值及其能量利用价值都很高。

银鱼属于小型名贵鱼类，骨软无小刺，肉嫩味美，可整体食用，是席上佳肴，干物质中蛋白质含量高达85%以上，人体必需氨基酸和半必需氨基酸高（太湖新银鱼为48.29%，大银鱼48.72%），呈鲜味氨基酸（谷氨基、甘氨酸等）较高，是出口创汇的重要水产品，市场价格是普通商品鱼的5～10倍（大银鱼8万～10万元/吨，太湖新银鱼4万～6万元/吨）。

1978年中科院南京地理所与湖泊研究所等单位协作将太湖新银鱼移入云南滇池，1985年苏州蚕桑专科学校等单位将大银鱼移入内蒙古岱海，从而揭开了我国银鱼移植工作序幕，1995年农业部和水利部联合发出《关于加速推广银鱼移植增殖技术的通知》，加速了我国银鱼移植增殖推广工作进程，先后编著《银鱼移植增殖新技术与资源保护》《银鱼移植技术要点》和《水库大银鱼移植增殖技术规程》等技术资料，多次举办全国性银鱼移植技术培训班。至1997年，银鱼移植水面达100万公顷，产量近1万吨，2004年银鱼产量达1.18万吨，云南省移植银鱼的湖泊、水库达23.03万公顷（占全省湖泊面积的96.5%），年产0.3万～0.5万吨，仅滇池的太湖新银鱼年均产量就高达1 242.3 t（1981～1996年，6.5～3 200 t），最高单位产量为112.5 kg/hm^2（1987年），岱海大银鱼年产达310 t（1995年），单产18.8 kg/hm^2。

银鱼成鱼滞留硬骨鱼类幼鱼特征，全身透明，腹部中线只有一层薄皮，可见到内部器官，称幼态持续现象；定居性小型鱼类，生命周期短，1年生，繁殖后亲鱼大部分死亡，生殖腺成熟发育期短，Ⅱ～Ⅴ期仅40～50 d（公鱼为180 d，鲤科主要养殖鱼类为210～240 d）；对生态环境条件要求不高，生存温度0～35 ℃，生长温度2～32 ℃；属敞水性鱼类，可形成自然种群。

太湖新银鱼分布于黄河、淮河、长江中下游及附属湖泊、钱塘江、灵江、瓯江等水域，身体较小，全长58～78 mm，春季产卵群体（春宗，60～78 mm）大于秋季产卵群体（秋宗，52～70 mm），终生以枝角类和桡足类等浮游动物为食，生长较快，4月龄可达食用鱼规格（体长＞56 mm，性成熟）。春宗于3月上旬至5月上旬（水温6～25 ℃，盛期为11.8～15.4 ℃）产卵，秋宗于9月中下旬至11月上旬（水温12～26.4 ℃，盛期为18.2～20.0 ℃）产卵。多在湖湾或近岸区产卵，绝对怀卵量为500～5 000粒，相对怀卵量为每克体重1 476～1 673粒，卵径0.68～0.79 mm，沉性，表面有卵膜丝缠裹着，稍有黏性，孵化期（15～20 ℃）约6 d。

大银鱼分布于渤海、黄海、东海沿岸、长江、淮河中下游，身体较大，全长一般为100～200 mm（体重4.11～42.00 g），雌体略大于雄体，是银鱼中最大的一种。仔稚鱼摄食轮虫、无节幼虫及少量藻类，幼鱼以枝角类、桡足类为主要食物，体长60 mm开始转食小鱼、小虾，110 mm之后几乎全部以小鱼虾为食。生长快，7月龄平均体长可达110 mm（性成熟），成熟系数（♀）为20%～53.5%（平均38%）。我国南北方银鱼产卵期均为12月至翌年3月（2～8 ℃），盛产期较短（3～5 d），一般出现在1月份，通常在湖湾或敞水区产卵，产卵场为硬底稍有淤泥处，绝对怀卵量为3 100～43 580粒（平均11 437粒），相对怀卵量为每克体重524～1 540粒（平均886粒），卵径为0.85～1.02 mm，沉性，卵表面布有卵膜丝（在卵膜孔对面一极游离），可借以缠绕或附着于物体上。胚胎发育温度范围为0.5～16 ℃，最适温度2～8 ℃，上限不应高于18 ℃，温差应小于3 ℃。孵化期随水温增高而缩短，1.7～5 ℃为63～65 d，2～10 ℃为30 d，4～12 ℃为25 d，孵化积温为4 320～4 500 ℃。

影响银鱼移植效果的因素较多，主要有移植水域纬度、面积、深度、水质与底质、饵料生物资源、鱼类种群结构等。适合移植银鱼的水域为藻型湖泊和水库，面积在200 hm^2以上，水深较浅，浮游生物丰富，浮游动物生物量300个/升和1.2 mg/L，浮游植物生物量50万个/升和1.5 mg/L。太湖新银鱼适合向华南、西南、华东等温度较高的南方地区移植，大银鱼适于向华东、中南、华北、东北、西北等温度较低的地区移植，繁殖期为冬季，水温低，连同其受精卵不会被野杂鱼摄食，成活率高。移植水域的盐度＜3，底质为砾石、砂质和硬泥质。其鱼类种群结构中没有或很少有与银鱼食性（生态营养位）相近以及栖息水层（空间位）相同的鱼类，如公鱼、鳙等。公鱼产量高和鳙密度大，以及马口鱼等害鱼多的水域，不适合移植银鱼。

银鱼移植工作技术要点：第一，采用半干法和干法进行人工授精，受精率高，工作效率也高；第二，受精卵或发眼期（适应力强）采用塑料袋充氧运输（25万粒/袋），成活率高（＞80%）；第三，受精卵或发眼胚胎运到目的地，放入圆柱体（直径50 cm、高20 cm）孵化箱（8号铁丝框架，底部及周围用纱布缝缠，顶部用网目3～5 mm网片缝盖）中进行孵化，待仔鱼发育到能平游时再开箱放入水域中，其成活率要比受精卵直接放入水域中孵化高许多；第四，单位面积投放量为2 000～4 500粒（尾）/公顷；第五，规定起捕规格（太湖新银鱼＞60 mm，大银鱼＞110 mm），缩短捕捞期（10月1日以后开捕，体重比9月增加27%～34%），限额捕捞，留有足够的产卵群体。

④ 公鱼移植。池沼公鱼和亚洲公鱼都是小型淡水优质鱼类。前者分布于黑龙江、乌苏里江、图们江、鸭绿江及辽东半岛大洋河，后者见于大连市大西山水库和辽宁省水丰水库。公鱼个体虽小，但肉嫩鲜美，具黄瓜特殊风味，清香可口，可与银鱼媲美，经济价值高，是出口创汇的水产品。20世纪80年代初，我国北方地区北京市和山东、辽宁、吉林、黑龙江省许多水库、湖泊移植公鱼取得成功，获得巨大的经济效益和社会效益。如北京市密云水库，1996～1998年3年累计加工销售2 100 t，出口创汇达245万美元；水丰水库自1985年以来亚洲公鱼年

稳产1 500～3 100 t（平均2 407.5 t），约占总渔获量的38%，成为地方出口创汇支柱产业；黑龙江省镜泊湖、莲花湖池沼公鱼移植增殖也取得显著的经济效益。公鱼不仅适合移植于北方地区水域，而且也可以向云贵高原最高水温不超过30 ℃的湖泊、水库中移植。

公鱼1年生。雌性成熟个体体长47.5～93.5 mm，平均66.5 mm，体重0.92～9.4 g，平均3.7 g；雄性体长47.5～59.2 mm，平均52.9 mm，体重1.03～2.06 g，平均1.4 g。亚洲公鱼雌性体长64.0～120.0 mm，平均92.00 mm，体重3.71～17.63 g，平均10.67 g；雄性体长60.0～102.0 mm，平均82.3 mm，体重2.51～10.22 g，平均6.4 g。

公鱼主要摄食桡足类和枝角类，也吃轮虫、摇蚊幼虫、昆虫和鱼卵；对水温要求较低，生存温度为0.5～28 ℃，亚洲公鱼产卵温度为1.5～14 ℃或6.0～17.5 ℃（因水域而异），池沼公鱼产卵温度为6.5～10 ℃；喜欢在流水条件下溯流产卵，也可在静水水域沿岸带产卵，产卵场底质为砂石，水深1～3 m、迎风面微波荡漾的岸边是理想的产卵场，傍晚和夜间产卵较集中；怀卵量为346～9 170粒/尾（平均3 368粒/尾），相对怀卵量为248～970粒/克（平均793粒/克）；卵圆球形，卵径0.583～0.824 mm（0.729 mm），具油球（＜10个），亚洲公鱼卵的油球多达30～60个；卵具有降落伞状黏束，黏附于砂石或水草（枯草）上；胚胎发育期为150 h左右（水温13～20 ℃）。

公鱼移植技术要点：第一，公鱼生长适温为10～22 ℃，上限临界水温29 ℃，夏季表层水温超过29 ℃的水域水深必须在10m以上，以提供公鱼度夏所需的低温深水层；浮游动物等饵料资源丰富，鱼类组成简单，上中层凶猛鱼类少。第二，在公鱼产卵季节（北方3月中旬～4月中旬）捕捞成熟亲鱼，最好采用拖网、围网、网箔等渔具，以减少亲鱼伤亡，提供优良亲鱼。第三，采用成活的优质亲鱼，人工挤精卵，干法或半干法受精，以提高人工授精效率（雄鱼死亡1 h的精液，受精率仅30%）。第四，将受精卵均匀撒于附卵框（四边用木板条固定的棕榈片，规格为35 cm×25 cm）上，卵附着后再将10～20片附卵框扎成一捆，竖直放入网箱里孵化（网箱入水深度30～80 cm，离水底1.0 m以上）。第五，受精卵发育至发眼期（5～8 ℃，20 d左右）进行湿法运输，将鱼巢（附卵框）放于塑料袋中或箱中，保持湿度70%左右，成活率可达95%以上。第六，受精卵在孵化箱中全部孵化为仔鱼后，选择避风向阳、水质清新、饵料丰富的地段，打开孵化箱将每个附卵框放到水中轻轻地摆动，使仔鱼游入水中。第七，单位面积移植发眼卵数量以3万粒/公顷为宜。

⑤ 香鱼移植。香鱼是一年生小型经济鱼类，肉味清香，营养丰富，尤受日本内行青睐（商品规格为70～160 g），是出口创汇的重要水产品，每吨4万元。香鱼生物

学研究始于20世纪50年代，70年代人工育苗成功，80年代以来开展人工养殖和河道、湖泊、水库人工放流增殖，2001～2002年福建省金涵水库养殖鳗场年产香鱼150 t。目前，全国普遍开展了香鱼人工放流增殖，发展潜力很大。

香鱼系洄游鱼类，生活史比较特殊，与典型溯河洄游鱼类（如大麻哈鱼成熟个体溯河产卵，稚鱼入海肥育）和降河洄游鱼类（如鳗鲡成熟个体入海产卵，稚鱼溯河生长发育）不同，幼鱼春季溯河在淡水中生长发育，性成熟个体秋冬季在河口入海处产卵，仔鱼入海越冬。香鱼洄游习性的可塑性较大，当入海通道被堵塞后，便可终生在淡水中生活，成为陆封种群，但个体规格相应变小。大连市碧流河水库陆封型香鱼，原为碧流河洄游型香鱼，平均体长211 mm，体重90 g，陆封型平均体长为130.4 mm，体重35.65 g。

香鱼分布于我国渤海、黄海、东海、台湾及其入海溪河中，以及日本北海道和朝鲜沿海。成鱼一般体长约200 mm，体重80～100 g，最大个体达300 mm，体重400～500 g，喜欢栖息于流水、石砾底质与海相通的山涧溪流中以及水库上游，生存水温2～28 ℃，生长适温15～25 ℃，春季河水温度上升到10～15 ℃时幼鱼成群溯河；仔鱼开口至体长45 mm摄食轮虫、枝角类、桡足类等浮游动物，体长45～70 mm摄食鳃足类、端足类等大型浮游动物，成鱼主要刮食河底石砾上的硅藻、蓝藻、绿藻等底栖藻类。香鱼一年性成熟，多次产卵，性成熟个体于秋冬季（北方地区8～9月，南方10～11月），水温14～22 ℃，集群洄游到河口浅滩石砾处产卵，产卵时间多在傍晚至黎明，相对产卵量为每克体重600～700粒（陆封种450～560粒），卵为沉性，具黏性（动物极端有一附着膜，其上布有微细孔，在水流冲击下，翻转呈伞状），依靠附着膜黏附于石砾上，富含油球，直径约0.7～1.0 mm。在盐度15左右、水温15.0～22 ℃条件下，胚胎孵化期为7～10 d，初孵仔鱼全长4.4～5.2 mm。

香鱼人工繁殖。亲鱼培育池面积30～80 m^2，水深0.8～1.0 m，底为石砾或混凝土，放养密度为20～25尾/平方米，饲育期每天换水1/2。用HCG 10 U/g或LRH-A 1 μg/g催情诱导性腺发育成熟并自行排卵、产卵，或每隔2 d从亲鱼池中挑选已排卵香鱼进行干法人工授精（排卵后48 h内可正常受精），可获得较高的受精率（＞80%）和孵化率。受精卵均匀撒附于棕榈皮上，在流水条件下孵化。

鱼苗培育用水，前期盐度为3～10，后期盐度为3～1（出膜前，1～2 d放入盐度为5的水中），全长达40 mm转入淡水中培育；开口饵料为轮虫和蛋黄，相继投喂相应大小颗粒饲料，或投喂桡足类动物性饵料；全长达40 mm采用悬挂团块状饲料网袋法饲喂。

目前，我国香鱼食用鱼养殖方式有池塘养殖、网箱养殖等多种方式。池塘养殖采用土池塘、混凝土池皆可，也可采用养鳗鲡池，其结构及建筑的技术要求与养鳗鲡等鱼池相似，但要求池水流动，放养鱼种规格为3～4 cm，密度为100～400尾/平方米（依池塘种类和换水量而异），池底和池壁附生底栖藻类，投喂配合饲料（蛋白质45%左右，添加紫菜，以保持香鱼肉味），分级饲养。其具体饲养管理方法、注意事项与饲养鳗鲡相似。网箱养殖的鱼种规格为5～6 cm，密度为100～150尾/平方米。

选择适合香鱼摄食生长的河流、水库、湖泊等水域进行移植增殖，早春放流3～4 cm香鱼鱼种，当年可养成食用鱼（70～100 g）。无入海越冬条件的水域，香鱼可形成陆封种群。

（十四）水库渔业开发

水库系人造湖泊，具有防洪、灌溉、发电、供水、航运、旅游等多种功能，渔业是其七大功能之一。中华人民共和国成立以来，我国兴建水库近8.5万座，可供养鱼面积达200万公顷余。与湖泊相比，水库的主要特点是水体交换量大，深度大，通常为藻类型水域，仅上游和沿岸浅水区着生有水生高等植物。水库渔业是我国淡水渔业的重要组成部分，养殖面积占淡水养殖总面积29.83%，养鱼产量占淡水养殖鱼总产量10.84%。

水库按形态分为3种类型：一是山谷型水库，一般修建在山谷河流上、中游，库床比降大，水位落差大，深度大（20～90 m）；二是丘陵型水库，修建在丘陵地区河流上、中游，坡度不大，岸线较曲折，多库湾，深度较大（10～40 m）；三是平原型水库，修建在平原或高原台地河流上，水面开阔，敞水区大，岸线较平直，深度较小，单位面积库容小，消落区大。

水库按库容大小分为巨型、大型、中型、小Ⅰ型，小Ⅱ型和塘坝。其库容分别为＞10亿立方米、1亿～10亿立方米、1 000万～1亿立方米、100万～1 000万立方米、10万～100万立方米、＜10万立方米。

水库按面积大小分为巨型、大型、中型、小型和山塘等5类。其面积分别为＞6 666.7 hm^2（＞10万亩），666.7 hm^2（1万亩）～6 666.7 hm^2（10万亩）、66.7 hm^2（1 000亩）～666.7 hm^2（1万亩），＜66.7 hm^2（＜1 000亩），6.67 hm^2左右（100亩左右）。

根据全国21个省（自治区、市）345座水库营养类型的调查资料（戴泽贵，1998），富营养型占22%，中营养型43%，贫营养型35%。

水库渔业开发方式分4种类型：一是自然增殖型，部分大型和巨型水库依靠自然鱼类资源，增殖库内鲤、鲫、团头鲂、鲇、红鲌类和鳜等土著鱼类，单位面积鱼产量较低（＜100 kg/hm^2）；二是粗放养殖型，部分大型和中型水库人工放养鲢、鳙、团头鲂、鲤、鲫、鲴类、银鱼等鱼类，依靠天然饵料生长发育，单位面积产量较高（300～450 kg/hm^2）；三是池塘精养型，塘坝和小Ⅱ型水库，水位稳定，养殖条件好，采用人工放养、施肥和投饵措施，产量高（＞7 500 kg/hm^2）；四是综合养殖型，采取粗放养殖与网箱等集约化养殖相结合方式，以充分利用水库空间和饵料资源，提高鱼产量。

1953～2007年，我国水库渔业开发分为3个阶段，即水库渔业建立与形成阶段（1949～1957年）、波浪式缓慢发展阶段（1958～1983年）和持续快速发展阶段（1984～2007年）。

我国水库渔业开发科技成果非凡。在应用基础理论研究方面，调查研究大中型水库非生物环境因子和生物群落特点，综合研究水库营养类型区分标准与现状、水库鱼产力的估算和水库对投饵网箱负荷力，以及水库凶猛鱼类演替规律与种群控制和水库主要移植鱼类生物学；在综合应用技术研究方面，建立大中型水库粗放养殖及其移植增殖和集约化养殖模式，以及小型水库精养综合技术。

1. 水库鱼产力评估及其投饵网箱负荷力

（1）水库鱼产力评估。水域鱼产力评估系运用科学方法估算其水体依靠天然饵料基础获得的单位面积年均鱼产量（kg/hm^2），包括滤食性鱼类（鲢、鳙等）、草食性鱼类（草鱼、团头鲂等）和底栖动物食性或杂食性鱼类（鲤、鲫等）鱼产量。

20世纪50年代，中国科学院水生生物研究所饶钦止教授对我国长江中下游湖泊鱼产力（放养鱼类）进行了评估，根据水草和浮游生物现存量，分别创建了草鱼和鲢、鳙合理放养量公式。

1959年，王骥和梁彦龄根据水域浮游植物生产量和浮游植物对鲢、鳙能量转换效率，利用水体初级生产力（用黑白瓶测氧量法）计算鱼产力，认为武汉东湖鲢、鳙的单位面积年产量分别为41.03 g/m^{2}和39.56 g/m^2。

20世纪80年代，大连水产学院何志辉教授在总结吸收国外有关成果的基础上，结合我国北方湖泊、水库的具体情况，建立了根据饵料生物生产量评估水域鱼产力的简捷、实用评价法，鱼产力（kg/hm^2）＝饵料生物生产量（kg/hm^2）×饵料生物利用率（%）×饵料系数，饵料生物生产量（kg/hm^2）＝饵料生物现存量（kg/hm^{2}或g/m^3）×P/B×水深（m）×面积（m^{2}或1.0×10^4 m^2）。其中，我国北方地区中营养型水体饵料生物的P/B：浮游植物40～60、浮游动物15～25、底栖动物5～7。湖泊水库中各种饵料生物被鱼类利用的相对值（%）：浮游植物20%～30%、浮游动物25%～50%、底栖动物20%～50%。天然饵料生物饵料系数：水草100～120、浮游植物30～40、浮游动物6～11（10）、底栖动物5～6。

1993年，青岛海洋大学李德尚教授根据水库生态学综合因素，创建了区域性（山东省）水库鱼产力综合评估法或等级评估法，对山东省39座大中型水库进行规范性调查，运用聚类分析、主成分分析、相关分析和逐步回归分析等方法，对影响水库集雨区性状、水库形态和水文状况等方面的21项变量进行综合分析，确定集雨区的土壤、相对人口密度、植被覆盖率及水交换率等，以及TN、TP、总溶解固形物或电导率和浮游动、植物生物量是影响水库鱼产力的主要因素，其中最主要的因素是土壤肥力、TP和浮游植物生物量，并创建了评价指标体系；运用Delphi方法和灰色统计法，对水库渔业生态系统结构诸层次、各方面因素对鱼产力影响作用的相对重要程度（权重）进行定量描述，建立指标权重体系；运用模糊识别方法，提出定量评价水库鱼产力等级评价的等级界线模糊及多指标交叠的难判和误判的新途径；采用模糊数学方法建立综合定量评价模式；对山东省36座大中型水库鱼产力进行评估，5级水库的鱼产力分别为440 kg/hm^2、370 kg/hm^2、290 kg/hm^2、220 kg/hm^{2}和150 kg/hm^2。

（2）水库投饵网箱的负荷力。水库对投饵网箱负荷力是指在科学设置网箱、合理放养鱼类等经济动物和正常投饵管理条件下，保持水库水质不被污染（正常生态环境和渔业水质标准）所能承受（或最大的）投饵网箱的相对面积，简称面积比（即网箱总面积与水库面积的百分比），或网箱总鱼产量平均到水库总面积的单位面积鱼产量（kg/hm^{2}或g/m^2）。

在水库中可否开展投饵网箱养鱼，是我国水库管理部门、环境保护界以及水库渔业界长期争论的问题。青岛海洋大学李德尚教授采用围隔生态系统实验法，在水库中用围隔隔离出若干个水团，每个水团即为一个独立的生态系（围隔生态系），代表水库整体的实际生态系。全部围隔分成若干组，每组至少两个重复，对照组不放养鱼类，其余按不同放养量投饵养鱼，相当于网箱分布绝对均匀的网箱养鱼水库，定期观察测定各个围隔中的水化因子（DO、BOD或COD、非离子氨、TP、TN、pH、WT、SD）和生物条件，持续实验30～45 d，以水质符合渔业水质标准且载鱼量又是最大的一组的载鱼量代表网箱养鱼负荷力。1990年，在山东省新泰市东周水库采用容水量为14.3 m^{3}的漂浮式围隔（聚乙烯编织布）进行的实验表明，水库投饵对网箱养鲤的负荷量约为3 000 kg/hm^2，加上25%～30%的安全系数，以最大载鱼量1 800～2 300 kg/hm^{2}作为向生产界的推荐量。1993年，熊邦喜在东周水库进行的实验（围隔）表明，在投饵养鲤围隔中配放1/3的鲢，可使水库对养鲤、鲢的总负荷力和总鱼产量都提高了35%。

刘家寿等1996～2000年在湖北省浮桥河水库（1 477 hm^2）开展投饵网箱养鳜，建立了水库对摄饵网箱养鱼负荷力（承载力）模型：浮桥河水库对鲤网箱的负荷力为0.21‰，对鳜网箱的负荷力为1.60‰；配套养殖时对鳜网箱的负荷力为0.31‰，水体对网箱的负荷力为0.52‰。

2. 大中型水库渔业开发利用

（1）鲢、鳙粗放养殖。合理放养技术与藻型湖泊相似。根据水库的浮游生物、有机碎屑等饵料基础条件，主要放养鲢、鳙等滤食性鱼类，搭配鲤、草鱼、青鱼、团头鲂、鲴类、鲮、公鱼、银鱼、香鱼等。大中型水库放养鱼类体长规格通常为13.5 cm（约30 g）以上，凶猛鱼类较多、水面较大的水库，鱼种放养规格可适当提高到16.7～20 cm，鲢、鳙放养比例一般为3∶7。平原型水库水生高等植物茂盛，底栖动物较丰富，而浮游生物较少，草食性、食底栖动物和杂食性鱼类的放养比例应提高到40%～50%。中型水库鱼类合理放养密度为1 500～3 000尾/公顷和450～750 kg/hm^2，大型水库750～1 500尾/公顷和225～450 kg/hm^2，巨型水库450～750尾/公顷和75～225 kg/hm^2。

（2）网箱养鱼。网箱养鱼是大中型水库渔业开发的主要生产方式。许多水库投饵网箱养鱼产量占水库总鱼产量80%以上。以湖北省浮桥河水库（1 477 hm^2）规模化网箱养鳜配套养殖技术为例：网箱规格为5 m×5 m×2.5 m，7月1日前放养鱼种，体重为6克/尾，密度为200尾/平方米，随着鱼体长大，逐步稀疏为20尾/平方米，投喂饵料鱼（建鲤）的适口规格为鳜体长30%～50%或鳜体重15%；水温在15 ℃以下半个月左右投喂1次，15～25 ℃每周投喂1次，25 ℃以上每3 d投喂1次；体重6 g鳜经过6～7个月（7月6日至次年1月31日）饲养，可长至500 g以上，共需投喂饵料1 469 g，饵料系数为2.91（鲤）。

规模化网箱养团头鲂技术要点：网箱规格为5 m×5 m×2.5 m，放养鱼种规格为98.4 g，3月下旬分箱，每箱放养300 kg鱼种（40尾/平方米），人工投喂配合饲料，饲料直径为1.5～5.5 mm，日投饵次数（1～6）依水温而定，5月初日投饵率为2%，生长高峰期为4%，平均每箱产团头鲂1 208.5 kg，均尾重为412.3 g，饵料系数为2.13。

规模化网箱养斑点叉尾鮰技术要点：网箱规格为3 m×4 m×3 m，鱼种规格为10～12 cm（体重40～50 g），放养密度为100～150尾/平方米（每箱3 000尾左右），

4月初放养，投喂硬颗粒饲料（粗蛋白35%以上），开始投喂直径为1.5 mm的小颗粒饲料，随着鱼体长大逐步改投直径为2.5～3.5 mm大型饲料，苗种进箱后驯食，按“慢、快、慢”规律投喂，不同温度、不同规格投饵率为1.5～6.8。食用鮰规格为0.75 kg左右，每箱产量达2 000～2 500 kg。

（3）库湾培育鱼种。库湾培育鱼种系采用修建堤坝或在水库高水位时网拦水库消落区形成的库湾（与水库主体隔开）培育鱼种。这种方式不与农业争地，水质好，培养的鱼种质量好，并可直接放入库中，减少运输环节，入库后的成活率高，成本低，效率高。

由于水库的水位变动大等原因，网拦库湾培育鱼种的效益较差，故多采用土拦库湾培养鱼种。土拦库湾的修建要求较低，允许有一定的渗漏，但要有溢洪道和防逃设施。

土拦库湾培育鱼种技术要点与大型池塘养鱼相似，包括清除凶猛鱼类和野杂鱼、合理放养、严格管理等，尽量平整底部，清除各种障碍物，放养夏花鱼种前用药物或网具清除敌害鱼类。库湾培养鲢、鳙鱼种，放养前适当施肥以培养浮游生物，放养夏花鱼种密度为5万～15万尾/公顷，也有高达20万尾/公顷的，鲢、鳙放养比例为6：4～7：3，秋后鱼种规格可达13～16 cm，成活率高达80%以上。

新安江水库土拦库湾（4.7 hm^2）采用精养方式培养鱼种，放养鳙、草鱼夏花鱼种，密度分别为17.4万尾/公顷和0.2万尾/公顷，成活率达84.7%，育成规格为12 cm左右。

新安江水库网拦库湾依靠天然饵料培养鲢、鳙鱼种，放养夏花鱼种（全长）5 cm、6.6～8.3 cm、16.5～19.8 cm等3种规格，其密度分别为4.5万尾/公顷，3.75万～4.5万尾/公顷和0.3万～0.75万尾/公顷，育成规格分别为11.6～13.2 cm、13.2～16.5 cm和250～500 g，鲢、鳙之间的比例分别为7：3、7：3和6：4。

3. 小型水库养鱼

小型水库面积小，水浅，水位波动也较大，但其主要功能是灌溉农田，故通常采用精养方式养殖鱼类，养鱼技术基本上与池塘养殖相似。放养鱼类以鲢、鳙为主，搭配鲤、鲫等鱼类；也有以鲤、草鱼为主的，配养鲢、鳙等滤食性鱼类。主养鱼类与搭养鱼类之间的比例一般为8：2。放养密度较池塘养殖少一些，放养规格以当年能够养成食用鱼为准。赵振伦等（1993）在江苏省瓦沟水库（8.9 hm^2）和石山头水库（17.3 hm^2）进行集约化养鱼，单位面积产量分别达4 176 kg/hm^2和7 822 kg/hm^2，其技术要点如下。

鱼种放养。放养鲢、鳙、草鱼、鲤、团头鲂、白鲫、罗非鱼和细鳞斜颌鲴等8种鱼类，其规格分别为100～150 g、100～150 g、150～250 g、50～100 g、100 g或15～25 g、20～30 g、15～20 g和15～25 g。以鲢、鳙为主体鱼，占总放养量的55.6%～81.8%，两者比例为（4～5）:1。单位面积放养量为10 755尾/公顷，其中鲢、鳙为5 980尾/公顷。

育成规格和单位面积鱼产量。养鱼周期为1年。各种食用鱼规格：鲢650～800 g、鳙600～750 g、团头鲂400～500 g、草鱼1 000～2 000 g、鲤800～1 000 g、白鲫200～250 g、罗非鱼210～240 g、细鳞斜颌鲴150～200 g。单位面积最高产量达9 001.5 kg/hm^2，均产6 588.5 kg/hm^2。

施肥培养浮游生物。3～4月施有机肥6～8 t/hm^2，使浮游生物量达10 mg/L；5～7月施有机肥5～7 t/hm^2，浮游生物量增至20 mg/L；7～9月（水温22～30 ℃）追施有机肥的同时施用施尿素和过磷酸钙（1∶1），每次30～45 kg/hm^2，每月3～4次，使浮游生物量高达30 mg/L；10月份相应少施肥。

饲料投喂。4～8月间投喂黑麦草、水草、苦荬菜等，并投喂菜饼等精料（投喂配合饲料更好）；每公顷设投饵点1个，每天喂1～2次，投饵量以每次1～2 h吃完为适，水草当天吃完为度。

4. 水库水产资源增殖

水库与湖泊水产资源增殖的综合措施相似。繁殖保护工作包括设立繁殖保护区（禁捕区）、规定休渔期、设置人工鱼巢及人工产卵场等。

（1）控制凶猛鱼类和小杂鱼类。凶猛鱼类危害放养鱼类，食物链长，鱼产力低，小杂鱼虽是凶猛鱼类的饵料，但本身经济价值低，又与放养鱼类争食物，因此必须合理控制凶猛鱼类和小杂鱼。这是提高人工放养鱼类成活率和水库渔业开发利用效率的重要保证。

鳡、翘嘴红鲌、蒙古红鲌和马口鱼（可吞食自身体长25%～44%的鱼类）等表层掠食型凶猛鱼类，依靠游泳速度快和威慑力强，追捕吞食鱼类。乌鳢、鳜、鲇等底层伏击型凶猛鱼类，行动较缓慢，潜伏草丛等遮蔽物中，以突然袭击方式捕食鱼类。

水库凶猛鱼类种群的演变规律。水库蓄水初期，淹没了河流原植物区域，利于鲇等草上产卵鱼类和乌鳢等在草丛中筑巢产卵鱼类的繁殖。因此，刚蓄水不久的水库，最先出现并形成优势种群的是乌鳢、鳜和鲇等凶猛鱼类，如新安江水库和浮桥河水库于1959年和1960年建成蓄水后，乌鳢等底层凶猛鱼类在渔获物中占60%左右。水库蓄水后3～5年，水深逐渐增大，水面不断增宽，水位波动也较大，高等水生植物逐年减少，生态条件变得不利于底栖凶猛鱼类而有利于表层凶猛鱼类，河流中原有的红鲌类和鲌类种群数量迅速增长，乌鳢、鲇等凶猛鱼类则退居第2位。

如果某些水库入库的水流较大且流程较长，具备鳡的繁殖条件，原水体中鳡或由其他水系带进来的鳡鱼苗种，经过几个世代的繁殖，红鲌型凶猛鱼类便会被鳡型凶猛鱼类所代替，如湖北浮桥河水库。这类水库的凶猛鱼类种群组成一般是鳡型占优势，其次是红鲌型，再次是底栖型。红鲌型凶猛鱼类受鳡的威胁，很少到开阔水面活动，通常栖息在库湾或沿岸浅水区。鳜、鲇、乌鳢等底栖型凶猛鱼类，由于生态灶与鳡不同，故不会因鳡的发展而消失。

凶猛鱼类的危害与控制。各种凶猛鱼类的食物链都很长，不可能高产，而且对放养鱼类的危害性很大，其中掠食型或攻击型的危害性远大于伏击型，尤其是掠食型鳡对放养鱼类的危害性最大。湖北麻城浮桥河水库1960年建成，随着放养鱼类种群的发展，渔获量逐年上升，但由于投放鲢、鳙鱼种带进的鳡很快发展成为凶猛鱼类的优势种群，致使1967年渔获量下降至上年的49%，1968年再跌为1967年的24%，此后鱼产量一直很低，1975年渔获物中放养鱼类仅占5%，而鳡则占63%。红鲌类凶猛鱼类占优势的水库，单位面积鱼产量也都较低，更谈不上稳产高产。因此，必须采取有效措施严格控制凶猛鱼类。

新建水库，在蓄水前应对未来淹没区的鱼类区系进行调查，并尽量对凶猛鱼类进行清除，以防患于未然。蓄水后，严防其他水系的凶猛鱼类进入或投放鱼种时将凶猛鱼类带进水库。水库蓄水初期，通常最先出现的是以乌鳢为优势种群的底层凶猛鱼类，应当在乌鳢幼鱼孵出后在岸边集群活动期间用抄网捞除之。水库中的翘嘴红鲌和蒙古红鲌具有集群习性，在草丛区和众多进库水流处产卵，采用旋网、刺网、围网歼捕，效果较好，同时捞出附有卵的水草等附着物。

水库中鳡鱼种群，在繁殖期集群溯水到水库上游流水处产卵，应当反复歼捕产卵亲鱼，并在其产卵场的下游设置流刺网捕捞产卵群体和产后顺水下游的亲鱼。湖北省浮桥河水库于1975年冬季采用“赶、拦、刺、张”渔法歼捕，有效控制了鳡的种群。

总之，针对各种凶猛鱼类的栖息和产卵习性，有针对性地采用各种渔具渔法，分散与集中相结合，严格控制凶猛鱼类。

小杂鱼类的合理控制。水库中广泛分布有餐条（*Hemiculter leucisculus*）、麦穗鱼（*Pseudorasbora parva*）、棒花鱼（*Abbottina rivularis*）、蛇鮈（*Saurogobio dabryi*）、中华鳑鲏（*Rhodeus sinensis*）等小杂鱼类，它们具有性成熟早、繁殖力高、寿命短、种群结构简单等特点，其数量消长变化较快。

小杂鱼是红鲌类和底栖凶猛鱼类的重要饵料。它们的存在，可以缓和凶猛鱼类对放养鱼类的危害。但其个体小，生长慢，经济价值不大，又是鲢、鳙等放养鱼类的食物竞争者，因此，应当采用小型渔具适量捕捞，以控制其种群数量。

（2）合理捕捞。合理的捕捞强度是指水库的捕捞量与已达到捕捞规格的各种鱼类的贮存量基本上相符合。过度捕捞会导致渔获物规格偏小或小型化，不仅鱼产品质量下降，而且破坏鱼类资源；捕捞强度过小，渔获物规格虽然会相应增大，但会导致鱼类的库存量过大，影响鱼类生长及其资增殖效率，最终降低了水库渔业开发效益。水库的合理捕捞量应当根据放养鱼种规格、密度、生长速度、成活率、渔获物组成及规格等因素，进行综合分析确定。其中历年来渔获物的规格和产量是确定合理捕捞强度的最重要的依据。

合理捕捞规格应根据各种鱼类的生长规律、水库饵料资源和具体达到市场需要的食用鱼规格进行综合考虑确定。适宜的捕捞季节是避开鱼类繁殖和快速生长的春季与夏秋季，最好在冬季进行捕捞。目前，我国北方地区多在冬季进行冰下捕捞，南方地区多在10月下旬至翌年2月进行捕捞。

渔具渔法。大中型水库捕捞上中层鱼类的最有效的渔具渔法是“赶、拦、刺、张”联合作业法，捕捞底层鱼类（鲤、鲫等）的有效渔具渔法是网箔。

（3）鱼类移植。鱼类移植工作是改造与优化水库鱼类种群结构、充分利用水体空间及饵料资源，以及提高鱼产品质量、鱼产量及水库渔业开发效益的重要措施。自20世纪60年代以来，我国水库移植成功并取得明显效益的鱼类有团头鲂、细鳞斜颌鲴、高背鲫、银鱼、公鱼、香鱼和匙吻鲟等。有关鱼类移植工作概况与原则、各种鱼类生物学特点和移植技术要点等已在淡水湖泊渔业开发中阐述。

5. 水库拦鱼防逃设施

拦鱼防逃设施是保证水库鱼类回捕率和鱼产量的重要条件。拦鱼设施通常建造在溢洪道、输水涵洞和水库上游进水处附近。拦鱼设施包括拦栅、拦鱼网和拦鱼电栅等3种类型。大中型水库最常用的是拦鱼网。

建造拦鱼设施的基本要求：第一，水库溢洪时，能有效地拦截不同鱼类，并能使其安全离开拦鱼设施；第二，拦鱼网具有足够的抗洪强度，能够承受住最大泄洪量的冲击和暴风雨的袭击；第三，保证拦鱼网的滤水性能，并设有专门的排污设施；第四，拦鱼网主体网衣能够沉入水中，结构科学，布局合理，安装施工简便，便于日常管理和维修。

拦鱼网工程设计技术要点。拦阻断面位置直接关系到拦鱼网的受力大小、拦鱼效果、施工难度和投资费用。拦鱼网的位置选择，第一要考虑其拦截面的大小、最大流速（小于拦鱼对象所能克服的极限流速）；第二要考虑地形、底质和污物等诸多因素，以便于拦鱼网工程的安装（投放抛墩、抛锚等）；第三要考虑航船过网以及水利枢纽工程的安全等。

根据溢洪最大泄水量和拦阻面积计算拦阻断面的流速。鲢、鲤、草鱼、鲂、鲇等几种鱼类极限流速约为0.6～1.1 m/s，持久游泳速度为0.6～1.31 m/s。网的高程和长度，分别依溢洪期最高水位和截面两岸间距来确定，计算面积公式为$L/(L/L')\times H/(H/H')$，式中$L/L'=0.95$（L—断面实际长度，L'—拦鱼网实际长度），$H/H'=0.95$（H—断面实际深度，H'—拦鱼网实际深度）。网线为聚乙烯纤维和维尼纶纤维按2∶1比例混合捻制而成（23号/3×2+29号/3×1），网衣按水平缩结系数0.64～0.66和垂直缩结系数0.75～0.77装配。小型水库网目规格为5.0～6.0 cm，大中型水库网目规格为8.0～12.0 cm，巨型水库网目规格为12～14 cm（拦鱼网的上层网目小于底层网目）。拦鱼规格（鲢、鳙等），小型水库为0.25 kg，大中型水库为0.5 kg。

拦鱼网的固定装置及其固定。大中型水库的固定装置有锚、抛墩、岸墩等，拦鱼网固定位置一般离溢洪闸的距离为水深的5～10倍。

六、两栖动物养殖

两栖动物（Amphibia）是幼体水生和成体水陆兼栖的变温脊椎动物，绝大多数是亦水亦陆的种类。现存种类多生活在热带、亚热带和温带区域，寒带和海岛上的种类稀少。

两栖动物的繁殖和幼体发育必须在淡水中进行。幼体形态似鱼，用鳃呼吸，有侧线，依靠尾鳍游泳，经变态才能上陆生活。现存两栖动物成体体型分为蚓螈型、鲵螈型和蛙蟾型。蚓螈型种类外观似蚯蚓。鲵螈型种类四肢短小，尾甚发达。蛙蟾型种类体形短宽，四肢强健，无尾，头部略呈三角形，颈部不明显，躯干部有五指（趾）型四肢，后肢长，跗部延长并分别与胫跖部构成可活动关节，适于跳跃或游泳。与爬行动物的主要区别：皮肤裸露无鳞，富于腺体，黏液腺的分泌物使皮肤保持湿润状态，便于皮肤呼吸；没有交尾器，一般都是体外受精，卵产于水中，卵外有胶质膜保护，卵黄多，无胚胎膜发生；幼体具鳃，生活在水中，经过变态形成成体，一生中与水生环境极为密切。

我国产两栖动物280余种，主要养殖种类有蛙属的虎纹蛙、棘胸蛙、中国林蛙和从国外引进的牛蛙、猪蛙等5种，以及大鲵属中国大鲵。

两栖动物养殖业具有广泛的社会效益、经济效益和生态效益，投资少，适合广大农村和林区经营，可以优化产业结构和增加人民收入。经济两栖动物的肉质洁白细嫩，味道甘美，营养丰富，富含优质蛋白质、人类8种必需氨基酸、多种维生素和矿物元素，脂肪和胆固醇含量低，是宴席上的珍馔佳肴和重要营养食品。

经济两栖动物是一种高级滋养品，并有一定的药用价值。中国林蛙输卵管的阴干品，通称哈士蟆油，含有56.3%蛋白质、3.5%脂肪、4.7%矿物质，还含有甲状腺素、睾酮、雌二醇、雌酮等4种激素，以及18种氨基酸和多种维生素，是男女皆宜的保健品。棘胸蛙具有滋补强身、清心润肺、健肝胃、补虚损、解热毒、治疳积等药用，适宜于病后健身食用；棘胸蛙的蝌蚪，可乌发、清毒解疮，蛙卵尚有明目之功效。

两栖动物蛙蟾类是农林业害虫的天敌，是经济作物和树木等植物的生物灭虫大军，是稻田与森林卫士。它们生活于农田、森林、草地，捕食危害作物和树木的蝗虫、蚱蜢、黏虫、稻螟、松毛虫、甲虫、蟀象、蝼蛄、象鼻虫、金花虫、金龟子、蚊、蝇、蛾类等害虫。

我国台湾自20世纪20年代开始养殖牛蛙，现年产1万多吨。大陆自20世纪60年代初，从日本和古巴引进牛蛙，分发至宁波、上海、天津、南京、广州、山东等11个省市。1965年先后在广东、湖南、湖北、江西、云南等省进行野外试养，取得一定成效。20世纪80年代以来牛蛙养殖业再度兴起，许多高等院校和科学研究单位参加研究与推广工作，取得系列研究成果，很快形成规模化生产。1987年广东省肇庆市广利渔场自美国引进猪蛙（沼泽绿牛蛙）和河蛙，俗称美国青蛙，由于个体较大、适应能力强、性情温顺，在我国很快产业化，总产量高于牛蛙。

中国林蛙养殖业，自20世纪80年代以来东北地区形成产业化，山东、河北、江苏等省也移植试养成功，并取得一定成效。20世纪90年代以来，华南、西南、华中先后养殖虎纹蛙、棘胸蛙等较大型土著蛙类，取得很好的经济效益；广东、贵州、四川、湖南、湖北、陕西等省先后开展大鲵生物学研究工作和人工养殖，都取得一定成果，有的已产业化生产。

2012年我国两栖动物养殖产量达8.33万吨，已成为水产养殖业的重要组成部分。

（一）人工繁殖原理与关键技术

1. 生物学原理

蛙类和大鲵的两性生殖系统各一对，位于肾脏的腹面。雄性生殖系统由精巢、输精管、泄殖腔、脂肪体组成。精巢呈卵圆形，淡黄色，产生的精液通过输精小管与肾脏前部的肾小管，然后借道输尿管（输精管）进入泄殖腔而排出体外，故称输精尿管。蛙类在繁殖期间，输精尿管的末端膨大成贮精囊，用来贮存精液，过了生殖季节则缩小恢复正常。

雌性生殖系统由卵巢、输卵管、子宫、泄殖腔和脂肪体组成。卵巢结构似鲟类的裸卵巢，输卵管不与卵巢相连，成熟卵落入腹腔中，然后通过腹腔膜上的纤毛活动和腹肌收缩从输卵管（长而迂回的管子，位于卵巢的外侧）前端的漏斗（喇叭口）进入输卵管，在输卵管内向后移动行程中包上胶质（由管壁分泌），形成卵胶膜，然后进入子宫（输卵管末端的扩大部分），于两性抱对时再排出体外。

蛙类精巢和卵巢前方有一对黄色指状脂肪体（供性腺发育所需的营养），其体积随性腺发育而发生变化，休眠前体积增大，进入繁殖季节随着性腺发育其体积逐渐缩小，以至于萎缩得很小。

精、卵细胞的发生与发育分期，基本上与硬骨鱼类相似。以牛蛙为例，精子发生全程分为精原细胞增殖期、次级精原细胞生长期、精母细胞成熟期和精细胞变态期，卵子发生分为卵原细胞繁殖期、卵母细胞生长期（体积增大与卵黄积累）、成熟期（两次成熟分裂，染色体减半）。

两栖动物的精巢和卵巢发育规律与鲤科鱼类相似，也分为6个时期；与繁殖有关的丘脑、脑垂体和性腺及其分泌物种类、性质、生理功能和作用途径，基本上与鱼类相似。

两栖类动物是变温动物，性腺发育、成熟，以及产卵、受精、胚胎发育等不仅受体内有关器官调控，还受光照、温度、水质、水流、产卵场条件、营养条件等多种生态因素影响，其中水质、水温和营养条件是重要因素。

两栖类与鱼类相同，都是在水中进行产卵、受精和胚胎发育，因此，其精子与卵子生物学特征及其对外界条件的适应、受精机理与生物学特点，以及胚胎发育形态变化和对生态因子的适应，都与鱼类极其相似。

两栖动物的卵黄分布不均匀，受精卵分裂方式称完全卵裂的不等卵裂，与软骨硬鳞鱼类（鲟）卵裂方式相同，而与硬骨鱼类不完全卵裂的盘状卵裂不同，但两者胚胎发育有很多相似之处。

2. 人工繁殖关键技术

（1）亲体培育。5种蛙雄性成熟个体的副性征明显，具有婚垫（瘤）或婚姻垫，即第一指基部膨大成瘤状物，形状因种而异；雌性个体无婚垫。除此之外，虎斑蛙雄性咽侧下有一对外声囊，雌性无；棘胸蛙雄性的胸部具疣粒及角质刺，后肢特别强大，雌体无疣粒，后肢较小；牛蛙和猪蛙雄性鼓膜直径大于眼径，雌体的鼓膜等于或小于眼径。

中国大鲵无明显副性征。雄性的泄殖孔略大，周围外凸，外缘有一圈不规则的小突起；雌性泄殖孔小，周围向内凹陷，其外缘无小突起。

亲蛙和亲鲵的雌雄比例一般为1∶1。

亲蛙和亲鲵选择。选择身体较肥满健壮、运动活泼有力、副性征明显、无疾病与伤残缺陷的个体；避免选择杂交种、近亲交配个体和退化个体，而且要及时更换亲体，以防近亲繁殖导致种质退化。

亲蛙培育池与鱼池相同，一般为土池塘，可与产卵池兼用，多为长方形，面积以20～30 m^2为宜，水深50～80 cm。池底为锅底形，池塘的坡度应大一些，四周要有浅水滩，池边和浅水区种植一些植物作为亲蛙的荫蔽物，营造产卵生态环境。池内岸边建一定数量的洞穴，棘胸蛙的亲体培育池也可在池中布置小岛，岛中设多个洞穴、石缝及水草，供亲蛙栖息。池塘外围设1～1.5 m高的聚乙烯网布等围墙，以防亲蛙跳逃。

亲鲵培养池和成鲵池的结构和大小相似，多采用混凝土结构，面积10～20 m^2，池深1.2 m，水深35 cm左右，设进水口（池上部）、溢水孔（池高的35 cm处）和排水孔（底部），以供进水、控制水位和排水用。放养前进行彻底消毒（方法同鱼池消毒）。

亲蛙和亲鲵的放养方式通常为单养。蛙类放养密度依种类、个体大小而异：虎纹蛙为8～10只/平方米，棘胸蛙为5～10只/平方米，中国林蛙为20～60只/平方米，牛蛙为1～2只/平方米，猪蛙为4～6只/平方米。亲鲵为1～2只/平方米。

创造良好的生态环境条件。如池塘环境幽静、阴凉，切忌干扰和嘈杂，池水流动，水质清凉，池边有蓖麻、瓜类等阔叶植物，浅水区种植挺水植物，水面培植凤眼莲等漂浮植物，池上搭凉棚。

每天早、中、晚巡塘一次，观察蛙、鲵活动和摄食情况以及水质、水位等，检查围墙、围栏（池周围的聚乙烯网布等），清扫饲料台或食场。

投饲。饲料种类应当根据亲蛙被驯饲的情况而异。能够摄食人工配合颗粒饲料的，可混合投喂配合饲料与动物性饲料；尚未驯化或捕捉的自然亲蛙，则只能投喂动物性饲料。配合饲料日投饲量为2%～5%，动物性饵料为10%左右。每日一般投喂2次。

春初投喂鲜鱼、蚯蚓、蝇蛆等活饵，随着温度提高，投喂含蛋白质35%的配合饲料；临近产卵时，摄食量减少，主要投喂少量活饵料，抱对时停食；产后食欲增加，多投喂鲜活可口的动物性饲料，1个月后，投喂含蛋白质32%～35%、脂肪10%左右的配合饲料，然后转入正常性饲养管理；秋后气温下降，投饲量减少，以鲜活饵料为主。在昆虫繁盛期，采用黑光灯等诱捕各种昆虫供亲蛙摄食。

饲养期间定期注水、换水，也可采用微流水方式，控制水位30～50 cm，保持溶氧充足。饲养期间定期（15 d～20 d）洒石灰水或漂白粉水，预防疾病。

（2）催情产卵。5种蛙类和中国大鲵在人工养殖条件下能够自然产卵受精，但产卵时间不够集中，通过注射外源激素可促其群体集中抱对产卵，缩短繁殖时间，提高产卵效率，以获得规格整齐的苗种。两栖类催情产卵药物和作用原理，以及脑垂体采取和保存方法，都与鱼类的相同。催产用具，包括消毒盒、注射器与针头、研钵、镊子、毛巾、白瓷盆、碗、温度计、量筒等。

产卵池。蛙类通常以亲蛙培育池兼作产卵池，水深30～50 cm，有少量水草，以利于繁殖和附卵。中国大鲵产卵池为混凝土池，面积2～4 m^2，水深30～40 cm，池底铺小卵石，设进排水口和溢水口。

5种蛙类都在春季（3～5月）繁殖。当亲蛙摄食量明显降低，雄蛙的婚垫格外明显，不停地高声鸣叫，并有追逐雌蛙的行为，表明两性蛙即将抱对产卵。选择身体肥满，雌体腹部胀大、雄体婚垫明显的雌雄蛙，按1：1比例进行人工注射催产剂。

催情注射。催情药物、注射液配制及注射方法与鱼类的相同。注射剂量因种类和药物而异，按照亲体的体重换算每只注射剂量。每只蛙注射药液的体积通常为1 mL，多采取1次注射。一般采用后肢内侧或臂部肌肉注射，方法简单、稳妥，危险性小，也可进行皮下注射和腹腔注射。

效应时间。从注射催情药物到鸣叫、抱对和产卵的时间，依蛙的种类及成熟度、药物、温度而异。一般注射后6～10 h开始鸣叫、抱对，注射至产卵的时间因种而异：棘胸蛙为12～16 h（16～20 ℃）或更长一些时间，中国林蛙为40～48 h（18～24 ℃），牛蛙为48 h左右（25～28 ℃），猪蛙为40～44 h（22～25 ℃）。PG与HCG的效应时间较LRH-A和DOM的短一些，几种药物混合注射时更短一些。效应时间随温度（适温范围）增高而缩短。中国大鲵的效应时间较长，15～23 ℃时一般为109～219 h（4～9 d）。

发情。蛙类发情常通是雄性鸣叫，雌雄抱对，然后便产卵；中国大鲵发情是雄性追逐雌性，并将前脚搭在雌体后背部。

产卵。蛙类多在凌晨产卵，产出的卵入水后呈黏性，吸水膨大，卵粒相互黏结成多种多样的形状（因种而异）。如棘胸蛙的卵粒粘连成片状、链索状，一端黏附于石块、树根和水草上，另一端悬于水层中；中国林蛙的卵粒粘成团状，直径达15 cm左右，漂浮于水面；牛蛙和猪蛙卵吸水后的卵块像棉絮状，黏附于水草、树根须上；虎纹蛙的卵粘成小片，浮于水面。

卵子计数。及时把卵块捞到孵化池中，采用面积法和体积法估计卵子数量。

中国大鲵产前仍然独居，临产时雄鲵游到雌性栖息地，选择水深1 m左右的隧道洞穴，用足、尾及头部打扫清理后诱引雌鲵入洞，前脚爬在雌鲵后背部，当雌鲵产卵时雄鲵立即排精，精卵瞬间结合受精。卵呈球状，由胶带相连，有时附于水草上。

人工授精。一般不采取人工授精。蛙类人工授精采用湿法，解剖腹部取出精巢，除掉结缔组织并用滤纸吸干血液和水分，在研钵中研磨成浆，加生理盐水（10～15 mL）搅拌成悬浮液，然后将蛙卵挤入，用羽毛搅动片刻，再用水洗1～2次即可。中国大鲵人工授精采用干法（与鱼类相同）。

（3）孵化。孵化设备。有混凝土池、网箱和土池3种。混凝土池面积3～10 m^2，池深50～60 cm，水深30～40 cm，一侧设进水口，另一侧设排水口（底部）和溢水孔（离底部30 cm左右），在离池底4～5 cm处设40目/平方厘米的纱窗板（卵不会贴池底）。网箱系用40目聚乙烯网片制成，长3～5 m、宽1～1.5 m、高1 m，用竹竿或木杆架于池中，箱口高出水面20～30 cm。土池面积10～20 m^2，池深50～60 cm，水深30～40 cm，设进、排水口。

放卵密度。土池塘2 000～3 000粒/平方米、混凝土池5 000～10 000粒/平方米、网箱10 000～15 000粒/平方米。每个孵化容器放同一天产的卵，以保证集中出膜，蝌蚪规格整齐。放卵时尽量使黑点（动物极）朝上，均匀分布。

孵化管理。混凝土池微流水孵化管理，包括检查用水质量（有无剑水蚤等），调节水量（流），刷洗溢水孔滤水筛，观察胚胎发育情况，按时测定成活率、水温、溶氧、pH，防止病害（消毒等方法与鱼类相同）和处理异常现象。静水孵化管理工作，主要是2～4 d换一次水；网箱孵化管理工作，主要是刷洗网箱，其他管理项目与混凝土池相同。

影响孵化率的因素包括受精卵质量，孵化池水温、溶解氧和pH，以及剑水蚤等敌害生物和病害等。

（二）蝌蚪培育

蝌蚪培育是将蝌蚪培养成1～20 g稚蛙。刚出卵胶膜的蝌蚪似幼鱼，吸附在水草上，静止不动，2～3 d后吸盘开始退化，依靠长而侧扁的尾部游动，开始用羽状外鳃呼吸，随后外鳃萎缩并形成4对内鳃，两颌外包角质喙，上下唇附生数行角质齿，啮食水生植物，然后逐渐变态为稚蛙或稚鲵（中国大鲵变态期不明显）：身体内外发生一系列变化，由适应水栖向适应水陆两栖转变，出现成对的附肢，角质喙及唇齿脱落，尾部萎缩消失，咽部长出肺芽，并逐渐扩大，形成肺，代替鳃呼吸，心脏发展成两心房一心室，由单循环发育成不完全的双循环，长而螺旋状的肠管变为粗短的直形状，胃、肠分化明显，食性由植物性变为动物性。

蝌蚪期持续的时间因种而异，虎纹蛙28～35 d，棘胸蛙60～80 d，中国林蛙31～41 d，牛蛙50～85 d，猪蛙60～80 d，而且受温度、营养和放养密度等因素影响。

蝌蚪的生物学特性与鲤科鱼类仔稚鱼（鱼苗）和幼鱼（鱼种）相似，培育方式及其指标要求（成活率80%以上）也基本相同。

培育池。混凝土池塘和土池塘皆可，面积依生产规模而异，一般为30～50 m^2和100～400 m^2，深度约1 m，水深50～80 cm（变态期为30 cm），坡度大一些，池中可种植水草。

放养密度。每个池塘放养同一批蝌蚪，因种而异，虎纹蛙为500～1 000尾/平方米，棘胸蛙为1 000～2 000尾/平方米，中国林蛙为1 500～2 000尾/平方米，牛蛙为800～1 000尾/平方米，猪蛙为800～1 200尾/平方米。饲养期间分稀疏养2～3次，密度分别以倍数递减，后期一般为30～50尾/平方米。

蝌蚪为杂食性，吞食，可以吃静止食物，较易饲养。刚孵出的蝌蚪全长4～5 mm，用头部吸盘吸附于水草上或孵化池壁上，以卵黄囊为营养， 3～4 d后卵黄囊消失，开始吃（吞）食。此时，每万尾每日投喂1只鸡蛋黄（用纱布裹住，压碎，在水中荡动成蛋黄颗粒液），至3～4 d，改喂豆浆至7～10 d；然后投喂配合饲料（含蛋白质30%～35%），每日2次（设饵台），日投饲量为蝌蚪体重的5%～7%；前肢出现时（期）吸收尾巴营养，投饲量减至2%～3%，也可投喂自配的软颗粒饲料（鱼粉、豆饼、糠麸、玉米粉等）。

池塘水质培养及其调节方法与鱼苗、鱼种培育相同。蝌蚪出现前肢和尾巴消失，变为稚蛙，应当降低池塘水位（20～30 cm），向池中放一些木板、塑料泡沫板等漂浮物，供稚蛙登陆，行肺呼吸，以提高成活率。

肥满的蝌蚪越冬能力比刚变态后的稚蛙强。因此，对秋季孵出的晚期蝌蚪，采取控温（＜25 ℃）和多投植物性饲料（＞60%）等措施，拖延蝌蚪变态时间，使其越冬后再变态发育成稚幼蛙。

稚蛙规格：虎纹蛙为0.5～1.0 g，棘胸蛙1.5～3.0 g，中国林蛙1.0 g左右，牛蛙10～20 g（大者达75～100 g），猪蛙4～10 g。变态前的蝌蚪一般略大于稚蛙。

（三）稚蛙和稚鲵培育

1. 稚蛙培育

稚蛙培育是把1～20 g稚蛙培养成30～100 g幼蛙。稚蛙与蝌蚪相比，栖息习性由水栖转化为水陆两栖，身体移动方式由游泳转化为爬行和跳跃，食物组成由以植物性为主转化为以活体动物为主（虎纹蛙也可食静止食物）。当稚蛙的体色和花纹变得与成蛙相似时则称为幼蛙（性腺尚未成熟）。

培育稚蛙多采用土池塘，也可用混凝土池，但其周围都要设防逃网（聚乙烯布围墙，高1 m左右）。池塘形状多为长方形，便于操作，面积为30～50 m^2和500～1 000 m^2，池堤顶部宽1～1.5 m，坡度为1∶2.5，池深1～1.5 m，水深50 cm左右，设进水口和排水口，中部建有供蛙登陆的小岛（占池塘面积30%～50%），岛上搭设荫棚（高1.5 m、宽1.0 m）或蛙巢（高20～30 cm），设1～2盏诱虫灯（黑光灯、30 W紫外线灯等），水面种植水浮莲等漂浮性植物。

稚蛙养成幼蛙通常采用三级饲养法，放养密度分别为100～300只/平方米、60～200只/平方米、40～100只/平方米，依蛙种类、池塘条件和饲养技术而异。稚蛙下塘前用2%～3%盐水或10～20 mg/L高锰酸钾液消毒10～20 min。

除虎纹蛙外，4种养殖蛙的稚蛙都习惯吃活饵料，通过驯食后才会养成定时、定点地摄食静态饵料的习惯。

活饵料为黄粉虫、蝇蛆、蚯蚓、蜗牛和飞蛾等各种昆虫，以及小鱼和小虾等；静态饲料为蚕蛹、猪肝肺、鸡鸭内脏、肉糜、鱼块及其肉糜，以及配合颗粒饲料等。饵料台系由木板、竹席、聚乙烯布带和5 cm高的木框等制成，面积约1 m^2左右，设置在池边，浮于水面，每500～1 000只蛙设一个。

稚蛙摄食静态饲料驯化工作。在刚变态5～7 d稚蛙活饵中加入1/3静态饲料，随后（8～10 d）增加至1/2，再过7～10 d增加到2/3，直到全部为静态饲料。驯食初期，可利用活饵促动、水力带动、小竹竿拨动，以及设计专用设饵器振动静态饲料等方法，使其产生动感，被蛙误以为活饵而吞食，从而达到驯食目的。

稚蛙、幼蛙的投喂原则依然是定时、定位、定质、定量等“四定”投饲。一般每日向饵料台中投2～4次饵料，每次投饵量在1～2 h内吃光为佳，日投饵量占蛙体重3%～5%（配合饲料）或10%～15%（鲜活饵料），严禁投喂变质与发霉的饵（饲）料。

正常性管理工作包括巡塘、调节水质、遮阴、诱虫、清洗饵台、池水定期消毒（生石灰或漂白粉）、除害（老鼠、蛇等天敌）、防逃等。

2. 稚鲵培育

稚鲵培育是将稚鲵当年培育成6～10 g幼鲵。培育池一般为混凝土池塘，室内池面积为2～5 m^2，深0.8～1.0 m，室外池塘面积为10～50 m^2，设进、排水口，底铺卵石、石块等。

放养前进行池塘消毒，每平方米放10～30尾，依身体大小先后投喂枝角类、水蚯蚓、小鱼与小虾、冰鲜鱼浆和肉浆，每日上午、下午各投饵1次。池水要清新，水深20 cm左右，每日换水1次。

（四）食用蛙和食用鲵养殖

1. 食用蛙养殖

食用蛙养殖是将体重30～100 g幼蛙经过1年养成200～500 g或更大的个体。

养殖食用蛙的池塘多为土池，其形状和构造与幼蛙池相同，但面积较大（200～300 m^2和500～1 000 m^2），防逃围墙较高（1.2～1.5 m）；也可采用混凝土池。放养密度依身体大小（30 g～100 g）而异，一般为20～50只/平方米。饲养过程中定期按规格分池稀养。

日常管理工作与幼蛙饲养相同，包括巡塘、投喂、调节水质、遮阴、防治病害、清刷饵台、防逃等。

稻田养蛙。稻田养蛙的设施与稻田养鱼的基本相同，但应以田块为单位，设防逃墙或围网。稻返青后每平方米放同一规格（30 g～50 g）幼蛙5～10只，施有机肥，不施化肥或少施化肥，不施农药，少投人工饲料，用黑光灯或紫外灯诱虫，防、除蛇、黄鳝等天敌。

封沟和湖汊养蛙。封沟养蛙是东北地区粗放养殖中国林蛙的一种方式，即利用自然环境和饵料条件，进行人工放养幼蛙、亲蛙或蝌蚪，养殖食用蛙和药用蛙。选择降雨较多的阔叶林或针阔混交林，地面草原茂密、沟内水源丰富的山林区，在临水区放养幼蛙、亲蛙，或在水溪边池塘中放养蝌蚪，严格进行人工管理，于9月下旬至翌年3月底回捕蛙，制取哈土蟆油（含油量高，质量好）。

我国南方利用湖汊、湖湾，用聚乙烯网片或竹箔围拦一定水面（0.3～1.0 hm^2），每公顷放1.0万～1.5万只幼蛙，诱虫和捕捞小鱼、小虾喂养，湖汊中的芦苇、水草既可遮阴，又可供蛙食用，要加强防逃与防敌害侵袭等工作。

2. 食用鲵养殖

食用鲵养殖是将6～10 g幼鲵经过2～4年养成体重1 kg以上的大鲵。

池塘基本结构。混凝土池面积为20～50 m^2，深1.2～1.5 m，水深50 cm左右，设进、排水口和排污孔，池壁修建成有进出口的洞穴（供鲵栖息），池底铺石砾（10～15 cm），池周围设1.5 m防逃围墙。

放养与管理。每个池塘按统一规格分养，每平方米放养0.5～1.0 kg，并定期按规格分级培养。每日上下午投喂2次，饵料种类因地区而异：沿海地区以海水鱼类为主，兼投配合饲料（蛋白质含量35%～40%）；内陆省区可投喂淡水鱼、虾、蛙、蚌、家畜家禽肉与内脏等，也可以配合饲料为主。日投饲量为3%～5%（配合饲料）和15%～20%（动物性饲料）。饲养管理工作包括巡塘、调节水质、清污、消毒、防逃、防治病害、遮阴等。

（五）越冬管理

5种蛙类和中国大鲵一般在水温降至10 ℃左右进入冬眠，停止摄食，基本不动，代谢水平大幅度降低。蝌蚪和大鲵营水栖生活，影响越冬成活率的主要因素是溶氧量和温度。池水溶氧量和水温分别不低于3 mg/L和2～4 ℃，蝌蚪可以顺利越冬。其越冬条件及其管理技术基本上与鲤科鱼类相同。

幼蛙和成蛙营水陆两栖生活，其越冬条件及其管理技术具有一定特殊性。在温度较低（2～10 ℃）情况下（保持一定湿度），蛙类可以完全依靠皮肤呼吸来维持正常的新陈代谢，不需要定期离开水到陆地上行施肺呼吸。因此，可以把蛙池加深水位（1 m左右），当温度降低以至水面结冰时，蛙便潜入水底淤泥中越冬（池水温度2 ℃、溶氧量＞2～3 mg/L）；也可以在池边上方挖洞穴（深40～100 cm左右，口径10～20 cm），让蛙集群越冬（洞口用草席等遮盖，保温）；北方地区可挖地窖（类同菜窖）进行蛙类越冬。有条件的地区和单位，可采取地热、余热和加温等措施进行蛙类越冬。

（六）蝌蚪和活蛙运输

蝌蚪运输。蝌蚪的运输方式和管理方法及其注意事项，基本上与鱼苗、鱼种运输相同。运输前停食1～2 d，聚乙烯袋充氧运输的装运密度为0.5万～0.2万尾/袋（依个体大小而异）。

幼蛙与食用蛙运输。蛙在空气中可行肺呼吸和皮肤呼吸，皮肤具有一定弹性（较鱼与蝌蚪的表皮牢固），活体可用筐、箱（壁通气）等容器装运，其密度以相互不挤压和叠压为度。容器内铺盖水草和湿草等柔软物，保持湿润，运程中适量洒水。运输前停食1～2 d。

七、爬行动物养殖

爬行动物（reptile）是陆地繁殖的外热源（变温）羊膜动物（amniota），是真正陆栖脊椎动物，具有两栖动物初步登陆的特性，并具有防止体内水分蒸发和适应陆地生活与繁殖的器官及特性。如皮肤被角质鳞或硬甲，有交尾器，体内受精，卵不产于水中，卵外包裹蛋白、内外壳膜和坚韧的石灰质或纤维质（无内胶膜和外胶膜）外壳，孵出的幼体不具鳃，不经过变态，生活条件与成体相同，可以完全摆脱水生环境，行肺呼吸。

我国产爬行动物约380多种，隶属4个目，目前，我国水产养殖的种类为龟鳖类和鳄类，分别属于龟鳖目和鳄目。

龟鳖类和鳄类具有广泛的经济价值。龟鳖肉质细嫩，味道鲜美，营养价值高，是宴席上的名贵佳肴，也是人们的营养保健食品。蛋白质含量较高（＞18%），必需氨基酸全面且结构优化，赖氨酸（人类主要限制性氨基酸）含量居众食品之首，谷氨酸（鲜味氨基酸）含量达13.95%。鳖的脂肪中不饱和脂肪酸占75.43%，其中高度不饱和脂肪酸占32.4%，是牛肉的6.54倍、罗非鱼的2.54倍，尤其是EPA和DHA含量高达6.97%和8.3%，对防止高血压、冠心病、心肌梗死以及增进脑功能都有一定作用；B族维生素和维生素E含量较高，对预防细胞老化、体细胞癌变有重要作用；微量元素，如铁、硒含量也较高，是预防贫血、抗抑肿瘤的最佳食品之一。

龟鳖的甲板、骨、肉、皮、血、肝胆、尿等均可入药。甲板与骨骼及其甲胶具有健骨补肾、轻身补肌、补血、消肿等功效，可治疗肝硬化和肝脾肿大等症。龟板是大补阴丸、大活造丸等药的主要原料；肉可滋阴补血，强肾壮阳，治疗肺结核和久咳、小儿生长虚弱、妇女产后体虚、脱肛、子宫下垂及性功能低下等症；龟皮主治血疾及刀箭毒，煮汁饮之可解药毒；龟血有抑制癌细胞的特殊功能。鳖血外敷可治面神经麻痹，内服可缓解白血病，治疗肺结核和脱肛，从血中提取白蛋白，可治疗肺炎、贫血、糖尿病；鳖胆可治疗痔疮与痔漏，龟胆主治痘后目肿和月经不调。

龟类还具有观赏价值，黄喉拟水龟等多种龟可培养成绿毛龟，是颇具观赏价值的高级礼品，出口日本、东南亚及港台，是创汇产品。

鳄类的经济价值巨大，肉的营养丰富，为上等佳肴，也是良好滋补品，内脏、骨骼、血液均可入药，具有治疗哮喘、风湿、咳嗽、心血管疾病等功效，《本草纲目》中提到扬子鳄"大补、微毒、少食"，皮可制革，加工成各种高级皮品（皮鞋、皮包、皮带等）和工艺品，价格昂贵。

我国台湾自20世纪30年代末开始人工养殖鳖，大陆各省市养鳖业始于20世纪50年代，80年代末至90年代中期发展迅速。起步较早的有湖南、湖北、浙江、福建等省，常温养殖周期为3～4年，增温快速养殖周期缩短为12～16个月。目前，我国养鳖业遍及全国各省市（除西藏自治区与青海省外），2012年中华鳖养殖产量达33.14万吨，年均产量达1万吨以上的有浙江、广东、江苏、湖北等4个省，呈现出经营管理制度化、规范化和养殖技术现代化、科学化的大好形势。

养龟业的兴起晚于养鳖业，20世纪80年代中期，龟的利用范围不断扩大，由药用扩展为药用、食用、观赏、出口等多种用途，市场价格不断上涨，推动了养龟业的兴起。湖南、湖北、福建、江西、江苏、浙江、山东等省都建起较大规模的养龟基地和养龟场。龟的养殖种类较多，其中养殖规模较大的有乌龟、黄喉拟水龟、三线闭壳龟、黄缘盒盖龟。近几年，自美国引进的鳄龟，养殖规模迅速扩大。2012年我国龟类养殖产量达3.28万吨。

养鳄业在美国、泰国、委内瑞拉等国已形成产业。我国养殖扬子鳄始于1976年（安徽等），1983年全人工养殖成功，广东和江苏省先后建成较大规模的扬子鳄养殖观赏园。20世纪90年代以来，广东、海南、北京、哈尔滨等多个省市先后自泰国引进泰国鳄（*Crocodylus siamensis*）和尼罗鳄（*Crocodylus niloticus*）等大型鳄类，进行全人工养殖并形成一定生产规模。海南省三亚市全人工养殖尼罗鳄，取得良好经济效益和社会效益。

（一）人工繁殖原理与关键技术

1. 生物学原理

（1）生殖系统和性细胞形态结构。雌性生殖系统卵巢为一对囊状物，对称排列在肾脏前腹侧，未成熟个体的卵巢小，成熟后的卵巢很大，含有大小不一的卵子百余个。输卵管为一对白色长管，迂回于卵巢两侧，前端膨大为喇叭口，开口于腹腔中，后端膨大为子宫，开口于泄殖腔，其壁上有一个不明显的阴蒂。成熟的卵子从卵巢排到体腔中，经喇叭口进入输卵管上端与精子结合为受精卵，在顺输卵管下行过程中，接受管中段的蛋白腺分泌的蛋白质形成较厚的蛋白层和管下段的壳腺分泌的石灰质形成硬壳，留在子宫中待产。

精巢（睾丸）为浅黄色或白色，对称排列在肾脏前腹侧，精巢上方具有附睾（中肾的残余），由精巢发出许多输精细管弯曲而成，输精细管进入输精管，开口于泄殖腔。泄殖腔内壁突起成一对球型囊，为阴茎海绵体（可充血勃起），其中间有一肌肉质的棒状阴茎（交配器）。阴茎长，末端为龟头，展开时为5个尖形小瓣，阴茎背部有沟，精液经此沟输送到雌体泄殖腔中。

几种养殖龟鳖和鳄类的成熟卵，属端黄卵，卵黄多（多黄卵）而集中在植物极（卵黄的色泽一致，没有鸡卵那种白卵黄和黄卵黄之分），卵细胞本体小并分布在动物极，其外被一薄层卵黄膜，卵黄膜外有一厚层蛋白，蛋白外有两层较薄的纤维网状结构的壳膜，最外层为硬质卵壳，也称钙化层，由碳酸钙（$CaCO_3$）组成，为霰石状（aragonite）晶体结构。石灰质硬壳上分布有气孔，圆形卵（中华鳖）的气孔分布均匀，平均每平方厘米31个（由文辉，1992），椭圆形卵（乌龟等）的气孔分布不均匀，赤道区的孔数（31个/平方厘米）多于顶极区（17个/平方厘米）（王培潮，2000）。气孔是受精卵与环境之间进行气体及水交换的主要通道。

成熟的精子由头、颈和尾部3部分构成。头部呈螺旋形（似软骨鱼类和鸟类的），由顶体和细胞核组成；颈部甚短，介于头部与尾部之间；尾部细长，超过头部许多倍。

（2）性细胞发育。龟鳖类和鳄类的性细胞发育相似，以中华鳖为例概述性腺发育基本特点（刘筠，1984）。

① 卵细胞生长发育。在池塘养殖条件下可明显分为4个时期。

卵原细胞期。来源于卵巢生殖上皮的卵原细胞，频繁进行有丝分裂增加数目，外周无滤泡细胞。

初级卵泡期。卵原细胞停止有丝分裂，外周包被一层滤泡细胞，是准备进入初级卵母细胞的阶段。细胞质中出现液泡（其他脊椎动物无液泡），由于液泡不断增大，将细胞核无定向地推到细胞的边缘。

生长卵泡期。液泡破散成膜系小泡，细胞核返回细胞中央。初级卵母细胞进行核、质增长（小生长期，卵黄尚未出现）的同时，从生殖上皮分化出的卵原细胞构成卵索，卵索中的卵原细胞仍然频繁地进行有丝分裂，以增加卵母细胞数量；随着初级卵母细胞的长大，卵周开始沉积卵黄（3龄），进入大生长期，由于卵黄的增多，卵核移向动物极；卵母细胞外周包被内（立方形细胞）、外（扁平形细胞）两层滤泡细胞，在卵细胞质膜（卵黄膜）外出现辐射膜（与营养物质转运有关）。

成熟卵泡期。卵核极化后，当初级卵母细胞达最终大小（17～20 cm）时，受脑垂体分泌的促性腺激素刺激，即将成熟的卵泡凸出卵巢外（以巢柄与卵巢相连），继而进行成熟并排卵；卵子离开卵巢落入腹腔中，自喇叭口进入输卵管上端与精子结合、受精，而后下移并被输卵管中段分泌的蛋白和下段分泌的蛋壳所包被；遗留在卵巢中的滤泡细胞为产后黄体。

闭锁卵泡期。卵巢中的卵细胞，卵核溃散，卵黄颗粒液化。

② 精细胞的生长发育。雄鳖精细胞的生长发育与其他脊椎动物相似，曲细精管由足细胞（向管腔中央延伸）和生精上皮细胞组成。由生精上皮产生的各种精细胞在曲细精管中排列的顺序（由管壁到管腔）：精原细胞、初级精母细胞、次级精母细胞、精细胞和精子。这与硬骨鱼类各级精母细胞同型成簇排列方式显然不同，而与哺乳动物按精细胞的成熟等级顺序排列方式相似。曲细精管中的精子在冬眠期不退化，并在与秋末最后一次产卵后的雌鳖交配时射入输卵管中，一直到翌年春季仍具有受精能力。

（3）性周期。龟鳖类和鳄类的性腺发育具有周期性变化，称性周期或生殖周期。以中华鳖为例，概述湖南地区龟鳖类和鳄类的性腺发育周期性（刘筠，1984）。

① 第一次产卵前的性腺发育周期。1龄中华鳖卵巢处于卵原细胞期和初级卵母细胞期，2～3龄卵巢处于生长卵泡的小生长期，4龄的处于生长卵泡的大生长期，第5年夏季卵巢中部的卵母细胞达到成熟卵泡期，可以在促性腺激素作用下成熟、排卵。

1龄的精巢处于精原细胞（分散）和曲细精管内有精原细胞阶段，2～3龄精巢的曲细精管上皮由精原细胞和初级精母细胞组成，4龄精巢的曲细精管中有精原细胞、初级精母细胞、次级精母细胞、精细胞和精子。

② 历次产卵的性腺发育周期。鳖生殖季节（5～8月）卵巢成熟系数为9%～10%，即将成熟、排卵的卵径17～20 mm；产卵后卵巢成熟系数为6%～7%，留在卵巢中待产的卵径为14～16 mm，每次产卵间隔时间20～25 d；冬眠期卵巢中有4～5种卵子，卵径为5～15 mm，80～100个。这些卵子待翌年5～8月分批成熟、排卵、受精后产出。

精巢曲细精管上皮，在生殖季节和冬眠期都有正常的各级精细胞，精子的形成和存活不受季节影响。

（4）与繁殖有关的器官及其生理功能。与龟鳖类和鳄类繁殖有关的主要器官，包括下丘脑、脑垂体和性腺。3种器官分泌物的种类、性质、生理功能及其作用途径，基本上与鱼类相似。

（5）胚胎发育。

① 卵子类型与发育特点。爬行动物的卵属端黄卵，卵黄多并与原生质截然分化，卵的动植物极分明。植物极的卵黄色泽一致（鸡蛋分为白卵黄和黄卵黄，两者同心排列），没有蛋白系带，没有气室，卵孵化过程中不需要像孵化鸡卵那样不断地翻动。

卵在输卵管上端受精后，进行盘状分裂，卵黄不参与分裂，仅作为胚胎发育所需的营养。受精卵发育至囊胚期或原肠期（受精两周左右）产出体外。受精卵或胚胎在发育过程中，除产生各种器官外，还发生胚外组织，如羊膜、绒毛膜和尿膜，故称羊膜动物。胚外组织是适应陆生环境的特殊组织结构。坚韧的外壳与带膜，在卵离开母体后可以防止卵内水分很快蒸发和机械振动与创伤。羊膜内有羊水，胚胎在湿润的羊水中吸收卵黄营养，并从外环境中吸收一定水分和氧气。因此，自然产卵巢穴和人工孵化基质（泥沙）都要求有一定的湿度。

② 胚胎发育分期。中华鳖受精卵在输卵管内早期发育以及产出后在体外孵化至仔鳖出壳的整个时期划分为30期（刘筠等，1984；侯陵，1984）。其胚胎发育（33～34 ℃）的几个主要时期概述如下。

头褶期（产出后15～16 h）：胚体头部出现头褶（产生羊膜前奏），脊索和神经板形成，胚孔拱形且出现细胞栓。

体节出现期（24 h）：头褶凸出，出现头下囊；羊膜头褶举起，出现一对体节，神经管和前肠形成；胚体四周出现血岛。

尿囊形成期（6～7 d）：尿囊凸起，胚胎扭转90°；出现卵黄囊循环。

背甲出现期（9～10 d）：出现背甲初型。

前肾退化（10 d）：前肾管退化，形成中肾旁管，前后肢出现指（趾）板和指（趾）根。

裙边形成期（20 d）：裙边明显可见，黑色素已沉积于背甲中央。

胚体竖立期（26 d）：胚体已具全貌，并从卵黄囊竖立起来。

黑色素化期（28 d）：胚体背甲已出现黑色素，但未完全黑色素化。

仔鳖孵出期（36 d）：仔鳖冲破硬壳，头部和四肢先后脱离卵壳。刚孵仔鳖的脐孔处残留着尿囊膜、羊膜和浆膜，几分钟后自行脱落，脐孔封闭，开始独立生活。

（6）影响性腺发育和繁殖的环境因素。爬行类属外热源动物，其性腺发育与成熟、受精及产卵，以及胚胎发育和性别决定等不仅受体内有关器官调控，还受光照、水质、温度、湿度、产卵场条件、胚胎孵化基质、营养条件等多种生态因素影响，其中温度、湿度与巢穴（孵化基质）含水量和营养条件是重要因素。因此，根据养殖种类繁殖生物学特点及其对环境条件的适应性，在亲体培育、催情产卵和孵化等主要生产环节中，应当创造优良的生态条件，以提高人工繁殖综合效率。

温度。爬行类是外热源动物，性成熟年龄和繁殖季节，随分布纬度的增高而延长与推后（起始温度为20～22 ℃，上限温度和适温分别为33～35 ℃和25～30 ℃），产卵次数随着分布纬度的增高而减少。

乌龟和中华鳖的有效孵化温度（胚胎正常发育温度）的下限分别为22～23 ℃和25 ℃，上限为33～35 ℃（36 ℃），最适温度分别为28～32 ℃（王培潮，2000）和33～34 ℃（刘筠，1984）。扬子鳄的有效孵化温度下限及上限分别为26 ℃和36 ℃，最适温度为28～32 ℃。龟类和鳄类的孵化温度，严重影响其雌雄比例。

龟鳖类的胚胎发育速度，在有效温度范围内随着温度的升高而加快。乌龟的胚胎期及其积温，在28 ℃、30 ℃和33 ℃情况下分别为66.7 d和1 880.61 ℃、62.3 d和1903.8 ℃、56.6 d和1871.3 ℃，或43 000～45 000 ℃。中华鳖的胚胎期在22～26 ℃、30～32 ℃、32～33 ℃、33～34 ℃和35～36 ℃情况下，分别为60～70 d、46～50 d、45～49 d、37～42 d和35～38 d；积温为31 000～39 000 ℃，一般为36 000 ℃。扬子鳄的孵化期为60～80 d，积温为37 500 ℃。

湿度。龟鳖等两栖爬行动物胚胎发育（孵化）要求湿润的环境条件。在空气相对湿度和巢穴（孵卵基质）泥沙含水量适宜的条件下，受精卵与外环境发生气体、水、热交换，进行正常发育。湿度和水分过少时，胚胎因失水而干死；过大时，卵壳因吸水膨胀破裂或卵壳气孔堵塞而死亡。乌龟和中华鳖孵化室内相对湿度和孵化基质（沙）适宜含水量，分别为80%～85%和7%～10%。

营养。营养物质是龟鳖和鳄类性腺发育、成熟和产卵后恢复身体的物质基础。当营养物质不能满足需要时，虽然不会很快死亡，但性腺发育首先受影响，或停止发育或退化。因此，亲体产前培育和产后培育期间，除调控好水质等生态因素外，一定要提供良好的营养条件，促进性腺发育与成熟，提高产卵数量和质量。

2. 人工繁殖关键技术

（1）龟鳖和鳄类亲体培育。人工繁殖效率的主要指标是亲体的成熟率和产卵量，以及受精率和孵化率。

龟鳖类的雌雄鉴别主要根据其尾部的长短。雌体的尾部比雄体的短。如中华鳖雄性的尾部长而尖硬，能伸出裙边外，雌性的粗而短，不能伸出裙边外或微露；乌龟雄性的尾部长，尾柄细，尾端较尖，上翘露出背甲之外，泄殖腔孔的内缘超过背甲中央线的后缘，雌性的短而粗，不能伸出背甲后缘，泄殖腔肛孔内缘不超过背甲中央线的后缘；黄喉拟水龟和三线闭壳龟的雌性尾部都短于雄性的，末端不超过背甲后缘，泄殖腔肛孔内缘不超过背甲后缘，而雄性的都超出背甲后缘；雄性鳄龟的尾部也比雌性的长，约为腹甲长的86%，泄殖孔超过背甲后部边缘，而雌性的尾长小于腹甲长86%。扬子鳄的雌雄鉴别较难，外形和尾部长相似，但手伸入雄性泄殖腔中可摸到一棒状交接器，而雌性无棒状物。

龟鳖和扬子鳄雌雄亲体的搭配比例基本上都是（4～5）：1。它们的精子在雌体输卵管中能够存活，其受精能力长达半年之久。

亲体的适宜年龄要比最小成熟年龄大1～2岁，其规格也要比最小成熟规格大一些。如中华鳖的适宜年龄和体重分别为4～7龄（因分布纬度区而异）和0.5～1.0 kg，乌龟为6～8龄和1.5～3.0 kg，鳄龟为5～6龄和4～5 kg。人工养殖的龟鳖留作亲体的年龄可少1～2年，体重则应大一些，而且要进行1～2年常温养殖。扬子鳄亲体的适宜年龄，野生的为9～11龄，人工养殖的为5～7龄，雄性比雌性小1～2龄。

亲体的体质应当是肥满健壮，运动活泼有力，无外伤，无疾病和无伤残缺陷，避免选用近亲个体和退化的个体；亲体应当经常更换，并进行提纯复壮工作。

亲体培育池一般为土池塘，环境应当向阳安静。池塘形状以长方形为宜，南端为养殖水面，北端作为晒背地与产卵场，面积为1 300～3 500 m^2（混凝土池100～200 m^2），池深2.0～2.5 m，水深为1.2～1.5 m，池底有20～30 cm软泥或沙土层（便于栖息与越冬）。池塘的东、南、西三边不要留坡度（用砖石或混凝土板护坡，以防逃跑），设置进、排水口及其闸门和防逃拦（每池自成系统）。

产卵场应高出池塘水位30 cm以上（背风、向阳），以30°的缓坡与水池相接（利于龟鳖爬上岸晒背、产卵），用优质壤土或沙壤土覆盖、整平，便于亲体产卵、筑巢穴和人工挖卵；面积应根据雌体数量确定，一般以每只占0.2 m^2左右为宜。

亲体培育池塘的四周应当建防逃墙，以防止亲体逃逸，墙体与池面垂直，内壁要求光滑，墙体高出正常水位线40～50 cm，顶部向池内伸檐10～15 cm。

亲体放养前要进行彻底清塘，所用药物种类、用量、方法等与养鱼池塘相同。

通常在秋季和春季水温15 ℃左右放养亲体，以减少创伤和提高成活率。放养密度依亲体的大小而异，一般为0.5～1.0 kg/m^2，如亲体平均体重1.0 kg，每667 m^2放600～700只。

饲养管理工作包括巡塘、投饲和调节水质等。每天早、中、晚各巡塘一次，观察龟鳖、鳄的活动和摄食，以及池塘水位及水质等具体情况，检查围墙和围栏，清扫饲料台或食物，投饲工作严格执行“四定一清”原则。定时：亲体开始摄食的水温为18～20 ℃，用少量优质鲜鱼、动物内脏、螺蛳等进行诱食，当摄食正常时每天上午9：00～10：00、下午4：00～5：00各投喂1次，培养亲体定时摄食的习惯；定位：在池塘北端的临水坡上设饲料台（100只设1个，宽0.6 m，4边有5 cm高的框），采取水上定点投饲，让亲体从水中爬上饲料台取食；定质：配合饲料营养成分和颗粒规格应符合亲体的要求，鱼、虾、蚌、螺、蚯蚓、动物内脏及各种植物等饲料无腐败变质，并注意饲料的适口性；定量：配合饲料日投饲量占体重1.5%～3%，鲜活饲料为10%～20%，根据水温、天气、吃食情况适时进行调整，以投饲后2 h吃完为适，及时清除残饵；“一清”：通过注、排水等方式调节水质，保持水质清洁，溶氧充足，池水透明度30 cm左右，每隔10 d左右洒一次生石灰水（20 mg/L）。

（2）催情产卵。人工养殖的几种爬行类都能够在人工饲养条件下自行产卵，但为了大批集中产卵，适当缩短人工繁殖工作时间，提高工作效率，可采取注射外源激素方法进行人工催情。催情药物、原理、方法等与鱼类和两栖类相同。注射剂量依种类而异，如中华鳖每千克注射HCG 7 500 U，或LRH-A 150 μg，或HCG 750 U+LRH-A 75 μg；雄体减半。注射次数为1～2次，也可多次注射（催熟）。目前，一般不采取催情注射方法。

发情交配、产卵：发情交配与产卵的季节、适温、产卵场条件、产卵时间与行为等见其繁殖生物学（水产养殖生物学）。

（3）卵的收集和受精卵鉴别。每天早晨巡视产卵场，根据泥沙的颜色（新旧土翻动情况）、爪和腹甲压过的痕迹来判断卵穴，及时插上标记，待卵产出后8～10 h动物极和植物极分化明显，白点亮区显明时再采卵。用竹片挖卵器（长20 cm、宽1.52 cm、厚0.3 cm）开洞拨土，见到卵后，用长镊子逐个取出，放在收卵箱（45 cm×45 cm，深约8 cm，4周有滤水孔，箱底铺3～5 cm细沙或轻体塑料泡沫片）中。

受精卵在动物体内进行分裂、发育，产到体外时已发育至囊胚期或原肠早期。因此，刚产出的受精卵呈乳白色，半透明，肉眼观察其动物极有一圆形半透明的白斑点并逐渐扩大。未受精卵的动物极无圆形白斑点。

（4）受精卵孵化。我国人工孵化龟鳖和鳄类受精卵的方式有室外常温孵化、室内常温孵化和恒温孵化。

室外常温孵化，将受精卵动物极朝上整齐地排列埋入沙中，依靠自然温度进行发育，定期洒水保持一定湿度（含水量），使其能够与环境正常进行热能、气体、水分等交换作用，孵化期较长，孵化率较低。

室内常温孵化与室外常温孵化方式相似，所不同的是将受精卵埋入孵化箱（孵化盘、槽）等容器里的沙中，置于室内，依靠室温进行胚胎发育，孵化期较短，孵化率较高。

室内恒温孵化，排卵方法与上述两种方式相同，是一种现代化高效率的先进孵化方式。室内除设有排放孵化箱（盘）架（多层、可移动）和水槽（在架底下，略宽于孵化箱架，深15 cm，沙3 cm，水5～10 cm）外，还设有调温、调湿和通风设施，自动调控室内温度和湿度。受精卵在室内温度和湿度适宜且稳定的条件下进行发育，孵化期短，孵化率高。

孵化效率除了与孵化方式有关，还与受精卵的排放、孵化器（床）及其基质、温度和湿度及其稳定性、通风条件以及管理等有关。排放受精卵，应当把动物极（有白色圆斑点）朝上，整齐逐一地排放在河沙中，每个孵化箱（盘）排放2～3层，在每层卵的上面铺一层（2～3 cm）河沙；扬子鳄受精卵整齐排放后覆盖一层苔藓等。

用于放置受精卵的容器，通常有孵化槽、孵化箱、孵化盘以及杉木筐等。孵化槽（池）为长方形（面积25 m^2，室内外皆可用），四周用砖砌成高为1.0 m左右的围墙，墙壁设排水孔和通气孔，按5～10° 坡度筑成孵化床；床底部铺垫20～30 cm碎石（卵石）或粗沙，再铺20 cm的细沙；在斜面最低处埋设一个水盆（盛水2～3 cm，与孵化床沙表面在同一水平面上），容纳刚脱壳的稚鳖。

孵化箱（盘）主要用于室内孵化（常温和恒温皆可），规格为50 cm × 30 cm ×（10～15）cm（过大，搬动不方便），底部和侧壁开数个小孔（漏水、通气），材质用木板、塑料、金属皆可，底部铺5 cm基质，装卵后多层排放在架上。

覆盖龟鳖类受精卵的理想基质是直径0.6～0.7 mm河沙，透水与透气性好，孵化率高；用于扬子鳄卵的基质为苔藓类、蕨类（放于杉木筐中）。

孵化管理工作包括检测温度、湿度和通气，防止振动和敌害生物侵袭，以及做好记录，等等。温度计挂于室内和插入孵化基质中，每日早、中、晚进行温度观测，使基质温度稳定在最适温度范围内（中华鳖为33～34 ℃、乌龟和扬子鳄为28～32 ℃）。检测温度的同时检测湿度，肉眼观察孵化基质（沙）含水量，当发现靠近卵的沙子开始干燥发白时则应喷洒少量凉开水，使上层沙略带湿润即可（手握沙成团，放下即散），洒水后10 min左右稍微松动沙表层，室内相对湿度和基质中含水量分别保持80%～85%和7%～10%。注意孵化基质通气，保持室内空气流通，沙粒表面不板结，以防通气受阻。爬行类的卵无蛋白系带，没有气室，在孵化过程中不能像孵化鸡卵那样不断的翻动，避免振动，否则会降低孵化率。对受精卵危害最大的是蛇、鼠、蚁等，应当杜绝敌害侵入。

做好记录，对每批、每个孵化箱（盘）装卵日期、时间、数量、每日检测温度和湿度、异常现象、采取的措施等，都要详细记录，以供分析问题和总结工作用。

（5）稚鳖、稚龟出壳与收集。中华鳖、乌龟、扬子鳄等受精卵孵化积温分别为31 000～39 000 ℃（36 000 ℃）、43 000～45 000 ℃和37 500 ℃。根据每批受精卵孵化过程中温度等具体情况，推算每批的积温，并做好出壳与收集准备工作。

稚龟等通常在后半夜至凌晨前开始用头或前肢撞击卵壳，持续4～5 min破壳而出，自动爬到盛有水的容器（孵化箱架下的水槽）中，顺其自然自行潜于沙中栖息。

为了让其集中破壳而出，可把即将出壳的胚胎集中起来，放入盆（桶）中再徐徐注入20～30 ℃清水浸没卵壳，低温刺激会加快稚龟等出壳，经10～15 min便大批破壳而出；如果仍不出壳则应放回原处继续孵化，一定要细心搬动胚胎。

（二）养殖方式与温室类型

1. 养殖方式

龟鳖类和鳄类的养殖方式基本相似，分为室外常温养殖、室内控温快速养殖和室内控温与室外常温相结合的综合养殖。

室外常温养殖方式。稚体、幼体的培育和食用个体的养殖都是在室外进行，依靠自然温度培育饲养，冬季正常进行冬眠，生长慢，成活率低，年生长期短（依纬度而异），养殖周期长（4～5年）。

室内控温快速养殖方式。自稚体培养到食用规格的整个生产环节全部在室内人工控温条件（生长最适温度）下生长发育，不进行冬眠，持续在最适温度条件下生长发育，生长速度快，成活率高，养殖周期短（12～14个月）。

综合养殖方式。稚体和幼体在室内人工控温条件下培育，食用个体在自然高温期饲养，即前半程在温室培育，后半程在露天池塘养殖，基本上无越冬期，生长速度较快，成活率较高，养殖周期较短（14～16个月）。

2. 温室类型

根据龟鳖类生长发育的适宜温度和对阳光的要求（晒背、水生植物净化水质）以及温室（房）的基本性能指标（保温性好，阳光透射率高），最早建筑的黑暗型（光线主要为灯光）砖混温室，保温性好，但透光性差，室内水质净化能力低，水质难于控制，龟鳖发病率高。目前，兴建的温室多属透光型，阳光透射率高，池内种植水浮莲等高等水生植物净化水质，利于龟鳖晒背，患病率低。

采光保暖型。室内和池水温度来源于太阳能，屋顶用玻璃或2层塑料薄膜严密覆盖；采光好，但昼夜温差大，受天气影响大；投资少，冬季（温度低）不能养殖，适用于春、秋季养殖。

采光供热保温型。室内和池水温度主要来源于太阳能，辅以人工热源（锅炉、电热源），屋顶覆盖玻璃和塑料薄膜；采光好，采用热源调节温度，缩小昼夜温差，池水温度稳定性尚好，但保温性较差，热损失较大；投资较少，适用于我国华东、华中、西南、华南地区，北方地区冬季难于保持龟鳖所要求的适宜温度。

供热保温型。室内和池水温度来源于锅炉、电热器等供热设施，屋顶为封闭型保温围护结构，有少量玻璃窗；热损失少，温度稳定，但采光差，水质净化率低；适用于寒冷地区恒温养殖龟鳖，但投资大，不能有效利用太阳能。

（三）稚体、幼体培育和成体养殖

1. 稚体培育

稚体培育是将稚鳖（中华鳖3～5 g）、稚龟（乌龟3～7 g、黄喉拟水龟6.4～13 g、三线闭壳龟15～30 g）和稚鳄（鳄龟5～8 g、扬子鳄28 g左右），经过4个月左右培育成幼体。

培育池。稚鳖（龟）池建在室内，砖混结构，内壁光滑，面积尚无统一规格（2～30 m^2）。稚体娇嫩、体弱，对外界环境适应能力差，可建2～4 m^2和10～30 m^2两种规格稚体池，前者用于暂养，后者用于培育；池深分别为30～40 cm和40～60 cm，水深为1～15 cm和20～30 cm；设进、排水口，池底坡度为1∶120，铺沙3～5 cm和5～10 cm，在邻近排水口处砌成略高于沙层的挡沙墙；池中设1个饵料台（木板浮于水面或在池的一边修成斜坡，坡顶留出平台20～30 cm）。

扬子鳄稚体饲养池多为混凝土池，规格为90 cm×40 cm×32 cm，1/3部分露出水面（陆地），底部设一排水孔。尼罗鳄稚体较大（50 g左右），混凝土池面积也较大（150 m^2），池底坡度约25°，陆地部分约占50%。

稚体放养前，调试培育池送水、排水和供热等设备，放水冲洗后用200 mg/L生石灰或50 mg/L漂白粉液消毒，24 h后用清水冲洗1～2次，然后放水调温1～2 d即可放稚体。

每个培育池应当放养规格差不多的稚体，用3%盐水或1×10^4高锰酸钾溶液浸泡消毒10～15 min，注意池水温度与暂养池水温差不要超过2 ℃，放养操作要精细、轻快。

刚出壳的稚鳖（龟）娇嫩，羊膜尚未脱落，卵黄囊也未吸收完，放入暂养池饲养12 d，放养密度约为100只/平方米，待羊膜自然脱落，卵黄囊消失，再喂蛋黄、水蚤等，并及时转入稚体池。稚鳖和稚龟的放养密度为50～80只/平方米；扬子鳄稚体越冬前密度为42～56只/平方米，越冬期密度降为28～42只/平方米；尼罗鳄稚体的放养密度为5只/平方米左右。

投饲。饲养稚鳖（龟），最先投喂水蚤、摇蚊幼虫、小虾、蝇蛆、水蚯蚓等，也可直接投喂配合饲料（蛋白质50%）。投喂配合饲料，先将稚鳖（龟）放入饲料浆水中约0.5 h（诱食），日投饲量为2%～5%（开始少投喂），上午8：00～9：00和下午4：00～5：00各1次；投鲜活饵料，日投饲量为10%～12%。

饲养全程严格调控水温使其稳定在30 ℃±1 ℃，每2 d换一次水，水色保持浅绿或浅褐色，透明度为25～30 cm，水面种植水浮莲（净化水质，作为稚体的隐蔽物），适时充气，及时清除食台上和水下残饵，每天清除池底污物，每隔15 d左右用20 mg/L生石灰和2 mg/L漂白粉交替全池泼洒，并定期投喂药饲。

当稚鳖（龟）规格出现明显差异时，应当按规格进行分池饲养，操作动作要轻，并要进行稚体消毒。

扬子鳄稚体在31～32 ℃条件下饲养20 d，卵黄基本吸收完毕，投喂小鱼和细肉等，每只每日喂0.53 g，当体重达40 g左右时临近越冬期，应当把温度逐渐降至11～12 ℃（日降1～2 ℃），春季当室外气温升至25 ℃左右时将幼鳄移入室外饲养。

尼罗鳄稚体孵出3～6 d便开口摄食，投喂鱼肉、家禽肉皆可，日投饵量为1%左右。体重50 g的尼罗稚鳄，饲养一年可达3 500 g。

2. 幼体培育

幼体培育通常是在室内将体重50 g左右幼体控温饲养6～7个月，培育成体重达150～200 g大规格幼体。

幼鳖（龟）池建在室内，砖混结构，面积20～50 m^2，池深0.8～1.0 m，水深20～40 cm，池堤四周设防逃檐（宽5～10 cm）和冷、热进水管，池底坡降为1：100，铺细沙土5～10 cm；在出水口一端设斜坡式饲料台（高出水面），顶宽40 cm，长度占池边长80%（供摄食、休息）。

放养前的准备工作与稚鳖（龟）相同，按规格大小分类放养，放养密度分别为30～50只/平方米（50 克/只）、25～30只/平方米（100 克/只）、20～25只/平方米（150 克/只）。

管理工作包括投喂饲料、调试水温和水质以及分级饲养等。幼体培育投喂幼体配合饲料，日投量为2%～3%，每隔2～3 d调整一次，以在3 h内吃光为适，每日上午7：00～8：00和下午5：00～6：00各一次。

每日严格调试水温，使池水温度稳定在30 ℃±1 ℃。水质的调节尤为重要，在池水深度保持为0.4～0.5 m的前提下，适时向水中送气，使池水溶氧量不低于5 mg/L；每天早晨清洗食台清除残饵，7～10 d吸污一次，保持水色呈浅绿或浅褐色，透明度稳定为30 cm左右；当池水由褐色转为黑色并有异味时进行换水，但清污和换水不要过于频繁，以减少惊动幼体而影响其生长发育；池中还可种植水浮莲等水生植物，以净化水质。每隔15 d左右全池交替泼洒生石灰（20 mg/L）和漂白粉溶液（2 mg/L），并适时投喂药饲。

幼体生长速度差异较大，当个体大小差别过大时，应当按同一规格进行分池饲养，一般2～3个月分养一次，操作要轻，速度要快，并避免相互堆叠损伤皮肤。

春季也可以将体重50 g幼体放入室外池塘中培养，放养密度为10～25只/平方米，秋后体重可达150～200 g，第三年再养成食用规格。幼体培育的其他管理内容，基本上与养殖食用个体相似。

幼鳄尚无挖洞习性，可在室内培养，也可在室外土池塘中培育，其饲养方法与鳖（龟）类相似。

3. 成体养殖

（1）食用鳖（龟）养殖。一般在室外自然水温（6月至10月）土池塘中养殖，150～200 g鳖（龟）幼体经过4～5个月精心饲养，当年可达食用规格（400～500 g）。

饲养池分砖混结构池和土池塘2种类型。砖混池一般为长方形，面积为50～200 m^2，池深2.0～2.5 m，水深1.0～1.5 m，防逃檐宽15 cm，池底坡降为1：80～1：100，铺细沙土10～20 cm，排水口低于池底，在高水位线上设溢水口，饲料台设在排水口一端，池塘的北边搭建晒台（占池面积10%左右），供其晒背用。

土池塘面积为700～3 500 m^2，池深2.0～2.5 m，水深1.0～1.5 m，池堤坡

度1∶3，四周建防逃墙（高50 cm），墙内檐宽15 cm，池塘四周或北边留出50～150 m空地，作为鳖（龟）晒背、摄食（食台）和休息（搭棚或种陆生高等植物）场所。

池塘清整及药物清塘与养鱼池相同，幼鳖（龟）幼体药物消毒后每平方米放养4～6只或1.0 kg左右。

严格执行“四定一清”投饲原则（见“亲体投饲”），日投饲量为2.0%～4.0%，依天气、摄食、水质等具体情况适当调整。

根据池塘水质的具体情况，以注、排水方式调节水质，使池水呈肥、活、爽状态和浅绿或浅褐色，保持池水溶解氧充足，透明度不要太大，以30 cm左右为宜（使其处于较隐蔽的状态），以减少相互咬斗。池塘中种植水葫芦、水浮莲、大型藻类，以净化水质和营造隐蔽、安静的水环境。每隔10～20 d用20 mg/L生石灰和2 mg/L漂白粉溶液交替全池泼洒一次，改善水质，预防疾病，定期投喂药饲。

（2）鳖（龟）与鱼类混养。爬行类和鱼类都是外热源脊椎动物，但呼吸方式不同，鳖（龟）行肺呼吸，鱼类用鳃呼吸。前者栖息于水底层，虽然是动物食性，但游动缓慢，难于吞食到鱼类；后者（鲢、鳙）栖息于水的上中层，滤食浮游生物。因此，鳖（龟）与鲢、鳙混合养殖，可以有效地利用水体空间及其饵料生物，鳖（龟）还能够随时吃掉死鱼，并经常上下游动，不断地搅动池水，有利于池水气体（氧气等）交换和物质循环，而且鲢、鳙滤食浮游生物，具有调节及优化水质的作用。

两者的混养密度。鳖（龟）幼体池混养鲢、鳙，每平方米放养50 g幼体10～20只，20 g鲢1尾和鳙0.5尾。食用鳖（龟）池混养鲢、鳙，每平方米放养鳖（龟）150～200 g幼体1只左右，100～200 g鲢1尾和鳙0.5尾。春季先放养鱼类，当水温上升到25 ℃再放养鳖（龟）。鳖（龟）类与鱼类混养基本上不需要单独给鱼类投喂饲料。

（3）扬子鳄养殖。养殖扬子鳄的池塘面积应当根据养殖数量确定，每尾扬子鳄池塘有效面积一般为15～20 m^2，排灌水方便，四周砌高1 m左右的墙体，水深0.8 m。塘中建小岛（占池塘面积50%左右），岛上种植树木，杂草丛生，供扬子鳄爬行活动、营造洞穴及乘凉、筑巢用；池的一边或两边建食台（4 m^2左右），斜坡入水。

每10～15 m^2放1尾幼鳄，投喂螺、蚌、鱼类和畜肉，日投饲量为1%左右。日常管理工作依然是投饵、巡视、防病、捕捉测量和调节水质等。

4. 绿毛龟培育

绿毛龟是基枝藻（丝状绿藻）附生在龟壳上形成的一种龟藻共生的生物体。绿毛龟是一类具有观赏、药用等经济价值较高的珍奇龟类，素有“水中翡翠”之称。它与双头龟、白玉龟、蛇形龟并称为我国四大珍奇龟，因而在国内外深受欢迎，是出口创汇的珍贵商品。

我国民间饲养绿毛龟历史悠久，根据丝状绿藻在龟体上着生的部位，培育成各式各样的类型，如天缨型（长在龟的背甲上）、天地缨型（长在背、腹甲上）、单缨型（长在1足爪上）、双缨型（长在前面两足爪上）、吕缨型（长在头上和两足爪上）、器缨型（长在四足爪上）、品缨型（长在头上和两只前足爪上）、牡丹头型（长在头部）、五子夺魁或五子登科型（长在头部和四脚上）等。

（1）绿毛龟珍贵程度的评价。评价绿毛龟的珍贵程度，一是根据丝状绿藻在龟体上的着生部位来评定，如天地缨型是普通绿毛龟，器缨型是稀少而较名贵的绿毛龟，五子夺魁型则是最名贵的绿毛龟。二是根据丝状绿藻的长度与质地来评价，如刚毛藻和黑孢藻虽长但易断裂，不如长而不易断裂的基枝藻和龟背基藻。三是根据龟种类来评估，如以黄喉拟水龟培育的头部、颈部及四肢呈淡黄且长寿的金寿绿毛龟，以金钱龟培育的身体金黄的金钱绿毛龟，以黄缘盒龟培育的头顶橄榄色、眼后一条淡黄色弧纹、喉部橘红、腹甲黑褐色的色泽华丽绿毛龟，以斑眼水龟培育的头部、背部有棕黑色纹斑和颈部与四肢上有条纹及斑块的孔雀斑绿毛龟，以鹰嘴龟（平胸龟）培育的尾长且四肢有鳞的麒麟龙尾绿毛龟，都是很名贵的绿毛龟。

绿毛龟规格与观赏场所。供展览观赏的个体应当大一些（500～1 500 g），供家庭观赏的应当小一些（150～400 g），供书房观赏的则应更小一些（50～100 g）。

（2）丝状绿藻生物学及其培养。理想的丝状绿藻，藻体碧绿鲜艳，多年生，终年固着生活，固着力强且藻丝粗壮不易断裂，藻体对环境条件适应力强、分布广且易获得。实践证明，基枝藻（*Basicladia crassa* Hoffm. et Tild）和龟背基枝藻［*Basicladia chelonum* (Coll.) Hoffm. et Tild］是培育绿毛龟的最理想藻种。

生物学特性。藻体由直立枝与匍匐枝组成。直立枝较粗壮，一般高达30 cm，有时分双叉枝，细胞呈长圆柱状，基部为根状的末端；匍匐枝由近方形细胞组成，固生在龟壳上，不脱落。

确认基枝藻和龟背基枝藻的方法可概括为“一看、二摸、三拉”：一“看”颜色是否碧绿，长5～10 cm丝状体，上部无分枝，藻体较粗硬，似头发；二“摸”手感较粗糙，有弹性，无油腻细滑感；三“拉”是否能耐一定的拉力，两手轻拉时不会拉断。在显微镜下观察，藻丝不分枝，由柱状细胞连接而成，细胞壁较厚，叶绿体呈网状。

它们对环境条件适应能力很强，其生长发育和游动孢子形成与释放的适宜生态因子是水的盐度小于0.1，光照1 000～1 500 lx，温度20～24 ℃，pH 7～8；着生于淡水龟的甲壳上和各种淡水域的石块上，如江苏常熟虞山溪涧石块上，苏州虎丘山的剑池石壁上，武汉东湖的龟背山或螺类壳上，广西阳朔水井壁上，云南丽江的石块上，浙江奉化溪流的岸上，等等。

基枝藻与龟背基枝藻主要分布在山涧、江河的岩壁上或水中石块上，在水泥船底或木船底亦有附生。采集时，用刀从藻丝体的基部刮下来，放入水桶中。

藻体用清水（去氯自来水或井水）洗涤，清除污泥、杂草及其他藻类的孢子，用新的羊毛刷或排笔轻轻洗，然后在显微镜下观察、鉴别，并用解剖针或镊子剔除杂藻。剔除杂藻的方法是将采集的基枝藻与龟背基枝藻放在阴暗处，容器中水温保持20 ℃左右，静放5～6 d换1次清水，再静放5 d左右，杂藻便全部死亡，而耐阴的基枝藻和龟背基枝藻仍然活着，移入玻璃缸中保存（保持一定光照）。

也可以收集平时梳理绿毛龟时拉断下来的丝状藻体，放在陶瓷盆中让其繁衍、生长（18～24 ℃，光照为5 000～15 000 lx），盆中放破旧瓦片，以固着游动孢子，数月后瓦片上和陶瓷盆壁上便长出基枝藻，作为接种培育绿毛龟的藻源。在饲养绿毛龟的容器中放入适量小石块或瓦块以采取游动孢子并萌发生长出的基枝藻或龟背基枝藻。这两种方法采集基枝藻丝状体和游孢子，比在自然界中采集丝状体更方便、省力。

采集并清除杂草的基枝藻或龟背基枝藻丝状体在一定条件下形成孢子囊并释放孢子，培养方法如下。

基枝藻丝状体在20～24 ℃、250～350 lx条件下阴干3～4 h后，再放入装有清水的陶瓷缸或盆中，约2 d便可释放游孢子，并持续5～7 d。游孢子在物体上固着后脱去鞭毛而进入休眠期，在光照5 000～15 000 lx、温度20～24 ℃、pH为7～8的条件下，40～55 d便分裂成2个细胞，其中一个细胞生长成直立枝，另一个细胞生长成匍匐枝。龟背基枝藻萌发时，也先分裂成2个细胞，其中一个生长成直立支，另一个横行生长成假根状固着器。它们在合适的环境条件下，数月后生长发育成一株新的丝状藻。

（3）绿毛龟培育。一般淡水龟类皆可培育成绿毛龟。有些种类数量稀少，较珍贵，价格昂贵，如金头闭壳龟、三线闭壳龟、斑眼水龟、四眼斑水龟等，不宜大规模培育。黄喉拟水龟常年生活在淡水中，数量多、易饲养，体色浅黄，适于培育成绿毛龟，民间称之为正宗绿毛龟。

根据培育目的和观赏者的要求来选择龟的适宜规格。拟培养陈设在办公桌上或书房写字台上的绿毛龟，其背壳长度4 cm左右为适（第一次越冬后的小龟）。拟放在客厅中陈设与观赏的绿毛龟，其背壳长度7～8 cm为适，培育成的龟体放在长35 cm、宽18～25 cm、高25 cm的水族箱中。拟放在大型馆厅中陈设与观赏的绿毛龟，则应选择背壳长20 cm以上的。

选择身体肥满无伤、无疾病的健壮个体，其具体标准包括头颈与四肢回缩力、体色与肥满度、入水后的游降速度、爬行时的姿态、体表有无伤痕和病灶等。

培育绿毛龟的容器，内壁光滑，内外底平整，不透明（减少外界物体活动对龟的影响），内径不宜过大，略大于龟的长度（以能调头转向为标准），利于保持孢子的分散浓度，高度以龟不能以前爪抓容器上缘而逃跑为准。容器的种类以陶瓷缸为好，其颜色较深不透明；民用塑料桶（无毒）可作为大量培育绿毛龟的容器，其价格低廉，来源方便，搬动也较轻便。容器在使用前用10%高锰酸钾或1%漂白粉溶液浸泡2 h，浸后用清水反复漂洗干净。

在人工调控光照和温度等条件下，一年四季都可进行绿毛龟接种和培育。在自然情况下，最适宜的接种季节为初春至初夏，此时种龟尚处冬眠状态，几乎不活动，藻孢子易固着龟背上，待孢子萌发生长时正好是夏季，水温上升到25 ℃左右，日照时间长，即温度和光照都适合基枝藻的生长发育，经过一个夏季培育，绿毛长度可达5～7 cm，10月可育成商品规格绿毛龟。

秋季接种培育绿毛龟，虽然接种时的光照和温度亦很适宜，但藻类的萌发和生长期短，临近冬季，当年长不出绿毛，幼嫩的藻芽易受伤害，难于培育出高质量的绿毛龟。夏季温度高，龟活动量大，游孢子不易着生，且杂藻易丛生，接种成功率低或不易培育优异绿毛龟。冬季温度过低，龟处于冬眠，游孢子虽易固着，但管理不方便，不易接种成功。

种龟在接种基枝藻游孢子的时期（约1个月）不喂食，以减少种龟的活动和排泄量，保持水质清洁。因此，在接种前单独肥育种龟（每个容器放1只龟）2～3个星期，投喂鱼肉或瘦肉，增强体质和耐饥饿力，提高疾病抵抗力。

接种前3 d停食，让其排尽粪便，用毛刷蘸适量洗涤剂反复洗刷整个身体，特别是甲壳，并用8 mg/L硫酸铜溶液浸泡3 min（或1 mg/L 硫酸铜溶液浸泡2 d），然后以清水冲洗干净。

把基枝藻或龟背基枝藻（5～6 g）放在光照7 000～10 000 lx条件下阴干2～3 h，再放入20～24 ℃清水释放游孢子，制成藻孢子液；然后将处理好的种龟浸泡在当归钙糖水中（100 L水加20 g当归、25 g红糖、10 g钙粉、V_B 12 100 mg）24 h，再用藻丝反复遍擦龟壳（用过的藻丝和余下的藻丝裂断放入孢子液中），晾干至龟壳发白，再放入孢子混合液（含有浸泡种龟的当归钙糖水）中静养，半个月后便可长出藻芽，3个月后绿毛可达10 cm以上。

接种后的饲养管理工作，包括调节光照强度和温度、清洗龟体、换水、鉴定藻芽和加快藻体生长等。接种后1个月内光照强度不要超过2 000 lx，绝对避免阳光直射，否则龟壳表面易丛生杂藻，变黑起苔；1个月后孢子开始萌发，可适当增大光强，适当调控水温使之稳定在20～24 ℃（游孢子释放、固着、萌发和生长发育的适宜温度）和pH 7～8。接种后10 d开始用清水冲洗龟体上的异物、杂质（把种龟反转至背向下，腹向上，在清水中轻轻地反复漂洗，然后放回缸中），注意不能触摸背甲，避免粘掉已固着的孢子，每5 d清洗1次。接种后1个月内不换水，当龟甲上出现分布均匀的藻芽时换掉接种的藻种水，接种后容器中污物较多时应将底部脏物虹吸掉，水位以使龟背甲淹没在水中为适， 夏季每天、春季和秋季3 d、冬季每周换1次水。适时投喂（2～4 d投喂1次鱼肉、虾肉等少脂多蛋白饵料），吸出粪便，每天用柔软毛刷轻轻擦洗1～2次，经3～4个月培育，可育成理想的绿毛龟。

接种一个月后种龟背甲上长出绒毛状藻芽，依下列特征（指标）来鉴别藻芽的真假：基枝藻和龟背基枝藻的藻芽尖端挺直且不分叉，用手指轻抹藻芽不易被抹掉。如果发现杂藻丛生或分布密度稀且不均匀时，则应重新接种。

为了加快藻体生长，向培养绿毛龟容器中适量通入二氧化碳（CO_2），夜晚提供人工光照2 000～4 000 lx，每日滴入0.5～1.0 mg钙液（0.5 g钙片溶于100 mg水，沉淀3 d后取上清液），利用磁化水饲养种龟（也可在容器中放两块磁铁，间距8 cm）。

第六节　《水产养殖生物学》

《水产养殖生物学》是我国水产学术界第一部养殖动植物生物学专著，40万字，2014年7月由科学出版社出版发行。编著者为大连海洋大学水产与生命学院刘焕亮、王吉桥、张泽宇、常亚青教授和郝振林博士，以及中国水产科学研究院珠江水产研究所首席科学家黄樟翰研究员。各章名称及其编著者见表5-55。

表5-55 《水产养殖生物学》章节名称及编著者

章	名称	编著者
前言		刘焕亮
第一章	绪论	刘焕亮
第二章	养殖鱼类生物学	刘焕亮、黄樟翰
第三章	养殖棘皮动物生物学	常亚青
第四章	养殖虾蟹类生物学	王吉桥
第五章	养殖贝类生物学	郝振林
第六章	其他经济动物养殖 第一节 养殖海蜇生物学 第二节 养殖两栖动物生物学 第三节 养殖爬行动物生物学	 常亚青 刘焕亮、黄樟翰 刘焕亮、黄樟翰
第七章	海水栽培藻类生物学	张泽宇

本书内容包括水产业及其养殖业，中国水产业和养殖业的发展概况，水产养殖生物学定义、内容及其开设的必要性；养殖鱼类、棘皮动物、虾蟹类、贝类、海蜇、两栖动物和爬行动物的分类地位、主要形态特征及分布、栖息习性及对生态环境的适应，以及摄食、生长和繁殖生物学；海水栽培大型藻类的分类地位、形态特征及分布，繁殖及生活史，栖息习性、生长发育及其对环境条件的适应。

本书运用辩证唯物主义观点和综合比较方法，理论联系实际，紧密结合养殖生产及其科学研究，以及当前水产养殖学专业研究生教育实际情况，从生物学理论高度全面系统地总结我国1949年以来水产养殖基础理论研究和应用基础理论研究成果，特色鲜明，富有创新性。

编著本书目的：一是建立水产养殖生物学内容体系，提升水产养殖界学术理论水平；二是推广水产养殖生物学研究成果，助推水产养殖业发展及其科技进步；三是帮助水产养殖研究生系统掌握本学科坚实而宽广的理论知识，提高育人质量。

本书编著者是水产养殖界长期从事高等教育及其科学研究工作的专家，教育教学经验丰富，研究成果卓著，教学水平和学术水平较高，对其编撰质量给予了有力的保证。

本人撰写的章节内容综合摘述如下。

一、水产养殖生物学

水产养殖生物学以养殖生物群体为对象，包括鱼类、棘皮动物、虾蟹类、贝类、藻类、腔肠动物、两栖类与爬行类等主要养殖种类的标志性形态特征、分布、栖息习性、对环境条件的适应，以及摄食、生长和繁殖生物学。

水产养殖生物学内容（理论）体系，包括养殖种类（自然种、杂交种和品种）分类地位及主要形态特征，以及自然分布与养殖区域分布；栖息水域类型（海水、淡水、半咸水），栖息水层与场所（静水、流水等）、活动特性、洄游与定栖、肥育与越冬场所等栖息习性，以及对水温、溶解氧、盐度、pH、水质肥度和底质等生态环境的适应；摄食方式、摄食器官形态结构、对食物的选择性、摄食量及食物组成等摄食生物学；个体大小、生长（再生）基本规律、年生长以及影响生长的主要因素等生长生物学；性成熟年龄与雌雄鉴别，生殖器官及其细胞形态结构与发育，与性腺发育成熟相关的器官，产卵生物学，精子和卵子生物学，受精生物学，胚胎发育和生活史等繁殖生物学。

水产养殖生物学是一门应用基础理论科学，按照由高到低分类顺序和传统生物学内容体系，运用综合比较方法，理论联系实际，紧密结合养殖生产及其科学研究，以及水产养殖高级专门人才应当掌握的专业基础理论，从生物学理论高度系统总结我国1949年以来水产养殖生物学科研成果。

水产养殖生物学应用于养殖生产诸环节，有利于选择和优化养殖种类，科学繁育和培养苗种，促进养殖对象生长发育，提高生产效率；应用于研究生教育，有利于学生掌握坚实而宽广的基础理论，以及独立从事科学研究的能力。

目前，我国水产养殖学科（专业）研究生的本科学历呈多元性，非水产养殖学专业占有一定比例或较大比例。水产养殖生物学有利于非水产养殖学专业本科毕业生，在较短时间内熟习掌握水产养殖学专业基本内容，较准确地确定学位论文题目，顺利开展有关科学实验研究工作；有利于水产养殖学专业本科毕业生，从理论高度上考虑学位论文范围、深度及其研究内容，准确地确定学位论文命题，以及很好把握其广度与深度。

二、养殖鱼类生物学

鱼类养殖业是水产养殖业的第一重要组成部分。2012年我国鱼类养殖产量达2 436.93万吨，占养殖总产量的56.82%。在养殖鱼类产量中，淡水鱼类（2 334.11万吨）占95.78%，海水鱼类（102.82万吨）仅占4.22%。在淡水养殖产量中，鱼类占

88.41%；在海水养殖产量中，鱼类只占6.26%。

鱼类肉味鲜美，营养丰富、价值高，是人类喜欢且经常食用的优质食品。鱼产品富含人类生长发育所需要的蛋白质等主要营养物质，优于禽畜食品，是优质食物蛋白源，而且其蛋白质更易消化吸收。鱼产品的必需氨基酸含量及其组成都优于禽畜食品，而且符合人类膳食蛋白质模式（人体消化吸收的最适必需氨基酸比值），是人类理想的完全蛋白（含有人类所需要的各种必需氨基酸），而且其赖氨酸、精氨酸、谷氨酸、天门冬氨酸、丙氨酸、甘氨酸等呈味氨基酸含量高于牛肉、羊肉和猪肉。

鱼产品富含人类必需脂肪酸，即多不饱和脂肪酸或高度不饱和脂肪酸（HPUFA）含量较高，占总脂肪量20%～50%（畜类肌肉则低于11%），特别是二十碳五烯酸［20：5（n–3），EPA］和二十二碳六烯酸［22：6（n–3），DHA］含量很高，分别为2.7%～20.4%和1.3%～33.7%（禽畜类肌肉则几乎不含）。这对人类生长发育尤为重要，因为EPA和DHA在人体内可转化为亚油酸［18：2（n–6）］、亚麻酸［18：3（n–3）］和花生四烯酸［20：4（n–6）］等必需脂肪酸。因此，它不仅是优质食物，而且是保健营养品。EPA和DHA具有很强的生理活性，能够抗血栓，防止血小板聚合作用，增高高密度蛋白质胆固醇，降低低密度蛋白质胆固醇，从而降低血液黏度，使血压下降。所以，EPA和DHA可用于预防与治疗心肌梗死、冠心病、脉管炎、脑动脉硬化等多种疾病。同时，DHA能促进脑细胞生长发育，经常吃鱼类食品，可有效活化人体大脑神经细胞，改善大脑机能。

另外，鱼类肌肉的胆固醇含量较低，是优良的健康食品。

养殖鱼类生物学是制定养殖技术的依据，也是发展鱼类养殖业的重要理论基础。其主要内容包括养殖种类与分布、栖息习性和对环境条件的适应，以及摄食、生长和繁殖生物学。

（一）养殖种类及其分布

1. 分类地位及主要形态特征

鱼类（Pisces）是脊椎动物（Vertebrata）的一大类群。目前，我国淡、海水养殖硬骨鱼类（Osteichthyes）近90种，其中淡水养殖种类50多种，海水养殖种类近40种，分别隶属于13个目。

（1）鲟形目（Acipenseriformes）。鲟形目鱼类的内骨骼为软骨，无椎体，尾鳍为歪型尾，无前鳃盖骨和间鳃盖骨，吻长，口腹位，有动脉圆锥，肠具螺旋瓣。

目前，我国养殖6种鲟类，其中5种隶属于鲟科（Acipenseridae；体被硬鳞或骨板5行，背部1行，体侧和腹侧各2行，吻须2对），史氏鲟和中华鲟为我国土著种类，俄罗斯鲟（*Acipenser gueldenstaedti* Brandt）、西伯利亚鲟（*Acipenser baeri* Brandt）和小体鲟（*Acipenser ruthenus* L.）引自俄罗斯和德国；隶属白鲟科（Polyodontidae；体无鳞、完全裸露，吻须1对）仅1种，即匙吻鲟，引自美国。

史氏鲟（*Acipenser schrenki* Brandt；图5–1）：吻端至口部中线上约有7个瓣状突出物，故称七粒浮子，背部硬鳞棘发达且第一硬鳞大，鳃耙数31～48。

中华鲟（*Acipenser sinensis* Gray；图5–2）：头背部硬鳞光滑，头部皮肤布有梅花状的感觉器——陷器，鳃耙数25。

图5–1　史氏鲟（伍献文等，1963）

图5–2　中华鲟（伍献文等，1963）

匙吻鲟（*Polyodon spathula* Walb.；图5–3）：吻长且呈桨状，为全长的1/3，吻须2条（3～4 mm），体表无鳞，口下位；1994年引自美国。

（2）鼠鱚目（Gonorhynchiformes）。鼠鱚目遮目鱼亚目（Chanoidei，各鳍均无鳍棘，背鳍1个，偶鳍基部有腋鳞，腹鳍腹位，圆鳞）、遮目鱼科（Chanidae）仅遮目鱼（*Chanos chanos* Forsskal；图5–4）一种，体侧扁，圆鳞，口小，无齿，尾为正尾且叉深。我国台湾、福建养殖遮目鱼历史悠久。

图5–3　匙吻鲟

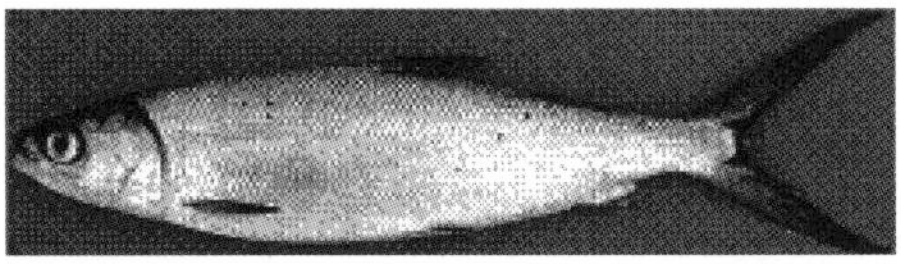

图5–4　遮目鱼（中国科学院动物研究所等，1962）

（3）鲑形目（Salmoniformes）。鲑形目的多数种类在背鳍后方有一脂鳍，各鳍无鳍棘，腹鳍腹位，圆鳞。我国养殖的鲑形目鱼类共9种，其中属于鲑亚目（Salmonoidei；体无发光器，有脂鳍，侧线鳞完全，鳃盖条10～20）鲑科（Salmonidae；背鳍短，鳍条在17根以下）5种（虹鳟、金鳟、山女鳟、白斑红点鲑和高白鲑），属于胡瓜鱼亚目（Osmeridei；有脂鳍，侧线鳞完全或不完全，鳃盖条4～7）胡瓜鱼科（Osmeridae；体被细鳞，侧线不完全）2种（池沼公鱼和亚洲公鱼），属于香鱼科（Plecoglossidae；体被细鳞，侧线完全）1种（香鱼），属于银鱼科（Salangidae；体无鳞而透明）2种（大银鱼、太湖新银鱼）。

虹鳟（曾用名 *Salmo gairdnerii* Richardson；1988年改名*Oncorhynchus mykiss* Walbaum；图5–5）：体鳟型，口大，上下颌齿发达，背部苍青色或棕色并有无数黑色小斑点，性成熟个体沿侧线中部有一条宽而鲜艳的彩虹带，故得名虹鳟。1959年自朝鲜引入我国。

道纳尔逊氏虹鳟是美国Donaldson经过23年选育的品种，生长速度比朝鲜、日本养殖的虹鳟快1倍，20月龄的体重达2.3 kg。

金鳟系虹鳟的体色突变型，是人工选育的全身呈金黄色的品系，1996年自日本引进。

山女鳟［*Oncorhynchus masou*（Brevoort）］：是日本樱鳟（细鳞大麻哈鱼）的遗传型陆封种（日本驯化养殖种），体型较小，体形似大麻哈鱼，幽门盲囊80个以下，尾鳍末端微凹，有黑色小斑点，背鳍有黑色斑块，体侧有8～10个终生不消失的深色小块状横斑，侧线下有深色圆形斑点。

白斑红点鲑［*Salvelinus leucomaenis*（Pallas）］：目前，我国养殖的白斑红点鲑是1996年自日本引进的地方变异种，又称日光白点鲑，体形似虹鳟，口较大，鳞很小，侧线鳞200～250，体色呈深灰色，有白斑点，侧线下有许多淡黄色斑点。

高白鲑（*Coregonus peled*）：体长而侧扁，体形较高（体高占体长31.4%左右），头小，吻尖，圆鳞，鳞小，有脂鳍并与臀鳍后部相对，外鳃耙51～59条，梳状。1998年自俄罗斯引进。

香鱼（*Plecoglossus altivelis* Temminck et Schlegel；图5–6）：体被细鳞，上下颌具宽扁可活动的齿，口底有一对大型褶膜。

图5–5　虹鳟

图5–6　香鱼（朱元鼎等，1963）

池沼公鱼［*Hypomesus olidus*（Pallas）；图5–7］：犁骨左右各一块，口小，上颌后端不伸达眼中央的垂直线，腹鳍位于背鳍起点以前；鳞片圆形，侧线鳞53～58，腹鳍位于背鳍起点之前；幽门盲囊为0～3个，鳔管开口于鳔前端1/5～1/3处。

亚洲公鱼（*Hypomesus transpacificus nipponesis* McAllister），又名太西公鱼，外形与池沼公鱼相似，但个体较大；鳞片圆形，幽门盲囊为4～7个，鳔管开口于鳔前端。

大银鱼［*Protosalanx hyalocranius*（Abbott）；图5–8］：体细长而透明，前部近圆筒形，后部侧扁；无鳞，仅雄鱼臀鳍上方有一行前大后小的鳞；头平扁，吻尖突；口裂大，前颌齿1行，下颌齿2行；眼小，下侧位；背鳍后基部位于臀鳍起点前方。

太湖新银鱼（*Neosalanx taihuensis* Chen）：前颌骨和下颌骨各具1行齿，齿小而少；背鳍后基部位于臀鳍起点上方。

图5–7　池沼公鱼

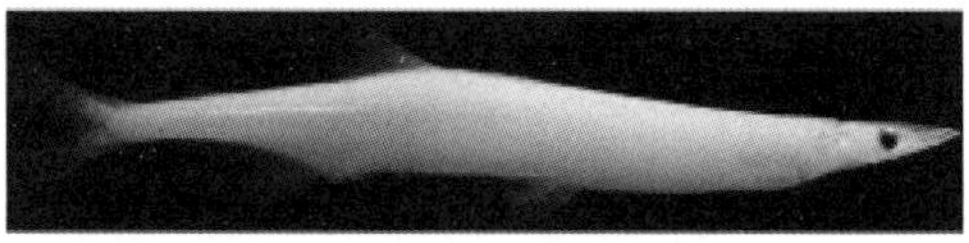

图5–8　大银鱼（中国科学院水生物研究所等，1982）

（4）鳗鲡目（Anguilliformes）。我国养殖的鳗鲡目鱼类隶属于鳗鲡科（Anguillidae）日本鳗鲡（*Anguilla japonica* Tem. et Sch.；图5–9）、欧洲鳗鲡（*Anguilla anguilla*）和美洲鳗鲡（*Anguilla rostrata*）3种，身体延长呈蛇形，齿细小而尖，鳞细小且埋于皮下，背鳍、臀鳍基底均很长且与尾鳍相连。三者的主要区别在于，上颌前缘至肛门间的距离、肛门至尾鳍末端的距离和躯干长各占全长的比例不同，即日本鳗鲡分别为39%、61%和26.9%，欧洲鳗鲡为44%、56%和31%～32%，美洲鳗鲡为46%、52%和31%～32%。

（5）鲤形目（Cyprinifomes）。鲤形目鱼类均为淡水种类。主要特征为体被圆鳞或裸露，无骨板，上下颌一般无齿，下咽骨有齿，各鳍无硬刺或具分节的硬刺，鳔有管，具韦伯器。我国主要养殖种类14种，分别隶属于鲤亚目（Cyprinoidei；绝大多数）和脂鲤亚目（Characinoidei；仅一种）。

脂鲤亚目主要形态特征是下咽骨不特别扩大，上颌骨有齿，口不能伸缩。1982自南美洲引入我国台湾养殖的为短盖巨脂鲤，又名淡水白鲳。

鲤亚目下咽骨特别扩大呈镰刀形，着生咽齿1～3（4）行，无颌齿，口多少能伸缩。本亚目的养殖种类隶属鲤科（Cyprinidae）和鳅科（Cobitidae）。前者吻部无须或有1对须，主要养殖种类多达13种、6个品种及6个杂交种；后者吻部具2对或更多对须，养殖种类仅泥鳅一种。

短盖巨脂鲤（*Colossoma brachypomum* Cuvier；图5–10）：体形扁而椭圆（似银鲳），头小，背部至腹由银灰色渐变为橙红色，体具黑色斑点，鳍呈紫红色，脂鳍较小，鳞细小。

图5-9　日本鳗鲡

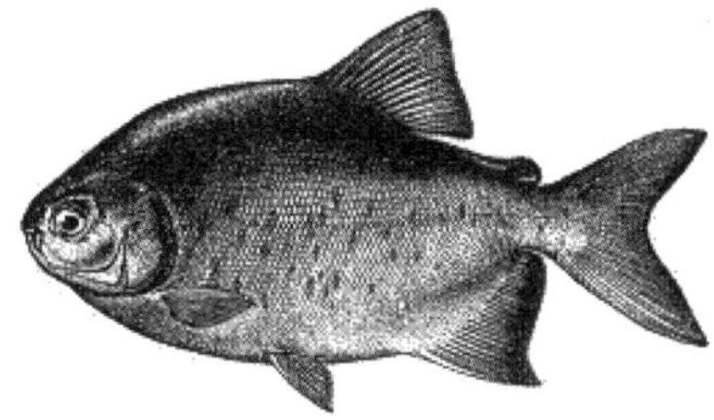

图5-10　短盖巨脂鲤（姚国成，1998）

鲢（*Hypophthalmichthys molitrix* Cuv. et Val.；图5-11）：又名白鲢、鲢子、胖头鱼（东北），体银白色，侧扁，稍高，腹棱自胸鳍下方直到肛门，胸鳍末端未超过腹鳍基部；鳃耙长且相互交错，呈筛膜状；咽齿4/4，齿面有细纹和小沟。

鳙［*Aristichthys nobilis*（Richardson）；图5-12］：又名花鲢、黑鲢，在江苏和浙江省称胖头鱼；体色棕灰具黑点，体形似鲢，头较鲢大，腹棱较鲢短（自腹鳍基部至肛门），胸鳍较鲢的长（末端超过腹鳍基部）；鳃耙长比鲢的短，无筛膜；咽齿4/4，齿面光滑，无细纹和沟。

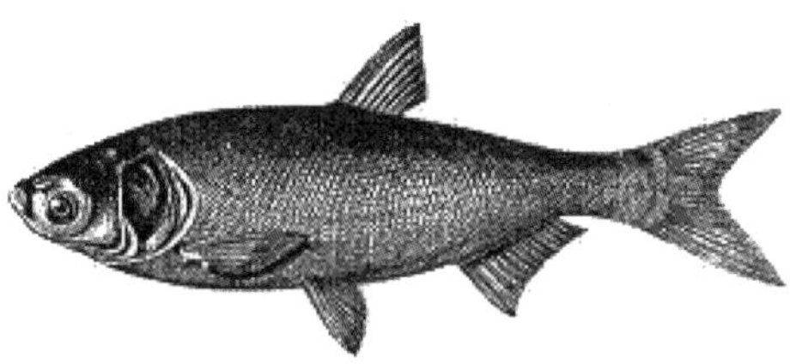

图5-11　鲢（伍献文等，1964）

图5-12　鳙（伍献文等，1964）

草鱼［*Ctenopharyngodon idellus* Cuv. et Val.；图5-13］：又名鲩（两广）、草根子（东北），体棕黄色，体形近圆柱状，尾部侧扁；咽齿2行，2.4～5/4～5.2～3，梳状。

青鱼［*Mylopharyngodon piceus*（Rich.）；图5-14］：又名黑鲩（两广）、青根鱼（东北），外形似草鱼，体色青黑；咽齿1行，4/5，齿粗大且短呈臼状，咀嚼面光滑。

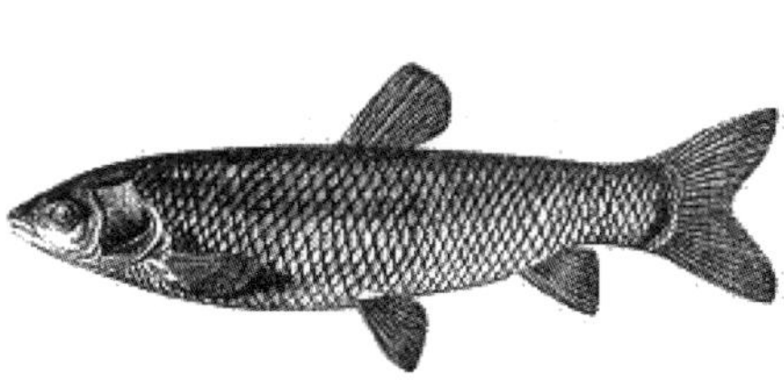

图5-13　草鱼（伍献文等，1964）

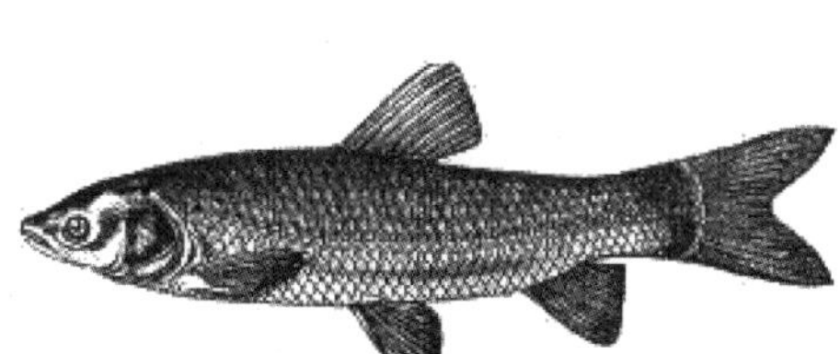

图5-14　青鱼（伍献文等），1964）

鲮［*Cirrhinus molitorella*（Cuv. et Val.）；图5-15］：又名土鲮，上唇与颌完全分离，吻须和颌须各1对；体形稍侧扁，腹部圆且稍平直，胸鳍基部后上方有8～12个鳞片基部有黑色，聚成似菱形斑块；咽齿3行，2.4.5/5.4.2。

鲤（*Cyprinus carpio* Lin.；图5–16）：又名鲤拐子、鲤子，为了与人工培育品种相区别，也称野鲤；身体为纺锤形（体高为体长29.0%～34.0%），腹略圆；口角有须2对；背、臀鳍第三刺状鳍条具锯齿；咽齿3行，1.1.3/3.1.1，呈臼状，齿面有沟纹2～5道。

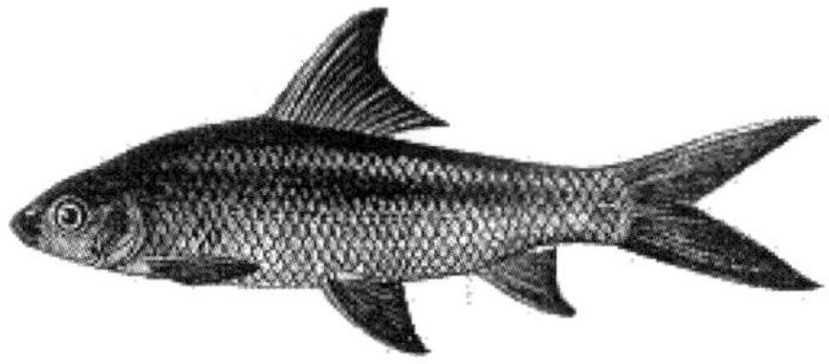

图5–15　鲮（伍献文等，1977）

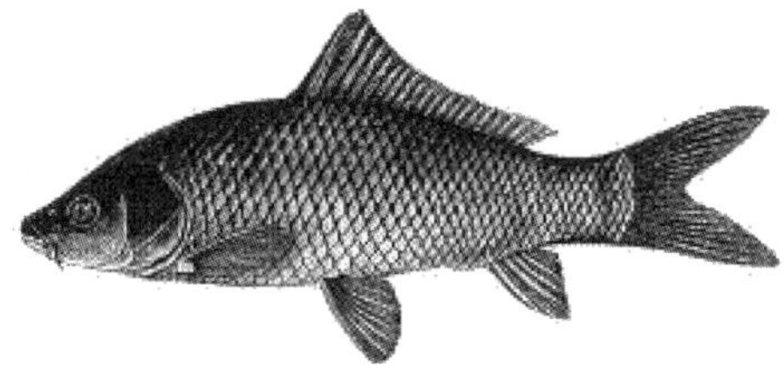

图5–16　鲤（伍献文等，1977）

鲤的品种及其经济杂交种在养殖鱼类中是最多的，也是经济价值、观赏价值、育种价值和社会效益最明显的。目前，我国养殖的鲤品种约8种，经济杂交种若干。

品种：品种是人类运用常规育种方法（选育和杂交）、雌核发育等生物技术途径以及综合育种方式育成的，具有明显的优良性状（经济性状和质量性状），能够稳定地遗传给后代，而且具有足够的数量和一定的分布区域。

建鲤：该品种是运用杂交［荷包红鲤（♀）与元江野鲤（♂）杂交］和雌核生殖综合育种方法，经过6代（20年）定向选育育成的新品种。体型为长形（略高于野鲤，体高占体长34.6%～37.3%），全鳞，灰青色；具有生长快、抗病力和适应性强、易起捕、性温顺等优点，遗传稳定性及一致性达99.5%；生长速度比荷包红鲤、元江野鲤和荷元鲤分别快49.75%、46.8%和28.9%。

高寒鲤：该品种是运用黑龙江野鲤与荷包红鲤的杂交种（♀），再与德国散鳞镜鲤（♂）杂交的三杂交后代，结合雌核生殖方法，经5代（15年）定向选育育成的新品种。体型分为高型（体高为体长43.5%）和长型2种（体高为体长35.0%），全鳞，灰青色，性状遗传稳定；抗寒能力（冰下越冬成活率为97.6%）及抗病力强，生长速度比亲本快30%，比当地养殖的野鲤快91%。

荷包红鲤（*Cyprinus carpio* var. *wuyuanensis*；图5–17）：该品种原产于江西省婺源县，经过6代（连续10年）定向选育育成的品种。体形短而高呈荷包状（体高为体长43%～50%），全鳞，橘红色（全红个体占89.6%），优良性状遗传较稳定，生长速度快（当年达800g），具有重要育种价值。

荷包鲤抗寒品系：该品种是黑龙江野鲤（♀）与荷包红鲤（♂）的杂交二代经三代强化选育育成的荷包红鲤品系。其体型与典型荷包红鲤相同，全鳞、红色（体色全红率为91.5%），抗寒力（冰下越冬成活率）为95%以上，生长速度比亲体快10%。

兴国红鲤（*Cyprinus carpio* var. *singuonesis*；图5–18）：该品种原产于江西省兴国县，是通过连续6代选育而成的育成品种。体形似野鲤，体高为体长29.6%（25.1%～35.0%），全鳞，橘红色，生长速度比亲本快12.7%，具有重要育种价值。

图5–17　荷包红鲤（中国科学院水生生物研究所，1982）

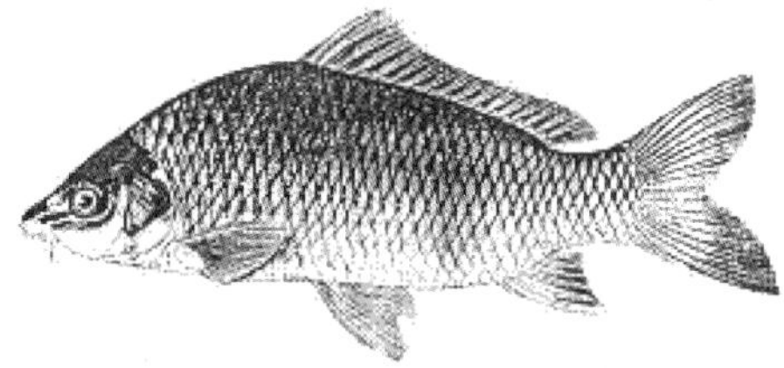

图5–18　兴国红鲤（李思发等，1998）

散鳞镜鲤（图5–19）：该品种是苏联和德国定向选育育成的新品种。身体每侧有3列鳞（背侧、侧线和腹侧各1列），鳞大而不规则；体形较野鲤高（体高为体长35.0%～37.0%），青灰色；生长快，当年鱼（幼鱼）体重增长比野鲤和荷包红鲤分别提高31.2%和35.6%，2龄鱼体重增长比野鲤和荷包红鲤分别提高33.4%和38.6%。

鳞鲤：该品种是苏联通过杂交、定向选育育成的新品种，母本为散鳞镜鲤，父本为黑龙江野鲤。体形较野鲤高（体高为体长35.0%～36.0%），青灰色，全鳞；生长较快，2～3龄体重增长比黑龙江野鲤快30%以上，抗寒能力较强。

锦鲤（图5–20）：该品种是日本育成的鲤品种，20世纪70年代初引入我国。身体具有鲜艳似锦的色彩，躯体雄健，色彩光润、浓厚、纯正，图案边缘清晰，质感好，属于大型观赏鱼类（最大个体150 cm、50 kg），种类多达100余种。

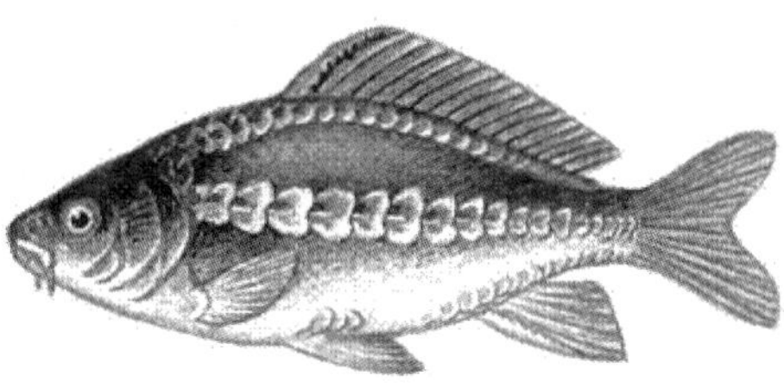

图5–19　散鳞镜鲤

图5–20　锦鲤

经济杂交种：经济杂交种是运用杂交方式获得的F_1代，具有生长快、抗逆性和抗病力强、起捕率和成活率高等多项优势。杂种优势不能稳定地遗传给后代。

丰鲤：丰鲤是兴国红鲤（♀）与散鳞镜鲤（♂）杂交一代，体形介于双亲之间，全鳞，青灰色。丰鲤的杂交优势明显，生长速度比双亲快，在鱼种阶段比母本快42%～50%，比父本快140%，成鱼阶段比母本快32%以上，含肉率也高于母本。全国均可养殖。

荷元鲤：荷元鲤是荷包红鲤（♀）与元江野鲤（♂）杂交一代，体形介双亲之间，全鳞，青灰色。荷元鲤的杂种优势明显，生长速度比母本快30.05%～38.57%，较父本快21.2%～23.2%，适应性和抗病力较强，起捕率较高。全国均可养殖。

岳鲤：岳鲤是荷包红鲤（♀）与湘江野鲤（♂）杂交一代，体形较野鲤高，比荷包红鲤低，全鳞，青灰色。岳鲤的杂种优势明显，生长速度比母本快25%～50%，比父本快50%～100%。全国均可养殖。

颖鲤：颖鲤是散鳞镜鲤（♀）与鲤鲫移核鱼F_2（♂）杂交一代。体形较野鲤高，全鳞，青灰色；杂种优势明显，当年鱼比双亲快47.0%，二龄鱼比双亲快60.1%；含肉率（74.58%）高于亲本（移核鱼61.7%、镜鲤72.21%）；可以多代遗传，制种简便，故又可称为品种。

三杂交鲤：三杂交鲤是荷元鲤（♀）与散鳞镜鲤（♂）杂交一代。体形介于双亲之间，全鳞，青灰色；杂种优势明显，生长速度比母本快15.69%～27.27%，比父本快48.1%～51.2%。

芙蓉鲤：芙蓉鲤是散鳞镜鲤（♀）与兴国红鲤（♂）杂交一代。体形略高于野鲤，全鳞，青灰色；杂交优势明显，生长速度快，比母本快40%左右，比父本快60%左右。

鲫［*Carassius auratus* Lin.；图5–21］：又名鲋鱼、鲫瓜子（东北），形似鲤，但身体较高（体高为体长的35.7%～47.6%），有低型（＜40%）和高型（＞40%）2种类型，无须；咽齿1行，4/4，齿体侧扁，鳃耙37～54。

银鲫［*Carassius auratus gibelio*（Bloch）；图5–22］：银鲫是鲫的亚种，与鲫的主要区别是体色银白，侧线鳞比鲫多2～3个（29～33个，平均30.4个），体形较高，体高为体长46.3%（40.8%～52.6%），第一鳃弓外侧鳃耙数较多（43～53个）。

方正银鲫：分布于黑龙江方正县双风水库的银鲫，个体大，生长快，具有重要育种价值。黑龙江银鲫是具有双倍性特征的多倍体（3n）群体，精巢能够发育成熟（产生正常精子）。

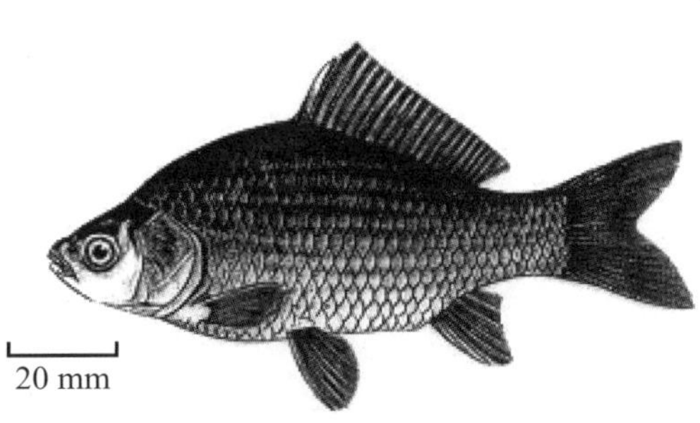

图5–21　鲫（伍献文等，1977）

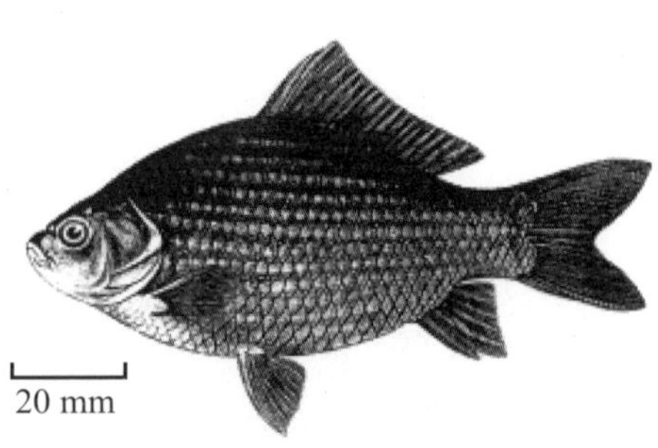

图5–22　银鲫（伍献文等，1977）

异育银鲫：利用方正银鲫（♀）与兴国红鲤或红鲫（♂）进行雌核发育，人工杂交育成的异精雌核发育子代，统称为异育银鲫。与兴国红鲤精子受精的异育银鲫，其子代（全雌）生长较银鲫快34.7%（12.9%～64.4%）；与红鲫精子受精的异育银鲫，其子代生长较银鲫快19.3%（15.8%～22.5%）

松浦鲫：是人工选育的黑龙江银鲫新品系，是从方正银鲫（♀）与其生理雄性（方正银鲫♀×鳞鲤♂的全雌后代雌核发育）的杂交后代中选育的侧线上下鳞皆为7且遗传稳定的个体，体型较高（占体长的42.6%），尾柄较宽（占体长的12.7%），染色体数（156）与银鲫相同，生长速度与方正银鲫相同。

彭泽鲫（*Carassius auratus pengzesis*）是江西省彭泽县丁家湖等自然水域土著鲫，经过人工多代选育而成的第六代个体（F_6），个体大，体型较宽，生长较快（比选育前生长速度快56%）。

金鱼：金鱼是鲫的品种（图5-23）。我国养殖金鱼历史悠久，早在宋朝（960～1276）即已家养，出现黑色、花色、金色、白色、银白色，以及三尾、龙睛或无背鳍等变异，经过变异、杂交，以及长期的选育和自繁定型已形成125个以上金鱼品种，包括常见的具三叶拂尾的纱翅、戴绒帽的狮子头和眼睛突出且向上的望天。

图5-23　金鱼

白鲫［*Carassius carassius cuvieri* Tem. et Sch.］：1976年引自日本，体形比鲫大，高而侧扁，前背部隆起较明显，头稍小，尾柄细长，体银白，鳃耙长而密（100～120枚）。

团头鲂（*Megalobrama amblyocephala* Yih；图5-24）：又名武昌鱼、团头鳊，体侧扁而高，呈菱形，体高为体长43.5%～52.6%，腹棱自腹鳍至肛门，咽齿3行，2.4.5/4.4.2。

鳊［*Parabramis pekinensis*（Bas.）］：又名草鳊、长春鳊、鳊花（东北），体

形似团头鲂但较低（体高为体长34.5%～40.0%），腹棱自胸鳍至肛门，咽齿3行，2.4.5(4)/5(4).4.2，齿细长而侧扁，顶端稍呈钩状。

细鳞斜颌鲴［*Plagiognathops microlepis*（Bleeker）；图5–25］：口下位，下颌前端具锐利的角质缘，体侧扁稍长，鳞细小，腹棱自腹鳍至肛门，咽齿3行，2.4(3).6/7(6).4.2。

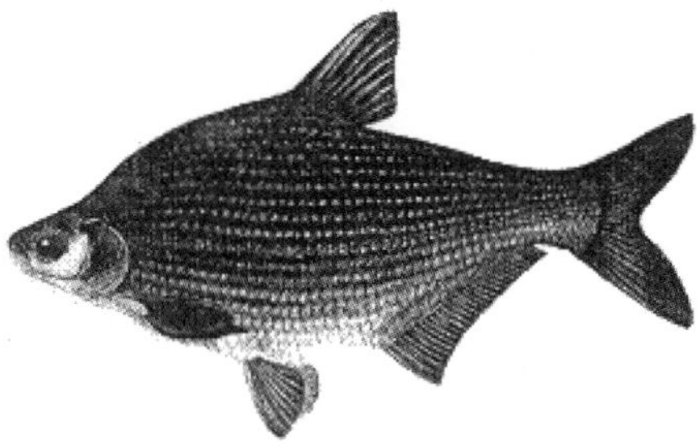

图5–24　团头鲂（湖北省水生生物研究所鱼类研究室，1976）

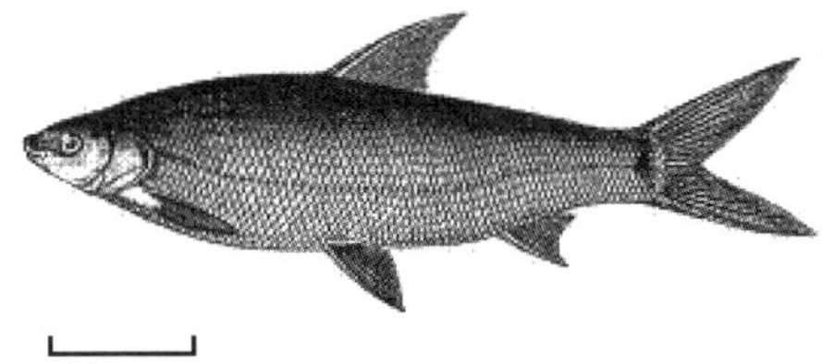

图5–25　细鳞斜颌鲴（伍献文等，1964）

银鲴［*Xenocypris argentea* Günther］：体形似细鳞斜颌鲴，腹部通常无腹棱。

泥鳅［*Misgurnus anguillicaudatus*（Cantor）；图5–26］：又名鳅，体呈圆筒状，尾部侧扁，口下位，呈马蹄形，口须5对，上颌3对较大，下颌2对，一大一小；鳞小埋皮下，体呈灰黑色并有小黑斑点，尾鳍圆形，咽齿1行，13/31。

（6）鲇形目（Siluriformes）。鲇形目鱼类绝大多数为淡水种类，主要特征除具有韦伯器外，上颌骨退化，两颌具齿，口须1～4对，体裸露。我国养殖的主要种类计10种，分别隶属于鲇科（Siluridae）3种（鲇、大口鲇、六须鲇）、胡子鲇科（Clariidae）3种（胡子鲇、革胡子鲇、斑点胡子鲇）、鲑科（Pangasius）1种（苏氏圆腹鲑）、鮠科（Bagridae）2种（长吻鮠、黄颡鱼）和叉尾鮰科（Ictaluidae）1种（斑点叉尾鮰）。

鲇科的主要形态特征是无脂鳍，臀鳍长，2～3对须；胡子鲇科无脂鳍，背、臀鳍长，4对须；鲑科具脂鳍，背鳍短，臀鳍长，2对须；鮠科具脂鳍，臀鳍中等长，脂鳍与尾鳍不相连，4对须；叉尾鮰科具脂鳍，臀鳍中等长，须4对，脂鳍不与尾鳍相连。

鲇（*Silurus asotus* Lin.；图5–27）：又名土鲇，口裂较大，但末端仅与眼前缘相对，口须2对，下颌须达胸鳍末端，胸鳍刺前缘有明显的锯齿。

大口鲇（*Silurus soldatovi meridionalis* Chen）：又名南方大口鲇、河鲇、叉口鲇、鲇巴朗，个体比鲇大，外形与鲇相似，口裂大（末端达到或超过眼中部下方），上颌须达胸鳍基部，胸鳍刺前缘具2～3排颗粒状突起。

图5-26 泥鳅（湖北省水生生物研究所鱼类研究室，1976）

图5-27 鲇（湖北省水生生物研究所鱼类研究室，1976）

六须鲇（*Silurus soldatovio* Nikolsky et Soin）：又称怀头鲇，口大似大口鲇，成鱼口须3对。

胡子鲇［*Claris fuscus*（Lacépde）；图5-28］：背鳍（58～62）和臀鳍（39～43）均很长，无脂鳍，须4对。

革胡子鲇（*Clarias leather*）：又称埃及塘虱，体型较大，头长而扁平，体表灰黑色间有黑色斑点，须4对，背鳍鳍条65～76，臀鳍鳍条52～55，鳃耙达52～90枚。1981年自埃及引入我国。

斑点胡子鲇（*Clarias macrocephalus* Günther）：体型较小，身体细长，体侧有白色小点。1982年自泰国引入我国。

苏氏圆腹𩷶（*Pangasius sutchi* Fowler；图5-29）：俗称淡水（白）鲨，身体长而侧扁，腹部圆，没有腹棱，体侧有几条纵长斑带，背鳍短，臀鳍条30～32，具脂鳍，2对须，颌须可达胸鳍基部。1978年引入我国。

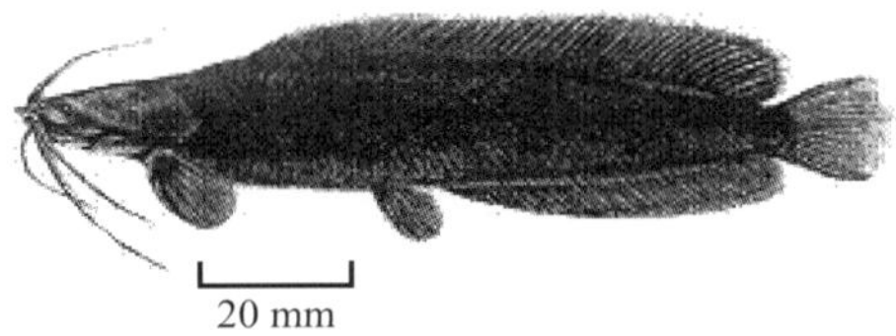

图5-28 胡子鲇（湖北省水生生物研究所鱼类研究室，1976）

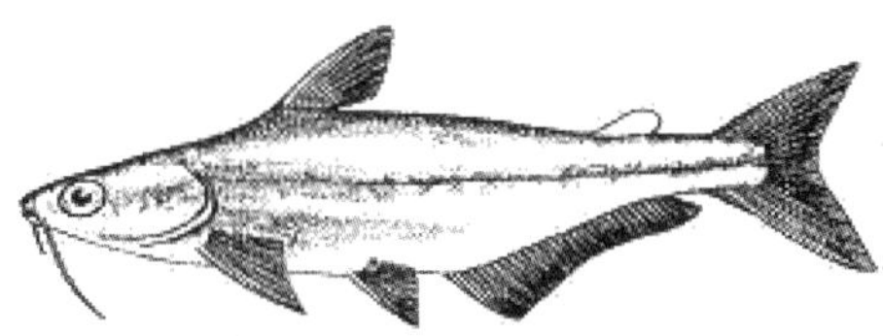

图5-29 苏氏圆腹𩷶（姚国成，1998）

长吻𩽾（*Leiocassis longirostris* Günther；图5-30）：又名江团、肥沱、鮰鱼，体粉红色，背部稍带灰色，腹部白色，头较尖，吻特别发达，显著突出，须短4对，眼小，胸鳍刺前缘光滑，后缘有小锯齿，脂鳍肥大。

黄颡鱼［*Pseudobagrus fulvidraco*（Richardson）；图5-31］：俗称嘎牙子、黄嘎、黄腊丁等，体黄色带黑灰斑块，背部稍带灰色，须短4对，上颌须长，末端达到或超过胸鳍基部，胸鳍刺比背鳍刺长，前、后缘均具锯齿，脂鳍较短。

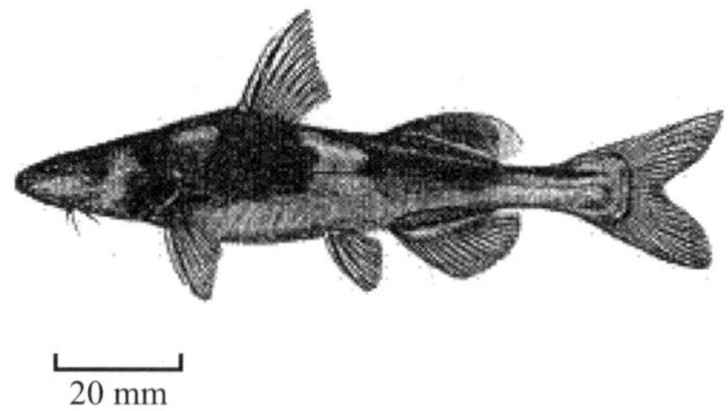

图5-30　长吻鮠（湖北省水生生物研究所鱼类研究室，1976）

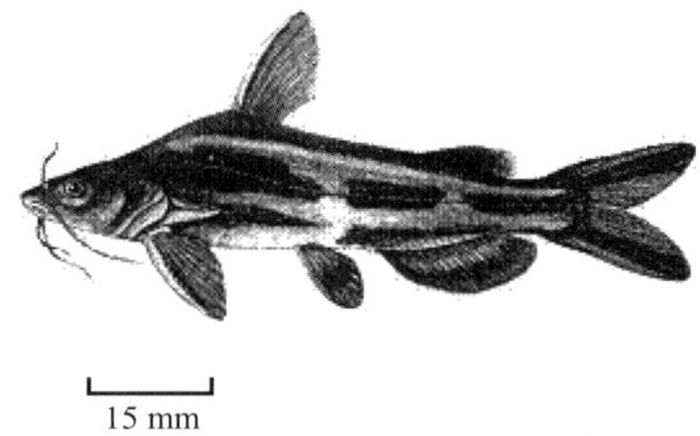

图5-31　黄颡鱼（湖北省水生生物研究所鱼类研究室，1976）

斑点叉尾鮰（*Ictalurus punctatus* Rafinesque；图5-32）：又名沟鲇，口须4对，其中上颌1对，下颌2对，上颌骨两端1对（较长），体背部青灰色或橄榄色，腹部白色，两侧具斑点，大鱼＞0.5 kg，无斑点。

（7）刺鱼目（Gasterosteiformes）。刺鱼目腹鳍腹位或亚胸位，无鳔管，养殖种类属于海龙亚目（Syngnathoidei，无腹鳍，鳃孔小）海龙科（Syngnathidae；体长形，全身被环状骨片）海马属日本海马、斑海马、管海马3种，无腹鳍，鳃孔小，体被骨板，无尾鳍，尾端卷曲，育儿囊成囊状。

日本海马（*Hippocampus japonicus* Kaup）：为小型海马（体长40～90 mm），背鳍16～17，体环11+（37～38），药用价值较小。

斑海马（*Hippocampus trimaculatus* Leach；图5-33）：为大型海马（体长170～190 mm左右），背鳍20～21，体环11+（40～41），药用价值高。

图5-32　斑点叉尾鮰

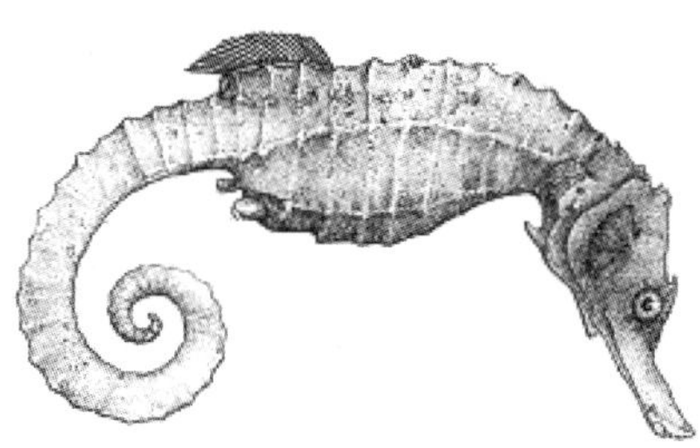

图5-33　斑海马（中国科学院动物研究所等，1962）

管海马（*Hippocampus kuda* Bleeker）：背鳍16～18，胸鳍15～17，体环11+(35～38)，体长可达200 mm左右。有人认为是大海马（*H. kelloggi* Jordan et Snyder）的同物异名。

（8）鲻形目（Mugiliformes）。鲻形目腹鳍亚胸位或腹位，背鳍2个，第一背鳍由鳍棘组成，圆鳞或栉鳞。我国养殖的鮻和鲻隶属于鲻亚目（Mugiloidei）、鲻科（Mugilidae）鮻属和鲻属。

鲅［*Lisa haematocheila*（Tem. et Sch.）；图5–34］：又名梭鱼、赤眼鲻，体延长，前部亚圆筒形，后部侧扁，腹部圆形，头短而宽，眼稍带红色，脂眼睑仅存于眼的边缘，胸鳍基部无腋鳞。

鲻（*Mugil cephalus* Lin.；图5–35）：又名普通鲻，体形似鲅，眼黄白色，脂眼睑发达，遮覆眼上，胸鳍基部有腋鳞。

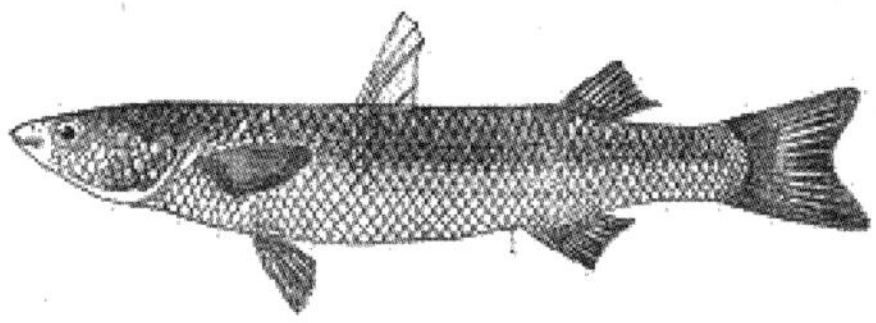

图5–34　鲅（中国科学院动物研究所等，1962）

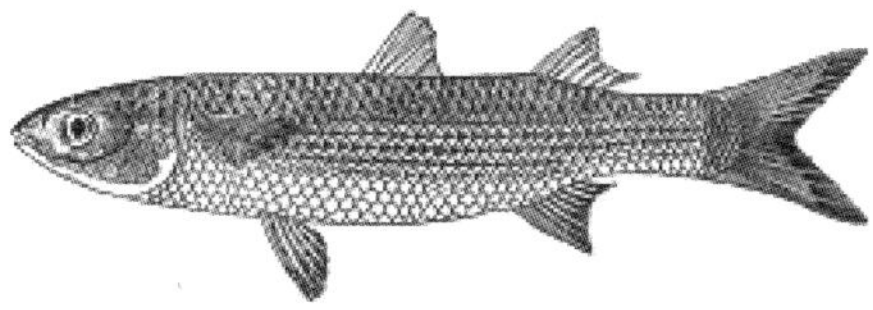

图5–35　鲻（中国科学院动物研究所等，1962）

（9）合鳃目（Synbranchiformes）。合鳃目的身体呈鳗形，鳍无棘，背鳍、臀鳍及尾鳍均连在一起，无胸鳍。我国只产黄鳝一种，属于合鳃科（Synbranchidae），是淡水养殖对象。

黄鳝［*Monopterus albus*（Zuiew）；图5–36］：又名鳝鱼，体呈蛇形，尾尖细，头圆，唇发达，上下颌有细齿，左右鳃孔在腹面相连，体色棕黄带斑点，无鳞，无偶鳍，奇鳍退化为不明显的皮褶。

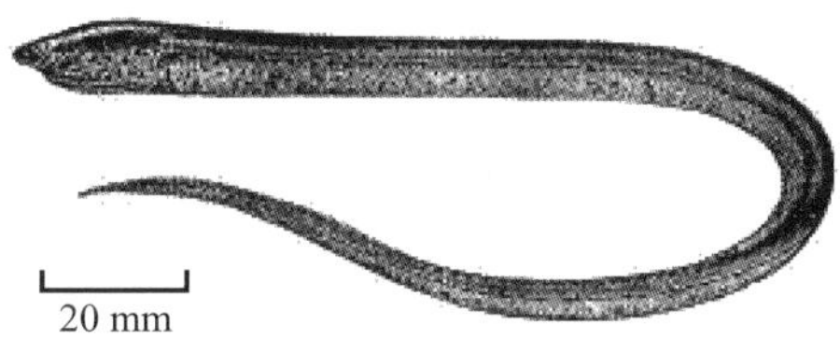

图5–36　黄鳝（伍献文等，1963）

（10）鲈形目（Perciformes）。鲈形目鱼类的腹鳍胸位且鳍条少于6枚，背鳍分离成2个，第一背鳍由棘组成，无脂鳍，多为栉鳞。我国海、淡水养殖的鲈形目鱼类，分别隶属于鲈亚目（Percoidei；背鳍前方无游离小棘，左右下咽骨不愈合，丽鱼科除外）12个科（29种）、攀鲈亚目（Anabantoidei；第一鳃弓上有由上鳃骨扩大而成的鳃上器官）1个科（1种）和虾虎鱼亚目（Gobioidei；左右腹鳍愈合成吸盘）1个科（1种），共计14个科（31种）。

鲈亚目：鮨科（Serranidae；犁骨和腭骨具齿）花鲈、鳜、青石斑鱼和赤点石斑鱼4种；石首鱼科（Sciaenidae；额骨和前鳃盖骨黏液腔发达，耳石大）大黄鱼、眼斑拟石首鱼、鮸状黄姑鱼和鮸4种；鲷科（Sparidae；两颌侧方具臼齿）真鲷、黑鲷、平鲷和黄鳍鲷4种；丽鱼科（Cichlidae；左右下咽骨愈合，头两侧各具鼻孔2个）尼罗罗非鱼、奥利亚罗非鱼、红罗非鱼和莫桑比克罗非鱼4种；军曹鱼科（Rachycentridae；背鳍具分离鳍棘，始于头后上方）军曹鱼1种；狼鲈科（Moronidae；臀鳍无游离鳍棘）美洲条纹鲈1种；锯盖鱼科（Centropomidae；前鳃盖下缘具若干小棘）尖吻鲈（有的学者将其列入尖吻鲈科或鮨科的尖吻鲈亚科）1种；石鲈科（Pomadasyidae；前鳃盖后缘具锯齿）花尾胡椒鲷和斜带髭鲷2种；笛鲷科（Lutianidae；侧线上方鳞片一般斜行）红鳍笛鲷和紫红笛鲷2种；鲹科（Carangidae；臀鳍前有2游离鳍棘）卵形鲳鲹和杜氏鰤2种；太阳鱼科（Centrarchidae）加州鲈和蓝鳃太阳鱼2种。

鳢亚目：鳢科（Channidae；体延长，背鳍、臀鳍基部甚长，具鳃上器官）乌鳢1种。

虾虎鱼亚目：塘鳢科（Eleotridae；左右鳍间距狭小，体无侧线）中华乌塘鳢1种。

花鲈［*Lateolabrax japonicus*（Cuv. et Val.）；图5–37］：又名板鲈、鲈鱼，体延长，侧扁，被栉鳞，口大，上下颌齿发达呈绒毛状，有锯齿，其下端有几枚尖端向前的棘，鳃盖骨后角有1枚棘，背部灰色，腹部银白，两侧与背鳍上具黑色斑点，尾鳍叉形。

鳜［*Siniperca chuatsi*（Bas.）；图5–38］：又名鳌花、季花鱼、胖鳜、桂鱼，体被细小圆鳞，尾鳍圆形，体侧扁，较高，背部隆起，口大，口腔各骨皆有小齿，鳃盖骨后部有2个棘，体色棕黄，腹部灰白，自吻端通过眼部至背鳍前部有一黑色条纹，体侧具有许多不规则的斑块和斑点，奇鳍有棕色斑点连成带状。

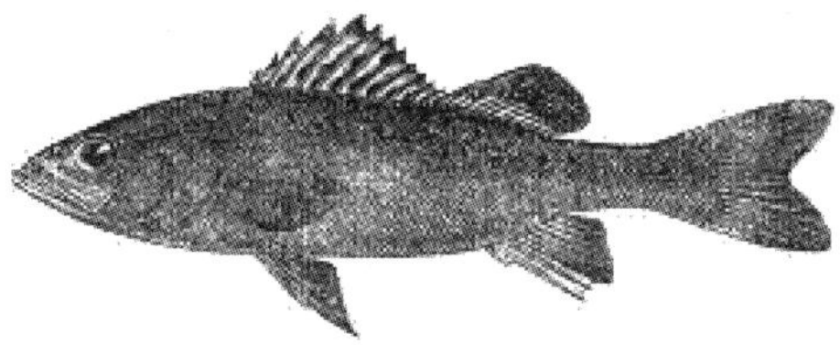

图5–37　花鲈（朱元鼎等，1963）

图5–38　鳜（湖北省水生生物研究所鱼类研究室，1976）

石斑鱼属（*Epinephelus*）又名鮨、过鱼（广东、福建、浙江）、石斑，前鳃盖骨后缘具锯齿，下缘光滑，鳃盖骨具1～3棘，体被细小栉鳞，常隐埋皮下，色彩鲜艳，变化很大。我国产36种，主要养殖对象约4～5种。

赤点石斑鱼［*E. akaara*（Temm. et Schl.）；图5–39］：长椭圆形，侧扁，头长大于体高，全身布有赤色斑点；味鲜美。

青石斑点［*E. awoara*（Temm. et Schl.）］：又名泥斑，体形似赤点石斑鱼，体褐色，体侧有5条横带，各鳍灰白褐色；味稍次于赤点石斑鱼。

大黄鱼［*Pseudosciaena crocea*（Rich.）；图5–40］：又名红口、黄鱼、黄花，体长而侧扁，头上有发达的黏液腔，颐部小孔甚小，不明显，体侧在侧线下方各鳞具一金黄色皮腺体，背鳍鳍条部和臀鳍具多行小鳞，尾柄长为尾柄高的3倍以上（小黄鱼为2倍以上）。

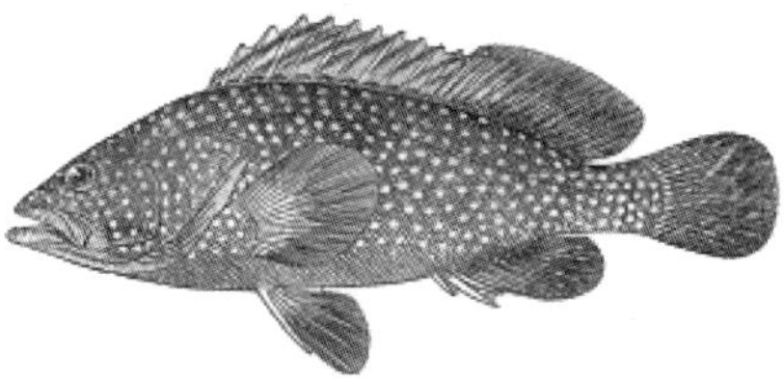

图5–39　赤点石斑鱼（中国科学院动物研究所等，1962）

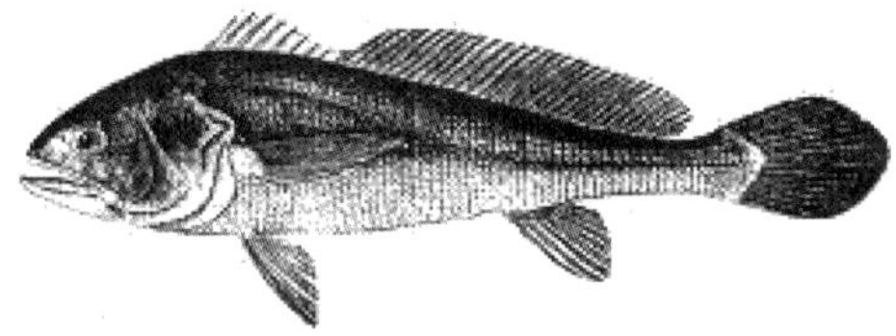

图5–40　大黄鱼（中国科学院动物研究所等，1962）

眼斑拟石首鱼［*Sciaenops ocellatus*（Linn.）；图5–41］：又名美国红鱼、红拟石首鱼、黑斑红鲈、黑斑石首鱼，体形呈纺锤形，与大黄鱼、鮸、黄姑鱼相似，腹部以上体色微红，基部上方有1～4个较大的黑色斑点。

鮸状黄姑鱼［*Nibea miichthioides* Chu, Lo et Mu］：又名鮸鲈，体形呈纺锤形，与大黄鱼相似，颐部6个小孔明显，背鳍鳍条部和臀鳍基部有1行鳞鞘。

鮸［*Miichthys miiuy*（Basil.）］：体形似鮸状黄姑鱼，背鳍鳍条部和臀鳍上至少1/3被鳞。

真鲷［*Chrysophrys major*（Temm. et Schl.）；图5–42］：又名红加吉（山东）、立鱼（广东），体侧扁，椭圆形，头大，口小，端位，两颌等长，上下颌分别具4枚和6枚犬齿，并具臼齿2列，后鼻孔椭圆形，体淡红色，布有稀疏的蓝绿色斑点，尾鳍具暗黑色边。

图5–41　眼斑拟石首鱼

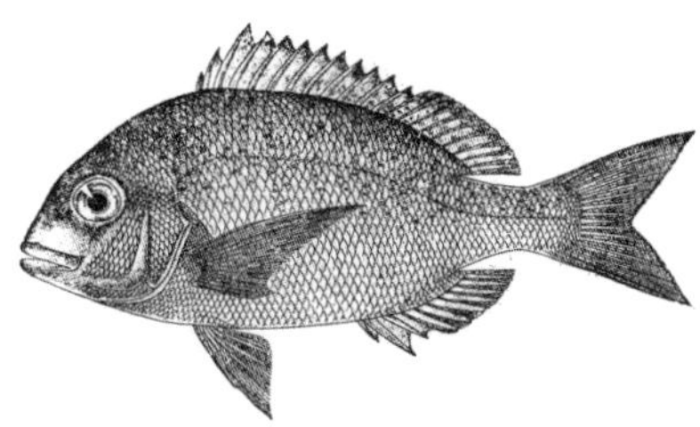

图5–42　真鲷（中国科学院动物研究所等，1962）

黑鲷［*Sparus macrocephalus*（Bas.）；图5–43］：又名黑加吉（山东）、黑立（广东），体形似真鲷，青灰色或灰褐色，具有黑色横带数条，上下颌犬齿各6枚，臼齿分别为4～5行和3行，后鼻孔裂缝状，臀鳍第二棘最强大，侧线鳞50以上，侧线鳞上方鳞7枚。

黄鳍鲷［*Sparus latus* Houtt.；图5–44］：广东俗称黄脚鱼、黄丝鱼立，体形似黑鲷，但侧线鳞50以下，侧线鳞上方鳞5枚，体色为青灰带黄色，腹鳍、臀鳍的大部及尾鳍下叶为黄色。

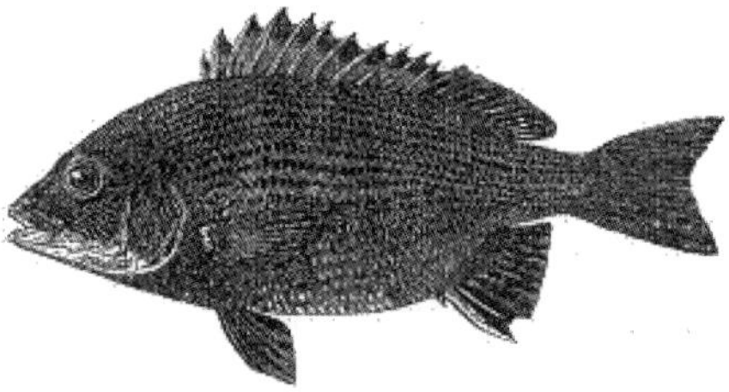

图5-43 黑鲷（中国科学院动物研究所等，1962）

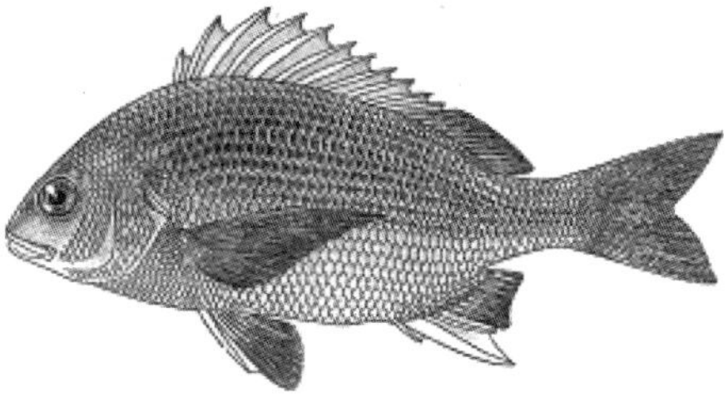

图5-44 黄鳍鲷（中国科学院动物研究所等，1962）

平鲷［*Rhabdosargus sarba*（Fors.）］：似真鲷，头钝，上下颌各3个犬齿，上颌臼齿4行，第3行最后1个臼齿肥大，下颌细齿3行，体暗银灰色，两侧有数行纵向黄褐色小点。

罗非鱼：丽鱼科罗非鱼属鱼类，左右下咽骨愈合，头两侧各具鼻孔2个，体侧扁，背高，被栉鳞，侧线折断，呈不连续的两行，尾鳍末端呈钝圆形。引入我国的主要养殖种类有尼罗罗非鱼、奥利亚罗非鱼和莫桑比克罗非鱼3种。

尼罗罗非鱼［*Oreochromis nilotica*；图5-45］：体侧、背鳍、臀鳍和尾鳍上有9～13条垂直黑色斑点条纹。1978～1999年先后多次自苏丹青尼罗河和埃及尼罗河引入我国。

奥利亚罗非鱼［*Oreochromis aureus*；图5-46］：鳃盖后部有一明显蓝色斑，尾鳍上的斑点呈不规则的排列，所有斑点较尼罗罗非鱼的斑点粗大。1981年、1984年和1999年先后自我国台湾、美国和埃及引入我国内陆。

图5-45 尼罗罗非鱼

图5-46 奥利亚罗非鱼

尼奥鱼：系尼罗罗非鱼（♀）与奥利亚罗非鱼（♂）杂交一代，雄性率达90%以上，生长速度比父本快17%～72%，比母本快11%～24%；体色近似于父本（体表有黑带，鳃盖后部有一明显蓝色斑，头部比较绿，尾鳍上有呈波浪状不连续的比父母本都细小的斑点），体形近似于母本（体长参数等）。

莫桑比克罗非鱼（*Oreochromis mossambicus*）：体形似奥利亚罗非鱼，个体较小，体表无垂直黑色斑点条纹，头背部的外廓呈凹形（奥利亚罗非鱼则呈直线形）。1958年自越南引入，由于个体小，生长慢，肉质较差，在我国已很少养殖。

红罗非鱼：又称彩虹鲷，身体红色，为莫桑比克罗非鱼红色突变个体与正常尼罗罗非鱼杂交种，经定向选育而成的品种。

福寿鱼：系尼罗罗非鱼（♀）与莫桑比克罗非鱼（♂）杂交一代，具有杂交优势，个体较大，生长较快；广东省1978年引进台湾省的技术。

军曹鱼［*Rachycentron canadum*（Linn.）；图5-47］：体延长，近圆筒形，稍侧扁，躯干部较粗，至尾部逐渐变细，体长为体高5.51～7.53倍，第一背鳍为8个短粗鳍棘，体背部为黑褐色，腹部灰白，体侧有2条黑色纵带和1条浅褐色纵带，各带间夹有灰白色纵带。

美洲条纹鲈（*Morone saxatilis*；图5-48）：又称条纹狼鲈、条纹石鮨，臀鳍具3棘，无游离鳍棘，身体延长，梭形，吻较尖，全身呈鲜目的浅银色，体背两侧有7条窄长黑色纵条纹；1997年引自美国。

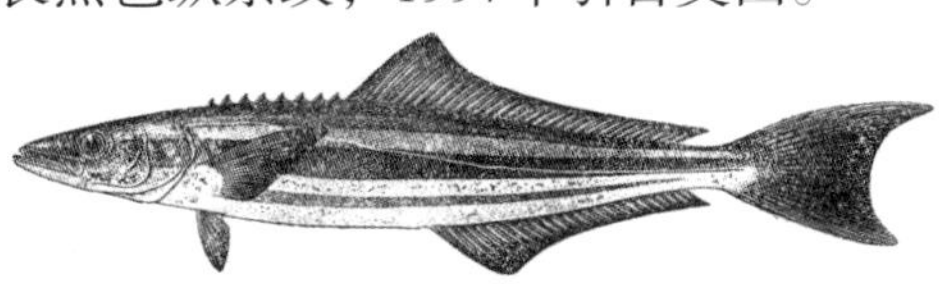

图5-47　军曹鱼（中国科学院动物研究所等，1962）

图5-48　美洲条纹鲈

杂交条纹鲈：美洲条纹鲈（♀）×白鲈（*M. chrysops*，♂）和白鲈（♀）×美洲条纹鲈（♂）的正反交后代（F_1），前者体形似美洲条纹鲈，个体比后者大，生长也较快，生产上多采取正交，但后者在池塘中能够性成熟。我国自1993年引入广东省，目前已推广至各省市。

尖吻鲈［*Lates calcarifer*（Bloch）；图5-49］：体延长，侧扁，吻较尖，具辅上颌骨，眼中等大，前鳃盖下缘具若干小棘，尾鳍圆形，体背部青灰色，腹部银白色，幼鱼有3～4条黑色斑带。

花尾胡椒鲷［*Plectorhynchus cinctus*（Temm. et Schl.）；图5-50］：俗名斑加吉、打铁婆，前鳃盖后缘有锯齿，背鳍棘强并与鳍条部中间有缺刻，鳃耙短小，栉鳞较小，侧线下方鳞比上方鳞大，体背部灰褐色，体侧有3条黑色宽带，体侧背部、背鳍鳍条部和尾柄及尾鳍上皆有黑色斑点。

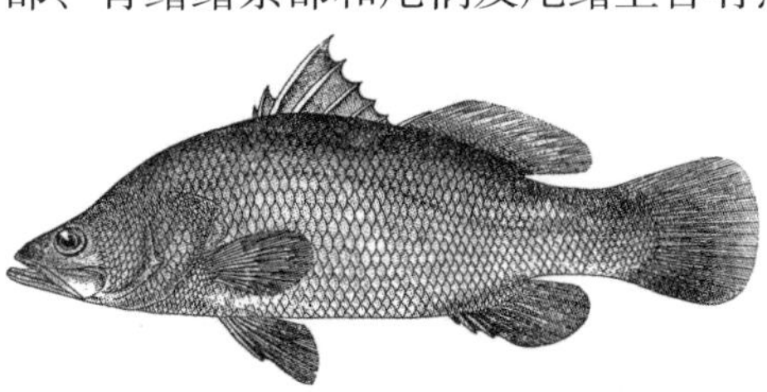

图5-49　尖吻鲈（中国科学院动物研究所等，1962）

图5-50　花尾胡椒鲷（中国科学院动物研究所等，1963）

斜带髭鲷（*Hapalogenys nitens* Rich.）：俗称包公鱼，颏部具小髭，背鳍前方有一向前的倒棘，体侧也有3条黑色宽带，但体侧背部、背鳍鳍条部和尾柄及尾鳍上皆无黑色斑点。

红鳍笛鲷（*Lutjanus erythropterus* Bloch；图5–51）：俗名红笛鲷、红鱼，眼中等大，体椭圆形，侧扁，呈粉红色或鲜红色，腹部稍浅，侧线上下鳞皆向后倾斜排列，尾鳍末端截平略凹入。

紫红笛鲷［*Lutjanus argentimaculatus*（Forsskål）］：又称银纹笛鲷，眼中等大，体呈紫红色，腹部银白，鳞片大，侧线上方鳞片前半部为平行，只在背鳍下方为斜行，幼鱼的颊部有1～2条蓝色纵条纹。

卵形鲳鲹［*Trachinotus ovatus*（Linn.）；图5–52］：前颌骨能收缩，侧线上无骨质棱鳞，体很侧扁，卵圆形，臀鳍（17～18条）和第2背鳍（19～20条）略相等，都显著比腹部长，身体和胸部鳞片多少埋于皮下，背部蓝青色，腹部银色。

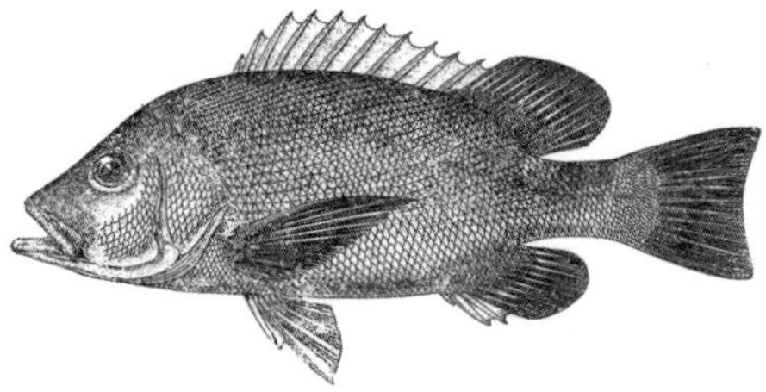

图5–51　红鳍笛鲷（中国科学院动物研究所等，1962）

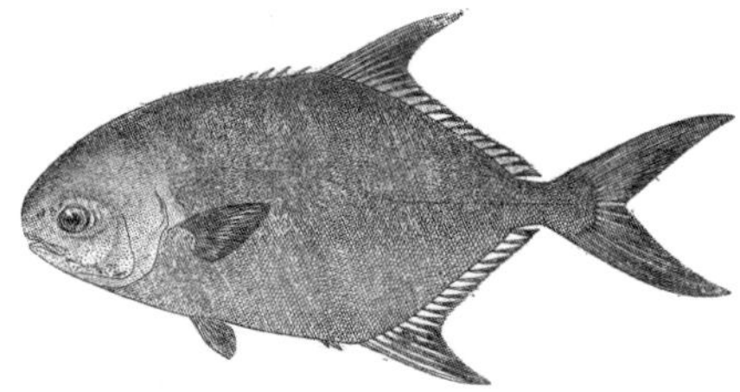

图5–52　卵形鲳鲹（中国科学院动物研究所等，1962）

高体鰤［*Seriola dumerili*（Risso）；图5–53］：又称杜氏鰤、鰤，前颌骨能收缩，侧线上无骨质棱鳞，体稍侧扁，臀鳍短于第2背鳍，体草绿带褐色，体侧有一黄色纵带，小鱼有5条暗色横带。

加州鲈［*Microptrus salmoides*；图5–54）：又称大口黑鲈、美洲鲈，似花鲈，体侧扁，呈纺锤形，较花鲈短而高；1984年自我国台湾引入广东。

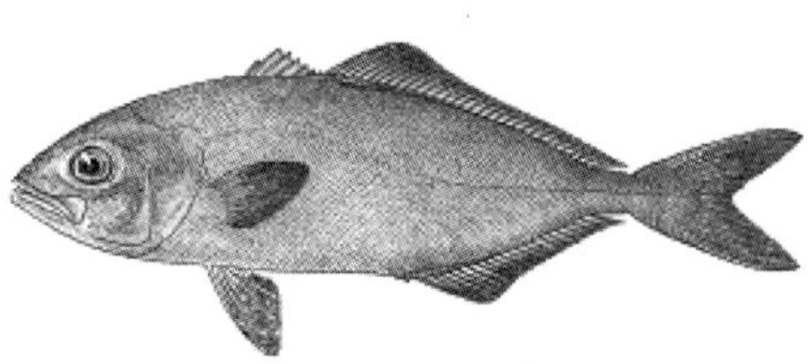

图5–53　高体鰤（中国科学院动物研究所等，1962）

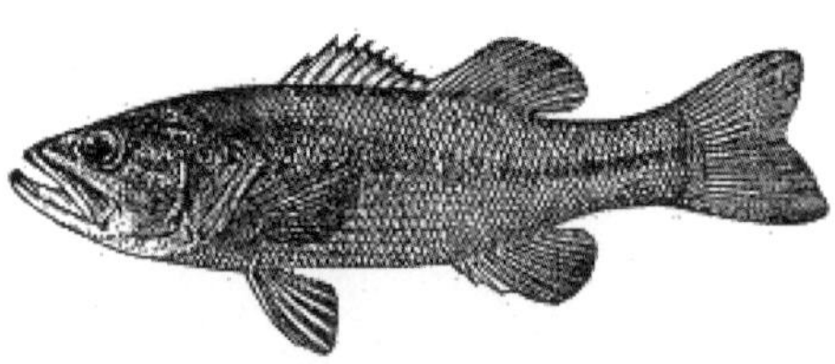

图5–54　加州鲈（姚国成，1998）

蓝鳃太阳鱼（*Leponus macrohirus rafinesqus*；图5–55）：体形为鲷型，鳃盖后缘有一深蓝紫色形似耳状的软膜，身体呈蓝绿色，头胸部至腹部为淡橙色或淡黄色，背部青灰色，体侧有7～10条暗黄色的彩条纹；1987年和1998年先后2次自美国引入我国。

乌鳢（*Ophiocephalus argus* Can.；图5-56）：又名黑鱼，具鳃上器官，体细长，前部圆筒状，后部侧扁，体被圆鳞，腹鳍腹位，鳍无棘，全身呈灰黑色，体侧有许多不规则的黑色斑条，头侧有2条纵行黑色条纹。

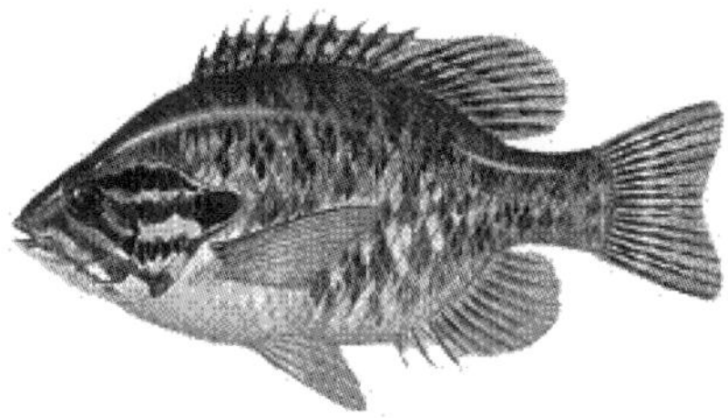

图5-55 蓝鳃太阳鱼

图5-56 乌鳢（湖北省水生生物研究所鱼类研究室，1976）

中华乌塘鳢［*Ostrichthys sinensis*（Lacépède）；图5-57］：俗称土鱼、乌鱼，腹鳍胸位，左右腹鳍互相接近，体多少呈延长，前部略呈圆柱状，后部侧扁，尾鳍后缘圆，形体呈褐色，尾鳍基部上端有一带白边的大形圆斑点。

（11）鲉形目（Scorpaeniformes）。鲉形目鱼类的第二眶下骨后延成一骨突与前鳃盖骨连接，头部具棘和棱，腭骨具齿，腹鳍胸位或亚胸位，胸鳍基部宽大。

许氏平鲉［*Sebastes schlegelii*（Hilgendorf）；图5-58］：俗称黑鱼、黑石鲈，体延长，侧扁，头较大，背鳍棘发达（13～14枚），棘部与鳍条部连接处有一深凹，体背部紫黑色，常见有5块大黑斑。

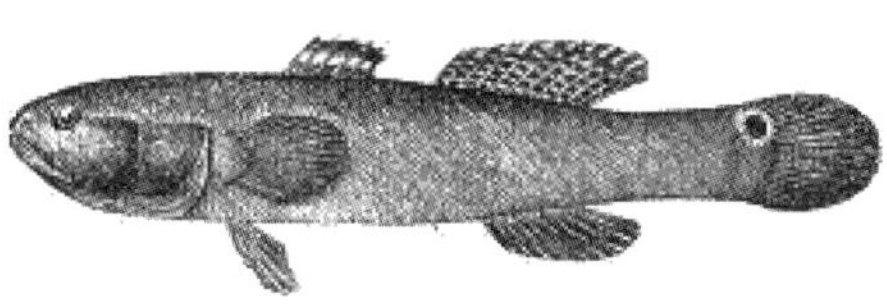

图5-57 中华乌塘鳢（中国科学院动物研究所等，1962）

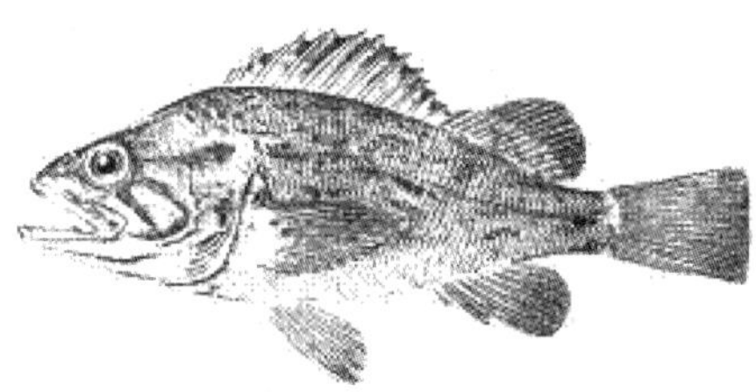

图5-58 许氏平鲉（朱元鼎等，1963）

大泷六线鱼（*Hexagrammos otakii* Jordan et Starks；图5-59）：又名六线鱼，俗称黄鱼，体延长，侧扁，头较许氏平鲉小而稍尖，背鳍棘较细弱（19～20枚），棘部与鳍条部连接处有一凹，体黄褐色，体侧有大小不同、形状不规则的灰褐色云斑，背部凹处有一黑斑，各鳍有灰褐色云斑。

（12）鲽形目（Pleuronectiformes）。体甚侧扁，成鱼身体左右不对称，两眼位于头的左侧或右侧，口、齿、偶鳍均不对称，两侧体色不同，鳍无棘，背鳍与臀鳍的基底很长，腹鳍胸位或喉位。我国养殖的种类隶属于鲽形亚目（Pleuronectoidei，各鳍大多均无鳍棘，背鳍起点在头的前方，前鳃盖边缘多少呈游离状）鲆科（Bothidae；两眼位于头的左侧）2种（牙鲆和大菱鲆）和鲽科（Pleuronectidae；两眼位于头的右侧）4种（石鲽、星鲽、黄盖鲽和高眼鲽）；鳎亚目（Soleoidei；前鳃盖骨边缘不游离）舌鳎科（Cynoglossidae；两眼位于头的左侧）1种（半滑舌鳎）。

牙鲆［*Paralichthys olivaceus*（Temm. et Schl.）；图5-60］：又名偏口、牙片（山东、河北、辽宁）、比目鱼（江苏、浙江），体长呈椭圆形，侧扁，两眼及颜色部均在左侧，口大，左右对称，鳞小，有眼侧被栉鳞，无眼侧为圆鳞，上下颌各有1行大而尖锐的牙。

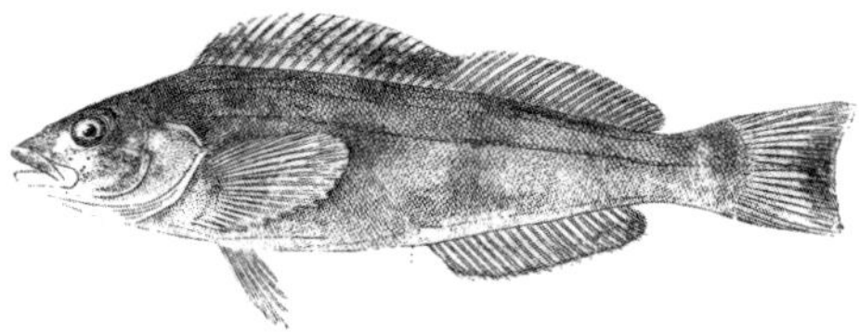

图5-59　大泷六线鱼（朱元鼎等，1963）

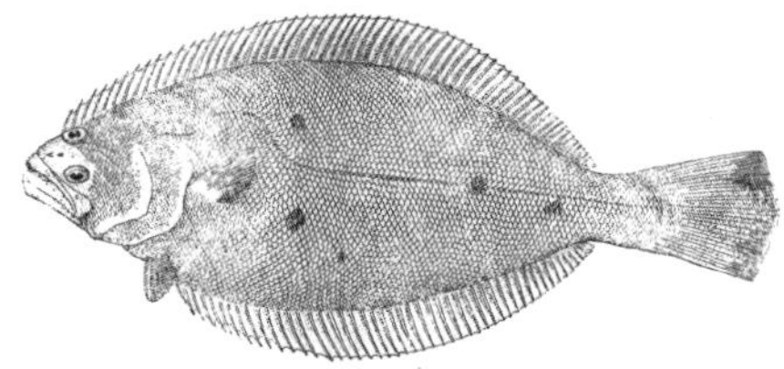

图5-60　牙鲆（中国科学院动物研究所等，1962）

大菱鲆［*Scophthalmus maximus*；图5-61］：商品名多宝鱼，体侧扁呈菱形，双眼及有色侧位于左侧，有眼侧呈青褐色，布有黑色小斑点，无眼侧光滑呈白色，肉厚，比牙鲆可食部分大；1992年自英国引进。

石鲽［*Kareius bicoloratus*（Basil.）；图5-62］：俗称石夹、石板，口中等大，体长呈卵圆形，侧扁，眼及有色部均在右侧，上眼背缘接近头的背缘，牙小，体被鳞，埋在皮下，大部分鳞片在有色侧易为骨质突起或粗骨片（数纵行，一般3行）。

图5-61　大菱鲆

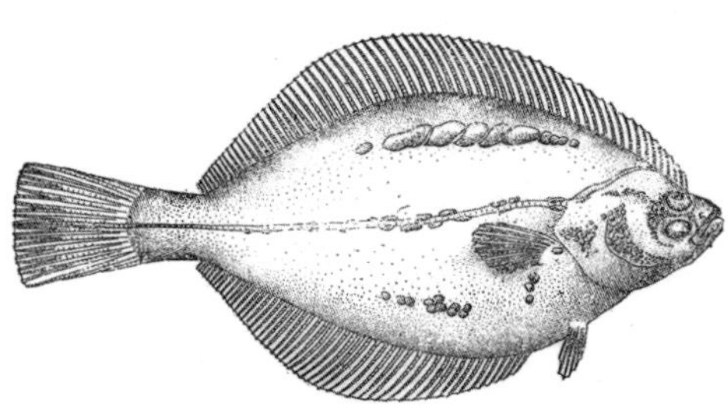

图5-62　石鲽（张春霖等，1955）

黄盖鲽［*Limanda yokohamae*（Günt.）］：又名小嘴（山东、辽宁）、沙盖，体形似石鲽，口小，斜形，左右不对称，牙小、粗壮，排列紧密，左右侧不对称，有眼侧无齿，无眼侧牙齿发达，有眼侧被栉鳞，无眼侧为圆鳞。

高眼鲽［*Cleisthenes herzensteini*（Schm.）］：又名长脖、高眼（山东、河北、

辽宁），体形较黄盖鲽长，口大，左右对称，上眼位于头部背缘正中线上，自无眼侧也可见到上眼的一部分。

星鲽［*Verasper variegateus*（Temm. et Schl.）］：俗称花片，体形似黄盖鲽，有色侧的背鳍、臀鳍和尾鳍分别有数个（4～6个）圆形大黑斑。

半滑舌鳎（*Cynoglossus semilaevis* Günt.；图5-63）：俗称龙利（广东）、鳎（浙江、江苏）、鳎板、牛舌（北方沿海），体甚延长，呈舌状，两眼小，均位于左侧，头部颇短，头长短于头高，口弯曲呈弓状，左右不对称，鳞小，有眼侧有3条侧线，褐色，无眼侧白色。

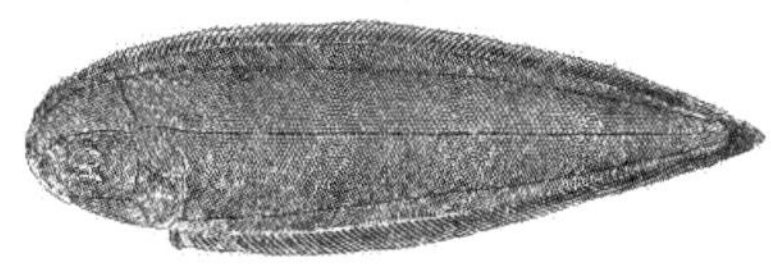

图5-63　半滑舌鳎（朱元鼎等，1963）

（13）鲀形目（Tetrodontiformes）。鲀形目鱼类体裸露或被以刺或骨板，口小，鳃孔小，腹鳍胸位，有气囊并能使胸腹部膨胀。我国主要养殖3种鲀，隶属于鲀科（Tetraodontidae；上下颌齿板有中央缝，体光滑或具小刺）东方鲀属（*Fugu*），体裸露光滑或具小刺，呈亚圆筒形，尾部正常，上下颌齿愈合成喙的齿板，鳃孔小，侧位，有鳔和气囊，气囊能吸气膨胀，用以自卫和浮到水面。

红鳍东方鲀［*Fugu rubripes*（Temm. et Schl.）；图5-64］：又称河鲀，俗称廷巴鱼，体背面及腹面具小刺，胸鳍上方有一黑色大斑，其后尚具黑色斑点，背侧无暗色横纹，臀鳍白色。

暗纹东方鲀［*Fugu obscurus*（Abe）；图5-65］：又名暗色东方鲀，具胸斑，暗褐色，背侧具有暗色横纹（白缘）5～6条，其上带有小白斑。

图5-64　红鳍东方鲀（朱元鼎等，1963）

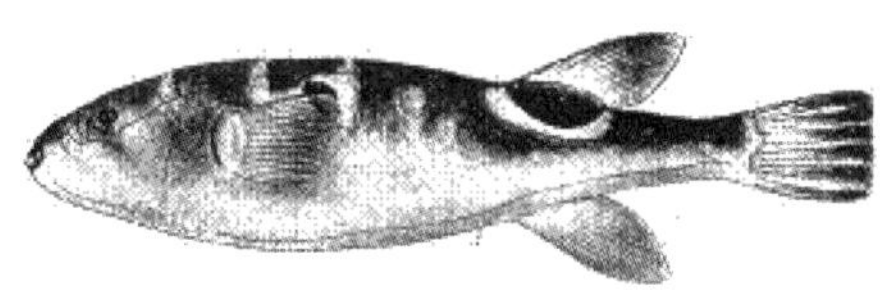

图5-65　暗纹东方鲀（朱元鼎等，1963）

2. 自然分布与养殖区域分布

鲟形目史氏鲟产于黑龙江、松花江、牡丹江、嫩江及兴凯湖等水域，全国各地已广泛养殖。中华鲟为溯河性洄游鱼类，遍布于长江流域及其沿海，是国家一级保护动物，1983年开始向长江放流人工繁殖的幼鲟。俄罗斯鲟属于溯河性鱼类，栖息于黑海、亚速海和里海水系中，亦有定居淡水的种群。西伯利亚鲟是溯河性鱼类，栖居于鄂毕河至科雷马河之间的西伯利亚各河中，亦有不降河的定居湖泊（贝加尔湖等）类型。小体鲟栖息于苏联和欧洲的淡水鱼类，也可进入咸淡水区域，有洄游性和定栖性两种类群。这3种鲟已引入我国各地进行人工养殖。匙吻鲟产于美国东部淡水水域，已引入我国各地。

鼠鱚目遮目鱼分布于印度洋和太平洋，产于南海和东海南部，为东南亚和我国台湾的重要养殖对象。

鲑形目虹鳟主要分布于北美洲墨西哥至阿拉斯加各水域中，现已被引入大洋洲、南美洲、欧洲、东南亚、日本、朝鲜和我国各地（北自黑龙江，南到云南省）。大麻哈鱼为溯河性鱼类，每年秋季由太平洋上溯至黑龙江、乌苏里江及图们江产卵。山女鳟分布于日本山区河川和中国黑龙江绥芬河。白点红点鲑分布于太平洋西岸自堪察加至日本北部。高白鲑分布于北纬50°以北俄罗斯及北美地区的江河、湖泊及水库中。香鱼产于太平洋沿岸，我国从辽宁至台湾、福建沿海直至广西东兴北仑河均有分布。池沼公鱼分布于北太平洋两岸和北冰洋东部沿岸水系，见于我国黑龙江水系、鸭绿江、图们江下游及大连地区水库；亚洲公鱼自然分布于日本北海道、中国黑龙江流域。这两种公鱼现已引入全国各地。大银鱼分布于东海、黄海、渤海近海及河口处和淡水水域，现引入全国各地的水库和湖泊中。太湖新银鱼分布于长江中、下游及附属湖泊，以太湖产量最多，现引入各地湖泊中。

鳗鲡目日本鳗鲡属降河性洄游鱼类，主要分布于太平洋西部沿海诸国，如中国、日本、朝鲜等水域，在我国分布很广，南北均有。欧洲鳗鲡和美洲鳗鲡均属降河性洄游鱼类，分别产于大西洋沿岸的欧洲和美洲各国水域，20世纪90年代以来先后引入我国。

鲤形目主要养殖鱼类在我国天然水域中的分布区各具特点。鲫和泥鳅分布最广，除西部高原外，全国各地的淡水水域皆产此鱼。银鲫分布于黑龙江水系、呼伦湖和新疆额尔齐斯河。鲤分布也很广，遍布欧、亚、美等大洲，我国北至黑龙江、南至珠江，各江河、湖泊皆有分布。草鱼、青鱼、鲢、鳙天然分布于我国东部平原，北纬22°～40°及东经104°～122°之间，最北不超过北纬51°，最南不超过北纬19°，最东不超过东经140°；分布区海拔高度，黑龙江、黄河、长江三大水系分别为200 m、420 m和500 m，长江三峡以上仅分布有青鱼、草鱼，黑龙江水域未发现鳙；这4种鱼在封闭式湖泊和水库中没有自然分布。鲮仅分布于我国南部的珠江水系，南至海南岛，西南至云南元江和澜沧江水系，北至福建。团头鲂原产湖北省的梁子湖、武昌东湖等中型湖泊和鄱阳湖，现移植于全国各地。鳊、三角鲂分布于我国各水系。细鳞斜颌鲴分布于长江、黑龙江及珠江。短盖巨脂鲤产于南美洲亚马孙河及中美洲各河流中。

鲇形目鲇广布于亚洲东部地区，除青藏高原及新疆外，全国各地均产。大口鲇分布于长江、瓯江、灵江、闽江及珠江。六须鲇分布于黑龙江、松花江、嫩江、乌苏里江等黑龙江水系及辽河下游。长吻鮠分布于长江及辽河等水域。黄颡鱼广布于我国各地淡水域中。胡子鲇分布于长江及以南的各水域，是我国南方淡水养殖种类。革胡子鲇产于非洲尼罗河流域，现引入我国各地养殖。斑点胡子鲇主要分布于泰国淡水各水域，是广东和广西等南方各省的主要养殖鱼类。斑点叉尾鮰产于北美洲各国及美国密西西比河等淡水水域中，现移养于我国各地和东南亚及欧洲各国。苏氏圆腹鲢分布于泰国湄公河等东南亚一带淡水水域中，现移入我国南方各省养殖。

刺鱼目日本海马广泛分布于我国各地海域，斑海马和管斑海马产于东海和南海。

鲻形目鲻和鲮分布广泛，为我国沿海习见鱼类；鲻南方为多，鲮北方为多。

合鳃目黄鳝除西部高原外，全国各水域都有分布，是我国养殖产量较高的淡水鱼类。

鲈形目尼罗罗非鱼、奥利亚罗非鱼、莫桑比克罗非鱼等分布于南美、中美、非洲，西南亚和印度，以中非洲的罗非鱼种类最多，尼罗罗非鱼移养于全国各地。花鲈分布广泛，我国沿海均产，是我国北方海水养殖的主要种类，年产量居全国海水养殖鱼类的第一位。鳜广布于我国南北各江河湖泊，是淡水养殖的主要名优种类。青石斑鱼等几种石斑鱼主要分布于舟山群岛以南的广东、广西、台湾、福建及浙江沿海一带。大黄鱼分布于我国南海、东海以及黄海南部，是我国南方海水养殖的主要种类，年产量居全国海水养殖鱼类的第二位。眼斑拟石首鱼产于墨西哥湾和美国西南沿海，属暖水性、溯河性鱼类，我国南方已批量养殖生产。鮸状黄姑鱼和鮸分布广泛，是我国沿海常见鱼类。真鲷和黑鲷是我国沿海习见鱼类，是海水养殖的主要种类。平鲷和黄鳍鲷分布于红海、东南非、阿拉伯海、印度、日本、朝鲜、菲律宾和我国的东南沿海（黄海、东海和南海）。军曹鱼分布于地中海、大西洋、印度洋、太平洋（东太平洋除外）等热带水域，我国南方沿海也有分布，但数量较少。美洲条纹鲈原产于美国东海岸，现移入美国西部和世界各国。尖吻鲈分布于太平洋西部和印度洋的广大海域，是我国华南沿海和东南亚的河口水域的习见鱼类。花尾胡椒鲷和斜带髭鲷分布广泛，我国各海区均产，但以南海为多。红鳍笛鲷和紫红笛鲷属热带及亚热带鱼类，在我国产于南海及东海南部海区。卵形鲳鲹和杜氏鰤属暖水性鱼类，广泛分布于太平洋、大西洋和印度洋海域，我国南海、东海和黄海有一定资源量。加州鲈和蓝鳃太阳鱼产于北美洲江河和湖泊中，现广泛移入世界各地。乌鳢分布广泛，除西藏高原地区外，广布于全国各淡水水域。中华乌塘鳢分布于印度、泰国、日本、澳大利亚等国家，在我国产于南海和东海。

鲉形目许氏平鲉和大泷六线鱼分布于我国渤海、黄海和东海，以及朝鲜、日本、俄罗斯东部沿海。

鲽形目牙鲆分布于北太平洋西部，我国各海域均产，黄海和渤海的产量较多。大菱鲆分布于大西洋东北部，北起冰岛，南至摩洛哥附近的欧洲沿海，盛产于北海、波罗的海以及冰岛和斯堪的纳维亚半岛附近沿海，已是我国海水养殖对象。高眼鲽分布于东海北部和黄渤海。黄盖鲽产于渤海、黄海、东海，以黄渤海产量较多。石鲽分布于黄渤海，但东海北部也产。星鲽分布于我国渤海、黄海、东海和日本。半滑舌鳎分布于我国各海区，渤海产量较多且个体较大。

鲀形目红鳍东方鲀分布于渤海、黄海、东海和朝鲜半岛及日本沿海。暗纹东方鲀分布于我国各海区及通海的江河下游，并可在淡水中生长发育。

（二）栖息习性和对环境条件的适应

1. 栖息习性

养殖鱼类栖息习性，包括栖息水域类型（海水、淡水、半咸水）、水层与场所（静水、流水等）、活动特性、洄游与定栖、肥育与越冬场所等。

鲟形目养殖种类的栖息习性。史氏鲟、小鲟和匙吻鲟为淡水定栖型鱼类，栖息于江河干流沙砾底质处，喜欢在底层活动，很少进入浅水区。中华鲟、俄罗斯鲟和西伯利亚鲟为溯河性海洋鱼类，性腺发育成熟个体进行溯河生殖洄游，在江河上游沙砾底质段产卵，仔鱼当年降河在海洋中肥育。中华鲟平时生活在我国沿海的大陆架地带，产卵场分布在金沙江下游和长江上游，幼鱼在河口地区肥育，体长达80～100 cm时游至浅海生长；后两种鲟也有定栖淡水类型。鲟类属底层鱼类，活动能力中等，性情较温和，喜栖清爽水域，冬季在深水区越冬。

遮目鱼的栖息习性。遮目鱼为暖水性海洋鱼类，平时栖息外海，生殖时游向近岸，性懦、活泼，善跳跃（可跳出水面数米高），常栖息于中下水层。

鲑形目养殖种类的栖息习性。大麻哈鱼为秋季溯河性洄游鱼类，性成熟个体成群进入江河上游水流急的砂砾河床处产卵，溯河期停食，产卵后多数死亡，仔稚鱼在江河中肥育至5 cm左右当年降河，在海洋中生长发育4～5年。山女鳟栖息于水质清澈、水流较急、水温较低的山涧溪流中。白斑红点鲑为陆封型，终生栖息于江河支流及溪流的清澈冷水域中。高白鲑也属冷水性鱼类，分为洄游、半洄游和湖泊型等3种生态类型。虹鳟为冷水性淡水定栖型鱼类，常生活在上中层水域，性情活泼，游泳迅速，喜欢清爽水域。香鱼为溯河性鱼类，春、夏季进入江河，栖息于水质清晰且具砾石处，继续生长发育至秋冬在上游砂砾处产卵，亲鱼产卵后死亡，仔鱼随水流漂流入海、越冬、索饵、肥育，幼鱼于翌年春天水温升至12 ℃左右时开始上溯，经河口游至河川中肥育，并有“占地盘”的习性。大银鱼为海淡水广生种类，一般活动于水体上层。太湖新银鱼为淡水鱼类，生活于水体上中层。公鱼为淡水上中层鱼类，常生活在湖泊、水库和冷水小河中。

鳗鲡栖息习性。鳗鲡为降河性洄游鱼类，春季幼鳗成群进入江河口，游进中上游的干流及与江河相通的湖泊、水库中，一般栖息于水体的中下层，善攀爬越跋，趋光性随生长发育逐渐减弱，成鳗喜夜间活动。

鲤形目主要养殖种类的栖息习性。鲢、鳙、草鱼、青鱼、鲮、鳊、鲂、细鳞斜颌鲴等在自然条件下栖息于江河及与江河相通的湖泊、水库中，与江河不通的湖泊、水库、池塘中无自然分布。鲤、鲫、泥鳅不仅栖息在江河中，而且也分布在与江河不相通的湖泊、水库、池塘中。鲢、鳙为中上层鱼类。鲢通常在水上层活动，性情活泼，善跳跃，能跳出水面1 m多高，网捕时常跳出网外；鳙在水上中层活动，性情温驯，行动较迟缓，易捕获。鲢、鳙平时栖息在江河干流及其附属水体中肥育，刚孵出的鱼苗随水漂流，幼鱼主动游入河湾、湖泊中进行生长发育，产卵群体洄游至上中游产卵场，产卵后进入湖泊等食物丰富的水体中肥育；冬季，成熟个体到干流深处越冬，未成熟个体多数仍在湖泊等附属水体越冬。草鱼和青鱼分别在中下层和下层活动。草鱼比青鱼的性情活泼，一般在被淹没的浅滩草地、泛水区域及干流附属水体草丛带摄食肥育；青鱼则多在江河湾道、湖泊及附属水体螺蛳等底栖动物多的地带肥育，越冬等其他习性与鲢、鳙相似。鲮属于底层鱼类，性情活泼，善跳跃，喜活水，遇到新鲜水非常活跃，水温在14 ℃以下时便潜入深水处越冬，并具有产卵洄游习性。团头鲂、三角鲂、鳊喜栖息于静水多水草的敞水区中下层，生殖季节集群于有水流的场所产卵；鳊则在江河流水中产卵，冬季集中于深水区越冬。鲤、鲫、泥鳅为底栖性鱼类，喜欢栖息于水草丛生的浅水处，对外界不良条件适应力较强，特别是泥鳅，在天气寒冷且水又干涸的情况下钻入泥土中，依靠皮肤和直肠呼吸，翌年涨水时又出来活动。白鲫为中上层鱼类，有集群习性，对外界环境条件适应力强。鲤和泥鳅在网捕时都具钻泥潜逃能力，故网捕率低。短盖巨脂鲤为中下层鱼类，喜集群，性情温和，栖息于水草繁生处。

合鳃目黄鳝栖息习性。黄鳝为底层生活的鱼类，喜栖息于河道、湖泊、沟渠及稻田中，日间喜藏在混浊的泥质水底的洞穴中（一般每穴1尾）或堤岸的石隙中，昼伏夜出，夜间外出觅食，口腔及喉腔的内壁表皮可直接呼吸空气，故离水后不易死亡。

鲻形目鲻、鲅栖息习性。鲻、鲅为温带和亚热带浅海上中层鱼类，喜栖息于沿海近岸、浅海湾和江河口咸淡水地带摄食、肥育，幼鱼进入港湾及河口摄食，也常溯河入淡水水域，退潮后成群栖息在背风向阳、温度较高、饵料较丰富地带，冬季转入海中较深处越冬。

鲇形目主要养殖种类的栖息习性。鲇多栖息于江河、湖泊和水库等水域的中、下层，尤其喜欢在缓流和静水中生活，白天隐居于水草丛或洞穴中，黄昏和夜间外出觅食。大口鲇多栖息于江河缓流区，性凶猛，白天隐居于水底或潜伏于洞穴内，夜间猎食水生动物。六须鲇多栖息于江河及支流有水流的底层，性情似大口鲇。胡子鲇、革胡子鲇和斑点胡子鲇多栖息于江河、湖泊、田间沟渠等淡水水域，惧怕强光，底栖且具有钻穴习性，白天隐居洞穴内，并具有群居习性（斑点胡子鲇夜间常数十尾乃至数百尾聚居在1个洞穴中），夜间四处活动觅食，耐低氧，但耐寒力较弱。苏氏圆腹𩷶喜栖息于深水水流缓慢的阴凉处，特别喜欢生活在水生漂浮植物下面，性胆怯，怕惊扰，耐低温能力弱，但耐低氧。长吻鮠多栖息于江河的底部，性情温顺，冬季在多岩石的深水处越冬。黄颡鱼为底栖鱼类，多栖息于江河支流和湖泊中，尤喜生活在静水、水流缓慢的浅滩处或水草丛生处或淤泥的地方，白天潜入水底层，夜间活动，有掘坑筑巢习性。斑点叉尾鮰多栖息于江河、湖泊缓流区域的底层，喜欢生活在清凉、有沙砾的地方，日出、日落和夜间活动频繁。

刺鱼目海马栖息习性。海马是一种游泳力不强的浅海鱼类，喜栖息在石砾、岩礁或海藻丛生的海底，具有依环境变换体色的能力，尾部具有卷曲能力，缠卷在海藻或其他漂浮物上。

鲈形目主要养殖种类的栖息习性。除尼罗罗非鱼、奥利亚罗非鱼、莫桑比克罗非鱼、鳜、大口黑鲈、蓝鳃太阳鱼、乌鳢是淡水鱼类外，其余的都属海水鱼类。尼罗罗非鱼属底层鱼类，对水质具有很强的耐受力，适宜在肥水中养殖，性情较凶猛，摄食能力强，白天多在中上层活动，黄昏至夜间喜在底层生活；网捕时具有钻泥潜逃的能力，网捕率较低。奥利亚罗非鱼的栖息习性与尼罗罗非鱼相似，但耐寒力较强和网捕率较高。鳜为中下层鱼类，栖息于静水或缓流水域，有在水底下陷处躺卧的习性，多在夜间活动觅食。大口黑鲈为淡水中层鱼类，喜栖息于缓流、水质清澈的水域和水草丛生处，经人工养殖驯化，可在稍肥沃的水质中生活，性情较凶猛，抢食能力强。蓝鳃太阳鱼属温水性中小型鱼类，性凶猛，喜成群栖息于湖泊、水库的水草丛中。乌鳢为底层鱼类，喜栖息于水草茂盛及水容易混浊的泥底水域中，潜伏在浅水水草较多的水底，仅搅动其胸鳍以维持身体平衡，见到食物则猛冲过去捕食，性情凶猛，具有辅助呼吸器官，离水后可行呼吸功能，适应能力强。

花鲈为广温、广盐性浅海中下层鱼类，不进行远距离洄游，喜栖息于沙砾底质、海藻丛生的海区和河口咸淡水处，亦可生活于淡水中，冬季在20～50 m深水中越冬。青石斑鱼、赤点石斑鱼等为暖水性中下层鱼类，广盐性，常栖息于沿海珊瑚礁、岩礁、多石砾底质的海区，一般不结成大群，性凶猛，具地域性和穴居习性，无明显洄游现象。大黄鱼为暖水性上中层集群性、近海洄游鱼类，通常生活在60 m以内沿岸浅海区域。眼斑拟石首鱼为近海暖水性和广盐性鱼类，喜集大群，洄游习性明显，游泳速度快。鮸状黄姑鱼和鮸属于暖水性中下层鱼类，喜结群，游泳速度较慢，喜栖息于泥沙底质。真鲷、黑鲷、平鲷等鲷科鱼类属于底层鱼类，喜栖息于水深10～200 m的礁石、沙泥、砂砾、贝藻丛生的海区，特别喜欢在海底凹处停留，喜集群，游泳较迅速，洄游距离短或移动不大，幼鱼主要生活在浅水区。黄鳍鲷为浅海暖水、广盐性鱼类，能适应盐度剧变，无远距离洄游习性，但有明显的生殖迁移行为，成熟个体自近岸向深海移动，幼鱼则在咸淡水交汇处生长发育。军曹鱼为暖水性上中层鱼类，性凶猛，游泳速度快，不集群洄游，对低温适应能力差，常栖息外海深水区。美洲条纹鲈系广温、广盐、溯河性洄游鱼类，广泛栖息于海水、半咸水和淡水中，喜生活于缓流处。尖吻鲈是暖水性的降河性洄游鱼类，仔鱼在河口生活，稚、幼鱼在河流、湖泊中生长发育（在淡水中的生长速度比在海水中快），成熟个体降河洄游至盐度30～32的海水中产卵。花尾胡椒鲷和斜带髭鲷系广温、广盐性的底层鱼类，喜栖息于岛屿附近和多岩礁水域，一般分散活动，移动范围不大。红鳍笛鲷是暖水性、中下层鱼类，喜栖息于岩礁和珊瑚礁区或附近，属于夜行性鱼类，具有群游和昼夜垂直移动的习性。紫红笛鲷系暖水性、广盐性的中下层海水鱼类，多栖息于近海低盐、清澈的流水中，在海、淡水中皆可养殖（在淡水和咸淡水中的生长速度比在海水中快）。卵形鲳鲹属于暖水性、洄游性的上中层鱼类，喜集群，幼鱼多栖息于河口、海湾，成鱼生活在外海深处。杜氏鰤属于暖水性、洄游性的底层鱼类，亲鱼在南沙、中沙、西沙群岛产卵，稚、幼鱼向北进行索饵洄游，成鱼秋末向南进行产卵洄游。中华乌塘鳢系暖水性、广盐性的浅海、咸淡水鱼类，主要栖息于河口、港湾区，喜生活于泥孔、洞穴中。

鲉形目主要养殖种类的栖息习性。许氏平鲉和大泷六线鱼属于海水冷温性的底层鱼类，多栖息于水质清澈、岩礁和藻类丛生的水域及岛屿周围，不集群，不进行长距离洄游，后者有护卵孵化的习性。

鲽形目养殖种类的栖息习性。牙鲆、高眼鲽、黄盖鲽、石鲽和星鲽等几种鲆鲽鱼类为海水冷温性的底层鱼类，适盐能力较强，喜栖息于沙泥地带，一般白天潜伏沙中，夜间觅食，游泳力不强，洄游距离短，生殖季节游向近岸水域，冬季游向邻近的深水越冬。大菱鲆的栖息习性与牙鲆、石鲽等几种鲆鲽鱼类相似，耐低温能力较强，性情温顺。半滑舌鳎属于近海温水性的底层鱼类，喜栖息于泥沙底质的海区，不集群，游动慢，对高温的适应能力较冷温性鲽鲆类鱼类强。

鲀形目主要养殖种类的栖息习性。红鳍东方鲀是近海（水深40～50m）暖温性底层鱼类，多栖息于岛礁附近和沿岸沙底处，具生殖洄游习性，游泳能力较弱，春季由外海到近海，冬季移向外海。暗纹东方鲀为溯河性洄游鱼类，稚幼鱼在江河、湖泊索饵肥育，秋季或翌年春季入海（沿岸沙底处）进一步生长发育，性腺成熟个体于春末夏初成群游入江河产卵。

2. 对环境条件的适应

养殖鱼类对水域生态环境的适应力是评估其养殖价值的重要内容，包括对水温、溶氧量、盐度、pH以及肥度等主要因素的适应能力。

（1）对水温的适应。水温是限制鱼类纬度分布和栖息水域的决定性因素。因此，在选择养殖对象和移植某种鱼类时首先应当了解鱼类对水温的适应能力。鱼类对水温的适应能力，主要反映在其致死温度、生存温度、摄食和生长温度，以及繁殖所要求的适宜温度。致死温度是指鱼类因不能忍受而死亡的温度；生存温度是鱼类能够存活的温度，低于和高于该温度则会死亡；摄食和生长温度是鱼类正常摄食和生长发育的适宜温度；最适温度是鱼类摄食旺盛和快速生长的温度。

根据养殖鱼类对温度的适应能力，可将72种养殖鱼类概括分为冷水性鱼类、亚冷水性鱼类、温水性鱼类和暖水性鱼类等4种类型。冷水性鱼类8种：虹鳟与金鳟、山女鳟、白斑红点鲑、高白鲑、池沼公鱼、亚洲公鱼、石鲽和大银鱼等；亚冷水性鱼类6种：史氏鲟、西伯利亚鲟、大菱鲆、许氏平鲉、大泷六线鱼和牙鲆等；温水性鱼类32种：匙吻鲟、中华鲟、香鱼、日本鳗鲡、欧洲鳗鲡、草鱼、鲢、鳙、鲤、鲫、银鲫、鳊、细鳞斜颌鲴、泥鳅、鲇、大口鲇、斑点叉尾鮰、长吻鮠、黄颡鱼、黄鳝、鲻、鮻、蓝鳃太阳鱼、大口黑鲈、鳜、乌鳢、黑鲷、花鲈、花尾胡椒鲷、斜带髭鲷、美洲条纹鲈、半滑舌鳎等；暖水性鱼类26种：遮目鱼、短盖巨脂鲤、鲮、胡子鲇、革胡子鲇、斑点胡子鲇、苏氏圆腹𩷶、尼罗罗非鱼、奥利亚罗非鱼、大黄鱼、斑海马、石斑鱼、赤点石斑鱼、真鲷、中华乌塘鳢、红鳍笛鲷、紫红笛鲷、卵形鲳鲹、杜氏鰤、尖吻鲈、军曹鱼、黄鳍鲷、眼斑拟石首鱼、鮸状黄姑鱼、红鳍东方鲀、暗纹东方鲀等。

4种类型鱼类对水温的适应能力差异明显，可综合归纳为三点。

第一，它们的致死温度和生存温度极限不同。冷水性鱼类、亚冷水性鱼类和温水性鱼类致死温度低限相似，皆为0 ℃左右；暖水性鱼类则明显偏高（4～14 ℃），如真鲷和眼斑拟石首鱼为4～6 ℃，大黄鱼、胡子鲇和革胡子鲇为6 ℃，鲮、奥利亚罗非鱼和暗纹东方鲀为7 ℃，杜氏鰤、黄鳍鲷和红鳍东方鲀为8 ℃，短盖巨脂鲤、石斑鱼、中华乌塘鳢和尖吻鲈为10～11 ℃，尼罗罗非鱼和紫红笛鲷为12 ℃，苏氏圆腹𩷶为13 ℃，卵形鲳鲹为14 ℃；冷水性鱼类和亚冷水性鱼类的致死温度高限较低（22～34.6 ℃），如白斑红点鲑为22 ℃，虹鳟和山女鳟为25 ℃，石鲽和牙鲆为27 ℃，公鱼和大菱鲆为28～30 ℃，史氏鲟和大银鱼等为33～34.6 ℃。

第二，摄食和生长的适宜温度及其最适温度不同。冷水性鱼类最低，如大银鱼的摄食和生长的适宜温度及最适温度分别为4～25 ℃和10～23 ℃，石鲽为4.2～19.9 ℃和14～15 ℃，虹鳟为6～20 ℃和14～17 ℃，山女鳟和白斑红点鲑为10～18 ℃和17 ℃，公鱼为10～22 ℃，高白鲑为15～25 ℃；亚冷水性鱼类较低，如大菱鲆的适温和最适温度分别为7～22 ℃和14～18 ℃，牙鲆为13～23 ℃和15～22 ℃，许氏平鲉为11～20 ℃和16.2 ℃，史氏鲟为13～26 ℃和20～25 ℃；温水性鱼类和暖水性鱼类较高，而且两者的适温差异不大（均为15～35 ℃），但其最适温度却有一定差异（温水性鱼类为20～30 ℃左右，暖水性鱼类为25～32 ℃）。

第三，繁殖的适宜温度也明显不同。冷水性鱼类繁殖的适宜温度明显偏低，如高白鲑为1～3 ℃、大银鱼2～6 ℃、公鱼4～6 ℃、石鲽5～8 ℃、虹鳟4～13 ℃、山女鳟1～10 ℃；亚冷水性鱼类较低，如大泷六线鱼为10～15 ℃、许氏平鲉13～16 ℃、牙鲆和大菱鲆10～20 ℃、史氏鲟18～20 ℃、西伯利亚鲟13～27 ℃；温水性鱼类和暖水性鱼类较高且相近，如香鱼、鲤、鲫、银鲫、鲇、泥鳅、梭鱼、真鲷、黑鲷、花鲈和红鳍东方鲀为14（15）～24 ℃，鲢、鳙、草鱼、青鱼、鲮、黄颡鱼、黄鳝、鲻、加州鲈、半滑舌鳎、卵形鲳鲹、暗纹东方鲀、鮸状黄姑鱼和石斑鱼为20（22）～26（28）℃，斑海马、尼罗罗非鱼、奥利亚罗罗非鱼、遮目鱼、短盖巨脂鲤、胡子鲇、红鳍笛鲷、尖吻鲈、军曹鱼和眼斑拟石首鱼为22（23）～28（30）℃。

（2）对溶解氧的适应。鱼类对溶解氧的适应能力，主要表现在摄食活动、生长发育及其存活等3个方面。其评价指标包括鱼类正常摄食及生长的溶氧量（适宜溶氧量）、浮头时的溶氧量（呼吸受抑制）以及开始死亡时的溶氧量（窒息点或氧阈）。

根据溶氧量对49种养殖鱼类生长发育影响的实验数据表明，鱼类对溶氧量的适应能力与其适温性、食性以及对水肥度的适应性密切相关，也与栖息水域的盐度有关。

冷水性鱼类及亚冷水性鱼类、肉食性鱼类和长期生活在流水及水质清澈水域的淡水鱼类，以及海水狭盐性鱼类，对溶解氧的适应能力较弱，即这些鱼类的适宜溶氧量和窒息点较高。如冷水性鲑鳟类和亚冷水性鲟类的适宜溶氧量和窒息点分别为6～7 mg/L和1.6～3.0 mg/L；长期生活在流水的香鱼分别为5.0 mg/L和1.95 mg/L，长期生活在水质清澈水域的青鱼、草鱼和石斑鱼分别为5～6 mg/L和0.5～2.0 mg/L；海水狭盐性鱼类牙鲆和大菱鲆分别为4～5 mg/L和0.8～2.0 mg/L（溶氧量为3.0～3.5 mg/L时生长已受抑制），鲷类和鲀类分别为5.0～5.5 mg/L和1.5～2.5 mg/L，大黄鱼分别为，4.0 mg/L和1.5 mg/L。

温水性鱼类、暖水性鱼类和杂食性鱼类，以及生活在静水且水质较肥沃的淡水及咸淡鱼类，对溶解氧的适应能力较强，即这些鱼类的适宜溶氧量和窒息点较低。如温水性和生活在静水且水质较肥沃的淡水鱼类鲤、鳙和鲢的适宜溶氧量和窒息点分别为4～5 mg/L和0.2～0.79 mg/L，暖水性和生活在静水且水质较肥沃的淡水鱼类尼罗罗非鱼和奥利亚罗非鱼分别为4.0 mg/L和0.28～0.81 mg/L，咸淡水鱼类鲻、梭鱼，以及革胡子鲇和斑点胡子鲇分别为3.0 mg/L和0.13～0.72 mg/L，杂食性鱼类鲫分别为2.0 mg/L和0.1～0.59 mg/L。

（3）对盐度的适应。盐度是限制鱼类栖息水域的决定性因素。淡、海水鱼类对盐度的适应范围分别以0.5和35为基准值。按照鱼类的自然产卵水域，可分为淡水产卵鱼类（含溯河性鱼类）和海水产卵鱼类（含降河性鱼类）。根据海、淡水产卵鱼类对盐度的适应能力，又可分别区分为狭盐性种类和广盐性种类。我国主要养殖鱼类对盐度的适应能力，分别以致死盐度、生存盐度、生长适宜盐度和繁殖适宜盐度等参数表示。

淡水产卵鱼类狭盐性种类（9种）的生存盐度高限为8～17：草鱼、鲢和斑点叉尾鮰为8，团头鲂为11.9，青鱼为12.15，短盖巨脂鲤为14，鲤为15，池沼公鱼为16，鲫为17。广盐性种类（6种）的生存盐度高限为35～40：虹鳟、香鱼和美洲条纹鲈为35，尼罗罗非鱼为38，奥利亚罗非鱼和暗纹东方鲀为40。也就是说，尼罗罗非鱼和虹鳟淡水产卵的广盐性种类，成鱼经过驯化可以在海水中正常生长。

海水产卵鱼类的狭盐性种类（12种）的生存盐度低限为5～12，如花尾胡椒鲷为5，赤点石斑鱼为11，大菱鲆为10～12，杜氏鰤为12。其广盐性种类（12种）的生存盐度低限为淡水（4左右），如鲻、梭鱼、花鲈、紫红笛鲷、遮目鱼和眼斑拟石首鱼为淡水，卵形鲳鲹为3，红鳍东方鲀为4。也就是说，花鲈、鲻、鲮、遮目鱼等海水产卵的广盐性种类，能够在淡水中正常生长，但性腺不能发育和成熟。

虹鳟对盐度的适应能力随个体的成长而增强，稚鱼、当年鱼、1龄鱼和成鱼分别可以在盐度5～8、12～14、20～25和35的水体中生活。鲤、鲫对盐度的适应能力也比其他淡水养殖种类强。史氏鲟能够长期在盐度4～5水中生活，经24～48 h驯化后还能生活在盐度9～10的水体中；体重200 g幼鱼的鳃小片泌氯细胞数量随着水体盐度的增加而增多，在淡水生活时其细胞数量较少并表现出淡水型泌氯细胞特征（细胞中有网管和囊管，网管欠发达，囊管分布面积小，细胞表面有顶隐窝）；经过65 d海水（盐度25）驯化后，其细胞数量明显增多并表现为典型海水型泌氯细胞特征（细胞中的网管颇发达，囊管丰富，顶隐窝扩大，表面有微绒毛），以排除体内过多的Na^+和Cl^-，调节体液渗透压与外环境保持平衡。

适当提高淡水盐度（7.5）可以改善某些淡水鱼类的肌肉品质。如用半咸水暂养草鱼和乌鳢，明显提高了食用口感。

（4）对水肥度、pH的适应。主要养殖鱼类对水肥度的适应，与其对温度的适应和溶氧量的适应，以及食性特点有密切关系。在一般情况下，冷水性鱼类（虹鳟等）和肉食性鱼类（鳜、真鲷、牙鲆等）喜欢栖息于清澈的水环境中，而浮游生物食性鱼类（尼罗罗非鱼、鲢、鳙）和某些温水性鱼类（鲤、鲫、鲮、鲻、鳗鲡等）喜欢栖息于肥水中。

淡水鱼类和海水鱼类对pH的适应能力差异较大。淡水鱼类对pH的适应能力（6.5～9.5）通常强于海水鱼类（7.0～8.7）。这与它们栖息水域的pH稳定性有关，即海水鱼类长期生活在pH较稳定（7.0～8.7）的海洋中，而淡水鱼类长期生活在pH昼夜变化较大的淡水中。淡水养殖水域的肥度较大，在夏季阳光充足时浮游植物的光合作用较强，经常使水体pH由早晨的6.5～7.0上升到中午的9.5～10.0。

（三）摄食生物学

1. 成鱼摄食生物学

（1）摄食方式。各种养殖鱼类的摄食方式（捕食方式、取食方式）不同，而且在个体发育过程中通常发生规律性变化：仔鱼后期至稚鱼前期一般都是以吞食方式摄食浮游动物，稚鱼后期至幼鱼前期则逐渐向成鱼的摄食方式过渡。鱼类的摄食方式是确定饲料（饵料）营养结构、形状与大小，以及投饲方法的重要依据。我国海、淡水养殖鱼类（成鱼）的摄食方式可综合归纳为下列5种类型。

滤食方式。滤食性鱼类是利用鳃耙等滤食器官过滤水中的细微食物（浮游生物等），如鲢和鳙，以及匙吻鲟、尼罗罗非鱼、白鲫、遮目鱼、鲻、鲮和鲅等。其中鲢、鳙是典型的滤食性鱼类，滤食能力较强；后7种鱼类的滤食能力相对较弱，兼吞食。

吞食方式。吞食性鱼类是利用口及上下颌直接摄取水中或底层的各种较大型的食物，包括动物、植物和有机腐屑等。大多数养殖鱼类的摄食方式是吞食，如鲟类（中华鲟幼鱼主要依靠嗅觉和触觉寻找食物）、草鱼、团头鲂、青鱼、鲫、鳊、鲂、短盖巨鲤、斑点叉尾鮰、鲇类、黄鳝、鲽鲆类和鲀类等，鳗鲡（仔鱼摄食方式为触碰后咬食）和海马的摄食方式属吸吞型。

猎食方式。猎食方式的鱼类属于肉食性种类，有伏击型和追击型2种。伏击型鱼类通常栖息于草丛中暗中窥视食物，当发现食物便突然迅速猛冲过去捕食之，如乌鳢、鲇和鳜（仔鱼期从饵料鱼尾部下口，稚鱼、幼鱼和成鱼都是从饵料鱼的头部下口）等。追击型鱼类的体型多为纺锤形，游泳迅速，在水中直接追击鱼、虾类等游泳动物，如虹鳟与大麻哈鱼等鲑鳟类、真鲷等鲷型类，以及花鲈、石斑鱼及大黄鱼等鲈型类。其中石斑鱼和大黄鱼吃食较缓慢（不如虹鳟、花鲈、真鲷等抢食速度快），叨一口游走，吃完后再返回来吃，并喜欢吃软性食物。

刮食方式。刮食性鱼类通常为底层鱼类，利用上下颌扁状颌齿和颌上的角质膜（软骨质的薄锋）刮食岩石和底层的底栖藻类等食物。前者如香鱼，后者如鲴类和鲮等。鲮尚兼营滤食方式。

挖食方式。鲤是典型的挖食性鱼类，其触须具有触觉和味觉功能，尤其是前筛骨特别发达，与鼻骨和上下颌骨相互配合使口部形成管状，并可向前方伸出，挖掘底泥中的水蚯蚓、摇蚊幼虫等底栖动物，可以把池塘底部挖成许多大小不一的坑窝。一条体长90 cm的鲤可把淤泥挖深达12 cm，把泥沙挖深达8 cm，把黏土挖深达6 cm，同时不断翻动底泥使整个池水呈浑浊状态。

（2）摄食器官形态结构特点。鱼类的摄食器官通常由口、颌齿、口腔齿、咽齿、鳃耙、腭褶、鳃上器官（鳃耙管）等组成。摄食器官的形态结构（特点）与摄食方式和食物组成密切相关，即不同摄食方式的鱼类，摄食器官的形态结构及数量性状，以及食物组成都有很大差异（表5-56）。

表5-56　不同摄食方式鱼类的鳃耙数量性状、肠相对长度和食物组成

鱼名	摄食方式	全长（mm）	鳃耙			肠长/体长	食物组成
			枚	长（mm）	间距（μm）		
鲢	滤食	395	1 334	13.5	15～18	5.29～7.90	浮游植物、浮游动物、腐屑等
鳙		448	695	13.9	35～72	3.17～5.01	浮游动物、浮游植物、腐屑等

续表

鱼名	摄食方式		全长（mm）	鳃耙			肠长/体长	食物组成
				枚	长（mm）	间距（μm）		
白鲫	滤食兼吞食		244	114	9.3	69～87	5.7～6.1	浮游植物、浮游动物、丝状藻
尼罗罗非鱼			223	30	1.88	325～375	7.1	浮游生物、鱼、虾、水生昆虫及幼虫等
遮目鱼				300	细长	排列密	3～12	底栖硅藻、绿藻、小型甲壳类
鲻、鲮				90～100			2.7～3.5	底栖藻类、有机腐屑、小型底栖动物等
鲮	吞食兼滤食			55～68		20～23	13.5	硅藻、绿藻、丝状藻、腐屑等
鲤	挖食兼吞食		422	22	5.2	1 800～2 500	1.6～2.5	摇蚊幼虫、水蚯蚓等底栖动物
鲫	吞食		248	51	5.8	250～280	2.5～4.9	丝状藻、植物种子、水草、腐屑、摇蚊幼虫
草鱼			425	17～19	4.2	1 200～1 500	2.0～3.0	各类水草等
青鱼			355	18	18-25	1 100～1 300	1.4～1.5	螺蛳、蚬、蚌等底栖动物
花鲈	猎食	（追击）		18～25	短	稀	<1	鱼、虾、头足动物等游泳动物
鳜		（伏击）	320	7	短具小刺	排列稀	0.50～0.62	各种鱼类、虾类等游泳动物
石斑鱼		（伏击）		22～25	短	稀	<1	鱼、虾、头足动物等游泳动物
乌鳢		（伏击）		10～13	短	稀	<1	鱼、虾等游泳动物

① 滤食性鱼类的摄食器官。如表1所示，滤食性鱼类及滤食兼吞食性鱼类摄食器官的数量性状，其突出特点是鳃耙发达，细而长（1.88～13.9 mm），数目多（30～1 334枚）且排列紧密（鳃耙间距15～375 μm）。以鲢、鳙为例，概述其滤食器官的形态结构。它们是典型的吃浮游生物的鱼类，滤食器官由鳃弧骨、腭褶、鳃耙和鳃上器官（鳃耙管）组成（图5-66、图5-67）。

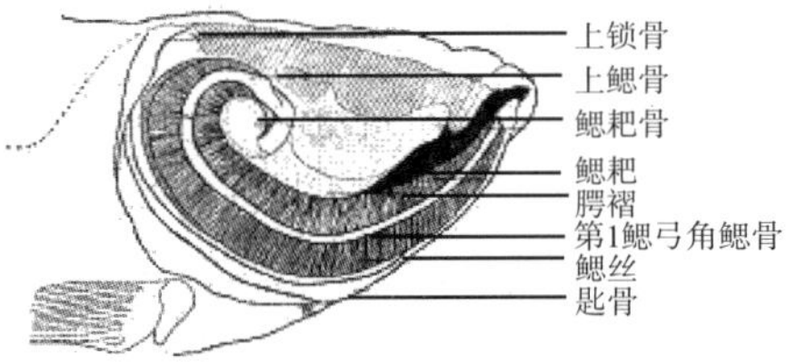

图5-66　鳙头部去鳃盖侧面观示鳃耙、腭褶和鳃耙管的位置

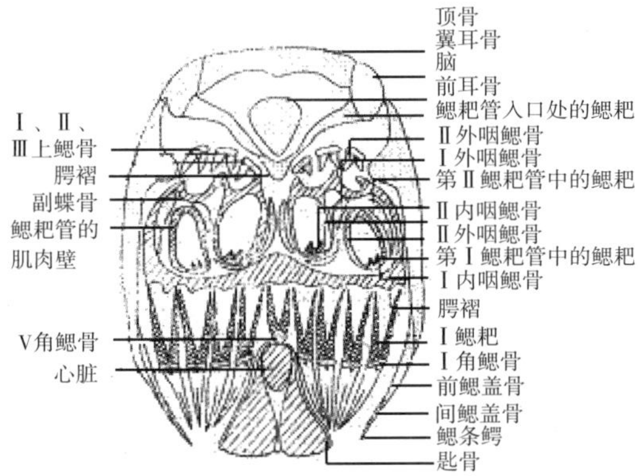

图5-67　鳙头部通过颅顶骨的横切面示鳃耙、腭、鳃耙管的位置和构造

鳃弧骨。鳃弧骨是鳃耙和鳃丝的附着基础，也是构成鳃耙管的支架。鲢、鳙具有4对典型的鳃弧骨。每个鳃弧骨由咽鳃骨、上鳃骨、角鳃骨、下鳃骨和不成对的基鳃骨组成，第五对鳃弧骨特化为下咽骨。

腭褶。口腔顶部的黏膜突出形成9个纵嵴，称腭褶。腭褶的排列适与鳃弧相对应，每侧4个，中央1个，左右对称（图5-67）。每个腭褶适嵌于与其相对应的鳃耙沟中，腭沟适好夹着两相邻鳃弧的内外列鳃耙的尖端（图5-68）。每个腭褶向后部延伸，构成鳃耙管的管壁。腭褶上皮中分布有大量味蕾和黏液细胞。

鳃耙管。在头盖骨耳囊下方的软腭组织中有8个螺状鳃耙管，每侧4个（图5-69）。鳃耙管是由腭褶延伸部分、上鳃骨一部分和咽鳃软骨构成的。咽鳃软骨上也附有鳃耙（图5-70）。鳃耙管中也分布有较多的味蕾和黏液细胞。

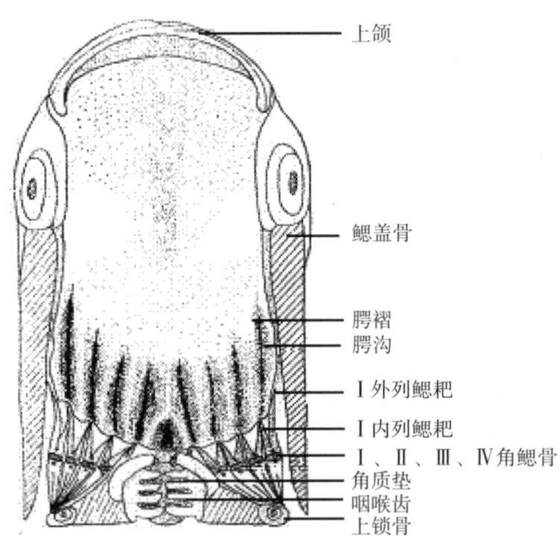

图5-68　鳙头部由口角处切去下颌、舌弧和鳃弓一部分示腭褶形态以及与鳃耙的关系

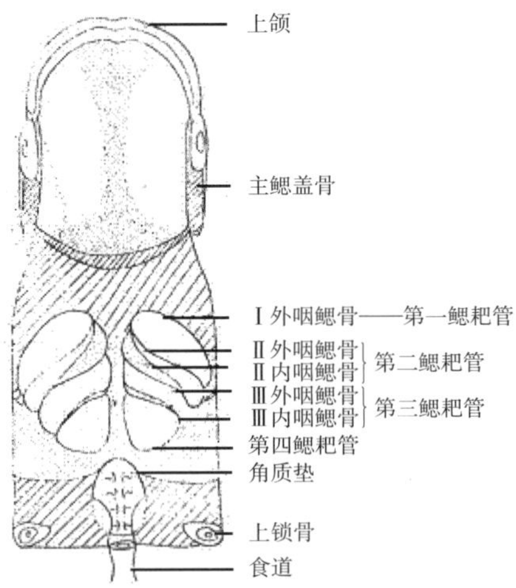

图5-69　鳙头部切去腭褶腹面观示鳃耙管的位置

鳃耙。鲢、鳙主要依靠鳃耙滤取浮游植物和浮游动物。两者的食性差异，是由鳃耙的形状、结构和排列致密程度不同所致。第Ⅰ、Ⅱ、Ⅲ、Ⅳ鳃弧背缘两侧都附有两列鳃耙，内外两列鳃耙成锐角排列，中间的空隙称鳃耙沟，与其相对应的腭褶适嵌于其中。各列鳃耙都沿着上鳃骨进入鳃耙管中（图5–70）。

鳙的鳃耙比鳃丝略长或略短。体长42.7 cm鳙的第Ⅰ外列鳃耙计695条（3.2～7条/mm），两相邻鳃耙的平均距离（耙间距或耙间隙）为57～103 μm。鳃耙相互分离，呈佩刀状，分基部、颈部和杆部（图5–71）。鳃耙的基部为三角形，是附着鳃弧骨的部分，颈部细而短，杆部呈刀形，加厚的一边称背部（向鳃耙沟的一面），较薄的一边称刃部。鳃耙杆部分为宽窄两种，第Ⅰ列鳃耙中段每隔3～6条窄鳃耙有一条宽鳃耙。鳃耙杆部的两侧各有一列突起，称侧突起（图5–72）。第Ⅰ外列鳃耙中段的侧突起的平均密度为16.3～17.3个/毫米，突起间距为33.7～41.25 μm。

鲢的鳃耙比鳙的狭而薄，亦分宽窄两种，但背部加厚不明显。每个鳃耙也由基部、颈部和杆部组成。宽鳃耙杆部呈刀形并有小孔洞；窄鳃耙杆部窄，刃部有齿状突出物（图5–73）。

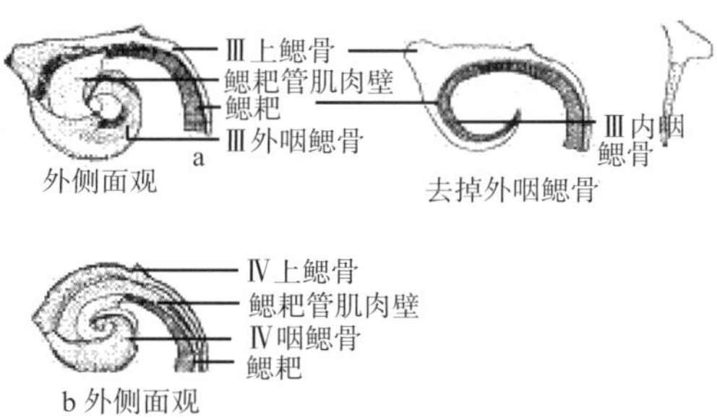

图5–70　鳙鳃耙管侧面观

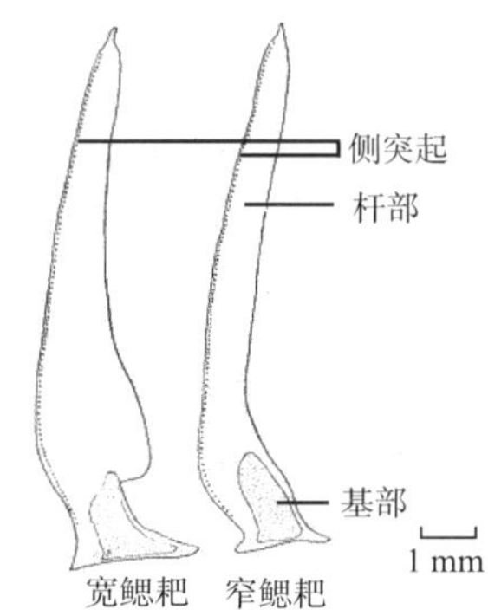

图5–71　鳙第Ⅰ角鳃骨中段的宽窄鳃耙

鲢的鳃耙比鳃丝长，两者比值是1：（0.82～0.83）；宽约为鳙的1/2。一条体长36 cm的鲢，第Ⅰ鳃孤外列鳃耙共1 781条（10.1～16.8条/毫米），耙间距均值为33.75～56.25 μm；背侧也有侧突起，第Ⅰ外列鳃耙中段的侧突起密度为30～30.3个/毫米，突起间距为18.75 μm，约为鳙的1/2。鲢鳃耙的排列方式、宽窄两种类型的比例以及在鳃弧骨上的分布规律，都与鳙的相似，但形状与鳙的不同。

鲢的鳃耙不是分离的，而是由两种横联结把它们连成特殊的网状物，称为鳃耙网（图5–74、图5–75）。把各个宽鳃耙刃部联结在一起的称宽鳃耙网或筛膜，位于每列鳃耙的外侧又称外鳃耙网；把各个窄鳃耙联结在一起的称窄鳃耙网，位于宽鳃耙网的内侧又称内鳃耙网。内、外鳃耙网之间也以结缔组织相互联结着。外鳃耙网很厚呈板状，鳃耙板的上半部有椭圆形穿孔。在筛膜穿孔处可以看到较细的内鳃耙网，其内持有薄骨片。每个横联结与窄鳃耙刃部的各个小齿相联结，并连接外鳃耙网和宽鳃耙。

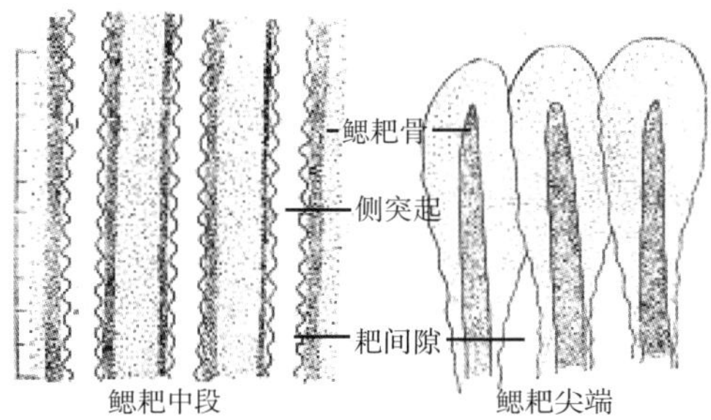

图5-72　鳙第I外列鳃耙背面观

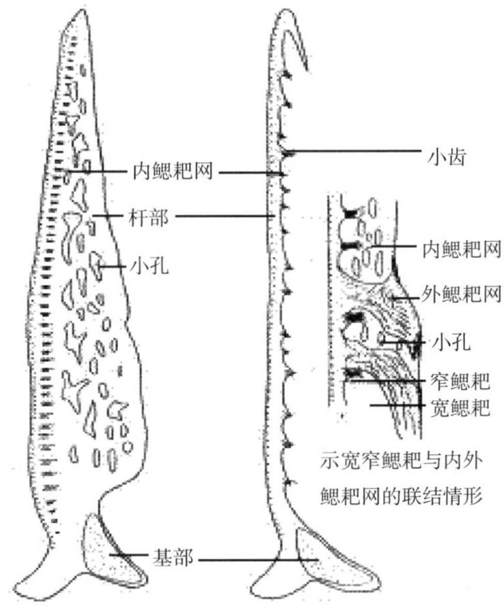

图5-73　鲢第I外列鳃耙中部的鳃耙结构

鲢、鳙的鳃耙及其侧突起上都分布有大量的味蕾和黏液细胞，鳙的多于鲢的。鲢的鳃耙网上也有较多的味蕾和黏液细胞。

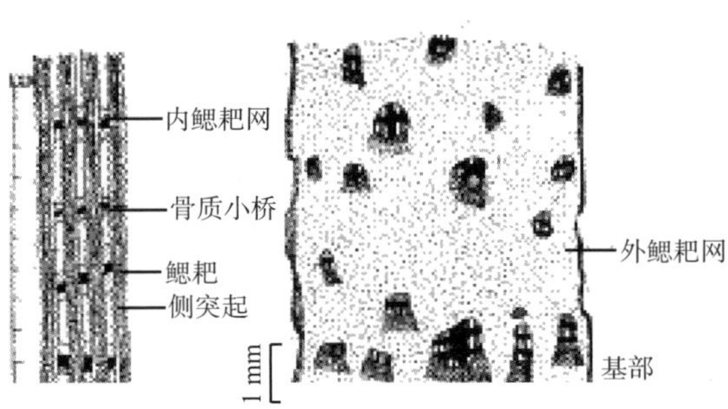

图5-74　鲢第I外列鳃耙板下部示外、内鳃耙网和侧突起

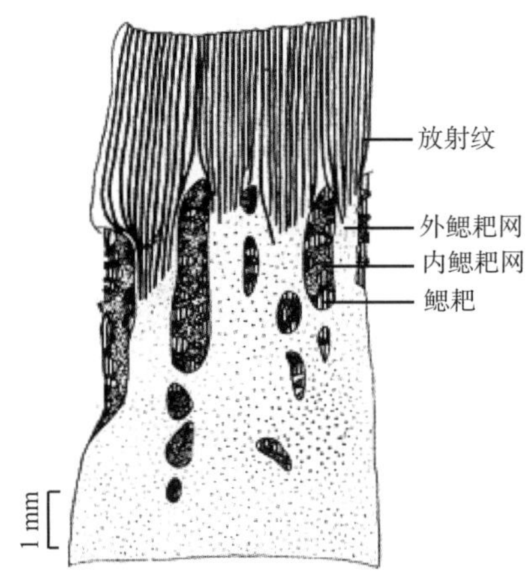

图5-75　鲢第I外列鳃耙板上部示鳃耙外、内鳃耙网

滤食器官的滤食机能。鲢、鳙的滤食器官，各部分相互配合、协调统一地完成滤食任务。在生活中，每个鳃弧的内外两列鳃耙不断张开和合拢。张开时，水和食

物一起进入口腔，通过鳃耙、侧突起和鳃耙网，把一定大小的浮游生物等食物滤积在鳃耙沟中，比耙间隙更小的物体则穿过耙间隙从鳃孔流出体外。积留在鳃耙沟中的浮游生物等，被水流不断地向后冲击，加上腭褶的波动，使其沿鳃耙沟向咽喉移动，当食物到了腭褶变低处（靠近咽喉底）时鳃耙管壁肌肉收缩将管中的水急速压出驱使食物进入咽底。

由此可见，尽管鲢、鳙生活在同一个水域，但由于两者的滤食器官形态结构不同，其食物组成也不同。也就是说，鳙的鳃耙间距（57～103 μm）和侧突起间距（33～41 μm）都比鲢的（鳃耙间距33～56 μm、侧突起间距11～19 μm）大，滤取的食物颗粒也比鲢的大。鲢、鳙的鳃耙就像一片滤取浮游生物的筛绢，鲢的比鳙的约密1倍，许多浮游植物的体积小于鲢的鳃耙间距和侧突起间距，而大多数的浮游动物体积则大于鳙的鳃耙间距和侧突起间距，当浮游植物和浮游动物与水一起进入鳙口腔时，体积小于鳃耙间距和侧突起间距（57 μm × 33 μm）的大多数浮游植物被排出体外，而体积大于（103 μm × 41 μm）的浮游动物被滤积在滤食器官中。所以，鳙肠管中的食物组成主要是浮游动物。与水一起进入鲢口腔中的浮游动物和浮游植物却都被滤积在鳃耙沟中全部进入消化管中，水体中的浮游植物多于浮游动物，两者的个数为248∶1，因此鲢肠管中的食物以浮游植物为主。

② 吞食性鱼类的摄食器官。吞食性鱼类的摄食器官在形态结构方面的共性是鳃耙数目较少（17～68枚）且较短（1.3～5.8 mm；表1；仅鳗鲡、泥鳅、鲀类少数种类无鳃耙），口腔较大，口前位和下位（鲟类），有的种类具咽齿（鲤科鱼类），呈梳状（如草鱼，便于切割、嚼碎水草）或臼状（如青鱼，便于压破螺蛳等贝壳）；有的种类颌齿较发达（鲆鲽类）和特化为板状（鲀类），便于摄取游泳动物（鱼类、虾类）和贝类。

③ 猎食性鱼类的摄食器官。猎食性鱼类的摄食器官形态结构的突出特点是鳃耙少（7～25枚）且短而稀，口前位，口腔大，颌齿和口腔齿发达，肠较短（相对肠长＜1；表1）。如乌鳢头尖而扁平，口大，上下颌骨、锄骨、口盖骨均具尖锐的细齿，鳃耙少（10～13枚）且短；花鲈和石斑鱼口大，两颌骨、腭骨均具绒毛齿，鳃耙仅18～25枚和22～25枚，短且稀；鳜的鳃耙仅7枚，短且具小刺，相对肠长为0.5～0.62。

④ 刮食性鱼类的摄食器官。刮食性鱼类的摄食器官特点是上下颌坚硬，颌齿的形状便于刮食。如鲴类的下颌前端具锐利的角质缘，用以在石面上或泥表刮取食物；香鱼的颌齿侧扁形，似梳状，每个齿由许多细长扁形的小齿合成，配合吻钩在水底岩石面上刮取食物（硅藻等）。

⑤ 挖食性鱼类的摄食器官。挖食性鱼类（鲤）的摄食器官形态结构与吞食性鱼类相似，鳃耙数目少（22枚）而短（5.2 mm），其突出特点是口部结构很特殊（如上述），能够前后伸长和缩短，从底泥中挖取食物。

（3）对食物的选择性。鱼类在摄食过程中对食物具有主动选择的能力，利用视觉、触觉、味觉等感觉器官对水环境中各类饵料生物或人工饲料的种类、形态和大小进行全面侦察，摄食（捕食）喜好食物，选择味道适宜、规格适口和形态中意的食物。吞食性、猎食性、刮食性和挖食性鱼类对食物的选择性明显，滤食性鱼类对食物的选择性较差。如鲢、鳙虽然能够主动集群于浮游生物和人工饵料较密集的水区或水层中进行滤食，却不能摄取某种或某几种浮游生物，只能滤食到大于鳃耙间距的各种食物颗粒，包括可消化的食物和不易消化的种类。

（4）摄食量。鱼类的日摄食量是其摄入食物重量占自身体重的百分比，随着鱼类的食性和发育阶段，以及食物的营养组成和水环境条件而变化。草食性和肉食性鱼类的摄食量大于滤食性和杂食性鱼类，幼鱼的摄食量大于成鱼。如草鱼吃水草的日摄食量高达70%～120%，贪食的鲇、花鲈和鳜等凶猛鱼类吞食鱼类的日摄食量可达50%～80%，鲤、鲻、尼罗罗非鱼和鲫等杂食性鱼类的日摄食量为10%～40%，鲢、鳙等滤食性鱼类的日摄食量为6%～20%。人工养殖鱼类，日投饲量一般为2%～10%。

（5）食物组成。根据鱼类的食物组成可将其分为浮游生物食性、草食性、杂食性和肉食性等4种类型。滤食性鱼类通常为浮游生物食性，吞食性鱼类多为杂食性和草食性，猎食性鱼类为肉食性，刮食性鱼类为底栖藻类食性，挖食性鱼类为底栖动物食性（表1）。

① 滤食性鱼类的食物组成。滤食性鱼类（鲢、鳙）和滤食兼吞食性鱼类（白鲫、尼罗罗非鱼、遮目鱼、鲻、鲮）的食物组成见表1。匙吻鲟终生摄食浮游动物。鲢、鳙除滤食水中的浮游生物外，还滤食有机腐屑及附在其上的细菌。在池塘饲养条件下，它们也摄食人工投喂的饲料（饼渣、糠、糟、麸皮）和滤食人工撒在水中的豆浆颗粒。匙吻鲟（体长38.5～73.0 cm）主要摄食池塘和水库中的小鱼、虾类、水生昆虫和浮游动物等。

鲢、鳙消化器官缺少分解纤维素、果胶质和几丁质的消化酶，因此不能消化蓝藻、细胞衰老的绿藻、裸藻以及具有几丁质外膜的浮游动物卵，但可以消化金藻、隐藻、硅藻，部分甲藻、黄藻、绿藻、裸藻、蓝藻以及浮游动物、细菌等。养殖生产实践证明，鲢、鳙在富含金藻、隐藻、硅藻等易消化种类的池塘中生长较快，在富含铜绿微囊藻等蓝藻池塘中生长缓慢，体质差。

谢平（1991）和董双林（1992）研究结果说明，鲢、鳙的咽喉齿与咽磨垫能够相互研碎小环藻、栅藻等藻类的细胞壁。谢平（2003）认为，鲢对小环藻的破坏率高达67%，其中52%发生在食道内，15%被肠消化；鳙对小环藻的破坏率达79.5%，其中58.5%发生在食道内，21%被肠消化。

② 猎食性鱼类的食物组成。我国海、淡水养殖猎食性鱼类的种类较多，主要食物组成包括鱼类、虾蟹类、水生昆虫和头足类等游泳动物。虹鳟、鳜、乌鳢、加州鲈、蓝鳃太阳鱼、美洲条纹鲈、尖吻鲈、花鲈、石斑鱼、大黄鱼、眼斑拟石首鱼、鮸状黄姑鱼、鮸、花尾胡椒鲷、斜带髭鲷、红鳍笛鲷、紫红笛鲷、卵形鲳鲹和杜氏鰤等的食谱以鱼类为主，其次为虾类和水生昆虫。真鲷、黑鲷、黄鲷、红鳍鲷、平鲷和黄鳍鲷则以贝类、底栖甲壳类和鱼类为主要食物。军曹鱼主要摄食虾蟹类、头足类和鱼类。

③ 刮食性鱼类的食物组成。刮食性鱼类香鱼和鲴类的食物组成，以底栖藻类（硅藻、蓝藻和丝状藻）为主，其次为有机碎屑和水生昆虫等。

④ 挖食性鱼类的食物组成。挖食性鱼类（鲤）的食物组成以螺蛳、摇蚊幼虫和水蚯蚓等底栖动物为主，其次为植物种子和有机腐屑等。

⑤ 吞食性鱼类的食物组成。海、淡水养殖鱼类中吞食性鱼类的种类较多，其摄食方式也各有特点，因此各自的食物组成差异较大。史氏鲟、中华鲟、俄罗斯鲟、西伯利亚鲟和小体鲟等属于底栖性鱼类，口腹位，以摇蚊幼虫、水蚯蚓和毛翅目幼虫等底栖动物和小鱼虾为主要食物。匙吻鲟为滤食性鱼类，终生以浮游生物为食，也吃昆虫类、水蛭类和鱼类。草鱼、团头鲂属于草食性鱼类，以各种水草为主要食物，也吃水生昆虫等无脊椎动物。鲫、鳊、鲂、尼罗罗非鱼、奥利亚罗非鱼、红罗非鱼和莫桑比克罗非鱼属于杂食性鱼类，其食物组成以植物性（丝状藻类、硅藻类等）为主，其次为水生昆虫和底栖动物等。斑点叉尾鮰、短盖巨脂鲤、胡子鲇、革胡子鲇、斑点胡子鲇、泥鳅和中华乌塘鳢等也属于杂食性鱼类，但食物组成以动物性（食底栖动物、浮游动物、水生昆虫等）为主，其次为水生植物和有机腐屑等。苏氏圆腹鲑、长吻鮠、黄颡鱼、鳗鲡和黄鳝，以及大泷六线鱼和许氏平鲉属于肉食性鱼类，主要食物为小鱼、虾蟹、水生昆虫、蛙及其蝌蚪等。鲆鲽和鲀类属于肉食性鱼类，食物组成包括鱼类、虾类、贝类、多毛类等。海马的主要食物为桡足类、虾类幼体、糠虾类等浮游动物和小型游泳动物。

2. 仔鱼、稚鱼摄食生物学

仔鱼是养殖界俗称的鱼苗，稚鱼是小规格鱼种（淡水养殖称夏花鱼种，海水养殖称前期鱼种），幼鱼是大规格鱼种（淡水养殖称秋花鱼种和春花鱼种，海水养殖称后期鱼种）。

仔鱼和稚鱼具有独特的摄食生物学特点，自然成活率很低，人工养殖成活率也较低。因此，仔、稚鱼的数量和质量是制约我国养鱼业持续、快速、健康发展的“瓶颈”。仔、稚鱼摄食生物学原理，是制定鱼苗、鱼种科学措施的基础理论依据。

（1）仔鱼的分化特点及其游动方式

① 分化特点。硬骨鱼类的胚胎发育并不像两栖类那样，胚胎出膜后具有一个变态期（蝌蚪）；更不同于爬行类、鸟类和哺乳类的胚胎发育，胚胎离开卵壳或胎盘后就成为幼体，其形态和组织结构基本上已与成体相似。初孵仔鱼的各种器官，有的尚未发生，有的已发生但发育不完善，如消化系统、呼吸系统、循环系统和运动器官（鳍）等都有待于进一步发生和发育，而且各种仔鱼的长度和分化程度有很大差异。

② 游动方式。养殖鱼类仔鱼的游动方式分为浮游型、吸附型和潜伏型。这与卵的大小、孵化期长短和环境条件密切相关。

a. 浮游型。产浮性卵（卵径小，孵化期短）的海水鱼的初孵仔鱼，身体短小（全长1.5～3.6 mm），卵黄囊（含油球）较大，口、肛门、眼色素和鳍等均未形成，浮于水面，随波逐流，血管网不发达；早期游动方式为阵发性并伴有较长时间的间歇，一般持续1～2 d，也有持续4～7 d的，并逐渐具有摄食能力。淌水性产卵鱼类（鲢、鳙、草鱼、青鱼等）的受精卵吸水膨大，孵化期较短，初孵仔鱼全长5.0～7.4 mm，卵黄囊也较大，鳃、血液循环、鳔和鳍等器官都有待发生和发育，浮于流动的水层中；早期游动方式为阵发性，一般持续1～2 d，4 d后具有摄食能力。

b. 吸附型。产黏性卵鱼类（鲤、鲫、团头鲂等卵径较大，孵化期较长）初孵仔鱼全长3.5～5.6 mm，头部具有分泌黏液的腺体，黏附在水生植物等物体上，有时阵发性地摆动身体，一般持续1～2 d， 3 d后具有摄食能力。

c. 潜伏型。鲑鳟类（大麻哈鱼、虹鳟等）在石砾或沙砾中产卵，卵径大，孵化期长达11.0～62.5 d，初孵仔鱼全长15～20 mm，尽管卵黄囊也较大，但各鳍已出现鳍条，血管系统明显并具有血液，潜伏在水底石砾之间生活。

（2） 仔鱼摄食特性及其影响因素。鱼类早期发育阶段成活率低，这与其营养方式和摄食特性，以及避敌能力较弱密切相关。

仔鱼的营养方式及其消化器官发育。初孵仔鱼（仔鱼前期）都是以卵黄为营养

（内源性营养），随着仔鱼的生长发育，一边吸收卵黄，一边摄食外界食物（混合性营养）；当卵黄囊消失，仔鱼则完全摄食外界饵料生物（外源性营养）。

前期仔鱼的消化器官正处于分化和形成时期，消化管已分化为口、咽、食道和肠，肝脏及胰脏等消化腺初步形成，但分泌机能很弱。混合营养期的仔鱼，消化器官进一步分化，肠管前后打通，口腔黏膜中形成许多味蕾，咽部黏膜中出现大量黏液细胞和味蕾，咽壁形成括约肌层，开始出现咽齿和咽磨，肠内形成皱襞和肌肉层。进入外营养期的仔鱼至稚鱼期，消化器官不断完善，机能逐渐加强，口腔开始形成肌肉层，逐渐出现鳃耙管（鲢、鳙）和肠襻，肝、胰脏进一步发育，并开始分泌胰蛋白酶、淀粉酶等消化酶，能够消化吸收蛋白质、脂肪、淀粉等营养物质，消化器官尚不完善，如口腔黏膜的黏液细胞、颌齿（鳜等肉食性鱼类）、鳃耙、鳃耙网（鲢）、鳃耙管和腭褶（鲢、鳙）、肠襻等仍在继续发育。

仔鱼摄食效率（effectiveness of feeding）。摄食效率或捕食成功率是仔鱼捕到食物的次数占捕食总次数的百分率。仔鱼的摄食效率随身体的长大而逐渐提高。影响仔鱼摄食效率的主要因素是自身的摄食能力和相关的外界生态条件。随着鱼体感觉器官（眼睛、侧线等）、游泳器官（鳔、鳍等）和摄食器官（口、上下颌及其齿和鳃耙等）发生、发育和完善，捕食能力不断增强，摄食效率逐渐提高。因此，稚鱼、幼鱼的捕食成功率要比仔鱼高得多。

仔鱼“不可逆点”（the point of no return，PNR）。PNR是评判鱼类早期发育成活率的生态学概念。PNR又称“饥饿不可逆转点”，是指初次开口仔鱼未能及时吃到食物，饥饿至身体消瘦、虚弱，甚至50%的仔鱼面临死亡而不能再恢复摄食能力（当给饥饿仔鱼提供适口的优质饵料生物时也无力吞食、继而死亡）的时间临界点，以仔鱼孵化后的天数（日龄）表示。PNR也是用来判断各种仔鱼耐受饥饿的能力。这说明，仔鱼在卵黄囊完全吸收之后，必须适时得到足够的外营养，否则，便处于饥饿状态继而进入不可逆点。

仔鱼抵达PNR的时间（天数或时数），不仅依种类而异，还与卵的大小、孵化时间、卵黄容量以及水温等密切相关。一般来说，孵化时间长、卵径大、卵黄容量大、水温低，PNR出现晚；相反，则出现早。综合分析已发表的试验数据，可得出下列几点结论：① 几种产浮性卵鱼类的仔鱼，开口摄食时间都较短（2～4 d），唯有大西洋鲱开口时间较长（6 d，受低温影响）。② 温度对大口鲇（18～28 ℃）、鲤（18～23 ℃）、鳙、草鱼、鲢等5种仔鱼PNR的影响明显，变幅为5～11 d。③ 它们具有摄食能力的时间都较短，仅3～6 d。④ 温度不仅对仔鱼PNR有影响，而且对饥饿仔鱼致死时间也有明显影响；饥饿仔鱼50%死亡的时间称半致死时间，大口鲇在水温18～29 ℃时半致死时间为10.8～12.0 d，鲤、鳙、草鱼和鲢在水温18～23 ℃时半致死时间分别为10.4～12 d、9.6 d、8.8 d和7.3 d。⑤ 鲤、草鱼和鲢饥饿仔鱼对温度（20～29 ℃）的适应能力不同，鲤＞草鱼＞鲢。

仔鱼临界期（critical period）。是指仔鱼从内营养转变为外营养时期，由于器官发育不完善、身体尚脆弱，以及对外界条件的适应能力很弱，在缺乏适口饵料的情况下，出现大量死亡（50%或100%死亡）的一个早期发育阶段。这是鱼类胚后早期发育的内在危险期。

仔鱼的死亡率远远高于稚鱼和幼鱼。影响仔鱼成活率的因素实际上就是防止仔鱼PNR和临界期表露的诸多因素，如鱼类的种类、卵的大小、孵化时间和卵黄容量，以及水温、溶氧量、pH、盐度、饵料生物、敌害生物等多种生态因素。外界因素中仔鱼的适口饵料是最重要的因素。因此，在鱼苗培育早期或仔鱼下塘的关键时期提供足够的优质适口饵料是防止其PNR和临界期表露的重要措施。

（3）主要养殖鱼类开口仔鱼规格及其开口饵料。养殖鱼类出膜仔鱼（与鱼卵大小呈正相关）及开口仔鱼规格和开口饵料的种类与规格各不相同。这是确定鱼苗培养方式的重要依据。综合归纳56种养殖鱼类有关数据，可将开口仔鱼规格和开口饵料概括分为4种类型。

① 鲟类和虹鳟的卵径大（2.5～5.4 mm），出膜仔鱼和开口仔鱼的规格也大，全长分别为8.0～18.0 mm和18.0～30.0 mm；开口饵料为水蚯蚓和水蚤等大型浮游动物。

② 鲻、鲮、石斑鱼和笛鲷等产浮性卵鱼类，卵径小（0.6～1.1 mm），出膜仔鱼和开口仔鱼规格也小，全长分别为1.6～3.5 mm和2.4～4.0 mm；开口饵料为贝类幼虫和小型轮虫等小型浮游动物。

③ 真鲷、黑鲷、大黄鱼、鮸状黄姑鱼、眼斑拟石首鱼、牙鲆、大菱鲆、半滑舌鳎、许氏平鲉和大泷六线鱼等海水养殖鱼类的卵径较小（0.95～2.0 mm），出膜仔鱼和开口仔鱼的规格也较小，全长分别为1.94～6.5 mm和2.79～8.2 mm；开口饵料为轮虫和桡足类幼体。

④ 鲢、鳙、草鱼、青鱼、鲤、鲫长、春编、团头鲂、泥鳅、鲇、黄颡鱼、长吻鮠、斑点叉尾鮰、鲇、大口鲇和尼罗罗非鱼等大多数淡水养殖鱼类的卵径为1.5 mm左右，出膜仔鱼和开口仔鱼的规格分别为3.0～7.0 mm和4.0～10.0 mm；开口饵料为

轮虫、无节幼虫和小型枝角类等浮游动物。

（4）肉食性养殖鱼类仔鱼、稚鱼的残食现象及其解决措施。

自残现象。肉食性鱼类仔、稚鱼全长达到一定长度且出现大小参差不齐时，便会出现相互蚕食现象，严重影响其成活率。各种鱼类开始残食的身体长度及其残食程度有所不同，在缺乏饵料生物的情况下，淡水养殖鱼类鳜仔鱼在开口摄食时就会残食同种仔鱼，鲇和大口鲇开始摄食后（开口仔鱼的口径较大）不久便出现相互吞食现象，加州鲈全长达11～15 mm开始捕食同种鱼苗，乌鳢和黄鳝全长15～20 mm和100 mm左右出现残食现象。海水养殖鱼类牙鲆在全长15～50 mm期间大小相差5 mm便相互自残，在全长16～30 mm区间残食严重；红鳍东方鲀全长5～6 mm开始残食，7～8 mm（牙齿形成）自残加剧，10～30 mm残食最为严重；许氏平鲉全长10.25 mm开始自残，11.47 mm时残食严重；大黄鱼、赤点石斑鱼和军曹鱼开始自残的规格分别为14 mm、25 mm和24 mm；花鲈全长10～30 mm的仔、稚鱼自残严重。

自残的主要原因。① 利用混凝土池和水槽等小型水体培育肉食性鱼苗，放养密度过大，个体生长速度不同，大小参差不齐，便会出现相互蚕食现象。② 缺少适口食物，或饵料生物密度过小，鱼苗因饥饿而相互蚕食。③ 养殖水体透明度过大，增加相互蚕食概率。

防止和减少残食的措施。放养密度要适当，严防密度过大；适时、适量投喂适口饵料生物，避免出现饥饿状态；适当调控水体混浊度（适量添加小球藻等），以尽量减少残食；定期进行鱼种规格筛选，同一规格分池培养。

定期进行规格筛选，按同一规格进行分池培育，是降低残食率的重要措施。根据各种肉食性鱼类仔、稚鱼出现残食的具体规格（长度区间），前期7～10 d筛选一次，后期10～15 d筛选一次。鲽鲆类筛选，一般采用半球形鱼筛（竹制），也可用方形或长方形鱼筛（钢丝制），通常于鱼苗伏底后全长达16～23 mm进行第一次筛选，以后每隔8～10 d筛选一次。筛选工作一般采用手工操作，个体长度整齐度的差值应小于5 mm。

（5）海水养殖鱼类仔鱼和稚鱼死亡高峰期。

鱼类早期发育存在PNR和临界期（危险期）。养殖鱼类鱼苗培育常出现1个和几个死亡高峰期，综合其原因不外乎仔鱼质量差、缺乏饵料或不足、处于变态期和食性转变期以及相互蚕食。

大菱鲆仔、稚鱼培育期间出现4个死亡高峰期：开口初期死亡率为10%～20%，与受精卵质量较差和开口饵料不足有关；② 孵化后第8～12 d，此时死亡率有时高达60%～80%，与是否正常开鳔、水质好坏和饵料质量有关；③ 孵化后第16～18 d死亡率为10%左右，与变态、饵料质量、环境条件和操作等因素有关；④ 孵化后第22～25 d死亡率有时很高，与变态发育、各种器官进一步发育和环境恶化有关。

花鲈仔、稚鱼培育期间出现3个死亡高峰期：孵化后第10～20 d为第1高峰期，与饥饿有关；孵化后第35～45 d为第2高峰期，全长10～14 mm，黑瘦型，与饵料数量、质量和水质有关；孵化后第60 d左右为第3高峰期，与饵料不足、密度过大和相互残食有关。

赤点石斑鱼仔、稚鱼培育期间出现3个死亡高峰期：孵化后第5～10 d为第1高峰期（开口期），与饥饿和开口饵料适口性有关；孵化后第20～25 d为第2高峰期（死亡率很高），与桡足类等饵料供应不足有关；孵化后第30～40 d为第3高峰期，与相互残食有关。

许氏平鲉仔、稚鱼培育期间出现3个死亡高峰期：在孵化后第6～10 d（开口期至鳍发生期）出现第1个死亡高峰，死亡率达27.03%，与仔鱼营养方式转变（内源营养转为外营养）和饵料不足有关；当背鳍原基形成并由食轮虫转食卤虫时死亡率也较高；第3次死亡高峰出现于孵化后第20～30 d（稚鱼期），幽门盲囊等消化系统逐渐完善和蚕食严重。

3. 仔鱼、稚鱼和幼鱼摄食器官发育

养殖鱼类摄食器官的发育包括口、鳃耙、腭褶、鳃耙管、上下颌齿、咽齿（咽喉齿）等多种器官的形态结构和数量性状在胚后发育过程中发生规律性变化。

（1）滤食性鱼类摄食器官形态发育。鲢、鳙、白鲫和尼罗罗非鱼等滤食性鱼类的摄食器官，不仅其形态结构较复杂且各具特点，而且在各自的仔鱼、稚鱼和幼鱼发育过程中发生规律性的变化（表5–57）。这4种刚开口摄食的仔鱼，其摄食器官的各个部分都尚未出现；随着身体的生长和发育，各个部件则先后陆续出现，并朝着成鱼的形态结构特点不断发育、完善；全长增长至30～35 mm（稚鱼、早期幼鱼）时，便各自形成较完整的摄食器官。

表5-57 滤食性鱼类摄食器官形态发育

鲢（鳃耙、内外鳃耙网、鳃耙管、腭褶）	鳙（鳃耙、鳃耙管、腭褶）	白鲫（鳃耙、腭褶）	尼罗罗非鱼（鳃耙、口腔上腭、颌齿、咽齿）
鳃耙发育：全长6.1～6.3 mm出现鳃裂，无鳃耙；6.4～7.0 mm时鳃弓中段出现4个小锥状鳃耙（图5-76）；8.7～8.9 mm时鳃耙增至10多个，并出现鳃耙骨；10～11 mm时出现小而不规则的侧突起；20～30 mm时侧突起上出现次级突起并逐渐趋向定型，开始分化为宽窄两种鳃耙。 内外鳃耙网发育：19～21 mm时刃部出现内鳃耙网原基（耳状突起；图5-77）；20～30 mm时内鳃耙网出现骨质小桥（图5-78）；35 mm时内鳃耙网发育基本定型；45～52 mm时外鳃耙网基本形成（图5-74、图5-75）。 鳃耙管发育：12.6～13.0 mm时出现鳃耙管原基；15～16 mm时鳃耙管明显（图5-79）。 腭褶发育：14 mm时出现腭褶雏形，>30 mm时发育完全	鳃耙发育：全长6.1～6.3 mm时出现鳃裂；6.4 mm时出现4～6个小锥状鳃耙；8.4～11.0 mm时出现鳃耙骨和侧突；26 mm时鳃耙侧突起发育完全；32～35 mm时开始分化宽窄鳃耙；102 mm时两种鳃耙基本定型。 鳃耙管发育：11.4 mm时出现鳃耙管；12.6 mm时鳃耙管明显并出现鳃耙。 腭褶发育：13.8 mm时出现腭褶雏形；20～31 mm时腭褶发育完善	成鱼：全长260 mm第1列鳃耙最长，为其他列的2倍；鳃耙背侧有3行花瓣状乳突，其上有味蕾细胞和黏液细胞；腭褶形态结构与鲢、鳙相似。 鳃耙发育：6.0～10.8 mm时出现乳头状鳃耙，其上逐渐出现味蕾细胞和黏液细胞；14.8 mm时鳃耙顶端出现乳状突起；22.6 mm时鳃耙背部出现2侧乳状突起；30.4 mm时出现侧突起，其上有3～5个味蕾乳突；76.0 mm时侧突起似成鱼，其上有9～11个味蕾乳突。 腭褶发育：8.0 mm时出现口腔上腭，平坦，其上出现味蕾和黏液细胞；11.0 mm时上腭出现腭褶雏形，味蕾增多；32.0 mm时腭褶明显，47.0 mm时腭褶似成鱼	成鱼：全长135 mm第Ⅰ鳃弓外列鳃耙较长并直立着生，其余各列鳃耙水平着生，相邻鳃弓的内外列鳃耙彼此交错嵌合成滤食网；口腔上腭近咽部处呈褶皱状，走向不规则的；上下颌骨各有3行颌齿，外列呈双峰，其他为3峰；第Ⅱ～Ⅳ、Ⅴ鳃弓的咽鳃骨特化为咽骨，左右各1块（上咽骨，椭圆形），中间1块（下咽骨，三角形），咽齿着生在3块咽骨上，多达数百个，呈钩状，齿钩分别朝向食道和口端。 鳃耙发育：6.0 mm时出现5～6个乳头状鳃耙，竖立着生；10.8～15 mm时由竖立着生逐渐向水平着生过渡，并出现味蕾；22.8 mm时鳃耙着生方向似成鱼；32.8 mm时鳃耙基本结构似成鱼。 口腔上腭发育：发育的变化规律为光滑→乳状突起（11 mm）→褶皱（21 mm），褶皱逐渐增多。 颌齿：8.9 mm时开始出现白色圆锥状小颌齿，11.2 mm时为单行，20 mm时出现双峰；21～26 mm时为双行，40.2 mm时出现第3行。 咽齿：11.2 mm时上下咽齿露出表皮，15～20.2 mm时齿形似成鱼，25～39 mm时上下咽齿开始分化，>40 mm时已具成鱼齿型

注：引自刘焕亮（1992、1993、1994）

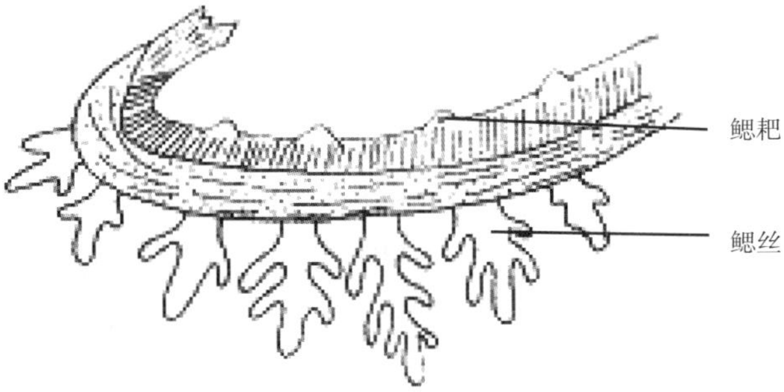

图5-76　全长7.0 mm鲢第一鳃弓

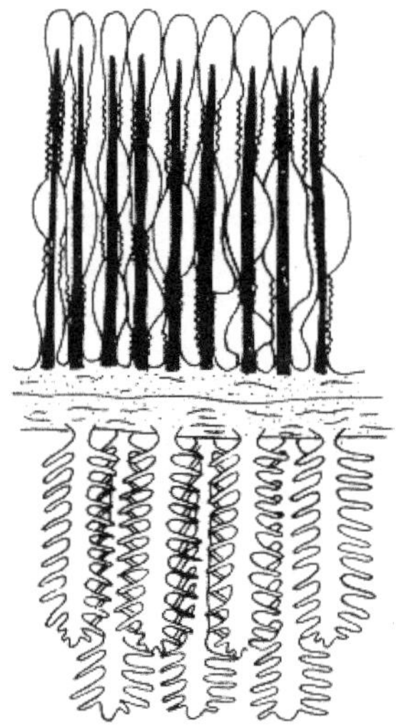

图5-77　全长23.5 mm鲢第一鳃弓中段耳状内鳃耙网原基（60×）

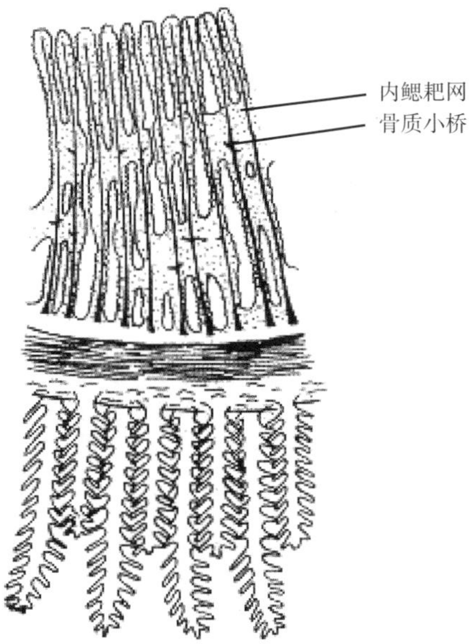

图5-78　全长28.0 mm鲢第一鳃弓中段耳状内鳃耙网中出现骨质小桥（60×）

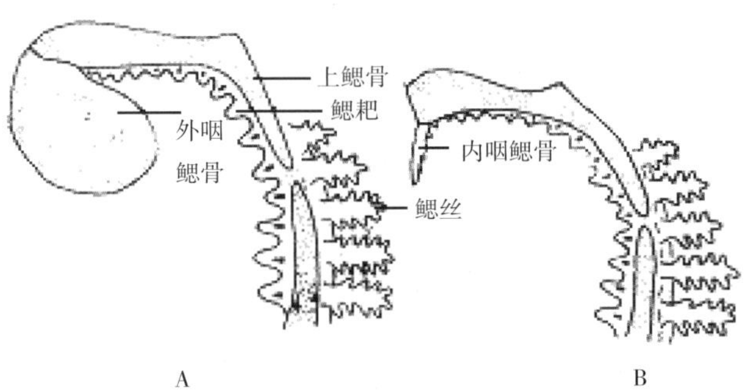

A 外侧面观　B 去掉外咽鳃骨

图5-79　全长15.1 mm鲢鳃耙管（60×）

（2）青鱼咀嚼器官形态发育。青鱼与其他鲤科鱼类一样，具有典型的咀嚼器官，由咽齿（pharyngeal teeth，图5–80）和角质垫（callous pad，图5–81）组成。咽齿固着在咽骨（os pharyngeum）上，齿式为4/5，粗大且短，呈臼状，咀嚼面光滑。角质垫在基垫骨（os basioccipitale）腹面，与咽齿遥遥相对（图5–82），用以压碎和研磨食物。

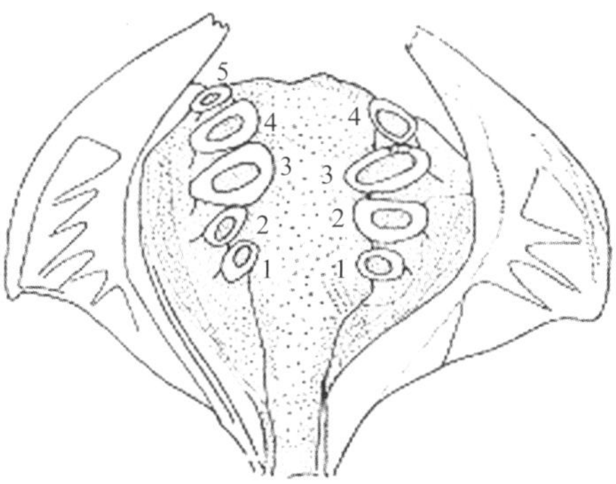

图5–80　青鱼咽齿（全长460 mm）

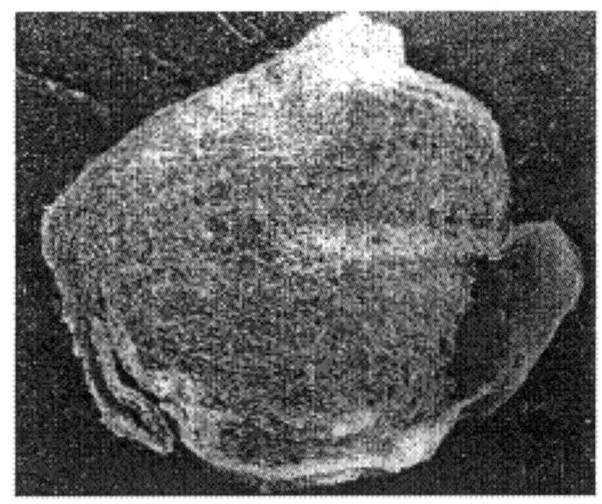

图5–81　青鱼角质垫（全长123 mm）

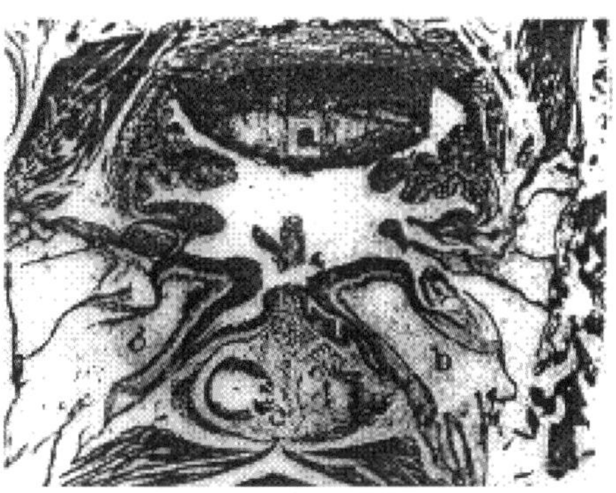

图5–82　青鱼头部后咽区横切图（全长24.0 mm）

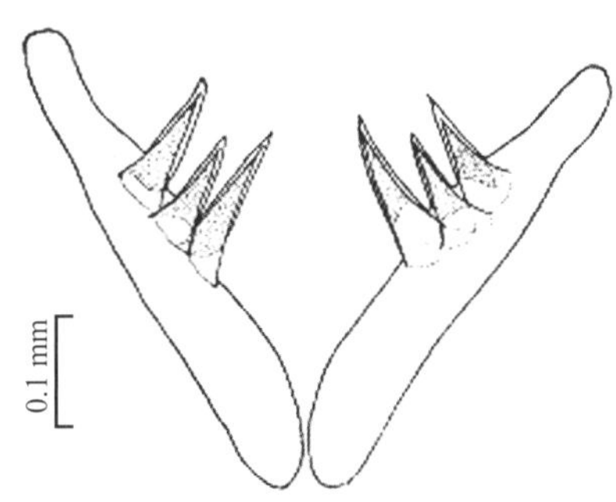

图5–83　青鱼咽齿的初齿（全长7.8 mm）

根据表5–58和图5–80～图5–83可综合归纳如下几点：

① 青鱼咽齿发育与鲢、鳙、鲤等鱼类相同，可明显分为初齿、过渡齿和固定齿等3个发育阶段，这充分反映了鲤形目鱼类咽齿的系统发育规律；

② 各代咽齿的交替，是左右两列齿逐个并有序的交错进行更换的，不会影响青鱼的正常摄食和咀嚼食物；

③ 青鱼咽齿是典型骨性固着并具有不太明显的齿槽窝，与哺乳动物的槽生齿相似；

④ 青鱼的咽齿属于同形齿，虽然形状与哺乳动物的异形齿不同，但具有与人类牙齿相似的典型釉质、齿质、髓质及髓腔、齿骨质等组织学特点。

表5–58　青鱼的咽骨、咽齿和角质垫发育

咽骨	咽齿	角质垫
全长6.5 mm：出现咽骨，呈长梭形、板状，左右各1条。 随后：组织结构由软骨发育成硬骨；形状由长梭形逐渐向成鱼型发育。 20.8 mm：咽骨发育呈成鱼型——咽骨粗短，前肢稍长于后肢，前角圆钝，后角不明显，前后无齿突约等长，咽骨带齿部宽大	齿胚：全长6.8～7.0 mm左右咽骨之间的组织中分别各包有3个齿胚，由造釉器和齿乳头构成，后者分化形成齿质和齿髓。 初齿：6.7～7.8 mm出现初齿，呈尖锥形（图5–83），稍向后端弯曲，齿式为1.2/2.1，齿体与软骨质咽骨接触，但不够牢固。 过渡齿：8.9～25 mm继初齿之后连续出现第一、第二和第三代齿，齿式分别为3/3、4/4和4/5，齿形由尖锥状逐渐发育成似臼状，齿体增大、变粗，齿组织结构逐渐完善，齿根逐渐与咽骨牢固固着。 固定型齿：全长达31.5 mm时第四代齿出现并全部固定，＞112 mm时第五代齿全部固定。第四代以后的各代齿式、齿形、齿组织结构、齿根与咽骨固着程度等都与成鱼相似。齿式稳定为4/5，齿冠咀嚼面宽大，齿体粗大，根部粗壮，釉质和齿质增厚，硬度增大，齿根与咽骨呈骨性固着，牢固。 咽齿硬度：咽齿釉质硬度随身体增长而增大，全长93 mm时咽齿硬度（192.6 kg/mm²）低于螺蛳壳的硬度（228.2 kg/mm²），＞142.2 mm时咽齿硬度（284.7～312.0 kg/mm²）大于螺蛳壳的硬度。 咽齿更换规律：青鱼咽齿在一生中更换数次，第一年更换5～6代齿，每代齿更换的间隔时间随身体增长而增长，初齿为3～4 d，第一、第二、第三和第四代分别为4～5 d、5～7 d、11～12 d和90 d左右。每代齿的更换是逐个且左右两侧交错进行的；咽齿更换的形态变化规律是老一代齿萎缩、变细至脱落，新一代齿发生、发育和固着	角质垫的出现比咽齿晚3～4 d。 初型：出现于全长8.0 mm。 17.5 mm：角质垫增大，并分化为生发层（基层）、颗粒层（中层）和角质层（表层）。 22.3 mm：角质垫表面出现纹沟，硬度增大。 26.3 mm：角质垫形状似成鱼，长大于宽；三层结构明显，表层较厚，角质化细胞呈鳞片状，厚度达角质垫的1/2，以后，随着身体增长逐渐增厚，硬度不断增强。 43.5 mm：表层厚度达角质垫的近2倍，硬度增大。 68.0 mm：表层厚度达角质垫的近3倍，硬度大幅度增强

注：引自刘焕亮（1990）

（3）摄食器官和消化器官数量性状发育。鱼类口的大小、鳃耙的长度及间距、肠的相对长度等在胚后发育过程中发生规律性变化（表5–59和表5–60）。

口径与食物规格变化。如表4所示，鲢、鳙、草鱼、白鲫和尼罗罗非鱼等淡水主要养殖鱼类口径与食物规格在个体发育过程中，随着身体的增长逐渐增大，其变化具有一定的规律性。海水养殖鱼类仔鱼的开口食物规格也与口径密切相关。暗纹东方鲀、赤点石斑鱼和黄鳍鲷开口仔鱼的口径分别为123 μm、125～136 μm和140～150 μm，开口食物为贝类幼虫和小型轮虫；口径超过200 μm的仔鱼（尖吻鲈

240μm、半滑舌鳎280 μm、红鳍东方鲀300 μm、军曹鱼400 μm、大黄鱼404 μm和许氏平鲉520 μm），开口食物一般为轮虫和桡足类。

表5-59　5种养殖鱼类的口径发育和适口食物规格变化

鱼名	全长（mm）	体长（mm）	口宽（mm）	上颌长（mm）	口径（mm）	适口食物（高×宽，μm）	备注
鲢	7.1～7.7	6.7～7.3	0.43	0.16	0.22	165×430	y=90x−281.7（n=164）；口径（y）、全长（x，6.0～395 mm）
	10～10.5	9.3～9.8	0.70	0.20	0.28	210×700	
	12.0	10.8	0.78	0.43	0.60	450×780	
	14.2～14.5	12.2～12.5	1.00	0.62	0.87	653×1 000	
	15～16	13.0	1.08	0.68	0.97	728×1 080	
	19.20	16～17	1.27	0.87	1.24	930×1 270	
	31.4				2.7		
	395.0				34.0		
鳙	7.1～7.7	6.7～7.3	0.47	0.17	0.24	180×470	y=93.27x−308.56（n=16）；口径（y）、全长（x，6.4～35 mm）
	10～10.5	9.3～9.8	0.60	0.21	0.29	218×600	
	12.0	10.8	0.90	0.49	0.69	517×900	
	14.2～14.5	12.2～12.5	1.15	0.68	0.95	713×1 150	
	15～16	13.0	1.19	0.87	1.22	915×1 190	
	19.20	16～17	1.36	0.97	1.36	1 020×1 360	
	35.0				2.81		
草鱼	7.1～7.7	6.7～7.3	0.45	0.16	0.22	165×450	
	10～10.5	9.3～9.8	0.60	0.20	0.28	210×600	
	12.0	10.8	1.05	0.50	0.70	185×1 050	
	14.2～14.5	12.2～12.5	1.08	0.65	0.90	683×1 080	
	15～16	13.0	1.30	0.84	1.18	885×1 300	
	19.5～20	16～17	1.32	0.97	1.36	1 022×1 320	
白鲫	6.0～6.8				0.54～0.83	404～620	y=111.89x−109.54（n=16）；口径（y）、全长（x）
	14.6～20.0				1.22～1.62	856～1 133	
	25.4～36.2				2.0～3.0	1 396～2 128	
	52.4～125.0				5.8～13.9	>21～87	

续表

鱼名	全长（mm）	体长（mm）	口宽（mm）	上颌长（mm）	口径（mm）	适口食物（高×宽，μm）	备注
尼罗罗非鱼	6.0～15.0	5.6～18.2			0.7～2.3	（500～900）×（800～1 500）	y=0.062 8x−1.151 6 （n=12）；口径（y）、体长（x）
	15.0～20.2				2.3～3.1	（900～700）×（1 500～2 400）	
	23.2～27.0	18.2～105.4			3.5～4.0	（2 100～14 900）×（8 000～18 000）	y=0.11x−0.012 5（n=12）口径（y）、体长（x）
	27.0～84.0				4.0～7.2		
	132.4				11.3		
说明	口径=上颌长×$\sqrt{2}$；仔、稚鱼的开口率一般为75%（开口程度为60°，即上下颌夹角）						

注：引自刘焕亮（1972～1978、1993、1994）

鳃耙数量性状和肠相对长度发育。从表5-60可知，10种不同食性鱼类的鳃耙数目、长度及间距和肠相对长度，在胚后发育过程中随着身体的增长不断增加和增大。其中滤食性鱼类（鲢、鳙、白鲫）和滤食兼吞食性鱼类（尼罗罗非鱼）的鳃耙数目、长度及间距和肠相对长度，随体长的增长而迅速且大幅度地增多、增长、增大；杂食性鱼类（鲤、斑点叉尾鮰、鲫）、草食性鱼类（草鱼）和贝类食性鱼类（青鱼）的鳃耙数目增加较少，长度增长也不大，肠相对长度的增长速度也较慢，但鳃耙间距的增幅却是很大的；典型肉食性鱼类（鳜）的鳃耙数目及长度和肠相对长度，虽然也随身体的增长而增加，但增长值较少。

（4）仔鱼、稚鱼和幼鱼摄食方式和食物组成转变。动物的器官形态是与生理机能及生态习性相统一的。养殖鱼类的摄食方式及食物组成在仔鱼、稚鱼和幼鱼发育过程中，随着摄食器官及消化器官的形态发育和数量性状发育而发生规律性变化。如表5-60所示，10种不同食性鱼类的仔鱼和早期稚鱼的摄食方式基本相同（皆为吞食），食物组成也相似（小型浮游动物等），只有鳜仔鱼开口就摄食其他鱼类仔鱼；但以后的发育则各具特点，即各自向成鱼的摄食方式和食性发展。

① 滤食性鱼类摄食方式和食物组成转变。如表5-60所示，鲢、鳙、白鲫和尼罗罗非鱼等滤食性鱼类的摄食方式，由吞食过渡为吞食兼滤食，最后转为滤食或滤食兼吞食，食物组成也各自发生相应（明显）变化。根据表5-57、表5-59和表5-60有关内容，综合分析滤食性鱼类的口径、鳃耙、腭褶和肠相对长度发育与摄食方式及食物组成转变的相关规律，概述如下。

表5-60　不同食性鱼类的摄食器官及消化器官数量性状发育和摄食方式及食性转化

鱼名	全长（mm）	鳃耙			肠长/体长	摄食方式	食物组成	研究者
		个数	长（mm）	间距（μm）				
鲢	7.0～14.0	4～40	0.008～0.410	50～21	0.53～0.82	吞食	轮虫、无节幼虫、浮游植物、碎屑等	刘焕亮（1981、1993）
	15.0～29.0	45～185	0.410～0.940	15～25	1.10～2.1	吞食向滤食转化	浮游植物、轮虫、枝角类、碎屑等	
	30.0～49.0	189～275	0.98～1.97	15～20	2.90～4.80	滤食	浮游植物、浮游动物、碎屑等	
	395.0（成鱼）	1334	13.5	15～18	5.29～7.90	滤食	浮游植物、浮游动物、碎屑等	
鳙	7.1～15.0	4～36	0.010～0.254	49～33	0.51～0.80	吞食	轮虫、无节幼虫、枝角类、浮游植物	刘焕亮（1981、1992）
	16.0～32.0	38.4～76.8	0.320～0.984	17～40	0.97～2.0	吞食向滤食转化	桡足类、枝角类、轮虫、浮游植物等	
	34.0～75.0	109～195	1.032～2.952	32～57.4	2.5～2.9	滤食	枝角类、桡足类、轮虫、浮游植物等	
	448（成鱼）	695	13.9	35～72	3.2～5.0	滤食	浮游动物、浮游植物、碎屑等	
白鲫	6.0～22.6	7～38	0.013～0.385	26.8～20.0	1.1～2.1	吞食	轮虫、无节幼虫、枝角类、浮游植物	刘焕亮（1993）
	24.8～40.2	42～56	0.465～0.888	25.0～35	2.1～2.7	吞食向滤食转化	浮游动物、浮游植物、碎屑等	
	52.4～125	84～111	1.85～4.68	38～70	4.8～5.5	滤食兼吞食	浮游生物、有机碎屑等	
	244（成鱼）	114	9.3	69～87	5.7～6.1	滤食兼吞食	浮游动物、浮游植物、丝状藻	

续表

鱼名	全长（mm）	鳃耙			肠长/体长	摄食方式	食物组成	研究者
		个数	长（mm）	间距（μm）				
尼罗罗非鱼	6.6～15.0	7～18	0.027～0.125	27～65	0.40～1.34	吞食	轮虫、无节幼虫、枝角类、浮游植物	刘焕亮（1994）
	15.0～20.2	18～24	0.125～0.186	65～54	1.34～1.53	吞食、滤食、捕食	轮虫、浮游动物、浮游植物、小鱼、虾	
	27.0～84.0	21～26	0.190～0.675	97～225	2.40～4.50	滤食兼吞食	小鱼、虾、浮游生物、有机碎屑等	
	223（成鱼）	30	1.88	325～375	7.1	滤食兼吞食	浮游生物、小鱼、虾、水生昆虫及幼鱼	
鲤	7.0～14.0	5～11	0.15～0.182	45～40	0.44～0.96	吞食	轮虫、无节幼虫、枝角类、摇蚊幼虫	Брагинская（1960）
	15.0～24.0	11～14	0.084～0.17	30～65	0.50～0.85	吞食	枝角类、摇蚊幼虫、水蚯蚓	
	36.0～67.0	14～15	0.20～0.25	48～72	0.88～1.10	吞食兼掘食	摇蚊幼虫等底栖动物、植物种子	
	422（成鱼）	22	5.2	1 800～2 500	1.6～2.5	吞食兼掘食	摇蚊幼虫、水蚯蚓等底栖动物、植物种子	
斑点叉尾鮰	48.0～83.0	17～18		逐渐增大	2.0	吞食	浮游动物、摇蚊幼虫	赵振山（1994）
	91～157	17～18			2.3	吞食	底栖动物、水生昆虫、有机腐屑、小虾等	
	170～236	19～19.5			2.6	吞食	底栖动物、水生昆虫、小虾等	
	240～352（成鱼）	20～21			3.2	吞食	底栖动物、水生昆虫、小虾等	
鲫	248（成鱼）	51	5.8	250～280	2.5～4.9	吞食	水草、丝状藻、腐屑、摇蚊幼虫、枝角类	戴定远（1964）

续表

鱼名	全长（mm）	鳃耙			肠长/体长	摄食方式	食物组成	研究者
		个数	长（mm）	间距（μm）				
草鱼	7.2～14.5	5～11	0.079～0.115	50～65	0.50～0.55	吞食	轮虫、无节幼虫、枝角类、桡足类	陈真然（1963）
	17.0～28.0	12～15	0.180～0.367	65～115	0.71～1.46	吞食	桡足类、摇蚊幼虫、嫩植物	
	31.0～35.0	15～16	0.361～0.410	115～131	1.58～1.93	吞食	水生植物为主、部分浮游动物	
	425.0（成鱼）	17～19	4.2	1 200～1 500	2.0～3.0	吞食	各类水草、嫩旱草	
青鱼	6.7～14.6	4～8	0.027～0.175	57～110	0.48～0.52	吞食	轮虫、无节幼虫、枝角类、桡足类	刘焕亮（1990）、李华（1996）
	15.2～28.5	7～14	0.180～0.192	95～190	0.53～0.82	吞食	轮虫、枝角类、桡足类、摇蚊幼虫	
	31.5～49.5	12～17	0.134～0.237	140～290	0.96～1.00	吞食	枝角类、摇蚊幼虫、小螺蛳	
	355.0（成鱼）	18	1.3	1 100～1 300	1.4～1.5	吞食	螺蛳、蚬、蚌等底栖动物	
鳜	5.0～9.4	0～2	短而稀；上下颌齿6～7对，出现幽门垂		0.20～0.34	吞食	各种鱼类仔鱼	唐宇平（1993）
	27.0～41.0	7	短而稀；幽门垂达300个以上		0.35～0.37	吞食、捕食	各种鱼类稚鱼、小型幼鱼	
	320.0（成鱼）	7	较短、而稀、有小刺		0.50～0.62	猎食、捕食	各种鱼类、虾类等游泳动物	

吞食阶段。鲢和鳙吞食阶段的全长分别为7.0～14 mm和7.1～15.0 mm，口径为0.22～0.87 mm和0.24～0.95 mm，鳃耙少而短（鲢4～40个、8.3～410 μm，鳙4～36个、10～254 μm），肠相对长度为0.51～0.82；白鲫全长为6.0～22.6 mm，口径为0.54～1.62 mm，鳃耙少而短（7～38个、13～385 μm），口黏膜光滑，肠相对长度为1.1～2.1；尼罗罗非鱼全长为6.6～15.0 mm，口径为0.7～2.3 mm，鳃耙少而短（7～18个、27～125 μm，竖立着生），颌齿单行，咽齿尚未分化，肠相对长度为0.40～1.34。因此，4种鱼类都尚不具备滤食能力，摄食方式为吞食；食物规格取决

于口径的大小，食物组成相同，皆为轮虫、无节幼虫等小型浮游动物。

吞食向滤食转化阶段。鲢、鳙和白鲫全长分别达15～29 mm、16～32.0 mm和24.8～40.2 mm时摄食方式和食性开始由吞食向滤食转化，口径为0.97～1.8 mm、1.22～2.20 mm和2.0～3.0 mm，鳃耙多（鲢45～185个、鳙38～77个、白鲫56个）而长（鲢410～940 μm 、鳙320～984 μm、白鲫1.0 mm左右）；鲢、鳙的鳃耙侧突起已出现次级突起（鲢的内鳃耙网也形成），鳃耙管和腭褶发育尚未完全，肠相对长度为0.97～2.1；白鲫的鳃耙侧突起明显并出现数个味蕾乳突，腭褶也逐渐明显，肠相对长度为2.1～2.7。该发育阶段，3种鱼类的食物组成基本相似，皆为浮游生物和有机碎屑，但随着身体增长，鲢的食物中浮游植物比例逐渐增大，鳙和白鲫则相反，浮游动物的比例大于浮游植物。

尼罗罗非鱼的摄食方式（吞食向滤食及捕食转化）和食性转化阶段的全长为15.0～20.2 mm，口径为2.3～3.1 mm，鳃耙增至18～20个、长度达125～186 μm，由竖立着生转为水平着生，上腭黏膜出现褶皱；颌齿仍单行，数目增为15～24枚，出现双峰；咽齿的数目增多，但齿形尚未分化；肠相对长度为1.34～1.53。因此，尼罗罗非鱼已初步具有滤取微小食物和捕食小型游泳动物的能力；适口食物规格幅度较大，小到数十微米，大到1.5～2.4 mm；主要食物组成为浮游动物。

滤食阶段。鲢全长达30 mm以上时摄食方式和食性发育至定型阶段，鳃耙分化为宽窄两种类型，数目和长度分别达120个和1.0 mm以上，鳃耙间距缩短且稳定在8～20 μm，内外鳃耙网发育较完善并形成典型的鳃耙网，腭褶和鳃耙管的发育更加完善，肠相对长度增长为2.9～4.8；此时，其摄食方式为滤食，食物规格和组成取决于鳃耙间距和侧突起间距，主要成分是浮游植物。鳙全长达34 mm以上时，鳃耙分化为宽窄两种类型，数目和长度分别达84个和1.0 mm以上，鳃耙间距稳定增大，侧突起数目增多且规则化，腭褶和鳃耙管发育更加完善，肠相对长度增长为2.5～2.9；此时，其摄食方式为滤食，鳃耙间距和侧突起间距决定食物的规格和组成，主要成分是浮游动物。白鲫全长达52.4 mm以上时，鳃耙数目和长度分别达84枚和1.85 mm以上，鳃耙间距稳定增大，侧突起形状和味蕾数目与成鱼相似，腭褶的形态结构也与成鱼相同，肠相对长度增长为4.8～5.5；此时，其摄食方式以滤食为主兼吞食，食物规格及组成取决于鳃耙间距和侧突起间距，食物的主要成分是浮游植物和有机碎屑。

尼罗罗非鱼全长达30 mm以上时，摄食方式由过渡型发育为固定型（滤食兼吞食），鳃耙全部水平着生，左右4对鳃弓的内外列鳃耙交错嵌合，构成滤食网，具有滤取食物的能力；颌齿和咽齿的结构及数目都与成鱼相似，具有捕食能力；肠相对长度为2.40～4.50。此时，尼罗罗非鱼的摄食方式与成鱼相同（滤食兼捕食阶段），既能滤食微小食物，也能追捕较大型鱼、虾类等游泳动物。

贝类食性鱼类、杂食性鱼类、草食性鱼类和典型肉食性鱼类（鳜）的摄食方式和食物组成在胚后发育过程中的转变趋势，基本上都是由吞食小型浮游动物逐渐向各自的成鱼类型和特点过渡、转化。

② 典型底栖贝类食性鱼类（青鱼）的食性转化。如表4和表5所示，典型底栖贝类食性鱼类（青鱼）的食性转化与咀嚼器官（咽骨、咽齿、角质垫）发育和肠相对长度发育密切相关。青鱼自仔鱼开口摄食浮游动物到成鱼吃螺蛳等底栖贝类，都是用口吞食食物，但摄食的食物种类却发生很大变化。

全长6.7～15.0 mm仔鱼和稚鱼，鳃耙少而短，咽齿由尖锥形发育成齿冠为钩状锥形齿，齿式由3/3变化为4/4，角质垫非常薄（<0.1 mm），肠直管状且短（相对长度为0.523），无咀嚼能力，吞食浮游动物。

全长17.0～123.0 mm稚鱼和幼鱼，鳃耙少（11～18枚），短而稀（间距0.650 mm），咽齿齿式由4/4变化为4/5，齿形由尖端带钩状的似臼状齿变为臼状齿，齿冠的硬度逐渐增大至192.6 kg/mm^2，但小于小螺蛳的硬度（228.2 kg/mm^2），角质垫发育为成鱼型，肠相对长度为1.4～1.5，其食性由吞食大型浮游动物转为吞食摇蚊幼虫、水生昆虫幼虫等底栖动物。

全长141.0 mm以上的幼鱼，不仅鳃耙、咀嚼器官和肠都发育成成鱼型，而且角质垫明显增厚，齿冠的硬度达284.7 kg/mm^2，超过小螺蛳（228.3 kg/mm^2）和大螺蛳的硬度，幼鱼开始以螺蛳和蚬等底栖动物为主要食物。这时青鱼的摄食方式是将螺蛳吞入口腔后，用咽齿和角质垫轧碎外壳，然后把碎壳和螺肉全部吐出，再选择性地吞食螺肉。

③ 底栖杂食性鱼类的食性转化。从表5-60可知，鲤、鲫和斑点叉尾鮰等底栖杂食性鱼类，开口仔鱼都是摄食轮虫等浮游动物，随后口和鳃耙间距随着身体的增长而逐渐增大，但鳃耙数目的增加和长度的增长却很少，肠相对长度的增长也不大，因而食性变化不明显，由吞食浮游动物转为以摄食摇蚊幼虫和水蚯蚓为主。鲤的摄食方式，随着上下颌骨和鼻骨的发育与完善，由吞食浮游动物转化为挖掘底泥中的摇蚊幼虫和水蚯蚓。

④ 草食性鱼类的食性转化。如表5-60所示，草鱼仔鱼和早期稚鱼的鳃耙少而短，摄食轮虫等浮游动物，全长30 mm以上的稚鱼和幼鱼，随着咽齿发育及完善以及肠相对长度的增长，逐渐转变为摄食水草等植物性饵料；食物经过咽喉部时被梳状咽齿与角质垫磨碎后进入消化管，提高了食物消化率。

⑤ 肉食性鱼类的食性转化。以鱼类、虾类等游泳动物为主要食物的肉食性鱼类，在上下颌和口腔的诸骨上都着生有多种齿，鳃耙少而短，肠相对长度小；其摄食器官在胚后发育过程中各种齿逐渐发育完善，但鳃耙和肠相对长变化不大（表5-60，如鳜），摄食方式由吞食仔稚鱼转变为伏击捕食相应适口的较大型鱼类。

鲻、鲮、牙鲆、真鲷、河鲀、石斑鱼等鱼类刚孵化仔鱼全长仅2～3 mm，开口仔鱼的全长也小于5 mm（赤点石斑鱼2.47～2.62 mm、真鲷3.0 mm、花鲈3.7～4.0 mm），口径较小（赤点石斑鱼126～136 μm，真鲷111～320 μm），开口的适宜饵料不是轮虫（200 μm左右），而是较小（50～150 μm）的贝类幼虫、无节幼虫和小型轮虫。鳜是养殖鱼类中最典型的猎食性种类，仔鱼的开口饵料是活鱼苗，不吃轮虫等浮游动物。

（5）摄食量与摄食节律。仔鱼、稚鱼和幼鱼的摄食量和摄食节律，是制定鱼苗、鱼种投饵量、投饵时间及投饵次数的重要科学依据。

摄食量。各种养殖鱼类仔鱼、稚鱼和幼鱼的代谢水平高，摄食量大。其日摄食量不同，绝对摄食量随身体的增长而逐渐增大，相对摄食量则逐渐下降。如鲢仔、稚鱼，刚下塘的鱼苗（体重1.6～3.4 mg），日绝对摄食量仅为2.23～4.70 mg，而相对摄食量（占鱼体重%）高达139.3%；当体重达63.0 mg时，日绝对摄食量增加为19.34 mg，相对摄食量却下降为30.7%；体重增长到73.0g时，摄食量分别为8.76 g和12.0%。又如鲤稚、幼鱼，14.7 mg稚鱼的日绝对摄食量为12.16 mg，相对摄食量为82.72%；体重达2.8 g时日摄食量分别为357.4 mg和 12.8%。体重3.7～725 g鳙和体重4.9～650 g草鱼的日相对摄食量，分别为2.5%～16.4%和26.3%～49.9%。

仔鱼、稚鱼和幼鱼的日摄食量，不仅与鱼的种类和大小有关，而且与水温等生态条件以及食物种类也有密切关系。鲢、鳙和草鱼稚、幼鱼的摄食最适温度为25～32 ℃，因此，在7～8月适温范围内日摄食量最高，分别为11.3%～16.3%、7.9%～16.4%和41.5%～49.9%，而在5～6月和10月水温偏低的情况下，3种鱼的摄食量下降很多。体长13～30 mm的草鱼在相同条件下，摄食摇蚊幼虫、空中昆虫和裸腹溞等3种饵料生物，其日相对摄食量分别为198.7%、32.3%和93.3%。

摄食节律。几种主要养殖鱼类仔、稚鱼日摄食量具有明显的昼夜变化（节律）。草鱼稚鱼日摄食量为32%～71%，并具有节律性昼夜变化，8：00和16：00摄食量最大，晚上则显著下降（П.С.Вовк，1976）；草鱼鱼种的昼夜摄食强度以16：00～18：00最大，2：00～4：00几乎停食，6：00开始摄食（张本，1966）。鲢鱼种每天9：00～18：00摄食最多，3：00停食（黄柄椿，1964）。鲢、鳙鱼种的肠饱满指数在4：00最低，8：00明显升高，12：00～20：00分别出现两个高峰，16：00为一个低峰，4：00最低（李思发，1980）。鳜和花鲈鱼种的摄食高峰分别在5:00～6:00和15:00～21:00，牙鲆仔、稚鱼的摄食高峰为8:00和16:00，这3种鱼都具有昏晨摄食特点。流水饲养草鱼试验表明，草鱼在适温条件下昼夜摄食活动始终较旺盛，这与水中溶氧量一直较高有关。因此，鱼类的摄食节律显然与水体中溶解氧含量的昼夜变化规律密切相关。

食物在稚、幼鱼消化管中停留时间。草鱼稚、幼鱼的食物（轮虫、枝角类）在肠中停留的时间分别为1 h 30 min～3 h 20 min（20～22 ℃）和1 h（30～32 ℃）（Вовк，1976），显然，鱼类食物在消化管中停留时间与水温有关。

（6）摄食器官发育在鱼苗、鱼种培育中的应用。鱼苗养成夏花鱼种（前期鱼种培育）和夏花鱼种养成秋花鱼种（后期鱼种培育）期间，正处于仔鱼、稚鱼和幼鱼发育阶段，应当根据其摄食器官的形态结构和数量性状的发育规律、摄食方式和食物组成的转变规律、摄食量和摄食节律特点，以及消化速度的变化规律和仔鱼的摄食特性及其影响因素，适时施肥培养饵料生物，投喂适宜、适口食物，科学确定投饲时间、次数和数量，以保证和提高鱼苗、鱼种培育的综合效率。

例如，培养青鱼鱼苗和鱼种，应当根据其咀嚼器官发育规律和食性转变特点采取相应科学措施，夏花鱼种培养期间（全长＜100 mm）施肥培养浮游动物和投喂小型颗粒饲料（硬度较小），全长达100 mm以上时投喂轧碎螺蛳和蚬类，全长达120 mm咀嚼器官已具有一定的咀嚼力时投喂轧碎螺蛳和蚬类，全长达140 mm时投喂小螺蛳，之后便可投喂不经过筛的螺蛳。

（四）生长生物学

鱼类生长速度和个体大小是选择养殖鱼类的主要参数，也是评定其养殖价值的重要指标。它不仅直接决定养殖生产效率，而且是确定养殖周期的重要依据。至今为止，国内外学者对主要养殖鱼类生长生物学进行了较系统的研究工作，并取得许多重要成果。

1. 养殖鱼类的个体大小

鱼类的个体大小系指每种鱼一生最终达到的最大规格（体重），通常以克（g）、千克（kg）表示。我国76种主要养殖鱼类在天然水域中发现的最大个体（规格），按照体重大小分为小型鱼类（＜1 kg）、中型鱼类（1～10 kg）、大型鱼类（10～100 kg）和巨型鱼类（＞100 kg）4种类型。

小型鱼类9种，包括山女鳟、香鱼、中华乌鳢、塘鳢、斑点胡子鲇、泥鳅、斑海马、公鱼和大银鱼等。

中型鱼类34种，包括高白鲑、白点鲑、鲮、三角鲂、团头鲂、鳊、细鳞斜颌鲴、银鲫、黄颡鱼、黄鳝、鳜、加州鲈、尼罗罗非鱼、乌鳢、大黄鱼、真鲷、黑鲷、斜带髭鲷、花尾胡椒鲷、赤点石斑鱼、紫红笛鲷、尖吻鲈、鮸、兰鳃太阳鱼、兰鳃太阳鱼、鮸状黄姑鱼、半滑舌鳎、星鲽、石鲽、高眼鲽、黄盖鲽、大泷六线鱼、许氏平鲉和暗纹东方鲀等。

大型鱼类31种，包括匙吻鲟、虹鳟、大麻哈鱼、遮目鱼、短盖巨脂鲤、青鱼、鳙、鲤、草鱼、鲢、鲇、大口鲇、六须鲇、革胡子鲇、斑点叉尾鮰、长吻鮠、苏氏圆腹鲑、鳗鲡、鲻、鲮、眼斑拟石首鱼、美洲条纹鲈、军曹鱼、杜氏鰤、花鲈、卵形鲳鲹、大菱鲆、牙鲆和红鳍东方鲀等。

巨型鱼类4种，包括中华鲟、西伯利亚鲟、史氏鲟和俄罗斯鲟等。

鱼类的个体大小是由遗传性决定的，是物种的主要属性之一。个体大小，与其生长速度密切相关，通常是体型大的种类生长速度比体型小的快。

小型鱼类虽然身体小、生长速度又慢，但有的是肉味特别鲜美，如香鱼、公鱼、银鱼、泥鳅等，有的是可药用，如海马。

绝大多数养殖种类都属于中型、大型和巨型鱼类。它们在人工饲养条件下当年体重一般都可达到50～200 g，2年可达商品规格（500～1 000 g）；其中有些种类，如鲤、短盖巨脂鲤等当年就可达到商品规格（>500 g），养殖周期仅为1～2年。史氏鲟的生长速度更快，在人工饲养条件下1周年平均体重可达615 g（最大个体1 040 g），2周年平均体重2 500 g（最大4 000 g），3周年最大体重达5 900 g。

2. 养殖鱼类生长基本规律

鱼类在一生中不停地生长（终生不断生长），但性成熟前的绝对生长速度比性成熟后快；体重生长曲线呈不对称的S形，拐点一般出现在性成熟期；拐点年龄（性成熟）前生长呈上升趋势，拐点年龄后则逐渐下降。因此，在一般情况下，鱼类养殖生产的适宜周期恰好是性成熟前的3个生长发育期（仔鱼、稚鱼至幼鱼）。

水域类型、地理纬度、海拔高度、水温、营养条件和水质（溶氧、pH、盐度）等外界生态条件，以及人工养殖方式（粗放养殖、集约化养殖等）及其多种措施（调控水温、营养条件、水质和密度等）诸多因素，都与鱼类生长密切相关，其影响程度远大于哺乳动物，而且还是决定养殖周期的重要因素。

3. 主要养殖种类的年生长

各种养殖鱼类的年生长速度（各龄体重或体长）差异很大，各自受制于遗传性和生态环境条件。根据国内外已发表的有关数据，可将我国主要养殖鱼类生长特性综合归纳如下。

第一，不同鱼类的年绝对生长速度与体型大小成正相关。在同样条件下，巨型（鲟类）、大型、中型和小型等4种类型鱼类的年生长速度递减，因此，在可能的情况下应尽量选择体型大的种类作为养殖对象。同种鱼类的不同体型，生长速度也不同，如高型鲫（体高占体长40%以上）的生长速度比低型鲫（<40%）快。

第二，同一种鱼类的不同地理种群的生长速度明显不同。如长江鲢、草鱼的生长速度比珠江和黑龙江的快，而以黑龙江地理种群的生长速度最慢。

第三，生长速度与性别有关。大多数种类的雌性生长速度比雄性快，如半滑舌鳎、鲻、星鲽、鲇等；有的种类雌、雄个体差异不大，如大黄鱼等；少数种类雄性个体的生长速度比雌性快，如罗非鱼类；极少数鱼类的雌、雄个体生长速度在一生中发生规律性变化，如鳜在相同饲养条件下体重小于170 g的雌、雄生长无显著差异，170 g到800 g的雌鱼生长明显快于雄鱼，大于800 g的雄鱼生长快于雌鱼，1 kg以内的雌鱼大于雄鱼，1 kg以上的一般雄鱼大于雌鱼。

第四，广温性种类在生长适温范围内，生长速度随温度的升高而加快。同一种鱼在南方的生长速度比在北方的快，如河南省养殖的俄罗斯鲟生长比北京的快，广东池塘养殖的花鲈生长比长江口区和黄、渤海的快；广东、武汉和哈尔滨池塘养殖的斑点叉尾鮰，生长速度由南向北逐渐递减；日本海和福建沿海的鲻，生长明显快于黄、渤海的。

第五，冷水性、亚冷水性、温水性和暖水性鱼类的生长速度，在生长适温范围内随温度的升高而加快。如冷水性虹鳟生长14 ℃明显比9 ℃快，亚冷水性牙鲆生长20 ℃比15 ℃快，温水性鲢和草鱼生长25～30 ℃比15～20 ℃快，暖水性大黄鱼生长25～35 ℃比17～22 ℃快。

第六，同种鱼类在不同的生态环境中生长速度不同。如长江鲢、鳙、草鱼在江河（淌水）生长速度比在湖泊（静水）快。同种鱼类通常在人工养殖条件下生长比在自然条件下快，如工厂化养殖牙鲆生长比沿海的生长快，福建网箱养殖的大黄鱼生长比东海沿海的快。

第七，经济杂交种的生长速度比亲本快。如丰鲤生长速度比双亲快，在鱼种阶段比母本快42%～50%，比父本快140%，成鱼阶段比母本快32%以上；荷元鲤生长速度比母本快30.05%～38.57%，较父本快21.2%～23.2%；岳鲤生长速度比母本快25%～50%，比父本快50%～100%；颖鲤当年鱼生长速度比双亲快47.0%，二龄鱼比双亲快60.1%；三杂交鲤生长速度比母本快15.69%～27.27%，比父本快48.1%～51.2%；芙蓉鲤生长速度比母本快40%左右，比父本快60%左右。

（五）繁殖生物学

1. 性成熟年龄与雌雄鉴别

（1）性成熟年龄及规格。主要养殖鱼类的性成熟年龄多数为2～4龄（一般雄性早一年），但巨型鱼类（鲟类）10龄左右才成熟，而香鱼、公鱼、银鱼和海马等小型鱼类及革胡子鲇则1龄成熟。

各种鱼类的性成熟规格差异较大，与鱼类的个体大小密切相关。巨型和大型鱼类的性成熟规格大，如史氏鲟4～6 kg，中华鲟30～109 kg，匙吻白鲟11～25 kg，军曹鱼7～8 kg。小型鱼类的性成熟规格小，如香鱼0.1～0.15 kg，公鱼0.002～0.003 kg。中型鱼类一般为0.5～10 kg，如海水养殖鱼类大黄鱼0.25～0.5 kg、牙鲆0.35 kg、暗纹东方鲀0.3～0.5、真鲷0.5～1.0 kg、大菱鲆2～3 kg、红鳍东方鲀2～3 kg等；淡水养殖鱼类鲫0.2～0.5 kg、尼罗罗非鱼0.25 kg、鲇0.5 kg、鲢和草鱼5 kg、鳙10 kg、青鱼15 kg等。

雌雄亲鱼适宜年龄和规格（长度和重量）的选择标准，应略大于性成熟年龄和性成熟规格。每种亲鱼的具体适宜年龄与规格，依鱼的种类及其分布区域而异。同一种亲鱼的年龄和规格，一般南方的比北方的略小一些，如华南、华中和东北草鱼亲鱼的年龄与规格，分别为2～3龄与2 kg/尾、2～4龄与3 kg/尾、5～6龄与5 kg/尾。

（2）副性征与雌雄鉴别。雌鱼一般无副性征，但个别鱼类也有副性征，如短盖巨脂鲤雌体腹部的颜色鲜艳。成熟雄鱼在生殖季节出现副性征。不同鱼类雄性个体的副性征各不相同。如大麻哈鱼和虹鳟的副性征，上下颌骨或下颌骨变形呈钩状且长而尖（鳜）；鲤、鲫、鲮、鳊、团头鲂、青鱼、草鱼、泥鳅等鲤科与鳅科鱼类的副性征，头部、胸部、胸鳍与尾柄两侧的表皮特化（角质化），呈颗粒状小白点（“追星”），用手摸去有粗糙感，香鱼全身具追星；有的鱼类体表出现婚姻色，如真鲷和乌鳢雄鱼的体色加深变黑，罗非鱼雄鱼的体色特别鲜艳。

大多数养殖鱼类在非生殖季节雌雄鱼难于鉴别，只有少数种类的雄鱼易于与雌鱼区分。如大银鱼雄鱼臀鳍上方有一排臀鳞（雌鱼无臀鳞）；鲢雄鱼胸鳍前面几根鳍条上各长一排骨质小栉齿，手摸具明显粗糙感；鳙雄鱼胸鳍前面几根鳍条上缘生成向后倾斜的骨质锋口，如刀刃状，用手触摸有割手的感觉；鲇雄鱼的尾叉比雌鱼鲇深，达尾鳍长的1/2以上（雌鲇的尾义深度为尾鳍长的1/3左右）。大多数养殖鱼类雄鱼尿孔与生殖孔合一，故腹部2个孔（泄殖孔和肛门），而雌鱼则3个孔（尿孔、生殖孔和肛门）。

各种养殖鱼类的雌雄个体在生殖季节较易区分，雌鱼腹部明显膨大，雄鱼的腹部相对较小，稍压腹部有乳白色精液流出。

2. 生殖器官和性细胞形态结构

鱼类的生殖器官称性腺。绝大多数养殖鱼类的稚、幼鱼的性腺已能分清雌雄。少数鱼类的性腺在个体发育过程中则出现性转移现象，如石斑鱼等少数种类。

（1）生殖器官。

① 卵巢。卵巢（ovary）是产生卵子的器官，一般成对，位于体腔背壁、鳔的腹面。养殖鱼类的卵巢有封闭卵巢和游离卵巢2种类型。

封闭卵巢（closed ovary）。绝大多数养殖鱼类的卵巢为封闭卵巢或被卵巢（cystovarian），卵巢外覆盖一层腹膜（卵巢膜），形成卵巢囊，其后端延伸为输卵管，成熟卵细胞落入卵巢囊中，并直接经输卵管从生殖孔排出体外。因此，人工挤卵时可顺利地把卵巢囊中的第Ⅴ期卵全部挤出。

游离卵巢（free ovary）。史氏鲟等鲟类的卵巢为游离卵巢或裸卵巢（gymnovarian），卵巢裸露，外面无腹膜或卵巢囊，不与输卵管（较长）连接，成熟卵细胞先从卵巢落入腹腔中，然后再从输卵管前端喇叭口（位于腹腔中部）进入管内，最后从泌尿生殖孔中排出体外。因此，在进行人工授精挤卵时，不能顺利地把腹腔中的第Ⅴ期卵全部挤出体外。

虹鳟、大麻哈鱼等鲑科鱼类和鳗鲡、泥鳅等少数养殖种类的卵巢外面也有腹膜（卵巢膜），属封闭型卵巢，但输卵管短小或退化，成熟卵细胞落入腹腔后再从生殖孔排出体外。因此，在进行人工授精挤卵时，腹腔中的第Ⅴ期卵能够顺利地或全部挤出体外。

卵巢膜薄且具弹性，由一层平滑肌和结缔组织构成。卵巢膜向卵巢腔延伸，把卵巢隔成一间间小室，称蓄卵板或产卵板。卵细胞着生在产卵板上。

卵巢中分布有血管和神经。血管的作用是为卵细胞输送营养，排出废物。神经的作用是调控卵巢的生理机能。

卵巢中有很多蓄卵板，每个蓄卵板产生并着生不同大小的卵细胞。每个卵细胞被1～2层滤泡细胞包围，称滤泡膜。它的作用是保护卵细胞和调控其生理活动。

② 精巢。主要养殖鱼类的精巢成对，位于鳔的腹部两侧，呈囊状，依其显微结构可分为壶腹型及辐射型2种类型。

鲟类、鲤科及大多数养殖种类的精巢属壶腹型，由许多圆形或长形排列不规则的壶腹组成，壶腹间充满结缔组织。壶腹由许多精细小管（精胞、精小囊）构成，精细小管中充满发育一致的雄性生殖细胞。精细小管之间有一层很薄的滤泡细胞。壶腹群的中央是空腔，当精子形成，精细小管壁消失，精子进入壶腹腔中。两侧精巢外膜上皮层及结缔组织在末端合成一管状，称输精管，开口于体外，其开口称生殖孔或尿殖孔。成熟精子经输精管，通过生殖孔排出体外。

鲈形目鱼类的精巢属辐射型，精巢由许多叶片状精小叶呈辐射状排列而成，精小叶之间充满结缔组织。精细胞着生于精小叶，精巢外膜及其管道结构与壶腹型相似。

鲇类和鮰类精巢的外形呈不规则分支状，精细胞数量较少。

（2）性细胞。

① 卵子。淡、海水主要养殖鱼类的卵子多数为圆球形。成熟卵由卵核、卵质及卵黄和卵膜3部分构成。

卵核（细胞核）。卵核呈球形，位于细胞中央（发育后期移向一端），由核质和核膜构成。核膜在早期发育阶段明显，后期（成熟卵细胞）则逐渐消失。核质中有染色质，在成熟分裂时集中形成染色体。核中有一个折光较强的核仁（发育早期有多个核仁）。卵细胞核相对大小（占卵细胞比例）随细胞发育而逐渐变小。未成熟的卵细胞核呈泡状结构，称为胚泡。

卵质（细胞质）。早期卵细胞质（原生质）与体细胞相同，随后出现卵黄，由于卵黄的增多，卵质相对减少，发育后期逐渐向一端（动物极）移动、集中。

卵黄物质。随着卵细胞的发育，卵质中出现卵黄，体积不断增大。随着卵质向动物极移动、集中，卵黄则相对集中于另一端（植物极）。根据卵质与卵黄在细胞中分布的特点，可把主要养殖鱼类的卵分为质黄卵和端黄卵。鲟类的成熟卵为质黄卵，卵黄不与卵质分开，动物极的卵黄比植物极少。其他养殖鱼类的成熟卵为端黄卵，卵黄与卵质分开，卵质集中于动物极，卵黄周围仅有一薄层卵质。卵黄的化学成分较复杂，主要有蛋白质、脂肪、肝糖和维生素等，呈半液体或液体，是胚胎发育的营养物质。

卵膜（细胞膜）。养殖鱼类的卵膜由内向外综合分为5层，即质膜、放射膜、包卵膜和2层滤泡膜。

质膜。又称卵黄膜，由卵本身的外围原生质凝胶化而成的柔软薄膜，紧贴卵质。

放射膜。是质膜与滤泡细胞之间非细胞结构的膜，厚而韧，随着卵母细胞发育而加厚，它是卵细胞在卵巢发育过程中形成的。膜中有许多放射状排列的小沟管，血液中的营养物质通过放射小沟管进入卵细胞。放射膜在卵母细胞的动物极构成一漏斗状的膜孔通向卵质，称受精孔（多数养殖鱼类仅有一个受精孔，鲟类则有3～15个，尼罗罗非鱼无受精孔）。精孔细胞在受精孔处形成。各种鱼类的放射膜厚薄不同，浮性卵的放射膜比沉性卵的薄，这与胚胎发育的生态条件有关。

卵产入水中，迅速吸水膨大，放射膜与质膜之间出现一个大空腔，称围卵腔。膨大的放射膜又称受精膜，该膜的形成和受精孔的封闭可阻止过多的精子进入卵中。胚胎通过质膜、围卵腔和放射膜与水环境进行物质交换，以保证其正常性物质代谢。

包卵膜。黏性卵和沉黏性卵在放射膜外面有一层包卵膜，遇水呈黏性。包卵膜也是由滤泡细胞分泌形成的。浮性卵和漂流性卵无包卵膜。

滤泡膜。滤泡膜由内外两层滤泡细胞构成，包围在卵母细胞放射膜外边，外层呈梭形，内层近圆形（具有分泌性激素的机能），成熟卵细胞从放射膜层与滤泡层分离而排出体外（尼罗罗非鱼的放射膜不与滤泡膜分离，而与卵体分离，即产出的成熟卵不带放射膜）。因此，排到水中的鱼卵不带滤泡膜，严格讲滤泡膜不是真正的卵膜。

② 精子。成熟的精细胞（精子），形状很像鞭毛虫，称“精虫”。典型的精子大体上可分为头部、颈部（中段）和尾部，草鱼精子总长为38.2 μm、牙鲆40.8 μm、大菱鲆45.0 μm、鲤45.5 μm、团头鲂45.6 μm、红鳍东方鲀48.0 μm、史氏鲟25 μm（头长6.5 μm、头前端1.0 μm、头后端1.5 μm、颈0.5 μm、尾16 μm）、中华鲟50.0 μm。

头部。头部由顶器和细胞核组成，前端的顶器又称穿孔器（溶酶体，与精虫钻入卵子有关），鲟类精子有顶器，硬骨鱼类精子没有顶器（原生质浓缩变厚，有利于受精作用）；细胞核是头部的主体，呈圆球形和椭圆长柱形（鲟类、暗纹东方鲀），四周由一层很薄的原生质所包围。

颈部。紧接头部后端的是颈部（不明显），稍狭而短（暗纹东方鲀的精子颈部较头部略粗），自近端的中心粒（前结）开始到远端的中心粒（后结）终止。

尾部。尾部细长，其长度超过头部许多倍，分成中段、主段和末段。中段（间节）短而粗，起自后结而终于环状中心粒（端环）；中段具有盘旋的螺旋丝，其后端终于端环，围绕在轴丝的外面，此即线粒体；主段最长，由轴丝和原生质鞘构成，是运动器官，末段为赤裸的轴丝，短而细。

3. 性细胞发生和性腺发育

（1）卵细胞发生和发育。

① 卵细胞发生。鱼类卵细胞的发生与其他脊椎动物相似，卵原细胞来源于卵巢壁上的生殖上皮，构成卵索，卵索中央的大型细胞形成卵母细胞，其边缘的小型细胞形成滤泡细胞。卵细胞从卵原细胞经过卵母细胞发育为成熟卵子，分为繁殖期、生长期和成熟期等3个时期。

卵原细胞繁殖期（分裂期）。原始卵原细胞进行频繁的有丝分裂，细胞数目显著增多，体积很小，圆形，细胞核较大，细胞质少，卵黄膜开始形成，无卵黄物质，呈透明状。卵原细胞繁殖能力决定鱼类的怀卵数量。

卵母细胞生长期。卵原细胞停止分裂后，开始进入生长期，细胞长大，形成初级卵母细胞。生长期分为小生长期和大生长期。

小生长期。初级卵母细胞的原生质增长，细胞体积增大，但细胞核体积几乎不增大。因此，该期又称原生质生长期。该期的后期，卵母细胞外面出现一层滤泡膜。

大生长期。初级卵母细胞的细胞质中开始形成并大量积累卵黄，细胞体积显著增大，该期又称营养质生长期。大生长期开始，在卵母细胞的原生质中出现液泡，随后出现卵黄粒。这时，卵黄膜逐渐增厚，滤泡膜由一层逐渐增长为两层；同时，在卵黄膜与滤泡膜之间出现一层放射膜。卵母细胞充满卵黄，体积长到最大时，大生长期便结束。

产漂流性卵的敞水性产卵鱼类（鲢、鳙、草鱼、青鱼、鲮、短盖巨脂鲤等）以及不能在人工条件下（大黄鱼等）或在静水池塘产卵的鱼类，其卵细胞发育到大生长期末期便停滞不前，必须对其注射外源性激素，才能进入成熟期。

成熟期。初级卵母细胞中充满了卵黄，体积不再增大，细胞核进行一系列变化，并进行两次成熟分裂，即减数分裂和均等分裂。成熟期开始时，卵黄粒彼此融合，核及其周围的原生质（卵质）向卵膜孔（受精孔）方向（动物极）移动，进而出现极化现象（核位移到卵膜孔的一端）；同时，核仁向核中央移动并溶解于核浆中，随后，核膜溶解，进行第一次成熟分裂，产生一个体积与初级卵母细胞差不多大的次级卵母细胞和一个只含有极微量原生质的小细胞第一极体（细胞核产生均等分裂，细胞质产生不均等分裂）。紧接着，次级卵母细胞进行第二次成熟分裂，产生一个体积与次级卵母细胞差不多大的卵子（只含有半数染色体）和一个小细胞第二极体。也就是说，由一个初级卵母细胞经过两次成熟分裂，产生一个体积大的成熟卵细胞和三个体积很小的极体。极体的位置总是在卵的动物极上方附近处（细胞核附近），附在卵的表面，直到囊胚期或原肠胚期才脱落而消失。次级卵母细胞于第二次成熟分裂中期产出体外（看不见细胞核），受精后放出第二极体，结束成熟期。

排卵后的成熟卵子在鱼体中的时间长短，对卵的质量（受精率）起决定性的作用。时间过短，鱼卵尚未得到充分的发育，尚未达到能接受精子的程度；时间过长，则会过度成熟。因此，进行人工授精时，必须把握好催情后的效应时间，才能取得较好效果（受精率高）。

② 卵细胞发育分期。以鲢、鳙、草鱼、青鱼、鲤、鲟、大黄鱼、暗纹东方鲀等

为代表，综合阐述养殖鱼类的卵细胞发育各时相的主要指标。养殖鱼类的卵细胞发育分为6个时相。

Ⅰ时相：系卵原细胞向初级卵母细胞过渡的阶段；细胞较小，细胞质少，核较大（占细胞的一半），核内染色质为细线状，结成稀疏网。

Ⅱ时相：系初级卵母细胞小生长期；细胞呈圆形，体积增大，但核仍占较大比例，核内缘排列很多核仁。在近核处出现卵黄核（核旁体），这是控制原始生殖细胞（PGC）向雌性分化的标志，直接或间接影响卵黄形成。质膜外有一层滤泡膜。

Ⅲ时相：初级卵母细胞进入大生长期，细胞质中出现液泡并开始形成及积累卵黄（大黄鱼、石斑鱼等产浮性卵的鱼类，卵具油球，从Ⅲ时相开始卵质中尚出现小脂肪滴，并逐渐向细胞质扩增为数层，同时在细胞膜内缘出现细小的卵黄粒），随着卵黄的增加，细胞体积增大；核也增大，但相对体积减小；细胞外出现放射膜和1～2层滤泡。近细胞质的边缘出现一层小型液泡，随着细胞增大，液泡逐渐增大，数目不断增多，液泡被挤到细胞的边缘（金鱼的液泡可伸到核周围）。

Ⅳ时相：初级卵母细胞仍处于大生长期，细胞体积达到最终大小，营养物质积累到此结束。卵黄充满细胞（具有油球鱼类的卵，Ⅳ时相卵质中的小脂肪滴融合成小油球，并不断增大），只有核周围和近细胞膜边缘有一些卵质，液泡被挤到细胞膜内缘。细胞膜的结构同第Ⅲ期。核体积增大，呈不规则圆形，最初位于卵母细胞中央，后来向动物极方向移动（具有油球鱼类的卵，核在Ⅳ时相末期移到有油球的动物极一侧），核仁从核内缘移向中央并消失（核本身也溶解）。根据卵母细胞的大小和核的位置，本期又可划分为早（卵径500 μm）、中（卵径约800 μm）、末（卵径约1 000 μm，核偏位）3个时期。

初级卵母细胞发育到Ⅳ期末，细胞核已极化，对外源激素反应敏感，称生长成熟。在这之前，人工注射外源激素（催情）是没有效果的。

Ⅴ时相：本时相是初级卵母细胞经过成熟分裂向次级卵母细胞过渡的阶段，是临界成熟的卵粒。细胞质中的卵黄颗粒开始融合（具有油球鱼类的卵，本期的小油球融合成单个大油球），核极化，核膜消失（溶解），进入第一次成熟分裂，排出第一极体，继而进入第二次成熟分裂期。这时卵粒从放射膜与滤泡膜间脱离，落入卵巢腔中，即排卵。该期卵能够正常接受精子而完成受精作用，称生理成熟。

在静止水域中生长的鲢、鳙、草鱼、青鱼等淌水性产卵鱼类和大黄鱼的卵母细胞，只有经人工注射外源激素（催情）后才能发育到Ⅴ时相；鲤、鲫等草上产卵和牙鲆等产浮性卵的鱼类的卵母细胞则可自行发育到Ⅴ时相。

Ⅵ时相：系卵母细胞开始退化的时期。当第Ⅳ期卵母细胞体积达到最大时，核极化，即生长成熟之后经历一定时间（约20 d）产漂流性卵鱼类（在静水域中）如不进行人工催情，或其他产卵类型鱼类外界产卵条件不具备，就会趋向生理死亡或自然退化。退化过程中的Ⅵ期卵母细胞易与Ⅳ期卵细胞相区别，前者卵核溃散，卵黄液化，放射膜增厚，滤泡细胞活跃。

鲢、鳙、草鱼、青鱼的卵母细胞自第Ⅰ时相发育到第Ⅳ时相，体积显著增大。第Ⅰ时相至第Ⅳ时相的卵细胞直径平均为15 μm、150 μm、400 μm、900 μm，卵的体积比例，大约为1∶1 000∶20 000∶200 000。换言之，一个第Ⅳ时相的卵母细胞相当于20万个第Ⅰ时相的卵母细胞，相当于2万个第Ⅱ时相的卵母细胞，相当于1 000个第Ⅲ时相的卵母细胞。

（2）卵巢发育。根据卵细胞的形态学、生理学特征及卵巢本身的形态组织学特点，把卵巢的整个发育过程划分为6个时期。用肉眼观察，从外形上划分卵巢发育时期的主要指标，包括卵巢大小、颜色、血管分布情况、卵粒大小和颜色、成熟系数等；用显微镜观察，从组织切片上划分卵巢发育时期的主要依据是，在切片上占面积最大的一期卵细胞，即把卵巢中体积最大的一期卵细胞作为划分卵巢发育时期的标志。卵巢发育过程中形态学和组织学特征综合列入表5-61。

表5-61　四大家鱼各期精巢和卵巢的主要形态特征

性别		精巢	卵巢
性腺发育分期	Ⅰ	性腺呈细线状，灰白色，紧贴在鳔下两侧的腹膜上，肉眼不能区分雌雄	性腺呈细线状，灰白色，紧贴在鳔下两侧的腹膜上，肉眼不能区分雌雄
	Ⅱ	精巢为细带状，白色半透明，血管不明显，肉眼已能分出雌雄	卵巢肉白色，扁带状，比同体重的雄鱼精巢宽5～10倍，半透明，表面血管不明显，撕去卵巢膜显出花瓣状的纹理，肉眼看不见卵粒
性腺发育分期	Ⅲ	精巢白色，表面较光滑，似柱状，挤压腹部挤不出精液	卵巢体积显著扩大，呈青灰色或褐灰色，肉眼可见小卵粒，但不易分离脱落
	Ⅳ	精巢已不是光滑的柱状，宽大出现皱褶，乳白色，早期阶段挤不出精液，晚期则能挤出精液	卵巢体积扩大充满体腔，呈青灰色或灰绿色，有的则呈黄色，表面血管粗而清晰，卵粒大而明显，较易分离脱落
	Ⅴ	精巢乳白色，充满精液，轻压腹部有大量较浓精液流出	卵巢处于流动状态，卵粒由不透明转为透明，在卵巢腔内呈游离状态，提起鱼体卵粒能从生殖孔流出
	Ⅵ	精巢排精后体积缩小，由乳白色变为粉红色，局部有充血现象	大部分卵粒排出体外，卵巢体积显著缩小，卵巢膜松软，表面充血，部分未挤出的卵粒处于退化收缩状态

第Ⅰ期：卵巢呈细线状，灰白色（鲟为黄色），半透明，紧贴在鳔的膜上，肉眼分不出雌雄。卵巢切片仅有第Ⅰ时相卵细胞。幼鱼的卵巢属于Ⅰ期。鱼类在一生中只出现一次第Ⅰ期卵巢，产过卵的个体无此期卵巢。

第Ⅱ期：鲤科鱼类的卵巢呈扁带状，宽1 cm左右，肉白色（大黄鱼和暗纹东方鲀为浅红肉色、鲟为橙黄色），半透明，表面血管不明显，撕去卵巢薄膜显出花瓣状的纹理（一片片的蓄卵板）。肉眼看不清卵粒，从其颜色、宽度和结构很容易与精巢区别开来（Ⅱ期精巢白色，结构结实，宽度仅为卵巢的1/5左右）。成熟系数（卵巢重量占鱼体空壳百分数）为0.5%～2%。组织切片中有第Ⅰ、Ⅱ时相卵母细胞，第Ⅱ时相占优势。

一次性产卵鱼类的未成熟个体，如1～2龄的斜带石斑鱼和2～3龄的鲢、鳙、草鱼，以及3～5龄的青鱼处于第Ⅱ期卵巢；多次产卵类型的鱼类（尼罗罗非鱼等）终生只出现一次Ⅱ期卵巢。产过卵的个体，一次产卵类型的卵巢由第Ⅵ期转变为Ⅱ期。Ⅱ期卵巢对外界环境条件适应力强，如果条件不好则停滞发育，但不会退化。

第Ⅲ期：四大家鱼的卵巢呈青灰色（鲟为黄褐色，暗纹东方鲀为浅黄色），血管密布，且有纵向较大的血管，肉眼可看清卵粒，成熟系数为3%～5%。组织切片中有第Ⅰ、Ⅱ、Ⅲ时相卵母细胞，第Ⅲ时相占优势。一次性产卵鱼类的Ⅲ期卵巢是由Ⅱ期卵巢发展而来的，持续时间较Ⅱ期卵巢短。四大家鱼等淡水主要养殖鱼类成熟个体，此期卵巢处于秋末春初，这时亲鱼的卵巢达到Ⅲ期，通过精心培育，当年可以成熟产卵。Ⅲ期卵巢对外界环境条件的适应力较弱，当条件不好时（如营养条件差）则可能退化为Ⅱ期卵巢。

第Ⅳ期：卵巢体积明显扩大，宽度达4 cm以上，充满体腔；卵巢皱褶增大增厚，表面血管粗而清晰，卵粒清晰可见；四大家鱼的呈青灰色或灰绿色，鲤、鲫、大黄鱼、石斑鱼的则呈橙黄色，暗纹东方鲀为浅灰和米黄色，鲟为深褐色；卵粒大而明显，容易分离，成熟系数为4.95%～28%（不同种类和个体的差异很大）。组织切片中有多个时相的卵母细胞，但第Ⅳ时相的占优势。

卵巢由第Ⅲ期过渡到第Ⅳ期显示出种的特异性。一次性产卵鱼类，第Ⅲ时相卵母细胞在很短时间内同步发育为第Ⅳ时相卵母细胞，并等时性长大，因此第Ⅳ期卵巢中只有第Ⅰ、Ⅱ、Ⅳ时相的卵母细胞，而没有过渡类型的第Ⅲ时相卵母细胞。多次性产卵鱼类（鲤、鲫、大黄鱼、尼罗罗非鱼等）的情况则完全不同，其第Ⅲ时相卵母细胞不是同步性地过渡到第Ⅳ时相（卵巢中第Ⅲ时相卵母细胞不是等时性长大），而是分批转化为第Ⅳ时相，因此，第Ⅳ期卵巢中不仅有第Ⅰ、Ⅱ、Ⅳ时相卵母细胞，还有第Ⅲ时相卵母细胞，春季产卵后第Ⅲ时相卵母细胞发育到秋季即转化为第Ⅳ时相，进而成熟、产卵。各次产卵的数量不同，第一批产的卵最多，第二、第三批依次减少。淡水养殖鱼类鲢、鳙、草鱼、青鱼等一次性产卵种类，第Ⅲ期卵巢初春开始向第Ⅳ期转化，至第Ⅳ期末约需60 d；鲤、鲫等多次产卵种类的Ⅲ期卵巢在冬季已发育到第Ⅳ期。海水养殖鱼类眼斑拟石首鱼、大黄鱼、鮸状黄姑鱼、军曹鱼、尖吻鲈、紫红笛鲷、红鳍笛鲷和花尾胡椒鲷等产浮性卵的多次性产卵种类，第Ⅳ期卵巢中具有Ⅰ、Ⅱ、Ⅲ、Ⅳ时相卵母细胞。

卵巢发展到第Ⅳ期末时人工催情才有效果，否则，催情是没有用的。

第Ⅴ期：卵粒已从蓄卵板脱落到卵巢腔中，因此，此期卵巢处于流动状态。卵粒由不透明转为透明。此时，把鱼从水中取出（或轻压腹部），卵粒即可从生殖孔流出。组织切片中有大量的第Ⅴ时相卵母细胞。一次性产卵鱼类的卵巢中仅有第Ⅰ、Ⅱ时相卵母细胞，多次性产卵鱼类的卵巢中除有第Ⅰ、Ⅱ时相卵母细胞外，还有第Ⅲ时相卵母细胞。

卵巢从第Ⅳ期过渡到第Ⅴ期的时间很短（仅10多个小时），并要求一定的生理和生态条件，如内部脑垂体排出促性腺激素或人工注射外源激素，外部要有一定的水温、水流以及雄鱼。人工培养的四种家鱼和大黄鱼，只有注射了催情药物之后卵巢才能发育至第Ⅴ期，否则，卵巢只能发育到第Ⅳ末为止，然后就退化。

第Ⅵ期：卵巢中卵子大部产出，体积大大缩小，卵巢松软，表面充血，出现紫红色淤血现象，部分未排出的第Ⅳ时相卵细胞已过熟，呈浊白色斑点。组织切片中有大量的空滤胞和未产出的退化卵。退化卵无核，部分卵黄粒胶液化，卵黄膜萎缩至发生皱褶，最后断裂而消失。一次性产卵鱼类的Ⅵ期卵巢中有第Ⅰ、Ⅱ时相卵母细胞，多次性产卵鱼类的Ⅵ期卵巢中则有第Ⅰ、Ⅱ、Ⅲ、Ⅳ时相卵母细胞。

产卵后的第Ⅵ期卵巢和四大家鱼未经催情的第Ⅳ期卵巢，在水温30 ℃以上时就开始退化。南方（湖南）自6月中旬开始退化，7、8月为退化盛期，少数推迟到9、10月才退化；北方鱼类退化时期较晚，约在8月～10月。退化后的卵巢过渡到第Ⅱ期。

（3）精细胞发生和精巢发育。

① 精细胞发生。鱼类精子的发生分为繁殖期、生长期、成熟期和精子形成期4个时期。

繁殖期。初级精原细胞（spermatogonium Ⅰ）进行多次有丝分裂而成为次级精原细胞（spermatogonium Ⅱ）。精原细胞进行的有丝分裂比卵原细胞旺盛，因此，产生精子数目也多。精原细胞近圆形，核大而圆，同一来源的大型精原细胞彼此靠得很近，直径为9～12 μm。

生长期。次级精原细胞体积略增大，变为初级精母细胞（spermatocyte Ⅰ）。初级精母细胞的形状和精原细胞相近，但核内染色质变为线状，准备进入成熟分裂。

成熟期。初级精母细胞体积增大后进行两次成熟分裂：第一次为减数分裂，产生两个体积较小的次级精母细胞（spermatocyte Ⅱ，直径4～5 μm），染色体数目减少一半；第二次为有丝分裂，次级精母细胞分裂产生两个体积更小的精细胞（spermatid，直径3 μm）。一个初级精母细胞进行两次成熟分裂，产生四个精细胞，精细胞的体积比初级精母细胞小得多。

精子（sperm）变态期。这是雄性生殖细胞发育中特有的时期，整个过程是相当复杂的，先是精母细胞核变成椭圆形，然后大部分原生质逐渐向细胞核的后面聚集，以便将来形成细长的尾部。

② 精巢发育分期。鱼类的精细胞发育比卵细胞发育简单些，故不区分时相，按精巢发育顺序直接称呼，也分为6个时期（表5–61）。

第Ⅰ期：精巢呈细线状，肉色，紧贴在鳔腹面两侧，肉眼不易区分性别；组织切片可见精原细胞（外包有精囊细胞），圆形或椭圆形，分散在结缔组织之间，体积较大（直径12～16 μm），核大（9 μm）。石斑鱼的该期精巢处于性转变早期，性腺中尚有较多卵母细胞，但以精原细胞和精母细胞为主。鲟、大黄鱼和暗纹东方鲀等的该期精巢具有类似特点。四大家鱼一龄鱼和其他鱼类的稚、幼鱼处于该期，终生出现一次。

第Ⅱ期：精巢为细带状，宽3～4 mm（大黄鱼的为细线状），白色半透明（鲟的为灰色或肉红色），血管不明显，肉眼已能分出雌雄。组织切片中可见精原细胞增多，排列成束，进而增多成群，构成实心精细小管雏形，管间为结缔组织所分离。石斑鱼的该期精巢尚出现较多的初级精母细胞和次级精母细胞。二龄四大家鱼的精巢均处于这个时期，且是由Ⅰ期精巢发展而来的，其他鱼类的幼鱼属于该期精巢。Ⅱ期精巢终生只出现一次。

第Ⅲ期：精巢白色或淡红色（鲟的为白色或灰色），表面较光滑，似柱状（大黄鱼的为扁带状），宽5 mm以上，挤不出精液。组织切片中可见精细管中央出现管腔，由一层至多层同型的、成熟等级一致的精母细胞组成（细胞的等级相同），管外为精囊细胞包围。大黄鱼的精小叶呈明显辐射状排列，而且还出现与鲟类及石斑鱼类似的初级精母细胞、次级精母细胞和精细胞。2～3龄家鱼的精巢处于该期，是由Ⅱ期精巢发展而来的；历产的个体Ⅲ期精巢是由Ⅵ期精巢或Ⅳ期精巢转化而来的。各种鱼类的性成熟个体才具有第Ⅲ期精巢。

第Ⅳ期：精巢已不再是光滑的柱状，而是宽大且出现皱褶的扁柱形，乳白色（暗纹东方鲀的为淡黄色），表面血管粗大且分枝明显。此期精巢的组织学特点是初级精母细胞（体积较大，染色较浅）分裂为次级精母细胞（体积较小，染色较深），次级精母细胞又分裂为精细胞（体积更小，染色更深）。此期精巢是初级精母细胞、次级精母细胞和精细胞群的综合体，以上各种细胞群各自分别聚集于精细小管的管壁上。当管腔中出现为数不多的精子时，表明精巢的发育已到Ⅳ期末。

四大家鱼等春季产卵的性成熟雄鱼，精巢在冬季已进入此期，但是，用手挤压腹部仍无精液。

第Ⅴ期：精巢充分成熟，体柔软，乳白色（暗纹东方鲀的呈浅红色），轻压腹部有精液流出。组织切片中可见精细小管内充满了精子，精细小管之间的界限不明显。精巢背面中部的壶腹内储存着无数精子。性成熟雄鱼的精巢，在繁殖季节属于该时期。

第Ⅵ期：精巢内精子已大量排出，体积大大缩小，由乳白色变为粉红色，局部有充血现象，精管壁只剩下结缔组织及少量的初级精母细胞和精原细胞，管腔及壶腹中尚有残留精子。

多次性产卵鱼类，其雄性生殖细胞的成熟也显出先后参差不齐的情况。精巢后端成熟比前端早。

（4）性周期。鱼类性成熟后性腺发育出现周期性变化，称性周期。一生只产一次卵且产卵后即死亡的鱼类，如大麻哈鱼、银鱼、公鱼、香鱼等，只有一个性周期。大多数养殖鱼类一生中具有多个性周期，但性周期的时间长短因种而异：鲟类为2～4年，四大家鱼、花鲈和鲆鲽类等为1年，鲤、鲫、革胡子鲇和尼罗罗非鱼等为1～4个月。一年只产1次卵的鱼类称一次性产卵类型，一年产多次卵的鱼类称多次性产卵类型。

一次产卵类型的性周期变化。四大家鱼等以Ⅲ期卵（Ⅳ期精巢）越冬，春季发展为Ⅳ期，5月至6月达到Ⅳ期末（生长成熟持续20～25 d），注射外源激素后进入Ⅴ期（排卵），在有效时间内未注射外源激素的则退化为Ⅱ期，秋季进入Ⅲ期。

多次产卵类型的性周期变化。以Ⅲ期和Ⅳ期初卵巢越冬，尼罗罗非鱼于4～9月产卵多次（具体产卵次数依温度而异）；鲫、鲤于4～6月产卵2～3次，夏季卵巢进入Ⅵ、Ⅱ期，秋季发展为Ⅲ期、Ⅳ期初；大黄鱼卵巢11月至翌年2月处于重复发育的Ⅱ期，在生殖前的20 d左右才进入Ⅲ期，然后很快进入第Ⅳ期，经人工注射外源激素后才进入第Ⅴ期。

（5）环境条件对鱼类性腺发育、成熟的影响。鱼类的性腺发育、成熟及其繁殖习性等生命活动，不仅受制于体内有关器官的调控，而且还受外界生态因子如光照、温度、营养、溶氧量、流水和盐度等多种因素影响。

① 光照对性腺发育、成熟的影响

光照是影响鱼类性腺发育和成熟的重要因子。光周期直接影响鱼类的生殖周期。在温带地区，长光照产卵类型的温水性鱼类一般在春季或春夏之交产卵，短光照产卵类型冷水性鱼类（虹鳟和大麻哈鱼等）则在秋、冬季产卵。光周期信息通过眼睛传递到脑，促使脑神经细胞分泌乙酰胆碱、羟色胺、儿茶酚胺等神经介质。这些神经介质传递给松果体和下丘脑，直接影响脑垂体分泌GnRH或GnIH，调节其分泌GtH的昼夜节律，促使性腺发育成熟、排卵、产卵。

延长光照时间可抑制脑垂体促黑色素激素（MSH）的分泌，促进GtH的分泌；相反，缩短光照可抑制GtH的分泌，促进MSH的分泌。对于春季或春夏之交产卵的鱼类，只要延长光照时间，就可促进其性腺发育，使其提早成熟，提前产卵。如牙鲆在冬季采取长光照诱导措施，可提前2个月产卵；大菱鲆在光照200～600 lx条件下，光照时间由8 h/d延长为18 h/d和水温由8 ℃提高为14 ℃，连续2个月，可使其分批成熟，一年中每月都有亲鱼产卵；眼斑拟石首鱼在17～30 ℃条件下，冬季光照时间延长为16 h/d，夏季缩短为9 h/d，则可将其生殖周期缩短为90～150 d。与此相反，秋、冬季产卵鱼类，缩短光照时间则能促进性腺发育和提前产卵，如虹鳟在“长–短模型”模拟光照周期作用下，可提前4个月产卵，在冬季和春天突然延长光照时间也会加速虹鳟排卵。

② 温度对性腺发育、成熟的影响。温度是影响变温动物（鱼类等）性成熟年龄、性腺发育、成熟、产卵及性周期等生命活动的主要因子。分布于不同纬度的同一种鱼类，由于其生存温度不同，性成熟年龄也不同。如分布于广西、广东、江苏、黑龙江省（自治区）的鲢，性成熟年龄的差异较大，分别为2龄、2～3龄、3～4龄、5～6龄，但性成熟期的总热量（℃·d）确相似，分别为19 584 ℃·d、20 625 ℃·d、20 230 ℃·d、18 315 ℃·d。

冷水性、亚冷水性、温水性和暖水性鱼类对水温的适应，以及其产卵和孵化的适宜温度各不相同，繁殖适温分别为5～15 ℃、10～20 ℃、14～28 ℃、17～30 ℃。同时，性腺发育不同时期对水温的要求也有差异，当温度过低或过高时性腺就停止发育或退化。生产实践和科学实验证明（刘筠，1993）：人工催产四大家鱼的适宜温度范围（外源激素启动脑垂体GtH细胞分泌GtH和滤泡细胞分泌类固醇激素的适宜温度范围）为20～30 ℃，最适水温为20～26 ℃；水温＜20 ℃或＞30 ℃，这种启动机制就会受阻，如水温18～20 ℃和29～30 ℃，人工催产成功率只有50%～60%；18 ℃以下或31 ℃以上很难达到催产目的。

人工调控水温可以改变鱼类的生殖周期和产卵季节。我国北方地区利用发电厂等工业余热提高水温培育四大家鱼，可适当提早性腺成熟而提前产卵。如以每日水温上升1 ℃的幅度，使池水温度在1～2月、3月、4月和5月分别为5 ℃、10 ℃、20 ℃和23 ℃，则可提前产卵30～50 d。

③ 营养物质对性腺发育、成熟的影响。营养物质是鱼类性腺发育和产卵后恢复身体的物质基础。鱼类维持生命的正常代谢、增长身体和性腺发育都需要从外界摄取营养物质。当营养物质能够满足需要时，鱼类的生长和性腺的发育都很正常；若营养物质不能满足需要，性腺发育不好或停止发育而退化。在一般情况下，鱼类生命活动对营养物质的支配，首先用于维持生命的正常代谢，其次是用于生长，再次才用于性腺发育。

无论培养哪种亲鱼，都应该重视其产前和产后的营养供给。以四大家鱼为例，在亲鱼培育过程中，春、秋两季对营养的需求最强烈。春季至夏初，亲鱼的卵巢处于由Ⅲ期向Ⅳ期发展的时期，成熟系数（鲢）由3%～5%增大为15%～25%（增长12%～20%），需要从外界摄食大量营养物质；秋季至冬初，亲鱼处于产后体质恢复期和卵巢由Ⅱ期向Ⅲ期过渡的时期，同样需要摄取大量营养物质以满足恢复身体健康和性腺发育的需要（卵巢成熟系数由0.5%～2%增至3%～5%）。如果亲鱼在春季和秋季缺乏营养或营养不足，其性腺就不会正常发育成熟和产卵。因此，春、秋两季应加强亲鱼培育工作，首先是保证饲料充足和营养全面。

亲鱼饲料营养成分直接影响繁殖效率和卵的质量。在大菱鲆亲鱼饲料中添加2% n-3 HUFA、0.2%（2 000 mg/kg）维生素E，或提高乌贼粉的比例，可有效提高繁殖效率；用高质量蛋白源（乌贼粉等）配制的饲料培养的真鲷，性腺发育好，卵的上浮率达98%。

④ 溶氧量对性腺发育、成熟的影响。池水溶氧量充足是鱼类正常摄食和性腺发育的重要条件。各种鱼类正常生长发育的适宜溶氧量为4～6 mg/L以上，当低于2～3 mg/L时摄食不旺盛，性腺发育和成熟受到严重影响。因此，在亲鱼培养过程中不仅需要注意营养质量，还应保持溶氧充足。

⑤ 水流对性腺发育、成熟的影响。水流对淌水性产卵鱼类（鲢、鳙）和溯河性鱼类（鲑鳟、暗纹东方鲀等）的性腺成熟与产卵具有十分重要的作用。其性腺发育早期（Ⅱ～Ⅲ）和中期（Ⅲ～Ⅳ）需要有充足的优质营养，而不一定要求有水流，但从第Ⅳ时相发育到第Ⅴ时相则要求有流水刺激。如鲢、鳙在湖泊、水库和池塘静水条件下卵巢只能发育到第Ⅳ时相，必须通过微流水刺激才能进一步发育到第Ⅴ时相；成熟个体在繁殖季节集群向江河中、上游洄游，当山洪暴发、水位猛涨、流速骤然加大时便瞬间大量产卵。这说明水流对这两类鱼类的发情、产卵具有促进作

用。鲢、鳙亲鱼培育后期采取微流水刺激措施，催产率一般都高达95%以上。

⑥ 盐度对性腺发育、成熟的影响。海、淡水鱼类对盐度的要求不同，广盐性种类和狭盐性种类对盐度的适应能力也不相同。盐度不仅影响鱼类的生存与生长，而且对其性腺发育、成熟、排卵与产卵，以及受精和胚胎发育都有明显影响。海水产卵鱼类的性腺发育、成熟和产卵的盐度低限，一般不低于14～20；淡水产卵鱼类的盐度高限，一般不高于1.4～3.0。

4. 与性腺发育、成熟的相关器官

与鱼类性腺发育、成熟的相关器官，主要有下丘脑和脑垂体。它们分泌各种激素，对鱼类的性腺发育、成熟及其产卵起着重要的生理调节作用。鱼类性腺本身对其性分化及其发育、成熟都有一定的作用。

（1）下丘脑。下丘脑是脑的重要组成部分，位于丘脑下部，通过垂体柄与脑垂体相连，控制脑垂体的生理活动。下丘脑含有视前核（nucleus preopticus，NPO）和侧结节核（nucleus lateral tuberis， NLT）等大量的神经元核团，对脑垂体分泌促性腺激素（gonadotropic hormone，GtH）有直接作用。

视前核是一对位于第三脑室前端两侧的神经元分泌细胞群，分大细胞部和小细胞部，各自成区域分布，分别分泌大小2种神经分泌颗粒（neurosecretory materials，NsM）。

神经分泌颗粒中含有促性腺激素释放因子（gonadotropic release factor，GnRF）或促性腺激素释放激素（gonadotropic release hormone，GnRH）和促性腺激素释放的抑制因子（gonadotropic release-inhibitory factor，GRIF）或促性腺激素释放激素的抑制激素（gonadotropic release-inhibitory hormone，GRIH），通过神经分泌纤维（neurosecretory fibres，NF）传递到脑垂体，分别刺激和抑制其GtH细胞的分泌。

促性腺激素释放激素是一种10肽的促黄体素释放激素（luteinizing hormone-releasing hormone， LHRH或LRH），其基本结构：焦谷–组–色–丝–酪–甘–亮–精–脯–甘–NH_2（Glu-His-Thp-Ser-Tyr-Gly-Leu-Arg-Pyo-Gly-NH_2）。1974年人工合成LRH成功，1975年我国学者又合成9肽LRH类似物（LRH analogue， LRH-A），其基本结构：以D-丙氨代替10肽中的甘氨酸，并去掉第10位甘氨酰胺，即依次为焦谷、组、色、丝、酪、D-丙、亮、精、脯乙酰胺。LRH-A优点是注射方法简单，效价高。1980年又合成10肽LRH-A3，把第6位甘氨酸换为D-色氨酰、第9位脯乙酰胺改为脯氨酸，增加第10位甘氨酸酰胺，效果更好，效应时间缩短1～2 h。

多巴胺是GRIH的一种，可抑制鱼类GtH的分泌。

下丘脑的神经分泌细胞与性腺发育密切相关，随着性腺发育亦发生规律性变化。鱼类成熟后，下丘脑的神经分泌细胞在一年中发生周期性变化：如鲢等四大家鱼，4～5月为恢复期，呈多核胞体，没有分泌颗粒；5～6月产卵前为充满期，细胞体积增大，细胞单核，细胞中充满分泌颗粒；10月上旬为排空期，细胞大小与充满期相似，细胞膜完整，分泌颗粒排离胞体，胞质呈空腔，尚残存少量分泌颗粒；10月下旬至次年4月为衰退期，细胞体积缩小，呈圆形或不规律菱形。这种周期性变化基本上与性腺周期变化和脑垂体间叶细胞的变化相吻合。

（2）脑垂体。脑垂体（pituitary gland）是内分泌腺最重要的腺体。鱼类脑垂体的位置和高等脊椎动物一样，位于间脑腹面，由漏斗柄连于第三脑室底部。鱼类的漏斗柄不发达，因此，它与间脑的联系显得更为密切。硬骨鱼类脑垂体也由神经部和腺体部（前叶、间叶、后叶）组成。

神经部。是下丘脑的神经向垂体延伸所形成，包括通向漏斗柄、前叶、间叶及过渡带的神经分支，由神经胶质及神经纤维组成。

前叶（anterior lobe）。构成脑垂体的背部，离间脑最近相当于高等脊椎动物垂体的结节部。前叶虽然位于脑垂体神经的中部，但却很少有神经分支到里面去，即使有也不会深入。细胞排列较密，相互并列，具有分泌催乳激素（prolactin hormone，PtH）和促肾上腺皮质激素（adrenocorticotropic hormone，ActH）2种细胞。

间叶（intermediate lobe）。相当于哺乳动物的前叶，位于垂体的中部，约占1/2，组织中贯穿最大的神经分支，控制间叶的分泌机能。神经分支周围及间叶内部均有微血管分布，负责细胞的营养及分泌物的运输。间叶细胞大，紧密堆集，具有分泌促生长激素（somatotropic hormone，StH）、促甲状腺激素（thyrotropic hormone，TsH）和GtH等3种分泌细胞，分别呈嗜酸性、嗜碱性和嫌色性。促性腺细胞分泌2种大小不同的颗粒，其分泌活动与性腺发育相关。

后叶（posterior lobe）。又称过渡带，离间脑最远，细胞呈多核体状，被密布的神经分支、微血管及结缔组织分割成类似回文的小叶组织，称为假小叶。此叶的细胞终年可见其分泌，其机能与色素细胞的收缩和分泌TsH有关。

脑垂体具有分泌GtH、ActH、PtH、StH、TsH和促黑色素激素（melanotropic stimulating hormone，MSH）等6种生理机能。高等脊椎动物的GtH分泌细胞分泌促卵泡激素（follicle-stimulating hormone，FSH）和促黄体生成激素（luteinizing hormone，LH）两种促性腺激素。关于鱼类脑垂体分泌1种还是2种促性腺激素，虽然目前在生物化学和生理学方面的研究工作已取得一定成果，但尚需进行深入研究才能得出明确结论。刘筠（1993）的比较实验表明，草鱼和青鱼中只存在1种GtH分泌细胞，但分泌2种大小不同的分泌颗粒，小颗粒（300～750 nm）称为分泌颗粒，大颗粒称为分泌小球（1200～2000 nm）。Suzukit与Kawauchi（日本）、Swanson（美国）、Van Der Kraak（加拿大）、Tanaka与Kawauchi及Koide（日本）等学者，分别从大麻哈鱼、银大麻哈鱼、鲤、真鲷和鲟等鱼类脑垂体中分离纯化出GtH Ⅰ和GtH Ⅱ两种GtH分子，其化学成分都是糖蛋白，但化学结构不同，生理功能与哺乳类的FSH和LH相似。

有人用LRH-A刺激虹鳟，观察其GtH分泌活动：早期注射可促使脑垂体释放GtH Ⅰ，但对GtH Ⅱ的分泌无作用；相反，在性腺发育成熟时注射，脑垂体大量释放GtH Ⅱ，但GtH Ⅰ的释放量则很少。

鱼类脑垂体间叶细胞的分泌活动与性腺发育相关，并具有季节性变化。四大家鱼在产卵后一个月之内，性腺由第Ⅵ期转入第Ⅱ期，脑垂体间叶细胞多数是界限不清的嫌色细胞，无分泌物；秋季性腺由Ⅱ期向Ⅲ期转化时期，垂体间叶出现大量嗜酸性细胞，可被酸性染料（偶氮卡红）染成红色，细胞界线明显；以后随水温降低性腺发育到Ⅲ期时，间叶中嗜碱性细胞增多，细胞质中充满了分泌物，可被一种碱性染料（苯胺兰）染上蓝色，细胞较大，界线清楚；冬末春初时性腺由第Ⅲ期向第Ⅳ期发展，垂体间叶细胞增大，分泌物增多，有蓝色和红色颗粒；春末夏初时（繁殖季节）性腺向第Ⅳ期末发展，间叶细胞中分泌物达到顶峰，在产卵和排精时分泌物随之排出，之后细胞界限不清，出现很多空腔。产后性腺回复到第Ⅱ期，间叶细胞又以嫌色性细胞为主，随后进入第二次周期性变化。

鲤、鲫、尼罗罗非鱼等多次产卵鱼类，春季第一次产卵时，脑垂体中的促性腺激素被释放、排出，但还留有一部分，随着性腺的发育，脑垂体继续分泌促性腺激素；秋季第二次产卵时，脑垂体中的促性腺激素又被大量排出；10～11月，间叶促性腺激素含量最低。冬季和春季脑垂体分泌促性腺激素的情况与鲢、鳙等一次性产卵鱼类相同。

由于脑垂体间叶分泌促性腺激素具有季节性变化，因此，应当在间叶中GtH量较多时（冬季、春季以及繁殖季节前）采取脑垂体。夏季和秋季采取的鲤、鲫脑垂体也可以用，但效果没有其他季节采的好，特别是不要采用刚产过卵的鱼类脑垂体。

促卵泡激素能促进卵泡生长、发育和成熟，在雄体则促使精细胞生长、发育和成熟；促黄体激素可促使排卵及黄体形成，在雄体则刺激排精和精巢间隙细胞分泌。尽管目前，尚未有从鱼类垂体中分离出FSH和LH的直接证据，但在鱼类人工繁殖催产实践中证明，鱼类的GtH具有FSH和LH的双重功能。人类绒毛膜促性腺激素

（human chorionic gonadotropin， HCG）的化学结构和生理功能近似于LH。

脑垂体间叶嗜碱性细胞分泌的促性腺激素是糖蛋白质，不溶于丙酮和乙醇等有机溶剂，而溶于水。因此，脑垂体必须用有机溶剂脱水、脱脂和保存。

（3）性腺。性腺不仅是产生雌雄配子的生殖器官，也是内分泌腺体，具有分泌激素的功能。性腺分泌的性激素为性类固醇激素，其基本化学结构由4个碳环组成，形成“甾”字，故又称性甾体激素。卵巢产生的性类固醇称为雌性激素，精巢产生的性类固醇称为雄性激素。

鱼类卵巢中包被卵母细胞的两层滤泡细胞（外层为扁平状，内层为立方形状）都具有分泌性激素的功能，分泌能力依种类而异，鲤的外层细胞分泌能力强，而鲫的内层细胞分泌能力强。雌性激素主要为17-β-雌二醇（分泌量大，活性强），其次是雌酮。

鱼类精巢中精细小管间的间质细胞分泌雄性激素。雄性激素的主要成分是睾酮，其中11-酮基睾酮（11-ketotestosterone， 11-KT）是硬骨鱼类的主要雄性激素。

鱼类性腺分泌的类固醇激素对性分化、卵巢和精巢发育与成熟都具有重要作用。鱼类在胚胎发育早期肾管出现时就形成生殖嵴。生殖嵴的原始生殖细胞受性激素影响而向雌性或雄性方向发育。试验证明，在仔鱼期口服雌性激素和雄性激素可以诱导尼罗罗非鱼、革胡子鲇及其他养殖鱼类性转变。

性激素能够刺激未成熟鱼的脑垂体GtH细胞发育与分泌。雌性激素可促进性成熟鱼的卵巢发育、成熟和排卵、产卵，以及产卵管的形成与伸长（鳑鲏的副性征）；雄性激素（甲睾酮等）对各级精细胞生长发育、排精、性行为和副性征（“追星”、婚姻色等）的形成等都有直接而明显的作用。

（4）下丘脑、脑垂体和性腺的机理关系。下丘脑视前核（NPO）和侧结节核（NLT）发出的神经轴突纤维与脑垂体发生组织学接触，说明生物体内远距离的细胞间联系是依靠神经纤维传导的。下丘脑与性腺，以及脑垂体与性腺都不是组织学直接接触，它们之间的联系是由GnRH、GtH和性类固醇激素通过血液和淋巴系统，按照物理、化学编制程序运输到靶器官的特殊部位，由此对激素做出反应和应答。

下丘脑具有承上启下的作用，由视觉等感觉器官把光照、温度等外界因素传到下丘脑，启动NPO和NLT分泌GnRH或GRIH，控制脑垂体GtH细胞的分泌。GtH细胞分泌的GtH诱发性腺生成并释放性类固醇激素，促进生殖细胞生长发育、成熟和配子形成。性类固醇还可通过反馈作用调节控制下丘脑和脑垂体的分泌活动，在繁殖季节还可刺激亲鱼发情和自然交配。人工注射LRH-A（作用于脑垂体）和GtH（作用于性腺）的最终目的都是通过性腺分泌性类固醇激素，以促使性细胞发育、成熟、排卵和排精（图5–84）。

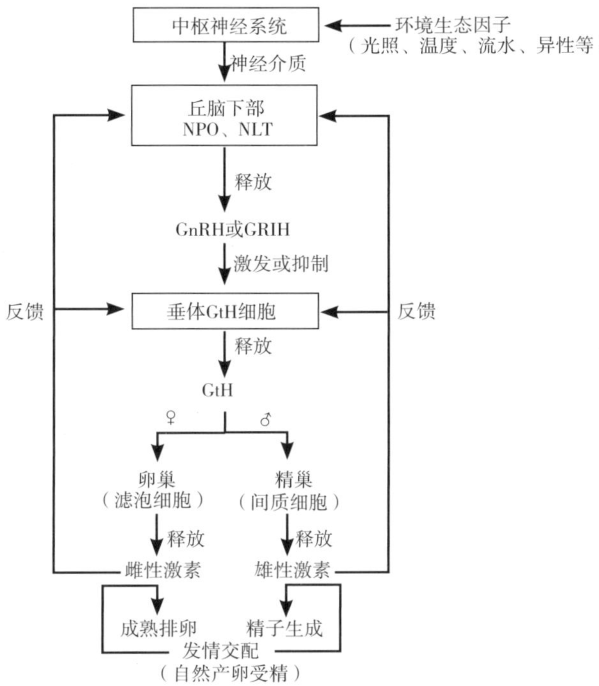

图5–84　鱼类下丘脑、垂体、性腺之间的机理关系（刘筠，1993）

鱼类这种内环境的协调关系和受外环境因素制约的机理，分别是在细胞水平和通过生态学观察做出的解释。关于激素作用原理，目前尚处于假说和推理之中。上述三类激素的化学性质分别为氨基酸衍生物、糖蛋白激素和甾体激素。不同激素的受体各异，其作用机理也各不相同，细胞生物学的普遍理论是细胞膜和细胞质中都有激素受体，当靶细胞受到激素刺激时便产生相应的生理反应。1963年Surtherland提出，肽类激素和促性腺激素（糖蛋白）作为第一信使，环腺苷酸（cAMP）为第二信使，第一信使与靶器官细胞膜上的特殊受体相结合，刺激并激活细胞质内邻近的腺苷酸环化酶，在此酶的作用下使三磷酸腺苷（ATP）转变为cAMP，然后由它为媒介，激发细胞内某些酶［碱性磷酸酶（AKP）和酸性磷酸酶（ACP）］的活性和细胞的通透性，最终导致卵母细胞成熟、排卵和精细胞成熟、排精。

5. **产卵生物学**

（1）产卵类型。鱼类产出的成熟卵子入水后呈沉黏性、沉性、黏性、浮性和漂流性等5种类型。

① 沉黏性卵。鲟类、香鱼、公鱼、斑点叉尾鮰、加州鲈、红鳍东方鲀、暗纹东方鲀、大泷六线鱼、中华乌塘鳢、蓝鳃太阳鱼、黄鳝和斑点胡子鲇等12种养殖鱼

类，产出的成熟卵入水后沉入水底并相互黏结成块状，受精卵在流水中孵化，孵化率较高。

② 沉性卵。虹鳟、大麻哈鱼、白斑红点鲑、高白鲑、山女鳟、大银鱼、黄鳝和尼罗罗非鱼等8种养殖鱼类，通常在江河上、中游的沙砾底质处产卵，卵入水后下沉水底，不具黏性相互分离，受精卵在溶解氧充足的流水中孵化，孵化率较高。

③ 黏性卵。鲤、鲫、团头鲂、三角鲂、细鳞斜颌鲴、泥鳅、鲇、大口鲇、长吻鮠、革胡子鲇和苏氏圆腹𩷶等11种养殖鱼类，在栖息水域静水处和微流水地带的水草丛中产卵，卵入水后呈黏性并黏附在水草、树根、木块和石块等物体上，受精卵在溶氧量较丰富的条件下进行发育，孵化率较高。

④ 浮性卵。遮目鱼、鲻、鲅、鳗鲡、鳜、花鲈、真鲷、黑鲷、石斑鱼、大黄鱼、乌鳢、鮸、鮸状黄姑鱼、眼斑拟石首鱼、蓝鳃太阳鱼、花尾胡椒鲷、斜带髭鲷、红鳍笛鲷、紫红笛鲷、卵形鲳鲹、杜氏鰤、尖吻鲈、军曹鱼、黄鳍鲷、美洲条纹鲈、牙鲆、大菱鲆、星鲽和半滑舌鳎等29种养殖鱼类，通常在淡水湖泊、水库和河流静水处以及海水的微流处产卵，成熟卵依靠油球浮于水表面。黄鳝卵的密度虽大于水，但附于“泡沫团”（亲鱼口腔分泌的泡沫）上而浮于水面。

⑤ 漂流性卵。鲢、鳙、草鱼、青鱼、鲮、长春鳊和短盖巨脂鲤等7种养殖鱼类，汛期在江河上中游急流处产卵，成熟卵入水后吸水膨大，漂流在流水层中，在静水中则下沉水底。

养殖鱼类中只有海马和许氏平鲉的产卵类型特殊。海马的受精卵在雄性育儿囊中发育，孵化为仔鱼才产出体外；许氏平鲉则为卵胎生。

上述5种产卵类型的鱼类共计73种。其中产沉黏性卵的鱼类占16.4%，主要是鲟类等淡水鱼类；产沉性卵的占11.0%，主要是鲑鳟类和罗非鱼等在淡水中产卵的鱼类；产黏性卵的占15.0%，主要是鲤形目和鲇形目等在淡水中产卵的鱼类；产浮性卵的种类最多（占39.7%），主要是海水鱼类；产漂流性卵的占9.6%，主要是在江河淌水产卵的鱼类。

（2）产卵季节及其水温。大多数温水性鱼类和暖水性鱼类通常在春季和夏初（长日照季节）产卵，水温幅度为14～30 ℃；少数种类在秋季产卵，如眼斑拟石首鱼在秋季产卵。

冷水性和亚冷水性种类，如中华鲟、虹鳟、大麻哈鱼、山女鳟、白斑红点鲑、高白鲑、香鱼、大银鱼、花鲈和大泷六线鱼等鱼类，在秋、冬季（短日照季节）产卵，水温幅度为1～20 ℃。

（3）产卵周期与年产卵次数。养殖鱼类多数种类的产卵周期为一年，每年只产1次卵；少数种类（鲟类）间隔2～5年才产1次卵；鲤、鲫、三角鲂、长春鳊和泥鳅等鲤形目鱼类，革胡子鲇、斑点胡子鲇和黄颡鱼等鲇形目鱼类，以及乌鳢、尼罗罗非鱼、大口黑鲈、鳜、眼斑拟石首鱼、蓝鳃太阳鱼、尖吻鲈、军曹鱼、美洲条纹鲈和几种暖水性鲷类等鲈形目鱼类则每年产卵数次（2～6次）。

（4）怀卵量。养殖鱼类的绝对怀卵量和相对怀卵量与其产卵类型和卵的大小密切相关。产沉黏性卵的鲟类和产沉性卵的鲑鳟类，绝对怀卵量和相对怀卵量（2～20粒/克）少或较少，卵径大（4～5 mm）、无油球；产浮性卵的鲻、鲮、花鲈、石斑鱼、鲷类和鲆等数十种海水鱼类，怀卵量大（相对怀卵量96～2 000粒/克），卵径小（1 mm左右），单油球；产漂流性卵的鲢、鳙、草鱼、青鱼和产黏性卵的鲤、鲫、鲇、大口鲇等种类，怀卵量处于上述两类鱼类之间，相对怀卵量为30～200粒/克，一般为70～100粒/克，卵径较小（1.2～1.7 mm）。

（5）产卵行为。鱼类在发情产卵时有明显的求偶现象。雄鱼兴奋地追逐雌鱼，并常用头部冲撞雌鱼腹部，行动迅速，甚至跃出水面，尾部击水成浪花，声响在很远处都能听到；有时雌、雄亲鱼生殖孔相对仰浮，胸鳍和尾部急剧抖颤，有的雌、雄鱼的尾部相交，持续近1 min之久，当追逐激烈并达到高潮时便产卵排精，精卵在水中瞬间受精。

鲢、草鱼多在水体上层产卵，称“浮排”；鳙、青鱼通常在水体下层产卵，称“闷散”。鲤、鲫产卵一般2～3尾雄鱼追逐一尾雌鱼，雄鱼不时冲撞雌鱼腹部，相互摩擦，雌鱼腹部侧向水草进行产卵，雄鱼随之射精。鲇在产卵时雄鱼的尾部紧紧地缠绕雌鱼的胸腹部，并不断颤动，缠挤腹部，当卵被挤到生殖孔时雄鱼则将尾部松开从雌鱼身上滑下，雌鱼便迅速产卵。

少数鱼类的产卵行为很特殊。如斑点胡子鲇和黄颡鱼在水底挖穴、筑巢，将卵产到巢穴中；大麻哈鱼产出的卵用沙砾覆盖之，罗非鱼则将卵吞入口中孵化。斑点胡子鲇和黄颡鱼产卵后有护卵习性（在鱼巢周围守护）。

6. 精子和卵子生物学

（1）精子生物学特性。养殖鱼类的精液中含有大量精子，如鲢5亿个/毫升，草鱼更多，虹鳟200亿个/毫升。

① 精子的活动能力与寿命。精子在精液中是不动的，遇水后精液中的雄配子素I扩散并消失以及受溶解氧的激活，精子开始进行激烈的运动（20～30 s），不久便死亡。精子在水中寿命（由快到慢持续活动时间）：鲢、草鱼精子一般为50～60 s，鲤的略长

一些，真鲷和黄鳍鲷为1 min（盐度8），匙吻鲟为4.4～6 min，中华鲟为5～40 min。精子在水中大部分能量消耗在调节渗透压方面，用于运动方面的能量较少。

② 影响精子活动能力和寿命的主要生态因子。盐度对精子寿命的影响。鲢、鳙、草鱼精子寿命，在淡水中为30～36 s（草鱼最长、鲢最短），在盐度3.0、5.0、7.0则分别为40～55 s、20～30 s和0～25 s；鲤精子寿命在盐度5.0最长（1 min 30 s）。激活黄鳍鲷、平鲷、真鲷和斜带石斑鱼精子的最适盐度分别为21、22、25和33。

水温对精子活动能力和寿命的影响。四大家鱼精子寿命在水温22 ℃最长（50 s），30 ℃和0 ℃分别为30 s和20 s；真鲷精子活力在18.2 ℃最高，＜13.7 ℃则失去快速运动能力；黑鲷精子在20.6 ℃活力最强；平鲷的精子活力在15.1～20 ℃范围内随着温度上升而增强。鱼类精子寿命通常是随着温度下降而延长，如鲤精子寿命在水温26～29 ℃、22～23 ℃、0～2 ℃分别为6～9 h、14 h和15 h（王云祥，1962），故低温保存精液可取得好的效果。

低温保存精液的生物学原理。精子个体很小，贮存的能量很有限，在精液中基本不运动，入水后便剧烈运动（15～30 s），很快将能量耗尽而停止运动，失去受精能力。低温（0～4 ℃）保存精液可以降低精子代谢水平，延长精子存活时间和受精能力，但其生理代谢并未完全停止，仍在消耗能量，因此，保存的时间有限（5～10 d）。

超低温保存精液生物学原理。精子在−196 ℃液氮条件下，代谢活动完全停止，处于“假死”状态，精液水分子停止运动，保持原来的无序状态，形成坚硬、均质的团状结构，称“玻璃化”。处于玻璃化状态的精子，细胞结构完整，原生质未脱水，解冻后精子可恢复运动能力和受精能力。

精子冷冻损伤及二甲亚砜（DMSO）抗冻保护机理。在低温冷冻过程中，精子膜由于受水分子有序状态冰晶损伤，线粒体谷草转氨酶（GOT）逸入精液中，致使精细胞呼吸链的酶系统失调，能量来源断绝，导致精子死亡。而精液中添加10%抗冻剂DMSO可升高精子渗透压（1 540 mmol/L）和降低冰点（−4.6 ℃），从而可大幅度减轻冷冻对精子的损伤效应。因此，在超低温保存精液和解冻时，采取适当的冷冻速度，添加一定的稀释液和防冻剂，避开水分子形成有序状态冰晶温度区（0 ℃至−60 ℃），以免机械损伤精细胞，迅速进入无序状态的玻璃化状态（−130 ℃以下），保存在液氮（−196 ℃）中以达到长期保存的目的。

pH对精子活动和寿命的影响。鱼类精子在弱碱性水中活动力最强、寿命最长。如鲤精子在pH为7.2～8.0的水中活动力最强，寿命最长；金鱼精子在pH为6.8～8.0时受精率最高；真鲷、黑鲷、花鲈、牙鲆精子在pH 7～8活动力最强，寿命最长。

氧和二氧化碳对精子活动和寿命的影响。鱼类精子活力在缺氧和多二氧化碳条件下受抑制，寿命长。干法受精就是利用精子这一生理学特点，使精子在无水缺氧条件下均匀分布于卵表面，以延长寿命，加水后精子便强烈运动钻进卵中，以提高受精率。

阳光对精子寿命的影响。紫外线和红外线对精子具有杀伤作用。鲤精液经阳光直接照射10～15 min，精子死亡率高达80%～90%（Сухорхов，1956），但白天散射光对精子无不良影响。因此，人工授精时应避免阳光直射。

（2）卵子生物学特性。大多数鱼类卵属于端黄卵，有一定极性，核和极体在动物极（原生质较多），植物极富含卵黄。由于卵黄重于原生质，因此，卵在水中植物极一般在下面。

淡水鱼卵含盐量约0.5%，卵产于低渗环境的淡水（盐度0.01～0.02）中，水不断地向卵内渗入；海水鱼卵含盐量为0.7%～0.75%，卵产于高渗环境的海水（盐度30左右）中，水不断地从卵中渗出。由于卵膜与卵黄外周原生质具有调节渗透压的机能，因此，淡水鱼卵在淡水中不会吸水胀坏，海水鱼卵在海水中也不会失水干死。

细胞膜和原生质层调节渗透压的能力是有限的，如鲢的受精卵在盐度较大（盐度为2）的水体中，其膨胀后的卵径比在纯淡水（4.5～5 mm）中的要小一些（3.5～4 mm）。淡水鱼卵有阻止外界水进入卵的能力，而没有防止卵失水的能力，所以只能在低渗液（淡水）中正常发育，而不能在高渗液（海水）中发育。也就是说，淡水鱼只能在淡水中繁殖，而不能在海水中繁殖。海水鱼卵具有阻止失水的能力，而不能防止水进入卵内，因此，只能在海水（高渗液）中发育，而不能在淡水（低渗液）中正常发育。也就是说，海水鱼只能在海洋中产卵繁育，而不能在淡水中繁殖。至于溯河性鱼类（大麻哈鱼等）和降河性鱼类（鳗鲡等）能够分别在淡水和海水中产卵、繁育，是因为它们的受精卵具有调节渗透压的机能。

7. 受精生物学

卵子和精子的结合称受精。受精作用是精子在雄配子素Ⅱ（溶解卵膜）和雌配子素Ⅰ、Ⅱ（雌配子素Ⅰ吸引精子、雌配子素Ⅱ破坏多余精子）作用下，通过卵膜及其表层原生质与卵核结合的一系列过程。受精的结果是形成一个具有双倍染色体的新细胞，称为受精卵或合子。养殖鱼类（含鲟类）和其他脊椎动物一样，卵子是在第2次成熟分裂中期接受精子，单个精子从受精孔入卵，一般只有头部进入，尾部留在受精孔外，单精受精。

（1）受精卵的形态学及生理学变化（以鲢为例）。受精膜和受精锥的形成。精卵接触后3～5 min，卵体收缩，表面的放射膜向外举起，形成一层透明膜，称为受精膜。受精膜在精子入卵处先举起，并迅速扩展到全卵（通常在1 min以内完成），受精膜与质膜之间的腔隙称为围卵腔或卵黄围隙。随着受精膜向外扩展，围卵腔逐渐增大，直到受精卵分裂成8～16细胞时期才完全定型，此时最大卵径为5 mm左右。受精膜扩展膨大的速度是鉴别卵质量的标准。质量好的卵膨胀得快、体积大，质量差的卵膨胀慢且体积小（在纯淡水中）。

受精锥。卵细胞质在精子头部接触处形成的一个透明的小突起。

胚盘形成。精子入卵后（水温24～26 ℃，25～30 min），细胞质（原生质）向动物极方向流动、集中，形成较透明的小盘状，称为“胚盘”（未受精卵入水受刺激后也形成非典型胚盘）。胚盘是未来胚体的基础。

卵的排泄。卵子在发育过程中积累了大量营养物质，积存了不少代谢废物。这些废物如不及时排出就会使卵中毒、衰老、退化而死亡。精子入卵后，刺激卵子急剧收缩，将废物排到围卵腔中，使卵体积缩小（较原来缩小约1/4）。卵完全排出废物要经过30 min左右。卵的废物正常排出后，其代谢作用增强，表现为耗氧增高、渗透能力增强和氨的排泄量增加，这就使卵子脱离了中毒危险。

精子星光、精原核与卵原核。精子入卵后，头部与尾部断裂并立刻转动180度，头端由向卵子内部转为向着卵的表面，而有中心粒的一端（颈部）转向卵的内部。几分钟后，在中心粒周围出现一个星光（星体），称为精子星光。

受精20 min左右，精核膨大，核内染色质由密集变得稀疏，渐渐恢复成普通细胞核的构造和形状，即形成精原核。星光逐渐扩大至雄原核四周，移向胚盘中央和深处，发生成对的星光。在此期间，卵子逐渐完成第二次成熟分裂，开始出现第二极体，卵核逐渐恢复而形成普通细胞核的形状，称为卵原核。

两性原核结合。受精后30 min左右，原来的中心粒和星光分裂为二，卵原核和精原核互相靠拢，位于胚盘中央的两个中心粒和星光之间，并开始融合（结合）；不久，两性原核的界线逐渐模糊不清楚，最后完全结合为一个细胞核或称合子核。合子核的染色体为双倍体。当两性原核开始靠近和结合时，精子星光就逐渐痿缩并向四周退却。

第一次有丝分裂。受精作用结束后不久，合子核内重新出现染色体，核膜消失，纺锤体出现并连于两层星体之间，形成第一次卵裂图形。受精50 min出现第一次卵裂，以后，约每隔10 min分裂一次。

大菱鲆受精过程的细胞学变化。精子入卵后，卵子被激动，第二次成熟分裂继续进行，同时发生皮质反应；受精后，15 min出现精子星光，20 min雄原核早于雌原核形成，然后两性原核逐渐靠拢，30 min两原核的结合线清晰，40 min两原核结合成合子，之后核膜消失；受精后50 min开始第一次卵裂，60 min第一次卵裂完成（吴莹莹等，2006）。

自精子入卵到第一次卵裂所需时间约5倍于以后每次卵裂相隔的时间。由此可见，受精卵从受精到第一次卵裂之前的一段较长时间里，需要进行一系列形态学和生理学变化。

（2）人工授精。人工授精分为干法和湿法2种。干法授精是指成熟卵子与精液在无水情况下接触、受精，精、卵充分均匀接触，随后加清水搅动10～20 s，使受精卵吸水膨胀，再用清水清洗1～2次，然后转入孵化容器中。湿法授精是指精、卵在有水的情况下接触、受精，即先将精液挤入盛有水的容器中，随即将卵挤入水中，精、卵在水中瞬间受精。该法效果好，操作必须迅速且准确。因为，精子在水中时间超过20～30 s受精率降低，60 s后就会丧失受精力（中华鲟精子受精力可持续3～5 min）。

精子及卵子质量对受精率的影响。精、卵质量是决定受精率的主要因素。优质精液呈乳白色，较浓，入水后很快扩散（精子迅速强烈活动的表现）；未熟精液挤出后呈牙膏状，遇水不扩散；过熟精液呈灰白色，浓度稀，遇水扩散慢。优质卵子（家鱼）晶莹透亮、饱满、均匀，略带青色和黄色，具有较好的黏滞性，入水后膨胀快，卵膜弹性强；过熟的卵子（成熟卵在卵巢腔中时间过长）呈灰白色，无光泽，黏滞性差（浓度稀），入水后膨胀慢，卵膜弹性小；未成熟的卵子（卵母细胞尚未进入生长成熟阶段，在外源激素作用下排出的卵）透明度小，色素不够鲜明，卵径小且不均匀，入水后膨胀慢，卵膜弹性亦较差。优质精液和卵子的受精率高，一般达95%以上，胚胎发育正常，孵化率高达90%以上；过熟卵和未熟卵的受精率和孵化率都较低，具体效果依过熟或未熟的程度而异。

外界环境因子对受精率的影响。pH、日光、温度、盐度等生态因子对精子和卵的影响，直接影响受精率（见精、卵生物学特征）。

8. 胚胎发育生物学

（1）胚胎发育分期。养殖鱼类胚胎发育是受精卵在卵膜中进行正常发育的全程，具体时间的长短取决于种的遗传性和外界生态条件（温度等）。浮性卵和漂流性卵的胚胎期较短（20～40 h），黏性卵的胚胎期较长（50～100 h），沉性卵的胚胎期最长（数十天）。

鱼类胚胎发育国际尚未有统一的分期标准及其名称。以草鱼为例，将胚胎发育至下塘仔鱼（鱼苗）全程分为6个阶段和32个分期（刘筠，1993）。

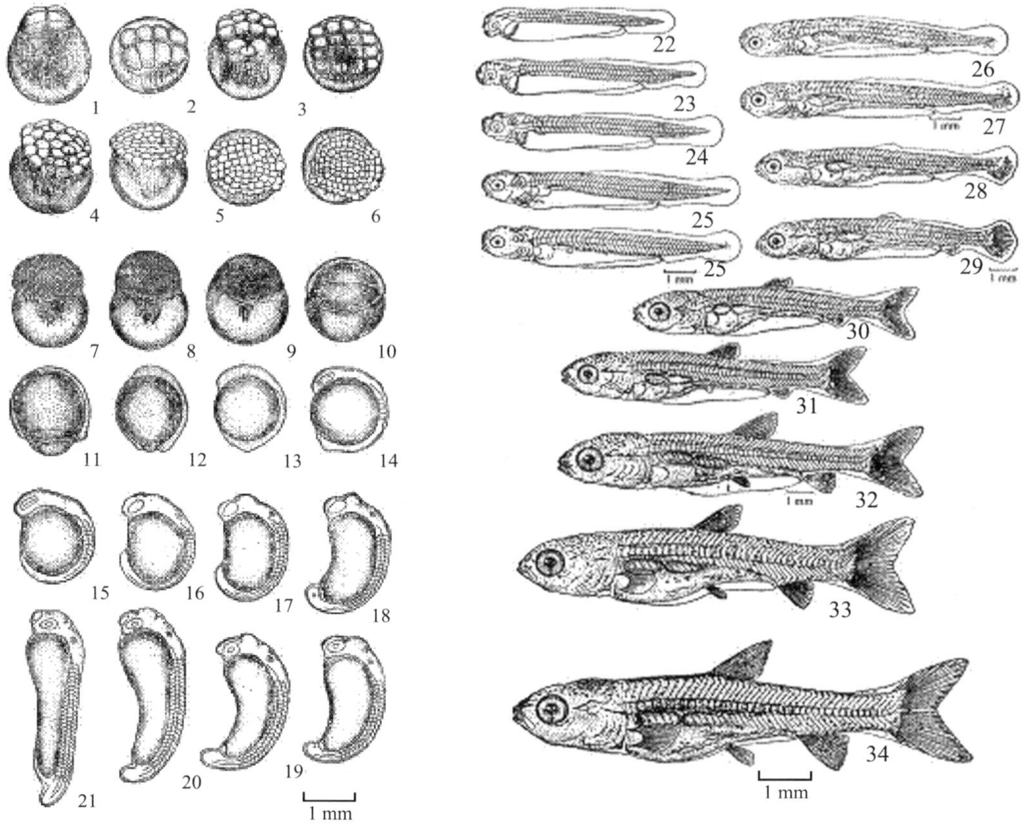

1. 4个细胞期　2. 8个细胞期　3. 16个细胞期　4. 32个细胞期　5. 64个细胞期　6. 128个细胞期　7. 桑葚期　8. 囊胚早期　9. 囊胚中期　10. 原肠早期　11. 原肠晚期　12. 神经胚期　13. 肌节出现期　14. 眼基出现期　15. 嗅板期　16. 尾芽期　17. 听囊期　18. 尾芽出现期　19. 眼晶体形成期　20. 肌肉效应期　21. 心脏原基期　22. 胸鳍原基期　23. 鳃弧期　24. 眼黄色素期　25. 鳔雏形期　26. 鳔一室期　27. 卵黄囊吸尽期　28. 背鳍褶分化期　29. 鳔前室出现期　30. 腹鳍芽出现期　31.背鳍形成期　32. 臀鳍形成期　33. 腹鳍形成期　34. 鳞片出现期

图5-85　草鱼的胚胎发育和仔鱼发育过程（湖北省水生生物研究所，1976）

第一阶段：卵裂和囊胚期。卵受精后细胞质继续不断向动物极集中，在卵黄上方形成一盘状突起，称胚盘（blastodisk）。不久出现第一次分裂，形成2个相等的分裂球（blastomeres），随后，每隔8～10 min分裂一次，第二次 分裂沟与第一次分裂沟垂直，形成4个分裂球。第三次纵裂，出现与第一次分裂沟彼此平行的两个分裂沟，形成8个分裂球。第四次纵裂，产生与第二次分裂沟彼此平行的两个分裂沟，形成16个分裂球。第五次还是纵裂，结果形成在一个平面上的32个分裂球，分成4排，每排8个。此时，卵膜吸水膨胀至最终大小（膜径5.5 mm，卵径1.5 mm）。未受精卵可发育到8个至16个分裂球，所以，自16～32个细胞的卵裂期开始计算受精率。从第六次分裂起，细胞由单层变成多层，堆叠在卵黄上端，外形似桑葚，称为桑葚期（morula stage）。

细胞继续分裂，分裂球越来越小，肉眼已看不清细胞界限，整个胚体的细胞团高举于卵黄上，称为高囊胚期（high blastula）。随后，细胞层下伸，囊胚高度稍微下降，称为囊胚中期（middle blastula）。随着囊胚细胞继续下延，覆盖卵黄的面积增大，高度更低，称为低囊胚期（low blastula）。囊胚层的中央有一空腔，称为囊胚腔（鱼类属狭腔囊胚）。

囊胚细胞为同质胚胎细胞，将其细胞核移植到去核的同种鱼或异种鱼的卵子里，都可能发育成一个完整的个体。囊胚壁在囊胚晚期或原肠早期，细胞迅速增生，出现合胞体，覆盖于卵黄之上，形成卵黄多核体（periblast nucleus），分泌可溶解卵黄颗粒的酶，为胚胎提供营养物质。

第二阶段：原肠期。囊胚壁的细胞向植物极移动，逐步包围卵黄囊，至胚体1/2处胚壁细胞前沿形成一隆起环带，称为胚环（germ ring）。在胚环区相当于胚体背面后端的一个地点由于细胞内卷而产生一新月形缺口，称为原背唇（dorsal lip），这是进入原肠胚期（gastrula stage）的标志之一。不久，在背唇的正上方出现一显著增厚的隆起（由内胚层、脊索、中胚层、神经外胚层组成的细胞集团），称胚盾（embryonic shield）。随后，胚盾伸长，其长轴就是胚胎的主轴。细胞层继续下包卵黄至4/5时，背唇两侧的侧唇与腹唇相继形成一圆孔，称为胚孔或原口（blastopore），未被包被的卵黄，称为卵黄栓（yolk plag）。原肠期产生了外胚层（ectoderm）、中胚层（mesoderm）和内胚层（entoderm）3个胚层。

原肠胚期代谢旺盛，耗氧多，对水温、溶氧量和pH等外界环境因素的变化敏感，称为敏感期。水温过低（20 ℃以下）或过高（30 ℃以上），溶氧量不足（4 mg/L以下），pH过低（6.6以下）或过高（9.5以上）都会造成大批死亡。

第三阶段：神经胚期。卵黄栓完全被包围，原口封闭即进入神经胚期（neural stage）。在胚体的终端有一个脊索，中胚层和内胚层组成的混合细胞团——胚胎尾芽原基，称为末球（terminal knob）。胚体逐渐伸长，胚盾明显分化为脊索及其两侧的中胚层和这两者下方的内胚层。脊索上方的外胚层分化为神经板，继而形成神经管。到神经胚晚期，整个胚胎呈C形匍匐在卵黄上面，此期产生神经管、脊索和体节等中轴器官。

第四阶段：器官形成期。器官形成期（organogenetic stage）是在神经胚期三胚层分离的基础上发生的。鱼类胚胎发育过程中的器官发生是以神经管的正常发育和分化为基础的。胚胎畸形多发生于该期。神经管分化为前脑、中脑和后脑，随后，在前脑部位产生一对视泡，出现2～3对体节（somite），以后视泡变成视杯，晶体嵌于其中，构成眼睛。体节是由中胚层分化而来，体节以外的中胚层分化为侧板中胚层和血细胞与血管系统原基。体节出现后，在胚体尾部出现突出的细胞团，称为尾芽（tail bud）或尾芽期（tail-bud stage）。由于尾芽的增生，胚体不断增长，体节分化出生肌细胞，使胚体开始缓慢抽动，其速度由慢到快，称为肌肉效应期。在这之前已出现耳囊，继而出现心脏、心脏搏动和血液循环，称为心脏搏动期。此时，肾管生殖腺原基、消化管与消化腺等器官亦逐渐出现。

第五阶段：孵化期（incubation stage）。心脏搏动开始形成血液循环，胚胎头部两眼周围的表皮细胞分化形成单细胞腺，分泌孵化酶（黏蛋白多糖酶）溶解软化卵膜，胚胎频繁转动，先后用尾尖穿破卵膜而孵出——孵化期，持续4 h左右（24～26 ℃）。刚孵出的胚体全长5.5 mm，体节达最终数目46对，单细胞腺的分泌机能逐渐减弱乃至腺细胞完全萎缩。破碎的卵膜在3 h左右被孵化酶溶解而消失。

大多数鱼类的孵化腺分布于胚胎头部、卵黄囊和口腔等处，前半部的多于后半部；大麻哈鱼、虹鳟和金鱼等鱼类的孵化腺分布于全身。各种鱼类孵化腺开始形成及分泌酶的时间不同，大多数鱼类在血液循环期开始形成孵化腺，出膜期开始分泌孵化酶。草鱼在肌肉效应期开始形成孵化腺，但尚未有分泌活动，出膜期才开始分泌孵化酶至体循环期消失。孵化酶的分泌活动与温度有关，适宜水温为20～29 ℃，低于18 ℃时则无分泌活动，这与胚胎不能进行正常发育有关。

第六阶段：仔鱼期。刚出膜的仔鱼，消化、循环和呼吸器官，以及外部色素和鳍等器官尚不完善，相继出现心脏（呈节奏性跳动），血球在背腹血管中清晰流动，称为血液循环期。仔鱼头部和躯干部出现黑色素，称为体色素形成期，此时已出现鳃丝并建立鳃循环。随后形成尾循环，仔鱼由侧卧转为腹部平贴于水底，具有向前游动的能力；胸鳍后方出现鳔管，称为鳔管形成期，继而形成可以控制沉浮的鳔，胸鳍活动自如，仔鱼可在水中自由运动。消化管最前端的咽部向外开口，称为口形成期，口自头的腹面移到身体前端，可以吞食外界的食物；肠后端也与外界相通，卵黄囊逐渐被吸收，由圆形变为犁形直至被完全消耗，称为卵黄耗尽期。此时，仔鱼的器官已基本形成，可以下塘培育。

在胚胎发育过程中，由于受内外多种因素影响，常出现各种畸形胚胎：在卵裂期分裂球大小不均；在原肠期囊胚壁细胞不能下包，卵黄裸露；在神经胚期神经管不能正常分化为脑和脊髓；在孵化期的畸形胚胎为弓背和弯尾，卵黄囊膨大。各种畸形胚胎在发育进程中逐步死亡。

（2）生态因素对胚胎发育的影响。精卵质量对受精率和胚胎发育的影响是一致的。不够成熟卵和过熟卵不仅受精率低，而且胚胎发育畸形多，死亡率高，只有适当成熟卵的受精率和孵化率才能达到理想程度。四大家鱼卵细胞适当成熟的持续时间很短，仅2个多小时（水温26～28 ℃）。

影响胚胎发育的外界环境因素比较多，包括光照、水温、盐度、溶氧量、pH和敌害生物等。

① 光照对胚胎发育的影响。光照通过刺激或抑制鱼类孵化酶的释放，加快或延缓鱼类胚胎发育速度。如牙鲆、真鲷和黑鲷等产浮性卵鱼类的胚胎在强光条件下比在弱光时发育速度快；相反，大麻哈鱼等产沉性卵鱼类的胚胎期在有光条件下比在无光时延长4～5 d。因此，孵化鱼类受精卵，应当根据其生态类型采用不同光照周期。

② 水温对胚胎发育的影响。温度是影响鱼类胚胎发育的重要因素。不同适温性鱼类的胚胎，对水温的适应能力不同：冷水性和亚冷水性鱼类胚胎发育的适宜温度较低（4～20 ℃），胚胎期较长（384～1 500 h）；温水性和暖水性鱼类胚胎发育的适宜温度较高（18～30 ℃），胚胎期较短（20～100 h）。

温度对鱼类胚胎发育的影响程度，分为存活温度、适宜温度和最适温度。四大家鱼胚胎发育的存活温度为18～30 ℃，适宜温度为21～29 ℃，最适温度为24～26 ℃（鲢、草鱼）和25～27 ℃（鳙、青鱼）；鲤、鲫的最适温度为20～22 ℃；真鲷产卵的适温为16～17 ℃，胚胎发育（孵化或育苗）的适温为18～23 ℃，最适温为18～19 ℃；大口鲇胚胎发育和初孵仔鱼的最适温度为24.1 ℃。

在适温范围内，受精卵发育速度随着水温的升高而加快，其影响程度与具体温度值有关。如四大家鱼的胚胎期，水温18 ℃为61 h，22 ℃为35 h，即水温提高4 ℃，胚胎期缩短16 h；水温27 ℃为19 h 10 min，30 ℃为16 h 10 min，即水温升高3 ℃，胚胎期仅缩短3 h。也就是说，水温对四大家鱼胚胎发育速度的影响，在接近存活温度下限时比较明显，在接近存活温度上限时则不够明显。

水温不仅对鱼类胚胎发育速度有明显的影响，而且对其发育质量及成活率的影响也较大。在最适水温条件下，四大家鱼受精卵的孵化率和成活率高达90%以上；水温低于18 ℃和高于30 ℃，以及突然下降5 ℃以上，胚胎便会出现大量畸形而死亡。真鲷在水温高于23 ℃和低于13 ℃受精率低，胚胎和仔鱼的畸形率高。

③ 溶解氧对胚胎发育的影响。溶解氧对鱼类胚胎发育的影响程度并不次于温度。各种养殖鱼类对溶解氧的适应能力不同，孵化用水溶氧量应当保持在4～6 mg/L以上，不低于2 mg/L，否则，胚胎发育停滞、出现畸形或死亡。

不同生态类型鱼类的受精卵对溶解氧的适应能力不同，浮性和漂流性卵的适应力比黏性和沉性的低。鱼类胚胎发育各个时期的耗氧量不同，其中囊胚期、原肠期、神经胚期、肌肉效应期和孵化期的耗氧量较高，尤以原肠期和孵化期的最高。胚胎发育的耗氧量通常是随着发育进程逐渐增大，仔鱼期耗氧量高于胚胎期的各个时期。因此，鱼类人工孵化工作，应当按照鱼类种类及其不同发育时期需氧量特点采取相应供氧措施，尤其是在原肠期、神经胚期、孵化期和仔鱼期等高耗氧期孵化用水的溶氧量，不能低于4～6 mg/L（瞬间溶氧量不低于2 mg/L）。

④ pH对胚胎发育的影响。海、淡水鱼类胚胎发育的适宜pH为7.0～9.0，最适pH为7.5～8.5。pH低于6.4和高于9.5都会导致卵膜早溶而大量死亡。例如，人工孵化四大家鱼，采用亲鱼池塘肥水作为水源并循环多次使用，经常出现两种现象：一种是水源中的有机物质过多，在清晨太阳尚未出来之前，pH逐渐降低至6.4左右；另一种是水源中的浮游植物过多，在晴天中午日光充足、光合作用强度很大时，pH迅速增高至9.5～10.0以上。前者pH过低，后者pH过高，两者都会导致胚胎大量死亡或全部死亡。

⑤ 盐度对胚胎发育的影响。盐度对鱼类胚胎发育和仔鱼质量的影响明显。淡水鱼类胚胎发育对盐度的适应能力较弱，四大家鱼胚胎只能在淡水中正常发育，鲤、鲫胚胎可在盐度2～3水中正常发育，罗非鱼胚胎则可在盐度低于18的水体中发育。

海水狭盐性大菱鲆和真鲷胚胎只能在盐度高于28～30水域中发育，后者仔鱼成活率在盐度33时最高。花鲈受精卵存活盐度为13～31，最适盐度为22～25，盐度＞25孵化率明显低。大黄鱼胚胎发育的适宜盐度为20～32，最适盐度为21.3～29.2，孵化率高达87%～95%，低于16.3和高于34.7均不能孵化。赤点石斑鱼胚胎发育对盐度的适应范围窄得多，适宜盐度为24.0～33.5；胚胎发育畸形率在盐度24时就高达21%～28%，在盐度21、18和15时则分别高达69.2%、71.2%和74.5%。花尾胡椒鲷胚胎发育的适宜盐度为11.2～45.7，最适盐度为26.5～38.0。

⑥ 敌害生物对胚胎发育的影响。剑水蚤、虾苗、蝌蚪、小鱼、细菌、真菌等敌害生物，对淡水鱼类胚胎发育的危害相当严重。剑水蚤、虾苗直接伤害卵膜、胚胎与仔鱼表皮。蝌蚪和小鱼直接吞食胚胎与仔鱼。剑水蚤对四大家鱼胚胎和仔鱼的危害程度与其密度和相互接触的时间长短有关：对仔鱼（出膜3 d内）的危害程度比对胚胎更大，每4 mL水有一个剑水蚤就会对仔鱼产生不利影响，而每2.5 mL水有1个剑水蚤才会对胚胎有不利影响。虾苗、蝌蚪和小鱼等对胚胎的危害也是极其严重的：5个体长1.5 cm的虾苗在10 h内能把20个胚胎全部弄伤致死，10尾蝌蚪在6 h内能把200个胚胎全部吃光，35尾3 cm的麦穗鱼在5 h 30 min内把200个胚胎全部吃光，90尾蝌蚪一个晚上把网箱中近十万尾刚孵出的鲤鱼苗几乎全部吃光（蝌蚪胃肠中充满鱼苗和鱼苗残体）。

水温低于20 ℃时水霉菌大量繁生，可以引起鲤、鲫、虹鳟等淡水鱼类胚胎和仔鱼患上水霉病，死亡率极高，危害性极大。

综上所述，淡、海水养殖鱼类的产卵和孵化用水，必须严格地进行过滤、消毒，彻底滤掉和杀死上述危害胚胎和仔鱼的敌害生物。

9. 发育分期和胚后发育阶段

（1）发育分期。鱼类的个体发育（生命周期）分胚前期、胚胎期和胚后发育期。胚前期是性细胞发生、发育和成熟的时期。胚胎期是精卵结合（受精）到胚胎出卵膜（仔鱼出膜）的时期。胚后发育期是仔鱼到衰老死亡的时期。胚后发育期又分仔鱼期、稚鱼期、幼鱼期、未成熟期和成鱼期。

仔鱼期。系指鱼苗身体具有奇鳍褶（仔鱼器官）的时期。该期又分为仔鱼前期和仔鱼后期，仔鱼前期是出膜鱼苗以卵黄为营养的时期，持续时间（3～5 d）、长度和分化程度依种类而异，全长为1.5～8 mm；仔鱼后期卵黄囊消失，开始摄取外界食物，奇鳍褶分化为背、臀和尾3部分，进而形成背鳍、尾鳍和臀鳍，并出现腹鳍。养殖鱼类仔鱼后期全长为10～17 mm。牙鲆仔鱼全长为4.5～10 mm，4.6～4.8 mm仔鱼背鳍褶前缘出现三角形冠状幼鳍原基（大菱鲆无冠状幼鳍），随后冠状幼鳍加长并分化为4根，末端游离，全长10 mm仔鱼冠状幼鳍增加为6～7根，游离端分化出鳍条，右眼开始上升。石斑鱼类（赤点石斑鱼等）仔鱼的突出特点是具有较长的背棘和腹棘，长度约为体长的50%左右。

稚鱼期。奇鳍褶完全消失，体侧开始出现鳞片以至侧线明显、全身被鳞。该期的四大家鱼全长为17～70 mm；牙鲆全长10～16 mm，右眼上升头顶至完全移到左侧，冠状幼鳍显著缩短，已不超过背鳍前缘高度（后期），尾柄基部的鳍褶尚未完全消失，转入底栖生活。

幼鱼期。全身被鳞，侧线明显，胸鳍条末端分支，体色、斑纹以及生活习性已与成鱼相似，性腺处于Ⅰ期。

未成熟期。具有成鱼的形态结构，性腺未成熟（Ⅱ期）。

成鱼期。形态结构和生活习性稳定，性腺已发育成熟，即第一次性成熟至性机能衰退前的整个时期。

上述各期的具体规格和年龄因种类而异。鱼苗和鱼种培育期正处于鱼类胚后发育的仔鱼期、稚鱼期和幼鱼期。这是鱼类一生中生长发育最旺盛的时期，其形态结构和生态生理学特征都发生一系列的规律性变化。

（2）胚后发育阶段。鱼类胚后发育期具有明显的阶段性，通常是逐渐的量变与较迅速的质变相交替。两个质变之间的量变时期称发育阶段。每个发育阶段变化较为缓慢，其形态构造、生态和生理学特性没有质的变化。从一个阶段转变为另一个阶段的时间较短，但在形态、生态和生理特性等方面都发生明显的、质的变化。每个发育阶段所持续的时间有长有短，早期发育阶段比晚期的短，如仔鱼阶段只有几天，而幼鱼、成鱼阶段可能长达数年。每个发育阶段的长短还受外界条件（营养、温度、水质等）的影响。如营养不足时，发育阶段的持续时间就会拖长。每个发育阶段要求一定的生态条件，如果条件不具备就会停止发育，如温度过低和缺乏食物，便停止发育以至死亡。不同发育阶段对外界条件的适应能力也有差异，如早期发育阶段对水温变化的适应力低于晚期各阶段。发育阶段通常与体长有密切关系，当营养和水温条件不好时，生长发育则变慢。在一般情况下，长度未达到应有的长度时则不能转入下一个发育阶段。

20世纪50～60年代，苏联和我国学者曾对鲢、鳙、草鱼、青鱼和鲤等鲤科鱼类的胚后发育阶段进行过较系统研究。根据B. B. Васнецов和 C. Г. Крыжановский关于划分鱼类发育阶段的原则和标准，并结合这几种鱼类胚后发育的形态（口、卵黄囊、鳍褶、鳍、鳔、肠、鳃耙、各部位长度的比例等）和生态习性（游动方式、食性、生长和栖息场所等）等变化规律，将仔鱼期至稚鱼期划分为8～9个阶段。它们的亲缘关系比较近，发育阶段的特征比较相似，但也有一定的特异性。发育阶段Ⅷ～Ⅸ以后，除性腺进一步发育成熟和身体继续增长外，其形态、生态生理特征都保持相对稳定。其他养殖鱼类的胚后发育规律也有相似之处。

三、养殖两栖动物生物学

（一）养殖种类及其自然分布

1. 外部形态特征

目前，我国养殖的两栖动物约6种，其中无尾类蛙科蛙属5种，有尾类大鲵属1种。

蛙属的主要形态特征是舌卵圆形，后端有深缺刻，锄骨有齿，鼓膜明显，指无蹼，趾有蹼。

① 虎纹蛙［*Hoplobatrachus rugulosus*（Wiegmann）；图5–86］：又称泥蛙、田鸡、田蛙、水鸡等，是国家二级保护野生动物；无背侧褶，鼓膜明显，趾间全蹼，背面皮肤粗糙，且有许多长短不一的纵肤棱，腹面光滑，吻端尖圆；背部土黄色或黑褐色，有不规则的黑色斑纹，似虎纹状。

② 棘胸蛙［*Paa*（*paa*）*spinosa*（David）；图5–87］：又称石蛙、石鸡、石蛤蟆、坑蛙、岩蛙等，无背侧褶，鼓膜不明显，指（趾）末端膨大成圆球状，雄性前肢

特别强壮；皮肤粗糙，雄性背部有长短不一的纵向窄长疣，断续成行排列，其间有小圆疣；雌性背面都是分散的圆疣，疣上有小黑刺；腹面皮肤有棘，雄性仅胸部有分散的大黑棘；背部黄褐色、深棕色或深褐色，腹面白色，略带黄色并有淡灰色花斑。

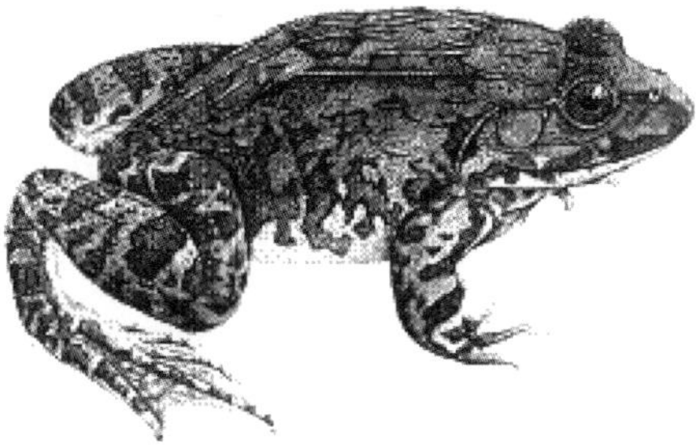

图5–86　虎纹蛙（刘承钊等，1961）

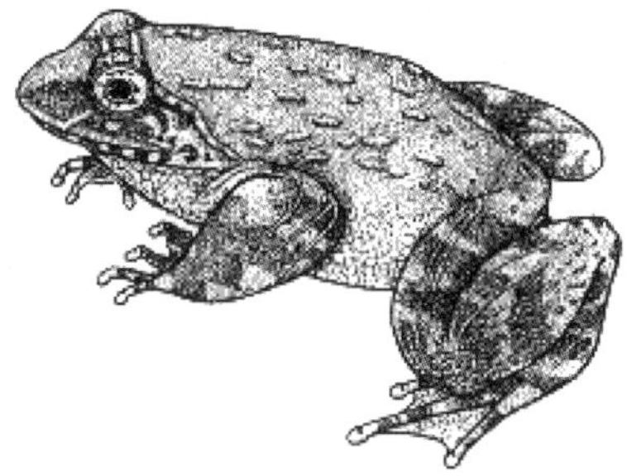

图5–87　棘胸蛙（刘承钊等，1961）

③ 中国林蛙（*Rana chensinensis* David；图5–88）：又称哈士蟆、哈什蚂、田鸡等，被列入《中国濒危动物红皮书》；分为4个亚种，中国林蛙长白山亚种（*R. c. changbaishansis*）、中国林蛙指名亚种（*R. c. chensinensis*）、中国林蛙兰州亚种（*R. c. lanzhouenosis*）和中国林蛙康定亚种（*R. c. kangdingensis*），其中长白山亚种的体型大，繁殖率和产油率都很高；有背侧褶，不平直，在鼓膜上方斜向外侧，随即又略折向中线，背侧褶间无斜行黑线纹，鼓膜处有三角形黑色斑；皮肤略粗糙，背部及体侧有大小疣粒，排列不规则；背部灰褐或黄褐色，雌性腹部青黄色或粉红色，雄性腹面乳白色或淡粉色。

④ 牛蛙（*Rana catesbeiana* Shaw；图5–89）：俗称古巴牛蛙，外形与虎纹蛙相似，但体更大，头大而扁，长宽几乎相等，眼大而突出，鼓膜明显，与眼径相等或略大，趾蹼达趾端，背部皮肤略粗糙，有极细的肤棱或疣粒，无背侧褶，背面绿色或棕绿色，带有暗棕色虎斑纹，腹面白色，有暗灰色细纹；雄性咽喉部鲜黄色，雌性灰白色。

图5–88　中国林蛙（刘承钊等，1961）

图5–89　牛蛙（刘凌云等，1978）

⑤ 猪蛙（*Rana grylio*；图5-90）：又称沼泽绿牛蛙，与河蛙（*R. heckscheri*）俗称美国青蛙。猪蛙也无背侧褶，其体形似牛蛙，但体略小，与牛蛙外形的主要区别如下：头形宽，但较尖；鼓膜四周有一黑圈；背中部有一明显纵肤沟；后肢发达，肌肉多，趾间蹼膜欠丰满；皮肤较光滑，体色较浅，多显墨绿、浅绿、黄绿色，背部有近圆形或椭圆形斑纹。

⑥ 中国大鲵［*Andrias davidianus*或*Megalobatrachus davidianus*（Blanchard）；图5-91］：俗称娃娃鱼，是现存两栖动物中体型最大的种类，体大，呈扁筒形，头部扁宽，眼小，无活动性眼睑；体侧有12～15条肋沟，并有一明显的纵行肤褶；四肢粗壮短小，指（趾）间无蹼，背、腹面有许多成对的小疣粒。尾较短，侧扁，为体长的1/3左右，上下方有发达的脂肪质鳍状物（尾褶），尾端钝圆。体表光滑无鳞，皮肤润滑，多皮肤腺；体色多种，与栖息环境密切相关，一般为暗黑色、红棕色、褐色等。

图5-90　猪蛙

图5-91　中国大鲵（中国两栖动物图鉴，2000）

2. 自然分布与养殖区域分布

虎纹蛙约有4个亚种，分布于印度、尼泊尔、斯里兰卡、缅甸、越南、泰国和我国的热带与亚热带地区，在我国主要产于河南、安徽、江苏、浙江、江西、湖南、福建、广东、广西、海南岛和台湾等省（自治区）。

棘胸蛙分布于我国长江中下游湖北、湖南、安徽、浙江、江西和广东、广西、福建、贵州、四川、云南、海南岛等省区，为山区特有的大型种类。

中国林蛙分布于俄罗斯、日本、朝鲜，以及我国吉林、黑龙江和辽宁省，在内蒙古、甘肃、河北、山东、山西、陕西、河南、青海、西藏（东部）、四川、湖北、江苏、北京、天津等16个省（自治区、市）也有一定分布。其中长白山亚种主要分布于长白山脉及附近小兴安岭，指名亚种主要分布于华北、华中、秦岭和甘肃东部，兰州亚种分布于六盘山以西、拉脊山以东、岷山以北和乌梢岭以南地区。长白山区是中国林蛙的主要分布区。

牛蛙原产于美国洛杉矶东部地区，现已人工移植于世界各大洲。目前，我国各省市都有牛蛙养殖场。

猪蛙原产美国，主要分布于北纬25°～33°的佛罗里达州以北至南卡罗来纳州南部，目前已引种到欧洲、亚洲的30多个国家。我国已有15个省市养殖猪蛙。

中国大鲵自然分布于山西、陕西、广东、广西、四川、湖北、湖南、贵州、青海等18个省区，主要产于黄河、长江和珠江中上游支流的山溪河中。目前，大鲵资源较丰富的地区有贵州、四川、湖南、湖北和陕西等省。

（二）栖息习性和对环境条件的适应

1. 栖息习性

（1）蛙类栖息习性。我国养殖的5种蛙，成体的栖息习性概分为水内生活型和陆地生活类型。虎纹蛙、牛蛙和猪蛙通常栖息在湖泊、水库、沟渠、池塘、沼泽、稻田等静水水域中，称静水内生活类型；棘胸蛙等棘蛙类一般栖息于山林区水流较缓的山涧、小溪、流溪的洄水荡等流水水域中，称流水内生活类型。中国林蛙除了繁殖季节、蝌蚪和越冬期间在水中生活外，一般不到水中或少到水中生活，通常栖息在以水源为中心、潮湿阴凉、植被茂密的山地（灌木林）、草地、沼泽等处（离水源500～1 000 m），称陆地草丛生活类型；冬眠后，春季自池水跳出，登陆上山，寻找潮湿多草的阔叶林和针叶与阔叶混交林，定居生活；秋末（＜15 ℃）下山，潜入河沟越冬（群居冬眠）。

蛙类贪安静，惧怕惊吓干扰。白天牛蛙等通常用前肢抓住漂浮物将身体悬浮于水中，仅露出头部呼吸，或躲在阴凉潮湿的草丛、洞穴里休息，遇到惊扰，即刻潜入水中，逃之夭夭；晚间，在没有干扰的情况下则四处活动、寻食。

水内生活的蛙类具有穴居生活习性，虎纹蛙洞穴由泥土堆成，或由石块堆砌而成，藏匿于其中，仅将头部伸出洞口，如有食物活动则迅速捕食之，若遇敌害则隐入洞中。棘胸蛙的洞穴多在溪流两岸靠近水面处，有时开口的一半在水面之下，洞口不大，进、出口合而为一，洞内光滑、潮湿，洞深15～25 cm，洞底略低于洞口，2～3只或10余只共处一穴，有时在1个洞穴中捕获10余千克的冬眠棘胸蛙。习惯昼伏夜出，白天匿藏在洞口、草地、石缝间，夜间在洞穴附近几十米范围内活动，觅食，黎明前各自返回洞穴。

蛙类喜弱光，畏强光，白天多匿藏在树荫、草丛、洞穴中，夜间外出觅食，突然遇到强光（手电筒、火把等）时便一动不动，便于捉拿。

几种养殖蛙都善于跳跃，后肢长而粗壮，平时Z形卷曲，见到食物时跳跃捕食，遇到惊吓时则立即跳跃逃窜，牛蛙特别善跳，跳高达1.5～2.0 m，跳远达1.4～2.7 m。

几种蛙类都具有冬眠习性，当秋末水温降到一定程度时便潜入水体深处越冬：牛蛙和猪蛙匍匐于水底软泥中越冬，虎纹蛙和棘胸蛙在洞穴中、深水淤泥中或地下水口处的水坑中越冬；中国林蛙分散或群居在河底石砾、草根和树根下越冬，四肢卷曲，头部朝下，不食不动，行皮肤呼吸，代谢水平很低。蛙类开始冬眠的温度以及时间长短，因种类及其所处地理气候条件而异。

（2）中国大鲵的栖息习性。中国大鲵属于水内生活的两栖类，一般喜欢栖息于石灰岩层的阴河、暗泉流水及有水流的山溪洞穴内，洞口不大，进、出口一个，洞内较宽敞，平坦光滑，深浅不一，深的有几十米，多为单独栖居和活动，不集群，在流水环境中性情活泼，白天多隐藏在洞穴内，夜间活动频繁，常逆水或顺水到几千米至几十千米的河岸浅水处觅食，黎明前又回到原洞穴处。仔鲵有集群习性，多成群在浅滩乱石缝、水草、小土穴、石穴里嬉戏。

2. 对环境条件的适应

影响两栖动物生存和生长发育的非生物因子主要有盐度、温度、溶解氧、pH、湿度和光照。

（1）对盐度的适应。蛙类和中国大鲵是在淡水与陆地生活的两栖动物，幼体对盐度的适应能力与淡水鱼相同，成体对盐度的适应幅度也较小。主要养殖种类生存与繁育的盐度范围低于3，最适盐度为0.02～0.5，致死盐度高限为8左右。

（2）对温度的适应。两栖类属于变温动物，温度对幼体和成体的生存、生长发育影响极大。主要养殖种类的致死温度、生存温度、摄食与生长适温、繁殖适宜温度和冬眠温度综合列入表5-62。它们对水温的适应能力有一定差异，其中中国林蛙和中国大鲵的适宜温度较低。

表5-62　主要养殖两栖类对水温的适应　（单位：℃）

种类	致死温度		生存温度	摄食与生长		繁殖适温 最适温	开始冬眠温度
	低限	高限		适温	最适温		
虎纹蛙				20～35	25～30	20～30 25～28	8～15
棘胸蛙	0	35	2～31	15～34	18～23	18～27	8～12
中国林蛙	−2	35	0～33	8～23 10～25	10～20 15～20	5～24 10～16 8～10	10

续表

种类	致死温度		生存温度	摄食与生长		繁殖适温 最适温	开始冬眠温度
	低限	高限		适温	最适温		
牛蛙	–1	39 ~ 40	6 ~ 34	15 ~ 32	25 ~ 30	18 ~ 32 23 ~ 28	10
猪蛙	–1	40	1 ~ 37	8 ~ 35	18 ~ 32	20 ~ 30 25 ~ 28	10
中国大鲵			0 ~ 35	15 ~ 28	16 ~ 24.7	15 ~ 25 18 ~ 23	10 ~ 11.5

（3）对湿度的适应。蛙类除用肺呼吸外还行皮肤呼吸，在适温范围内可以在相对湿度70%的陆地生活，但温度越高对湿度的要求也越高。当空气湿度过低时便迅速跳入水里，干旱时便迁移到有水的地方或钻入比较潮湿的深土层中休眠。若成蛙溺水不让其浮到水面呼吸空气时则会窒息死亡，温度11.8 ℃、18.5 ℃和29.0 ℃在水中存活的时间分别为8 h、2 h 18 min和12 min。

（4）对水中溶解氧、pH的适应。成蛙大部分时间在水中生活，适宜溶氧量高于4 mg/L；幼体（蝌蚪）在水中生活，对溶氧量的要求与鲤科鱼类相似。

蛙类对池水pH的要求，一般为6.8～8.0，＞9的碱性水和＜6的酸性水都会影响其生长发育，严重时则引起死亡。

（5）对光照的适应 。蛙类具畏光性，昼伏夜出，尤其是逃避强烈的阳光照射，但光照对其生存和繁育却是至关重要的。科学实验表明，光照直接影响牛蛙的性腺发育和繁殖，将其长期饲养在黑暗环境中全身变黑，性腺停止发育，不能产卵、排精。

（三）摄食生物学

（1）摄食方式。蛙类和大鲵的摄食方式属猎食或捕食。蛙类的摄食器官包括口、上下颌及其齿、舌等。口宽大，口腔中上下颌和犁骨上皆着生圆锥形齿；舌部柔软、多肉且扁阔，富含黏液腺，固着于口腔底部，舌尖游离呈叉状、朝向咽部，并能够翻出口外捕住食物后再回到口腔内。蛙类通常栖息于水面或草丛中窥视食物，当发现食物便突然跳跃过去，舌瞬间从口腔中翻出，黏着昆虫等食物后便迅速返回口腔把食物送入咽部；颌齿和犁齿协助捕食而防止食物逃脱。蛙类的视觉器官已初步具有与陆栖相适应的特点，但视觉调节能力不强，视觉调节方式也不同于改变晶体形状的陆生动物，所以它们在陆地上还是近视动物，只有到水中时角膜由凸变平，才能适当增阔视野。捕捉食物的有效距离为5～10 cm。

中国大鲵的口大，上下颌和锄骨都有着生齿，舌为近圆形，不能翻出口外摄食。当食物接近身体时便突然袭击之，张口咬住食物，然后整个吞咽。

（2）摄食量。蛙类和中国大鲵摄食量较大。1只中国林蛙每天捕食昆虫数百只，甚至达3 000余只，摄食旺期，每天捕食3～5 g。1只牛蛙一夜摄食饵料43.7 g，1只体重53 g牛蛙摄食量为体重的26.8%，体重300 g的牛蛙能够吞食4只蚱蜢后又捕食31只重约20 g的青蛙。中国大鲵的摄食量也较大，日摄食量占体重的5%～8%，1尾重约1.5 kg大鲵1次可吞食500 g食物，然后约1周不吃食。

（3）食物组成。人工养殖的5种蛙类的食物组成较广泛，包括环节动物的蚯蚓等，软体动物的各种螺类，节肢动物的蝇类及蛆、蚊类、蛾类、蝗虫、蝼蛄、蚱蜢、蜻蜓、蜘蛛、小蜈蚣、甲虫类、白蚁、瓢虫、螨虫和小虾蟹等，鱼类的幼鱼及其小型种类，两栖动物的幼体，爬行动物的幼体和小蛇等，以及植物的种子和有机腐屑。其中以昆虫为主要食物，其中农林业害虫占80%左右。

中国大鲵的食物组成也较广泛，包括水生昆虫、虾蟹类、鱼类、蛙类、蛇类、水鸟、水老鼠和植物种子、杂草等。

总之，蛙类和中国大鲵成体的食物组成，以动物性为主，辅以植物性食物。

（4）对食物的选择性。成体对食物的选择性明显。动物性和植物性食物同在的情况下，首先摄食动物性食物；活动物和死动物混在一起时，选食活的，而基本上不吃死的食物。这几种养殖蛙类，仅虎纹蛙可以吃不运动的食物，其他几种蛙，在一般情况下只捕食活动性的食物。因此，在培育蛙类苗种过程中需进行食性驯化，使幼蛙逐渐习惯摄食静止的或死的或人工配合饲料等食物。

蛙类和中国大鲵的幼体阶段（蝌蚪期）的摄食方式和食物组成与鱼类相同，而与成体截然不同。它们在卵黄囊消失后，吞食浮游植物、浮游动物、鱼虾幼体、有机腐屑等，属杂食性；当变态成为幼蛙以后才逐渐转向成体食性。

（四）生长生物学

目前，我国养殖的蛙类属于大型的、较大型的且生长快的和较快的种类。牛蛙和猪蛙为大型的、生长快的种类。牛蛙的体重一般为800～1 500 g，最大可达2 kg，胴体长达20 cm，仅次于非洲西部森林深溪中产的巨蛙或林溪蛙（*Rana goliath* Boulenger）。变态后的稚蛙，一般体重为10 g左右（大者达50 g），在适宜的人工生态条件下饲养30 d，体重达50 g以上，此后生长速度加快，月增重可达50～150 g，当年达250 g以上，体重350 g以上（性成熟）生长速度有所减缓，体重达500 g以上时生长速度明显变慢。

猪蛙也属大型蛙，但比牛蛙小，一般体重为250～500 g，胴体长13 cm左右，变态后的蛙约4 g，在人工饲养条件下（60～80 d）当年体重达50 g左右（幼蛙），越冬后第二年饲养100～150 d，体重可达150～250 g。体重250～300 g（达性成熟）的个体，生长速度变慢。

中国林蛙、虎纹蛙和棘胸蛙属于较大型蛙类，三者中棘胸蛙最大，中国林蛙最小，其生长速度也与个体大小相关。中国林蛙的最大个体，体长约10 cm，体重100 g左右，生长速度相应也较慢，在自然条件下完全变态登陆的幼蛙体长1.2～1.5 cm，生长至当年秋季冬眠时体长为3.5～4.8 cm，第二年体长达6.0 cm左右（雄性5.2 cm）、体重40 g左右，第3年体长可达7.5 cm（雄性6.1 cm）、体重50 g～70 g，第4年体长达8.2 cm（雄性6.7 cm），4龄以上的个体，生长缓慢。

虎纹蛙的最大个体可达250 g左右，蝌蚪变为稚蛙的时期较短（1个月左右），变态后生长速度较快，在人工饲养条件下日增重可达6%，饲养3个月左右体重可达100～150 g。平均体重38.2 g的虎纹蛙，在30～35 ℃条件下，以鱼为饲料，平均每只日增重达3.36 g。

棘胸蛙体重一般为200～450 g（体长10～15 cm），最大个体可达0.75～0.9 kg，生长速度较快。刚孵出的蝌蚪为0.05 g，变态后的稚蛙1.5～3 g（体长1.8～2.5 cm），在人工条件下饲养35 d、113 d、169 d、184 d、214 d、244 d，体重分别增加为3～4 g、12～35 g、22～56 g、35～96 g、40～105 g、63～178 g。当体重＞56 g时，生长速度很快。幼蛙养殖1周年，体重可达85～230 g，2周年达125～285 g，3周年达性成熟的蛙，生长变慢。

中国大鲵属于大型两栖类，最大个体可达20 kg，但其生长速度并不快，在人工饲养条件下4～5龄才能达到商品规格，但生长速度比在自然条件下还是快得多（表5–63）。

表5–63　中国大鲵在自然条件和池塘中生长比较

年龄	1		2		3		4		5		6		7	
	自然	池塘	自然	池塘	自然	池塘	自然	池塘	自然	池塘	自然	池塘	自然	池塘
体重/g	0.5～1.0	6.0	2～5	59.4	49	264	250	717	400～550	1 700	600～900	2 666.7	1 000～1 500	3 501.8
体长/cm	3～5	9.3	5～8	20.4	8～20	33.3	35	44.7	45	59.3	55	71.9	60	77.1

注：在自然条件下的生长参考卞伟（2001），在池塘中的生长参考王文林等（1999）

（五）繁殖生物学

养殖蛙类和中国大鲵都是在水中产卵，体外受精。蛙类产卵前，雌雄个体有抱对现象。在生殖季节，雄蛙选好场所，高声鸣叫，诱引雌蛙，雌蛙随之发出“卡、卡”声，雄、雌蛙各自向异性靠近，会合后，雄蛙的鸣叫便戛然而止，迅速跳骑在雌蛙背上，用前肢抱住其腋下，两者四肢及躯干浸没于水中，头部露出水面。抱对持续的时间因种类和个体而异，如棘胸蛙为6～8 h或1 d，牛蛙为1～2 d，中国林蛙为2～3 d。

雄、雌蛙拥抱达到高潮时，脑垂体释放性激素促使雄蛙更加用力地拥抱雌蛙，雌蛙在雄蛙的紧抱下，腹部的肌肉收缩将腹腔中的卵挤出体外，雄蛙立即排出精液，精卵瞬时受精。每次产卵持续时间随产卵量而异，一般为10～30 min。

蛙类产卵要求安静、背风、行人稀少的环境，水草多的浅水处或水底为石块的地方，或水中有树荫的地方。一般多在夜间产卵，高峰往往在日出前。卵入水呈黏性，卵膜吸水膨大。棘胸蛙的卵粒粘连成片状、链索状或葡萄串状，每簇20～40粒，一端黏附在水中石块、树根或水草上，另一端悬于水层中。中国林蛙的卵粒粘成团状（球形或椭圆形），直径4～5 cm，吸水膨大后达15 cm，漂浮于水面。牛蛙和猪蛙卵吸水后的卵块像棉絮状，常黏附在水草、草根、树根须上。虎纹蛙产出的卵粘连成小片，浮于水面，每片10余粒至数十粒。

中国大鲵繁殖无抱对现象，产前仍然独居。临产时雄鲵游到雌性栖息地，选择水深1 m左右的隧道状洞穴，并进入洞穴，用足、尾及头部将洞口和洞内打扫清洁，然后诱引雌鲵入洞。雄鲵的前脚爬在雌鲵背的后部，当雌鲵产卵时雄鲵立即排精，精卵瞬间结合受精。卵呈球状，由胶带相连，有时附于水草上。

主要养殖蛙类和中国大鲵的性成熟年龄与规格、产卵季节与水温等繁殖生物学指标见表5-64。

表5-64　两栖类主要养殖种类的繁殖生物学指标（特征）

<table>
<tr><th rowspan="3">名称</th><th colspan="3">性成熟</th><th colspan="2">怀卵量</th><th colspan="2">产卵</th><th rowspan="3">年产卵次数</th><th colspan="2">卵</th><th colspan="2">胚胎发育</th></tr>
<tr><th rowspan="2">年龄</th><th colspan="2">规格</th><th rowspan="2">万/尾</th><th rowspan="2">粒/克</th><th rowspan="2">季节（月）</th><th rowspan="2">水温（℃）</th><th rowspan="2">结构</th><th rowspan="2">直径（mm）</th><th rowspan="2">水温（℃）</th><th rowspan="2">时间（h）</th></tr>
<tr><th>体长（cm）</th><th>体重（kg）</th></tr>
<tr><td>虎纹蛙</td><td>2</td><td>8.2</td><td>0.05</td><td>0.18～1.2</td><td>32～95</td><td>5～9</td><td>20～28</td><td>多次</td><td>黏性胶膜</td><td>1.9</td><td>27</td><td>36</td></tr>
<tr><td>棘胸蛙</td><td>2～3</td><td></td><td>0.1</td><td>0.04～0.2</td><td>4～6</td><td>4～9</td><td>>15</td><td>3</td><td>黏性</td><td>3.2～4.0</td><td>18～23</td><td>10～12 d，7～8 d</td></tr>
</table>

续表

名称	性成熟			怀卵量		产卵		年产卵次数	卵		胚胎发育	
	年龄	规格										
		体长（cm）	体重（kg）	万/尾	粒/克	季节（月）	水温（℃）		结构	直径（mm）	水温（℃）	时间（h）
中国林蛙	2～3	7.0	0.05	0.07～0.2	10～20	3～5	＞5 8～11	1	黏性	1.5～2.0	15～18	3～4 d 15～20 d
牛蛙	1～2		＞0.35	1.0～5.0	34～129	4～7	20～30	多次	黏性	1.0～1.5	19～27	3～4 d, 49～60
猪蛙	1～2	8.5～10.5	＞0.3	0.2～3.0	20～50	4～9	20～30	2～3	黏性	1.0～1.5	20～21	100, 72
中国大鲵	4～5	40	0.3～0.45	0.2～03	0.2～0.5	5～9 7～8	14～25	分批产卵	微黏性	6～7	14～20	37 d, 907

（六）生活史

两栖动物个体发育全程（图5–92）分为胚胎发育期、变态期、稚幼期和成体期。受精卵在水中发育到出现外鳃、口、尾鳍、心脏跳动和血液循环时便冲破卵胶膜，成为独立生活的幼体（蝌蚪），称胚胎期。刚出卵胶膜的蝌蚪似幼鱼，口的后面有一能分泌黏液的吸盘，以此吸附在水草上，静止不动，2～3 d后吸盘开始退化；尾长而侧扁，是运动器官；分支呈羽状的外鳃具呼吸机能，不久被鳃盖遮蔽起来，随后萎缩而代之以咽部的4对内鳃；两颌外包有角质喙，构成口的上下唇并附生角质唇齿数行，以此啮食水生植物，唇的边缘有许多乳突，行味觉功能。

蝌蚪变态为稚蛙或稚鲵，称变态期（中国大鲵的变态期不明显）。蝌蚪的变态一般发生在孵出后1～3个月（因种和温度等因素而异），变态期间其体内外发生一系列变化，各种器官由适应水栖向适应陆生转变。最显著的外形变化是出现成对的附肢，两颌的角质喙及角质唇齿连同表皮一起脱落，尾部萎缩消失，等等。内部器官也有相应变化：当蝌蚪还在以鳃进行呼吸期间，咽部就长出肺芽，并逐渐扩大和形成左、右肺，最终完全代替了鳃；心脏发展成两心房一心室，血液循环方式也随之由单循环发育成不完全的双循环；肠管由长而螺旋状盘曲（牛蛙蝌蚪的肠长为体长的9倍）转变为粗短的直形状（为体长的2倍），胃、肠分化也趋于明显，食性由植物性变为动物性。

稚蛙的外形、体色与内部器官逐渐发育似成体，仅性腺尚未成熟，此时的个体称幼蛙或幼鲵；当性腺发育成熟，第二性征出现，此时已成为成蛙或成鲵。

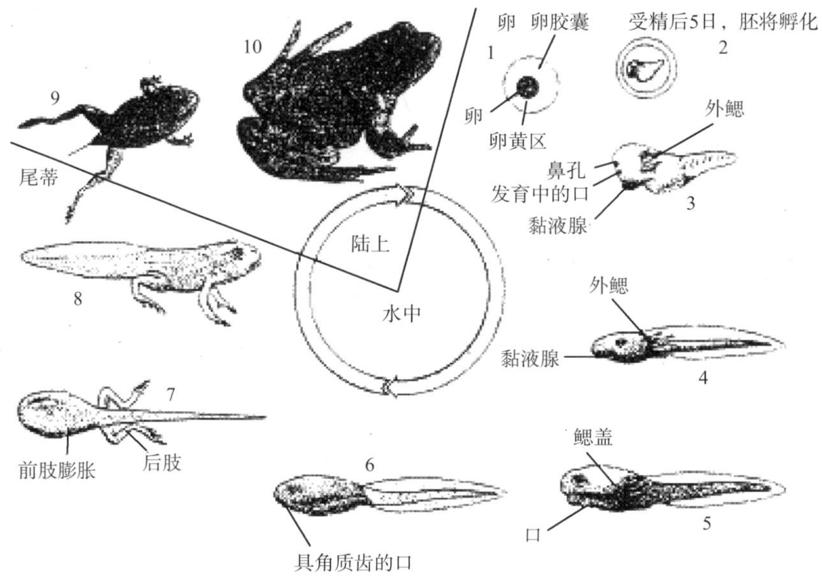

图5-92 牛蛙生活史（刘凌云等，1998）

四、养殖爬行动物生物学

（一）养殖种类及其自然分布

目前，我国养殖的爬行动物主要有龟鳖目鳖科（Trionychidae）中华鳖，龟科（Emydidae）乌龟、三线闭壳龟、黄喉拟水龟，鳄龟科（Chelydridae）鳄龟，以及鳄目鼍科（Alligatoridae）扬子鳄。个别地区和单位还有养殖鳖科山瑞鳖（*Palea steindachneri*）、龟科黄缘盒龟（*Cistoclemmys flavomarginata* Gray）和鼍科泰国鳄及尼罗鳄。

1. 外部形态特征

龟鳖及鳄类的外形分为头、颈、躯、尾和四肢。龟鳖类的显著特点是具有由背甲和腹甲构成的外壳，躯体包含于外壳内。

（1）中华鳖［*Pelodiscus*（*Trionyx*）*sinensis* （Weigmann）；图5-93］：又称鳖、甲鱼、团鱼、圆鱼、王八、脚鱼、老鳖。身体扁平，略呈椭圆形，吻长且呈短管状，口大，位于头的腹面，上下颌被坚硬的角质鞘，无齿，眼小且具眼睑与瞬膜；颈长，伸直可达体长80%，能够自由弯曲并缩回体内肉质颈鞘囊中；躯干部由背、腹甲构成硬壳保护腔，背甲25枚，腹甲9枚，背、腹甲外无盾片（与龟类不同），被革质皮肤，其边缘有发达的结缔组织构成的柔软裙边（游泳时起桨和舵的作用）；四肢粗且短，较扁，五指（趾）型，具发达蹼，能行走和游泳；尾部短、基部粗、尾端尖细；体表颜色多种，随生活环境而变化，背部有橄榄绿、橘黄、玉白、褐绿、墨绿、土黄色，腹部有灰白、淡黄、黑花色。

（2）乌龟（*Chinemys reevesii* Gray；图5-94）：又称金龟、草龟、泥龟、水龟、墨龟。身体较扁平，呈椭圆形，头小而瘦狭，口位于头的前端且向前凸出，上下颌被坚硬的角质喙，无齿，眼小具睑及瞬膜；颈较长，可自由弯曲并缩入甲壳中；躯干部由背、腹甲构成坚硬的甲壳，背甲2层，由38枚盾片与49~51枚骨板组成，腹甲亦2层，由6对盾片与9枚骨板组成，腹甲向体侧延伸成甲桥，连接背甲与腹甲，使龟壳成为匣状，头、四肢及尾可自由缩入；四肢短呈圆柱状，并被鳞片，五指（趾）型，具蹼及爪；尾部较鳖长；头顶橄榄色，背甲深橄榄色或褐色；腹甲略带黄色，每盾片间呈黑色或暗褐色，有些雄体的腹甲和四肢及尾全为黑色。

（3）三线闭壳龟（*Cuora trifasciata* Bell；图5-95）：又称金线龟、金头龟、

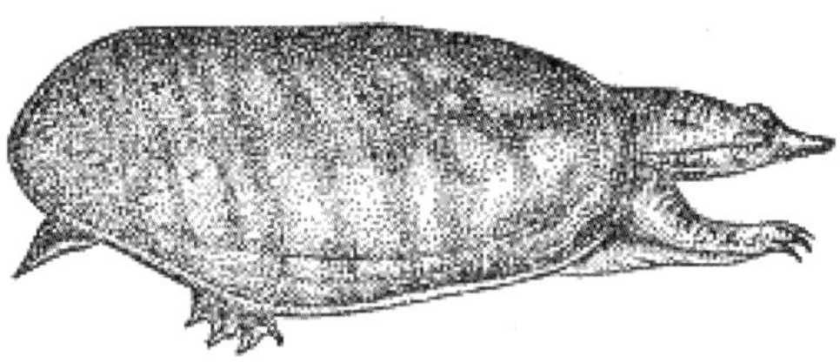

图5-93　中华鳖（张扬宗等，1989）

图5-94　乌龟

红边龟、红肚龟、断板龟。外形与乌龟等龟类大致相似，其最突出的两点特征是：① 腹甲分前后2节，前者为胸板（盾），后者为腹板（盾），之间由韧带组织相连，因而，前后两半可活动，在头、四肢及尾缩入壳内后，腹甲前后两半向内活动，闭合于背甲，形成似一个盒子状；② 背甲有3条纵棱（纵线），故名三线闭壳龟。四肢较扁，前肢5指，后肢4趾，具爪，全蹼，尾长而细尖；背甲玫棕色或红棕色，3条纵棱呈棕黑色，头顶与背颈为金黄色或灰黄色，头两侧或眼前后有1条宽阔的黑色带纹，眼后的黑纹中镶嵌一椭圆形橙黄色斑块；腹甲周围、颈腹面、尾基腹面、四肢基部腹面均呈橘红色，故称红边龟或红肚龟。

（4）黄喉拟水龟（*Mauremys mutica* Cantor；图5-96）：又称黄喉水龟、香乌龟、水龟、蕲龟。吻略突出，超出下颌，头背光滑，无细鳞，有2条黄色纵纹，其一始于眼后，延伸至鼓膜上方，另一始自口角，直达鼓膜下方；背甲有3条纵棱，中棱较明显，两侧的纵棱不明显，尤其是成体与老年的个体更不明显；前肢5指，后肢4趾，具爪，全蹼；尾短；背甲线棕色或黄棕色，腹甲及喉部均黄色，故名黄喉水龟，四肢及尾呈橄榄色。

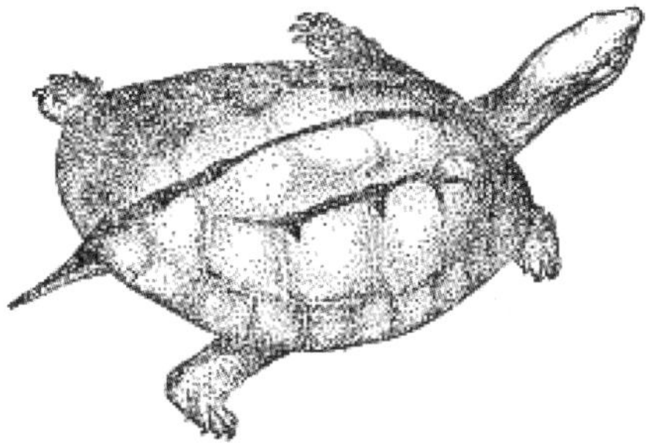

图5-95　三线闭壳龟（张扬宗等，1989）

图5-96　黄喉拟水龟

（5）鳄龟（*Chelydra serpentine*；图5-97）：鳄龟又称鳄鱼龟、小鳄鱼龟、肉龟、美国蛇龟。体形肥大且粗壮，长相奇特，头部呈三角形，不能完全缩入壳内，口裂较大，其后端达眼的后缘，颈长；背甲宽短，长与宽几乎相近，每块盾片均有突起呈棘状，棘的顶点向左、右、前3个方向形成放射状条纹，背甲后缘呈锯齿状；腹甲较小，四肢不能缩入壳内，腹面有大块鳞片；四肢肥大且粗壮，指、趾间有蹼，尖端有强大的爪；尾部很长，约为背甲长度的一半，其上被环状鳞片，背面形成棘，似鳄鱼的尾；头顶部灰褐色，布有小黑斑点，并有数粒小突起物，颈呈淡黄色，背甲棕褐色（幼体黑色），腹甲淡黄色或白色（幼体黑色）。

（6）扬子鳄（*Alligator sinensis* Fauvel；图5-98）：扬子鳄又称鼍。形似大型蜥蜴，吻短而平扁，吻端钝圆，吻背中部凹陷，吻端有鼻孔一对，边缘有鼻瓣，潜水时可闭合；口大，口腔顶壁具发达的次生腭，上下颌均生有锥形槽生齿，新旧齿终生交替，齿鳞利；有肉质舌；眼位于头背部，圆形且向外突出，具上下眼睑和瞬膜；颈部较短，紧连头和躯干，不能活动，颈背具模列鳞；躯干粗阔，背略扁平，皮肤坚韧；表层为方形大角质鳞，纵横成行排列，腹部鳞平滑呈短形，深层为骨质板；四肢短小，前肢5指，后肢4趾，趾间略具蹼膜；尾侧扁而长，是游泳器官和攻击与自卫的武器；成体暗灰色，头部具浅色斑，腹部米黄色或灰白色，老年体色变浅，幼体颜色较深，背面黑褐色，腹面淡灰色，体背及四肢具明显黄色斑纹，较艳丽。

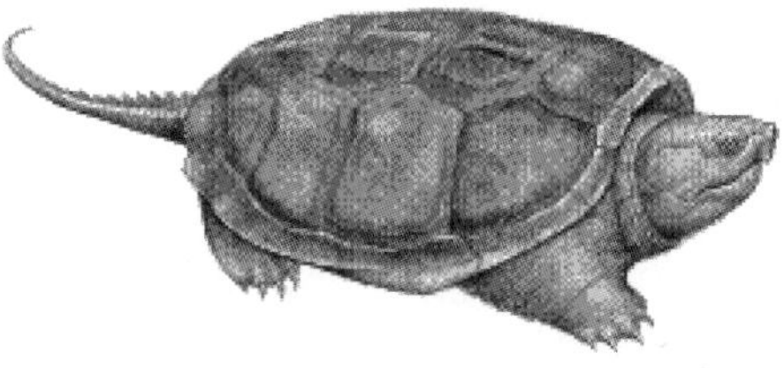

图5-97　鳄龟

图5-98　扬子鳄

2. 自然分布与养殖区域分布

中华鳖自然分布很广泛，我国至今只有青海、新疆、西藏等地未发现，其余各省均有分布，尤其以长江中、下游地区的江苏、安徽、浙江、江西、湖南、湖北，以及河南、广东、广西等地为多；养殖区域已普及全国各省（市）。

乌龟的自然分布也较广泛。国内除东北、西北地区及西藏自治区以外，其余各省均有分布；国外分布于日本。养殖区域也遍及全国各地区。

三线闭壳龟自然分布于我国福建、广东、广西、海南等省及香港、澳门；南方各省（市）多有养殖，是我国传统出口商品。

黄喉拟水龟自然分布于我国南方各省，如江苏、浙江、安徽、湖南、湖北、福建、广东、广西、云南、台湾等；国外分布于日本。

鳄龟自然分布于北美洲和中美洲，盛产于美国东南部；1997年自美国引入我国，由于其个体大，味鲜美，生长快，产卵多，抗寒性和抗病力强，含肉率高（85%~89%），目前，其养殖区域已扩展至北京、上海、江苏、浙江、江西、海南、广东、广西、湖北、山东、四川等省（市）。

扬子鳄是我国的特产种，自然分布于安徽省长江以南、皖南山系以北的丘陵地带，以及江苏省和皖南交界的浙江省一角；原始分布区西抵洞庭湖，东达上海，北到黄河，南至湖南、江西、安徽、浙江等省；野生个体已为数不多，为我国一级重点保护动物。目前，南京、广州等市已养殖扬子鳄等鳄类供游人观赏。

（二）栖息习性和对外界环境条件的适应

1. 栖息习性

（1）龟鳖类栖息习性。龟鳖类的主要养殖种类都属于淡水两栖变温爬行动物（外热源动物Ectothermes），除鳄龟可以在咸淡水生活外，其他几种皆为典型淡水种类，其生活水域的盐度通常不超过1。中华鳖和乌龟在自然界喜欢栖息于江河、湖泊、水库、山涧溪流及其岸边沙滩、草丛等僻静处，以及池塘与池沼中，乌龟还常栖息在树根下、石缝中、岩石边阴暗的地方。三线闭壳龟和黄喉拟水龟主要栖息于丘陵与山区河流及山涧流地带，常爬上岸到灌木草丛中活动。鳄龟栖息于江河、湖泊、沼泽地带，也可生活在港湾、河湾等咸水域。人工养殖的龟鳖类喜欢水质清澈、干净的泥沙环境。

它们白天常爬到岸滩、岩石上晒太阳，夜间在浅水地带、树木草丛中觅食。鳄龟白天常常伏于木头或石块上，有时腹部及四肢朝上漂浮于水面。它们的活动规律还与天气、季节、温度等环境因素有关，阴雨天气活动频繁，夏季炎热天气多在深水阴凉处，深秋、冬季则潜入水底泥沙或洞穴内，民间对中华鳖有“春天发水走上滩，夏日炎炎潜柳湾，秋天凉凉入石洞，冬季寒冷钻深潭”之说。三线闭壳龟集群挖洞群居。

龟鳖类胆小怕惊又生性好斗。中华鳖对声响和物体的移动很敏感，一旦遇到风吹草动就迅速潜入水中，当无法潜逃时，就立即将头、尾及四肢缩入甲壳内；还具有好斗的习惯，特别是中华鳖和鳄龟同类间残食严重，常常为争夺食物、配偶及栖息场所，相互咬斗不休，稚鳖也不例外。鳄龟性情暴躁，500 g以上个体具有攻击性，能主动攻击人。被人们触怒，中华鳖则会伸长头颈，张嘴攻击，并咬住久而不松口。

龟鳖类在陆地和水面行肺呼吸，潜入水中时，通常定时浮到水面，露出吻端的鼻孔吸取空气中氧气，排出二氧化碳。呼吸频率随温度的升降而增减，一般3～5 min一次或10多分钟一次。当遇到敌害、雷雨天气时，呼吸频率降低，在水中潜伏时间可达6～16 h，冬眠时在水中行水呼吸达数月。

龟鳖类潜入水中或在水底下冬眠，暂停或停止肺呼吸，行水呼吸。水呼吸包括口咽呼吸、皮肤呼吸及泄殖腔呼吸等3种方式，即利用分布于口咽腔、皮肤和泄殖腔黏膜中的微血管系统在水中进行气体交换，吸收水中的氧气并把血液中二氧化碳排入水中。龟鳖类潜入水中，口咽腔有节律地进行扩张和收缩运动，从水中摄入氧气和排出二氧化碳。王昭贤等（1989）认为，龟鳖类行水呼吸主要依靠口咽腔呼吸，其次是皮肤呼吸，泄殖腔呼吸所占比例尚未见报道；中华鳖水呼吸（水温17～30 ℃）口咽腔摄入的溶解氧占总摄入氧的67.7%，四肢与躯干皮肤呼吸占32.3%。

龟鳖类口咽运动的频率及摄入水中的溶氧量都随水温升降而变化。如中华鳖口咽运动频率和摄入氧量，水温16～18 ℃分别为（17.8 ± 3.1）次/分和（7.53 ± 1.25）mL/（kg · h），水温21～22 ℃分别为（27.6 ± 4.0）次/分和（11.11 ± 1.07）mL/（kg · h），水温28～30 ℃分别为（31.3 ± 2.5）次/分和（12.34 ± 1.02）mL/（kg · h）（Wang，1989）。

龟鳖类都有晒背习性，当天气晴朗时便爬到阳光充足的沙滩、岩石和岸边上晒太阳，行日光浴，通常每天要晒2～3 h。晒背时头和四肢伸出，背对阳光昂首挺立，展示出一种舒服且神气的状态。晒背是龟鳖类在生长发育过程中的一种生理习性，通过晒背可以杀死附着在体表的寄生虫和微生物病原体，促使背甲皮盾增厚变硬，裙边更加肥大，增强体质和抗逆性能，适当提高体温，加速血液循环，促进新陈代谢。如果满足不了晒背要求，就会因生理失常患病或死亡。

温带地区的龟鳖类几乎都要进行冬眠（冷麻痹），秋末水温降到10～13 ℃便潜入水底淤泥或泥沙中，或躲在堤边的泥洞、树根下或岸边草叶层下，不吃食不活动，呼吸微弱，心跳缓慢，代谢水平和体温降到最低水平。乌龟和中华鳖等在冬眠期间代谢率低而稳定，但也消耗一定能量。如一只体重243.69 g的乌龟冬眠110 d体重减轻12.95 g，体重下降率为5.39%（王培潮，2001）。

（2）鳄类栖息习性。扬子鳄等鳄类的栖息习性与龟鳖类有许多相同之处，如属于外热源动物、水陆两栖生活、用肺呼吸等，但也有许多特殊习性。栖息于丘陵山塘、水库、湖泊、老河沟、稻田、人口稀少且宁静的浅水沼泽草木丛生地带。

鳄类的口大，齿尖锐，性情较凶猛，捕捞时用筒状抄网或用绳套把嘴套住，以免咬伤人。大部分时间在陆地上，只是在炎热、干渴、摄食鱼虾或受惊时才到水中，两个鼻孔露出水面进行肺呼吸，在水下最长忍耐1 h左右。其活动规律与季节、天气有关。春季（4、5月）气温较低，主要在白天活动，夜晚在洞穴中栖宿。当气温升高时则逐渐过渡为以夜间活动为主，夏季（7～9月）气温高，活动频繁，天气炎热时便下水浸泡，泡冷后爬上岸晒太阳，以调节体温。高温时，白天伏在洞口或在岛上阴凉处，晚上在水中到处游动。暴雨来临、天气闷热气压低时多出洞，降雨时则躲入洞中。平时活动范围不大，一般离开洞穴数十米，觅食时可达100～200 m，不超过500 m，但偶尔也发现有爬行至20～32 km的个体。

扬子鳄具有营造洞穴的本能，洞穴深且结构复杂，一般在地下1.52 m处，长约10～15 m，宽40 cm左右，高31～36 cm，有的长达20 m。穴内有洞室（供转身）、卧台（供越冬期趴伏）、水潭（饮水用），洞口呈圆形或椭圆形，洞底平坦，顶壁呈拱形，切面呈半圆形。洞穴多营建在依水靠山处或小岛上或开阔地的地势较高处，洞口均贴近水面。扬子鳄营造洞穴，先用前爪将贴近水面的坚硬表层土掘去，然后用头部钻入土中来回多次，还用吻部把多余的泥土推出洞外。营造一个洞穴约需1周左右，多在夜间营造。

扬子鳄也有晒背和冬眠习性。晒背的地点、形态与龟鳖类相似，但晒背的时间往往更长一些。当气温降至15～18 ℃、水温为10 ℃左右时开始进入洞穴中进行冬眠，眼睛时张时闭，趴伏不动，不吃不喝，呼吸微弱，随着温度下降，进而双目紧闭，趴伏不动，对刺激无反应，呼吸动作不明显，代谢水平很低。

2. 对环境条件的适应

几种养殖爬行动物对外界环境条件的适应能力都是较强的，比两栖动物相对于陆地生活的适应能力更强，对水的依赖性则较差，养殖用水的碱度、pH、溶解氧、有机物含量等非生物因子，只要符合淡水渔业水质标准就不会影响其生长发育，但盐度不应高于1。

阳光和温度是影响它们生存和生长发育的重要生态条件，辐射热能提供体温热能。龟鳖和鳄类体温随着环境温度的变化而变化。王培潮（2001）实验证明，乌龟在5～30 ℃ 6个实验温度条件下，体温与实验温度的相关系数为0.999 0，体温与环境热能交换平衡点为15～20 ℃。当乌龟处于热平衡点以上的环境温度时，体温随环境温度上升而上升，但略低于环境温度；当其处于热平衡点以下的环境温度时，体温随环境温度下降而下降，但略高于环境温度。

几种养殖龟鳖类和扬子鳄的致死温度、生存温度、摄食与生长温度、繁殖适温和冬眠温度综合列于表10。由表可知5种爬行动物对温度的适应能力较强且基本相似，最适生长温度（优选温度）为28～30 ℃；开始冬眠温度为13～15 ℃，深度冬眠温度均为10 ℃左右；繁殖适温为20～33 ℃，最适温度为25～32 ℃；最低极限温度为0～4 ℃，最高极限温度为36～41 ℃。温带地区生活的龟鳖与鳄类，对环境温度的适应范围为25～35 ℃，超过35 ℃时将中暑而热死，低于0 ℃时（无防寒措施）将会被冻死。

表5-65　主要养殖爬行类对水温的适应　（单位：℃）

种类	致死温度		生存温度	摄食与生长		繁殖适温，最适温	冬眠温度
	低限	高限		适温	最适温		
中华鳖	0	36～38	2～35	27～33	30	22～32，25～30	12～13
乌龟	0	36～38	2～35	25～32	28～30	20～31，25～30	10
三线闭壳龟	4	36～41	5～35	24～35	30	23～31，25～30	10～13
黄喉拟水龟	4	36～40	5～35	25～33	30	20～31，25～30	10
扬子鳄	3～4	36～38	4～35	26～31	30	25～33，27～30	10

（三）摄食生物学

1. 摄食方式

龟鳖类和鳄类行动迟缓，在水中游泳速度无法与鱼类相比，在陆地上爬行也很缓慢。这就决定了它们的摄食方式基本上属于偷袭性捕食和吞食。鳄类在水中窥视食物的方向和动静，慢慢接近猎物，突然向前一冲，张开大口利用尖锐的颌齿咬住食物吞入腹中。如果食物较大无法吞进，便利用上下颌及牙齿调转食物方向，同时将食物压碎而吞食之。人工投喂在食台上的食物，鳄类爬行上去咬住食物潜入水中吞食之。龟鳖的捕食和吞食方式，主要利用锐利的爪和伸缩敏捷、转动灵活自如的头颈猎取食物，返回水中经上下颌角质喙切割、压碎后而吞入腹中。它们还喜欢在水底层蹑步，潜行觅食底栖动物，也喜欢在水生植物群中潜伏，伺机吞食游到近处的鱼、虾，一般不主动追击。

2. 食物组成和摄食量

龟鳖类属杂食性动物（偏动物性），食物组成种类多且复杂，包括泥鳅等鱼类、虾蟹等甲壳类、水生与陆地昆虫类、螺蚌等软体动物、水蚯蚓与蚯蚓等环节动物及动物尸体，以及各种植物种子、瓜、菜、水草和陆生嫩叶等。

鳄类属凶猛性肉食性动物，食物组成包括蛇类、两栖类、鱼类、甲壳类、昆虫类、蚌螺等软体动物以及动物的尸体，幼鳄主要摄食甲壳类和小鱼等。

龟鳖类与鳄类的共同特点是贪食，一次摄食量较大（日摄食量可达自身体重的30%），耐饥饿能力强，不仅在冬眠期间（几个月）不吃食物，而且在适温范围内长期不摄取食物依然不至于饿死（停止生长）。如1只乌龟放在抽屉里一年未吃食物也未喝水仍未死亡，只是饿得皮包骨头（王培潮，2001）。

（四）年龄、寿命和生长生物学

1. 年龄与寿命

乌龟和中华鳖的年龄，可以根据背甲盾片和肩甲骨磨片上疏密排列的环纹数目来判断鉴别（适用于10龄以内，几十龄的个体环纹不清晰）。

爬行动物是脊椎动物中寿命最长的类群，龟鳖类的生理寿命（自然寿命）平均可达70年，俗语说："千年王八万年龟。"我国1954年和1964年先后在洞庭湖捕获2只分别刻有乾隆十二年（1747年）和同治三年（1865年）的乌龟，年龄分别为207岁和99岁。湖南省新邵县1991年9月捕到一只体重11.5 kg的乌龟，估计寿命达千年。鳄类的寿命比龟鳖类更长，一般平均寿命为50～80岁，最高达200岁以上。

2. 生长生物学

中华鳖、乌龟和鳄龟是龟鳖类较大的种类。已有记载的乌龟最大个体分别为19.5 kg（壳甲长62 cm、宽39.5 cm，江苏省吴江市1993年捕于太湖）、11.15 kg（长51 cm、宽35 cm）和38 kg。扬子鳄是小型鳄类，但身体还是较大的（体长达2 m左右，体重20 kg左右）。

龟鳖类生长较慢。因为它们是外热源动物，摄食和生长的优选温度（最适温度）高达25～30 ℃（中华鳖为30 ℃），低于25 ℃和高于35 ℃生长明显变慢。我国各地池塘水温达25～30 ℃的天数，一年一般不足150 d，如辽宁省大连市和鞍山市池塘水温超过25 ℃的天数为70 d左右，武汉市、南京市和杭州市池塘水温高于25 ℃的天数为140 d左右，其中超过35 ℃的日数仅20 d左右。这就是说，全国各地自然池塘水温每年处于龟鳖的优选温度时间都是较短的（东北地区50～60 d，华东和华中地区约120 d）。这是龟鳖类生长慢的主要原因。在自然条件下中华鳖体重达到商品规格（400～500 g）的年限，华南地区为3年，长江流域为4年，东北地区为5～6年。乌龟的生长速度比中华鳖略慢（表5–66）。

表5–66　长江流域乌龟、中华鳖、扬子鳄自然生长情况

年 龄	1	2	3	4	5	6	7
中华鳖	5～10 g	80～100 g	100～250 g	560 g	600～1 000 g		
乌龟	10 g	50 g	100 g	200 g	250～300 g	300～350 g	
扬子鳄	480 g	1 100 g	3 200 g	8 360 g	9 650 g	1 1400 g	13 100 g

中华鳖体重小于50 g生长较慢，50 g以上至性成熟前生长较快，体重小于400 g雌性生长略快于雄性。性成熟以后生长变慢，且雄性快于雌性，原因是卵巢发育消耗的能量比精巢发育多。

通过人工调控温度，使其稳定在30 ℃左右的情况下，中华鳖和乌龟可以持续高速生长，12～16个月便可达到食用规格。

鳄龟生长比中华鳖和乌龟快，稚龟阶段生长缓慢，体重达250 g以上生长加快，500 g以上月均增重达200 g。生长速度惊人，采取人工调控温度，7 g重的稚龟经一年饲养可达1 500 g；而在自然温度下饲养，3年才能达到1 500 g。

鳄类是大型爬行动物，生长比龟鳖类快。扬子鳄4龄生长最快，以后生长也是

较快的（表5–66）。泰国鳄较扬子鳄大，生长也快，在自然条件下一般4～5年体重可达30 kg左右（体长1.518 m），在人工调控温度情况下生长更快，体重133 g的幼体饲养270 d达57.5 kg，450 d达150 kg（体长1.55 m）。

（五）繁殖生物学

龟鳖类和鳄类繁殖具有水陆两栖生活的显著特点，在水中发情交配，体内受精，在陆地上筑巢（挖穴）产卵发育。6种养殖对象繁殖生物学特征见表5–67。

表5–67　人工养殖的6种爬行动物繁殖生物学指标

名称	性成熟		繁殖		年产卵次数	每次产卵个数	卵			胚胎发育	
	年龄	体重（kg）	月份	水温（℃）			类型	重量（g）	长径（cm），短径（cm）	适宜温度（℃）	时间（d）
中华鳖	3～7	0.5	4～9	20～28	3～6	5～40	硬壳、圆形	3～7	1.5～3.0	30～34	60～41
乌龟	5～7	0.3	5～8	20～25	2～3	3～6（1～13）	硬壳、椭圆形	6.8～8.4	3.5～3.7，1.8～2.0	28～32	67～57
三线闭壳龟	4～7	0.7～2.0	5～8	23～28	多	2～6	硬壳、椭圆形	16～36	4.0～5.5，2.4～3.3	28～31	90～67
黄喉拟水龟	5	0.3～0.4	5～10	20～25	1～4	4～7	硬壳、椭圆形	5～8	3～5，1.5～2.0	28～32	60～50
鳄龟	4～5	2.5	5～11	20～30	多	11～83	硬壳、圆形	7～11	2.3～3.3	22～34	125～55
扬子鳄	5～7	9～12	6～7	25～30	多	7～52	硬壳、椭圆形	42.1	5.5～6.0，3.5	28～32	80～60

（1）性成熟年龄。不同种类的性成熟年龄不同，其低限差异为1～2，高限差值为0～2年。这反映了物种的特异性。同种的性成熟年龄也有一定差异，其低限和高限的差值分别为1（鳄龟）、2（乌龟和扬子鳄）、3（三线闭壳龟）、4（中华鳖）等4种类型。这既反映了同一物种雌雄个体性成熟年龄的差异（一般雄性比雌性早成熟1～2年），也反映了不同分布区域（地理纬度和温度类型）对性成熟年龄的影响。如中华鳖分布广泛，华南地区（低纬度、温度高）的性成熟年龄为3～4年，华东和华中地区的性成熟年龄为4～5年，华北地区的为5～6年，东北地区（高纬度、温度低）的为6～7年。

（2）繁殖季节与温度。不同种类的繁殖（发情交配、产卵、胚胎发育）月份有一定差异，但水温基本相似（扬子鳄略高），即繁殖起始温度都为20～22 ℃以上，繁殖适宜温度高限为25～30 ℃。每种的繁殖期（月份）持续时间较长（6～7个月），并不是说它们在每个月份都在交配和产卵，而是表示开始发情交配和结束产卵的期限，一般在炎热的夏季水温高于33～35 ℃时不进行发情和产卵。分布区域广泛的中华鳖，各地区的繁殖起止时间和持续期的长短差异很大，即华南地区为4～9月，华中和华东地区为5～8月，华北地区为6～8月。

（3）发情与交配。龟鳖在春季水温上升到20～23 ℃（因种而异）以上时开始发情，发情的时间通常在晴天傍晚（黄喉拟水龟也在白天发情）。发情时雄雌个体在水中相互潜游、戏水，雄体追逐雌体，当发情达到高峰时咬住雌体的头颈或裙边，或用前爪抓住躯体两则，进而爬到雌体背上，当雌体停止游动时雄体将交接器插入雌体泄殖腔中，持续数分钟将精液射入雌体内，精子在输精管上端与卵结合受精。整个过程通常在水中进行，乌龟尚能在陆地上交配。

扬子鳄发情多在夜间，特别是在下半夜沿池边或浅水区频繁游动，不断发出洪亮的吼声，雄性比雌性明显，持续发情数日，下半夜至凌晨发情达到高峰时在水中侧身拥抱、翻滚并上下浮沉，雄性交接器插入雌体泄殖腔中进行交配。

龟鳖类和扬子鳄的精子在雌体内可活数月，并具有受精能力。如中华鳖每次交配，精子在雌体输卵管中存活5个月以上，越冬前交配的雌鳖，翌年春季可产下受精卵；三线闭壳龟的精子在输管中可活8～10个月，秋季交配过的雌龟于次年可产下受精卵；黄喉拟水龟头年交配过的雌体次年也可产下受精卵。

（4）挖穴（筑巢）与产卵。交配后2周左右的龟鳖雌体爬到水域附近背风、向阳、僻静、疏松且较潮湿（含水5%～15%）的沙泥地、草丛或靠近树丛处，开始挖穴。先扒出凹坑，用前肢固定身体，两个后肢轮流用力挖土并与尾部相配合，将沙泥向后推，至巢穴挖好。巢穴口大小正好容纳雌体可蹲伏产卵，穴的深度和体积正好容纳所产下的卵。卵穴挖成后，将尾伸入穴中逐一产卵。产完卵后，休息瞬刻，用后肢把挖出来的松土再扒回穴内覆盖卵和穴口，并用尾部扫平，用腹部把泥沙压平，使穴口不留明显痕迹，然后离去，返回水中，无护卵习性。产卵时间多在后半夜至黎明前，特别是喜欢在雨后晴天早晨产卵。

交配后3～4周扬子鳄雌体爬到离水源不远的岸边潮湿处筑巢。雌鳄用后肢和尾部挖巢穴（深约15 cm，直径35 cm），挖好后用咬碎的杂草拌以泥土将穴填满，再盖上杂草，似一个圆形小草丘；待2周左右产卵，产卵前把巢顶扒开，将巢材堆积四周，然后泄殖孔对准巢中央，四肢覆地，尾部略抬，将卵产于巢穴中，再用后肢将巢材盖于卵上，并用杂草覆盖巢口，返回水中。扬子鳄有护卵习性，每天都要绕巢巡视，当发现有人接近卵巢时便迅速冲到巢边，张开大口，瞧向人的方向发出“呼呼”的威胁声。尼罗鳄等多种鳄类的产卵行为基本上同中华鳖，在水体附近的沙地、沙砾或泥地挖掘穴洞，深度为40～60 cm，将卵产于其中，再用泥沙覆盖。

（5）年产卵次数。龟鳖类和鳄类为多次产卵类型，群体的产卵次数与分布区纬度相关，如中华鳖的年产卵次数，华北和东北地区的产2～3批次，长江流域的产4～5批次，海南和台湾的产6～7批次。不同个体的产卵次数也有较大差异，个体大和壮年的产卵次数多于个体小的、初次成熟产卵的和年老者。

（6）繁殖力和每次产卵数。不同种类产卵枚数差异明显，其中中华鳖、鳄龟和扬子鳄的产卵数最多，乌龟产卵较多，黄喉拟水龟和三线闭壳龟较少。这与体形大小以及遗传性有关。个体的绝对繁殖力和每次产卵数与年龄、身体大小、健康状况等相关，壮年、体型大和肥满健康的繁殖力大，产卵多。如中华鳖每千克平均可产卵50枚左右；体重0.5～0.75 kg的怀成熟卵泡30～50个，产卵2～3次；1.2 kg的怀卵50～70个，产卵3～5次；2 kg以上的怀卵70～100个，产卵4～5次。

（7）卵的类型与大小。龟鳖类的卵分为柔性壳卵和硬壳卵。前者钙化程度低，壳有微弱的柔性；后者卵壳的钙化层较厚。几种养殖种类的卵属硬壳卵。卵的形状分为圆形和椭圆形2种，中华鳖和鳄龟的卵为圆形，乌龟、三线闭壳龟、黄喉似水龟和扬子鳄的卵为椭圆形，与鸡蛋相似。

各种卵的大小不同，其中中华鳖、乌龟和黄喉拟水龟的卵较小，鳄龟和三线闭壳龟的卵较大，扬子鳄的卵最大（略小于鸡蛋）。

（8）胚胎发育。龟鳖类和鳄类的受精卵在泥沙中进行发育，其发育质量和速度受外界温度和湿度等生态因素影响。在自然条件下，胚胎发育成活率较低。几种养殖种类胚胎发育适宜温度为22～34 ℃（因种而异），孵化基质（泥沙）的适宜含水量为5%～15%。不同种类发育时间虽有不同，但主要取决于温度，在适宜温度范围内随温度的升高而缩短。

（9）性别决定。中华鳖具有异型性染色体（♂XY、♀XX），性别是由性染色体决定的。大多数龟类和鳄类的异型性染色体尚未分化，其性别是在胚胎发育过程中由外界温度决定的。如乌龟受精卵在23～27 ℃发育为雄龟，在32 ℃（侯陵，1985）和30～32 ℃（石原重后，1989）发育为雌龟；鳄龟受精卵在22～28 ℃发育为雄性，在30～34 ℃发育为雌性（林珠英，2001）；扬子鳄受精卵在温度较低时（26.5～27.5 ℃）发育的稚鳄大部分为雌性，在温度较高时发育雄性比例高于雌性（朱久康，2001），在34.5 ℃孵出的稚鳄几乎全为雄性。